D0550385

NEWHAM LIBRARIES

90800101053508

Collins
SPANISH
DICTIONARY
POCKET EDITION

Published by Collins
An imprint of HarperCollins Publishers
Westerhill Road
Bishopbriggs
Glasgow G64 2QT

Eighth Edition 2017

10 9 8 7 6 5 4 3 2 1

© HarperCollins Publishers 1995, 2002, 2007, 2010, 2013, 2017

ISBN 978-0-00-818365-3

Collins® is a registered trademark of HarperCollins Publishers Limited

collinsdictionary.com

Typeset by Davidson Publishing Solutions, Glasgow

Printed in Italy by Grafica Veneta S.p.A.

All rights reserved. No part of this book may be reproduced, stored in a retrieval system, or transmitted in any form or by any means, electronic, mechanical, photocopying, recording or otherwise, without the prior permission in writing of the Publisher. This book is sold subject to the conditions that it shall not, by way of trade or otherwise, be lent, re-sold, hired out or otherwise circulated without the Publisher's prior consent in any form of binding or cover other than that in which it is published and without a similar condition including this condition being imposed on the subsequent purchaser.

Entered words that we have reason to believe constitute trademarks have been designated as such. However, neither the presence nor absence of such designation should be regarded as affecting the legal status of any trademark.

The contents of this publication are believed correct at the time of printing. Nevertheless, the Publisher can accept no responsibility for errors or omissions, changes in the detail given or for any expense or loss thereby caused.

HarperCollins does not warrant that any website mentioned in this title will be provided uninterrupted, that any website will be error free, that defects will be corrected, or that the website or the server that makes it available are free of viruses or bugs. For full terms and conditions please refer to the site terms provided on the website.

A catalogue record for this book is available from the British Library.

If you would like to comment on any aspect of this book, please contact us at the given address or online.
E-mail: dictionaries@harpercollins.co.uk
facebook.com/collinsdictionary
@collinsdict

Acknowledgements
We would like to thank those authors and publishers who kindly gave permission for copyright material to be used in the Collins Corpus. We would also like to thank Times Newspapers Ltd for providing valuable data.

ÍNDICE

Introducción española v

Introducción inglesa viii

Abreviaturas xi

Pronunciación española xiv

Pronunciación inglesa xvi

Los verbos xviii

Los números xxiv

ESPAÑOL–INGLÉS 1–294

Spanish in focus 1–32

INGLÉS–ESPAÑOL 295–580

Los verbos españoles 1–32

CONTENTS

Spanish introduction v

English introduction viii

Abbreviations xi

Spanish pronunciation xiv

English pronunciation xvi

Verb forms xviii

Numbers xxiv

SPANISH–ENGLISH 1–294

Spanish in focus 1–32

ENGLISH–SPANISH 295–580

Spanish verb tables 1–32

MARCAS REGISTRADAS
Las marcas que creemos que constituyen marcas registradas las denominamos como tales. Sin embargo, no debe considerarse que la presencia o la ausencia de esta designación tenga que ver con la situación legal de ninguna marca.

NOTE ON TRADEMARKS
Words which we have reason to believe constitute trademarks have been designated as such. However, neither the presence nor the absence of such designation should be regarded as affecting the legal status of any trademark.

EDITOR/EDITOR
Maree Airlie

CONTRIBUTORS/
COLABORADORES
Katya Browne
José A. Gálvez
José Martín Galera
Cordelia Lilly
José María Ruiz Vaca
Eduardo Vallejo

FOR THE PUBLISHER/
PARA LA CASA EDITORIAL
Gerry Breslin
Helen Newstead
Sheena Shanks

INTRODUCCIÓN

Nos complace que hayas decidido comprar este diccionario Collins y esperamos que lo disfrutes y que te sirva de gran ayuda ya sea en el colegio, en el trabajo, en tus vacaciones o en casa.

Esta introducción pretende darte algunas indicaciones para ayurdarte a sacar el mayor provecho de este diccionario; no solo de su extenso vocabulario, sino de toda la información que te proporciona cada entrada. Esta te ayudará a leer y comprender – y también a comunicarte y a expresarte – en inglés moderno. Este diccionario comienza con una lista de abreviaturas utilizadas en el texto y con una ilustración de los sonidos representados por los símbolos fonéticos.

EL MANEJO DE TU DICCIONARIO

La amplia información que te ofrece este diccionario aparece presentada en distintas tipografías, con caracteres de diversos tamaños y con distintos símbolos, abreviaturas y paréntesis. Los apartados siguientes explican las reglas y símbolos utilizados.

ENTRADAS

Las palabras que consultas en el diccionario – las entradas – aparecen ordenadas alfabéticamente y en color para una identificación más rápida. La palabra que aparece en la parte superior de cada página es la primera entrada (si aparece en la página izquierda) y la última entrada (si aparece en la página derecha) de la página en cuestión. La información sobre el uso o la forma de determinadas entradas aparece entre paréntesis, detrás de la transcripción fonética, y generalmente en forma abreviada y en cursiva (p. ej.: (*fam*), (*Com*)). En algunos casos se ha considerado oportuno agrupar palabras de una misma familia (**nación**, **nacionalismo**; **accept**, **acceptance**) bajo una misma entrada que aparece en color.

Las expresiones de uso corriente en las que aparece una entrada se dan en negrita (p. ej.: **hurry:** [...] **to be in a ~**).

SÍMBOLOS FONÉTICOS

La transcripción fonética de cada entrada (que indica su pronunciación) aparece entre corchetes, inmediatamente después de la entrada (p. ej. **knife** [naif]). En las páginas xiv–xvii encontrarás una lista de los símbolos fonéticos utilizados en este diccionario.

TRADUCCIONES

Las traducciones de las entradas aparecen en caracteres normales, y en los casos en los que existen significados o usos diferentes, estos aparecen separados mediante un punto y coma. A menudo encontrarás también otras palabras en cursiva y entre paréntesis antes de las traducciones. Estas sugieren contextos en los que la entrada podría aparecer (p. ej.: **alto** (*persona*) o (*sonido*)) o proporcionan sinónimos (p. ej.: **mismo** (*semejante*)).

PALABRAS CLAVE

Particular relevancia reciben ciertas palabras inglesas y españolas que han sido consideradas palabras 'clave' en cada lengua. Estas pueden, por ejemplo, ser de utilización muy corriente o tener distintos usos (**de**, **haber**; **get**, **that**). La combinación de triángulos y números te permitirá distinguir las diferentes categorías gramaticales y los diferentes significados. Las indicaciones en cursiva y entre paréntesis proporcionan además importante información adicional.

FALSOS AMIGOS

Las palabras que se prestan a confusión al traducir han sido identificadas. En tales entradas existen unas notas que te ayudaran a evitar errores.

INFORMACIÓN GRAMATICAL

Las categorías gramaticales aparecen en forma abreviada y en cursiva después de la transcripción fonética de cada entrada (*vt*, *adv*, *conj*). También se indican la forma femenina y los plurales irregulares de los sustantivos del inglés (**child**, **-ren**).

INTRODUCTION

We are delighted that you have decided to buy this Collins Spanish dictionary and hope you will enjoy and benefit from using it at school, at home, on holiday or at work.

This introduction gives you a few tips on how to get the most out of your dictionary – not simply from its comprehensive wordlist but also from the information provided in each entry. This will help you to read and understand modern Spanish, as well as communicate and express yourself in the language. This dictionary begins by listing the abbreviations used in the text and illustrating the sounds shown by the phonetic symbols.

USING YOUR COLLINS DICTIONARY

A wealth of information is presented in the dictionary, using various typefaces, sizes of type, symbols, abbreviations and brackets. The various conventions and symbols used are explained in the following sections.

HEADWORDS

The words you look up in a dictionary – 'headwords' – are listed alphabetically. They are printed in **colour** for rapid identification. The headwords appearing at the top of each page indicate the first (if it appears on a left-hand page) and last word (if it appears on a right-hand page) dealt with on the page in question.

Information about the usage or form of certain headwords is given in brackets after the phonetic spelling. This usually appears in abbreviated form and in italics (e.g. (*fam*), (*Com*)).

Where appropriate, words related to headwords are grouped in the same entry (**nación**, **nacionalismo**; **accept**, **acceptance**) and are also in colour. Common expressions in which the headword appears are shown in a different bold roman type (e.g. **cola:** [...] **hacer** ~).

PHONETIC SPELLINGS

The phonetic spelling of each headword (indicating its pronunciation) is given in square brackets immediately after the headword (e.g. **cohete** [ko'ete]). A list of these symbols is given on pages xiv-xvii.

TRANSLATIONS

Headword translations are given in ordinary type and, where more than one meaning or usage exists, these are separated by a semi-colon. You will often find other words in italics in brackets before the translations. These offer suggested contexts in which the headword might appear (e.g. **fare** (*on trains, buses*) or provide synonyms (e.g. **litter** (*rubbish*) o (*young animals*)). The gender of the Spanish translation also appears in italics immediately following the key element of the translation, except where this is a regular masculine singular noun ending in 'o', or a regular feminine noun ending in 'a'.

KEYWORDS

Special status is given to certain Spanish and English words which are considered as 'key' words in each language. They may, for example, occur very frequently or have several types of usage (e.g. **de**, **haber**; **get**, **that**). A combination of triangles and numbers helps you to distinguish different parts of speech and different meanings. Further helpful information is provided in brackets and italics.

FALSE FRIENDS

Words which can be easily confused have been identified in the dictionary. Notes at such entries will help you to avoid these common translation pitfalls.

GRAMMATICAL INFORMATION

Parts of speech are given in abbreviated form in italics after the phonetic spellings of headwords (e.g. *vt*, *adv*, *conj*). Genders of Spanish nouns are indicated as follows: *nm* for a masculine and *nf* for a feminine noun. Feminine and irregular plural forms of nouns are also shown (**irlandés, esa**; **luz** (*pl* **luces**)).

ABREVIATURAS

abreviatura	*ab(b)r*	abbreviation
adjetivo, locución adjetiva	*adj*	adjective, adjectival phrase
administración	*Admin*	administration
adverbio, locución adverbial	*adv*	adverb, adverbial phrase
agricultura	*Agr*	agriculture
alguien	*algn*	
anatomía	*Anat*	anatomy
Argentina	*Arg*	Argentina
arquitectura	*Arq, Arch*	architecture
Australia	*Aust*	Australia
el automóvil	*Aut(o)*	the motor car and motoring
aviación, viajes aéreos	*Aviac, Aviat*	flying, air travel
biología	*Bio(l)*	biology
botánica, flores	*Bot*	botany
inglés británico	*BRIT*	British English
Centroamérica	*CAM*	Central America
química	*Chem*	chemistry
comercio, finanzas, banca	*Com(m)*	commerce, finance, banking
informática	*Comput*	computing
conjunción	*conj*	conjunction
construcción	*Constr*	building
compuesto	*cpd*	compound element
Cono Sur	*CS*	Southern Cone
cocina	*Culin*	cookery
economía	*Econ*	economics
eletricidad, electrónica	*Elec*	electricity, electronics
enseñanza, sistema escolar y universitario	*Escol*	schooling, schools and universities
España	*ESP*	Spain
especialmente	*esp*	especially
exclamación, interjección	*excl*	exclamation, interjection
femenino	*f*	feminine
lengua familiar (! vulgar)	*fam(!)*	colloquial usage (! particularly offensive)
ferrocarril	*Ferro*	railways
uso figurado	*fig*	figurative use

fotografía	*Foto*	photography
(verbo inglés) del cual la partícula es inseparable	*fus*	(phrasal verb) where the particle is inseparable
generalmente	*gen*	generally
geografía, geología	*Geo*	geography, geology
geometría	*Geom*	geometry
historia	*Hist*	history
uso familiar (! vulgar)	*inf(!)*	colloquial usage (! particularly offensive)
infinitivo	*infin*	infinitive
informática	*Inform*	computing
invariable	*inv*	invariable
irregular	*irreg*	irregular
lo jurídico	*Jur*	law
América Latina	*LAm*	Latin America
gramática, lingüística	*Ling*	grammar, linguistics
masculino	*m*	masculine
matemáticas	*Mat(h)*	mathematics
masculino/femenino	*m/f*	masculine/feminine
medicina	*Med*	medicine
México	*MÉX, MEX*	Mexico
lo militar, ejército	*Mil*	military matters
música	*Mús, Mus*	music
sustantivo, nombre	*n*	noun
navegación, náutica	*Náut, Naut*	sailing, navigation
sustantivo numérico	*num*	numeral noun
Nueva Zelanda	*NZ*	New Zealand
complemento	*obj*	(grammatical) object
	o.s.	oneself
peyorativo	*pey, pej*	derogatory, pejorative
fotografía	*Phot*	photography
fisiología	*Physiol*	physiology
plural	*pl*	plural
política	*Pol*	politics
participio de pasado	*pp*	past participle
preposición	*prep*	preposition
pronombre	*pron*	pronoun
psicología, psiquiatría	*Psico, Psych*	psychology, psychiatry
tiempo pasado	*pt*	past tense

ABREVIATURAS		ABBREVIATIONS
química	*Quím*	chemistry
ferrocarril	*Rail*	railways
religión	*Rel*	religion
Río de la Plata	*RPL*	River Plate
	sb	somebody
Cono Sur	*SC*	Southern Cone
enseñanza, sistema escolar y universitario	*Scol*	schooling, schools and universities
singular	*sg*	singular
España	*SP*	Spain
	sth	something
sujeto	*su(b)j*	(grammatical) subject
subjuntivo	*subjun*	subjunctive
tauromaquia	*Taur*	bullfighting
también	*tb*	also
técnica, tecnología	*Tec(h)*	technical term, technology
telecomunicaciones	*Telec, Tel*	telecommunications
imprenta, tipografía	*Tip, Typ*	typography, printing
televisión	*TV*	television
universidad	*Univ*	university
inglés norteamericano	*US*	American English
verbo	*vb*	verb
verbo intransitivo	*vi*	intransitive verb
verbo pronominal	*vr*	reflexive verb
verbo transitivo	*vt*	transitive verb
zoología	*Zool*	zoology
marca registrada	®	registered trademark
indica un equivalente cultural	≈	introduces a cultural equivalent

SPANISH PRONUNCIATION

VOWELS

a	[a]	pa**t**a	not as long as *a* in f*a*r. When followed by a consonant in the same syllable (i.e. in a closed syllable), as in *a*mante, the *a* is short, as in b*a*t
e	[e]	m**e**	like *e* in th*e*y. In a closed syllable, as in g*e*nte, the *e* is short as in p*e*t
i	[i]	p**i**no	as in m*ea*n or mach*i*ne
o	[o]	l**o**	as in l*o*cal. In a closed syllable, as in c*o*ntrol, the *o* is short as in c*o*t
u	[u]	l**u**nes	as in r*u*le. It is silent after q, and in g*ue*, g*ui*, unless marked g*üe*, g*üi* e.g. antig*üe*dad, when it is pronounced like *w* in *w*olf

SEMIVOWELS

i, y	[j]	b**i**en h**i**elo **y**unta	pronounced like *y* in *y*es
u	[w]	h**u**evo f**u**ento antig**ü**edad	unstressed *u* between consonant and vowel is pronounced like *w* in *w*ell. See notes on *u* above.

DIPHTHONGS

ai, ay	[ai]	b**ai**le	as *i* in r*i*de
au	[au]	**au**to	as *ou* in sh*ou*t
ei, ey	[ei]	bu**ey**	as *ey* in gr*ey*
eu	[eu]	d**eu**da	both elements pronounced independently [e] + [u]
oi, oy	[oi]	h**oy**	as *oy* in t*oy*

CONSONANTS

b	[b, β]	**b**oda **b**omba la**b**or	see notes on *v* below
c	[k]	**c**aja	*c* before *a*, *o*, *u* is pronounced as in *c*at
ce, ci	[θe, θi]	**c**ero **c**ielo	*c* before *e* or *i* is pronounced as in *th*in
ch	[tʃ]	**ch**iste	*ch* is pronounced as *ch* in *ch*air
d	[d, ð]	**d**anés ciu**d**ad	at the beginning of a phrase or after *l* or *n*, *d* is pronounced as in English. In any other position it is pronounced like *th* in *th*e

g	[g, ɣ]	**g**afas pa**g**a	*g* before *a*, *o* or *u* is pronounced as in *g*ap, if at the beginning of a phrase or after *n*. In other positions the sound is softened
ge, gi	[xe, xi]	**g**ente girar	*g* before *e* or *i* is pronounced similar to *ch* in Scottish lo*ch*
h		**h**aber	*h* is always silent in Spanish
j	[x]	**j**ugar	*j* is pronounced similar to *ch* in Scottish lo*ch*
ll	[ʎ]	tal**ll**e	*ll* is pronounced like the *y* in *y*et or the *lli* in mil*lion*
ñ	[ʃ]	ni**ñ**o	*ñ* is pronounced like the *ni* in *on*ion
q	[k]	**q**ue	*q* is pronounced as *k* in *k*ing
r, rr	[ɾ, r]	quita**r** ga**rr**a	*r* is always pronounced in Spanish, unlike the silent *r* in dance*r*. *rr* is trilled, like a Scottish *r*
s	[s]	quizá**s** **s**la	*s* is usually pronounced as in pa*ss*, but before *b*, *d*, *g*, *l*, *m* or *n* it is pronounced as in ro*s*e
v	[b, β]	**v**ía	*v* is pronounced something like *b*. At the beginning of a phrase or after *m* or *n* it is pronounced as *b* in *b*oy. In any other position the sound is softened
z	[θ]	tena**z**	*z* is pronounced as *th* in *th*in

f, k, l, m, n, p, t and x are pronounced as in English.

STRESS

The rules of stress in Spanish are as follows:

(a) when a word ends in a vowel or in *n* or *s*, the second last syllable is stressed:
pa*ta*ta, pa*ta*tas; *co*me, *co*men

(b) when a word ends in a consonant other than *n* or *s*, the stress falls on the last syllable:
pa*red*, ha*blar*

(c) when the rules set out in (a) and (b) are not applied, an acute accent appears over the stressed vowel:
*có*mun, geogra*fía*, in*glés*

In the phonetic transcription, the symbol ['] precedes the syllable on which the stress falls.

LA PRONUNCIACIÓN INGLESA

VOCALES

	Ejemplo inglés	*Explicación*
[ɑː]	father	Entre *a* de p*a*dre y *o* de n*o*che
[ʌ]	but, come	*a* muy breve
[æ]	man, cat	Con los labios en la posición de *e* en p*e*na y luego se pronuncia el sonido *a* parecido a la *a* de c*a*rro
[ə]	father, ago	Vocal neutra parecida a una *e* u *o* casi muda
[əː]	bird, heard	Entre *e* abierta y *o* cerrada, sonido alargado
[ɛ]	get, bed	Como en p*e*rro
[ɪ]	it, big	Más breve que en s*i*
[iː]	tea, see	Como en f*i*no
[ɔ]	hot, wash	Como en t*o*rre
[ɔː]	saw, all	Como en p*o*r
[u]	put, book	Sonido breve, más cerrado que b*u*rro
[uː]	too, you	Sonido largo, como en *u*no

DIPTONGOS

	Ejemplo inglés	*Explicación*
[aɪ]	fly, high	Como en fr*ai*le
[au]	how, house	Como en p*au*sa
[ɛə]	there, bear	Casi como en v*ea*, pero el sonido *a* se mezcla con el indistinto [ə]
[eɪ]	day, obey	*e* cerrada seguida por una *i* débil
[ɪə]	here, hear	Como en man*ía*, mezclándose el sonido *a* con el indistinto [ə]
[əu]	go, note	[ə] seguido por una breve *u*
[əɪ]	boy, oil	Como en v*oy*
[uə]	poor, sure	*u* bastante larga más el sonido indistinto [ə]

CONSONANTES

	Ejemplo inglés	*Explicación*
[b]	big, lobby	Como en tum*b*an
[d]	mended	Como en con*d*e, an*d*ar
[g]	go, get, big	Como en *g*rande, *g*ol
[dʒ]	gin, judge	Como en la *ll* andaluza y en Generalitat (*catalán*)
[ŋ]	sing	Como en ví*n*culo
[h]	house, he	Como la jota hispanoamericana
[j]	young, yes	Como en *y*a
[k]	come, mock	Como en *c*aña, Escocia
[r]	red, tread	Se pronuncia con la punta de la lengua hacia atrás y sin hacerla vibrar
[s]	sand, yes	Como en *c*asa, *s*esión
[z]	rose, zebra	Como en de*s*de, mi*s*mo
[ʃ]	she, machine	Como en *ch*ambre (*francés*), roxo (*portugués*)
[tʃ]	chin, rich	Como en *ch*ocolate
[v]	valley	Como *f*, pero se retiran los dientes superiores vibrándolos contra el labio inferior
[w]	water, which	Como la *u* de h*u*evo, p*u*ede
[ʒ]	vision	Como en *j*ournal (*francés*)
[θ]	think, myth	Como en receta, zapato
[ð]	this, the	Como en habla*d*o, verda*d*

f, l, m, n, p, t y x iguales que en español.

El signo [*] indica que la r final escrita apenas se pronuncia en inglés británico cuando la palabra siguiente empieza con vocal.
El signo ['] indica la sílaba acentuada.

SPANISH VERB FORMS

1 Gerund **2** Imperative **3** Present **4** Preterite **5** Future **6** Present subjunctive **7** Imperfect subjunctive **8** Past participle **9** Imperfect

Etc indicates that the irregular root is used for all persons of the tense, e.g. **oír: 6** oiga, oigas, oigamos, oigáis, oigan

1a HABLAR 1 hablando **2** habla, hablad **3** hablo, hablas, habla, hablamos, habláis, hablan **4** hablé, hablaste, habló, hablamos, hablasteis, hablaron **5** hablaré, hablarás, hablará, hablaremos, hablaréis, hablarán **6** hable, hables, hable, hablemos, habléis, hablen **7** hablara, hablaras, hablara, habláramos, hablarais, hablaran **8** hablado **9** hablaba, hablabas, hablaba, hablábamos, hablabais, hablaban

1b cambiar 2 cambia **3** cambio *etc* **6** cambie *etc*

1c enviar 2 envía **3** envío, envías, envía, envíen **6** envíe, envíes, envíe, envíen

1d evacuar 2 evacua **3** evacuo *etc* **6** evacue *etc*

1e situar 2 sitúa **3** sitúo, sitúas, sitúa, sitúen **6** sitúe, sitúes, sitúe, sitúen

1f cruzar 4 crucé **6** cruce *etc*

1g picar 4 piqué **6** pique *etc*

1h pagar 4 pagué **6** pague *etc*

1i averiguar 4 averigüé **6** averigüe *etc*

1j cerrar 2 cierra **3** cierro, cierras, cierra, cierran **6** cierre, cierres, cierre, cierren

1k errar 2 yerra **3** yerro, yerras, yerra, yerran **6** yerre, yerres, yerre, yerren

1l contar 2 cuenta **3** cuento, cuentas, cuenta, cuentan **6** cuente, cuentes, cuente, cuenten

1m degollar 2 degüella **3** degüello, degüellas, degüella, degüellan **6** degüelle, degüelles, degüelle, degüellen

1n jugar 2 juega **3** juego, juegas, juega, jueguen **6** juegue, juegues, juegue, jueguen

1o ESTAR 2 está **3** estoy, estás, está, están **4** estuve, estuviste, estuvo, estuvimos, estuvisteis, estuvieron **6** esté, estés, esté, estén **7** estuviera *etc*

1p andar 4 anduve *etc* **7** anduviera *etc*

1q dar 3 doy **4** di, diste, dio, dimos, disteis, dieron **7** diera *etc*

2a COMER 1 comiendo **2** come, comed **3** como, comes, come, comemos, coméis, comen **4** comí, comiste, comió, comimos, comisteis, comieron **5** comeré, comerás, comerá, comeremos, comeréis, comerán **6** coma, comas, coma, comamos, comáis, coman **7** comiera, comieras, comiera, comiéramos, comierais, comieran **8** comido **9** comía, comías, comía, comíamos, comíais, comían

2b vencer 3 venzo **6** venza *etc*

2c coger 3 cojo **6** coja *etc*

2d parecer 3 parezco **6** parezca *etc*

2e leer 1 leyendo **4** leyó, leyeron **7** leyera *etc*

2f tañer 1 tañendo **4** tañó, tañeron

2g perder **2** pierde **3** pierdo, pierdes, pierde, pierden **6** pierda, pierdas, pierda, pierdan

2h mover **2** mueve **3** muevo, mueves, mueve, mueven **6** mueva, muevas, mueva, muevan

2i oler **2** huele **3** huelo, hueles, huele, huelen **6** huela, huelas, huela, huelan

2j HABER **3** he, has, ha, hemos, han **4** hube, hubiste, hubo, hubimos, hubisteis, hubieron **5** habré *etc* **6** haya *etc* **7** hubiera *etc*

2k tener **2** ten **3** tengo, tienes, tiene, tienen **4** tuve, tuviste, tuvo, tuvimos, tuvisteis, tuvieron **5** tendré *etc* **6** tenga *etc* **7** tuviera *etc*

2l caber **3** quepo **4** cupe, cupiste, cupo, cupimos, cupisteis, cupieron **5** cabré *etc* **6** quepa *etc* **7** cupiera *etc*

2m saber **3** sé **4** supe, supiste, supo, supimos, supisteis, supieron **5** sabré *etc* **6** sepa *etc* **7** supiera *etc*

2n caer **1** cayendo **3** caigo **4** cayó, cayeron **6** caiga *etc* **7** cayera *etc*

2o traer **1** trayendo **3** traigo **4** traje, trajiste, trajo, trajimos, trajisteis, trajeron **6** traiga *etc* **7** trajera *etc*

2p valer **2** vale **3** valgo **5** valdré *etc* **6** valga *etc*

2q poner **2** pon **3** pongo **4** puse, pusiste, puso, pusimos, pusisteis, pusieron **5** pondré *etc* **6** ponga *etc* **7** pusiera *etc* **8** puesto

2r hacer **2** haz **3** hago **4** hice, hiciste, hizo, hicimos, hicisteis, hicieron **5** haré *etc* **6** haga *etc* **7** hiciera *etc* **8** hecho

2s poder **1** pudiendo **2** puede **3** puedo, puedes, puede, pueden **4** pude, pudiste, pudo, pudimos, pudisteis, pudieron **5** podré *etc* **6** pueda, puedas, pueda, puedan **7** pudiera *etc*

2t querer **2** quiere **3** quiero, quieres, quiere, quieren **4** quise, quisiste, quiso, quisimos, quisisteis, quisieron **5** querré *etc* **6** quiera, quieras, quiera, quieran **7** quisiera *etc*

2u ver **3** veo **6** vea *etc* **8** visto **9** veía *etc*

2v SER **2** sé **3** soy, eres, es, somos, sois, son **4** fui, fuiste, fue, fuimos, fuisteis, fueron **6** sea *etc* **7** fuera *etc* **9** era, eras, era, éramos, erais, eran

2w placer **3** plazco **6** plazca *etc*

2x yacer **2** yace or yaz **3** yazco or yazgo **6** yazca or yazga *etc*

2y roer **1** royendo **3** roo or roigo **7** royó, royeron, **6** roa or roiga *etc* **7** royera *etc*

3a VIVIR **1** viviendo **2** vive, vivid **3** vivo, vives, vive, vivimos, vivís, viven **4** viví, viviste, vivió, vivimos, vivisteis, vivieron **5** viviré, vivirás, vivirá, viviremos, viviréis, vivirán **6** viva, vivas, viva, vivamos, viváis, vivan **7** viviera, vivieras, viviera, viviéramos, vivierais, vivieran **8** vivido **9** vivía, vivías, vivía, vivíamos, vivías, vivían

3b esparcir **3** esparzo **6** esparza *etc*

3c dirigir **3** dirijo **6** dirija *etc*

3d distinguir **3** distingo **6** distinga *etc*

3e delinquir **3** delinco **6** delinca *etc*

3f lucir **3** luzco **6** luzca *etc*

3g instruir **1** instruyendo **2** instruye **3** instruyo, instruyes, instruye, instruyen **4** instruyó, instruyeron **6** instruya *etc* **7** instruyera *etc*

3h **gruñir** **1** gruñendo **4** gruñó, gruñeron

3i **sentir** **1** sintiendo **2** siente **3** siento, sientes, siente, sienten **4** sintió, sintieron **6** sienta, sientas, sienta, sintamos, sintáis, sientan **7** sintiera *etc*

3j **dormir** **1** durmiendo **2** duerme **3** duermo, duermes, duerme, duermen **4** durmió, durmieron **6** duerma, duermas, duerma, durmamos, durmáis, duerman **7** durmiera *etc*

3k **pedir** **1** pidiendo **2** pide **3** pido, pides, pide, piden **4** pidió, pidieron **6** pida *etc* **7** pidiera *etc*

3l **reír** **2** ríe **3** río, ríes, ríe, ríen **4** reí, rieron **6** ría, rías, ría, riamos, riáis, rían **7** riera *etc*

3m **erguir** **1** irguiendo **2** yergue **3** yergo, yergues, yergue, yerguen **4** irguió, irguieron **7** irguiera *etc*

3n **reducir** **3** reduzco **5** reduje *etc* **6** reduzca *etc* **7** redujera *etc*

3o **decir** **2** di **3** digo **4** dije, dijiste, dijo, dijimos, dijisteis, dijeron **5** diré *etc* **6** diga *etc* **7** dijera *etc* **8** dicho

3p **oír** **1** oyendo **2** oye **3** oigo, oyes, oye, oyen **4** oyó, oyeron **6** oiga *etc* **7** oyera *etc*

3q **salir** **2** sal **3** salgo **5** saldré *etc* **6** salga *etc*

3r **venir** **2** ven **3** vengo, vienes, viene, vienen **4** vine, viniste, vino, vinimos, vinisteis, vinieron **5** vendré *etc* **6** venga *etc* **7** viniera *etc*

3s **ir** **1** yendo **2** ve **3** voy, vas, va, vamos, vais, van **4** fui, fuiste, fue, fuimos, fuisteis, fueron **6** vaya, vayas, vaya, vayamos, vayáis, vayan **7** fuera *etc* **9** iba, ibas, iba, íbamos, ibais, iban

VERBOS IRREGULARES EN INGLÉS

PRESENTE	PASADO	PARTICIPIO
arise	arose	arisen
awake	awoke	awoken
be (am, is, are; being)	was, were	been
bear	bore	born(e)
beat	beat	beaten
become	became	become
begin	began	begun
bend	bent	bent
bet	bet, betted	bet, betted
bid (*at auction, cards*)	bid	bid
bid (*say*)	bade	bidden
bind	bound	bound
bite	bit	bitten
bleed	bled	bled
blow	blew	blown
break	broke	broken
breed	bred	bred
bring	brought	brought
build	built	built
burn	burnt, burned	burnt, burned
burst	burst	burst
buy	bought	bought
can	could	(been able)
cast	cast	cast
catch	caught	caught
choose	chose	chosen
cling	clung	clung
come	came	come
cost (*be valued at*)	cost	cost
cost (*work out price of*)	costed	costed
creep	crept	crept
cut	cut	cut
deal	dealt	dealt
dig	dug	dug
do (does)	did	done
draw	drew	drawn
dream	dreamed, dreamt	dreamed, dreamt
drink	drank	drunk
drive	drove	driven
dwell	dwelt	dwelt
eat	ate	eaten
fall	fell	fallen
feed	fed	fed
feel	felt	felt
fight	fought	fought
find	found	found
flee	fled	fled
fling	flung	flung
fly	flew	flown
forbid	forbad(e)	forbidden
forecast	forecast	forecast
forget	forgot	forgotten
forgive	forgave	forgiven
forsake	forsook	forsaken
freeze	froze	frozen
get	got	got, (*us*) gotten
give	gave	given
go (goes)	went	gone
grind	ground	ground
grow	grew	grown
hang	hung	hung
hang(*execute*)	hanged	hanged
have	had	had
hear	heard	heard
hide	hid	hidden
hit	hit	hit
hold	held	held
hurt	hurt	hurt
keep	kept	kept
kneel	knelt, kneeled	knelt, kneeled
know	knew	known
lay	laid	laid
lead	led	led

PRESENTE	PASADO	PARTICIPIO
lean	leant, leaned	leant, leaned
leap	leapt, leaped	leapt, leaped
learn	learnt, learned	learnt, learned
leave	left	left
lend	lent	lent
let	let	let
lie (lying)	lay	lain
light	lit, lighted	lit, lighted
lose	lost	lost
make	made	made
may	might	–
mean	meant	meant
meet	met	met
mistake	mistook	mistaken
mow	mowed	mown, mowed
must	(had to)	(had to)
pay	paid	paid
put	put	put
quit	quit, quitted	quit, quitted
read	read	read
rid	rid	rid
ride	rode	ridden
ring	rang	rung
rise	rose	risen
run	ran	run
saw	sawed	sawed, sawn
say	said	said
see	saw	seen
seek	sought	sought
sell	sold	sold
send	sent	sent
set	set	set
sew	sewed	sewn
shake	shook	shaken
shear	sheared	shorn, sheared
shed	shed	shed
shine	shone	shone
shoot	shot	shot
show	showed	shown
shrink	shrank	shrunk
shut	shut	shut
sing	sang	sung
sink	sank	sunk
sit	sat	sat
slay	slew	slain
sleep	slept	slept
slide	slid	slid
sling	slung	slung
slit	slit	slit
smell	smelt, smelled	smelt, smelled
sow	sowed	sown, sowed
speak	spoke	spoken
speed	sped, speeded	sped, speeded
spell	spelt, spelled	spelt, spelled
spend	spent	spent
spill	spilt, spilled	spilt, spilled
spin	spun	spun
spit	spat	spat
spoil	spoiled, spoilt	spoiled, spoilt
spread	spread	spread
spring	sprang	sprung
stand	stood	stood
steal	stole	stolen
stick	stuck	stuck
sting	stung	stung
stink	stank	stunk
stride	strode	stridden
strike	struck	struck

PRESENTE	PASADO	PARTICIPIO	PRESENTE	PASADO	PARTICIPIO
strive	strove	striven	**tread**	trod	trodden
swear	swore	sworn	**wake**	woke, waked	woken, waked
sweep	swept	swept			
swell	swelled	swollen, swelled	**wear**	wore	worn
			weave (*on loom*)	wove	woven
swim	swam	swum			
swing	swung	swung	**weave** (*wind*)	weaved	weaved
take	took	taken	**wed**	wedded, wed	wedded, wed
teach	taught	taught			
tear	tore	torn	**weep**	wept	wept
tell	told	told	**win**	won	won
think	thought	thought	**wind**	wound	wound
throw	threw	thrown	**wring**	wrung	wrung
thrust	thrust	thrust	**write**	wrote	written

LOS NUMEROS		NUMBERS
un, uno(a)	1	one
dos	2	two
tres	3	three
cuatro	4	four
cinco	5	five
seis	6	six
siete	7	seven
ocho	8	eight
nueve	9	nine
diez	10	ten
once	11	eleven
doce	12	twelve
trece	13	thirteen
catorce	14	fourteen
quince	15	fifteen
dieciséis	16	sixteen
diecisiete	17	seventeen
dieciocho	18	eighteen
diecinueve	19	nineteen
veinte	20	twenty
veintiuno	21	twenty-one
veintidós	22	twenty-two
treinta	30	thirty
cuarenta	40	forty
cincuenta	50	fifty
sesenta	60	sixty
setenta	70	seventy
ochenta	80	eighty
noventa	90	ninety
cien, ciento	100	a hundred, one hundred
ciento uno(a)	101	a hundred and one
doscientos(as)	200	two hundred
trescientos(as)	300	three hundred
cuatrocientos(as)	400	four hundred
quiniento(as)	500	five hundred
seiscientos(as)	600	six hundred
setecientos(as)	700	seven hundred
ochocientos(as)	800	eight hundred
novecientos(as)	900	nine hundred
mil	1000	a thousand
cinco mil	5000	five thousand
un millón	1000000	a million

LOS NUMEROS

primer, primero(a), 1º, 1er, (1ª, 1era)
segundo(a), 20 (2ª)
tercer, tercero(a), 30 (3ª)
cuarto(a), 40 (4ª)
quinto(a), 50 (5ª)
sexto(a), 60 (6ª)
séptimo(a)
octavo(a)
noveno(a)
décimo(a)
undécimo(a)
duodécimo(a)
decimotercio(a)
decimocuarto(a)
decimoquinto(a)
decimosexto(a)
decimoséptimo(a)
decimoctavo(a)
decimonoveno(a)
vigésimo(a)
trigésimo(a)
centésimo(a)
milésimo(a)

NÚMEROS QUEBRADOS ETC

un medio
un tercio
un cuarto
un quinto
cero coma cinco, 0,5
tres coma cuatro, 3,4
diez por cien(to)
cien por cien

EJEMPLOS

va a llegar el 7 (de mayo)
vive en el número 7
el capítulo/la página 7
llegó séptimo

NUMBERS

first, 1st
second, 2nd
third, 3rd
fourth, 4th
fifth, 5th
sixth, 6th
seventh
eighth
ninth
tenth
eleventh
twelfth
thirteenth
fourteenth
fifteenth
sixteenth
seventeenth
eighteenth
nineteenth
twentieth
thirtieth
hundredth
thousandth

FRACTIONS ETC

a half
a third
a quarter
a fifth
(nought) point five, 0.5
three point four, 3.4
ten per cent
a hundred per cent

EXAMPLES

he's arriving on the 7th (of May)
he lives at number 7
chapter/page 7
he came in 7th

N.B. In Spanish the ordinal numbers from 1 to 10 are commonly used; from 11 to 20 rather less; above 21 they are rarely written and almost never heard in speech.

a

PALABRA CLAVE

a [a] *prep* **1** (*dirección*) to; **fueron a Madrid/Grecia** they went to Madrid/Greece; **me voy a casa** I'm going home
2 (*distancia*): **está a 15 km de aquí** it's 15 km from here
3 (*posición*): **estar a la mesa** to be at table; **al lado de** next to, beside; *V tb* **puerta**
4 (*tiempo*): **a las 10/a medianoche** at 10/midnight; **a la mañana siguiente** the following morning; **a los pocos días** after a few days; **estamos a 9 de julio** it's the 9th of July; **a los 24 años** at the age of 24; **al año/a la semana** a year/week later
5 (*manera*): **a la francesa** the French way; **a caballo** on horseback; **a oscuras** in the dark
6 (*medio, instrumento*): **a lápiz** in pencil; **a mano** by hand; **cocina a gas** gas stove
7 (*razón*): **a dos euros el kilo** at two euros a kilo; **a más de 50 km por hora** at more than 50 km per hour
8 (*dativo*): **se lo di a él** I gave it to him; **se lo compré a él** I bought it from him
9 (*complemento directo*): **vi al policía** I saw the policeman
10 (*tras ciertos verbos*): **voy a verle** I'm going to see him; **empezó a trabajar** he started working *o* to work
11 (*+ infin*): **al verle, le reconocí inmediatamente** when I saw him I recognized him at once; **el camino a recorrer** the distance we *etc* have to travel; **¡a callar!** keep quiet!; **¡a comer!** let's eat!

abad, esa [a'βað, 'ðesa] *nm/f* abbot/abbess; **abadía** *nf* abbey
abajo [a'βaxo] *adv* (*situación*) (down) below, underneath; (*en edificio*) downstairs; (*dirección*) down, downwards; **el piso de ~** the downstairs flat; **la parte de ~** the lower part; **¡~ el gobierno!** down with the government!; **cuesta/río ~** downhill/downstream; **de arriba ~** from top to bottom; **el ~ firmante** the undersigned; **más ~** lower *o* further down
abalanzarse [aβalan'θarse] /1f/ *vr*: **~ sobre** *o* **contra** to throw o.s. at
abanderado, -a [aβande'raðo, a] *nm/f* (*portaestandarte*) standard bearer; (*de un movimiento*) champion, leader; (LAM: *linier*) linesman, assistant referee
abandonado, -a [aβando'naðo, a] *adj* derelict; (*desatendido*) abandoned; (*desierto*) deserted; (*descuidado*) neglected
abandonar [aβando'nar] /1a/ *vt* to leave; (*persona*) to abandon, desert; (*cosa*) to abandon, leave behind; (*descuidar*) to neglect; (*renunciar a*) to give up; (*Inform*) to quit; **abandonarse**

vr: **~se a** to abandon o.s. to; **abandono** *nm* (*acto*) desertion, abandonment; (*estado*) abandon, neglect; (*renuncia*) withdrawal, retirement; **ganar por abandono** to win by default

abanico [aβa'niko] *nm* fan; (*Naut*) derrick

abarcar [aβar'kar] /1g/ *vt* to include, embrace; (LAM) to monopolize

abarrotado, -a [aβarro'taðo, a] *adj* packed

abarrotar [aβarro'tar] /1a/ *vt* (*local, estadio, teatro*) to fill, pack

abarrote [aβa'rrote] *nm* packing; **abarrotes** *nmpl* (LAM) groceries; **tienda de ~s** (LAM) grocery store

abarrotero, -a [aβarro'tero, a] *nm/f* (LAM) grocer

abastecer [aβaste'θer] /2d/ *vt*: **~ (de)** to supply (with); **abastecimiento** *nm* supply

abasto [a'βasto] *nm* supply; **no dar ~ a algo** not to be able to cope with sth

abatible [aβa'tiβle] *adj*: **asiento ~** tip-up seat; (*Auto*) reclining seat

abatido, -a [aβa'tiðo, a] *adj* dejected, downcast

abatir [aβa'tir] /3a/ *vt* (*muro*) to demolish; (*pájaro*) to shoot *o* bring down; (*fig*) to depress

abdicar [aβði'kar] /1g/ *vi* to abdicate

abdomen [aβ'ðomen] *nm* abdomen

abdominal [aβðomi'nal] *nm*: **~es** abdominals; (*Deporte*: *tb*: **ejercicios ~es**) sit-ups

abecedario [aβeθe'ðarjo] *nm* alphabet

abedul [aβe'ðul] *nm* birch

abeja [a'βexa] *nf* bee

abejorro [aβe'xorro] *nm* bumblebee

abertura [aβer'tura] *nf* = **apertura**

abeto [a'βeto] *nm* fir

abierto, -a [a'βjerto, a] *pp de* **abrir** ▷ *adj* open

abismal [aβis'mal] *adj* (*fig*) vast, enormous

abismo [a'βismo] *nm* abyss

ablandar [aβlan'dar] /1a/ *vt* to soften ▷ **ablandarse** *vr* to get softer

abocado, -a [aβo'kaðo, a] *adj*: **verse ~ al desastre** to be heading for disaster

abochornar [aβotʃor'nar] /1a/ *vt* to embarrass; **abochornarse** *vr* to get flustered; (*Bot*) to wilt; **~se de** to get embarrassed about

abofetear [aβofete'ar] /1a/ *vt* to slap (in the face)

abogado, -a [aβo'ɣaðo, a] *nm/f* lawyer; (*notario*) solicitor; (*en tribunal*) barrister, advocate, attorney (US); **~ defensor** defence lawyer (BRIT), defense attorney (US)

abogar [aβo'ɣar] /1h/ *vi*: **~ por** to plead for; (*fig*) to advocate

abolir [aβo'lir] *vt* to abolish; (*cancelar*) to cancel

abolladura [aβoʎa'ðura] *nf* dent

abollar [aβo'ʎar] /1a/ *vt* to dent

abombarse [aβom'barse] /1a/ (LAM) *vr* to go bad

abominable [aβomi'naβle] *adj* abominable

abonado, -a [aβo'naðo, a] *adj* (*deuda*) paid(-up) ▷ *nm/f* subscriber

abonar [aβo'nar] /1a/ *vt* (*deuda*) to settle; (*terreno*) to fertilize; (*idea*) to endorse; **abonarse** *vr* to subscribe; **abono** *nm* payment; fertilizer; subscription

abordar [aβor'ðar] /1a/ *vt* (*barco*) to board; (*asunto*) to broach

aborigen [aβo'rixen] *nmf* aborigine

aborrecer [aβorre'θer] /2d/ *vt* to hate, loathe

abortar [aβor'tar] /1a/ *vi* (*malparir*) to have a miscarriage; (*deliberadamente*) to have an abortion; **aborto** *nm* miscarriage; abortion

abovedado, -a [aβoβe'ðaðo, a] *adj* vaulted, domed

abrasar [aβra'sar] /1a/ *vt* to burn (up); (*Agr*) to dry up, parch

abrazar [aβra'θar] /1f/ *vt* to embrace, hug

abrazo [a'βraθo] *nm* embrace, hug; **un ~** (*en carta*) with best wishes
abrebotellas [aβreβo'teʎas] *nm inv* bottle opener
abrecartas [aβre'kartas] *nm inv* letter opener
abrelatas [aβre'latas] *nm inv* tin (BRIT) *o* can (US) opener
abreviatura [aβreβja'tura] *nf* abbreviation
abridor [aβri'ðor] *nm* bottle opener; (*de latas*) tin (BRIT) *o* can (US) opener
abrigador, a [aβriga'ðor, a] *adj* (LAM) warm
abrigar [aβri'ɣar] /1h/ *vt* (*proteger*) to shelter; (*ropa*) to keep warm; (*fig*) to cherish
abrigo [a'βriɣo] *nm* (*prenda*) coat, overcoat; (*lugar protegido*) shelter
abril [a'βril] *nm* April; *V tb* **julio**
abrillantador [aβriʎanta'ðor] *nm* polish
abrillantar [aβriʎan'tar] /1a/ *vt* (*pulir*) to polish
abrir [a'βrir] /3a/ *vt* to open (up) ▷ *vi* to open; **abrirse** *vr* to open (up); (*extenderse*) to open out; (*cielo*) to clear; **~se paso** to find *o* force a way through
abrochar [aβro'tʃar] /1a/ *vt* (*con botones*) to button (up); (*zapato, con broche*) to do up
abrupto, -a [a'βrupto, a] *adj* abrupt; (*empinado*) steep
absoluto, -a [aβso'luto, a] *adj* absolute; **en ~** *adv* not at all
absolver [aβsol'βer] /2h/ *vt* to absolve; (*Jur*) to pardon; (: *acusado*) to acquit
absorbente [aβsor'βente] *adj* absorbent; (*interesante*) absorbing
absorber [aβsor'βer] /2a/ *vt* to absorb; (*embeber*) to soak up
absorción [aβsor'θjon] *nf* absorption; (*Com*) takeover
abstemio, -a [aβs'temjo, a] *adj* teetotal
abstención [aβsten'θjon] *nf* abstention
abstenerse [aβste'nerse] /2k/ *vr*: **~ (de)** to abstain *o* refrain (from)
abstinencia [aβsti'nenθja] *nf* abstinence; (*ayuno*) fasting
abstracto, -a [aβ'strakto, a] *adj* abstract
abstraer [aβstra'er] /2o/ *vt* to abstract; **abstraerse** *vr* to be *o* become absorbed
abstraído, -a [aβstra'iðo, a] *adj* absent-minded
absuelto [aβ'swelto] *pp de* **absolver**
absurdo, -a [aβ'surðo, a] *adj* absurd
abuchear [aβutʃe'ar] /1a/ *vt* to boo
abuela [a'βwela] *nf* grandmother
abuelo [a'βwelo] *nm* grandfather; **abuelos** *nmpl* grandparents
abultado, -a [aβul'taðo, a] *adj* bulky
abultar [aβul'tar] /1a/ *vi* to be bulky
abundancia [aβun'danθja] *nf*: **una ~ de** plenty of; **abundante** *adj* abundant, plentiful
abundar [aβun'dar] /1a/ *vi* to abound, be plentiful
aburrido, -a [aβu'rriðo, a] *adj* (*hastiado*) bored; (*que aburre*) boring; **aburrimiento** *nm* boredom, tedium
aburrir [aβu'rrir] /3a/ *vt* to bore; **aburrirse** *vr* to be bored, get bored
abusado, -a [aβu'saðo, a] *adj* (LAM *fam*: *astuto*) sharp, cunning ▷ *excl*: **¡~!** (*inv*) look out!, careful!
abusar [aβu'sar] /1a/ *vi* to go too far; **~ de** to abuse
abusivo, -a [aβu'siβo, a] *adj* (*precio*) exorbitant
abuso [a'βuso] *nm* abuse
acá [a'ka] *adv* (*lugar*) here
acabado, -a [aka'βaðo, a] *adj* finished, complete; (*perfecto*) perfect; (*agotado*) worn out; (*fig*) masterly ▷ *nm* finish
acabar [aka'βar] /1a/ *vt* (*llevar a su fin*) to finish, complete; (*consumir*) to use up; (*rematar*) to finish off ▷ *vi* to finish, end; **acabarse** *vr* to finish, stop; (*terminarse*) to be over; (*agotarse*) to run out; **~ con** to put an end to;

~ de llegar to have just arrived; **~ haciendo** *o* **por hacer algo** to end up (by) doing sth; **¡se acabó!** (*¡basta!*) that's enough!; (*se terminó*) it's all over!

acabose [aka'βose] *nm*: **esto es el ~** this is the last straw

academia [aka'ðemja] *nf* academy; **~ de idiomas** language school; *V tb* **colegio**; **académico, -a** *adj* academic

acalorado, -a [akalo'raðo, a] *adj* (*discusión*) heated

acampar [akam'par] /1a/ *vi* to camp

acantilado [akanti'laðo] *nm* cliff

acaparar [akapa'rar] /1a/ *vt* to monopolize; (*acumular*) to hoard

acariciar [akari'θjar] /1b/ *vt* to caress; (*esperanza*) to cherish

acarrear [akarre'ar] /1a/ *vt* to transport; (*fig*) to cause, result in

acaso [a'kaso] *adv* perhaps, maybe; **(por) si ~** (just) in case

acatar [aka'tar] /1a/ *vt* to respect; (*ley*) to obey, observe

acatarrarse [akata'rrarse] /1a/ *vr* to catch a cold

acceder [akθe'ðer] /2a/ *vi* to accede, agree; **~ a** (*petición etc*) to agree to; (*tener acceso a*) to have access to; (*Inform*) to access

accesible [akθe'siβle] *adj* accessible

acceso [ak'θeso] *nm* access, entry; (*camino*) access road; (*Med*) attack, fit

accesorio, -a [akθe'sorjo, a] *adj* accessory ▷ *nm* accessory

accidentado, -a [akθiðen'taðo, a] *adj* uneven; (*montañoso*) hilly; (*azaroso*) eventful ▷ *nm/f* accident victim

accidental [akθiðen'tal] *adj* accidental

accidente [akθi'ðente] *nm* accident; **accidentes** *nmpl* (*de terreno*) unevenness *sg*; **~ laboral** *o* **de trabajo/de tráfico** industrial/road *o* traffic accident

acción [ak'θjon] *nf* action; (*acto*) action, act; (*Com*) share; (*Jur*) action, lawsuit; **accionar** /1a/ *vt* to work, operate; (*ejecutar*) to activate

accionista [akθjo'nista] *nmf* shareholder

acebo [a'θeβo] *nm* holly; (*árbol*) holly tree

acechar [aθe'tʃar] /1a/ *vt* to spy on; (*aguardar*) to lie in wait for; **acecho** *nm*: **estar al acecho (de)** to lie in wait (for)

aceite [a'θeite] *nm* oil; **~ de girasol/oliva** olive/sunflower oil; **aceitera** *nf* oilcan; **aceitoso, -a** *adj* oily

aceituna [aθei'tuna] *nf* olive; **~ rellena** stuffed olive

acelerador [aθelera'ðor] *nm* accelerator

acelerar [aθele'rar] /1a/ *vt* to accelerate

acelga [a'θelɣa] *nf* chard, beet

acento [a'θento] *nm* accent; (*acentuación*) stress

acentuar [aθen'twar] /1e/ *vt* to accent; to stress; (*fig*) to accentuate

acepción [aθep'θjon] *nf* meaning

aceptable [aθep'taβle] *adj* acceptable

aceptación [aθepta'θjon] *nf* acceptance; (*aprobación*) approval

aceptar [aθep'tar] /1a/ *vt* to accept; (*aprobar*) to approve; **~ hacer algo** to agree to do sth

acequia [a'θekja] *nf* irrigation ditch

acera [a'θera] *nf* pavement (*BRIT*), sidewalk (*US*)

acerca [a'θerka]: **~ de** *prep* about, concerning

acercar [aθer'kar] /1g/ *vt* to bring *o* move nearer; **acercarse** *vr* to approach, come near

acero [a'θero] *nm* steel

acérrimo, -a [a'θerrimo, a] *adj* (*partidario*) staunch; (*enemigo*) bitter

acertado, -a [aθer'taðo, a] *adj* correct; (*apropiado*) apt; (*sensato*) sensible

acertar [aθer'tar] /1j/ *vt* (*blanco*) to hit; (*solución*) to get right; (*adivinar*) to guess ▷ *vi* to get it right, be right; **~ a** to manage to; **~ con** to happen *o* hit on

acertijo [aθer'tixo] *nm* riddle, puzzle
achacar [atʃa'kar] /1g/ *vt* to attribute
achacoso, -a [atʃa'koso, a] *adj* sickly
achicar [atʃi'kar] /1g/ *vt* to reduce; (*Naut*) to bale out
achicharrar [atʃitʃa'rrar] /1a/ *vt* to scorch, burn
achichincle [atʃi'tʃinkle] *nmf* (*LAm fam*) minion
achicoria [atʃi'korja] *nf* chicory
achuras [a'tʃuras] *nf* (*LAm Culin*) offal
acicate [aθi'kate] *nm* spur
acidez [aθi'ðeθ] *nf* acidity
ácido, -a ['aθiðo, a] *adj* sour, acid ▷ *nm* acid
acierto *etc* [a'θjerto] *vb V* **acertar** ▷ *nm* success; (*buen paso*) wise move; (*solución*) solution; (*habilidad*) skill, ability
acitronar [aθitro'nar] /1a/ (*LAm*) *vt* (*fam*) to brown
aclamar [akla'mar] /1a/ *vt* to acclaim; (*aplaudir*) to applaud
aclaración [aklara'θjon] *nf* clarification, explanation
aclarar [akla'rar] /1a/ *vt* to clarify, explain; (*ropa*) to rinse ▷ *vi* to clear up; **aclararse** *vr* (*explicarse*) to understand; **~se la garganta** to clear one's throat
aclimatación [aklimata'θjon] *nf* acclimatization
aclimatar [aklima'tar] /1a/ *vt* to acclimatize; **aclimatarse** *vr* to become *o* get acclimatized
acné [ak'ne] *nm* acne
acobardar [akoβar'ðar] /1a/ *vt* to daunt, intimidate
acogedor, a [akoxe'ðor, a] *adj* welcoming; (*hospitalario*) hospitable
acoger [ako'xer] /2c/ *vt* to welcome; (*abrigar*) to shelter
acogida [ako'xiða] *nf* reception; refuge
acomedido, -a [akome'ðiðo, a] (*LAm*) *adj* helpful, obliging
acometer [akome'ter] /2a/ *vt* to attack; (*emprender*) to undertake; **acometida** *nf* attack, assault
acomodado, -a [akomo'ðaðo, a] *adj* (*persona*) well-to-do
acomodador, a [akomoða'ðor, a] *nm/f* usher(ette)
acomodar [akomo'ðar] /1a/ *vt* to adjust; (*alojar*) to accommodate; **acomodarse** *vr* to conform; (*instalarse*) to install o.s.; (*adaptarse*) to adapt o.s.; **~se (a)** to adapt (to)
acompañar [akompa'ɲar] /1a/ *vt* to accompany; (*documentos*) to enclose
acondicionar [akondiθjo'nar] /1a/ *vt* to get ready, prepare; (*pelo*) to condition
aconsejar [akonse'xar] /1a/ *vt* to advise, counsel; **~ a algn hacer** *o* **que haga algo** to advise sb to do sth
acontecer [akonte'θer] /2d/ *vi* to happen, occur; **acontecimiento** *nm* event
acopio [a'kopjo] *nm* store, stock
acoplar [ako'plar] /1a/ *vt* to fit; (*Elec*) to connect; (*vagones*) to couple
acorazado, -a [akora'θaðo, a] *adj* armour-plated, armoured ▷ *nm* battleship
acordar [akor'ðar] /1l/ *vt* (*resolver*) to agree, resolve; (*recordar*) to remind; **acordarse** *vr* to agree; **~ hacer algo** to agree to do sth; **~se (de algo)** to remember (sth); **acorde** *adj* (*Mus*) harmonious ▷ *nm* chord; **acorde con** (*medidas etc*) in keeping with
acordeón [akorðe'on] *nm* accordion
acordonado, -a [akorðo'naðo, a] *adj* (*calle*) cordoned-off
acorralar [akorra'lar] /1a/ *vt* to round up, corral
acortar [akor'tar] /1a/ *vt* to shorten; (*duración*) to cut short; (*cantidad*) to reduce; **acortarse** *vr* to become shorter
acosar [ako'sar] /1a/ *vt* to pursue relentlessly; (*fig*) to hound, pester; **acoso** *nm* harassment; **acoso escolar** bullying; **acoso sexual** sexual harassment
acostar [akos'tar] /1l/ *vt* (*en cama*) to put to bed; (*en suelo*) to lay down;

acostarse *vr* to go to bed; to lie down; **~se con algn** to sleep with sb

acostumbrado, -a [akostum'braðo, a] *adj* usual; **estar ~ a (hacer) algo** to be used to (doing) sth

acostumbrar [akostum'brar] /1a/ *vt*: **~ a algn a algo** to get sb used to sth ▷ *vi*: **~ (a hacer algo)** to be in the habit (of doing sth); **acostumbrarse** *vr*: **~se a** to get used to

acotación [akota'θjon] *nf* marginal note; (*Geo*) elevation mark; (*de límite*) boundary mark; (*Teat*) stage direction

acotamiento [akota'mjento] (*LAM*) *nm* hard shoulder (*BRIT*), berm (*US*)

acre ['akre] *adj* (*olor*) acrid; (*fig*) biting ▷ *nm* acre

acreditar [akreði'tar] /1a/ *vt* (*garantizar*) to vouch for, guarantee; (*autorizar*) to authorize; (*dar prueba de*) to prove; (*Com*: *abonar*) to credit; (*embajador*) to accredit

acreedor, a [akree'ðor, a] *nm/f* creditor

acribillar [akriβi'ʎar] /1a/ *vt*: **~ a balazos** to riddle with bullets

acróbata [a'kroβata] *nmf* acrobat

acta ['akta] *nf* certificate; (*de comisión*) minutes *pl*, record; **~ de nacimiento/de matrimonio** birth/marriage certificate; **~ notarial** affidavit

actitud [akti'tuð] *nf* attitude; (*postura*) posture

activar [akti'βar] /1a/ *vt* to activate; (*acelerar*) to speed up

actividad [aktiβi'ðað] *nf* activity

activo, -a [ak'tiβo, a] *adj* active; (*vivo*) lively ▷ *nm* (*Com*) assets *pl*

acto ['akto] *nm* act, action; (*ceremonia*) ceremony; (*Teat*) act; **en el ~** immediately

actor [ak'tor] *nm* actor; (*Jur*) plaintiff ▷ *adj*: **parte ~a** prosecution

actriz [ak'triθ] *nf* actress

actuación [aktwa'θjon] *nf* action; (*comportamiento*) conduct, behaviour; (*Jur*) proceedings *pl*; (*desempeño*) performance

actual [ak'twal] *adj* present(-day), current; **actualidad** *nf* present; **en la actualidad** at present; (*hoy día*) nowadays; **actualizar** /1f/ *vt* to update, modernize; **actualmente** *adv* at present; (*hoy día*) nowadays

> No confundir *actual* con la palabra inglesa *actual*.
> No confundir *actualmente* con la palabra inglesa *actually*.

actuar [ak'twar] /1e/ *vi* (*obrar*) to work, operate; (*actor*) to act, perform ▷ *vt* to work, operate; **~ de** to act as

acuarela [akwa'rela] *nf* watercolour

acuario [a'kwarjo] *nm* aquarium; **A~** (*Astro*) Aquarius

acuático, -a [a'kwatiko, a] *adj* aquatic

acudir [aku'ðir] /3a/ *vi* to attend, turn up; (*ir*) to go; **~ a** to turn to; **~ en ayuda de** to go to the aid of; **~ a una cita** to keep an appointment

acuerdo [a'kwerðo] *vb V* **acordar** ▷ *nm* agreement; **¡de ~!** agreed!; **de ~ con** (*persona*) in agreement with; (*acción, documento*) in accordance with; **estar de ~** (*persona*) to agree

acumular [akumu'lar] /1a/ *vt* to accumulate, collect

acuñar [aku'ɲar] /1a/ *vt* (*moneda*) to mint; (*frase*) to coin

acupuntura [akupun'tura] *nf* acupuncture

acurrucarse [akurru'karse] /1g/ *vr* to crouch; (*ovillarse*) to curl up

acusación [akusa'θjon] *nf* accusation

acusar [aku'sar] /1a/ *vt* to accuse; (*revelar*) to reveal; (*denunciar*) to denounce

acuse [a'kuse] *nm*: **~ de recibo** acknowledgement of receipt

acústico, -a [a'kustiko, a] *adj* acoustic ▷ *nf* acoustics *pl*

adaptación [aðapta'θjon] *nf* adaptation

adaptador [aðapta'ðor] *nm* (*Elec*) adapter; **~ universal** universal adapter

adaptar [aðap'tar] /1a/ *vt* to adapt; (*acomodar*) to fit

adecuado, -a [aðe'kwaðo, a] *adj* (*apto*) suitable; (*oportuno*) appropriate

a. de J.C. *abr* (= *antes de Jesucristo*) B.C.

adelantado, -a [aðelan'taðo, a] *adj* advanced; (*reloj*) fast; **pagar por ~** to pay in advance

adelantamiento [aðelanta'mjento] *nm* (*Auto*) overtaking

adelantar [aðelan'tar] /1a/ *vt* to move forward; (*avanzar*) to advance; (*acelerar*) to speed up; (*Auto*) to overtake ▷ *vi* (*ir delante*) to go ahead; (*progresar*) to improve; **adelantarse** *vr* to move forward

adelante [aðe'lante] *adv* forward(s), ahead ▷ *excl* come in!; **de hoy en ~** from now on; **más ~** later on; (*más allá*) further on

adelanto [aðe'lanto] *nm* advance; (*mejora*) improvement; (*progreso*) progress

adelgazar [aðelɣa'θar] /1f/ *vt* to thin (down) ▷ *vi* to get thin; (*con régimen*) to slim down, lose weight

ademán [aðe'man] *nm* gesture; **ademanes** *nmpl* manners

además [aðe'mas] *adv* besides; (*por otra parte*) moreover; (*también*) also; **~ de** besides, in addition to

adentrarse [aðen'trarse] /1a/ *vr*: **~ en** to go into, get inside; (*penetrar*) to penetrate (into)

adentro [a'ðentro] *adv* inside, in; **mar ~** out at sea; **tierra ~** inland

adepto, -a [a'ðepto, a] *nm/f* supporter

aderezar [aðere'θar] /1f/ *vt* (*ensalada*) to dress; (*comida*) to season; **aderezo** *nm* dressing; seasoning

adeudar [aðeu'ðar] /1a/ *vt* to owe

adherirse [aðe'rirse] /3i/ *vr*: **~ a** to adhere to; (*partido*) to join

adhesión [aðe'sjon] *nf* adhesion; (*fig*) adherence

adicción [aðik'θjon] *nf* addiction

adición [aði'θjon] *nf* addition

adicto, -a [a'ðikto, a] *adj*: **~ a** addicted to; (*dedicado*) devoted to ▷ *nm/f* supporter, follower; (*toxicómano etc*) addict

adiestrar [aðjes'trar] /1a/ *vt* to train, teach; (*conducir*) to guide, lead

adinerado, -a [aðine'raðo, a] *adj* wealthy

adiós [a'ðjos] *excl* (*para despedirse*) goodbye!, cheerio!; (*al pasar*) hello!

aditivo [aði'tiβo] *nm* additive

adivinanza [aðiβi'nanθa] *nf* riddle

adivinar [aðiβi'nar] /1a/ *vt* to prophesy; (*conjeturar*) to guess; **adivino, -a** *nm/f* fortune-teller

adj *abr* (= *adjunto*) encl

adjetivo [aðxe'tiβo] *nm* adjective

adjudicar [aðxuði'kar] /1g/ *vt* to award; **adjudicarse** *vr*: **~se algo** to appropriate sth

adjuntar [aðxun'tar] /1a/ *vt* to attach, enclose; **adjunto, -a** *adj* attached, enclosed ▷ *nm/f* assistant

administración [aðministra'θjon] *nf* administration; (*dirección*) management; **administrador, a** *nm/f* administrator; manager(ess)

administrar [aðminis'trar] /1a/ *vt* to administer; **administrativo, -a** *adj* administrative

admirable [aðmi'raβle] *adj* admirable

admiración [aðmira'θjon] *nf* admiration; (*asombro*) wonder; (*Ling*) exclamation mark

admirar [aðmi'rar] /1a/ *vt* to admire; (*extrañar*) to surprise

admisible [aðmi'siβle] *adj* admissible

admisión [aðmi'sjon] *nf* admission; (*reconocimiento*) acceptance

admitir [aðmi'tir] /3a/ *vt* to admit; (*aceptar*) to accept

adobar [aðo'βar] /1a/ *vt* (*cocinar*) to season

adobe [a'ðoβe] *nm* adobe, sun-dried brick
adolecer [aðole'θer] /2d/ *vi*: **~ de** to suffer from
adolescente [aðoles'θente] *nmf* adolescent, teenager
adonde *conj* (to) where
adónde [a'ðonde] *adv* = **dónde**
adopción [aðop'θjon] *nf* adoption
adoptar [aðop'tar] /1a/ *vt* to adopt
adoptivo, -a [aðop'tiβo, a] *adj* (*padres*) adoptive; (*hijo*) adopted
adoquín [aðo'kin] *nm* paving stone
adorar [aðo'rar] /1a/ *vt* to adore
adornar [aðor'nar] /1a/ *vt* to adorn
adorno [a'ðorno] *nm* (*objeto*) ornament; (*decoración*) decoration
adosado, -a [aðo'saðo, a] *adj* (*casa*) semidetached
adosar [aðo'sar] /1a/ (LAM) *vt* (*adjuntar*) to attach, enclose (*with a letter*)
adquiera *etc vb V* **adquirir**
adquirir [aðki'rir] /3i/ *vt* to acquire, obtain
adquisición [aðkisi'θjon] *nf* acquisition
adrede [a'ðreðe] *adv* on purpose
ADSL *nm abr* ADSL
aduana [a'ðwana] *nf* customs *pl*
aduanero, -a [aðwa'nero, a] *adj* customs *cpd* ▷ *nm/f* customs officer
adueñarse [aðwe'ɲarse] /1a/ *vr*: **~ de** to take possession of
adular [aðu'lar] /1a/ *vt* to flatter
adulterar [aðulte'rar] /1a/ *vt* to adulterate
adulterio [aðul'terjo] *nm* adultery
adúltero, -a [a'ðultero, a] *adj* adulterous ▷ *nm/f* adulterer/adulteress
adulto, -a [a'ðulto, a] *adj, nm/f* adult
adverbio [að'βerβjo] *nm* adverb
adversario, -a [aðβer'sarjo, a] *nm/f* adversary
adversidad [aðβersi'ðað] *nf* adversity; (*contratiempo*) setback
adverso, -a [að'βerso, a] *adj* adverse
advertencia [aðβer'tenθja] *nf* warning; (*prefacio*) preface, foreword
advertir [aðβer'tir] /3i/ *vt* to notice; (*avisar*): **~ a algn de** to warn sb about *o* of
Adviento [að'βjento] *nm* Advent
advierta *etc vb V* **advertir**
aéreo, -a [a'ereo, a] *adj* aerial
aerobic [ae'roβik] *nm*, (LAM) **aerobics** [ae'roβiks] *nmpl* aerobics *sg*
aerodeslizador [aeroðesliθa'ðor] *nm* hovercraft
aeromozo, -a [aero'moθo, a] *nm/f* (LAM) air steward(ess)
aeronáutica [aero'nautika] *nf* aeronautics *sg*
aeronave [aero'naβe] *nm* spaceship
aeroplano [aero'plano] *nm* aeroplane
aeropuerto [aero'pwerto] *nm* airport
aerosol [aero'sol] *nm* aerosol
afamado, -a [afa'maðo, a] *adj* famous
afán [a'fan] *nm* hard work; (*deseo*) desire
afanador, a [afana'ðor, a] (LAM) *nm/f* (*de limpieza*) cleaner
afanar [afa'nar] /1a/ *vt* to harass; (*fam*) to pinch; **afanarse** *vr*: **~se por** to strive to
afear [afe'ar] /1a/ *vt* to disfigure
afección [afek'θjon] *nf* (*Med*) disease
afectado, -a [afek'taðo, a] *adj* affected
afectar [afek'tar] /1a/ *vt* to affect
afectísimo, -a [afek'tisimo, a] *adj* affectionate; **suyo ~** yours truly
afectivo, -a [afek'tiβo, a] *adj* (*problema etc*) emotional
afecto [a'fekto] *nm* affection; **tenerle ~ a algn** to be fond of sb
afectuoso, -a [afek'twoso, a] *adj* affectionate
afeitar [afei'tar] /1a/ *vt* to shave; **afeitarse** *vr* to shave
afeminado, -a [afemi'naðo, a] *adj* effeminate

Afganistán [afɣanis'tan] *nm* Afghanistan

afianzar [afjan'θar] /ɪf/ *vt* to strengthen, secure; **afianzarse** *vr* to become established

afiche [a'fitʃe] *nm* (*LAM*) poster

afición [afi'θjon] *nf*: **~ a** fondness *o* liking for; **la ~** the fans *pl*; **pinto por ~** I paint as a hobby; **aficionado, -a** *adj* keen, enthusiastic; (*no profesional*) amateur ▷ *nm/f* enthusiast, fan; amateur; **ser aficionado a algo** to be very keen on *o* fond of sth

aficionar [afiθjo'nar] /ɪa/ *vt*: **~ a algn a algo** to make sb like sth; **aficionarse** *vr*: **~se a algo** to grow fond of sth

afilado, -a [afi'laðo, a] *adj* sharp

afilar [afi'lar] /ɪa/ *vt* to sharpen

afiliarse [afi'ljarse] /ɪb/ *vr* to affiliate

afín [a'fin] *adj* (*parecido*) similar; (*conexo*) related

afinar [afi'nar] /ɪa/ *vt* (*Tec*) to refine; (*Mus*) to tune ▷ *vi* (*tocar*) to play in tune; (*cantar*) to sing in tune

afincarse [afin'karse] /ɪg/ *vr* to settle

afinidad [afini'ðað] *nf* affinity; (*parentesco*) relationship; **por ~** by marriage

afirmación [afirma'θjon] *nf* affirmation

afirmar [afir'mar] /ɪa/ *vt* to affirm, state; **afirmativo, -a** *adj* affirmative

afligir [afli'xir] /ɜc/ *vt* to afflict; (*apenar*) to distress

aflojar [aflo'xar] /ɪa/ *vt* to slacken; (*desatar*) to loosen, undo; (*relajar*) to relax ▷ *vi* to drop; (*bajar*) to go down; **aflojarse** *vr* to relax

afluente [aflu'ente] *adj* flowing ▷ *nm* (*Geo*) tributary

afmo., -a. *abr* (= *afectísimo/a suyo/a*) Yours

afónico, -a [a'foniko, a] *adj*: **estar ~** to have a sore throat; to have lost one's voice

aforo [a'foro] *nm* (*de teatro etc*) capacity

afortunado, -a [afortu'naðo, a] *adj* fortunate, lucky

África ['afrika] *nf* Africa; **~ del Sur** South Africa; **africano, -a** *adj, nm/f* African

afrontar [afron'tar] /ɪa/ *vt* to confront; (*poner cara a cara*) to bring face to face

afrutado, -a [afru'taðo, a] *adj* fruity

after ['after] *nm*, **afterhours** ['afterauars] *nm inv* after-hours club

afuera [a'fwera] *adv* out, outside; **afueras** *nfpl* outskirts

agachar [aɣa'tʃar] /ɪa/ *vt* to bend, bow; **agacharse** *vr* to stoop, bend

agalla [a'ɣaʎa] *nf* (*Zool*) gill; **tener ~s** (*fam*) to have guts

agarradera [aɣarra'ðera] *nf* (*LAM*), **agarradero** [aɣarra'ðero] *nm* handle

agarrado, -a [aɣa'rraðo, a] *adj* mean, stingy

agarrar [aɣa'rrar] /ɪa/ *vt* to grasp, grab; (*LAM*: *tomar*) to take, catch; (*recoger*) to pick up ▷ *vi* (*planta*) to take root; **agarrarse** *vr* to hold on (tightly)

agencia [a'xenθja] *nf* agency; **~ de créditos/publicidad/viajes** credit/advertising/travel agency; **~ inmobiliaria** estate agent's (office) (*BRIT*), real estate office (*US*)

agenciar [axen'θjar] /ɪb/ *vt* to bring about; **agenciarse** *vr* to look after o.s.; **~se algo** to get hold of sth

agenda [a'xenda] *nf* diary; **~ electrónica** PDA

No confundir *agenda* con la palabra inglesa *agenda*.

agente [a'xente] *nmf* agent; (*tb*: **~ de policía**) policeman/policewoman; **~ de seguros** insurance broker; **~ de tránsito** (*LAM*) traffic cop; **~ inmobiliario** estate agent (*BRIT*), realtor (*US*)

ágil ['axil] *adj* agile, nimble; **agilidad** *nf* agility, nimbleness

agilizar [axili'θar] /ɪf/ *vt* (*trámites*) to speed up

agiotista [axjo'tista] (LAM) *nmf* (*usurero*) usurer
agitación [axita'θjon] *nf* (*de mano etc*) shaking, waving; (*de líquido etc*) stirring; agitation
agitado, -a [axi'aðo, a] *adj* hectic; (*viaje*) bumpy
agitar [axi'tar] /1a/ *vt* to wave, shake; (*líquido*) to stir; (*fig*) to stir up, excite; **agitarse** *vr* to get excited; (*inquietarse*) to get worried *o* upset
aglomeración [aɣlomera'θjon] *nf*: **~ de tráfico/gente** traffic jam/mass of people
agnóstico, -a [aɣ'nostiko, a] *adj*, *nm/f* agnostic
agobiar [aɣo'βjar] /1b/ *vt* to weigh down; (*oprimir*) to oppress; (*cargar*) to burden
agolparse [aɣol'parse] /1a/ *vr* to crowd together
agonía [aɣo'nia] *nf* death throes *pl*; (*fig*) agony, anguish
agonizante [aɣoni'θante] *adj* dying
agonizar [aɣoni'θar] /1f/ *vi* to be dying
agosto [a'ɣosto] *nm* August
agotado, -a [aɣo'taðo, a] *adj* (*persona*) exhausted; (*acabado*) finished; (*Com*) sold out; (: *libros*) out of print; **agotador, a** *adj* exhausting
agotamiento [aɣota'mjento] *nm* exhaustion
agotar [aɣo'tar] /1a/ *vt* to exhaust; (*consumir*) to drain; (*recursos*) to use up, deplete; **agotarse** *vr* to be exhausted; (*acabarse*) to run out; (*libro*) to go out of print
agraciado, -a [aɣra'θjaðo, a] *adj* (*atractivo*) attractive; (*en sorteo etc*) lucky
agradable [aɣra'ðaβle] *adj* pleasant, nice
agradar [aɣra'ðar] /1a/ *vt*, *vi* to please; **él me agrada** I like him
agradecer [aɣraðe'θer] /2d/ *vt* to thank; (*favor etc*) to be grateful for; **agradecido, -a** *adj* grateful; **¡muy agradecido!** thanks a lot!; **agradecimiento** *nm* thanks *pl*; gratitude
agradezca *etc* [aɣra'ðeθka] *vb V* **agradecer**
agrado [a'ɣraðo] *nm*: **ser de tu** *etc* **~** to be to your *etc* liking
agrandar [aɣran'dar] /1a/ *vt* to enlarge; (*fig*) to exaggerate; **agrandarse** *vr* to get bigger
agrario, -a [a'ɣrarjo, a] *adj* agrarian, land *cpd*; (*política*) agricultural, farming *cpd*
agravante [aɣra'βante] *adj* aggravating ▷ *nm o f*: **con el** *or* **la ~ de que ...** with the further difficulty that ...
agravar [aɣra'βar] /1a/ *vt* (*pesar sobre*) to make heavier; (*irritar*) to aggravate; **agravarse** *vr* to worsen, get worse
agraviar [aɣra'βjar] /1b/ *vt* to offend; (*ser injusto con*) to wrong
agredir [aɣre'ðir] /3a/ *vt* to attack
agregado [aɣre'ɣaðo] *nm* aggregate; (*persona*) attaché; **A~** ≈ teacher (*who is not head of department*)
agregar [aɣre'ɣar] /1h/ *vt* to gather; (*añadir*) to add; (*persona*) to appoint
agresión [aɣre'sjon] *nf* aggression
agresivo, -a [aɣre'siβo, a] *adj* aggressive
agriar [a'ɣrjar] *vt* to (turn) sour
agrícola [a'ɣrikola] *adj* farming *cpd*, agricultural
agricultor, a [aɣrikul'tor, a] *nm/f* farmer
agricultura [aɣrikul'tura] *nf* agriculture, farming
agridulce [aɣri'ðulθe] *adj* bittersweet; (*Culin*) sweet and sour
agrietarse [aɣrje'tarse] /1a/ *vr* to crack; (*la piel*) to chap
agrio, -a ['aɣrjo, a] *adj* bitter
agrupación [aɣrupa'θjon] *nf* group; (*acto*) grouping
agrupar [aɣru'par] /1a/ *vt* to group
agua ['aɣwa] *nf* water; (*Naut*) wake; (*Arq*) slope of a roof;

aguas *nfpl* (*Med*) water *sg*, urine *sg*; (*Naut*) waters; **~s abajo/ arriba** downstream/upstream; **~ bendita/destilada/potable** holy/distilled/drinking water; **~ caliente** hot water; **~ corriente** running water; **~ de colonia** eau de cologne; **~ mineral (con/sin gas)** (fizzy/non-fizzy) mineral water; **~ oxigenada** hydrogen peroxide; **~s jurisdiccionales** territorial waters

aguacate [aɣwa'kate] *nm* avocado (pear)

aguacero [aɣwa'θeɾo] *nm* (heavy) shower, downpour

aguado, -a [a'ɣwaðo, a] *adj* watery, watered down

aguafiestas [aɣwa'fjestas] *nm inv*, *nf inv* spoilsport

aguamiel [aɣwa'mjel] (LAM) *nf* fermented maguey *o* agave juice

aguanieve [aɣwa'njeβe] *nf* sleet

aguantar [aɣwan'tar] /1a/ *vt* to bear, put up with; (*sostener*) to hold up ▷ *vi* to last; **aguantarse** *vr* to restrain o.s.; **aguante** *nm* (*paciencia*) patience; (*resistencia*) endurance

aguar [a'ɣwar] /1i/ *vt* to water down

aguardar [aɣwar'ðar] /1a/ *vt* to wait for

aguardiente [aɣwar'ðjente] *nm* brandy, liquor

aguarrás [aɣwa'rras] *nm* turpentine

aguaviva [aɣwa'biβa] (RPL) *nf* jellyfish

agudeza [aɣu'ðeθa] *nf* sharpness; (*ingenio*) wit

agudo, -a [a'ɣuðo, a] *adj* sharp; (*voz*) high-pitched, piercing; (*dolor, enfermedad*) acute

agüero [a'ɣwero] *nm*: **buen/mal ~** good/bad omen

aguijón [aɣi'xon] *nm* sting; (*fig*) spur

águila ['aɣila] *nf* eagle; (*fig*) genius

aguileño, -a [aɣi'leɲo, a] *adj* (*nariz*) aquiline; (*rostro*) sharp-featured

aguinaldo [aɣi'naldo] *nm* Christmas box

aguja [a'ɣuxa] *nf* needle; (*de reloj*) hand; (*Arq*) spire; (*Tec*) firing-pin; **agujas** *nfpl* (*Zool*) ribs; (*Ferro*) points

agujerear [aɣuxere'ar] /1a/ *vt* to make holes in

agujero [aɣu'xero] *nm* hole

agujetas [aɣu'xetas] *nfpl* stitch *sg*; (*rigidez*) stiffness *sg*

ahí [a'i] *adv* there; (*allá*) over there; **de ~ que** so that, with the result that; **~ llega** here he comes; **por ~** that way; **200 o por ~** 200 or so

ahijado, -a [ai'xaðo, a] *nm/f* godson/ daughter

ahogar [ao'ɣar] /1h/ *vt* to drown; (*asfixiar*) to suffocate, smother; (*fuego*) to put out; **ahogarse** *vr* (*en agua*) to drown; (*por asfixia*) to suffocate

ahogo [a'oɣo] *nm* breathlessness; (*económico*) financial difficulty

ahondar [aon'dar] /1a/ *vt* to deepen, make deeper; (*fig*) to study thoroughly ▷ *vi*: **~ en** to study thoroughly

ahora [a'ora] *adv* now; (*hace poco*) a moment ago, just now; (*dentro de poco*) in a moment; **~ voy** I'm coming; **~ mismo** right now; **~ bien** now then; **por ~** for the present

ahorcar [aor'kar] /1g/ *vt* to hang

ahorita [ao'rita] *adv* (*esp* LAM *fam*: *en este momento*) right now; (*hace poco*) just now; (*dentro de poco*) in a minute

ahorrar [ao'rrar] /1a/ *vt* (*dinero*) to save; (*esfuerzos*) to save, avoid; **ahorro** *nm* (*acto*) saving; **ahorros** *nmpl* (*dinero*) savings

ahuecar [awe'kar] /1g/ *vt* to hollow (out); (*voz*) to deepen; **ahuecarse** *vr* to give o.s. airs

ahumar [au'mar] /1a/ *vt* to smoke, cure; (*llenar de humo*) to fill with smoke ▷ *vi* to smoke; **ahumarse** *vr* to fill with smoke

ahuyentar [aujen'tar] /1a/ *vt* to drive off, frighten off; (*fig*) to dispel

aire ['aire] *nm* air; (*viento*) wind; (*corriente*) draught; (*Mus*) tune; **al ~ libre** in the open air; **~ acondicionado**

o **acondicionado** air conditioning; **airear** /ɪa/ *vt* to air; **airearse** *vr* to get some fresh air; **airoso, -a** *adj* windy; draughty; (*fig*) graceful

aislado, -a [ais'laðo, a] *adj* isolated; (*incomunicado*) cut off; (*Elec*) insulated

aislar [ais'lar] /ɪa/ *vt* to isolate; (*Elec*) to insulate

ajardinado, -a [axarði'naðo, a] *adj* landscaped

ajedrez [axe'ðreθ] *nm* chess

ajeno, -a [a'xeno, a] *adj* (*que pertenece a otro*) somebody else's; **~ a** foreign to

ajetreado, -a [axetre'aðo, a] *adj* busy

ajetreo [axe'treo] *nm* bustle

ají [a'xi] *nm* chil(l)i, red pepper; (*salsa*) chil(l)i sauce

ajillo [a'xiʎo] *nm*: **gambas al ~** garlic prawns

ajo ['axo] *nm* garlic

ajuar [a'xwar] *nm* household furnishings *pl*; (*de novia*) trousseau; (*de niño*) layette

ajustado, -a [axus'taðo, a] *adj* (*tornillo*) tight; (*cálculo*) right; (*ropa*) tight(-fitting); (*resultado*) close

ajustar [axus'tar] /ɪa/ *vt* (*adaptar*) to adjust; (*encajar*) to fit; (*Tec*) to engage; (*Tip*) to make up; (*apretar*) to tighten; (*concertar*) to agree (on); (*reconciliar*) to reconcile; (*cuenta, deudas*) to settle ▷ *vi* to fit; **ajustarse** *vr*: **~se a** (*precio etc*) to be in keeping with, fit in with; **~ las cuentas a algn** to get even with sb

ajuste [a'xuste] *nm* adjustment; (*Costura*) fitting; (*acuerdo*) compromise; (*de cuenta*) settlement

al [al] = **a + el**; V **a**

ala ['ala] *nf* wing; (*de sombrero*) brim; (*futbolista*) winger; **~ delta** hang-glider

alabanza [ala'βanθa] *nf* praise

alabar [ala'βar] /ɪa/ *vt* to praise

alacena [ala'θena] *nf* cupboard (BRIT), closet (US)

alacrán [ala'kran] *nm* scorpion

alambrada [alam'braða] *nm* wire fence; (*red*) wire netting

alambre [a'lambre] *nm* wire; **~ de púas** barbed wire

alameda [ala'meða] *nf* (*plantío*) poplar grove; (*lugar de paseo*) avenue, boulevard

álamo ['alamo] *nm* poplar

alarde [a'larðe] *nm* show, display; **hacer ~ de** to boast of

alargador [alaɣa'ðor] *nm* extension cable *o* lead

alargar [alar'ɣar] /ɪh/ *vt* to lengthen, extend; (*paso*) to hasten; (*brazo*) to stretch out; (*cuerda*) to pay out; (*conversación*) to spin out; **alargarse** *vr* to get longer

alarma [a'larma] *nf* alarm; **~ de incendios** fire alarm; **alarmante** *adj* alarming; **alarmar** /ɪa/ *vt* to alarm; **alarmarse** *vr* to get alarmed

alba ['alβa] *nf* dawn

albahaca [al'βaka] *nf* (*Bot*) basil

Albania [al'βanja] *nf* Albania

albañil [alβa'ɲil] *nm* bricklayer; (*cantero*) mason

albarán [alβa'ran] *nm* (*Com*) delivery note, invoice

albaricoque [alβari'koke] *nm* apricot

albedrío [alβe'ðrio] *nm*: **libre ~** free will

alberca [al'βerka] *nf* reservoir; (LAM) swimming pool

albergar [alβer'ɣar] /ɪh/ *vt* to shelter

albergue [al'βerɣe] *vb* V **albergar** ▷ *nm* shelter, refuge; **~ juvenil** youth hostel

albóndiga [al'βondiɣa] *nf* meatball

albornoz [alβor'noθ] *nm* (*de los árabes*) burnous; (*para el baño*) bathrobe

alborotar [alβoro'tar] /ɪa/ *vi* to make a row ▷ *vt* to agitate, stir up; **alborotarse** *vr* to get excited; (*mar*) to get rough; **alboroto** *nm* row, uproar

álbum ['alβum] (*pl* **álbums** *o* **álbumes**) *nm* album; **~ de recortes** scrapbook

albur [al'βur] (LAM) *nm* (*juego de palabras*) pun; (*doble sentido*) double entendre

alcachofa [alka'tʃofa] *nf* (globe) artichoke
alcalde, -esa [al'kalde, alkal'desa] *nm/f* mayor(ess)
alcaldía [alkal'dia] *nf* mayoralty; (*lugar*) mayor's office
alcance [al'kanθe] *vb V* **alcanzar** ▷ *nm* (*Mil*, *Radio*) range; (*fig*) scope; (*Com*) adverse balance; **estar al/fuera del ~ de algn** to be within/beyond sb's reach
alcancía [alkan'θia] (LAM) *nf* (*para ahorrar*) money box; (*para colectas*) collection box
alcantarilla [alkanta'riʎa] *nf* (*de aguas cloacales*) sewer; (*en la calle*) gutter
alcanzar [alkan'θar] /1f/ *vt* (*algo*: *con la mano, el pie*) to reach; (*alguien*: *en el camino etc*) to catch up (with); (*autobús*) to catch; (*bala*) to hit, strike ▷ *vi* (*ser suficiente*) to be enough; **~ a hacer** to manage to do
alcaparra [alka'parra] *nf* (*Bot*) caper
alcayata [alka'jata] *nf* hook
alcázar [al'kaθar] *nm* fortress; (*Naut*) quarter-deck
alcoba [al'koβa] *nf* bedroom
alcohol [al'kol] *nm* alcohol; **~ metílico** methylated spirits *pl* (BRIT), wood alcohol (US); **alcohólico, -a** *adj*, *nm/f* alcoholic; **alcoholímetro** *nm* Breathalyser®, drunkometer (US); **alcoholismo** *nm* alcoholism
alcornoque [alkor'noke] *nm* cork tree; (*fam*) idiot
aldea [al'dea] *nf* village; **aldeano, -a** *adj* village *cpd* ▷ *nm/f* villager
aleación [alea'θjon] *nf* alloy
aleatorio, -a [alea'torjo, a] *adj* random
aleccionar [alekθjo'nar] /1a/ *vt* to instruct; (*adiestrar*) to train
alegar [ale'ɣar] /1h/ *vt* (*dificultad etc*) to plead; (*Jur*) to allege ▷ *vi* (LAM) to argue
alegoría [aleɣo'ria] *nf* allegory
alegrar [ale'ɣrar] /1a/ *vt* (*causar alegría*) to cheer (up); (*fuego*) to poke; (*fiesta*) to liven up; **alegrarse** *vr* (*fam*) to get merry *o* tight; **~se de** to be glad about
alegre [a'leɣre] *adj* happy, cheerful; (*fam*) merry, tight; (*chiste*) risqué, blue; **alegría** *nf* happiness; merriment
alejar [ale'xar] /1a/ *vt* to move away, remove; (*fig*) to estrange; **alejarse** *vr* to move away
alemán, -ana [ale'man, ana] *adj*, *nm/f* German ▷ *nm* (*lengua*) German
Alemania [ale'manja] *nf* Germany
alentador, a [alenta'ðor, a] *adj* encouraging
alentar [alen'tar] /1j/ *vt* to encourage
alergia [a'lerxja] *nf* allergy
alero [a'lero] *nm* (*de tejado*) eaves *pl*; (*Auto*) mudguard
alerta [a'lerta] *adj inv*, *nm* alert
aleta [a'leta] *nf* (*de pez*) fin; (*de ave*) wing; (*de foca*, *Deporte*) flipper; (*de coche*) mudguard
aletear [alete'ar] /1a/ *vi* to flutter
alevín [ale'βin] *nm* fry, young fish
alevosía [aleβo'sia] *nf* treachery
alfabeto [alfa'βeto] *nm* alphabet
alfalfa [al'falfa] *nf* alfalfa, lucerne
alfarería [alfare'ria] *nf* pottery; (*tienda*) pottery shop; **alfarero, -a** *nm/f* potter
alféizar [al'feiθar] *nm* window-sill
alférez [al'fereθ] *nm* (*Mil*) second lieutenant; (*Naut*) ensign
alfil [al'fil] *nm* (*Ajedrez*) bishop
alfiler [alfi'ler] *nm* pin; (*broche*) clip
alfombra [al'fombra] *nf* carpet; (*más pequeña*) rug; **alfombrilla** *nf* rug, mat; (*Inform*) mouse mat *o* pad
alforja [al'forxa] *nf* saddlebag
algas ['alɣas] *nfpl* seaweed *sg*
álgebra ['alxeβra] *nf* algebra
algo ['alɣo] *pron* something; (*en frases interrogativas*) anything ▷ *adv* somewhat, rather; **¿~ más?** anything else?; (*en tienda*) is that all?; **por ~ será** there must be some reason for it
algodón [alɣo'ðon] *nm* cotton; (*planta*) cotton plant; **~ de azúcar**

candy floss (BRIT), cotton candy (US); **~ hidrófilo** cotton wool (BRIT), absorbent cotton (US)

alguien ['alɣjen] *pron* someone, somebody; (*en frases interrogativas*) anyone, anybody

alguno, -a [al'ɣuno, a] *adj* some; (*después de n*): **no tiene talento ~** he has no talent, he doesn't have any talent ▷ *pron* (*alguien*) someone, somebody; **algún que otro libro** some book or other; **algún día iré** I'll go one *o* some day; **sin interés ~** without the slightest interest; **~ que otro** an occasional one; **~s piensan** some (people) think

alhaja [a'laxa] *nf* jewel; (*tesoro*) precious object, treasure

alhelí [ale'li] *nm* wallflower, stock

aliado, -a [a'ljaðo, a] *adj* allied

alianza [a'ljanθa] *nf* alliance; (*anillo*) wedding ring

aliar [a'ljar] /1c/ *vt* to ally; **aliarse** *vr* to form an alliance

alias ['aljas] *adv* alias

alicatado [alika'taðo] (ESP) *nm* tiling

alicate [ali'kate] *nm*, **alicates** [ali'kates] *nmpl* pliers *pl*

aliciente [ali'θjente] *nm* incentive; (*atracción*) attraction

alienación [aljena'θjon] *nf* alienation

aliento [a'ljento] *nm* breath; (*respiración*) breathing; **sin ~** breathless

aligerar [alixe'rar] /1a/ *vt* to lighten; (*reducir*) to shorten; (*aliviar*) to alleviate; (*mitigar*) to ease; (*paso*) to quicken

alijo [a'lixo] *nm* (*Naut*: *descarga*) unloading

alimaña [ali'maɲa] *nf* pest

alimentación [alimenta'θjon] *nf* (*comida*) food; (*acción*) feeding; (*tienda*) grocer's (shop)

alimentar [alimen'tar] /1a/ *vt* to feed; (*nutrir*) to nourish; **alimentarse** *vr*: **~se (de)** to feed (on)

alimenticio, -a [alimen'tiθjo, a] *adj* food *cpd*; (*nutritivo*) nourishing, nutritious

alimento [ali'mento] *nm* food; (*nutrición*) nourishment

alineación [alinea'θjon] *nf* alignment; (*Deporte*) line-up

alinear [aline'ar] /1a/ *vt* to align; (*Deporte*) to select, pick; **alinearse**

aliñar [ali'ɲar] /1a/ *vt* (*Culin*) to dress; **aliño** *nm* (*Culin*) dressing

alioli [ali'oli] *nm* garlic mayonnaise

alisar [ali'sar] /1a/ *vt* to smooth

alistar [ali'star] /1a/ *vt* to recruit; **alistarse** *vr* to enlist; (*inscribirse*) to enrol

aliviar [ali'βjar] /1b/ *vt* (*carga*) to lighten; (*persona*) to relieve; (*dolor*) to relieve, alleviate

alivio [a'liβjo] *nm* alleviation, relief

aljibe [al'xiβe] *nm* cistern

allá [a'ʎa] *adv* (*lugar*) there; (*por ahí*) over there; (*tiempo*) then; **~ abajo** down there; **más ~** further on; **más ~ de** beyond; **¡~ tú!** that's your problem!

allanamiento [aʎana'mjento] *nm* (LAM *Policía*) raid, search; **~ de morada** breaking and entering

allanar [aʎa'nar] /1a/ *vt* to flatten, level (out); (*igualar*) to smooth (out); (*fig*) to subdue; (*Jur*) to burgle, break into

allegado, -a [aʎe'ɣaðo, a] *adj* near, close ▷ *nm/f* relation

allí [a'ʎi] *adv* there; **~ mismo** right there; **por ~** over there; (*por ese camino*) that way

alma ['alma] *nf* soul; (*persona*) person

almacén [alma'θen] *nm* (*depósito*) warehouse, store; (*Mil*) magazine; (LAM) grocer's shop, food store, grocery store (US); **(grandes) almacenes** *nmpl* department store *sg*; **almacenaje** *nm* storage

almacenar [almaθe'nar] /1a/ *vt* to store, put in storage; (*proveerse*) to stock up with

almanaque [alma'nake] *nm* almanac

almeja [al'mexa] *nf* clam
almendra [al'mendra] *nf* almond; **almendro** *nm* almond tree
almíbar [al'miβar] *nm* syrup
almidón [almi'ðon] *nm* starch
almirante [almi'rante] *nm* admiral
almohada [almo'aða] *nf* pillow; (*funda*) pillowcase; **almohadilla** *nf* cushion; (*Tec*) pad; (*LAM*) pincushion
almohadón [almoa'ðon] *nm* large pillow
almorranas [almo'rranas] *nfpl* piles, haemorrhoids (*BRIT*), hemorrhoids (*US*)
almorzar [almor'θar] /1f, 1l/ *vt*: **~ una tortilla** to have an omelette for lunch ▷ *vi* to (have) lunch
almuerzo [al'mwerθo] *vb V* **almorzar** ▷ *nm* lunch
alocado, -a [alo'kaðo, a] *adj* crazy
alojamiento [aloxa'mjento] *nm* lodging(s) (*pl*); (*viviendas*) housing
alojar [alo'xar] /1a/ *vt* to lodge; **alojarse** *vr*: **~se en** to stay at; (*bala*) to lodge in
alondra [a'londra] *nf* lark, skylark
alpargata [alpar'ɣata] *nf* rope-soled shoe, espadrille
Alpes ['alpes] *nmpl*: **los ~** the Alps
alpinismo [alpi'nismo] *nm* mountaineering, climbing; **alpinista** *nmf* mountaineer, climber
alpiste [al'piste] *nm* birdseed
alquilar [alki'lar] /1a/ *vt* (*propietario, inmuebles*) to let, rent (out); (*coche*) to hire out; (*TV*) to rent (out); (*alquilador, inmuebles, TV*) to rent; (*coche*) to hire; **"se alquila casa"** "house to let (*BRIT*) *o* for rent (*US*)"
alquiler [alki'ler] *nm* renting; letting; hiring; (*arriendo*) rent; hire charge; **de ~** for hire; **~ de automóviles** car hire
alquimia [al'kimja] *nf* alchemy
alquitrán [alki'tran] *nm* tar
alrededor [alreðe'ðor] *adv* around, about; **alrededores** *nmpl* surroundings; **~ de** around, about; **mirar a su ~** to look (round) about one
alta ['alta] *nf* (certificate of) discharge
altar [al'tar] *nm* altar
altavoz [alta'βoθ] *nm* loudspeaker; (*amplificador*) amplifier
alteración [altera'θjon] *nf* alteration; (*alboroto*) disturbance
alterar [alte'rar] /1a/ *vt* to alter; to disturb; **alterarse** *vr* (*persona*) to get upset
altercado [alter'kaðo] *nm* argument
alternar [alter'nar] /1a/ *vt* to alternate ▷ *vi* to alternate; (*turnar*) to take turns; **alternarse** *vr* to alternate; (*turnar*) to take turns; **~ con** to mix with; **alternativo, -a** *adj* alternative; (*alterno*) alternating ▷ *nf* alternative; (*elección*) choice; **alterno, -a** *adj* alternate; (*Elec*) alternating
Alteza [al'teθa] *nf* (*tratamiento*) Highness
altibajos [alti'βaxos] *nmpl* ups and downs
altiplanicie [altipla'niθje] *nf*, **altiplano** [alti'plano] *nm* high plateau
altisonante [altiso'nante] *adj* high-flown, high-sounding
altitud [alti'tuð] *nf* height; (*Aviat, Geo*) altitude
altivo, -a [al'tiβo, a] *adj* haughty, arrogant
alto, -a ['alto, a] *adj* high; (*persona*) tall; (*sonido*) high, sharp; (*noble*) high, lofty ▷ *nm* halt; (*Mus*) alto; (*Geo*) hill ▷ *adv* (*estar*) high; (*hablar*) loud, loudly ▷ *excl* halt!; **la pared tiene dos metros de ~** the wall is two metres high; **en alta mar** on the high seas; **en voz alta** in a loud voice; **las altas horas de la noche** the small (*BRIT*) *o* wee (*US*) hours; **en lo ~ de** at the top of; **pasar por ~** to overlook; **altoparlante** *nm* (*LAM*) loudspeaker
altura [al'tura] *nf* height; (*Naut*) depth; (*Geo*) latitude; **la pared tiene 1.80 de ~** the wall is 1 metre 80 (cm) high; **a estas ~s** at this stage; **a esta ~ del año** at this time of the year

alubia [a'luβja] *nf* bean; (*judía verde*) French bean; (*judía blanca*) cannellini bean

alucinación [aluθina'θjon] *nf* hallucination

alucinar [aluθi'nar] /1a/ *vi* to hallucinate ▷ *vt* to deceive; (*fascinar*) to fascinate

alud [a'luð] *nm* avalanche; (*fig*) flood

aludir [alu'ðir] /3a/ *vi*: **~ a** to allude to; **darse por aludido** to take the hint

alumbrado [alum'braðo] *nm* lighting

alumbrar [alum'brar] /1a/ *vt* to light (up) ▷ *vi* (*Med*) to give birth

aluminio [alu'minjo] *nm* aluminium (BRIT), aluminum (US)

alumno, -a [a'lumno, a] *nm/f* pupil, student

alusión [alu'sjon] *nf* allusion

alusivo, -a [alu'siβo, a] *adj* allusive

aluvión [alu'βjon] *nm* (*Geo*) alluvium; (*fig*) flood

alverja [al'βerxa] (LAM) *nf* pea

alza ['alθa] *nf* rise; (*Mil*) sight

alzamiento [alθa'mjento] *nm* (*rebelión*) rising

alzar [al'θar] /1f/ *vt* to lift (up); (*precio, muro*) to raise; (*cuello de abrigo*) to turn up; (*Agr*) to gather in; (*Tip*) to gather; **alzarse** *vr* to get up, rise; (*rebelarse*) to revolt; (*Com*) to go fraudulently bankrupt; (*Jur*) to appeal

ama ['ama] *nf* lady of the house; (*dueña*) owner; (*institutriz*) governess; (*madre adoptiva*) foster mother; **~ de casa** housewife; **~ de llaves** housekeeper

amabilidad [amaβili'ðað] *nf* kindness; (*simpatía*) niceness; **amable** *adj* kind; nice; **es usted muy amable** that's very kind of you

amaestrado, -a [amaes'traðo, a] *adj* (*en circo etc*) performing

amaestrar [amaes'trar] /1a/ *vt* to train

amago [a'maɣo] *nm* threat; (*gesto*) threatening gesture; (*Med*) symptom

amainar [amai'nar] /1a/ *vi* (*viento*) to die down

amamantar [amaman'tar] /1a/ *vt* to suckle, nurse

amanecer [amane'θer] /2d/ *vi* to dawn ▷ *nm* dawn; **~ afiebrado** to wake up with a fever

amanerado, -a [amane'raðo, a] *adj* affected

amante [a'mante] *adj*: **~ de** fond of ▷ *nmf* lover

amapola [ama'pola] *nf* poppy

amar [a'mar] /1a/ *vt* to love

amargado, -a [amar'ɣaðo, a] *adj* bitter

amargar [amar'ɣar] /1h/ *vt* to make bitter; (*fig*) to embitter; **amargarse** *vr* to become embittered

amargo, -a [a'maryo, a] *adj* bitter

amarillento, -a [amari'ʎento, a] *adj* yellowish; (*tez*) sallow

amarillo, -a [ama'riʎo, a] *adj, nm* yellow

amarra [a'marra] *nf* (*Naut*) mooring line; **amarras** *nfpl*: **soltar ~s** (*Naut*) to set sail

amarrado, -a [ama'rraðo, a] (LAM) *adj* (*fam*) mean, stingy

amarrar [ama'rrar] /1a/ *vt* to moor; (*sujetar*) to tie up

amasar [ama'sar] /1a/ *vt* (*masa*) to knead; (*mezclar*) to mix, prepare; (*confeccionar*) to concoct

amateur ['amatur] *nmf* amateur

amazona [ama'θona] *nf* horsewoman; **Amazonas** *nm*: **el (río) Amazonas** the Amazon

ámbar ['ambar] *nm* amber

ambición [ambi'θjon] *nf* ambition; **ambicionar** /1a/ *vt* to aspire to; **ambicioso, -a** *adj* ambitious

ambidextro, -a [ambi'ðekstro, a] *adj* ambidextrous

ambientación [ambjenta'θjon] *nf* (*Cine, Lit etc*) setting; (*Radio etc*) sound effects *pl*

ambiente [am'bjente] *nm* atmosphere; (*medio*) environment

ambigüedad [ambiɣwe'ðað] *nf* ambiguity; **ambiguo, -a** *adj* ambiguous
ámbito ['ambito] *nm* (*campo*) field; (*fig*) scope
ambos, -as ['ambos, as] *adj pl*, *pron pl* both
ambulancia [ambu'lanθja] *nf* ambulance
ambulante [ambu'lante] *adj* travelling, itinerant
ambulatorio [ambula'torio] *nm* state health-service clinic
amén [a'men] *excl* amen; **~ de** besides
amenaza [ame'naθa] *nf* threat; **amenazar** /1f/ *vt* to threaten ▷ *vi*: **amenazar con hacer** to threaten to do
ameno, -a [a'meno, a] *adj* pleasant
América [a'merika] *nf* America; **~ del Norte/del Sur** North/South America; **~ Central/Latina** Central/Latin America; **americano, -a** *adj*, *nm/f* American; Latin *o* South American
ametralladora [ametraʎa'ðora] *nf* machine gun
amigable [ami'ɣaβle] *adj* friendly
amígdala [a'miɣðala] *nf* tonsil; **amigdalitis** *nf* tonsillitis
amigo, -a [a'miɣo, a] *adj* friendly ▷ *nm/f* friend; (*amante*) lover; **ser ~ de** to like, be fond of
aminorar [amino'rar] /1a/ *vt* to diminish; (*reducir*) to reduce; **~ la marcha** to slow down
amistad [amis'tað] *nf* friendship; **amistades** *nfpl* (*amigos*) friends; **amistoso, -a** *adj* friendly
amnesia [am'nesja] *nf* amnesia
amnistía [amnis'tia] *nf* amnesty
amo ['amo] *nm* owner; (*jefe*) boss
amolar [amo'lar] /1l/ *vt* to annoy; (*MÉx fam*) to ruin, damage
amoldar [amol'dar] /1a/ *vt* to mould; (*adaptar*) to adapt
amonestación [amonesta'θjon] *nf* warning; **amonestaciones** *nfpl* marriage banns
amonestar [amone'star] /1a/ *vt* to warn; (*Rel*) to publish the banns of
amontonar [amonto'nar] /1a/ *vt* to collect, pile up; **amontonarse** *vr* to crowd together; (*acumularse*) to pile up
amor [a'mor] *nm* love; (*amante*) lover; **hacer el ~** to make love; **~ propio** self-respect
amoratado, -a [amora'taðo, a] *adj* purple
amordazar [amorða'θar] /1f/ *vt* to muzzle; (*fig*) to gag
amorfo, -a [a'morfo, a] *adj* amorphous, shapeless
amoroso, -a [amo'roso, a] *adj* affectionate, loving
amortiguador [amortiɣwa'ðor] *nm* shock absorber; (*parachoques*) bumper; **amortiguadores** *nmpl* (*Auto*) suspension *sg*
amortiguar [amorti'ɣwar] /1i/ *vt* to deaden; (*ruido*) to muffle; (*color*) to soften
amotinar [amoti'nar] /1a/ *vt* to stir up, incite (to riot); **amotinarse** *vr* to mutiny
amparar [ampa'rar] /1a/ *vt* to protect; **ampararse** *vr* to seek protection; (*de la lluvia etc*) to shelter; **amparo** *nm* help, protection; **al amparo de** under the protection of
amperio [am'perjo] *nm* ampère, amp
ampliación [amplja'θjon] *nf* enlargement; (*extensión*) extension
ampliar [am'pljar] /1c/ *vt* to enlarge; to extend
amplificador [amplifika'ðor] *nm* amplifier
amplificar [amplifi'kar] /1g/ *vt* to amplify
amplio, -a ['ampljo, a] *adj* spacious; (*falda etc*) full; (*extenso*) extensive; (*ancho*) wide; **amplitud** *nf* spaciousness; extent; (*fig*) amplitude
ampolla [am'poʎa] *nf* blister; (*Med*) ampoule
amputar [ampu'tar] /1a/ *vt* to cut off, amputate

amueblar [amwe'βlar] /1a/ *vt* to furnish
anales [a'nales] *nmpl* annals
analfabetismo [analfaβe'tismo] *nm* illiteracy; **analfabeto, -a** *adj, nm/f* illiterate
analgésico [anal'xesiko] *nm* painkiller, analgesic
análisis [a'nalisis] *nm inv* analysis
analista [ana'lista] *nmf* (*gen*) analyst
analizar [analiˈθar] /1f/ *vt* to analyse
analógico, -a [ana'loxiko, a] *adj* (*Inform*) analog; (*reloj*) analogue (BRIT), analog (US)
análogo, -a [a'naloɣo, a] *adj* analogous, similar
ananá [ana'na] *nm* pineapple
anarquía [anar'kia] *nf* anarchy; **anarquista** *nmf* anarchist
anatomía [anato'mia] *nf* anatomy
anca ['anka] *nf* rump, haunch; **ancas** *nfpl* (*fam*) behind *sg*
ancho, -a ['antʃo, a] *adj* wide; (*falda*) full; (*fig*) liberal ▷ *nm* width; (*Ferro*) gauge; **le viene muy ~ el cargo** (*fig*) the job is too much for him; **ponerse ~** to get conceited; **quedarse tan ~** to go on as if nothing had happened; **estar a sus anchas** to be at one's ease
anchoa [an'tʃoa] *nf* anchovy
anchura [an'tʃura] *nf* width; (*amplitud*) wideness
anciano, -a [anˈθjano, a] *adj* old, aged ▷ *nm/f* old man/woman ▷ *nm* elder
ancla ['ankla] *nf* anchor
Andalucía [andaluˈθia] *nf* Andalusia; **andaluz, a** *adj, nm/f* Andalusian
andamiaje [anda'mjaxe], **andamio** [an'damjo] *nm* scaffold(ing)
andar [an'dar] /1p/ *vt* to go, cover, travel ▷ *vi* to go, walk, travel; (*funcionar*) to go, work; (*estar*) to be ▷ *nm* walk, gait, pace; **andarse** *vr* (*irse*) to go away *o* off; **~ a pie/a caballo/en bicicleta** to go on foot/on horseback/by bicycle; **¡anda!** (*sorpresa*) go on!; **anda en** *o* **por los 40** he's about 40; **~ haciendo algo** to be doing sth
andén [an'den] *nm* (*Ferro*) platform; (*Naut*) quayside; (LAM: *acera*) pavement (BRIT), sidewalk (US)
Andes ['andes] *nmpl*: **los ~** the Andes
andinismo [andin'ismo] *nm* (LAM) mountaineering, climbing
Andorra [an'dorra] *nf* Andorra
andrajoso, -a [andra'xoso, a] *adj* ragged
anduve [an'duβe] *vb V* **andar**
anécdota [a'nekðota] *nf* anecdote, story
anegar [aneˈɣar] /1h/ *vt* to flood; (*ahogar*) to drown
anemia [a'nemja] *nf* anaemia
anestesia [anes'tesja] *nf* anaesthetic; **~ general/local** general/local anaesthetic
anexar [anek'sar] /1a/ *vt* to annex; (*documento*) to attach; **anexión** [anek'sjon] *nm* annexation; **anexo, -a** *adj* attached ▷ *nm* annexe
anfibio, -a [an'fiβjo, a] *adj* amphibious ▷ *nm* amphibian
anfiteatro [anfite'atro] *nm* amphitheatre; (*Teat*) dress circle
anfitrión, -ona [anfi'trjon, ona] *nm/f* host(ess)
ánfora ['anfora] *nf* (*cántaro*) amphora; (LAM *Pol*) ballot box
ángel ['anxel] *nm* angel; **~ de la guarda** guardian angel
angina [an'xina] *nf* (*Med*) inflammation of the throat; **~ de pecho** angina; **tener ~s** to have tonsillitis, have a sore throat
anglicano, -a [angli'kano, a] *adj, nm/f* Anglican
anglosajón, -ona [anglosa'xon, 'xona] *adj* Anglo-Saxon
anguila [an'gila] *nf* eel
angula [an'gula] *nf* elver, baby eel
ángulo ['angulo] *nm* angle; (*esquina*) corner; (*curva*) bend
angustia [an'gustja] *nf* anguish

anhelar [ane'lar] /1a/ *vt* to be eager for; (*desear*) to long for, desire ▷ *vi* to pant, gasp; **anhelo** *nm* eagerness; desire
anidar [ani'ðar] /1a/ *vi* to nest
anillo [a'niʎo] *nm* ring; **~ de boda** wedding ring; **~ de compromiso** engagement ring
animación [anima'θjon] *nf* liveliness; (*vitalidad*) life; (*actividad*) bustle
animado, -a [ani'maðo, a] *adj* lively; (*vivaz*) animated; **animador, a** *nm/f* (*TV*) host(ess), compère ▷ *nf* (*Deporte*) cheerleader
animal [ani'mal] *adj* animal; (*fig*) stupid ▷ *nm* animal; (*fig*) fool; (*bestia*) brute
animar [ani'mar] /1a/ *vt* (*Bio*) to animate, give life to; (*fig*) to liven up, brighten up, cheer up; (*estimular*) to stimulate; **animarse** *vr* to cheer up, feel encouraged; (*decidirse*) to make up one's mind
ánimo ['animo] *nm* (*alma*) soul; (*mente*) mind; (*valentía*) courage ▷ *excl* cheer up!
animoso, -a [ani'moso, a] *adj* brave; (*vivo*) lively
aniquilar [aniki'lar] /1a/ *vt* to annihilate, destroy
anís [a'nis] *nm* aniseed; (*licor*) anisette
aniversario [aniβer'sarjo] *nm* anniversary
anoche [a'notʃe] *adv* last night; **antes de ~** the night before last
anochecer [anotʃe'θer] /2d/ *vi* to get dark ▷ *nm* nightfall, dark; **al ~** at nightfall
anodino, -a [ano'ðino, a] *adj* dull, anodyne
anomalía [anoma'lia] *nf* anomaly
anonadado, -a [anona'ðaðo, a] *adj*: **estar ~** to be stunned
anonimato [anoni'mato] *nm* anonymity
anónimo, -a [a'nonimo, a] *adj* anonymous; (*Com*) limited ▷ *nm* (*carta*) anonymous letter; (: *maliciosa*) poison-pen letter
anormal [anor'mal] *adj* abnormal
anotación [anota'θjon] *nf* note; annotation
anotar [ano'tar] /1a/ *vt* to note down; (*comentar*) to annotate
ansia ['ansja] *nf* anxiety; (*añoranza*) yearning; **ansiar** /1b/ *vt* to long for
ansiedad [ansje'ðað] *nf* anxiety
ansioso, -a [an'sjoso, a] *adj* anxious; (*anhelante*) eager; **~ de** *o* **por algo** greedy for sth
antaño [an'taɲo] *adv* in years gone by, long ago
Antártico [an'tartiko] *nm*: **el (océano) ~** the Antarctic (Ocean)
ante ['ante] *prep* before, in the presence of; (*encarado con*) faced with ▷ *nm* (*piel*) suede; **~ todo** above all
anteanoche [antea'notʃe] *adv* the night before last
anteayer [antea'jer] *adv* the day before yesterday
antebrazo [ante'βraθo] *nm* forearm
antecedente [anteθe'ðente] *adj* previous ▷ *nm* antecedent; **antecedentes** *nmpl* (*profesionales*) background *sg*; **~s penales** criminal record
anteceder [anteθe'ðer] /2a/ *vt* to precede, go before
antecesor, a [anteθe'sor, a] *nm/f* predecessor
antelación [antela'θjon] *nf*: **con ~** in advance
antemano [ante'mano]: **de ~** *adv* beforehand, in advance
antena [an'tena] *nf* antenna; (*de televisión etc*) aerial; **~ parabólica** satellite dish
antenoche [ante'notʃe] (*LAM*) *adv* the night before last
anteojo [ante'oxo] *nm* eyeglass; **anteojos** *nmpl* (*esp LAM*) glasses, spectacles
antepasados [antepa'saðos] *nmpl* ancestors

anteponer [antepo'ner] /2q/ *vt* to place in front; (*fig*) to prefer
anterior [ante'rjor] *adj* preceding, previous; **anterioridad** *nf*: **con anterioridad a** prior to, before
antes ['antes] *adv* (*con anterioridad*) before ▷ *prep*: **~ de** before ▷ *conj*: **~ (de) que** before; **~ bien** (but) rather; **dos días ~** two days before *o* previously; **no quiso venir ~** she didn't want to come any earlier; **tomo el avión ~ que el barco** I take the plane rather than the boat; **~ de** *o* **que nada** (*en el tiempo*) first of all; (*indicando preferencia*) above all; **~ que yo** before me; **lo ~ posible** as soon as possible; **cuanto ~ mejor** the sooner the better
antibalas [anti'βalas] *adj inv*: **chaleco ~** bulletproof jacket
antibiótico [anti'βjotiko] *nm* antibiotic
anticaspa [anti'kaspa] *adj inv* anti-dandruff *cpd*
anticipación [antiθipa'θjon] *nf* anticipation; **con 10 minutos de ~** 10 minutes early
anticipado, -a [antiθi'paðo, a] *adj* (in) advance; **por ~** in advance
anticipar [antiθi'par] /1a/ *vt* to anticipate; (*adelantar*) to bring forward; (*Com*) to advance; **anticiparse** *vr*: **~se a su época** to be ahead of one's time
anticipo [anti'θipo] *nm* (*Com*) advance
anticonceptivo, -a [antikonθep'tiβo, a] *adj*, *nm* contraceptive
anticongelante [antikonxe'lante] *nm* antifreeze
anticuado, -a [anti'kwaðo, a] *adj* out-of-date, old-fashioned; (*desusado*) obsolete
anticuario [anti'kwarjo] *nm* antique dealer
anticuerpo [anti'kwerpo] *nm* (*Med*) antibody
antidepresivo [antiðepre'siβo] *nm* antidepressant
antidoping [anti'ðopin] *adj inv*: **control ~** drugs test
antídoto [an'tiðoto] *nm* antidote
antiestético, -a [anties'tetiko, a] *adj* unsightly
antifaz [anti'faθ] *nm* mask; (*velo*) veil
antiglobalización [antiglobaliθa'θjon] *nf* anti-globalization; **antiglobalizador, a** *adj* anti-globalization *cpd*
antiguamente [antiɣwa'mente] *adv* formerly; (*hace mucho tiempo*) long ago
antigüedad [antiɣwe'ðað] *nf* antiquity; (*artículo*) antique; (*rango*) seniority
antiguo, -a [an'tiɣwo, a] *adj* old, ancient; (*que fue*) former
Antillas [an'tiʎas] *nfpl*: **las ~** the West Indies
antílope [an'tilope] *nm* antelope
antinatural [antinatu'ral] *adj* unnatural
antipatía [antipa'tia] *nf* antipathy, dislike; **antipático, -a** *adj* disagreeable, unpleasant
antirrobo [anti'rroβo] *adj inv* (*alarma etc*) anti-theft
antisemita [antise'mita] *adj* anti-Semitic ▷ *nmf* anti-Semite
antiséptico, -a [anti'septiko, a] *adj* antiseptic ▷ *nm* antiseptic
antisistema [antisis'tema] *adj inv* anticapitalist
antivirus [anti'birus] *nm inv* (*Inform*) antivirus program
antojarse [anto'xarse] /1a/ *vr* (*desear*): **se me antoja comprarlo** I have a mind to buy it; (*pensar*): **se me antoja que ...** I have a feeling that ...
antojo [an'toxo] *nm* caprice, whim; (*rosa*) birthmark; (*lunar*) mole
antología [antolo'xia] *nf* anthology
antorcha [an'tortʃa] *nf* torch
antro ['antro] *nm* cavern

antropología [antropolo'xia] *nf* anthropology
anual [a'nwal] *adj* annual
anuario [a'nwarjo] *nm* yearbook
anublado, -a *adj* overcast
anulación [anula'θjon] *nf* (*de un matrimonio*) annulment; (*cancelación*) cancellation
anular [anu'lar] /1a/ *vt* (*contrato*) to annul, cancel; (*suscripción*) to cancel; (*ley*) to repeal ▷ *nm* ring finger
anunciar [anun'θjar] /1b/ *vt* to announce; (*proclamar*) to proclaim; (*Com*) to advertise
anuncio [a'nunθjo] *nm* announcement; (*señal*) sign; (*Com*) advertisement; (*cartel*) poster
anzuelo [an'θwelo] *nm* hook; (*para pescar*) fish hook
añadidura [aɲaðiˈðura] *nf* addition, extra; **por ~** besides, in addition
añadir [aɲa'ðir] /3a/ *vt* to add
añejo, -a [a'ɲexo, a] *adj* old; (*vino*) mature
añicos [a'ɲikos] *nmpl*: **hacer ~** to smash, shatter
año ['aɲo] *nm* year; **¡Feliz A~ Nuevo!** Happy New Year!; **tener 15 ~s** to be 15 (years old); **los ~s 80** the eighties; **~ bisiesto/escolar/fiscal/sabático** leap/school/tax/sabbatical year; **el ~ que viene** next year
añoranza [aɲo'ranθa] *nf* nostalgia; (*anhelo*) longing
apa ['apa] *excl* (*LAM*) goodness me!, good gracious!
apabullar [apaβu'ʎar] /1a/ *vt* to crush
apacible [apa'θiβle] *adj* gentle, mild
apaciguar [apaθi'ɣwar] /1i/ *vt* to pacify, calm (down)
apadrinar [apaðri'nar] /1a/ *vt* to sponsor, support; (*Rel*: *niño*) to be godfather to
apagado, -a [apa'ɣaðo, a] *adj* (*volcán*) extinct; (*color*) dull; (*voz*) quiet; (*sonido*) muted, muffled; (*persona*: *apático*) listless; **estar ~** (*fuego, luz*) to be out; (*radio, TV etc*) to be off
apagar [apa'ɣar] /1h/ *vt* to put out; (*sonido*) to silence, muffle; (*sed*) to quench; (*Elec, Radio, TV*) to turn off; (*Inform*) to toggle off
apagón [apa'ɣon] *nm* blackout, power cut
apalabrar [apala'βrar] /1a/ *vt* to agree to; (*obrero*) to engage
apalear [apale'ar] /1a/ *vt* to beat, thrash
apantallar [apanta'ʎar] /1a/ *vt* (*LAM*) to impress
apañar [apa'ɲar] /1a/ *vt* to pick up; (*asir*) to take hold of, grasp; (*reparar*) to mend, patch up; **apañarse** *vr* to manage, get along
apapachar [apapa'tʃar] /1a/ *vt* (*LAM fam*) to cuddle, hug
aparador [apara'ðor] *nm* sideboard; (*LAM*: *escaparate*) shop window
aparato [apa'rato] *nm* apparatus; (*máquina*) machine; (*doméstico*) appliance; (*boato*) ostentation; **al ~** (*Telec*) speaking; **~ digestivo** digestive system; **aparatoso, -a** *adj* showy, ostentatious
aparcamiento [aparka'mjento] *nm* car park (*BRIT*), parking lot (*US*)
aparcar [apar'kar] /1g/ *vt, vi* to park
aparear [apare'ar] /1a/ *vt* (*objetos*) to pair, match; (*animales*) to mate; **aparearse** *vr* to form a pair; to mate
aparecer [apare'θer] /2d/ *vi* to appear; **aparecerse** *vr* to appear
aparejador, a [aparexa'ðor, a] *nm/f* (*Arq*) quantity surveyor
aparejo [apa'rexo] *nm* harness; (*Naut*) rigging; (*de poleas*) block and tackle
aparentar [aparen'tar] /1a/ *vt* (*edad*) to look; (*fingir*): **~ tristeza** to pretend to be sad
aparente [apa'rente] *adj* apparent; (*adecuado*) suitable
aparezca *etc vb V* **aparecer**
aparición [apari'θjon] *nf* appearance; (*de libro*) publication; (*de fantasma*) apparition

apariencia [apa'rjenθja] *nf* (outward) appearance; **en ~** outwardly, seemingly
apartado, -a [apar'taðo, a] *adj* separate; (*lejano*) remote ▷ *nm* (*tipográfico*) paragraph; **~ de correos** (ESP), **~ postal** (LAM) post office box
apartamento [aparta'mento] *nm* apartment, flat (BRIT)
apartar [apar'tar] /1a/ *vt* to separate; (*quitar*) to remove; **apartarse** *vr* to separate, part; (*irse*) to move away; (*mantenerse aparte*) to keep away
aparte [a'parte] *adv* (*separadamente*) separately; (*además*) besides ▷ *nm* aside; (*tipográfico*) new paragraph
aparthotel [aparto'tel] *nm* serviced apartments
apasionado, -a [apasjo'naðo, a] *adj* passionate
apasionar [apasjo'nar] /1a/ *vt* to excite; **apasionarse** *vr* to get excited; **le apasiona el fútbol** she's crazy about football
apatía [apa'tia] *nf* apathy
apático, -a [a'patiko, a] *adj* apathetic
Apdo. *nm abr* (= *Apartado (de Correos)*) P.O. Box
apeadero [apea'ðero] *nm* halt, stopping place
apearse [ape'arse] /1a/ *vr* (*jinete*) to dismount; (*bajarse*) to get down *o* out; (*de coche*) to get out
apechugar [apetʃu'ɣar] /1h/ *vi*: **~ con algo** to face up to sth
apegarse [ape'ɣarse] /1h/ *vr*: **~ a** to become attached to; **apego** *nm* attachment, devotion
apelar [ape'lar] /1a/ *vi* to appeal; **~ a** (*fig*) to resort to
apellidar [apeʎi'ðar] /1a/ *vt* to call, name; **apellidarse** *vr*: **se apellida Pérez** her (sur)name's Pérez
apellido [ape'ʎiðo] *nm* surname
apenar [ape'nar] /1a/ *vt* to grieve, trouble; (LAM: *avergonzar*) to embarrass; **apenarse** *vr* to grieve; (LAM: *avergonzarse*) to be embarrassed
apenas [a'penas] *adv* scarcely, hardly ▷ *conj* as soon as, no sooner
apéndice [a'pendiθe] *nm* appendix; **apendicitis** *nf* appendicitis
aperitivo [aperi'tiβo] *nm* (*bebida*) aperitif; (*comida*) appetizer
apertura [aper'tura] *nf* opening; (*Pol*) liberalization
apestar [apes'tar] /1a/ *vt* to infect ▷ *vi*: **~ (a)** to stink (of)
apetecer [apete'θer] /2d/ *vt*: **¿te apetece una tortilla?** do you fancy an omelette?; **apetecible** *adj* desirable; (*comida*) appetizing
apetito [ape'tito] *nm* appetite; **apetitoso, -a** *adj* appetizing; (*fig*) tempting
apiadarse [apja'ðarse] /1a/ *vr*: **~ de** to take pity on
ápice ['apiθe] *nm* whit, iota
apilar [api'lar] /1a/ *vt* to pile *o* heap up
apiñar [api'ɲar] /1a/ *vt* to crowd; **apiñarse** *vr* to crowd *o* press together
apio ['apjo] *nm* celery
apisonadora [apisona'ðora] *nf* steamroller
aplacar [apla'kar] /1g/ *vt* to placate
aplastante [aplas'tante] *adj* overwhelming; (*lógica*) compelling
aplastar [aplas'tar] /1a/ *vt* to squash (flat); (*fig*) to crush
aplaudir [aplau'ðir] /3a/ *vt* to applaud
aplauso [a'plauso] *nm* applause; (*fig*) approval, acclaim
aplazamiento [aplaθa'mjento] *nm* postponement
aplazar [apla'θar] /1f/ *vt* to postpone, defer
aplicación [aplika'θjon] *nf* application; (*para móvil, internet*) app; (*esfuerzo*) effort
aplicado, -a [apli'kaðo, a] *adj* diligent, hard-working
aplicar [apli'kar] /1g/ *vt* (*ejecutar*) to apply; **aplicarse** *vr* to apply o.s.
aplique *etc* [a'plike] *vb V* **aplicar** ▷ *nm* wall light *o* lamp

aplomo [a'plomo] *nm* aplomb, self-assurance
apodar [apo'ðar] /1a/ *vt* to nickname
apoderado [apoðe'raðo] *nm* agent, representative
apoderar [apoðe'rar] /1a/ *vt* to authorize; **apoderarse** *vr*: **~se de** to take possession of
apodo [a'poðo] *nm* nickname
apogeo [apo'xeo] *nm* peak, summit
apoquinar [apoki'nar] /1a/ *vt* (*fam*) to cough up, fork out
aporrear [aporre'ar] /1a/ *vt* to beat (up)
aportar [apor'tar] /1a/ *vt* to contribute ▷ *vi* to reach port; **aportarse** *vr* (LAM: *llegar*) to arrive, come
aposta [a'posta] *adv* deliberately, on purpose
apostar [apos'tar] /1a, 1l/ *vt* to bet, stake; (*tropas etc*) to station, post ▷ *vi* to bet
apóstol [a'postol] *nm* apostle
apóstrofo [a'postrofo] *nm* apostrophe
apoyar [apo'jar] /1a/ *vt* to lean, rest; (*fig*) to support, back; **apoyarse** *vr*: **~se en** to lean on; **apoyo** *nm* support, backing
apreciable [apre'θjaβle] *adj* considerable; (*fig*) esteemed
apreciar [apre'θjar] /1b/ *vt* to evaluate, assess; (*Com*) to appreciate, value; (*persona*) to respect; (*tamaño*) to gauge, assess; (*detalles*) to notice
aprecio [a'preθjo] *nm* valuation, estimate; (*fig*) appreciation
aprehender [apreen'der] /2a/ *vt* to apprehend, detain
apremio [a'premjo] *nm* urgency
aprender [apren'der] /2a/ *vt, vi* to learn; **aprenderse** *vr*: **~se algo de memoria** to learn sth (off) by heart
aprendiz, a [apren'diθ, a] *nm/f* apprentice; (*principiante*) learner; **aprendizaje** *nm* apprenticeship
aprensión [apren'sjon] *nm* apprehension, fear; **aprensivo, -a** *adj* apprehensive
apresar [apre'sar] /1a/ *vt* to seize; (*capturar*) to capture
apresurado, -a [apresu'raðo, a] *adj* hurried, hasty
apresurar [apresu'rar] /1a/ *vt* to hurry, accelerate; **apresurarse** *vr* to hurry, make haste
apretado, -a [apre'taðo, a] *adj* tight; (*escritura*) cramped
apretar [apre'tar] /1j/ *vt* to squeeze; (*Tec*) to tighten; (*presionar*) to press together, pack ▷ *vi* to be too tight
apretón [apre'ton] *nm* squeeze; **~ de manos** handshake
aprieto [a'prjeto] *nm* squeeze; (*dificultad*) difficulty; **estar en un ~** to be in a fix
aprisa [a'prisa] *adv* quickly, hurriedly
aprisionar [aprisjo'nar] /1a/ *vt* to imprison
aprobación [aproβa'θjon] *nf* approval
aprobar [apro'βar] /1l/ *vt* to approve (of); (*examen, materia*) to pass ▷ *vi* to pass
apropiado, -a [apro'pjaðo, a] *adj* appropriate, suitable
apropiarse [apro'pjarse] /1b/ *vr*: **~ de** to appropriate
aprovechado, -a [aproβe'tʃaðo, a] *adj* industrious, hardworking; (*económico*) thrifty; (*pey*) unscrupulous
aprovechar [aproβe'tʃar] /1a/ *vt* to use; (*explotar*) to exploit; (*experiencia*) to profit from; (*oferta, oportunidad*) to take advantage of ▷ *vi* to progress, improve; **aprovecharse** *vr*: **~se de** to make use of; (*pey*) to take advantage of; **¡que aproveche!** enjoy your meal!
aproximación [aproksima'θjon] *nf* approximation; (*de lotería*) consolation prize
aproximadamente [aproksimaða'mente] *adv* approximately

aproximar [aproksi'mar] /1a/ *vt* to bring nearer; **aproximarse** *vr* to come near, approach
apruebe *etc vb V* **aprobar**
aptitud [apti'tuð] *nf* aptitude
apto, -a ['apto, a] *adj*: **~ (para)** suitable (for)
apuesto, -a [a'pwesto, a] *adj* neat, elegant ▷ *nf* bet, wager
apuntar [apun'tar] /1a/ *vt* (*con arma*) to aim at; (*con dedo*) to point at *o* to; (*anotar*) to note (down); (*Teat*) to prompt; **apuntarse** *vr* (*Deporte*: *tanto, victoria*) to score; (*Escol*) to enrol

No confundir *apuntar* con la palabra inglesa *appoint*.

apunte [a'punte] *nm* note
apuñalar [apuɲa'lar] /1a/ *vt* to stab
apurado, -a [apu'raðo, a] *adj* needy; (*difícil*) difficult; (*peligroso*) dangerous; (LAM: *con prisa*) hurried, rushed
apurar [apu'rar] /1a/ *vt* (*agotar*) to drain; (*recursos*) to use up; (*molestar*) to annoy; **apurarse** *vr* (*preocuparse*) to worry; (*esp* LAM: *darse prisa*) to hurry
apuro [a'puro] *nm* (*aprieto*) fix, jam; (*escasez*) want, hardship; (*vergüenza*) embarrassment; (LAM: *prisa*) haste, urgency
aquejado, -a [ake'xaðo, a] *adj*: **~ de** (*Med*) afflicted by
aquel, aquella, aquellos, -as [a'kel, a'keʎa, a'keʎos, -as] *adj* that, those *pl* ▷ *pron* that (one), those (ones) *pl*
aquél, aquélla, aquéllos, -as [a'kel, a'keʎa, a'keʎos, -as] *pron* that (one), those (ones) *pl*
aquello [a'keʎo] *pron* that, that business
aquí [a'ki] *adv* (*lugar*) here; (*tiempo*) now; **~ arriba** up here; **~ mismo** right here; **~ yace** here lies; **de ~ a siete días** a week from now
ara ['ara] *nf*: **en ~s de** for the sake of
árabe ['araβe] *adj* Arab ▷ *nm/f* Arab ▷ *nm* (*Ling*) Arabic
Arabia [a'raβja] *nf* Arabia; **~ Saudí** *o* **Saudita** Saudi Arabia
arado [a'raðo] *nm* plough
Aragón [ara'ɣon] *nm* Aragon; **aragonés, -esa** *adj, nm/f* Aragonese
arancel [aran'θel] *nm* tariff, duty
arandela [aran'dela] *nf* (*Tec*) washer
araña [a'raɲa] *nf* (*Zool*) spider; (*lámpara*) chandelier
arañar [ara'ɲar] /1a/ *vt* to scratch
arañazo [ara'ɲaθo] *nm* scratch
arbitrar [arβi'trar] /1a/ *vt* to arbitrate in; (*Deporte*) to referee ▷ *vi* to arbitrate
arbitrario, -a [arβi'trarjo, a] *adj* arbitrary
árbitro ['arβitro] *nm* arbitrator; (*Deporte*) referee; (*Tenis*) umpire
árbol ['arβol] *nm* (*Bot*) tree; (*Naut*) mast; (*Tec*) axle, shaft; **~ de Navidad** Christmas tree
arboleda [arβo'leða] *nf* grove, plantation
arbusto [ar'βusto] *nm* bush, shrub
arca ['arka] *nf* chest, box
arcada [ar'kaða] *nf* arcade; (*de puente*) arch, span; **arcadas** *nfpl* (*náuseas*) retching *sg*
arcaico, -a [ar'kaiko, a] *adj* archaic
arce ['arθe] *nm* maple tree
arcén [ar'θen] *nm* (*de autopista*) hard shoulder; (*de carretera*) verge
archipiélago [artʃi'pjelaɣo] *nm* archipelago
archivador [artʃiβa'ðor] *nm* filing cabinet
archivar [artʃi'βar] /1a/ *vt* to file (away); **archivo** *nm* archive(s) (*pl*); (*Inform*) file; **archivo adjunto** (*Inform*) attachment; **archivo de seguridad** (*Inform*) backup file
arcilla [ar'θiʎa] *nf* clay
arco ['arko] *nm* arch; (*Mat*) arc; (*Mil, Mus*) bow; **~ iris** rainbow
arder [ar'ðer] /2a/ *vt, vi* to burn; **estar que arde** (*persona*) to fume
ardid [ar'ðið] *nm* ploy, trick
ardiente [ar'ðjente] *adj* ardent
ardilla [ar'ðiʎa] *nf* squirrel
ardor [ar'ðor] *nm* (*calor*) heat; (*fig*) ardour; **~ de estómago** heartburn

arduo, -a ['arðwo, a] *adj* arduous
área ['area] *nf* area; (*Deporte*) penalty area
arena [a'rena] *nf* sand; (*de una lucha*) arena; **arenal** *nm* (*terreno arenoso*) sandy area
arenisca [are'niska] *nf* sandstone; (*cascajo*) grit
arenoso, -a [are'noso, a] *adj* sandy
arenque [a'renke] *nm* herring
arete [a'rete] *nm* (*LAM*) earring
Argel [ar'xel] *n* Algiers
Argelia [ar'xelja] *nf* Algeria; **argelino, -a** *adj, nm/f* Algerian
Argentina [arxen'tina] *nf*: **(la) ~** Argentina
argentino, -a [arxen'tino, a] *adj* Argentinian; (*de plata*) silvery ▷ *nm/f* Argentinian
argolla [ar'ɣoʎa] *nf* (large) ring
argot [ar'ɣo] *nm* slang
argucia [ar'ɣuθja] *nf* subtlety, sophistry
argumentar [arɣumen'tar] /ıa/ *vt, vi* to argue
argumento [arɣu'mento] *nm* argument; (*razonamiento*) reasoning; (*de novela etc*) plot; (*Cine, TV*) storyline
aria ['arja] *nf* aria
aridez [ari'ðeθ] *nf* aridity, dryness
árido, -a ['ariðo, a] *adj* arid, dry
Aries ['arjes] *nm* Aries
arisco, -a [a'risko, a] *adj* surly; (*insociable*) unsociable
aristócrata [aris'tokrata] *nmf* aristocrat
arma ['arma] *nf* arm; **armas** *nfpl* arms; **~ blanca** blade, knife; **~ de doble filo** double-edged sword; **~ de fuego** firearm; **~s de destrucción masiva** weapons of mass destruction
armada [ar'maða] *nf* armada; (*flota*) fleet
armadillo [arma'ðiʎo] *nm* armadillo
armado, -a [ar'maðo, a] *adj* armed; (*Tec*) reinforced
armadura [arma'ðura] *nf* (*Mil*) armour; (*Tec*) framework; (*Zool*) skeleton; (*Física*) armature
armamento [arma'mento] *nm* armament; (*Naut*) fitting-out
armar [ar'mar] /ıa/ *vt* (*soldado*) to arm; (*máquina*) to assemble; (*navío*) to fit out; **~la, ~ un lío** to start a row, kick up a fuss
armario [ar'marjo] *nm* wardrobe; (*de cocina, baño*) cupboard; **~ empotrado** built-in cupboard
armatoste [arma'toste] *nm* (*mueble*) monstrosity; (*máquina*) contraption
armazón [arma'θon] *nm o f* body, chassis; (*de mueble etc*) frame; (*Arq*) skeleton
armiño [ar'mino] *nm* stoat; (*piel*) ermine
armisticio [armis'tiθjo] *nm* armistice
armonía [armo'nia] *nf* harmony
armónica [ar'monika] *nf* harmonica
armonizar [armoni'θar] /ıθ/ *vt* to harmonize; (*diferencias*) to reconcile
aro ['aro] *nm* ring; (*tejo*) quoit; (*LAM*: *pendiente*) earring
aroma [a'roma] *nm* aroma; **aromaterapia** *nf* aromatherapy; **aromático, -a** *adj* aromatic
arpa ['arpa] *nf* harp
arpía [ar'pia] *nf* shrew
arpón [ar'pon] *nm* harpoon
arqueología [arkeolo'xia] *nf* archaeology; **arqueólogo, -a** *nm/f* archaeologist
arquetipo [arke'tipo] *nm* archetype
arquitecto, -a *nm/f* architect; **arquitectura** *nf* architecture
arrabal [arra'βal] *nm* suburb; (*LAM*) slum; **arrabales** *nmpl* (*afueras*) outskirts
arraigar [arrai'ɣar] /ıh/ *vi* to take root
arrancar [arran'kar] /ıg/ *vt* (*sacar*) to extract, pull out; (*arrebatar*) to snatch (away); (*Inform*) to boot; (*fig*) to extract ▷ *vi* (*Auto, máquina*) to start; (*ponerse en marcha*) to get going; **~ de** to stem from
arranque *etc* [a'rranke] *vb V* **arrancar** ▷ *nm* sudden start; (*Auto*) start; (*fig*) fit, outburst

arrasar [arra'sar] /1a/ *vt* (*aplanar*) to level, flatten; (*destruir*) to demolish
arrastrar [arras'trar] /1a/ *vt* to drag (along); (*fig*) to drag down, degrade; (*agua, viento*) to carry away ▷ *vi* to drag, trail on the ground; **arrastrarse** *vr* to crawl; (*fig*) to grovel; **llevar algo arrastrado** to drag sth along
arrear [arre'ar] /1a/ *vt* to drive on, urge on ▷ *vi* to hurry along
arrebatar [arreβa'tar] /1a/ *vt* to snatch (away), seize; (*fig*) to captivate
arrebato [arre'βato] *nm* fit of rage, fury; (*éxtasis*) rapture
arrecife [arre'θife] *nm* reef
arreglado, -a [arre'ɣlaðo, a] *adj* (*ordenado*) neat, orderly; (*moderado*) moderate, reasonable
arreglar [arre'ɣlar] /1a/ *vt* (*poner orden*) to tidy up; (*algo roto*) to fix, repair; (*problema*) to solve; **arreglarse** *vr* to reach an understanding; **arreglárselas** (*fam*) to get by, manage
arreglo [a'rreɣlo] *nm* settlement; (*orden*) order; (*acuerdo*) agreement; (*Mus*) arrangement, setting
arremangar [arreman'gar] /1h/ *vt* to roll up, turn up; **arremangarse** *vr* to roll up one's sleeves
arremeter [arreme'ter] /2a/ *vi*: **~ contra algn** to attack sb
arrendamiento [arrenda'mjento] *nm* letting; (*el alquilar*) hiring; (*contrato*) lease; (*alquiler*) rent; **arrendar** /1j/ *vt* to let; to lease; to rent; **arrendatario, -a** *nm/f* tenant
arreos [a'rreos] *nmpl* (*de caballo*) harness *sg*, trappings
arrepentimiento [arrepenti'mjento] *nm* regret, repentance
arrepentirse [arrepen'tirse] /3i/ *vr* to repent; **~ de (haber hecho) algo** to regret (doing) sth
arresto [a'rresto] *nm* arrest; (*Mil*) detention; (*audacia*) boldness, daring; **~ domiciliario** house arrest
arriar [a'rrjar] /1c/ *vt* (*velas*) to haul down; (*bandera*) to lower, strike; (*un cable*) to pay out

PALABRA CLAVE

arriba [a'rriβa] *adv* **1** (*posición*) above; **desde arriba** from above; **arriba del todo** at the very top, right on top; **Juan está arriba** Juan is upstairs; **lo arriba mencionado** the aforementioned
2 (*dirección*): **calle arriba** up the street
3: **de arriba abajo** from top to bottom; **mirar a algn de arriba abajo** to look sb up and down
4: **para arriba: de 50 euros para arriba** from 50 euros up(wards)
▶ *adj*: **de arriba: el piso de arriba** the upstairs flat (BRIT) *o* apartment; **la parte de arriba** the top *o* upper part
▶ *prep*: **arriba de** (LAM: *por encima de*) above; **arriba de 200 dólares** more than 200 dollars
▶ *excl*: **¡arriba!** up!; **¡manos arriba!** hands up!; **¡arriba España!** long live Spain!

arribar [arri'βar] /1a/ *vi* to put into port; (*llegar*) to arrive
arriendo *etc* [a'rrjendo] *vb V* **arrendar** ▷ *nm* = **arrendamiento**
arriesgado, -a [arrjes'ɣaðo, a] *adj* (*peligroso*) risky; (*audaz*) bold, daring
arriesgar [arrjes'ɣar] /1h/ *vt* to risk; (*poner en peligro*) to endanger; **arriesgarse** *vr* to take a risk
arrimar [arri'mar] /1a/ *vt* (*acercar*) to bring close; (*poner de lado*) to set aside; **arrimarse** *vr* to come close *o* closer; **~se a** to lean on
arrinconar [arrinko'nar] /1a/ *vt* (*colocar*) to put in a corner; (*enemigo*) to corner; (*fig*) to put on one side; (*abandonar*) to push aside
arroba [a'rroβa] *nf* (*en dirección electrónica*) at sign, @
arrodillarse [arroði'ʎarse] /1a/ *vr* to kneel (down)

arrogante [arro'ɣante] *adj* arrogant
arrojar [arro'xar] /1a/ *vt* to throw, hurl; (*humo*) to emit, give out; (*Com*) to yield, produce; **arrojarse** *vr* to throw *o* hurl o.s.
arrojo [a'rroxo] *nm* daring
arrollador, a [arroʎa'ðor, a] *adj* overwhelming
arrollar [arro'ʎar] /1a/ *vt* (*Auto*) to run over; (*Deporte*) to crush
arropar [arro'par] /1a/ *vt* to cover (up), wrap up; **arroparse** *vr* to wrap o.s. up
arroyo [a'rrojo] *nm* stream; (*de la calle*) gutter
arroz [a'rroθ] *nm* rice; **~ con leche** rice pudding
arruga [a'rruɣa] *nf* (*de cara*) wrinkle; (*de vestido*) crease; **arrugar** /1h/ *vt* to wrinkle; to crease; **arrugarse** *vr* to get creased
arruinar [arrwi'nar] /1a/ *vt* to ruin, wreck; **arruinarse** *vr* to be ruined
arsenal [arse'nal] *nm* naval dockyard; (*Mil*) arsenal
arte ['arte] *nm* (*gen m en sg, f en pl*) art; (*maña*) skill, guile; **artes** *nfpl* arts; **Bellas A~s** Fine Art *sg*
artefacto [arte'fakto] *nm* appliance
arteria [ar'terja] *nf* artery
artesanía [artesa'nia] *nf* craftsmanship; (*artículos*) handicrafts *pl*; **artesano, -a** *nm/f* artisan, craftsman/woman
ártico, -a ['artiko, a] *adj* Arctic ▷ *nm*: **el (océano) Á~** the Arctic (Ocean)
articulación [artikula'θjon] *nf* articulation; (*Med, Tec*) joint
artículo [ar'tikulo] *nm* article; (*cosa*) thing, article; **artículos** *nmpl* goods; **~s de escritorio** stationery
artífice [ar'tifiθe] *nmf* (*fig*) architect
artificial [artifi'θjal] *adj* artificial
artillería [artiʎe'ria] *nf* artillery
artilugio [arti'luxjo] *nm* gadget
artimaña [arti'maɲa] *nf* trap, snare; (*astucia*) cunning
artista [ar'tista] *nmf* (*pintor*) artist, painter; (*Teat*) artist, artiste; **~ de cine** film actor/actress; **artístico, -a** *adj* artistic
artritis [ar'tritis] *nf* arthritis
arveja [ar'βexa] *nf* (*LAm*) pea
arzobispo [arθo'βispo] *nm* archbishop
as [as] *nm* ace
asa ['asa] *nf* handle; (*fig*) lever
asado [a'saðo] *nm* roast (meat); (*LAm*: *barbacoa*) barbecue

ASADO

Traditional Latin American barbecues, especially in the River Plate area, are celebrated in the open air around a large grill which is used to grill mainly beef and various kinds of spicy pork sausage. They are usually very common during the summer and can go on for several days.

asador [asa'ðor] *nm* spit
asadura, asaduras [asa'ðura(s)] *nf, nfpl* entrails *pl*, offal *sg*
asalariado, -a [asala'rjaðo, a] *adj* paid, salaried ▷ *nm/f* wage earner
asaltar [asal'tar] /1a/ *vt* to attack, assault; (*fig*) to assail; **asalto** *nm* attack, assault; (*Deporte*) round
asamblea [asam'blea] *nf* assembly; (*reunión*) meeting
asar [a'sar] /1a/ *vt* to roast
ascendencia [asθen'denθja] *nf* ancestry; (*LAm*: *influencia*) ascendancy; **de ~ francesa** of French origin
ascender [asθen'der] /2g/ *vi* (*subir*) to ascend, rise; (*ser promovido*) to gain promotion ▷ *vt* to promote; **~ a** to amount to; **ascendiente** *nm* influence ▷ *nmf* ancestor
ascensión [asθen'sjon] *nf* ascent; **la A~** the Ascension
ascenso [as'θenso] *nm* ascent; (*promoción*) promotion

ascensor [asθen'sor] *nm* lift (*BRIT*), elevator (*US*)

asco ['asko] *nm*: **el ajo me da ~** I hate *o* loathe garlic; **estar hecho un ~** to be filthy; **¡qué ~!** how revolting *o* disgusting!

ascua ['askwa] *nf* ember

aseado, -a [ase'aðo, a] *adj* clean; (*arreglado*) tidy; (*pulcro*) smart

asear [ase'ar] /1a/ *vt* (*lavar*) to wash; (*ordenar*) to tidy (up)

asediar [ase'ðjar] /1b/ *vt* (*Mil*) to besiege, lay siege to; (*fig*) to chase, pester; **asedio** *nm* siege; (*Com*) run

asegurado, a [aseɣu'raðo, a] *adj* insured

asegurador, -a [aseɣura'ðor, a] *nm/f* insurer

asegurar [aseɣu'rar] /1a/ *vt* (*consolidar*) to secure, fasten; (*dar garantía de*) to guarantee; (*preservar*) to safeguard; (*afirmar, dar por cierto*) to assure, affirm; (*tranquilizar*) to reassure; (*hacer un seguro*) to insure; **asegurarse** *vr* to assure o.s., make sure

asemejarse [aseme'xarse] /1a/ *vr* to be alike; **~ a** to be like, resemble

asentado, -a [asen'taðo, a] *adj* established, settled

asentar [asen'tar] /1j/ *vt* (*sentar*) to seat, sit down; (*poner*) to place, establish; (*alisar*) to level, smooth down *o* out; (*anotar*) to note down ▷ *vi* to be suitable, suit

asentir [asen'tir] /3i/ *vi* to assent, agree; **~ con la cabeza** to nod (one's head)

aseo [a'seo] *nm* cleanliness; **aseos** *nmpl* toilet *sg* (*BRIT*), cloakroom *sg* (*BRIT*), restroom *sg* (*US*)

aséptico, -a [a'septiko, a] *adj* germ-free, free from infection

asequible [ase'kiβle] *adj* (*precio*) reasonable; (*meta*) attainable; (*persona*) approachable

asesinar [asesi'nar] /1a/ *vt* to murder; (*Pol*) to assassinate; **asesinato** *nm* murder; assassination

asesino, -a [ase'sino, a] *nm/f* murderer, killer; (*Pol*) assassin

asesor, a [ase'sor, a] *nm/f* adviser, consultant; **asesorar** /1a/ *vt* (*Jur*) to advise, give legal advice to; (*Com*) to act as consultant to; **asesorarse** *vr*: **asesorarse con** *o* **de** to take advice from, consult; **asesoría** *nf* (*cargo*) consultancy; (*oficina*) consultant's office

asestar [ases'tar] /1a/ *vt* (*golpe*) to deal

asfalto [as'falto] *nm* asphalt

asfixia [as'fiksja] *nf* asphyxia, suffocation; **asfixiar** /1b/ *vt* to asphyxiate, suffocate; **asfixiarse** *vr* to be asphyxiated, suffocate

así [a'si] *adv* (*de esta manera*) in this way, like this, thus; (*aunque*) although; (*tan pronto como*) as soon as; **~ que** so; **~ como** as well as; **~ y todo** even so; **¿no es ~?** isn't it?, didn't you? *etc*; **~ de grande** this big

Asia ['asja] *nf* Asia; **asiático, -a** *adj, nm/f* Asian, Asiatic

asiduo, -a [a'siðwo, a] *adj* assiduous; (*frecuente*) frequent ▷ *nm/f* regular (customer)

asiento [a'sjento] *nm* (*mueble*) seat, chair; (*de coche, en tribunal etc*) seat; (*localidad*) seat, place; (*fundamento*) site; **~ delantero/trasero** front/back seat

asignación [asiɣna'θjon] *nf* (*atribución*) assignment; (*reparto*) allocation; (*sueldo*) salary; (*Com*) allowance; **~ (semanal)** (weekly) pocket money

asignar [asiɣ'nar] /1a/ *vt* to assign, allocate

asignatura [asiɣna'tura] *nf* subject; (*curso*) course

asilo [a'silo] *nm* (*refugio*) asylum, refuge; (*establecimiento*) home, institution; **~ político** political asylum

asimilar [asimi'lar] /1a/ *vt* to assimilate

asimismo [asi'mismo] *adv* in the same way, likewise
asistencia [asis'tenθja] *nf* audience; (*Med*) attendance; (*ayuda*) assistance; **~ en carretera** roadside assistance; **asistente, -a** *nm/f* assistant; **los asistentes** those present; **asistente social** social worker
asistido, -a [asis'tiðo, a] *adj*: **~ por ordenador** computer-assisted
asistir [asis'tir] /3a/ *vt* to assist, help ▷ *vi*: **~ a** to attend, be present at
asma ['asma] *nf* asthma
asno ['asno] *nm* donkey; (*fig*) ass
asociación [asoθja'θjon] *nf* association; (*Com*) partnership; **asociado, -a** *adj* associate ▷ *nm/f* associate; (*Com*) partner
asociar [aso'θjar] /1b/ *vt* to associate
asomar [aso'mar] /1a/ *vt* to show, stick out ▷ *vi* to appear; **asomarse** *vr* to appear, show up; **~ la cabeza por la ventana** to put one's head out of the window
asombrar [asom'brar] /1a/ *vt* to amaze, astonish; **asombrarse** *vr*: **~se (de)** (*sorprenderse*) to be amazed (at); (*asustarse*) to be frightened (at); **asombro** *nm* amazement, astonishment; (*susto*) fright; **asombroso, -a** *adj* amazing
asomo [a'somo] *nm* hint, sign
aspa ['aspa] *nf* (*cruz*) cross; (*de molino*) sail; **en ~** X-shaped
aspaviento [aspa'βjento] *nm* exaggerated display of feeling; (*fam*) fuss
aspecto [as'pekto] *nm* (*apariencia*) look, appearance; (*fig*) aspect
áspero, -a ['aspero, a] *adj* (*al tacto*) rough; (*al gusto*) sharp, sour; (*voz*) harsh
aspersión [asper'sjon] *nf* sprinkling
aspiración [aspira'θjon] *nf* breath, inhalation; (*Mus*) short pause; **aspiraciones** *nfpl* (*ambiciones*) aspirations
aspirador [aspira'ðor] *nm* = **aspiradora**
aspiradora [aspira'ðora] *nf* vacuum cleaner, Hoover®
aspirante [aspi'rante] *nmf* (*candidato*) candidate; (*Deporte*) contender
aspirar [aspi'rar] /1a/ *vt* to breathe in ▷ *vi*: **~ a** to aspire to
aspirina [aspi'rina] *nf* aspirin
asqueroso, -a [aske'roso, a] *adj* disgusting, sickening
asta ['asta] *nf* lance; (*arpón*) spear; (*mango*) shaft, handle; (*Zool*) horn; **a media ~** at half mast
asterisco [aste'risko] *nm* asterisk
astilla [as'tiʎa] *nf* splinter; (*pedacito*) chip; **astillas** *nfpl* (*leña*) firewood *sg*
astillero [asti'ʎero] *nm* shipyard
astro ['astro] *nm* star
astrología [astrolo'xia] *nf* astrology; **astrólogo, -a** *nm/f* astrologer
astronauta [astro'nauta] *nmf* astronaut
astronomía [astrono'mia] *nf* astronomy
astucia [as'tuθja] *nf* astuteness; (*destreza*) clever trick
asturiano, -a [astu'rjano, a] *adj*, *nm/f* Asturian
astuto, -a [as'tuto, a] *adj* astute; (*taimado*) cunning
asumir [asu'mir] /3a/ *vt* to assume
asunción [asun'θjon] *nf* assumption; (*Rel*): **A~** Assumption
asunto [a'sunto] *nm* (*tema*) matter, subject; (*negocio*) business
asustar [asus'tar] /1a/ *vt* to frighten; **asustarse** *vr* to be/become frightened
atacar [ata'kar] /1g/ *vt* to attack
atadura [ata'ðura] *nf* bond, tie
atajar [ata'xar] /1a/ *vt* (*enfermedad, mal*) to stop ▷ *vi* (*persona*) to take a short cut
atajo [a'taxo] *nm* short cut
atañer [ata'ɲer] *vi*: **~ a** to concern
ataque *etc* [a'take] *vb V* **atacar** ▷ *nm* attack; **~ cardíaco** heart attack
atar [a'tar] /1a/ *vt* to tie, tie up

atarantado, -a [ataran'taðo, a] *adj* (*LAM*: *aturdido*) dazed
atardecer [atarðe'θer] /2d/ *vi* to get dark ▷ *nm* evening; (*crepúsculo*) dusk
atareado, -a [atare'aðo, a] *adj* busy
atascar [atas'kar] /1g/ *vt* to clog up; (*obstruir*) to jam; (*fig*) to hinder; **atascarse** *vr* to stall; (*cañería*) to get blocked up; **atasco** *nm* obstruction; (*Auto*) traffic jam
ataúd [ata'uð] *nm* coffin
ataviar [ata'βjar] /1c/ *vt* to deck, array
atemorizar [atemori'θar] /1f/ *vt* to frighten, scare
Atenas [a'tenas] *nf* Athens
atención [aten'θjon] *nf* attention; (*bondad*) kindness ▷ *excl* (be) careful!, look out!; **en ~ a esto** in view of this
atender [aten'der] /2g/ *vt* to attend to, look after; (*Telec*) to answer ▷ *vi* to pay attention
atenerse [ate'nerse] /2k/ *vr*: **~ a** to abide by, adhere to
atentado [aten'taðo] *nm* crime, illegal act; (*asalto*) assault; (*tb*: **~ terrorista**) terrorist attack; **~ contra la vida de algn** attempt on sb's life; **~ suicida** suicide bombing
atentamente [atenta'mente] *adv*: **Le saluda ~** Yours faithfully
atentar [aten'tar] /1a/ *vi*: **~ a** *o* **contra** to commit an outrage against
atento, -a [a'tento, a] *adj* attentive, observant; (*cortés*) polite, thoughtful; **estar ~ a** (*explicación*) to pay attention to
atenuar [ate'nwar] /1e/ *vt* (*disminuir*) to lessen, minimize
ateo, -a [a'teo, a] *adj* atheistic ▷ *nm/f* atheist
aterrador, a [aterra'ðor, a] *adj* frightening
aterrizaje [aterri'θaxe] *nm* landing; **~ forzoso** emergency *o* forced landing
aterrizar [aterri'θar] /1f/ *vi* to land
aterrorizar [aterrori'θar] /1f/ *vt* to terrify
atesorar [ateso'rar] /1a/ *vt* to hoard
atestar [ates'tar] /1a, 1j/ *vt* to pack, stuff; (*Jur*) to attest, testify to
atestiguar [atesti'ɣwar] /1i/ *vt* to testify to, bear witness to
atiborrar [atiβo'rrar] /1a/ *vt* to fill, stuff; **atiborrarse** *vr* to stuff o.s.
ático ['atiko] *nm* (*desván*) attic; **~ de lujo** penthouse flat
atinado, -a [ati'naðo, a] *adj* correct; (*sensato*) wise, sensible
atinar [ati'nar] /1a/ *vi* (*acertar*) to be right; **~ al blanco** to hit the target; (*fig*) to be right
atizar [ati'θar] /1f/ *vt* to poke; (*horno etc*) to stoke; (*fig*) to stir up, rouse
atlántico, -a [at'lantiko, a] *adj* Atlantic ▷ *nm*: **el (océano) A~** the Atlantic (Ocean)
atlas ['atlas] *nm inv* atlas
atleta [at'leta] *nm/f* athlete; **atlético, -a** *adj* athletic; **atletismo** *nm* athletics *sg*
atmósfera [at'mosfera] *nf* atmosphere
atolladero [atoʎa'ðero] *nm*: **estar en un ~** to be in a jam
atómico, -a [a'tomiko, a] *adj* atomic
átomo ['atomo] *nm* atom
atónito, -a [a'tonito, a] *adj* astonished, amazed
atontado, -a [aton'taðo, a] *adj* stunned; (*bobo*) silly, daft
atormentar [atormen'tar] /1a/ *vt* to torture; (*molestar*) to torment; (*acosar*) to plague, harass
atornillar [atorni'ʎar] /1a/ *vt* to screw on *o* down
atosigar [atosi'ɣar] /1h/ *vt* to harass, pester
atracador, a [atraka'ðor, a] *nm/f* robber
atracar [atra'kar] /1g/ *vt* (*Naut*) to moor; (*robar*) to hold up, rob ▷ *vi* to moor; **atracarse** *vr*: **~se (de)** to stuff o.s. (with)
atracción [atrak'θjon] *nf* attraction
atraco [a'trako] *nm* holdup, robbery

atracón [atra'kon] *nm*: **darse** *o* **pegarse un ~ (de)** (*fam*) to stuff o.s. (with)
atractivo, -a [atrak'tiβo, a] *adj* attractive ▷ *nm* appeal
atraer [atra'er] /2o/ *vt* to attract
atragantarse [atraɣan'tarse] /1a/ *vr*: **~ (con algo)** to choke (on sth); **se me ha atragantado el chico ese/el inglés** I can't stand that boy/English
atrancar [atran'kar] /1g/ *vt* (*con tranca, barra*) to bar, bolt
atrapar [atra'par] /1a/ *vt* to trap; (*resfriado etc*) to catch
atrás [a'tras] *adv* (*movimiento*) back(wards); (*lugar*) behind; (*tiempo*) previously; **ir hacia ~** to go back(wards); to go to the rear; **estar ~** to be behind *o* at the back
atrasado, -a [atra'saðo, a] *adj* slow; (*pago*) overdue, late; (*país*) backward
atrasar [atra'sar] /1a/ *vi* to be slow; **atrasarse** *vr* to stay behind; (*tren*) to be *o* run late; (*llegar tarde*) to be late; **atraso** *nm* slowness; lateness, delay; (*de país*) backwardness; **atrasos** *nmpl* (*Com*) arrears
atravesar [atraβe'sar] /1j/ *vt* (*cruzar*) to cross (over); (*traspasar*) to pierce; (*período*) to go through; (*poner al través*) to lay *o* put across; **atravesarse** *vr* to come in between; (*intervenir*) to interfere
atraviese *etc* [atra'βjese] *vb V* **atravesar**
atreverse [atre'βerse] /2a/ *vr* to dare; (*insolentarse*) to be insolent; **atrevido, -a** *adj* daring; insolent; **atrevimiento** *nm* daring; insolence
atribución [atriβu'θjon] *nf* attribution; **atribuciones** *nfpl* (*Pol*) powers, functions; (*Admin*) responsibilities
atribuir [atriβu'ir] /3g/ *vt* to attribute; (*funciones*) to confer
atributo [atri'βuto] *nm* attribute
atril [a'tril] *nm* (*para libro*) lectern; (*Mus*) music stand
atropellar [atrope'ʎar] /1a/ *vt* (*derribar*) to knock over *o* down; (*empujar*) to push (aside); (*Auto*) to run over *o* down; (*agraviar*) to insult; **atropello** *nm* (*Auto*) accident; (*empujón*) push; (*agravio*) wrong; (*atrocidad*) outrage
atroz [a'troθ] *adj* atrocious, awful
A.T.S. *nm abr*, *nf abr* (= *Ayudante Técnico Sanitario*) nurse
atuendo [a'twendo] *nm* attire
atún [a'tun] *nm* tuna, tunny
aturdir [atur'ðir] /3a/ *vt* to stun; (*ruido*) to deafen; (*fig*) to dumbfound, bewilder
audacia [au'ðaθja] *nf* boldness, audacity; **audaz** *adj* bold, audacious
audición [auði'θjon] *nf* hearing; (*Teat*) audition
audiencia [au'ðjenθja] *nf* audience; (*Jur*) high court
audífono [au'ðifono] *nm* (*para sordos*) hearing aid
auditor [auði'tor] *nm* (*Jur*) judge advocate; (*Com*) auditor
auditorio [auði'torjo] *nm* audience; (*sala*) auditorium
auge ['auxe] *nm* boom; (*clímax*) climax
augurar [auɣu'rar] /1a/ *vt* to predict; (*presagiar*) to portend
augurio [au'ɣurjo] *nm* omen
aula ['aula] *nf* classroom; (*en universidad etc*) lecture room
aullar [au'ʎar] /1a/ *vi* to howl, yell
aullido [au'ʎiðo] *nm* howl, yell
aumentar [aumen'tar] /1a/ *vt* to increase; (*precios*) to put up; (*producción*) to step up; (*con microscopio, anteojos*) to magnify ▷ *vi* to increase, be on the increase; **aumento** *nm* increase; rise
aun [a'un] *adv* even; **~ así** even so; **~ más** even *o* yet more
aún [a'un] *adv* still, yet; **~ está aquí** he's still here; **~ no lo sabemos** we don't know yet; **¿no ha venido ~?** hasn't she come yet?
aunque [a'unke] *conj* though, although, even though
aúpa [a'upa] *excl* come on!

auricular [auriku'lar] *nm* (*Telec*) earpiece; **auriculares** *nmpl* (*cascos*) headphones
aurora [au'rora] *nf* dawn
ausencia [au'senθja] *nf* absence
ausentarse [ausen'tarse] /1a/ *vr* to go away; (*por poco tiempo*) to go out
ausente [au'sente] *adj* absent
austero, -a [aus'tero, a] *adj* austere
austral [aus'tral] *adj* southern ▷ *nm* *monetary unit of Argentina (1985-1991)*
Australia [aus'tralja] *nf* Australia; **australiano, -a** *adj, nm/f* Australian
Austria ['austrja] *nf* Austria
austriaco, -a, austríaco, -a [aus'triako, a] *adj* Austrian ▷ *nm/f* Austrian
auténtico, -a [au'tentiko, a] *adj* authentic
auto ['auto] *nm* (*Jur*) edict, decree; (: *orden*) writ; **autos** *nmpl* (*Jur*) proceedings; (: *acta*) court record *sg*
autoadhesivo, -a [autoaðe'siβo, a] *adj* self-adhesive; (*sobre*) self-sealing
autobiografía [autoβjoɣra'fia] *nf* autobiography
autobomba [auto'bomba] *nm* (RPL) fire engine
autobronceador, a [autoβronθea'ðor, a] *adj* (self-)tanning
autobús [auto'βus] *nm* bus; **~ de línea** long-distance coach
autocar [auto'kar] *nm* coach (BRIT), (passenger) bus (US); **~ de línea** intercity coach *or* bus
autóctono, -a [au'toktono, a] *adj* native, indigenous
autodefensa [autoðe'fensa] *nf* self-defence
autodidacta [autoði'ðakta] *adj* self-taught
autoescuela [autoes'kwela] *nf* (ESP) driving school
autofoto [auto'foto] *nf* selfie
autógrafo [au'toɣrafo] *nm* autograph
autolesionarse [auto'lesjonarsi] *vt* to self-harm
autómata [au'tomata] *nm* automaton
automático, -a [auto'matiko, a] *adj* automatic ▷ *nm* press stud
automóvil [auto'moβil] *nm* (motor) car (BRIT), automobile (US); **automovilismo** *nm* (*actividad*) motoring; (*Deporte*) motor racing; **automovilista** *nmf* motorist, driver
autonomía [autono'mia] *nf* autonomy; **autónomo, -a,** (ESP) **autonómico** *adj* autonomous
autopista [auto'pista] *nf* motorway (BRIT), freeway (US); **~ de cuota** (LAM) *o* **peaje** (ESP) toll (BRIT) *o* turnpike (US) road
autopsia [au'topsja] *nf* post-mortem, autopsy
autor, a [au'tor, a] *nm/f* author
autoridad [autori'ðað] *nf* authority; **autoritario, -a** *adj* authoritarian
autorización [autoriθa'θjon] *nf* authorization; **autorizado, -a** *adj* authorized; (*aprobado*) approved
autorizar [autori'θar] /1f/ *vt* to authorize; to approve
autoservicio [autoser'βiθjo] *nm* (*tienda*) self-service shop *o* store; (*restaurante*) self-service restaurant
autostop [auto'stop] *nm* hitch-hiking; **hacer ~** to hitch-hike; **autostopista** *nmf* hitch-hiker
autovía [auto'βia] *nf* ≈ dual carriageway (BRIT), ≈ divided highway (US)
auxiliar [auksi'ljar] /1b/ *vt* to help ▷ *nmf* assistant; **auxilio** *nm* assistance, help; **primeros auxilios** first aid *sg*
Av *abr* (= *Avenida*) Av(e)
aval [a'βal] *nm* guarantee; (*persona*) guarantor
avalancha [aβa'lantʃa] *nf* avalanche
avance [a'βanθe] *nm* advance; (*pago*) advance payment; (*Cine*) trailer
avanzar [aβan'θar] /1f/ *vt, vi* to advance
avaricia [aβa'riθja] *nf* avarice, greed; **avaricioso, -a** *adj* avaricious, greedy
avaro, -a [a'βaro, a] *adj* miserly, mean ▷ *nm/f* miser
Avda *abr* (= *Avenida*) Av(e)

AVE ['aβe] *nm abr* (= *Alta Velocidad Española*) ≈ bullet train
ave ['aβe] *nf* bird; **~ de rapiña** bird of prey
avecinarse [aβeθi'narse] /1a/ *vr* (*tormenta*, *fig*) be on the way
avellana [aβe'ʎana] *nf* hazelnut; **avellano** *nm* hazel tree
avemaría [aβema'ria] *nm* Hail Mary, Ave Maria
avena [a'βena] *nf* oats *pl*
avenida [aβe'niða] *nf* (*calle*) avenue
aventajar [aβenta'xar] /1a/ *vt* (*sobrepasar*) to surpass, outstrip
aventón [aβen'ton] *nm* (LAM) push; **pedir ~** to hitch a lift, hitch a ride (US)
aventura [aβen'tura] *nf* adventure; **aventurero, -a** *adj* adventurous
avergonzar [aβeɣon'θar] /1f, 1l/ *vt* to shame; (*desconcertar*) to embarrass; **avergonzarse** *vr* to be ashamed; to be embarrassed
avería [aβe'ria] *nf* (*Tec*) breakdown, fault
averiado, -a [aβe'rjaðo, a] *adj* broken-down; **"~"** "out of order"
averiar [aβe'rjar] /1c/ *vt* to break; **averiarse** *vr* to break down
averiguar [aβeri'ɣwar] /1i/ *vt* to investigate; (*descubrir*) to find out, ascertain
avestruz [aβes'truθ] *nm* ostrich
aviación [aβja'θjon] *nf* aviation; (*fuerzas aéreas*) air force
aviador, a [aβja'ðor, a] *nm/f* aviator, airman/woman
ávido, -a ['aβiðo, a] *adj* avid, eager
avinagrado, -a [aβina'ɣraðo, a] *adj* sour, acid
avión [a'βjon] *nm* aeroplane; (*ave*) martin; **~ de reacción** jet (plane)
avioneta [aβjo'neta] *nf* light aircraft
avisar [aβi'sar] /1a/ *vt* (*advertir*) to warn, notify; (*informar*) to tell; (*aconsejar*) to advise, counsel; **aviso** *nm* warning; (*noticia*) notice
avispa [a'βispa] *nf* wasp
avispado, -a [aβis'paðo, a] *adj* sharp, clever
avivar [aβi'βar] /1a/ *vt* to strengthen, intensify
axila [ak'sila] *nf* armpit
ay [ai] *excl* (*dolor*) ow!, ouch!; (*aflicción*) oh!, oh dear!; **¡ay de mí!** poor me!
ayer [a'jer] *adv*, *nm* yesterday; **antes de ~** the day before yesterday; **~ por la tarde** yesterday afternoon/evening; **~ mismo** only yesterday
ayote [a'jote] *nm* (LAM) pumpkin
ayuda [a'juða] *nf* help, assistance ▷ *nm* page; **ayudante, -a** *nm/f* assistant, helper; (*Escol*) assistant; (*Mil*) adjutant
ayudar [aju'ðar] /1a/ *vt* to help, assist
ayunar [aju'nar] /1a/ *vi* to fast, **ayunas** *nfpl*: **estar en ayunas** to be fasting; **ayuno** *nm* fast; fasting
ayuntamiento [ajunta'mjento] *nm* (*consejo*) town/city council; (*edificio*) town/city hall
azafata [aθa'fata] *nf* air hostess (BRIT) *o* stewardess
azafrán [aθa'fran] *nm* saffron
azahar [aθa'ar] *nm* orange/lemon blossom
azar [a'θar] *nm* (*casualidad*) chance, fate; (*desgracia*) misfortune, accident; **por ~** by chance; **al ~** at random
Azores [a'θores] *nfpl*: **las (Islas) ~** the Azores
azotar [aθo'tar] /1a/ *vt* to whip, beat; (*pegar*) to spank; **azote** *nm* (*látigo*) whip; (*latigazo*) lash, stroke; (*en las nalgas*) spank; (*calamidad*) calamity
azotea [aθo'tea] *nf* (flat) roof
azteca [aθ'teka] *adj*, *nmf* Aztec
azúcar [a'θukar] *nm* sugar; **azucarado, -a** *adj* sugary, sweet
azucarero, -a [aθuka'rero, a] *adj* sugar *cpd* ▷ *nm* sugar bowl
azucena [aθu'θena] *nf* white lily
azufre [a'θufre] *nm* sulphur
azul [a'θul] *adj*, *nm* blue; **~ celeste/marino** sky/navy blue
azulejo [aθu'lexo] *nm* tile
azuzar [aθu'θar] /1f/ *vt* to incite, egg on

b

B.A. *abr* (= *Buenos Aires*) B.A.
baba ['baβa] *nf* spittle, saliva; **babear** /ıa/ *vi* to drool, slaver
babero [ba'βero] *nm* bib
babor [ba'βor] *nm* port (side)
babosada [baβo'saða] *nf*: **decir ~s** (*LAM fam*) to talk rubbish; **baboso, -a** *adj* (*LAM*) silly
baca ['baka] *nf* (*Auto*) luggage *o* roof rack
bacalao [baka'lao] *nm* cod(fish)
bache ['batʃe] *nm* pothole, rut; (*fig*) bad patch
bachillerato [batʃiʎe'rato] *nm two-year advanced secondary school course*
bacinica [baθi'nika] *nf* potty
bacteria [bak'terja] *nf* bacterium, germ
Bahama [ba'ama]: **las (Islas) ~, las ~s** *nfpl* the Bahamas
bahía [ba'ia] *nf* bay
bailar [bai'lar] /ıa/ *vt, vi* to dance; **bailarín, -ina** *nm/f* dancer; (*de ballet*) ballet dancer; **baile** *nm* dance; (*formal*) ball
baja ['baxa] *nf* drop, fall; (*Mil*) casualty; **dar de ~** (*soldado*) to discharge; (*empleado*) to dismiss
bajada [ba'xaða] *nf* descent; (*camino*) slope; (*de aguas*) ebb
bajar [ba'xar] /ıa/ *vi* to go *o* come down; (*temperatura, precios*) to drop, fall ▷ *vt* (*cabeza*) to bow; (*escalera*) to go *o* come down; (*precio, voz*) to lower; (*llevar abajo*) to take down; **bajarse** *vr* (*de vehículo*) to get out; (*de autobús*) to get off; **~ de** (*coche*) to get out of; (*autobús*) to get off; **~se algo de Internet** to download sth from the internet
bajío [ba'xio] *nm* (*LAM*) lowlands *pl*
bajo, -a ['baxo, a] *adj* (*mueble, número, precio*) low; (*piso*) ground *cpd*; (*de estatura*) small, short; (*color*) pale; (*sonido*) faint, soft, low; (*voz, tono*) deep; (*metal*) base; (*humilde*) low, humble ▷ *adv* (*hablar*) softly, quietly; (*volar*) low ▷ *prep* under, below, underneath ▷ *nm* (*Mus*) bass; **~ la lluvia** in the rain
bajón [ba'xon] *nm* fall, drop
bakalao [baka'lao] *nm* (*Mus*) rave music
bala ['bala] *nf* bullet
balacear [balaθe'ar] /ıa/ *vt* (*LAM, CAM*) to shoot
balance [ba'lanθe] *nm* (*Com*) balance; (: *libro*) balance sheet; (: *cuenta general*) stocktaking
balancear [balanθe'ar] /ıa/ *vt* to balance ▷ *vi* to swing (to and fro); (*vacilar*) to hesitate; **balancearse** *vr* to swing (to and fro); (*vacilar*) to hesitate
balanza [ba'lanθa] *nf* scales *pl*, balance; **~ comercial** balance of trade; **~ de pagos/de poder(es)** balance of payments/of power
balaustrada [balaus'trađa] *nf* balustrade; (*pasamanos*) banister
balazo [ba'laθo] *nm* (*tiro*) shot; (*herida*) bullet wound

balbucear [balβuθe'ar] /ıa/ *vi*, *vt* to stammer, stutter
balcón [bal'kon] *nm* balcony
balde ['balde] *nm* bucket, pail; **de ~** (for) free, for nothing; **en ~** in vain
baldosa [bal'dosa] *nf* (*azulejo*) floor tile; (*grande*) flagstone; **baldosín** *nm* tile
Baleares [bale'ares] *nfpl*: **las (Islas) ~** the Balearic Islands
balero [ba'lero] *nm* (LAM: *juguete*) cup-and-ball toy
baliza [ba'liθa] *nf* (*Aviat*) beacon; (*Naut*) buoy
ballena [ba'ʎena] *nf* whale
ballet (*pl* **ballets**) [ba'le] *nm* ballet
balneario, -a [balne'arjo, a] *adj* ▷ *nm* spa; (LAM: *en la costa*) seaside resort
balón [ba'lon] *nm* ball
baloncesto [balon'θesto] *nm* basketball
balonmano [balon'mano] *nm* handball
balonred [balon'reð] *nm* netball
balsa ['balsa] *nf* raft; (*Bot*) balsa wood
bálsamo ['balsamo] *nm* balsam, balm
baluarte [ba'lwarte] *nm* bastion, bulwark
bambú [bam'bu] *nm* bamboo
banana [ba'nana] *nf* (LAM) banana; **banano** *nm* (LAM) banana tree; (*fruta*) banana
banca ['banka] *nf* (*Com*) banking
bancario, -a [ban'karjo, a] *adj* banking *cpd*, bank *cpd*
bancarrota [banka'rrota] *nf* bankruptcy; **declararse en** *o* **hacer ~** to go bankrupt
banco ['banko] *nm* bench; (*Escol*) desk; (*Com*) bank; (*Geo*) stratum; **~ de crédito/de ahorros** credit/savings bank; **~ de arena** sandbank; **~ de datos** (*Inform*) data bank
banda ['banda] *nf* band; (*pandilla*) gang; (*Naut*) side, edge; **la B~ Oriental** Uruguay; **~ sonora** soundtrack
bandada [ban'daða] *nf* (*de pájaros*) flock; (*de peces*) shoal
bandazo [ban'daθo] *nm*: **dar ~s** to veer from side to side
bandeja [ban'dexa] *nf* tray; **~ de entrada/salida** in-tray/out-tray
bandera [ban'dera] *nf* flag
banderilla [bande'riʎa] *nf* banderilla
bandido [ban'diðo] *nm* bandit
bando ['bando] *nm* (*edicto*) edict, proclamation; (*facción*) faction; **los ~s** (*Rel*) the banns
bandolera [bando'lera] *nf*: **llevar en ~** to wear across one's chest
banquero [ban'kero] *nm* banker
banqueta [ban'keta] *nf* stool; (LAM: *acera*) pavement (BRIT), sidewalk (US)
banquete [ban'kete] *nm* banquet; (*para convidados*) formal dinner; **~ de boda** wedding reception
banquillo [ban'kiʎo] *nm* (*Jur*) dock, prisoner's bench; (*banco*) bench; (*para los pies*) footstool
banquina [ban'kina] *nf* (RPL) hard shoulder (BRIT), berm (US)
bañadera [baɲa'ðera] *nf* (LAM) bath(tub)
bañador [baɲa'ðor] *nm* swimming costume (BRIT), bathing suit (US)
bañar [ba'ɲar] /ıa/ *vt* to bath, bathe; (*objeto*) to dip; (*de barniz*) to coat; **bañarse** *vr* (*en el mar*) to bathe, swim; (*en la bañera*) to have a bath
bañera [ba'ɲera] *nf* (ESP) bath(tub)
bañero, -a [ba'ɲero, a] *nm/f* lifeguard
bañista [ba'ɲista] *nmf* bather
baño ['baɲo] *nm* (*en bañera*) bath; (*en río, mar*) dip, swim; (*cuarto*) bathroom; (*bañera*) bath(tub); (*capa*) coating; **darse** *o* **tomar un ~** (*en bañera*) to have *o* take a bath; (*en mar, piscina*) to have a swim; **~ María** bain-marie
bar [bar] *nm* bar
barahúnda [bara'unda] *nf* uproar, hubbub
baraja [ba'raxa] *nf* pack (of cards); **barajar** /ıa/ *vt* (*naipes*) to shuffle; (*fig*) to jumble up

baranda [ba'randa], **barandilla** [baran'diʎa] *nf* rail, railing
barata [ba'rata] *nf* (*LAM*) (bargain) sale
baratillo [bara'tiʎo] *nm* (*tienda*) junk shop; (*subasta*) bargain sale; (*conjunto de cosas*) second-hand goods *pl*
barato, -a [ba'rato, a] *adj* cheap ▷ *adv* cheap, cheaply
barba ['barβa] *nf* (*mentón*) chin; (*pelo*) beard
barbacoa [barβa'koa] *nf* (*parrilla*) barbecue; (*carne*) barbecued meat
barbaridad [barβari'ðað] *nf* barbarity; (*acto*) barbarism; (*atrocidad*) outrage; **una ~ de** (*fam*) loads of; **¡qué ~!** (*fam*) how awful!
barbarie [bar'βarje] *nm* barbarism; (*crueldad*) barbarity
bárbaro, -a ['barβaro, a] *adj* barbarous, cruel; (*grosero*) rough, uncouth ▷ *nm/f* barbarian ▷ *adv*: **lo pasamos ~** (*fam*) we had a great time; **¡qué ~!** (*fam*) how marvellous!; **un éxito ~** (*fam*) a terrific success; **es un tipo ~** (*fam*) he's a great bloke
barbero [bar'βero] *nm* barber, hairdresser
barbilla [bar'βiʎa] *nf* chin, tip of the chin
barbudo, -a [bar'βuðo, a] *adj* bearded
barca ['barka] *nf* (small) boat; **barcaza** *nf* barge
Barcelona [barθe'lona] *nf* Barcelona
barco ['barko] *nm* boat; (*buque*) ship; **~ de carga** cargo boat; **~ de vela** sailing ship
barda ['barða] *nf* (*LAM*: *de madera*) fence
baremo [ba'remo] *nm* scale
barítono [ba'ritono] *nm* baritone
barman ['barman] *nm* barman
barniz [bar'niθ] *nm* varnish; (*en la loza*) glaze; (*fig*) veneer; **barnizar** /ɪf/ *vt* to varnish; (*loza*) to glaze
barómetro [ba'rometro] *nm* barometer
barquillo [bar'kiʎo] *nm* cone, cornet
barra ['barra] *nf* bar, rod; (*de un bar, café*) bar; (*de pan*) French loaf; (*palanca*) lever; **~ de carmín** *o* **de labios** lipstick; **~ libre** free bar
barraca [ba'rraka] *nf* hut, cabin
barranco [ba'rranko] *nm* ravine; (*fig*) difficulty
barrena [ba'rrena] *nf* drill
barrer [ba'rrer] /2a/ *vt* to sweep; (*quitar*) to sweep away
barrera [ba'rrera] *nf* barrier
barriada [ba'rrjaða] *nf* quarter, district
barricada [barri'kaða] *nf* barricade
barrida [ba'rriða] *nm* sweep, sweeping
barriga [ba'rriɣa] *nf* belly; (*panza*) paunch; **barrigón, -ona, barrigudo, -a** *adj* potbellied
barril [ba'rril] *nm* barrel, cask
barrio ['barrjo] *nm* (*vecindad*) area, neighborhood (*US*); (*en las afueras*) suburb; **~ chino** red-light district
barro ['barro] *nm* (*lodo*) mud; (*objetos*) earthenware; (*Med*) pimple
barroco, -a [ba'rroko, a] *adj*, *nm* Baroque
barrote [ba'rrote] *nm* (*de ventana etc*) bar
bartola [bar'tola] *nf*: **tirarse a la ~** to take it easy, be lazy
bártulos ['bartulos] *nmpl* things, belongings
barullo [ba'ruʎo] *nm* row, uproar
basar [ba'sar] /1a/ *vt* to base; **basarse** *vr*: **~se en** to be based on
báscula ['baskula] *nf* (platform) scales *pl*
base ['base] *nf* base; **a ~ de** on the basis of; (*mediante*) by means of; **~ de datos** database
básico, -a ['basiko, a] *adj* basic
basílica [ba'silika] *nf* basilica
básquetbol ['basketbol] *nm* (*LAM*) basketball

PALABRA CLAVE

bastante [bas'tante] *adj* **1** (*suficiente*) enough; **bastante dinero** enough *o*

sufficient money; **bastantes libros** enough books
2 (*valor intensivo*): **bastante gente** quite a lot of people; **tener bastante calor** to be rather hot
▶ *adv*: **bastante bueno/malo** quite good/rather bad; **bastante rico** pretty rich; **(lo) bastante inteligente (como) para hacer algo** clever enough *o* sufficiently clever to do sth

bastar [bas'tar] /1a/ *vi* to be enough *o* sufficient; **bastarse** *vr* to be self-sufficient; **~ para** to be enough to; **¡basta!** (that's) enough!
bastardo, -a [bas'tarðo, a] *adj, nm/f* bastard
bastidor [basti'ðor] *nm* frame; (*de coche*) chassis; (*Teat*) wing; **entre ~es** behind the scenes
basto, -a ['basto, a] *adj* coarse, rough ▷ *nmpl*: **~s** (*Naipes*) *one of the suits in the Spanish card deck*
bastón [bas'ton] *nm* stick, staff; (*para pasear*) walking stick
bastoncillo [baston'θiʎo] *nm* cotton bud
basura [ba'sura] *nf* rubbish, refuse (*BRIT*), garbage (*US*) ▷ *adj*: **comida/televisión ~** junk food/TV
basurero [basu'rero] *nm* (*hombre*) dustman (*BRIT*), garbage collector *o* man (*US*); (*lugar*) rubbish dump; (*cubo*) (rubbish) bin (*BRIT*), trash can (*US*)
bata ['bata] *nf* (*gen*) dressing gown; (*cubretodo*) smock, overall; (*Med, Tec etc*) lab(oratory) coat
batalla [ba'taʎa] *nf* battle; **de ~** for everyday use; **~ campal** pitched battle
batallón [bata'ʎon] *nm* battalion
batata [ba'tata] *nf* sweet potato
batería [bate'ria] *nf* battery; (*Mus*) drums *pl*; **~ de cocina** kitchen utensils *pl*
batido, -a [ba'tiðo, a] *adj* (*camino*) beaten, well-trodden ▷ *nm* (*Culin*) batter; **~ (de leche)** milk shake
batidora [bati'ðora] *nf* beater, mixer; **~ eléctrica** food mixer, blender
batir [ba'tir] /3a/ *vt* to beat, strike; (*vencer*) to beat, defeat; (*revolver*) to beat, mix; **batirse** *vr* to fight; **~ palmas** to clap, applaud
batuta [ba'tuta] *nf* baton; **llevar la ~** (*fig*) to be the boss
baúl [ba'ul] *nm* trunk; (*LAM Auto*) boot (*BRIT*), trunk (*US*)
bautismo [bau'tismo] *nm* baptism, christening
bautizar [bauti'θar] /1f/ *vt* to baptize, christen; (*fam*: *diluir*) to water down; **bautizo** *nm* baptism, christening
bayeta [ba'jeta] *nf* floor cloth
baza ['baθa] *nf* trick; **meter ~** to butt in
bazar [ba'θar] *nm* bazaar
bazofia [ba'θofja] *nf* trash
be [be] *nf name of the letter B*; **be chica/grande** (*LAM*) V/B; **be larga** (*LAM*) B
beato, -a [be'ato, a] *adj* blessed; (*piadoso*) pious
bebé [be'βe] (*pl* **bebés**) *nm* baby
bebedero [beβe'ðero] *nm* (*para animales*) drinking trough
bebedor, a [beβe'ðor, a] *adj* hard-drinking
beber [be'βer] /2a/ *vt, vi* to drink
bebido, -a [be'βiðo, a] *adj* drunk ▷ *nf* drink
beca ['beka] *nf* grant, scholarship; **becario, -a** [be'karjo, a] *nm/f* scholarship holder, grant holder; (*en prácticas laborales*) intern
bedel [be'ðel] *nm* porter, janitor; (*Univ*) porter
béisbol ['beisβol] *nm* baseball
Belén [be'len] *nm* Bethlehem; **belén** (*de Navidad*) nativity scene, crib
belga ['belɣa] *adj, nmf* Belgian
Bélgica ['belxika] *nf* Belgium
bélico, -a ['beliko, a] *adj* (*actitud*) warlike
belleza [be'ʎeθa] *nf* beauty
bello, -a ['beʎo, a] *adj* beautiful, lovely; **Bellas Artes** Fine Art *sg*

bellota [be'ʎota] *nf* acorn
bemol [be'mol] *nm* (*Mus*) flat; **esto tiene ~es** (*fam*) this is a tough one
bencina [ben'sina] *nf* (LAM: *gasolina*) petrol (BRIT), gas (US)
bendecir [bende'θir] /30/ *vt* to bless
bendición [bendi'θjon] *nf* blessing
bendito, -a [ben'dito, a] *pp de* **bendecir** ▷ *adj* holy; (*afortunado*) lucky; (*feliz*) happy; (*sencillo*) simple ▷ *nm/f* simple soul
beneficencia [benefi'θenθja] *nf* charity
beneficiario, -a [benefi'θjarjo, a] *nm/f* beneficiary
beneficio [bene'fiθjo] *nm* (*bien*) benefit, advantage; (*Com*) profit, gain; **a ~ de** for the benefit of; **beneficioso, -a** *adj* beneficial
benéfico, -a [be'nefiko, a] *adj* charitable
beneplácito [bene'plaθito] *nm* approval, consent
benévolo, -a [be'neβolo, a] *adj* benevolent, kind
benigno, -a [be'niɣno, a] *adj* kind; (*suave*) mild; (*Med*: *tumor*) benign, non-malignant
berberecho [berβe'retʃo] *nm* cockle
berenjena [beren'xena] *nf* aubergine (BRIT), eggplant (US)
Berlín [ber'lin] *nm* Berlin
berlinesa [berli'nesa] *nf* (LAM) doughnut, donut (US)
bermudas [ber'muðas] *nfpl* Bermuda shorts
berrido [be'rriðo] *nm* bellow(ing)
berrinche [be'rrintʃe] *nm* (*fam*) temper, tantrum
berro ['berro] *nm* watercress
berza ['berθa] *nf* cabbage
besamel [besa'mel] *nf* (*Culin*) white sauce, bechamel sauce
besar [be'sar] /1a/ *vt* to kiss; (*fig*: *tocar*) to graze; **besarse** *vr* to kiss (one another); **beso** *nm* kiss
bestia ['bestja] *nf* beast, animal; (*fig*) idiot; **~ de carga** beast of burden; **bestial** *adj* bestial; (*fam*) terrific; **bestialidad** *nf* bestiality; (*fam*) stupidity
besugo [be'suɣo] *nm* sea bream; (*fam*) idiot
besuquear [besuke'ar] /1a/ *vt* to cover with kisses; **besuquearse** *vr* to kiss and cuddle
betabel [beta'bel] *nm* (LAM) beetroot (BRIT), beet (US)
betún [be'tun] *nm* shoe polish; (*Química*) bitumen
biberón [biβe'ron] *nm* feeding bottle
Biblia ['biβlja] *nf* Bible
bibliografía [biβljoɣra'fia] *nf* bibliography
biblioteca [biβljo'teka] *nf* library; (*estantes*) bookshelves *pl*; **~ de consulta** reference library; **bibliotecario, -a** *nm/f* librarian
bicarbonato [bikarβo'nato] *nm* bicarbonate
bicho ['bitʃo] *nm* (*animal*) small animal; (*sabandija*) bug, insect; (*Taur*) bull
bici ['biθi] *nf* (*fam*) bike
bicicleta [biθi'kleta] *nf* bicycle, cycle; **ir en ~** to cycle
bidé [bi'ðe] *nm* bidet
bidón [bi'ðon] *nm* (*grande*) drum; (*pequeño*) can

PALABRA CLAVE

bien [bjen] *nm* **1** (*bienestar*) good; **te lo digo por tu bien** I'm telling you for your own good; **el bien y el mal** good and evil
2 (*posesión*): **bienes** goods; **bienes de consumo/equipo** consumer/capital goods; **bienes inmuebles** *o* **raíces/bienes muebles** real estate *sg*/personal property *sg*
▶ *adv* **1** (*de manera satisfactoria, correcta etc*) well; **trabaja/come bien** she works/eats well; **contestó bien** he answered correctly; **me siento bien** I feel fine; **no me siento bien** I don't

feel very well; **se está bien aquí** it's nice here
2: **hiciste bien en llamarme** you were right to call me
3 (*valor intensivo*) very; **un cuarto bien caliente** a nice warm room; **bien se ve que ...** it's quite clear that ...
4: **estar bien: estoy muy bien aquí** I feel very happy here; **está bien que vengan** it's all right for them to come; **¡está bien! lo haré** oh all right, I'll do it
5 (*de buena gana*): **yo bien que iría pero ...** I'd gladly go but ...
▸ *excl*: **¡bien!** (*aprobación*) OK!; **¡muy bien!** well done!
▸ *adj inv*: **gente bien** posh people
▸ *conj* 1: **bien ... bien: bien en coche bien en tren** either by car or by train
2: **no bien** (*esp LAM*): **no bien llegue te llamaré** as soon as I arrive I'll call you
3: **si bien** even though; *V tb* **más**

bienal [bje'nal] *adj* biennial
bienestar [bjenes'tar] *nm* well-being
bienvenido, -a [bjembe'niðo, a] *excl* welcome! ▷ *nf* welcome; **dar la bienvenida a algn** to welcome sb
bife ['bife] *nm* (*LAM*) steak
bifurcación [bifurka'θjon] *nf* fork
bígamo, -a ['biɣamo, a] *adj* bigamous ▷ *nm/f* bigamist
bigote [bi'ɣote] *nm* moustache; **bigotudo, -a** *adj* with a big moustache
bikini [bi'kini] *nm* bikini; (*Culin*) toasted cheese and ham sandwich
bilingüe [bi'lingwe] *adj* bilingual
billar [bi'ʎar] *nm* billiards *sg*; **billares** *nmpl* (*lugar*) billiard hall; (*galería de atracciones*) amusement arcade; **~ americano** pool
billete [bi'ʎete] *nm* ticket; (*de banco*) banknote (*BRIT*), bill (*US*); (*carta*) note; **~ de ida** *o* **sencillo** single (*BRIT*) *o* one-way (*US*) ticket; **~ de ida y vuelta** return (*BRIT*) *o* round-trip (*US*) ticket; **~ electrónico** e-ticket; **sacar (un) ~** to get a ticket; **un ~ de cinco libras** a five-pound note
billetera [biʎe'tera] *nm* wallet
billón [bi'ʎon] *nm* billion
bimensual [bimen'swal] *adj* twice monthly
bingo ['bingo] *nm* bingo
biocarburante [biokarβu'rante], **biocombustible** [biokomβus'tiβle] *nm* biofuel
biodegradable [bioðeɣra'ðaβle] *adj* biodegradable
biografía [bjoɣra'fia] *nf* biography
biología [biolo'xia] *nf* biology; **biológico, -a** *adj* biological; (*cultivo, producto*) organic; **biólogo, -a** *nm/f* biologist
biombo ['bjombo] *nm* (folding) screen
bioterrorismo [bioterro'rismo] *nm* bioterrorism
bipolar [bi'polar] *adj* (*Med*) bipolar
biquini [bi'kini] *nm* = **bikini**
birlar [bir'lar] /ʌa/ *vt* (*fam*) to pinch
Birmania [bir'manja] *nf* Burma
birome [bi'rome] *nf* (*LAM*) ballpoint (pen)
birria ['birrja] *nf* (*fam*): **ser una ~** (*película, libro*) to be rubbish
bis [bis] *excl* encore!
bisabuelo, -a [bisa'βwelo, a] *nm/f* great-grandfather/mother
bisagra [bi'saɣra] *nf* hinge
bisiesto [bi'sjesto] *adj*: **año ~** leap year
bisnieto, -a [bis'njeto, a] *nm/f* great-grandson/daughter
bisonte [bi'sonte] *nm* bison
bistec [bis'tek], **bisté** [bis'te] *nm* steak
bisturí [bistu'ri] *nm* scalpel
bisutería [bisute'ria] *nf* imitation *o* costume jewellery
bit [bit] *nm* (*Inform*) bit
bizco, -a ['biθko, a] *adj* cross-eyed
bizcocho [biθ'kotʃo] *nm* (*Culin*) sponge cake
blanco, -a ['blanko, a] *adj* white ▷ *nm/f* white man/woman, white ▷ *nm* (*color*) white; (*en texto*) blank;

(*Mil*, *fig*) target; **en ~** blank; **noche en ~** sleepless night; **estar sin blanca** to be broke

blandir [blan'dir] *vt* to brandish

blando, -a ['blando, a] *adj* soft; (*tierno*) tender, gentle; (*carácter*) mild; (*fam*) cowardly

blanqueador [blankea'ðor] *nm* (*LAM*) bleach

blanquear [blanke'ar] /1a/ *vt* to whiten; (*fachada*) to whitewash; (*paño*) to bleach; (*dinero*) to launder ▷ *vi* to turn white

blanquillo [blan'kiʎo] *nm* (*LAM*, *CAM*) egg

blasfemar [blasfe'mar] /1a/ *vi* to blaspheme; (*fig*) to curse

bledo ['bleðo] *nm*: **(no) me importa un ~** I couldn't care less

blindado, -a [blin'daðo, a] *adj* (*Mil*) armour-plated; (*antibalas*) bulletproof; **coche** *o* (*LAM*) **carro ~** armoured car

bloc [blɔk] (*pl* **blocs**) *nm* writing pad

blof [blɔf] *nm* (*LAM*) bluff; **blofear** /1a/ *vi* (*LAM*) to bluff

blog [bloɣ] (*pl* **blogs**) *nm* blog

blogosfera [bloɣos'fera] *nf* blogosphere

bloguero, -a [blo'ɣero, a] *nm/f* blogger

bloque ['bloke] *nm* block; (*Pol*) bloc

bloquear [bloke'ar] /1a/ *vt* to blockade; **bloqueo** *nm* blockade; (*Com*) freezing, blocking; **bloqueo mental** mental block

blusa ['blusa] *nf* blouse

bobada [bo'βaða] *nf* foolish action (*o* statement); **decir ~s** to talk nonsense

bobina [bo'βina] *nf* (*Tec*) bobbin; (*Foto*) spool; (*Elec*) coil

bobo, -a ['boβo, a] *adj* (*tonto*) daft, silly; (*cándido*) naïve ▷ *nm/f* fool, idiot ▷ *nm* (*Teat*) clown, funny man

boca ['boka] *nf* mouth; (*de crustáceo*) pincer; (*de cañón*) muzzle; (*entrada*) mouth, entrance; **bocas** *nfpl* (*de río*) mouth *sg*; **~ abajo/arriba** face down/up; **se me hace la ~ agua** my mouth is watering; **~ de incendios** hydrant; **~ del estómago** pit of the stomach; **~ de metro** tube (*BRIT*) *o* subway (*US*) entrance

bocacalle [boka'kaʎe] *nf* side street; **la primera ~** the first turning *o* street

bocadillo [boka'ðiʎo] *nm* sandwich

bocado [bo'kaðo] *nm* mouthful, bite; (*de caballo*) bridle

bocajarro [boka'xarro]: **a ~** *adv* (*Mil*) at point-blank range

bocanada [boka'naða] *nf* (*de vino*) mouthful, swallow; (*de aire*) gust, puff

bocata [bo'kata] *nm* (*fam*) sandwich

bocazas [bo'kaθas] *nm inv*, *nf inv* (*fam*) bigmouth

boceto [bo'θeto] *nm* sketch, outline

bochorno [bo'tʃorno] *nm* (*vergüenza*) embarrassment; (*calor*): **hace ~** it's very muggy

bocina [bo'θina] *nf* (*Mus*) trumpet; (*Auto*) horn; (*para hablar*) megaphone

boda ['boða] *nf* (*tb*: **~s**) wedding, marriage; (*fiesta*) wedding reception; **~s de plata/de oro** silver/golden wedding *sg*

bodega [bo'ðeɣa] *nf* (*de vino*) (wine) cellar; (*depósito*) storeroom; (*de barco*) hold

bodegón [boðe'ɣon] *nm* (*Arte*) still life

bofetada [bofe'taða] *nf* slap (in the face)

boga ['boɣa] *nf*: **en ~** in vogue

Bogotá [boɣo'ta] *n* Bogota

bohemio, -a [bo'emjo, a] *adj*, *nm/f* Bohemian

bohío [bo'io] *nm* (*LAM*) shack, hut

boicot [boi'ko(t)] (*pl* **boicots**) *nm* boycott; **boicotear** /1a/ *vt* to boycott

bóiler ['boiler] *nm* (*LAM*) boiler

boina ['boina] *nf* beret

bola ['bola] *nf* ball; (*canica*) marble; (*Naipes*) (grand) slam; (*betún*) shoe polish; (*mentira*) tale, story; **bolas** *nfpl* (*LAM*) bolas; **~ de billar** billiard ball; **~ de nieve** snowball

boleadoras [bolea'ðoras] *nfpl* bolas *sg*

bolear [bole'ar] /1a/ *vt* (*LAM*: *zapatos*) to polish, shine

bolera [bo'lera] *nf* skittle *o* bowling alley

bolero, -a [bo'lero, a] *nm* bolero ▷ *nm/f* (*LAM*: *limpiabotas*) shoeshine boy/girl

boleta [bo'leta] *nf* (*LAM*: *permiso*) pass, permit; (*de rifa*) ticket; (*recibo*) receipt; (*para votar*) ballot; **~ de calificaciones** report card

boletería [bolete'ria] *nf* (*LAM*) ticket office

boletín [bole'tin] *nm* bulletin; (*periódico*) journal, review; **~ de noticias** news bulletin

boleto [bo'leto] *nm* (*esp LAM*) ticket; **~ de apuestas** betting slip; **~ de ida y vuelta** (*LAM*) round-trip ticket; **~ electrónico** (*LAM*) e-ticket; **~ redondo** (*LAM*) round-trip ticket

boli ['boli] *nm* Biro®

bolígrafo [bo'liɣrafo] *nm* ball-point pen, Biro®

bolilla [bo'liʎa] *nf* (*LAM*) topic

bolillo [bo'liʎo] *nm* (*LAM*) (bread) roll

bolita [bo'lita] *nf* (*LAM*) marble

bolívar [bo'lißar] *nm monetary unit of Venezuela*

Bolivia [bo'lißja] *nf* Bolivia; **boliviano, -a** *adj, nm/f* Bolivian

bollería [boʎe'ria] *nf* cakes *pl* and pastries *pl*

bollo ['boʎo] *nm* (*de pan*) roll; (*chichón*) bump, lump; (*abolladura*) dent

bolo ['bolo] *nm* skittle; (*píldora*) (large) pill; **(juego de) ~s** skittles *sg*

bolsa ['bolsa] *nf* (*saco*) bag; (*LAM*) pocket; (*de mujer*) handbag; (*Anat*) cavity, sac; (*Com*) stock exchange; (*Minería*) pocket; **~ de agua caliente** hot water bottle; **~ de aire** air pocket; **~ de dormir** (*LAM*) sleeping bag; **~ de papel** paper bag; **~ de plástico** plastic (*o* carrier) bag; **~ de la compra** shopping bag

bolsillo [bol'siʎo] *nm* pocket; (*cartera*) purse; **de ~** pocket

bolso ['bolso] *nm* (*bolsa*) bag; (*de mujer*) handbag

bomba ['bomba] *nf* (*Mil*) bomb; (*Tec*) pump ▷ *adj* (*fam*): **noticia ~** bombshell ▷ *adv* (*fam*): **pasarlo ~** to have a great time; **~ atómica/de humo/de retardo** atomic/smoke/time bomb

bombacha [bom'batʃa] *nf* (*LAM*) panties *pl*

bombardear [bombarðe'ar] /ıa/ *vt* to bombard; (*Mil*) to bomb; **bombardeo** *nm* bombardment; bombing

bombazo [bom'baθo] *nm* (*LAM*: *explosión*) explosion; (*fam*: *noticiόn*) bombshell; (*éxito*) smash hit

bombear [bombe'ar] /ıa/ *vt* (*agua*) to pump (out *o* up)

bombero [bom'bero] *nm* fireman

bombilla [bom'biʎa] (*ESP*), **bombita** [bom'bita] (*LAM*) *nf* (light) bulb

bombo ['bombo] *nm* (*Mus*) bass drum; (*Tec*) drum

bombón [bom'bon] *nm* chocolate; (*LAM*: *de caramelo*) marshmallow

bombona [bom'bona] *nf*: **~ de butano** gas cylinder

bonachón, -ona [bona'tʃon, ona] *adj* good-natured

bonanza [bo'nanθa] *nf* (*Naut*) fair weather; (*fig*) bonanza; (*Minería*) rich pocket *o* vein

bondad [bon'dað] *nf* goodness, kindness; **tenga la ~ de** (please) be good enough to

bonito, -a [bo'nito, a] *adj* pretty; (*agradable*) nice ▷ *nm* (*atún*) tuna (fish)

bono ['bono] *nm* voucher; (*Finanzas*) bond

bonobús [bono'ßus] *nm* (*ESP*) bus pass

Bono Loto, bonoloto [bono'loto] *nm o f* (*ESP*) *state-run weekly lottery*; *V tb* **lotería**

boquerón [boke'ron] *nm* (*pez*) (kind of) anchovy; (*agujero*) large hole

boquete [bo'kete] *nm* gap, hole

boquiabierto, -a [bokia'ßjerto, a] *adj* open-mouthed (in astonishment); **quedarse ~** to be amazed *o* flabbergasted

boquilla [bo'kiʎa] *nf* (*de riego*) nozzle; (*de cigarro*) cigarette holder; (*Mus*) mouthpiece
borbotón [borβo'ton] *nm*: **salir a borbotones** to gush out
borda ['borða] *nf* (*Naut*) gunwale, rail; **echar** *o* **tirar algo por la ~** to throw sth overboard
bordado [bor'ðaðo] *nm* embroidery
bordar [bor'ðar] /1a/ *vt* to embroider
borde ['borðe] *nm* edge, border; (*de camino etc*) side; (*en la costura*) hem; **al ~ de** (*fig*) on the verge *o* brink of ▷ *adj*: **ser ~** (*ESP fam*) to be rude; **bordear** /1a/ *vt* to border
bordillo [bor'ðiʎo] *nm* kerb (*BRIT*), curb (*US*)
bordo ['borðo] *nm* (*Naut*) side; **a ~** on board
borlote [bor'lote] *nm* (*LAM*) row, uproar
borrachera [borra'tʃera] *nf* (*ebriedad*) drunkenness; (*orgía*) spree, binge
borracho, -a [bo'rratʃo, a] *adj* drunk ▷ *nm/f* (*que bebe mucho*) drunkard, drunk; (*temporalmente*) drunk, drunk man/woman
borrador [borra'ðor] *nm* (*escritura*) first draft, rough sketch; (*goma*) rubber (*BRIT*), eraser
borrar [bo'rrar] /1a/ *vt* to erase, rub out
borrasca [bo'rraska] *nf* storm
borrego, -a [bo'rreɣo, a] *nm/f* lamb; (*oveja*) sheep; (*fig*) simpleton ▷ *nm* (*LAM fam*) false rumour
borrico, -a [bo'rriko, a] *nm* donkey; (*fig*) stupid man ▷ *nf* she-donkey; (*fig*) stupid woman
borrón [bo'rron] *nm* (*mancha*) stain
borroso, -a [bo'rroso, a] *adj* vague, unclear; (*escritura*) illegible
bosque ['boske] *nm* wood; (*grande*) forest
bostezar [boste'θar] /1f/ *vi* to yawn; **bostezo** *nm* yawn
bota ['bota] *nf* (*calzado*) boot; (*de vino*) leather wine bottle; **~s de agua** *o* **goma** Wellingtons
botánico, -a [bo'taniko, a] *adj* botanical ▷ *nm/f* botanist
botar [bo'tar] /1a/ *vt* to throw, hurl; (*Naut*) to launch; (*esp LAM fam*) to throw out ▷ *vi* to bounce
bote ['bote] *nm* (*salto*) bounce; (*golpe*) thrust; (*vasija*) tin, can; (*embarcación*) boat; (*LAM pey*: *cárcel*) jail; **de ~ en ~** packed, jammed full; **~ salvavidas** lifeboat; **~ de la basura** (*LAM*) dustbin (*BRIT*), trash can (*US*)
botella [bo'teʎa] *nf* bottle; **botellín** *nm* small bottle; **botellón** *nm* (*ESP fam*) outdoor drinking session (*involving groups of young people*)
botijo [bo'tixo] *nm* (earthenware) jug
botín [bo'tin] *nm* (*calzado*) half boot; (*polaina*) spat; (*Mil*) booty
botiquín [boti'kin] *nm* (*armario*) medicine chest; (*portátil*) first-aid kit
botón [bo'ton] *nm* button; (*Bot*) bud
botones [bo'tones] *nm inv* bellboy, bellhop (*US*)
bóveda ['boβeða] *nf* (*Arq*) vault
boxeador [boksea'ðor] *nm* boxer
boxeo [bok'seo] *nm* boxing
boya ['boja] *nf* (*Naut*) buoy; (*flotador*) float
boyante [bo'jante] *adj* prosperous
bozal [bo'θal] *nm* (*de caballo*) halter; (*de perro*) muzzle
braga ['braɣa] *nf* (*de bebé*) nappy, diaper (*US*); **bragas** *nfpl* (*de mujer*) panties
bragueta [bra'ɣeta] *nf* fly (*BRIT*), flies *pl* (*BRIT*), zipper (*US*)
braille [breil] *nm* braille
brasa ['brasa] *nf* live *o* hot coal
brasero [bra'sero] *nm* brazier
brasier [bra'sjer] *nm* (*LAM*) bra
Brasil [bra'sil] *nm*: **(el) ~** Brazil; **brasileño, -a** *adj, nm/f* Brazilian
brassier [bra'sjer] *nm* (*LAM*) *V* **brasier**
bravo, -a ['braβo, a] *adj* (*valiente*) brave; (*feroz*) ferocious; (*salvaje*) wild; (*mar etc*) rough, stormy ▷ *excl* bravo!; **bravura** *nf* bravery; ferocity
braza ['braθa] *nf* fathom; **nadar a la ~** to swim (the) breast-stroke

brazalete [braθa'lete] *nm* (*pulsera*) bracelet; (*banda*) armband
brazo ['braθo] *nm* arm; (*Zool*) foreleg; (*Bot*) limb, branch; **cogidos** *etc* **del ~** arm in arm
brebaje [bre'βaxe] *nm* potion
brecha ['bretʃa] *nf* (*hoyo, vacío*) gap, opening; (*Mil, fig*) breach
brega ['breɣa] *nf* (*lucha*) struggle; (*trabajo*) hard work
breva ['breβa] *nf* (*Bot*) early fig
breve ['breβe] *adj* short, brief; **en ~** (*pronto*) shortly ▷ *nf* (*Mus*) breve; **brevedad** *nf* brevity, shortness
bribón, -ona [bri'βon, ona] *adj* idle, lazy ▷ *nm/f* (*pícaro*) rascal, rogue
bricolaje [briko'laxe] *nm* do-it-yourself, DIY
brida ['briða] *nf* bridle, rein; (*Tec*) clamp
bridge [britʃ] *nm* bridge
brigada [bri'ɣaða] *nf* (*unidad*) brigade; (*trabajadores*) squad, gang ▷ *nm* ≈ sergeant major
brillante [bri'ʎante] *adj* brilliant ▷ *nm* diamond
brillar [bri'ʎar] /1a/ *vi* to shine; (*joyas*) to sparkle
brillo ['briʎo] *nm* shine; (*brillantez*) brilliance; (*fig*) splendour; **sacar ~ a** to polish
brincar [brin'kar] /1g/ *vi* to skip about, hop about, jump about
brinco ['brinko] *nm* jump, leap
brindar [brin'dar] /1a/ *vi*: **~ a** *o* **por** to drink (a toast) to ▷ *vt* to offer, present
brindis ['brindis] *nm inv* toast
brío ['brio] *nm* spirit, dash
brisa ['brisa] *nf* breeze
británico, -a [bri'taniko, a] *adj* British ▷ *nm/f* Briton, British person
brizna ['briθna] *nf* (*de hierba*) blade; (*de tabaco*) leaf
broca ['broka] *nf* (*Tec*) drill bit
brocha ['brotʃa] *nf* (large) paintbrush; **~ de afeitar** shaving brush
broche ['brotʃe] *nm* brooch
broma ['broma] *nf* joke; **en ~** in fun, as a joke; **~ pesada** practical joke; **bromear** /1a/ *vi* to joke
bromista [bro'mista] *adj* fond of joking ▷ *nm/f* joker, wag
bronca ['bronka] *nf* row; **echar una ~ a algn** to tell sb off
bronce ['bronθe] *nm* bronze; **bronceado, -a** *adj* bronze *cpd*; (*por el sol*) tanned ▷ *nm* (sun)tan; (*Tec*) bronzing
bronceador [bronθea'ðor] *nm* suntan lotion
broncearse [bronθe'arse] /1a/ *vr* to get a suntan
bronquios ['bronkjos] *nmpl* bronchial tubes
bronquitis [bron'kitis] *nf inv* bronchitis
brotar [bro'tar] /1a/ *vi* (*Bot*) to sprout; (*aguas*) to gush (forth); (*Med*) to break out
brote ['brote] *nm* (*Bot*) shoot; (*Med, fig*) outbreak
bruces ['bruθes]: **de ~** *adv*, **caer** *o* **dar de ~** to fall headlong, fall flat
bruja ['bruxa] *nf* witch; **brujería** *nf* witchcraft
brujo ['bruxo] *nm* wizard, magician
brújula ['bruxula] *nf* compass
bruma ['bruma] *nf* mist
brusco, -a ['brusko, a] *adj* (*súbito*) sudden; (*áspero*) brusque
Bruselas [bru'selas] *nf* Brussels
brutal [bru'tal] *adj* brutal; **brutalidad** *nf* brutality
bruto, -a ['bruto, a] *adj* (*idiota*) stupid; (*bestial*) brutish; (*peso*) gross; **en ~** raw, unworked
Bs.As. *abr* = **Buenos Aires**
bucal [bu'kal] *adj* oral; **por vía ~** orally
bucear [buθe'ar] /1a/ *vi* to dive ▷ *vt* to explore; **buceo** *nm* diving
bucle ['bukle] *nm* curl
budismo [bu'ðismo] *nm* Buddhism
buen [bwen] *adj* V **bueno**
buenamente [bwena'mente] *adv* (*fácilmente*) easily; (*voluntariamente*) willingly

buenaventura [bwenaβen'tura] *nf* (*suerte*) good luck; (*adivinación*) fortune

buenmozo [bwen'moθo] *adj* (LAM) handsome

PALABRA CLAVE

bueno, -a, *antes de nmsg* **buen** ['bweno, a] *adj* **1** (*excelente etc*) good; **es un libro bueno, es un buen libro** it's a good book; **hace bueno, hace buen tiempo** the weather is fine, it is fine; **el bueno de Paco** good old Paco; **fue muy bueno conmigo** he was very nice *o* kind to me
2 (*apropiado*): **ser bueno para** to be good for; **creo que vamos por buen camino** I think we're on the right track
3 (*irónico*): **le di un buen rapapolvo** I gave him a good *o* real ticking off; **¡buen conductor estás hecho!** some driver *o* a fine driver you are!; **¡estaría bueno que ...!** a fine thing it would be if ...!
4 (*atractivo, sabroso*): **está bueno este bizcocho** this sponge is delicious; **Julio está muy bueno** (*fam*) Julio's gorgeous
5 (*saludos*): **¡buen día!** (LAM), **¡buenos días!** (good) morning!; **¡buenas (tardes)!** good afternoon!; (*más tarde*) good evening!; **¡buenas noches!** good night!
6 (*otras locuciones*): **estar de buenas** to be in a good mood; **por las buenas o por las malas** by hook or by crook; **de buenas a primeras** all of a sudden ▶ *excl*: **¡bueno!** all right!; **bueno, ¿y qué?** well, so what?

Buenos Aires [bweno'saires] *nm* Buenos Aires

buey [bwei] *nm* ox

búfalo ['bufalo] *nm* buffalo

bufanda [bu'fanda] *nf* scarf

bufete [bu'fete] *nm* (*despacho de abogado*) lawyer's office

bufón [bu'fon] *nm* clown

buhardilla [buar'ðiʎa] *nf* attic

búho ['buo] *nm* owl; (*fig*) hermit, recluse

buitre ['bwitre] *nm* vulture

bujía [bu'xia] *nf* (*vela*) candle; (*Elec*) candle (power); (*Auto*) spark plug

bula ['bula] *nf* (papal) bull

bulbo ['bulβo] *nm* (*Bot*) bulb

bulevar [bule'ϑar] *nm* boulevard

Bulgaria [bul'ɣarja] *nf* Bulgaria; **búlgaro, -a** *adj, nm/f* Bulgarian

bulla ['buʎa] *nf* (*ruido*) uproar; (*de gente*) crowd

bullicio [bu'ʎiθjo] *nm* (*ruido*) uproar; (*movimiento*) bustle

bulto ['bulto] *nm* (*paquete*) package; (*fardo*) bundle; (*tamaño*) size, bulkiness; (*Med*) swelling, lump; (*silueta*) vague shape

buñuelo [bu'ɲwelo] *nm* ≈ doughnut, ≈ donut (US); (*fruta de sartén*) fritter

buque ['buke] *nm* ship, vessel; **~ de guerra** warship

burbuja [bur'βuxa] *nf* bubble

burdel [bur'ðel] *nm* brothel

burgués, -esa [bur'ɣes, esa] *adj* middle-class, bourgeois; **burguesía** *nf* middle class, bourgeoisie

burla ['burla] *nf* (*mofa*) gibe; (*broma*) joke; (*engaño*) trick; **burlar** /'ɪa/ *vt* (*engañar*) to deceive ▷ *vi* to joke; **burlarse** *vr* to joke; **burlarse de** to make fun of

burlón, -ona [bur'lon, ona] *adj* mocking

buró [bu'ro] *nm* bureau

burocracia [buro'kraθja] *nf* bureaucracy

burrada [bu'rraða] *nf*: **decir ~s** to talk nonsense; **hacer ~s** to act stupid; **una ~** (ESP: *mucho*) a (hell of a) lot

burro, -a ['burro, a] *nm/f* (*Zool*) donkey; (*fig*) ass, idiot

bursátil [bur'satil] *adj* stock-exchange *cpd*

bus [bus] *nm* bus

busca ['buska] *nf* search, hunt ▷ *nm* bleeper; **en ~ de** in search of

buscador [buska'ðor] *nm* (*Internet*) search engine
buscar [bus'kar] /ıg/ *vt* to look for; (*Inform*) to search ▷ *vi* to look, search, seek; **se busca secretaria** secretary wanted
busque *etc* ['buske] *vb V* **buscar**
búsqueda ['buskeða] *nf* = **busca**
busto ['busto] *nm* (*Anat, Arte*) bust
butaca [bu'taka] *nf* armchair; (*de cine, teatro*) stall, seat
butano [bu'tano] *nm* butane (gas)
buzo ['buθo] *nm* diver
buzón [bu'θon] *nm* (*gen*) letter box; (*en la calle*) pillar box (BRIT)

C

C. *abr* (= *centígrado*) C.; (= *compañía*) Co
C/ *abr* (= *calle*) St
cabal [ka'βal] *adj* (*exacto*) exact; (*correcto*) right, proper; (*acabado*) finished, complete; **cabales** *nmpl*: **estar en sus ~es** to be in one's right mind
cabalgar [kaβal'ɣar] /ıh/ *vt, vi* to ride
cabalgata [kaβal'ɣata] *nf* procession
caballa [ka'βaʎa] *nf* mackerel
caballería [kaβaʎe'ría] *nf* mount; (*Mil*) cavalry
caballero [kaβa'ʎero] *nm* gentleman; (*de la orden de caballería*) knight; (*trato directo*) sir
caballete [kaβa'ʎete] *nm* (*Arte*) easel; (*Tec*) trestle
caballito [kaβa'ʎito] *nm* (*caballo pequeño*) small horse, pony; **caballitos** *nmpl* merry-go-round *sg*
caballo [ka'βaʎo] *nm* horse; (*Ajedrez*) knight; (*Naipes*) ≈ queen; **ir en ~** to ride; **~ de carreras** racehorse; **~ de vapor** *o* **de fuerza** horsepower

cabaña [ka'βaɲa] *nf* (*casita*) hut, cabin
cabecear [kaβeθe'ar] /1a/ *vt, vi* to nod
cabecera [kaβe'θera] *nf* head; (*Imprenta*) headline
cabecilla [kaβe'θiʎa] *nm* ringleader
cabellera [kaβe'ʎera] *nf* (head of) hair; (*de cometa*) tail
cabello [ka'βeʎo] *nm* (*tb*: **~s**) hair *sg*; **~ de ángel** *confectionery and pastry filling made of pumpkin and syrup*
caber [ka'βer] /2l/ *vi* (*entrar*) to fit, go; **caben tres más** there's room for three more
cabestrillo [kaβes'triʎo] *nm* sling
cabeza [ka'βeθa] *nf* head; (*Pol*) chief, leader; **~ de ajo** bulb of garlic; **~ de familia** head of the household; **~ rapada** skinhead; **cabezada** *nf* (*golpe*) butt; **dar una cabezada** to nod off; **cabezón, -ona** *adj* with a big head; (*vino*) heady; (*obstinado*) pig-headed
cabida [ka'βiða] *nf* space
cabina [ka'βina] *nf* cabin; (*de avión*) cockpit; (*de camión*) cab; **~ telefónica** (tele)phone box (BRIT) *o* booth
cabizbajo, -a [kaβiθ'βaxo, a] *adj* crestfallen, dejected
cable ['kaβle] *nm* cable
cabo ['kaβo] *nm* (*de objeto*) end, extremity; (*Mil*) corporal; (*Naut*) rope, cable; (*Geo*) cape; **al ~ de tres días** after three days; **llevar a ~** to carry out
cabra ['kaβra] *nf* goat
cabré *etc* [ka'βre] *vb V* **caber**
cabrear [kaβre'ar] /1a/ *vt* to annoy; **cabrearse** *vr* (*enfadarse*) to fly off the handle
cabrito [ka'βrito] *nm* kid
cabrón [ka'βron] *nm* cuckold; (*fam!*) bastard (!)
caca ['kaka] *nf* pooh
cacahuete [kaka'wete] *nm* (ESP) peanut
cacao [ka'kao] *nm* cocoa; (*Bot*) cacao
cacarear [kakare'ar] /1a/ *vi* (*persona*) to boast; (*gallo*) to crow
cacarizo, -a [kaka'riθo, a] *adj* (LAM) pockmarked
cacería [kaθe'ria] *nf* hunt
cacerola [kaθe'rola] *nf* pan, saucepan
cachalote [katʃa'lote] *nm* sperm whale
cacharro [ka'tʃarro] *nm* (*cerámica*) piece of pottery; **cacharros** *nmpl* pots and pans
cachear [katʃe'ar] /1a/ *vt* to search, frisk
cachemir [katʃe'mir] *nm* cashmere
cachetada [katʃe'taða] *nf* (LAM *fam*: *bofetada*) slap
cachete [ka'tʃete] *nm* (*Anat*) cheek; (*bofetada*) slap (in the face)
cachivache [katʃi'βatʃe] *nm* piece of junk; **cachivaches** *nmpl* junk *sg*
cacho ['katʃo] *nm* (small) bit; (LAM: *cuerno*) horn
cachondeo [katʃon'deo] *nm* (ESP *fam*) farce, joke
cachondo, -a [ka'tʃondo, a] *adj* (*Zool*) on heat; (*caliente*) randy, sexy; (*gracioso*) funny
cachorro, -a [ka'tʃorro, a] *nm/f* (*de perro*) pup, puppy; (*de león*) cub
cachucha [ka'tʃutʃa] (MÉX *fam*) *nf* cap
cacique [ka'θike] *nm* chief, local ruler; (*Pol*) local party boss
cacto ['kakto] *nm*, **cactus** ['kaktus] *nm inv* cactus
cada ['kaða] *adj inv* each; (*antes de número*) every; **~ día** each day, every day; **~ dos días** every other day; **~ uno/a** each one, every one; **~ vez más/menos** more and more/less and less; **~ vez que ...** whenever, every time (that) ...; **uno de ~ diez** one out of every ten
cadáver [ka'ðaβer] *nm* (dead) body, corpse
cadena [ka'ðena] *nf* chain; (*TV*) channel; **trabajo en ~** assembly line work; **~ montañosa** mountain range; **~ perpetua** (*Jur*) life imprisonment; **~ de caracteres** (*Inform*) character string

cadera [ka'ðera] *nf* hip
cadete [ka'ðete] *nm* cadet
caducar [kaðu'kar] /1g/ *vi* to expire; **caduco, -a** *adj* (*idea etc*) outdated, outmoded; **de hoja caduca** deciduous
caer [ka'er] /2n/ *vi* to fall; **caerse** *vr* to fall (down); **dejar ~** to drop; **su cumpleaños cae en viernes** her birthday falls on a Friday
café [ka'fe] (*pl* **cafés**) *nm* (*bebida, planta*) coffee; (*lugar*) café ▷ *adj* (*color*) brown; **~ con leche** white coffee; **~ solo, ~ negro** (*LAM*) (small) black coffee
cafetera [kafe'tera] *nf V* **cafetero**
cafetería [kafete'ria] *nf* cafe
cafetero, -a [kafe'tero, a] *adj* coffee *cpd* ▷ *nf* coffee pot; **ser muy ~** to be a coffee addict
cagar [ka'ɣar] /1h/ (*fam!*) *vt* to bungle, mess up ▷ *vi* to have a shit (*!*)
caído, -a [ka'iðo, a] *adj* fallen ▷ *nf* fall; (*declive*) slope; (*disminución*) fall, drop
caiga *etc* ['kaiɣa] *vb V* **caer**
caimán [kai'man] *nm* alligator
caja ['kaxa] *nf* box; (*para reloj*) case; (*de ascensor*) shaft; (*Com*) cash box; (*donde se hacen los pagos*) cashdesk; (*en supermercado*) checkout, till; **~ de ahorros** savings bank; **~ de cambios** gearbox; **~ de fusibles** fuse box; **~ fuerte** *o* **de caudales** safe, strongbox
cajero, -a [ka'xero, a] *nm/f* cashier ▷ *nm*: **~ automático** cash dispenser
cajetilla [kaxe'tiʎa] *nf* (*de cigarrillos*) packet
cajón [ka'xon] *nm* big box; (*de mueble*) drawer
cajuela [kax'wela] *nf* (*MÉX*: *Auto*) boot (*BRIT*), trunk (*US*)
cal [kal] *nf* lime
cala ['kala] *nf* (*Geo*) cove, inlet; (*de barco*) hold
calabacín [kalaβa'θin] *nm* (*Bot*) baby marrow; (: *más pequeño*) courgette (*BRIT*), zucchini (*US*)
calabacita [kalaβa'θita] (*LAM*) *nf* courgette (*BRIT*), zucchini (*US*)
calabaza [kala'βaθa] *nf* (*Bot*) pumpkin
calabozo [kala'βoθo] *nm* (*cárcel*) prison; (*celda*) cell
calado, -a [ka'laðo, a] *adj* (*prenda*) lace *cpd* ▷ *nm* (*Naut*) draught ▷ *nf* (*de cigarrillo*) puff; **estar ~ (hasta los huesos)** to be soaked (to the skin)
calamar [kala'mar] *nm* squid
calambre [ka'lambre] *nm* (*Elec*) shock
calar [ka'lar] /1a/ *vt* to soak, drench; (*penetrar*) to pierce, penetrate; (*comprender*) to see through; (*vela, red*) to lower; **calarse** *vr* (*Auto*) to stall; **~se las gafas** to stick one's glasses on
calavera [kala'βera] *nf* skull
calcar [kal'kar] /1g/ *vt* (*reproducir*) to trace; (*imitar*) to copy
calcetín [kalθe'tin] *nm* sock
calcio ['kalθjo] *nm* calcium
calcomanía [kalkoma'nia] *nf* transfer
calculador, a [kalkula'ðor, a] *adj* calculating ▷ *nf* calculator
calcular [kalku'lar] /1a/ *vt* (*Mat*) to calculate, compute; **~ que ...** to reckon that ...
cálculo ['kalkulo] *nm* calculation
caldera [kal'dera] *nf* boiler
calderilla [kalde'riʎa] *nf* (*moneda*) small change
caldo ['kaldo] *nm* stock; (*consomé*) consommé
calefacción [kalefak'θjon] *nf* heating; **~ central** central heating
calefón [kale'fon] *nm* (*RPL*) boiler
calendario [kalen'darjo] *nm* calendar
calentador [kalenta'ðor] *nm* heater
calentamiento [kalenta'mjento] *nm* (*Deporte*) warm-up; **~ global** global warming
calentar [kalen'tar] /1j/ *vt* to heat (up); **calentarse** *vr* to heat up, warm up; (*fig*: *discusión etc*) to get heated

calentón, -ona [kalen'ton, ona] (RPL *fam*) *adj* (*sexualmente*) horny, randy (BRIT)
calentura [kalen'tura] *nf* (*Med*) fever, (high) temperature
calesita [kale'sita] *nf* (LAM) merry-go-round, carousel
calibre [ka'liβre] *nm* (*de cañón*) calibre, bore; (*diámetro*) diameter; (*fig*) calibre
calidad [kali'ðað] *nf* quality; **de ~** quality *cpd*; **en ~ de** in the capacity of
cálido, -a ['kaliðo, a] *adj* hot; (*fig*) warm
caliente [ka'ljente] *vb V* **calentar** ▷ *adj* hot; (*fig*) fiery; (*disputa*) heated; (*fam*: *cachondo*) randy
calificación [kalifika'θjon] *nf* qualification; (*de alumno*) grade, mark
calificado, -a [kalifi'kado, a] *adj* (LAM: *competente*) qualified; (*obrero*) skilled
calificar [kalifi'kar] /ıg/ *vt* to qualify; (*alumno*) to grade, mark; **~ de** to describe as
calima [ka'lima] *nf* (*cerca del mar*) mist
cáliz ['kaliθ] *nm* chalice
caliza [ka'liθa] *nf* limestone
callado, -a [ka'ʎaðo, a] *adj* quiet
callar [ka'ʎar] /ıa/ *vt* (*asunto delicado*) to keep quiet about, say nothing about; (*persona, oposición*) to silence ▷ *vi* to keep quiet, be silent; (*dejar de hablar*) to stop talking; **callarse** *vr* to keep quiet, be silent; **¡calla!** be quiet!
calle ['kaʎe] *nf* street; (*Deporte*) lane; **~ arriba/abajo** up/down the street; **~ de sentido único** one-way street; **~ mayor** (ESP) high (BRIT) *o* main (US) street; **~ peatonal** pedestrianized *o* pedestrian street; **~ principal** (LAM) high (BRIT) *o* main (US) street; **poner a algn (de patitas) en la ~** to kick sb out; **callejear** /ıa/ *vi* to wander (about) the streets; **callejero, -a** *adj* street *cpd* ▷ *nm* street map; **callejón** *nm* alley, passage; **callejón sin salida** cul-de-sac; **callejuela** *nf* side-street, alley
callista [ka'ʎista] *nmf* chiropodist
callo ['kaʎo] *nm* callus; (*en el pie*) corn; **callos** *nmpl* (*Culin*) tripe *sg*
calma ['kalma] *nf* calm
calmante [kal'mante] *nm* sedative, tranquillizer
calmar [kal'mar] /ıa/ *vt* to calm, calm down; **calmarse** *vr* (*tempestad*) to abate; (*mente etc*) to become calm
calor [ka'lor] *nm* heat; (*calor agradable*) warmth; **tener ~** to be *o* feel hot
caloría [kalo'ria] *nf* calorie
calumnia [ka'lumnja] *nf* slander
caluroso, -a [kalu'roso, a] *adj* hot; (*sin exceso*) warm; (*fig*) enthusiastic
calva ['kalβa] *nf* bald patch; (*en bosque*) clearing
calvario [kal'βarjo] *nm* stations *pl* of the cross
calvicie [kal'βiθje] *nf* baldness
calvo, -a ['kalβo, a] *adj* bald; (*terreno*) bare, barren; (*tejido*) threadbare
calza ['kalθa] *nf* wedge, chock
calzado, -a [kal'θaðo, a] *adj* shod ▷ *nm* footwear ▷ *nf* roadway, highway
calzador [kalθa'ðor] *nm* shoehorn
calzar [kal'θar] /ıf/ *vt* (*zapatos etc*) to wear; (*un mueble*) to put a wedge under; **calzarse** *vr*: **~se los zapatos** to put on one's shoes; **¿qué (número) calza?** what size do you take?
calzón [kal'θon] *nm* (*tb*: **calzones**) shorts *pl*; (LAM: *de hombre*) pants *pl*; (: *de mujer*) panties *pl*
calzoncillos [kalθon'θiʎos] *nmpl* underpants
cama ['kama] *nf* bed; **~ individual/de matrimonio** single/double bed; **hacer la ~** to make the bed
camaleón [kamale'on] *nm* chameleon
cámara ['kamara] *nf* chamber; (*habitación*) room; (*sala*) hall; (*Cine*) cine camera; (*fotográfica*) camera; **~ de aire** inner tube; **~ de comercio** chamber of commerce; **~ digital** digital camera; **~ de gas** gas chamber; **~ frigorífica** cold-storage room

camarada [kama'raða] *nm* comrade, companion

camarero, -a [kama'rero, a] *nm* waiter ▷ *nf* (*en restaurante*) waitress; (*en casa, hotel*) maid

camarógrafo, -a [kama'rografo, a] *nm/f* (*LAM*) cameraman/ camerawoman

camarón [kama'ron] *nm* shrimp

camarote [kama'rote] *nm* cabin

cambiable [kam'bjaβle] *adj* (*variable*) changeable, variable; (*intercambiable*) interchangeable

cambiante [kam'bjante] *adj* variable

cambiar [kam'bjar] /ɪb/ *vt* to change; (*trocar*) to exchange ▷ *vi* to change; **cambiarse** *vr* (*mudarse*) to move; (*de ropa*) to change; **~ de idea** *u* **opinión** to change one's mind; **~se de ropa** to change (one's clothes)

cambio ['kambjo] *nm* change; (*trueque*) exchange; (*Com*) rate of exchange; (*oficina*) bureau de change; (*dinero menudo*) small change; **a ~ de** in return *o* exchange for; **en ~** on the other hand; (*en lugar de eso*) instead; **~ climático** climate change; **~ de divisas** (*Com*) foreign exchange; **~ de velocidades** gear lever

camelar [kame'lar] /ɪa/ *vt* (*persuadir*) to sweet-talk

camello [ka'meʎo] *nm* camel; (*fam*: *traficante*) pusher

camerino [kame'rino] *nm* dressing room

camilla [ka'miʎa] *nf* (*Med*) stretcher

caminar [kami'nar] /ɪa/ *vi* (*marchar*) to walk, go ▷ *vt* (*recorrer*) to cover, travel

caminata [kami'nata] *nf* long walk; (*por el campo*) hike

camino [ka'mino] *nm* way, road; (*sendero*) track; **a medio ~** halfway (there); **en el ~** on the way, en route; **~ de** on the way to; **~ particular** private road; **C~ de Santiago** Way of St James; *see note* **"Camino de Santiago"**

CAMINO DE SANTIAGO

The *Camino de Santiago* is a medieval pilgrim route stretching from the Pyrenees to Santiago de Compostela in north-west Spain, where tradition has it the body of the Apostle James is buried. Nowadays it is a popular tourist route as well as a religious one. The *concha* (cockleshell) is a symbol of the *Camino de Santiago*, because it is said that when St James' body was found it was covered in shells.

camión [ka'mjon] *nm* lorry, truck (*US*); (*LAM*: *autobús*) bus; **~ cisterna** tanker; **~ de la basura** dustcart, refuse lorry; **~ de mudanzas** removal (*BRIT*) *o* moving (*US*) van; **camionero** *nm* lorry *o* truck (*US*) driver, trucker (*esp US*); **camioneta** [kamjo'neta] *nf* van, small truck; **camionista** *nmf* (*LAM*) lorry *o* truck driver

camisa [ka'misa] *nf* shirt; (*Bot*) skin; **~ de fuerza** straitjacket

camiseta [kami'seta] *nf* tee-shirt; (*ropa interior*) vest; (*de deportista*) top

camisón [kami'son] *nm* nightdress, nightgown

camorra [ka'morra] *nf*: **buscar ~** to look for trouble

camote [ka'mote] *nm* (*LAM*) sweet potato; (*bulbo*) tuber, bulb; (*fam*: *enamoramiento*) crush

campamento [kampa'mento] *nm* camp

campana [kam'pana] *nf* bell; **campanada** *nf* peal; **campanario** *nm* belfry

campanilla [kampa'niʎa] *nf* small bell

campaña [kam'paɲa] *nf* (*Mil, Pol*) campaign; **~ electoral** election campaign

campechano, -a [kampe'tʃano, a] *adj* (*franco*) open

campeón, -ona [kampe'on, ona] *nm/f* champion; **campeonato** *nm* championship
cámper ['kamper] *nm o f* (*LAM*) caravan (*BRIT*), trailer (*US*)
campera [kam'pera] *nf* (*RPL*) anorak
campesino, -a [kampe'sino, a] *adj* country *cpd*, rural; (*gente*) peasant *cpd* ▷ *nm/f* countryman/woman; (*agricultor*) farmer
campestre [kam'pestre] *adj* country *cpd*, rural
camping ['kampin] *nm* camping; (*lugar*) campsite; **ir de** *o* **hacer ~** to go camping
campista [kam'pista] *nmf* camper
campo ['kampo] *nm* (*fuera de la ciudad*) country, countryside; (*Agr, Elec, Inform*) field; (*de fútbol*) pitch; (*de golf*) course; (*Mil*) camp; **~ de batalla** battlefield; **~ de minas** minefield; **~ petrolífero** oilfield; **~ visual** field of vision; **~ de concentración/de internación/de trabajo** concentration/internment/labour camp; **~ de deportes** sports ground, playing field
camuflaje [kamu'flaxe] *nm* camouflage
cana ['kana] *nf V* **cano**
Canadá [kana'ða] *nm* Canada; **canadiense** *adj, nmf* Canadian ▷ *nf* fur-lined jacket
canal [ka'nal] *nm* canal; (*Geo*) channel, strait; (*de televisión*) channel; (*de tejado*) gutter; **C~ de la Mancha** English Channel; **C~ de Panamá** Panama Canal
canaleta [kana'leta] *nf* (*LAM*: *de tejado*) gutter
canalizar [kanali'θar] /ɪf/ *vt* to channel
canalla [ka'naʎa] *nf* rabble, mob ▷ *nm* swine
canapé [kana'pe] (*pl* **canapés**) *nm* sofa, settee; (*Culin*) canapé
Canarias [ka'narjas] *nfpl*: **las (Islas) ~** the Canaries
canario, -a [ka'narjo, a] *adj* of *o* from the Canary Isles ▷ *nm/f* native *o* inhabitant of the Canary Isles ▷ *nm* (*Zool*) canary
canasta [ka'nasta] *nf* (round) basket
canasto [ka'nasto] *nm* large basket
cancela [kan'θela] *nf* (wrought-iron) gate
cancelación [kanθela'θjon] *nf* cancellation
cancelar [kanθe'lar] /ɪa/ *vt* to cancel; (*una deuda*) to write off
cáncer ['kanθer] *nm* (*Med*) cancer; **C~** (*Astro*) Cancer
cancha ['kantʃa] *nf* (*de baloncesto, tenis etc*) court; (*LAM*: *de fútbol etc*) pitch; **~ de tenis** (*LAM*) tennis court
canciller [kanθi'ʎer] *nm* chancellor
canción [kan'θjon] *nf* song; **~ de cuna** lullaby
candado [kan'daðo] *nm* padlock
candente [kan'dente] *adj* red-hot; (*tema*) burning
candidato, -a [kandi'ðato, a] *nm/f* candidate
cándido, -a ['kandiðo, a] *adj* simple; naive

No confundir *cándido* con la palabra inglesa *candid*.

candil [kan'dil] *nm* oil lamp; **candilejas** *nfpl* (*Teat*) footlights
canela [ka'nela] *nf* cinnamon
canelones [kane'lones] *nmpl* cannelloni
cangrejo [kan'grexo] *nm* crab
canguro [kan'guro] *nm* kangaroo; **hacer de ~** to baby-sit
caníbal [ka'niβal] *adj, nmf* cannibal
canica [ka'nika] *nf* marble
canijo, -a [ka'nixo, a] *adj* frail, sickly
canilla [ka'niʎa] *nf* (*LAM*) tap (*BRIT*), faucet (*US*)
canjear [kanxe'ar] /ɪa/ *vt* to exchange
cano, -a ['kano, a] *adj* grey-haired, white-haired ▷ *nf* (*tb*: **canas**) white *o* grey hair; **tener canas** to be going grey

canoa [ka'noa] *nf* canoe
canon ['kanon] *nm* canon; (*pensión*) rent; (*Com*) tax
canonizar [kanoni'θar] /1f/ *vt* to canonize
canoso, -a [ka'noso, a] *adj* grey-haired
cansado, -a [kan'saðo, a] *adj* tired, weary; (*tedioso*) tedious, boring
cansancio [kan'sanθjo] *nm* tiredness, fatigue
cansar [kan'sar] /1a/ *vt* (*fatigar*) to tire, tire out; (*aburrir*) to bore; (*fastidiar*) to bother; **cansarse** *vr* to tire, get tired; (*aburrirse*) to get bored
cantábrico, -a [kan'taβriko, a] *adj* Cantabrian
cantante [kan'tante] *adj* singing ▷ *nmf* singer
cantar [kan'tar] /1a/ *vt* to sing ▷ *vi* to sing; (*insecto*) to chirp ▷ *nm* (*acción*) singing; (*canción*) song; (*poema*) poem
cántaro ['kantaro] *nm* pitcher, jug; **llover a ~s** to rain cats and dogs
cante ['kante] *nm Andalusian folk song*; **~ jondo** flamenco singing
cantera [kan'tera] *nf* quarry
cantero [kan'tero] *nm* (LAM: *arriate*) border
cantidad [kanti'ðað] *nf* quantity, amount; **~ de** lots of
cantimplora [kantim'plora] *nf* water bottle, canteen
cantina [kan'tina] *nf* canteen; (*de estación*) buffet; (*esp* LAM) bar
cantinero, -a [kanti'nero, a] *nm/f* (LAM) barman/barmaid, bartender (US)
canto ['kanto] *nm* singing; (*canción*) song; (*borde*) edge, rim; (*de un cuchillo*) back; **~ rodado** boulder
cantor, a [kan'tor, a] *nm/f* singer
canturrear [kanturre'ar] /1a/ *vi* to sing softly
canuto [ka'nuto] *nm* (*tubo*) small tube; (*fam*: *porro*) joint
caña ['kaɲa] *nf* (*Bot*: *tallo*) stem, stalk; (: *carrizo*) reed; (*de cerveza*) glass of beer; (*Anat*) shinbone; **~ de azúcar** sugar cane; **~ de pescar** fishing rod
cañada [ka'ɲaða] *nf* (*entre dos montañas*) gully, ravine; (*camino*) cattle track
cáñamo ['kaɲamo] *nm* hemp
cañería [kaɲe'ria] *nf* (*tubo*) pipe
caño ['kaɲo] *nm* (*tubo*) tube, pipe; (*de aguas servidas*) sewer; (*Mus*) pipe; (*de fuente*) jet
cañón [ka'ɲon] *nm* (*Mil*) cannon; (*de fusil*) barrel; (*Geo*) canyon, gorge
caoba [ka'oβa] *nf* mahogany
caos ['kaos] *nm* chaos
capa ['kapa] *nf* cloak, cape; (*Geo*) layer, stratum; **~ de ozono** ozone layer
capacidad [kapaθi'ðað] *nf* (*medida*) capacity; (*aptitud*) capacity, ability
capacitar [kapaθi'tar] /1a/ *vt*: **~ a alguien para algo** to qualify sb for sth; **capacitarse** *vr*: **~se para algo** to qualify for sth
caparazón [kapara'θon] *nm* shell
capataz [kapa'taθ] *nm* foreman
capaz [ka'paθ] *adj* able, capable; (*amplio*) capacious, roomy
capellán [kape'ʎan] *nm* chaplain; (*sacerdote*) priest
capicúa [kapi'kua] *adj inv* (*número, fecha*) reversible
capilla [ka'piʎa] *nf* chapel
capital [kapi'tal] *adj* capital ▷ *nm* (*Com*) capital ▷ *nf* (*de nación*) capital (city); **~ social** equity *o* share capital
capitalismo [kapita'lismo] *nm* capitalism; **capitalista** *adj, nmf* capitalist
capitán [kapi'tan] *nm* captain
capítulo [ka'pitulo] *nm* chapter
capó [ka'po] *nm* (*Auto*) bonnet (BRIT), hood (US)
capón [ka'pon] *nm* (*gallo*) capon
capota [ka'pota] *nf* (*de mujer*) bonnet; (*Auto*) hood (BRIT), top (US)
capote [ka'pote] *nm* (*abrigo*: *de militar*) greatcoat; (: *de torero*) cloak
capricho [ka'pritʃo] *nm* whim, caprice; **caprichoso, -a** *adj* capricious

Capricornio [kapri'kornjo] *nm* Capricorn
cápsula ['kapsula] *nf* capsule
captar [kap'tar] /1a/ *vt* (*comprender*) to understand; (*Radio*) to pick up; (*atención, apoyo*) to attract
captura [kap'tura] *nf* capture; (*Jur*) arrest; **~ de pantalla** (*Inform*) screenshot; **capturar** /1a/ *vt* to capture; (*Jur*) to arrest
capucha [ka'putʃa] *nf* hood, cowl
capuchón [kapu'tʃon] *nm* (ESP: *de bolígrafo*) cap
capullo [ka'puʎo] *nm* (*Zool*) cocoon; (*Bot*) bud; (*fam!*) idiot
caqui ['kaki] *nm* khaki
cara ['kara] *nf* (*Anat, de moneda*) face; (*de disco*) side; (*fig*) boldness ▷ *prep*: **~ a** facing; **de ~ a** opposite, facing; **dar la ~** to face the consequences; **¿~ o cruz?** heads or tails?; **¡qué ~ más dura!** what a nerve!
Caracas [ka'rakas] *nf* Caracas
caracol [kara'kol] *nm* (*Zool*) snail; (*concha*) (sea)shell
carácter (*pl* **caracteres**) [ka'rakter, karak'teres] *nm* character; **tener buen/mal ~** to be good-natured/bad tempered
característico, -a [karakte'ristiko, a] *adj* characteristic ▷ *nf* characteristic
caracterizar [karakteri'θar] /1f/ *vt* to characterize, typify
caradura [kara'ðura] *nmf*: **es un ~** he's got a nerve
carajillo [kara'xiʎo] *nm black coffee with brandy*
carajo [ka'raxo] *nm* (*fam!*): **¡~!** shit! (!)
caramba [ka'ramba] *excl* good gracious!
caramelo [kara'melo] *nm* (*dulce*) sweet; (*azúcar fundido*) caramel
caravana [kara'βana] *nf* caravan; (*fig*) group; (*de autos*) tailback
carbón [kar'βon] *nm* coal; **papel ~** carbon paper
carbono [kar'βono] *nm* carbon
carburador [karβura'ðor] *nm* carburettor
carburante [karβu'rante] *nm* fuel
carcajada [karka'xaða] *nf* (loud) laugh, guffaw
cárcel ['karθel] *nf* prison, jail; (*Tec*) clamp
carcoma [kar'koma] *nf* woodworm
cardar [kar'ðar] /1a/ *vt* (*Tec*) to card, comb; (*pelo*) to backcomb
cardenal [karðe'nal] *nm* (*Rel*) cardinal; (*Med*) bruise
cardiaco, -a [kar'ðjako, a], **cardíaco, a** [kar'ðiako, a] *adj* cardiac; (*ataque*) heart *cpd*
cardinal [karði'nal] *adj* cardinal
cardo ['karðo] *nm* thistle
carecer [kare'θer] /2d/ *vi*: **~ de** to lack, be in need of
carencia [ka'renθja] *nf* lack; (*escasez*) shortage; (*Med*) deficiency
careta [ka'reta] *nf* mask
carga ['karɣa] *nf* (*peso, Elec*) load; (*de barco*) cargo, freight; (*Mil*) charge; (*obligación, responsabilidad*) duty, obligation
cargado, -a [kar'ɣaðo, a] *adj* loaded; (*Elec*) live; (*café, té*) strong; (*cielo*) overcast
cargamento [karɣa'mento] *nm* (*acción*) loading; (*mercancías*) load, cargo
cargar [kar'ɣar] /1h/ *vt* (*barco, arma*) to load; (*Elec*) to charge; (*Com*: *algo en cuenta*) to charge, debit; (*Mil*) to charge; (*Inform*) to load ▷ *vi* (*Auto*) to load (up); **~ con** to pick up, carry away; (*peso*: *fig*) to shoulder, bear; **cargarse** *vr* (*fam*: *estropear*) to break; (: *matar*) to bump off
cargo ['karɣo] *nm* (*puesto*) post, office; (*responsabilidad*) duty, obligation; (*Jur*) charge; **hacerse ~ de** to take charge of *o* responsibility for
carguero [kar'ɣero] *nm* freighter, cargo boat; (*avión*) freight plane
Caribe [ka'riβe] *nm*: **el ~** the Caribbean; **del ~** Caribbean; **caribeño, -a** *adj* Caribbean
caricatura [karika'tura] *nf* caricature

caricia [ka'riθja] *nf* caress
caridad [kari'ðað] *nf* charity
caries ['karjes] *nf inv* tooth decay
cariño [ka'riɲo] *nm* affection, love; (*caricia*) caress; (*en carta*) love ...; **tener ~ a** to be fond of; **cariñoso, -a** *adj* affectionate
carisma [ka'risma] *nm* charisma
caritativo, -a [karita'tiβo, a] *adj* charitable
cariz [ka'riθ] *nm*: **tener** *o* **tomar buen/mal ~** to look good/bad
carmín [kar'min] *nm* (*tb*: **~ de labios**) lipstick
carnal [kar'nal] *adj* carnal; **primo ~** first cousin
carnaval [karna'βal] *nm* carnival

CARNAVAL

The 3 days before *miércoles de ceniza* (Ash Wednesday), when fasting traditionally starts, are the time for *carnaval*, an exuberant celebration which dates back to pre-Christian times. Although in decline during the Franco years, the *carnaval* has grown in popularity recently in Spain, Cádiz and Tenerife being particularly well-known for their celebrations. *El martes de carnaval* (Shrove Tuesday) is the biggest day, with colourful street parades, fancy dress, fireworks and a general party atmosphere.

carne ['karne] *nf* flesh; (*Culin*) meat; **se me pone la ~ de gallina sólo verlo** I get the creeps just seeing it; **~ de cerdo/de cordero/de ternera/de vaca** pork/lamb/veal/beef; **~ molida** (*LAM*), **~ picada** (*ESP*) mince (*BRIT*), ground meat (*US*); **~ de gallina** (*fig*) gooseflesh
carné [kar'ne] (*pl* **carnés**) (*ESP*) *nm*: **~ de conducir** driving licence (*BRIT*), driver's license (*US*); **~ de identidad** identity card; **~ de socio** membership card
carnero [kar'nero] *nm* sheep, ram; (*carne*) mutton
carnet [kar'ne] (*pl* **carnets**) *nm* (*ESP*) = **carné**
carnicería [karniθe'ria] *nf* butcher's (shop); (*fig*: *matanza*) carnage, slaughter
carnicero, -a [karni'θero, a] *adj* carnivorous ▷ *nm/f* (*tb fig*) butcher ▷ *nm* carnivore
carnívoro, -a [kar'niβoro, a] *adj* carnivorous
caro, -a ['karo, a] *adj* dear; (*Com*) dear, expensive ▷ *adv* dear, dearly
carpa ['karpa] *nf* (*pez*) carp; (*de circo*) big top; (*LAM*: *de camping*) tent
carpeta [kar'peta] *nf* folder, file
carpintería [karpinte'ria] *nf* carpentry, joinery; **carpintero** *nm* carpenter
carraspear [karraspe'ar] /ɪa/ *vi* to clear one's throat
carraspera [karras'pera] *nf* hoarseness
carrera [ka'rrera] *nf* (*acción*) run(ning); (*espacio recorrido*) run; (*certamen*) race; (*trayecto*) course; (*profesión*) career; **a la ~** at (full) speed; **~ de obstáculos** (*Deporte*) steeplechase
carrete [ka'rrete] *nm* reel, spool; (*Tec*) coil
carretera [karre'tera] *nf* (main) road, highway; **~ nacional** ≈ A road (*BRIT*), ≈ state highway (*US*); **~ de circunvalación** ring road
carretilla [karre'tiʎa] *nf* trolley; (*Agr*) (wheel)barrow
carril [ka'rril] *nm* furrow; (*de autopista*) lane; (*Ferro*) rail
carril bici [karil'βiθi] *nm* cycle lane, bikeway (*US*)
carrito [ka'rrito] *nm* trolley
carro ['karro] *nm* cart, wagon; (*Mil*) tank; (*LAM*: *coche*) car; **~ patrulla** (*LAM*) patrol *o* panda (*BRIT*) car
carrocería [karroθe'ria] *nf* bodywork *no pl* (*BRIT*)

carroña [ka'rroɲa] *nf* carrion *no pl*
carroza [ka'rroθa] *nf* (*vehículo*) coach
carrusel [karru'sel] *nm* merry-go-round, roundabout (BRIT)
carta ['karta] *nf* letter; (*Culin*) menu; (*naipe*) card; (*mapa*) map; (*Jur*) document; **~ certificada/urgente** registered/special delivery letter
cartabón [karta'βon] *nm* set square
cartearse [karte'arse] /1a/ *vr* to correspond
cartel [kar'tel] *nm* (*anuncio*) poster, placard; (*Escol*) wall chart; (*Com*) cartel; **cartelera** *nf* hoarding, billboard; (*en periódico etc*) entertainments guide; **"en cartelera"** "showing"
cartera [kar'tera] *nf* (*de bolsillo*) wallet; (*de colegial, cobrador*) satchel; (*de señora*) handbag (BRIT), purse (US); (*para documentos*) briefcase; (*Com*) portfolio; **ocupa la ~ de Agricultura** he is Minister of Agriculture
carterista [karte'rista] *nmf* pickpocket
cartero [kar'tero] *nm* postman
cartilla [kar'tiʎa] *nf* primer, first reading book; **~ de ahorros** savings book
cartón [kar'ton] *nm* cardboard; **~ piedra** papier-mâché
cartucho [kar'tutʃo] *nm* (*Mil*) cartridge
cartulina [kartu'lina] *nf* card
casa ['kasa] *nf* house; (*hogar*) home; (*Com*) firm, company; **~ consistorial** town hall; **~ de huéspedes** boarding house; **~ de socorro** first aid post; **~ independiente** detached house; **~ rodante** (CS) caravan (BRIT), trailer (US); **en ~** at home
casado, -a [ka'saðo, a] *adj* married ▷ *nm/f* married man/woman
casar [ka'sar] /1a/ *vt* to marry; (*Jur*) to quash, annul; **casarse** *vr* to marry, get married
cascabel [kaska'βel] *nm* (small) bell
cascada [kas'kaða] *nf* waterfall
cascanueces [kaska'nweθes] *nm inv* (a pair of) nutcrackers, nutcracker *sg*
cascar [kas'kar] /1g/ *vt* to split; (*nuez*) to crack; **cascarse** *vr* to crack, split, break (open)
cáscara ['kaskara] *nf* (*de huevo, fruta seca*) shell; (*de fruta*) skin; (*de limón*) peel
casco ['kasko] *nm* (*de bombero, soldado*) helmet; (*Naut: de barco*) hull; (*Zool: de caballo*) hoof; (*botella*) empty bottle; (*de ciudad*): **el ~ antiguo** the old part; **el ~ urbano** the town centre; **los ~s azules** the UN peace-keeping force, the blue helmets
cascote [kas'kote] *nm* piece of rubble; **cascotes** *nmpl* rubble *sg*
caserío [kase'rio] *nm* hamlet, group of houses; (*casa*) farmhouse
casero, -a [ka'sero, a] *adj* (*pan etc*) home-made; (*persona*): **ser muy ~** to be home-loving ▷ *nm/f* (*propietario*) landlord/lady; **"comida casera"** "home cooking"
caseta [ka'seta] *nf* hut; (*para bañista*) cubicle; (*de feria*) stall
casete [ka'sete] *nm o f* cassette
casi ['kasi] *adv* almost; **~ nunca** hardly ever, almost never; **~ nada** next to nothing; **~ te caes** you almost *o* nearly fell
casilla [ka'siʎa] *nf* (*casita*) hut, cabin; (*para cartas*) pigeonhole; (*Ajedrez*) square; **C~ postal** *o* **de Correo(s)** (LAM) P.O. Box; **casillero** *nm* (*para cartas*) pigeonholes *pl*
casino [ka'sino] *nm* club; (*de juego*) casino
caso ['kaso] *nm* case; **en ~ de ...** in case of ...; **el ~ es que** the fact is that; **en ese ~** in that case; **en todo ~** in any case; **hacer ~ a** to pay attention to; **hacer** *o* **venir al ~** to be relevant
caspa ['kaspa] *nf* dandruff
cassette [ka'set] *nm o f* = **casete**
castaña [kas'taɲa] *nf* V **castaño**

castaño, -a [kas'taɲo, a] *adj* chestnut(-coloured), brown ▷ *nm* chestnut tree ▷ *nf* chestnut
castañuelas [kasta'ɲwelas] *nfpl* castanets
castellano, -a [kaste'ʎano, a] *adj* Castilian ▷ *nm/f* Castilian ▷ *nm* (*Ling*) Castilian, Spanish
castigar [kasti'ɣar] /1h/ *vt* to punish; (*Deporte*) to penalize; **castigo** *nm* punishment; (*Deporte*) penalty
Castilla [kas'tiʎa] *nf* Castile
castillo [kas'tiʎo] *nm* castle
castizo, -a [kas'tiθo, a] *adj* (*Ling*) pure
casto, -a ['kasto, a] *adj* chaste, pure
castor [kas'tor] *nm* beaver
castrar [kas'trar] /1a/ *vt* to castrate
casual [ka'swal] *adj* chance, accidental; **casualidad** *nf* chance, accident; (*combinación de circunstancias*) coincidence; **da la casualidad de que ...** it (just) so happens that ...; **¡qué casualidad!** what a coincidence!

No confundir *casual* con la palabra inglesa *casual*.

cataclismo [kata'klismo] *nm* cataclysm
catador [kata'ðor] *nm* taster
catalán, -ana [kata'lan, ana] *adj, nm/f* Catalan ▷ *nm* (*Ling*) Catalan
catalizador [kataliθa'ðor] *nm* catalyst; (*Auto*) catalytic converter
catalogar [katalo'ɣar] /1h/ *vt* to catalogue; **~ (de)** (*fig*) to classify as
catálogo [ka'taloɣo] *nm* catalogue
Cataluña [kata'luɲa] *nf* Catalonia
catar [ka'tar] /1a/ *vt* to taste, sample
catarata [kata'rata] *nf* (*Geo*) (water) fall; (*Med*) cataract
catarro [ka'tarro] *nm* catarrh; (*constipado*) cold
catástrofe [ka'tastrofe] *nf* catastrophe
catear [kate'ar] /1a/ *vt* (*fam: examen, alumno*) to fail
cátedra ['kateðra] *nf* (*Univ*) chair, professorship
catedral [kate'ðral] *nf* cathedral
catedrático, -a [kate'ðratiko, a] *nm/f* professor
categoría [kateɣo'ria] *nf* category; (*rango*) rank, standing; (*calidad*) quality; **de ~** (*hotel*) top-class
cateto, -a [ka'teto, a] *nm/f* yokel
catolicismo [katoli'θismo] *nm* Catholicism
católico, -a [ka'toliko, a] *adj, nm/f* Catholic
catorce [ka'torθe] *num* fourteen
cauce ['kauθe] *nm* (*de río*) riverbed; (*fig*) channel
caucho ['kautʃo] *nm* rubber
caudal [kau'ðal] *nm* (*de río*) volume, flow; (*fortuna*) wealth; (*abundancia*) abundance
caudillo [kau'ðiʎo] *nm* leader, chief
causa ['kausa] *nf* cause; (*razón*) reason; (*Jur*) lawsuit, case; **a** *o* **por ~ de** because of; **causar** /1a/ *vt* to cause
cautela [kau'tela] *nf* caution, cautiousness; **cauteloso, -a** *adj* cautious, wary
cautivar [kauti'βar] /1a/ *vt* to capture; (*fig*) to captivate
cautiverio [kauti'βerjo] *nm*, **cautividad** [kautiβi'ðað] *nf* captivity
cautivo, -a [kau'tiβo, a] *adj, nm/f* captive
cauto, -a ['kauto, a] *adj* cautious, careful
cava ['kaβa] *nm* *champagne-type wine*
cavar [ka'βar] /1a/ *vt* to dig
caverna [ka'βerna] *nf* cave, cavern
cavidad [kaβi'ðað] *nf* cavity
cavilar [kaβi'lar] /1a/ *vt* to ponder
cayendo *etc* [ka'jendo] *vb V* **caer**
caza ['kaθa] *nf* (*acción: gen*) hunting; (: *con fusil*) shooting; (*una caza*) hunt, chase; (*animales*) game ▷ *nm* (*Aviat*) fighter; **ir de ~** to go hunting; **~ mayor** game hunting; **cazador, a** *nm/f* hunter/huntress ▷ *nf* jacket; **cazar** /1f/ *vt* to hunt; (*perseguir*) to chase; (*prender*) to catch

cazo ['kaθo] *nm* saucepan
cazuela [ka'θwela] *nf* (*vasija*) pan; (*guisado*) casserole
CD *nm abr* (= *compact disc*) CD
CD-ROM [θeðe'rom] *nm abr* CD-ROM
CE *nm abr* (= *Consejo de Europa*) Council of Europe
cebada [θe'βaða] *nf* barley
cebar [θe'βar] /ɪa/ *vt* (*animal*) to fatten (up); (*anzuelo*) to bait; (*Mil*, *Tec*) to prime
cebo ['θeβo] *nm* (*para animales*) feed, food; (*para peces*, *fig*) bait; (*de arma*) charge
cebolla [θe'βoʎa] *nf* onion; **cebolleta** *nf* spring onion
cebra ['θeβra] *nf* zebra
cecear [θeθe'ar] /ɪa/ *vi* to lisp
ceder [θe'ðer] /ɔa/ *vt* to hand over; (*renunciar a*) to give up, part with ▷ *vi* (*renunciar*) to give in, yield; (*disminuir*) to diminish, decline; (*romperse*) to give way
cederom [θeðe'rom] *nm* CD-ROM
cedro ['θeðro] *nm* cedar
cédula ['θeðula] *nf* certificate, document; **~ de identidad** (*LAM*) identity card; **~ electoral** (*LAM*) ballot
cegar [θe'ɣar] /ɪh, ɪj/ *vt* to blind; (*tubería etc*) to block up, stop up ▷ *vi* to go blind; **cegarse** *vr*: **~se (de)** to be blinded (by)
ceguera [θe'ɣera] *nf* blindness
ceja ['θexa] *nf* eyebrow
cejar [θe'xar] /ɪa/ *vi* (*fig*) to back down
celador, a [θela'ðor, a] *nm/f* (*de edificio*) watchman; (*de museo etc*) attendant
celda ['θelda] *nf* cell
celebración [θeleβra'θjon] *nf* celebration
celebrar [θele'βrar] /ɪa/ *vt* to celebrate; (*alabar*) to praise ▷ *vi* to be glad; **celebrarse** *vr* to occur, take place
célebre ['θeleβre] *adj* famous
celebridad [θeleβri'ðað] *nf* fame; (*persona*) celebrity
celeste [θe'leste] *adj* sky-blue
celestial [θeles'tjal] *adj* celestial, heavenly
celo[1] ['θelo] *nm* zeal; (*Rel*) fervour; **celos** *nmpl* jealousy *sg*; **dar ~s a algn** to make sb jealous; **tener ~s de algn** to be jealous of sb; **en ~** (*animales*) on heat
celo[2]® ['θelo] *nm* Sellotape®
celofán [θelo'fan] *nm* Cellophane®
celoso, -a [θe'loso, a] *adj* jealous; (*trabajador*) zealous
celta ['θelta] *adj* Celtic ▷ *nmf* Celt
célula ['θelula] *nf* cell
celulitis [θelu'litis] *nf* cellulite
cementerio [θemen'terjo] *nm* cemetery, graveyard
cemento [θe'mento] *nm* cement; (*hormigón*) concrete; (*LAM*: *cola*) glue
cena ['θena] *nf* evening meal, dinner; **cenar** /ɪa/ *vt* to have for dinner ▷ *vi* to have dinner
cenicero [θeni'θero] *nm* ashtray
ceniza [θe'niθa] *nf* ash, ashes *pl*
censo ['θenso] *nm* census; **~ electoral** electoral roll
censura [θen'sura] *nf* (*Pol*) censorship; **censurar** /ɪa/ *vt* (*idea*) to censure; (*cortar*: *película*) to censor
centella [θen'teʎa] *nf* spark
centenar [θente'nar] *nm* hundred
centenario, -a [θente'narjo, a] *adj* hundred-year-old ▷ *nm* centenary; **ser ~** to be one hundred years old
centeno [θen'teno] *nm* rye
centésimo, -a [θen'tesimo, a] *adj* hundredth
centígrado [θen'tiɣraðo] *adj* centigrade
centímetro [θen'timetro] *nm* centimetre (*BRIT*), centimeter (*US*)
céntimo ['θentimo] *nm* cent
centinela [θenti'nela] *nm* sentry, guard
centollo, -a [θen'toʎo, a] *nm/f* large (*o* spider) crab
central [θen'tral] *adj* central ▷ *nf* head office; (*Tec*) plant; (*Telec*)

exchange; **~ eléctrica** power station; **~ nuclear** nuclear power station; **~ telefónica** telephone exchange

centralita [θentra'lita] *nf* switchboard

centralizar [θentrali'θar] /ıf/ *vt* to centralize

centrar [θen'trar] /ıa/ *vt* to centre

céntrico, -a ['θentriko, a] *adj* central

centrifugar [θentrifu'ɣar] /ıh/ *vt* to spin-dry

centro ['θentro] *nm* centre; **~ comercial** shopping centre; **~ de atención al cliente** call centre; **~ de salud** health centre; **~ escolar** school; **~ juvenil** youth club; **~ social** community centre; **~ turístico** (*lugar muy visitado*) tourist centre; **~ urbano** urban area, city

centroamericano, -a [θentroameri'kano, a] *adj, nm/f* Central American

ceñido, -a [θe'ɲiðo, a] *adj* tight

ceñir [θe'ɲir] *vt* (*rodear*) to encircle, surround; (*ajustar*) to fit (tightly)

ceño ['θeɲo] *nm* frown, scowl; **fruncir el ~** to frown, knit one's brow

cepillar [θepi'ʎar] /ıa/ *vt* to brush; (*madera*) to plane (down)

cepillo [θe'piʎo] *nm* brush; (*para madera*) plane; **~ de dientes** toothbrush

cera ['θera] *nf* wax

cerámica [θe'ramika] *nf* pottery; (*arte*) ceramics *sg*

cerca ['θerka] *nf* fence ▷ *adv* near, nearby, close ▷ *prep*: **~ de** near, close to

cercanía [θerka'nia] *nf* closeness; **cercanías** *nfpl* outskirts, suburbs

cercano, -a [θer'kano, a] *adj* close, near

cercar [θer'kar] /ıg/ *vt* to fence in; (*rodear*) to surround

cerco ['θerko] *nm* (*Agr*) enclosure; (*LAM*) fence; (*Mil*) siege

cerdo ['θerðo] *nm* pig; **carne de ~** pork

cereal [θere'al] *nm* cereal; **cereales** *nmpl* cereals, grain *sg*

cerebro [θe'reβro] *nm* brain; (*fig*) brains *pl*

ceremonia [θere'monja] *nf* ceremony; **ceremonioso, -a** *adj* ceremonious

cereza [θe'reθa] *nf* cherry

cerilla [θe'riʎa] *nf*, **cerillo** [se'riʎo] *nm* (*LAM*) match

cero ['θero] *nm* nothing, zero

cerquillo [θer'kiʎo] *nm* (*LAM*) fringe (*BRIT*), bangs *pl* (*US*)

cerrado, -a [θe'rraðo, a] *adj* closed, shut; (*con llave*) locked; (*tiempo*) cloudy, overcast; (*curva*) sharp; (*acento*) thick, broad

cerradura [θerra'ðura] *nf* (*acción*) closing; (*mecanismo*) lock

cerrajero, -a [θerra'xero, a] *nm/f* locksmith

cerrar [θe'rrar] /ıj/ *vt* to close, shut; (*paso, carretera*) to close; (*grifo*) to turn off; (*trato, cuenta, negocio*) to close ▷ *vi* to close, shut; (*la noche*) to come down; **cerrarse** *vr* to close, shut; **~ con llave** to lock; **~ un trato** to strike a bargain

cerro ['θerro] *nm* hill

cerrojo [θe'rroxo] *nm* (*herramienta*) bolt; (*de puerta*) latch

certamen [θer'tamen] *nm* competition, contest

certero, -a [θer'tero, a] *adj* accurate

certeza [θer'teθa] *nf* certainty

certidumbre [θerti'ðumβre] *nf* = **certeza**

certificado, -a [θertifi'kaðo, a] *adj* certified; (*Correos*) registered ▷ *nm* certificate; **~ médico** medical certificate

certificar [θertifi'kar] /ıg/ *vt* (*asegurar, atestar*) to certify

cervatillo [θerβa'tiʎo] *nm* fawn

cervecería [θerβeθe'ria] *nf* (*fábrica*) brewery; (*taberna*) public house, pub

cerveza [θer'βeθa] *nf* beer

cesar [θe'sar] /ıa/ *vi* to cease, stop ▷ *vt* to remove from office
cesárea [θe'sarea] *nf* Caesarean (section)
cese ['θese] *nm* (*de trabajo*) dismissal; (*de pago*) suspension
césped ['θespeð] *nm* grass, lawn
cesta ['θesta] *nf* basket
cesto ['θesto] *nm* (large) basket, hamper
cfr *abr* (= *confróntese, compárese*) cf
chabacano, -a [tʃaβa'kano, a] *adj* vulgar, coarse
chabola [tʃa'βola] *nf* shack; **barriada** *or* **barrio de ~s** shanty town
chacal [tʃa'kal] *nm* jackal
chacha ['tʃatʃa] *nf* (*fam*) maid
cháchara ['tʃatʃara] *nf* chatter; **estar de ~** to chatter away
chacra ['tʃakra] *nf* (LAM) smallholding
chafa ['tʃafa] *adj* (LAM *fam*) useless, dud
chafar [tʃa'far] /ıa/ *vt* (*aplastar*) to crush; (*arruinar*) to ruin
chal [tʃal] *nm* shawl
chalado, -a [tʃa'laðo, a] *adj* (*fam*) crazy
chalé [tʃa'le] (*pl* **chalés**) *nm* = **chalet**
chaleco [tʃa'leko] *nm* waistcoat, vest (US); **~ salvavidas** life jacket; **~ de seguridad, ~ reflectante** (*Auto*) high-visibility vest
chalet (*pl* **chalets**) [tʃa'le, tʃa'les] *nm* villa, ≈ detached house
chamaco, -a [tʃa'mako, a] *nm/f* (LAM) kid
champán [tʃam'pan] *nm* champagne
champiñón [tʃampi'ɲon] *nm* mushroom
champú [tʃam'pu] (*pl* **champús** *o* **champúes**) *nm* shampoo
chamuscar [tʃamus'kar] /ıg/ *vt* to scorch, singe
chance ['tʃanθe] *nm o f* (LAM) chance, opportunity
chancho, -a ['tʃantʃo, a] *nm/f* (LAM) pig
chanchullo [tʃan'tʃuʎo] *nm* (*fam*) fiddle
chandal [tʃan'dal] *nm* tracksuit
chantaje [tʃan'taxe] *nm* blackmail
chapa ['tʃapa] *nf* (*de metal*) plate, sheet; (*de madera*) board, panel; (LAM *Auto*) number (BRIT) *o* license (US) plate; **chapado, -a** *adj*: **chapado en oro** gold-plated
chaparrón [tʃapa'rron] *nm* downpour, cloudburst
chaperón [tʃape'ron] *nm* (LAM): **hacer de ~** to play gooseberry; **chaperona** *nf* (LAM): **hacer de chaperona** to play gooseberry
chapulín [tʃapu'lin] *nm* (LAM) grasshopper
chapurrar [tʃapurr'ar] /ıa/, **chapurrear** [tʃapurre'ar] /ıa/ *vt* (*idioma*) to speak badly
chapuza [tʃa'puθa] *nf* botched job
chapuzón [tʃapu'θon] *nm*: **darse un ~** to go for a dip
chaqueta [tʃa'keta] *nf* jacket
chaquetón *nm* (three-quarter-length) coat
charca ['tʃarka] *nf* pond, pool
charco ['tʃarko] *nm* pool, puddle
charcutería [tʃarkute'ria] *nf* (*tienda*) *shop selling chiefly pork meat products*; (*productos*) cooked pork meats *pl*
charla ['tʃarla] *nf* talk, chat; (*conferencia*) lecture; **charlar** /ıa/ *vi* to talk, chat; **charlatán, -ana** *nm/f* chatterbox; (*estafador*) trickster
charol[1] [tʃa'rol] *nm* varnish; (*cuero*) patent leather
charol[2] [tʃa'rol] *nm*, **charola** [tʃa'rola] *nf* (LAM) tray
charro ['tʃarro] *nm* (*vaquero*) typical Mexican
chasco ['tʃasko] *nm* (*desengaño*) disappointment
chasis ['tʃasis] *nm inv* chassis
chasquido [tʃas'kiðo] *nm* (*de lengua*) click; (*de látigo*) crack
chat [tʃat] *nm* (*Internet*) chat room
chatarra [tʃa'tarra] *nf* scrap (metal)
chatear [tʃate'ar] /ıa/ *vi* (*Internet*) to chat

chato, -a ['tʃato, a] *adj* flat; (*nariz*) snub
chaucha ['tʃautʃa] (*LAM*) *nf* runner (*BRIT*) *o* pole (*US*) bean
chaval, a [tʃa'βal, a] *nm/f* kid (*fam*), lad/lass
chavo, -a ['tʃaβo, a] *nm/f* (*LAM fam*) guy/girl
checar [tʃe'kar] /ɪg/ *vt* (*LAM*): **~ tarjeta** (*al entrar*) to clock in *o* on; (*al salir*) to clock off *o* out
checo, -a ['tʃeko, a] *adj, nm/f* Czech ▷ *nm* (*Ling*) Czech
checo(e)slovaco, -a [tʃeko(e)slo'βako, a] *adj, nm/f* Czech, Czechoslovak
Checo(e)slovaquia [tʃeko(e)slo'βakja] *nf* Czechoslovakia
cheque ['tʃeke] *nm* cheque (*BRIT*), check (*US*); **cobrar un ~** to cash a cheque; **~ abierto/en blanco/cruzado** open/blank/crossed cheque; **~ al portador** cheque payable to bearer; **~ de viajero** traveller's cheque
chequeo [tʃe'keo] *nm* (*Med*) check-up; (*Auto*) service
chequera [tʃe'kera] *nf* (*LAM*) chequebook (*BRIT*), checkbook (*US*)
chévere ['tʃeβere] *adj* (*LAM*) great
chícharo ['tʃitʃaro] *nm* (*LAM*) pea
chichón [tʃi'tʃon] *nm* bump, lump
chicle ['tʃikle] *nm* chewing gum
chico, -a ['tʃiko, a] *adj* small, little ▷ *nm/f* child; (*muchacho*) boy; (*muchacha*) girl
chiflado, -a [tʃi'flaðo, a] *adj* crazy
chiflar [tʃi'flar] /ɪa/ *vt* to hiss, boo ▷ *vi* (*esp LAM*) to whistle
chilango, -a [tʃi'lango, a] *adj* (*LAM*) of *o* from Mexico City
Chile ['tʃile] *nm* Chile
chile ['tʃile] *nm* chilli pepper
chileno, -a *adj, nm/f* Chilean
chillar [tʃi'ʎar] /ɪa/ *vi* (*persona*) to yell, scream; (*animal salvaje*) to howl; (*cerdo*) to squeal
chillido [tʃi'ʎiðo] *nm* (*de persona*) yell, scream; (*de animal*) howl
chimenea [tʃime'nea] *nf* chimney; (*hogar*) fireplace
China ['tʃina] *nf*: **(la) ~** China
chinche ['tʃintʃe] *nf* bug; (*Tec*) drawing pin (*BRIT*), thumbtack (*US*) ▷ *nmf* nuisance, pest
chincheta [tʃin'tʃeta] *nf* drawing pin (*BRIT*), thumbtack (*US*)
chingado, -a [tʃin'gaðo, a] *adj* (*esp LAM fam!*) lousy; **hijo de la chingada** bastard (*!*)
chino, -a ['tʃino, a] *adj, nm/f* Chinese ▷ *nm* (*Ling*) Chinese
chipirón [tʃipi'ron] *nm* squid
Chipre ['tʃipre] *nf* Cyprus; **chipriota** *adj* Cypriot ▷ *nmf* Cypriot
chiquillo, -a [tʃi'kiʎo, a] *nm/f* kid (*fam*)
chirimoya [tʃiri'moja] *nf* custard apple
chiringuito [tʃirin'gito] *nm* small open-air bar
chiripa [tʃi'ripa] *nf* fluke
chirriar [tʃi'rrjar] /ɪb/ *vi* to creak, squeak
chirrido [tʃi'rriðo] *nm* creak(ing), squeak(ing)
chisme ['tʃisme] *nm* (*habladurías*) piece of gossip; (*fam*: *objeto*) thingummyjig
chismoso, -a [tʃis'moso, a] *adj* gossiping ▷ *nm/f* gossip
chispa ['tʃispa] *nf* spark; (*fig*) sparkle; (*ingenio*) wit; (*fam*) drunkenness
chispear [tʃispe'ar] /ɪa/ *vi* (*lloviznar*) to drizzle
chiste ['tʃiste] *nm* joke, funny story
chistoso, -a [tʃis'toso, a] *adj* funny, amusing
chivo, -a ['tʃiβo, a] *nm/f* (billy/nanny-) goat; **~ expiatorio** scapegoat
chocante [tʃo'kante] *adj* startling; (*extraño*) odd; (*ofensivo*) shocking
chocar [tʃo'kar] /ɪg/ *vi* (*coches etc*) to collide, crash ▷ *vt* to shock; (*sorprender*) to startle; **~ con** to collide with; (*fig*) to run into, run up against; **¡chócala!** (*fam*) put it there!

chochear [tʃotʃe'ar] /1a/ *vi* to dodder, be senile
chocho, -a ['tʃotʃo, a] *adj* doddering, senile; (*fig*) soft, doting
choclo ['tʃoklo] (LAM) *nm* (*grano*) sweetcorn; (*mazorca*) corn on the cob
chocolate [tʃoko'late] *adj* chocolate ▷ *nm* chocolate; **chocolatina** *nf* chocolate
chófer ['tʃofer] *nm* driver
chollo ['tʃoʎo] *nm* (*fam*) bargain, snip
choque ['tʃoke] *vb V* **chocar** ▷ *nm* (*impacto*) impact; (*golpe*) jolt; (*Auto*) crash; (*fig*) conflict; **~ frontal** head-on collision
chorizo [tʃo'riθo] *nm hard pork sausage (type of salami)*
chorrada [tʃo'rrađa] *nf* (*fam*): **¡es una ~!** that's crap! (!); **decir ~s** to talk crap (!)
chorrear [tʃorre'ar] /1a/ *vi* to gush (out), spout (out); (*gotear*) to drip, trickle
chorro ['tʃorro] *nm* jet; (*fig*) stream
choza ['tʃoθa] *nf* hut, shack
chubasco [tʃu'βasko] *nm* squall
chubasquero [tʃuβas'kero] *nm* cagoule, raincoat
chuche ['tʃutʃe] *nf* (*fam*) sweetie (BRIT *fam*), candy (US)
chucheria [tʃutʃe'ria] *nf* trinket
chuleta [tʃu'leta] *nf* chop, cutlet
chulo, -a ['tʃulo, a] *adj* (*encantador*) charming; (*fam*: *estupendo*) great, fantastic ▷ *nm* (*tb*: **~ de putas**) pimp
chupaleta [tʃupa'leta] *nf* (LAM) lollipop
chupar [tʃu'par] /1a/ *vt* to suck; (*absorber*) to absorb; **chuparse** *vr* to grow thin
chupete [tʃu'pete] *nm* dummy (BRIT), pacifier (US)
chupetín [tʃupe'tin] *nf* (LAM) lollipop
chupito [tʃu'pito] *nm* (*fam*) shot
chupón [tʃu'pon] *nm* (*piruleta*) lollipop; (LAM: *chupete*) dummy (BRIT), pacifier (US)
churrería [tʃurre'ria] *nf stall or shop which sells "churros"*
churro ['tʃurro] *nm* (type of) fritter
chusma ['tʃusma] *nf* rabble, mob
chutar [tʃu'tar] /1a/ *vi* to shoot (at goal)
Cía *abr* (= *compañía*) Co.
cianuro [θja'nuro] *nm* cyanide
ciberacoso [θiβera'koso] *nm* cyberbullying
ciberataque [θiβera'take] *nm* cyber attack
cibercafé [θiberka'fe] *nm* cybercafé
cibernauta [θiβer'nauta] *nmf* cybernaut
ciberterrorista [θiβerterro'rista] *nmf* cyberterrorist
cicatriz [θika'triθ] *nf* scar
cicatrizar [θikatri'θar] /1f/ *vt* to heal; **cicatrizarse** *vr* to heal (up), form a scar
ciclismo [θi'klismo] *nm* cycling
ciclista [θi'klista] *adj* cycle *cpd* ▷ *nmf* cyclist
ciclo ['θiklo] *nm* cycle
ciclón [θi'klon] *nm* cyclone
cicloturismo [θiklotu'rismo] *nm* touring by bicycle
ciego, -a ['θjeɣo, a] *adj* blind ▷ *nm/f* blind man/woman
cielo ['θjelo] *nm* sky; (*Rel*) heaven; **¡~s!** good heavens!
ciempiés [θjem'pjes] *nm inv* centipede
cien [θjen] *num V* **ciento**
ciencia ['θjenθja] *nf* science; **ciencias** *nfpl* science *sg*; **ciencia-ficción** *nf* science fiction
científico, -a [θjen'tifiko, a] *adj* scientific ▷ *nm/f* scientist
ciento ['θjento] *num* hundred; **pagar al 10 por ~** to pay at 10 per cent
cierre ['θjerre] *vb V* **cerrar** ▷ *nm* closing, shutting; (*con llave*) locking; **~ de cremallera** zip (fastener)
cierro *etc vb V* **cerrar**
cierto, -a ['θjerto, a] *adj* sure, certain; (*un tal*) a certain; (*correcto*) right,

correct; **~ hombre** a certain man; **ciertas personas** certain *o* some people; **sí, es ~** yes, that's correct; **por ~** by the way
ciervo ['θjerβo] *nm* deer; (*macho*) stag
cifra ['θifra] *nf* number; (*secreta*) code; **cifrar** /ɾa/ *vt* to code, write in code
cigala [θi'ɣala] *nf* Norway lobster
cigarra [θi'ɣarra] *nf* cicada
cigarrillo [θiɣa'rriʎo] *nm* cigarette; **~ electrónico** e-cigarette
cigarro [θi'ɣarro] *nm* cigarette; (*puro*) cigar
cigüeña [θi'ɣweɲa] *nf* stork
cilíndrico, -a [θi'lindriko, a] *adj* cylindrical
cilindro [θi'lindro] *nm* cylinder
cima ['θima] *nf* (*de montaña*) top, peak; (*de árbol*) top; (*fig*) height
cimentar [θimen'tar] /ɾj/ *vt* to lay the foundations of; (*fig: fundar*) to found
cimiento [θi'mjento] *nm* foundation
cincel [θin'θel] *nm* chisel
cinco ['θinko] *num* five
cincuenta [θin'kwenta] *num* fifty
cine ['θine] *nm* cinema; **cinematográfico, -a** *adj* cine-, film *cpd*
cínico, -a ['θiniko, a] *adj* cynical ▷ *nm/f* cynic
cinismo [θi'nismo] *nm* cynicism
cinta ['θinta] *nf* band, strip; (*de tela*) ribbon; (*película*) reel; (*de máquina de escribir*) ribbon; (*magnetofónica*) tape; **~ adhesiva** sticky tape; **~ aislante** insulating tape; **~ de vídeo** videotape; **~ métrica** tape measure
cintura [θin'tura] *nf* waist
cinturón [θintu'ron] *nm* belt; **~ de seguridad** safety belt
ciprés [θi'pres] *nm* cypress (tree)
circo ['θirko] *nm* circus
circuito [θir'kwito] *nm* circuit
circulación [θirkula'θjon] *nf* circulation; (*Auto*) traffic
circular [θirku'lar] /ɾa/ *adj, nf* circular ▷ *vt* to circulate ▷ *vi* (*Auto*) to drive; **"circule por la derecha"** "keep (to the) right"
círculo ['θirkulo] *nm* circle; **~ vicioso** vicious circle
circunferencia [θirkunfe'renθja] *nf* circumference
circunstancia [θirkuns'tanθja] *nf* circumstance
cirio ['θirjo] *nm* (wax) candle
ciruela [θi'rwela] *nf* plum; **~ pasa** prune
cirugía [θiru'xia] *nf* surgery; **~ estética** *o* **plástica** plastic surgery
cirujano [θiru'xano] *nm* surgeon
cisne ['θisne] *nm* swan
cisterna [θis'terna] *nf* cistern, tank
cita ['θita] *nf* appointment, meeting; (*de novios*) date; (*referencia*) quotation
citación [θita'θjon] *nf* (*Jur*) summons *sg*
citar [θi'tar] /ɾa/ *vt* to make an appointment with; (*Jur*) to summons; (*un autor, texto*) to quote; **citarse** *vr*: **se ~on en el cine** they arranged to meet at the cinema
cítrico, -a ['θitriko, a] *adj* citric ▷ *nm*: **~s** citrus fruits
ciudad [θju'ðað] *nf* town; (*capital de país etc*) city; **ciudadano, -a** *nm/f* citizen
cívico, -a ['θiβiko, a] *adj* civic
civil [θi'βil] *adj* civil ▷ *nm* (*guardia*) policeman; **civilización** *nf* civilization; **civilizar** /ɾf/ *vt* to civilize
cizaña [θi'θaɲa] *nf* (*fig*) discord
cl *abr* (= *centilitro*) cl.
clamor [kla'mor] *nm* clamour, protest
clandestino, -a [klandes'tino, a] *adj* clandestine; (*Pol*) underground
clara ['klara] *nf* (*de huevo*) egg white
claraboya [klara'βoja] *nf* skylight
clarear [klare'ar] /ɾa/ *vi* (*el día*) to dawn; (*el cielo*) to clear up, brighten up; **clarearse** *vr* to be transparent
claridad [klari'ðað] *nf* (*del día*) brightness; (*de estilo*) clarity
clarificar [klarifi'kar] /ɾg/ *vt* to clarify

clarinete [klari'nete] *nm* clarinet
claro, -a ['klaro, a] *adj* clear; (*luminoso*) bright; (*color*) light; (*evidente*) clear, evident; (*poco espeso*) thin ▷ *nm* (*en bosque*) clearing ▷ *adv* clearly ▷ *excl*: **¡~ que sí!** of course!; **¡~ que no!** of course not!
clase ['klase] *nf* class; **~ alta/media/obrera** upper/middle/working class; **dar ~s** to teach; **~s particulares** private lessons *o* tuition *sg*
clásico, -a ['klasiko, a] *adj* classical
clasificación [klasifika'θjon] *nf* classification; (*Deporte*) league (table)
clasificar [klasifi'kar] /1g/ *vt* to classify
claustro ['klaustro] *nm* cloister
cláusula ['klausula] *nf* clause
clausura [klau'sura] *nf* closing, closure
clavar [kla'βar] /1a/ *vt* (*clavo*) to hammer in; (*cuchillo*) to stick, thrust
clave ['klaβe] *nf* key; (*Mus*) clef; **~ de acceso** password; **~ lada** (LAM) dialling (BRIT) *o* area (US) code
clavel [kla'βel] *nm* carnation
clavícula [kla'βikula] *nf* collar bone
clavija [kla'βixa] *nf* peg, pin; (*Elec*) plug
clavo ['klaβo] *nm* (*de metal*) nail; (*Bot*) clove
claxon ['klakson] (*pl* **claxons**) *nm* horn
clérigo ['kleriɣo] *nm* priest
clero ['klero] *nm* clergy
clicar [kli'kar] /1a/ *vi* (*Inform*) to click; **clica en el icono** click on the icon; **~ dos veces** to double-click
cliché [kli'tʃe] *nm* cliché; (*Foto*) negative
cliente, -a ['kljente, a] *nm/f* client, customer; **clientela** *nf* clientele, customers *pl*
clima ['klima] *nm* climate; **climatizado, -a** *adj* air-conditioned
clímax ['klimaks] *nm inv* climax
clínico, -a ['kliniko, a] *adj* clinical ▷ *nf* clinic; (*particular*) private hospital
clip [klip] (*pl* **clips**) *nm* paper clip
clítoris ['klitoris] *nm inv* clitoris
cloaca [klo'aka] *nf* sewer, drain
clonar [klo'nar] /1a/ *vt* to clone
cloro ['kloro] *nm* chlorine
club [klub] (*pl* **clubs** *o* **clubes**) *nm* club; **~ nocturno** night club
cm *abr* (= *centímetro*) cm
coágulo [ko'aɣulo] *nm* clot
coalición [koali'θjon] *nf* coalition
coartada [koar'taða] *nf* alibi
coartar [koar'tar] /1a/ *vt* to limit, restrict
coba ['koβa] *nf*: **dar ~ a algn** (*adular*) to suck up to sb
cobarde *adj* cowardly ▷ *nmf* coward; **cobardía** *nf* cowardice
cobaya [ko'βaja] *nf* guinea pig
cobertizo [koβer'tiθo] *nm* shelter
cobertura [koβer'tura] *nf* cover; (*Com*) coverage; **~ de dividendo** (*Com*) dividend cover; **no tengo ~** (*Telec*) I can't get a signal
cobija [ko'βixa] *nf* (LAM) blanket; **cobijar** /1a/ *vt* (*cubrir*) to cover; (*abrigar*) to shelter; **cobijo** *nm* shelter
cobra ['koβra] *nf* cobra
cobrador, a [koβra'ðor, a] *nm/f* (*de autobús*) conductor/conductress; (*de impuestos, gas*) collector
cobrar [ko'βrar] /1a/ *vt* (*cheque*) to cash; (*sueldo*) to collect, draw; (*objeto*) to recover; (*precio*) to charge; (*deuda*) to collect ▷ *vi* to be paid; **cóbrese al entregar** cash on delivery (COD) (BRIT), collect on delivery (COD) (US); **¿me cobra, por favor?** (*en tienda*) how much do I owe you?; (*en restaurante*) can I have the bill, please?
cobre ['koβre] *nm* copper; **cobres** *nmpl* (*Mus*) brass instruments
cobro ['koβro] *nm* (*de cheque*) cashing; **presentar al ~** to cash
cocaína [koka'ina] *nf* cocaine
cocción [kok'θjon] *nf* (*Culin*) cooking; (*el hervir*) boiling
cocer [ko'θer] /2b, 2h/ *vt, vi* to cook; (*en agua*) to boil; (*en horno*) to bake

coche ['kotʃe] *nm* (*Auto*) car, automobile (*US*); (*de tren, de caballos*) coach, carriage; (*para niños*) pram (*BRIT*), baby carriage (*US*); **ir en ~** to drive; **~ de bomberos** fire engine; **~ (comedor)** (*Ferro*) (dining) car; **~ de carreras** racing car; **~-escuela** learner car; **~ fúnebre** hearse; **coche-cama** *nm* (*Ferro*) sleeping car, sleeper

cochera [ko'tʃera] *nf* garage; (*de autobuses, trenes*) depot

coche-restaurante ['kotʃerestau'rante] (*pl* **coches-restaurante**) *nm* (*Ferro*) dining-car, diner

cochinillo [kotʃi'niʎo] *nm* suckling pig

cochino, -a [ko'tʃino, a] *adj* filthy, dirty ▷ *nm/f* pig

cocido [ko'θiðo] *nm* stew

cocina [ko'θina] *nf* kitchen; (*aparato*) cooker, stove; (*actividad*) cookery; **~ eléctrica** electric cooker; **~ de gas** gas cooker; **cocinar** /1a/ *vt, vi* to cook

cocinero, -a [koθi'nero, a] *nm/f* cook

coco ['koko] *nm* coconut

cocodrilo [koko'ðrilo] *nm* crocodile

cocotero [koko'tero] *nm* coconut palm

cóctel ['koktel] *nm* cocktail; **~ Molotov** Molotov cocktail, petrol bomb

codazo [ko'ðaθo] *nm*: **dar un ~ a algn** to nudge sb

codicia [ko'ðiθja] *nf* greed; **codiciar** /1b/ *vt* to covet

código ['koðiɣo] *nm* code; **~ de barras** bar code; **~ de (la) circulación** highway code; **~ de la zona** (*LAM*) dialling (*BRIT*) *o* area (*US*) code; **~ postal** postcode

codillo [ko'ðiʎo] *nm* (*Zool*) knee; (*Tec*) elbow (joint)

codo ['koðo] *nm* (*Anat, de tubo*) elbow; (*Zool*) knee

codorniz [koðor'niθ] *nf* quail

coexistir [koeksis'tir] /3a/ *vi* to coexist

cofradía [kofra'ðia] *nf* brotherhood, fraternity

cofre ['kofre] *nm* (*de joyas*) box; (*de dinero*) chest

coger [ko'xer] /2c/ *vt* (*ESP*) to take (hold of); (: *objeto caído*) to pick up; (: *frutas*) to pick, harvest; (: *resfriado, ladrón, pelota*) to catch ▷ *vi*: **~ por el buen camino** to take the right road; **cogerse** *vr* (*el dedo*) to catch; **~se a algo** to get hold of sth

cogollo [ko'ɣoʎo] *nm* (*de lechuga*) heart

cogote [ko'ɣote] *nm* back *o* nape of the neck

cohabitar [koaβi'tar] /1a/ *vi* to live together, cohabit

coherente [koe'rente] *adj* coherent

cohesión [koe'sjon] *nm* cohesion

cohete [ko'ete] *nm* rocket

cohibido, -a [koi'βiðo, a] *adj* (*Psico*) inhibited; (*tímido*) shy

coincidencia [koinθi'ðenθja] *nf* coincidence

coincidir [koinθi'ðir] /3a/ *vi* (*en idea*) to coincide, agree; (*en lugar*) to coincide

coito ['koito] *nm* intercourse, coitus

coja *etc vb V* **coger**

cojear [koxe'ar] /1a/ *vi* (*persona*) to limp, hobble; (*mueble*) to wobble, rock

cojera [ko'xera] *nf* limp

cojín [ko'xin] *nm* cushion

cojo, -a ['koxo, a] *vb V* **coger** ▷ *adj* (*que no puede andar*) lame, crippled; (*mueble*) wobbly ▷ *nm/f* lame person

cojón [ko'xon] *nm* (*fam!*): **¡cojones!** shit! (*!*); **cojonudo, -a** *adj* (*fam*) great, fantastic

col [kol] *nf* cabbage; **~es de Bruselas** Brussels sprouts

cola ['kola] *nf* tail; (*de gente*) queue; (*lugar*) end, last place; (*para pegar*) glue, gum; **hacer ~** to queue (up)

colaborador, a [kolaβora'ðor, a] *nm/f* collaborator

colaborar [kolaβo'rar] /1a/ *vi* to collaborate

colado, -a [ko'laðo, a] *adj* (*metal*) cast ▷ *nf*: **hacer la colada** to do the washing
colador [kola'ðor] *nm* (*de té*) strainer; (*para verduras etc*) colander
colapso [ko'lapso] *nm* collapse
colar [ko'lar] /ɪl/ *vt* (*líquido*) to strain off; (*metal*) to cast ▷ *vi* to ooze, seep (through); **colarse** *vr* to jump the queue; **~se en** to get into without paying; (*en una fiesta*) to gatecrash
colcha ['koltʃa] *nf* bedspread
colchón [kol'tʃon] *nm* mattress; **~ inflable** air bed, inflatable mattress
colchoneta [coltʃo'neta] *nf* (*en gimnasio*) mat; **~ hinchable** air bed, inflatable mattress
colección [kolek'θjon] *nf* collection; **coleccionar** /ɪa/ *vt* to collect; **coleccionista** *nmf* collector
colecta [ko'lekta] *nf* collection
colectivo, -a [kolek'tiβo, a] *adj* collective, joint ▷ *nm* (*LAM*: *autobús*) (small) bus
colega [ko'leɣa] *nmf* colleague; (*ESP*: *amigo*) mate
colegial, a [kole'xjal, a] *nm/f* schoolboy/girl
colegio [ko'lexjo] *nm* college; (*escuela*) school; (*de abogados etc*) association; **~ electoral** polling station; **~ mayor** (*ESP*) hall of residence; *see note* **"colegio"**

COLEGIO

A *colegio* is often a private primary or secondary school. In the state system it means a primary school although these are also called *escuela*. State secondary schools are called *institutos*. Extracurricular subjects, such as computing or foreign languages, are offered in private schools called *academias*.

cólera ['kolera] *nf* (*ira*) anger ▷ *nm* (*Med*) cholera
colesterol [koleste'rol] *nm* cholesterol
coleta [ko'leta] *nf* pigtail
colgante [kol'ɣante] *adj* hanging ▷ *nm* (*joya*) pendant
colgar [kol'ɣar] /ɪh, ɪl/ *vt* to hang (up); (*ropa*) to hang out ▷ *vi* to hang; (*teléfono*) to hang up
cólico ['koliko] *nm* colic
coliflor [koli'flor] *nf* cauliflower
colilla [ko'liʎa] *nf* cigarette end, butt
colina [ko'lina] *nf* hill
colisión *nf* collision; **~ frontal** head-on crash
collar [ko'ʎar] *nm* necklace; (*de perro*) collar
colmar [kol'mar] /ɪa/ *vt* to fill to the brim; (*fig*) to fulfil, realize
colmena [kol'mena] *nf* beehive
colmillo [kol'miʎo] *nm* (*diente*) eye tooth; (*de elefante*) tusk; (*de perro*) fang
colmo ['kolmo] *nm*: **¡eso es ya el ~!** that's beyond a joke!
colocación [koloka'θjon] *nf* (*acto*) placing; (*empleo*) job, position
colocar [kolo'kar] /ɪg/ *vt* to place, put, position; (*poner en empleo*) to find a job for; **~ dinero** to invest money; **colocarse** *vr* (*conseguir trabajo*) to find a job
Colombia [ko'lombja] *nf* Colombia; **colombiano, -a** *adj, nm/f* Colombian
colonia [ko'lonja] *nf* colony; (*de casas*) housing estate; (*agua de colonia*) cologne; **~ proletaria** (*LAM*) shantytown
colonización [koloniθa'θjon] *nf* colonization; **colonizador, a** *adj* colonizing ▷ *nm/f* colonist, settler
colonizar [koloni'θar] /ɪf/ *vt* to colonize
coloquio [ko'lokjo] *nm* conversation; (*congreso*) conference
color [ko'lor] *nm* colour
colorado, -a [kolo'raðo, a] *adj* (*rojo*) red; (*LAM*: *chiste*) rude
colorante [kolo'rante] *nm* colouring (matter)

colorear [kolore'ar] /1a/ *vt* to colour
colorete [kolo'rete] *nm* blusher
colorido [kolo'riðo] *nm* colour(ing)
columna [ko'lumna] *nf* column; (*pilar*) pillar; (*apoyo*) support; **~ vertebral** spine, spinal column; (*fig*) backbone
columpiar [kolum'pjar] /1b/ *vt* to swing; **columpiarse** *vr* to swing; **columpio** *nm* swing
coma ['koma] *nf* comma ▷ *nm* (*Med*) coma
comadre [ko'maðre] *nf* (*madrina*) godmother; (*chismosa*) gossip; **comadrona** *nf* midwife
comal [ko'mal] *nm* (LAM) griddle
comandante [koman'dante] *nm* commandant
comarca [ko'marka] *nf* region
comba ['komba] *nf* (*cuerda*) skipping rope; **saltar a la ~** to skip
combate [kom'bate] *nm* fight
combatir [komba'tir] /3a/ *vt* to fight, combat
combinación [kombina'θjon] *nf* combination; (*Química*) compound; (*prenda*) slip
combinar [kombi'nar] /1a/ *vt* to combine
combustible [kombus'tiβle] *nm* fuel
comedia [ko'meðja] *nf* comedy; (*Teat*) play, drama; **comediante** *nmf* (comic) actor/actress
comedido, -a [kome'ðiðo, a] *adj* moderate
comedor [kome'ðor] *nm* (*habitación*) dining room; (*cantina*) canteen
comensal [komen'sal] *nmf* fellow guest/diner
comentar [komen'tar] /1a/ *vt* to comment on; **comentario** *nm* comment, remark; (*Lit*) commentary; **comentarios** *nmpl* gossip *sg*; **comentarista** *nmf* commentator
comenzar [komen'θar] /1f, 1j/ *vt*, *vi* to begin, start; **~ a hacer algo** to begin *o* start doing *o* to do sth
comer [ko'mer] /2a/ *vt* to eat; (*Damas*, *Ajedrez*) to take, capture ▷ *vi* to eat; (*almorzar*) to have lunch; **comerse** *vr* to eat up
comercial [komer'θjal] *adj* commercial; (*relativo al negocio*) business *cpd*; **comercializar** /1f/ *vt* (*producto*) to market; (*pey*) to commercialize
comerciante [komer'θjante] *nmf* trader, merchant
comerciar [komer'θjar] /1b/ *vi* to trade, do business
comercio [ko'merθjo] *nm* commerce, trade; (*tienda*) shop, store; (*negocio*) business; (*grandes empresas*) big business; (*fig*) dealings *pl*; **~ electrónico** e-commerce; **~ exterior** foreign trade
comestible [komes'tiβle] *adj* eatable, edible ▷ *nm*: **~s** food *sg*, foodstuffs
cometa [ko'meta] *nm* comet ▷ *nf* kite
cometer [kome'ter] /2a/ *vt* to commit
cometido [kome'tiðo] *nm* task, assignment
cómic ['komik] (*pl* **cómics**) *nm* comic
comicios [ko'miθjos] *nmpl* elections
cómico, -a ['komiko, a] *adj* comic(al) ▷ *nm/f* comedian
comida [ko'miða] *nf* (*alimento*) food; (*almuerzo*, *cena*) meal; (*de mediodía*) lunch; **~ basura** junk food; **~ chatarra** (LAM) junk food
comidilla [komi'ðiʎa] *nf*: **ser la ~ del barrio** *o* **pueblo** to be the talk of the town
comienzo [ko'mjenθo] *vb V* **comenzar** ▷ *nm* beginning, start
comillas [ko'miʎas] *nfpl* quotation marks
comilón, -ona [komi'lon, ona] *adj* greedy ▷ *nf* (*fam*) blow-out
comino [ko'mino] *nm* cumin (seed); **no me importa un ~** I don't give a damn!
comisaría [komisa'ria] *nf* police station; (*Mil*) commissariat

comisario [komi'sarjo] *nm* (*Mil etc*) commissary; (*Pol*) commissar
comisión [komi'sjon] *nf* commission
comité [komi'te] (*pl* **comités**) *nm* committee
comitiva [komi'tiβa] *nf* retinue
como ['komo] *adv* as; (*tal como*) like; (*aproximadamente*) about, approximately ▷ *conj* (*ya que, puesto que*) as, since; **¡~ no!** of course!; **~ no lo haga hoy** unless he does it today; **~ si** as if; **es tan alto ~ ancho** it is as high as it is wide
cómo ['komo] *adv* how?, why? ▷ *excl* what?, I beg your pardon? ▷ *nm*: **el ~ y el porqué** the whys and wherefores
cómoda ['komoða] *nf* chest of drawers
comodidad [komoði'ðað] *nf* comfort
comodín [komo'ðin] *nm* joker
cómodo, -a ['komoðo, a] *adj* comfortable; (*práctico, de fácil uso*) convenient
compact [kom'pakt] (*pl* **compacts**) *nm* (*tb*: **~ disc**) compact disk
compacto, -a [kom'pakto, a] *adj* compact
compadecer [kompaðe'θer] /2d/ *vt* to pity, be sorry for; **compadecerse** *vr*: **~se de** to pity, be sorry for
compadre [kom'paðre] *nm* (*padrino*) godfather; (*amigo*) friend, pal
compañero, -a [kompa'ɲero, a] *nm/f* companion; (*novio*) boyfriend/girlfriend; **~ de clase** classmate
compañía [kompa'ɲia] *nf* company; **hacer ~ a algn** to keep sb company
comparación [kompara'θjon] *nf* comparison; **en ~ con** in comparison with
comparar [kompa'rar] /1a/ *vt* to compare
comparecer [kompare'θer] /2d/ *vi* to appear (in court)
comparsa [kom'parsa] *nmf* extra
compartim(i)ento [komparti'm(i)ento] *nm* (*Ferro*) compartment
compartir [kompar'tir] /3a/ *vt* to share; (*dinero, comida etc*) to divide (up), share (out)
compás [kom'pas] *nm* (*Mus*) beat, rhythm; (*Mat*) compasses *pl*; (*Naut etc*) compass
compasión [kompa'sjon] *nf* compassion, pity
compasivo, -a [kompa'siβo, a] *adj* compassionate
compatible [kompa'tiβle] *adj* compatible
compatriota [kompa'trjota] *nmf* compatriot, fellow countryman/woman
compenetrarse [kompene'trarse] /1a/ *vr* to be in tune
compensación [kompensa'θjon] *nf* compensation
compensar [kompen'sar] /1a/ *vt* to compensate
competencia [kompe'tenθja] *nf* (*incumbencia*) domain, field; (*Jur, habilidad*) competence; (*rivalidad*) competition
competente [kompe'tente] *adj* competent
competición [kompeti'θjon] *nf* competition
competir [kompe'tir] /3k/ *vi* to compete
compinche [kom'pintʃe] *nmf* (*LAm fam*) mate, buddy (*US*)
complacer [kompla'θer] /2w/ *vt* to please; **complacerse** *vr* to be pleased
complaciente [kompla'θjente] *adj* kind, obliging, helpful
complejo, -a [kom'plexo, a] *adj*, *nm* complex
complementario, -a [komplemen'tarjo, a] *adj* complementary
completar [komple'tar] /1a/ *vt* to complete
completo, -a [kom'pleto, a] *adj* complete; (*perfecto*) perfect; (*lleno*) full ▷ *nm* full complement

complicado, -a [kompli'kaðo, a] *adj* complicated; **estar ~ en** to be mixed up in
cómplice ['kompliθe] *nmf* accomplice
complot [kom'plo(t)] (*pl* **complots**) *nm* plot
componer [kompo'ner] /2q/ *vt* (*Mus, Lit, Imprenta*) to compose; (*algo roto*) to mend, repair; (*arreglar*) to arrange; **componerse** *vr*: **~se de** to consist of
comportamiento [komporta'mjento] *nm* behaviour, conduct
comportarse [kompor'tarse] /1a/ *vr* to behave
composición [komposi'θjon] *nf* composition
compositor, a [komposi'tor, a] *nm/f* composer
compostura [kompos'tura] *nf* (*actitud*) composure
compra ['kompra] *nf* purchase; **hacer la ~/ir de ~s** to do the/go shopping; **comprador, a** *nm/f* buyer, purchaser; **comprar** /1a/ *vt* to buy, purchase
comprender [kompren'der] /2a/ *vt* to understand; (*incluir*) to comprise, include
comprensión [kompren'sjon] *nf* understanding; **comprensivo, -a** *adj* (*actitud*) understanding
compresa [kom'presa] *nf* (*higiénica*) sanitary towel (BRIT) *o* napkin (US)
comprimido, -a [kompri'miðo, a] *adj* compressed ▷ *nm* (*Med*) pill, tablet
comprimir /3a/ *vt* to compress; (*Inform*) to compress, zip
comprobante [kompro'βante] *nm* proof; (*Com*) voucher; **~ de compra** proof of purchase
comprobar [kompro'βar] /1l/ *vt* to check; (*probar*) to prove; (*Tec*) to check, test
comprometer [komprome'ter] /2a/ *vt* to compromise; (*exponer*) to endanger; **comprometerse** *vr* (*involucrarse*) to get involved
compromiso [kompro'miso] *nm* (*obligación*) obligation; (*cometido*) commitment; (*convenio*) agreement; (*dificultad*) awkward situation
compuesto, -a [kom'pwesto, a] *adj*: **~ de** composed of, made up of ▷ *nm* compound
computador [komputa'ðor] *nm*, **computadora** [komputa'ðora] *nf* computer; **~ central** mainframe computer; **~ de escritorio** desktop; **~ personal** personal computer
cómputo ['komputo] *nm* calculation
comulgar [komul'ɣar] /1h/ *vi* to receive communion
común [ko'mun] *adj* common ▷ *nm*: **el ~** the community
comunicación [komunika'θjon] *nf* communication; (*informe*) report
comunicado [komuni'kaðo] *nm* announcement; **~ de prensa** press release
comunicar [komuni'kar] /1g/ *vt* to communicate ▷ *vi* to communicate; **comunicarse** *vr* to communicate; **está comunicando** (*Telec*) the line's engaged (BRIT) *o* busy (US); **comunicativo, -a** *adj* communicative
comunidad [komuni'ðað] *nf* community; **~ autónoma** (ESP) autonomous region; **~ de vecinos** residents' association; **C~ Económica Europea (CEE)** European Economic Community (EEC)
comunión [komu'njon] *nf* communion
comunismo [komu'nismo] *nm* communism; **comunista** *adj, nmf* communist

PALABRA CLAVE

con [kon] *prep* **1** (*medio, compañía, modo*) with; **comer con cuchara** to eat with a spoon; **pasear con algn** to go for a walk with sb

2 (*a pesar de*): **con todo, merece nuestros respetos** all the same *o* even so, he deserves our respect
3 (*para con*): **es muy bueno para con los niños** he's very good with (the) children
4 (+ *infin*): **con llegar tan tarde se quedó sin comer** by arriving *o* because he arrived so late he missed out on eating
▶ *conj*: **con que: será suficiente con que le escribas** it will be enough if you write to her

concebir [konθe'βir] /3k/ *vt* to conceive ▷ *vi* to conceive
conceder [konθe'ðer] /2a/ *vt* to concede
concejal, a [konθe'xal, a] *nm/f* town councillor
concentración [konθentra'θjon] *nf* concentration
concentrar [konθen'trar] /1a/ *vt* to concentrate; **concentrarse** *vr* to concentrate
concepto [kon'θepto] *nm* concept
concernir [konθer'nir] *vi* to concern; **en lo que concierne a ...** with regard to ...; **en lo que a mí concierne** as far as I'm concerned
concertar [konθer'tar] /1j/ *vt* (*entrevista*) to arrange; (*precio*) to agree ▷ *vi* to harmonize, be in tune
concesión [konθe'sjon] *nf* concession
concesionario, -a [konθesjo'narjo, a] *nm/f* (*Com*) (licensed) dealer, agent
concha ['kontʃa] *nf* shell
conciencia [kon'θjenθja] *nf* conscience; **tener/tomar ~ de** to be/become aware of; **tener la ~ limpia** *o* **tranquila** to have a clear conscience
concienciar [konθjen'θjar] /1b/ *vt* to make aware; **concienciarse** *vr* to become aware
concienzudo, -a [konθjen'θuðo, a] *adj* conscientious
concierto [kon'θjerto] *vb V* **concertar** ▷ *nm* concert; (*obra*) concerto
conciliar [konθi'ljar] /1b/ *vt* to reconcile; **~ el sueño** to get to sleep
concilio [kon'θiljo] *nm* council
conciso, -a [kon'θiso, a] *adj* concise
concluir [konklu'ir] /3g/ *vt* to conclude ▷ **concluirse** *vr* to conclude
conclusión [konklu'sjon] *nf* conclusion
concordar [konkor'ðar] /1l/ *vt* to reconcile ▷ *vi* to agree, tally
concordia [kon'korðja] *nf* harmony
concretar [konkre'tar] /1a/ *vt* to make concrete, make more specific; **concretarse** *vr* to become more definite
concreto, -a [kon'kreto, a] *adj, nm* (*LAm*) concrete; **en ~** (*en resumen*) to sum up; (*específicamente*) specifically; **no hay nada en ~** there's nothing definite
concurrido, -a [konku'rriðo, a] *adj* (*calle*) busy; (*local, reunión*) crowded
concursante [konkur'sante] *nm* competitor
concurso [kon'kurso] *nm* (*de público*) crowd; (*Escol, Deporte, competición*) competition; (*ayuda*) help, cooperation
condal [kon'dal] *adj*: **la ciudad ~** Barcelona
conde ['konde] *nm* count
condecoración [kondekora'θjon] *nf* (*Mil*) medal
condena [kon'dena] *nf* sentence; **condenación** *nf* condemnation; (*Rel*) damnation; **condenar** /1a/ *vt* to condemn; (*Jur*) to convict; **condenarse** *vr* (*Rel*) to be damned
condesa [kon'desa] *nf* countess
condición [kondi'θjon] *nf* condition; **a ~ de que ...** on condition that ...; **condicional** *adj* conditional
condimento [kondi'mento] *nm* seasoning

condominio [kondo'minjo] *nm* condominium
condón [kon'don] *nm* condom
conducir [kondu'θir] /3n/ *vt* to take, convey; (*Auto*) to drive ▷ *vi* to drive; (*fig*) to lead; **conducirse** *vr* to behave
conducta [kon'dukta] *nf* conduct, behaviour
conducto [kon'dukto] *nm* pipe, tube; (*fig*) channel
conductor, a [konduk'tor, a] *adj* leading, guiding ▷ *nm* (*Física*) conductor; (*de vehículo*) driver
conduje *etc* [kon'duxe] *vb V* **conducir**
conduzco *etc vb V* **conducir**
conectado, -a [konek'taðo, a] *adj* (*Inform*) on-line
conectar [konek'tar] /1a/ *vt* to connect (up); (*enchufar*) plug in
conejillo [kone'xiʎo] *nm*: **~ de Indias** guinea pig
conejo [ko'nexo] *nm* rabbit
conexión [konek'sjon] *nf* connection
confección [konfek'θjon] *nf* preparation; (*industria*) clothing industry
confeccionar [konfekθjo'nar] /1a/ *vt* to make (up)
conferencia [konfe'renθja] *nf* conference; (*lección*) lecture; (*Telec*) call; **~ de prensa** press conference
conferir [konfe'rir] /3i/ *vt* to award
confesar [konfe'sar] /1j/ *vt* to confess, admit
confesión [konfe'sjon] *nf* confession
confesionario [konfesjo'narjo] *nm* confessional
confeti [kon'feti] *nm* confetti
confiado, -a [kon'fjaðo, a] *adj* (*crédulo*) trusting; (*seguro*) confident
confianza [kon'fjanθa] *nf* trust; (*aliento, confidencia*) confidence; (*familiaridad*) intimacy, familiarity
confiar [kon'fjar] /1c/ *vt* to entrust ▷ *vi* to trust; **~ en algn** to trust sb; **~ en que ...** to hope that ...
confidencial [konfiðen'θjal] *adj* confidential
confidente [konfi'ðente] *nmf* confidant/confidante; (*policial*) informer
configurar [konfiɣu'rar] /1a/ *vt* to shape, form
confín [kon'fin] *nm* limit; **confines** *nmpl* confines, limits
confirmar [konfir'mar] /1a/ *vt* to confirm
confiscar [konfis'kar] /1g/ *vt* to confiscate
confite [kon'fite] *nm* sweet (BRIT), candy (US); **confitería** *nf* (*tienda*) confectioner's (shop)
confitura [konfi'tura] *nf* jam
conflictivo, -a [konflik'tiβo, a] *adj* (*asunto, propuesta*) controversial; (*país, situación*) troubled
conflicto [kon'flikto] *nm* conflict; (*fig*) clash
confluir [konflu'ir] /3g/ *vi* (*ríos etc*) to meet; (*gente*) to gather
conformar [konfor'mar] /1a/ *vt* to shape, fashion ▷ *vi* to agree; **conformarse** *vr* to conform; (*resignarse*) to resign o.s.; **~se con algo** to be happy with sth
conforme [kon'forme] *adj* (*correspondiente*): **~ con** in line with; (*de acuerdo*) agreed ▷ *adv* as ▷ *excl* agreed! ▷ *prep*: **~ a** in accordance with; **estar ~s (con algo)** to be in agreement (with sth); **quedarse ~ (con algo)** to be satisfied (with sth)
confortable [konfor'taβle] *adj* comfortable
confortar [konfor'tar] /1a/ *vt* to comfort
confrontar [konfron'tar] /1a/ *vt* to confront; (*dos personas*) to bring face to face; (*cotejar*) to compare
confundir [konfun'dir] /3a/ *vt* (*equivocar*) to mistake, confuse; (*turbar*) to confuse; **confundirse** *vr* (*turbarse*) to get confused; (*equivocarse*) to make a mistake; (*mezclarse*) to mix
confusión [konfu'sjon] *nf* confusion

confuso, -a [kon'fuso, a] *adj* confused
congelado, -a [konxe'laðo, a] *adj* frozen ▷ *nmpl*: **~s** frozen food *sg o* foods; **congelador** *nm* freezer, deep freeze
congelar [konxe'lar] /1a/ *vt* to freeze; **congelarse** *vr* (*sangre, grasa*) to congeal
congeniar [konxe'njar] /1b/ *vi* to get on (BRIT) *o* along (US) (well)
congestión [konxes'tjon] *nf* congestion
congestionar [konxestjo'nar] /1a/ *vt* to congest
congraciarse [kongra'θjarse] /1b/ *vr* to ingratiate o.s.
congratular [kongratu'lar] /1a/ *vt* to congratulate
congregar [kongre'ɣar] /1h/ *vt* to gather together; **congregarse** *vr* to gather together
congresista [kongre'sista] *nmf* delegate, congressman/woman
congreso [kon'greso] *nm* congress
conjetura [konxe'tura] *nf* guess; **conjeturar** /1a/ *vt* to guess
conjugar [konxu'ɣar] /1h/ *vt* to combine, fit together; (*Ling*) to conjugate
conjunción [konxun'θjon] *nf* conjunction
conjunto, -a [kon'xunto, a] *adj* joint, united ▷ *nm* whole; (*Mus*) band; **en ~** as a whole
conmemoración [konmemora'θjon] *nf* commemoration
conmemorar [konmemo'rar] /1a/ *vt* to commemorate
conmigo [kon'miɣo] *pron* with me
conmoción [konmo'θjon] *nf* shock; (*fig*) upheaval; **~ cerebral** (*Med*) concussion
conmovedor, a [konmoβe'ðor, a] *adj* touching, moving; (*emocionante*) exciting
conmover [konmo'βer] /2h/ *vt* to shake, disturb; (*fig*) to move
conmutador [konmuta'ðor] *nm* switch; (LAM: *Telec*) switchboard; (: *central*) telephone exchange
cono ['kono] *nm* cone; **C~ Sur** Southern Cone
conocedor, a [konoθe'ðor, a] *adj* expert, knowledgeable ▷ *nm/f* expert
conocer [kono'θer] /2d/ *vt* to know; (*por primera vez*) to meet, get to know; (*entender*) to know about; (*reconocer*) to recognize; **conocerse** *vr* (*una persona*) to know o.s.; (*dos personas*) to (get to) know each other; **~ a algn de vista** to know sb by sight
conocido, -a [kono'θiðo, a] *adj* (well-)known ▷ *nm/f* acquaintance
conocimiento [konoθi'mjento] *nm* knowledge; (*Med*) consciousness; **conocimientos** *nmpl* (*saber*) knowledge *sg*
conozco *etc* [ko'noθko] *vb V* **conocer**
conque ['konke] *conj* and so, so then
conquista [kon'kista] *nf* conquest; **conquistador, a** *adj* conquering ▷ *nm* conqueror; **conquistar** /1a/ *vt* to conquer
consagrar [konsa'ɣrar] /1a/ *vt* (*Rel*) to consecrate; (*fig*) to devote
consciente [kons'θjente] *adj* conscious
consecución [konseku'θjon] *nf* acquisition; (*de fin*) attainment
consecuencia [konse'kwenθja] *nf* consequence, outcome; (*firmeza*) consistency
consecuente [konse'kwente] *adj* consistent
consecutivo, -a [konseku'tiβo, a] *adj* consecutive
conseguir [konse'ɣir] /3d, 3k/ *vt* to get, obtain; (*sus fines*) to attain
consejero, -a [konse'xero, a] *nm/f* adviser, consultant; (*Pol*) minister (*in a regional government*)
consejo [kon'sexo] *nm* advice; (*Pol*) council; (*Com*) board; **~ de administración** board of directors;

~ de guerra court-martial; **~ de ministros** cabinet meeting

consenso [kon'senso] *nm* consensus

consentimiento [konsenti'mjento] *nm* consent

consentir [konsen'tir] /3i/ *vt* (*permitir, tolerar*) to consent to; (*mimar*) to pamper, spoil; (*aguantar*) to put up with ▷ *vi* to agree, consent; **~ que algn haga algo** to allow sb to do sth

conserje [kon'serxe] *nm* caretaker; (*portero*) porter

conserva [kon'serβa] *nf*: **en ~** (*alimentos*) tinned (BRIT), canned; **conservas** *nfpl* (*tb*: **~s alimenticias**) tinned (BRIT) *o* canned foods

conservación [konserβa'θjon] *nf* conservation; (*de alimentos, vida*) preservation

conservador, a [konserβa'ðor, a] *adj* (*Pol*) conservative ▷ *nm/f* conservative

conservante [konser'βante] *nm* preservative

conservar [konser'βar] /1a/ *vt* to conserve, keep; (*alimentos, vida*) to preserve; **conservarse** *vr* to survive

conservatorio [konserβa'torjo] *nm* (*Mus*) conservatoire, conservatory

considerable [konsiðe'raβle] *adj* considerable

consideración [konsiðera'θjon] *nf* consideration; (*estimación*) respect

considerado, -a [konsiðe'raðo, a] *adj* (*atento*) considerate; (*respetado*) respected

considerar [konsiðe'rar] /1a/ *vt* to consider

consigna [kon'siɣna] *nf* (*orden*) order, instruction; (*para equipajes*) left-luggage office (BRIT), checkroom (US)

consigo [kon'siɣo] *vb V* **conseguir** ▷ *pron* (*m*) with him; (*f*) with her; (*usted*) with you; (*reflexivo*) with o.s.

consiguiendo *etc* [konsi'ɣjendo] *vb V* **conseguir**

consiguiente [konsi'ɣjente] *adj* consequent; **por ~** and so, therefore, consequently

consistente [konsis'tente] *adj* consistent; (*sólido*) solid, firm; (*válido*) sound

consistir [konsis'tir] /3a/ *vi*: **~ en** (*componerse de*) to consist of

consola [kon'sola] *nf* (*mueble*) console table; **~ de juegos** games console

consolación [konsola'θjon] *nf* consolation

consolar [konso'lar] /1l/ *vt* to console

consolidar [konsoli'ðar] /1a/ *vt* to consolidate

consomé [konso'me] (*pl* **consomés**) *nm* consommé, clear soup

consonante [konso'nante] *adj* consonant, harmonious ▷ *nf* consonant

consorcio [kon'sorθjo] *nm* consortium

conspiración [konspira'θjon] *nf* conspiracy

conspirar [konspi'rar] /1a/ *vi* to conspire

constancia [kons'tanθja] *nf* constancy; **dejar ~ de algo** to put sth on record

constante [kons'tante] *adj, nf* constant

constar [kons'tar] /1a/ *vi* (*evidenciarse*) to be clear *o* evident; **~ de** to consist of

constipado, -a [konsti'paðo, a] *adj*: **estar ~** to have a cold ▷ *nm* cold

No confundir *constipado* con la palabra inglesa *constipated*.

constitución [konstitu'θjon] *nf* constitution

constituir [konstitu'ir] /3g/ *vt* (*formar, componer*) to constitute, make up; (*fundar, erigir, ordenar*) to constitute, establish

construcción [konstruk'θjon] *nf* construction, building

constructor, a [konstruk'tor, a] *nm/f* builder

construir [konstru'ir] /3g/ *vt* to build, construct
construyendo *etc* [konstru'jendo] *vb V* **construir**
consuelo [kon'swelo] *nm* consolation, solace
cónsul ['konsul] *nm* consul; **consulado** *nm* consulate
consulta [kon'sulta] *nf* consultation; **horas de ~** (*Med*) surgery hours; **consultar** /1a/ *vt* to consult; **consultar algo con algn** to discuss sth with sb; **consultorio** *nm* (*Med*) surgery
consumición [konsumi'θjon] *nf* consumption; (*bebida*) drink; (*comida*) food; **~ mínima** cover charge
consumidor, a [konsumi'ðor, a] *nm/f* consumer
consumir [konsu'mir] /3a/ *vt* to consume; **consumirse** *vr* to be consumed; (*persona*) to waste away
consumismo [konsu'mismo] *nm* consumerism
consumo [kon'sumo] *nm* consumption
contabilidad [kontaβili'ðað] *nf* accounting, book-keeping; (*profesión*) accountancy; **contable** *nmf* accountant
contactar [kontak'tar] /1a/ *vi*: **~ con algn** to contact sb
contacto [kon'takto] *nm* contact; (*Auto*) ignition; **estar en ~ con** to be in touch with
contado, -a [kon'taðo, a] *adj*: **~s** (*escasos*) numbered, scarce, few ▷ *nm*: **pagar al ~** to pay (in) cash
contador [konta'ðor] *nm* (*aparato*) meter; (LAM: *contable*) accountant
contagiar [konta'xjar] /1b/ *vt* (*enfermedad*) to pass on, transmit; (*persona*) to infect; **contagiarse** *vr* to become infected
contagio [kon'taxjo] *nm* infection; **contagioso, -a** *adj* infectious; (*fig*) catching
contaminación [kontamina'θjon] *nf* contamination; (*del ambiente etc*) pollution
contaminar [kontami'nar] /1a/ *vt* to contaminate; (*aire, agua*) to pollute
contante [kon'tante] *adj*: **dinero ~ (y sonante)** hard cash
contar [kon'tar] /1l/ *vt* (*páginas, dinero*) to count; (*anécdota etc*) to tell ▷ *vi* to count; **~ con** to rely on, count on
contemplar [kontem'plar] /1a/ *vt* to contemplate; (*mirar*) to look at
contemporáneo, -a [kontempo'raneo, a] *adj, nm/f* contemporary
contenedor [kontene'ðor] *nm* container
contener [konte'ner] /2k/ *vt* to contain, hold; (*risa etc*) to hold back, contain; **contenerse** *vr* to control *o* restrain o.s.
contenido, -a [konte'niðo, a] *adj* (*moderado*) restrained; (*risa etc*) suppressed ▷ *nm* contents *pl*, content
contentar [konten'tar] /1a/ *vt* (*satisfacer*) to satisfy; (*complacer*) to please; **contentarse** *vr* to be satisfied
contento, -a [kon'tento, a] *adj* (*alegre*) pleased; (*feliz*) happy
contestación [kontesta'θjon] *nf* answer, reply
contestador [kontesta'ðor] *nm*: **~ automático** answering machine
contestar [kontes'tar] /1a/ *vt* to answer (back), reply; (*Jur*) to corroborate, confirm

No confundir *contestar* con la palabra inglesa *contest*.

contexto [kon'teksto] *nm* context
contigo [kon'tiɣo] *pron* with you
contiguo, -a [kon'tiɣwo, a] *adj* adjacent, adjoining
continente [konti'nente] *adj, nm* continent
continuación [kontinwa'θjon] *nf* continuation; **a ~** then, next

continuar [konti'nwar] /1e/ *vt* to continue, go on with ▷ *vi* to continue, go on; **~ hablando** to continue talking *o* to talk
continuidad [kontinwi'ðað] *nf* continuity
continuo, -a [kon'tinwo, a] *adj* (*sin interrupción*) continuous; (*acción perseverante*) continual
contorno [kon'torno] *nm* outline; (*Geo*) contour; **contornos** *nmpl* neighbourhood *sg*, surrounding area *sg*
contra ['kontra] *prep* against ▷ *adv* against ▷ *nm* con ▷ *nf*: **la C~ (nicaragüense)** the Contras *pl*
contraataque [kontraa'take] *nm* counterattack
contrabajo [kontra'βaxo] *nm* double bass
contrabandista [kontraβan'dista] *nmf* smuggler
contrabando [kontra'βando] *nm* (*acción*) smuggling; (*mercancías*) contraband
contracción [kontrak'θjon] *nf* contraction
contracorriente [kontrako'rrjente] *nf* cross-current
contradecir [kontraðe'θir] /30/ *vt* to contradict
contradicción [kontraðik'θjon] *nf* contradiction
contradictorio, -a [kontraðik'torjo, a] *adj* contradictory
contraer [kontra'er] /20/ *vt* to contract; (*limitar*) to restrict; **contraerse** *vr* to contract; (*limitarse*) to limit o.s.
contraluz [kontra'luθ] *nm o f* view against the light
contrapartida [kontrapar'tiða] *nf*: **como ~ (de)** in return (for)
contrapelo [kontra'pelo]: **a ~** *adv* the wrong way
contrapeso [kontra'peso] *nm* counterweight
contraportada [kontrapor'taða] *nf* (*de revista*) back cover
contraproducente [kontraproðu'θente] *adj* counterproductive
contrario, -a [kon'trarjo, a] *adj* contrary; (*persona*) opposed; (*sentido, lado*) opposite ▷ *nm/f* enemy, adversary; (*Deporte*) opponent; **al ~, por el ~** on the contrary; **de lo ~** otherwise
contrarreloj [kontrarre'lo(x)] *nf* (*tb*: **prueba ~**) time trial
contrarrestar [kontrarres'tar] /1a/ *vt* to counteract
contrasentido [kontrasen'tiðo] *nm* contradiction
contraseña [kontra'seɲa] *nf* (*frase*) password
contrastar [kontras'tar] /1a/ *vt* to verify ▷ *vi* to contrast
contraste [kon'traste] *nm* contrast
contratar [kontra'tar] /1a/ *vt* (*firmar un acuerdo para*) to contract for; (*empleados, obreros*) to hire, engage
contratiempo [kontra'tjempo] *nm* setback
contratista [kontra'tista] *nmf* contractor
contrato [kon'trato] *nm* contract
contraventana [kontraβen'tana] *nf* shutter
contribución [kontriβu'θjon] *nf* (*municipal etc*) tax; (*ayuda*) contribution
contribuir [kontriβu'ir] /3g/ *vt, vi* to contribute; (*Com*) to pay (in taxes)
contribuyente [kontriβu'jente] *nmf* (*Com*) taxpayer; (*que ayuda*) contributor
contrincante [kontrin'kante] *nm* opponent
control [kon'trol] *nm* control; (*inspección*) inspection, check; **~ de pasaportes** passport inspection; **controlador, a** *nm/f* controller; **controlador aéreo** air-traffic controller; **controlar** /1a/ *vt* to control; to inspect, check

contundente [kontun'dente] *adj* (*argumento*) convincing; **instrumento ~** blunt instrument
contusión [kontu'sjon] *nf* bruise
convalecencia [kombale'θenθja] *nf* convalescence
convalecer [kombale'θer] /2d/ *vi* to convalesce, get better
convalidar [kombali'ðar] /1a/ *vt* (*título*) to recognize
convencer [komben'θer] /2b/ *vt* to convince; (*persuadir*) to persuade
convención [komben'θjon] *nf* convention
conveniente [kombe'njente] *adj* suitable; (*útil*) useful
convenio [kom'benjo] *nm* agreement, treaty
convenir [kombe'nir] /3r/ *vi* (*estar de acuerdo*) to agree; (*ser conveniente*) to suit, be suitable

No confundir *convenir* con la palabra inglesa *convene*.

convento [kom'bento] *nm* monastery; (*de monjas*) convent
convenza *etc* [kom'benθa] *vb V* **convencer**
converger [komber'xer] /2c/, **convergir** [komber'xir] /3c/ *vi* to converge
conversación [kombersa'θjon] *nf* conversation
conversar [komber'sar] /1a/ *vi* to talk, converse
conversión [komber'sjon] *nf* conversion
convertir [komber'tir] /3i/ *vt* to convert
convidar [kombi'ðar] /1a/ *vt* to invite; **~ a algn a una cerveza** to buy sb a beer
convincente [kombin'θente] *adj* convincing
convite [kom'bite] *nm* invitation; (*banquete*) banquet
convivencia [kombi'βenθja] *nf* coexistence, living together
convivir [kombi'βir] /3a/ *vi* to live together
convocar [kombo'kar] /1g/ *vt* to summon, call (together)
convocatoria [komboka'torja] *nf* summons *sg*; (*anuncio*) notice of meeting
cónyuge ['konyuxe] *nmf* spouse
coñac ['koɲa(k)] (*pl* **coñacs**) *nm* cognac, brandy
coño ['koɲo] (*fam!*) *excl* (*enfado*) shit (!); (*sorpresa*) bloody hell (!)
cool [kul] *adj* (*fam*) cool
cooperación [koopera'θjon] *nf* cooperation
cooperar [koope'rar] /1a/ *vi* to cooperate
coordinar [koorði'nar] /1a/ *vt* to coordinate
copa ['kopa] *nf* cup; (*vaso*) glass; (*de árbol*) top; (*de sombrero*) crown; **copas** *nfpl* (*Naipes*) *one of the suits in the Spanish card deck*; **(tomar una) ~** (to have a) drink
copia ['kopja] *nf* copy; (*Inform*): **~ de respaldo** *o* **de seguridad** backup copy; **copiar** /1b/ *vt* to copy
copla ['kopla] *nf* verse; (*canción*) (popular) song
copo ['kopo] *nm*: **~s de maíz** cornflakes; **~ de nieve** snowflake
coqueta [ko'keta] *adj* flirtatious, coquettish; **coquetear** /1a/ *vi* to flirt
coraje [ko'raxe] *nm* courage; (*ánimo*) spirit; (*ira*) anger
coral [ko'ral] *adj* choral ▷ *nf* choir ▷ *nm* (*Zool*) coral
coraza [ko'raθa] *nf* (*armadura*) armour; (*blindaje*) armour-plating
corazón [kora'θon] *nm* heart
corazonada [koraθo'naða] *nf* impulse; (*presentimiento*) hunch
corbata [kor'βata] *nf* tie
corchete [kor'tʃete] *nm* catch, clasp
corcho ['kortʃo] *nm* cork; (*Pesca*) float
cordel [kor'ðel] *nm* cord, line
cordero [kor'ðero] *nm* lamb
cordial [kor'ðjal] *adj* cordial
cordillera [korði'ʎera] *nf* range (of mountains)

Córdoba ['korðoβa] *nf* Cordova
cordón [kor'ðon] *nm* (*cuerda*) cord, string; (*de zapatos*) lace; (*Mil etc*) cordon; **~ umbilical** umbilical cord
cordura [kor'ðura] *nf*: **con ~** (*obrar, hablar*) sensibly
corneta [kor'neta] *nf* bugle
cornisa [kor'nisa] *nf* cornice
coro ['koro] *nm* chorus; (*conjunto de cantores*) choir
corona [ko'rona] *nf* crown; (*de flores*) garland
coronel [koro'nel] *nm* colonel
coronilla [koro'niʎa] *nf* (*Anat*) crown (of the head)
corporal [korpo'ral] *adj* corporal, bodily
corpulento, -a [korpu'lento, a] *adj* (*persona*) heavily-built
corral [ko'rral] *nm* farmyard
correa [ko'rrea] *nf* strap; (*cinturón*) belt; (*de perro*) lead, leash; **~ del ventilador** (*Auto*) fan belt
corrección [korrek'θjon] *nf* correction; (*reprensión*) rebuke; **correccional** *nm* reformatory
correcto, -a [ko'rrekto, a] *adj* correct; (*persona*) well-mannered
corredizo, -a [korre'ðiθo, a] *adj* (*puerta etc*) sliding
corredor, a [korre'ðor, a] *nm/f* (*Deporte*) runner ▷ *nm* (*pasillo*) corridor; (*balcón corrido*) gallery; (*Com*) agent, broker
corregir [korre'xir] /3c, 3k/ *vt* (*error*) to correct; **corregirse** *vr* to reform
correo [ko'rreo] *nm* post, mail; (*persona*) courier; **Correos** *nmpl* Post Office *sg*; **~ aéreo** airmail; **~ basura** (*por Internet*) spam; **~ electrónico** email, electronic mail; **~ web** webmail
correr [ko'rrer] /2a/ *vt* to run; (*cortinas*) to draw; (*cerrojo*) to shoot ▷ *vi* to run; (*líquido*) to run, flow; **correrse** *vr* to slide, move; (*colores*) to run
correspondencia [korrespon'denθja] *nf* correspondence; (*Ferro*) connection
corresponder [korrespon'der] /2a/ *vi* to correspond; (*convenir*) to be suitable; (*pertenecer*) to belong; (*tocar*) to concern; **corresponderse** *vr* (*por escrito*) to correspond; (*amarse*) to love one another
correspondiente [korrespon'djente] *adj* corresponding
corresponsal [korrespon'sal] *nmf* (newspaper) correspondent
corrido, -a [ko'rriðo, a] *adj* (*avergonzado*) abashed ▷ *nf* (*de toros*) bullfight; **un kilo ~** a good kilo
corriente [ko'rrjente] *adj* (*agua*) running; (*dinero, cuenta etc*) current; (*común*) ordinary, normal ▷ *nf* current ▷ *nm* current month; **~ eléctrica** electric current; **estar al ~ de** to be informed about
corrija *etc* [ko'rrixa] *vb V* **corregir**
corro ['korro] *nm* ring, circle (of people)
corromper [korrom'per] /2a/ *vt* (*madera*) to rot; (*fig*) to corrupt
corrosivo, -a [korro'siβo, a] *adj* corrosive
corrupción [korrup'θjon] *nf* rot, decay; (*fig*) corruption
corsé [kor'se] *nm* corset
cortacésped [korta'θespeð] *nm* lawn mower
cortado, -a [kor'taðo, a] *adj* (*con cuchillo*) cut; (*leche*) sour; (*desconcertado*) embarrassed; (*tímido*) shy ▷ *nm coffee with a little milk*
cortafuegos [korta'fweɣos] *nm inv* (*en el bosque*) firebreak, fire lane (*US*); (*Internet*) firewall
cortalápices *nm inv* (pencil) sharpener
cortar [kor'tar] /1a/ *vt* to cut; (*suministro*) to cut off; (*un pasaje*) to cut out ▷ *vi* to cut; **cortarse** *vr* (*turbarse*) to become embarrassed; (*leche*) to turn, curdle; **~se el pelo** to have one's hair cut
cortauñas [korta'uɲas] *nm inv* nail clippers *pl*

corte ['korte] *nm* cut, cutting; (*de tela*) piece, length ▷ *nf* (*real*) court; **~ y confección** dressmaking; **~ de corriente** *o* **luz** power cut; **las C~s** the Spanish Parliament *sg*
cortejo [kor'texo] *nm* entourage; **~ fúnebre** funeral procession
cortés [kor'tes] *adj* courteous, polite
cortesía [korte'sia] *nf* courtesy
corteza [kor'teθa] *nf* (*de árbol*) bark; (*de pan*) crust
cortijo [kor'tixo] *nm* (ESP) farm, farmhouse
cortina [kor'tina] *nf* curtain
corto, -a ['korto, a] *adj* (*breve*) short; (*tímido*) bashful; **~ de luces** not very bright; **~ de vista** short-sighted; **estar ~ de fondos** to be short of funds; **cortocircuito** *nm* short-circuit; **cortometraje** *nm* (*Cine*) short
cosa ['kosa] *nf* thing; **~ de** about; **eso es ~ mía** that's my business
coscorrón [kosko'rron] *nm* bump on the head
cosecha [ko'setʃa] *nf* (*Agr*) harvest; (*de vino*) vintage; **cosechar** /1a/ *vt* to harvest, gather (in)
coser [ko'ser] /2a/ *vt* to sew
cosmético, -a [kos'metiko, a] *adj*, *nm* cosmetic
cosquillas [kos'kiʎas] *nfpl*: **hacer ~** to tickle; **tener ~** to be ticklish
costa ['kosta] *nf* (*Geo*) coast; **C~ Brava** Costa Brava; **C~ Cantábrica** Cantabrian Coast; **C~ del Sol** Costa del Sol; **a toda ~** at any price
costado [kos'taðo] *nm* side
costanera [kosta'nera] *nf* (LAM) promenade, sea front
costar [kos'tar] /1l/ *vt* (*valer*) to cost; **me cuesta hablarle** I find it hard to talk to him
Costa Rica [kosta'rika] *nf* Costa Rica; **costarricense** *adj*, *nmf* Costa Rican
coste ['koste] *nm V* **costo**
costear [koste'ar] /1a/ *vt* to pay for
costero [kos'tero, a] *adj* coastal
costilla [kos'tiʎa] *nf* rib; (*Culin*) cutlet
costo ['kosto] *nm* cost, price; **~ de la vida** cost of living; **costoso, -a** *adj* costly, expensive
costra ['kostra] *nf* (*corteza*) crust; (*Med*) scab
costumbre [kos'tumbre] *nf* custom, habit; **como de ~** as usual
costura [kos'tura] *nf* sewing, needlework; (*zurcido*) seam
costurera [kostu'rera] *nf* dressmaker
costurero [kostu'rero] *nm* sewing box *o* case
cotidiano, -a [koti'ðjano, a] *adj* daily, day to day
cotilla [ko'tiʎa] *nf* gossip; **cotillear** /1a/ *vi* to gossip; **cotilleo** *nm* gossip(ing)
cotizar [koti'θar] /1f/ *vt* (*Com*) to quote, price; **cotizarse** *vr*: **~se a** to sell at, fetch; (*Bolsa*) to stand at, be quoted at
coto ['koto] *nm* (*terreno cercado*) enclosure; (*de caza*) reserve
cotorra [ko'torra] *nf* parrot
coyote [ko'jote] *nm* coyote, prairie wolf
coz [koθ] *nf* kick
crack [krak] *nm* (*droga*) crack
cráneo ['kraneo] *nm* skull, cranium
cráter ['krater] *nm* crater
crayón [kra'jon] *nm* (LAM: *lápiz*) (coloured) pencil; (*cera*) crayon
creación [krea'θjon] *nf* creation
creador, a [krea'ðor, a] *adj* creative ▷ *nm/f* creator
crear [kre'ar] /1a/ *vt* to create, make
creativo, -a [krea'tiβo, a] *adj* creative
crecer [kre'θer] /2d/ *vi* to grow; (*precio*) to rise
creces ['kreθes]: **con ~** *adv* amply, fully
crecido, -a [kre'θiðo, a] *adj* (*persona, planta*) full-grown; (*cantidad*) large
crecimiento [kreθi'mjento] *nm* growth; (*aumento*) increase
credencial [kreðen'θjal] *nf* (LAM: *tarjeta*) card; **credenciales**

nfpl credentials; **~ de socio** (*LAM*) membership card
crédito ['kreðito] *nm* credit
credo ['kreðo] *nm* creed
creencia [kre'enθja] *nf* belief
creer [kre'er] /2e/ *vt, vi* to think, believe; **creerse** *vr* to believe o.s. (to be); **~ en** to believe in; **creo que sí/no** I think/don't think so; **¡ya lo creo!** I should think so!
creído, -a [kre'iðo, a] *adj* (*engreído*) conceited
crema ['krema] *nf* cream; **~ batida** (*LAM*) whipped cream; **~ pastelera** (confectioner's) custard
cremallera [krema'ʎera] *nf* zip (fastener) (*BRIT*), zipper (*US*)
crepe ['krepe] *nf* (*ESP*) pancake
cresta ['kresta] *nf* (*Geo, Zool*) crest
creyendo *etc* [kre'jendo] *vb V* **creer**
creyente [kre'jente] *nmf* believer
creyó *etc* [kre'jo] *vb V* **creer**
crezco *etc vb V* **crecer**
cría ['kria] *vb V* **criar** ▷ *nf* (*de animales*) rearing, breeding; (*animal*) young; *V tb* **crío**
criadero [kria'ðero] *nm* (*Zool*) breeding place
criado, -a [kri'aðo, a] *nm* servant ▷ *nf* servant, maid
criador [kria'ðor] *nm* breeder
crianza [kri'anθa] *nf* rearing, breeding; (*fig*) breeding
criar [kri'ar] /1c/ *vt* (*educar*) to bring up; (*producir*) to grow, produce; (*animales*) to breed
criatura [kria'tura] *nf* creature; (*niño*) baby, (small) child
cribar [kri'βar] /1a/ *vt* to sieve
crimen ['krimen] *nm* crime
criminal [krimi'nal] *adj, nmf* criminal
crin [krin] *nf* (*tb:* **~es**) mane
crío, -a ['krio, a] *nm/f* (*fam: chico*) kid
crisis ['krisis] *nf inv* crisis; **~ nerviosa** nervous breakdown
crismas ['krismas] *nm inv* (*ESP*) Christmas card
cristal [kris'tal] *nm* crystal; (*de ventana*) glass, pane; (*lente*) lens; **cristalino, -a** *adj* crystalline; (*fig*) clear ▷ *nm* lens of the eye
cristianismo [kristja'nismo] *nm* Christianity
cristiano, -a [kris'tjano, a] *adj, nm/f* Christian
Cristo ['kristo] *nm* Christ; (*crucifijo*) crucifix
criterio [kri'terjo] *nm* criterion; (*juicio*) judgement
criticar [kriti'kar] /1g/ *vt* to criticize
crítico, -a ['kritiko, a] *adj* critical ▷ *nm* critic ▷ *nf* criticism
Croacia [kro'aθja] *nf* Croatia
croissan, croissant [krwa'san] *nm* croissant
cromo ['kromo] *nm* chrome
crónico, -a ['kroniko, a] *adj* chronic ▷ *nf* chronicle, account
cronómetro [kro'nometro] *nm* stopwatch
croqueta [kro'keta] *nf* croquette, rissole
cruce ['kruθe] *vb V* **cruzar** ▷ *nm* (*para peatones*) crossing; (*de carreteras*) crossroads
crucero [kru'θero] *nm* (*viaje*) cruise
crucificar [kruθifi'kar] /1g/ *vt* to crucify
crucifijo [kruθi'fixo] *nm* crucifix
crucigrama [kruθi'ɣrama] *nm* crossword (puzzle)
cruda ['kruða] *nf* (*LAM fam*) hangover
crudo, -a ['kruðo, a] *adj* raw; (*no maduro*) unripe; (*petróleo*) crude; (*rudo, cruel*) cruel ▷ *nm* crude (oil)
cruel [krwel] *adj* cruel; **crueldad** *nf* cruelty
crujiente [kru'xjente] *adj* (*galleta etc*) crunchy
crujir [kru'xir] /3a/ *vi* (*madera etc*) to creak; (*dedos*) to crack; (*dientes*) to grind; (*nieve, arena*) to crunch
cruz [kruθ] *nf* cross; (*de moneda*) tails *sg*; **~ gamada** swastika; **C~ Roja** Red Cross

cruzado, -a [kru'θaðo, a] *adj* crossed ▷ *nm* crusader ▷ *nf* crusade

cruzar [kru'θar] /ıf/ *vt* to cross; **cruzarse** *vr* (*líneas etc*) to cross; (*personas*) to pass each other

cuaderno [kwa'ðerno] *nm* notebook; (*de escuela*) exercise book; (*Naut*) logbook

cuadra ['kwaðra] *nf* (*caballeriza*) stable; (*LAM*) (city) block

cuadrado, -a [kwa'ðraðo, a] *adj* square ▷ *nm* (*Mat*) square

cuadrar [kwa'ðrar] /ıa/ *vt* to square ▷ *vi*: **~ con** to square with, tally with; **cuadrarse** *vr* (*soldado*) to stand to attention

cuadrilátero [kwaðri'latero] *nm* (*Deporte*) boxing ring; (*Mat*) quadrilateral

cuadrilla [kwa'ðriʎa] *nf* party, group

cuadro ['kwaðro] *nm* square; (*Arte*) painting; (*Teat*) scene; (*diagrama*) chart; (*Deporte, Med*) team; **tela a ~s** checked (*BRIT*) *o* chequered (*US*) material

cuajar [kwa'xar] /ıa/ *vt* (*leche*) to curdle; (*sangre*) to congeal; (*Culin*) to set; **cuajarse** *vr* to curdle; to congeal; (*llenarse*) to fill up

cuajo ['kwaxo] *nm*: **de ~** (*arrancar*) by the roots; (*cortar*) completely

cual [kwal] *adv* like, as ▷ *pron*: **el ~** *etc* which; (*persona, sujeto*) who; (*persona, objeto*) whom ▷ *adj* such as; **cada ~** each one; **tal ~** just as it is

cuál [kwal] *pron interrogativo* which (one)

cualesquier [kwales'kjer], **cualesquiera** [kwales'kjera] *adj pl, pron pl de* **cualquier**

cualidad [kwali'ðað] *nf* quality

cualquier [kwal'kjer], **cualquiera** [kwal'kjera] *adj* any ▷ *pron* anybody; **~ día/libro** any day/book; **un coche ~a servirá** any car will do; **no es un hombre ~a** he isn't just anybody; **eso ~a lo sabe hacer** anybody can do that; **es un ~a** he's a nobody

cuando ['kwando] *adv* when; (*aún si*) if, even if ▷ *conj* (*puesto que*) since ▷ *prep*: **yo, ~ niño ...** when I was a child *o* as a child I ...; **~ no sea así** even if it is not so; **~ más** at (the) most; **~ menos** at least; **~ no** if not, otherwise; **de ~ en ~** from time to time

cuándo ['kwando] *adv* when; **¿desde ~?** since when?

cuantía [kwan'tia] *nf* (*importe: de pérdidas, deuda, daños*) extent

PALABRA CLAVE

cuanto, -a ['kwanto, a] *adj* **1** (*todo*): **tiene todo cuanto desea** he's got everything he wants; **le daremos cuantos ejemplares necesite** we'll give him as many copies as *o* all the copies he needs; **cuantos hombres la ven** all the men who see her
2: **unos cuantos: había unos cuantos periodistas** there were (quite) a few journalists
3 (*+ más*): **cuanto más vino bebas peor te sentirás** the more wine you drink the worse you'll feel
▶ *pron*: **tiene cuanto desea** he has everything he wants; **tome cuanto/cuantos quiera** take as much/many as you want
▶ *adv*: **en cuanto: en cuanto profesor** as a teacher; **en cuanto a mí** as for me; *V tb* **antes**
▶ *conj* **1**: **cuanto más gana menos gasta** the more he earns the less he spends; **cuanto más joven se es más se es confiado** the younger you are the more trusting you are
2: **en cuanto: en cuanto llegue/llegué** as soon as I arrive/arrived

cuánto, -a ['kwanto, a] *adj* (*exclamación*) what a lot of; (*interrogativo: sg*) how much?; (: *pl*) how many? ▷ *pron, adv* how; (*interrogativo: sg*) how much?; (: *pl*) how many?; **¡cuánta gente!** what a lot of people!; **¿~ cuesta?** how much does it cost?; **¿a ~s estamos?** what's the date?

cuarenta [kwa'renta] *num* forty

cuarentena [kwaren'tena] *nf* quarantine

cuaresma [kwa'resma] *nf* Lent

cuarta ['kwarta] *nf V* **cuarto**

cuartel [kwar'tel] *nm* (*Mil*) barracks *pl*; **~ de bomberos** (LAM) fire station; **~ general** headquarters *pl*

cuarteto [kwar'teto] *nm* quartet

cuarto, -a ['kwarto, a] *adj* fourth ▷ *nm* (*Mat*) quarter, fourth; (*habitación*) room ▷ *nf* (*Mat*) quarter, fourth; (*palmo*) span; **~ de baño** bathroom; **~ de estar** living room; **~ de hora** quarter (of an) hour; **~ de kilo** quarter kilo; **~s de final** quarter finals

cuatro ['kwatro] *num* four

Cuba ['kuβa] *nf* Cuba

cuba ['kuβa] *nf* cask, barrel

cubalibre [kuβa'liβre] *nm* (white) rum and coke®

cubano, -a [ku'βano, a] *adj, nm/f* Cuban

cubata [ku'βata] *nm* = **cubalibre**

cubeta [ku'βeta] *nf* (*balde*) bucket, tub

cúbico, -a ['kuβiko, a] *adj* cubic

cubierto, -a [ku'βjerto, a] *pp de* **cubrir** ▷ *adj* covered ▷ *nm* cover; (*en la mesa*) place ▷ *nf* cover, covering; (*neumático*) tyre; (*Naut*) deck; **cubiertos** *nmpl* cutlery *sg*; **a ~** under cover

cubilete [kuβi'lete] *nm* (*en juegos*) cup

cubito [ku'βito] *nm*: **~ de hielo** ice cube

cubo ['kuβo] *nm* cube; (*balde*) bucket, tub; (*Tec*) drum; **~ de (la) basura** dustbin (BRIT), trash can (US)

cubrir [ku'βrir] /3a/ *vt* to cover; **cubrirse** *vr* (*cielo*) to become overcast

cucaracha [kuka'ratʃa] *nf* cockroach

cuchara [ku'tʃara] *nf* spoon; (*Tec*) scoop; **cucharada** *nf* spoonful; **cucharadita** *nf* teaspoonful

cucharilla [kutʃa'riʎa] *nf* teaspoon

cucharón [kutʃa'ron] *nm* ladle

cuchilla [ku'tʃiʎa] *nf* (large) knife; (*de arma blanca*) blade; **~ de afeitar** razor blade

cuchillo [ku'tʃiʎo] *nm* knife

cuchitril [kutʃi'tril] *nm* hovel

cuclillas [ku'kliʎas] *nfpl*: **en ~** squatting

cuco, -a ['kuko, a] *adj* pretty; (*astuto*) sharp ▷ *nm* cuckoo

cucurucho [kuku'rutʃo] *nm* cornet

cueca ['kweka] *nf Chilean national dance*

cuello ['kweʎo] *nm* (*Anat*) neck; (*de vestido, camisa*) collar

cuenca ['kwenka] *nf* (*Anat*) eye socket; (*Geo*) bowl, deep valley

cuenco ['kwenko] *nm* (earthenware) bowl

cuenta ['kwenta] *vb V* **contar** ▷ *nf* (*cálculo*) count, counting; (*en café, restaurante*) bill (BRIT), check (US); (*Com*) account; (*de collar*) bead; **a fin de ~s** in the end; **caer en la ~** to catch on; **darse ~ de** to realize; **tener en ~** to bear in mind; **echar ~s** to take stock; **~ atrás** countdown; **~ corriente/de ahorros/a plazo (fijo)** current/savings/deposit account; **~ de correo** (*Internet*) email account; **cuentakilómetros** *nm inv* ≈ milometer, clock; (*velocímetro*) speedometer

cuento ['kwento] *vb V* **contar** ▷ *nm* story; **~ chino** tall story; **~ de hadas** fairy tale *o* story

cuerda ['kwerða] *nf* rope; (*hilo*) string; (*de reloj*) spring; **~ floja** tightrope; **~s vocales** vocal cords; **dar ~ a un reloj** to wind up a clock

cuerdo, -a ['kwerðo, a] *adj* sane; (*prudente*) wise, sensible

cuerno ['kwerno] *nm* horn

cuero ['kwero] *nm* leather; **en ~s** stark naked; **~ cabelludo** scalp

cuerpo ['kwerpo] *nm* body

cuervo ['kwerβo] *nm* crow

cuesta ['kwesta] *vb V* **costar** ▷ *nf* slope; (*en camino etc*) hill; **~ arriba/abajo** uphill/downhill; **a ~s** on one's back
cueste *etc vb V* **costar**
cuestión [kwes'tjon] *nf* matter, question, issue
cuete ['kwete] *adj* (LAM *fam*) drunk ▷ *nm* (*cohete*) rocket; (*fam: embriaguez*) drunkenness; (*Culin*) steak
cueva ['kweβa] *nf* cave
cuidado [kwi'ðaðo] *nm* care, carefulness; (*preocupación*) care, worry ▷ *excl* careful!, look out!; **eso me tiene sin ~** I'm not worried about that
cuidadoso, -a [kwiða'ðoso, a] *adj* careful; (*preocupado*) anxious
cuidar [kwi'ðar] /ɪa/ *vt* (*Med*) to care for; (*ocuparse de*) to take care of, look after ▷ *vi*: **~ de** to take care of, look after; **cuidarse** *vr* to look after o.s.; **~se de hacer algo** to take care to do sth
culata [ku'lata] *nf* (*de fusil*) butt
culebra [ku'leβra] *nf* snake
culebrón [kule'βron] *nm* (*fam*) soap (opera)
culo ['kulo] *nm* bottom, backside; (*de vaso*) bottom
culpa ['kulpa] *nf* fault; (*Jur*) guilt; **por ~ de** because of; **echar la ~ a algn** to blame sb for sth; **tener la ~ (de)** to be to blame (for); **culpable** *adj* guilty ▷ *nmf* culprit; **culpar** /ɪa/ *vt* to blame; (*acusar*) to accuse
cultivar [kulti'βar] /ɪa/ *vt* to cultivate
cultivo [kul'tiβo] *nm* (*acto*) cultivation; (*plantas*) crop; **~ transgénico** GM crop
culto, -a ['kulto, a] *adj* (*que tiene cultura*) cultured, educated ▷ *nm* (*homenaje*) worship; (*religión*) cult
cultura [kul'tura] *nf* culture
culturismo [kultu'rismo] *nm* body-building
cumbia ['kumbja] *nf* *popular Colombian dance*
cumbre ['kumbre] *nf* summit, top
cumpleaños [kumple'aɲos] *nm* *inv* birthday
cumplido, -a [kum'pliðo, a] *adj* (*abundante*) plentiful; (*cortés*) courteous ▷ *nm* compliment; **visita de ~** courtesy call
cumplidor, a [kumpli'ðor, a] *adj* reliable
cumplimiento [kumpli'mjento] *nm* (*de un deber*) fulfilment; (*acabamiento*) completion
cumplir [kum'plir] /ʒa/ *vt* (*orden*) to carry out, obey; (*promesa*) to carry out, fulfil; (*condena*) to serve; **cumplirse** *vr* (*plazo*) to expire; **hoy cumple dieciocho años** he is eighteen today; **~ con** (*deber*) to carry out, fulfil
cuna ['kuna] *nf* cradle, cot
cundir [kun'dir] /ʒa/ *vi* (*noticia, rumor, pánico*) to spread; (*rendir*) to go a long way
cuneta [ku'neta] *nf* ditch
cuña ['kuɲa] *nf* wedge
cuñado, -a [ku'ɲaðo, a] *nm/f* brother-/sister-in-law
cuota ['kwota] *nf* (*parte proporcional*) share; (*cotización*) fee, dues *pl*
cupe *etc* ['kupe] *vb V* **caber**
cupiera *etc* [ku'pjera] *vb V* **caber**
cupo *etc* ['kupo] *vb V* **caber** ▷ *nm* quota
cupón [ku'pon] *nm* coupon
cúpula ['kupula] *nf* dome
cura ['kura] *nf* (*curación*) cure; (*método curativo*) treatment ▷ *nm* priest
curación [kura'θjon] *nf* cure; (*acción*) curing
curandero, -a [kuran'dero, a] *nm/f* healer; (*pey*) quack
curar [ku'rar] /ɪa/ *vt* (*Med: herida*) to treat, dress; (: *enfermo*) to cure; (*Culin*) to cure, salt; (*cuero*) to tan ▷ **curarse** *vr* to get well, recover
curiosear [kurjose'ar] /ɪa/ *vt* to glance at, look over ▷ *vi* to look round, wander round; (*explorar*) to poke about
curiosidad [kurjosi'ðad] *nf* curiosity

curioso, -a [ku'rjoso, a] *adj* curious ▷ *nm/f* bystander, onlooker
curita [ku'rita] *nf* (*LAM*) sticking plaster
currante [ku'rrante] *nmf* (*fam*) worker
currar [ku'rrar] /ɪa/ *vi* to work
currículo [ku'rrikulo], **currículum** [ku'rrikulum] *nm* curriculum vitae
cursi ['kursi] *adj* (*fam*) affected
cursillo [kur'siʎo] *nm* short course
cursiva [kur'siβa] *nf* italics *pl*
curso ['kurso] *nm* course; **en ~** (*año*) current; (*proceso*) going on, under way
cursor [kur'sor] *nm* (*Inform*) cursor
curul [ku'rul] *nm* (*LAM*: *escaño*) seat
custodia [kus'toðja] *nf* (*cuidado*) safekeeping; (*Jur*) custody
cutis ['kutis] *nm inv* skin, complexion
cutre ['kutre] *adj* (*fam*: *lugar*) grotty
cuyo, -a ['kujo, a] *pron* (*de quien*) whose; (*de que*) whose, of which; **en ~ caso** in which case
C.V. *abr* (= *caballos de vapor*) H.P.

D. *abr* (= *Don*) Esq
dado, -a ['daðo, a] *pp de* **dar** ▷ *nm* die; **dados** *nmpl* dice; **~ que** given that
daltónico, -a [dal'toniko, a] *adj* colour-blind
dama ['dama] *nf* (*gen*) lady; (*Ajedrez*) queen; **damas** *nfpl* draughts; **~ de honor** bridesmaid
damasco [da'masko] *nm* (*LAM*) apricot
danés, -esa [da'nes, esa] *adj* Danish ▷ *nm/f* Dane
dañar [da'ɲar] /ɪa/ *vt* (*objeto*) to damage; (*persona*) to hurt; **dañarse** *vr* (*objeto*) to get damaged
dañino, -a [da'ɲino, a] *adj* harmful
daño ['daɲo] *nm* (*a un objeto*) damage; (*a una persona*) harm, injury; **~s y perjuicios** (*Jur*) damages; **hacer ~ a** to damage; (*persona*) to hurt, injure; **hacerse ~** to hurt o.s.
dañoso, -a [da'ɲoso, a] *adj* harmful

PALABRA CLAVE

dar [dar] /ɪq/ *vt* **1** (*gen*) to give; (*obra de teatro*) to put on; (*film*) to show; (*fiesta*) to have; **dar algo a algn** to give sb sth *o* sth to sb; **dar de beber a algn** to give sb a drink; **dar de comer** to feed
2 (*producir: intereses*) to yield; (: *fruta*) to produce
3 (*locuciones + n*): **da gusto escucharle** it's a pleasure to listen to him; *V tb* **paseo**
4 (*+ n: = perífrasis de verbo*): **me da asco** it sickens me
5 (*considerar*): **dar algo por descontado/entendido** to take sth for granted/as read; **dar algo por concluido** to consider sth finished
6 (*hora*): **el reloj dio las seis** the clock struck six (o'clock)
7: **me da lo mismo** it's all the same to me; *V tb* **igual; más**
▶ *vi* **1**: **dar a** (*habitación*) to overlook, look on to; (*accionar: botón etc*) to press, hit
2: **dar con: dimos con él dos horas más tarde** we came across him two hours later; **al final di con la solución** I eventually came up with the answer
3: **dar en** (*blanco, suelo*) to hit; **el sol me da en la cara** the sun is shining (right) in my face
4: **dar de sí** (*zapatos etc*) to stretch, give
▶ **darse** *vr* **1**: **darse un baño** to have a bath; **darse un golpe** to hit o.s.
2: **darse por vencido** to give up
3 (*ocurrir*): **se han dado muchos casos** there have been a lot of cases
4: **darse a: se ha dado a la bebida** he's taken to drinking
5: **se me dan bien/mal las ciencias** I'm good/bad at science
6: **dárselas de: se las da de experto** he fancies himself *o* poses as an expert

dardo ['darðo] *nm* dart

dátil ['datil] *nm* date

dato ['dato] *nm* fact, piece of information; **~s personales** personal details

dcha. *abr* (= *derecha*) r

d. de C. *abr* (= *después de Cristo*) A.D. = **Anno Domini**

PALABRA CLAVE

de [de] *prep* (**de** + **el** = **del**) **1** (*posesión, pertenencia*) of; **la casa de Isabel/mis padres** Isabel's/my parents' house; **es de ellos/ella** it's theirs/hers
2 (*origen, distancia, con números*) from; **soy de Gijón** I'm from Gijón; **de 8 a 20** from 8 to 20; **salir del cine** to go out of *o* leave the cinema; **de 2 en 2** 2 by 2, 2 at a time
3 (*valor descriptivo*): **una copa de vino** a glass of wine; **la mesa de la cocina** the kitchen table; **un billete de 50 euros** a 50-euro note; **un niño de tres años** a three-year-old (child); **una máquina de coser** a sewing machine; **ir vestido de gris** to be dressed in grey; **la niña del vestido azul** the girl in the blue dress; **trabaja de profesora** she works as a teacher; **de lado** sideways; **de atrás/delante** rear/front
4 (*hora, tiempo*): **a las 8 de la mañana** at 8 o'clock in the morning; **de día/noche** by day/night; **de hoy en ocho días** a week from now; **de niño era gordo** as a child he was fat
5 (*comparaciones*): **más/menos de cien personas** more/less than a hundred people; **el más caro de la tienda** the most expensive in the shop; **menos/más de lo pensado** less/more than expected
6 (*causa*): **del calor** from the heat
7 (*tema*) about; **clases de inglés** English classes; **¿sabes algo de él?** do you know anything about him?; **un libro de física** a physics book
8 (*adj + de + infin*): **fácil de entender** easy to understand

9 (*oraciones pasivas*): **fue respetado de todos** he was loved by all
10 (*condicional + infin*) if; **de ser posible** if possible; **de no terminarlo hoy** if I *etc* don't finish it today

dé [de] *vb V* **dar**
debajo [de'βaxo] *adv* underneath; **~ de** below, under; **por ~ de** beneath
debate [de'βate] *nm* debate; **debatir** /3a/ *vt* to debate
deber [de'βer] /2a/ *nm* duty ▷ *vt* to owe ▷ *vi*: **debe (de)** it must, it should; **deberse** *vr*: **~se a** to be owing *o* due to; **deberes** *nmpl* (*Escol*) homework *sg*; **debo hacerlo** I must do it; **debe de ir** he should go
debido, -a [de'βiðo, a] *adj* proper, due; **~ a** due to, because of
débil ['deβil] *adj* weak; (*luz*) dim; **debilidad** *nf* weakness; dimness
debilitar [deβili'tar] /1a/ *vt* to weaken; **debilitarse** *vr* to grow weak
débito ['deβito] *nm* debit; **~ bancario** (*LAM*) direct debit (*BRIT*) *o* billing (*US*)
debutar [deβu'tar] /1a/ *vi* to make one's debut
década ['dekaða] *nf* decade
decadencia [deka'ðenθja] *nf* (*estado*) decadence; (*proceso*) decline, decay
decaído, -a [deka'iðo, a] *adj*: **estar ~** (*persona*) to be down
decano, -a [de'kano, a] *nm/f* (*Univ etc*) dean
decena [de'θena] *nf*: **una ~** ten (or so)
decente [de'θente] *adj* decent
decepción [deθep'θjon] *nf* disappointment
No confundir *decepción* con la palabra inglesa *deception*.
decepcionar [deθepθjo'nar] /1a/ *vt* to disappoint
decidir [deθi'ðir] /3a/ *vt* to decide ▷ *vi* to decide; **decidirse** *vr*: **~se a** to make up one's mind to
décimo, -a ['deθimo, a] *num* tenth ▷ *nf* tenth
decir [de'θir] /3o/ *vt* to say; (*contar*) to tell; (*hablar*) to speak ▷ *nm* saying; **decirse** *vr*: **se dice** it is said; **~ para** *o* **entre sí** to say to o.s.; **querer ~** to mean; **es ~** that is to say; **¡dígame!** (*en tienda etc*) can I help you?; (*Telec*) hello?
decisión [deθi'sjon] *nf* decision; (*firmeza*) decisiveness
decisivo, -a [deθi'siβo, a] *adj* decisive
declaración [deklara'θjon] *nf* (*manifestación*) statement; (*de amor*) declaration; **~ de ingresos** *o* **de la renta** income tax return
declarar [dekla'rar] /1a/ *vt* to declare ▷ *vi* to declare; (*Jur*) to testify; **declararse** *vr* to propose
decoración [dekora'θjon] *nf* decoration
decorado [deko'raðo] *nm* (*Cine, Teat*) scenery, set
decorar [deko'rar] /1a/ *vt* to decorate; **decorativo, -a** *adj* ornamental, decorative
decreto [de'kreto] *nm* decree
dedal [de'ðal] *nm* thimble
dedicación [deðika'θjon] *nf* dedication
dedicar [deði'kar] /1g/ *vt* (*libro*) to dedicate; (*tiempo, dinero*) to devote; (*palabras: decir, consagrar*) to dedicate, devote; **dedicatoria** *nf* (*de libro*) dedication
dedo ['deðo] *nm* finger; **~ (del pie)** toe; **~ pulgar** thumb; **~ índice** index finger; **~ mayor** *o* **cordial** middle finger; **~ anular** ring finger; **~ meñique** little finger
deducción [deðuk'θjon] *nf* deduction
deducir [deðu'θir] /3n/ *vt* (*concluir*) to deduce, infer; (*Com*) to deduct
defecto [de'fekto] *nm* defect, flaw; **defectuoso, -a** *adj* defective, faulty
defender [defen'der] /2g/ *vt* to defend; **defenderse** *vr*: **me defiendo en inglés** (*fig*) I can get by in English

defensa [de'fensa] *nf* defence ▷ *nm* (*Deporte*) defender, back; **defensivo, -a** *adj* defensive ▷ *nf*: **a la defensiva** on the defensive

defensor, -a [defen'sor, a] *adj* defending ▷ *nm/f* (*abogado defensor*) defending counsel; (*protector*) protector

deficiencia [defi'θjenθja] *nf* deficiency

deficiente [defi'θjente] *adj* (*defectuoso*) defective; **~ en** lacking *o* deficient in ▷ *nmf*: **ser un ~ mental** to have learning difficulties

déficit ['defiθit] (*pl* **déficits**) *nm* deficit

definición [defini'θjon] *nf* definition

definir [defi'nir] /3a/ *vt* (*determinar*) to determine, establish; (*decidir*) to define; (*aclarar*) to clarify; **definitivo, -a** *adj* definitive; **en definitiva** definitively; (*en resumen*) in short

deformación [deforma'θjon] *nf* (*alteración*) deformation; (*Radio etc*) distortion

deformar [defor'mar] /1a/ *vt* (*gen*) to deform; **deformarse** *vr* to become deformed; **deforme** *adj* (*informe*) deformed; (*feo*) ugly; (*mal hecho*) misshapen

defraudar [defrau'ðar] /1a/ *vt* (*decepcionar*) to disappoint; (*estafar*) to defraud

defunción [defun'θjon] *nf* death, demise

degenerar [dexene'rar] /1a/ *vi* to degenerate

degollar /1m/ *vt* to slaughter

degradar [deɣra'ðar] /1a/ *vt* to debase, degrade; **degradarse** *vr* to demean o.s.

degustación [deɣusta'θjon] *nf* sampling, tasting

dejar [de'xar] /1a/ *vt* to leave; (*permitir*) to allow, let; (*abandonar*) to abandon, forsake; (*beneficios*) to produce, yield ▷ *vi*: **~ de** (*parar*) to stop; (*no hacer*) to fail to; **dejarse**: **~ a un lado** to leave *o* set aside; **~ entrar/salir** to let in/out; **~ pasar** to let through

del [del] = **de + el**; ▽ **de**

delantal [delan'tal] *nm* apron

delante [de'lante] *adv* in front; (*enfrente*) opposite; (*adelante*) ahead ▷ *prep*: **~ de** in front of, before

delantero, -a [delan'tero, a] *adj* front; (*patas de animal*) fore ▷ *nm* (*Deporte*) forward, striker

delatar [dela'tar] /1a/ *vt* to inform on *o* against, betray; **delator, -a** *nm/f* informer

delegación [deleɣa'θjon] *nf* (*acción*: *delegados*) delegation; (*Com*: *oficina*) district office, branch; **~ de policía** (*LAm*) police station

delegado, -a [dele'ɣaðo, a] *nm/f* delegate; (*Com*) agent

delegar [dele'ɣar] /1h/ *vt* to delegate

deletrear [deletre'ar] /1a/ *vt* to spell (out)

delfín [del'fin] *nm* dolphin

delgado, -a [del'ɣaðo, a] *adj* thin; (*persona*) slim, thin; (*tela etc*) light, delicate

deliberar [deliβe'rar] /1a/ *vt* to debate, discuss

delicadeza [delika'ðeθa] *nf* delicacy; (*refinamiento, sutileza*) refinement

delicado, -a [deli'kaðo, a] *adj* delicate; (*sensible*) sensitive; (*sensible*) touchy

delicia [de'liθja] *nf* delight

delicioso, -a [deli'θjoso, a] *adj* (*gracioso*) delightful; (*exquisito*) delicious

delimitar [delimi'tar] /1a/ *vt* (*función, responsabilidades*) to define

delincuencia [delin'kwenθja] *nf*: **~ juvenil** juvenile delinquency; **delincuente** *nmf* delinquent; (*criminal*) criminal

delineante [deline'ante] *nmf* draughtsman/draughtswoman; (*US*) draftsman/draftswoman

delirante [deli'rante] *adj* delirious

delirar [deli'rar] /1a/ *vi* to be delirious, rave
delirio [de'lirjo] *nm* (*Med*) delirium; (*palabras insensatas*) ravings *pl*
delito [de'lito] *nm* (*gen*) crime; (*infracción*) offence
delta ['delta] *nm* delta
demacrado, -a [dema'kraðo, a] *adj*: **estar ~** to look pale and drawn, be wasted away
demanda [de'manda] *nf* (*pedido, Com*) demand; (*petición*) request; (*Jur*) action, lawsuit; **demandar** /1a/ *vt* (*gen*) to demand; (*Jur*) to sue, file a lawsuit against
demás [de'mas] *adj*: **los ~ niños** the other children, the remaining children ▷ *pron*: **los/las ~** the others, the rest (of them); **lo ~** the rest (of it)
demasía [dema'sia] *nf* (*exceso*) excess, surplus; **comer en ~** to eat to excess
demasiado, -a [dema'sjaðo, a] *adj*: **~ vino** too much wine ▷ *adv* (*antes de adj, adv*) too; **~s libros** too many books; **¡es ~!** it's too much!; **~ despacio** too slowly; **~s** too many
demencia [de'menθja] *nf* (*locura*) madness
democracia [demo'kraθja] *nf* democracy
demócrata [de'mokrata] *nmf* democrat; **democrático, -a** *adj* democratic
demoler [demo'ler] /2h/ *vt* to demolish; **demolición** *nf* demolition
demonio [de'monjo] *nm* devil, demon; **¡~s!** hell!, damn!; **¿cómo ~s?** how the hell?
demora [de'mora] *nf* delay
demos ['demos] *vb V* **dar**
demostración [demostra'θjon] *nf* demonstration; (*de cariño, fuerza*) show; (*de cólera, gimnasia*) display
demostrar [demos'trar] /1l/ *vt* (*probar*) to prove; (*mostrar*) to show; (*manifestar*) to demonstrate
den [den] *vb V* **dar**
denegar [dene'ɣar] /1h, 1j/ *vt* (*rechazar*) to refuse; (*Jur*) to reject
denominación [denomina'θjon] *nf* (*acto*) naming

DENOMINACIÓN

The *denominación de origen*, often abbreviated to *D.O.*, is a prestigious product classification given to designated regions by the awarding body, the *Consejo Regulador de la Denominación de Origen*, when their produce meets the required quality and production standards. It is often associated with *manchego* cheeses and many of the wines from the Rioja and Ribera de Duero regions.

densidad [densi'ðað] *nf* density; (*fig*) thickness
denso, -a ['denso, a] *adj* (*apretado*) solid; (*espeso, pastoso*) thick, dense; (*fig*) heavy
dentadura [denta'ðura] *nf* (set of) teeth *pl*; **~ postiza** false teeth *pl*
dentera [den'tera] *nf* (*grima*): **dar ~ a alguien** to set sb's teeth on edge
dentífrico, -a [den'tifriko, a] *adj* dental ▷ *nm* toothpaste
dentista [den'tista] *nmf* dentist
dentro ['dentro] *adv* inside ▷ *prep*: **~ de** in, inside, within; **por ~** (on the) inside; **mirar por ~** to look inside; **~ de tres meses** within three months
denuncia [de'nunθja] *nf* (*delación*) denunciation; (*acusación*) accusation; (*de accidente*) report; **denunciar** /1b/ *vt* to report; (*delatar*) to inform on *o* against
departamento [departa'mento] *nm* (*sección*) department, section; (*LAM: piso*) flat (*BRIT*), apartment (*US*)
depender [depen'der] /2a/ *vi*: **~ de** to depend on; **depende** it (all) depends
dependienta [depen'djenta] *nf* saleswoman, shop assistant

dependiente [depen'djente] *adj* dependent ▷ *nm* salesman, shop assistant
depilar [depi'lar] /1a/ *vt* (*con cera*) to wax; (*cejas*) to pluck
deportar [depor'tar] /1a/ *vt* to deport
deporte [de'porte] *nm* sport; **hacer ~** to play sports; **deportista** *adj* sports *cpd* ▷ *nmf* sportsman/woman; **deportivo, -a** *adj* (*club, periódico*) sports *cpd* ▷ *nm* sports car
depositar [deposi'tar] /1a/ *vt* (*dinero*) to deposit; (*mercaderías*) to put away, store; **depositarse** *vr* to settle
depósito [de'posito] *nm* (*gen*) deposit; (*de mercaderías*) warehouse, store; (*de agua, gasolina etc*) tank; **~ de cadáveres** mortuary
depredador, a [depreða'ðor, a] *adj* predatory ▷ *nm* predator
depresión [depre'sjon] *nf* depression; **~ nerviosa** nervous breakdown
deprimido, -a [depri'miðo, a] *adj* depressed
deprimir [depri'mir] /3a/ *vt* to depress; **deprimirse** *vr* (*persona*) to become depressed
deprisa [de'prisa] *adv* quickly, hurriedly
depurar [depu'rar] /1a/ *vt* to purify; (*purgar*) to purge
derecha [de'retʃa] *nf* V **derecho**
derecho, -a [de'retʃo, a] *adj* right, right-hand ▷ *nm* (*privilegio*) right; (*lado*) right(-hand) side; (*leyes*) law ▷ *nf* right(-hand) side; (*Pol*) right ▷ *adv* straight, directly; **derechos** *nmpl* (*impuestos*) taxes; (*de autor*) royalties; **la(s) derecha(s)** (*Pol*) the Right; **tener ~ a** to have a right to; **a la derecha** on the right; (*dirección*) to the right
deriva [de'riβa] *nf*: **ir** *o* **estar a la ~** to drift, be adrift
derivado [deri'βaðo] *nm* (*Industria, Química*) by-product
derivar [deri'βar] /1a/ *vt* to derive; (*desviar*) to direct ▷ *vi* to derive, be derived; (*Naut*) to drift; **derivarse** *vr* to derive, be derived
derramamiento [derrama'mjento] *nm* (*dispersión*) spilling; **~ de sangre** bloodshed
derramar [derra'mar] /1a/ *vt* to spill; (*verter*) to pour out; (*esparcir*) to scatter; **derramarse** *vr* to pour out
derrame [de'rrame] *nm* (*de líquido*) spilling; (*de sangre*) shedding; (*de tubo etc*) overflow; (*pérdida*) leakage; **~ cerebral** brain haemorrhage
derredor [derre'ðor] *adv*: **al** *o* **en ~ de** around, about
derretir [derre'tir] /3k/ *vt* (*gen*) to melt; (*nieve*) to thaw; **derretirse** *vr* to melt
derribar [derri'βar] /1a/ *vt* to knock down; (*construcción*) to demolish; (*persona, gobierno, político*) to bring down
derrocar [derro'kar] /1g/ *vt* (*gobierno*) to bring down, overthrow
derrochar [derro'tʃar] /1a/ *vt* to squander; **derroche** *nm* (*despilfarro*) waste, squandering
derrota [de'rrota] *nf* (*Naut*) course; (*Mil*) defeat, rout; **derrotar** /1a/ *vt* (*gen*) to defeat; **derrotero** *nm* (*rumbo*) course
derrumbar [derrum'bar] /1a/ *vt* (*edificio*) to knock down; **derrumbarse** *vr* to collapse
des [des] *vb* V **dar**
desabrochar [desaβro'tʃar] /1a/ *vt* (*botones, broches*) to undo, unfasten; **desabrocharse** *vr* (*ropa etc*) to come undone
desacato [desa'kato] *nm* (*falta de respeto*) disrespect; (*Jur*) contempt
desacertado, -a [desaθer'taðo, a] *adj* (*equivocado*) mistaken; (*inoportuno*) unwise
desacierto [desa'θjerto] *nm* mistake, error

desaconsejar [desakonse'xar] /1a/ *vt*: **~ algo a algn** to advise sb against sth
desacreditar [desakreði'tar] /1a/ *vt* (*desprestigiar*) to discredit, bring into disrepute; (*denigrar*) to run down
desacuerdo [desa'kwerðo] *nm* disagreement, discord
desafiar [desa'fjar] /1c/ *vt* (*retar*) to challenge; (*enfrentarse a*) to defy
desafilado, -a [desafi'laðo, a] *adj* blunt
desafinado, -a [desafi'naðo, a] *adj*: **estar ~** to be out of tune
desafinar [desafi'nar] /1a/ *vi* to be out of tune; **desafinarse** *vr* to go out of tune
desafío [desa'fio] *nm* (*reto*) challenge; (*combate*) duel; (*resistencia*) defiance
desafortunado, -a [desafortu'naðo, a] *adj* (*desgraciado*) unfortunate, unlucky
desagradable [desaɣra'ðaβle] *adj* (*fastidioso, enojoso*) unpleasant; (*irritante*) disagreeable
desagradar [desaɣra'ðar] /1a/ *vi* (*disgustar*) to displease; (*molestar*) to bother
desagradecido, -a [desaɣraðe'θiðo, a] *adj* ungrateful
desagrado [desa'ɣraðo] *nm* (*disgusto*) displeasure; (*contrariedad*) dissatisfaction
desagüe [de'saɣwe] *nm* (*de un líquido*) drainage; (*cañería*) drainpipe; (*salida*) outlet, drain
desahogar [desao'ɣar] /1h/ *vt* (*aliviar*) to ease, relieve; (*ira*) to vent; **desahogarse** *vr* (*distenderse*) to relax; (*desfogarse*) to let off steam (*fam*)
desahogo [desa'oɣo] *nm* (*alivio*) relief; (*comodidad*) comfort, ease
desahuciar [desau'θjar] /1b/ *vt* (*enfermo*) to give up hope for; (*inquilino*) to evict
desairar [desai'rar] /1a/ *vt* (*menospreciar*) to slight, snub
desalentador, -a [desalenta'ðor, a] *adj* discouraging
desaliño [desa'liɲo] *nm* slovenliness
desalmado, -a [desal'maðo, a] *adj* (*cruel*) cruel, heartless
desalojar [desalo'xar] /1a/ *vt* (*expulsar, echar*) to eject; (*abandonar*) to move out of ▷ *vi* to move out
desamor [desa'mor] *nm* (*frialdad*) indifference; (*odio*) dislike
desamparado, -a [desampa'rado, a] *adj* (*persona*) helpless; (*lugar: expuesto*) exposed; (: *desierto*) deserted
desangrar [desan'grar] /1a/ *vt* to bleed; (*fig: persona*) to bleed dry; **desangrarse** *vr* to lose a lot of blood
desanimado, -a [desani'maðo, a] *adj* (*persona*) downhearted; (*espectáculo, fiesta*) dull
desanimar [desani'mar] /1a/ *vt* (*desalentar*) to discourage; (*deprimir*) to depress; **desanimarse** *vr* to lose heart
desapacible [desapa'θiβle] *adj* unpleasant
desaparecer [desapare'θer] /2d/ *vi* to disappear; (*el sol, la luz*) to vanish; **desaparecido, -a** *adj* missing; **desaparición** *nf* disappearance; (*de especie etc*) extinction
desapercibido, -a [desaperθi'βiðo, a] *adj* (*desprevenido*) unprepared; **pasar ~** to go unnoticed
desaprensivo, -a [desapren'siβo, a] *adj* unscrupulous
desaprobar [desapro'βar] /1l/ *vt* (*reprobar*) to disapprove of; (*condenar*) to condemn; (*no consentir*) to reject
desaprovechado, -a [desaproβe'tʃaðo, a] *adj* (*oportunidad, tiempo*) wasted; (*estudiante*) slack
desaprovechar [desaproβe'tʃar] /1a/ *vt* to waste
desarmador [desarma'ðor] *nm* (*LAM*) screwdriver
desarmar [desar'mar] /1a/ *vt* (*Mil, fig*) to disarm; (*Tec*) to take apart, dismantle; **desarme** *nm* disarmament

desarraigar [desarraiˈɣar] /ɪh/ *vt* to uproot; **desarraigo** *nm* uprooting
desarreglar [desarreˈɣlar] /ɪa/ *vt* (*desordenar*) to disarrange; (*trastocar*) to upset, disturb
desarrollar [desarroˈʎar] /ɪa/ *vt* (*gen*) to develop; **desarrollarse** *vr* to develop; (*ocurrir*) to take place; (*film*) to develop; **desarrollo** *nm* development
desarticular [desartikuˈlar] /ɪa/ *vt* (*huesos*) to dislocate; (*objeto*) to take apart; (*grupo terrorista etc*) to break up
desasosegar [desasoseˈɣar] /ɪh, ɪj/ *vt* (*inquietar*) to disturb, make uneasy
desasosiego *etc* [desasoˈsjeɣo] *vb V* **desasosegar** ▷ *nm* (*intranquilidad*) uneasiness, restlessness; (*ansiedad*) anxiety
desastre [deˈsastre] *nm* disaster; **desastroso, -a** *adj* disastrous
desatar [desaˈtar] /ɪa/ *vt* (*nudo*) to untie; (*paquete*) to undo; (*separar*) to detach; **desatarse** *vr* (*zapatos*) to come untied; (*tormenta*) to break
desatascar [desatasˈkar] /ɪg/ *vt* (*cañería*) to unblock, clear
desatender [desatenˈder] /ɪg/ *vt* (*no prestar atención a*) to disregard; (*abandonar*) to neglect
desatino [desaˈtino] *nm* (*idiotez*) foolishness, folly; (*error*) blunder
desatornillar [desatorniˈʎar] /ɪa/ *vt* to unscrew
desatrancar [desatranˈkar] /ɪg/ *vt* (*puerta*) to unbolt; (*cañería*) to unblock
desautorizado, -a [desautoriˈθaðo, a] *adj* unauthorized
desautorizar [desautoriˈθar] /ɪf/ *vt* (*oficial*) to deprive of authority; (*informe*) to deny
desayunar [desajuˈnar] /ɪa/ *vi* to have breakfast ▷ *vt* to have for breakfast; **desayuno** *nm* breakfast
desazón [desaˈθon] *nf* anxiety
desbarajuste [desβaraˈxuste] *nm* confusion, disorder
desbaratar [desβaraˈtar] /ɪa/ *vt* (*deshacer, destruir*) to ruin
desbloquear [desβloˈkar] /ɪa/ *vt* (*negociaciones, tráfico*) to get going again; (*Com*: *cuenta*) to unfreeze
desbordar [desβorˈðar] /ɪa/ *vt* (*sobrepasar*) to go beyond; (*exceder*) to exceed ▷ **desbordarse** *vr* (*líquido, río*) to overflow; (*entusiasmo*) to erupt
descabellado, -a [deskaβeˈʎaðo, a] *adj* (*disparatado*) wild, crazy
descafeinado, -a [deskafeiˈnaðo, a] *adj* decaffeinated ▷ *nm* decaffeinated coffee
descalabro [deskaˈlaβro] *nm* blow; (*desgracia*) misfortune
descalificar [deskalifiˈkar] /ɪg/ *vt* to disqualify; (*desacreditar*) to discredit
descalzar [deskalˈθar] /ɪf/ *vt* (*zapato*) to take off; **descalzo, -a** *adj* barefoot(ed)
descambiar [deskamˈbjar] /ɪb/ *vt* to exchange
descaminado, -a [deskamiˈnaðo, a] *adj* (*equivocado*) on the wrong road; (*fig*) misguided
descampado [deskamˈpaðo] *nm* open space
descansado, -a [deskanˈsaðo, a] *adj* (*gen*) rested; (*que tranquiliza*) restful
descansar [deskanˈsar] /ɪa/ *vt* (*gen*) to rest ▷ *vi* to rest, have a rest; (*echarse*) to lie down
descansillo [deskanˈsiʎo] *nm* (*de escalera*) landing
descanso [desˈkanso] *nm* (*reposo*) rest; (*alivio*) relief; (*pausa*) break; (*Deporte*) interval, half time
descapotable [deskapoˈtaβle] *nm* (*tb*: **coche ~**) convertible
descarado, -a [deskaˈraðo, a] *adj* shameless; (*insolente*) cheeky
descarga [desˈkaɾɣa] *nf* (*Arq, Elec, Mil*) discharge; (*Naut*) unloading; (*Inform*) download; **descargable** *adj* downloadable; **descargar** /ɪh/ *vt* to unload; (*golpe*) to let fly; **descargarse** *vr* to unburden o.s.; **descargarse algo de Internet** to download sth from the internet

descaro [des'karo] *nm* nerve

descarriar [deska'rrjar] /1c/ *vt* (*descaminar*) to misdirect; (*fig*) to lead astray; **descarriarse** *vr* (*perderse*) to lose one's way; (*separarse*) to stray; (*pervertirse*) to err, go astray

descarrilamiento [deskarrila'mjento] *nm* (*de tren*) derailment

descarrilar [deskarri'lar] /1a/ *vi* to be derailed

descartar [deskar'tar] /1a/ *vt* (*rechazar*) to reject; (*eliminar*) to rule out; **descartarse** *vr* (*Naipes*) to discard; **~se de** to shirk

descendencia [desθen'denθja] *nf* (*origen*) origin, descent; (*hijos*) offspring

descender [desθen'der] /2g/ *vt* (*bajar*: *escalera*) to go down ▷ *vi* to descend; (*temperatura, nivel*) to fall, drop; **~ de** to be descended from

descendiente [desθen'djente] *nmf* descendant

descenso [des'θenso] *nm* descent; (*de temperatura*) drop

descifrar [desθi'frar] /1a/ *vt* to decipher; (*mensaje*) to decode

descolgar [deskol'ɣar] /1h, 1l/ *vt* (*bajar*) to take down; (*teléfono*) to pick up; **descolgarse** *vr* to let o.s. down

descolorido, -a [deskolo'riðo, a] *adj* faded; (*pálido*) pale

descompasado, -a [deskompa'saðo, a] *adj* (*sin proporción*) out of all proportion; (*excesivo*) excessive

descomponer [deskompo'ner] /2q/ *vt* (*desordenar*) to disarrange, disturb; (*Tec*) to put out of order; **descomponerse** *vr* (*corromperse*) to rot, decompose; (*Tec*) to break down

descomposición [deskomposi'θjon] *nf* (*de un objeto*) breakdown; (*de fruta etc*) decomposition; **~ de vientre** (*Med*) stomach upset, diarrhoea, diarrhea (*US*)

descompostura [deskompos'tura] *nf* breakdown, fault; (LAM: *diarrea*) diarrhoea, diarrhea (*US*)

descompuesto, -a [deskom'pwesto, a] *adj* (*corrompido*) decomposed; (*roto*) broken (down)

desconcertado, -a [deskonθer'taðo, a] *adj* disconcerted, bewildered

desconcertar [deskonθer'tar] /1j/ *vt* (*confundir*) to baffle; (*incomodar*) to upset, put out; **desconcertarse** *vr* (*turbarse*) to be upset

desconchado, -a [deskon'tʃaðo, a] *adj* (*pintura*) peeling

desconcierto *etc* [deskon'θjerto] *vb V* **desconcertar** ▷ *nm* (*gen*) disorder; (*desorientación*) uncertainty; (*inquietud*) uneasiness

desconectar [deskonek'tar] /1a/ *vt* to disconnect

desconfianza [deskon'fjanθa] *nf* distrust

desconfiar [deskon'fjar] /1c/ *vi* to be distrustful; **~ de** to mistrust, suspect

descongelar [deskonxe'lar] /1a/ *vt* to defrost; (*Com*, *Pol*) to unfreeze

descongestionar [desconxestjo'nar] /1a/ *vt* (*cabeza, tráfico*) to clear

desconocer [deskono'θer] /2d/ *vt* (*ignorar*) not to know, be ignorant of

desconocido, -a [deskono'θiðo, a] *adj* unknown ▷ *nm/f* stranger

desconocimiento [deskonoθi'mjento] *nm* (*falta de conocimientos*) ignorance

desconsiderado, -a [deskonsiðe'raðo, a] *adj* inconsiderate; (*insensible*) thoughtless

desconsuelo [deskon'swelo] *nm* (*tristeza*) distress; (*desesperación*) despair

descontado, -a [deskon'taðo, a] *adj*: **dar por ~ (que)** to take it for granted (that)

descontar [deskon'tar] /1l/ *vt* (*deducir*) to take away, deduct; (*rebajar*) to discount

descontento, -a [deskon'tento, a] *adj* dissatisfied ▷ *nm* dissatisfaction, discontent
descorchar [deskor'tʃar] /1a/ *vt* to uncork
descorrer [desko'rrer] /2a/ *vt* (*cortina, cerrojo*) to draw back
descortés [deskor'tes] *adj* (*mal educado*) discourteous; (*grosero*) rude
descoser [desko'ser] /2a/ *vt* to unstitch; **descoserse** *vr* to come apart (at the seams)
descosido, -a [desko'siðo, a] *adj* (*costura*) unstitched
descreído, -a [deskre'iðo, a] *adj* (*incrédulo*) incredulous; (*falto de fe*) unbelieving
descremado, -a [deskre'maðo, a] *adj* skimmed
describir [deskri'βir] /3a/ *vt* to describe; **descripción** *nf* description
descrito [des'krito] *pp de* **describir**
descuartizar [deskwarti'θar] /1f/ *vt* (*animal*) to carve up, cut up
descubierto, -a [desku'βjerto, a] *pp de* **descubrir** ▷ *adj* uncovered, bare; (*persona*) bare-headed ▷ *nm* (*bancario*) overdraft; **al ~** in the open
descubrimiento [deskuβri'mjento] *nm* (*hallazgo*) discovery; (*revelación*) revelation
descubrir [desku'βrir] /3a/ *vt* to discover, find; (*inaugurar*) to unveil; (*vislumbrar*) to detect; (*revelar*) to reveal, show; (*quitar la tapa de*) to uncover; **descubrirse** *vr* to reveal o.s.; (*quitarse sombrero*) to take off one's hat; (*confesar*) to confess
descuento [des'kwento] *vb V* **descontar** ▷ *nm* discount
descuidado, -a [deskwi'ðaðo, a] *adj* (*sin cuidado*) careless; (*desordenado*) untidy; (*olvidadizo*) forgetful; (*dejado*) neglected; (*desprevenido*) unprepared
descuidar [deskwi'ðar] /1a/ *vt* (*dejar*) to neglect; (*olvidar*) to overlook ▷ **descuidarse** *vr* (*distraerse*) to be careless; (*estar desaliñado*) to let o.s. go; (*desprevenirse*) to drop one's guard; **¡descuida!** don't worry!; **descuido** *nm* (*dejadez*) carelessness; (*olvido*) negligence

PALABRA CLAVE

desde ['desðe] *prep* **1** (*lugar*) from; **desde Burgos hasta mi casa hay 30 km** it's 30 km from Burgos to my house
2 (*posición*): **hablaba desde el balcón** she was speaking from the balcony
3 (*tiempo, + adv, n*): **desde ahora** from now on; **desde entonces/la boda** since then/the wedding; **desde niño** since I *etc* was a child; **desde tres años atrás** since three years ago
4 (*tiempo, + vb*) since; for; **nos conocemos desde 1988/desde hace 20 años** we've known each other since 1988/for 20 years; **no le veo desde 2005/desde hace 5 años** I haven't seen him since 2005/for 5 years
5 (*gama*): **desde los más lujosos hasta los más económicos** from the most luxurious to the most reasonably priced
6: **desde luego (que no)** of course (not)
▶ *conj*: **desde que: desde que recuerdo** for as long as I can remember; **desde que llegó no ha salido** he hasn't been out since he arrived

desdén [des'ðen] *nm* scorn
desdeñar [desðe'ɲar] /1a/ *vt* (*despreciar*) to scorn
desdicha [des'ðitʃa] *nf* (*desgracia*) misfortune; (*infelicidad*) unhappiness; **desdichado, -a** *adj* (*sin suerte*) unlucky; (*infeliz*) unhappy
desear [dese'ar] /1a/ *vt* to want, desire, wish for
desechar [dese'tʃar] /1a/ *vt* (*basura*) to throw out *o* away; (*ideas*) to reject, discard

desecho [de'setʃo] *nm* (*desprecio*) contempt; **desechos** *nmpl* rubbish *sg*, waste *sg*

desembalar [desemba'lar] /1a/ *vt* to unpack

desembarazar [desembara'θar] /1f/ *vt* (*desocupar*) to clear; (*desenredar*) to free; **desembarazarse** *vr*: **~se de** to free o.s. of, get rid of

desembarcar [desembar'kar] /1g/ *vt* (*mercancías etc*) to unload ▷ *vi* to disembark

desembocadura [desemboka'ðura] *nf* (*de río*) mouth; (*de calle*) opening

desembocar [desembo'kar] /1g/ *vi*: **~ en** to flow into; (*fig*) to result in

desembolso [desem'bolso] *nm* payment

desembrollar [desembro'ʎar] /1a/ *vt* (*madeja*) to unravel; (*asunto, malentendido*) to sort out

desemejanza [deseme'xanθa] *nf* dissimilarity

desempaquetar [desempake'tar] /1a/ *vt* (*regalo*) to unwrap; (*mercancía*) to unpack

desempate [desem'pate] *nm* (*Fútbol*) replay, play-off; (*Tenis*) tie-break(er)

desempeñar [desempe'ɲar] /1a/ *vt* (*cargo*) to hold; (*deber, función*) to perform; (*lo empeñado*) to redeem; **~ un papel** (*fig*) to play (a role)

desempleado, -a [desemple'aðo, a] *nm/f* unemployed person; **desempleo** *nm* unemployment

desencadenar [desenkaðe'nar] /1a/ *vt* to unchain; (*ira*) to unleash; **desencadenarse** *vr* to break loose; (*tormenta*) to burst; (*guerra*) to break out

desencajar [desenka'xar] /1a/ *vt* (*mandíbula*) to dislocate; (*mecanismo, pieza*) to disconnect, disengage

desencanto [desen'kanto] *nm* disillusionment

desenchufar [desentʃu'far] /1a/ *vt* to unplug

desenfadado, -a [desenfa'ðaðo, a] *adj* (*desenvuelto*) uninhibited; (*descarado*) forward; **desenfado** *nm* (*libertad*) freedom; (*comportamiento*) free and easy manner; (*descaro*) forwardness

desenfocado, -a [desenfo'kaðo, a] *adj* (*Foto*) out of focus

desenfreno [desen'freno] *nm* wildness; (*falta de control*) lack of self-control

desenganchar [desengan'tʃar] /1a/ *vt* (*gen*) to unhook; (*Ferro*) to uncouple

desengañar [desenga'ɲar] /1a/ *vt* to disillusion; **desengañarse** *vr* to become disillusioned; **desengaño** *nm* disillusionment; (*decepción*) disappointment

desenlace *etc* [desen'laθe] *nm* outcome

desenmascarar [desenmaska'rar] /1a/ *vt* to unmask

desenredar [desenre'ðar] /1a/ *vt* (*pelo*) to untangle; (*problema*) to sort out

desenroscar [desenros'kar] /1g/ *vt* to unscrew

desentenderse [desenten'derse] /2g/ *vr*: **~ de** to pretend not to know about; (*apartarse*) to have nothing to do with

desenterrar [desente'rrar] /1j/ *vt* to exhume; (*tesoro, fig*) to unearth, dig up

desentonar [desento'nar] /1a/ *vi* (*Mus*) to sing (*o* play) out of tune; (*color*) to clash

desentrañar [desentra'ɲar] /1a/ *vt* (*misterio*) to unravel

desenvoltura [desembol'tura] *nf* ease

desenvolver [desembol'βer] /2h/ *vt* (*paquete*) to unwrap; (*fig*) to develop; **desenvolverse** *vr* (*desarrollarse*) to unfold, develop; (*arreglárselas*) to cope

deseo [de'seo] *nm* desire, wish; **deseoso, -a** *adj*: **estar deseoso de hacer** to be anxious to do

desequilibrado, -a [desekili'βraðo, a] *adj* unbalanced

desertar [deser'tar] /1a/ *vi* to desert
desértico, -a [de'sertiko, a] *adj* desert *cpd*
desesperación [desespera'θjon] *nf* desperation, despair; (*irritación*) fury
desesperar [desespe'rar] /1a/ *vt* to drive to despair; (*exasperar*) to drive to distraction ▷ *vi*: **~ de** to despair of; **desesperarse** *vr* to despair, lose hope
desestabilizar [desestaβili'θar] /1f/ *vt* to destabilize
desestimar [desesti'mar] /1a/ *vt* (*menospreciar*) to have a low opinion of; (*rechazar*) to reject
desfachatez [desfatʃa'teθ] *nf* (*insolencia*) impudence; (*descaro*) rudeness
desfalco [des'falko] *nm* embezzlement
desfallecer [desfaʎe'θer] /2d/ *vi* (*perder las fuerzas*) to become weak; (*desvanecerse*) to faint
desfasado, -a [desfa'saðo, a] *adj* (*anticuado*) old-fashioned; **desfase** *nm* (*diferencia*) gap
desfavorable [desfaβo'raβle] *adj* unfavourable
desfigurar [desfiɣu'rar] /1a/ *vt* (*cara*) to disfigure; (*cuerpo*) to deform
desfiladero [desfila'ðero] *nm* gorge
desfilar [desfi'lar] /1a/ *vi* to parade; **desfile** *nm* procession; **desfile de modelos** fashion show
desgana [des'ɣana] *nf* (*falta de apetito*) loss of appetite; (*renuencia*) unwillingness; **desganado, -a** *adj*: **estar desganado** (*sin apetito*) to have no appetite; (*sin entusiasmo*) to have lost interest
desgarrar [desɣa'rrar] /1a/ *vt* to tear (up); (*fig*) to shatter; **desgarro** *nm* (*en tela*) tear; (*aflicción*) grief
desgastar [desɣas'tar] /1a/ *vt* (*deteriorar*) to wear away *o* down; (*estropear*) to spoil; **desgastarse** *vr* to get worn out; **desgaste** *nm* wear (and tear)
desglosar [desɣlo'sar] /1a/ *vt* to detach; (*factura*) to break down
desgracia [des'ɣraθja] *nf* misfortune; (*accidente*) accident; (*vergüenza*) disgrace; (*contratiempo*) setback; **por ~** unfortunately; **desgraciado, -a** *adj* (*sin suerte*) unlucky, unfortunate; (*miserable*) wretched; (*infeliz*) miserable
desgravar [desɣra'βar] /1a/ *vt* (*producto*) to reduce the tax *o* duty on
desguace [des'ɣwaθe] *nm* (*lugar*) scrapyard
deshabitado, -a [desaβi'taðo, a] *adj* uninhabited
deshacer [desa'θer] /2r/ *vt* (*casa*) to break up; (*Tec*) to take apart; (*enemigo*) to defeat; (*diluir*) to melt; (*contrato*) to break; (*intriga*) to solve; **deshacerse** *vr* (*disolverse*) to melt; (*despedazarse*) to come apart *o* undone; **~se de** to get rid of; **~se en lágrimas** to burst into tears
deshecho, -a [de'setʃo, a] *adj* undone; (*roto*) smashed; (*persona*) weak; **estoy ~** I'm shattered
desheredar [desere'ðar] /1a/ *vt* to disinherit
deshidratar [desiðra'tar] /1a/ *vt* to dehydrate
deshielo [des'jelo] *nm* thaw
deshonesto, -a [deso'nesto, a] *adj* indecent
deshonra [de'sonra] *nf* (*deshonor*) dishonour; (*vergüenza*) shame
deshora [de'sora]: **a ~** *adv* at the wrong time
deshuesadero [deswesa'ðero] *nm* (LAM) junkyard
deshuesar [deswe'sar] /1a/ *vt* (*carne*) to bone; (*fruta*) to stone
desierto, -a [de'sjerto, a] *adj* (*casa, calle, negocio*) deserted ▷ *nm* desert
designar [desiɣ'nar] /1a/ *vt* (*nombrar*) to designate; (*indicar*) to fix
desigual [desi'ɣwal] *adj* (*lucha*) unequal; (*terreno*) uneven
desilusión [desilu'sjon] *nf* disillusionment; (*decepción*) disappointment; **desilusionar**

/ɪa/ *vt* to disillusion; (*decepcionar*) to disappoint; **desilusionarse** *vr* to become disillusioned

desinfectar [desinfek'tar] /ɪa/ *vt* to disinfect

desinflar [desin'flar] /ɪa/ *vt* to deflate

desintegración [desinteɣra'θjon] *nf* disintegration

desinterés [desinte'res] *nm* (*desgana*) lack of interest; (*altruismo*) unselfishness

desintoxicar [desintoksi'kar] /ɪg/ *vt* to detoxify; **desintoxicación** *n* detox; **desintoxicarse** *vr* (*drogadicto*) to undergo detoxification

desistir [desis'tir] /ʒa/ *vi* (*renunciar*) to stop, desist

desleal [desle'al] *adj* (*infiel*) disloyal; (*Com*: *competencia*) unfair; **deslealtad** *nf* disloyalty

desligar [desli'ɣar] /ɪh/ *vt* (*desatar*) to untie, undo; (*separar*) to separate; **desligarse** *vr* (*de un compromiso*) to extricate o.s.

desliz [des'liθ] *nm* (*fig*) lapse; **deslizar** /ɪf/ *vt* to slip, slide

deslumbrar [deslum'brar] /ɪa/ *vt* to dazzle

desmadrarse [desma'ðrarse] /ɪa/ *vr* (*fam*: *descontrolarse*) to run wild; (: *divertirse*) to let one's hair down; **desmadre** *nm* (*fam*: *desorganización*) chaos; (: *jaleo*) commotion

desmán [des'man] *nm* (*exceso*) outrage; (*abuso de poder*) abuse

desmantelar [desmante'lar] /ɪa/ *vt* (*deshacer*) to dismantle; (*casa*) to strip

desmaquillador [desmakiʎa'ðor] *nm* make-up remover

desmayar [desma'jar] /ɪa/ *vi* to lose heart; **desmayarse** *vr* (*Med*) to faint; **desmayo** *nm* (*Med*: *acto*) faint; (: *estado*) unconsciousness

desmemoriado, -a [desmemo'rjaðo, a] *adj* forgetful

desmentir [desmen'tir] /ʒi/ *vt* (*contradecir*) to contradict; (*refutar*) to deny

desmenuzar [desmenu'θar] /ɪf/ *vt* (*deshacer*) to crumble; (*carne*) to chop; (*examinar*) to examine closely

desmesurado, -a [desmesu'ɾaðo, a] *adj* disproportionate

desmontable [desmon'taβle] *adj* (*que se quita*) detachable; (*que se puede plegar etc*) collapsible, folding

desmontar [desmon'tar] /ɪa/ *vt* (*deshacer*) to dismantle; (*tierra*) to level ▷ *vi* to dismount

desmoralizar [desmorali'θar] /ɪf/ *vt* to demoralize

desmoronar [desmoro'nar] /ɪa/ *vt* to wear away, erode; **desmoronarse** *vr* (*edificio, dique*) to collapse; (*economía*) to decline

desnatado, -a [desna'taðo, a] *adj* skimmed

desnivel [desni'βel] *nm* (*de terreno*) unevenness

desnudar [desnu'ðar] /ɪa/ *vt* (*desvestir*) to undress; (*despojar*) to strip; **desnudarse** *vr* (*desvestirse*) to get undressed; **desnudo, -a** *adj* naked ▷ *nm* nude; **desnudo de** devoid *o* bereft of

desnutrición [desnutri'θjon] *nf* malnutrition; **desnutrido, -a** *adj* undernourished

desobedecer [desoβeðe'θer] /ɪd/ *vt, vi* to disobey; **desobediencia** *nf* disobedience

desocupado, -a [desoku'paðo, a] *adj* at leisure; (*desempleado*) unemployed; (*deshabitado*) empty, vacant

desodorante [desoðo'ɾante] *nm* deodorant

desolación [desola'θjon] *nf* (*de lugar*) desolation; (*fig*) grief

desolar [deso'lar] /ɪa/ *vt* to ruin, lay waste

desorbitado, -a [desorβi'taðo, a] *adj* (*excesivo*: *ambición*) boundless; (: *deseos*) excessive; (: *precio*) exorbitant

desorden [de'sorðen] *nm* confusion; (*político*) disorder

desorganización [desoɣaniθa'θjon] *nf* (*de persona*) disorganization; (*en empresa, oficina*) disorder, chaos

desorientar [desorjen'tar] /ɪa/ *vt* (*extraviar*) to mislead; (*confundir, desconcertar*) to confuse; **desorientarse** *vr* (*perderse*) to lose one's way

despabilado, -a [despaβi'laðo, a] *adj* (*despierto*) wide-awake; (*fig*) alert, sharp

despachar [despa'tʃar] /ɪa/ *vt* (*negocio*) to do, complete; (*enviar*) to send, dispatch; (*vender*) to sell, deal in; (*billete*) to issue; (*mandar ir*) to send away

despacho [des'patʃo] *nm* (*oficina*) office; (*de paquetes*) dispatch; (*venta*) sale (of goods); (*comunicación*) message; **~ de billetes** *o* (LAM) **boletos** booking office

despacio [des'paθjo] *adv* slowly

desparpajo [despar'paxo] *nm* self-confidence; (*pey*) nerve

desparramar [desparra'mar] /ɪa/ *vt* (*esparcir*) to scatter; (*líquido*) to spill

despecho [des'petʃo] *nm* spite

despectivo, -a [despek'tiβo, a] *adj* (*despreciativo*) derogatory; (*Ling*) pejorative

despedida [despe'ðiða] *nf* (*adiós*) farewell; (*de obrero*) sacking

despedir [despe'ðir] /ɜk/ *vt* (*visita*) to see off, show out; (*empleado*) to dismiss; (*inquilino*) to evict; (*objeto*) to hurl; (*olor etc*) to give out *o* off; **despedirse** *vr*: **~se de** to say goodbye to

despegar [despe'ɣar] /ɪh/ *vt* to unstick ▷ *vi* (*avión*) to take off; **despegarse** *vr* to come loose, come unstuck; **despego** *nm* detachment

despegue *etc* [des'peɣe] *vb V* **despegar** ▷ *nm* takeoff

despeinado, -a [despei'naðo, a] *adj* dishevelled, unkempt

despejado, -a [despe'xaðo, a] *adj* (*lugar*) clear, free; (*cielo*) clear; (*persona*) wide-awake, bright

despejar [despe'xar] /ɪa/ *vt* (*gen*) to clear; (*misterio*) to clarify, clear up ▷ *vi* (*el tiempo*) to clear; **despejarse** *vr* (*tiempo, cielo*) to clear (up); (*misterio*) to become clearer; (*cabeza*) to clear

despensa [des'pensa] *nf* larder

despeñar [despe'ɲar] /ɪa/ *vt* (*arrojar*) to fling down; **despeñarse** *vr* to fling o.s. down; (*coche*) to tumble over

desperdicio [desper'ðiθjo] *nm* (*despilfarro*) squandering; **desperdicios** *nmpl* (*basura*) rubbish *sg*, garbage *sg* (US); (*residuos*) waste *sg*

desperezarse [despere'θarse] /ɪf/ *vr* to stretch

desperfecto [desper'fekto] *nm* (*deterioro*) slight damage; (*defecto*) flaw, imperfection

despertador [desperta'ðor] *nm* alarm clock

despertar [desper'tar] /ɪj/ *vt* (*persona*) to wake up; (*recuerdos*) to revive; (*sentimiento*) to arouse ▷ *vi* to awaken, wake up; **despertarse** *vr* to awaken, wake up

despido *etc* [des'piðo] *vb V* **despedir** ▷ *nm* dismissal, sacking

despierto, -a [des'pjerto, a] *pp de* **despertar** ▷ *adj* awake; (*fig*) sharp, alert

despilfarro [despil'farro] *nm* (*derroche*) squandering; (*lujo desmedido*) extravagance

despistar [despis'tar] /ɪa/ *vt* to throw off the track *o* scent; (*fig*) to mislead, confuse; **despistarse** *vr* to take the wrong road; (*fig*) to become confused

despiste [des'piste] *nm* absent-mindedness; **un ~** a mistake *o* slip

desplazamiento [displaθa'mjento] *nm* displacement

desplazar [despla'θar] /ɪf/ *vt* to move; (*Física, Naut, Tec*) to displace; (*fig*) to oust; (*Inform*) to scroll;

desplazarse *vr* (*persona, vehículo*) to travel

desplegar [desple'ɣar] /1h, 1j/ *vt* (*tela, papel*) to unfold, open out; (*bandera*) to unfurl

despliegue *etc* [des'pljeɣe] *vb V* **desplegar** ▷ *nm* display

desplomarse [desplo'marse] /1a/ *vr* (*edificio, gobierno, persona*) to collapse

desplumar [desplu'mar] /1a/ *vt* (*ave*) to pluck; (*fam*: *estafar*) to fleece

despoblado, -a [despo'βlaðo, a] *adj* (*sin habitantes*) uninhabited

despojar [despo'xar] /1a/ *vt* (*a alguien*: *de sus bienes*) to divest of, deprive of; (*casa*) to strip, leave bare; (*de su cargo*) to strip of

despojo [des'poxo] *nm* (*acto*) plundering; (*objetos*) plunder, loot; **despojos** *nmpl* (*de ave, res*) offal *sg*

desposado, -a [despo'saðo, a] *adj, nm/f* newly-wed

despreciar [despre'θjar] /1b/ *vt* (*desdeñar*) to despise, scorn; (*afrentar*) to slight; **desprecio** *nm* scorn, contempt; slight

desprender [despren'der] /2a/ *vt* (*desatar*) to unfasten; (*olor*) to give off; **desprenderse** *vr* (*botón*: *caerse*) to fall off; (*broche*) to come unfastened; (*olor, perfume*) to be given off; **~se de algo que ...** to draw from sth that ...

desprendimiento [desprendi'mjento] *nm* (*gen*) loosening; (*generosidad*) disinterestedness; (*de tierra, rocas*) landslide; **~ de retina** detachment of the retina

despreocupado, -a [despreoku'paðo, a] *adj* (*sin preocupación*) unworried; nonchalant; (*negligente*) careless

despreocuparse [despreoku'parse] /1a/ *vr* to be carefree, not to worry; **~ de** to have no interest in

desprestigiar [despresti'xjar] /1b/ *vt* (*criticar*) to run down; (*desacreditar*) to discredit

desprevenido, -a [despreβe'niðo, a] *adj* (*no preparado*) unprepared, unready

desproporcionado, -a [desproporθjo'naðo, a] *adj* disproportionate, out of proportion

desprovisto, -a [despro'βisto, a] *adj*: **~ de** devoid of

después [des'pwes] *adv* afterwards, later; (*próximo paso*) next; **poco ~** soon after; **un año ~** a year later; **~ se debatió el tema** next the matter was discussed; **~ de comer** after lunch; **~ de corregido el texto** after the text had been corrected; **~ de todo** after all

desquiciado, -a [deski'θjaðo, a] *adj* deranged

destacar [desta'kar] /1g/ *vt* to emphasize, point up; (*Mil*) to detach, detail ▷ *vi* (*resaltarse*) to stand out; (*persona*) to be outstanding *o* exceptional; **destacarse** *vr* to stand out; (*persona*) to be outstanding *o* exceptional

destajo [des'taxo] *nm*: **trabajar a ~** to do piecework

destapar [desta'par] /1a/ *vt* (*botella*) to open; (*cacerola*) to take the lid off; (*descubrir*) to uncover; **destaparse** *vr* (*revelarse*) to reveal one's true character

destartalado, -a [destarta'laðo, a] *adj* (*desordenado*) untidy; (*ruinoso*) tumbledown

destello [des'teʎo] *nm* (*de estrella*) twinkle; (*de faro*) signal light

destemplado, -a [destem'plaðo, a] *adj* (*Mus*) out of tune; (*voz*) harsh; (*Med*) out of sorts; (*Meteorología*) unpleasant, nasty

desteñir [deste'ɲir] *vt, vi* to fade; **desteñirse** *vr* to fade; **esta tela no destiñe** this fabric will not run

desternillarse [desterni'ʎarse] /1a/ *vr*: **~ de risa** to split one's sides laughing

desterrar [deste'rrar] /1j/ *vt* (*exilar*) to exile; (*fig*) to banish, dismiss

destiempo [des'tjempo]: **a ~** *adv* at the wrong time
destierro *etc* [des'tjerro] *vb V* **desterrar** ▷ *nm* exile
destilar [desti'lar] /1a/ *vt* to distil; **destilería** *nf* distillery
destinar [desti'nar] /1a/ *vt* (*funcionario*) to appoint, assign; (*fondos*) to set aside
destinatario, -a [destina'tarjo, a] *nm/f* addressee
destino [des'tino] *nm* (*suerte*) destiny; (*de viajero*) destination; **con ~ a Londres** (*avión, barco*) (bound) for London; (*carta*) to London
destituir [destitu'ir] /3g/ *vt* to dismiss
destornillador [destorniʎa'ðor] *nm* screwdriver
destornillar [destorni'ʎar] /1a/ *vt* (*tornillo*) to unscrew; **destornillarse** *vr* to unscrew
destreza [des'treθa] *nf* (*habilidad*) skill; (*maña*) dexterity
destrozar [destro'θar] /1f/ *vt* (*romper*) to smash, break (up); (*estropear*) to ruin; (*nervios*) to shatter
destrozo [des'troθo] *nm* (*acción*) destruction; (*desastre*) smashing; **destrozos** *nmpl* (*pedazos*) pieces; (*daños*) havoc *sg*
destrucción [destruk'θjon] *nf* destruction
destruir [destru'ir] /3g/ *vt* to destroy
desuso [de'suso] *nm* disuse; **caer en ~** to fall into disuse, become obsolete
desvalijar [desβali'xar] /1a/ *vt* (*persona*) to rob; (*casa, tienda*) to burgle; (*coche*) to break into
desván [des'βan] *nm* attic
desvanecer [desβane'θer] /2d/ *vt* (*disipar*) to dispel; (*borrar*) to blur; **desvanecerse** *vr* (*humo etc*) to vanish, disappear; (*duda*) to be dispelled; (*color*) to fade; (*recuerdo, sonido*) to fade away; (*Med*) to pass out
desvariar [desβa'rjar] /1c/ *vi* (*enfermo*) to be delirious
desvelar [desβe'lar] /1a/ *vt* to keep awake; **desvelarse** *vr* (*no poder dormir*) to stay awake; (*vigilar*) to be vigilant *o* watchful
desventaja [desβen'taxa] *nf* disadvantage
desvergonzado, -a [desβeɣon'θaðo, a] *adj* shameless
desvestir [desβes'tir] /3k/ *vt* to undress; **desvestirse** *vr* to undress
desviación [desβja'θjon] *nf* deviation; (*Auto*) diversion, detour
desviar [des'βjar] /1c/ *vt* to turn aside; (*río*) to alter the course of; (*navío*) to divert, re-route; (*conversación*) to sidetrack; **desviarse** *vr* (*apartarse del camino*) to turn aside; (: *barco*) to go off course
desvío [des'βio] *vb V* **desviar** ▷ *nm* (*desviación*) detour, diversion; (*fig*) indifference
desvivirse [desβi'βirse] /3a/ *vr*: **~ por** to long for, crave for; **~ por los amigos** to do anything for one's friends
detallar [deta'ʎar] /1a/ *vt* to detail
detalle [de'taʎe] *nm* detail; (*fig*) gesture, token; **al ~** in detail; (*Com*) retail *cpd*
detallista [deta'ʎista] *nmf* retailer
detective [detek'tiβe] *nmf* detective; **~ privado** private detective
detención [deten'θjon] *nf* (*arresto*) arrest; (*prisión*) detention
detener [dete'ner] /2k/ *vt* (*gen*) to stop; (*Jur*) to arrest; (*objeto*) to keep; **detenerse** *vr* to stop; **~se en** (*demorarse*) to delay over, linger over
detenidamente [deteniða'mente] *adv* (*minuciosamente*) carefully; (*extensamente*) at great length
detenido, -a [dete'niðo, a] *adj* (*arrestado*) under arrest ▷ *nm/f* person under arrest, prisoner
detenimiento [deteni'mjento] *nm*: **con ~** thoroughly; (*observar, considerar* carefully

detergente [deter'xente] *nm* detergent
deteriorar [deterjo'rar] /ıa/ *vt* to spoil, damage; **deteriorarse** *vr* to deteriorate; **deterioro** *nm* deterioration
determinación [determina'θjon] *nf* (*empeño*) determination; (*decisión*) decision; **determinado, -a** *adj* (*preciso*) certain
determinar [determi'nar] /ıa/ *vt* (*plazo*) to fix; (*precio*) to settle; **determinarse** *vr* to decide
detestar [detes'tar] /ıa/ *vt* to detest
detractor, a [detrak'tor, a] *nm/f* detractor
detrás [de'tras] *adv* (*tb*: **por ~**) behind; (*atrás*) at the back ▷ *prep*: **~ de** behind
detrimento [detri'mento] *nm*: **en ~ de** to the detriment of
deuda [de'uða] *nf* debt; **~ exterior/ pública** foreign/national debt
devaluación [deβalwa'θjon] *nf* devaluation
devastar [deβas'tar] /ıa/ *vt* (*destruir*) to devastate
deveras [de'βeras] *nf inv* (LAM): **un amigo de (a) ~** a true *o* real friend
devoción [deβo'θjon] *nf* devotion
devolución [deβolu'θjon] *nf* (*reenvío*) return, sending back; (*reembolso*) repayment; (*Jur*) devolution
devolver [deβol'βer] /2h/ *vt* to return; (*lo extraviado, prestado*) to give back; (*carta al correo*) to send back; (*Com*) to repay, refund; (*fam*: *vomitar*) to throw up ▷ *vi* (*fam*) to be sick
devorar [deβo'rar] /ıa/ *vt* to devour
devoto, -a [de'βoto, a] *adj* devout ▷ *nm/f* admirer
devuelto [de'βwelto], **devuelva** *etc* [de'βwelβa] *vb V* **devolver**
di [di] *vb V* **dar; decir**
día ['dia] *nm* day; **~ libre** day off; **D~ de Reyes** Epiphany (6 *January*); **D~ de la Independencia** Independence Day; **¿qué ~ es?** what's the date?; **estar/poner al ~** to be/keep up to date; **el ~ de hoy/de mañana** today/ tomorrow; **al ~ siguiente** on the following day; **vivir al ~** to live from hand to mouth; **de ~** by day; **en pleno ~** in full daylight
diabetes [dja'betes] *nf* diabetes *sg*
diablo ['djaβlo] *nm* devil; **diablura** *nf* prank
diadema [dja'ðema] *nf* tiara
diafragma [dja'fraɣma] *nm* diaphragm
diagonal [djaɣo'nal] *adj* diagonal
diagrama [dja'ɣrama] *nm* diagram
dial [di'al] *nm* dial
dialecto [dja'lekto] *nm* dialect
dialogar [djalo'ɣar] /ıh/ *vi*: **~ con** (*Pol*) to hold talks with
diálogo ['djaloɣo] *nm* dialogue
diamante [dja'mante] *nm* diamond
diana ['djana] *nf* (*Mil*) reveille; (*de blanco*) centre, bull's-eye
diapositiva [djaposi'tiβa] *nf* (*Foto*) slide, transparency
diario, -a ['djarjo, a] *adj* daily ▷ *nm* newspaper; **a ~** daily; **de** *o* **para ~** everyday
diarrea [dja'rrea] *nf* diarrhoea
dibujar [diβu'xar] /ıa/ *vt* to draw, sketch; **dibujo** *nm* drawing; **dibujos animados** cartoons
diccionario [dikθjo'narjo] *nm* dictionary
dice *etc vb V* **decir**
dicho, -a ['ditʃo, a] *pp de* **decir** ▷ *adj* (*susodicho*) aforementioned ▷ *nm* saying
dichoso, -a [di'tʃoso, a] *adj* happy
diciembre [di'θjembre] *nm* December
dictado [dik'taðo] *nm* dictation
dictador [dikta'ðor] *nm* dictator; **dictadura** *nf* dictatorship
dictar [dik'tar] /ıa/ *vt* (*carta*) to dictate; (*Jur*: *sentencia*) to pass; (*decreto*) to issue; (LAM: *clase*) to give
didáctico, -a [di'ðaktiko, a] *adj* educational

d

diecinueve [djeθinu'eβe] *num* nineteen
dieciocho [djeθi'otʃo] *num* eighteen
dieciséis [djeθi'seis] *num* sixteen
diecisiete [djeθi'sjete] *num* seventeen
diente ['djente] *nm* (*Anat*, *Tec*) tooth; (*Zool*) fang; (: *de elefante*) tusk; (*de ajo*) clove
diera *etc* ['djera] *vb V* **dar**
diesel ['disel] *adj*: **motor ~** diesel engine
diestro, -a ['djestro, a] *adj* (*derecho*) right; (*hábil*) skilful
dieta ['djeta] *nf* diet; **estar a ~** to be on a diet
diez [djeθ] *num* ten
diferencia [dife'renθja] *nf* difference; **a ~ de** unlike; **diferenciar** /1b/ *vt* to differentiate between ▷ *vi* to differ; **diferenciarse** *vr* to differ, be different; (*distinguirse*) to distinguish o.s.
diferente [dife'rente] *adj* different
diferido [dife'riðo] *nm*: **en ~** (*TV etc*) recorded
difícil [di'fiθil] *adj* difficult
dificultad [difikul'tað] *nf* difficulty; (*problema*) trouble
dificultar [difikul'tar] /1a/ *vt* (*complicar*) to complicate, make difficult; (*estorbar*) to obstruct
difundir [difun'dir] /3a/ *vt* (*calor, luz*) to diffuse; (*Radio*) to broadcast; **difundirse** *vr* to spread (out); **~ una noticia** to spread a piece of news
difunto, -a [di'funto, a] *adj* dead, deceased ▷ *nm/f* deceased (person)
difusión [difu'sjon] *nf* (*de programa*) broadcasting
diga *etc* ['diɣa] *vb V* **decir**
digerir [dixe'rir] /3i/ *vt* to digest; (*fig*) to absorb; **digestión** *nf* digestion; **digestivo, -a** *adj* digestive
digital [dixi'tal] *adj* digital
dignarse [diɣ'narse] /1a/ *vr* to deign to
dignidad [diɣni'ðað] *nf* dignity
digno, -a ['diɣno, a] *adj* worthy
digo *etc vb V* **decir**
dije *etc vb V* **decir**
dilatar [dila'tar] /1a/ *vt* to dilate; (*prolongar*) to prolong
dilema [di'lema] *nm* dilemma
diluir [dilu'ir] /3g/ *vt* to dilute
diluvio [di'luβjo] *nm* deluge, flood
dimensión [dimen'sjon] *nf* dimension
diminuto, -a [dimi'nuto, a] *adj* tiny, diminutive
dimitir [dimi'tir] /3a/ *vi* to resign
dimos ['dimos] *vb V* **dar**
Dinamarca [dina'marka] *nf* Denmark
dinámico, -a [di'namiko, a] *adj* dynamic
dinamita [dina'mita] *nf* dynamite
dinamo [di'namo], (*LAM*) **dínamo** ['dinamo] *nf* dynamo
dineral [dine'ral] *nm* fortune
dinero [di'nero] *nm* money; **~ efectivo** *o* **metálico** cash; **~ suelto** (loose) change
dio [djo] *vb V* **dar**
dios [djos] *nm* god; **D~** God; **¡D~ mío!** (oh) my God!; **¡por D~!** for God's sake!; **diosa** *nf* goddess
diploma [di'ploma] *nm* diploma
diplomacia [diplo'maθja] *nf* diplomacy; (*fig*) tact
diplomado, -a [diplo'maðo, a] *adj* qualified
diplomático, -a [diplo'matiko, a] *adj* diplomatic ▷ *nm/f* diplomat
diputación [diputa'θjon] *nf* (*tb*: **~ provincial**) ≈ county council
diputado, -a [dipu'taðo, a] *nm/f* delegate; (*Pol*) ≈ member of parliament (*BRIT*) ≈ representative (*US*)
dique ['dike] *nm* dyke
diré *etc* [di're] *vb V* **decir**
dirección [direk'θjon] *nf* direction; (*señas*) address; (*Auto*) steering; (*gerencia*) management; (*Pol*) leadership; **"~ única"** "one-way street"; **"~ prohibida"** "no entry"

direccional [direkθjo'nal] *nf* (LAM *Auto*) indicator
directa [di'rekta] *nf* (*Auto*) top gear
directivo, -a [direk'tiβo, a] *adj* (*junta*) managing ▷ *nf* (*tb*: **junta directiva**) board of directors
directo, -a [di'rekto, a] *adj* direct; (*TV*) live; **transmitir en ~** to broadcast live
director, a [direk'tor, a] *adj* leading ▷ *nm/f* director; (*Escol*) head (teacher) (BRIT), principal (US); (*gerente*) manager/manageress; (*Prensa*) editor; **~ de cine** film director; **~ general** general manager
directorio [direk'torjo] *nm* (LAM: *telefónico*) phone book
dirigente [diri'xente] *nmf* (*Pol*) leader
dirigir [diri'xir] /3c/ *vt* to direct; (*carta*) to address; (*obra de teatro, film*) to direct; (*Mus*) to conduct; (*comercio*) to manage; **dirigirse** *vr*: **~se a** to go towards, make one's way towards; (*hablar con*) to speak to
dirija *etc* [di'rixa] *vb V* **dirigir**
disciplina [disθi'plina] *nf* discipline
discípulo, -a [dis'θipulo, a] *nm/f* disciple
Discman® ['diskman] *nm* Discman®
disco ['disko] *nm* disc (BRIT), disk (US); (*Deporte*) discus; (*Telec*) dial; (*Auto*: *semáforo*) light; (*Mus*) record; **~ compacto** compact disc; **~ de larga duración** long-playing record (LP); **~ flexible** *o* **floppy** floppy disk; **~ de freno** brake disc; **~ rígido** hard disk
disconforme [diskon'forme] *adj* differing; **estar ~ (con)** to be in disagreement (with)
discordia [dis'korðja] *nf* discord
discoteca [disko'teka] *nf* disco(theque)
discreción [diskre'θjon] *nf* discretion; (*reserva*) prudence; **comer a ~** to eat as much as one wishes
discreto, -a [dis'kreto, a] *adj* discreet
discriminación [diskrimina'θjon] *nf* discrimination
disculpa [dis'kulpa] *nf* excuse; (*pedir perdón*) apology; **pedir ~s a/por** to apologize to/for; **disculpar** /1a/ *vt* to excuse, pardon; **disculparse** *vr* to excuse o.s.; to apologize
discurso [dis'kurso] *nm* speech
discusión [disku'sjon] *nf* (*diálogo*) discussion; (*riña*) argument
discutir [disku'tir] /3a/ *vt* (*debatir*) to discuss; (*pelear*) to argue about; (*contradecir*) to argue against ▷ *vi* to discuss; (*disputar*) to argue
disecar [dise'kar] /1g/ *vt* (*para conservar*: *animal*) to stuff; (: *planta*) to dry
diseñar [dise'ɲar] /1a/ *vt*, *vi* to design
diseño [di'seɲo] *nm* design
disfraz [dis'fraθ] *nm* (*máscara*) disguise; (*excusa*) pretext; **disfrazar** /1f/ *vt* to disguise; **disfrazarse** *vr*: **disfrazarse de** to disguise o.s. as
disfrutar [disfru'tar] /1a/ *vt* to enjoy ▷ *vi* to enjoy o.s.; **~ de** to enjoy, possess
disgustar [disɣus'tar] /1a/ *vt* (*no gustar*) to displease; (*contrariar, enojar*) to annoy; to upset; **disgustarse** *vr* to get upset; (*dos personas*) to fall out

No confundir *disgustar* con la palabra inglesa *disgust*.

disgusto [dis'ɣusto] *nm* (*contrariedad*) annoyance; (*tristeza*) grief; (*riña*) quarrel
disimular [disimu'lar] /1a/ *vt* (*ocultar*) to hide, conceal ▷ *vi* to dissemble
diskette [dis'ket] *nm* (*Inform*) diskette, floppy disk
dislocar [dislo'kar] /1g/ *vt* to dislocate; **dislocarse** *vr* (*articulación*) to sprain, dislocate
disminución [disminu'θjon] *nf* decrease, reduction
disminuido, -a [disminu'iðo, a] *nm/f*: **~ mental/físico** person with a learning difficulty/physical disability
disminuir [disminu'ir] /3g/ *vt* to decrease, diminish

disolver [disol'βer] /2h/ *vt* (*gen*) to dissolve; **disolverse** *vr* to dissolve; (*Com*) to go into liquidation
dispar [dis'par] *adj* different
disparar [dispa'rar] /1a/ *vt*, *vi* to shoot, fire
disparate [dispa'rate] *nm* (*tontería*) foolish remark; (*error*) blunder; **decir ~s** to talk nonsense
disparo [dis'paro] *nm* shot
dispersar [disper'sar] /1a/ *vt* to disperse; **dispersarse** *vr* to scatter
disponer [dispo'ner] /2q/ *vt* (*arreglar*) to arrange; (*ordenar*) to put in order; (*preparar*) to prepare, get ready ▷ *vi*: **~ de** to have, own; **disponerse** *vr*: **~se para** to prepare to, prepare for
disponible [dispo'niβle] *adj* available
disposición [disposi'θjon] *nf* arrangement, disposition; (*voluntad*) willingness; (*Inform*) layout; **a su ~** at your service
dispositivo [disposi'tiβo] *nm* device, mechanism
dispuesto, -a [dis'pwesto, a] *pp de* **disponer** ▷ *adj* (*arreglado*) arranged; (*preparado*) disposed
disputar [dispu'tar] /1a/ *vt* (*carrera*) to compete in
disquete [dis'kete] *nm* (*Inform*) diskette, floppy disk
distancia [dis'tanθja] *nf* distance; **distanciar** /1b/ *vt* to space out; **distanciarse** *vr* to become estranged; **distante** *adj* distant
diste ['diste], **disteis** ['disteis] *vb V* **dar**
distinción [distin'θjon] *nf* distinction; (*elegancia*) elegance; (*honor*) honour
distinguido, -a [distin'giðo, a] *adj* distinguished
distinguir [distin'gir] /3d/ *vt* to distinguish; (*escoger*) to single out; **distinguirse** *vr* to be distinguished
distintivo [distin'tiβo] *nm* badge; (*fig*) characteristic
distinto, -a [dis'tinto, a] *adj* different; (*claro*) clear
distracción [distrak'θjon] *nf* distraction; (*pasatiempo*) hobby, pastime; (*olvido*) absent-mindedness, distraction
distraer [distra'er] /2o/ *vt* (*atención*) to distract; (*divertir*) to amuse; (*fondos*) to embezzle; **distraerse** *vr* (*entretenerse*) to amuse o.s.; (*perder la concentración*) to allow one's attention to wander
distraído, -a [distra'iðo, a] *adj* (*gen*) absent-minded; (*entretenido*) amusing
distribuidor, a [distriβui'ðor, a] *nm/f* distributor; (*Com*) dealer, agent
distribuir [distriβu'ir] /3g/ *vt* to distribute
distrito [dis'trito] *nm* (*sector, territorio*) region; (*barrio*) district; **~ postal** postal district; **D~ Federal** (*LAm*) Federal District
disturbio [dis'turβjo] *nm* disturbance; (*desorden*) riot
disuadir [diswa'ðir] /3a/ *vt* to dissuade
disuelto [di'swelto] *pp de* **disolver**
DIU *nm abr* (= *dispositivo intrauterino*) IUD
diurno, -a ['djurno, a] *adj* day *cpd*
divagar [diβa'ɣar] /1h/ *vi* (*desviarse*) to digress
diván [di'βan] *nm* divan
diversidad [diβersi'ðað] *nf* diversity, variety
diversión [diβer'sjon] *nf* (*gen*) entertainment; (*actividad*) hobby, pastime
diverso, -a [di'βerso, a] *adj* diverse ▷ *nm*: **~s** (*Com*) sundries; **~s libros** several books
divertido, -a [diβer'tiðo, a] *adj* (*chiste*) amusing; (*fiesta etc*) enjoyable
divertir [diβer'tir] /3i/ *vt* (*entretener, recrear*) to amuse; **divertirse** *vr* (*pasarlo bien*) to have a good time; (*distraerse*) to amuse o.s.
dividendo [diβi'ðendo] *nm* (*Com*: *often pl*) dividend, dividends

dividir [diβi'ðir] /ʒa/ *vt* (*gen*) to divide; (*distribuir*) to distribute, share out
divierta *etc* [di'βjerta] *vb V* **divertir**
divino, -a [di'βino, a] *adj* divine
divirtiendo *etc* [diβir'tjendo] *vb V* **divertir**
divisa [di'βisa] *nf* (*emblema*) emblem, badge; **divisas** *nfpl* foreign exchange *sg*
divisar [diβi'sar] /ɪa/ *vt* to make out, distinguish
división [diβi'sjon] *nf* division; (*de partido*) split; (*de país*) partition
divorciar [diβor'θjar] /ɪb/ *vt* to divorce; **divorciarse** *vr* to get divorced; **divorcio** *nm* divorce
divulgar [diβul'ɣar] /ɪh/ *vt* (*desparramar*) to spread; (*hacer circular*) to divulge
DNI *nm abr* (ESP) = **Documento Nacional de Identidad** *see note*

DNI

The *Documento Nacional de Identidad* is a Spanish ID card which must be carried at all times and produced on request for the police. It contains the holder's photo, fingerprints and personal details. It is also known as the *DNI* or *carnet de identidad*.

Dña. *abr* (= *Doña*) Mrs
do [do] *nm* (*Mus*) C
dobladillo [doβla'ðiʎo] *nm* (*de vestido*) hem; (*de pantalón: vuelta*) turn-up (BRIT), cuff (US)
doblar [do'βlar] /ɪa/ *vt* to double; (*papel*) to fold; (*caño*) to bend; (*la esquina*) to turn, go round; (*film*) to dub ▷ *vi* to turn; (*campana*) to toll; **doblarse** *vr* (*plegarse*) to fold (up), crease; (*encorvarse*) to bend; **~ a la derecha/izquierda** to turn right/left
doble ['doβle] *adj* double; (*de dos aspectos*) dual; (*fig*) two-faced ▷ *nm* double ▷ *nmf* (*Teat*) double, stand-in; **dobles** *nmpl* (*Deporte*) doubles *sg*; **con ~ sentido** with a double meaning
doce ['doθe] *num* twelve; **docena** *nf* dozen
docente [do'θente] *adj*: **personal ~** teaching staff; **centro ~** educational institution
dócil ['doθil] *adj* (*pasivo*) docile; (*obediente*) obedient
doctor, a [dok'tor, a] *nm/f* doctor
doctorado [dokto'raðo] *nm* doctorate
doctrina [dok'trina] *nf* doctrine, teaching
documentación [dokumenta'θjon] *nf* documentation; (*de identidad etc*) papers *pl*
documental [dokumen'tal] *adj, nm* documentary
documento [doku'mento] *nm* (*certificado*) document; **~ adjunto** (*Inform*) attachment; **D~ Nacional de Identidad** national identity card; *V* **DNI**
dólar ['dolar] *nm* dollar
doler [do'ler] /ɔh/ *vt, vi* to hurt; (*fig*) to grieve; **dolerse** *vr* (*de su situación*) to grieve, feel sorry; (*de las desgracias ajenas*) to sympathize; **me duele el brazo** my arm hurts
dolor [do'lor] *nm* pain; (*fig*) grief, sorrow; **~ de cabeza** headache; **~ de estómago** stomach ache
domar [do'mar] /ɪa/ *vt* to tame
domesticar [domesti'kar] /ɪg/ *vt* to tame
doméstico, -a [do'mestiko, a] *adj* (*vida, servicio*) home; (*tareas*) household; (*animal*) tame, pet
domicilio [domi'θiljo] *nm* home; **~ particular** private residence; **servicio a ~** delivery service; **sin ~ fijo** of no fixed abode
dominante [domi'nante] *adj* dominant; (*persona*) domineering
dominar [domi'nar] /ɪa/ *vt* to dominate; (*idiomas*) to be fluent in ▷ *vi* to dominate, prevail

domingo [do'mingo] *nm* Sunday; **D~ de Ramos** Palm Sunday; **D~ de Resurrección** Easter Sunday

dominio [do'minjo] *nm* (*tierras*) domain; (*autoridad*) power, authority; (*de las pasiones*) grip, hold; (*de idioma*) command

don [don] *nm* (*talento*) gift; **D~ Juan Gómez** Mr Juan Gómez, Juan Gómez Esq. (BRIT); *see note* **"don"**

DON

Don or *doña* is a term used before someone's first name – eg Don Diego, Doña Inés – when showing respect or being polite to someone of a superior social standing or to an older person. It is becoming somewhat rare, but it does however continue to be used with names and surnames in official documents and in correspondence: eg Sr. D. Pedro Rodríguez Hernández, Sra. Dña Inés Rodríguez Hernández.

dona ['dona] *nf* (LAM) doughnut, donut (US)

donar [do'nar] /1a/ *vt* to donate

donativo [dona'tiβo] *nm* donation

donde ['donde] *adv* where ▷ *prep*: **el coche está allí ~ el farol** the car is over there by the lamppost *o* where the lamppost is; **en ~** where, in which

dónde ['donde] *adv interrogativo* where?; **¿a ~ vas?** where are you going (to)?; **¿de ~ vienes?** where have you been?; **¿por ~?** where?, whereabouts?

dondequiera [donde'kjera] *adv* anywhere ▷ *conj*: **~ que** wherever; **por ~** everywhere, all over the place

donut® [do'nut] *nm* (ESP) doughnut, donut (US)

doña ['doɲa] *nf*: **~ Alicia** Alicia; **D~ Carmen Gómez** Mrs Carmen Gómez; *V tb* **don**

dorado, -a [do'raðo, a] *adj* (*color*) golden; (*Tec*) gilt

dormir [dor'mir] /3j/ *vt*: **~ la siesta** to have an afternoon nap ▷ *vi* to sleep; **dormirse** *vr* to fall asleep

dormitorio [dormi'torjo] *nm* bedroom

dorsal [dor'sal] *nm* (*Deporte*) number

dorso ['dorso] *nm* (*de mano*) back; (*de hoja*) other side

dos [dos] *num* two

dosis ['dosis] *nf inv* dose, dosage

dotado, -a [do'taðo, a] *adj* gifted; **~ de** endowed with

dotar [do'tar] /1a/ *vt* to endow; **dote** *nf* dowry; **dotes** *nfpl* (*talentos*) gifts

doy [doj] *vb V* **dar**

drama ['drama] *nm* drama; **dramaturgo, -a** *nm/f* dramatist, playwright

drástico, -a ['drastiko, a] *adj* drastic

drenaje [dre'naxe] *nm* drainage

droga ['droɣa] *nf* drug; **drogadicto, -a** *nm/f* drug addict

drogar [dro'ɣar] /1h/ *vt* to drug; **drogarse** *vr* to take drugs

droguería [droɣe'ria] *nf* ≈ hardware shop (BRIT) *o* store (US)

ducha ['dutʃa] *nf* (*baño*) shower; (*Med*) douche

ducharse [du'tʃarse] /1a/ *vr* to take a shower

duda ['duða] *nf* doubt; **no cabe ~** there is no doubt about it; **dudar** /1a/ *vt* to doubt ▷ *vi* to doubt; **dudoso, -a** *adj* (*incierto*) hesitant; (*sospechoso*) doubtful

duela *etc vb V* **doler**

duelo ['dwelo] *vb V* **doler** ▷ *nm* (*combate*) duel; (*luto*) mourning

duende ['dwende] *nm* imp, goblin

dueño, -a ['dweɲo, a] *nm/f* (*propietario*) owner; (*de pensión, taberna*) landlord/lady; (*empresario*) employer

duerma *etc* ['dwerma] *vb V* **dormir**

dulce ['dulθe] *adj* sweet ▷ *adv* gently, softly ▷ *nm* sweet

dulcería [dulθe'ria] *nf* (LAM) confectioner's (shop)

dulzura [dul'θura] *nf* sweetness; (*ternura*) gentleness
dúo ['duo] *nm* duet
duplicar [dupli'kar] /ıg/ *vt* (*hacer el doble de*) to duplicate
duque ['duke] *nm* duke; **duquesa** *nf* duchess
durable [du'raβle] *adj* durable
duración [dura'θjon] *nf* (*de película, disco etc*) length; (*de pila etc*) life; (*curso: de acontecimientos etc*) duration
duradero, -a [dura'ðero, a] *adj* (*tela*) hard-wearing; (*fe, paz*) lasting
durante [du'rante] *adv* during
durar [du'rar] /ıa/ *vi* to last; (*recuerdo*) to remain
durazno [du'rasno] *nm* (LAM: *fruta*) peach; (: *árbol*) peach tree
durex ['dureks] *nm* (LAM: *tira adhesiva*) Sellotape® (BRIT), Scotch tape® (US)
dureza [du'reθa] *nf* (*cualidad*) hardness
duro, -a ['duro, a] *adj* hard; (*carácter*) tough ▷ *adv* hard ▷ *nm* (*moneda*) five peseta coin
DVD *nm abr* (= *disco de vídeo digital*) DVD

e

E *abr* (= *este*) E
e [e] *conj* and
ébano ['eβano] *nm* ebony
ebrio, -a ['eβrjo, a] *adj* drunk
ebullición [eβuʎi'θjon] *nf* boiling
echar [e'tʃar] /ıa/ *vt* to throw; (*agua, vino*) to pour (out); (*empleado: despedir*) to fire, sack; (*hojas*) to sprout; (*cartas*) to post; (*humo*) to emit, give out ▷ *vi*: **~ a correr** to start running *o* to run, break into a run; **~ a llorar** to burst into tears; **echarse** *vr* to lie down; **~ llave a** to lock (up); **~ abajo** (*gobierno*) to overthrow; (*edificio*) to demolish; **~ mano a** to lay hands on; **~ una mano a algn** (*ayudar*) to give sb a hand; **~ de menos** to miss; **~ una mirada** to give a look; **~ sangre** to bleed; **~se atrás** to back out
eclesiástico, -a [ekle'sjastiko, a] *adj* ecclesiastical
eco ['eko] *nm* echo; **tener ~** to catch on

ecología [ekolo'xia] *nf* ecology; **ecológico, -a** *adj* (*producto, método*) environmentally-friendly; (*agricultura*) organic; **ecologista** *adj* environmental, conservation *cpd* ▷ *nmf* environmentalist

economía [ekono'mia] *nf* (*sistema*) economy; (*carrera*) economics

económico, -a [eko'nomiko, a] *adj* (*barato*) cheap, economical; (*persona*) thrifty; (*Com*: *año etc*) financial; (: *situación*) economic

economista [ekono'mista] *nmf* economist

ecotasa [eko'tasa] *nf* green tax

Ecuador [ekwa'ðor] *nm* Ecuador

ecuador [ekwa'ðor] *nm* equator

ecuatoriano, -a [ekwato'rjano, a] *adj*, *nm/f* Ecuador(i)an

ecuestre [e'kwestre] *adj* equestrian

edad [e'ðað] *nf* age; **¿qué ~ tienes?** how old are you?; **tiene ocho años de ~** he is eight (years old); **ser de ~ mediana/avanzada** to be middle-aged/getting on; **la E~ Media** the Middle Ages

edición [eði'θjon] *nf* (*acto*) publication; (*ejemplar*) edition

edificar [edifi'kar] /1g/ *vt*, *vi* to build

edificio [eði'fiθjo] *nm* building; (*fig*) edifice, structure

Edimburgo [eðim'burɣo] *nm* Edinburgh

editar [eði'tar] /1a/ *vt* (*publicar*) to publish; (*preparar textos*) to edit

editor, a [eði'tor, a] *nm/f* (*que publica*) publisher; (*redactor*) editor ▷ *adj*: **casa ~a** publishing company; **editorial** *adj* editorial ▷ *nm* leading article, editorial; (*tb*: **casa editorial**) publisher

edredón [eðre'ðon] *nm*; duvet

educación [eðuka'θjon] *nf* education; (*crianza*) upbringing; (*modales*) (good) manners *pl*

educado, -a [eðu'kaðo, a] *adj* well-mannered; **mal ~** ill-mannered

educar [eðu'kar] /1g/ *vt* to educate; (*criar*) to bring up; (*voz*) to train

efectivamente [efektiβa'mente] *adv* (*como respuesta*) exactly, precisely; (*verdaderamente*) really; (*de hecho*) in fact

efectivo, -a [efek'tiβo, a] *adj* effective; (*real*) actual, real ▷ *nm*: **pagar en ~** to pay (in) cash; **hacer ~ un cheque** to cash a cheque

efecto [e'fekto] *nm* effect, result; **efectos** *nmpl* (*personales*) effects; (*bienes*) goods; (*Com*) assets; **~ invernadero** greenhouse effect; **~s especiales** special effects; **~s secundarios** side effects; **~s sonoros** sound effects; **en ~** in fact; (*respuesta*) exactly, indeed

efectuar [efek'twar] /1e/ *vt* to carry out; (*viaje*) to make

eficacia [efi'kaθja] *nf* (*de persona*) efficiency; (*de medicamento etc*) effectiveness

eficaz [efi'kaθ] *adj* (*persona*) efficient; (*acción*) effective

eficiente [efi'θjente] *adj* efficient

egipcio, -a [e'xipθjo, a] *adj*, *nm/f* Egyptian

Egipto [e'xipto] *nm* Egypt

egoísmo [eɣo'ismo] *nm* egoism

egoísta [eɣo'ista] *adj* egoistical, selfish ▷ *nmf* egoist

Eire ['eire] *nm* Eire

ej. *abr* (= *ejemplo*) e.g.

eje ['exe] *nm* (*Geo*, *Mat*) axis; (*de rueda*) axle; (*de máquina*) shaft, spindle

ejecución [exeku'θjon] *nf* execution; (*cumplimiento*) fulfilment; (*actuación*) performance; (*Jur*: *embargo de deudor*) attachment

ejecutar [exeku'tar] /1a/ *vt* to execute, carry out; (*matar*) to execute; (*cumplir*) to fulfil; (*Mus*) to perform; (*Jur*: *embargar*) to attach, distrain

ejecutivo, -a [exeku'tiβo, a] *adj* executive; **el (poder) ~** the executive (power)

ejemplar [exem'plar] *adj* exemplary ▷ *nm* example; (*Zool*) specimen; (*de libro*) copy; (*de periódico*) number, issue

ejemplo [e'xemplo] *nm* example; **por ~** for example

ejercer [exer'θer] /2b/ *vt* to exercise; (*influencia*) to exert; (*un oficio*) to practise ▷ *vi*: **~ de** to practise as

ejercicio [exer'θiθjo] *nm* exercise; (*período*) tenure; **~ comercial** business year; **hacer ~** to take exercise

ejército [e'xerθito] *nm* army; **E~ del Aire/de Tierra** Air Force/Army; **entrar en el ~** to join the army, join up

ejote [e'xote] *nm* (*LAM*) green bean

PALABRA CLAVE

el [el] (*fem* **la**, *neutro* **lo**, *pl* **los, las**) *artículo definido* **1** the; **el libro/la mesa/los estudiantes/las flores** the book/table/students/flowers
2 (*con n abstracto o propio, no se traduce*): **el amor/la juventud** love/youth
3 (*posesión, se traduce a menudo por adj posesivo*): **romperse el brazo** to break one's arm; **levantó la mano** he put his hand up; **se puso el sombrero** she put her hat on
4 (*valor descriptivo*): **tener la boca grande/los ojos azules** to have a big mouth/blue eyes
5 (*con días*) on; **me iré el viernes** I'll leave on Friday; **los domingos suelo ir a nadar** on Sundays I generally go swimming
6 (*lo + adj*): **lo difícil/caro** what is difficult/expensive; (*cuán*): **no se da cuenta de lo pesado que es** he doesn't realize how boring he is
▶ *pron demostrativo* **1**: **mi libro y el de usted** my book and yours; **las de Pepe son mejores** Pepe's are better; **no la(s) blanca(s) sino la(s) gris(es)** not the white one(s) but the grey one(s)
2: **lo de: lo de ayer** what happened yesterday; **lo de las facturas** that business about the invoices
▶ *pron relativo* **1**: **el que** *etc* (*indef*): **el (los) que quiera(n) que se vaya(n)** anyone who wants to can leave; **llévese el/la que más le guste** take the one you like best; (*def*): **el que compré ayer** the one I bought yesterday; **los que se van** those who leave
2: **lo que**: **lo que pienso yo/más me gusta** what I think/like most
▶ *conj*: **el que**: **el que lo diga** the fact that he says so;**el que sea tan vago me molesta** his being so lazy bothers me
▶ *excl*: **¡el susto que me diste!** what a fright you gave me!
▶ *pron personal* **1** (*persona*: *m*) him; (: *f*) her; (: *pl*) them; **lo/las veo** I can see him/them
2 (*animal, cosa*: *sg*) it; (: *pl*) them; **lo (o la) veo** I can see it; **los (o las) veo** I can see them
3: **lo** (*como sustituto de frase*): **no lo sabía** I didn't know; **ya lo entiendo** I understand now

él [el] *pron* (*persona*) he; (*cosa*) it; (*después de prep*: *persona*) him; (: *cosa*) it; **mis libros y los de él** my books and his

elaborar [elaβo'rar] /1a/ *vt* (*producto*) to make, manufacture; (*preparar*) to prepare; (*madera, metal etc*) to work; (*proyecto etc*) to work on *o* out

elástico, -a [e'lastiko, a] *adj* elastic; (*flexible*) flexible ▷ *nm* elastic; (*gomita*) elastic band

elección [elek'θjon] *nf* election; (*selección*) choice, selection; **elecciones generales** general election *sg*

electorado [elekto'raðo] *nm* electorate, voters *pl*

electricidad [elektriθi'ðað] *nf* electricity

electricista [elektri'θista] *nmf* electrician

eléctrico, -a [e'lektriko, a] *adj* electric

electro... [elektro] *pref* electro...; **electrocardiograma** *nm* electrocardiogram; **electrocutar** /1a/ *vt* to electrocute; **electrodo** *nm* electrode; **electrodomésticos** *nmpl* (electrical) household appliances

electrónico, -a [elek'troniko, a] *adj* electronic ▷ *nf* electronics *sg*

electrotren [elektro'tren] *nm* express electric train

elefante [ele'fante] *nm* elephant

elegancia [ele'ɣanθja] *nf* elegance, grace; (*estilo*) stylishness

elegante [ele'ɣante] *adj* elegant, graceful; (*estiloso*) stylish, fashionable

elegir [ele'xir] /3c, 3k/ *vt* (*escoger*) to choose, select; (*optar*) to opt for; (*presidente*) to elect

elemental [elemen'tal] *adj* (*claro, obvio*) elementary; (*fundamental*) elemental, fundamental

elemento [ele'mento] *nm* element; (*fig*) ingredient; **elementos** *nmpl* elements, rudiments

elepé [ele'pe] *nm* LP

elevación [eleβa'θjon] *nf* elevation; (*acto*) raising, lifting; (*de precios*) rise; (*Geo etc*) height, altitude

elevado, -a [ele'βaðo, a] *pp de* **elevar** ▷ *adj* high

elevar [ele'βar] /1a/ *vt* to raise, lift (up); (*precio*) to put up; **elevarse** *vr* (*edificio*) to rise; (*precios*) to go up

eligiendo *etc* [eli'xjenðo], **elija** *etc* [e'lixa] *vb V* **elegir**

eliminar [elimi'nar] /1a/ *vt* to eliminate, remove

eliminatoria [elimina'torja] *nf* heat, preliminary (round)

elite [e'lite], **élite** ['elite] *nf* elite

ella ['eʎa] *pron* (*persona*) she; (*cosa*) it; (*después de prep*: *persona*) her; (: *cosa*) it; **de ~** hers

ellas ['eʎas] *pron V* **ellos**

ello ['eʎo] *pron neutro* it; **es por ~ que ...** that's why ...

ellos, -as ['eʎos, as] *pron personal pl* they; (*después de prep*) them; **de ~** theirs

elogiar [elo'xjar] /1b/ *vt* to praise; **elogio** *nm* praise

elote [e'lote] *nm* (*LAm*) corn on the cob

eludir [elu'ðir] /3a/ *vt* to avoid

email ['imeil] *nm* email *m*; (*dirección*) email address; **mandar un ~ a algn** to email sb, send sb an email

embajada [emba'xaða] *nf* embassy

embajador, a [embaxa'ðor, a] *nm/f* ambassador/ambassadress

embalar [emba'lar] /1a/ *vt* to parcel, wrap (up); **embalarse** *vr* to go fast

embalse [em'balse] *nm* (*presa*) dam; (*lago*) reservoir

embarazada [embara'θaða] *adj f* pregnant ▷ *nf* pregnant woman

No confundir *embarazada* con la palabra inglesa *embarrassed*.

embarazo [emba'raθo] *nm* (*de mujer*) pregnancy; (*impedimento*) obstacle, obstruction; (*timidez*) embarrassment; **embarazoso, -a** *adj* awkward; (*violento*) embarrassing

embarcación [embarka'θjon] *nf* (*barco*) boat, craft; (*acto*) embarkation

embarcadero [embarka'ðero] *nm* pier, landing stage

embarcar [embar'kar] /1g/ *vt* (*cargamento*) to ship, stow; (*persona*) to embark, put on board; **embarcarse** *vr* to embark, go on board

embargar [embar'ɣar] /1h/ *vt* (*Jur*) to seize, impound

embargo [em'barɣo] *nm* (*Jur*) seizure; (*Com etc*) embargo

embargue *etc* [em'barɣe] *vb V* **embargar**

embarque *etc* [em'barke] *vb V* **embarcar** ▷ *nm* shipment, loading

embellecer [embeʎe'θer] /2d/ *vt* to embellish, beautify

embestida [embes'tiða] *nf* attack, onslaught; (*carga*) charge

embestir [embes'tir] /3k/ *vt* to attack, assault; to charge, attack ▷ *vi* to attack

emblema [em'blema] *nm* emblem
embobado, -a [embo'βaðo, a] *adj* (*atontado*) stunned, bewildered
embolia [em'bolja] *nf* (*Med*) clot, embolism
émbolo ['embolo] *nm* (*Auto*) piston
emborrachar [emborra'tʃar] /1a/ *vt* to make drunk, intoxicate; **emborracharse** *vr* to get drunk
emboscada [embos'kaða] *nf* ambush
embotar [embo'tar] /1a/ *vt* to blunt, dull
embotellamiento [emboteʎa'mjento] *nm* (*Auto*) traffic jam
embotellar [embote'ʎar] /1a/ *vt* to bottle
embrague [em'braɣe] *nm* (*tb*: **pedal de ~**) clutch
embrión [em'brjon] *nm* embryo
embrollo [em'broʎo] *nm* (*enredo*) muddle, confusion; (*aprieto*) fix, jam
embrujado, -a [embru'xaðo, a] *adj* bewitched; **casa embrujada** haunted house
embrutecer [embrute'θer] /2d/ *vt* (*atontar*) to stupefy
embudo [em'buðo] *nm* funnel
embuste [em'buste] *nm* (*mentira*) lie; **embustero, -a** *adj* lying, deceitful ▷ *nm/f* (*mentiroso*) liar
embutido [embu'tiðo] *nm* (*Culin*) sausage; (*Tec*) inlay
emergencia [emer'xenθja] *nf* emergency; (*surgimiento*) emergence
emerger [emer'xer] /2c/ *vi* to emerge, appear
emigración [emiɣra'θjon] *nf* emigration; (*de pájaros*) migration
emigrar [emi'ɣrar] /1a/ *vi* (*personas*) to emigrate; (*pájaros*) to migrate
eminente [emi'nente] *adj* eminent, distinguished; (*elevado*) high
emisión [emi'sjon] *nf* (*acto*) emission; (*Com etc*) issue; (*Radio, TV*: *acto*) broadcasting; (: *programa*) broadcast, programme, program (*US*)
emisor, a [emi'sor, a] *nm* transmitter ▷ *nf* radio *o* broadcasting station
emitir [emi'tir] /3a/ *vt* (*olor etc*) to emit, give off; (*moneda etc*) to issue; (*opinión*) to express; (*Radio*) to broadcast
emoción [emo'θjon] *nf* emotion; (*excitación*) excitement; (*sentimiento*) feeling
emocionante [emoθjo'nante] *adj* (*excitante*) exciting, thrilling
emocionar [emoθjo'nar] /1a/ *vt* (*excitar*) to excite, thrill; (*conmover*) to move, touch; (*impresionar*) to impress
emoticón [emoti'kon], **emoticono** [emoti'kono] *nm* smiley
emotivo, -a [emo'tiβo, a] *adj* emotional
empacho [em'patʃo] *nm* (*Med*) indigestion; (*fig*) embarrassment
empalagoso, -a [empala'ɣoso, a] *adj* cloying; (*fig*) tiresome
empalmar [empal'mar] /1a/ *vt* to join, connect ▷ *vi* (*dos caminos*) to meet, join; **empalme** *nm* joint, connection; (*de vías*) junction; (*de trenes*) connection
empanada [empa'naða] *nf* pie, pasty
empañarse [empa'ɲarse] /1a/ *vr* (*nublarse*) to get misty, steam up
empapar [empa'par] /1a/ *vt* (*mojar*) to soak, saturate; (*absorber*) to soak up, absorb; **empaparse** *vr*: **~se de** to soak up
empapelar [empape'lar] /1a/ *vt* (*paredes*) to paper
empaquetar [empake'tar] /1a/ *vt* to pack, parcel up
empastar [empas'tar] /1a/ *vt* (*embadurnar*) to paste; (*diente*) to fill
empaste [em'paste] *nm* (*de diente*) filling
empatar [empa'tar] /1a/ *vi* to draw, tie; **~on a dos** they drew two-all; **empate** *nm* draw, tie
empecé [empe'θe] *vb V* **empezar**
empedernido, -a [empeðer'niðo, a] *adj* hard, heartless; (*fijado*) inveterate; **un fumador ~** a heavy smoker

empeine [em'peine] *nm* (*de pie, zapato*) instep
empeñado, -a [empe'ɲaðo, a] *adj* (*persona*) determined; (*objeto*) pawned
empeñar [empe'ɲar] /1a/ *vt* (*objeto*) to pawn, pledge; (*persona*) to compel; **empeñarse** *vr* (*endeudarse*) to get into debt; **~se en hacer** to be set on doing, be determined to do
empeño [em'peɲo] *nm* (*determinación*) determination; **casa de ~s** pawnshop
empeorar [empeo'rar] /1a/ *vt* to make worse, worsen ▷ *vi* to get worse, deteriorate
empezar [empe'θar] /1f, 1j/ *vt, vi* to begin, start
empiece *etc* [em'pjeθe] *vb V* **empezar**
empiezo *etc* [em'pjeθo] *vb V* **empezar**
emplasto [em'plasto] *nm* (*Med*) plaster
emplazar [empla'θar] /1f/ *vt* (*ubicar*) to site, place, locate; (*Jur*) to summons; (*convocar*) to summon
empleado, -a [emple'aðo, a] *nm/f* (*gen*) employee; (*de banco etc*) clerk
emplear [emple'ar] /1a/ *vt* (*usar*) to use, employ; (*dar trabajo a*) to employ; **emplearse** *vr* (*conseguir trabajo*) to be employed; (*ocuparse*) to occupy o.s.
empleo [em'pleo] *nm* (*puesto*) job; (*puestos: colectivamente*) employment; (*uso*) use, employment
empollar [empo'ʎar] /1a/ *vt* (*fam*) to swot (up); **empollón, -ona** *nm/f* (*fam*) swot
emporio [em'porjo] *nm* (LAM: *gran almacén*) department store
empotrado, -a [empo'traðo, a] *adj* (*armario etc*) built-in
emprender [empren'der] /2a/ *vt* (*empezar*) to begin, embark on; (*acometer*) to tackle, take on
empresa [em'presa] *nf* enterprise; (*Com*) firm, company; **empresariales** *nfpl* business studies; **empresario, -a** *nm/f* (*Com*) businessman/woman
empujar [empu'xar] /1a/ *vt* to push, shove
empujón [empu'xon] *nm* push, shove
empuñar [empu'ɲar] /1a/ *vt* (*asir*) to grasp, take (firm) hold of

PALABRA CLAVE

en [en] *prep* **1** (*posición*) in; (: *sobre*) on; **está en el cajón** it's in the drawer; **en Argentina/La Paz** in Argentina/La Paz; **en el colegio/la oficina** at school/the office; **está en el suelo/quinto piso** it's on the floor/the fifth floor
2 (*dirección*) into; **entró en el aula** she went into the classroom; **meter algo en el bolso** to put sth into one's bag
3 (*tiempo*) in; on; **en 1605/3 semanas/invierno** in 1605/3 weeks/winter; **en (el mes de) enero** in (the month of) January; **en aquella ocasión/época** on that occasion/at that time
4 (*precio*) for; **lo vendió en 20 dólares** he sold it for 20 dollars
5 (*diferencia*) by; **reducir/aumentar en una tercera parte/un 20 por ciento** to reduce/increase by a third/20 per cent
6 (*manera, forma*): **en avión/autobús** by plane/bus; **escrito en inglés** written in English
7 (*después de vb que indica gastar etc*) on; **han cobrado demasiado en dietas** they've charged too much to expenses; **se le va la mitad del sueldo en comida** half his salary goes on food
8 (*tema, ocupación*): **experto en la materia** expert on the subject; **trabaja en la construcción** he works in the building industry
9 (*adj + en + infin*): **lento en reaccionar** slow to react

enagua(s) [enaɣwa(s)] *nf* (*pl*) (*esp* LAM) petticoat *sg*, underskirt *sg*

enajenación [enaxena'θjon] *nf*: **~mental** mental derangement

enamorado, -a [enamo'rađo, a] *adj* in love ▷ *nm/f* lover; **estar ~ (de)** to be in love (with)

enamorar [enamo'rar] /1a/ *vt* to win the love of; **enamorarse** *vr*: **~se (de)** to fall in love (with)

enano, -a [e'nano, a] *adj* tiny ▷ *nm/f* person of small stature

encabezamiento [enkaβeθa'mjento] *nm* (*de carta*) heading; (*de periódico*) headline

encabezar [enkaβe'θar] /1f/ *vt* (*movimiento, revolución*) to lead, head; (*lista*) to head; (*carta*) to put a heading to

encadenar [enkađe'nar] /1a/ *vt* to chain (together); (*poner grilletes a*) to shackle

encajar [enka'xar] /1a/ *vt* (*ajustar*): **~ en** to fit (into) ▷ *vi* to fit (well); (*fig*: *corresponder a*) to match

encaje [en'kaxe] *nm* (*labor*) lace

encallar [enka'ʎar] /1a/ *vi* (*Naut*) to run aground

encaminar [enkami'nar] /1a/ *vt* to direct, send

encantado, -a [enkan'tađo, a] *adj* (*hechizado*) bewitched; (*muy contento*) delighted; **¡~!** how do you do!, pleased to meet you

encantador, a [enkanta'đor, a] *adj* charming, lovely ▷ *nm/f* magician, enchanter/enchantress

encantar [enkan'tar] /1a/ *vt* to charm, delight; (*hechizar*) to bewitch, cast a spell on; **me encanta eso** I love that; **encanto** *nm* (*magia*) spell, charm; (*fig*) charm, delight

encarcelar [enkarθe'lar] /1a/ *vt* to imprison, jail

encarecer [enkare'θer] /2d/ *vt* to put up the price of ▷ **encarecerse** *vr* to get dearer

encargado, -a [enkar'ɣađo, a] *adj* in charge ▷ *nm/f* agent, representative; (*responsable*) person in charge

encargar [enkar'ɣar] /1h/ *vt* to entrust; (*recomendar*) to urge, recommend; **encargarse** *vr*: **~se de** to look after, take charge of; **~ algo a algn** to put sb in charge of sth

encargo [en'karɣo] *nm* (*pedido*) assignment, job; (*responsabilidad*) responsibility; (*Com*) order

encariñarse [enkari'ɲarse] /1a/ *vr*: **~ con** to grow fond of, get attached to

encarnación [enkarna'θjon] *nf* incarnation, embodiment

encarrilar [enkarri'lar] /1a/ *vt* (*tren*) to put back on the rails; (*fig*) to correct, put on the right track

encasillar [enkasi'ʎar] /1a/ *vt* (*Teat*) to typecast; (*pey*) to pigeonhole

encendedor [enθende'đor] *nm* lighter

encender [enθen'der] /2g/ *vt* (*con fuego*) to light; (*luz, radio*) to put on, switch on; (*avivar*: *pasiones etc*) to inflame; **encenderse** *vr* to catch fire; (*excitarse*) to get excited; (*de cólera*) to flare up; (*el rostro*) to blush

encendido, -a [enθen'diđo, a] *adj* alight; (*aparato*) (switched) on ▷ *nm* (*Auto*) ignition

encerado, -a [enθe'rađo, a] *adj* (*suelo*) waxed ▷ *nm* (*Escol*) blackboard

encerrar [enθe'rrar] /1j/ *vt* (*confinar*) to shut in *o* up; (*comprender, incluir*) to include, contain; **encerrarse** *vr* to shut *o* lock o.s. up *o* in

encharcado, -a [entʃar'kađo, a] *adj* (*terreno*) flooded

encharcar [entʃar'kar] /1g/ *vt* to swamp, flood; **encharcarse** *vr* to become flooded

enchufado, -a [entʃu'fađo, a] *nm/f* (*fam*) well-connected person

enchufar [entʃu'far] /1a/ *vt* (*Elec*) to plug in; (*Tec*) to connect, fit together; **enchufe** *nm* (*Elec*: *clavija*) plug; (: *toma*) socket; (*de dos tubos*) joint, connection; (*fam*: *influencia*) contact, connection; (: *puesto*) cushy job

encía [en'θia] *nf* gum

encienda *etc* [en'θjenda] *vb V* **encender**

encierro *etc* [en'θjerro] *vb V* **encerrar** ▷ *nm* shutting in *o* up; (*calabozo*) prison

encima [en'θima] *adv* (*sobre*) above, over; (*además*) besides; **~ de** (*en*) on, on top of; (*sobre*) above, over; (*además de*) besides, on top of; **por ~ de** over; **¿llevas dinero ~?** have you (got) any money on you?; **se me vino ~** it took me by surprise

encina [en'θina] *nf* (holm) oak

encinta [en'θinta] *adj f* pregnant

enclenque [en'klenke] *adj* weak, sickly

encoger [enko'xer] /2c/ *vt* (*gen*) to shrink, contract; **encogerse** *vr* to shrink, contract; (*fig*) to cringe; **~se de hombros** to shrug one's shoulders

encomendar [enkomen'dar] /1j/ *vt* to entrust, commend; **encomendarse** *vr*: **~se a** to put one's trust in

encomienda *etc* [enko'mjenda] *vb V* **encomendar** ▷ *nf* (*encargo*) charge, commission; (*elogio*) tribute; (LAM) parcel, package; **~ postal** (LAM: *servicio*) parcel post

encontrar [enkon'trar] /1l/ *vt* (*hallar*) to find; (*inesperadamente*) to meet, run into; **encontrarse** *vr* to meet (each other); (*situarse*) to be (situated); **~se con** to meet; **~se bien (de salud)** to feel well

encrucijada [enkruθi'xaða] *nf* crossroads *sg*

encuadernación [enkwaðerna'θjon] *nf* binding

encuadrar [enkwa'ðrar] /1a/ *vt* (*retrato*) to frame; (*ajustar*) to fit, insert; (*encerrar*) to contain

encubrir [enku'βrir] /3a/ *vt* (*ocultar*) to hide, conceal; (*criminal*) to harbour, shelter

encuentro [en'kwentro] *vb V* **encontrar** ▷ *nm* (*de personas*) meeting; (*Auto etc*) collision, crash; (*Deporte*) match, game; (*Mil*) encounter

encuerado, -a [enkwe'raðo, a] *adj* (LAM) nude, naked

encuesta [en'kwesta] *nf* inquiry, investigation; (*sondeo*) public opinion poll

encumbrar [enkum'brar] /1a/ *vt* (*persona*) to exalt

endeble [en'deβle] *adj* (*argumento, excusa, persona*) weak

endemoniado, -a [endemo'njaðo, a] *adj* possessed (of the devil); (*travieso*) devilish

enderezar [endere'θar] /1f/ *vt* (*poner derecho*) to straighten (out); (: *verticalmente*) to set upright; (*fig*) to straighten *o* sort out; (*dirigir*) to direct; **enderezarse** *vr* (*persona sentada*) to sit up straight

endeudarse [endeu'ðarse] /1a/ *vr* to get into debt

endiablado, -a [endja'βlaðo, a] *adj* devilish, diabolical; (*humorístico*) mischievous

endilgar [endil'ɣar] /1h/ *vt* (*fam*): **~ algo a algn** to lumber sb with sth

endiñar [endi'ɲar] /1a/ *vt*: **~ algo a algn** to land sth on sb

endosar [endo'sar] /1a/ *vt* (*cheque etc*) to endorse

endulzar [endul'θar] /1f/ *vt* to sweeten; (*suavizar*) to soften

endurecer [endure'θer] /2d/ *vt* to harden; **endurecerse** *vr* to harden, grow hard

enema [e'nema] *nm* (*Med*) enema

enemigo, -a [ene'miɣo, a] *adj* enemy, hostile ▷ *nm/f* enemy

enemistad [enemis'tað] *nf* enmity

enemistar [enemis'tar] /1a/ *vt* to make enemies of, cause a rift between; **enemistarse** *vr* to become enemies; (*amigos*) to fall out

energía [ener'xia] *nf* (*vigor*) energy, drive; (*empuje*) push; (*Tec, Elec*) energy, power; **~ atómica/eléctrica/eólica** atomic/electric/

wind power; **~ solar** solar energy *o* power

enérgico, -a [e'nerxiko, a] *adj* (*gen*) energetic; (*voz, modales*) forceful

energúmeno, -a [ener'ɣumeno, a] *nm/f* madman/woman

enero [e'nero] *nm* January

enfadado, -a [enfa'ðaðo, a] *adj* angry, annoyed

enfadar [enfa'ðar] /1a/ *vt* to anger, annoy; **enfadarse** *vr* to get angry *o* annoyed

enfado [en'faðo] *nm* (*enojo*) anger, annoyance; (*disgusto*) trouble, bother

énfasis ['enfasis] *nm* emphasis, stress

enfático, -a [en'fatiko, a] *adj* emphatic

enfermar [enfer'mar] /1a/ *vt* to make ill ▷ *vi* to fall ill, be taken ill

enfermedad [enferme'ðað] *nf* illness; **~ venérea** venereal disease

enfermera [enfer'mera] *nf V* **enfermero**

enfermería [enferme'ria] *nf* infirmary; (*de colegio etc*) sick bay

enfermero, -a [enfer'mero, a] *nm* (male) nurse ▷ *nf* nurse

enfermizo, -a [enfer'miθo, a] *adj* (*persona*) sickly, unhealthy; (*fig*) unhealthy

enfermo, -a [en'fermo, a] *adj* ill, sick ▷ *nm/f* invalid, sick person; (*en hospital*) patient; **caer** *o* **ponerse ~** to fall ill

enfocar [enfo'kar] /1g/ *vt* (*foto etc*) to focus; (*problema etc*) to consider, look at

enfoque *etc* [en'foke] *vb V* **enfocar** ▷ *nm* focus

enfrentar [enfren'tar] /1a/ *vt* (*peligro*) to face (up to), confront; (*oponer*) to bring face to face; **enfrentarse** *vr* (*dos personas*) to face *o* confront each other; (*Deporte*: *dos equipos*) to meet; **~se a** *o* **con** to face up to, confront

enfrente [en'frente] *adv* opposite; **~ de** opposite, facing; **la casa de ~** the house opposite, the house across the street

enfriamiento [enfria'mjento] *nm* chilling, refrigeration; (*Med*) cold, chill

enfriar [enfri'ar] /1c/ *vt* (*alimentos*) to cool, chill; (*algo caliente*) to cool down; **enfriarse** *vr* to cool down; (*Med*) to catch a chill; (*amistad*) to cool

enfurecer [enfure'θer] /2d/ *vt* to enrage, madden; **enfurecerse** *vr* to become furious, fly into a rage; (*mar*) to get rough

enganchar [engan'tʃar] /1a/ *vt* to hook; (*dos vagones*) to hitch up; (*Tec*) to couple, connect; (*Mil*) to recruit; **engancharse** *vr* (*Mil*) to enlist, join up

enganche [en'gantʃe] *nm* hook; (*Tec*) coupling, connection; (*acto*) hooking (up); (*Mil*) recruitment, enlistment; (LAM: *depósito*) deposit

engañar [enga'ɲar] /1a/ *vt* to deceive; (*estafar*) to cheat, swindle; **engañarse** *vr* (*equivocarse*) to be wrong; (*asimismo*) to deceive *o* kid o.s.

engaño [en'gaɲo] *nm* deceit; (*estafa*) trick, swindle; (*error*) mistake, misunderstanding; (*ilusión*) delusion; **engañoso, -a** *adj* (*tramposo*) crooked; (*mentiroso*) dishonest, deceitful; (*aspecto*) deceptive; (*consejo*) misleading

engatusar [engatu'sar] /1a/ *vt* (*fam*) to coax

engendro [en'xendro] *nm* (*Bio*) foetus; (*fig*) monstrosity

englobar [englo'βar] /1a/ *vt* to include, comprise

engordar [engor'ðar] /1a/ *vt* to fatten ▷ *vi* to get fat, put on weight

engorroso, -a [engo'rroso, a] *adj* bothersome, trying

engranaje [engra'naxe] *nm* (*Auto*) gear

engrasar [engra'sar] /1a/ *vt* (*Tec*: *poner grasa*) to grease; (: *lubricar*) to lubricate, oil; (*manchar*) to make greasy

engreído, -a [engre'iðo, a] *adj* vain, conceited
enhebrar [ene'βrar] /1a/ *vt* to thread
enhorabuena [enora'βwena] *excl*: **¡~!** congratulations! ▷ *nf*: **dar la ~ a** to congratulate
enigma [e'niɣma] *nm* enigma; (*problema*) puzzle; (*misterio*) mystery
enjambre [en'xamβre] *nm* swarm
enjaular [enxau'lar] /1a/ *vt* to (put in a) cage; (*fam*) to jail, lock up
enjuagar [enxwa'ɣar] /1h/ *vt* (*ropa*) to rinse (out)
enjuague *etc* [en'xwaɣe] *vb V* **enjuagar** ▷ *nm* (*Med*) mouthwash; (*de ropa*) rinse, rinsing
enjugar [enxu'ɣar] /1h/ *vt* to wipe (off); (*lágrimas*) to dry; (*déficit*) to wipe out
enlace [en'laθe] *nm* link, connection; (*relación*) relationship; (*tb*: **~ matrimonial**) marriage; (*de trenes*) connection; **~ sindical** shop steward
enlatado, -a [enla'tado, a] *adj* (*alimentos, productos*) tinned, canned
enlazar [enla'θar] /1f/ *vt* (*unir con lazos*) to bind together; (*atar*) to tie; (*conectar*) to link, connect; (LAm) to lasso
enloquecer [enloke'θer] /2d/ *vt* to drive mad ▷ *vi* to go mad
enmarañar [enmara'ɲar] /1a/ *vt* (*enredar*) to tangle up, entangle; (*complicar*) to complicate; (*confundir*) to confuse
enmarcar [enmar'kar] /1g/ *vt* (*cuadro*) to frame
enmascarar [enmaska'rar] /1a/ *vt* to mask; **enmascararse** *vr* to put on a mask
enmendar [enmen'dar] /1j/ *vt* to emend, correct; (*constitución etc*) to amend; (*comportamiento*) to reform; **enmendarse** *vr* to reform, mend one's ways; **enmienda** *nf* correction; amendment; reform
enmudecer [enmuðe'θer] /2d/ *vi* (*perder el habla*) to fall silent; (*guardar silencio*) to remain silent
ennoblecer [ennoβle'θer] /2d/ *vt* to ennoble
enojado, -a [eno'xaðo, a] *adj* (LAm) angry
enojar [eno'xar] /1a/ *vt* (*encolerizar*) to anger; (*disgustar*) to annoy, upset; **enojarse** *vr* to get angry; to get annoyed
enojo [e'noxo] *nm* (*cólera*) anger; (*irritación*) annoyance
enorme [e'norme] *adj* enormous, huge; (*fig*) monstrous
enredadera [enreða'ðera] *nf* (*Bot*) creeper, climbing plant
enredar [enre'ðar] /1a/ *vt* (*cables, hilos etc*) to tangle (up), entangle; (*situación*) to complicate, confuse; (*meter cizaña*) to sow discord among *o* between; (*implicar*) to embroil, implicate; **enredarse** *vr* to get entangled, get tangled (up); (*situación*) to get complicated; (*persona*) to get embroiled; (LAm *fam*) to meddle
enredo [en'reðo] *nm* (*maraña*) tangle; (*confusión*) mix-up, confusion; (*intriga*) intrigue
enriquecer [enrike'θer] /2d/ *vt* to make rich; (*fig*) to enrich; **enriquecerse** *vr* to get rich
enrojecer [enroxe'θer] /2d/ *vt* to redden ▷ *vi* (*persona*) to blush; **enrojecerse** *vr* to blush
enrollar [enro'ʎar] /1a/ *vt* to roll (up), wind (up)
ensalada [ensa'laða] *nf* salad
ensaladilla [ensala'ðiʎa] *nf* (*tb*: **~ rusa**) ≈ Russian salad
ensanchar [ensan'tʃar] /1a/ *vt* (*hacer más ancho*) to widen; (*agrandar*) to enlarge, expand; (*Costura*) to let out; **ensancharse** *vr* to get wider, expand
ensayar [ensa'jar] /1a/ *vt* to test, try (out); (*Teat*) to rehearse
ensayo [en'sajo] *nm* test, trial; (*Química*) experiment; (*Teat*) rehearsal; (*Deporte*) try; (*Escol, Lit*) essay
enseguida [ense'ɣuiða] *adv* at once, right away

ensenada [ense'naða] *nf* inlet, cove
enseñanza [ense'ɲanθa] *nf* (*educación*) education; (*acción*) teaching; (*doctrina*) teaching, doctrine; **~ primaria/secundaria/superior** primary/secondary/higher education
enseñar [ense'ɲar] /1a/ *vt* (*educar*) to teach; (*mostrar, señalar*) to show
enseres [en'seres] *nmpl* belongings
ensuciar [ensu'θjar] /1b/ *vt* (*manchar*) to dirty, soil; (*fig*) to defile; **ensuciarse** *vr* to get dirty; (*niño*) to dirty one's nappy
entablar [enta'βlar] /1a/ *vt* (*recubrir*) to board (up); (*Ajedrez, Damas*) to set up; (*conversación*) to strike up; (*Jur*) to file ▷ *vi* to draw
ente ['ente] *nm* (*organización*) body, organization; (*fam: persona*) odd character
entender [enten'der] /2g/ *vt* (*comprender*) to understand; (*darse cuenta*) to realize ▷ *vi* to understand; (*creer*) to think, believe ▷ *nm*: **a mi ~** in my opinion; **entenderse** *vr* (*comprenderse*) to be understood; (*ponerse de acuerdo*) to agree, reach an agreement; **~ de** to know all about; **~ algo de** to know a little about; **~ en** to deal with, have to do with; **~se mal** to get on badly
entendido, -a [enten'diðo, a] *adj* (*comprendido*) understood; (*hábil*) skilled; (*inteligente*) knowledgeable ▷ *nm/f* (*experto*) expert ▷ *excl* agreed!; **entendimiento** *nm* (*comprensión*) understanding; (*inteligencia*) mind, intellect; (*juicio*) judgement
enterado, -a [ente'raðo, a] *adj* well-informed; **estar ~ de** to know about, be aware of
enteramente [entera'mente] *adv* entirely, completely
enterar [ente'rar] /1a/ *vt* (*informar*) to inform, tell; **enterarse** *vr* to find out, get to know
enterito [ente'rito] *nm* (LAM) boiler suit (BRIT), overalls (US)
entero, -a [en'tero, a] *adj* (*total*) whole, entire; (*fig: recto*) honest; (: *firme*) firm, resolute ▷ *nm* (*Com: punto*) point
enterrar [ente'rrar] /1j/ *vt* to bury
entidad [enti'ðað] *nf* (*empresa*) firm, company; (*organismo*) body; (*sociedad*) society; (*Filosofía*) entity
entienda *etc* [en'tjenda] *vb V* **entender**
entierro [en'tjerro] *nm* (*acción*) burial; (*funeral*) funeral
entonación [entona'θjon] *nf* (*Ling*) intonation
entonar [ento'nar] /1a/ *vt* (*canción*) to intone; (*colores*) to tone; (*Med*) to tone up ▷ *vi* to be in tune
entonces [en'tonθes] *adv* then, at that time; **desde ~** since then; **en aquel ~** at that time; **(pues) ~** and so
entornar [entor'nar] /1a/ *vt* (*puerta, ventana*) to half close, leave ajar; (*los ojos*) to screw up
entorno [en'torno] *nm* setting, environment; **~ de redes** (*Inform*) network environment
entorpecer [entorpe'θer] /2d/ *vt* (*entendimiento*) to dull; (*impedir*) to obstruct, hinder; (: *tránsito*) to slow down, delay
entrado, -a [en'traðo, a] *adj*: **~ en años** elderly; **(una vez) ~ el verano** in the summer(time), when summer comes ▷ *nf* (*acción*) entry, access; (*sitio*) entrance, way in; (*Com*) receipts *pl*, takings *pl*; (*Culin*) entrée; (*Deporte*) innings *sg*; (*Teat*) house, audience; (*para el cine etc*) ticket; (*Inform*) input; **entradas y salidas** (*Com*) income and expenditure; **entrada de aire** (*Tec*) air intake *o* inlet; **de entrada** from the outset
entramparse [entram'parse] /1a/ *vr* to get into debt
entrante [en'trante] *adj* next, coming; **entrantes** *nmpl* starters; **mes/año ~** next month/year
entraña [en'traɲa] *nf* (*fig: centro*) heart, core; (*raíz*) root; **entrañas**

e

nfpl (*Anat*) entrails; (*fig*) heart *sg*; **entrañable** *adj* (*amigo*) dear; (*recuerdo*) fond; **entrañar** /1a/ *vt* to entail

entrar [en'trar] /1a/ *vt* (*introducir*) to bring in; (*Inform*) to input ▷ *vi* (*meterse*) to go *o* come in, enter; (*comenzar*): **~ diciendo** to begin by saying; **me entró sed/sueño** I started to feel thirsty/sleepy; **no me entra** I can't get the hang of it

entre ['entre] *prep* (*dos*) between; (*en medio de*) among(st)

entreabrir [entrea'βrir] /3a/ *vt* to half-open, open halfway

entrecejo [entre'θexo] *nm*: **fruncir el ~** to frown

entredicho [entre'ðitʃo] *nm* (*Jur*) injunction; **poner en ~** to cast doubt on; **estar en ~** to be in doubt

entrega [en'treɣa] *nf* (*de mercancías*) delivery; (*de novela etc*) instalment; **entregar** /1h/ *vt* (*dar*) to hand (over), deliver; **entregarse** *vr* (*rendirse*) to surrender, give in, submit; **entregarse a** (*dedicarse*) to devote o.s. to

entremeses [entre'meses] *nmpl* hors d'œuvres

entremeter [entreme'ter] /2a/ *vt* to insert, put in; **entremeterse** *vr* to meddle, interfere; **entremetido, -a** *adj* meddling, interfering

entremezclar [entremeθ'klar] /1a/ *vt* to intermingle; **entremezclarse** *vr* to intermingle

entrenador, a [entrena'ðor, a] *nm/f* trainer, coach

entrenar [entre'nar] /1a/ *vt* (*Deporte*) to train ▷ **entrenarse** *vr* to train

entrepierna [entre'pjerna] *nf* crotch

entresuelo [entre'swelo] *nm* mezzanine

entretanto [entre'tanto] *adv* meanwhile, meantime

entretecho [entre'tetʃo] *nm* (LAM) attic

entretejer [entrete'xer] /2a/ *vt* to interweave

entretener [entrete'ner] /2k/ *vt* (*divertir*) to entertain, amuse; (*detener*) to hold up, delay; **entretenerse** *vr* (*divertirse*) to amuse o.s.; (*retrasarse*) to delay, linger; **entretenido, -a** *adj* entertaining, amusing; **entretenimiento** *nm* entertainment, amusement

entrever [entre'βer] /2u/ *vt* to glimpse, catch a glimpse of

entrevista [entre'βista] *nf* interview; **entrevistar** /1a/ *vt* to interview; **entrevistarse** *vr*: **entrevistarse con** to have an interview with

entristecer [entriste'θer] /2d/ *vt* to sadden, grieve; **entristecerse** *vr* to grow sad

entrometerse [entrome'terse] /2a/ *vr*: **~ (en)** to interfere (in *o* with)

entumecer [entume'θer] /2d/ *vt* to numb, benumb; **entumecerse** *vr* (*por el frío*) to go *o* become numb

enturbiar [entur'βjar] /1b/ *vt* (*el agua*) to make cloudy; (*fig*) to confuse; **enturbiarse** *vr* (*oscurecerse*) to become cloudy; (*fig*) to get confused, become obscure

entusiasmar [entusjas'mar] /1a/ *vt* to excite, fill with enthusiasm; (*gustar mucho*) to delight; **entusiasmarse** *vr*: **~se con** *o* **por** to get enthusiastic *o* excited about

entusiasmo [entu'sjasmo] *nm* enthusiasm; (*excitación*) excitement

entusiasta [entu'sjasta] *adj* enthusiastic ▷ *nmf* enthusiast

enumerar [enume'rar] /1a/ *vt* to enumerate

envainar [embai'nar] /1a/ *vt* to sheathe

envalentonar [embalento'nar] /1a/ *vt* to give courage to; **envalentonarse** *vr* (*pey*: *jactarse*) to boast, brag

envasar [emba'sar] /1a/ *vt* (*empaquetar*) to pack, wrap; (*enfrascar*) to bottle; (*enlatar*) to can; (*embolsar*) to pocket

envase [em'base] *nm* packing, wrapping; bottling; canning; (*recipiente*) container; (*paquete*) package; (*botella*) bottle; (*lata*) tin (BRIT), can
envejecer [embexe'θer] /2d/ *vt* to make old, age ▷ *vi* (*volverse viejo*) to grow old; (*parecer viejo*) to age
envenenar [embene'nar] /1a/ *vt* to poison; (*fig*) to embitter
envergadura [emberɣa'ðura] *nf* (*fig*) scope
enviar [em'bjar] /1c/ *vt* to send; **~ un mensaje a algn** (*por móvil*) to text sb, send sb a text message
enviciar [embi'θjar] /1b/ *vi* (*trabajo etc*) to be addictive; **enviciarse** *vr*: **~se (con** *o* **en)** to get addicted (to)
envidia [em'biðja] *nf* envy; **tener ~ a** to envy, be jealous of; **envidiar** /1b/ *vt* to envy
envío [em'bio] *nm* (*acción*) sending; (*de mercancías*) consignment; (*de dinero*) remittance
enviudar [embju'ðar] /1d/ *vi* to be widowed
envoltorio [embol'torjo] *nm* package
envoltura [embol'tura] *nf* (*cobertura*) cover; (*embalaje*) wrapper, wrapping
envolver [embol'βer] /2h/ *vt* to wrap (up); (*cubrir*) to cover; (*enemigo*) to surround; (*implicar*) to involve, implicate
envuelto [em'bwelto] *vb V* **envolver**
enyesar [enje'sar] /1a/ *vt* (*pared*) to plaster; (*Med*) to put in plaster
enzarzarse [enθar'θarse] /1f/ *vr*: **~ en algo** to get mixed up in sth; (*disputa*) to get involved in sth
épico, -a ['epiko, a] *adj* epic ▷ *nf* epic (poetry)
epidemia [epi'ðemja] *nf* epidemic
epilepsia [epi'lepsja] *nf* epilepsy
episodio [epi'soðjo] *nm* episode
época ['epoka] *nf* period, time; (*Historia*) age, epoch; **hacer ~** to be epoch-making
equilibrar [ekili'βrar] /1a/ *vt* to balance; **equilibrio** *nm* balance, equilibrium; **mantener/perder el equilibrio** to keep/lose one's balance; **equilibrista** *nmf* (*funámbulo*) tightrope walker; (*acróbata*) acrobat
equipaje [eki'paxe] *nm* luggage (BRIT), baggage (US); (*avíos*) equipment, kit; **~ de mano** hand luggage; **hacer el ~** to pack
equipar [eki'par] /1a/ *vt* (*proveer*) to equip
equiparar [ekipa'rar] /1a/ *vt* (*comparar*): **~ con** to compare with; **equipararse** *vr*: **~se con** to be on a level with
equipo [e'kipo] *nm* (*conjunto de cosas*) equipment; (*Deporte*) team; (*de obreros*) shift; **~ de música** music centre
equis ['ekis] *nf* (the letter) X
equitación [ekita'θjon] *nf* (*acto*) riding
equivalente [ekiβa'lente] *adj, nm* equivalent
equivaler [ekiβa'ler] /2p/ *vi*: **~ a** to be equivalent *o* equal to
equivocación [ekiβoka'θjon] *nf* mistake, error
equivocado, -a [ekiβo'kaðo, a] *adj* wrong, mistaken
equivocarse [ekiβo'karse] /1g/ *vr* to be wrong, make a mistake; **~ de camino** to take the wrong road
era ['era] *vb V* **ser** ▷ *nf* era, age
erais ['erais], **éramos** ['eramos], **eran** ['eran] *vb V* **ser**
eras ['eras], **eres** ['eres] *vb V* **ser**
erección [erek'θjon] *nf* erection
lift; (*poner derecho*) to straighten
erigir [eri'xir] /3c/ *vt* to erect, build; **erigirse** *vr*: **~se en** to set o.s. up as
erizo [e'riθo] *nm* hedgehog; **~ de mar** sea urchin
ermita [er'mita] *nf* hermitage; **ermitaño, -a** *nm/f* hermit
erosión [ero'sjon] *nf* erosion
erosionar [erosjo'nar] /1a/ *vt* to erode

e

erótico, -a [e'rotiko, a] *adj* erotic; **erotismo** *nm* eroticism
errante [e'rrante] *adj* wandering, errant
errar *vt*: **~ el camino** to take the wrong road; **~ el tiro** to miss
erróneo, -a [e'rroneo, a] *adj* (*equivocado*) wrong, mistaken
error [e'rror] *nm* error, mistake; (*Inform*) bug; **~ de imprenta** misprint
eructar [eruk'tar] /ɪa/ *vt* to belch, burp
erudito, -a [eru'ðito, a] *adj* erudite, learned
erupción [erup'θjon] *nf* eruption; (*Med*) rash
es [es] *vb V* **ser**
esa ['esa], **esas** ['esas] *adj demostrativo, pron V* **ese**
ésa ['esa], **ésas** *pron V* **ése**
esbelto, -a [es'βelto, a] *adj* slim, slender
esbozo [es'βoθo] *nm* sketch, outline
escabeche [eska'βetʃe] *nm* brine; (*de aceitunas etc*) pickle; **en ~** pickled
escabullirse [eskaβu'ʎirse] /ɜa/ *vr* to slip away; (*largarse*) to clear out
escafandra [eska'fandra] *nf* (*buzo*) diving suit; (*escafandra espacial*) spacesuit
escala [es'kala] *nf* (*proporción, Mus*) scale; (*de mano*) ladder; (*Aviat*) stopover; **hacer ~ en** (*gen*) to stop off at *o* call in at; (*Aviat*) to stop over in
escalafón [eskala'fon] *nm* (*escala de salarios*) salary scale, wage scale
escalar [eska'lar] /ɪa/ *vt* to climb, scale
escalera [eska'lera] *nf* stairs *pl*, staircase; (*escala*) ladder; (*Naipes*) run; **~ mecánica** escalator; **~ de caracol** spiral staircase; **~ de incendios** fire escape
escalfar [eskal'far] /ɪa/ *vt* (*huevos*) to poach
escalinata [eskali'nata] *nf* staircase
escalofriante [eskalo'frjante] *adj* chilling
escalofrío [eskalo'frio] *nm* (*Med*) chill; **escalofríos** *nmpl* (*fig*) shivers
escalón [eska'lon] *nm* step, stair; (*de escalera*) rung
escalope [eska'lope] *nm* (*Culin*) escalope
escama [es'kama] *nf* (*de pez, serpiente*) scale; (*de jabón*) flake; (*fig*) resentment
escampar [eskam'par] /ɪa/ *vb impersonal* to stop raining
escandalizar [eskandali'θar] /ɪf/ *vt* to scandalize, shock; **escandalizarse** *vr* to be shocked; (*ofenderse*) to be offended
escándalo [es'kandalo] *nm* scandal; (*alboroto, tumulto*) row, uproar; **escandaloso, -a** *adj* scandalous, shocking
escandinavo, -a [eskandi'naβo, a] *adj, nm/f* Scandinavian
escanear [eskane'ar] /ɪa/ *vt* to scan
escaño [es'kaɲo] *nm* bench; (*Pol*) seat
escapar [eska'par] /ɪa/ *vi* (*gen*) to escape, run away; (*Deporte*) to break away; **escaparse** *vr* to escape, get away; (*agua, gas, noticias*) to leak (out)
escaparate [eskapa'rate] *nm* shop window; **ir de ~s** to go window shopping
escape [es'kape] *nm* (*de agua, gas*) leak; (*de motor*) exhaust
escarabajo [eskara'βaxo] *nm* beetle
escaramuza [eskara'muθa] *nf* skirmish
escarbar [eskar'βar] /ɪa/ *vt* (*gallina*) to scratch
escarceos [eskar'θeos] *nmpl*: **en sus ~ con la política** in his occasional forays into politics; **~ amorosos** love affairs
escarcha [es'kartʃa] *nf* frost; **escarchado, -a** *adj* (*Culin*: *fruta*) crystallized
escarlatina [eskarla'tina] *nf* scarlet fever
escarmentar [eskarmen'tar] /ɪj/ *vt* to punish severely ▷ *vi* to learn one's lesson

escarmiento *etc* [eskar'mjento] *vb V* **escarmentar** ▷ *nm* (*ejemplo*) lesson; (*castigo*) punishment
escarola [eska'rola] *nf* endive
escarpado, -a [eskar'paðo, a] *adj* (*pendiente*) sheer, steep; (*rocas*) craggy
escasear [eskase'ar] /1a/ *vi* to be scarce
escasez [eska'seθ] *nf* (*falta*) shortage, scarcity; (*pobreza*) poverty
escaso, -a [es'kaso, a] *adj* (*poco*) scarce; (*raro*) rare; (*ralo*) thin, sparse; (*limitado*) limited
escatimar [eskati'mar] /1a/ *vt* to skimp (on), be sparing with
escayola [eska'jola] *nf* plaster
escena [es'θena] *nf* scene; **escenario** *nm* (*Teat*) stage; (*Cine*) set; (*fig*) scene; **escenografía** *nf* set *o* stage design

No confundir *escenario* con la palabra inglesa *scenery*.

escéptico, -a [es'θeptiko, a] *adj* sceptical ▷ *nm/f* sceptic
esclarecer [esklare'θer] /2d/ *vt* (*misterio, problema*) to shed light on
esclavitud [esklaβi'tuð] *nf* slavery
esclavizar [esklaβi'θar] /1f/ *vt* to enslave
esclavo, -a [es'klaβo, a] *nm/f* slave
escoba [es'koβa] *nf* broom; **escobilla** *nf* brush
escocer [esko'θer] /2b, 2h/ *vi* to burn, sting; **escocerse** *vr* to chafe, get chafed
escocés, -esa [esko'θes, esa] *adj* Scottish ▷ *nm/f* Scotsman/woman, Scot
Escocia [es'koθja] *nf* Scotland
escoger [esko'xer] /2c/ *vt* to choose, pick, select; **escogido, -a** *adj* chosen, selected
escolar [esko'lar] *adj* school *cpd* ▷ *nmf* schoolboy/girl, pupil
escollo [es'koʎo] *nm* (*fig*) pitfall
escolta [es'kolta] *nf* escort; **escoltar** /1a/ *vt* to escort
escombros [es'kombros] *nmpl* (*basura*) rubbish *sg*; (*restos*) debris *sg*
esconder [eskon'der] /2a/ *vt* to hide, conceal; **esconderse** *vr* to hide; **escondidas** *nfpl*: **a escondidas** secretly; **escondite** *nm* hiding place; (*juego*) hide-and-seek; **escondrijo** *nm* hiding place, hideout
escopeta [esko'peta] *nf* shotgun
escoria [es'korja] *nf* (*desecho mineral*) slag; (*fig*) scum, dregs *pl*
Escorpio [es'korpjo] *nm* Scorpio
escorpión [eskor'pjon] *nm* scorpion
escotado, -a [esko'taðo, a] *adj* low-cut
escote [es'kote] *nm* (*de vestido*) low neck; **pagar a ~** to share the expenses
escotilla [esko'tiʎa] *nf* (*Naut*) hatchway
escozor [esko'θor] *nm* (*dolor*) sting(ing)
escribible [eskri'βiβle] *adj* writable
escribir [eskri'βir] /3a/ *vt, vi* to write; **~ a máquina** to type; **¿cómo se escribe?** how do you spell it?
escrito, -a [es'krito, a] *pp de* **escribir** ▷ *nm* (*documento*) document; (*manuscrito*) text, manuscript; **por ~** in writing
escritor, a [eskri'tor, a] *nm/f* writer
escritorio [eskri'torjo] *nm* desk
escritura [eskri'tura] *nf* (*acción*) writing; (*caligrafía*) (hand)writing; (*Jur*: *documento*) deed
escrúpulo [es'krupulo] *nm* scruple; (*minuciosidad*) scrupulousness; **escrupuloso, -a** *adj* scrupulous
escrutinio [eskru'tinjo] *nm* (*examen atento*) scrutiny; (*Pol*: *recuento de votos*) count(ing)
escuadra [es'kwaðra] *nf* (*Mil etc*) squad; (*Naut*) squadron; (*de coches etc*) fleet; **escuadrilla** *nf* (*de aviones*) squadron; (*LAm*: *de obreros*) gang
escuadrón [eskwa'ðron] *nm* squadron
escuálido, -a [es'kwaliðo, a] *adj* skinny, scraggy; (*sucio*) squalid
escuchar [esku't∫ar] /1a/ *vt* to listen to ▷ *vi* to listen

escudo [es'kuðo] *nm* shield
escuela [es'kwela] *nf* school; **~ de artes y oficios** (*ESP*) ≈ technical college; **~ de choferes** (*LAM*) driving school; **~ de manejo** (*LAM*) driving school
escueto, -a [es'kweto, a] *adj* plain; (*estilo*) simple
escuincle [es'kwinkle] *nm* (*LAM fam*) kid
esculpir [eskul'pir] /3a/ *vt* to sculpt; (*grabar*) to engrave; (*tallar*) to carve; **escultor, a** *nm/f* sculptor; **escultura** *nf* sculpture
escupidera [eskupi'ðera] *nf* spittoon
escupir [esku'pir] /3a/ *vt* to spit (out) ▷ *vi* to spit
escurreplatos [eskurre'platos] *nm inv* plate rack
escurridero [eskurri'ðero] *nm* (*LAM*) draining board (*BRIT*), drainboard (*US*)
escurridizo, -a [eskurri'ðiθo, a] *adj* slippery
escurridor [eskurri'ðor] *nm* colander
escurrir [esku'rrir] /3a/ *vt* (*ropa*) to wring out; (*verduras, platos*) to drain ▷ *vi* (*los líquidos*) to drip; **escurrirse** *vr* (*secarse*) to drain; (*resbalarse*) to slip, slide; (*escaparse*) to slip away
ese ['ese], **esa** ['esa], **esos** ['esos], **esas** ['esas] *adj demostrativo* that *sg*, those *pl* ▷ *pron* that (one) *sg*, those (ones) *pl*
ése ['ese], **ésa** ['esa], **ésos** ['esos], **ésas** ['esas] *pron* that (one) *sg*, those (ones) *pl*; **~ ... éste ...** the former ... the latter ...; **¡no me vengas con ésas!** don't give me any more of that nonsense!
esencia [e'senθja] *nf* essence; **esencial** *adj* essential
esfera [es'fera] *nf* sphere; (*de reloj*) face; **esférico, -a** *adj* spherical
esforzarse [esfor'θarse] /1f, 1l/ *vr* to exert o.s., make an effort
esfuerzo [es'fwerθo] *vb V* **esforzarse** ▷ *nm* effort
esfumarse [esfu'marse] /1a/ *vr* (*apoyo, esperanzas*) to fade away
esgrima [es'ɣrima] *nf* fencing
esguince [es'ɣinθe] *nm* (*Med*) sprain
eslabón [esla'βon] *nm* link
eslip [ez'lip] *nm* pants *pl* (*BRIT*), briefs *pl*
eslovaco, -a [eslo'βako, a] *adj, nm/f* Slovak, Slovakian ▷ *nm* (*Ling*) Slovak, Slovakian
Eslovaquia [eslo'βakja] *nf* Slovakia
esmalte [es'malte] *nm* enamel; **~ de uñas** nail varnish *o* polish
esmeralda [esme'ralda] *nf* emerald
esmerarse [esme'rarse] /1a/ *vr* (*aplicarse*) to take great pains, exercise great care; (*afanarse*) to work hard
esmero [es'mero] *nm* (great) care
esnob [es'nob] *adj inv* (*persona*) snobbish ▷ *nmf* snob
eso ['eso] *pron* that, that thing *o* matter; **~ de su coche** that business about his car; **~ de ir al cine** all that about going to the cinema; **a ~ de las cinco** at about five o'clock; **en ~** thereupon, at that point; **~ es** that's it; **¡~ sí que es vida!** now this is really living!; **por ~ te lo dije** that's why I told you; **y ~ que llovía** in spite of the fact it was raining
esos ['esos] *adj demostrativo V* **ese**
ésos ['esos] *pron V* **ése**
espacial [espa'θjal] *adj* (*del espacio*) space *cpd*
espaciar [espa'θjar] /1b/ *vt* to space (out)
espacio [es'paθjo] *nm* space; (*Mus*) interval; (*Radio, TV*) programme, program (*US*); **el ~** space; **~ aéreo/exterior** air/outer space; **espacioso, -a** *adj* spacious, roomy
espada [es'paða] *nf* sword; **espadas** *nfpl* (*Naipes*) *one of the suits in the Spanish card deck*
espaguetis [espa'ɣetis] *nmpl* spaghetti *sg*
espalda [es'palda] *nf* (*gen*) back; **~s** *nf pl* (*hombros*) shoulders; **a ~s de algn**

behind sb's back; **estar de ~s** to have one's back turned; **tenderse de ~s** to lie (down) on one's back; **volver la ~ a algn** to cold-shoulder sb

espantajo [espan'taxo] *nm*, **espantapájaros** [espanta'paxaros] *nm inv* scarecrow

espantar [espan'tar] /1a/ *vt* (*asustar*) to frighten, scare; (*ahuyentar*) to frighten off; (*asombrar*) to horrify, appal; **espantarse** *vr* to get frightened *o* scared; to be appalled

espanto [es'panto] *nm* (*susto*) fright; (*terror*) terror; (*asombro*) astonishment; **espantoso, -a** *adj* frightening, terrifying; (*ruido*) dreadful

España [es'paɲa] *nf* Spain; **español, a** *adj* Spanish ▷ *nm/f* Spaniard ▷ *nm* (*Ling*) Spanish

esparadrapo [espara'ðrapo] *nm* surgical tape

esparcir [espar'θir] /3b/ *vt* to spread; (*derramar*) to scatter; **esparcirse** *vr* to spread (out); to scatter; (*divertirse*) to enjoy o.s.

espárrago [es'parraɣo] *nm* asparagus

esparto [es'parto] *nm* esparto (grass)

espasmo [es'pasmo] *nm* spasm

espátula [es'patula] *nf* spatula

especia [es'peθja] *nf* spice

especial [espe'θjal] *adj* special; **especialidad** *nf* speciality, specialty (*US*)

especie [es'peθje] *nf* (*Bio*) species; (*clase*) kind, sort; **pagar en ~** to pay in kind

especificar [espeθifi'kar] /1g/ *vt* to specify; **específico, -a** *adj* specific

espécimen [es'peθimen] (*pl* **especímenes**) *nm* specimen

espectáculo [espek'takulo] *nm* (*gen*) spectacle; (*Teat etc*) show

espectador, a [espekta'ðor, a] *nm/f* spectator

especular [espeku'lar] /1a/ *vt, vi* to speculate

espejismo [espe'xismo] *nm* mirage

espejo [es'pexo] *nm* mirror; **~ retrovisor** rear-view mirror

espeluznante [espeluθ'nante] *adj* horrifying, hair-raising

espera [es'pera] *nf* (*pausa, intervalo*) wait; (*Jur: plazo*) respite; **en ~ de** waiting for; (*con expectativa*) expecting

esperanza [espe'ranθa] *nf* (*confianza*) hope; (*expectativa*) expectation; **hay pocas ~s de que venga** there is little prospect of his coming; **~ de vida** life expectancy

esperar [espe'rar] /1a/ *vt* (*aguardar*) to wait for; (*tener expectativa de*) to expect; (*desear*) to hope for ▷ *vi* to wait; to expect; to hope; **hacer ~ a algn** to keep sb waiting; **~ un bebé** to be expecting (a baby)

esperma [es'perma] *nf* sperm

espeso, -a [es'peso, a] *adj* thick; **espesor** *nm* thickness

espía [es'pia] *nmf* spy; **espiar** /1c/ *vt* (*observar*) to spy on

espiga [es'piɣa] *nf* (*Bot: de trigo etc*) ear

espigón [espi'ɣon] *nm* (*Bot*) ear; (*Naut*) breakwater

espina [es'pina] *nf* thorn; (*de pez*) bone; **~ dorsal** (*Anat*) spine

espinaca [espi'naka] *nf* spinach

espinazo [espi'naθo] *nm* spine, backbone

espinilla [espi'niʎa] *nf* (*Anat: tibia*) shin(bone); (: *en la piel*) blackhead

espinoso, -a [espi'noso, a] *adj* (*planta*) thorny, prickly; (*asunto*) difficult

espionaje [espjo'naxe] *nm* spying, espionage

espiral [espi'ral] *adj, nf* spiral

espirar [espi'rar] /1a/ *vt* to breathe out, exhale

espiritista [espiri'tista] *adj, nmf* spiritualist

espíritu [es'piritu] *nm* spirit; **E~ Santo** Holy Ghost; **espiritual** *adj* spiritual

espléndido, -a [es'plendiðo, a] *adj* (*magnífico*) magnificent, splendid; (*generoso*) generous

esplendor [esplen'dor] *nm* splendour
espolvorear [espolβore'ar] /1a/ *vt* to dust, sprinkle
esponja [es'ponxa] *nf* sponge; (*fig*) sponger; **esponjoso, -a** *adj* spongy
espontaneidad [espontanei'ðað] *nf* spontaneity; **espontáneo, -a** *adj* spontaneous
esposa [es'posa] *nf V* **esposo**; **esposar** /1a/ *vt* to handcuff
esposo, -a [es'poso, a] *nm* husband ▷ *nf* wife; **esposas** *nfpl* handcuffs
espray [es'prai] *nm* spray
espuela [es'pwela] *nf* spur
espuma [es'puma] *nf* foam; (*de cerveza*) froth, head; (*de jabón*) lather; **~ de afeitar** shaving foam; **espumadera** *nf* skimmer; **espumoso, -a** *adj* frothy, foamy; (*vino*) sparkling
esqueleto [eske'leto] *nm* skeleton
esquema [es'kema] *nm* (*diagrama*) diagram; (*dibujo*) plan; (*Filosofía*) schema
esquí [es'ki] (*pl* **esquís**) *nm* (*objeto*) ski; (*deporte*) skiing; **~ acuático** water-skiing; **esquiar** /1c/ *vi* to ski
esquilar [eski'lar] /1a/ *vt* to shear
esquimal [eski'mal] *adj, nmf* Eskimo
esquina [es'kina] *nf* corner; **esquinazo** *nm*: **dar esquinazo a algn** to give sb the slip
esquirol [eski'rol] *nm* (ESP) strikebreaker, blackleg
esquivar [eski'βar] /1a/ *vt* to avoid
esta ['esta] *adj demostrativo, pron V* **este**[1]
está [es'ta] *vb V* **estar**
ésta ['esta] *pron V* **éste**
estabilidad [estaβili'ðað] *nf* stability; **estable** *adj* stable
establecer [estaβle'θer] /2d/ *vt* to establish; **establecerse** *vr* to establish o.s.; (*echar raíces*) to settle (down); **establecimiento** *nm* establishment
establo [es'taβlo] *nm* (*Agr*) stall; (*para vacas*) cowshed; (*para caballos*) stable; (*esp* LAM) barn
estaca [es'taka] *nf* stake, post; (*de tienda de campaña*) peg
estacada [esta'kaða] *nf* (*cerca*) fence, fencing; (*palenque*) stockade
estación [esta'θjon] *nf* station; (*del año*) season; **~ de autobuses/ferrocarril** bus/railway station; **~ balnearia (de turistas)** seaside resort; **~ de servicio** service station
estacionamiento [estaθjona'mjento] *nm* (*Auto*) parking; (*Mil*) stationing
estacionar [estaθjo'nar] /1a/ *vt* (*Auto*) to park; (*Mil*) to station
estada [es'taða], **estadía** [esta'ðia] *nf* (LAM) stay
estadio [es'taðjo] *nm* (*fase*) stage, phase; (*Deporte*) stadium
estadista [esta'ðista] *nm* (*Pol*) statesman; (*Estadística*) statistician
estadística [esta'ðistika] *nf* figure, statistic; (*ciencia*) statistics *sg*
estado [es'taðo] *nm* (*Pol*: *condición*) state; **~ civil** marital status; **~ de ánimo** state of mind; **~ de cuenta(s)** bank statement; **~ mayor** staff; **E~s Unidos (EE.UU.)** United States (of America) (USA); **estar en ~ (de buena esperanza)** to be pregnant
estadounidense [estaðouni'ðense] *adj* United States *cpd*, American ▷ *nmf* American
estafa [es'tafa] *nf* swindle, trick; **estafar** /1a/ *vt* to swindle, defraud
estáis *vb V* **estar**
estallar [esta'ʎar] /1a/ *vi* to burst; (*bomba*) to explode, go off; (*epidemia, guerra, rebelión*) to break out; **~ en llanto** to burst into tears; **estallido** *nm* explosion; (*fig*) outbreak
estampa [es'tampa] *nf* print, engraving; **estampado, -a** *adj* printed ▷ *nm* (*dibujo*) print; (*impresión*) printing; **estampar** /1a/ *vt* (*imprimir*) to print; (*marcar*) to stamp; (*metal*) to engrave; (*poner sello en*) to stamp; (*fig*) to stamp, imprint

estampida [estam'piða] *nf* stampede
estampido [estam'piðo] *nm* bang, report
estampilla [estam'piʎa] *nf* (*LAM*) (postage) stamp
están [es'tan] *vb V* **estar**
estancado, -a [estan'kaðo, a] *adj* stagnant
estancar [estan'kar] /1g/ *vt* (*aguas*) to hold up, hold back; (*Com*) to monopolize; (*fig*) to block, hold up; **estancarse** *vr* to stagnate
estancia [es'tanθja] *nf* (*permanencia*) stay; (*sala*) room; (*LAM*) farm, ranch; **estanciero** *nm* (*LAM*) farmer, rancher
estanco, -a [es'tanko, a] *adj* watertight ▷ *nm* tobacconist's (shop)

ESTANCO

Cigarettes, tobacco, postage stamps and official forms are all sold under state monopoly and usually through a shop called an *estanco*. Tobacco products are also sold in *quioscos* and bars but are generally more expensive. The number of *estanco* licences is regulated by the state.

estándar [es'tandar] *adj, nm* standard
estandarte [estan'darte] *nm* banner, standard
estanque [es'tanke] *nm* (*lago*) pool, pond; (*Agr*) reservoir
estanquero, -a [estan'kero, a] *nm/f* tobacconist
estante [es'tante] *nm* (*armario*) rack, stand; (*biblioteca*) bookcase; (*anaquel*) shelf; **estantería** *nf* shelving, shelves *pl*

PALABRA CLAVE

estar [es'tar] /1o/ *vi* **1** (*posición*) to be; **está en la plaza** it's in the square; **¿está Juan?** is Juan in?; **estamos a 30 km de Junín** we're 30 km from Junín
2 (+ *adj o adv*: *estado*) to be; **estar enfermo** to be ill; **está muy elegante** he's looking very smart; **¿cómo estás?** how are you keeping?
3 (+ *gerundio*) to be; **estoy leyendo** I'm reading
4 (*uso pasivo*): **está condenado a muerte** he's been condemned to death; **está envasado en ...** it's packed in ...
5: **estar a: ¿a cuántos estamos?** what's the date today?; **estamos a 9 de mayo** it's the 9th of May
6 (*locuciones*): **¿estamos?** (*¿de acuerdo?*) okay?; (*¿listo?*) ready?
7: **estar con: está con gripe** he's got (the) flu
8: **estar de: estar de vacaciones/viaje** to be on holiday/away *o* on a trip; **está de camarero** he's working as a waiter
9: **estar para: está para salir** he's about to leave; **no estoy para bromas** I'm not in the mood for jokes
10: **estar por** (*propuesta etc*) to be in favour of; (*persona etc*) to support, side with; **está por limpiar** it still has to be cleaned
11: **estar sin: estar sin dinero** to have no money; **está sin terminar** it isn't finished yet
▶ **estarse** *vr*: **se estuvo en la cama toda la tarde** he stayed in bed all afternoon

estas ['estas] *adj demostrativo, pron V* **este¹**
éstas ['estas] *pron V* **éste**
estatal [esta'tal] *adj* state *cpd*
estático, -a [es'tatiko, a] *adj* static
estatua [es'tatwa] *nf* statue
estatura [esta'tura] *nf* stature, height
este¹ ['este] *nm* east
este² ['este], **esta** ['esta], **estos** ['estos], **estas** ['estas] *adj*

e

demostrativo this *sg*, these *pl* ▷ *pron* this (one) *sg*, these (ones) *pl*

esté [es'te] *vb V* **estar**

éste ['este], **ésta** ['esta], **éstos** ['estos], **éstas** ['estas] *pron* this (one) *sg*, these (ones) *pl*; **ése ... ~ ...** the former ... the latter ...

estén [es'ten] *vb V* **estar**

estepa [es'tepa] *nf* (*Geo*) steppe

estera [es'tera] *nf* matting

estéreo [es'tereo] *adj inv*, *nm* stereo; **estereotipo** *nm* stereotype

estéril [es'teril] *adj* sterile, barren; (*fig*) vain, futile; **esterilizar** /1f/ *vt* to sterilize

esterlina [ester'lina] *adj*: **libra ~** pound sterling

estés [es'tes] *vb V* **estar**

estético, -a [es'tetiko, a] *adj* aesthetic ▷ *nf* aesthetics *sg*

estiércol [es'tjerkol] *nm* dung, manure

estigma [es'tiɣma] *nm* stigma

estilo [es'tilo] *nm* style; (*Tec*) stylus; (*Natación*) stroke; **algo por el ~** something along those lines

estima [es'tima] *nf* esteem, respect

estimación [estima'θjon] *nf* (*evaluación*) estimation; (*aprecio, afecto*) esteem, regard

estimar [esti'mar] /1a/ *vt* (*evaluar*) to estimate; (*valorar*) to value; (*apreciar*) to esteem, respect; (*pensar, considerar*) to think, reckon

estimulante [estimu'lante] *adj* stimulating ▷ *nm* stimulant

estimular [estimu'lar] /1a/ *vt* to stimulate; (*excitar*) to excite

estímulo [es'timulo] *nm* stimulus; (*ánimo*) encouragement

estirar [esti'rar] /1a/ *vt* to stretch; (*dinero, suma etc*) to stretch out; **estirarse** *vr* to stretch

estirón [esti'ron] *nm* pull, tug; (*crecimiento*) spurt, sudden growth; **dar un ~** (*niño*) to shoot up

estirpe [es'tirpe] *nf* stock, lineage

estival [esti'βal] *adj* summer *cpd*

esto ['esto] *pron* this, this thing *o* matter; **~ de la boda** this business about the wedding

Estocolmo [esto'kolmo] *nm* Stockholm

estofado [esto'faðo] *nm* stew

estómago [es'tomaɣo] *nm* stomach; **tener ~** to be thick-skinned

estorbar [estor'βar] /1a/ *vt* to hinder, obstruct; (*fig*) to bother, disturb ▷ *vi* to be in the way; **estorbo** *nm* (*molestia*) bother, nuisance; (*obstáculo*) hindrance, obstacle

estornudar [estornu'ðar] /1a/ *vi* to sneeze

estos ['estos] *adj demostrativo V* **este**[1]

éstos ['estos] *pron V* **éste**

estoy [es'toi] *vb V* **estar**

estrado [es'traðo] *nm* platform

estrafalario, -a [estrafa'larjo, a] *adj* odd, eccentric

estrago [es'traɣo] *nm* ruin, destruction; **hacer ~s en** to wreak havoc among

estragón [estra'ɣon] *nm* tarragon

estrambótico, -a [estram'botiko, a] *adj* odd, eccentric; (*peinado, ropa*) outlandish

estrangular [estrangu'lar] /1a/ *vt* (*persona*) to strangle; (*Med*) to strangulate

estratagema [estrata'xema] *nf* (*Mil*) stratagem; (*astucia*) cunning

estrategia [estra'texja] *nf* strategy; **estratégico, -a** *adj* strategic

estrato [es'trato] *nm* stratum, layer

estrechar [estre'tʃar] /1a/ *vt* (*reducir*) to narrow; (*vestido*) to take in; (*persona*) to hug, embrace; **estrecharse** *vr* (*reducirse*) to narrow, grow narrow; (*2 personas*) to embrace; **~ la mano** to shake hands

estrechez [estre'tʃeθ] *nf* narrowness; (*de ropa*) tightness; **estrecheces** *nfpl* financial difficulties

estrecho, -a [es'tretʃo, a] *adj* narrow; (*apretado*) tight; (*íntimo*) close,

intimate; (*miserable*) mean ▷ *nm* strait; **~ de miras** narrow-minded
estrella [es'treʎa] *nf* star; **~ fugaz** shooting star; **~ de mar** starfish
estrellar [estre'ʎar] /1a/ *vt* (*hacer añicos*) to smash (to pieces); (*huevos*) to fry; **estrellarse** *vr* to smash; (*chocarse*) to crash; (*fracasar*) to fail
estremecer [estreme'θer] /2d/ *vt* to shake; **estremecerse** *vr* to shake, tremble
estrenar [estre'nar] /1a/ *vt* (*vestido*) to wear for the first time; (*casa*) to move into; (*película, obra de teatro*) to première; **estrenarse** *vr* (*persona*) to make one's début; **estreno** *nm* (*Cine etc*) première
estreñido, -a [estre'ɲiðo, a] *adj* constipated
estreñimiento [estreɲi'mjento] *nm* constipation
estrepitoso, -a [estrepi'toso, a] *adj* noisy; (*fiesta*) rowdy
estrés [es'tres] *nm* stress
estría [es'tria] *nf* groove
estribar [estri'βar] /1a/ *vi*: **~ en** to rest on
estribillo [estri'βiʎo] *nm* (*Lit*) refrain; (*Mus*) chorus
estribo [es'triβo] *nm* (*de jinete*) stirrup; (*de coche, tren*) step; (*de puente*) support; (*Geo*) spur; **perder los ~s** to fly off the handle
estribor [estri'βor] *nm* (*Naut*) starboard
estricto, -a [es'trikto, a] *adj* (*riguroso*) strict; (*severo*) severe
estridente [estri'ðente] *adj* (*color*) loud; (*voz*) raucous
estropajo [estro'paxo] *nm* scourer
estropear [estrope'ar] /1a/ *vt* to spoil; (*dañar*) to damage; **estropearse** *vr* (*objeto*) to get damaged; (*la piel etc*) to be ruined
estructura [estruk'tura] *nf* structure
estrujar [estru'xar] /1a/ *vt* (*apretar*) to squeeze; (*aplastar*) to crush; (*fig*) to drain, bleed
estuario [es'twarjo] *nm* estuary
estuche [es'tutʃe] *nm* box, case
estudiante [estu'ðjante] *nmf* student; **estudiantil** *adj inv* student *cpd*
estudiar [estu'ðjar] /1b/ *vt* to study
estudio [es'tuðjo] *nm* study; (*Cine, Arte, Radio*) studio; **estudios** *nmpl* studies; (*erudición*) learning *sg*; **estudioso, -a** *adj* studious
estufa [es'tufa] *nf* heater, fire
estupefaciente [estupefa'θjente] *nm* narcotic
estupefacto, -a [estupe'fakto, a] *adj* speechless, thunderstruck
estupendo, -a [estu'pendo, a] *adj* wonderful, terrific; (*fam*) great; **¡~!** that's great!, fantastic!
estupidez [estupi'ðeθ] *nf* (*torpeza*) stupidity; (*acto*) stupid thing (to do)
estúpido, -a [es'tupiðo, a] *adj* stupid, silly
estuve *etc* [es'tuβe] *vb V* **estar**
ETA ['eta] *nf abr* (*Pol*: = *Euskadi Ta Askatasuna*) ETA
etapa [e'tapa] *nf* (*de viaje*) stage; (*Deporte*) leg; (*parada*) stopping place; (*fig*) stage, phase
etarra [e'tarra] *nmf* member of ETA
etc. *abr* (= *etcétera*) etc
etcétera [et'θetera] *adv* etcetera
eternidad [eterni'ðað] *nf* eternity; **eterno, -a** *adj* eternal, everlasting; (*despectivo*) never-ending
ético, -a ['etiko, a] *adj* ethical ▷ *nf* ethics
etiqueta [eti'keta] *nf* (*modales*) etiquette; (*rótulo*) label, tag
Eucaristía [eukaris'tia] *nf* Eucharist
euforia [eu'forja] *nf* euphoria
euro ['euro] *nm* (*moneda*) euro
eurodiputado, -a [euroðipu'taðo, a] *nm/f* Euro MP, MEP
Europa [eu'ropa] *nf* Europe; **europeo, -a** *adj, nm/f* European
Euskadi [eus'kaði] *nm* the Basque Provinces *pl*
euskera [eus'kera] *nm* (*Ling*) Basque

evacuación [eβakwa'θjon] *nf* evacuation
evacuar [eβa'kwar] /1d/ *vt* to evacuate
evadir [eβa'ðir] /3a/ *vt* to evade, avoid; **evadirse** *vr* to escape
evaluar [eβa'lwar] /1e/ *vt* to evaluate
evangelio [eβan'xeljo] *nm* gospel
evaporar [eβapo'rar] /1a/ *vt* to evaporate; **evaporarse** *vr* to vanish
evasión [eβa'sjon] *nf* escape, flight; (*fig*) evasion; **~ de capitales** flight of capital
evasivo, -a [eβa'siβo, a] *adj* evasive ▷ *nf* (*pretexto*) excuse; **contestar con evasivas** to avoid giving a straight answer
evento [e'βento] *nm* event
eventual [eβen'twal] *adj* possible, conditional (upon circumstances); (*trabajador*) casual, temporary

No confundir *eventual* con la palabra inglesa *eventual*.

evidencia [eβi'ðenθja] *nf* evidence, proof
evidente [eβi'ðente] *adj* obvious, clear, evident
evitar [eβi'tar] /1a/ *vt* (*evadir*) to avoid; (*impedir*) to prevent; **~ hacer algo** to avoid doing sth
evocar [eβo'kar] /1g/ *vt* to evoke, call forth
evolución [eβolu'θjon] *nf* (*desarrollo*) evolution, development; (*cambio*) change; (*Mil*) manoeuvre; **evolucionar** /1a/ *vi* to evolve; (*Mil*, *Aviat*) to manoeuvre
ex [eks] *adj* ex-; **el ex ministro** the former minister, the ex-minister
exactitud [eksakti'tuð] *nf* exactness; (*precisión*) accuracy; (*puntualidad*) punctuality; **exacto, -a** *adj* exact; accurate; punctual; **¡exacto!** exactly!
exageración [eksaxera'θjon] *nf* exaggeration
exagerar [eksaxe'rar] /1a/ *vt* to exaggerate
exaltar [eksal'tar] /1a/ *vt* to exalt, glorify; **exaltarse** *vr* (*excitarse*) to get excited *o* worked up
examen [ek'samen] *nm* examination; **~ de conducir** driving test; **~ de ingreso** entrance examination
examinar [eksami'nar] /1a/ *vt* to examine; **examinarse** *vr* to be examined, take an examination
excavadora [ekskaβa'ðora] *nf* digger
excavar [ekska'βar] /1a/ *vt* to excavate
excedencia [eksθe'ðenθja] *nf* (*Mil*) leave; **estar en ~** to be on leave; **pedir** *o* **solicitar la ~** to ask for leave
excedente [eksθe'ðente] *adj*, *nm* excess, surplus
exceder [eksθe'ðer] /2a/ *vt* to exceed, surpass; **excederse** *vr* (*extralimitarse*) to go too far
excelencia [eksθe'lenθja] *nf* excellence; **E~** Excellency; **excelente** *adj* excellent
excéntrico, -a [eks'θentriko, a] *adj*, *nm/f* eccentric
excepción [eksθep'θjon] *nf* exception; **a ~ de** with the exception of, except for; **excepcional** *adj* exceptional
excepto [eks'θepto] *adv* excepting, except (for)
exceptuar [eksθep'twar] /1e/ *vt* to except, exclude
excesivo, -a [eksθe'siβo, a] *adj* excessive
exceso [eks'θeso] *nm* excess; (*Com*) surplus; **~ de equipaje/peso** excess luggage/weight; **~ de velocidad** speeding
excitado, -a [eksθi'taðo, a] *adj* excited; (*emociones*) aroused
excitar [eksθi'tar] /1a/ *vt* to excite; (*incitar*) to urge; **excitarse** *vr* to get excited
exclamación [eksklama'θjon] *nf* exclamation

exclamar [ekskla'mar] /1a/ *vi* to exclaim
excluir [eksklu'ir] /3g/ *vt* to exclude; (*dejar fuera*) to shut out; (*solución*) to reject
exclusiva [eksklu'siβa] *nf V* **exclusivo**
exclusivo, -a [eksklu'siβo, a] *adj* exclusive ▷ *nf* (*Prensa*) exclusive, scoop; (*Com*) sole right *o* agency; **derecho ~** sole *o* exclusive right
Excmo. *abr* (= *Excelentísimo*) *courtesy title*
excomulgar [ekskomul'ɣar] /1h/ *vt* (*Rel*) to excommunicate
excomunión [ekskomu'njon] *nf* excommunication
excursión [ekskur'sjon] *nf* excursion, outing; **excursionista** *nmf* (*turista*) sightseer
excusa [eks'kusa] *nf* excuse; (*disculpa*) apology; **excusar** /1a/ *vt* to excuse
exhaustivo, -a [eksaus'tiβo, a] *adj* (*análisis*) thorough; (*estudio*) exhaustive
exhausto, -a [ek'sausto, a] *adj* exhausted
exhibición [eksiβi'θjon] *nf* exhibition; (*demostración*) display, show
exhibir [eksi'βir] /3a/ *vt* to exhibit; to display, show
exigencia [eksi'xenθja] *nf* demand, requirement; **exigente** *adj* demanding
exigir [eksi'xir] /3c/ *vt* (*gen*) to demand, require; **~ el pago** to demand payment
exiliado, -a [eksi'ljaðo, a] *adj* exiled ▷ *nm/f* exile
exilio [ek'siljo] *nm* exile
eximir [eksi'mir] /3a/ *vt* to exempt
existencia [eksis'tenθja] *nf* existence; **existencias** *nfpl* stock *sg*
existir [eksis'tir] /3a/ *vi* to exist, be
éxito ['eksito] *nm* (*triunfo*) success; (*Mus*, *Teat*) hit; **tener ~** to be successful

No confundir *éxito* con la palabra inglesa *exit*.

exorbitante [eksorβi'tante] *adj* (*precio*) exorbitant; (*cantidad*) excessive
exótico, -a [ek'sotiko, a] *adj* exotic
expandir [ekspan'dir] /3a/ *vt* to expand
expansión [ekspan'sjon] *nf* expansion
expansivo, -a [ekspan'siβo, a] *adj*: **onda expansiva** shock wave
expatriarse [ekspa'trjarse] /1b/ *vr* to emigrate; (*Pol*) to go into exile
expectativa [ekspekta'tiβa] *nf* (*espera*) expectation; (*perspectiva*) prospect
expedición [ekspeði'θjon] *nf* (*excursión*) expedition
expediente [ekspe'ðjente] *nm* expedient; (*Jur*: *procedimiento*) action, proceedings *pl*; (: *papeles*) dossier, file, record
expedir [ekspe'ðir] /3k/ *vt* (*despachar*) to send, forward; (*pasaporte*) to issue
expensas [eks'pensas] *nfpl*: **a ~ de** at the expense of
experiencia [ekspe'rjenθja] *nf* experience
experimentado, -a [eksperimen'taðo, a] *adj* experienced
experimentar [eksperimen'tar] /1a/ *vt* (*en laboratorio*) to experiment with; (*probar*) to test, try out; (*notar, observar*) to experience; (*deterioro, pérdida*) to suffer; **experimento** *nm* experiment
experto, -a [eks'perto, a] *adj* expert ▷ *nm/f* expert
expirar [ekspi'rar] /1a/ *vi* to expire
explanada [ekspla'naða] *nf* (*paseo*) esplanade
explayarse [ekspla'jarse] /1a/ *vr* (*en discurso*) to speak at length; **~ con algn** to confide in sb
explicación [eksplika'θjon] *nf* explanation
explicar [ekspli'kar] /1g/ *vt* to explain; **explicarse** *vr* to explain (o.s.)

explícito, -a [eks'pliθito, a] *adj* explicit
explique *etc* [eks'plike] *vb V* **explicar**
explorador, a [eksplora'ðor, a] *nm/f* (*pionero*) explorer; (*Mil*) scout ▷ *nm* (*Med*) probe; (*radar*) (radar) scanner
explorar [eksplo'rar] /1a/ *vt* to explore; (*Med*) to probe; (*radar*) to scan
explosión [eksplo'sjon] *nf* explosion; **explosivo, -a** *adj* explosive
explotación [eksplota'θjon] *nf* exploitation; (*de planta etc*) running
explotar [eksplo'tar] /1a/ *vt* to exploit; (*planta*) to run, operate ▷ *vi* to explode
exponer [ekspo'ner] /2q/ *vt* to expose; (*cuadro*) to display; (*vida*) to risk; (*idea*) to explain; **exponerse** *vr*: **~se a (hacer) algo** to run the risk of (doing) sth
exportación [eksporta'θjon] *nf* (*acción*) export; (*mercancías*) exports *pl*
exportar [ekspor'tar] /1a/ *vt* to export
exposición [eksposi'θjon] *nf* (*gen*) exposure; (*de arte*) show, exhibition; (*explicación*) explanation; (*narración*) account, statement
expresamente [ekspresa'mente] *adv* (*decir*) clearly; (*concretamente*) expressly
expresar [ekspre'sar] /1a/ *vt* to express; **expresión** *nf* expression
expresivo, -a [ekspre'siβo, a] *adj* expressive; (*cariñoso*) affectionate
expreso, -a [eks'preso, a] *adj* (*explícito*) express; (*claro*) specific, clear; (*tren*) fast
express [eks'pres] *adv* (LAm): **enviar algo ~** to send sth special delivery
exprimidor [eksprimi'ðor] *nm* (lemon) squeezer
exprimir [ekspri'mir] /3a/ *vt* (*fruta*) to squeeze; (*zumo*) to squeeze out
expuesto, -a [eks'pwesto, a] *pp de* **exponer** ▷ *adj* exposed; (*cuadro etc*) on show, on display
expulsar [ekspul'sar] /1a/ *vt* (*echar*) to eject, throw out; (*alumno*) to expel; (*despedir*) to sack, fire; (*Deporte*) to send off; **expulsión** *nf* expulsion; sending-off
exquisito, -a [ekski'sito, a] *adj* exquisite; (*comida*) delicious
éxtasis ['ekstasis] *nm* ecstasy
extender [eksten'der] /2g/ *vt* to extend; (*los brazos*) to stretch out, hold out; (*mapa, tela*) to spread (out), open (out); (*mantequilla*) to spread; (*certificado*) to issue; (*cheque, recibo*) to make out; (*documento*) to draw up; **extenderse** *vr* to extend; (*persona: en el suelo*) to stretch out; (*costumbre, epidemia*) to spread; **extendido, -a** *adj* (*abierto*) spread out, open; (*brazos*) outstretched; (*costumbre etc*) widespread
extensión [eksten'sjon] *nf* (*de terreno, mar*) expanse, stretch; (*de tiempo*) length, duration; (*Telec*) extension; **en toda la ~ de la palabra** in every sense of the word
extenso, -a [eks'tenso, a] *adj* extensive
exterior [ekste'rjor] *adj* (*de fuera*) external; (*afuera*) outside, exterior; (*apariencia*) outward; (*deuda, relaciones*) foreign ▷ *nm* exterior, outside; (*aspecto*) outward appearance; (*Deporte*) wing(er); (*países extranjeros*) abroad; **al ~** outwardly, on the outside
exterminar [ekstermi'nar] /1a/ *vt* to exterminate
externo, -a [eks'terno, a] *adj* (*exterior*) external, outside; (*superficial*) outward ▷ *nm/f* day pupil
extinguir [ekstin'gir] /3d/ *vt* (*fuego*) to extinguish, put out; (*raza, población*) to wipe out; **extinguirse** *vr* (*fuego*) to go out; (*Bio*) to die out, become extinct
extintor [ekstin'tor] *nm* (fire) extinguisher
extirpar [ekstir'par] /1a/ *vt* (*Med*) to remove (surgically)

extra ['ekstra] *adj inv* (*tiempo*) extra; (*vino*) vintage; (*chocolate*) good-quality ▷ *nmf* extra ▷ *nm* extra; (*bono*) bonus

extracción [ekstrak'θjon] *nf* extraction; (*en lotería*) draw

extracto [eks'trakto] *nm* extract

extradición [ekstraði'θjon] *nf* extradition

extraer [ekstra'er] /2o/ *vt* to extract, take out

extraescolar [ekstraesko'lar] *adj*: **actividad ~** extracurricular activity

extranjero, -a [ekstran'xero, a] *adj* foreign ▷ *nm/f* foreigner ▷ *nm* foreign countries *pl*; **en el ~** abroad

No confundir *extranjero* con la palabra inglesa *stranger*.

extrañar [ekstra'ɲar] /1a/ *vt* (*sorprender*) to find strange *o* odd; (*echar de menos*) to miss; **extrañarse** *vr* (*sorprenderse*) to be amazed, be surprised; **me extraña** I'm surprised

extraño, -a [eks'traɲo, a] *adj* (*extranjero*) foreign; (*raro, sorprendente*) strange, odd

extraordinario, -a [ekstraorði'narjo, a] *adj* extraordinary; (*edición, número*) special ▷ *nm* (*de periódico*) special edition; **horas extraordinarias** overtime *sg*

extrarradio [ekstra'rraðjo] *nm* suburbs *pl*

extravagante [ekstraβa'ɣante] *adj* (*excéntrico*) eccentric; (*estrafalario*) outlandish

extraviado, -a [ekstra'βjaðo, a] *adj* lost, missing

extraviar [ekstra'βjar] /1c/ *vt* to mislead, misdirect; (*perder*) to lose, misplace; **extraviarse** *vr* to lose one's way, get lost

extremar [ekstre'mar] /1a/ *vt* to carry to extremes

extremaunción [ekstremaun'θjon] *nf* extreme unction

extremidad [ekstremi'ðað] *nf* (*punta*) extremity; **extremidades** *nfpl* (*Anat*) extremities

extremo, -a [eks'tremo, a] *adj* extreme; (*último*) last ▷ *nm* end; (*situación*) extreme; **en último ~** as a last resort

extrovertido, -a [ekstroβer'tiðo, a] *adj* ▷ *nm/f* extrovert

exuberante [eksuβe'rante] *adj* exuberant; (*fig*) luxuriant, lush

eyacular [ejaku'lar] /1a/ *vt, vi* to ejaculate

f

fa [fa] *nm* (*Mus*) F

fabada [fa'βaða] *nf bean and sausage stew*

fábrica ['faβrika] *nf* factory; **marca de ~** trademark; **precio de ~** factory price

No confundir *fábrica* con la palabra inglesa *fabric*.

fabricación [faβrika'θjon] *nf* (*manufactura*) manufacture; (*producción*) production; **de ~ casera** home-made; **~ en serie** mass production

fabricante [faβri'kante] *nmf* manufacturer

fabricar [faβri'kar] /1g/ *vt* (*manufacturar*) to manufacture, make; (*construir*) to build; (*cuento*) to fabricate, devise

fábula ['faβula] *nf* (*cuento*) fable; (*chisme*) rumour; (*mentira*) fib

fabuloso, -a [faβu'loso, a] *adj* fabulous, fantastic

facción [fak'θjon] *nf* (*Pol*) faction; **facciones** *nfpl* (*del rostro*) features

faceta [fa'θeta] *nf* facet

facha ['fatʃa] (*fam*) *nf* (*aspecto*) look; (*cara*) face

fachada [fa'tʃaða] *nf* (*Arq*) façade, front

fácil ['faθil] *adj* (*simple*) easy; (*probable*) likely

facilidad [faθili'ðað] *nf* (*capacidad*) ease; (*sencillez*) simplicity; (*de palabra*) fluency; **facilidades** *nfpl* facilities; **"~es de pago"** "credit facilities"

facilitar [faθili'tar] /1a/ *vt* (*hacer fácil*) to make easy; (*proporcionar*) to provide

factor [fak'tor] *nm* factor

factura [fak'tura] *nf* (*cuenta*) bill; **facturación** *nf*: **facturación de equipajes** luggage check-in; **facturar** /1a/ *vt* (*Com*) to invoice, charge for; (*Aviat*) to check in

facultad [fakul'tað] *nf* (*aptitud, Escol etc*) faculty; (*poder*) power

faena [fa'ena] *nf* (*trabajo*) work; (*quehacer*) task, job

faisán [fai'san] *nm* pheasant

faja ['faxa] *nf* (*para la cintura*) sash; (*de mujer*) corset; (*de tierra*) strip

fajo ['faxo] *nm* (*de papeles*) bundle; (*de billetes*) wad

falda ['falda] *nf* (*prenda de vestir*) skirt; **~ pantalón** culottes *pl*, split skirt

falla ['faʎa] *nf* (*defecto*) fault, flaw; **~ humana** (LAM) human error

fallar [fa'ʎar] /1a/ *vt* (*Jur*) to pronounce sentence on; (*Naipes*) to trump ▷ *vi* (*memoria*) to fail; (*plan*) to go wrong; (*motor*) to miss; **~ a algn** to let sb down

Fallas ['faʎas] *nfpl see note* **"Fallas"**

FALLAS

In the week of the 19th of March (the feast of St Joseph, San José), Valencia honours its patron saint with a spectacular *fiesta* called *las Fallas*. The *Fallas* are

- huge sculptures, made of wood,
- cardboard, paper and cloth,
- depicting famous politicians and
- other targets for ridicule, which are
- set alight and burned by the *falleros*,
- members of the competing local
- groups who have just spent months
- preparing them.

fallecer [faʎe'θer] /2d/ *vi* to pass away, die; **fallecimiento** *nm* decease, demise

fallido, -a [fa'ʎiðo, a] *adj* frustrated, unsuccessful

fallo ['faʎo] *nm* (*Jur*) verdict, ruling; (*fracaso*) failure; **~ cardíaco** heart failure; **~ humano** (*ESP*) human error

falsificar [falsifi'kar] /1g/ *vt* (*firma etc*) to forge; (*moneda*) to counterfeit

falso, -a ['falso, a] *adj* false; (*moneda etc*) fake; **en ~** falsely

falta ['falta] *nf* (*defecto*) fault, flaw; (*privación*) lack, want; (*ausencia*) absence; (*carencia*) shortage; (*equivocación*) mistake; (*Deporte*) foul; **echar en ~** to miss; **hacer ~ hacer algo** to be necessary to do sth; **me hace ~ una pluma** I need a pen; **~ de educación** bad manners *pl*; **~ de ortografía** spelling mistake

faltar [fal'tar] /1a/ *vi* (*escasear*) to be lacking, be wanting; (*ausentarse*) to be absent, be missing; **faltan dos horas para llegar** there are two hours to go till arrival; **~ (al respeto) a algn** to be disrespectful to sb; **¡no faltaba más!** (*no hay de qué*) don't mention it!

fama ['fama] *nf* (*renombre*) fame; (*reputación*) reputation

familia [fa'milja] *nf* family; **~ numerosa** large family; **~ política** in-laws *pl*

familiar [fami'ljar] *adj* (*relativo a la familia*) family *cpd*; (*conocido, informal*) familiar ▷ *nm/f* relative, relation

famoso, -a [fa'moso, a] *adj* famous ▷ *nm/f* celebrity

fan [fan] (*pl* **fans**) *nm* fan

fanático, -a [fa'natiko, a] *adj* fanatical ▷ *nm/f* fanatic; (*Cine, Deporte etc*) fan

fanfarrón, -ona [fanfa'rron, ona] *adj* boastful

fango ['fango] *nm* mud

fantasía [fanta'sia] *nf* fantasy, imagination; **joyas de ~** imitation jewellery *sg*

fantasma [fan'tasma] *nm* (*espectro*) ghost, apparition; (*presumido*) show-off

fantástico, -a [fan'tastiko, a] *adj* fantastic

farmacéutico, -a [farma'θeutiko, a] *adj* pharmaceutical ▷ *nm/f* chemist (*BRIT*), pharmacist

farmacia [far'maθja] *nf* chemist's (shop) (*BRIT*), pharmacy; **~ de guardia** all-night chemist

fármaco ['farmako] *nm* drug

faro ['faro] *nm* (*Naut: torre*) lighthouse; (*Auto*) headlamp; **~s antiniebla** fog lamps; **~s delanteros/traseros** headlights/rear lights

farol [fa'rol] *nm* lantern, lamp

farola [fa'rola] *nf* street lamp (*BRIT*) *o* light (*US*)

farra ['farra] *nf* (*LAM fam*) party; **ir de ~** to go on a binge

farsa ['farsa] *nf* farce

farsante [far'sante] *nmf* fraud, fake

fascículo [fas'θikulo] *nm* part, instalment (*BRIT*), installment (*US*)

fascinar [fasθi'nar] /1a/ *vt* to fascinate

fascismo [fas'θismo] *nm* fascism; **fascista** *adj, nmf* fascist

fase ['fase] *nf* phase

fashion ['faʃon] *adj* (*fam*) trendy

fastidiar [fasti'ðjar] /1b/ *vt* (*disgustar*) to annoy, bother; (*estropear*) to spoil; **fastidiarse** *vr*: **¡que se fastidie!** (*fam*) he'll just have to put up with it!

fastidio [fas'tiðjo] *nm* (*disgusto*) annoyance; **fastidioso, -a** *adj* (*molesto*) annoying

fatal [fa'tal] *adj* (*gen*) fatal; (*desgraciado*) ill-fated; (*fam: malo,* *pésimo*) awful; **fatalidad** *nf* (*destino*) fate; (*mala suerte*) misfortune

fatiga [fa'tiɣa] *nf* (*cansancio*) fatigue, weariness

fatigar [fati'ɣar] /1h/ *vt* to tire, weary

fatigoso, -a [fati'ɣoso, a] *adj* (*que cansa*) tiring

fauna ['fauna] *nf* fauna

favor [fa'βor] *nm* favour (BRIT), favor (US); **haga el ~ de ...** would you be so good as to ..., kindly ...; **por ~** please; **a ~ de** in favo(u)r of; **favorable** *adj* favourable (BRIT), favorable (US)

favorecer [faβore'θer] /2d/ *vt* to favour (BRIT), favor (US); (*vestido etc*) to become, flatter; **este peinado le favorece** this hairstyle suits him

favorito, -a [faβo'rito, a] *adj, nm/f* favourite (BRIT), favorite (US)

fax [faks] *nm inv* fax; **mandar por ~** to fax

fe [fe] *nf* (*Rel*) faith; (*documento*) certificate; **actuar con buena/mala fe** to act in good/bad faith

febrero [fe'βrero] *nm* February

fecha ['fetʃa] *nf* date; **~ límite** *o* **tope** closing *o* last date; **~ de caducidad** (*de alimentos*) sell-by date; (*de contrato*) expiry date; **con ~ adelantada** postdated; **en ~ próxima** soon; **hasta la ~** to date, so far

fecundo, -a [fe'kundo, a] *adj* (*fértil*) fertile; (*fig*) prolific; (*productivo*) productive

federación [feðera'θjon] *nf* federation

felicidad [feliθi'ðað] *nf* happiness; **felicidades** *nfpl* best wishes, congratulations; (*en cumpleaños*) happy birthday

felicitación [feliθita'θjon] *nf* (*tarjeta*) greetings card

felicitar [feliθi'tar] /1a/ *vt* to congratulate

feliz [fe'liθ] *adj* happy

felpudo [fel'puðo] *nm* doormat

femenino, -a [feme'nino, a] *adj* ▷ *nm* feminine

feminista [femi'nista] *adj, nmf* feminist

fenomenal [fenome'nal] *adj* phenomenal

fenómeno [fe'nomeno] *nm* phenomenon; (*fig*) freak, accident ▷ *excl* great!, marvellous!

feo, -a ['feo, a] *adj* (*gen*) ugly; (*desagradable*) bad, nasty

féretro ['feretro] *nm* (*ataúd*) coffin; (*sarcófago*) bier

feria ['ferja] *nf* (*gen*) fair; (*descanso*) holiday, rest day; (LAM: *cambio*) small change; (LAM: *mercado*) village market

feriado, -a [fe'rjaðo, a] (LAM) *nm* (public) holiday

fermentar [fermen'tar] /1a/ *vi* to ferment

feroz [fe'roθ] *adj* (*cruel*) cruel; (*salvaje*) fierce

férreo, -a ['ferreo, a] *adj* iron *cpd*

ferretería [ferrete'ria] *nf* (*tienda*) ironmonger's (shop) (BRIT), hardware store; **ferretero** *nm* ironmonger

ferrocarril [ferroka'rril] *nm* railway

ferroviario, -a [ferrovja'rjo, a] *adj* rail *cpd*

ferry ['ferri] (*pl* **ferrys** *o* **ferries**) *nm* ferry

fértil ['fertil] *adj* (*productivo*) fertile; (*rico*) rich; **fertilidad** *nf* (*gen*) fertility; (*productividad*) fruitfulness

fervor [fer'βor] *nm* fervour (BRIT), fervor (US)

festejar [feste'xar] /1a/ *vt* (*celebrar*) to celebrate

festejo [fes'texo] *nm* celebration; **festejos** *nmpl* (*fiestas*) festivals

festín [fes'tin] *nm* feast, banquet

festival [festi'βal] *nm* festival

festividad [festiβi'ðað] *nf* festivity

festivo, -a [fes'tiβo, a] *adj* (*de fiesta*) festive; (*Cine, Lit*) humorous; **día ~** holiday

feto ['feto] *nm* foetus

fiable [fi'aβle] *adj* (*persona*) trustworthy; (*máquina*) reliable

fiambre ['fjambre] *nm* (*Culin*) cold meat (BRIT), cold cut (US)
fiambrera [fjam'brera] *nf* ≈ lunch box
fianza ['fjanθa] *nf* surety; (*Jur*): **libertad bajo ~** release on bail
fiar [fi'ar] /1c/ *vt* (*salir garante de*) to guarantee; (*vender a crédito*) to sell on credit; (*secreto*) to confide ▷ *vi*: **~ (de)** to trust (in); **fiarse** *vr*: **~se de** to trust (in), rely on; **~se de algn** to rely on sb
fibra ['fiβra] *nf* fibre (BRIT), fiber (US); **~ óptica** (*Inform*) optical fibre (BRIT) *o* fiber (US)
ficción [fik'θjon] *nf* fiction
ficha ['fitʃa] *nf* (*Telec*) token; (*en juegos*) counter, marker; (*tarjeta*) (index) card; **fichaje** *nm* signing(-up); **fichar** /1a/ *vt* (*archivar*) to file, index; (*Deporte*) to sign (up); **estar fichado** to have a record; **fichero** *nm* box file; (*Inform*) file
ficticio, -a [fik'tiθjo, a] *adj* (*imaginario*) fictitious; (*falso*) fabricated
fidelidad [fiðeli'ðað] *nf* (*lealtad*) fidelity, loyalty; **alta ~** high fidelity, hi-fi
fideos [fi'ðeos] *nmpl* noodles
fiebre ['fjeβre] *nf* (*Med*) fever; (*fig*) fever, excitement; **tener ~** to have a temperature; **~ aftosa** foot-and-mouth disease
fiel [fjel] *adj* (*leal*) faithful, loyal; (*fiable*) reliable; (*exacto*) accurate; **los fieles** *nmpl* the faithful
fieltro ['fjeltro] *nm* felt
fiera ['fjera] *nf V* **fiero**
fiero, -a ['fjero, a] *adj* (*cruel*) cruel; (*feroz*) fierce; (*duro*) harsh ▷ *nf* (*animal feroz*) wild animal *o* beast; (*fig*) dragon
fierro ['fjerro] *nm* (LAM) iron
fiesta ['fjesta] *nf* party; (*de pueblo*) festival; **(día de) ~** (public) holiday; **~ mayor** annual festival; **~ patria** (LAM) independence day

FIESTA

Fiestas can be official public holidays (such as the *Día de la Constitución*), or special holidays for each *comunidad autónoma*, many of which are religious feast days. All over Spain there are also special local *fiestas* for a patron saint or the Virgin Mary. These often last several days and can include religious processions, carnival parades, bullfights, dancing and feasts of typical local produce.

f

figura [fi'ɣura] *nf* (*gen*) figure; (*forma, imagen*) shape, form; (*Naipes*) face card
figurar [fiɣu'rar] /1a/ *vt* (*representar*) to represent; (*fingir*) to feign ▷ *vi* to figure; **figurarse** *vr* (*imaginarse*) to imagine; (*suponer*) to suppose
fijador [fixa'ðor] *nm* (*Foto etc*) fixative; (*de pelo*) gel
fijar [fi'xar] /1a/ *vt* (*gen*) to fix; (*estampilla*) to affix, stick (on); **fijarse** *vr*: **~se en** to notice
fijo, -a ['fixo, a] *adj* (*gen*) fixed; (*firme*) firm; (*permanente*) permanent ▷ *adv*: **mirar ~** to stare; **teléfono ~** landline
fila ['fila] *nf* row; (*Mil*) rank; **~ india** single file; **ponerse en ~** to line up, get into line
filatelia [fila'telja] *nf* philately, stamp collecting
filete [fi'lete] *nm* (*de carne*) fillet steak; (*pescado*) fillet
filiación [filja'θjon] *nf* (*Pol etc*) affiliation
filial [fi'ljal] *adj* filial ▷ *nf* subsidiary
Filipinas [fili'pinas] *nfpl*: **las (Islas) ~** the Philippines; **filipino, -a** *adj, nm/f* Philippine
filmar [fil'mar] /1a/ *vt* to film, shoot
filo ['filo] *nm* (*gen*) edge; **sacar ~ a** to sharpen; **al ~ del medio día** at about midday; **de doble ~** double-edged
filología [filolo'xia] *nf* philology; **~ inglesa** (*Univ*) English Studies
filón [fi'lon] *nm* (*Minería*) vein, lode; (*fig*) gold mine
filosofía [filoso'fia] *nf* philosophy; **filósofo, -a** *nm/f* philosopher

filtrar [fil'trar] /1a/ *vt, vi* to filter, strain; **filtrarse** *vr* to filter; **filtro** *nm* (*Tec, utensilio*) filter

fin [fin] *nm* end; (*objetivo*) aim, purpose; **al ~ y al cabo** when all's said and done; **a ~ de** in order to; **por ~** finally; **en ~** in short; **~ de semana** weekend

final [fi'nal] *adj* final ▷ *nm* end, conclusion ▷ *nf* final; **al ~** in the end; **a ~es de** at the end of; **finalidad** *nf* (*propósito*) purpose, aim; **finalista** *nmf* finalist; **finalizar** /1f/ *vt* to end, finish ▷ *vi* to end, come to an end; (*Inform*) to log out *o* off

financiar [finan'θjar] /1b/ *vt* to finance; **financiero, -a** *adj* financial ▷ *nm/f* financier

finca ['finka] *nf* (*casa de recreo*) house in the country; (ESP: *bien inmueble*) property, land; (LAM: *granja*) farm

finde ['finde] *nm abr* (*fam*: = *fin de semana*) weekend

fingir [fin'xir] /3c/ *vt* (*simular*) to simulate, feign ▷ *vi* (*aparentar*) to pretend

finlandés, -esa [finlan'des, esa] *adj* Finnish ▷ *nm/f* Finn ▷ *nm* (*Ling*) Finnish

Finlandia [fin'landja] *nf* Finland

fino, -a ['fino, a] *adj* fine; (*delgado*) slender; (*de buenas maneras*) polite, refined; (*jerez*) fino, dry

firma ['firma] *nf* signature; (*Com*) firm, company

firmamento [firma'mento] *nm* firmament

firmar [fir'mar] /1a/ *vt* to sign

firme ['firme] *adj* firm; (*estable*) stable; (*sólido*) solid; (*constante*) steady; (*decidido*) resolute ▷ *nm* road (surface); **firmeza** *nf* firmness; (*constancia*) steadiness; (*solidez*) solidity

fiscal [fis'kal] *adj* fiscal ▷ *nm* (*Jur*) public prosecutor; **año ~** tax *o* fiscal year

fisgonear [fisɣone'ar] /1a/ *vt* to poke one's nose into ▷ *vi* to pry, spy

físico, -a ['fisiko, a] *adj* physical ▷ *nm* physique ▷ *nm/f* physicist ▷ *nf* physics *sg*

fisura [fi'sura] *nf* crack; (*Med*) fracture

flác(c)ido, -a ['flakθiðo, a] *adj* flabby

flaco, -a ['flako, a] *adj* (*muy delgado*) skinny, thin; (*débil*) weak, feeble

flagrante [fla'ɣrante] *adj* flagrant

flama ['flama] *nf* (LAM) flame; **flamable** *adj* (LAM) flammable

flamante [fla'mante] *adj* (*fam*) brilliant; (: *nuevo*) brand-new

flamenco, -a [fla'menko, a] *adj* (*de Flandes*) Flemish; (*baile, música*) flamenco ▷ *nm* (*baile, música*) flamenco; (*Zool*) flamingo

flamingo [fla'mingo] *nm* (LAM) flamingo

flan [flan] *nm* creme caramel

No confundir *flan* con la palabra inglesa *flan*.

flash [flaʃ *o* flas] (*pl* **flashes**) *nm* (*Foto*) flash

flauta ['flauta] (*Mus*) *nf* flute

flecha ['fletʃa] *nf* arrow

flechazo [fle'tʃaθo] *nm*: **fue un ~** it was love at first sight

fleco ['fleko] *nm* fringe

flema ['flema] *nm* phlegm

flequillo [fle'kiʎo] *nm* (*de pelo*) fringe

flexible [flek'siβle] *adj* flexible

flexión [flek'sjon] *nf* press-up

flexo ['flekso] *nm* adjustable table lamp

flirtear [flirte'ar] /1a/ *vi* to flirt

flojera [flo'xera] *nf* (LAM): **me da ~** I can't be bothered

flojo, -a ['floxo, a] *adj* (*gen*) loose; (*sin fuerzas*) limp; (*débil*) weak

flor [flor] *nf* flower; **a ~ de** on the surface of; **flora** *nf* flora; **florecer** /2d/ *vi* (*Bot*) to flower, bloom; (*fig*) to flourish; **florería** *nf* (LAM) florist's (shop); **florero** *nm* vase; **floristería** *nf* florist's (shop)

flota ['flota] *nf* fleet

flotador [flota'ðor] *nm* (*gen*) float; (*para nadar*) rubber ring

flotar [flo'tar] /1a/ *vi* to float; **flote** *nm*: **a flote** afloat; **salir a flote** (*fig*) to get back on one's feet
fluidez [flui'ðeθ] *nf* fluidity; (*fig*) fluency
fluido, -a ['flwiðo, a] *adj* ▷ *nm* fluid
fluir [flu'ir] /3g/ *vi* to flow
flujo ['fluxo] *nm* flow; **~ y re~** ebb and flow
flúor ['fluor] *nm* fluoride
fluorescente [flwores'θente] *adj* fluorescent ▷ *nm* (*tb*: **tubo ~**) fluorescent tube
fluvial [fluβi'al] *adj* (*navegación, cuenca*) fluvial, river *cpd*
fobia ['foβja] *nf* phobia; **~ a las alturas** fear of heights
foca ['foka] *nf* seal
foco ['foko] *nm* focus; (*Elec*) floodlight; (*Teat*) spotlight; (LAm) (light) bulb
fofo, -a ['fofo, a] *adj* soft, spongy; (*músculo*) flabby
fogata [fo'ɣata] *nf* bonfire
fogón [fo'ɣon] *nm* (*de cocina*) ring, burner
folio ['foljo] *nm* (*hoja*) sheet (of paper), page
follaje [fo'ʎaxe] *nm* foliage
folleto [fo'ʎeto] *nm* pamphlet
follón [fo'ʎon] *nm* (*fam*: *lío*) mess; (: *conmoción*) fuss; **armar un ~** to kick up a fuss
fomentar [fomen'tar] /1a/ *vt* (*Med*) to foment
fonda ['fonda] *nf* ≈ boarding house
fondo ['fondo] *nm* (*de caja etc*) bottom; (*de coche, sala*) back; (*Arte etc*) background; (*reserva*) fund; **fondos** *nmpl* (*Com*) funds, resources; **una investigación a ~** a thorough investigation; **en el ~** at bottom, deep down
***onobuzón** [fonoβu'θon] *nm* voice mail
***ontanería** [fontane'ria] *nf* plumbing; **fontanero** *nm* plumber
ooting ['futin] *nm* jogging; **hacer ~** to jog
forastero, -a [foras'tero, a] *nm/f* stranger
forcejear [forθexe'ar] /1a/ *vi* (*luchar*) to struggle
forense [fo'rense] *nmf* pathologist
forma ['forma] *nf* (*figura*) form, shape; (*Med*) fitness; (*método*) way, means; **estar en ~** to be fit; **las ~s** the conventions; **de ~ que ...** so that ...; **de todas ~s** in any case
formación [forma'θjon] *nf* (*gen*) formation; (*enseñanza*) training; **~ profesional** vocational training
formal [for'mal] *adj* (*gen*) formal; (*fig*: *persona*) serious; (: *de fiar*) reliable; **formalidad** *nf* formality; seriousness; **formalizar** /1f/ *vt* (*Jur*) to formalize; (*situación*) to put in order, regularize; **formalizarse** *vr* (*situación*) to be put in order, be regularized
formar [for'mar] /1a/ *vt* (*componer*) to form, shape; (*constituir*) to make up, constitute; (*Escol*) to train, educate; **formarse** *vr* (*Escol*) to be trained (*o* educated); (*cobrar forma*) to form, take form; (*desarrollarse*) to develop
formatear [formate'ar] /1a/ *vt* to format
formato [for'mato] *nm* format; **sin ~**
formidable [formi'ðaβle] *adj* (*temible*) formidable; (*asombroso*) tremendous
fórmula ['formula] *nf* formula
formulario [formu'larjo] *nm* form
fornido, -a [for'niðo, a] *adj* well-built
foro ['foro] *nm* forum
forrar [fo'rrar] /1a/ *vt* (*abrigo*) to line; (*libro*) to cover; **forro** *nm* (*de cuaderno*) cover; (*costura*) lining; (*de sillón*) upholstery; **forro polar** fleece
fortalecer [fortale'θer] /2d/ *vt* to strengthen
fortaleza [forta'leθa] *nf* (*Mil*) fortress, stronghold; (*fuerza*) strength; (*determinación*) resolution
fortuito, -a [for'twito, a] *adj* accidental

f

fortuna [for'tuna] *nf* (*suerte*) fortune, (good) luck; (*riqueza*) fortune, wealth
forzar [for'θar] /1f, 1l/ *vt* (*puerta*) to force (open); (*compeler*) to compel
forzoso, -a [for'θoso, a] *adj* necessary
fosa ['fosa] *nf* (*sepultura*) grave; (*en tierra*) pit; **~s nasales** nostrils
fósforo ['fosforo] *nm* (*Química*) phosphorus; (*cerilla*) match
fósil ['fosil] *nm* fossil
foso ['foso] *nm* ditch; (*Teat*) pit
foto ['foto] *nf* photo, snap(shot); **sacar una ~** to take a photo *o* picture; **~ (de) carné** passport(-size) photo
fotocopia [foto'kopja] *nf* photocopy; **fotocopiadora** *nf* photocopier; **fotocopiar** /1b/ *vt* to photocopy
fotografía [fotoɣra'fia] *nf* (*arte*) photography; (*una fotografía*) photograph; **fotografiar** /1c/ *vt* to photograph
fotógrafo, -a [fo'toɣrafo, a] *nm/f* photographer
fotomatón [fotoma'ton] *nm* photo booth
FP *nf abr* (ESP) = **Formación Profesional**
fracasar [fraka'sar] /1a/ *vi* (*gen*) to fail
fracaso [fra'kaso] *nm* failure
fracción [frak'θjon] *nf* fraction
fractura [frak'tura] *nf* fracture, break; **~ hidráulica** fracking
fragancia [fra'ɣanθja] *nf* (*olor*) fragrance, perfume
frágil ['fraxil] *adj* (*débil*) fragile; (*Com*) breakable
fragmento [fraɣ'mento] *nm* fragment
fraile ['fraile] *nm* (*Rel*) friar; (: *monje*) monk
frambuesa [fram'bwesa] *nf* raspberry
francés, -esa [fran'θes, esa] *adj* French ▷ *nm/f* Frenchman/woman ▷ *nm* (*Ling*) French
Francia ['franθja] *nf* France
franco, -a ['franko, a] *adj* (*cándido*) frank, open; (*Com*: *exento*) free ▷ *nm* (*moneda*) franc
francotirador, a [frankotira'ðor, a] *nm/f* sniper
franela [fra'nela] *nf* flannel
franja ['franxa] *nf* fringe
franquear [franke'ar] /1a/ *vt* (*camino*) to clear; (*carta, paquete*) to frank, stamp; (*obstáculo*) to overcome
franqueo [fran'keo] *nm* postage
franqueza [fran'keθa] *nf* frankness
frasco ['frasko] *nm* bottle, flask
frase ['frase] *nf* sentence; **~ hecha** set phrase; (*pey*) stock phrase
fraterno, -a [fra'terno, a] *adj* brotherly, fraternal
fraude ['frauðe] *nm* (*cualidad*) dishonesty; (*acto*) fraud
frazada [fra'saða] *nf* (LAM) blanket
frecuencia [fre'kwenθja] *nf* frequency; **con ~** frequently, often
frecuentar [frekwen'tar] /1a/ *vt* to frequent
frecuente [fre'kwente] *adj* frequent
fregadero [freɣa'ðero] *nm* (kitchen) sink
fregar [fre'ɣar] /1h, 1j/ *vt* (*frotar*) to scrub; (*platos*) to wash (up); (LAM *fam*: *fastidiar*) to annoy; (: *malograr*) to screw up
freír [fre'ir] /3l/ *vt* to fry
frenar [fre'nar] /1a/ *vt* to brake; (*fig*) to check
frenazo [fre'naθo] *nm*: **dar un ~** to brake sharply
frenesí [frene'si] *nm* frenzy
freno ['freno] *nm* (*Tec*, *Auto*) brake; (*de cabalgadura*) bit; (*fig*) check; **~ de mano** handbrake
frente ['frente] *nm* (*Arq*, *Mil*, *Pol*) front; (*de objeto*) front part ▷ *nf* forehead, brow; **~ a** in front of; (*en situación opuesta a*) opposite; **chocar de ~** to crash head-on; **hacer ~ a** to face up to
fresa ['fresa] *nf* (ESP) strawberry
fresco, -a ['fresko, a] *adj* (*nuevo*) fresh (*frío*) cool; (*fam*: *descarado*) cheeky ▷ *nm* (*aire*) fresh air; (*Arte*) fresco; (LAM: *bebida*) fruit juice *o* drink ▷ *nm/f* (*fam*): **ser un(a) ~/a** to have a nerve; **tomar**

el ~ to get some fresh air; **frescura** *nf* freshness; (*descaro*) cheek, nerve

frialdad [frjal'dað] *nf* (*gen*) coldness; (*indiferencia*) indifference

frigidez [frixi'ðeθ] *nf* frigidity

frigo ['friɣo] *nm* fridge

frigorífico [friɣo'rifiko] *nm* refrigerator

frijol [fri'xol] *nm* kidney bean

frío, -a ['frio, a] *vb V* **freír** ▷ *adj* cold; (*indiferente*) indifferent ▷ *nm* cold(ness); indifference; **hace ~** it's cold; **tener ~** to be cold

frito, -a ['frito, a] *adj* fried; **fritos** *nmpl* fried food; **me trae ~ ese hombre** I'm sick and tired of that man

frívolo, -a ['friβolo, a] *adj* frivolous

frontal [fron'tal] *adj* frontal ▷ *nm*: **choque ~** head-on collision

frontera [fron'tera] *nf* frontier; **fronterizo, -a** *adj* frontier *cpd*; (*contiguo*) bordering

frontón [fron'ton] *nm* (*Deporte*: *cancha*) pelota court; (: *juego*) pelota

frotar [fro'tar] /ıa/ *vt* to rub; **frotarse** *vr*: **~se las manos** to rub one's hands

fructífero, -a [fruk'tifero, a] *adj* fruitful

fruncir [frun'θir] /ɜb/ *vt* to pucker; (*Costura*) to gather; **~ el ceño** to knit one's brow

frustrar [frus'trar] /ıa/ *vt* to frustrate

fruta ['fruta] *nf* fruit; **frutería** *nf* fruit shop; **frutero, -a** *adj* fruit *cpd* ▷ *nm/f* fruiterer ▷ *nm* fruit dish *o* bowl

frutilla [fru'tiʎa] *nf* (LAM) strawberry

fruto ['fruto] *nm* fruit; (*fig*: *resultado*) result; (: *beneficio*) benefit; **~s secos** nuts and dried fruit

fucsia ['fuksja] *nf* fuchsia

fue [fwe] *vb V* **ser; ir**

fuego ['fweɣo] *nm* (*gen*) fire; **~ amigo** friendly fire; **~s artificiales** *o* **de artificio** fireworks; **a ~ lento** on a low flame *o* gas; **¿tienes ~?** have you (got) a light?

fuente ['fwente] *nf* fountain; (*manantial*, *fig*) spring; (*origen*) source; (*plato*) large dish

fuera ['fwera] *vb V* **ser; ir** ▷ *adv* out(side); (*en otra parte*) away; (*excepto*, *salvo*) except, save ▷ *prep*: **~ de** outside; (*fig*) besides; **~ de sí** beside o.s.; **por ~** (on the) outside

fuera-borda [fwera'βorða] *nm inv* (*barco*) speedboat

fuerte ['fwerte] *adj* strong; (*golpe*) hard; (*ruido*) loud; (*comida*) rich; (*lluvia*) heavy; (*dolor*) intense ▷ *adv* strongly; hard; loud(ly); **ser ~ en** to be good at

fuerza ['fwerθa] *vb V* **forzar** ▷ *nf* (*fortaleza*) strength; (*Tec*, *Elec*) power; (*coacción*) force; (*Mil*: *tb*: **~s**) forces *pl*; **~s armadas (FF.AA.)** armed forces; **~s aéreas** air force *sg*; **a ~ de** by (dint of); **cobrar ~s** to recover one's strength; **tener ~s para** to have the strength to; **a la ~** forcibly, by force; **por ~** of necessity; **~ de voluntad** willpower

fuga ['fuɣa] *nf* (*huida*) flight, escape; (*de gas etc*) leak

fugarse [fu'ɣarse] /ıh/ *vr* to flee, escape

fugaz [fu'ɣaθ] *adj* fleeting

fugitivo, -a [fuxi'tiβo, a] *adj* fugitive ▷ *nm/f* fugitive

fui *etc* [fwi] *vb V* **ser; ir**

fulano, -a [fu'lano, a] *nm/f* so-and-so, what's-his-name

fulminante [fulmi'nante] *adj* (*fig*: *mirada*) withering; (*Med*) sudden, serious; (*fam*) terrific, tremendous; (*éxito*, *golpe*) sudden; **ataque ~** stroke

fumador, a [fuma'ðor, a] *nm/f* smoker

fumar [fu'mar] /ıa/ *vt*, *vi* to smoke; **~ en pipa** to smoke a pipe

función [fun'θjon] *nf* function; (*de puesto*) duties *pl*; (*Teat etc*) show; **entrar en funciones** to take up one's duties

funcionar [funθjo'nar] /ıa/ *vi* (*gen*) to function; (*máquina*) to work; **"no funciona"** "out of order"

funcionario, -a [funθjo'narjo, a] *nm/f* civil servant

funda ['funda] *nf* (*gen*) cover; (*de almohada*) pillowcase

f

fundación [funda'θjon] *nf* foundation
fundamental [fundamen'tal] *adj* fundamental, basic
fundamento [funda'mento] *nm* (*base*) foundation
fundar [fun'dar] /1a/ *vt* to found; **fundarse** *vr*: **~se en** to be founded on
fundición [fundi'θjon] *nf* (*acción*) smelting; (*fábrica*) foundry
fundir [fun'dir] /3a/ *vt* (*gen*) to fuse; (*metal*) to smelt, melt down; (*nieve etc*) to melt; (*Com*) to merge; (*estatua*) to cast; **fundirse** *vr* (*colores etc*) to merge, blend; (*unirse*) to fuse together; (*Elec*: *fusible, lámpara etc*) to blow; (*nieve etc*) to melt
fúnebre ['funeβre] *adj* funeral *cpd*, funereal
funeral [fune'ral] *nm* funeral; **funeraria** *nf* undertaker's (BRIT), mortician's (US)
funicular [funiku'lar] *nm* (*tren*) funicular; (*teleférico*) cable car
furgón [fur'ɣon] *nm* wagon; **furgoneta** *nf* (*Auto, Com*) (transit) van (BRIT), pickup (truck) (US)
furia ['furja] *nf* (*ira*) fury; (*violencia*) violence; **furioso, -a** *adj* (*iracundo*) furious; (*violento*) violent
furtivo, -a [fur'tiβo, a] *adj* furtive ▷ *nm* poacher
fusible [fu'siβle] *nm* fuse
fusil [fu'sil] *nm* rifle; **fusilar** /1a/ *vt* to shoot
fusión [fu'sjon] *nf* (*gen*) melting; (*unión*) fusion; (*Com*) merger, amalgamation
fútbol ['futβol] *nm* football (BRIT), soccer (US); **~ americano** American football (BRIT), football (US); **~ sala** indoor football (BRIT) *o* soccer (US); **futbolín** *nm* table football; **futbolista** *nmf* footballer
futuro, -a [fu'turo, a] *adj* future ▷ *nm* future

g

gabardina [gaβar'ðina] *nf* gabardine; (*prenda*) raincoat
gabinete [gaβi'nete] *nm* (*Pol*) cabinet; (*estudio*) study; (*de abogados etc*) office
gachas ['gatʃas] *nfpl* porridge *sg*
gafas ['gafas] *nfpl* glasses; **~ de sol** sunglasses
gafe ['gafe] *nm* (*fam*) jinx
gaita ['gaita] *nf* bagpipes *pl*
gajes ['gaxes] *nmpl*: **los ~ del oficio** occupational hazards
gajo ['gaxo] *nm* (*de naranja*) segment
gala ['gala] *nf* full dress; **galas** *nfpl* finery *sg*; **estar de ~** to be in one's best clothes; **hacer ~ de** to display
galápago [ga'lapaɣo] *nm* (*Zool*) turtle, sea/freshwater turtle (US)
galardón [galar'ðon] *nm* award, prize
galaxia [ga'laksja] *nf* galaxy
galera [ga'lera] *nf* (*nave*) galley; (*carro*) wagon; (*Tip*) galley

galería [gale'ria] *nf* (*gen*) gallery; (*balcón*) veranda(h); (*de casa*) corridor; **~ comercial** shopping mall

Gales ['gales] *nm*: **(el País de) ~** Wales; **galés, -esa** *adj* Welsh ▷ *nm/f* Welshman/woman ▷ *nm* (*Ling*) Welsh

galgo, -a ['galɣo, a] *nm/f* greyhound

gallego, -a [ga'ʎeɣo, a] *adj* ▷ *nm/f* Galician

galleta [ga'ʎeta] *nf* biscuit (BRIT), cookie (US)

gallina [ga'ʎina] *nf* hen ▷ *nm* (*fam*) chicken; **gallinero** *nm* henhouse; (*Teat*) top gallery

gallo ['gaʎo] *nm* cock, rooster

galopar [galo'par] /ɪa/ *vi* to gallop

gama ['gama] *nf* (*fig*) range

gamba ['gamba] *nf* prawn (BRIT), shrimp (US)

gamberro, -a [gam'berro, a] *nm/f* hooligan, lout

gamuza [ga'muθa] *nf* chamois

gana ['gana] *nf* (*deseo*) desire, wish; (*apetito*) appetite; (*voluntad*) will; (*añoranza*) longing; **de buena ~** willingly; **de mala ~** reluctantly; **me da ~s de** I feel like, I want to; **tener ~s de** to feel like; **no me da la (real) ~** I (really) don't feel like it

ganadería [ganaðe'ria] *nf* (*ganado*) livestock; (*ganado vacuno*) cattle *pl*; (*cría, comercio*) cattle raising

ganadero, -a [gana'ðero, a] *nm/f* (*hacendado*) rancher

ganado [ga'naðo] *nm* livestock; **~ caballar/cabrío** horses *pl*/goats *pl*; **~ porcino/vacuno** pigs *pl*/cattle *pl*

ganador, -a [gana'ðor, a] *adj* winning ▷ *nm/f* winner

ganancia [ga'nanθja] *nf* (*lo ganado*) gain; (*aumento*) increase; (*beneficio*) profit; **ganancias** *nfpl* (*ingresos*) earnings; (*beneficios*) profit *sg*, winnings

ganar [ga'nar] /ɪa/ *vt* (*obtener*) to get, obtain; (*sacar ventaja*) to gain; (*Com*) to earn; (*Deporte, premio*) to win; (*derrotar*) to beat; (*alcanzar*) to reach ▷ *vi* (*Deporte*) to win; **ganarse** *vr*: **~se la vida** to earn one's living

ganchillo [gan'tʃiʎo] *nm* crochet

gancho ['gantʃo] *nm* (*gen*) hook; (*colgador*) hanger

gandul, -a [gan'dul, a] *adj, nm/f* good-for-nothing, layabout

ganga ['ganga] *nf* bargain

gangrena [gan'grena] *nf* gangrene

ganso, -a ['ganso, a] *nm/f* (*Zool*) gander/goose; (*fam*) idiot

ganzúa [gan'θua] *nf* skeleton key

garabato [gara'βato] *nm* (*escritura*) scrawl, scribble

garaje [ga'raxe] *nm* garage; **garajista** *nmf* mechanic

garantía [garan'tia] *nf* guarantee

garantizar [garanti'θar] /ɪf/ *vt* to guarantee

garbanzo [gar'βanθo] *nm* chickpea

garfio ['garfjo] *nm* grappling iron

garganta [gar'ɣanta] *nf* (*interna*) throat; (*externa, de botella*) neck; **gargantilla** *nf* necklace

gárgara ['garɣara] *nf* gargling; **hacer ~s** to gargle

gargarear [garɣare'ar] /ɪa/ *vi* (LAM) to gargle

garita [ga'rita] *nf* cabin, hut; (*Mil*) sentry box

garra ['garra] *nf* (*de gato, Tec*) claw; (*de ave*) talon; (*fam*) hand, paw

garrafa [ga'rrafa] *nf* carafe, decanter

garrapata [garra'pata] *nf* tick

gas [gas] *nm* gas; **~es lacrimógenos** tear gas *sg*

gasa ['gasa] *nf* gauze

gaseoso, -a [gase'oso, a] *adj* gassy, fizzy ▷ *nf* lemonade, pop (*fam*)

gasoil [ga'soil], **gasóleo** [ga'soleo] *nm* diesel (oil)

gasolina [gaso'lina] *nf* petrol, gas(oline) (US); **gasolinera** *nf* petrol (BRIT) *o* gas (US) station

gastado, -a [gas'taðo, a] *adj* (*dinero*) spent; (*ropa*) worn out; (*usado*: *frase etc*) trite

gastar [gas'tar] /1a/ *vt* (*dinero, tiempo*) to spend; (*consumir*) to use (up); (*desperdiciar*) to waste; (*llevar*) to wear; **gastarse** *vr* to wear out; (*estropearse*) to waste; **~ en** to spend on; **~ bromas** to crack jokes; **¿qué número gastas?** what size (shoe) do you take?

gasto ['gasto] *nm* (*desembolso*) expenditure, spending; (*consumo, uso*) use; **gastos** *nmpl* (*desembolsos*) expenses; (*cargos*) charges, costs

gastronomía [gastrono'mia] *nf* gastronomy

gatear [gate'ar] /1a/ *vi* (*andar a gatas*) to go on all fours

gatillo [ga'tiʎo] *nm* (*de arma de fuego*) trigger; (*de dentista*) forceps

gato ['gato] *nm* cat; (*Tec*) jack; **andar a gatas** to go on all fours

gaucho, -a ['gautʃo, a] *nm/f* gaucho

gaviota [ga'βjota] *nf* seagull

gay [ge] *adj* gay, homosexual

gazpacho [gaθ'patʃo] *nm* gazpacho

gel [xel] *nm* gel; **~ de baño/ducha** bath/shower gel

gelatina [xela'tina] *nf* jelly; (*polvos etc*) gelatine

gema ['xema] *nf* gem

gemelo, -a [xe'melo, a] *adj, nm/f* twin; **gemelos** *nmpl* (*de camisa*) cufflinks; **~s de campo** field glasses, binoculars

gemido [xe'miðo] *nm* (*quejido*) moan, groan; (*lamento*) howl

Géminis ['xeminis] *nm* Gemini

gemir [xe'mir] /3k/ *vi* (*quejarse*) to moan, groan; (*viento*) to howl

generación [xenera'θjon] *nf* generation

general [xene'ral] *adj* general ▷ *nm* general; **por lo** *o* **en ~** in general; **Generalitat** *nf regional government of Catalonia*; **generalizar** /1f/ *vt* to generalize; **generalizarse** *vr* to become generalized, spread

generar [xene'rar] /1a/ *vt* to generate

género ['xenero] *nm* (*clase*) kind, sort; (*tipo*) type; (*Bio*) genus; (*Ling*) gender; (*Com*) material; **~ humano** human race

generosidad [xenerosi'ðað] *nf* generosity; **generoso, -a** *adj* generous

genial [xe'njal] *adj* inspired; (*idea*) brilliant; (*estupendo*) wonderful

genio ['xenjo] *nm* (*carácter*) nature, disposition; (*humor*) temper; (*facultad creadora*) genius; **de mal ~** bad-tempered

genital [xeni'tal] *adj* genital ▷ *nm*: **~es** genitals

genoma [xe'noma] *nm* genome

gente ['xente] *nf* (*personas*) people *pl*; (*parientes*) relatives *pl*

gentil [xen'til] *adj* (*elegante*) graceful; (*encantador*) charming

No confundir *gentil* con la palabra inglesa *gentle*.

genuino, -a [xe'nwino, a] *adj* genuine

geografía [xeoɣra'fia] *nf* geography

geología [xeolo'xia] *nf* geology

geometría [xeome'tria] *nf* geometry

gerente [xe'rente] *nmf* (*supervisor*) manager; (*jefe*) director

geriatría [xerja'tria] *nf* (*Med*) geriatrics *sg*

germen ['xermen] *nm* germ

gesticulación [xestikula'θjon] *nf* (*ademán*) gesticulation; (*mueca*) grimace

gesticular [xestiku'lar] /1a/ *vi* (*con ademanes*) to gesticulate; (*con muecas*) to make faces

gestión [xes'tjon] *nf* management; (*diligencia, acción*) negotiation

gesto ['xesto] *nm* (*mueca*) grimace; (*ademán*) gesture

Gibraltar [xiβral'tar] *nm* Gibraltar; **gibraltareño, -a** *adj* of *o* from Gibraltar, Gibraltarian ▷ *nm/f* Gibraltarian

gigante [xi'ɣante] *adj, nmf* giant; **gigantesco, -a** *adj* gigantic

gilipollas [xili'poʎas] (*fam*) *adj inv* daft ▷ *nmf* berk (BRIT), jerk (*esp US*)

gimnasia [xim'nasja] *nf* gymnastics *pl*; **gimnasio** *nm* gym(nasium); **gimnasta** *nmf* gymnast; **gimnástica** *nf* gymnastics *sg*
ginebra [xi'neβra] *nf* gin
ginecólogo, -a [xine'koloɣo, a] *nm/f* gyn(a)ecologist
gira ['xira] *nf* tour, trip
girar [xi'rar] /ıa/ *vt* (*dar la vuelta*) to turn (around); (: *rápidamente*) to spin; (*Com*: *giro postal*) to draw; (*comerciar*: *letra de cambio*) to issue ▷ *vi* to turn (round); (*rápido*) to spin
girasol [xira'sol] *nm* sunflower
giratorio, -a [xira'torjo, a] *adj* revolving
giro ['xiro] *nm* (*movimiento*) turn, revolution; (*Ling*) expression; (*Com*) draft; **~ bancario** bank draft; **~ postal** money order
gis [xis] *nm* (LAM) chalk
gitano, -a [xi'tano, a] *adj*, *nm/f* gypsy
glacial [gla'θjal] *adj* icy, freezing
glaciar [gla'θjar] *nm* glacier
glándula ['glandula] *nf* gland
global [glo'βal] *adj* global; **globalización** *nf* globalization
globo ['gloβo] *nm* (*esfera*) globe, sphere; (*aeróstato*, *juguete*) balloon
glóbulo ['gloβulo] *nm* globule; (*Anat*) corpuscle
gloria ['glorja] *nf* glory
glorieta [glo'rjeta] *nf* (*de jardín*) bower, arbour, arbor (US); (*Auto*) roundabout (BRIT), traffic circle (US)
glorioso, -a [glo'rjoso, a] *adj* glorious
glotón, -ona [glo'ton, ona] *adj* gluttonous, greedy ▷ *nm/f* glutton
glucosa [glu'kosa] *nf* glucose
gobernador, -a [goβerna'ðor, a] *adj* governing ▷ *nm/f* governor; **gobernante** *adj* governing
gobernar [goβer'nar] /ıj/ *vt* (*dirigir*) to guide, direct; (*Pol*) to rule, govern ▷ *vi* to govern; (*Naut*) to steer
gobierno [go'βjerno] *vb V* **gobernar** ▷ *nm* (*Pol*) government; (*dirección*) guidance, direction; (*Naut*) steering
goce *etc* ['goθe] *vb V* **gozar** ▷ *nm* enjoyment
gol [gol] *nm* goal
golf [golf] *nm* golf
golfo, -a ['golfo, a] *nm/f* (*pilluelo*) street urchin; (*vagabundo*) tramp; (*gorrón*) loafer; (*gamberro*) lout ▷ *nm* (*Geo*) gulf ▷ *nf* (*fam!*: *prostituta*) slut
golondrina [golon'drina] *nf* swallow
golosina [golo'sina] *nf* (*dulce*) sweet; **goloso, -a** *adj* sweet-toothed
golpe ['golpe] *nm* blow; (*de puño*) punch; (*de mano*) smack; (*de remo*) stroke; (*fig*: *choque*) clash; **no dar ~** to be bone idle; **de un ~** with one blow; **de ~** suddenly; **~ (de estado)** coup (d'état); **golpear** /ıa/ *vt*, *vi* to strike, knock; (*asestar*) to beat; (*de puño*) to punch; (*golpetear*) to tap
goma ['goma] *nf* (*caucho*) rubber; (*elástico*) elastic; (*tira*) rubber *o* elastic (BRIT) band; **~ (de borrar)** eraser, rubber (BRIT); **~ espuma** foam rubber
gomina [go'mina] *nf* hair gel
gomita [go'mita] *nf* rubber *o* elastic (BRIT) band
gordo, -a ['gorðo, a] *adj* (*gen*) fat; (*fam*) enormous; **el (premio) ~** (*en lotería*) first prize
gorila [go'rila] *nm* gorilla
gorra ['gorra] *nf* cap; (*de niño*) bonnet; (*militar*) bearskin; **andar** *o* **ir** *o* **vivir de ~** to sponge; **entrar de ~** (*fam*) to gatecrash
gorrión [go'rrjon] *nm* sparrow
gorro ['gorro] *nm* cap; (*de niño*, *mujer*) bonnet
gorrón, -ona [go'rron, ona] *nm/f* scrounger; **gorronear** /ıa/ *vi* (*fam*) to sponge, scrounge
gota ['gota] *nf* (*gen*) drop; (*de sudor*) bead; (*Med*) gout; **gotear** /ıa/ *vi* to drip; (*llloviznar*) to drizzle; **gotera** *nf* leak
gozar [go'θar] /ıf/ *vi* to enjoy o.s.; **~ de** (*disfrutar*) to enjoy; (*poseer*) to possess

GPS *nm abr* (= *global positioning system*) GPS
gr *abr* (= *gramo(s)*) g
grabación [graβa'θjon] *nf* recording
grabado [gra'βaðo] *nm* print, engraving
grabador, -a [graβa'ðor, a] *nm/f* engraver ▷ *nf* tape-recorder; **~a de CD/DVD** CD/DVD writer
grabar [gra'βar] /1a/ *vt* to engrave; (*discos, cintas*) to record
gracia ['graθja] *nf* (*encanto*) grace, gracefulness; (*humor*) humour, wit; **¡muchas ~s!** thanks very much!; **~s a** thanks to; **tener ~** (*chiste etc*) to be funny; **no me hace ~** I am not too keen; **dar las ~s a algn por algo** to thank sb for sth; **gracioso, -a** *adj* (*garboso*) graceful; (*chistoso*) funny; (*cómico*) comical ▷ *nm/f* (*Teat*) comic character
grada ['graða] *nf* (*de escalera*) step; (*de anfiteatro*) tier, row; **gradas** *nfpl* (*de estadio*) terraces
grado ['graðo] *nm* degree; (*de aceite, vino*) grade; (*grada*) step; (*Mil*) rank; **de buen ~** willingly; **~ centí~/ Fahrenheit** degree centigrade/ Fahrenheit
graduación [graðwa'θjon] *nf* (*del alcohol*) proof, strength; (*Escol*) graduation; (*Mil*) rank
gradual [gra'ðwal] *adj* gradual
graduar [gra'ðwar] /1e/ *vt* (*gen*) to graduate; (*Mil*) to commission; **graduarse** *vr* to graduate; **~se la vista** to have one's eyes tested
gráfico, -a ['grafiko, a] *adj* graphic ▷ *nm* diagram ▷ *nf* graph; **gráficos** *nmpl* (*tb Inform*) graphics
grajo ['graxo] *nm* rook
gramático, -a [gra'matiko, a] *nm/f* (*persona*) grammarian ▷ *nf* grammar
gramo ['gramo] *nm* gramme (BRIT), gram (US)
gran [gran] *adj V* **grande**
grana ['grana] *nf* (*color*) scarlet
granada [gra'naða] *nf* pomegranate; (*Mil*) grenade
granate [gra'nate] *adj inv* maroon
Gran Bretaña [grambre'taɲa] *nf* Great Britain
grande ['grande], **gran** (*antes de nmsg*) *adj* (*de tamaño*) big, large; (*alto*) tall; (*distinguido*) great; (*impresionante*) grand ▷ *nm* grandee
granel [gra'nel] *nm*: **a ~** (*Com*) in bulk
granero [gra'nero] *nm* granary, barn
granito [gra'nito] *nm* (*Agr*) small grain; (*roca*) granite
granizado [grani'θaðo] *nm* iced drink
granizar [grani'θar] /1f/ *vi* to hail; **granizo** *nm* hail
granja ['granxa] *nf* (*gen*) farm; **granjero, -a** *nm/f* farmer
grano ['grano] *nm* grain; (*semilla*) seed; (*Med*) pimple, spot; **~ de café** coffee bean
granuja [gra'nuxa] *nm* rogue; (*golfillo*) urchin
grapa ['grapa] *nf* staple; (*Tec*) clamp; **grapadora** *nf* stapler
grasa ['grasa] *nf V* **graso**; **grasiento, -a** *adj* greasy; (*de aceite*) oily; **graso, -a** *adj* fatty; (*aceitoso*) greasy ▷ *nf* grease; (*de cocina*) fat, lard; (*sebo*) suet; (*mugre*) filth
gratinar [grati'nar] /1a/ *vt* to cook au gratin
gratis ['gratis] *adv* free
grato, -a ['grato, a] *adj* (*agradable*) pleasant, agreeable
gratuito, -a [gra'twito, a] *adj* (*gratis*) free; (*sin razón*) gratuitous
grave ['graβe] *adj* heavy; (*fig, Med*) grave, serious; **gravedad** *nf* gravity
Grecia ['greθja] *nf* Greece
gremio ['gremjo] *nm* trade, industry
griego, -a ['grjeɣo, a] *adj* ▷ *nm/f* Greek
grieta ['grjeta] *nf* crack
grifo ['grifo] *nm* tap (BRIT), faucet (US
grillo ['griʎo] *nm* (*Zool*) cricket
gripa ['gripa] *nf* (LAM) flu, influenza
gripe ['gripe] *nf* flu, influenza; **~ A** swine flu; **~ aviar** bird flu
gris [gris] *adj* grey

gritar [gri'tar] /1a/ *vt, vi* to shout, yell; **grito** *nm* shout, yell; (*de horror*) scream
grosella [gro'seʎa] *nf* (red)currant
grosero, -a [gro'sero, a] *adj* (*poco cortés*) rude, bad-mannered; (*ordinario*) vulgar, crude
grosor [gro'sor] *nm* thickness
grúa ['grua] *nf* (*Tec*) crane; (*de petróleo*) derrick
grueso, -a ['grweso, a] *adj* thick; (*persona*) stout ▷ *nm* bulk; **el ~ de** the bulk of
grulla ['gruʎa] *nf* crane
grumo ['grumo] *nm* clot, lump
gruñido [gru'ɲiðo] *nm* grunt; (*fig*) grumble
gruñir [gru'ɲir] /3h/ *vi* (*animal*) to grunt, growl; (*fam*) to grumble
grupo ['grupo] *nm* group; (*Tec*) unit, set; **~ de presión** pressure group
gruta ['gruta] *nf* grotto
guacho, -a ['gwatʃo, a] *nm/f* (LAM) homeless child
guajolote [gwajo'lote] *nm* (LAM) turkey
guante ['gwante] *nm* glove; **~s de goma** rubber gloves; **guantera** *nf* glove compartment
guapo, -a ['gwapo, a] *adj* good-looking; attractive; (*elegante*) smart
guarda ['gwarða] *nmf* (*persona*) warden, keeper ▷ *nf* (*acto*) guarding; (*custodia*) custody; **~ jurado** (armed) security guard; **guardabarros** *nm inv* mudguard (BRIT), fender (US); **guardabosques** *nm inv* gamekeeper; **guardacostas** *nm inv* coastguard vessel ▷ *nmf* guardian, protector; **guardaespaldas** *nm inv, nf inv* bodyguard; **guardameta** *nm* goalkeeper; **guardar** /1a/ *vt* (*gen*) to keep; (*vigilar*) to guard, watch over; (*dinero: ahorrar*) to save; **guardarse** *vr* (*preservarse*) to protect o.s.; **guardarse de algo** (*evitar*) to avoid sth; **guardar cama** to stay in bed; **guardarropa** *nm* (*armario*) wardrobe; (*en establecimiento público*) cloakroom
guardería [gwarðe'ria] *nf* nursery
guardia ['gwarðja] *nf* (*Mil*) guard; (*cuidado*) care, custody ▷ *nmf* guard; (*policía*) policeman/woman; **estar de ~** to be on guard; **montar ~** to mount guard; **la G~ Civil** the Civil Guard
guardián, -ana [gwar'ðjan, ana] *nm/f* (*gen*) guardian, keeper
guarida [gwa'riða] *nf* (*de animal*) den, lair; (*refugio*) refuge
guarnición [gwarni'θjon] *nf* (*de vestimenta*) trimming; (*de piedra*) mount; (*Culin*) garnish; (*arneses*) harness; (*Mil*) garrison
guarro, -a ['gwarro, a] *nm/f* pig
guasa ['gwasa] *nf* joke; **guasón, -ona** *adj* (*bromista*) joking ▷ *nm/f* wit; joker
Guatemala [gwate'mala] *nf* Guatemala
guay [gwai] *adj* (*fam*) super, great
güero, -a ['gwero, a] *adj* (LAM) blond(e)
guerra ['gerra] *nf* war; **~ civil/fría** civil/cold war; **dar ~** to be a nuisance; **guerrero, -a** *adj* fighting; (*carácter*) warlike ▷ *nm/f* warrior
guerrilla [ge'rriʎa] *nf* guerrilla warfare; (*tropas*) guerrilla band *o* group
guía ['gia] *vb V* **guiar** ▷ *nmf* (*persona*) guide ▷ *nf* (*libro*) guidebook; **~ telefónica** telephone directory; **~ del turista/del viajero** tourist/traveller's guide
guiar [gi'ar] /1c/ *vt* to guide, direct; (*Auto*) to steer; **guiarse** *vr*: **~se por** to be guided by
guinda ['ginda] *nf* morello cherry
guindilla [gin'diʎa] *nf* chil(l)i pepper
guiñar [gi'ɲar] /1a/ *vi* to wink
guión [gi'on] *nm* (*Ling*) hyphen, dash; (*Cine*) script; **guionista** *nmf* scriptwriter
guiri ['giri] *nmf* (*fam, pey*) foreigner
guirnalda [gir'nalda] *nf* garland
guisado [gi'saðo] *nm* stew
guisante [gi'sante] *nm* pea
guisar [gi'sar] /1a/ *vt, vi* to cook; **guiso** *nm* cooked dish

g

guitarra [gi'tarra] *nf* guitar
gula ['gula] *nf* gluttony, greed
gusano [gu'sano] *nm* worm; (*lombriz*) earthworm
gustar [gus'tar] /1a/ *vt* to taste, sample ▷ *vi* to please, be pleasing; **~ de algo** to like *o* enjoy sth; **me gustan las uvas** I like grapes; **le gusta nadar** she likes *o* enjoys swimming
gusto ['gusto] *nm* (*sentido, sabor*) taste; (*placer*) pleasure; **tiene un ~ amargo** it has a bitter taste; **tener buen ~** to have good taste; **sentirse a ~** to feel at ease; **¡mucho *o* tanto ~ (en conocerle)!** how do you do?, pleased to meet you; **el ~ es mío** the pleasure is mine; **tomar ~ a** to take a liking to; **con ~** willingly, gladly

h

ha [a] *vb V* **haber**
haba ['aβa] *nf* bean
Habana [a'βana] *nf*: **la ~** Havana
habano [a'βano] *nm* Havana cigar
habéis *vb V* **haber**

PALABRA CLAVE

haber [a'βer] /2j/ *vb auxiliar* **1** (*tiempos compuestos*) to have; **había comido** I have/had eaten; **antes/después de haberlo visto** before seeing/after seeing *o* having seen it
2: **¡haberlo dicho antes!** you should have said so before!
3: **haber de: he de hacerlo** I must do it; **ha de llegar mañana** it should arrive tomorrow
▶ *vb impersonal* **1** (*existencia: sg*) there is; (*: pl*) there are; **hay un hermano/dos hermanos** there is one brother/there are two brothers; **¿cuánto hay de aqu a Sucre?** how far is it from here to Sucre

2 (*obligación*): **hay que hacer algo** something must be done; **hay que apuntarlo para acordarse** you have to write it down to remember
3: **¡hay que ver!** well I never!
4: **¡no hay de qué!**, (*LAM*) **¡no hay por qué!** don't mention it!, not at all!
5: **¿qué hay?** (*¿qué pasa?*) what's up?, what's the matter?; (*¿qué tal?*) how's it going?
▶ **haberse** *vb impersonal*: **habérselas con algn** to have it out with sb
▶ *vt*: **he aquí unas sugerencias** here are some suggestions
▶ *nm* (*en cuenta*) credit side
▶ **haberes** *nmpl* assets; **¿cuánto tengo en el haber?** how much do I have in my account?; **tiene varias novelas en su haber** he has several novels to his credit

habichuela [aβi'tʃwela] *nf* kidney bean
hábil ['aβil] *adj* (*listo*) clever, smart; (*capaz*) fit, capable; (*experto*) expert; **día ~** working day; **habilidad** *nf* skill, ability
habitación [aβita'θjon] *nf* (*cuarto*) room; (*Bio: morada*) habitat; **~ sencilla** *o* **individual** single room; **~ doble** *o* **de matrimonio** double room
habitante [aβi'tante] *nmf* inhabitant
habitar [aβi'tar] /1a/ *vt* (*residir en*) to inhabit; (*ocupar*) to occupy ▷ *vi* to live
hábito ['aβito] *nm* habit
habitual [aβi'twal] *adj* habitual
habituar [aβi'twar] /1e/ *vt* to accustom; **habituarse** *vr*: **~se a** to get used to
habla ['aβla] *nf* (*capacidad de hablar*) speech; (*idioma*) language; (*dialecto*) dialect; **perder el ~** to become speechless; **de ~ francesa** French-speaking; **estar al ~** to be in contact; (*Telec*) to be on the line; **¡González al ~!** (*Telec*) Gonzalez speaking!

hablador, a [aβla'ðor, a] *adj* talkative ▷ *nm/f* chatterbox
habladuría [aβlaðu'ria] *nf* rumour; **habladurías** *nfpl* gossip *sg*
hablante [a'βlante] *adj* speaking ▷ *nmf* speaker
hablar [a'βlar] /1a/ *vt* to speak, talk ▷ *vi* to speak; **hablarse** *vr* to speak to each other; **~ con** to speak to; **de eso ni ~** no way, that's out of the question; **~ de** to speak of *o* about; **"se habla inglés"** "English spoken here"
habré *etc* [a'βre] *vb V* **haber**
hacendado, -a [aθen'daðo, a] *nm/f* (*LAM*) rancher, farmer
hacendoso, -a [aθen'doso, a] *adj* industrious

PALABRA CLAVE

hacer [a'θer] /2r/ *vt* **1** (*fabricar, producir, conseguir*) to make; **hacer una película/un ruido** to make a film/noise; **el guisado lo hice yo** I made *o* cooked the stew
2 (*ejecutar: trabajo etc*) to do; **hacer la colada** to do the washing; **hacer la comida** to do the cooking; **¿qué haces?** what are you doing?; **hacer el malo** *o* **el papel del malo** (*Teat*) to play the villain
3 (*estudios, algunos deportes*) to do; **hacer español/económicas** to do *o* study Spanish/economics; **hacer yoga/gimnasia** to do yoga/go to the gym
4 (*transformar, incidir en*): **esto lo hará más difícil** this will make it more difficult; **salir te hará sentir mejor** going out will make you feel better
5 (*cálculo*): **2 y 2 hacen 4** 2 and 2 make 4; **éste hace 100** this one makes 100
6 (+ *sub*): **esto hará que ganemos** this will make us win; **harás que no quiera venir** you'll stop him wanting to come
7 (*como sustituto de vb*) to do; **él bebió y yo hice lo mismo** he drank and I did likewise

8: **no hace más que criticar** all he does is criticize
▶ *vb semi-auxiliar* (+ *infin*: *directo*): **les hice venir** I made *o* had them come; **hacer trabajar a los demás** to get others to work
▶ *vi* **1**: **haz como que no lo sabes** act as if you don't know
2 (*ser apropiado*): **si os hace** if it's alright with you
3: **hacer de: hacer de Otelo** to play Othello
▶ *vb impersonal* **1**: **hace calor/frío** it's hot/cold; *V tb* **bueno; sol; tiempo**
2 (*tiempo*): **hace tres años** three years ago; **hace un mes que voy/no voy** I've been going/I haven't been for a month
3: **¿cómo has hecho para llegar tan rápido?** how did you manage to get here so quickly?
▶ **hacerse** *vr* **1** (*volverse*) to become; **se hicieron amigos** they became friends
2 (*acostumbrarse*): **hacerse a** to get used to
3: **se hace con huevos y leche** it's made out of eggs and milk; **eso no se hace** that's not done
4 (*obtener*): **hacerse de** *o* **con algo** to get hold of sth
5 (*fingirse*): **hacerse el sordo/sueco** to turn a deaf ear/pretend not to notice

hacha ['atʃa] *nf* axe; (*antorcha*) torch
hachís [a'tʃis] *nm* hashish
hacia ['aθja] *prep* (*en dirección de*) towards; (*cerca de*) near; (*actitud*) towards; **~ adelante/atrás** forwards/backwards; **~ arriba/abajo** up(wards)/down(wards); **~ mediodía** about noon
hacienda [a'θjenda] *nf* (*propiedad*) property; (*finca*) farm; (*LAM*) ranch; **~ pública** public finance; **(Ministerio de) H~** Exchequer (*BRIT*), Treasury Department (*US*)
hada ['aða] *nf* fairy
haga *etc* ['aɣa] *vb V* **hacer**
Haití [ai'ti] *nm* Haiti
halagar [ala'ɣar] /ɪh/ *vt* to flatter
halago [a'laɣo] *nm* flattery
halcón [al'kon] *nm* falcon, hawk
hallar [a'ʎar] /ɪa/ *vt* (*gen*) to find; (*descubrir*) to discover; (*toparse con*) to run into; **hallarse** *vr* to be (situated)
halterofilia [altero'filja] *nf* weightlifting
hamaca [a'maka] *nf* hammock
hambre ['ambre] *nf* hunger; (*carencia*) famine; (*fig*) longing; **tener ~** to be hungry; **¡me muero de ~!** I'm starving!; **hambriento, -a** *adj* hungry, starving
hamburguesa [ambur'ɣesa] *nf* hamburger; **hamburguesería** *nf* burger bar
hámster ['xamster] *nm* hamster
han [an] *vb V* **haber**
harapo [a'rapo] *nm* rag
haré *etc* [a're] *vb V* **hacer**
harina [a'rina] *nf* flour; **~ de maíz** cornflour (*BRIT*), cornstarch (*US*); **~ de trigo** wheat flour
hartar [ar'tar] /ɪa/ *vt* to satiate, glut; (*fig*) to tire, sicken; **hartarse** *vr* (*de comida*) to fill o.s., gorge o.s.; (*cansarse*): **~se de** to get fed up with; **harto, -a** *adj* (*lleno*) full; (*cansado*) fed up ▷ *adv* (*bastante*) enough; (*muy*) very; **estar harto de** to be fed up with
has [as] *vb V* **haber**
hashtag [xas'taɣ] *nm* (*en Twitter*) hashtag
hasta ['asta] *adv* even ▷ *prep* (*alcanzando a*) as far as, up/down to; (*de tiempo*: *a tal hora*) till, until; (: *antes de*) before ▷ *conj*: **~ que** until; **~ luego** *o* **ahora/el sábado** see you soon/on Saturday; **~ pronto** see you soon
hay [ai] *vb V* **haber**
Haya ['aja] *nf*: **la ~** The Hague
haya *etc* ['aja] *vb V* **haber** ▷ *nf* beech tree
haz [aθ] *vb V* **hacer** ▷ *nm* (*de luz*) beam
hazaña [a'θaɲa] *nf* feat, exploit

hazmerreír [aθmerre'ir] *nm inv* laughing stock
he [e] *vb V* **haber**
hebilla [e'βiʎa] *nf* buckle, clasp
hebra ['eβra] *nf* thread; (*Bot*: *fibra*) fibre, grain
hebreo, -a [e'βreo, a] *adj, nm/f* Hebrew ▷ *nm* (*Ling*) Hebrew
hechizar [etʃi'θar] /1f/ *vt* to cast a spell on, bewitch
hechizo [e'tʃiθo] *nm* witchcraft, magic; (*acto de magia*) spell, charm
hecho, -a ['etʃo, a] *pp de* **hacer** ▷ *adj* (*carne*) done; (*Costura*) ready-to-wear ▷ *nm* deed, act; (*dato*) fact; (*cuestión*) matter; (*suceso*) event ▷ *excl* agreed!, done!; **¡bien ~!** well done!; **de ~** in fact, as a matter of fact; **el ~ es que ...** the fact is that ...
hechura [e'tʃura] *nf* (*forma*) form, shape; (*de persona*) build
hectárea [ek'tarea] *nf* hectare
helada [e'laða] *nf* frost
heladera [ela'ðera] *nf* (LAM: *refrigerador*) refrigerator
helado, -a [e'laðo, a] *adj* frozen; (*glacial*) icy; (*fig*) chilly, cold ▷ *nm* ice-cream
helar [e'lar] /1j/ *vt* to freeze, ice (up); (*dejar atónito*) to amaze ▷ *vi* to freeze; **helarse** *vr* to freeze
helecho [e'letʃo] *nm* fern
hélice ['eliθe] *nf* (*Tec*) propeller
helicóptero [eli'koptero] *nm* helicopter
hembra ['embra] *nf* (*Bot*, *Zool*) female; (*mujer*) woman; (*Tec*) nut
hemorragia [emo'rraxja] *nf* haemorrhage (BRIT), hemorrhage (US)
hemorroides [emo'rroiðes] *nfpl* haemorrhoids (BRIT), hemorrhoids (US)
hemos ['emos] *vb V* **haber**
heno ['eno] *nm* hay
heredar [ere'ðar] /1a/ *vt* to inherit; **heredero, -a** *nm/f* heir(ess)
hereje [e'rexe] *nm/f* heretic
herencia [e'renθja] *nf* inheritance
herido, -a [e'riðo, a] *adj* injured, wounded ▷ *nm/f* casualty ▷ *nf* wound, injury
herir [e'rir] /3i/ *vt* to wound, injure; (*fig*) to offend
hermanación [ermana'θjon] *nf* (*de ciudades*) twinning
hermanado, -a [erma'naðo, a] *adj* (*ciudad*) twinned
hermanastro, -a [erma'nastro, a] *nm/f* stepbrother/sister
hermandad [erman'dað] *nf* brotherhood
hermano, -a [er'mano, a] *nm* brother ▷ *nf* sister; **~ gemelo** twin brother; **~ político** brother-in-law; **hermana política** sister-in-law
hermético, -a [er'metiko, a] *adj* hermetic; (*fig*) watertight
hermoso, -a [er'moso, a] *adj* beautiful, lovely; (*estupendo*) splendid; (*guapo*) handsome; **hermosura** *nf* beauty
hernia ['ernja] *nf* hernia; **~ discal** slipped disc
héroe ['eroe] *nm* hero
heroína [ero'ina] *nf* (*mujer*) heroine; (*droga*) heroin
herradura [erra'ðura] *nf* horseshoe
herramienta [erra'mjenta] *nf* tool
herrero [e'rrero] *nm* blacksmith
hervidero [erβi'ðero] *nm* (*fig*) swarm; (*Pol etc*) hotbed
hervir [er'βir] /3i/ *vi* to boil; (*burbujear*) to bubble; **~ a fuego lento** to simmer; **hervor** *nm* boiling; (*fig*) ardour, fervour
heterosexual [eterosek'swal] *adj* heterosexual
hice *etc* ['iθe] *vb V* **hacer**
hidratante [iðra'tante] *adj*: **crema ~** moisturizing cream, moisturizer; **hidratar** /1a/ *vt* to moisturize; **hidrato** *nm* hydrate; **hidrato de carbono** carbohydrate
hidráulico, -a [i'ðrauliko, a] *adj* hydraulic

hidro... [iðro] *pref* hydro..., water-...; **hidrodeslizador** *nm* hovercraft; **hidroeléctrico, -a** *adj* hydroelectric; **hidrógeno** *nm* hydrogen
hiedra ['jeðra] *nf* ivy
hiel [jel] *nf* gall, bile; (*fig*) bitterness
hielo ['jelo] *vb V* **helar** ▷ *nm* (*gen*) ice; (*escarcha*) frost; (*fig*) coldness, reserve
hiena ['jena] *nf* hyena
hierba ['jerβa] *nf* (*pasto*) grass; (*Culin, Med: planta*) herb; **mala ~** weed; (*fig*) evil influence; **hierbabuena** *nf* mint
hierro ['jerro] *nm* (*metal*) iron; (*objeto*) iron object
hígado ['iɣaðo] *nm* liver
higiene [i'xjene] *nf* hygiene; **higiénico, -a** *adj* hygienic
higo ['iɣo] *nm* fig; **~ seco** dried fig; **higuera** *nf* fig tree
hijastro, -a [i'xastro, a] *nm/f* stepson/daughter
hijo, -a ['ixo, a] *nm/f* son/daughter, child; (*uso vocativo*) dear; **hijos** *nmpl* children, sons and daughters; **~/hija político/a** son-/daughter-in-law; **~ adoptivo** adopted child; **~ de papá/mamá** daddy's/mummy's boy; **~ de puta** (*fam!*) bastard (*!*), son of a bitch (*!*); **~ único** only child
hilera [i'lera] *nf* row, file
hilo ['ilo] *nm* thread; (*Bot*) fibre; (*de metal*) wire; (*de agua*) trickle, thin stream
hilvanar [ilβa'nar] /ɪa/ *vt* (*Costura*) to tack (BRIT), baste (US); (*fig*) to do hurriedly
himno ['imno] *nm* hymn; **~ nacional** national anthem
hincapié [inka'pje] *nm*: **hacer ~ en** to emphasize
hincar [in'kar] /ɪg/ *vt* to drive (in), thrust (in)
hincha ['intʃa] *nmf* (*fam*) fan
hinchado, -a [in'tʃaðo, a] *adj* (*gen*) swollen; (*persona*) pompous
hinchar [in'tʃar] /ɪa/ *vt* (*gen*) to swell; (*inflar*) to blow up, inflate; (*fig*) to exaggerate; **hincharse** *vr* (*inflarse*) to swell up; (*fam: llenarse*) to stuff o.s.; **hinchazón** *nf* (*Med*) swelling; (*altivez*) arrogance
hinojo [i'noxo] *nm* fennel
hipermercado [ipermer'kaðo] *nm* hypermarket, superstore
hípico, -a ['ipiko, a] *adj* horse *cpd*
hipnotismo [ipno'tismo] *nm* hypnotism; **hipnotizar** /ɪf/ *vt* to hypnotize
hipo ['ipo] *nm* hiccups *pl*
hipocresía [ipokre'sia] *nf* hypocrisy; **hipócrita** *adj* hypocritical ▷ *nmf* hypocrite
hipódromo [i'poðromo] *nm* racetrack
hipopótamo [ipo'potamo] *nm* hippopotamus
hipoteca [ipo'teka] *nf* mortgage
hipótesis [i'potesis] *nf inv* hypothesis
hispánico, -a [is'paniko, a] *adj* Hispanic
hispano, -a [is'pano, a] *adj* Hispanic, Spanish, Hispano- ▷ *nm/f* Spaniard; **Hispanoamérica** *nf* Spanish *o* Latin America; **hispanoamericano, -a** *adj, nm/f* Spanish *o* Latin American
histeria [is'terja] *nf* hysteria
historia [is'torja] *nf* history; (*cuento*) story, tale; **historias** *nfpl* (*chismes*) gossip *sg*; **dejarse de ~s** to come to the point; **pasar a la ~** to go down in history; **historiador, a** *nm/f* historian; **historial** *nm* (*profesional*) curriculum vitae, C.V.; (*Med*) case history; **histórico, -a** *adj* historical; (*fig*) historic
historieta [isto'rjeta] *nf* tale, anecdote; (*de dibujos*) comic strip
hito ['ito] *nm* (*fig*) landmark
hizo ['iθo] *vb V* **hacer**
hocico [o'θiko] *nm* snout
hockey ['xoki] *nm* hockey; **~ sobre hielo** ice hockey
hogar [o'ɣar] *nm* fireplace, hearth; (*casa*) home; (*vida familiar*) home life; **hogareño, -a** *adj* home *cpd*; (*persona*) home-loving

hoguera [o'ɣera] *nf* (*gen*) bonfire
hoja ['oxa] *nf* (*gen*) leaf; (*de flor*) petal; (*de papel*) sheet; (*página*) page; **~ de afeitar** razor blade; **~ de cálculo electrónica** spreadsheet; **~ informativa** leaflet, handout; **~ de solicitud** application form
hojalata [oxa'lata] *nf* tin(plate)
hojaldre [o'xaldre] *nm* (*Culin*) puff pastry
hojear [oxe'ar] /1a/ *vt* to leaf through, turn the pages of
hojuela [o'xwela] *nf* (*LAm*) flake
hola ['ola] *excl* hello!
Holanda [o'landa] *nf* Holland; **holandés, -esa** *adj* Dutch ▷ *nm/f* Dutchman/woman ▷ *nm* (*Ling*) Dutch
holgado, -a [ol'ɣaðo, a] *adj* loose, baggy; (*rico*) well-to-do
holgar [ol'ɣar] /1h, 1l/ *vi* (*descansar*) to rest; (*sobrar*) to be superfluous
holgazán, -ana [olɣa'θan, ana] *adj* idle, lazy ▷ *nm/f* loafer
hollín [o'ʎin] *nm* soot
hombre ['ombre] *nm* man; (*raza humana*): **el ~** man(kind) ▷ *excl* (*para énfasis*) man, old chap; **¡sí ~!** (*claro*) of course!; **~ de negocios** businessman; **~-rana** frogman; **~ de bien** *o* **pro** honest man
hombrera [om'brera] *nf* shoulder strap
hombro ['ombro] *nm* shoulder
homenaje [ome'naxe] *nm* (*gen*) homage; (*tributo*) tribute
homicida [omi'θiða] *adj* homicidal ▷ *nmf* murderer; **homicidio** *nm* murder, homicide
homologar [omolo'ɣar] /1h/ *vt* (*Com*) to standardize
homólogo, -a [o'moloɣo, a] *nm/f* counterpart, opposite number
homosexual [omosek'swal] *adj, nmf* homosexual
honda ['onda] *nf* (*cs*) catapult
hondo, -a ['ondo, a] *adj* deep; **lo ~** the depth(s) (*pl*), the bottom; **hondonada** *nf* hollow, depression; (*cañón*) ravine
Honduras [on'duras] *nf* Honduras
hondureño, -a [ondu'reɲo, a] *adj, nm/f* Honduran
honestidad [onesti'ðað] *nf* purity, chastity; (*decencia*) decency; **honesto, -a** *adj* chaste; decent, honest; (*justo*) just
hongo ['ongo] *nm* (*Bot*: *gen*) fungus; (: *comestible*) mushroom; (: *venenoso*) toadstool
honor [o'nor] *nm* (*gen*) honour (*BRIT*), honor (*US*); **en ~ a la verdad** to be fair; **honorable** *adj* honourable (*BRIT*), honorable (*US*)
honorario, -a [ono'rarjo, a] *adj* honorary ▷ *nm*: **~s** fees
honra ['onra] *nf* (*gen*) honour (*BRIT*), honor (*US*); (*renombre*) good name; **honradez** *nf* honesty; (*de persona*) integrity; **honrado, -a** *adj* honest, upright; **honrar** /1a/ *vt* to honour (*BRIT*) *o* honor (*US*)
hora ['ora] *nf* hour; (*tiempo*) time; **¿qué ~ es?** what time is it?; **¿a qué ~?** at what time?; **media ~** half an hour; **a la ~ de comer/de recreo** at lunchtime/at playtime; **a primera ~** first thing (in the morning); **a última ~** at the last moment; **a altas ~s** in the small hours; **¡a buena ~!** about time, too!; **pedir ~** to make an appointment; **dar la ~** to strike the hour; **~s de oficina/de trabajo** office/working hours; **~s de visita** visiting times; **~s extras** *o* **extraordinarias** overtime *sg*; **~s pico** (*LAm*) rush *o* peak hours; **~s punta** rush hours
horario, -a [o'rarjo, a] *adj* hourly, hour *cpd* ▷ *nm* timetable; **~ comercial** business hours
horca ['orka] *nf* gallows *sg*
horcajadas [orka'xaðas]: **a ~** *adv* astride
horchata [or'tʃata] *nf cold drink made from tiger nuts and water*, tiger nut milk

horizontal [oriθon'tal] *adj* horizontal
horizonte [ori'θonte] *nm* horizon
horma ['orma] *nf* mould
hormiga [or'miɣa] *nf* ant; **hormigas** *nfpl* (*Med*) pins and needles
hormigón [ormi'ɣon] *nm* concrete; **~ armado/pretensado** reinforced/prestressed concrete; **hormigonera** *nf* cement mixer
hormigueo [ormi'ɣeo] *nm* (*comezón*) itch
hormona [or'mona] *nf* hormone
hornillo [or'niʎo] *nm* (*cocina*) portable stove; **~ de gas** gas ring
horno ['orno] *nm* (*Culin*) oven; (*Tec*) furnace; **alto ~** blast furnace
horóscopo [o'roskopo] *nm* horoscope
horquilla [or'kiʎa] *nf* hairpin; (*Agr*) pitchfork
horrendo, -a [o'rrendo, a] *adj* horrendous, frightful
horrible [o'rriβle] *adj* horrible, dreadful
horripilante [orripi'lante] *adj* hair-raising, horrifying
horror [o'rror] *nm* horror, dread; (*atrocidad*) atrocity; **¡qué ~!** (*fam*) how awful!; **horrorizar** /ɪf/ *vt* to horrify, frighten; **horrorizarse** *vr* to be horrified; **horroroso, -a** *adj* horrifying, ghastly
hortaliza [orta'liθa] *nf* vegetable
hortelano, -a [orte'lano, a] *nm/f* (market) gardener
hortera [or'tera] *adj* (*fam*) tacky
hospedar [ospe'ðar] /ɪa/ *vt* to put up; **hospedarse** *vr*: **~se (con/en)** to stay *o* lodge (with/at)
hospital [ospi'tal] *nm* hospital
hospitalario, -a [ospita'larjo, a] *adj* (*acogedor*) hospitable; **hospitalidad** *nf* hospitality
hostal [os'tal] *nm* small hotel
hostelería [ostele'ria] *nf* hotel business *o* trade
hostia ['ostja] *nf* (*Rel*) host, consecrated wafer; (*fam*: *golpe*) whack, punch ▷ *excl*: **¡~(s)!** (*fam!*) damn!
hostil [os'til] *adj* hostile
hotdog [ot'dog] *nm* (*LAM*) hot dog
hotel [o'tel] *nm* hotel; *see note* **"hotel"**; **hotelero, -a** *adj* hotel *cpd* ▷ *nm/f* hotelier

HOTEL

In Spain you can choose from the following categories of accommodation, in descending order of quality and price: hotel (from 5 stars to 1), *hostal*, *pensión*, *casa de huéspedes*, *fonda*. Quality can vary widely even within these categories. The State also runs luxury hotels called *paradores*, which are usually sited in places of particular historical interest and are often historic buildings themselves.

hoy [oi] *adv* (*este día*) today; (*en la actualidad*) now(adays) ▷ *nm* present time; **~ (en) día** now(adays)
hoyo ['ojo] *nm* hole, pit
hoz [oθ] *nf* sickle
hube *etc* ['uβe] *vb V* **haber**
hucha ['utʃa] *nf* money box
hueco, -a ['weko, a] *adj* (*vacío*) hollow empty; (*resonante*) booming ▷ *nm* hollow, cavity
huelga ['welɣa] *vb V* **holgar** ▷ *nf* strike; **declararse en ~** to go on strike, come out on strike; **~ general** general strike; **~ de hambre** hunger strike
huelguista [wel'ɣista] *nmf* striker
huella ['weʎa] *nf* (*acto de pisar, pisada*) tread(ing); (*marca del paso*) footprint, footstep; (: *de animal, máquina*) track; **~ de carbono** carbon footprint; **~ dactilar** *o* **digital** fingerprint
huelo *etc vb V* **oler**
huérfano, -a ['werfano, a] *adj* orphan(ed) ▷ *nm/f* orphan

huerta ['werta] *nf* market garden (BRIT), truck farm (US); (*de Murcia, Valencia*) irrigated region
huerto ['werto] *nm* kitchen garden; (*de árboles frutales*) orchard
hueso ['weso] *nm* (*Anat*) bone; (*de fruta*) stone
huésped, a ['wespeð, a] *nm/f* guest
huevas ['weβas] *nfpl* roe *sg*
huevera [we'βera] *nf* eggcup
huevo ['weβo] *nm* egg; **~ duro/escalfado/estrellado** *o* **frito/pasado por agua** hard-boiled/poached/fried/soft-boiled egg; **~s revueltos** scrambled eggs; **~ tibio** (LAM) soft-boiled egg
huida [u'iða] *nf* escape, flight
huir [u'ir] /3g/ *vt* (*escapar*) to flee, escape; (*evadir*) to avoid
hule ['ule] *nm* oilskin; (*esp LAM*) rubber
hulera [u'lera] *nf* (LAM) catapult
humanidad [umani'ðað] *nf* (*género humano*) man(kind); (*cualidad*) humanity
humanitario, -a [umani'tarjo, a] *adj* humanitarian
humano, -a [u'mano, a] *adj* (*gen*) human; (*humanitario*) humane ▷ *nm* human; **ser ~** human being
humareda [uma'reða] *nf* cloud of smoke
humedad [ume'ðað] *nf* (*del clima*) humidity; (*de pared etc*) dampness; **a prueba de ~** damp-proof; **humedecer** /2d/ *vt* to moisten, wet; **humedecerse** *vr* to get wet
húmedo, -a ['umeðo, a] *adj* (*mojado*) damp, wet; (*tiempo etc*) humid
humilde [u'milde] *adj* humble, modest
humillación [umiʎa'θjon] *nf* humiliation; **humillante** *adj* humiliating
humillar [umi'ʎar] /1a/ *vt* to humiliate
humo ['umo] *nm* (*de fuego*) smoke; (*gas nocivo*) fumes *pl*; (*vapor*) steam, vapour; **humos** *nmpl* (*fig*) conceit *sg*
humor [u'mor] *nm* (*disposición*) mood, temper; (*lo que divierte*) humour; **de buen/mal ~** in a good/bad mood; **humorista** *nmf* comic; **humorístico, -a** *adj* funny, humorous
hundimiento [undi'mjento] *nm* (*gen*) sinking; (*colapso*) collapse
hundir [un'dir] /3a/ *vt* to sink; (*edificio, plan*) to ruin, destroy; **hundirse** *vr* to sink, collapse
húngaro, -a ['ungaro, a] *adj, nm/f* Hungarian
Hungría [un'gria] *nf* Hungary
huracán [ura'kan] *nm* hurricane
huraño, -a [u'raɲo, a] *adj* (*antisocial*) unsociable
hurgar [ur'ɣar] /1h/ *vt* to poke, jab; (*remover*) to stir (up); **hurgarse** *vr*: **~se (las narices)** to pick one's nose
hurón [u'ron] *nm* (*Zool*) ferret
hurtadillas [urta'ðiʎas]: **a ~** *adv* stealthily, on the sly
hurtar [ur'tar] /1a/ *vt* to steal; **hurto** *nm* theft, stealing
husmear [usme'ar] /1a/ *vt* (*oler*) to sniff out, scent; (*fam*) to pry into
huyo *etc vb V* **huir**

i

iba *etc* ['iβa] *vb V* **ir**
ibérico, -a [i'βeriko, a] *adj* Iberian
iberoamericano, -a [iβeroameri'kano, a] *adj, nm/f* Latin American
Ibiza [i'βiθa] *nf* Ibiza
iceberg [iθe'ber] *nm* iceberg
icono [i'kono] *nm* icon
ida ['iða] *nf* going, departure; **~ y vuelta** round trip, return
idea [i'ðea] *nf* idea; **no tengo la menor ~** I haven't a clue
ideal [iðe'al] *adj, nm* ideal; **idealista** *nmf* idealist; **idealizar** /ɪf/ *vt* to idealize
ídem ['iðem] *pron* ditto
idéntico, -a [i'ðentiko, a] *adj* identical
identidad [iðenti'ðað] *nf* identity
identificación [iðentifika'θjon] *nf* identification
identificar [iðentifi'kar] /ɪg/ *vt* to identify; **identificarse** *vr*: **~se con** to identify with
ideología [iðeolo'xia] *nf* ideology
idilio [i'ðiljo] *nm* love affair
idioma [i'ðjoma] *nm* language

No confundir *idioma* con la palabra inglesa *idiom*.

idiota [i'ðjota] *adj* idiotic ▷ *nmf* idiot
ídolo ['iðolo] *nm* (*tb fig*) idol
idóneo, -a [i'ðoneo, a] *adj* suitable
iglesia [i'ɣlesja] *nf* church
ignorante [iɣno'rante] *adj* ignorant, uninformed ▷ *nmf* ignoramus
ignorar [iɣno'rar] /ɪa/ *vt* not to know, be ignorant of; (*no hacer caso a*) to ignore
igual [i'ɣwal] *adj* equal; (*similar*) like, similar; (*mismo*) (the) same; (*constante*) constant; (*temperatura*) even ▷ *nmf, conj* equal; **al ~ que** *prep* like, just like; **~ que** the same as; **me da** *o* **es ~** I don't care; **son ~es** they're the same
igualar [iɣwa'lar] /ɪa/ *vt* (*gen*) to equalize, make equal; (*terreno*) to make even; (*allanar, nivelar*) to level (off); **igualarse** *vr* (*platos de balanza*) to balance out
igualdad [iɣwal'dað] *nf* equality; (*similaridad*) sameness; (*uniformidad*) uniformity
igualmente [iɣwal'mente] *adv* equally; (*también*) also, likewise ▷ *excl* the same to you!
ilegal [ile'ɣal] *adj* illegal
ilegítimo, -a [ile'xitimo, a] *adj* illegitimate
ileso, -a [i'leso, a] *adj* unhurt
ilimitado, -a [ilimi'taðo, a] *adj* unlimited
iluminación [ilumina'θjon] *nf* illumination; (*alumbrado*) lighting
iluminar [ilumi'nar] /ɪa/ *vt* to illuminate, light (up); (*fig*) to enlighter
ilusión [ilu'sjon] *nf* illusion; (*quimera*) delusion; (*esperanza*) hope; **hacerse ilusiones** to build up one's hopes; **ilusionado, -a** *adj* excited; **ilusionar** /ɪa/ *vi*: **le ilusiona ir de vacaciones** he's looking forward to going on

holiday; **ilusionarse** *vr* (*entusiasmarse*) to get excited

iluso, -a [i'luso, a] *adj* easily deceived ▷ *nm/f* dreamer

ilustración [ilustra'θjon] *nf* illustration; (*saber*) learning, erudition; **la I~** the Enlightenment; **ilustrado, -a** *adj* illustrated; learned

ilustrar [ilus'trar] /1a/ *vt* to illustrate; (*instruir*) to instruct; (*explicar*) to explain, make clear

ilustre [i'lustre] *adj* famous, illustrious

imagen [i'maxen] *nf* (*gen*) image; (*dibujo*) picture

imaginación [imaxina'θjon] *nf* imagination

imaginar [imaxi'nar] /1a/ *vt* (*gen*) to imagine; (*idear*) to think up; (*suponer*) to suppose; **imaginarse** *vr* to imagine; **imaginario, -a** *adj* imaginary; **imaginativo, -a** *adj* imaginative

imán [i'man] *nm* magnet; (*Rel*) imam

imbécil [im'beθil] *nmf* imbecile, idiot

imitación [imita'θjon] *nf* imitation; **a ~ de** in imitation of

imitar [imi'tar] /1a/ *vt* to imitate; (*parodiar, remedar*) to mimic, ape

impaciente [impa'θjente] *adj* impatient; (*nervioso*) anxious

impacto [im'pakto] *nm* impact

impar [im'par] *adj* odd

imparcial [impar'θjal] *adj* impartial, fair

impecable [impe'kaβle] *adj* impeccable

impedimento [impeði'mento] *nm* impediment, obstacle

impedir [impe'ðir] /3k/ *vt* (*obstruir*) to impede, obstruct; (*estorbar*) to prevent; **~ a algn hacer** *o* **que algn haga algo** to prevent sb (from) doing sth

imperativo, -a [impera'tiβo, a] *adj* (*urgente, Ling*) imperative

imperdible [imper'ðiβle] *nm* safety pin

imperdonable [imperðo'naβle] *adj* unforgivable, inexcusable

imperfecto, -a [imper'fekto, a] *adj* imperfect

imperio [im'perjo] *nm* empire; (*autoridad*) rule, authority; (*fig*) pride, haughtiness

impermeable [imperme'aβle] *adj* waterproof ▷ *nm* raincoat, mac (BRIT)

impersonal [imperso'nal] *adj* impersonal

impertinente [imperti'nente] *adj* impertinent

ímpetu ['impetu] *nm* (*impulso*) impetus, impulse; (*impetuosidad*) impetuosity; (*violencia*) violence

implantar [implan'tar] /1a/ *vt* (*costumbre*) to introduce

implemento [imple'mento] *nm* (LAM) tool, implement

implicar [impli'kar] /1g/ *vt* to involve; (*entrañar*) to imply

implícito, -a [im'pliθito, a] *adj* (*tácito*) implicit; (*sobreentendido*) implied

imponente [impo'nente] *adj* (*impresionante*) impressive, imposing; (*solemne*) grand

imponer [impo'ner] /2q/ *vt* (*gen*) to impose; (*exigir*) to exact; **imponerse** *vr* to assert o.s.; (*prevalecer*) to prevail; **imponible** *adj* (*Com*) taxable

impopular [impopu'lar] *adj* unpopular

importación [importa'θjon] *nf* (*acto*) importing; (*mercancías*) imports *pl*

importancia [impor'tanθja] *nf* importance; (*valor*) value, significance; (*extensión*) size, magnitude; **no tiene ~** it's nothing; **importante** *adj* important; valuable, significant

importar [impor'tar] /1a/ *vt* (*del extranjero*) to import; (*costar*) to amount to ▷ *vi* to be important, matter; **me importa un rábano** *or* **un bledo** I couldn't care less; **¿le**

importa que fume? do you mind if I smoke?; **no importa** it doesn't matter

importe [im'porte] *nm* (*cantidad*) amount; (*valor*) value

imposible [impo'siβle] *adj* impossible; (*insoportable*) unbearable, intolerable

imposición [imposi'θjon] *nf* imposition; (*Com*) tax; (*inversión*) deposit

impostor, a [impos'tor, a] *nm/f* impostor

impotencia [impo'tenθja] *nf* impotence; **impotente** *adj* impotent

impreciso, -a [impre'θiso, a] *adj* imprecise, vague

impregnar [impreɣ'nar] /1a/ *vt* to impregnate; **impregnarse** *vr* to become impregnated

imprenta [im'prenta] *nf* (*acto*) printing; (*aparato*) press; (*casa*) printer's; (*letra*) print

imprescindible [impresθin'diβle] *adj* essential, vital

impresión [impre'sjon] *nf* impression; (*Imprenta*) printing; (*edición*) edition; (*Foto*) print; (*marca*) imprint; **~ digital** fingerprint

impresionante [impresjo'nante] *adj* impressive; (*tremendo*) tremendous; (*maravilloso*) great, marvellous

impresionar [impresjo'nar] /1a/ *vt* (*conmover*) to move; (*afectar*) to impress, strike; (*película fotográfica*) to expose; **impresionarse** *vr* to be impressed; (*conmoverse*) to be moved

impreso, -a [im'preso, a] *pp de* **imprimir** ▷ *adj* printed; **impresos** *nmpl* printed matter *sg*; **impresora** *nf* printer

imprevisto, -a [impre'βisto, a] *adj* unforeseen; (*inesperado*) unexpected

imprimir [impri'mir] /3a/ *vt* to stamp; (*textos*) to print; (*Inform*) to output, print out

improbable [impro'βaβle] *adj* improbable; (*inverosímil*) unlikely

impropio, -a [im'propjo, a] *adj* improper

improvisado, -a [improβi'saðo, a] *adj* improvised

improvisar [improβi'sar] /1a/ *vt* to improvise

improviso [impro'βiso] *adv*: **de ~** unexpectedly, suddenly

imprudencia [impru'ðenθja] *nf* imprudence; (*indiscreción*) indiscretion; (*descuido*) carelessness; **imprudente** *adj* unwise, imprudent; (*indiscreto*) indiscreet

impuesto, -a [im'pwesto, a] *adj* imposed ▷ *nm* tax; **~ de venta** sales tax; **~ ecológico** green tax; **~ sobre el valor añadido (IVA)** value added tax (VAT)

impulsar [impul'sar] /1a/ *vt* to drive; (*promover*) to promote, stimulate

impulsivo, -a [impul'siβo, a] *adj* impulsive; **impulso** *nm* impulse; (*fuerza, empuje*) thrust, drive; (*fig: sentimiento*) urge, impulse

impureza [impu'reθa] *nf* impurity; **impuro, -a** *adj* impure

inaccesible [inakθe'siβle] *adj* inaccessible

inaceptable [inaθep'taβle] *adj* unacceptable

inactivo, -a [inak'tiβo, a] *adj* inactive

inadecuado, -a [inaðe'kwaðo, a] *adj* (*insuficiente*) inadequate; (*inapto*) unsuitable

inadvertido, -a [inaðβer'tiðo, a] *adj* (*no visto*) unnoticed

inaguantable [inaɣwan'taβle] *adj* unbearable

inalámbrico, -a [ina'lambriko, a] *adj* cordless, wireless

inanimado, -a [inani'maðo, a] *adj* inanimate

inaudito, -a [inau'ðito, a] *adj* unheard-of

inauguración [inauɣura'θjon] *nf* inauguration; (*de exposición*) opening

inaugurar [inauɣu'rar] /1a/ *vt* to inaugurate; (*exposición*) to open

inca ['inka] *nmf* Inca

incalculable [inkalku'laβle] *adj* incalculable
incandescente [inkandes'θente] *adj* incandescent
incansable [inkan'saβle] *adj* tireless, untiring
incapacidad [inkapaθi'ðad] *nf* incapacity; (*incompetencia*) incompetence; **~ física/mental** physical/mental disability
incapacitar [inkapaθi'tar] /1a/ *vt* (*inhabilitar*) to incapacitate, handicap; (*descalificar*) to disqualify
incapaz [inka'paθ] *adj* incapable
incautarse [inkau'tarse] /1a/ *vr*: **~ de** to seize, confiscate
incauto, -a [in'kauto, a] *adj* (*imprudente*) incautious, unwary
incendiar [inθen'djar] /1b/ *vt* to set fire to; (*fig*) to inflame; **incendiarse** *vr* to catch fire; **incendiario, -a** *adj* incendiary
incendio [in'θendjo] *nm* fire
incentivo [inθen'tiβo] *nm* incentive
incertidumbre [inθerti'ðumbre] *nf* (*inseguridad*) uncertainty; (*duda*) doubt
incesante [inθe'sante] *adj* incessant
incesto [in'θesto] *nm* incest
incidencia [inθi'ðenθja] *nf* (*Mat*) incidence
incidente [inθi'ðente] *nm* incident
incidir [inθi'ðir] /3a/ *vi*: **~ en** (*influir*) to influence; (*afectar*) to affect
incienso [in'θjenso] *nm* incense
incierto, -a [in'θjerto, a] *adj* uncertain
incineración [inθinera'θjon] *nf* incineration; (*de cadáveres*) cremation
incinerar [inθine'rar] /1a/ *vt* to burn; (*cadáveres*) to cremate
incisión [inθi'sjon] *nf* incision
incisivo, -a [inθi'siβo, a] *adj* sharp, cutting; (*fig*) incisive
incitar [inθi'tar] /1a/ *vt* to incite, rouse
inclemencia [inkle'menθja] *nf* (*severidad*) harshness, severity; (*del tiempo*) inclemency
inclinación [inklina'θjon] *nf* (*gen*) inclination; (*de tierras*) slope, incline; (*de cabeza*) nod, bow; (*fig*) leaning, bent
inclinar [inkli'nar] /1a/ *vt* to incline; (*cabeza*) to nod, bow; **inclinarse** *vr* to lean, slope; to bow; (*encorvarse*) to stoop; **~se a** (*parecerse*) to take after, resemble; **~se ante** to bow down to; **me inclino a pensar que ...** I'm inclined to think that ...
incluir [inklu'ir] /3g/ *vt* to include; (*incorporar*) to incorporate; (*meter*) to enclose
inclusive [inklu'siβe] *adv* inclusive ▷ *prep* including
incluso, -a [in'kluso, a] *adv* even
incógnita [in'koɣnita] *nf* (*Mat*) unknown quantity
incógnito [in'koɣnito] *nm*: **de ~** incognito
incoherente [inkoe'rente] *adj* incoherent
incoloro, -a [inko'loro, a] *adj* colourless
incomodar [inkomo'ðar] /1a/ *vt* to inconvenience; (*molestar*) to bother, trouble; (*fastidiar*) to annoy
incomodidad [inkomoði'ðad] *nf* inconvenience; (*fastidio, enojo*) annoyance; (*de vivienda*) discomfort
incómodo, -a [in'komoðo, a] *adj* (*inconfortable*) uncomfortable; (*molesto*) annoying; (*inconveniente*) inconvenient
incomparable [inkompa'raβle] *adj* incomparable
incompatible [inkompa'tiβle] *adj* incompatible
incompetente [inkompe'tente] *adj* incompetent
incompleto, -a [inkom'pleto, a] *adj* incomplete, unfinished
incomprensible [inkompren'siβle] *adj* incomprehensible
incomunicado, -a [inkomuni'kaðo, a] *adj* (*aislado*) cut off, isolated; (*confinado*) in solitary confinement

incondicional [inkondiθjo'nal] *adj* unconditional; (*apoyo*) wholehearted; (*partidario*) staunch
inconfundible [inkonfun'diβle] *adj* unmistakable
incongruente [inkon'grwente] *adj* incongruous
inconsciente [inkons'θjente] *adj* unconscious; thoughtless
inconsecuente [inkonse'kwente] *adj* inconsistent
inconstante [inkons'tante] *adj* inconstant
incontable [inkon'taβle] *adj* countless, innumerable
inconveniencia [inkombe'njenθja] *nf* unsuitability, inappropriateness; (*falta de cortesía*) impoliteness; **inconveniente** *adj* unsuitable; impolite ▷ *nm* obstacle; (*desventaja*) disadvantage; **el inconveniente es que ...** the trouble is that ...
incordiar [inkor'ðjar] /ɪb/ *vt* (*fam*) to hassle
incorporar [inkorpo'rar] /ɪa/ *vt* to incorporate; **incorporarse** *vr* to sit up; **~se a** to join
incorrecto, -a [inko'rrekto, a] *adj* incorrect, wrong; (*comportamiento*) bad-mannered
incorregible [inkorre'xiβle] *adj* incorrigible
incrédulo, -a [in'kreðulo, a] *adj* incredulous, unbelieving; sceptical
increíble [inkre'iβle] *adj* incredible
incremento [inkre'mento] *nm* increment; (*aumento*) rise, increase
increpar [inkre'par] /ɪa/ *vt* to reprimand
incruento, -a [in'krwento, a] *adj* bloodless
incrustar [inkrus'tar] /ɪa/ *vt* to incrust; (*piedras: en joya*) to inlay
incubar [inku'βar] /ɪa/ *vt* to incubate
inculcar [inkul'kar] /ɪg/ *vt* to inculcate
inculto, -a [in'kulto, a] *adj* (*persona*) uneducated; (*grosero*) uncouth ▷ *nm/f* ignoramus
incumplimiento [inkumpli'mjento] *nm* non-fulfilment; **~ de contrato** breach of contract
incurrir [inku'rrir] /ɜa/ *vi*: **~ en** to incur; (*crimen*) to commit
indagar [inda'ɣar] /ɪh/ *vt* to investigate; to search; (*averiguar*) to ascertain
indecente [inde'θente] *adj* indecent, improper; (*lascivo*) obscene
indeciso, -a [inde'θiso, a] *adj* (*por decidir*) undecided; (*vacilante*) hesitant
indefenso, -a [inde'fenso, a] *adj* defenceless
indefinido, -a [indefi'niðo, a] *adj* indefinite; (*vago*) vague, undefined
indemne [in'demne] *adj* (*objeto*) undamaged; (*persona*) unharmed, unhurt
indemnizar [indemni'θar] /ɪf/ *vt* to indemnify; (*compensar*) to compensate
independencia [indepen'denθja] *nf* independence
independiente [indepen'djente] *adj* (*libre*) independent; (*autónomo*) self-sufficient
indeterminado, -a [indetermi'naðo, a] *adj* indefinite; (*desconocido*) indeterminate
India ['indja] *nf*: **la ~** India
indicación [indika'θjon] *nf* indication; (*señal*) sign; (*sugerencia*) suggestion, hint
indicado, -a [indi'kaðo, a] *adj* (*momento, método*) right; (*tratamiento*) appropriate; (*solución*) likely
indicador [indika'ðor] *nm* indicator; (*Tec*) gauge, meter
indicar [indi'kar] /ɪg/ *vt* (*mostrar*) to indicate, show; (*termómetro etc*) to read, register; (*señalar*) to point to
índice ['indiθe] *nm* index; (*catálogo*) catalogue; (*Anat*) index finger, forefinger; **~ de materias** table of contents
indicio [in'diθjo] *nm* indication, sign; (*en pesquisa etc*) clue

indiferencia [indife'renθja] *nf* indifference; (*apatía*) apathy; **indiferente** *adj* indifferent
indígena [in'dixena] *adj* indigenous, native ▷ *nmf* native
indigestión [indixes'tjon] *nf* indigestion
indigesto, -a [indi'xesto, a] *adj* indigestible; (*fig*) turgid
indignación [indiɣna'θjon] *nf* indignation
indignar [indiɣ'nar] /1a/ *vt* to anger, make indignant; **indignarse** *vr*: **~se por** to get indignant about
indigno, -a [in'diɣno, a] *adj* (*despreciable*) low, contemptible; (*inmerecido*) unworthy
indio, -a ['indjo, a] *adj, nm/f* Indian
indirecto, -a [indi'rekto, a] *adj* indirect ▷ *nf* insinuation, innuendo; (*sugerencia*) hint
indiscreción [indiskre'θjon] *nf* (*imprudencia*) indiscretion; (*irreflexión*) tactlessness; (*acto*) gaffe, faux pas
indiscreto, -a [indis'kreto, a] *adj* indiscreet
indiscutible [indisku'tiβle] *adj* indisputable, unquestionable
indispensable [indispen'saβle] *adj* indispensable, essential
indispuesto, -a [indis'pwesto, a] *adj* (*enfermo*) unwell, indisposed
indistinto, -a [indis'tinto, a] *adj* indistinct; (*vago*) vague
individual [indiβi'ðwal] *adj* individual; (*habitación*) single ▷ *nm* (*Deporte*) singles *sg*
individuo, -a [indi'βiðwo, a] *adj* ▷ *nm* individual
índole ['indole] *nf* (*naturaleza*) nature; (*clase*) sort, kind
inducir [indu'θir] /3n/ *vt* to induce; (*inferir*) to infer; (*persuadir*) to persuade
indudable [indu'ðaβle] *adj* undoubted; (*incuestionable*) unquestionable
indultar [indul'tar] /1a/ *vt* (*perdonar*) to pardon, reprieve; (*librar de pago*) to exempt; **indulto** *nm* pardon; exemption
industria [in'dustrja] *nf* industry; (*habilidad*) skill; **industrial** *adj* industrial ▷ *nm* industrialist
inédito, -a [i'neðito, a] *adj* (*libro*) unpublished; (*nuevo*) new
ineficaz [inefi'kaθ] *adj* (*inútil*) ineffective; (*ineficiente*) inefficient
ineludible [inelu'ðiβle] *adj* inescapable, unavoidable
ineptitud [inepti'tuð] *nf* ineptitude, incompetence; **inepto, -a** *adj* inept, incompetent
inequívoco, -a [ine'kiβoko, a] *adj* unequivocal; (*inconfundible*) unmistakable
inercia [i'nerθja] *nf* inertia; (*pasividad*) passivity
inerte [i'nerte] *adj* inert; (*inmóvil*) motionless
inesperado, -a [inespe'raðo, a] *adj* unexpected, unforeseen
inestable [ines'taβle] *adj* unstable
inevitable [ineβi'taβle] *adj* inevitable
inexacto, -a [inek'sakto, a] *adj* inaccurate; (*falso*) untrue
inexperto, -a [ineks'perto, a] *adj* (*novato*) inexperienced
infalible [infa'liβle] *adj* infallible; (*plan*) foolproof
infame [in'fame] *adj* infamous; **infamia** *nf* infamy; (*deshonra*) disgrace
infancia [in'fanθja] *nf* infancy, childhood
infantería [infante'ria] *nf* infantry
infantil [infan'til] *adj* child's, children's; (*pueril, aniñado*) infantile; (*cándido*) childlike
infarto [in'farto] *nm* (*tb*: **~ de miocardio**) heart attack; **~ cerebral** stroke
infatigable [infati'ɣaβle] *adj* tireless, untiring
infección [infek'θjon] *nf* infection; **infeccioso, -a** *adj* infectious

infectar [infek'tar] /1a/ *vt* to infect; **infectarse** *vr*
infeliz [infe'liθ] *adj* unhappy, wretched ▷ *nmf* wretch
inferior [infe'rjor] *adj* inferior; (*situación*) lower ▷ *nmf* inferior, subordinate
inferir [infe'rir] /3i/ *vt* (*deducir*) to infer, deduce; (*causar*) to cause
infidelidad [infiðeli'ðað] *nf* infidelity, unfaithfulness
infiel [in'fjel] *adj* unfaithful, disloyal; (*falso*) inaccurate ▷ *nmf* infidel, unbeliever
infierno [in'fjerno] *nm* hell
ínfimo, -a ['infimo, a] *adj* (*vil*) vile, mean; (*más bajo*) lowest
infinidad [infini'ðað] *nf* infinity; (*abundancia*) great quantity
infinito, -a [infi'nito, a] *adj* ▷ *nm* infinite
inflación [infla'θjon] *nf* (*hinchazón*) swelling; (*monetaria*) inflation; (*fig*) conceit
inflamable [infla'maβle] *adj* flammable
inflamar [infla'mar] /1a/ *vt* (*Med*, *fig*) to inflame; **inflamarse** *vr* to catch fire; to become inflamed
inflar [in'flar] /1a/ *vt* (*hinchar*) to inflate, blow up; (*fig*) to exaggerate; **inflarse** *vr* to swell (up); (*fig*) to get conceited
inflexible [inflek'siβle] *adj* inflexible; (*fig*) unbending
influencia [in'flwenθja] *nf* influence
influir [influ'ir] /3g/ *vt* to influence
influjo [in'fluxo] *nm* influence
influya *etc vb V* **influir**
influyente [influ'jente] *adj* influential
información [informa'θjon] *nf* information; (*noticias*) news *sg*; (*Jur*) inquiry; **I~** (*oficina*) information desk; (*Telec*) Directory Enquiries (BRIT), Directory Assistance (US); (*mostrador*) Information Desk
informal [infor'mal] *adj* informal
informar [infor'mar] /1a/ *vt* (*gen*) to inform; (*revelar*) to reveal, make known ▷ *vi* (*Jur*) to plead; (*denunciar*) to inform; (*dar cuenta de*) to report on; **informarse** *vr* to find out; **~se de** to inquire into
informática [infor'matika] *nf V* **informático**
informático, -a [infor'matiko, a] *adj* computer *cpd* ▷ *nf* (*Tec*) information technology; computing; (*Escol*) computer science *o* studies
informe [in'forme] *adj* shapeless ▷ *nm* report
infracción [infrak'θjon] *nf* infraction, infringement
infravalorar [infraβalo'rar] /1a/ *vt* to undervalue; (*Finanzas*) to underestimate
infringir [infrin'xir] /3c/ *vt* to infringe, contravene
infundado, -a [infun'daðo, a] *adj* groundless, unfounded
infundir [infun'dir] /3a/ *vt* to infuse, instil
infusión [infu'sjon] *nf* infusion; **~ de manzanilla** camomile tea
ingeniería [inxenje'ria] *nf* engineering; **~ genética** genetic engineering; **ingeniero, -a** *nm/f* engineer; **ingeniero de caminos** civil engineer
ingenio [in'xenjo] *nm* (*talento*) talent; (*agudeza*) wit; (*habilidad*) ingenuity, inventiveness; **~ azucarero** sugar refinery; **ingenioso, -a** *adj* ingenious, clever; (*divertido*) witty
ingenuo, -a [in'xenwo, a] *adj* ingenuous
ingerir [inxe'rir] /3i/ *vt* to ingest; (*tragar*) to swallow; (*consumir*) to consume
Inglaterra [ingla'terra] *nf* England
ingle ['ingle] *nf* groin
inglés, -esa [in'gles, esa] *adj* English ▷ *nm/f* Englishman/woman ▷ *nm* (*Ling*) English
ingrato, -a [in'grato, a] *adj* ungrateful

ingrediente [ingre'ðjente] *nm* ingredient
ingresar [ingre'sar] /1a/ *vt* (*dinero*) to deposit ▷ *vi* to come *o* go in; **~ en el hospital** to go into hospital
ingreso [in'greso] *nm* (*entrada*) entry; (: *en hospital etc*) admission; **ingresos** *nmpl* (*dinero*) income *sg*; (: *Com*) takings *pl*
inhabitable [inaβi'taβle] *adj* uninhabitable
inhalar [ina'lar] /1a/ *vt* to inhale
inhibir [ini'βir] /3a/ *vt* to inhibit
inhóspito, -a [i'nospito, a] *adj* (*región, paisaje*) inhospitable
inhumano, -a [inu'mano, a] *adj* inhuman
inicial [ini'θjal] *adj, nf* initial
iniciar [ini'θjar] /1b/ *vt* (*persona*) to initiate; (*empezar*) to begin, commence; (*conversación*) to start up
iniciativa [iniθja'tiβa] *nf* initiative; **~ privada** private enterprise
ininterrumpido, -a [ininterrum'piðo, a] *adj* uninterrupted
injertar [inxer'tar] /1a/ *vt* to graft; **injerto** *nm* graft
injuria [in'xurja] *nf* (*agravio, ofensa*) offence; (*insulto*) insult

No confundir *injuria* con la palabra inglesa *injury*.

injusticia [inxus'tiθja] *nf* injustice
injusto, -a [in'xusto, a] *adj* unjust, unfair
inmadurez [inmaðu'reθ] *nf* immaturity
inmediaciones [inmeðja'θjones] *nfpl* neighbourhood *sg*, environs
inmediato, -a [inme'ðjato, a] *adj* immediate; (*contiguo*) adjoining; (*rápido*) prompt; (*próximo*) neighbouring, next; **de ~** immediately
inmejorable [inmexo'raβle] *adj* unsurpassable; (*precio*) unbeatable
inmenso, -a [in'menso, a] *adj* immense, huge
inmigración [inmiɣra'θjon] *nf* immigration
inmolar [inmo'lar] /1a/ *vt* to immolate, sacrifice
inmoral [inmo'ral] *adj* immoral
inmortal [inmor'tal] *adj* immortal; **inmortalizar** /1f/ *vt* to immortalize
inmóvil [in'moβil] *adj* immobile
inmueble [in'mweβle] *adj*: **bienes ~s** real estate *sg*, landed property *sg* ▷ *nm* property
inmundo, -a [in'mundo, a] *adj* filthy
inmune [in'mune] *adj*: **~ (a)** (*Med*) immune (to)
inmunidad [inmuni'ðað] *nf* immunity
inmutarse [inmu'tarse] /1a/ *vr* to turn pale; **no se inmutó** he didn't turn a hair; **siguió sin ~** he carried on unperturbed
innato, -a [in'nato, a] *adj* innate
innecesario, -a [inneθe'sarjo, a] *adj* unnecessary
innovación [innoβa'θjon] *nf* innovation
innovar [inno'βar] /1a/ *vt* to introduce
inocencia [ino'θenθja] *nf* innocence
inocentada [inoθen'taða] *nf* practical joke
inocente [ino'θente] *adj* (*ingenuo*) naive, innocent; (*no culpable*) innocent; (*sin malicia*) harmless ▷ *nmf* simpleton; **día de los (Santos) I~s** ≈ April Fools' Day

DÍA DE LOS INOCENTES

The 28th December, *el día de los (Santos) Inocentes*, is when the Church commemorates the story of Herod's slaughter of the innocent children of Judea in the time of Christ. On this day Spaniards play *inocentadas* (practical jokes) on each other, much like our April Fools' Day pranks, eg typically sticking a *monigote* (cut-out paper figure) on

- someone's back, or broadcasting
- unlikely news stories.

inodoro [ino'ðoro] *nm* toilet (BRIT), lavatory (BRIT), washroom (US)
inofensivo, -a [inofen'siβo, a] *adj* inoffensive
inolvidable [inolβi'ðaβle] *adj* unforgettable
inoportuno, -a [inopor'tuno, a] *adj* untimely; (*molesto*) inconvenient
inoxidable [inoksi'ðaβle] *adj*: **acero ~** stainless steel
inquietar [inkje'tar] /1a/ *vt* to worry, trouble; **inquietarse** *vr* to worry, get upset; **inquieto, -a** *adj* anxious, worried; **inquietud** *nf* anxiety, worry
inquilino, -a [inki'lino, a] *nm/f* tenant
insaciable [insa'θjaβle] *adj* insatiable
inscribir [inskri'βir] /3a/ *vt* to inscribe; (*en lista*) to put; (*en censo*) to register
inscripción [inskrip'θjon] *nf* inscription; (*Escol etc*) enrolment; (*en censo*) registration
insecticida [insekti'θiða] *nm* insecticide
insecto [in'sekto] *nm* insect
inseguridad [inseɣuri'ðað] *nf* insecurity; **~ ciudadana** lack of safety in the streets
inseguro, -a [inse'ɣuro, a] *adj* insecure; (*inconstante*) unsteady; (*incierto*) uncertain
insensato, -a [insen'sato, a] *adj* foolish, stupid
insensible [insen'siβle] *adj* (*gen*) insensitive; (*movimiento*) imperceptible; (*sin sensación*) numb
insertar [inser'tar] /1a/ *vt* to insert
inservible [inser'βiβle] *adj* useless
insignia [in'siɣnja] *nf* (*señal distintiva*) badge; (*estandarte*) flag
insignificante [insiɣnifi'kante] *adj* insignificant
insinuar [insi'nwar] /1e/ *vt* to insinuate, imply
insípido, -a [in'sipiðo, a] *adj* insipid
insistir [insis'tir] /3a/ *vi* to insist; **~ en algo** to insist on sth; (*enfatizar*) to stress sth
insolación [insola'θjon] *nf* (*Med*) sunstroke
insolente [inso'lente] *adj* insolent
insólito, -a [in'solito, a] *adj* unusual
insoluble [inso'luβle] *adj* insoluble
insomnio [in'somnjo] *nm* insomnia
insonorizado, -a [insonori'θaðo, a] *adj* (*cuarto etc*) soundproof
insoportable [insopor'taβle] *adj* unbearable
inspección [inspek'θjon] *nf* inspection, check; **inspeccionar** /1a/ *vt* (*examinar*) to inspect, examine; (*controlar*) to check
inspector, a [inspek'tor, a] *nm/f* inspector
inspiración [inspira'θjon] *nf* inspiration
inspirar [inspi'rar] /1a/ *vt* to inspire; (*Med*) to inhale; **inspirarse** *vr*: **~se en** to be inspired by
instalación [instala'θjon] *nf* (*equipo*) fittings *pl*, equipment; **~ eléctrica** wiring
instalar [insta'lar] /1a/ *vt* (*establecer*) to instal; (*erguir*) to set up, erect; **instalarse** *vr* to establish o.s.; (*en una vivienda*) to move into
instancia [ins'tanθja] *nf* (*ruego*) request; (*Jur*) petition; **en última ~** as a last resort
instantáneo, -a [instan'taneo, a] *adj* instantaneous; **café ~** instant coffee
instante [ins'tante] *nm* instant, moment; **al ~** right now
instar [ins'tar] /1a/ *vt* to press, urge
instaurar [instau'rar] /1a/ *vt* (*costumbre*) to establish; (*normas, sistema*) to bring in, introduce; (*gobierno*) to install
instigar [insti'ɣar] /1h/ *vt* to instigate

instinto [ins'tinto] *nm* instinct; **por ~** instinctively
institución [institu'θjon] *nf* institution, establishment
instituir [institu'ir] /3g/ *vt* to establish; (*fundar*) to found; **instituto** *nm* (*gen*) institute; **Instituto Nacional de Enseñanza** (*ESP*) ≈ (state) secondary (*BRIT*) *o* high (*US*) school
institutriz [institu'triθ] *nf* governess
instrucción [instruk'θjon] *nf* instruction
instructor [instruk'tor] *nm* instructor
instruir [instru'ir] /3g/ *vt* (*gen*) to instruct; (*enseñar*) to teach, educate
instrumento [instru'mento] *nm* instrument; (*herramienta*) tool, implement
insubordinarse [insuβorði'narse] /1a/ *vr* to rebel
insuficiente [insufi'θjente] *adj* (*gen*) insufficient; (*Escol: nota*) unsatisfactory
insular [insu'lar] *adj* insular
insultar [insul'tar] /1a/ *vt* to insult; **insulto** *nm* insult
insuperable [insupe'raβle] *adj* (*excelente*) unsurpassable; (*problema etc*) insurmountable
insurrección [insurrek'θjon] *nf* insurrection, rebellion
intachable [inta'tʃaβle] *adj* irreproachable
intacto, -a [in'takto, a] *adj* intact
integral [inte'ɣral] *adj* integral; (*completo*) complete; **pan ~** wholemeal bread
integrar [inte'ɣrar] /1a/ *vt* to make up, compose; (*Mat, fig*) to integrate
integridad [inteɣri'ðað] *nf* wholeness; (*carácter*) integrity; **íntegro, -a** *adj* whole, entire; (*honrado*) honest
intelectual [intelek'twal] *adj, nmf* intellectual
inteligencia [inteli'xenθja] *nf* intelligence; (*ingenio*) ability; **inteligente** *adj* intelligent
intemperie [intem'perje] *nf*: **a la ~** outdoors, out in the open, exposed to the elements
intención [inten'θjon] *nf* intention, purpose; **con segundas intenciones** maliciously; **con ~** deliberately
intencionado, -a [intenθjo'naðo, a] *adj* deliberate; **mal ~** ill-disposed, hostile
intensidad [intensi'ðað] *nf* (*gen*) intensity; (*Elec, Tec*) strength; **llover con ~** to rain hard
intenso, -a [in'tenso, a] *adj* intense; (*sentimiento*) profound, deep
intentar [inten'tar] /1a/ *vt* (*tratar*) to try, attempt; **intento** *nm* attempt
interactivo, -a [interak'tiβo, a] *adj* interactive
intercalar [interka'lar] /1a/ *vt* to insert
intercambio [inter'kambjo] *nm* exchange; swap
interceder [interθe'ðer] /2a/ *vi* to intercede
interceptar [interθep'tar] /1a/ *vt* to intercept
interés [inte'res] *nm* interest; (*parte*) share, part; (*pey*) self-interest; **intereses creados** vested interests
interesado, -a [intere'saðo, a] *adj* interested; (*prejuiciado*) prejudiced; (*pey*) mercenary, self-seeking
interesante [intere'sante] *adj* interesting
interesar [intere'sar] /1a/ *vt* to interest, be of interest to ▷ *vi* to interest, be of interest; **interesarse** *vr*: **~se en** *o* **por** to take an interest in
interferir [interfe'rir] /3i/ *vt* to interfere with; (*Telec*) to jam ▷ *vi* to interfere
interfono [inter'fono] *nm* intercom, entry phone
interino, -a [inte'rino, a] *adj* temporary ▷ *nm/f* temporary holder

of a post; (*Med*) locum; (*Escol*) supply teacher

interior [inte'rjor] *adj* inner, inside; (*Com*) domestic, internal ▷ *nm* interior, inside; (*fig*) soul, mind; **Ministerio del I~** ≈ Home Office (BRIT), ≈ Department of the Interior (US)

interjección [interxek'θjon] *nf* interjection

interlocutor, a [interloku'tor, a] *nm/f* speaker

intermedio, -a [inter'meðjo, a] *adj* intermediate ▷ *nm* interval

interminable [intermi'naβle] *adj* endless

intermitente [intermi'tente] *adj* intermittent ▷ *nm* (*Auto*) indicator

internacional [internaθjo'nal] *adj* international

internado [inter'naðo] *nm* boarding school

internar [inter'nar] /1a/ *vt* to intern; (*en un manicomio*) to commit; **internarse** *vr* (*penetrar*) to penetrate

internauta [inter'nauta] *nmf* web surfer, internet user

Internet [inter'net] *nm o f* internet, Internet

interno, -a [in'terno, a] *adj* internal, interior; (*Pol etc*) domestic ▷ *nm/f* (*alumno*) boarder

interponer [interpo'ner] /2q/ *vt* to interpose, put in; **interponerse** *vr* to intervene

interpretación [interpreta'θjon] *nf* interpretation

interpretar [interpre'tar] /1a/ *vt* to interpret; (*Teat, Mus*) to perform, play; **intérprete** *nmf* (*Ling*) interpreter, translator; (*Mus, Teat*) performer, artist(e)

interrogación [interroɣa'θjon] *nf* interrogation; (*Ling*: *tb*: **signo de ~**) question mark

interrogar [interro'ɣar] /1h/ *vt* to interrogate, question

interrumpir [interrum'pir] /3a/ *vt* to interrupt

interrupción [interrup'θjon] *nf* interruption

interruptor [interrup'tor] *nm* (*Elec*) switch

intersección [intersek'θjon] *nf* intersection

interurbano, -a [interur'βano, a] *adj* (*Telec*) long-distance

intervalo [inter'βalo] *nm* interval; (*descanso*) break

intervenir [interβe'nir] /3r/ *vt* (*controlar*) to control, supervise; (*Med*) to operate on ▷ *vi* (*participar*) to take part, participate; (*mediar*) to intervene

interventor, a [interβen'tor, a] *nm/f* inspector; (*Com*) auditor

intestino [intes'tino] *nm* intestine

intimar [inti'mar] /1a/ *vi* to become friendly

intimidad [intimi'ðað] *nf* intimacy; (*familiaridad*) familiarity; (*vida privada*) private life; (*Jur*) privacy

íntimo, -a ['intimo, a] *adj* intimate

intolerable [intole'raβle] *adj* intolerable, unbearable

intoxicación [intoksika'θjon] *nf* poisoning; **~ alimenticia** food poisoning

intranet [intra'net] *nf* intranet

intranquilo, -a [intran'kilo, a] *adj* worried

intransitable [intransi'taβle] *adj* impassable

intrépido, -a [in'trepiðo, a] *adj* intrepid

intriga [in'triɣa] *nf* intrigue; (*plan*) plot; **intrigar** /1h/ *vt, vi* to intrigue

intrínseco, -a [in'trinseko, a] *adj* intrinsic

introducción [introðuk'θjon] *nf* introduction

introducir [introðu'θir] /3n/ *vt* (*gen*) to introduce; (*moneda*) to insert; (*Inform*) to input, enter

intromisión [intromi'sjon] *nf* interference, meddling

introvertido, -a [introβer'tiðo, a] *adj, nm/f* introvert

intruso, -a [in'truso, a] *adj* intrusive ▷ *nm/f* intruder
intuición [intwi'θjon] *nf* intuition
inundación [inunda'θjon] *nf* flood(ing); **inundar** /1a/ *vt* to flood; (*fig*) to swamp, inundate
inusitado, -a [inusi'taðo, a] *adj* unusual
inútil [i'nutil] *adj* useless; (*esfuerzo*) vain, fruitless
inutilizar [inutili'θar] /1f/ *vt* to make unusable
invadir [imba'ðir] /3a/ *vt* to invade
inválido, -a [im'baliðo, a] *adj* invalid ▷ *nm/f* invalid
invasión [imba'sjon] *nf* invasion
invasor, a [imba'sor, a] *adj* invading ▷ *nm/f* invader
invención [imben'θjon] *nf* invention
inventar [imben'tar] /1a/ *vt* to invent
inventario [imben'tarjo] *nm* inventory
invento [im'bento] *nm* invention
inventor, a [imben'tor, a] *nm/f* inventor
invernadero [imberna'ðero] *nm* greenhouse
inverosímil [imbero'simil] *adj* implausible
inversión [imber'sjon] *nf* (*Com*) investment
inverso, a [im'berso, a] *adj* inverse, opposite; **en el orden ~** in reverse order; **a la inversa** inversely, the other way round
inversor, -a [imber'sor, a] *nm/f* (*Com*) investor
invertir [imber'tir] /3i/ *vt* (*Com*) to invest; (*volcar*) to turn upside down; (*tiempo etc*) to spend
investigación [imbestiɣa'θjon] *nf* investigation; (*Univ*) research; **~ y desarrollo** (*Com*) research and development (R & D)
investigar [imbesti'ɣar] /1h/ *vt* to investigate; (*estudiar*) to do research into
invierno [im'bjerno] *nm* winter
invisible [imbi'siβle] *adj* invisible
invitación [imbita'θjon] *nf* invitation
invitado, -a [imbi'taðo, a] *nm/f* guest
invitar [imbi'tar] /1a/ *vt* to invite; (*incitar*) to entice; **~ a algo** to pay for sth
invocar [imbo'kar] /1g/ *vt* to invoke, call on
involucrar [imbolu'krar] /1a/ *vt*: **~ a algn en algo** to involve sb in sth; **involucrarse** *vr* to get involved
involuntario, -a [imbolun'tarjo, a] *adj* involuntary; (*ofensa etc*) unintentional
inyección [injek'θjon] *nf* injection
inyectar [injek'tar] /1a/ *vt* to inject
iPod® ['ipoð] (*pl* **iPods**) *nm* iPod®

PALABRA CLAVE

ir [ir] /3s/ *vi* **1** to go; **ir caminando** to walk; **fui en tren** I went *o* travelled by train; **¡(ahora) voy!** (I'm just) coming!
2: **ir (a) por: ir (a) por el médico** to fetch the doctor
3 (*progresar: persona, cosa*) to go; **el trabajo va muy bien** work is going very well; **¿cómo te va?** how are things going?; **me va muy bien** I'm getting on very well; **le fue fatal** it went awfully badly for him
4 (*funcionar*): **el coche no va muy bien** the car isn't running very well
5: **te va estupendamente ese color** that colour suits you fantastically well
6 (*aspecto*): **iba muy bien vestido** he was very well dressed
7 (*locuciones*): **¿vino? — ¡que va!** did he come? — of course not!; **vamos, no llores** come on, don't cry; **¡vaya coche!** (*admiración*) what a car!, that's some car!
8: **no vaya a ser: tienes que correr, no vaya a ser que pierdas el tren** you'll have to run so as not to miss the train

9: **no me** *etc* **va ni me viene** I *etc* don't care
▸ *vb auxiliar* 1: **ir a: voy/iba a hacerlo hoy** I am/was going to do it today
2 (+ *gerundio*): **iba anocheciendo** it was getting dark; **todo se me iba aclarando** everything was gradually becoming clearer to me
3 (+ *pp* = *pasivo*): **van vendidos 300 ejemplares** 300 copies have been sold so far
▸ **irse** *vr* 1: **¿por dónde se va al zoológico?** which is the way to the zoo?
2 (*marcharse*) to leave; **ya se habrán ido** they must already have left *o* gone

ira ['ira] *nf* anger, rage
Irak [i'rak] *nm* Iraq; **iraquí** *adj, nmf* Iraqui
Irán [i'ran] *nm* Iran; **iraní** *adj, nmf* Iranian
Iraq [i'rak] *nm* = **Irak**
iris ['iris] *nm inv* (*arco iris*) rainbow; (*Anat*) iris
Irlanda [ir'landa] *nf* Ireland; **~ del Norte** Northern Ireland; **irlandés, -esa** *adj* Irish ▷ *nm/f* Irishman/woman; **los irlandeses** the Irish
ironía [iro'nia] *nf* irony; **irónico, -a** *adj* ironic(al)
IRPF *nm abr* (ESP) = **impuesto sobre la renta de las personas físicas**
irreal [irre'al] *adj* unreal
irregular [irreɣu'lar] *adj* irregular; (*situación*) abnormal
irremediable [irreme'ðjaβle] *adj* irremediable; (*vicio*) incurable
irreparable [irrepa'raβle] *adj* (*daños*) irreparable; (*pérdida*) irrecoverable
irrespetuoso, -a [irrespe'twoso, a] *adj* disrespectful
irresponsable [irrespon'saβle] *adj* irresponsible
irreversible [irreβer'siβle] *adj* irreversible
irrigar [irri'ɣar] /ıh/ *vt* to irrigate
irrisorio, -a [irri'sorjo, a] *adj* derisory, ridiculous
irritar [irri'tar] /ıa/ *vt* to irritate, annoy
irrupción [irrup'θjon] *nf* irruption; (*invasión*) invasion
isla ['isla] *nf* island
Islam [is'lam] *nm* Islam; **islámico, -a** *adj* Islamic
islandés, -esa [islan'des, esa] *adj* Icelandic ▷ *nm/f* Icelander
Islandia [is'landja] *nf* Iceland
isleño, -a [is'leɲo, a] *adj* island *cpd* ▷ *nm/f* islander
Israel [isra'el] *nm* Israel; **israelí** *adj, nmf* Israeli
istmo ['istmo] *nm* isthmus
Italia [i'talja] *nf* Italy; **italiano, -a** *adj, nm/f* Italian
itinerario [itine'rarjo] *nm* itinerary, route
ITV *nf abr* (= *Inspección Técnica de Vehículos*) ≈ MOT (test)
IVA ['iβa] *nm abr* (= *Impuesto sobre el Valor Añadido*) VAT
izar [i'θar] /ıf/ *vt* to hoist
izdo, izq.° *abr* (= *izquierdo*) L, l
izquierda [iθ'kjerða] *nf* V **izquierdo**
izquierdo, -a [iθ'kjerðo, a] *adj* left ▷ *nf* left; (*Pol*) left (wing); **a la izquierda** on the left; (*torcer etc*) (to the) left

j

jabalí [xaβa'li] *nm* wild boar
jabalina [xaβa'lina] *nf* javelin
jabón [xa'βon] *nm* soap
jaca ['xaka] *nf* pony
jacal [xa'kal] *nm* (*LAM*) shack
jacinto [xa'θinto] *nm* hyacinth
jactarse [xak'tarse] /1a/ *vr*: **~ (de)** to boast *o* brag (about *o* of)
jadear [xaðe'ar] /1a/ *vi* to pant, gasp for breath
jaguar [xa'ɣwar] *nm* jaguar
jaiba ['xaiβa] *nf* (*LAM*) crab
jalar [xa'lar] /1a/ *vt* (*LAM*) to pull
jalea [xa'lea] *nf* jelly
jaleo [xa'leo] *nm* racket, uproar; **armar un ~** to kick up a racket
jalón [xa'lon] *nm* (*LAM*) tug
jamás [xa'mas] *adv* never
jamón [xa'mon] *nm* ham; **~ (de) York** boiled ham; **~ dulce/serrano** boiled/cured ham
Japón [xa'pon] *nm*: Japan; **japonés, -esa** *adj, nm/f* Japanese ▷ *nm* (*Ling*) Japanese
jaque ['xake] *nm*: **~ mate** checkmate
jaqueca [xa'keka] *nf* (very bad) headache, migraine
jarabe [xa'raβe] *nm* syrup
jardín [xar'ðin] *nm* garden; **~ de (la) infancia** (*ESP*) *o* **de niños** (*LAM*) *o* **infantil** nursery school; **jardinaje** *nm* gardening; **jardinería** *nf* gardening; **jardinero, -a** *nm/f* gardener
jarra ['xarra] *nf* jar; (*jarro*) jug
jarro ['xarro] *nm* jug
jarrón [xa'rron] *nm* vase
jaula ['xaula] *nf* cage
jauría [xau'ria] *nf* pack of hounds
jazmín [xaθ'min] *nm* jasmine
J. C. *abr* = **Jesucristo**
jeans [jins, dʒins] *nmpl* (*LAM*) jeans, denims; **unos ~** a pair of jeans
jefatura [xefa'tura] *nf*: **~ de policía** police headquarters *sg*
jefe, -a ['xefe, a] *nm/f* (*gen*) chief, head; (*patrón*) boss; **~ de cocina** chef; **~ de estación** stationmaster; **~ de estado** head of state; **~ de estudios** (*Escol*) director of studies; **~ de gobierno** head of government
jengibre [xen'xiβre] *nm* ginger
jeque ['xeke] *nm* sheik(h)
jerárquico, -a [xe'rarkiko, a] *adj* hierarchic(al)
jerez [xe'reθ] *nm* sherry
jerga ['xerɣa] *nf* jargon
jeringa [xe'ringa] *nf* syringe; (*LAM*) annoyance, bother; **jeringuilla** *nf* syringe
jeroglífico [xero'ɣlifiko] *nm* hieroglyphic
jersey [xer'sei] (*pl* **jerseys**) *nm* jersey, pullover, jumper
Jerusalén [xerusa'len] *n* Jerusalem
Jesucristo [xesu'kristo] *nm* Jesus Christ
jesuita [xe'swita] *adj, nm* Jesuit
Jesús [xe'sus] *nm* Jesus; **¡~!** good heavens!; (*al estornudar*) bless you!
jinete, -a [xi'nete, a] *nm/f* horseman/woman
jipijapa [xipi'xapa] *nm* (*LAM*) straw hat

jirafa [xi'rafa] *nf* giraffe
jirón [xi'ron] *nm* (*LAM*) rag, shred
jitomate [xito'mate] *nm* (*LAM*) tomato
joder [xo'ðer] /2a/ (*fam!*) *vt* to fuck (!)
jogging ['joɣin] *nm* (*LAM*) tracksuit (*BRIT*), sweat suit (*US*)
jornada [xor'naða] *nf* (*viaje de un día*) day's journey; (*camino o viaje entero*) journey; (*día de trabajo*) working day
jornal [xor'nal] *nm* (day's) wage; **jornalero, -a** *nm/f* (day) labourer
joroba [xo'roβa] *nf* hump; **jorobado, -a** *adj* hunchbacked ▷ *nm/f* hunchback
jota ['xota] *nf* letter J; (*danza*) *Aragonese dance*; **no saber ni ~** to have no idea
joven ['xoβen] *adj* young ▷ *nm* young man, youth ▷ *nf* young woman, girl
joya ['xoja] *nf* jewel, gem; (*fig*: *persona*) gem; **~s de fantasía** imitation jewellery *sg*; **joyería** *nf* (*joyas*) jewellery; (*tienda*) jeweller's (shop); **joyero** *nm* (*persona*) jeweller; (*caja*) jewel case
Juan [xwan] *nm*: **Noche de San ~** *V* **noche**
juanete [xwa'nete] *nm* (*del pie*) bunion
jubilación [xuβila'θjon] *nf* (*retiro*) retirement
jubilado, -a [xuβi'lado, a] *adj* retired ▷ *nm/f* pensioner (*BRIT*), senior citizen
jubilar [xuβi'lar] /1a/ *vt* to pension off, retire; (*fam*) to discard; **jubilarse** *vr* to retire
júbilo ['xuβilo] *nm* joy, rejoicing; **jubiloso, -a** *adj* jubilant
judía [xu'ðia] *nf* *V* **judío**
judicial [xuði'θjal] *adj* judicial
judío, -a [xu'ðio, a] *adj* Jewish ▷ *nm* Jew ▷ *nf* Jewish woman; (*Culin*) bean; **judía blanca** haricot bean; **judía verde** French *o* string bean
judo ['juðo] *nm* judo
juego ['xweɣo] *vb* *V* **jugar** ▷ *nm* (*gen*) play; (*pasatiempo, partido*) game; (*en casino*) gambling; (*conjunto*) set; **~ de mesa** board game; **~ de palabras** pun, play on words; **J~s Olímpicos** Olympic Games; **fuera de ~** (*Deporte*: *persona*) offside; (: *pelota*) out of play
juerga ['xwerɣa] *nf* binge; (*fiesta*) party; **ir de ~** to go out on a binge
jueves ['xweβes] *nm inv* Thursday
juez [xweθ] *nm/f* judge; **~ de instrucción** examining magistrate; **~ de línea** linesman; **~ de salida** starter
jugada [xu'ɣaða] *nf* play; **buena ~** good move (*o* shot *o* stroke) *etc*
jugador, a [xuɣa'ðor, a] *nm/f* player; (*en casino*) gambler
jugar [xu'ɣar] /1h, 1n/ *vt* to play; (*en casino*) to gamble; (*apostar*) to bet; **~ al fútbol** to play football
juglar [xu'ɣlar] *nm* minstrel
jugo ['xuɣo] *nm* (*Bot*) juice; (*fig*) essence, substance; **~ de naranja** (*esp LAM*) orange juice; **jugoso, -a** *adj* juicy; (*fig*) substantial, important
juguete [xu'ɣete] *nm* toy; **juguetear** /1a/ *vi* to play; **juguetería** *nf* toyshop
juguetón, -ona [xuɣe'ton, ona] *adj* playful
juicio ['xwiθjo] *nm* judgement; (*sana razón*) sanity, reason; (*opinión*) opinion
julio ['xuljo] *nm* July
jumper ['dʒumper] *nm* (*LAM*) pinafore dress (*BRIT*), jumper (*US*)
junco ['xunko] *nm* rush, reed
jungla ['xungla] *nf* jungle
junio ['xunjo] *nm* June
junta ['xunta] *nf* *V* **junto**
juntar [xun'tar] /1a/ *vt* to join, unite; (*maquinaria*) to assemble, put together; (*dinero*) to collect; **juntarse** *vr* to join, meet; (*reunirse*: *personas*) to meet, assemble; (*arrimarse*) to approach, draw closer; **~se con algn** to join sb
junto, -a ['xunto, a] *adj* joined; (*unido*) united; (*anexo*) near, close; (*contiguo, próximo*) next, adjacent ▷ *nf* (*asamblea*) board, council, committee; (*articulación*) joint ▷ *adv*: **todo ~** all at

once ▷ *prep*: **~ a** near (to), next to; **~s** together; **~ con** (together) with

jurado [xu'rađo] *nm* (*Jur*: *individuo*) juror; (: *grupo*) jury; (*de concurso*: *grupo*) panel (of judges); (: *individuo*) member of a panel

juramento [xura'mento] *nm* oath; (*maldición*) oath, curse; **prestar ~** to take the oath; **tomar ~ a** to swear in, administer the oath to

jurar [xu'rar] /ɪa/ *vt*, *vi* to swear; **~ en falso** to commit perjury; **jurárselas a algn** to have it in for sb

jurídico, -a [xu'riđiko, a] *adj* legal

jurisdicción [xurisđik'θjon] *nf* (*poder, autoridad*) jurisdiction; (*territorio*) district

justamente [xusta'mente] *adv* justly, fairly; (*precisamente*) just, exactly

justicia [xus'tiθja] *nf* justice; (*equidad*) fairness, justice

justificación [xustifika'θjon] *nf* justification; **justificar** /ɪg/ *vt* to justify

justo, -a ['xusto, a] *adj* (*equitativo*) just, fair, right; (*preciso*) exact, correct; (*ajustado*) tight ▷ *adv* (*precisamente*) exactly, precisely; (*apenas a tiempo*) just in time

juvenil [xuβe'nil] *adj* youthful

juventud [xuβen'tuđ] *nf* (*adolescencia*) youth; (*jóvenes*) young people *pl*

juzgado [xuθ'ɣađo] *nm* tribunal; (*Jur*) court

juzgar [xuθ'ɣar] /ɪh/ *vt* to judge; **a ~ por ...** to judge by ..., judging by ...

k

kárate ['karate], **karate** [ka'rate] *nm* karate

Kg, kg *abr* (= *kilogramo(s)*) K, kg

kilo ['kilo] *nm* kilo; **kilogramo** *nm* kilogramme (BRIT), kilogram (US); **kilometraje** *nm* distance in kilometres, ≈ mileage; **kilómetro** *nm* kilometre (BRIT), kilometer (US); **kilovatio** *nm* kilowatt

kiosco ['kjosko] *nm* = **quiosco**

kleenex® [kli'neks] *nm* paper handkerchief, tissue

km *abr* (= *kilómetro(s)*) km

Kosovo [koso'βo] *nm* Kosovo

kv *abr* (= *kilovatio*) kw

l *abr* (= *litro(s)*) l

la [la] *artículo definido fsg* the ▷ *pron* her; (*en relación a usted*) you; (*en relación a una cosa*) it ▷ *nm* (*Mus*) A; **está en la cárcel** he's in jail; **la del sombrero rojo** the woman/girl/one in the red hat

laberinto [laβe'rinto] *nm* labyrinth

labio ['laβjo] *nm* lip

labor [la'βor] *nf* labour; (*Agr*) farm work; (*tarea*) job, task; (*Costura*) needlework; **~es domésticas** *o* **del hogar** household chores; **laborable** *adj* (*Agr*) workable; **día laborable** working day; **laboral** *adj* (*accidente, conflictividad*) industrial; (*jornada*) working

laboratorio [laβora'torjo] *nm* laboratory

laborista [laβo'rista] *adj*: **Partido L~** Labour Party

labrador, a [laβra'ðor, a] *adj* farming *cpd* ▷ *nm/f* farmer

labranza [la'βranθa] *nf* (*Agr*) cultivation

labrar [la'βrar] /1a/ *vt* (*gen*) to work; (*madera etc*) to carve; (*fig*) to cause, bring about

laca ['laka] *nf* lacquer

lacio, -a ['laθjo, a] *adj* (*pelo*) straight

lacón [la'kon] *nm* shoulder of pork

lactancia [lak'tanθja] *nf* lactation, breast-feeding

lácteo, -a ['lakteo, a] *adj*: **productos ~s** dairy products

ladear [laðe'ar] /1a/ *vt* to tip, tilt ▷ *vi* to tilt; **ladearse** *vr* to lean

ladera [la'ðera] *nf* slope

lado ['laðo] *nm* (*gen*) side; (*fig*) protection; (*Mil*) flank; **al ~ de** beside; **poner de ~** to put on its side; **poner a un ~** to put aside; **por todos ~s** on all sides, all round (BRIT)

ladrar [la'ðrar] /1a/ *vi* to bark; **ladrido** *nm* bark, barking

ladrillo [la'ðriʎo] *nm* (*gen*) brick; (*azulejo*) tile

ladrón, -ona [la'ðron, ona] *nm/f* thief

lagartija [laɣar'tixa] *nf* (small) lizard

lagarto [la'ɣarto] *nm* (*Zool*) lizard

lago ['laɣo] *nm* lake

lágrima ['laɣrima] *nf* tear

laguna [la'ɣuna] *nf* (*lago*) lagoon; (*en escrito, conocimientos*) gap

lamentable [lamen'taβle] *adj* lamentable, regrettable; (*miserable*) pitiful

lamentar [lamen'tar] /1a/ *vt* (*sentir*) to regret; (*deplorar*) to lament; **lamentarse** *vr* to lament; **lo lamento mucho** I'm very sorry

lamer [la'mer] /2a/ *vt* to lick

lámina ['lamina] *nf* (*plancha delgada*) sheet; (*para estampar, estampa*) plate

lámpara ['lampara] *nf* lamp; **~ de alcohol/gas** spirit/gas lamp; **~ de pie** standard lamp

lana ['lana] *nf* wool

lancha ['lantʃa] *nf* launch; **~ motora** motorboat

langosta [lan'gosta] *nf* (*crustáceo*) lobster; (: *de río*) crayfish; **langostino** *nm* prawn

lanza ['lanθa] *nf* (*arma*) lance, spear

lanzamiento [lanθa'mjento] *nm* (*gen*) throwing; (*Naut, Com*) launch, launching; **~ de pesos** putting the shot

lanzar [lan'θar] /1f/ *vt* (*gen*) to throw; (*Deporte*: *pelota*) to bowl; to launch; (*Jur*) to evict; **lanzarse** *vr* to throw o.s.

lapa ['lapa] *nf* limpet

lapicero [lapi'θero] *nm* pencil; (LAM) propelling (BRIT) *o* mechanical (US) pencil; (: *bolígrafo*) ballpoint pen, Biro®

lápida ['lapiða] *nf* stone; **~ mortuoria** headstone

lápiz ['lapiθ] *nm* pencil; **~ de color** coloured pencil; **~ de labios** lipstick; **~ de ojos** eyebrow pencil

largar [lar'ɣar] /1h/ *vt* (*soltar*) to release; (*aflojar*) to loosen; (*lanzar*) to launch; (*fam*) to let fly; (*velas*) to unfurl; (LAM) to throw; **largarse** *vr* (*fam*) to beat it; **~se a** (LAM) to start to

largo, -a ['larɣo, a] *adj* (*longitud*) long; (*tiempo*) lengthy; (*fig*) generous ▷ *nm* length; (*Mus*) largo; **dos años ~s** two long years; **a lo ~ de** along; (*tiempo*) all through, throughout; **a la larga** in the long run; **largometraje** *nm* full-length *o* feature film

No confundir *largo* con la palabra inglesa *large*.

laringe [la'rinxe] *nf* larynx; **laringitis** *nf* laryngitis

las [las] *artículo definido fpl* the ▷ *pron* them; **~ que cantan** the ones/women/girls who sing

lasaña [la'saɲa] *nf* lasagne, lasagna

láser ['laser] *nm* laser

lástima ['lastima] *nf* (*pena*) pity; **dar ~** to be pitiful; **es una ~ que** it's a pity that; **¡qué ~!** what a pity!; **estar hecho una ~** to be a sorry sight

lastimar [lasti'mar] /1a/ *vt* (*herir*) to wound; (*ofender*) to offend; **lastimarse** *vr* to hurt o.s.

lata ['lata] *nf* (*metal*) tin; (*envase*) tin, can; (*fam*) nuisance; **en ~** tinned; **dar (la) ~** to be a nuisance

latente [la'tente] *adj* latent

lateral [late'ral] *adj* side, lateral ▷ *nm* (*Teat*) wings *pl*

latido [la'tiðo] *nm* (*del corazón*) beat

latifundio [lati'fundjo] *nm* large estate

latigazo [lati'ɣaθo] *nm* (*golpe*) lash; (*sonido*) crack

látigo ['latiɣo] *nm* whip

latín [la'tin] *nm* Latin

latino, -a [la'tino, a] *adj* Latin; **latinoamericano, -a** *adj, nm/f* Latin American

latir [la'tir] /3a/ *vi* (*corazón, pulso*) to beat

latitud [lati'tuð] *nf* (*Geo*) latitude

latón [la'ton] *nm* brass

laurel [lau'rel] *nm* (*Bot*) laurel; (*Culin*) bay

lava ['laβa] *nf* lava

lavabo [la'βaβo] *nm* (*jofaina*) washbasin; (*retrete*) toilet (BRIT), washroom (US)

lavado [la'βaðo] *nm* washing; (*de ropa*) laundry; (*Arte*) wash; **~ de cerebro** brainwashing; **~ en seco** dry-cleaning

lavadora [laβa'ðora] *nf* washing machine

lavanda [la'βanda] *nf* lavender

lavandería [laβande'ria] *nf* laundry; **~ automática** launderette

lavaplatos [laβa'platos] *nm inv* dishwasher

lavar [la'βar] /1a/ *vt* to wash; (*borrar*) to wipe away; **lavarse** *vr* to wash o.s.; **~se las manos** to wash one's hands; **~se los dientes** to brush one's teeth; **~ y marcar** (*pelo*) to shampoo and set; **~ en seco** to dry-clean; **~ los platos** to wash the dishes

lavarropas [laβa'rropas] *nm inv* (RPL) washing machine

lavavajillas [laβaβa'xiʎas] *nm inv* dishwasher

laxante [lak'sante] *nm* laxative
lazarillo [laθa'riʎo] *nm*: **perro de ~** guide dog
lazo ['laθo] *nm* knot; (*lazada*) bow; (*para animales*) lasso; (*trampa*) snare; (*vínculo*) tie
le [le] *pron* (*directo*) him (*o* her); (: *en relación a usted*) you; (*indirecto*) to him (*o* her *o* it); (: *a usted*) to you
leal [le'al] *adj* loyal; **lealtad** *nf* loyalty
lección [lek'θjon] *nf* lesson
leche ['letʃe] *nf* milk; **tener mala ~** (*fam*) to be a nasty piece of work; **~ condensada/en polvo** condensed/powdered milk; **~ desnatada** skimmed milk
lechería [letʃe'ria] *nf* dairy
lecho ['letʃo] *nm* (*cama, de río*) bed; (*Geo*) layer
lechón [le'tʃon] *nm* sucking (BRIT) *o* suckling (US) pig
lechoso, -a [le'tʃoso, a] *adj* milky
lechuga [le'tʃuɣa] *nf* lettuce
lechuza [le'tʃuθa] *nf* (barn) owl
lector, a [lek'tor, a] *nm/f* reader ▷ *nm*: **~ de discos compactos** CD player
lectura [lek'tura] *nf* reading
leer [le'er] /2e/ *vt* to read
legado [le'ɣaðo] *nm* (*don*) bequest; (*herencia*) legacy; (*enviado*) legate
legajo [le'ɣaxo] *nm* file
legal [le'ɣal] *adj* legal; (*persona*) trustworthy; **legalizar** /1f/ *vt* to legalize; (*documento*) to authenticate
legaña [le'ɣaɲa] *nf* sleep (*in eyes*)
legión [le'xjon] *nf* legion; **legionario, -a** *adj* legionary ▷ *nm* legionnaire
legislación [lexisla'θjon] *nf* legislation
legislar [lexis'lar] /1a/ *vt* to legislate
legislatura [lexisla'tura] *nf* (*Pol*) period of office
legítimo, -a [le'xitimo, a] *adj* (*genuino*) authentic; (*legal*) legitimate
legua ['leɣwa] *nf* league
legumbres [le'ɣumbres] *nfpl* pulses
leído, -a [le'iðo, a] *adj* well-read
lejanía [lexa'nia] *nf* distance; **lejano, -a** *adj* far-off; (*en el tiempo*) distant; (*fig*) remote
lejía [le'xia] *nf* bleach
lejos ['lexos] *adv* far, far away; **a lo ~** in the distance; **de** *o* **desde ~** from a distance; **~ de** far from
lema ['lema] *nm* motto; (*Pol*) slogan
lencería [lenθe'ria] *nf* linen, drapery
lengua ['lengwa] *nf* tongue; (*Ling*) language; **morderse la ~** to hold one's tongue
lenguado [len'gwaðo] *nm* sole
lenguaje [len'gwaxe] *nm* language; **~ de programación** programming language
lengüeta [len'gweta] *nf* (*Anat*) epiglottis; (*de zapatos*) tongue; (*Mus*) reed
lente ['lente] *nm o f* lens; (*lupa*) magnifying glass; **lentes** *nmpl* glasses; **~s bifocales/de sol** (LAM) bifocals/sunglasses; **~s de contacto** contact lenses
lenteja [len'texa] *nf* lentil; **lentejuela** *nf* sequin
lentilla [len'tiʎa] *nf* contact lens
lentitud [lenti'tuð] *nf* slowness; **con ~** slowly
lento, -a ['lento, a] *adj* slow
leña ['leɲa] *nf* firewood; **leñador, a** *nm/f* woodcutter
leño ['leɲo] *nm* (*trozo de árbol*) log; (*madera*) timber; (*fig*) blockhead
Leo ['leo] *nm* Leo
león [le'on] *nm* lion; **~ marino** sea lion
leopardo [leo'parðo] *nm* leopard
leotardos [leo'tarðos] *nmpl* tights
lepra ['lepra] *nf* leprosy; **leproso, -a** *nm/f* leper
les [les] *pron* (*directo*) them; (: *en relación a ustedes*) you; (*indirecto*) to them; (: *a ustedes*) to you
lesbiana [les'βjana] *adj, nf* lesbian
lesión [le'sjon] *nf* wound, lesion; (*Deporte*) injury; **lesionado, -a** *adj* injured ▷ *nm/f* injured person
letal [le'tal] *adj* lethal

letanía [leta'nia] *nf* litany
letra ['letra] *nf* letter; (*escritura*) handwriting; (*Mus*) lyrics *pl*; **~ de cambio** bill of exchange; **~ de imprenta** print; **letrado, -a** *adj* learned ▷ *nm/f* lawyer; **letrero** *nm* (*cartel*) sign; (*etiqueta*) label
letrina [le'trina] *nf* latrine
leucemia [leu'θemja] *nf* leukaemia
levadura [leβa'ðura] *nf* yeast; **~ de cerveza** brewer's yeast
levantar [leβan'tar] /1a/ *vt* (*gen*) to raise; (*del suelo*) to pick up; (*hacia arriba*) to lift (up); (*plan*) to make, draw up; (*mesa*) to clear; (*campamento*) to strike; (*fig*) to cheer up, hearten; **levantarse** *vr* to get up; (*enderezarse*) to straighten up; (*rebelarse*) to rebel; **~ el ánimo** to cheer up
levante [le'βante] *nm* east; **el L~** *region of Spain extending from Castellón to Murcia*
levar [le'βar] /1a/ *vt, vi*: **~ (anclas)** to weigh anchor
leve ['leβe] *adj* light; (*fig*) trivial
levita [le'βita] *nf* frock coat
léxico ['leksiko] *nm* vocabulary
ley [lei] *nf* (*gen*) law; (*metal*) standard
leyenda [le'jenda] *nf* legend
leyó *etc vb V* **leer**
liar [li'ar] /1c/ *vt* to tie (up); (*unir*) to bind; (*envolver*) to wrap (up); (*enredar*) to confuse; (*cigarrillo*) to roll; **liarse** *vr* (*fam*) to get involved; **~se a palos** to get involved in a fight
Líbano ['liβano] *nm*: **el ~** the Lebanon
libélula [li'βelula] *nf* dragonfly
liberación [liβera'θjon] *nf* liberation; (*de la cárcel*) release
liberal [liβe'ral] *adj, nmf* liberal
liberar [liβe'rar] /1a/ *vt* to liberate
libertad [liβer'tað] *nf* liberty, freedom; **~ de asociación/de culto/de prensa/de comercio/de palabra** freedom of association/of worship/of the press/of trade/of speech; **~ condicional** probation; **~ bajo palabra** parole; **~ bajo fianza** bail
libertar [liβer'tar] /1a/ *vt* (*preso*) to set free; (*de una obligación*) to release; (*eximir*) to exempt
libertino, -a [liβer'tino, a] *adj* permissive ▷ *nm/f* permissive person
libra ['liβra] *nf* pound; **L~** (*Astro*) Libra; **~ esterlina** pound sterling
libramiento [liβra'mjento] (*LAM*) *nm* ring road (*BRIT*), beltway (*US*)
librar [li'βrar] /1a/ *vt* (*de peligro*) to save; (*batalla*) to wage, fight; (*de impuestos*) to exempt; (*cheque*) to make out; (*Jur*) to exempt; **librarse** *vr*: **~se de** to escape from, free o.s. from
libre ['liβre] *adj* free; (*lugar*) unoccupied; (*asiento*) vacant; (*de deudas*) free of debts; **~ de impuestos** free of tax; **tiro ~** free kick; **los 100 metros ~** the 100 metres freestyle (race); **al aire ~** in the open air
librería [liβre'ria] *nf* (*tienda*) bookshop; **librero, -a** *nm/f* bookseller

No confundir *librería* con la palabra inglesa *library*.

libreta [li'βreta] *nf* notebook
libro ['liβro] *nm* book; **~ de bolsillo** paperback; **~ electrónico** e-book; (*aparato*) e-reader; **~ de texto** textbook
Lic. *abr* = **Licenciado, a**
licencia [li'θenθja] *nf* (*gen*) licence; (*permiso*) permission; **~ por enfermedad/con goce de sueldo** sick/paid leave; **~ de armas/de caza** gun/game licence; **licenciado, -a** *adj* licensed ▷ *nm/f* graduate; **licenciar** /1b/ *vt* (*empleado*) to dismiss; (*permitir*) to permit, allow; (*soldado*) to discharge; (*estudiante*) to confer a degree upon; **licenciarse** *vr*: **licenciarse en derecho** to graduate in law
licenciatura [liθenθja'tura] *nf* (*título*) degree; (*estudios*) degree course
lícito, -a ['liθito, a] *adj* (*legal*) lawful; (*justo*) fair, just; (*permisible*) permissible
licor [li'kor] *nm* spirits *pl* (*BRIT*), liquor (*US*); (*con hierbas etc*) liqueur

licuadora [likwa'ðora] *nf* blender
líder ['liðer] *nmf* leader; **liderazgo, liderato** *nm* leadership
lidia ['liðja] *nf* bullfighting; (*una lidia*) bullfight; **toros de ~** fighting bulls; **lidiar** /ɪb/ *vt, vi* to fight
liebre ['ljeβre] *nf* hare
lienzo ['ljenθo] *nm* linen; (*Arte*) canvas; (*Arq*) wall
liga ['liɣa] *nf* (*de medias*) garter, suspender; (*confederación*) league; (LAM: *gomita*) rubber band
ligadura [liɣa'ðura] *nf* bond, tie; (*Med, Mus*) ligature
ligamento [liɣa'mento] *nm* ligament
ligar [li'ɣar] /ɪh/ *vt* (*atar*) to tie; (*unir*) to join; (*Med*) to bind up; (*Mus*) to slur ▷ *vi* to mix, blend; **ligarse** *vr* to commit o.s.; **(él) liga mucho** (*fam*) he pulls a lot of women
ligero, -a [li'xero, a] *adj* (*de peso*) light; (*tela*) thin; (*rápido*) swift, quick; (*ágil*) agile, nimble; (*de importancia*) slight; (*de carácter*) flippant, superficial ▷ *adv*: **a la ligera** superficially
liguero [li'ɣero] *nm* suspender (BRIT) *o* garter (US) belt
lija ['lixa] *nf* (*Zool*) dogfish; **(papel de) ~** sandpaper
lila ['lila] *nf* lilac
lima ['lima] *nf* file; (*Bot*) lime; **~ de uñas** nail file; **limar** /ɪa/ *vt* to file
limitación [limita'θjon] *nf* limitation, limit
limitar [limi'tar] /ɪa/ *vt* to limit; (*reducir*) to reduce, cut down ▷ *vi*: **~ con** to border on; **limitarse** *vr*: **~se a** to limit *o* confine o.s. to
límite ['limite] *nm* (*gen*) limit; (*fin*) end; (*frontera*) border; **~ de velocidad** speed limit
limítrofe [li'mitrofe] *adj* neighbouring
limón [li'mon] *nm* lemon ▷ *adj*: **amarillo ~** lemon-yellow; **limonada** *nf* lemonade
limosna *nf* alms *pl*; **pedir ~** to beg; **vivir de ~** to live on charity
limpiador, a [limpja'ðor, a] *adj* cleaning, cleansing ▷ *nm/f* cleaner ▷ *nm* (LAM) = **limpiaparabrisas**
limpiaparabrisas [limpjapara'βrisas] *nm inv* windscreen (BRIT) *o* windshield (US) wiper
limpiar [lim'pjar] /ɪb/ *vt* to clean; (*con trapo*) to wipe; (*quitar*) to wipe away; (*zapatos*) to shine, polish; (*Inform*) to debug; (*fig*) to clean up
limpieza [lim'pjeθa] *nf* (*estado*) cleanliness; (*acto*) cleaning; (: *de las calles*) cleansing; (: *de zapatos*) polishing; (*habilidad*) skill; (*fig*: *Policía*) clean-up; (*pureza*) purity; (*Mil*): **operación de ~** mopping-up operation; **~ en seco** dry cleaning
limpio, -a ['limpjo, a] *adj* clean; (*moralmente*) pure; (*Com*) clear, net; (*fam*) honest ▷ *adv*: **jugar ~** to play fair; **pasar a ~** to make a fair copy
lince ['linθe] *nm* lynx
linchar [lin'tʃar] /ɪa/ *vt* to lynch
lindar [lin'dar] /ɪa/ *vi* to adjoin; **~ con** to border on
lindo, -a ['lindo, a] *adj* pretty, lovely ▷ *adv*: **canta muy ~** (LAM) he sings beautifully; **se divertían de lo ~** they enjoyed themselves enormously
línea ['linea] *nf* line; (*Inform*): **en ~** on line; **~ aérea** airline; **~ de meta** goal line; (*de carrera*) finishing line; **~ discontinua** (*Auto*) broken line; **~ recta** straight line
lingote [lin'gote] *nm* ingot
lingüista [lin'gwista] *nmf* linguist; **lingüística** *nf* linguistics *sg*
lino ['lino] *nm* linen; (*Bot*) flax
linterna [lin'terna] *nf*; torch (BRIT), flashlight (US)
lío ['lio] *nm* bundle; (*desorden*) muddle, mess; (*fam*: *follón*) fuss; **armar un ~** to make a fuss
liquen ['liken] *nm* lichen
liquidación [likiða'θjon] *nf* liquidation; **venta de ~** clearance sale

liquidar [liki'ðar] /ıa/ *vt* (*Com*) to liquidate; (*deudas*) to pay off; (*empresa*) to wind up

líquido, -a ['likiðo, a] *adj* liquid; (*ganancia*) net ▷ *nm* liquid; **~ imponible** net taxable income

lira ['lira] *nf* (*Mus*) lyre; (*moneda*) lira

lírico, -a ['liriko, a] *adj* lyrical

lirio ['lirjo] *nm* (*Bot*) iris

lirón [li'ron] *nm* (*Zool*) dormouse; (*fig*) sleepyhead

Lisboa [lis'βoa] *nf* Lisbon

lisiar [li'sjar] /ıb/ *vt* to maim

liso, -a ['liso, a] *adj* (*terreno*) flat; (*cabello*) straight; (*superficie*) even; (*tela*) plain

lista ['lista] *nf* list; (*en escuela*) school register; (*de libros*) catalogue; (*tb*: **~ de platos**) menu; (*tb*: **~ de precios**) price list; **pasar ~** to call the roll; **~ de espera** waiting list; **tela a ~s** striped material

listo, -a ['listo, a] *adj* (*perspicaz*) smart, clever; (*preparado*) ready

listón [lis'ton] *nm* (*de madera, metal*) strip

litera [li'tera] *nf* (*en barco, tren*) berth; (*en dormitorio*) bunk, bunk bed

literal [lite'ral] *adj* literal

literario, -a [lite'rarjo, a] *adj* literary

literato, -a [lite'rato, a] *adj* literary ▷ *nm/f* writer

literatura [litera'tura] *nf* literature

litigio [li'tixjo] *nm* (*Jur*) lawsuit; (*fig*): **en ~ con** in dispute with

litografía [litoɣra'fia] *nf* lithography; (*una litografía*) lithograph

litoral [lito'ral] *adj* coastal ▷ *nm* coast, seaboard

litro ['litro] *nm* litre, liter (*US*)

lívido, -a ['liβiðo, a] *adj* livid

llaga ['ʎaɣa] *nf* wound

llama ['ʎama] *nf* flame; (*Zool*) llama

llamada [ʎa'maða] *nf* call; **~ a cobro revertido** reverse-charge call; **~ al orden** call to order; **~ de atención** warning; **~ metropolitana, ~ local** local call; **~ por cobrar** (*LAM*) reverse-charge call

llamamiento [ʎama'mjento] *nm* call

llamar [ʎa'mar] /ıa/ *vt* to call; (*atención*) to attract ▷ *vi* (*por teléfono*) to phone; (*a la puerta*) to knock (*o* ring); (*por señas*) to beckon; **llamarse** *vr* to be called, be named; **¿cómo se llama usted?** what's your name?

llamativo, -a [ʎama'tiβo, a] *adj* showy; (*color*) loud

llano, -a ['ʎano, a] *adj* (*superficie*) flat; (*persona*) straightforward; (*estilo*) clear ▷ *nm* plain, flat ground

llanta ['ʎanta] *nf* (wheel) rim; (*LAM*: *neumático*) tyre; (: *cámara*) (inner) tube; **~ de repuesto** (*LAM*) spare tyre

llanto ['ʎanto] *nm* weeping

llanura [ʎa'nura] *nf* plain

llave ['ʎaβe] *nf* key; (*de gas, agua*) tap (*BRIT*), faucet (*US*); (*Mecánica*) spanner; (*de la luz*) switch; (*Mus*) key; **~ inglesa** monkey wrench; **~ maestra** master key; **~ de contacto, ~ de encendido** (*LAM Auto*) ignition key; **~ de paso** stopcock; **echar ~ a** to lock up; **llavero** *nm* keyring

llegada [ʎe'ɣaða] *nf* arrival

llegar [ʎe'ɣar] /ıh/ *vi* to arrive; (*bastar*) to be enough; **llegarse** *vr*: **~se a** to approach; **~ a** (*alcanzar*) to reach; to manage to, succeed in; **~ a saber** to find out; **~ a las manos de** to come into the hands of

llenar [ʎe'nar] /ıa/ *vt* to fill; (*superficie*) to cover; (*formulario*) to fill in *o* out; (*fig*) to heap

lleno, -a ['ʎeno, a] *adj* full, filled; (*repleto*) full up ▷ *nm* (*Teat*) full house; **dar de ~ contra un muro** to hit a wall head-on

llevadero, -a [ʎeβa'ðero, a] *adj* bearable, tolerable

llevar [ʎe'βar] /ıa/ *vt* to take; (*ropa*) to wear; (*cargar*) to carry; (*quitar*) to take away; (*en coche*) to drive; (*transportar*) to transport; (*traer*: *dinero*) to carry; (*conducir*) to lead; (*Mat*) to carry ▷ *vi* (*suj*: *camino etc*): **~ a** to lead to;

llevarse *vr* to carry off, take away; **llevamos dos días aquí** we have been here for two days; **él me lleva dos años** he's two years older than me; **~ los libros** (*Com*) to keep the books; **~se bien** to get on well (together)

llorar [ʎo'rar] /ɪa/ *vt* to cry ▷ *vi* to cry, weep; **~ de risa** to cry with laughter

llorón, -ona [ʎo'ron, ona] *adj* tearful ▷ *nm/f* cry-baby

lloroso, -a [ʎo'roso, a] *adj* (*gen*) weeping, tearful; (*triste*) sad, sorrowful

llover [ʎo'βer] /2h/ *vi* to rain

llovizna [ʎo'βiθna] *nf* drizzle; **lloviznar** /ɪa/ *vi* to drizzle

llueve *etc* ['ʎweβe] *vb V* **llover**

lluvia ['ʎuβja] *nf* rain; **~ radioactiva** radioactive fallout; **lluvioso, -a** *adj* rainy

lo [lo] *artículo definido neutro*: **lo bueno** the good ▷ *pron* (*en relación a una persona*) him; (*en relación a una cosa*) it; **lo que** what, that which; **lo que sea** whatever; *V tb* **el**

loable [lo'aβle] *adj* praiseworthy

lobo ['loβo] *nm* wolf; **~ de mar** (*fig*) sea dog

lóbulo ['loβulo] *nm* lobe

local [lo'kal] *adj* local ▷ *nm* place, site; (*oficinas*) premises *pl*; **localidad** *nf* (*barrio*) locality; (*lugar*) location; (*Teat*) seat, ticket; **localizar** /ɪf/ *vt* (*ubicar*) to locate, find; (*restringir*) to localize; (*situar*) to place

loción [lo'θjon] *nf* lotion

loco, -a ['loko, a] *adj* mad ▷ *nm/f* madman/woman; **estar ~ con** *o* **por algo/por algn** to be mad about sth/sb

locomotora [lokomo'tora] *nf* engine, locomotive

locuaz [lo'kwaθ] *adj* loquacious

locución [loku'θjon] *nf* expression

locura [lo'kura] *nf* madness; (*acto*) crazy act

locutor, a [loku'tor, a] *nm/f* (*Radio*) announcer; (*comentarista*) commentator; (*TV*) newsreader

locutorio [loku'torjo] *nm* (*Telec*) telephone box *o* booth

lodo ['lodo] *nm* mud

lógico, -a ['loxiko, a] *adj* logical ▷ *nf* logic

login ['loxin] *nm* login

logotipo [loɣo'tipo] *nm* logo

logrado, -a [lo'ɣraðo, a] *adj* (*interpretación, reproducción*) polished, excellent

lograr [lo'ɣrar] /ɪa/ *vt* (*obtener*) to get, obtain; (*conseguir*) to achieve; **~ hacer** to manage to do; **~ que algn venga** to manage to get sb to come

logro ['loɣro] *nm* achievement, success

lóker ['loker] *nm* (LAM) locker

loma ['loma] *nf* hillock, low ridge

lombriz [lom'briθ] *nf* (earth)worm

lomo ['lomo] *nm* (*de animal*) back; (*Culin*: *de cerdo*) pork loin; (: *de vaca*) rib steak; (*de libro*) spine

lona ['lona] *nf* canvas

loncha ['lontʃa] *nf* = **lonja**

lonchería [lontʃe'ria] *nf* (LAM) snack bar, diner (US)

Londres ['londres] *nm* London

longaniza [longa'niθa] *nf* pork sausage

longitud [lonxi'tuð] *nf* length; (*Geo*) longitude; **tener tres metros de ~** to be three metres long; **~ de onda** wavelength

lonja ['lonxa] *nf* slice; (*de tocino*) rasher; **~ de pescado** fish market

loro ['loro] *nm* parrot

los [los] *artículo definido mpl* the ▷ *pron* them; (*en relación a ustedes*) you; **mis libros y ~ tuyos** my books and yours

losa ['losa] *nf* stone

lote ['lote] *nm* portion; (*Com*) lot

lotería [lote'ria] *nf* lottery; (*juego*) lotto

LOTERÍA

Millions of euros are spent every year on *loterías*, lotteries. There is the weekly *Lotería Nacional* which is very popular especially at Christmas. Other weekly lotteries are the *Bono Loto* and the *(Lotería) Primitiva*. One of the most famous lotteries is run by the wealthy and influential society for the blind, *la ONCE*, and the form is called *el cupón de la ONCE* or *el cupón de los ciegos*.

loza ['loθa] *nf* crockery
lubina [lu'βina] *nf* sea bass
lubricante [luβri'kante] *nm* lubricant
lubricar [luβri'kar] /ıg/ *vt* to lubricate
lucha ['lutʃa] *nf* fight, struggle; **~ de clases** class struggle; **~ libre** wrestling; **luchar** /ıa/ *vi* to fight
lúcido, -a ['luθiðo, a] *adj* (*persona*) lucid; (*mente*) logical; (*idea*) crystal-clear
luciérnaga [lu'θjernaɣa] *nf* glow-worm
lucir [lu'θir] /ʒf/ *vt* to illuminate, light (up); (*ostentar*) to show off ▷ *vi* (*brillar*) to shine; **lucirse** *vr* (*irónico*) to make a fool of o.s.
lucro ['lukro] *nm* profit, gain
lúdico, -a ['luðiko, a] *adj* playful; (*actividad*) recreational
luego ['lweɣo] *adv* (*después*) next; (*más tarde*) later, afterwards
lugar [lu'ɣar] *nm* place; (*sitio*) spot; **en ~ de** instead of; **en primer ~** in the first place, firstly; **dar ~ a** to give rise to; **hacer ~** to make room; **fuera de ~** out of place; **sin ~ a dudas** without doubt, undoubtedly; **tener ~** to take place; **~ común** commonplace; **yo en su ~** if I were him
lúgubre ['luɣuβre] *adj* mournful
lujo ['luxo] *nm* luxury; (*fig*) profusion, abundance; **de ~** luxury *cpd*, de luxe; **lujoso, -a** *adj* luxurious
lujuria [lu'xurja] *nf* lust
lumbre ['lumbre] *nf* (*luz*) light; (*fuego*) fire; **¿tienes ~?** (*para cigarro*) have you got a light?
luminoso, -a [lumi'noso, a] *adj* luminous, shining
luna ['luna] *nf* moon; (*de un espejo*) glass; (*de gafas*) lens; (*fig*) crescent; **~ creciente/llena/menguante/nueva** crescent/full/waning/new moon; **~ de miel** honeymoon; **estar en la ~** to have one's head in the clouds
lunar [lu'nar] *adj* lunar ▷ *nm* (*Anat*) mole; **tela a ~es** spotted material
lunes ['lunes] *nm inv* Monday
lupa ['lupa] *nf* magnifying glass
lustre ['lustre] *nm* polish; (*fig*) lustre; **dar ~ a** to polish
luto ['luto] *nm* mourning; **llevar el** *o* **vestirse de ~** to be in mourning
Luxemburgo [luksem'buɣo] *nm* Luxembourg
luz [luθ] (*pl* **luces**) *nf* light; **dar a ~ un niño** to give birth to a child; **sacar a la ~** to bring to light; **dar la ~** to switch on the light; **encender** (ESP) *o* **prender** (LAM)**/apagar la ~** to switch the light on/off; **tener pocas luces** to be dim *o* stupid; **~ roja/verde** red/green light; **~ de freno** brake light; **luces de tráfico** traffic lights; **traje de luces** bullfighter's costume

m

m *abr* (= *metro(s)*) m; (= *minuto(s)*) min., m

macana [ma'kana] *nf* (LAM: *porra*) club

macarrones [maka'rrones] *nmpl* macaroni *sg*

macedonia [maθe'ðonja] *nf*: **~ de frutas** fruit salad

maceta [ma'θeta] *nf* (*de flores*) pot of flowers; (*para plantas*) flowerpot

machacar [matʃa'kar] /ıg/ *vt* to crush, pound ▷ *vi* (*insistir*) to go on, keep on

machete [ma'tʃete] *nm* machete, (large) knife

machetear [matʃete'ar] /ıa/ *vt* (LAM) to swot (BRIT), grind away (US)

machismo [ma'tʃismo] *nm* male chauvinism; **machista** *adj*, *nm* sexist

macho ['matʃo] *adj* male; (*fig*) virile ▷ *nm* male; (*fig*) he-man

macizo, -a [ma'θiθo, a] *adj* (*grande*) massive; (*fuerte, sólido*) solid ▷ *nm* mass, chunk

madeja [ma'ðexa] *nf* (*de lana*) skein, hank; (*de pelo*) mass, mop

madera [ma'ðera] *nf* wood; (*fig*) nature, character; **una ~** a piece of wood

madrastra [ma'ðrastra] *nf* stepmother

madre ['maðre] *adj* mother *cpd* ▷ *nf* mother; (*de vino etc*) dregs *pl*; **~ adoptiva/política/soltera** foster mother/mother-in-law/unmarried mother

Madrid [ma'ðrið] *n* Madrid

madriguera [maðri'ɣera] *nf* burrow

madrileño, -a [maðri'leɲo, a] *adj* of *o* from Madrid ▷ *nm/f* native *o* inhabitant of Madrid

madrina [ma'ðrina] *nf* godmother; (*Arq*) prop, shore; (*Tec*) brace; **~ de boda** bridesmaid

madrugada [maðru'ɣaða] *nf* early morning; (*alba*) dawn, daybreak

madrugador, a [maðruɣa'ðor, a] *adj* early-rising

madrugar [maðru'ɣar] /ıh/ *vi* to get up early; (*fig*) to get ahead

madurar [maðu'rar] /ıa/ *vt, vi* (*fruta*) to ripen; (*fig*) to mature; **madurez** *nf* ripeness; (*fig*) maturity; **maduro, -a** *adj* ripe; (*fig*) mature

maestra [ma'estra] *nf* V **maestro**

maestría [maes'tria] *nf* mastery; (*habilidad*) skill, expertise

maestro, -a [ma'estro, a] *adj* masterly; (*principal*) main ▷ *nm/f* master/mistress; (*profesor*) teacher ▷ *nm* (*autoridad*) authority; (*Mus*) maestro; (*experto*) master; **~ albañil** master mason

magdalena [maɣða'lena] *nf* fairy cake

magia ['maxja] *nf* magic; **mágico, -a** *adj* magic(al) ▷ *nm/f* magician

magisterio [maxis'terjo] *nm* (*enseñanza*) teaching; (*profesión*) teaching profession; (*maestros*) teachers *pl*

magistrado [maxis'traðo] *nm* magistrate

magistral [maxis'tral] *adj* magisterial; (*fig*) masterly
magnate [maɣ'nate] *nm* magnate, tycoon
magnético, -a [maɣ'netiko, a] *adj* magnetic
magnetofón [maɣneto'fon], **magnetófono** [maɣne'tofono] *nm* tape recorder
magnífico, -a [maɣ'nifiko, a] *adj* splendid, magnificent
magnitud [maɣni'tuð] *nf* magnitude
mago, -a ['maɣo, a] *nm/f* magician; **los Reyes M~s** the Three Wise Men
magro, -a ['maɣro, a] *adj* (*carne*) lean
mahonesa [mao'nesa] *nf* mayonnaise
maître ['metre] *nm* head waiter
maíz [ma'iθ] *nm* maize (BRIT), corn (US); sweet corn
majestad [maxes'tað] *nf* majesty
majo, -a ['maxo, a] *adj* nice; (*guapo*) attractive, good-looking; (*elegante*) smart
mal [mal] *adv* badly; (*equivocadamente*) wrongly ▷ *adj* = **malo** ▷ *nm* evil; (*desgracia*) misfortune; (*daño*) harm, damage; (*Med*) illness; **ir de ~ en peor** to go from bad to worse; **~ que bien** rightly or wrongly
malabarista [malaβa'rista] *nmf* juggler
malaria [ma'larja] *nf* malaria
malcriado, -a [mal'krjaðo, a] *adj* spoiled
maldad [mal'dað] *nf* evil, wickedness
maldecir [malde'θir] /30/ *vt* to curse
maldición [maldi'θjon] *nf* curse
maldito, -a [mal'dito, a] *adj* (*condenado*) damned; (*perverso*) wicked; **¡~ sea!** damn it!
malecón [male'kon] *nm* pier, jetty; (LAM: *paseo*) sea front, promenade
maleducado, -a [maleðu'kaðo, a] *adj* bad-mannered, rude
malentendido [malenten'diðo] *nm* misunderstanding
malestar [males'tar] *nm* (*gen*) discomfort; (*fig: inquietud*) uneasiness; (*Pol*) unrest
maleta [ma'leta] *nf* case, suitcase; (*Auto*) boot (BRIT), trunk (US); **hacer la ~** to pack; **maletero** *nm* (*Auto*) boot (BRIT), trunk (US); **maletín** *nm* small case, bag
maleza [ma'leθa] *nf* (*malas hierbas*) weeds *pl*; (*arbustos*) thicket
malgastar [malɣas'tar] /1a/ *vt* (*tiempo, dinero*) to waste; (*salud*) to ruin
malhechor, a [male'tʃor, a] *nm/f* delinquent
malhumorado, -a [malumo'raðo, a] *adj* bad-tempered
malicia [ma'liθja] *nf* (*maldad*) wickedness; (*astucia*) slyness, guile; (*mala intención*) malice, spite; (*carácter travieso*) mischievousness
maligno, -a [ma'liɣno, a] *adj* evil; (*malévolo*) malicious; (*Med*) malignant
malla ['maʎa] *nf* mesh; (*de baño*) swimsuit; (*de ballet, gimnasia*) leotard; **mallas** *nfpl* tights; **~ de alambre** wire mesh
Mallorca [ma'ʎorka] *nf* Majorca
malo, -a ['malo, a] *adj* bad; false ▷ *nm/f* villain; **estar ~** to be ill
malograr [malo'ɣrar] /1a/ *vt* to spoil; (*plan*) to upset; (*ocasión*) to waste
malparado, -a [malpa'raðo, a] *adj*: **salir ~** to come off badly
malpensado, -a [malpen'saðo, a] *adj* nasty
malteada [malte'aða] *nf* (LAM) milk shake
maltratar [maltra'tar] /1a/ *vt* to ill-treat, mistreat
malvado, -a [mal'βaðo, a] *adj* evil, villainous
Malvinas [mal'βinas] *nfpl*: **Islas ~** Falkland Islands
mama ['mama] *nf* (*de animal*) teat; (*de mujer*) breast
mamá [ma'ma] *nf* (*fam*) mum, mummy

mamar [ma'mar] /1a/ *vt* to suck ▷ *vi* to suck
mamarracho [mama'rratʃo] *nm* sight, mess
mameluco [mameluko] (*LAM*) *nm* dungarees *pl* (*BRIT*), overalls *pl* (*US*)
mamífero [ma'mifero] *nm* mammal
mampara [mam'para] *nf* (*entre habitaciones*) partition; (*biombo*) screen
mampostería [mamposte'ria] *nf* masonry
manada [ma'naða] *nf* (*Zool*) herd; (: *de leones*) pride; (: *de lobos*) pack
manantial [manan'tjal] *nm* spring
mancha ['mantʃa] *nf* stain, mark; (*de vegetación*) patch; **manchar** /1a/ *vt* to stain, mark; (*ensuciar*) to soil, dirty
manchego, -a [man'tʃeɣo, a] *adj* of *o* from La Mancha
manco, -a ['manko, a] *adj* (*de un brazo*) one-armed; (*de una mano*) one-handed; (*fig*) defective, faulty
mandado [man'daðo] *nm* errand
mandamiento [manda'mjento] *nm* (*orden*) order, command; (*Rel*) commandment
mandar [man'dar] /1a/ *vt* (*ordenar*) to order; (*dirigir*) to lead, command; (*enviar*) to send; (*pedir*) to order, ask for ▷ *vi* to be in charge; (*pey*) to be bossy; **¿mande?** pardon?, excuse me? (*US*); **~ hacer un traje** to have a suit made
mandarina [manda'rina] *nf* (*fruta*) tangerine, mandarin (orange)
mandato [man'dato] *nm* (*orden*) order; (*Pol*: *período*) term of office; (: *territorio*) mandate
mandíbula [man'diβula] *nf* jaw
mandil [man'dil] *nm* apron
mando ['mando] *nm* (*Mil*) command; (*de país*) rule; (*el primer lugar*) lead; (*Pol*) term of office; (*Tec*) control; **~ a la izquierda** left-hand drive; **~ a distancia** remote control
mandón, -ona [man'don, ona] *adj* bossy, domineering
manejar [mane'xar] /1a/ *vt* to manage; (*máquina*) to work, operate; (*caballo etc*) to handle; (*casa*) to run, manage; (*LAM Auto*) to drive; **manejarse** *vr* (*comportarse*) to act, behave; (*arreglárselas*) to manage; **manejo** *nm* (*de bicicleta*) handling; (*de negocio*) management, running; (*Auto*) driving; (*facilidad de trato*) ease, confidence; **manejos** *nmpl* intrigues
manera [ma'nera] *nf* way, manner, fashion; **maneras** *nfpl* (*modales*) manners; **su ~ de ser** the way he is; (*aire*) his manner; **de ninguna ~** no way, by no means; **de otra ~** otherwise; **de todas ~s** at any rate; **no hay ~ de persuadirle** there's no way of convincing him
manga ['manga] *nf* (*de camisa*) sleeve; (*de riego*) hose
mango ['mango] *nm* handle; (*Bot*) mango
manguera [man'gera] *nf* hose
maní [ma'ni] *nm* peanut
manía [ma'nia] *nf* (*Med*) mania; (*fig*: *moda*) rage, craze; (*disgusto*) dislike; (*malicia*) spite; **coger ~ a algn** to take a dislike to sb; **tener ~ a algn** to dislike sb; **maníaco, -a** *adj* maniac(al) ▷ *nm/f* maniac
maniático, -a [ma'njatiko, a] *adj* maniac(al) ▷ *nm/f* maniac
manicomio [mani'komjo] *nm* psychiatric hospital (*BRIT*), insane asylum (*US*)
manifestación [manifesta'θjon] *nf* (*declaración*) statement, declaration; (*demostración*) show, display; (*Pol*) demonstration; (*concentración*) mass meeting
manifestar [manifes'tar] /1j/ *vt* to show, manifest; (*declarar*) to state, declare; **manifiesto, -a** *adj* clear, manifest ▷ *nm* manifesto
manillar [mani'ʎar] *nm* handlebars *pl*
maniobra [ma'njoβra] *nf* manœuvre; **maniobras** *nfpl* manœuvres; **maniobrar** /1a/ *vt* to manœuvre

manipulación [manipula'θjon] *nf* manipulation
manipular [manipu'lar] /1a/ *vt* to manipulate; (*manejar*) to handle
maniquí [mani'ki] *nmf* model ▷ *nm* dummy
manivela [mani'βela] *nf* crank
manjar [man'xar] *nm* (tasty) dish
mano ['mano] *nf* hand; (*Zool*) foot, paw; (*de pintura*) coat; (*serie*) lot, series; **a ~** by hand; **a ~ derecha/izquierda** on (*o* to) the right(-hand side)/left(-hand side); **robo a ~ armada** armed robbery; **de primera ~** (at) first hand; **de segunda ~** (at) second hand; **estrechar la ~ a algn** to shake sb's hand; **~ de obra** labour, manpower
manojo [ma'noxo] *nm* handful, bunch; **~ de llaves** bunch of keys
manopla [ma'nopla] *nf* (*paño*) flannel; **manoplas** *nfpl* mittens
manosear [manose'ar] /1a/ *vt* (*tocar*) to handle, touch; (*desordenar*) to mess up, rumple; (*insistir en*) to overwork; (*acariciar*) to caress, fondle
manos libres *adj inv* (*teléfono, dispositivo*) hands-free ▷ *nm inv* hands-free kit
manotazo [mano'taθo] *nm* slap, smack
mansalva [man'salβa]: **a ~** *adv* indiscriminately
mansión [man'sjon] *nf* mansion
manso, -a ['manso, a] *adj* gentle, mild; (*animal*) tame
manta ['manta] *nf* blanket
manteca [man'teka] *nf* fat; (LAM) butter; **~ de cerdo** lard
mantecado [mante'kaðo] *nm* (ESP: *dulce navideño*) Christmas sweet made from flour, almonds and lard; (*helado*) ice cream
mantel [man'tel] *nm* tablecloth
mantendré *etc* [manten'dre] *vb V* **mantener**
mantener [mante'ner] /2k/ *vt* to support, maintain; (*alimentar*) to sustain; (*conservar*) to keep; (*Tec*) to maintain, service; **mantenerse** *vr* (*seguir de pie*) to be still standing; (*no ceder*) to hold one's ground; (*subsistir*) to sustain o.s., keep going; **mantenimiento** *nm* maintenance; sustenance; (*sustento*) support
mantequilla [mante'kiʎa] *nf* butter
mantilla [man'tiʎa] *nf* mantilla; **mantillas** *nfpl* baby clothes
manto ['manto] *nm* (*capa*) cloak; (*de ceremonia*) robe, gown
mantuve *etc* [man'tuβe] *vb V* **mantener**
manual [ma'nwal] *adj* manual ▷ *nm* manual, handbook
manuscrito, -a [manus'krito, a] *adj* handwritten ▷ *nm* manuscript
manutención [manuten'θjon] *nf* maintenance; (*sustento*) support
manzana [man'θana] *nf* apple; (*Arq*) block
manzanilla [manθa'niʎa] *nf* (*planta*) camomile; (*infusión*) camomile tea
manzano [man'θano] *nm* apple tree
maña ['maɲa] *nf* (*destreza*) skill; (*pey*) guile; (*ardid*) trick
mañana [ma'ɲana] *adv* tomorrow ▷ *nm* future ▷ *nf* morning; **de** *o* **por la ~** in the morning; **¡hasta ~!** see you tomorrow!; **~ por la ~** tomorrow morning
mapa ['mapa] *nm* map
maple ['maple] *nm* (LAM) maple
maqueta [ma'keta] *nf* (scale) model
maquillador, a [makiʎa'ðor, a] *nm/f* (*Teat etc*) make-up artist ▷ *nf* (LAM *Com*) bonded assembly plant
maquillaje [maki'ʎaxe] *nm* make-up; (*acto*) making up
maquillar [maki'ʎar] /1a/ *vt* to make up; **maquillarse** *vr* to put on (some) make-up
máquina ['makina] *nf* machine; (*de tren*) locomotive, engine; (*Foto*) camera; (*fig*) machinery; **escrito a ~** typewritten; **~ de afeitar** electric razor; **~ de coser** sewing

machine; **~ de escribir** typewriter; **~ fotográfica** camera

maquinaria [maki'narja] *nf* (*máquinas*) machinery; (*mecanismo*) mechanism, works *pl*

maquinilla [maki'niʎa] *nf*: **~ de afeitar** razor

maquinista [maki'nista] *nmf* (*Ferro*) engine driver (BRIT), engineer (US); (*Tec*) operator; (*Naut*) engineer

mar [mar] *nm* sea; **~ adentro** *o* **afuera** out at sea; **en alta ~** on the high seas; **un ~ de** lots of; **el M~ Negro/Báltico** the Black/Baltic Sea

maraña [ma'raɲa] *nf* (*maleza*) thicket; (*confusión*) tangle

maravilla [mara'βiʎa] *nf* marvel, wonder; (*Bot*) marigold; **maravillar** /1a/ *vt* to astonish, amaze; **maravillarse** *vr* to be astonished, be amazed; **maravilloso, -a** *adj* wonderful, marvellous

marca ['marka] *nf* mark; (*sello*) stamp; (*Com*) make, brand; **de ~** excellent, outstanding; **~ de fábrica** trademark; **~ registrada** registered trademark

marcado, -a [mar'kaðo, a] *adj* marked, strong

marcador [marka'ðor] *nm* (*Deporte*) scoreboard; (: *persona*) scorer

marcapasos [marka'pasos] *nm inv* pacemaker

marcar [mar'kar] /1g/ *vt* to mark; (*número de teléfono*) to dial; (*gol*) to score; (*números*) to record, keep a tally of; (*el pelo*) to set ▷ *vi* (*Deporte*) to score; (*Telec*) to dial

marcha ['martʃa] *nf* march; (*Tec*) running, working; (*Auto*) gear; (*velocidad*) speed; (*fig*) progress; (*curso*) course; **dar ~ atrás** to reverse, put into reverse; **estar en ~** to be under way, be in motion; **poner en ~** to put into gear; **ponerse en ~** to start, get going; **marchar** /1a/ *vi* (*ir*) to go; (*funcionar*) to work, go; **marcharse** *vr* to go (away), leave

marchitar [martʃi'tar] /1a/ *vt* to wither, dry up; **marchitarse** *vr* (*Bot*) to wither; (*fig*) to fade away; **marchito, -a** *adj* withered, faded; (*fig*) in decline

marciano, -a [mar'θjano, a] *adj* Martian

marco ['marko] *nm* frame; (*moneda*) mark; (*fig*) framework

marea [ma'rea] *nf* tide; **~ negra** oil slick

marear [mare'ar] /1a/ *vt* (*fig*) to annoy, upset; (*Med*): **~ a algn** to make sb feel sick; **marearse** *vr* (*tener náuseas*) to feel sick; (*desvanecerse*) to feel faint; (*aturdirse*) to feel dizzy; (*fam*: *emborracharse*) to get tipsy

maremoto [mare'moto] *nm* tidal wave

mareo [ma'reo] *nm* (*náusea*) sick feeling; (*en viaje*) travel sickness; (*aturdimiento*) dizziness; (*fam*: *lata*) nuisance

marfil [mar'fil] *nm* ivory

margarina [marɣa'rina] *nf* margarine

margarita [marɣa'rita] *nf* (*Bot*) daisy; (*en máquina impresora*) daisy wheel

margen ['marxen] *nm* (*borde*) edge, border; (*fig*) margin, space ▷ *nf* (*de río etc*) bank; **dar ~ para** to give an opportunity for; **mantenerse al ~** to keep out (of things)

marginar [marxi'nar] /1a/ *vt* to exclude; (*socialmente*) to marginalize, ostracize

mariachi [ma'rjatʃi] *nm* (*música*) mariachi music; (*grupo*) mariachi band; (*persona*) mariachi musician

MARIACHI

Mariachi music is the musical style most characteristic of Mexico. From the state of Jalisco in the 19th century, this music spread rapidly throughout the country, until each region had its own particular style of the mariachi "sound". A mariachi band can be made up of several singers, up to eight violins, two trumpets, guitars, a *vihuela* (an old form of guitar), and a harp. The dance associated with this music is called the *zapateado*.

marica [ma'rika] *nm* (*fam!*) sissy
maricón [mari'kon] *nm* (*fam!*) queer (!)
marido [ma'riðo] *nm* husband
marihuana [mari'wənə] *nf* marijuana, cannabis
marina [ma'rina] *nf* navy; **~ mercante** merchant navy
marinero, -a [mari'nero, a] *adj* sea *cpd* ▷ *nm* sailor, seaman
marino, -a [ma'rino, a] *adj* sea *cpd*, marine ▷ *nm* sailor
marioneta [marjo'neta] *nf* puppet
mariposa [mari'posa] *nf* butterfly
mariquita [mari'kita] *nf* ladybird (*BRIT*), ladybug (*US*)
marisco [ma'risko] *nm* (*tb*: **~s**) shellfish, seafood
marítimo, -a [ma'ritimo, a] *adj* sea *cpd*, maritime
mármol ['marmol] *nm* marble
marqués, -esa [mar'kes, esa] *nm/f* marquis/marchioness
marrón [ma'rron] *adj* brown
marroquí [marro'ki] *adj, nmf* Moroccan ▷ *nm* Morocco (leather)
Marruecos [ma'rrwekos] *nm* Morocco
martes ['martes] *nm inv* Tuesday; **~ y trece** ≈ Friday 13th

MARTES Y TRECE

According to Spanish superstition Tuesday is an unlucky day, even more so if it falls on the 13th of the month.

martillo [mar'tiʎo] *nm* hammer
mártir ['martir] *nmf* martyr; **martirio** *nm* martyrdom; (*fig*) torture, torment
marxismo [mark'sismo] *nm* Marxism
marzo ['marθo] *nm* March
mas [mas] *conj* but

PALABRA CLAVE

más [mas] *adj, adv* **1**: **más (que, de)** (*compar*) more (than), ...+ er (than); **más grande/inteligente** bigger/more intelligent; **trabaja más (que yo)** he works more (than me); *V tb* **cada**
2 (*superl*): **el más** the most, ...+ est; **el más grande/inteligente (de)** the biggest/most intelligent (in)
3 (*negativo*): **no tengo más dinero** I haven't got any more money; **no viene más por aquí** he doesn't come round here any more
4 (*adicional*): **no le veo más solución que ...** I see no other solution than to ...; **¿quién más?** anybody else?
5 (*+ adj, valor intensivo*): **¡qué perro más sucio!** what a filthy dog!; **¡es más tonto!** he's so stupid!
6 (*locuciones*): **más o menos** more or less; **los más** most people; **es más** furthermore; **más bien** rather; **¡qué más da!** what does it matter!; *V tb* **no**
7: **por más: por más que lo intento** no matter how much *o* hard I try; **por más que quisiera ayudar** much as I should like to help
8: **de más: veo que aquí estoy de más** I can see I'm not needed here; **tenemos uno de más** we've got one extra
▶ *prep*: **2 más 2 son 4** 2 and *o* plus 2 are 4
▶ *nm inv*: **este trabajo tiene sus más y sus menos** this job's got its good points and its bad points

masa ['masa] *nf* (*mezcla*) dough; (*volumen*) volume, mass; (*Física*) mass; **en ~** en masse; **las ~s** (*Pol*) the masses
masacre [ma'sakre] *nf* massacre

masaje [ma'saxe] *nm* massage
máscara ['maskara] *nf* mask; **~ antigás** gas mask; **mascarilla** *nf* mask
masculino, -a [masku'lino, a] *adj* masculine; (*Bio*) male
masía [ma'sia] *nf* farmhouse
masivo, -a [ma'siβo, a] *adj* (*en masa*) mass
masoquista [maso'kista] *nmf* masochist
máster ['master] *nm* master's degree
masticar [masti'kar] /ıg/ *vt* to chew
mástil ['mastil] *nm* (*de navío*) mast; (*de guitarra*) neck
mastín [mas'tin] *nm* mastiff
masturbarse [mastur'βarse] /ıa/ *vr* to masturbate
mata ['mata] *nf* (*arbusto*) bush, shrub; (*de hierbas*) tuft
matadero [mata'ðero] *nm* slaughterhouse, abattoir
matador, a [mata'ðor, a] *adj* killing ▷ *nm* (*Taur*) matador, bullfighter
matamoscas [mata'moskas] *nm inv* (*palo*) fly swat
matanza [ma'tanθa] *nf* slaughter
matar [ma'tar] /ıa/ *vt*, *vi* to kill; **matarse** *vr* (*suicidarse*) to kill o.s., commit suicide; (*morir*) to be *o* get killed; **~ el hambre** to stave off hunger
matasellos [mata'seʎos] *nm inv* postmark
mate ['mate] *adj* matt ▷ *nm* (*en ajedrez*) (check)mate; (*LAM*: *hierba*) maté; (: *vasija*) gourd
matemáticas [mate'matikas] *nfpl* mathematics; **matemático, -a** *adj* mathematical ▷ *nm/f* mathematician
materia [ma'terja] *nf* (*gen*) matter; (*Tec*) material; (*Escol*) subject; **en ~ de** on the subject of; **~ prima** raw material; **material** *adj* material ▷ *nm* material; (*Tec*) equipment; **materialista** *adj* materialist(ic); **materialmente** *adv* materially; (*fig*) absolutely
maternal [mater'nal] *adj* motherly, maternal
maternidad [materni'ðað] *nf* motherhood, maternity; **materno, -a** *adj* maternal; (*lengua*) mother *cpd*
matinal [mati'nal] *adj* morning *cpd*
matiz [ma'tiθ] *nm* shade; **matizar** /ıf/ *vt* (*variar*) to vary; (*Arte*) to blend; **matizar de** to tinge with
matón [ma'ton] *nm* bully
matorral [mato'rral] *nm* thicket
matrícula [ma'trikula] *nf* (*registro*) register; (*Auto*) registration number; (: *placa*) number plate; **~ de honor** (*Univ*) *top marks in a subject at university with the right to free registration the following year*; **matricular** /ıa/ *vt* to register, enrol
matrimonio [matri'monjo] *nm* (*pareja*) (married) couple; (*acto*) marriage
matriz [ma'triθ] *nf* (*Anat*) womb; (*Tec*) mould
matrona [ma'trona] *nf* (*mujer de edad*) matron; (*comadrona*) midwife
matufia [ma'tufja] *nf* (*LAM fam*) put-up job
maullar [mau'ʎar] /ıa/ *vi* to mew, miaow
maxilar [maksi'lar] *nm* jaw(bone)
máxima ['maksima] *nf* V **máximo**
máximo, -a ['maksimo, a] *adj* maximum; (*más alto*) highest; (*más grande*) greatest ▷ *nm* maximum ▷ *nf* maxim; **como ~** at most
mayo ['majo] *nm* May
mayonesa [majo'nesa] *nf* mayonnaise
mayor [ma'jor] *adj* main, chief; (*adulto*) adult; elderly; (*Mus*) major; (*comparativo*: *de tamaño*) bigger; (: *de edad*) older; (*superlativo*: *de tamaño*) biggest; (: *de edad*) oldest ▷ *nm* adult; **mayores** *nmpl* (*antepasados*) ancestors **al por ~** wholesale; **~ de edad** adult
mayoral [majo'ral] *nm* foreman
mayordomo [major'ðomo] *nm* butler

mayoría [majo'ria] *nf* majority, greater part
mayorista [majo'rista] *nmf* wholesaler
mayoritario, -a [majori'tarjo, a] *adj* majority *cpd*
mayúsculo, -a [ma'juskulo, a] *adj* (*fig*) big, tremendous ▷ *nf* capital (letter)
mazapán [maθa'pan] *nm* marzipan
mazo ['maθo] *nm* (*martillo*) mallet; (*de flores*) bunch; (*Deporte*) bat
me [me] *pron* (*directo*) me; (*indirecto*) (to) me; (*reflexivo*) (to) myself; **¡dámelo!** give it to me!
mear [me'ar] /1a/ (*fam*) *vi* to pee, piss (*!*)
mecánica [me'kanika] *nf V* **mecánico**
mecánico, -a [me'kaniko, a] *adj* mechanical ▷ *nm/f* mechanic ▷ *nf* (*estudio*) mechanics *sg*; (*mecanismo*) mechanism
mecanismo [meka'nismo] *nm* mechanism; (*engranaje*) gear
mecanografía [mekanoɣra'fia] *nf* typewriting; **mecanógrafo, -a** *nm/f* (copy) typist
mecate [me'kate] *nm* (LAM) rope
mecedor [mese'ðor] *nm* (LAM), **mecedora** [meθe'ðora] *nf* rocking chair
mecer [me'θer] /2b/ *vt* (*cuna*) to rock; **mecerse** *vr* to rock; (*rama*) to sway
mecha ['metʃa] *nf* (*de vela*) wick; (*de bomba*) fuse
mechero [me'tʃero] *nm* (cigarette) lighter
mechón [me'tʃon] *nm* (*gen*) tuft; (*de pelo*) lock
medalla [me'ðaʎa] *nf* medal
media ['meðja] *nf V* **medio**
mediado, -a [me'ðjaðo, a] *adj* half-full; (*trabajo*) half-completed; **a ~s de** in the middle of, halfway through
mediano, -a [me'ðjano, a] *adj* (*regular*) medium, average; (*mediocre*) mediocre
medianoche [meðja'notʃe] *nf* midnight
mediante [me'ðjante] *adv* by (means of), through
mediar [me'ðjar] /1b/ *vi* (*interceder*) to mediate, intervene
medicamento [meðika'mento] *nm* medicine, drug
medicina [meði'θina] *nf* medicine
médico, -a ['meðiko, a] *adj* medical ▷ *nm/f* doctor
medida [me'ðiða] *nf* measure; (*medición*) measurement; (*moderación*) moderation, prudence; **en cierta/gran ~** up to a point/to a great extent; **un traje a la ~** a made-to-measure suit; **~ de cuello** collar size; **a ~ de** in proportion to; (*de acuerdo con*) in keeping with; **a ~ que ...** (at the same time) as ...; **medidor** *nm* (LAM) meter
medio, -a ['meðjo, a] *adj* half (a); (*punto*) mid, middle; (*promedio*) average ▷ *adv* half- ▷ *nm* (*centro*) middle, centre; (*método*) means, way; (*ambiente*) environment ▷ *nf* stocking; (LAM) sock; (*promedio*) average; **medias** *nfpl* tights; **~ litro** half a litre; **las tres y media** half past three; **M~ Oriente** Middle East; **~ de transporte** means of transport; **a ~ terminar** half finished; **~ ambiente** environment; *V tb* **medios**; **medioambiental** *adj* environmental
mediocre [me'ðjokre] *adj* mediocre
mediodía [meðjo'ðia] *nm* midday, noon
medios ['meðjos] *nmpl* means, resources; **los ~ de comunicación** the media; **los ~ sociales** social media
medir [me'ðir] /3k/ *vt* to measure
meditar [meði'tar] /1a/ *vt* to ponder, think over, meditate on; (*planear*) to think out
mediterráneo, -a [meðite'rraneo, a] *adj* Mediterranean ▷ *nm*: **el (mar) M~** the Mediterranean (Sea)
médula ['meðula] *nf* (*Anat*) marrow; **~ espinal** spinal cord

medusa [me'ðusa] *nf* (ESP) jellyfish
megáfono [me'ɣafono] *nm* megaphone
megapíxel [meɣa'piksel] (*pl* **megapixels** *o* **megapíxeles**) *nm* megapixel
mejicano, -a [mexi'kano, a] *adj, nm/f* Mexican
Méjico ['mexiko] *nm* Mexico
mejilla [me'xiʎa] *nf* cheek
mejillón [mexi'ʎon] *nm* mussel
mejor [me'xor] *adj, adv* (*comparativo*) better; (*superlativo*) best; **a lo ~** probably; (*quizá*) maybe; **~ dicho** rather; **tanto ~** so much the better; **mejora** [me'xora] *nm* improvement; **mejorar** /1a/ *vt* to improve, make better ▷ *vi* to improve, get better; **mejorarse** *vr* to improve, get better
melancólico, -a [melan'koliko, a] *adj* (*triste*) sad, melancholy; (*soñador*) dreamy
melena [me'lena] *nf* (*de persona*) long hair; (*Zool*) mane
mellizo, -a [me'ʎiθo, a] *adj, nm/f* twin
melocotón [meloko'ton] *nm* (ESP) peach
melodía [melo'ðia] *nf* melody; tune
melodrama [melo'ðrama] *nm* melodrama; **melodramático, -a** *adj* melodramatic
melón [me'lon] *nm* melon
membrete [mem'brete] *nm* letterhead
membrillo [mem'briʎo] *nm* quince; **carne de ~** quince jelly
memoria [me'morja] *nf* (*gen*) memory; **memorias** *nfpl* (*de autor*) memoirs; **memorizar** /1f/ *vt* to memorize
menaje [me'naxe] *nm* (*tb*: **artículos de ~**) household items *pl*
mencionar [menθjo'nar] /1a/ *vt* to mention
mendigo, -a [men'diɣo, a] *nm/f* beggar
menear [mene'ar] /1a/ *vt* to move; **menearse** *vr* to shake; (*balancearse*) to sway; (*moverse*) to move; (*fig*) to get a move on
menestra [me'nestra] *nf*: **~ de verduras** vegetable stew
menopausia [meno'pausja] *nf* menopause
menor [me'nor] *adj* (*más pequeño*: *comparativo*) smaller; (: *superlativo*) smallest; (*más joven*: *comparativo*) younger; (: *superlativo*) youngest; (*Mus*) minor ▷ *nmf* (*joven*) young person, juvenile; **no tengo la ~ idea** I haven't the faintest idea; **al por ~** retail; **~ de edad** minor
Menorca [me'norka] *nf* Minorca

PALABRA CLAVE

menos [menos] *adj* **1** (*compar*): **menos (que, de)** (*cantidad*) less (than); (*número*) fewer (than); **con menos entusiasmo** with less enthusiasm; **menos gente** fewer people; *V tb* **cada**
2 (*superl*): **es el que menos culpa tiene** he is the least to blame
▶ *adv* **1** (*compar*): **menos (que, de)** less (than); **me gusta menos que el otro** I like it less than the other one
2 (*superl*): **es el menos listo (de su clase)** he's the least bright (in his class); **de todas ellas es la que menos me agrada** out of all of them she's the one I like least
3 (*locuciones*): **no quiero verle y menos visitarle** I don't want to see him let alone visit him; **tenemos siete (de) menos** we're seven short; **al/por lo menos** at (the very) least; **¡menos mal!** thank goodness!
▶ *prep* except; (*cifras*) minus; **todos menos él** everyone except (for) him; **5 menos 2** 5 minus 2; **las 7 menos 20** (*hora*) 20 to 7
▶ *conj*: **a menos que: a menos que venga mañana** unless he comes tomorrow

menospreciar [menospre'θjar] /1b/ *vt* to underrate, undervalue; (*despreciar*) to scorn, despise
mensaje [men'saxe] *nm* message; **enviar un ~ a algn** (*por móvil*) to text sb, send sb a text message; **~ de texto** text message; **~ electrónico** email; **mensajero, -a** *nm/f* messenger
menso, -a ['menso, a] *adj* (*LAm fam*) stupid
menstruación [menstrwa'θjon] *nf* menstruation
mensual [men'swal] *adj* monthly; **10 euros ~es** 10 euros a month; **mensualidad** *nf* (*salario*) monthly salary; (*Com*) monthly payment *o* instalment
menta ['menta] *nf* mint
mental [men'tal] *adj* mental; **mentalidad** *nf* mentality; **mentalizar** /1f/ *vt* (*sensibilizar*) to make aware; (*convencer*) to convince; (*preparar mentalmente*) to prepare mentally; **mentalizarse** *vr* (*concienciarse*) to become aware; **mentalizarse (de)** to get used to the idea (of); **mentalizarse de que ...** (*convencerse*) to get it into one's head that ...
mente ['mente] *nf* mind
mentir [men'tir] /3i/ *vi* to lie; **mentira** *nf* (*una mentira*) lie; (*acto*) lying; (*invención*) fiction; **parece mentira que ...** it seems incredible that ..., I can't believe that ...; **mentiroso, -a** *adj* lying ▷ *nm/f* liar
menú [me'nu] *nm* menu; (*tb*: **~ del día**) set meal; **~ turístico** tourist menu
menudo, -a [me'nuðo, a] *adj* (*pequeño*) small, tiny; (*sin importancia*) petty, insignificant; **¡~ negocio!** (*fam*) some deal!; **a ~** often, frequently
meñique [me'ɲike] *nm* little finger
mercadillo [merka'ðiʎo] *nm* (*ESP*) flea market
mercado [mer'kaðo] *nm* market; **~ de pulgas** (*LAm*) flea market
mercancía [merkan'θia] *nf* commodity; **mercancías** *nfpl* goods, merchandise *sg*
mercenario, -a [merθe'narjo, a] *adj*, *nm* mercenary
mercería [merθe'ria] *nf* haberdashery (*BRIT*), notions *pl* (*US*); (*tienda*) haberdasher's shop (*BRIT*), drapery (*BRIT*), notions store (*US*)
mercurio [mer'kurjo] *nm* mercury
merecer [mere'θer] /2d/ *vt* to deserve, merit ▷ *vi* to be deserving, be worthy; **merece la pena** it's worthwhile; **merecido, -a** *adj* (well) deserved; **llevarse su merecido** to get one's deserts
merendar [meren'dar] /1j/ *vt* to have for tea ▷ *vi* to have tea; (*en el campo*) to have a picnic; **merendero** *nm* (open-air) café
merengue [me'renge] *nm* meringue
meridiano [meri'ðjano] *nm* (*Astro*, *Geo*) meridian
merienda [me'rjenda] *nf* (light) tea, afternoon snack; (*de campo*) picnic
mérito ['merito] *nm* merit; (*valor*) worth, value
merluza [mer'luθa] *nf* hake
mermelada [merme'laða] *nf* jam
mero, -a ['mero, a] *adj* mere; (*LAm fam*) very
merodear [meroðe'ar] /1a/ *vi* (*de noche*) to prowl (about)
mes [mes] *nm* month
mesa ['mesa] *nf* table; (*de trabajo*) desk; (*Geo*) plateau; **~ electoral** *officials in charge of a polling station*; **~ redonda** (*reunión*) round table; **poner/quitar la ~** to lay/clear the table; **mesero, -a** *nm/f* (*LAm*) waiter/waitress
meseta [me'seta] *nf* (*Geo*) tableland
mesilla [me'siʎa] *nf*: **~ de noche** bedside table
mesón [me'son] *nm* inn
mestizo, -a [mes'tiθo, a] *adj* mixed-race ▷ *nm/f* person of mixed race
meta ['meta] *nf* goal; (*de carrera*) finish

metabolismo [metaβo'lismo] *nm* metabolism
metáfora [me'tafora] *nf* metaphor
metal [me'tal] *nm* (*materia*) metal; (*Mus*) brass; **metálico, -a** *adj* metallic; (*de metal*) metal ▷ *nm* (*dinero contante*) cash
meteorología [meteorolo'xia] *nf* meteorology
meter [me'ter] /2a/ *vt* (*colocar*) to put, place; (*introducir*) to put in, insert; (*involucrar*) to involve; (*causar*) to make, cause; **meterse** *vr*: **~se en** to go into, enter; (*fig*) to interfere in, meddle in; **~se a** to start; **~se a escritor** to become a writer; **~se con algn** to provoke sb, pick a quarrel with sb
meticuloso, -a [metiku'loso, a] *adj* meticulous, thorough
metódico, -a [me'toðiko, a] *adj* methodical
método ['metoðo] *nm* method
metralleta [metra'ʎeta] *nf* sub-machine-gun
métrico, -a ['metriko, a] *adj* metric
metro ['metro] *nm* metre; (*tren*) underground (BRIT), subway (US)
metrosexual [metrosexu'al] *adj*, *nm* metrosexual
mexicano, -a [mexi'kano, a] *adj*, *nm/f* Mexican
México ['mexiko] *nm* Mexico; **Ciudad de ~** Mexico City
mezcla ['meθkla] *nf* mixture; **mezclar** /1a/ *vt* to mix (up); **mezclarse** *vr* to mix, mingle; **mezclar en** to get mixed up in, get involved in
mezquino, -a [meθ'kino, a] *adj* mean
mezquita [meθ'kita] *nf* mosque
mg *abr* (= *miligramo(s)*) mg
mi [mi] *adj posesivo* my ▷ *nm* (*Mus*) E
mí [mi] *pron* me, myself
mía ['mia] *pron V* **mío**
michelín [mitʃe'lin] *nm* (*fam*) spare tyre
microbio [mi'kroβjo] *nm* microbe
micrófono [mi'krofono] *nm* microphone
microonda [mikro'onda] *nf*, **microondas** [mikro'ondas] *nm inv* microwave; **(horno) ~s** microwave (oven)
microscopio [mikros'kopjo] *nm* microscope
miedo ['mjeðo] *nm* fear; (*nerviosismo*) apprehension, nervousness; **tener ~** to be afraid; **de ~** wonderful, marvellous; **hace un frío de ~** (*fam*) it's terribly cold; **miedoso, -a** *adj* fearful, timid
miel [mjel] *nf* honey
miembro ['mjembro] *nm* limb; (*socio*) member; **~ viril** penis
mientras ['mjentras] *conj* while; (*duración*) as long as ▷ *adv* meanwhile; **~ tanto** meanwhile
miércoles ['mjerkoles] *nm inv* Wednesday
mierda ['mjerða] *nf* (*fam!*) shit (!)
miga ['miɣa] *nf* crumb; (*fig*: *meollo*) essence; **hacer buenas ~s** (*fam*) to get on well
mil [mil] *num* thousand; **dos ~ libras** two thousand pounds
milagro [mi'laɣro] *nm* miracle; **milagroso, -a** *adj* miraculous
milésima [mi'lesima] *nf* (*de segundo*) thousandth
mili ['mili] *nf*: **hacer la ~** (*fam*) to do one's military service
milímetro [mi'limetro] *nm* millimetre (BRIT), millimeter (US)
militante [mili'tante] *adj* militant
militar [mili'tar] /1a/ *adj* military ▷ *nm/f* soldier ▷ *vi* to serve in the army
milla ['miʎa] *nf* mile
millar [mi'ʎar] *num* thousand
millón [mi'ʎon] *num* million; **millonario, -a** *nm/f* millionaire
milusos [mi'lusos] *nm inv* (LAM) odd-job man
mimar [mi'mar] /1a/ *vt* to spoil, pamper
mimbre ['mimbre] *nm* wicker

mímica ['mimika] *nf* (*para comunicarse*) sign language; (*imitación*) mimicry
mimo ['mimo] *nm* (*caricia*) caress; (*de niño*) spoiling; (*Teat*) mime; (: *actor*) mime artist
mina ['mina] *nf* mine
mineral [mine'ral] *adj* mineral ▷ *nm* (*Geo*) mineral; (*mena*) ore
minero, -a [mi'nero, a] *adj* mining *cpd* ▷ *nm/f* miner
miniatura [minja'tura] *adj inv*, *nf* miniature
minidisco [mini'ðisko] *nm* diskette
minifalda [mini'falda] *nf* miniskirt
mínimo, -a ['minimo, a] *adj* ▷ *nm* minimum
minino, -a [mi'nino, a] *nm/f* (*fam*) puss, pussy
ministerio [minis'terjo] *nm* ministry (*BRIT*), department (*US*); **M~ de Asuntos Exteriores** Foreign Office (*BRIT*), State Department (*US*); **M~ de Hacienda** Treasury (*BRIT*), Treasury Department (*US*)
ministro, -a [mi'nistro, a] *nm/f* minister
minoría [mino'ria] *nf* minority
minúsculo, -a [mi'nuskulo, a] *adj* tiny, minute ▷ *nf* small letter
minusválido, -a [minus'βaliðo, a] *adj* (physically) disabled ▷ *nm/f* person with a disability
minuta [mi'nuta] *nf* (*de comida*) menu
minutero [minu'tero] *nm* minute hand
minuto [mi'nuto] *nm* minute
mío, -a ['mio, a] *pron*: **el ~** mine; **un amigo ~** a friend of mine; **lo ~** what is mine
miope ['mjope] *adj* short-sighted
mira ['mira] *nf* (*de arma*) sight(s) *pl*; (*fig*) aim, intention
mirada [mi'rađa] *nf* look, glance; (*expresión*) look, expression; **clavar la ~ en** to stare at; **echar una ~ a** to glance at
mirado, -a [mi'rađo, a] *adj* (*sensato*) sensible; (*considerado*) considerate; **bien/mal ~** well/not well thought of; **bien ~ ...** all things considered ...
mirador [mira'ðor] *nm* viewpoint, vantage point
mirar [mi'rar] /1a/ *vt* to look at; (*observar*) to watch; (*considerar*) to consider, think over; (*vigilar, cuidar*) to watch, look after ▷ *vi* to look; (*Arq*) to face; **mirarse** *vr* (*dos personas*) to look at each other; **~ bien/mal** to think highly of/have a poor opinion of; **~se al espejo** to look at o.s. in the mirror
mirilla [mi'riʎa] *nf* spyhole, peephole
mirlo ['mirlo] *nm* blackbird
misa ['misa] *nf* mass
miserable [mise'raβle] *adj* (*avaro*) mean, stingy; (*nimio*) miserable, paltry; (*lugar*) squalid; (*fam*) vile, despicable ▷ *nmf* (*malvado*) rogue
miseria [mi'serja] *nf* (*pobreza*) poverty; (*tacañería*) meanness, stinginess; (*condiciones*) squalor; **una ~** a pittance
misericordia [miseri'korđja] *nf* (*compasión*) compassion, pity; (*perdón*) mercy
misil [mi'sil] *nm* missile
misión [mi'sjon] *nf* mission; **misionero, -a** *nm/f* missionary
mismo, -a ['mismo, a] *adj* (*semejante*) same; (*después de pronombre*) -self; (*para énfasis*) very ▷ *adv*: **aquí/ayer/hoy ~** right here/only yesterday/this very day; **ahora ~** right now ▷ *conj*: **lo ~ que** just like, just as; **por lo ~** for the same reason; **el ~ traje** the same suit; **en ese ~ momento** at that very moment; **vino el ~ Ministro** the Minister himself came; **yo ~ lo vi** I saw it myself; **lo ~** the same (thing); **da lo ~** it's all the same; **quedamos en las mismas** we're no further forward
misterio [mis'terjo] *nm* mystery; **misterioso, -a** *adj* mysterious
mitad [mi'tađ] *nf* (*medio*) half; (*centro*) middle; **a ~ de precio** (at) half-price;

en *o* **a ~ del camino** halfway along the road; **cortar por la ~** to cut through the middle

mitin ['mitin] *nm* meeting

mito ['mito] *nm* myth

mixto, -a ['miksto, a] *adj* mixed

ml *abr* (= *mililitro(s)*) ml

mm *abr* (= *milímetro(s)*) mm

mobiliario [moβi'ljarjo] *nm* furniture

mochila [mo'tʃila] *nf* rucksack (BRIT), backpack

moco ['moko] *nm* mucus; **mocos** *nmpl* (*fam*) snot; **limpiarse los ~s** to blow one's nose

moda ['moða] *nf* fashion; (*estilo*) style; **de** *o* **a la ~** in fashion, fashionable; **pasado de ~** out of fashion

modal [mo'ðal] *adj* modal; **modales** *nmpl* manners

modelar [moðe'lar] /1a/ *vt* to model

modelo [mo'ðelo] *adj inv* ▷ *nmf* model

módem ['moðem] *nm* (*Inform*) modem

moderado, -a [moðe'raðo, a] *adj* moderate

moderar [moðe'rar] /1a/ *vt* to moderate; (*violencia*) to restrain, control; (*velocidad*) to reduce; **moderarse** *vr* to restrain o.s., control o.s.

modernizar [moðerni'θar] /1f/ *vt* to modernize

moderno, -a [mo'ðerno, a] *adj* modern; (*actual*) present-day

modestia [mo'ðestja] *nf* modesty; **modesto, -a** *adj* modest

modificar [moðifi'kar] /1g/ *vt* to modify

modisto, -a [mo'ðisto, a] *nm/f* (*diseñador*) couturier, designer; (*que confecciona*) dressmaker

modo ['moðo] *nm* way, manner; (*Inform*, *Mus*) mode; **modos** *nmpl* manners; **"~ de empleo"** "instructions for use"; **de ningún ~** in no way; **de todos ~s** at any rate

mofarse [mo'farse] /1a/ *vr*: **~ de** to mock, scoff at

mofle ['mofle] *nm* (LAM) silencer (BRIT), muffler (US)

mogollón [moɣo'ʎon] (*fam*) *adv*: **un ~** a hell of a lot

moho ['moo] *nm* mould, mildew; (*en metal*) rust

mojar [mo'xar] /1a/ *vt* to wet; (*humedecer*) to damp(en), moisten; (*calar*) to soak; **mojarse** *vr* to get wet

molcajete [molka'xete] (LAM) *nm* mortar

molde ['molde] *nm* mould; (*de costura*) pattern; (*fig*) model; **moldeado** *nm* soft perm; **moldear** /1a/ *vt* to mould

mole ['mole] *nf* mass, bulk; (*edificio*) pile

moler [mo'ler] /2h/ *vt* to grind, crush

molestar [moles'tar] /1a/ *vt* to bother; (*fastidiar*) to annoy; (*incomodar*) to inconvenience, put out ▷ *vi* to be a nuisance; **molestarse** *vr* to bother; (*incomodarse*) to go to a lot of trouble; (*ofenderse*) to take offence; **¿le molesta el ruido?** do you mind the noise?

No confundir *molestar* con la palabra inglesa *molest*.

molestia [mo'lestja] *nf* bother, trouble; (*incomodidad*) inconvenience; (*Med*) discomfort; **es una ~** it's a nuisance; **molesto, -a** *adj* (*que fastidia*) annoying; (*incómodo*) inconvenient; (*inquieto*) uncomfortable, ill at ease; (*enfadado*) annoyed

molido, -a [mo'liðo, a] *adj*: **estar ~** (*fig*) to be exhausted *o* dead beat

molinillo [moli'niʎo] *nm* hand mill; **~ de carne/café** mincer/coffee grinder

molino [mo'lino] *nm* (*edificio*) mill; (*máquina*) grinder

momentáneo, -a [momen'taneo, a] *adj* momentary

momento [mo'mento] *nm* moment **de ~** at the moment, for the moment

momia ['momja] *nf* mummy

monarca [mo'narka] *nmf* monarch, ruler; **monarquía** *nf* monarchy

monasterio [monas'terjo] *nm* monastery
mondar [mon'dar] /1a/ *vt* to peel; **mondarse** *vr*: **~se de risa** (*fam*) to split one's sides laughing
mondongo [mon'dongo] *nm* (LAM) tripe
moneda [mo'neða] *nf* (*tipo de dinero*) currency, money; (*pieza*) coin; **una ~ de 50 céntimos** a 50-cent coin; **monedero** *nm* purse
monitor, a [moni'tor, a] *nm/f* instructor, coach ▷ *nm* (*TV*) set; (*Inform*) monitor
monja ['monxa] *nf* nun
monje ['monxe] *nm* monk
mono, -a ['mono, a] *adj* (*bonito*) lovely, pretty; (*gracioso*) nice, charming ▷ *nm/f* monkey, ape ▷ *nm* dungarees *pl*; (*traje de faena*) overalls *pl*
monopatín [monopa'tin] *nm* skateboard
monopolio [mono'poljo] *nm* monopoly; **monopolizar** /1f/ *vt* to monopolize
monótono, -a [mo'notono, a] *adj* monotonous
monstruo ['monstrwo] *nm* monster ▷ *adj inv* fantastic; **monstruoso, -a** *adj* monstrous
montaje [mon'taxe] *nm* assembly; (*Teat*) décor; (*Cine*) montage
montaña [mon'taɲa] *nf* (*monte*) mountain; (*sierra*) mountains *pl*, mountainous area; **~ rusa** roller coaster; **montañero, -a** *nm/f* mountaineer; **montañismo** *nm* mountaineering
montar [mon'tar] /1a/ *vt* (*subir a*) to mount, get on; (*Tec*) to assemble, put together; (*negocio*) to set up; (*colocar*) to lift on to; (*Culin*) to whip, beat ▷ *vi* to mount, get on; (*sobresalir*) to overlap; **~ en bicicleta** to ride a bicycle; **~ en cólera** to get angry; **~ a caballo** to ride, go horseriding
monte ['monte] *nm* (*montaña*) mountain; (*bosque*) woodland; (*área sin cultivar*) wild area, wild country; **~ de piedad** pawnshop
montón [mon'ton] *nm* heap, pile; **un ~ de** (*fig*) heaps of, lots of
monumento [monu'mento] *nm* monument
moño ['moɲo] *nm* bun
moqueta [mo'keta] *nf* fitted carpet
mora ['mora] *nf* blackberry
morado, -a [mo'raðo, a] *adj* purple, violet ▷ *nm* bruise
moral [mo'ral] *adj* moral ▷ *nf* (*ética*) ethics *pl*; (*moralidad*) morals *pl*, morality; (*ánimo*) morale
moraleja [mora'lexa] *nf* moral
morboso, -a [mor'βoso, a] *adj* morbid
morcilla [mor'θiʎa] *nf* blood sausage, ≈ black pudding (BRIT)
mordaza [mor'ðaθa] *nf* (*para la boca*) gag; (*Tec*) clamp
morder [mor'ðer] /2h/ *vt* to bite; (*fig: consumir*) to eat away, eat into; **mordisco** *nm* bite
moreno, -a [mo'reno, a] *adj* (*color*) (dark) brown; (*de tez*) dark; (*de pelo moreno*) dark-haired; (*negro*) black
morfina [mor'fina] *nf* morphine
moribundo, -a [mori'βundo, a] *adj* dying
morir [mo'rir] /3j/ *vi* to die; (*fuego*) to die down; (*luz*) to go out; **morirse** *vr* to die; (*fig*) to be dying; **fue muerto a tiros/en un accidente** he was shot (dead)/was killed in an accident; **~se por algo** to be dying for sth
moro, -a ['moro, a] *adj* Moorish ▷ *nm/f* Moor
moroso, -a [mo'roso, a] *nm/f* (*Com*) bad debtor, defaulter
morro ['morro] *nm* (*Zool*) snout, nose; (*Auto, Aviat*) nose
morsa ['morsa] *nf* walrus
mortadela [morta'ðela] *nf* mortadella
mortal [mor'tal] *adj* mortal; (*golpe*) deadly; **mortalidad** *nf* mortality
mortero [mor'tero] *nm* mortar

mosca ['moska] *nf* fly
Moscú [mos'ku] *nm* Moscow
mosquear [moske'ar] /1a/ (*fam*) *vt* (*fastidiar*) to annoy; **mosquearse** *vr* (*enfadarse*) to get annoyed; (*ofenderse*) to take offence
mosquitero [moski'tero] *nm* mosquito net
mosquito [mos'kito] *nm* mosquito
mostaza [mos'taθa] *nf* mustard
mosto ['mosto] *nm* unfermented grape juice
mostrador [mostra'ðor] *nm* (*de tienda*) counter; (*de café*) bar
mostrar [mos'trar] /1l/ *vt* to show; (*exhibir*) to display, exhibit; (*explicar*) to explain; **mostrarse** *vr*: **~se amable** to be kind; to prove to be kind; **no se muestra muy inteligente** he doesn't seem (to be) very intelligent
mota ['mota] *nf* speck, tiny piece; (*en diseño*) dot
mote ['mote] *nm* nickname
motín [mo'tin] *nm* (*del pueblo*) revolt, rising; (*del ejército*) mutiny
motivar [moti'βar] /1a/ *vt* (*causar*) to cause, motivate; (*explicar*) to explain, justify; **motivo** *nm* motive, reason
moto ['moto] *nf*, **motocicleta** [motoθi'kleta] *nf* motorbike (*BRIT*), motorcycle
motociclista [motoθi'klista] *nmf* motorcyclist, biker
motoneta [moto'neta] *nf* (*LAM*) (motor) scooter
motor, a [mo'tor, a] *nm* motor, engine ▷ *nf* motorboat; **~ a chorro** *o* **de reacción/de explosión** jet engine/internal combustion engine
movedizo, -a [moβe'ðiθo, a] *adj* (*inseguro*) unsteady; (*fig*) unsettled
mover [mo'βer] /2h/ *vt* to move; (*cabeza*) to shake; (*accionar*) to drive; (*fig*) to cause, provoke; **moverse** *vr* to move; (*fig*) to get a move on
móvil ['moβil] *adj* mobile; (*pieza de máquina*) moving; (*mueble*) movable ▷ *nm* (*motivo*) motive; (*teléfono*) mobile, cellphone (*US*)
movimiento [moβi'mjento] *nm* movement; (*Tec*) motion; (*actividad*) activity
mozo, -a ['moθo, a] *adj* (*joven*) young ▷ *nm/f* youth, young man/girl; (*camarero*) waiter; (*camarera*) waitress
MP3 *nm* MP3; **reproductor (de) ~** MP3 player
mucama [mu'kama] *nf* (*LAM*) maid
muchacho, -a [mu'tʃatʃo, a] *nm/f* (*niño*) boy/girl; (*criado*) servant/servant *o* maid
muchedumbre [mutʃe'ðumbre] *nf* crowd

PALABRA CLAVE

mucho, -a ['mutʃo, a] *adj* **1** (*cantidad*) a lot of, much; (*número*) lots of, a lot of, many; **mucho dinero** a lot of money; **hace mucho calor** it's very hot; **muchas amigas** lots *o* a lot of *o* many friends
2 (*sg*: *fam*): **ésta es mucha casa para él** this house is much too big for him
▶ *pron* **1**: **tengo mucho que hacer** I've got a lot to do; **muchos dicen que ...** a lot of people say that ...; *V tb* **tener**
▶ *adv* **1**: **me gusta mucho** I like it a lot *o* very much; **lo siento mucho** I'm very sorry; **come mucho** he eats a lot; **¿te vas a quedar mucho?** are you going to be staying long?
2 (*respuesta*) very; **¿estás cansado? – ¡mucho!** are you tired? — very!
3 (*locuciones*): **como mucho** at (the) most; **el mejor con mucho** by far the best; **no es rico ni mucho menos** he's far from being rich
4: **por mucho que: por mucho que le creas** however much *o* no matter how much you believe him

muda ['muða] *nf* change of clothing
mudanza [mu'ðanθa] *nf* (*de casa*) move

mudar [mu'ðar] /1a/ *vt* to change; (*Zool*) to shed ▷ *vi* to change; **mudarse** *vr* (*la ropa*) to change; **~se de casa** to move house

mudo, -a ['muðo, a] *adj* with a speech impairment; (*callado*) silent

mueble ['mweβle] *nm* piece of furniture; **muebles** *nmpl* furniture *sg*

mueca ['mweka] *nf* face, grimace; **hacer ~s a** to make faces at

muela ['mwela] *nf* tooth; **~ del juicio** wisdom tooth

muelle ['mweʎe] *nm* spring; (*Naut*) wharf; (*malecón*) pier

muerte ['mwerte] *nf* death; (*homicidio*) murder; **dar ~ a** to kill

muerto, -a ['mwerto, a] *pp de* **morir** ▷ *adj* dead ▷ *nm/f* dead man/woman; (*difunto*) deceased; (*cadáver*) corpse; **estar ~ de cansancio** to be dead tired; **Día de los M~s** (*LAm*) All Souls' Day

DÍA DE LOS MUERTOS

All Souls' Day (or "Day of the Dead") in Mexico coincides with All Saints' Day, which is celebrated in the Catholic countries of Latin America on November 1st and 2nd. All Souls' Day is actually a celebration which begins in the evening of October 31st and continues until November 2nd. It is a combination of the Catholic tradition of honouring the Christian saints and martyrs, and the ancient Mexican or Aztec traditions, in which death was not something sinister. For this reason all the dead are honoured by bringing offerings of food, flowers and candles to the cemetery.

muestra ['mwestra] *nf* (*señal*) indication, sign; (*demostración*) demonstration; (*prueba*) proof; (*estadística*) sample; (*modelo*) model, pattern; (*testimonio*) token

muestro *etc vb V* **mostrar**

muevo *etc vb V* **mover**

mugir [mu'xir] /3c/ *vi* (*vaca*) to moo

mugre ['muɣre] *nf* dirt, filth

mujer [mu'xer] *nf* woman; (*esposa*) wife; **mujeriego** *nm* womaniser

mula ['mula] *nf* mule

muleta [mu'leta] *nf* (*para andar*) crutch; (*Taur*) *stick with red cape attached*

multa ['multa] *nf* fine; **echar** *o* **poner una ~ a** to fine; **multar** /1a/ *vt* to fine

multicines [multi'θine] *nmpl* multiscreen cinema

multinacional [multinaθjo'nal] *nf* multinational

múltiple ['multiple] *adj* multiple, many *pl*, numerous

multiplicar [multipli'kar] /1g/ *vt* (*Mat*) to multiply; (*fig*) to increase; **multiplicarse** *vr* (*Bio*) to multiply; (*fig*) to be everywhere at once

multitud [multi'tuð] *nf* (*muchedumbre*) crowd; **~ de** lots of

mundial [mun'djal] *adj* world-wide, universal; (*guerra, récord*) world *cpd*

mundo ['mundo] *nm* world; **todo el ~** everybody; **tener ~** to be experienced, know one's way around

munición [muni'θjon] *nf* ammunition

municipal [muniθi'pal] *adj* municipal; local

municipio [muni'θipjo] *nm* (*ayuntamiento*) town council, corporation; (*territorio administrativo*) town, municipality

muñeca [mu'ɲeka] *nf* (*Anat*) wrist; (*juguete*) doll

muñeco [mu'ɲeko] *nm* (*figura*) figure; (*marioneta*) puppet; (*fig*) puppet, pawn

mural [mu'ral] *adj* mural, wall *cpd* ▷ *nm* mural

muralla [mu'raʎa] *nf* (city) walls *pl*

murciélago [mur'θjelaɣo] *nm* bat

murmullo [mur'muʎo] *nm* murmur(ing); (*cuchicheo*) whispering

murmurar [murmu'rar] /1a/ *vi* to murmur, whisper; (*cotillear*) to gossip
muro ['muro] *nm* wall
muscular [musku'lar] *adj* muscular
músculo ['muskulo] *nm* muscle
museo [mu'seo] *nm* museum; **~ de arte** *o* **de pintura** art gallery
musgo ['musɣo] *nm* moss
músico, -a ['musiko, a] *adj* musical ▷ *nm/f* musician ▷ *nf* music
muslo ['muslo] *nm* thigh
musulmán, -ana [musul'man, ana] *nm/f* Moslem
mutación [muta'θjon] *nf* (*Bio*) mutation; (*cambio*) (sudden) change
mutilar [muti'lar] /1a/ *vt* to mutilate; (*a una persona*) to maim
mutuo, -a ['mutwo, a] *adj* mutual
muy [mwi] *adv* very; (*demasiado*) too; **M~ Señor mío** Dear Sir; **~ de noche** very late at night; **eso es ~ de él** that's just like him

n

N *abr* (= *norte*) N
nabo ['naβo] *nm* turnip
nacer [na'θer] /2d/ *vi* to be born; (*huevo*) to hatch; (*vegetal*) to sprout; (*río*) to rise; **nací en Barcelona** I was born in Barcelona; **nacido, -a** *adj* born; **recién nacido** newborn; **nacimiento** *nm* birth; (*de Navidad*) Nativity; (*de río*) source
nación [na'θjon] *nf* nation; **nacional** *adj* national; **nacionalidad** *nf* nationality; **nacionalismo** *nm* nationalism
nada ['naða] *pron* nothing ▷ *adv* not at all, in no way; **no decir ~ (más)** to say nothing (else), not to say anything (else); **¡~ más!** that's all; **de ~** don't mention it
nadador, a [naða'ðor, a] *nm/f* swimmer
nadar [na'ðar] /1a/ *vi* to swim
nadie ['naðje] *pron* nobody, no-one; **~ habló** nobody spoke; **no había ~**

there was nobody there, there wasn't anybody there

nado ['naðo]: **a ~** *adv:* **pasar a ~** to swim across

nafta ['nafta] *nf* (*LAM*) petrol (*BRIT*), gas(oline) (*US*)

naipe ['naipe] *nm* (playing) card; **naipes** *nmpl* cards

nalgas ['nalɣas] *nfpl* buttocks

nalguear [nalɣe'ar] /ɪa/ *vt* (*LAM, CAM*) to spank

nana ['nana] *nf* lullaby

naranja [na'ranxa] *adj inv, nf* orange; **media ~** (*fam*) better half; **naranjada** *nf* orangeade; **naranjo** *nm* orange tree

narciso [nar'θiso] *nm* narcissus

narcótico, -a [nar'kotiko, a] *adj, nm* narcotic; **narcotizar** /ɪf/ *vt* to drug; **narcotráfico** *nm* narcotics *o* drug trafficking

nariz [na'riθ] *nf* nose; **~ chata/ respingona** snub/turned-up nose

narración [narra'θjon] *nf* narration

narrar [na'rrar] /ɪa/ *vt* to narrate, recount

narrativo, -a [narra'tiβo, a] *adj, nf* narrative

nata ['nata] *nf* cream (*tb fig*); (*en leche cocida etc*) skin; **~ batida** whipped cream

natación [nata'θjon] *nf* swimming

natal [na'tal] *adj:* **ciudad ~** home town; **natalidad** *nf* birth rate

natillas [na'tiʎas] *nfpl* (egg) custard *sg*

nativo, -a [na'tiβo, a] *adj, nm/f* native

natural [natu'ral] *adj* natural; (*fruta etc*) fresh ▷ *nmf* native ▷ *nm* disposition, temperament; **buen ~** good nature

naturaleza [natura'leθa] *nf* nature; (*género*) nature, kind; **~ muerta** still life

naturalmente [natural'mente] *adv* (*de modo natural*) in a natural way; **¡~!** of course!

naufragar [naufra'ɣar] /ɪh/ *vi* to sink; **naufragio** *nm* shipwreck

náusea ['nausea] *nf* nausea; **me da ~s** it makes me feel sick

nauseabundo, -a [nausea'βundo, a] *adj* nauseating, sickening

náutico, -a ['nautiko, a] *adj* nautical

navaja [na'βaxa] *nf* penknife; **~ (de afeitar)** razor

naval [na'βal] *adj* naval

Navarra [na'βarra] *nf* Navarre

nave ['naβe] *nf* (*barco*) ship, vessel; (*Arq*) nave; **~ espacial** spaceship; **~ industrial** factory premises *pl*

navegador [naβeɣa'ðor] *nm* (*Inform*) browser

navegante [naβe'ɣante] *nmf* navigator

navegar [naβe'ɣar] /ɪh/ *vi* (*barco*) to sail; (*avión*) to fly; **~ por Internet** to surf the Net

Navidad [naβi'ðað] *nf* Christmas; **Navidades** *nfpl* Christmas time *sg*; **¡Feliz ~!** Merry Christmas!; **navideño, -a** *adj* Christmas *cpd*

nazca *etc vb V* **nacer**

nazi ['naθi] *adj, nmf* Nazi

NE *abr* (= *nor(d)este*) NE

neblina [ne'βlina] *nf* mist

necesario, -a [neθe'sarjo, a] *adj* necessary

neceser [neθe'ser] *nm* toilet bag; (*bolsa grande*) holdall

necesidad [neθesi'ðað] *nf* need; (*lo inevitable*) necessity; (*miseria*) poverty; **en caso de ~** in case of need *o* emergency; **hacer sus ~es** to relieve o.s.

necesitado, -a [neθesi'taðo, a] *adj* needy, poor; **~ de** in need of

necesitar [neθesi'tar] /ɪa/ *vt* to need, require

necio, -a ['neθjo, a] *adj* foolish

nectarina [nekta'rina] *nf* nectarine

nefasto, -a [ne'fasto, a] *adj* ill-fated, unlucky

negación [neɣa'θjon] *nf* negation; (*rechazo*) refusal, denial

negar [ne'ɣar] /ɪh, ɪj/ *vt* (*renegar, rechazar*) to refuse; (*prohibir*) to refuse, deny; (*desmentir*) to deny; **negarse** *vr*: **~se a hacer algo** to refuse to do sth

negativo, -a [neɣa'tiβo, a] *adj, nm* negative ▷ *nf* negative; (*rechazo*) refusal, denial

negligente [neɣli'xente] *adj* negligent

negociación [neɣoθja'θjon] *nf* negotiation

negociante [neɣo'θjante] *nmf* businessman/woman

negociar [neɣo'θjar] /ɪb/ *vt, vi* to negotiate; **~ en** to deal in, trade in

negocio [ne'ɣoθjo] *nm* (*Com*) business; (*asunto*) affair, business; (*operación comercial*) deal, transaction; (*lugar*) place of business; **los ~s** business *sg*; **hacer ~** to do business

negra ['neɣra] *nf* (*Mus*) crotchet; *V tb* **negro**

negro, -a ['neɣro, a] *adj* black; (*suerte*) awful ▷ *nm/f* black person

nene, -a ['nene, a] *nm/f* baby, small child

neón [ne'on] *nm*: **luces/lámpara de ~** neon lights/lamp

neoyorquino, -a [neojor'kino, a] *adj* New York *cpd*

nervio ['nerβjo] *nm* nerve; **nerviosismo** *nm* nervousness, nerves *pl*; **nervioso, -a** *adj* nervous

neto, -a ['neto, a] *adj* net

neumático, -a [neu'matiko, a] *adj* pneumatic ▷ *nm* (ESP) tyre (BRIT), tire (US); **~ de recambio** spare tyre

neurólogo, -a [neu'roloɣo, a] *nm/f* neurologist

neurona [neu'rona] *nf* neuron

neutral [neu'tral] *adj* neutral; **neutralizar** /ɪf/ *vt* to neutralize; (*contrarrestar*) to counteract

neutro, -a ['neutro, a] *adj* (*Bio, Ling*) neuter; **~ en carbono** carbon-neutral

neutrón [neu'tron] *nm* neutron

nevado, -a [ne'βaðo, a] *adj* snow-covered ▷ *nf* snowstorm; (*caída de nieve*) snowfall

nevar [ne'βar] /ɪj/ *vi* to snow

nevera [ne'βera] *nf* (ESP) refrigerator (BRIT), icebox (US)

nevería [neβe'ria] *nf* (LAM) ice-cream parlour

nexo ['nekso] *nm* link, connection

ni [ni] *conj* nor, neither; (*tb*: **ni siquiera**) not even; **ni que** not even if; **ni blanco ni negro** neither white nor black

Nicaragua [nika'raɣwa] *nf* Nicaragua; **nicaragüense** *adj, nmf* Nicaraguan

nicho ['nitʃo] *nm* niche

nicotina [niko'tina] *nf* nicotine

nido ['niðo] *nm* nest

niebla ['njeβla] *nf* fog; (*neblina*) mist

niego *etc* ['njeɣo] *vb V* **negar**

nieto, -a ['njeto, a] *nm/f* grandson/granddaughter; **nietos** *nmpl* grandchildren

nieve ['njeβe] *vb V* **nevar** ▷ *nf* snow; (LAM) ice cream

ninfa ['ninfa] *nf* nymph

ningún [nin'gun] *adj V* **ninguno**

ninguno, -a [nin'guno, a] *adj* no ▷ *pron* (*nadie*) nobody; (*ni uno*) none, not one; (*ni uno ni otro*) neither; **de ninguna manera** by no means, not at all

niña ['niɲa] *nf V* **niño**

niñera [ni'ɲera] *nf* nursemaid, nanny

niñez [ni'ɲeθ] *nf* childhood; (*infancia*) infancy

niño, -a ['niɲo, a] *adj* (*joven*) young; (*inmaduro*) immature ▷ *nm* boy, child ▷ *nf* girl, child; (*Anat*) pupil

nipón, -ona [ni'pon, ona] *adj, nm/f* Japanese

níquel ['nikel] *nm* nickel

níspero ['nispero] *nm* medlar

nítido, -a ['nitiðo, a] *adj* clear, sharp

nitrato [ni'trato] *nm* nitrate

nitrógeno [ni'troxeno] *nm* nitrogen

nivel [ni'βel] *nm* (*Geo*) level; (*norma*) level, standard; (*altura*) height; **~ de aceite** oil level; **~ de aire** spirit level; **~ de vida** standard of living; **nivelar**

/ɪa/ *vt* to level out; (*fig*) to even up; (*Com*) to balance

no [no] *adv* no; (*con verbo*) not ▷ *excl* no!; **no tengo nada** I don't have anything, I have nothing; **no es el mío** it's not mine; **ahora no** not now; **¿no lo sabes?** don't you know?; **no mucho** not much; **no bien termine, lo entregaré** as soon as I finish I'll hand it over; **ayer no más** just yesterday; **¡pase no más!** come in!; **¡a que no lo sabes!** I bet you don't know!; **¡cómo no!** of course!; **la no intervención** non-intervention

noble ['noβle] *adj, nmf* noble; **nobleza** *nf* nobility

noche ['notʃe] *nf* night, night-time; (*la tarde*) evening; **de ~, por la ~** at night; **ayer por la ~** last night; **esta ~** tonight; **(en) toda la ~** all night; **hacer ~ en un sitio** to spend the night in a place; **se hace de ~** it's getting dark; **es de ~** it's dark; **N~ de San Juan** *see note*

NOCHE DE SAN JUAN

The *Noche de San Juan* on the 24th June is a *fiesta* coinciding with the summer solstice and which has taken the place of other ancient pagan festivals. Traditionally fire plays a major part in these festivities with celebrations and dancing taking place around bonfires in towns and villages across the country.

nocivo, -a [no'θiβo, a] *adj* harmful

noctámbulo, -a [nok'tambulo, a] *nm/f* sleepwalker

nocturno, -a [nok'turno, a] *adj* (*de la noche*) nocturnal, night *cpd*; (*de la tarde*) evening *cpd* ▷ *nm* nocturne

nogal [no'ɣal] *nm* walnut tree

nómada ['nomaða] *adj* nomadic ▷ *nmf* nomad

nombrar [nom'brar] /ɪa/ *vt* to name; (*mencionar*) to mention; (*designar*) to appoint

nombre ['nombre] *nm* name; (*sustantivo*) noun; **~ y apellidos** name in full; **poner ~ a** to call, name; **~ común/propio** common/proper noun; **~ de pila/de soltera** Christian/maiden name; **~ de usuario** (*Inform*) username

nómina ['nomina] *nf* (*Com*) payroll; (*hoja*) payslip

nominal [nomi'nal] *adj* nominal

nominar [nomi'nar] /ɪa/ *vt* to nominate

nominativo, -a [nomina'tiβo, a] *adj* (*Com*): **un cheque ~ a X** a cheque made out to X

nordeste [nor'ðeste] *adj* north-east, north-eastern, north-easterly ▷ *nm* north-east

nórdico, -a ['norðiko, a] *adj* Nordic

noreste [no'reste] *adj, nm* = **nordeste**

noria ['norja] *nf* (*Agr*) waterwheel; (*de carnaval*) big (BRIT) *o* Ferris (US) wheel

norma ['norma] *nf* rule

normal [nor'mal] *adj* (*corriente*) normal; (*habitual*) usual, natural; **normalizar** /ɪf/ *vt* to normalize; (*Com, Tec*) to standardize; **normalizarse** *vr* to return to normal; **normalmente** *adv* normally

normativo, -a [norma'tiβo, a] *adj*: **es ~ en todos los coches nuevos** it is standard in all new cars ▷ *nf* rules *pl*, regulations *pl*

noroeste [noro'este] *adj* north-west, north-western, north-westerly ▷ *nm* north-west

norte ['norte] *adj* north, northern, northerly ▷ *nm* north; (*fig*) guide

norteamericano, -a [norteameri'kano, a] *adj, nm/f* (North) American

Noruega [no'rweɣa] *nf* Norway

noruego, -a [no'rweɣo, a] *adj, nm/f* Norwegian

nos [nos] *pron* (*directo*) us; (*indirecto*) (to) us; (*reflexivo*) (to) ourselves;

(*recíproco*) (to) each other; **~ levantamos a las siete** we get up at seven

nosotros, -as [no'sotros, as] *pron* (*sujeto*) we; (*después de prep*) us

nostalgia [nos'talxja] *nf* nostalgia

nota ['nota] *nf* note; (*Escol*) mark

notable [no'taβle] *adj* notable; (*Escol etc*) outstanding

notar [no'tar] /1a/ *vt* to notice, note; **notarse** *vr* to be obvious; **se nota que ...** one observes that ...

notario [no'tarjo] *nm* notary

noticia [no'tiθja] *nf* (*información*) piece of news; **las ~s** the news *sg*; **tener ~s de algn** to hear from sb

No confundir *noticia* con la palabra inglesa *notice*.

noticiero [noti'θjero] *nm* (LAM) news bulletin

notificar [notifi'kar] /1g/ *vt* to notify, inform

notorio, -a [no'torjo, a] *adj* (*público*) well-known; (*evidente*) obvious

novato, -a [no'βato, a] *adj* inexperienced ▷ *nm/f* beginner, novice

novecientos, -as [noβe'θjentos, as] *num* nine hundred

novedad [noβe'ðað] *nf* (*calidad de nuevo*) newness; (*noticia*) piece of news; (*cambio*) change, (new) development

novel [no'βel] *adj* new; (*inexperto*) inexperienced ▷ *nmf* beginner

novela [no'βela] *nf* novel

noveno, -a [no'βeno, a] *num* ninth

noventa [no'βenta] *num* ninety

novia ['noβja] *nf* V **novio**

noviazgo [no'βjaθɣo] *nm* engagement

novicio, -a [no'βiθjo, a] *nm/f* novice

noviembre [no'βjembre] *nm* November

novillada [noβi'ʎaða] *nf* (*Taur*) *bullfight with young bulls*; **novillero** *nm* novice bullfighter; **novillo** *nm* young bull, bullock; **hacer novillos** (*fam*) to play truant (BRIT) *o* hooky (US)

novio, -a ['noβjo, a] *nm/f* boyfriend/girlfriend; (*prometido*) fiancé/fiancée; (*recién casado*) bridegroom/bride; **los ~s** the newly-weds

nube ['nuβe] *nf* cloud

nublado, -a [nu'βlaðo, a] *adj* cloudy

nublar [nu'βlar] /1a/ *vt* (*oscurecer*) to darken; (*confundir*) to cloud; **nublarse** *vr* to cloud over

nuboso, -a [nu'βoso, a] *adj* cloudy

nuca ['nuka] *nf* nape of the neck

nuclear [nukle'ar] *adj* nuclear

núcleo ['nukleo] *nm* (*centro*) core; (*Física*) nucleus; **~ urbano** city centre

nudillo [nu'ðiʎo] *nm* knuckle

nudista [nu'dista] *adj* nudist

nudo ['nuðo] *nm* knot; (*Ferro*) junction

nuera ['nwera] *nf* daughter-in-law

nuestro, -a ['nwestro, a] *adj posesivo* our ▷ *pron* ours; **~ padre** our father; **un amigo ~** a friend of ours; **es el ~** it's ours

Nueva York [-'jork] *nf* New York

Nueva Zelanda [-θe'landa] *nf* New Zealand

nueve ['nweβe] *num* nine

nuevo, -a ['nweβo, a] *adj* (*gen*) new; **de ~** again

nuez [nweθ] *nf* walnut; **~ de Adán** Adam's apple; **~ moscada** nutmeg

nulo, -a ['nulo, a] *adj* (*inepto, torpe*) useless; (*inválido*) (null and) void; (*Deporte*) drawn, tied

núm. *abr* (= *número*) no.

numerar [nume'rar] /1a/ *vt* to number

número ['numero] *nm* (*gen*) number; (*tamaño*: *de zapato*) size; (*ejemplar*: *de diario*) number, issue; **sin ~** numberless, unnumbered; **~ de matrícula/de teléfono** registration/telephone number; **~ impar/par** odd/even number; **~ romano** Roman numeral; **~ atrasado** back number

numeroso, -a [nume'roso, a] *adj* numerous

nunca ['nunka] *adv* (*jamás*) never; **~ l pensé** I never thought it; **no viene ~**

he never comes; **~ más** never again; **más que ~** more than ever

nupcias ['nupθjas] *nfpl* wedding *sg*, nuptials

nutria ['nutrja] *nf* otter

nutrición [nutri'θjon] *nf* nutrition

nutrir [nu'trir] /3a/ *vt* (*alimentar*) to nourish; (*dar de comer*) to feed; (*fig*) to strengthen; **nutritivo, -a** *adj* nourishing, nutritious

nylon [ni'lon] *nm* nylon

ñango, -a ['ɲango, a] *adj* (LAM) puny

ñapa ['ɲapa] *nf* (LAM) extra

ñata ['ɲata] *nf* (LAM *fam*) nose; *V tb* **ñato**

ñato, -a ['ɲato, a] *adj* (LAM) snub-nosed

ñoñería [ɲoɲe'ria] *nf* insipidness

ñoño, -a ['ɲoɲo, a] *adj* (*fam*: *tonto*) silly, stupid; (*soso*) insipid; (*débil*: *persona*) spineless; (ESP: *película*, *novela*) sentimental

O

O *abr* (= *oeste*) W

o [o] *conj* or; **o ... o** either ... or

oasis [o'asis] *nm inv* oasis

obcecarse [oβθe'karse] /1g/ *vr* to become obsessed

obedecer [oβeðe'θer] /2d/ *vt* to obey; **obediente** *adj* obedient

obertura [oβer'tura] *nf* overture

obeso, -a [o'βeso, a] *adj* obese

obispo [o'βispo] *nm* bishop

obituario [oβi'twarjo] *nm* (LAM) obituary

objetar [oβxe'tar] /1a/ *vt*, *vi* to object

objetivo, -a [oβxe'tiβo, a] *adj* ▷ *nm* objective

objeto [oβ'xeto] *nm* (*cosa*) object; (*fin*) aim

objetor, a [oβxe'tor, a] *nm/f* objector

obligación [oβliɣa'θjon] *nf* obligation; (*Com*) bond

obligar [oβli'ɣar] /1h/ *vt* to force; **obligarse** *vr*: **~se a** to commit o.s. to; **obligatorio, -a** *adj* compulsory, obligatory

oboe [o'βoe] *nm* oboe
obra ['oβra] *nf* work; (*Arq*) construction, building; (*Teat*) play; **~ maestra** masterpiece; **~s públicas** public works; **por ~ de** thanks to (the efforts of); **obrar** /1a/ *vt* to work; (*tener efecto*) to have an effect on ▷ *vi* to act, behave; (*tener efecto*) to have an effect; **la carta obra en su poder** the letter is in his/her possession
obrero, -a [o'βrero, a] *adj* working; (*movimiento*) labour *cpd* ▷ *nm/f* (*gen*) worker; (*sin oficio*) labourer
obsceno, -a [oβs'θeno, a] *adj* obscene
obscu... *pref* = **oscu...**
obsequiar [oβse'kjar] /1b/ *vt* (*ofrecer*) to present; (*agasajar*) to make a fuss of, lavish attention on; **obsequio** *nm* (*regalo*) gift; (*cortesía*) courtesy, attention
observación [oβserβa'θjon] *nf* observation; (*reflexión*) remark
observador, a [oβserβa'ðor, a] *nm/f* observer
observar [oβser'βar] /1a/ *vt* to observe; (*notar*) to notice; **observarse** *vr* to keep to, observe
obsesión [oβse'sjon] *nf* obsession; **obsesivo, -a** *adj* obsessive
obstáculo [oβs'takulo] *nm* obstacle; (*impedimento*) hindrance, drawback
obstante [oβs'tante]: **no ~** *adv* nevertheless
obstinado, -a [oβsti'naðo, a] *adj* obstinate; stubborn
obstinarse [oβsti'narse] /1a/ *vr* to be obstinate; **~ en** to persist in
obstruir [oβstru'ir] /3g/ *vt* to obstruct
obtener [oβte'ner] /2k/ *vt* to obtain; (*ganar*) to gain; (*premio*) to win
obturador [oβtura'ðor] *nm* (*Foto*) shutter
obvio, -a ['oββjo, a] *adj* obvious
oca ['oka] *nf* goose; (*tb*: **juego de la ~**) ≈ snakes and ladders
ocasión [oka'sjon] *nf* (*oportunidad*) opportunity, chance; (*momento*) occasion, time; (*causa*) cause; **de ~** secondhand; **ocasionar** /1a/ *vt* to cause
ocaso *nm* (*fig*) decline
occidente [okθi'ðente] *nm* west
O.C.D.E. *nf abr* (= *Organización de Cooperación y Desarrollo Económicos*) OECD
océano [o'θeano] *nm* ocean; **el ~ Índico** the Indian Ocean
ochenta [o'tʃenta] *num* eighty
ocho ['otʃo] *num* eight; **dentro de ~ días** within a week
ocio ['oθjo] *nm* (*tiempo*) leisure; (*pey*) idleness
octavilla [okta'βiʎa] *nf* leaflet, pamphlet
octavo, -a [ok'taβo, a] *num* eighth
octubre [ok'tuβre] *nm* October
oculista [oku'lista] *nmf* oculist
ocultar [okul'tar] /1a/ *vt* (*esconder*) to hide; (*callar*) to conceal; **oculto, -a** *adj* hidden; (*fig*) secret
ocupación [okupa'θjon] *nf* occupation
ocupado, -a [oku'paðo, a] *adj* (*persona*) busy; (*plaza*) occupied, taken (*teléfono*) engaged
ocupar /1a/ *vt* (*gen*) to occupy; **ocuparse** *vr*: **~se de** *o* **en** to concern o.s. with; (*cuidar*) to look after
ocurrencia [oku'rrenθja] *nf* (*idea*) bright idea
ocurrir [oku'rrir] /3a/ *vi* to happen; **ocurrirse** *vr*: **se me ocurrió que ...** it occurred to me that ...
odiar [o'ðjar] /1b/ *vt* to hate; **odio** *nm* hate, hatred; **odioso, -a** *adj* (*gen*) hateful; (*malo*) nasty
odontólogo, -a [oðon'tolɣo, a] *nm/f* dentist, dental surgeon
oeste [o'este] *nm* west; **una película del ~** a western
ofender [ofen'der] /2a/ *vt* (*agraviar*) to offend; (*insultar*) to insult; **ofenderse** *vr* to take offence; **ofensa** *nf* offence; **ofensivo, -a** *adj* offensive ▷ *nf* offensive

oferta [o'ferta] *nf* offer; (*propuesta*) proposal; **la ~ y la demanda** supply and demand; **artículos en ~** goods on offer
oficial [ofi'θjal] *adj* official ▷ *nm* (*Mil*) officer
oficina [ofi'θina] *nf* office; **~ de correos** post office; **~ de información** information bureau; **~ de turismo** tourist office; **oficinista** *nmf* clerk
oficio [o'fiθjo] *nm* (*profesión*) profession; (*puesto*) post; (*Rel*) service; **ser del ~** to be an old hand; **tener mucho ~** to have a lot of experience; **~ de difuntos** funeral service
ofimática [ofi'matika] *nf* office automation
ofrecer [ofre'θer] /2d/ *vt* (*dar*) to offer; (*proponer*) to propose; **ofrecerse** *vr* (*persona*) to offer o.s., volunteer; (*situación*) to present itself; **¿qué se le ofrece?, ¿se le ofrece algo?** what can I do for you?, can I get you anything?
ofrecimiento [ofreθi'mjento] *nm* offer
oftalmólogo, -a [oftal'moloɣo, a] *nm/f* ophthalmologist
oída [o'iða] *nf*: **de ~s** by hearsay
oído [o'iðo] *nm* (*Anat, Mus*) ear; (*sentido*) hearing
oigo *etc vb V* **oír**
oír [o'ir] /3p/ *vt* (*gen*) to hear; (*escuchar*) to listen to; **¡oiga!** excuse me!; (*Telec*) hullo?; **~ misa** to attend mass; **como quien oye llover** without paying (the slightest) attention
ojal [o'xal] *nm* buttonhole
ojalá [oxa'la] *excl* if only (it were so)!, some hope! ▷ *conj* if only...!, would that...!; **~ que venga hoy** I hope he comes today
ojeada [oxe'ða] *nf* glance
ojera [o'xera] *nf*: **tener ~s** to have bags under one's eyes
ojo ['oxo] *nm* eye; (*de puente*) span; (*de cerradura*) keyhole ▷ *excl* careful!; **tener ~ para** to have an eye for; **~ de buey** porthole
okey ['okei] *excl* (LAM) O.K.
okupa [o'kupa] *nmf* (*fam*) squatter
ola ['ola] *nf* wave
olé [o'le] *excl* bravo!, olé!
oleada [ole'ða] *nf* big wave, swell; (*fig*) wave
oleaje [ole'axe] *nm* swell
óleo ['oleo] *nm* oil; **oleoducto** *nm* (oil) pipeline
oler [o'ler] /2i/ *vt* (*gen*) to smell; (*inquirir*) to pry into; (*fig: sospechar*) to sniff out ▷ *vi* to smell; **~ a** to smell of
olfatear [olfate'ar] /1a/ *vt* to smell; (*inquirir*) to pry into; **olfato** *nm* sense of smell
olimpiada [olim'piaða] *nf*: **la ~** *o* **las ~s** the Olympics; **olímpico, -a** *adj* Olympic
oliva [o'liβa] *nf* (*aceituna*) olive; **aceite de ~** olive oil; **olivo** *nm* olive tree
olla ['oʎa] *nf* pan; (*comida*) stew; **~ a presión** pressure cooker; **~ podrida** *type of Spanish stew*
olmo ['olmo] *nm* elm (tree)
olor [o'lor] *nm* smell; **oloroso, -a** *adj* scented
olvidar [olβi'ðar] /1a/ *vt* to forget; (*omitir*) to omit; **olvidarse** *vr* (*fig*) to forget o.s.; **se me olvidó** I forgot
olvido [ol'βiðo] *nm* oblivion; (*despiste*) forgetfulness
ombligo [om'bliɣo] *nm* navel
omelette [ome'lete] *nf* (LAM) omelet(te)
omisión [omi'sjon] *nf* (*abstención*) omission; (*descuido*) neglect
omiso, -a [o'miso, a] *adj*: **hacer caso ~ de** to ignore, pass over
omitir [omi'tir] /3a/ *vt* to leave *o* miss out, omit
omnipotente [omnipo'tente] *adj* omnipotent
omoplato [omo'plato], **omóplato** [o'moplato] *nm* shoulder-blade
OMS *nf abr* (= *Organización Mundial de la Salud*) WHO
once ['onθe] *num* eleven; **onces** *nfpl* tea break *sg*

onda ['onda] *nf* wave; **~ corta/larga/media** short/long/medium wave; **ondear** /ɪa/ *vi* to wave; (*tener ondas*) to be wavy; (*agua*) to ripple

ondulación [ondula'θjon] *nf* undulation; **ondulado, -a** *adj* wavy

ONG *nf abr* (= *organización no gubernamental*) NGO

ONU ['onu] *nf abr* (= *Organización de las Naciones Unidas*) UN

opaco, -a [o'pako, a] *adj* opaque

opción [op'θjon] *nf* (*gen*) option; (*derecho*) right, option

O.P.E.P. [o'pep] *nf abr* (= *Organización de Países Exportadores de Petróleo*) OPEC

ópera ['opera] *nf* opera; **~ bufa** *o* **cómica** comic opera

operación [opera'θjon] *nf* (*gen*) operation; (*Com*) transaction, deal

operador, a [opera'ðor, a] *nm/f* operator; (*Cine: proyección*) projectionist; (: *rodaje*) cameraman

operar [ope'rar] /ɪa/ *vt* (*producir*) to produce, bring about; (*Med*) to operate on ▷ *vi* (*Com*) to operate, deal; **operarse** *vr* to occur; (*Med*) to have an operation

opereta [ope'reta] *nf* operetta

opinar [opi'nar] /ɪa/ *vt* to think ▷ *vi* to give one's opinion; **opinión** *nf* (*creencia*) belief; (*criterio*) opinion

opio ['opjo] *nm* opium

oponer [opo'ner] /2q/ *vt* (*resistencia*) to put up, offer; **oponerse** *vr* (*objetar*) to object; (*estar frente a frente*) to be opposed; (*dos personas*) to oppose each other; **~ A a B** to set A against B; **me opongo a pensar que ...** I refuse to believe *o* think that ...

oportunidad [oportuni'ðað] *nf* (*ocasión*) opportunity; (*posibilidad*) chance

oportuno, -a [opor'tuno, a] *adj* (*en su tiempo*) opportune, timely; (*respuesta*) suitable; **en el momento ~** at the right moment

oposición [oposi'θjon] *nf* opposition; **oposiciones** *nfpl* (*Escol*) public examinations

opositor, -a [oposi'tor, a] *nm/f* (*Admin*) candidate to a public examination; (*adversario*) opponent; **~ (a)** candidate (for)

opresión [opre'sjon] *nf* oppression; **opresor, a** *nm/f* oppressor

oprimir [opri'mir] /3a/ *vt* to squeeze; (*fig*) to oppress

optar [op'tar] /ɪa/ *vi* (*elegir*) to choose; **~ a** *o* **por** to opt for; **optativo, -a** *adj* optional

óptico, -a ['optiko, a] *adj* optic(al) ▷ *nm/f* optician ▷ *nf* (*ciencia*) optics *sg*; (*tienda*) optician's; (*fig*) viewpoint; **desde esta óptica** from this point of view

optimismo [opti'mismo] *nm* optimism; **optimista** *nmf* optimist

opuesto, -a [o'pwesto, a] *adj* (*contrario*) opposite; (*antagónico*) opposing

oración [ora'θjon] *nf* (*Rel*) prayer; (*Ling*) sentence

orador, a [ora'ðor, a] *nm/f* orator; (*conferenciante*) speaker

oral [o'ral] *adj* oral

orangután [orangu'tan] *nm* orang-utan

orar [o'rar] /ɪa/ *vi* to pray

oratoria [ora'torja] *nf* oratory

órbita ['orβita] *nf* orbit

orden ['orðen] *nm* (*colocación*) order ▷ *nf* (*mandato*) order; (*Inform*) command; **en ~ de prioridad** in order of priority; **el ~ del día** the agenda

ordenado, -a [orðe'naðo, a] *adj* (*metódico*) methodical; (*arreglado*) orderly

ordenador [orðena'ðor] *nm* computer; **~ central** mainframe computer; **~ de sobremesa** desktop

ordenar [orðe'nar] /ɪa/ *vt* (*mandar*) to order; (*poner orden*) to put in order, arrange; **ordenarse** *vr* (*Rel*) to be ordained

ordeñar [orðe'ɲar] /ɪa/ *vt* to milk

ordinario, -a [orði'narjo, a] *adj* (*común*) ordinary, usual; (*vulgar*) vulgar, common

orégano [o'reɣano] *nm* oregano
oreja [o'rexa] *nf* ear; (*Mecánica*) lug, flange
orfanato [orfa'nato] *nm* orphanage
orfebrería [orfeβre'ria] *nf* gold/silver work
orgánico, -a [or'ɣaniko, a] *adj* organic
organismo [orɣa'nismo] *nm* (*Bio*) organism; (*Pol*) organization
organización [orɣaniθa'θjon] *nf* organization; **O~ de las Naciones Unidas (ONU)** United Nations Organization; **O~ del Tratado del Atlántico Norte (OTAN)** North Atlantic Treaty Organization (NATO); **organizar** /1f/ *vt* to organize
órgano ['orɣano] *nm* organ
orgasmo [or'ɣasmo] *nm* orgasm
orgía [or'xia] *nf* orgy
orgullo [or'ɣuʎo] *nm* pride; **orgulloso, -a** *adj* (*gen*) proud; (*altanero*) haughty
orientación [orjenta'θjon] *nf* (*posición*) position; (*dirección*) direction
oriental [orjen'tal] *adj* oriental; (*región etc*) eastern
orientar [orjen'tar] /1a/ *vt* (*situar*) to orientate; (*señalar*) to point; (*dirigir*) to direct; (*guiar*) to guide; **orientarse** *vr* to get one's bearings
oriente [o'rjente] *nm* east; **Cercano/Medio/Lejano O~** Near/Middle/Far East
origen [o'rixen] *nm* origin
original [orixi'nal] *adj* (*nuevo*) original; (*extraño*) odd, strange; **originalidad** *nf* originality
originar [orixi'nar] /1a/ *vt* to start, cause; **originarse** *vr* to originate; **originario, -a** *adj* original; **ser originario de** to originate from
orilla [o'riʎa] *nf* (*borde*) border; (*de río*) bank; (*de bosque, tela*) edge; (*de mar*) shore
orina [o'rina] *nf* urine; **orinal** *nm* (chamber) pot; **orinar** /1a/ *vi* to urinate; **orinarse** *vr* to wet o.s.
oro ['oro] *nm* gold; *V tb* **oros**
oros ['oros] *nmpl* (*Naipes*) *one of the suits in the Spanish card deck*
orquesta [or'kesta] *nf* orchestra; **~ de cámara/sinfónica** chamber/symphony orchestra
orquídea [or'kiðea] *nf* orchid
ortiga [or'tiɣa] *nf* nettle
ortodoxo, -a [orto'ðokso, a] *adj* orthodox
ortografía [ortoɣra'fia] *nf* spelling
ortopedia [orto'peðja] *nf* orthop(a)edics *sg*; **ortopédico, -a** *adj* orthop(a)edic
oruga [o'ruɣa] *nf* caterpillar
orzuelo [or'θwelo] *nm* stye
os [os] *pron* you; (*a vosotros*) (to) you
osa ['osa] *nf* (she-)bear; **O~ Mayor/Menor** Great/Little Bear
osadía [osa'ðia] *nf* daring
osar [o'sar] /1a/ *vi* to dare
oscilación [osθila'θjon] *nf* (*movimiento*) oscillation; (*fluctuación*) fluctuation
oscilar [osθi'lar] /1a/ *vi* to oscillate; to fluctuate
oscurecer [oskure'θer] /2d/ *vt* to darken ▷ *vi* to grow dark; **oscurecerse** *vr* to grow *o* get dark
oscuridad [oskuri'ðað] *nf* obscurity; (*tinieblas*) darkness
oscuro, -a [os'kuro, a] *adj* dark; (*fig*) obscure; **a oscuras** in the dark
óseo, -a ['oseo, a] *adj* bone *cpd*
oso ['oso] *nm* bear; **~ de peluche** teddy bear; **~ hormiguero** anteater
ostentar [osten'tar] /1a/ *vt* (*gen*) to show; (*pey*) to flaunt, show off; (*poseer*) to have, possess
ostión [os'tjon] *nm* (LAM) = **ostra**
ostra ['ostra] *nf* oyster
OTAN ['otan] *nf abr* (= *Organización del Tratado del Atlántico Norte*) NATO
otitis [o'titis] *nf* earache
otoñal [oto'ɲal] *adj* autumnal
otoño [o'toɲo] *nm* autumn, fall (*US*)
otorgar [otor'ɣar] /1h/ *vt* (*conceder*) to concede; (*dar*) to grant

otorrinolaringólogo, -a [otorrinolarin'go loɣo, a] *nm/f* (*Med*: *tb*: **otorrino**) ear, nose and throat specialist

PALABRA CLAVE

otro, -a ['otro, a] *adj* **1** (*distinto*: *sg*) another; (: *pl*) other; **con otros amigos** with other *o* different friends
2 (*adicional*): **tráigame otro café (más), por favor** can I have another coffee please; **otros 10 días más** another 10 days
▸ *pron* **1**: **el otro** the other one; **de otro** somebody *o* someone else's; **que lo haga otro** let somebody *o* someone else do it
2 (*pl*): **(los) otros** (the) others
3 (*recíproco*): **se odian (la) una a (la) otra** they hate one another *o* each other
4: **otro tanto: comer otro tanto** to eat the same *o* as much again; **recibió una decena de telegramas y otras tantas llamadas** he got about ten telegrams and as many calls

ovación [oβa'θjon] *nf* ovation
oval [o'βal], **ovalado, -a** [oβa'laðo, a] *adj* oval; **óvalo** *nm* oval
ovario [o'βarjo] *nm* ovary
oveja [o'βexa] *nf* sheep
overol [oβe'rol] *nm* (*LAM*) overalls *pl*
ovillo [o'βiʎo] *nm* (*de lana*) ball
OVNI ['oβni] *nm abr* (= *objeto volante (o volador) no identificado*) UFO
ovulación [oβula'θjon] *nf* ovulation; **óvulo** *nm* ovum
oxidación [oksiða'θjon] *nf* rusting
oxidar [oksi'ðar] /1a/ *vt* to rust; **oxidarse** *vr* to go rusty
óxido ['oksiðo] *nm* oxide
oxigenado, -a [oksixe'naðo, a] *adj* (*Química*) oxygenated; (*pelo*) bleached
oxígeno [ok'sixeno] *nm* oxygen
oyente [o'jente] *nmf* listener
oyes *etc vb V* **oír**
ozono [o'θono] *nm* ozone

P

pabellón [paβe'ʎon] *nm* bell tent; (*Arq*) pavilion; (*de hospital etc*) block, section; (*bandera*) flag
pacer [pa'θer] /2d/ *vi* to graze
paciencia [pa'θjenθja] *nf* patience
paciente [pa'θjente] *adj*, *nmf* patient
pacificación [paθifika'θjon] *nf* pacification
pacífico, -a [pa'θifiko, a] *adj* (*persona*) peaceable; (*existencia*) peaceful; **el (océano) P~** the Pacific (Ocean)
pacifista [paθi'fista] *nmf* pacifist
pacotilla [pako'tiʎa] *nf*: **de ~** shoddy
pactar [pak'tar] /1a/ *vt* to agree to, agree on ▹ *vi* to come to an agreement
pacto ['pakto] *nm* (*tratado*) pact; (*acuerdo*) agreement
padecer [paðe'θer] /2d/ *vt* (*sufrir*) to suffer; (*soportar*) to endure, put up with; **padecimiento** *nm* suffering
padrastro [pa'ðrastro] *nm* stepfathe
padre ['paðre] *nm* father ▹ *adj* (*fam*): **un éxito ~** a tremendous success;

padres *nmpl* parents; **~ político** father-in-law

padrino [pa'ðrino] *nm* godfather; (*fig*) sponsor, patron; **padrinos** *nmpl* godparents; **~ de boda** best man

padrón [pa'ðron] *nm* (*censo*) census, roll

padrote [pa'ðrote] *nm* (*LAM fam*) pimp

paella [pa'eʎa] *nf* paella *dish of rice with meat, shellfish etc*

paga ['paɣa] *nf* (*dinero pagado*) payment; (*sueldo*) pay, wages *pl*

pagano, -a [pa'ɣano, a] *adj, nm/f* pagan, heathen

pagar [pa'ɣar] /ıh/ *vt* to pay; (*las compras, crimen*) to pay for; (*fig*: *favor*) to repay ▷ *vi* to pay; **~ al contado/a plazos** to pay (in) cash/in instalments

pagaré [paɣa're] *nm* IOU

página ['paxina] *nf* page; **~ de inicio** (*Inform*) home page; **~ web** (*Internet*) web page

pago ['paɣo] *nm* (*dinero*) payment; (*fig*) return; **~ anticipado/a cuenta/a la entrega/en especie/inicial** advance payment/payment on account/cash on delivery/payment in kind/down payment; **en ~ de** in return for

pág(s). *abr* (= *página(s)*) p(p)

pague *etc* ['paɣe] *vb V* **pagar**

país [pa'is] *nm* (*gen*) country; (*región*) land; **los P~es Bajos** the Low Countries; **el P~ Vasco** the Basque Country

paisaje [pai'saxe] *nm* landscape; (*vista*) scenery

paisano, -a [pai'sano, a] *adj* of the same country ▷ *nm/f* (*compatriota*) fellow countryman/woman; **vestir de ~** (*soldado*) to be in civilian clothes; (*guardia*) to be in plain clothes

paja ['paxa] *nf* straw; (*fig*) trash, rubbish

pajarita [paxa'rita] *nf* bow tie

pájaro ['paxaro] *nm* bird; **~ carpintero** woodpecker

pajita [pa'xita] *nf* (drinking) straw

pala ['pala] *nf* spade; shovel; (*raqueta etc*) bat; (: *de tenis*) racquet; (*Culin*) slice; **~ mecánica** power shovel

palabra [pa'laβra] *nf* word; (*facultad*) (power of) speech; (*derecho de hablar*) right to speak; **tomar la ~** to speak, take the floor

palabrota [paɫa'βrota] *nf* swearword

palacio [pa'laθjo] *nm* palace; (*mansión*) mansion, large house; **~ de justicia** courthouse; **~ municipal** town/city hall

paladar [paɫa'ðar] *nm* palate; **paladear** /ıa/ *vt* to taste

palanca [pa'lanka] *nf* lever; (*fig*) pull, influence

palangana [palan'gana] *nf* washbasin

palco ['palko] *nm* box

Palestina [pales'tina] *nf* Palestine; **palestino, -a** *nm/f* Palestinian

paleto, -a [pa'leto, a] *nm/f* yokel, hick (*US*) ▷ *nf* (*pala*) small shovel; (*Arte*) palette; (*Deporte*: *de ping-pong*) bat; (*LAM*: *helado*) ice lolly (*BRIT*), Popsicle® (*US*)

palidecer [paliðe'θer] /2d/ *vi* to turn pale; **palidez** *nf* paleness; **pálido, -a** *adj* pale

palillo [pa'liʎo] *nm* (*para dientes*) toothpick; **~s (chinos)** chopsticks

paliza [pa'liθa] *nf* beating, thrashing

palma ['palma] *nf* (*Anat*) palm; (*árbol*) palm tree; **batir** *o* **dar ~s** to clap, applaud; **palmada** *nf* slap; **palmadas** *nfpl* clapping *sg*, applause *sg*

palmar [pal'mar] /ıa/ *vi* (*tb*: **~la**) to die, kick the bucket

palmear [palme'ar] /ıa/ *vi* to clap

palmera [pal'mera] *nf* (*Bot*) palm tree

palmo ['palmo] *nm* (*medida*) span; (*fig*) small amount; **~ a ~** inch by inch

palo ['palo] *nm* stick; (*poste*) post, pole; (*mango*) handle, shaft; (*golpe*) blow, hit; (*de golf*) club; (*de béisbol*) bat; (*Naut*) mast; (*Naipes*) suit

paloma [pa'loma] *nf* dove, pigeon

palomitas [palo'mitas] *nfpl* popcorn *sg*
palpar [pal'par] /ɾa/ *vt* to touch, feel
palpitar [palpi'tar] /ɾa/ *vi* to palpitate; (*latir*) to beat
palta ['palta] *nf* (LAM) avocado
paludismo [palu'ðismo] *nm* malaria
pamela [pa'mela] *nf* sun hat
pampa ['pampa] *nf* (LAM) pampa(s), prairie
pan [pan] *nm* bread; (*una barra*) loaf; **~ integral** wholemeal bread; **~ rallado** breadcrumbs *pl*; **~ tostado** toast
pana ['pana] *nf* corduroy
panadería [panaðe'ria] *nf* baker's (shop); **panadero, -a** *nm/f* baker
Panamá [pana'ma] *nm* Panama; **panameño, -a** *adj* Panamanian
pancarta [pan'karta] *nf* placard, banner
panceta [pan'θeta] *nf* bacon
pancho, -a ['pantʃo, a] *adj*: **estar tan ~** to remain perfectly calm ▷ *nm* (LAM) hot dog
pancito [pan'sito] *nm* (LAM) (bread) roll
panda ['panda] *nm* panda
pandemia [pan'demja] *nf* pandemic
pandereta [pande'reta] *nf* tambourine
pandilla [pan'diʎa] *nf* set, group; (*de criminales*) gang; (*pey*) clique
panecillo [pane'θiʎo] *nm* (bread) roll
panel [pa'nel] *nm* panel; **~ solar** solar panel
panfleto [pan'fleto] *nm* pamphlet
pánico ['paniko] *nm* panic
panorama [pano'rama] *nm* panorama; (*vista*) view
panqué [pan'ke], **panqueque** [pan'keke] *nm* (LAM) pancake
pantalla [pan'taʎa] *nf* (*de cine*) screen; (*cubreluz*) lampshade
pantallazo [panta'ʎaθo] *nm* (*Inform*) screenshot
pantalón, pantalones [panta'lon(es)] *nm*(*pl*) trousers *pl*, pants *pl* (US); **pantalones cortos** shorts *pl*
pantano [pan'tano] *nm* (*ciénaga*) marsh, swamp; (*depósito*: *de agua*) reservoir; (*fig*) jam, difficulty
panteón [pante'on] *nm* (*monumento*) pantheon
pantera [pan'tera] *nf* panther
pantimedias [panti'meðjas] *nfpl* (LAM) = **pantis**
pantis ['pantis] *nm*(*pl*) tights (BRIT), pantyhose (US)
pantomima [panto'mima] *nf* pantomime
pantorrilla [panto'rriʎa] *nf* calf (of the leg)
pants [pants] *nmpl* (LAM) tracksuit (BRIT), sweat suit (US)
pantufla [pan'tufla] *nf* slipper
panty(s) ['panti(s)] *nm*(*pl*) tights (BRIT), pantyhose (US)
panza ['panθa] *nf* belly, paunch
pañal [pa'ɲal] *nm* nappy, diaper (US); (*fig*) early stages, infancy *sg*
paño ['paɲo] *nm* (*tela*) cloth; (*pedazo de tela*) (piece of) cloth; (*trapo*) duster, rag; **~s menores** underclothes
pañuelo [pa'ɲwelo] *nm* handkerchief, hanky (*fam*); (*para la cabeza*) (head) scarf
papa ['papa] *nf* (LAM: *patata*) potato ▷ *nm*: **el P~** the Pope; **~s fritas** (LAM) French fries, chips (BRIT); (*de bolsa*) crisps (BRIT), potato chips (US)
papá [pa'pa] *nm* (*fam*) dad, daddy, pop (US)
papada [pa'paða] *nf* double chin
papagayo [papa'ɣajo] *nm* parrot
papalote [papa'lote] *nm* (LAM) kite
papanatas [papa'natas] *nm inv* (*fam*) simpleton
papaya [pa'paja] *nf* papaya
papear [pape'ar] /ɾa/ *vt*, *vi* (*fam*) to eat
papel [pa'pel] *nm* paper; (*hoja de papel*) sheet of paper; (*Teat*) role; **~ de arroz/envolver/fumar** rice/wrapping/cigarette paper; **~ de aluminio/lija** tinfoil/sandpaper; **~ higiénico** toilet paper; **~ moneda** paper money;

~ pintado wallpaper; **~ secante** blotting paper

papeleo [pape'leo] *nm* red tape

papelera [pape'lera] *nf* wastepaper basket; **~ de reciclaje** (*Inform*) wastebasket

papelería [papele'ria] *nf* stationer's (shop)

papeleta [pape'leta] *nf* (*Pol*) ballot paper

paperas [pa'peras] *nfpl* mumps *sg*

papilla [pa'piʎa] *nf* (*de bebé*) baby food

paquete [pa'kete] *nm* (*caja*) packet; (*bulto*) parcel

par [par] *adj* (*igual*) like, equal; (*Mat*) even ▷ *nm* equal; (*de guantes*) pair; (*de veces*) couple; (*título*) peer; (*Golf, Com*) par; **abrir de ~ en ~** to open wide

para ['para] *prep* for; **no es ~ comer** it's not for eating; **decir ~ sí** to say to o.s.; **¿~ qué lo quieres?** what do you want it for?; **se casaron ~ separarse otra vez** they married only to separate again; **lo tendré ~ mañana** I'll have it for tomorrow; **ir ~ casa** to go home, head for home; **~ profesor es muy estúpido** he's very stupid for a teacher; **¿quién es usted ~ gritar así?** who are you to shout like that?; **tengo bastante ~ vivir** I have enough to live on

parabién [para'βjen] *nm* congratulations *pl*

parábola [pa'raβola] *nf* parable; (*Mat*) parabola; **parabólica** *nf* (*tb*: **antena parabólica**) satellite dish

parabrisas [para'βrisas] *nm inv* windscreen, windshield (*US*)

paracaídas [paraka'iðas] *nm inv* parachute; **paracaidista** *nmf* parachutist; (*Mil*) paratrooper

parachoques [para'tʃokes] *nm inv* bumper; shock absorber

parada [pa'raða] *nf V* **parado**

paradero [para'ðero] *nm* stopping-place; (*situación*) whereabouts

parado, -a [pa'raðo, a] *adj* (*persona*) motionless, standing still; (*fábrica*) closed, at a standstill; (*coche*) stopped; (*LAM*: *de pie*) standing (up); (*sin empleo*) unemployed, idle ▷ *nf* stop; (*acto*) stopping; (*de industria*) shutdown, stoppage; (*lugar*) stopping-place; **parada de autobús** bus stop; **parada de taxis** taxi rank

paradoja [para'ðoxa] *nf* paradox

parador [para'ðor] *nm* (*ESP*) (luxury) hotel (*owned by the state*)

paragolpes [para'golpes] *nm inv* (*LAM Auto*) bumper, fender (*US*)

paraguas [pa'raɣwas] *nm inv* umbrella

Paraguay [para'ɣwai] *nm*: Paraguay; **paraguayo, -a** *adj, nm/f* Paraguayan

paraíso [para'iso] *nm* paradise, heaven

paraje [pa'raxe] *nm* place, spot

paralelo, -a [para'lelo, a] *adj* parallel

parálisis [pa'ralisis] *nf inv* paralysis; **paralítico, -a** *adj, nm/f* paralytic

paralizar [parali'θar] /1f/ *vt* to paralyse; **paralizarse** *vr* to become paralysed; (*fig*) to come to a standstill

páramo ['paramo] *nm* bleak plateau

paranoico, -a [para'noiko, a] *nm/f* paranoid

parapente [para'pente] *nm* (*deporte*) paragliding; (*aparato*) paraglider

parapléjico, -a [para'plexiko, a] *adj, nm/f* paraplegic

parar [pa'rar] /1a/ *vt* to stop; (*golpe*) to ward off ▷ *vi* to stop; **pararse** *vr* to stop; (*LAM*) to stand up; **ha parado de llover** it has stopped raining; **van a ~ en la comisaría** they're going to end up in the police station; **~se en** to pay attention to

pararrayos [para'rrajos] *nm inv* lightning conductor

parásito, -a [pa'rasito, a] *nm/f* parasite

parasol [para'sol] *nm* parasol, sunshade

parcela [par'θela] *nf* plot, piece of ground

parche ['partʃe] *nm* patch

parchís [par'tʃis] *nm* ludo
parcial [par'θjal] *adj* (*pago*) part-; (*eclipse*) partial; (*juez*) prejudiced, biased; (*Pol*) partisan
parecer [pare'θer] /2d/ *nm* (*opinión*) opinion, view; (*aspecto*) looks *pl* ▷ *vi* (*tener apariencia*) to seem, look; (*asemejarse*) to look like, seem like; (*aparecer, llegar*) to appear; **parecerse** *vr* to look alike, resemble each other; **según parece** evidently, apparently; **~se a** to look like, resemble; **al ~** apparently; **me parece que** I think (that), it seems to me that
parecido, -a [pare'θiðo, a] *adj* similar ▷ *nm* similarity, likeness, resemblance; **bien ~** good-looking, nice-looking
pared [pa'reð] *nf* wall
parejo, -a [pa'rexo, a] *adj* equal ▷ *nf* pair; (*de personas*) couple; (*el otro: de un par*) other one (of a pair); (: *persona*) partner
parentesco [paren'tesko] *nm* relationship
paréntesis [pa'rentesis] *nm inv* parenthesis; (*en escrito*) bracket
parezco *etc vb V* **parecer**
pariente, -a [pa'rjente, a] *nm/f* relative, relation

No confundir *pariente* con la palabra inglesa *parent*.

parir [pa'rir] /3a/ *vt* to give birth to ▷ *vi* (*mujer*) to give birth, have a baby
París [pa'ris] *nm* Paris
parka ['parka] *nf* (*LAM*) anorak
parking ['parkin] *nm* car park, parking lot (*US*)
parlamentar [parlamen'tar] /1a/ *vi* to parley
parlamentario, -a [parlamen'tarjo, a] *adj* parliamentary ▷ *nm/f* member of parliament
parlamento [parla'mento] *nm* parliament
parlanchín, -ina [parlan'tʃin, ina] *adj* indiscreet ▷ *nm/f* chatterbox
parlar [par'lar] /1a/ *vi* to chatter (away)
paro ['paro] *nm* (*huelga*) stoppage (of work), strike; (*desempleo*) unemployment; **~ cardiaco** cardiac arrest; **estar en ~** (*ESP*) to be unemployed; **subsidio de ~** unemployment benefit
parodia [pa'roðja] *nf* parody; **parodiar** /1b/ *vt* to parody
parpadear [parpaðe'ar] /1a/ *vi* (*los ojos*) to blink; (*luz*) to flicker
párpado ['parpaðo] *nm* eyelid
parque ['parke] *nm* (*lugar verde*) park; (*LAM: munición*) ammunition; **~ de atracciones/de bomberos** fairground/fire station; **~ infantil/temático/zoológico** playground/theme park/zoo
parqué [par'ke] *nm* parquet
parquímetro [par'kimetro] *nm* parking meter
parra ['parra] *nf* grapevine
párrafo ['parrafo] *nm* paragraph; **echar un ~** (*fam*) to have a chat
parranda [pa'rranda] *nf* (*fam*) spree, binge
parrilla [pa'rriʎa] *nf* (*Culin*) grill; **(carne a la) ~** grilled meat, barbecue; **parrillada** *nf* barbecue
párroco ['parroko] *nm* parish priest
parroquia [pa'rrokja] *nf* parish; (*iglesia*) parish church; (*Com*) clientele, customers *pl*; **parroquiano, -a** *nm/f* parishioner; client, customer
parte ['parte] *nm* message; (*informe*) report ▷ *nf* part; (*lado, cara*) side; (*de reparto*) share; (*Jur*) party; **en alguna ~ de Europa** somewhere in Europe; **en** *o* **por todas ~s** everywhere; **en gran ~** to a large extent; **la mayor ~ de los españoles** most Spaniards; **de algún tiempo a esta ~** for some time past; **de ~ de algn** on sb's behalf; **¿de ~ de quién?** (*Telec*) who is speaking?; **por ~ de** on the part of; **yo por mi ~** I for my part; **por una ~ ... por otra ~** on the one hand, ... on the other (hand); **dar ~ a algn** to report to sb; **tomar ~** to

take part; **~ meteorológico** weather forecast *o* report

participación [partiθipa'θjon] *nf* (*acto*) participation, taking part; (*parte*) share; (*Com*) share, stock (*US*); (*de lotería*) shared prize; (*aviso*) notice, notification

participante [partiθi'pante] *nmf* participant

participar [partiθ'par] /1a/ *vt* to notify, inform ▷ *vi* to take part, participate

partícipe [par'tiθipe] *nmf* participant

particular [partiku'lar] *adj* (*especial*) particular, special; (*individual, personal*) private, personal ▷ *nm* (*punto, asunto*) particular, point; (*individuo*) individual; **tiene coche ~** he has a car of his own

partida [par'tiða] *nf* (*salida*) departure; (*Com*) entry, item; (*juego*) game; (*grupo, bando*) band, group; **mala ~** dirty trick; **~ de nacimiento/matrimonio/defunción** birth/marriage/death certificate

partidario, -a [parti'ðarjo, a] *adj* partisan ▷ *nm/f* supporter

partido [par'tiðo] *nm* (*Pol*) party; (*encuentro*) game, match; **sacar ~ de** to profit from, benefit from; **tomar ~** to take sides

partir [par'tir] /3a/ *vt* (*dividir*) to split, divide; (*compartir, distribuir*) to share (out), distribute; (*romper*) to break open, split open; (*rebanada*) to cut (off) ▷ *vi* (*ponerse en camino*) to set off, set out; **partirse** *vr* to crack *o* split *o* break (in two *etc*); **a ~ de** (starting) from

partitura [parti'tura] *nf* score

parto ['parto] *nm* birth, delivery; (*fig*) product, creation; **estar de ~** to be in labour

parvulario [parβu'larjo] *nm* nursery school, kindergarten

pasa ['pasa] *nf V* **paso**

pasacintas [pasa'θintas] *nm* (*LAM*) cassette player

pasada [pa'saða] *nf V* **pasado**

pasadizo [pasa'ðiθo] *nm* (*pasillo*) passage, corridor; (*callejuela*) alley

pasado, -a [pa'saðo, a] *adj* past; (*malo: comida, fruta*) bad; (*muy cocido*) overdone; (*anticuado*) out of date ▷ *nm* past; **~ mañana** the day after tomorrow; **el mes ~** last month; **de pasada** in passing, incidentally; **una mala pasada** a dirty trick

pasador [pasa'ðor] *nm* (*gen*) bolt; (*de pelo*) slide; (*horquilla*) grip

pasaje [pa'saxe] *nm* passage; (*pago de viaje*) fare; (*los pasajeros*) passengers *pl*; (*pasillo*) passageway

pasajero, -a [pasa'xero, a] *adj* passing; (*situación, estado*) temporary; (*amor, enfermedad*) brief ▷ *nm/f* passenger

pasamontañas [pasamon'taɲas] *nm inv* balaclava (helmet)

pasaporte [pasa'porte] *nm* passport

pasar [pa'sar] /1a/ *vt* (*gen*) to pass; (*tiempo*) to spend; (*durezas*) to suffer, endure; (*noticia*) to give, pass on; (*película*) to show; (*río*) to cross; (*barrera*) to pass through; (*falta*) to overlook, tolerate; (*contrincante*) to surpass, do better than; (*coche*) to overtake; (*enfermedad*) to give, infect with ▷ *vi* (*gen*) to pass; (*terminarse*) to be over; (*ocurrir*) to happen; **pasarse** *vr* (*flores*) to fade; (*comida*) to go bad, go off; (*fig*) to overdo it, go too far *o* over the top; **~ de** to go beyond, exceed; **¡pase!** come in!; **~ por** to fetch; **~lo bien/bomba** *o* **de maravilla** to have a good/great time; **~se al enemigo** to go over to the enemy; **se me pasó** I forgot; **no se le pasa nada** he misses nothing; **ya se te ~á** you'll get over it; **¿qué pasa?** what's going on?, what's up?; **¿qué te pasa?** what's wrong?

pasarela [pasa'rela] *nf* footbridge; (*en barco*) gangway

pasatiempo [pasa'tjempo] *nm* pastime, hobby

Pascua ['paskwa] *nf*: **~ (de Resurrección)** Easter; **Pascuas** *nfpl*

Christmas time *sg*; **¡felices ~s!** Merry Christmas!

pase ['pase] *nm* pass; (*Cine*) performance, showing

pasear [pase'ar] /ɾa/ *vt* to take for a walk; (*exhibir*) to parade, show off ▷ *vi* to walk, go for a walk; **pasearse** *vr* to walk, go for a walk; **~ en coche** to go for a drive; **paseo** *nm* (*distancia corta*) (short) walk, stroll; (*avenida*) avenue; **paseo marítimo** promenade; **dar un paseo** to go for a walk

pasillo [pa'siʎo] *nm* passage, corridor

pasión [pa'sjon] *nf* passion

pasivo, -a [pa'siβo, a] *adj* passive; (*inactivo*) inactive ▷ *nm* (*Com*) liabilities *pl*, debts *pl*

pasmoso, -a [pas'moso, a] *adj* amazing, astonishing

paso, -a ['paso, a] *adj* dried ▷ *nm* step; (*modo de andar*) walk; (*huella*) footprint; (*rapidez*) speed, pace, rate; (*camino accesible*) way through, passage; (*cruce*) crossing; (*pasaje*) passing, passage; (*Geo*) pass; (*estrecho*) strait ▷ *nf* raisin; **pasa de Corinto/de Esmirna** currant/sultana; **a ese ~** (*fig*) at that rate; **estar de ~** to be passing through; **prohibido el ~** no entry; **ceda el ~** give way; **~ a nivel** (*Ferro*) level-crossing; **~ (de) cebra** (ESP) zebra crossing; **~ de peatones** pedestrian crossing; **~ elevado** flyover

pasota [pa'sota] *adj*, *nmf* (*fam*) ≈ dropout; **ser un (tipo) ~** to be a bit of a dropout; (*ser indiferente*) not to care about anything

pasta ['pasta] *nf* paste; (*Culin*: *masa*) dough; (: *de bizcochos etc*) pastry; (*fam*) dough; **pastas** *nfpl* (*bizcochos*) pastries, small cakes; (*espaguetis etc*) pasta *sg*; **~ de dientes** *o* **dentífrica** toothpaste

pastar [pas'tar] /ɾa/ *vt*, *vi* to graze

pastel [pas'tel] *nm* (*dulce*) cake; (*Arte*) pastel; **~ de carne** meat pie; **pastelería** *nf* cake shop

pastilla [pas'tiʎa] *nf* (*de jabón, chocolate*) bar; (*píldora*) tablet, pill

pasto ['pasto] *nm* (*hierba*) grass; (*lugar*) pasture, field; **pastor, a** *nm/f* shepherd(ess) ▷ *nm* clergyman, pastor; **pastor alemán** Alsatian

pata ['pata] *nf* (*pierna*) leg; (*pie*) foot; (*de muebles*) leg; **~s arriba** upside down; **meter la ~** to put one's foot in it; **~ de cabra** (*Tec*) crowbar; **metedura de ~** (*fam*) gaffe; **tener buena/mala ~** to be lucky/unlucky; **patada** *nf* stamp; (*puntapié*) kick

patata [pa'tata] *nf* potato; **~s fritas** *o* **a la española** chips, French fries; (*de bolsa*) crisps

paté [pa'te] *nm* pâté

patente [pa'tente] *adj* obvious, evident; (*Com*) patent ▷ *nf* patent

paternal [pater'nal] *adj* fatherly, paternal; **paterno, -a** *adj* paternal

patético, -a [pa'tetiko, a] *adj* pathetic, moving

patilla [pa'tiʎa] *nf* (*de gafas*) sidepiece; **patillas** *nfpl* sideburns

patín [pa'tin] *nm* skate; (*de tobogán*) runner; **patines de ruedas** rollerskates; **patinaje** *nm* skating; **patinar** /ɾa/ *vi* to skate; (*resbalarse*) to skid, slip; (*fam*) to slip up, blunder

patineta [pati'neta] *nf* (*patinete*) scooter; (LAM: *monopatín*) skateboard

patinete [pati'nete] *nm* scooter

patio ['patjo] *nm* (*de casa*) patio, courtyard; **~ de recreo** playground

pato ['pato] *nm* duck; **pagar el ~** (*fam*) to take the blame, carry the can

patoso, -a [pa'toso, a] *adj* clumsy

patotero [pato'tero] *nm* (LAM) hooligan, lout

patraña [pa'traɲa] *nf* story, fib

patria ['patrja] *nf* native land, mother country

patrimonio [patri'monjo] *nm* inheritance; (*fig*) heritage

patriota [pa'trjota] *nmf* patriot

patrocinar [patroθi'nar] /ɾa/ *vt* to sponsor

patrón, -ona [pa'tron, ona] *nm/f* (*jefe*) boss, chief, master/mistress; (*propietario*) landlord/lady; (*Rel*) patron saint ▷ *nm* (*Costura*) pattern
patronato [patro'nato] *nm* sponsorship; (*acto*) patronage; (*fundación*) trust
patrulla [pa'truʎa] *nf* patrol
pausa ['pausa] *nf* pause; break
pauta ['pauta] *nf* line, guide line
pava ['paβa] *nf* (LAM) kettle
pavimento [paβi'mento] *nm* (*de losa*) pavement, paving
pavo ['paβo] *nm* turkey; **~ real** peacock
payaso, -a [pa'jaso, a] *nm/f* clown
payo, -a ['pajo, a] *nm/f* non-gipsy
paz [paθ] *nf* peace; (*tranquilidad*) peacefulness, tranquillity; **hacer las paces** to make peace; (*fig*) to make up; **¡déjame en ~!** leave me alone!
PC *nm* PC, personal computer
P.D. *abr* (= *posdata*) P.S.
peaje [pe'axe] *nm* toll
peatón [pea'ton] *nm* pedestrian; **peatonal** *adj* pedestrian
peca ['peka] *nf* freckle
pecado [pe'kaðo] *nm* sin; **pecador, a** *adj* sinful ▷ *nm/f* sinner
pecaminoso, -a [pekami'noso, a] *adj* sinful
pecar [pe'kar] /ıg/ *vi* (*Rel*) to sin; (*fig*): **~ de generoso** to be too generous
pecera [pe'θera] *nf* fish tank; (*redonda*) goldfish bowl
pecho ['petʃo] *nm* (*Anat*) chest; (*de mujer*) breast(s *pl*); **dar el ~ a** to breast-feed; **tomar algo a ~** to take sth to heart
pechuga [pe'tʃuɣa] *nf* breast
peculiar [peku'ljar] *adj* special, peculiar; (*característico*) typical, characteristic
pedal [pe'ðal] *nm* pedal; **pedalear** /ıa/ *vi* to pedal
pedalo ['peðalo] *nm* pedalo, pedal boat
pedante [pe'ðante] *adj* pedantic ▷ *nm/f* pedant
pedazo [pe'ðaθo] *nm* piece, bit; **hacerse ~s** to smash, shatter
pediatra [pe'ðjatra] *nm/f* paediatrician (BRIT), pediatrician (US)
pedido [pe'ðiðo] *nm* (*Com*) order; (*petición*) request
pedir [pe'ðir] /ɜk/ *vt* to ask for, request; (*comida, Com: mandar*) to order; (*necesitar*) to need, demand, require ▷ *vi* to ask; **me pidió que cerrara la puerta** he asked me to shut the door; **¿cuánto piden por el coche?** how much are they asking for the car?
pedo ['peðo] (*fam*) *nm* fart (!)
pega ['peɣa] *nf* snag; **poner ~s** to raise objections
pegadizo, -a [peɣa'ðiθo, a] *adj* (*canción etc*) catchy
pegajoso, -a [peɣa'xoso, a] *adj* sticky, adhesive
pegamento [peɣa'mento] *nm* gum, glue
pegar [pe'ɣar] /ıh/ *vt* (*papel, sellos*) to stick (on); (*cartel*) to post, stick up; (*coser*) to sew (on); (*unir: partes*) to join, fix together; (*Inform*) to paste; (*Med*) to give, infect with; (*dar: golpe*) to give, deal ▷ *vi* (*adherirse*) to stick, adhere; (*ir juntos: colores*) to match, go together; (*golpear*) to hit; (*quemar: el sol*) to strike hot, burn; **pegarse** *vr* (*gen*) to stick; (*dos personas*) to hit each other, fight; **~ un grito** to let out a yell; **~ un salto** to jump (with fright); **~ fuego** to catch fire; **~ en** to touch; **~se un tiro** to shoot o.s.
pegatina [peɣa'tina] *nf* sticker
pegote [pe'ɣote] *nm* (*fam*) eyesore, sight
peinado [pei'naðo] *nm* hairstyle
peinar [pei'nar] /ıa/ *vt* to comb sb's hair; (*con un cierto estilo*) to style; **peinarse** *vr* to comb one's hair
peine ['peine] *nm* comb; **peineta** *nf* ornamental comb

p.ej. *abr* (= *por ejemplo*) e.g.
Pekín [pe'kin] *n* Peking, Beijing
pelado, -a [pe'laðo, a] *adj* (*cabeza*) shorn; (*fruta*) peeled; (*campo, fig*) bare; (*fam*: *sin dinero*) broke
pelar [pe'lar] /1a/ *vt* (*fruta, patatas*) to peel; (*cortar el pelo a*) to cut the hair of; (*quitar la piel*: *animal*) to skin; **pelarse** *vr* (*la piel*) to peel off; **voy a ~me** I'm going to get my hair cut
peldaño [pel'daɲo] *nm* step
pelea [pe'lea] *nf* (*lucha*) fight; (*discusión*) quarrel, row; **peleado, -a** *adj*: **estar peleado (con algn)** to have fallen out (with sb); **pelear** /1a/ *vi* to fight; **pelearse** *vr* to fight; (*reñir*) to fall out, quarrel
pelela [pe'lela] *nf* (*LAm*) potty
peletería [pelete'ria] *nf* furrier's, fur shop
pelícano [pe'likano] *nm* pelican
película [pe'likula] *nf* film; (*cobertura ligera*) thin covering; (*Foto*: *rollo*) roll *o* reel of film; **~ de dibujos (animados)** cartoon film
peligro [pe'liɣro] *nm* danger; (*riesgo*) risk; **correr ~ de** to be in danger of, run the risk of; **peligroso, -a** *adj* dangerous; risky
pelirrojo, -a [peli'rroxo, a] *adj* red-haired, red-headed ▷ *nm/f* redhead
pellejo [pe'ʎexo] *nm* (*de animal*) skin, hide
pellizcar [peʎiθ'kar] /1g/ *vt* to pinch, nip
pelma ['pelma] *nmf*, **pelmazo, -a** [pel'maθo, a] *nm/f* (*fam*) pain (in the neck)
pelo ['pelo] *nm* (*cabellos*) hair; (*de barba, bigote*) whisker; (*de animal*: *piel*) fur, coat; (*de perro etc*) hair, coat; **venir al ~** to be exactly what one needs; **un hombre de ~ en pecho** a brave man; **por los ~s** by the skin of one's teeth; **no tener ~s en la lengua** to be outspoken, not mince words; **con ~s y señales** in minute detail; **tomar el ~ a algn** to pull sb's leg
pelota [pe'lota] *nf* ball; **en ~(s)** stark naked; **~ vasca** pelota; **hacer la ~ (a algn)** to creep (to sb)
pelotón [pelo'ton] *nm* (*Mil*) squad, detachment
peluca [pe'luka] *nf* wig
peluche [pe'lutʃe] *nm*: **muñeco de ~** soft toy
peludo, -a [pe'luðo, a] *adj* hairy, shaggy
peluquería [peluke'ria] *nf* hairdresser's; **peluquero, -a** *nm/f* hairdresser
pelusa [pe'lusa] *nf* (*Bot*) down; (*Costura*) fluff
pena ['pena] *nf* (*congoja*) grief, sadness; (*remordimiento*) regret; (*dificultad*) trouble; (*dolor*) pain; (*Jur*) sentence; **~ capital** capital punishment; **~ de muerte** death penalty; **merecer** *o* **valer la ~** to be worthwhile; **a duras ~s** with great difficulty; **¡qué ~!** what a shame *o* pity!
penal [pe'nal] *adj* penal ▷ *nm* (*cárcel*) prison
penalidad [penali'ðað] *nf* (*problema, dificultad*) trouble, hardship; (*Jur*) penalty, punishment; **penalidades** *nfpl* trouble *sg*, hardship *sg*
penalti, penalty [pe'nalti] (*pl* **penalties** *o* **penaltys**) *nm* (*Deporte*) penalty (kick)
pendiente [pen'djente] *adj* pending, unsettled ▷ *nm* earring ▷ *nf* hill, slope
pene ['pene] *nm* penis
penetrante [pene'trante] *adj* (*herida*) deep; (*persona, arma*) sharp; (*sonido*) penetrating, piercing; (*mirada*) searching; (*viento, ironía*) biting
penetrar [pene'trar] /1a/ *vt* to penetrate, pierce; (*entender*) to grasp ▷ *vi* to penetrate, go in; (*entrar*) to enter; (*líquido*) to soak in; (*emoción*) to pierce
penicilina [peniθi'lina] *nf* penicillin
península [pe'ninsula] *nf* peninsula; **peninsular** *adj* peninsular
penique [pe'nike] *nm* penny

penitencia [peni'tenθja] *nf* penance
penoso, -a [pe'noso, a] *adj* laborious, difficult; (*lamentable*) distressing
pensador, a [pensa'ðor, a] *nm/f* thinker
pensamiento [pensa'mjento] *nm* thought; (*mente*) mind; (*idea*) idea
pensar [pen'sar] /1j/ *vt* to think; (*considerar*) to think over, think out; (*proponerse*) to intend, plan; (*imaginarse*) to think up, invent ▷ *vi* to think; **~ en** to aim at, aspire to; **pensativo, -a** *adj* thoughtful, pensive
pensión [pen'sjon] *nf* (*casa*) ≈ guest house; (*dinero*) pension; (*cama y comida*) board and lodging; **~ completa** full board; **media ~** half board; **pensionista** *nmf* (*jubilado*) (old-age) pensioner; (*el que vive en una pensión*) lodger
penúltimo, -a [pe'nultimo, a] *adj* penultimate, second last
penumbra [pe'numbra] *nf* half-light
peña ['peɲa] *nf* (*roca*) rock; (*acantilado*) cliff, crag; (*grupo*) group, circle; (LAM: *club*) folk club
peñasco [pe'ɲasko] *nm* large rock, boulder
peñón [pe'ɲon] *nm* crag; **el P~** the Rock (of Gibraltar)
peón [pe'on] *nm* labourer; (LAM) farm labourer, farmhand; (*Ajedrez*) pawn
peonza [pe'onθa] *nf* spinning top
peor [pe'or] *adj* (*comparativo*) worse; (*superlativo*) worst ▷ *adv* worse; worst; **de mal en ~** from bad to worse
pepinillo [pepi'niʎo] *nm* gherkin
pepino [pe'pino] *nm* cucumber; **(no) me importa un ~** I don't care one bit
pepita [pe'pita] *nf* (*Bot*) pip; (*Minería*) nugget
pepito [pe'pito] *nm* (ESP: *tb*: **~ de ternera**) steak sandwich
pequeño, -a [pe'keɲo, a] *adj* small, little
pera ['pera] *nf* pear; **peral** *nm* pear tree
percance [per'kanθe] *nm* setback, misfortune
percatarse [perka'tarse] /1a/ *vr*: **~ de** to notice, take note of
percebe [per'θeβe] *nm* barnacle
percepción [perθep'θjon] *nf* (*vista*) perception; (*idea*) notion, idea
percha ['pertʃa] *nf* coat hanger; (*ganchos*) coat hooks *pl*; (*de ave*) perch
percibir [perθi'βir] /3a/ *vt* to perceive, notice; (*Com*) to earn, get
percusión [perku'sjon] *nf* percussion
perdedor, a [perðe'ðor, a] *adj* losing ▷ *nm/f* loser
perder [per'ðer] /2g/ *vt* to lose; (*tiempo, palabras*) to waste; (*oportunidad*) to lose, miss; (*tren*) to miss ▷ *vi* to lose; **perderse** *vr* (*extraviarse*) to get lost; (*desaparecer*) to disappear, be lost to view; (*arruinarse*) to be ruined; **echar a ~** (*comida*) to spoil, ruin; (*oportunidad*) to waste
pérdida ['perðiða] *nf* loss; (*de tiempo*) waste; **pérdidas** *nfpl* (*Com*) losses
perdido, -a [per'ðiðo, a] *adj* lost
perdiz [per'ðiθ] *nf* partridge
perdón [per'ðon] *nm* (*disculpa*) pardon, forgiveness; (*clemencia*) mercy; **¡~!** sorry!, I beg your pardon!; **perdonar** /1a/ *vt* to pardon, forgive; (*la vida*) to spare; (*excusar*) to exempt, excuse; **¡perdone (usted)!** sorry!, I beg your pardon!
perecedero, -a [pereθe'ðero, a] *adj* perishable
perecer [pere'θer] /2d/ *vi* to perish, die
peregrinación [pereɣrina'θjon] *nf* (*Rel*) pilgrimage
peregrino, -a [pere'ɣrino, a] *adj* (*extraño*) strange ▷ *nm/f* pilgrim
perejil [pere'xil] *nm* parsley
perenne [pe'renne] *adj* perennial
pereza [pe'reθa] *nf* laziness; **perezoso, -a** *adj* lazy
perfección [perfek'θjon] *nf* perfection; **perfeccionar** /1a/ *vt* to perfect; (*mejorar*) to improve; (*acabar*) to complete, finish

perfecto, -a [per'fekto, a] *adj* perfect ▷ *nm* (*Ling*) perfect (tense)
perfil [per'fil] *nm* profile; (*silueta*) silhouette, outline; (*Tec*) (cross) section; **perfiles** *nmpl* features
perforación [perfora'θjon] *nf* perforation; (*con taladro*) drilling
perforadora [perfora'ðora] *nf* card-punch
perforar [perfo'rar] /1a/ *vt* to perforate; (*agujero*) to drill, bore; (*papel*) to punch a hole in ▷ *vi* to drill, bore
perfume [per'fume] *nm* perfume, scent
periferia [peri'ferja] *nf* periphery; (*de ciudad*) outskirts *pl*
periférico, -a [peri'feriko, a] *adj* peripheral ▷ *nm* (*LAM Auto*) ring road (BRIT), beltway (US)
perilla [pe'riʎa] *nf* (*barba*) goatee; (*LAM*: *de puerta*) doorknob, door handle
perímetro [pe'rimetro] *nm* perimeter
periódico, -a [pe'rjoðiko, a] *adj* periodic(al) ▷ *nm* (news)paper
periodismo [perjo'ðismo] *nm* journalism; **periodista** *nmf* journalist
periodo [pe'rjoðo], **período** [pe'rioðo] *nm* period
periquito [peri'kito] *nm* budgerigar, budgie (*fam*)
perito, -a [pe'rito, a] *adj* (*experto*) expert; (*diestro*) skilled, skilful ▷ *nm/f* expert; skilled worker; (*técnico*) technician
perjudicar [perxuði'kar] /1g/ *vt* (*gen*) to damage, harm; **perjudicial** *adj* damaging, harmful; (*en detrimento*) detrimental; **perjuicio** *nm* damage, harm
perjurar [perxu'rar] /1a/ *vi* to commit perjury
perla ['perla] *nf* pearl; **me viene de ~s** it suits me fine
permanecer [permane'θer] /2d/ *vi* (*quedarse*) to stay, remain; (*seguir*) to continue to be
permanente [perma'nente] *adj* permanent; (*constante*) constant ▷ *nf* perm
permiso [per'miso] *nm* permission; (*licencia*) permit, licence (BRIT), license (US); **con ~** excuse me; **estar de ~** (*Mil*) to be on leave; **~ de conducir** *o* **conductor** driving licence (BRIT), driver's license (US); **~ por enfermedad** (*LAM*) sick leave
permitir [permi'tir] /3a/ *vt* to permit, allow
pernera [per'nera] *nf* trouser leg
pero ['pero] *conj* but; (*aún*) yet ▷ *nm* (*defecto*) flaw, defect; (*reparo*) objection
perpendicular [perpendiku'lar] *adj* perpendicular
perpetuo, -a [per'petwo, a] *adj* perpetual
perplejo, -a [per'plexo, a] *adj* perplexed, bewildered
perra ['perra] *nf* (*Zool*) bitch; (*fam*: *dinero*) money; **estar sin una ~** to be flat broke
perrera [pe'rrera] *nf* kennel
perrito [pe'rrito] *nm* (*tb*: **~ caliente**) hot dog
perro ['perro] *nm* dog
persa ['persa] *adj, nmf* Persian
persecución [perseku'θjon] *nf* pursuit, chase; (*Rel, Pol*) persecution
perseguir [perse'ɣir] /3d, 3k/ *vt* to pursue, hunt; (*cortejar*) to chase after; (*molestar*) to pester, annoy; (*Rel, Pol*) to persecute
persiana [per'sjana] *nf* (Venetian) blind
persistente [persis'tente] *adj* persistent
persistir [persis'tir] /3a/ *vi* to persist
persona [per'sona] *nf* person; **~ mayor** elderly person
personaje [perso'naxe] *nm* important person, celebrity; (*Teat*) character
personal [perso'nal] *adj* (*particular*) personal; (*para una persona*) single,

for one person ▷ *nm* personnel, staff; **personalidad** *nf* personality

personarse [perso'narse] /1a/ *vr* to appear in person

personificar [personifi'kar] /1g/ *vt* to personify

perspectiva [perspek'tiβa] *nf* perspective; (*vista, panorama*) view, panorama; (*posibilidad futura*) outlook, prospect

persuadir [perswa'ðir] /3a/ *vt* (*gen*) to persuade; (*convencer*) to convince; **persuadirse** *vr* to become convinced; **persuasión** *nf* persuasion

pertenecer [pertene'θer] /2d/ *vi*: **~ a** to belong to; (*fig*) to concern; **perteneciente** *adj*: **perteneciente a** belonging to; **pertenencia** *nf* ownership; **pertenencias** *nfpl* possessions, property *sg*

pertenezca *etc* [perte'neθka] *vb V* **pertenecer**

pértiga ['pertiɣa] *nf*: **salto de ~** pole vault

pertinente [perti'nente] *adj* relevant, pertinent; (*apropiado*) appropriate; **~ a** concerning, relevant to

perturbación [perturβa'θjon] *nf* (*Pol*) disturbance; (*Med*) upset, disturbance

Perú [pe'ru] *nm* Peru; **peruano, -a** *adj, nm/f* Peruvian

perversión [perβer'sjon] *nf* perversion; **perverso, -a** *adj* perverse; (*depravado*) depraved

pervertido, -a [perβer'tiðo, a] *adj* perverted ▷ *nm/f* pervert

pervertir [perβer'tir] /3i/ *vt* to pervert, corrupt

pesa ['pesa] *nf* weight; (*Deporte*) shot

pesadez [pesa'ðeθ] *nf* (*calidad de pesado*) heaviness; (*lentitud*) slowness; (*aburrimiento*) tediousness

pesadilla [pesa'ðiʎa] *nf* nightmare, bad dream

pesado, -a [pe'saðo, a] *adj* heavy; (*lento*) slow; (*difícil, duro*) tough, hard; (*aburrido*) tedious, boring; (*bochornoso*) sultry

pésame ['pesame] *nm* expression of condolence, message of sympathy; **dar el ~** to express one's condolences

pesar [pe'sar] /1a/ *vt* to weigh ▷ *vi* to weigh; (*ser pesado*) to weigh a lot, be heavy; (*fig*: *opinión*) to carry weight ▷ *nm* (*sentimiento*) regret; (*pena*) grief, sorrow; **no pesa mucho** it's not very heavy; **a ~ de (que)** in spite of, despite

pesca ['peska] *nf* (*acto*) fishing; (*cantidad de pescado*) catch; **ir de ~** to go fishing

pescadería [peskaðe'ria] *nf* fish shop, fishmonger's

pescadilla [peska'ðiʎa] *nf* whiting

pescado [pes'kaðo] *nm* fish

pescador, a [peska'ðor, a] *nm/f* fisherman/woman

pescar [pes'kar] /1g/ *vt* (*coger*) to catch; (*tratar de coger*) to fish for; (*conseguir*: *trabajo*) to manage to get ▷ *vi* to fish, go fishing

pesebre [pe'seβre] *nm* manger

peseta [pe'seta] *nf* peseta

pesimista [pesi'mista] *adj* pessimistic ▷ *nmf* pessimist

pésimo, -a ['pesimo, a] *adj* awful, dreadful

peso ['peso] *nm* weight; (*balanza*) scales *pl*; (*moneda*) peso; **~ bruto/neto** gross/net weight; **~ mosca/pesado** fly-/heavyweight; **vender a ~** to sell by weight

pesquero, -a [pes'kero, a] *adj* fishing *cpd*

pestaña [pes'taɲa] *nf* (*Anat*) eyelash; (*borde*) rim

peste ['peste] *nf* plague; (*mal olor*) stink, stench

pesticida [pesti'θiða] *nm* pesticide

pestillo [pes'tiʎo] *nm* bolt; (*picaporte*) (door) handle

petaca [pe'taka] *nf* (*de cigarrillos*) cigarette case; (*de pipa*) tobacco pouch; (*LAm*: *maleta*) suitcase

pétalo ['petalo] *nm* petal

petardo [pe'tarðo] *nm* firework, firecracker
petición [peti'θjon] *nf* (*pedido*) request, plea; (*memorial*) petition; (*Jur*) plea
peto ['peto] *nm* dungarees *pl*, overalls *pl* (*US*)
petróleo [pe'troleo] *nm* oil, petroleum; **petrolero, -a** *adj* petroleum *cpd* ▷ *nm* (oil) tanker
peyorativo, -a [pejora'tiβo, a] *adj* pejorative
pez [peθ] *nm* fish; **~ de colores** goldfish; **~ espada** swordfish
pezón [pe'θon] *nm* teat, nipple
pezuña [pe'θuɲa] *nf* hoof
pianista [pja'nista] *nmf* pianist
piano ['pjano] *nm* piano
piar [pjar] /1c/ *vi* to cheep
pibe, -a ['piβe, a] *nm/f* (*LAM*) boy/girl
picadero [pika'ðero] *nm* riding school
picadillo [pika'ðiʎo] *nm* mince, minced meat
picado, -a [pi'kaðo, a] *adj* pricked, punctured; (*Culin*) minced, chopped; (*mar*) choppy; (*diente*) bad; (*tabaco*) cut; (*enfadado*) cross
picador [pika'ðor] *nm* (*Taur*) picador; (*minero*) faceworker
picadura [pika'ðura] *nf* (*pinchazo*) puncture; (*de abeja*) sting; (*de mosquito*) bite; (*tabaco picado*) cut tobacco
picante [pi'kante] *adj* hot; (*comentario*) racy, spicy
picaporte [pika'porte] *nm* (*tirador*) handle; (*pestillo*) latch
picar [pi'kar] /1g/ *vt* (*agujerear, perforar*) to prick, puncture; (*abeja*) to sting; (*mosquito, serpiente*) to bite; (*Culin*) to mince, chop; (*incitar*) to incite, goad; (*dañar, irritar*) to annoy, bother; (*quemar: lengua*) to burn, sting ▷ *vi* (*pez*) to bite, take the bait; (*el sol*) to burn, scorch; (*abeja, Med*) to sting; (*mosquito*) to bite; **picarse** *vr* (*agriarse*) to turn sour, go off; (*ofenderse*) to take offence
picardía [pikar'ðia] *nf* villainy; (*astucia*) slyness, craftiness; (*una picardía*) dirty trick; (*palabra*) rude/bad word *o* expression
pícaro, -a ['pikaro, a] *adj* (*malicioso*) villainous; (*travieso*) mischievous ▷ *nm* (*astuto*) sly sort; (*sinvergüenza*) rascal, scoundrel
pichi ['pitʃi] *nm* (*ESP*) pinafore dress (*BRIT*), jumper (*US*)
pichón [pi'tʃon] *nm* young pigeon
pico ['piko] *nm* (*de ave*) beak; (*punta agudo*) sharp point; (*Tec*) pick, pickaxe; (*Geo*) peak, summit; **y ~** and a bit; **las seis y ~** six and a bit
picor [pi'kor] *nm* itch
picoso, -a [pi'koso, a] (*LAM*) *adj* (*comida*) hot
picudo, -a [pi'kuðo, a] *adj* pointed, with a point
pidió *etc vb V* **pedir**
pido *etc vb V* **pedir**
pie [pje] (*pl* **pies**) *nm* foot; (*fig: motivo*) motive, basis; (: *fundamento*) foothold; **ir a ~** to go on foot, walk; **estar de ~** to be standing (up); **ponerse de ~** to stand up; **al ~ de la letra** (*citar*) literally, verbatim; (*copiar*) exactly, word for word; **de ~s a cabeza** from head to foot; **en ~ de guerra** on a war footing; **dar ~ a** to give cause for; **hacer ~** (*en el agua*) to touch (the) bottom
piedad [pje'ðað] *nf* (*lástima*) pity, compassion; (*clemencia*) mercy; (*devoción*) piety, devotion
piedra ['pjeðra] *nf* stone; (*roca*) rock; (*de mechero*) flint; (*Meteorología*) hailstone; **~ preciosa** precious stone
piel [pjel] *nf* (*Anat*) skin; (*Zool*) skin, hide; fur; (*cuero*) leather; (*Bot*) skin, peel
pienso *etc* ['pjenso] *vb V* **pensar**
pierdo *etc* ['pjerðo] *vb V* **perder**
pierna ['pjerna] *nf* leg
pieza ['pjeθa] *nf* piece; (*habitación*) room; **~ de recambio** *o* **repuesto** spare (part)

pigmeo, -a [piɣ'meo, a] *adj, nm/f* pigmy
pijama [pi'xama] *nm* pyjamas *pl*
pila ['pila] *nf* (*Elec*) battery; (*montón*) heap, pile; (*de fuente*) sink
píldora ['pildora] *nf* pill; **la ~ (anticonceptiva)** the pill
pileta [pi'leta] *nf* (LAM: *de cocina*) sink; (: *piscina*) swimming pool
pillar [pi'ʎar] /ɪa/ *vt* (*saquear*) to pillage, plunder; (*fam*: *coger*) to catch; (: *agarrar*) to grasp, seize; (: *entender*) to grasp, catch on to; **pillarse** *vr*: **~se un dedo con la puerta** to catch one's finger in the door
pillo, -a ['piʎo, a] *adj* villainous; (*astuto*) sly, crafty ▷ *nm/f* rascal, rogue, scoundrel
piloto [pi'loto] *nm* pilot; (*de aparato*) (pilot) light; (*Auto*) rear light, tail light; (*conductor*) driver; **~ automático** automatic pilot
pimentón [pimen'ton] *nm* paprika
pimienta [pi'mjenta] *nf* pepper
pimiento [pi'mjento] *nm* pepper, pimiento
pin [pin] (*pl* **pins**) *nm* badge
pinacoteca [pinako'teka] *nf* art gallery
pinar [pi'nar] *nm* pinewood
pincel [pin'θel] *nm* paintbrush
pinchadiscos [pintʃa'diskos] *nm/f inv* disc jockey, DJ
pinchar [pin'tʃar] /ɪa/ *vt* (*perforar*) to prick, pierce; (*neumático*) to puncture; (*incitar*) to prod; (*Inform*) to click
pinchazo [pin'tʃaθo] *nm* (*perforación*) prick; (*de llanta*) puncture; (*fig*) prod
pincho ['pintʃo] *nm* savoury (snack); **~ moruno** shish kebab; **~ de tortilla** small slice of omelette
ping-pong ['pimpon] *nm* table tennis
pingüino [pin'gwino] *nm* penguin
pino ['pino] *nm* pine (tree)
pinta ['pinta] *nf* spot; (*gota*) spot, drop; (*aspecto*) appearance, look(s) *pl*; **pintado, -a** *adj* spotted; (*de muchos colores*) colourful; **pintadas** *nfpl* political graffiti *sg*
pintalabios [pinta'laβjos] *nm inv* (ESP) lipstick
pintar [pin'tar] /ɪa/ *vt* to paint ▷ *vi* to paint; (*fam*) to count, be important; **pintarse** *vr* to put on make-up
pintor, a [pin'tor, a] *nm/f* painter
pintoresco, -a [pinto'resko, a] *adj* picturesque
pintura [pin'tura] *nf* painting; **~ al óleo** oil painting
pinza ['pinθa] *nf* (*Zool*) claw; (*para colgar ropa*) clothes peg; (*Tec*) pincers *pl*; **pinzas** *nfpl* (*para depilar*) tweezers
piña ['piɲa] *nf* (*fruto del pino*) pine cone; (*fruta*) pineapple; (*fig*) group
piñata [pi'ɲata] *nf* piñata (*figurine hung up at parties to be beaten with sticks until sweets or presents fall out*)
piñón [pi'ɲon] *nm* (*Bot*) pine nut; (*Tec*) pinion
pío, -a ['pio, a] *adj* (*devoto*) pious, devout; (*misericordioso*) merciful
piojo ['pjoxo] *nm* louse
pipa ['pipa] *nf* pipe; (*Bot*) seed, pip; (*de girasol*) sunflower seed
pipí [pi'pi] *nm* (*fam*): **hacer ~** to have a wee(-wee)
pique ['pike] *nm* (*resentimiento*) pique, resentment; (*rivalidad*) rivalry, competition; **irse a ~** to sink; (*familia*) to be ruined
piqueta [pi'keta] *nf* pick(axe)
piquete [pi'kete] *nm* (*Mil*) squad, party; (*de obreros*) picket; (LAM: *de insecto*) bite
pirado, -a [pi'raðo, a] *adj* (*fam*) round the bend ▷ *nm/f* nutter
piragua [pi'raɣwa] *nf* canoe; **piragüismo** *nm* canoeing
pirámide [pi'ramiðe] *nf* pyramid
pirata [pi'rata] *adj, nm* pirate; (*tb*: **~ informático**) hacker
Pirineo(s) [piri'neo(s)] *nm*(*pl*) Pyrenees *pl*
pirómano, -a [pi'romano, a] *nm/f* (*Jur*) arsonist

piropo [pi'ropo] *nm* compliment, (piece of) flattery
pirueta [pi'rweta] *nf* pirouette
piruleta [piru'leta] *nf* lollipop
pis [pis] *nm* (*fam*) pee; **hacer ~** to have a pee; (*para niños*) to wee-wee
pisada [pi'saða] *nf* (*paso*) footstep; (*huella*) footprint
pisar [pi'sar] /1a/ *vt* (*caminar sobre*) to walk on, tread on; (*apretar con el pie*) to press; (*fig*) to trample on, walk all over ▷ *vi* to tread, step, walk
piscina [pis'θina] *nf* swimming pool
Piscis ['pisθis] *nm* Pisces
piso ['piso] *nm* (*suelo*) floor; (*LAM*) ground; (*apartamento*) flat, apartment; **primer ~** (*ESP*) first *o* second (*US*) floor; (*LAM*) ground *o* first (*US*) floor
pisotear [pisote'ar] /1a/ *vt* to trample (on *o* underfoot)
pista ['pista] *nf* track, trail; (*indicio*) clue; **~ de aterrizaje** runway; **~ de baile** dance floor; **~ de tenis** tennis court; **~ de hielo** ice rink
pistola [pis'tola] *nf* pistol; (*Tec*) spray-gun
pistón [pis'ton] *nm* (*Tec*) piston; (*Mus*) key
pitar [pi'tar] /1a/ *vt* (*hacer sonar*) to blow; (*rechiflar*) to whistle at, boo ▷ *vi* to whistle; (*Auto*) to sound *o* toot one's horn; (*LAM*) to smoke
pitillo [pi'tiʎo] *nm* cigarette
pito ['pito] *nm* whistle; (*de coche*) horn
pitón [pi'ton] *nm* (*Zool*) python
pitonisa [pito'nisa] *nf* fortune-teller
pitorreo [pito'rreo] *nm* joke, laugh; **estar de ~** to be in a joking mood
píxel ['piksel] *nm* (*Inform*) pixel
piyama [pi'jama] *nm* (*LAM*) pyjamas *pl*, pajamas *pl* (*US*)
pizarra [pi'θarra] *nf* (*piedra*) slate; (*encerado*) blackboard; **~ blanca** whiteboard; **~ interactiva** interactive whiteboard
pizarrón [piθa'rron] *nm* (*LAM*) blackboard
pizca ['piθka] *nf* pinch, spot; (*fig*) spot, speck; **ni ~** not a bit
placa ['plaka] *nf* plate; (*distintivo*) badge; **~ de matrícula** number plate
placard [pla'kar] *nm* (*LAM*) built-in cupboard
placer [pla'θer] /2w/ *nm* pleasure ▷ *vt* to please; **a ~** at one's pleasure
plaga ['plaɣa] *nf* (*Zool*) pest; (*Med*) plague; (*fig*) swarm; (: *abundancia*) abundance
plagio ['plaxjo] *nm* plagiarism
plan [plan] *nm* (*esquema, proyecto*) plan; (*idea, intento*) idea, intention; **tener ~** (*fam*) to have a date; **tener un ~** (*fam*) to have an affair; **en ~ económico** (*fam*) on the cheap; **vamos en ~ de turismo** we're going as tourists; **si te pones en ese ~ ...** if that's your attitude ...
plana ['plana] *nf* V **plano**
plancha ['plantʃa] *nf* (*para planchar*) iron; (*rótulo*) plate, sheet; (*Naut*) gangway; **a la ~** (*Culin*) grilled; **planchar** /1a/ *vt* to iron ▷ *vi* to do the ironing
planear [plane'ar] /1a/ *vt* to plan ▷ *vi* to glide
planeta [pla'neta] *nm* planet
plano, -a ['plano, a] *adj* flat, level, even ▷ *nm* (*Mat, Tec, Aviat*) plane; (*Foto*) shot; (*Arq*) plan; (*Geo*) map; (*de ciudad*) map, street plan ▷ *nf* sheet of paper, page; (*Tec*) trowel; **primer ~** close-up; **en primera plana** on the front page
planta ['planta] *nf* (*Bot, Tec*) plant; (*Anat*) sole of the foot, foot; (*piso*) floor; (*LAM*: *personal*) staff; **~ baja** ground floor
plantar [plan'tar] /1a/ *vt* (*Bot*) to plant; (*levantar*) to erect, set up; **plantarse** *vr* to stand firm; **~ a algn en la calle** to chuck sb out; **dejar plantado a algn** (*fam*) to stand sb up
plantear [plante'ar] /1a/ *vt* (*problema*) to pose; (*dificultad*) to raise

plantilla [plan'tiʎa] *nf* (*de zapato*) insole; (*personal*) personnel; **ser de ~** to be on the staff

plantón [plan'ton] *nm* (*Mil*) guard, sentry; (*fam*) long wait; **dar (un) ~ a algn** to stand sb up

plasta ['plasta] *nf* soft mass, lump ▷ *nmf* (ESP *fam*) bore ▷ *adj* (ESP *fam*) boring

plástico, -a ['plastiko, a] *adj* plastic ▷ *nm* plastic

Plastilina® [plasti'lina] *nf* Plasticine®

plata ['plata] *nf* (*metal*) silver; (*cosas hechas de plata*) silverware; (LAM) cash

plataforma [plata'forma] *nf* platform; **~ de lanzamiento/perforación** launch(ing) pad/drilling rig

plátano ['platano] *nm* (*fruta*) banana; (*árbol*) plane tree; banana tree

platea [pla'tea] *nf* (*Teat*) pit

plática ['platika] *nf* talk, chat; **platicar** /1g/ *vi* to talk, chat

platillo [pla'tiʎo] *nm* saucer; **platillos** *nmpl* cymbals; **~ volador** *o* **volante** flying saucer

platino [pla'tino] *nm* platinum; **platinos** *nmpl* (*Auto*) (contact) points

plato ['plato] *nm* plate, dish; (*parte de comida*) course; (*guiso*) dish; **primer ~** first course; **~ combinado** set main course (*served on one plate*); **~ fuerte** main course

playa ['plaja] *nf* beach; (*costa*) seaside; **~ de estacionamiento** (LAM) car park

playero, -a [pla'jero, a] *adj* beach *cpd* ▷ *nf* (LAM: *camiseta*) T-shirt; **playeras** *nfpl* canvas shoes

plaza ['plaθa] *nf* square; (*mercado*) market(place); (*sitio*) room, space; (*en vehículo*) seat, place; (*colocación*) post, job; **~ de toros** bullring

plazo ['plaθo] *nm* (*lapso de tiempo*) time, period; (*fecha de vencimiento*) expiry date; (*pago parcial*) instalment; **a corto/largo ~** short-/long-term; **comprar a ~s** to buy on hire purchase, pay for in instalments

plazoleta [plaθo'leta] *nf* small square

plebeyo, -a [ple'βejo, a] *adj* plebeian; (*pey*) coarse, common

plegable [ple'ɣaβle] *adj* pliable; (*silla*) folding

pleito ['pleito] *nm* (*Jur*) lawsuit, case; (*fig*) dispute, feud

plenitud [pleni'tuð] *nf* plenitude, fullness; (*abundancia*) abundance

pleno, -a ['pleno, a] *adj* full; (*completo*) complete ▷ *nm* plenum; **en ~ día** in broad daylight; **en ~ verano** at the height of summer; **en plena cara** full in the face

pliego ['pljeɣo] *nm* (*hoja*) sheet (of paper); (*carta*) sealed letter/document; **~ de condiciones** details *pl*, specifications *pl*

pliegue ['pljeɣe] *nm* fold, crease; (*de vestido*) pleat

plomería [plome'ria] *nf* (LAM) plumbing; **plomero** *nm* (LAM) plumber

plomo ['plomo] *nm* (*metal*) lead; (*Elec*) fuse; **sin ~** unleaded

pluma ['pluma] *nf* feather; (*para escribir*): **~ (estilográfica)** ink pen; **~ fuente** (LAM) fountain pen

plumero [plu'mero] *nm* (*quitapolvos*) feather duster

plumón [plu'mon] *nm* (*de ave*) down

plural [plu'ral] *adj* plural

pluriempleo [pluriem'pleo] *nm* having more than one job

plus [plus] *nm* bonus

población [poβla'θjon] *nf* population; (*pueblo, ciudad*) town, city

poblado, -a [po'βlaðo, a] *adj* inhabited ▷ *nm* (*aldea*) village; (*pueblo*) (small) town; **densamente ~** densely populated

poblador, a [poβla'ðor, a] *nm/f* settler, colonist

pobre ['poβre] *adj* poor ▷ *nmf* poor person; **pobreza** *nf* poverty

pocilga [po'θilɣa] *nf* pigsty

PALABRA CLAVE

poco, -a ['poko, a] *adj* **1** (*sg*) little, not much; **poco tiempo** little *o* not much time; **de poco interés** of little interest, not very interesting; **poca cosa** not much
2 (*pl*) few, not many; **unos pocos** a few, some; **pocos niños comen lo que les conviene** few children eat what they should
▶ *adv* **1** little, not much; **cuesta poco** it doesn't cost much
2 (+ *adj*: *negativo*, *antónimo*): **poco amable/inteligente** not very nice/intelligent
3: **por poco me caigo** I almost fell
4: **a poco de haberse casado** shortly after getting married
5: **poco a poco** little by little
▶ *nm* a little, a bit; **un poco triste/de dinero** a little sad/money

podar [po'ðar] /1a/ *vt* to prune
podcast ['poðkast] *nm* podcast; **podcastear** /1a/ *vi* to podcast

PALABRA CLAVE

poder [po'ðer] /2s/ *vi* **1** (*capacidad*) can, be able to; **no puedo hacerlo** I can't do it, I'm unable to do it
2 (*permiso*) can, may, be allowed to; **¿se puede?** may I (*o* we)?; **puedes irte ahora** you may go now; **no se puede fumar en este hospital** smoking is not allowed in this hospital
3 (*posibilidad*) may, might, could; **puede llegar mañana** he may *o* might arrive tomorrow; **pudiste haberte hecho daño** you might *o* could have hurt yourself; **¡podías habérmelo dicho antes!** you might have told me before!
4: **puede (ser)** perhaps; **puede que lo sepa Tomás** Tomás may *o* might know
5: **¡no puedo más!** I've had enough!; **es tonto a más no poder** he's as stupid as they come
6: **poder con: no puedo con este crío** this kid's too much for me
▶ *nm* power; **el poder** the Government; **poder adquisitivo** purchasing power; **detentar** *u* **ocupar** *o* **estar en el poder** to be in power *o* office; **poder judicial** judiciary

poderoso, -a [poðe'roso, a] *adj* powerful
podio ['poðjo] *nm* podium
podium ['poðjum] = **podio**
podrido, -a [po'ðriðo, a] *adj* rotten, bad; (*fig*) rotten, corrupt
podrir [po'ðrir] = **pudrir**
poema [po'ema] *nm* poem
poesía [poe'sia] *nf* poetry
poeta [po'eta] *nm* poet; **poético, -a** *adj* poetic(al); **poetisa** *nf* (woman) poet
póker ['poker] *nm* poker
polaco, -a [po'lako, a] *adj* Polish ▷ *nm/f* Pole
polar [po'lar] *adj* polar
polea [po'lea] *nf* pulley
polémica [po'lemika] *nf* polemics *sg*; (*una polémica*) controversy
polen ['polen] *nm* pollen
policía [poli'θia] *nmf* policeman/woman ▷ *nf* police; **policíaco, -a** *adj* police *cpd*; **novela policíaca** detective story; **policial** *adj* police *cpd*
polideportivo [poliðepor'tiβo] *nm* sports centre
polígono [po'liɣono] *nm* (*Mat*) polygon; **~ industrial** industrial estate
polilla [po'liʎa] *nf* moth
polio ['poljo] *nf* polio
político, -a [po'litiko, a] *adj* political; (*discreto*) tactful; (*pariente*) in-law ▷ *nm/f* politician ▷ *nf* politics *sg*; (*económica*, *agraria*) policy; **padre ~** father-in-law; **política exterior/de**

ingresos y precios foreign/prices and incomes policy

póliza ['poliθa] *nf* certificate, voucher; (*impuesto*) tax *o* fiscal stamp; **~ de seguro(s)** insurance policy

polizón [poli'θon] *nm* stowaway

pollera [po'ʎera] *nf* (LAM) skirt

pollo ['poʎo] *nm* chicken

polo ['polo] *nm* (*Geo*, *Elec*) pole; (*helado*) ice lolly (BRIT), Popsicle® (US); (*Deporte*) polo; (*suéter*) polo-neck; **P~ Norte/Sur** North/South Pole

Polonia [po'lonja] *nf* Poland

poltrona [pol'trona] *nf* easy chair

polución [polu'θjon] *nf* pollution

polvera [pol'βera] *nf* powder compact

polvo ['polβo] *nm* dust; (*Química*, *Culin*, *Med*) powder; **polvos** *nmpl* (*maquillaje*) powder *sg*; **en ~** powdered; **~ de talco** talcum powder; **estar hecho ~** to be worn out *o* exhausted

pólvora ['polβora] *nf* gunpowder

polvoriento, -a [polβo'rjento, a] *adj* (*superficie*) dusty; (*sustancia*) powdery

pomada [po'maða] *nf* cream

pomelo [po'melo] *nm* grapefruit

pómez ['pomeθ] *nf*: **piedra ~** pumice stone

pomo ['pomo] *nm* knob, handle

pompa ['pompa] *nf* (*burbuja*) bubble; (*bomba*) pump; (*esplendor*) pomp, splendour

pómulo ['pomulo] *nm* cheekbone

pon [pon] *vb V* **poner**

ponchadura [pontʃa'dura] *nf* (LAM) puncture (BRIT), flat (US); **ponchar** /1a/ *vt* (LAM: *llanta*) to puncture

ponche ['pontʃe] *nm* punch

poncho ['pontʃo] *nm* poncho

pondré *etc* [pon'dre] *vb V* **poner**

PALABRA CLAVE

poner [po'ner] /2q/ *vt* **1** to put; (*colocar*) to place; (*telegrama*) to send; (*obra de teatro*) to put on; (*película*) to show; **ponlo más alto** turn it up; **¿qué ponen en el Excelsior?** what's on at the Excelsior?

2 (*tienda*) to open; (*instalar*: *gas etc*) to put in; (*radio*, *TV*) to switch *o* turn on

3 (*suponer*): **pongamos que ...** let's suppose that ...

4 (*contribuir*): **el gobierno ha puesto otro millón** the government has contributed another million

5 (*Telec*): **póngame con el Sr. López** can you put me through to Mr. López?

6: **poner de: le han puesto de director general** they've appointed him general manager

7 (+ *adj*) to make; **me estás poniendo nerviosa** you're making me nervous

8 (*dar nombre*): **al hijo le pusieron Diego** they called their son Diego

▶ *vi* (*gallina*) to lay

▶ **ponerse** *vr* (*colocarse*): **se puso a mi lado** he came and stood beside me; **tú ponte en esa silla** you go and sit on that chair; **ponerse en camino** to set off

2 (*vestido*, *cosméticos*) to put on; **¿por qué no te pones el vestido nuevo?** why don't you put on *o* wear your new dress?

3 (*sol*) to set

4 (+ *adj*) to get, become; to turn; **se puso muy serio** he got very serious; **después de lavarla la tela se puso azul** after washing it the material turned blue

5: **ponerse a: se puso a llorar** he started to cry; **tienes que ponerte a estudiar** you must get down to studying

pongo *etc* ['pongo] *vb V* **poner**

poniente [po'njente] *nm* west; (*viento*) west wind

pontífice [pon'tifiθe] *nm* pope, pontiff

pop [pop] *adj inv*, *nm* (*Mus*) pop

popa ['popa] *nf* stern; **a ~** astern, abaft; **de ~ a proa** fore and aft

popote [po'pote] *nm* (*LAM*) straw
popular [popu'lar] *adj* popular; (*del pueblo*) of the people; **popularidad** *nf* popularity

PALABRA CLAVE

por [por] *prep* **1** (*objetivo*) for; **luchar por la patria** to fight for one's country
2 (+ *infin*): **por no llegar tarde** so as not to arrive late; **por citar unos ejemplos** to give a few examples
3 (*causa*) out of, because of; **por escasez de fondos** through *o* for lack of funds
4 (*tiempo*): **por la mañana/noche** in the morning/at night; **se queda por una semana** she's staying (for) a week
5 (*lugar*): **pasar por Madrid** to pass through Madrid; **ir a Guayaquil por Quito** to go to Guayaquil via Quito; **caminar por la calle** to walk along the street; **¿hay un banco por aquí?** is there a bank near here?
6 (*cambio, precio*): **te doy uno nuevo por el que tienes** I'll give you a new one (in return) for the one you've got
7 (*valor distributivo*): **30 euros por hora/cabeza** 30 euros an *o* per hour/a *o* per head
8 (*modo, medio*) by; **por correo/avión** by post/air; **entrar por la entrada principal** to go in through the main entrance
9 (*agente*) by; **hecho por él** done by him
10: **10 por 10 son 100** 10 times 10 is 100
11 (*en lugar de*): **vino él por su jefe** he came instead of his boss
12: **por mí que revienten** as far as I'm concerned they can drop dead
13: **por qué** why; **¿por qué?** why?; **¿por qué no?** why not?

porcelana [porθe'lana] *nf* porcelain; (*china*) china
porcentaje [porθen'taxe] *nm* percentage
porción [por'θjon] *nf* (*parte*) portion, share; (*cantidad*) quantity, amount
porfiar [por'fjar] /1C/ *vi* to persist, insist; (*disputar*) to argue stubbornly
pormenor [porme'nor] *nm* detail, particular
pornografía [pornoɣra'fia] *nf* pornography
poro ['poro] *nm* pore
pororó [poro'ro] *nm* (*LAM*) popcorn
poroso, -a [po'roso, a] *adj* porous
poroto [po'roto] *nm* (*LAM*) kidney bean
porque ['porke] *conj* (*a causa de*) because; (*ya que*) since; (*con el fin de*) so that, in order that
porqué [por'ke] *nm* reason, cause
porquería [porke'ria] *nf* (*suciedad*) filth, dirt; (*acción*) dirty trick; (*objeto*) small thing, trifle; (*fig*) rubbish
porra ['porra] *nf* (*arma*) stick, club
porrazo [po'rraθo] *nm* (*golpe*) blow; (*caída*) bump
porro ['porro] *nm* (*fam*: *droga*) joint
porrón [po'rron] *nm glass wine jar with a long spout*
portaaviones [port(a)a'βjones] *nm inv* aircraft carrier
portada [por'taða] *nf* (*de revista*) cover
portador, a [porta'ðor, a] *nm/f* carrier, bearer; (*Com*) bearer, payee
portaequipajes [portaeki'paxes] *nm inv* boot (*BRIT*), trunk (*US*); (*baca*) luggage rack
portafolio [porta'foljo] *nm* briefcase
portal [por'tal] *nm* (*entrada*) vestibule, hall; (*pórtico*) porch, doorway; (*puerta de entrada*) main door; (*Internet*) portal; **portales** *nmpl* arcade *sg*
portamaletas [portama'letas] *nm inv* (*Auto*: *maletero*) boot; (: *baca*) roof rack
portamonedas [portamo'neðas] *nm inv* (*LAM*) purse
portar [por'tar] /1a/ *vt* to carry; **portarse** *vr* to behave, conduct o.s.
portátil [por'tatil] *adj* portable; **(ordenador) ~** laptop (computer)

portavoz [porta'βoθ] *nmf* spokesman/woman
portazo [por'taθo] *nm*: **dar un ~** to slam the door
porte ['porte] *nm* (*Com*) transport; (*precio*) transport charges *pl*
portentoso, -a [porten'toso, a] *adj* marvellous, extraordinary
porteño, -a [por'teɲo, a] *adj* of *o* from Buenos Aires
portería [porte'ria] *nf* (*oficina*) porter's office; (*gol*) goal
portero, -a [por'tero, a] *nm/f* porter; (*conserje*) caretaker; (*ujier*) doorman; (*Deporte*) goalkeeper; **~ automático** (ESP) entry phone
pórtico ['portiko] *nm* (*porche*) portico, porch; (*fig*) gateway; (*arcada*) arcade
portorriqueño, -a [portorri'keɲo, a] *adj* Puerto Rican
Portugal [portu'ɣal] *nm* Portugal; **portugués, -esa** *adj, nm/f* Portuguese ▷ *nm* (*Ling*) Portuguese
porvenir [porβe'nir] *nm* future
pos [pos]: **en ~ de** *prep* after, in pursuit of
posaderas [posa'ðeras] *nfpl* backside *sg*, buttocks
posar [po'sar] /1a/ *vt* (*en el suelo*) to lay down, put down; (*la mano*) to place, put gently ▷ *vi* to sit, pose; **posarse** *vr* to settle; (*pájaro*) to perch; (*avión*) to land, come down
posavasos [posa'basos] *nm inv* coaster; (*para cerveza*) beermat
posdata [pos'ðata] *nf* postscript
pose ['pose] *nf* pose
poseedor, a [posee'ðor, a] *nm/f* owner, possessor; (*de récord, puesto*) holder
poseer [pose'er] /2e/ *vt* to have, possess, own; (*ventaja*) to enjoy; (*récord, puesto*) to hold
posesivo, -a [pose'siβo, a] *adj* possessive
posgrado [pos'ɣraðo] *nm* = **postgrado**
posibilidad [posiβili'ðað] *nf* possibility; (*oportunidad*) chance; **posibilitar** /1a/ *vt* to make possible; (*hacer factible*) to make feasible
posible [po'siβle] *adj* possible; (*factible*) feasible; **de ser ~** if possible; **en** *o* **dentro de lo ~** as far as possible
posición [posi'θjon] *nf* position; (*rango social*) status
positivo, -a [posi'tiβo, a] *adj* positive
poso ['poso] *nm* sediment; (*heces*) dregs *pl*
posponer [pospo'ner] /2q/ *vt* (*relegar*) to put behind *o* below; (*aplazar*) to postpone
post [post] (*pl* **posts**) *nm* (*en sitio web*) post
posta ['posta] *nf*: **a ~** on purpose, deliberately
postal [pos'tal] *adj* postal ▷ *nf* postcard
poste ['poste] *nm* (*de telégrafos*) post, pole; (*columna*) pillar
póster ['poster] (*pl* **posters**) *nm* poster
posterior [poste'rjor] *adj* back, rear; (*siguiente*) following, subsequent; (*más tarde*) later
postgrado [post'ɣraðo] *nm*: **curso de ~** postgraduate course
postizo, -a [pos'tiθo, a] *adj* false, artificial ▷ *nm* hairpiece
postre ['postre] *nm* sweet, dessert
póstumo, -a ['postumo, a] *adj* posthumous
postura [pos'tura] *nf* (*del cuerpo*) posture, position; (*fig*) attitude, position
potable [po'taβle] *adj* drinkable; **agua ~** drinking water
potaje [po'taxe] *nm* thick vegetable soup
potencia [po'tenθja] *nf* power; **potencial** *adj, nm* potential
potente [po'tente] *adj* powerful
potro ['potro] *nm* (*Zool*) colt; (*Deporte*) vaulting horse

pozo ['poθo] *nm* well; (*de río*) deep pool; (*de mina*) shaft
PP *nm abr* = **Partido Popular**
práctica ['praktika] *nf V* **práctico**
practicable [prakti'kaβle] *adj* practicable; (*camino*) passable
practicante [prakti'kante] *nmf* (*Med: ayudante de doctor*) medical assistant; (: *enfermero*) nurse; (*el que practica algo*) practitioner ▷ *adj* practising
practicar [prakti'kar] /1g/ *vt* to practise; (*deporte*) to go in for, play; (*ejecutar*) to carry out, perform
práctico, -a ['praktiko, a] *adj* practical; (*instruido: persona*) skilled, expert ▷ *nf* practice; (*método*) method; (*arte, capacidad*) skill; **en la práctica** in practice
practique *etc* [prak'tike] *vb V* **practicar**
pradera [pra'ðera] *nf* meadow; (*de Canadá*) prairie
prado ['praðo] *nm* (*campo*) meadow, field; (*pastizal*) pasture
Praga ['praɣa] *nf* Prague
pragmático, -a [praɣ'matiko, a] *adj* pragmatic
precario, -a [pre'karjo, a] *adj* precarious
precaución [prekau'θjon] *nf* (*medida preventiva*) preventive measure, precaution; (*prudencia*) caution, wariness
precedente [preθe'ðente] *adj* preceding; (*anterior*) former ▷ *nm* precedent
preceder [preθe'ðer] /2a/ *vt, vi* to precede, go/come before
precepto [pre'θepto] *nm* precept
precinto [pre'θinto] *nm* (*tb*: **~ de garantía**) seal
precio ['preθjo] *nm* price; (*costo*) cost; (*valor*) value, worth; (*de viaje*) fare; **~ de coste** *o* **de cobertura** cost price; **~ al contado** cash price; **~ al detalle** *o* **al por menor** retail price; **~ de salida** upset price; **~ tope** top price
preciosidad [preθjosi'ðað] *nf* (*valor*) (high) value, (great) worth; (*encanto*) charm; (*cosa bonita*) beautiful thing; **es una ~** it's lovely, it's really beautiful
precioso, -a [pre'θjoso, a] *adj* precious; (*de mucho valor*) valuable; (*fam*) lovely, beautiful
precipicio [preθi'piθjo] *nm* cliff, precipice; (*fig*) abyss
precipitación [preθipita'θjon] *nf* haste; (*lluvia*) rainfall
precipitado, -a [preθipi'taðo, a] *adj* hasty, rash; (*salida*) hasty, sudden
precipitar [preθipi'tar] /1a/ *vt* (*arrojar*) to hurl, throw; (*apresurar*) to hasten; (*acelerar*) to speed up, accelerate; **precipitarse** *vr* to throw o.s.; (*apresurarse*) to rush; (*actuar sin pensar*) to act rashly
precisamente [preθisa'mente] *adv* precisely; (*justo*) precisely, exactly
precisar [preθi'sar] /1a/ *vt* (*necesitar*) to need, require; (*fijar*) to determine exactly, fix; (*especificar*) to specify
precisión [preθi'sjon] *nf* (*exactitud*) precision
preciso, -a [pre'θiso, a] *adj* (*exacto*) precise; (*necesario*) necessary, essential
preconcebido, -a [prekonθe'βiðo, a] *adj* preconceived
precoz [pre'koθ] *adj* (*persona*) precocious; (*calvicie*) premature
predecir [preðe'θir] /3o/ *vt* to predict, forecast
predestinado, -a [preðesti'naðo, a] *adj* predestined
predicar [preði'kar] /1g/ *vt, vi* to preach
predicción [preðik'θjon] *nf* prediction
predilecto, -a [preði'lekto, a] *adj* favourite
predisposición [preðisposi'θjon] *nf* inclination; prejudice, bias
predominar [preðomi'nar] /1a/ *vt* to dominate ▷ *vi* to predominate;

(*prevalecer*) to prevail; **predominio** *nm* predominance; prevalence

preescolar [preesko'lar] *adj* preschool

prefabricado, -a [prefaβri'kaðo, a] *adj* prefabricated

prefacio [pre'faθjo] *nm* preface

preferencia [prefe'renθja] *nf* preference; **de ~** preferably, for preference

preferible [prefe'riβle] *adj* preferable

preferido, -a [prefe'riðo, a] *adj, nm/f* favourite, favorite (*US*)

preferir [prefe'rir] /3i/ *vt* to prefer

prefiero *etc* [pre'fjero] *vb V* **preferir**

prefijo [pre'fixo] *nm* (*Telec*) (dialling) code

pregunta [pre'ɣunta] *nf* question; **hacer una ~** to ask a question; **~s frecuentes** FAQs, frequently asked questions; **preguntar** /1a/ *vt* to ask; (*cuestionar*) to question ▷ *vi* to ask; **preguntarse** *vr* to wonder; **preguntar por algn** to ask for sb; **preguntón, -ona** *adj* inquisitive

prehistórico, -a [preis'toriko, a] *adj* prehistoric

prejuicio [pre'xwiθjo] *nm* prejudgement; (*preconcepción*) preconception; (*pey*) prejudice, bias

preludio [pre'luðjo] *nm* prelude

prematuro, -a [prema'turo, a] *adj* premature

premeditar [premeði'tar] /1a/ *vt* to premeditate

premiar [pre'mjar] /1b/ *vt* to reward; (*en un concurso*) to give a prize to

premio ['premjo] *nm* reward; prize; (*Com*) premium

prenatal [prena'tal] *adj* antenatal, prenatal

prenda ['prenda] *nf* (*de ropa*) garment, article of clothing; (*garantía*) pledge; **prendas** *nfpl* talents, gifts

prender [pren'der] /2a/ *vt* (*captar*) to catch, capture; (*detener*) to arrest; (*coser*) to pin, attach; (*sujetar*) to fasten ▷ *vi* to catch; (*arraigar*) to take root; **prenderse** *vr* (*encenderse*) to catch fire

prendido, -a [pren'diðo, a] *adj* (*LAM: luz*) on

prensa ['prensa] *nf* press; **la P~** the press

preñado, -a [pre'ɲaðo, a] *adj* pregnant; **~ de** pregnant with, full of

preocupación [preokupa'θjon] *nf* worry, concern; (*ansiedad*) anxiety

preocupado, -a [preoku'paðo, a] *adj* worried, concerned; anxious

preocupar [preoku'par] /1a/ *vt* to worry; **preocuparse** *vr* to worry; **~se de algo** (*hacerse cargo de algo*) to take care of sth

preparación [prepara'θjon] *nf* (*acto*) preparation; (*estado*) readiness; (*entrenamiento*) training

preparado, -a [prepa'raðo, a] *adj* (*dispuesto*) prepared; (*Culin*) ready (to serve) ▷ *nm* preparation

preparar [prepa'rar] /1a/ *vt* (*disponer*) to prepare, get ready; (*Tec: tratar*) to prepare, process; (*entrenar*) to teach, train; **prepararse** *vr*: **~se a** *o* **para hacer algo** to prepare *o* get ready to do sth; **preparativo, -a** *adj* preparatory, preliminary; **preparativos** *nmpl* preparations; **preparatoria** *nf* (*LAM*) sixth form college (*BRIT*), senior high school (*US*)

presa ['presa] *nf* (*cosa apresada*) catch; (*víctima*) victim; (*de animal*) prey; (*de agua*) dam

presagiar [presa'xjar] /1b/ *vt* to presage; **presagio** *nm* omen

prescindir [presθin'dir] /3a/ *vi*: **~ de** (*privarse de*) to do without, go without; (*descartar*) to dispense with

prescribir [preskri'βir] /3a/ *vt* to prescribe

presencia [pre'senθja] *nf* presence; **presenciar** /1b/ *vt* to be present at; (*asistir a*) to attend; (*ver*) to see, witness

presentación [presenta'θjon] *nf* presentation; (*introducción*) introduction

presentador, a [presenta'ðor, a] *nm/f* compère

presentar [presen'tar] /1a/ *vt* to present; (*ofrecer*) to offer; (*mostrar*) to show, display; (*a una persona*) to introduce; **presentarse** *vr* (*llegar inesperadamente*) to appear, turn up; (*ofrecerse: como candidato*) to run, stand; (*aparecer*) to show, appear; (*solicitar empleo*) to apply

presente [pre'sente] *adj* present ▷ *nm* present; **hacer ~** to state, declare; **tener ~** to remember, bear in mind

presentimiento [presenti'mjento] *nm* premonition, presentiment

presentir [presen'tir] /3i/ *vt* to have a premonition of

preservación [preserβa'θjon] *nf* protection, preservation

preservar [preser'βar] /1a/ *vt* to protect, preserve; **preservativo** *nm* sheath, condom

presidencia [presi'ðenθja] *nf* presidency; (*de comité*) chairmanship

presidente [presi'ðente] *nmf* president; (*de comité*) chairman/woman

presidir [presi'ðir] /3a/ *vt* (*dirigir*) to preside at, preside over; (: *comité*) to take the chair at; (*dominar*) to dominate, rule ▷ *vi* to preside; to take the chair

presión [pre'sjon] *nf* pressure; **~ atmosférica** atmospheric *o* air pressure; **presionar** /1a/ *vt* to press; (*fig*) to press, put pressure on ▷ *vi*: **presionar para** *o* **por** to press for

preso, -a ['preso, a] *nm/f* prisoner; **tomar** *o* **llevar ~ a algn** to arrest sb, take sb prisoner

prestación [presta'θjon] *nf* service; (*subsidio*) benefit; **prestaciones** *nfpl* (*Auto*) performance features

prestado, -a [pres'taðo, a] *adj* on loan; **pedir ~** to borrow

prestamista [presta'mista] *nmf* moneylender

préstamo ['prestamo] *nm* loan; **~ hipotecario** mortgage

prestar [pres'tar] /1a/ *vt* to lend, loan; (*atención*) to pay; (*ayuda*) to give; (*servicio*) to do, render; (*juramento*) to take, swear; **prestarse** *vr* (*ofrecerse*) to offer *o* volunteer

prestigio [pres'tixjo] *nm* prestige; **prestigioso, -a** *adj* (*honorable*) prestigious; (*famoso, renombrado*) renowned, famous

presumido, -a [presu'miðo, a] *adj* conceited

presumir [presu'mir] /3a/ *vt* to presume ▷ *vi* (*darse aires*) to be conceited; **presunto, -a** *adj* (*supuesto*) supposed, presumed; (*así llamado*) so-called; **presuntuoso, -a** *adj* conceited, presumptuous

presupuesto [presu'pwesto] *nm* (*Finanzas*) budget; (*estimación: de costo*) estimate

pretencioso, -a [preten'θjoso, a] *adj* pretentious

pretender [preten'der] /2a/ *vt* (*intentar*) to try to, seek to; (*reivindicar*) to claim; (*buscar*) to seek, try for; (*cortejar*) to woo, court; **~ que** to expect that; **pretendiente** *nmf* (*amante*) suitor; (*al trono*) pretender; **pretensión** *nf* (*aspiración*) aspiration; (*reivindicación*) claim; (*orgullo*) pretension

No confundir *pretender* con la palabra inglesa *pretend*.

pretexto [pre'teksto] *nm* pretext; (*excusa*) excuse

prevención [preβen'θjon] *nf* prevention; (*precaución*) precaution

prevenido, -a [preβe'niðo, a] *adj* prepared, ready; (*cauteloso*) cautious

prevenir [preβe'nir] /3r/ *vt* (*impedir*) to prevent; (*predisponer*) to prejudice, bias; (*avisar*) to warn; (*preparar*) to prepare, get ready; **prevenirse** *vr* to get ready, prepare; **~se contra** to take precautions against; **preventivo, -a** *adj* preventive, precautionary

prever [pre'βer] /2u/ *vt* to foresee
previo, -a ['preβjo, a] *adj* (*anterior*) previous; (*preliminar*) preliminary ▷ *prep*: **~ acuerdo de los otros** subject to the agreement of the others
previsión [preβi'sjon] *nf* (*perspicacia*) foresight; (*predicción*) forecast; **previsto, -a** *adj* anticipated, forecast
prima ['prima] *nf V* **primo**
primario, -a [pri'marjo, a] *adj* primary
primavera [prima'βera] *nf* (*temporada*) spring; (*período*) springtime
Primer Ministro [pri'mer-] *nm* Prime Minister
primero, -a [pri'mero, a] *adj* first; (*fig*) prime ▷ *adv* first; (*más bien*) sooner, rather ▷ *nf* (*Auto*) first gear; (*Ferro*) first class; **de primera** (*fam*) first-class, first-rate; **primera plana** front page
primitivo, -a [primi'tiβo, a] *adj* primitive; (*original*) original
primo, -a ['primo, a] *adj* (*Mat*) prime ▷ *nm/f* cousin; (*fam*) fool, idiot ▷ *nf* (*Com*) bonus; (*de seguro*) premium; **~ hermano** first cousin; **hacer el ~** to be taken for a ride
primogénito, -a [primo'xenito, a] *adj* first-born
primoroso, -a [primo'roso, a] *adj* exquisite, fine
princesa [prin'θesa] *nf* princess
principal [prinθi'pal] *adj* principal, main ▷ *nm* (*jefe*) chief, principal
príncipe ['prinθipe] *nm* prince
principiante [prinθi'pjante] *nmf* beginner
principio [prin'θipjo] *nm* (*comienzo*) beginning, start; (*origen*) origin; (*base*) rudiment, basic idea; (*moral*) principle; **a ~s de** at the beginning of; **desde el ~** from the first; **en un ~** at first
pringue ['pringe] *nm* (*grasa*) grease, fat, dripping
prioridad [priori'ðað] *nf* priority
prisa ['prisa] *nf* (*apresuramiento*) hurry, haste; (*rapidez*) speed; (*urgencia*) (sense of) urgency; **a** *o* **de ~** quickly; **correr ~** to be urgent; **darse ~** to hurry up; **estar de** *o* **tener ~** to be in a hurry
prisión [pri'sjon] *nf* (*cárcel*) prison; (*período de cárcel*) imprisonment; **prisionero, -a** *nm/f* prisoner
prismáticos [pris'matikos] *nmpl* binoculars
privado, -a [pri'βaðo, a] *adj* private
privar [pri'βar] /1a/ *vt* to deprive; **privativo, -a** *adj* exclusive
privilegiar [priβile'xjar] /1b/ *vt* to grant a privilege to; (*favorecer*) to favour
privilegio [priβi'lexjo] *nm* privilege; (*concesión*) concession
pro [pro] *nm o f* profit, advantage ▷ *prep*: **asociación ~ ciegos** association for the blind ▷ *pref*: **~ soviético/americano** pro-Soviet/-American; **en ~ de** on behalf of, for; **los ~s y los contras** the pros and cons
proa ['proa] *nf* (*Naut*) bow, prow; **de ~** bow *cpd*, fore; *V tb* **popa**
probabilidad [proβaβili'ðað] *nf* probability, likelihood; (*oportunidad, posibilidad*) chance, prospect; **probable** *adj* probable, likely
probador [proβa'ðor] *nm* (*en una tienda*) fitting room
probar [pro'βar] /1l/ *vt* (*demostrar*) to prove; (*someter a prueba*) to test, try out; (*ropa*) to try on; (*comida*) to taste ▷ *vi* to try; **probarse** *vr*: **~se un traje** to try on a suit
probeta [pro'βeta] *nf* test tube
problema [pro'βlema] *nm* problem
procedente [proθe'ðente] *adj* (*razonable*) reasonable; (*conforme a derecho*) proper, fitting; **~ de** coming from, originating in
proceder [proθe'ðer] /2a/ *vi* (*avanzar*) to proceed; (*actuar*) to act; (*ser correcto*) to be right (and proper), be fitting ▷ *nm* (*comportamiento*) behaviour, conduct; **~ de** to come from, originate

in; **procedimiento** *nm* procedure; (*proceso*) process; (*método*) means, method

procesador [proθesa'ðor] *nm*: **~ de textos** word processor

procesar [proθe'sar] /1a/ *vt* to try, put on trial; (*Inform*) to process

procesión [proθe'sjon] *nf* procession

proceso [pro'θeso] *nm* process; (*Jur*) trial

proclamar [prokla'mar] /1a/ *vt* to proclaim

procrear [prokre'ar] /1a/ *vt*, *vi* to procreate

procurador, a [prokura'ðor, a] *nm/f* attorney

procurar [proku'rar] /1a/ *vt* (*intentar*) to try, endeavour; (*conseguir*) to get, obtain; (*asegurar*) to secure; (*producir*) to produce

prodigio [pro'ðixjo] *nm* prodigy; (*milagro*) wonder, marvel; **prodigioso, -a** *adj* prodigious, marvellous

pródigo, -a ['proðiɣo, a] *adj*: **hijo ~** prodigal son

producción [proðuk'θjon] *nf* production; (*suma de productos*) output; **~ en serie** mass production

producir [proðu'θir] /3n/ *vt* to produce; (*generar*) to cause, bring about; **producirse** *vr* (*cambio*) to come about; (*hacerse*) to be produced, be made; (*estallar*) to break out; (*accidente*) to take place; (*problema etc*) to arise

productividad [proðuktiβi'ðað] *nf* productivity; **productivo, -a** *adj* productive; (*provechoso*) profitable

producto [pro'ðukto] *nm* product

productor, a [proðuk'tor, a] *adj* productive, producing ▷ *nm/f* producer

proeza [pro'eθa] *nf* exploit, feat

profano, -a [pro'fano, a] *adj* profane ▷ *nm/f* layman/woman

profecía [profe'θia] *nf* prophecy

profesión [profe'sjon] *nf* profession; (*en formulario*) occupation; **profesional** *adj* professional

profesor, a [profe'sor, a] *nm/f* teacher; **profesorado** *nm* teaching profession

profeta [pro'feta] *nmf* prophet

prófugo, -a ['profuɣo, a] *nm/f* fugitive; (*desertor*) deserter

profundidad [profundi'ðað] *nf* depth; **profundizar** /1f/ (*fig*) *vt* to go into deeply ▷ *vi*: **profundizar en** to go into deeply; **profundo, -a** *adj* deep; (*misterio, pensador*) profound

progenitor [proxeni'tor] *nm* ancestor; **progenitores** *nmpl* parents

programa [pro'ɣrama] *nm* programme; (*Inform*) program; **~ de estudios** curriculum, syllabus; **programación** *nf* (*Inform*) programming; **programador, a** *nm/f* (computer) programmer; **programar** /1a/ *vt* (*Inform*) to program

progresar [proɣre'sar] /1a/ *vi* to progress, make progress; **progresista** *adj*, *nmf* progressive; **progresivo, -a** *adj* progressive; (*gradual*) gradual; (*continuo*) continuous; **progreso** *nm* progress

prohibición [proiβi'θjon] *nf* prohibition, ban; **levantar la ~ de** to remove the ban on

prohibir [proi'βir] /3a/ *vt* to prohibit, ban, forbid; **se prohíbe fumar** no smoking; **"prohibido el paso"** "no entry"

prójimo ['proximo] *nm* fellow man

prólogo ['proloɣo] *nm* prologue

prolongar [prolon'gar] /1h/ *vt* to extend; (*en el tiempo*) to prolong; (*calle, tubo*) to make longer, extend

promedio [pro'meðjo] *nm* average; (*de distancia*) middle, mid-point

promesa [pro'mesa] *nf* promise

prometer [prome'ter] /2a/ *vt* to promise ▷ *vi* to show promise; **prometerse** *vr* (*dos personas*) to get engaged; **prometido, -a** *adj* promised; engaged ▷ *nm/f* fiancé/fiancée

prominente [promi'nente] *adj* prominent

promoción [promo'θjon] *nf* promotion
promotor [promo'tor] *nm* promoter; (*instigador*) instigator
promover [promo'βer] /2h/ *vt* to promote; (*causar*) to cause; (*motín*) to instigate, stir up
promulgar [promul'ɣar] /1h/ *vt* to promulgate; (*fig*) to proclaim
pronombre [pro'nombre] *nm* pronoun
pronosticar [pronosti'kar] /1g/ *vt* to predict, foretell, forecast; **pronóstico** *nm* prediction, forecast; **pronóstico del tiempo** weather forecast
pronto, -a ['pronto, a] *adj* (*rápido*) prompt, quick; (*preparado*) ready ▷ *adv* quickly, promptly; (*en seguida*) at once, right away; (*dentro de poco*) soon; (*temprano*) early ▷ *nm*: **de ~** suddenly; **tiene unos ~s muy malos** he gets ratty all of a sudden (*fam*); **por lo ~** meanwhile, for the present
pronunciación [pronunθja'θjon] *nf* pronunciation
pronunciar [pronun'θjar] /1b/ *vt* to pronounce; (*discurso*) to make, deliver; **pronunciarse** *vr* to revolt, rebel; (*declararse*) to declare o.s.
propagación [propaɣa'θjon] *nf* propagation
propaganda [propa'ɣanda] *nf* (*política*) propaganda; (*comercial*) advertising
propenso, -a [pro'penso, a] *adj*: **~ a** prone *o* inclined to; **ser ~ a hacer algo** to be inclined *o* have a tendency to do sth
propicio, -a [pro'piθjo, a] *adj* favourable, propitious
propiedad [propje'ðað] *nf* property; (*posesión*) possession, ownership; **~ particular** private property
propietario, -a [propje'tarjo, a] *nm/f* owner, proprietor
propina [pro'pina] *nf* tip
propio, -a ['propjo, a] *adj* own, of one's own; (*característico*) characteristic, typical; (*conveniente*) proper; (*mismo*) selfsame, very; **el ~ ministro** the minister himself; **¿tienes casa propia?** have you a house of your own?
proponer [propo'ner] /2q/ *vt* to propose, put forward; (*problema*) to pose; **proponerse** *vr* to propose, intend
proporción [propor'θjon] *nf* proportion; (*Mat*) ratio; **proporciones** *nfpl* (*fig*) dimensions; size *sg*; **proporcionado, -a** *adj* proportionate; (*regular*) medium, middling; (*justo*) just right; **proporcionar** /1a/ *vt* (*dar*) to give, supply, provide
proposición [proposi'θjon] *nf* proposition; (*propuesta*) proposal
propósito [pro'posito] *nm* purpose; (*intento*) aim, intention ▷ *adv*: **a ~** by the way, incidentally; (*a posta*) on purpose, deliberately; **a ~ de** about, with regard to
propuesto, -a [pro'pwesto, a] *pp de* **proponer** ▷ *nf* proposal
propulsar [propul'sar] /1a/ *vt* to drive, propel; (*fig*) to promote, encourage; **propulsión** *nf* propulsion; **propulsión a chorro** *o* **por reacción** jet propulsion
prórroga ['prorroɣa] *nf* extension; (*Jur*) stay; (*Com*) deferment; (*Deporte*) extra time; **prorrogar** /1h/ *vt* (*período*) to extend; (*decisión*) to defer, postpone
prosa ['prosa] *nf* prose
proseguir [prose'ɣir] /3d, **3k**/ *vt* to continue, carry on ▷ *vi* to continue, go on
prospecto [pros'pekto] *nm* prospectus
prosperar [prospe'rar] /1a/ *vi* to prosper, thrive, flourish; **prosperidad** *nf* prosperity; (*éxito*) success; **próspero, -a** *adj* prosperous, thriving; (*que tiene éxito*) successful
prostíbulo [pros'tiβulo] *nm* brothel
prostitución [prostitu'θjon] *nf* prostitution

prostituir [prosti'twir] /3g/ *vt* to prostitute; **prostituirse** *vr* to prostitute o.s., become a prostitute
prostituta [prosti'tuta] *nf* prostitute
protagonista [protaɣo'nista] *nmf* protagonist
protección [protek'θjon] *nf* protection
protector, a [protek'tor, a] *adj* protective, protecting ▷ *nm/f* protector
proteger [prote'xer] /2c/ *vt* to protect; **protegido, -a** *nm/f* protégé/protégée
proteína [prote'ina] *nf* protein
protesta [pro'testa] *nf* protest; (*declaración*) protestation
protestante [protes'tante] *adj* Protestant
protestar [protes'tar] /1a/ *vt* to protest, declare ▷ *vi* to protest
protocolo [proto'kolo] *nm* protocol
prototipo [proto'tipo] *nm* prototype
provecho [pro'βetʃo] *nm* advantage, benefit; (*Finanzas*) profit; **¡buen ~!** bon appétit!; **en ~ de** to the benefit of; **sacar ~ de** to benefit from, profit by
provenir [proβe'nir] /3r/ *vi*: **~ de** to come from
proverbio [pro'βerβjo] *nm* proverb
providencia [proβi'ðenθja] *nf* providence
provincia [pro'βinθja] *nf* province
provisión [proβi'sjon] *nf* provision; (*abastecimiento*) provision, supply; (*medida*) measure, step
provisional [proβisjo'nal] *adj* provisional
provocar [proβo'kar] /1g/ *vt* to provoke; (*alentar*) to tempt, invite; (*causar*) to bring about, lead to; (*promover*) to promote; (*estimular*) to rouse, stimulate; (*LAm*): **¿te provoca un café?** would you like a coffee?; **provocativo, -a** *adj* provocative
proxeneta [prokse'neta] *nmf* (*de prostitutas*) pimp/procuress
próximamente [proksima'mente] *adv* shortly, soon
proximidad [proksimi'ðað] *nf* closeness, proximity; **próximo, -a** *adj* near, close; (*vecino*) neighbouring; (*el que viene*) next
proyectar [projek'tar] /1a/ *vt* (*objeto*) to hurl, throw; (*luz*) to cast, shed; (*Cine*) to screen, show; (*planear*) to plan
proyectil [projek'til] *nm* projectile, missile
proyecto [pro'jekto] *nm* plan; (*estimación de costo*) detailed estimate
proyector [projek'tor] *nm* (*Cine*) projector
prudencia [pru'ðenθja] *nf* (*sabiduría*) wisdom; (*cautela*) care; **prudente** *adj* sensible, wise; (*cauteloso*) careful
prueba ['prweβa] *vb V* **probar** ▷ *nf* proof; (*ensayo*) test, trial; (*saboreo*) testing, sampling; (*de ropa*) fitting; **a ~** on trial; **a ~ de** proof against; **a ~ de agua/fuego** waterproof/fireproof; **someter a ~** to put to the test
psico... [siko] *pref* psycho...; **psicología** *nf* psychology; **psicológico, -a** *adj* psychological; **psicólogo, -a** *nm/f* psychologist; **psicópata** *nmf* psychopath; **psicosis** *nf inv* psychosis
psiquiatra [si'kjatra] *nmf* psychiatrist; **psiquiátrico, -a** *adj* psychiatric
PSOE [pe'soe] *nm abr* = **Partido Socialista Obrero Español**
púa *nf* (*Bot, Zool*) prickle, spine; (*para guitarra*) plectrum; **alambre de ~s** barbed wire
pubertad [puβer'tað] *nf* puberty
publicación [puβlika'θjon] *nf* publication
publicar [puβli'kar] /1g/ *vt* (*editar*) to publish; (*hacer público*) to publicize; (*divulgar*) to make public, divulge
publicidad [puβliθi'ðað] *nf* publicity; (*Com*) advertising; **publicitario, -a** *adj* publicity *cpd*; advertising *cpd*

público, -a ['puβliko, a] *adj* public ▷ *nm* public; (*Teat etc*) audience
puchero [pu'tʃero] *nm* (*Culin: olla*) cooking pot; (*: *guiso*) stew; **hacer ~s** to pout
pucho ['putʃo] (*LAM fam*) *nm* cigarette, fag (BRIT)
pude *etc vb V* **poder**
pudiente [pu'ðjente] *adj* (*opulento*) wealthy
pudiera *etc vb V* **poder**
pudor [pu'ðor] *nm* modesty
pudrir [pu'ðrir] /3a/ *vt* to rot; **pudrirse** *vr* to rot, decay
pueblo ['pweβlo] *nm* people; (*nación*) nation; (*aldea*) village
puedo *etc* ['pweðo] *vb V* **poder**
puente ['pwente] *nm* bridge; **~ aéreo** shuttle service; **~ colgante** suspension bridge; **~ levadizo** drawbridge; **hacer ~** (*fam*) to take a long weekend

HACER PUENTE

When a public holiday in Spain falls on a Tuesday or Thursday it is common practice for employers to make the Monday or Friday a holiday as well and to give everyone a four-day weekend. This is known as *hacer puente*. When a named public holiday such as the *Día de la Constitución* falls on a Tuesday or Thursday, people refer to the whole holiday period as e.g. the *puente de la Constitución*.

puerco, -a ['pwerko, a] *adj* (*sucio*) dirty, filthy; (*obsceno*) disgusting ▷ *nm/f* pig/sow; **~ espín** porcupine
pueril [pwe'ril] *adj* childish
puerro ['pwerro] *nm* leek
puerta ['pwerta] *nf* door; (*de jardín*) gate; (*portal*) doorway; (*fig*) gateway; (*gol*) goal; **a la ~** at the door; **a ~ cerrada** behind closed doors; **~ corredera/giratoria** sliding/swing *o* revolving door
puerto ['pwerto] *nm* port; (*paso*) pass; (*fig*) haven, refuge
Puerto Rico [pwerto'riko] *nm* Puerto Rico; **puertorriqueño, -a** *adj, nm/f* Puerto Rican
pues [pwes] *adv* (*entonces*) then; (*¡entonces!*) well, well then; (*así que*) so ▷ *conj* (*porque*) since; **¡~ sí!** yes!, certainly!
puesto, -a ['pwesto, a] *pp de* **poner** ▷ *adj* dressed ▷ *nm* (*lugar, posición*) place; (*trabajo*) post, job; (*Com*) stall ▷ *conj*: **~ que** since, as ▷ *nf* (*apuesta*) bet, stake; **tener algo ~** to have sth on, be wearing sth; **~ de mercado** market stall; **~ de policía** police station; **~ de socorro** first aid post; **puesta al día** updating; **puesta en marcha** starting; **puesta a punto** fine tuning; **puesta del sol** sunset
púgil ['puxil] *nm* boxer
pulga ['pulɣa] *nf* flea
pulgada [pul'ɣaða] *nf* inch
pulgar [pul'ɣar] *nm* thumb
pulir [pu'lir] /3a/ *vt* to polish; (*alisar*) to smooth; (*fig*) to polish up, touch up
pulmón [pul'mon] *nm* lung; **pulmonía** *nf* pneumonia
pulpa ['pulpa] *nf* pulp; (*de fruta*) flesh, soft part
pulpería [pulpe'ria] *nf* (*LAM*) small grocery store
púlpito ['pulpito] *nm* pulpit
pulpo ['pulpo] *nm* octopus
pulque ['pulke] *nm* pulque

PULQUE

Pulque is a thick, white, alcoholic drink which is very popular in Mexico. In ancient times it was considered sacred by the Aztecs. It is produced by fermenting the juice of the *maguey*, a Mexican cactus similar to the agave. It can be drunk by itself or mixed with fruit or vegetable juice.

pulsación [pulsa'θjon] *nf* beat; **pulsaciones** pulse rate
pulsar [pul'sar] /ɪa/ *vt* (*tecla*) to touch, tap; (*Mus*) to play; (*botón*) to press, push ▷ *vi* to pulsate; (*latir*) to beat, throb
pulsera [pul'sera] *nf* bracelet
pulso ['pulso] *nm* (*Med*) pulse; (*fuerza*) strength; (*firmeza*) steadiness, steady hand
pulverizador [pulβeriθa'ðor] *nm* spray, spray gun
pulverizar [pulβeri'θar] /ɪf/ *vt* to pulverize; (*líquido*) to spray
puna ['puna] *nf* (LAM) mountain sickness
punta ['punta] *nf* point, tip; (*extremidad*) end; (*fig*) touch, trace; **horas ~s** peak hours, rush hours; **sacar ~ a** to sharpen
puntada [pun'taða] *nf* (*Costura*) stitch
puntal [pun'tal] *nm* prop, support
puntapié [punta'pje] *nm* kick
puntería [punte'ria] *nf* (*de arma*) aim, aiming; (*destreza*) marksmanship
puntero, -a [pun'tero, a] *adj* leading ▷ *nm* (*señal*, *Inform*) pointer
puntiagudo, -a [puntja'ɣuðo, a] *adj* sharp, pointed
puntilla [pun'tiʎa] *nf* (*Costura*) lace edging; **(andar) de ~s** (to walk) on tiptoe
punto ['punto] *nm* (*gen*) point; (*señal diminuta*) spot, dot; (*lugar*) spot, place; (*momento*) point, moment; (*Costura*) stitch; **a ~** ready; **estar a ~ de** to be on the point of *o* about to; **en ~** on the dot; **hasta cierto ~** to some extent; **hacer ~** to knit; **~ de vista** point of view, viewpoint; **~ muerto** dead centre; (*Auto*) neutral (gear); **~ final** full stop; **dos ~s** colon; **~ y coma** semicolon; **~ acápite** (LAM) full stop, new paragraph; **~ de interrogación** question mark
puntocom [punto'kom] *nf inv*, *adj inv* dotcom
puntuación [puntwa'θjon] *nf* punctuation; (*puntos*: *en examen*) mark(s) *pl*; (: *Deporte*) score
puntual [pun'twal] *adj* (*a tiempo*) punctual; (*cálculo*) exact, accurate; **puntualidad** *nf* punctuality; exactness, accuracy
puntuar [pun'twar] /ɪe/ *vi* (*Deporte*) to score, count
punzante [pun'θante] *adj* (*dolor*) shooting, sharp; (*herramienta*) sharp
puñado [pu'ɲaðo] *nm* handful (*tb fig*)
puñal [pu'ɲal] *nm* dagger; **puñalada** *nf* stab
puñetazo [puɲe'taθo] *nm* punch
puño ['puɲo] *nm* (*Anat*) fist; (*cantidad*) fistful, handful; (*Costura*) cuff; (*de herramienta*) handle
pupila [pu'pila] *nf* pupil
pupitre [pu'pitre] *nm* desk
puré [pu're] *nm* purée; (*sopa*) (thick) soup; **~ de patatas** (ESP), **~ de papas** (LAM) mashed potatoes
purga ['puryɣa] *nf* purge; **purgante** *adj*, *nm* purgative
purgatorio [puryɣa'torjo] *nm* purgatory
purificar [purifi'kar] /ɪg/ *vt* to purify; (*refinar*) to refine
puritano, -a [puri'tano, a] *adj* (*actitud*) puritanical; (*iglesia*, *tradición*) puritan ▷ *nm/f* puritan
puro, -a ['puro, a] *adj* pure; (*verdad*) simple, plain ▷ *nm* cigar
púrpura ['purpura] *nf* purple
pus [pus] *nm* pus
puse *etc* ['puse] *vb V* **poner**
pusiera *etc vb V* **poder**
puta ['puta] *nf* whore, prostitute
putrefacción [putrefak'θjon] *nf* rotting, putrefaction
PVP *abr* (ESP: = *Precio Venta al Público*) ≈ RRP
PYME ['pime] *nf abr* (= *Pequeña y Mediana Empresa*) SME

q

PALABRA CLAVE

que [ke] *conj* **1** (*con oración subordinada: muchas veces no se traduce*) that; **dijo que vendría** he said (that) he would come; **espero que lo encuentres** I hope (that) you find it; *V tb* **el**
2 (*en oración independiente*): **¡que entre!** send him in; **¡que aproveche!** enjoy your meal!; **¡que se mejore tu padre!** I hope your father gets better
3 (*enfático*): **¿me quieres? — ¡que sí!** do you love me? — of course!
4 (*consecutivo: muchas veces no se traduce*) that; **es tan grande que no lo puedo levantar** it's so big (that) I can't lift it
5 (*comparaciones*) than; **yo que tú/él** if I were you/him; *V tb* **más; menos**
6 (*valor disyuntivo*): **que le guste o no** whether he likes it or not; **que venga o que no venga** whether he comes or not
7 (*porque*): **no puedo, que tengo que quedarme en casa** I can't, I've got to stay in
▶ *pron* **1** (*cosa*) that, which; (: + *prep*) which; **el sombrero que te compraste** the hat (that *o* which) you bought; **la cama en que dormí** the bed (that *o* which) I slept in
2 (*persona: suj*) that, who; (: *objeto*) that, whom; **el amigo que me acompañó al museo** the friend that *o* who went to the museum with me; **la chica que invité** the girl (that *o* whom) I invited

qué [ke] *adj* what?, which? ▷ *pron* what?; **¡~ divertido/asco!** how funny/revolting!; **¿~ edad tienes?** how old are you?; **¿de ~ me hablas?** what are you saying to me?; **¿~ tal?** how are you?, how are things?; **¿~ hay (de nuevo)?** what's new?

quebrado, -a [ke'βraðo, a] *adj* (*roto*) broken ▷ *nm/f* bankrupt ▷ *nm* (*Mat*) fraction

quebrantar [keβran'tar] /ıa/ *vt* (*infringir*) to violate, transgress

quebrar [ke'βrar] /ıj/ *vt* to break, smash ▷ *vi* to go bankrupt

quedar [ke'ðar] /ıa/ *vi* to stay, remain; (*encontrarse*) to be; (*restar*) to remain, be left; **quedarse** *vr* to remain, stay (behind); **~ en** (*acordar*) to agree on/to; **~ por hacer** to be still to be done; **~ ciego** to be left blind; **no te queda bien ese vestido** that dress doesn't suit you; **quedamos a las seis** we agreed to meet at six; **~se (con) algo** to keep sth; **~se con algn** (*fam*) to swindle sb; **~se en nada** to come to nothing *o* nought

quedo, -a ['keðo, a] *adj* still ▷ *adv* softly, gently

quehacer [kea'θer] *nm* task, job; **~es (domésticos)** household chores

queja ['kexa] *nf* complaint; **quejarse** /ıa/ *vr* (*enfermo*) to moan, groan;

(*protestar*) to complain; **quejarse de que ...** to complain (about the fact) that ...; **quejido** *nm* moan

quemado, -a [ke'maðo, a] *adj* burnt

quemadura [kema'ðura] *nf* burn, scald

quemar [ke'mar] /ɪa/ *vt* to burn; (*fig: malgastar*) to burn up, squander ▷ *vi* to be burning hot; **quemarse** *vr* (*consumirse*) to burn (up); (*del sol*) to get sunburnt

quemarropa [kema'rropa]: **a ~** *adv* point-blank

quepo *etc* ['kepo] *vb V* **caber**

querella [ke'reʎa] *nf* (*Jur*) charge; (*disputa*) dispute

PALABRA CLAVE

querer [ke'rer] /2t/ *vt* **1** (*desear*) to want; **quiero más dinero** I want more money; **quisiera** *o* **querría un té** I'd like a tea; **sin querer** unintentionally; **quiero ayudar/que vayas** I want to help/you to go
2 (*preguntas: para pedir u ofrecer algo*): **¿quiere abrir la ventana?** could you open the window?; **¿quieres echarme una mano?** can you give me a hand?
3 (*amar*) to love; **te quiero** I love you; **no estoy enamorado, pero la quiero mucho** I'm not in love, but I'm very fond of her

querido, -a [ke'riðo, a] *adj* dear ▷ *nm/f* darling; (*amante*) lover

queso ['keso] *nm* cheese; **~ rallado** grated cheese; **~ crema** (*LAM*), **~ de untar** (*ESP*) cream cheese; **~ manchego** *sheep's milk cheese made in La Mancha*; **dárselas con ~ a algn** (*fam*) to take sb in

quicio ['kiθjo] *nm* hinge; **sacar a algn de ~** to drive sb up the wall

quiebra ['kjeβra] *nf* break, split; (*Com*) bankruptcy; (*Econ*) slump

quiebro *etc* ['kjeβro] *nm* (*del cuerpo*) swerve

quien [kjen] *pron relativo* (*suj*) who; **hay ~ piensa que** there are those who think that; **no hay ~ lo haga** no-one will do it

quién [kjen] *pron interrogativo* who; (*complemento*) whom; **¿~ es?** who's there?

quienquiera [kjen'kjera] (*pl* **quienesquiera**) *pron* whoever

quiero *etc vb V* **querer**

quieto, -a ['kjeto, a] *adj* still; (*carácter*) placid; **quietud** *nf* stillness

No confundir *quieto* con la palabra inglesa *quiet*.

quilate [ki'late] *nm* carat

químico, -a ['kimiko, a] *adj* chemical ▷ *nm/f* chemist ▷ *nf* chemistry

quincalla [kin'kaʎa] *nf* hardware, ironmongery (*BRIT*)

quince ['kinθe] *num* fifteen; **~ días** a fortnight; **quinceañero, -a** *nm/f* teenager; **quincena** *nf* fortnight; (*pago*) fortnightly pay; **quincenal** *adj* fortnightly

quiniela [ki'njela] *nf* football pools *pl*; **quinielas** *nfpl* pools coupon *sg*

quinientos, -as [ki'njentos, as] *num* five hundred

quinto, -a ['kinto, a] *adj* fifth ▷ *nf* country house; (*Mil*) call-up, draft

quiosco ['kjosko] *nm* (*de música*) bandstand; (*de periódicos*) news stand (*also selling sweets, cigarettes etc*)

quirófano [ki'rofano] *nm* operating theatre

quirúrgico, -a [ki'rurxiko, a] *adj* surgical

quise *etc* ['kise] *vb V* **querer**

quisiera *etc vb V* **querer**

quisquilloso [kiski'ʎoso, a] *adj* (*susceptible*) touchy; (*meticuloso*) pernickety

quiste ['kiste] *nm* cyst

quitaesmalte [kitaes'malte] *nm* nail polish remover

quitamanchas [kita'mantʃas] *nm inv* stain remover

quitanieves [kita'njeβes] *nm inv* snowplough (*BRIT*), snowplow (*US*)
quitar [ki'tar] /ɾa/ *vt* to remove, take away; (*ropa*) to take off; (*dolor*) to relieve ▷ *vi*: **¡quita de ahí!** get away!; **quitarse** *vr* to withdraw; (*ropa*) to take off; **se quitó el sombrero** he took off his hat
Quito ['kito] *n* Quito
quizá(s) [ki'θa(s)] *adv* perhaps, maybe

r

rábano ['raβano] *nm* radish; **me importa un ~** I don't give a damn
rabia ['raβja] *nf* (*Med*) rabies *sg*; (*ira*) fury, rage; **rabiar** /ɾb/ *vi* to have rabies; to rage, be furious; **rabiar por algo** to long for sth
rabieta [ra'βjeta] *nf* tantrum, fit of temper
rabino [ra'βino] *nm* rabbi
rabioso, -a [ra'βjoso, a] *adj* rabid; (*fig*) furious
rabo ['ɾaβo] *nm* tail
racha ['ɾatʃa] *nf* gust of wind; **buena/mala ~** spell of good/bad luck
racial [ra'θjal] *adj* racial, race *cpd*
racimo [ra'θimo] *nm* bunch
ración [ra'θjon] *nf* portion; **raciones** *nfpl* rations
racional [raθjo'nal] *adj* (*razonable*) reasonable; (*lógico*) rational
racionar [raθjo'nar] /ɾa/ *vt* to ration (out)

racismo [raˈθismo] *nm* racism; **racista** *adj*, *nmf* racist
radar [raˈðar] *nm* radar
radiador [raðjaˈðor] *nm* radiator
radiante [raˈðjante] *adj* radiant
radical [raðiˈkal] *adj*, *nmf* radical
radicar [raðiˈkar] /ɪg/ *vi*: **~ en** (*dificultad*, *problema*) to lie in; (*solución*) to consist in
radio [ˈraðjo] *nf* radio; (*aparato*) radio (set) ▷ *nm* (*Mat*) radius; (*Química*) radium; **radioactividad** *nf* radioactivity; **radioactivo, -a** *adj* radioactive; **radiografía** *nf* X-ray; **radioterapia** *nf* radiotherapy; **radioyente** *nmf* listener
ráfaga [ˈrafaɣa] *nf* gust; (*de luz*) flash; (*de tiros*) burst
raíz [raˈíθ] *nf* root; **~ cuadrada** square root; **a ~ de** as a result of
raja [ˈraxa] *nf* (*de melón etc*) slice; (*grieta*) crack; **rajar** /ɪa/ *vt* to split; (*fam*) to slash; **rajarse** *vr* to split, crack; **rajarse de** to back out of
rajatabla [raxaˈtaβla]: **a ~** *adv* (*estrictamente*) strictly, to the letter
rallador [raʎaˈðor] *nm* grater
rallar [raˈʎar] /ɪa/ *vt* to grate
rama [ˈrama] *nf* branch; **ramaje** *nm* branches *pl*, foliage; **ramal** *nm* (*de cuerda*) strand; (*Ferro*) branch line; (*Auto*) branch (road)
rambla [ˈrambla] *nf* (*avenida*) avenue
ramo [ˈramo] *nm* branch; (*sección*) department, section
rampa [ˈrampa] *nf* ramp; **~ de acceso** entrance ramp
rana [ˈrana] *nf* frog; **salto de ~** leapfrog
ranchero [ranˈtʃero] *nm* (*LAm*) rancher; (*pequeño propietario*) smallholder
rancho [ˈrantʃo] *nm* (*grande*) ranch; (*pequeño*) small farm
rancio, -a [ˈranθjo, a] *adj* (*comestibles*) rancid; (*vino*) aged, mellow; (*fig*) ancient
rango [ˈrango] *nm* rank; (*prestigio*) standing
ranura [raˈnura] *nf* groove; (*de teléfono etc*) slot
rapar [raˈpar] /ɪa/ *vt* to shave; (*los cabellos*) to crop
rapaz [raˈpaθ] *adj* (*Zool*) predatory ▷ *nm* young boy
rape [ˈrape] *nm* (*pez*) monkfish; **al ~** cropped
rapé [raˈpe] *nm* snuff
rapidez [rapiˈðeθ] *nf* speed, rapidity; **rápido, -a** *adj* fast, quick ▷ *adv* quickly ▷ *nm* (*Ferro*) express; **rápidos** *nmpl* rapids
rapiña [raˈpiɲa] *nf* robbery; **ave de ~** bird of prey
raptar [rapˈtar] /ɪa/ *vt* to kidnap; **rapto** *nm* kidnapping; (*impulso*) sudden impulse; (*éxtasis*) ecstasy, rapture
raqueta [raˈketa] *nf* racket
raquítico, -a [raˈkitiko, a] *adj* stunted; (*fig*) poor, inadequate
rareza [raˈreθa] *nf* rarity; (*fig*) eccentricity
raro, -a [ˈraro, a] *adj* (*poco común*) rare; (*extraño*) odd, strange; (*excepcional*) remarkable
ras [ras] *nm*: **a ~ de** level with; **a ~ de tierra** at ground level
rasar [raˈsar] /ɪa/ *vt* to level
rascacielos [raskaˈθjelos] *nm inv* skyscraper
rascar [rasˈkar] /ɪg/ *vt* (*con las uñas etc*) to scratch; (*raspar*) to scrape; **rascarse** *vr* to scratch (o.s.)
rasgar [rasˈɣar] /ɪh/ *vt* to tear, rip (up)
rasgo [ˈrasɣo] *nm* (*con pluma*) stroke; **rasgos** *nmpl* features, characteristics; **a grandes ~s** in outline, broadly
rasguño [rasˈɣuɲo] *nm* scratch
raso, -a [ˈraso, a] *adj* (*liso*) flat, level; (*a baja altura*) very low ▷ *nm* satin; **cielo ~** clear sky
raspadura [raspaˈðura] *nf* (*acto*) scrape, scraping; (*marca*) scratch;

raspaduras *nfpl* (*de papel etc*) scrapings
raspar [ras'par] /1a/ *vt* to scrape; (*arañar*) to scratch; (*limar*) to file
rastra ['rastra] *nf* (*Agr*) rake; **a ~s** by dragging; (*fig*) unwillingly
rastrear [rastre'ar] /1a/ *vt* (*seguir*) to track
rastrero, -a [ras'trero, a] *adj* (*Bot, Zool*) creeping; (*fig*) despicable, mean
rastrillo [ras'triʎo] *nm* rake
rastro ['rastro] *nm* (*Agr*) rake; (*pista*) track, trail; (*vestigio*) trace; **el R~** *the Madrid flea market*
rasurado [rasu'raðo] *nm* (LAM) shaving; **rasurador** *nm*, (LAM) **rasuradora** [rasura'ðora] *nf* electric shaver *o* razor; **rasurar** /1a/ *vt* (LAM) to shave; **rasurarse** *vr* to shave
rata ['rata] *nf* rat
ratear [rate'ar] /1a/ *vt* (*robar*) to steal
ratero, -a [ra'tero, a] *adj* light-fingered ▷ *nm/f* (*carterista*) pickpocket; (*ladrón*) petty thief
rato ['rato] *nm* while, short time; **a ~s** from time to time; **al poco ~** shortly after, soon afterwards; **~s libres** *o* **de ocio** free *o* leisure time *sg*; **hay para ~** there's still a long way to go
ratón [ra'ton] *nm* mouse; **ratonera** *nf* mousetrap
raudal [rau'ðal] *nm* torrent; **a ~es** in abundance
raya ['raja] *nf* line; (*marca*) scratch; (*en tela*) stripe; (*puntuación*) dash; (*de pelo*) parting; (*límite*) boundary; (*pez*) ray; **a ~s** striped; **pasarse de la ~** to overstep the mark; **tener a ~** to keep in check; **rayar** /1a/ *vt* to line; to scratch; (*subrayar*) to underline ▷ *vi*: **rayar en** *o* **con** to border on
rayo ['rajo] *nm* (*del sol*) ray, beam; (*de luz*) shaft; (*en una tormenta*) (flash of) lightning; **~s X** X-rays
raza ['raθa] *nf* race; **~ humana** human race
razón [ra'θon] *nf* reason; (*justicia*) right, justice; (*razonamiento*) reasoning; (*motivo*) reason, motive; (*Mat*) ratio; **a ~ de 10 cada día** at the rate of 10 a day; **en ~ de** with regard to; **dar ~ a algn** to agree that sb is right; **tener/no tener ~** to be right/wrong; **~ directa/inversa** direct/inverse proportion; **~ de ser** raison d'être; **razonable** *adj* reasonable; (*justo, moderado*) fair; **razonamiento** *nm* (*juicio*) judgement; (*argumento*) reasoning; **razonar** /1a/ *vt, vi* to reason, argue
re [re] *nm* (*Mus*) D
reacción [reak'θjon] *nf* reaction; **avión a ~** jet plane; **~ en cadena** chain reaction; **reaccionar** /1a/ *vi* to react
reacio, -a [re'aθjo, a] *adj* stubborn
reactivar [reakti'βar] /1a/ *vt* to reactivate
reactor [reak'tor] *nm* reactor
real [re'al] *adj* real; (*del rey, fig*) royal;
realidad [reali'ðað] *nf* reality; (*verdad*) truth
realista [rea'lista] *nmf* realist
realización [realiθa'θjon] *nf* fulfilment
realizador, a [realiθa'ðor, a] *nm/f* film-maker; (*TV etc*) producer
realizar [reali'θar] /1f/ *vt* (*objetivo*) to achieve; (*plan*) to carry out; (*viaje*) to make, undertake; **realizarse** *vr* to come about, come true
realmente [real'mente] *adv* really, actually
realzar [real'θar] /1f/ *vt* to enhance; (*acentuar*) to highlight
reanimar [reani'mar] /1a/ *vt* to revive; (*alentar*) to encourage; **reanimarse** *vr* to revive
reanudar [reanu'ðar] /1a/ *vt* (*renovar*) to renew; (*historia, viaje*) to resume
reaparición [reapari'θjon] *nf* reappearance
rearme [re'arme] *nm* rearmament
rebaja [re'βaxa] *nf* reduction, lowering; (*Com*) discount; **rebajas** *nfpl* (*Com*) sale; **"grandes ~s"** "big

r

reductions", "sale"; **rebajar** /1a/ *vt* (*bajar*) to lower; (*reducir*) to reduce; (*disminuir*) to lessen; (*humillar*) to humble

rebanada [reβa'naða] *nf* slice

rebañar [reβa'ɲar] /1a/ *vt* (*comida*) to scrape up; (*plato*) to scrape clean

rebaño [re'βaɲo] *nm* herd; (*de ovejas*) flock

rebatir [reβa'tir] /3a/ *vt* to refute

rebeca [re'βeka] *nf* cardigan

rebelarse [reβe'larse] /1a/ *vr* to rebel, revolt

rebelde [re'βelde] *adj* rebellious; (*niño*) unruly ▷ *nmf* rebel; **rebeldía** *nf* rebelliousness; (*desobediencia*) disobedience

rebelión [reβe'ljon] *nf* rebellion

reblandecer [reβlande'θer] /2d/ *vt* to soften

rebobinar [reβoβi'nar] /1a/ *vt* to rewind

rebosante [reβo'sante] *adj*: **~ de** (*fig*) brimming *o* overflowing with

rebosar [reβo'sar] /1a/ *vi* to overflow; (*abundar*) to abound, be plentiful

rebotar [reβo'tar] /1a/ *vt* to bounce; (*rechazar*) to repel ▷ *vi* (*pelota*) to bounce; (*bala*) to ricochet; **rebote** *nm* rebound; **de rebote** on the rebound

rebozado, -a [reβo'θaðo, a] *adj* fried in batter *o* breadcrumbs *o* flour

rebozar [reβo'θar] /1f/ *vt* to wrap up; (*Culin*) to fry in batter *etc*

rebuscado, -a [reβus'kaðo, a] *adj* (*amanerado*) affected; (*palabra*) recherché; (*idea*) far-fetched

rebuscar [reβus'kar] /1g/ *vi* (*en habitación*) to search high and low

recado [re'kaðo] *nm* message; (*encargo*) errand; **dejar/tomar un ~** (*Telec*) to leave/take a message

recaer [reka'er] /2n/ *vi* to relapse; **~ en** to fall to *o* on; (*criminal etc*) to fall back into, relapse into; **recaída** *nf* relapse

recalcar [rekal'kar] /1g/ *vt* (*fig*) to stress, emphasize

recalentar [rekalen'tar] /1j/ *vt* (*comida*) to warm up, reheat; (*demasiado*) to overheat

recámara [re'kamara] *nf* (LAM) bedroom

recambio [re'kambjo] *nm* spare; (*de pluma*) refill

recapacitar [rekapaθi'tar] /1a/ *vi* to reflect

recargado, -a [rekar'ɣaðo, a] *adj* overloaded; (*exagerado*) over-elaborate

recargar [rekar'ɣar] /1h/ *vt* to overload; (*batería*) to recharge; (*tarjeta de móvil*) to top up; **recargo** *nm* surcharge; (*aumento*) increase

recatado, -a [reka'taðo, a] *adj* (*modesto*) modest, demure; (*prudente*) cautious

recaudación [rekauða'θjon] *nf* (*acción*) collection; (*cantidad*) takings *pl*; (*en deporte*) gate; **recaudador, a** *nmf* tax collector

recelar [reθe'lar] /1a/ *vt*: **~ que** (*sospechar*) to suspect that; (*temer*) to fear that ▷ *vi*: **~(se) de** to distrust; **recelo** *nm* distrust, suspicion

recepción [reθep'θjon] *nf* reception; **recepcionista** *nmf* receptionist

receptor, a [reθep'tor, a] *nm/f* recipient ▷ *nm* (*Telec*) receiver

recesión [reθe'sjon] *nf* (*Com*) recession

receta [re'θeta] *nf* (*Culin*) recipe; (*Med*) prescription

No confundir *receta* con la palabra inglesa *receipt*.

rechazar [retʃa'θar] /1f/ *vt* to repel; (*idea*) to reject; (*oferta*) to turn down

rechazo [re'tʃaθo] *nm* (*de propuesta, tb Med*: *de un órgano*) rejection

rechinar [retʃi'nar] /1a/ *vi* to creak; (*dientes*) to grind

rechistar [retʃis'tar] /1a/ *vi*: **sin ~** without complaint

rechoncho, -a [re'tʃontʃo, a] *adj* (*fam*) thickset (BRIT), heavy-set (US)

rechupete [retʃu'pete]: **de ~** *adj* (*comida*) delicious

recibidor [reθiβi'ðor] *nm* entrance hall
recibimiento [reθiβi'mjento] *nm* reception, welcome
recibir [reθi'βir] /3a/ *vt* to receive; (*dar la bienvenida*) to welcome ▷ *vi* to entertain; **recibo** *nm* receipt
reciclable [reθi'klaβle] *adj* recyclable
reciclar [reθi'klar] /1a/ *vt* to recycle
recién [re'θjen] *adv* recently, newly; **~ casado** newly-wed; **el ~ llegado** the newcomer; **el ~ nacido** the newborn child
reciente [re'θjente] *adj* recent; (*fresco*) fresh
recinto [re'θinto] *nm* enclosure; (*área*) area, place
recio, -a ['reθjo, a] *adj* strong, tough; (*voz*) loud ▷ *adv* hard; loud(ly)
recipiente [reθi'pjente] *nm* receptacle
recíproco, -a [re'θiproco, a] *adj* reciprocal
recital [reθi'tal] *nm* (*Mus*) recital; (*Lit*) reading
recitar [reθi'tar] /1a/ *vt* to recite
reclamación [reklama'θjon] *nf* claim, demand; (*queja*) complaint; **libro de reclamaciones** complaints book
reclamar [rekla'mar] /1a/ *vt* to claim, demand ▷ *vi*: **~ contra** to complain about; **reclamo** *nm* (*anuncio*) advertisement; (*tentación*) attraction
reclinar [rekli'nar] /1a/ *vt* to recline, lean; **reclinarse** *vr* to lean back
reclusión [reklu'sjon] *nf* (*prisión*) prison; (*refugio*) seclusion
recluta [re'kluta] *nmf* recruit ▷ *nf* recruitment; **reclutamiento** *nm* recruitment; **reclutar** /1a/ *vt* (*datos*) to collect; (*dinero*) to collect up
recobrar [reko'βrar] /1a/ *vt* (*recuperar*) to recover; (*rescatar*) to get back; **recobrarse** *vr* to recover
recodo [re'koðo] *nm* (*de río, camino*) bend
recogedor, a [rekoxe'ðor, a] *nm* dustpan ▷ *nm/f* picker, harvester
recoger [reko'xer] /2c/ *vt* to collect; (*Agr*) to harvest; (*levantar*) to pick up; (*juntar*) to gather; (*pasar a buscar*) to come for, get; (*dar asilo*) to give shelter to; (*faldas*) to gather up; (*pelo*) to put up; **recogerse** *vr* (*retirarse*) to retire; **recogido, -a** *adj* (*lugar*) quiet, secluded; (*pequeño*) small ▷ *nf* (*Correos*) collection; (*Agr*) harvest
recolección [rekolek'θjon] *nf* (*Agr*) harvesting; (*colecta*) collection
recomendación [rekomenda'θjon] *nf* (*sugerencia*) suggestion, recommendation; (*referencia*) reference
recomendar [rekomen'dar] /1j/ *vt* to suggest, recommend; (*confiar*) to entrust
recompensa [rekom'pensa] *nf* reward, recompense; **recompensar** /1a/ *vt* to reward, recompense
reconciliación [rekonθilja'θjon] *nf* reconciliation
reconciliar [rekonθi'ljar] /1b/ *vt* to reconcile; **reconciliarse** *vr* to become reconciled
recóndito, -a [re'kondito, a] *adj* (*lugar*) hidden, secret
reconocer [rekono'θer] /2d/ *vt* to recognize; (*registrar*) to search; (*Med*) to examine; **reconocido, -a** *adj* recognized; (*agradecido*) grateful; **reconocimiento** *nm* recognition; (*registro*) search; (*inspección*) examination; (*gratitud*) gratitude; (*confesión*) admission
reconquista [rekon'kista] *nf* reconquest; **la R~** the Reconquest (of Spain)
reconstituyente [rekonstitu'jente] *nm* tonic
reconstruir [rekonstru'ir] /3g/ *vt* to reconstruct
reconversión [recomber'sjon] *nf* restructuring, reorganization; (*tb*: **~ industrial**) rationalization
recopilación [rekopila'θjon] *nf* (*resumen*) summary; (*compilación*)

r

compilation; **recopilar** /1a/ *vt* to compile

récord ['rekorð] *nm* record

recordar [rekor'ðar] /1l/ *vt* (*acordarse de*) to remember; (*recordar a otro*) to remind ▷ *vi* to remember

No confundir *recordar* con la palabra inglesa *record*.

recorrer [reko'rrer] /2a/ *vt* (*país*) to cross, travel through; (*distancia*) to cover; (*registrar*) to search; (*repasar*) to look over; **recorrido** *nm* run, journey; **tren de largo recorrido** main-line *o* inter-city (BRIT) train

recortar [rekor'tar] /1a/ *vt* to cut out; **recorte** *nm* (*acción, de prensa*) cutting; (*de telas, chapas*) trimming; **recorte presupuestario** budget cut

recostar [rekos'tar] /1l/ *vt* to lean; **recostarse** *vr* to lie down

recoveco [reko'βeko] *nm* (*de camino, río etc*) bend; (*en casa*) cubbyhole

recreación [rekrea'θjon] *nf* recreation

recrear [rekre'ar] /1a/ *vt* (*entretener*) to entertain; (*volver a crear*) to recreate; **recreativo, -a** *adj* recreational; **recreo** *nm* recreation; (*Escol*) break, playtime

recriminar [rekrimi'nar] /1a/ *vt* to reproach ▷ *vi* to recriminate; **recriminarse** *vr* to reproach each other

recrudecer [rekruðe'θer] /2d/ *vt, vi* to worsen; **recrudecerse** *vr* to worsen

recta ['rekta] *nf V* **recto**

rectángulo, -a [rek'tangulo, a] *adj* rectangular ▷ *nm* rectangle

rectificar [rektifi'kar] /1g/ *vt* to rectify; (*volverse recto*) to straighten ▷ *vi* to correct o.s.

rectitud [rekti'tuð] *nf* straightness

recto, -a ['rekto, a] *adj* straight; (*persona*) honest, upright ▷ *nm* rectum ▷ *nf* straight line; **siga todo ~** go straight on

rector, a [rek'tor, a] *adj* governing

recuadro [re'kwaðro] *nm* box; (*Tip*) inset

recubrir [reku'βir] /3a/ *vt*: **~ (con)** (*pintura, crema*) to cover (with)

recuento [re'kwento] *nm* inventory; **hacer el ~ de** to count *o* reckon up

recuerdo [re'kwerðo] *nm* souvenir; **recuerdos** *nmpl* memories; **¡~s a tu madre!** give my regards to your mother!

recular [reku'lar] /1a/ *vi* to back down

recuperación [rekupera'θjon] *nf* recovery

recuperar [rekupe'rar] /1a/ *vt* to recover; (*tiempo*) to make up; **recuperarse** *vr* to recuperate

recurrir [reku'rrir] /3a/ *vi* (*Jur*) to appeal; **~ a** to resort to; (*persona*) to turn to; **recurso** *nm* resort; (*medio*) means *pl*, resource; (*Jur*) appeal; **recursos naturales** natural resources

red [reð] *nf* net, mesh; (*Ferro, Inform*) network; (*trampa*) trap; **la R~** (*Internet*) the Net; **~es sociales** social networks; (*páginas web*) social networking sites

redacción [reðak'θjon] *nf* (*acción*) writing; (*Escol*) essay, composition; (*limpieza de texto*) editing; (*personal*) editorial staff

redactar [reðak'tar] /1a/ *vt* to draw up, draft; (*periódico*) to edit

redactor, a [reðak'tor, a] *nm/f* editor

redada [re'ðaða] *nf*: **~ policial** police raid, round-up

rededor [reðe'ðor] *nm*: **al** *o* **en ~** around, round about

redoblar [reðo'βlar] /1a/ *vt* to redouble ▷ *vi* (*tambor*) to roll

redonda [re'ðonda] *nf V* **redondo**

redondear [reðonde'ar] /1a/ *vt* to round, round off

redondel [reðon'del] *nm* (*círculo*) circle; (*Taur*) bullring, arena

redondo, -a [re'ðondo, a] *adj* (*circular*) round; (*completo*) complete ▷ *nf*: **a la redonda** around, round about

reducción [reðuk'θjon] *nf* reduction
reducido, -a [reðu'θiðo, a] *adj* reduced; (*limitado*) limited; (*pequeño*) small
reducir [reðu'θir] /3n/ *vt* to reduce, limit; **reducirse** *vr* to diminish
redundancia [reðun'danθja] *nf* redundancy
reembolsar [re(e)mbol'sar] /1a/ *vt* (*persona*) to reimburse; (*dinero*) to repay, pay back; (*depósito*) to refund; **reembolso** *nm* reimbursement; refund
reemplazar [re(e)mpla'θar] /1f/ *vt* to replace; **reemplazo** *nm* replacement; **de reemplazo** (*Mil*) reserve
reencuentro [re(e)n'kwentro] *nm* reunion
reescribible [reeskri'βiβle] *adj* rewritable
refacción [refak'θjon] *nf* (*LAM*) repair(s); **refacciones** *nfpl* (*piezas de repuesto*) spare parts
referencia [refe'renθja] *nf* reference; **con ~ a** with reference to
referéndum [refe'rendum] (*pl* **referéndums**) *nm* referendum
referente [refe'rente] *adj*: **~ a** concerning, relating to
réferi ['referi] *nmf* (*LAM*) referee
referir [refe'rir] /3i/ *vt* (*contar*) to tell, recount; (*relacionar*) to refer, relate; **referirse** *vr*: **~se a** to refer to
refilón [refi'lon]: **de ~** *adv* obliquely
refinado, -a [refi'naðo, a] *adj* refined
refinar [refi'nar] /1a/ *vt* to refine; **refinería** *nf* refinery
reflejar [refle'xar] /1a/ *vt* to reflect; **reflejo, -a** *adj* reflected; (*movimiento*) reflex ▷ *nm* reflection; (*Anat*) reflex
reflexión [reflek'sjon] *nf* reflection; **reflexionar** /1a/ *vt* to reflect on ▷ *vi* to reflect; (*detenerse*) to pause (to think)
reflexivo, -a [reflek'siβo, a] *adj* thoughtful; (*Ling*) reflexive
reforma [re'forma] *nf* reform; (*Arq etc*) repair; **~ agraria** agrarian reform
reformar [refor'mar] /1a/ *vt* to reform; (*modificar*) to change, alter; (*Arq*) to repair; **reformarse** *vr* to mend one's ways
reformatorio [reforma'torjo] *nm* reformatory
reforzar [refor'θar] /1f, 1l/ *vt* to strengthen; (*Arq*) to reinforce; (*fig*) to encourage
refractario, -a [refrak'tarjo, a] *adj* (*Tec*) heat-resistant
refrán [re'fran] *nm* proverb, saying
refregar [refre'ɣar] /1h, 1j/ *vt* to scrub
refrescante [refres'kante] *adj* refreshing, cooling
refrescar [refres'kar] /1g/ *vt* to refresh ▷ *vi* to cool down; **refrescarse** *vr* to get cooler; (*tomar aire fresco*) to go out for a breath of fresh air; (*beber*) to have a drink
refresco [re'fresko] *nm* soft drink, cool drink; **"~s"** "refreshments"
refriega *etc* [re'frjeɣa] *nf* scuffle, brawl
refrigeración [refrixera'θjon] *nf* refrigeration; (*de casa*) air-conditioning
refrigerador [refrixera'ðor] *nm* refrigerator, icebox (*US*)
refrigerar [refrixe'rar] /1a/ *vt* to refrigerate; (*sala*) to air-condition
refuerzo *etc* [re'fwerθo] *nm* reinforcement; (*Tec*) support
refugiado, -a [refu'xjaðo, a] *nm/f* refugee
refugiarse [refu'xjarse] /1b/ *vr* to take refuge, shelter
refugio [re'fuxjo] *nm* refuge; (*protección*) shelter
refunfuñar [refunfu'ɲar] /1a/ *vi* to grunt, growl; (*quejarse*) to grumble
regadera [reɣa'ðera] *nf* watering can
regadío [reɣa'ðio] *nm* irrigated land
regalado, -a [reɣa'laðo, a] *adj* comfortable, luxurious; (*gratis*) free, for nothing
regalar [reɣa'lar] /1a/ *vt* (*dar*) to give (as a present); (*entregar*) to give away; (*mimar*) to pamper, make a fuss of

regaliz [reɣa'liθ] *nm* liquorice
regalo [re'ɣalo] *nm* (*obsequio*) gift, present; (*gusto*) pleasure
regañadientes [reɣaɲa'ðjentes]: **a ~** *adv* reluctantly
regañar [reɣa'ɲar] /1a/ *vt* to scold ▷ *vi* to grumble; **regañón, -ona** *adj* nagging
regar [re'ɣar] /1h, 1j/ *vt* to water, irrigate; (*fig*) to scatter, sprinkle
regatear [reɣate'ar] /1a/ *vt* (*Com*) to bargain over; (*escatimar*) to be mean with ▷ *vi* to bargain, haggle; (*Deporte*) to dribble; **regateo** *nm* bargaining; (*Deporte*) dribbling; (*con el cuerpo*) swerve, dodge
regazo [re'ɣaθo] *nm* lap
regenerar [rexene'rar] /1a/ *vt* to regenerate
régimen ['reximen] (*pl* **regímenes**) *nm* regime; (*Med*) diet
regimiento [rexi'mjento] *nm* regiment
regio, -a ['rexjo, a] *adj* royal, regal; (*fig*: *suntuoso*) splendid; (*LAm fam*) great, terrific
región [re'xjon] *nf* region
regir [re'xir] /3c, 3k/ *vt* to govern, rule; (*dirigir*) to manage, run ▷ *vi* to apply, be in force
registrar [rexis'trar] /1a/ *vt* (*buscar*) to search; (*en cajón*) to look through; (*inspeccionar*) to inspect; (*anotar*) to register, record; (*Inform*) to log; **registrarse** *vr* to register; (*ocurrir*) to happen
registro [re'xistro] *nm* (*acto*) registration; (*Mus*, *libro*) register; (*inspección*) inspection, search; **~ civil** registry office
regla ['reɣla] *nf* (*ley*) rule, regulation; (*de medir*) ruler, rule; (*Med*: *período*) period; **en ~** in order
reglamentación [reɣlamenta'θjon] *nf* (*acto*) regulation; (*lista*) rules *pl*
reglamentar [reɣlamen'tar] /1a/ *vt* to regulate; **reglamentario, -a** *adj* statutory; **reglamento** *nm* rules *pl*, regulations *pl*
regocijarse [reɣoθi'xarse] /1a/ *vr*: **~ de** *o* **por** to rejoice at; **regocijo** *nm* joy, happiness
regrabadora [regraβa'ðora] *nf* rewriter; **~ de DVD** DVD rewriter
regresar [reɣre'sar] /1a/ *vi* to come/go back, return; **regreso** *nm* return
reguero [re'ɣero] *nm* (*de sangre*) trickle; (*de humo*) trail
regulador [reɣula'ðor] *nm* regulator; (*de radio etc*) knob, control
regular [reɣu'lar] /1a/ *adj* regular; (*normal*) normal, usual; (*común*) ordinary; (*organizado*) regular, orderly; (*mediano*) average; (*fam*) not bad, so-so ▷ *adv*: **estar ~** to be so-so *o* all right ▷ *vt* (*controlar*) to control, regulate; (*Tec*) to adjust; **por lo ~** as a rule; **regularidad** *nf* regularity; **regularizar** /1f/ *vt* to regularize
rehabilitación [reaβilita'θjon] *nf* rehabilitation; (*Arq*) restoration
rehabilitar [reaβili'tar] /1a/ *vt* to rehabilitate; (*Arq*) to restore; (*reintegrar*) to reinstate
rehacer [rea'θer] /2r/ *vt* (*reparar*) to mend, repair; (*volver a hacer*) to redo, repeat; **rehacerse** *vr* (*Med*) to recover
rehén [re'en] *nmf* hostage
rehuir [reu'ir] /3g/ *vt* to avoid, shun
rehusar [reu'sar] /1a/ *vt*, *vi* to refuse
reina ['reina] *nf* queen; **reinado** *nm* reign
reinar [rei'nar] /1a/ *vi* to reign
reincidir [reinθi'ðir] /3a/ *vi* to relapse
reincorporarse [reinkorpo'rarse] /1a/ *vr*: **~ a** to rejoin
reino ['reino] *nm* kingdom; **~ animal/vegetal** animal/plant kingdom; **el R~ Unido** the United Kingdom
reintegrar [reinte'ɣrar] /1a/ *vt* (*reconstituir*) to reconstruct; (*persona*) to reinstate; (*dinero*) to refund, pay back; **reintegrarse** *vr*: **~se a** to return to
reír [re'ir] *vi* to laugh; **reírse** *vr* to laugh; **~se de** to laugh at

reiterar [reite'rar] /1a/ *vt* to reiterate
reivindicación [reiβindika'θjon] *nf* (*demanda*) claim, demand; (*justificación*) vindication
reivindicar [reiβindi'kar] /1g/ *vt* to claim
reja ['rexa] *nf* (*de ventana*) grille, bars *pl*; (*en la calle*) grating
rejilla [re'xiʎa] *nf* grating, grille; (*muebles*) wickerwork; (*de ventilación*) vent; (*de coche etc*) luggage rack
rejoneador [rexonea'ðor] *nm* mounted bullfighter
rejuvenecer [rexuβene'θer] /2d/ *vt*, *vi* to rejuvenate
relación [rela'θjon] *nf* relation, relationship; (*Mat*) ratio; (*narración*) report; **relaciones laborales/públicas** labour/public relations; **con ~ a, en ~ con** in relation to; **relacionar** /1a/ *vt* to relate, connect; **relacionarse** *vr* to be connected *o* linked
relajación [relaxa'θjon] *nf* relaxation
relajar [rela'xar] /1a/ *vt* to relax; **relajarse** *vr* to relax
relamerse [rela'merse] /2a/ *vr* to lick one's lips
relámpago [re'lampaɣo] *nm* flash of lightning; **visita/huelga ~** lightning visit/strike
relatar [rela'tar] /1a/ *vt* to tell, relate
relativo, -a [rela'tiβo, a] *adj* relative; **en lo ~ a** concerning
relato [re'lato] *nm* (*narración*) story, tale
relegar [rele'ɣar] /1h/ *vt* to relegate
relevante [rele'βante] *adj* eminent, outstanding
relevar [rele'βar] /1a/ *vt* (*sustituir*) to relieve; **relevarse** *vr* to relay; **~ a algn de un cargo** to relieve sb of his post
relevo [re'leβo] *nm* relief; **carrera de ~s** relay race
relieve [re'ljeβe] *nm* (*Arte*, *Tec*) relief; (*fig*) prominence, importance; **bajo ~** bas-relief
religión [reli'xjon] *nf* religion; **religioso, -a** *adj* religious ▷ *nm/f* monk/nun
relinchar [relin'tʃar] /1a/ *vi* to neigh
reliquia [re'likja] *nf* relic; **~ de familia** heirloom
rellano [re'ʎano] *nm* (*Arq*) landing
rellenar [reʎe'nar] /1a/ *vt* (*llenar*) to fill up; (*Culin*) to stuff; (*Costura*) to pad; **relleno, -a** *adj* full up; (*Culin*) stuffed ▷ *nm* stuffing; (*de tapicería*) padding
reloj [re'lo(x)] *nm* clock; **poner el ~ (en hora)** to set one's watch *o* the clock; **~ (de pulsera)** (wrist)watch; **~ despertador** alarm (clock); **~ digital** digital watch; **relojero, -a** *nm/f* clockmaker; watchmaker
reluciente [relu'θjente] *adj* brilliant, shining
relucir [relu'θir] /3f/ *vi* to shine; (*fig*) to excel
remachar [rema'tʃar] /1a/ *vt* to rivet; (*fig*) to hammer home, drive home; **remache** *nm* rivet
remangar [reman'gar] /1h/ *vt* to roll up; **remangarse** *vr* to roll one's sleeves up
remanso [re'manso] *nm* pool
remar [re'mar] /1a/ *vi* to row
rematado, -a [rema'taðo, a] *adj* complete, utter
rematar [rema'tar] /1a/ *vt* to finish off; (*Com*) to sell off cheap ▷ *vi* to end, finish off; (*Deporte*) to shoot
remate [re'mate] *nm* end, finish; (*punta*) tip; (*Deporte*) shot; (*Arq*) top; **de** *o* **para ~** to crown it all (BRIT), to top it off
remedar [reme'ðar] /1a/ *vt* to imitate
remediar [reme'ðjar] /1b/ *vt* to remedy; (*subsanar*) to make good, repair; (*evitar*) to avoid
remedio [re'meðjo] *nm* remedy; (*alivio*) relief, help; (*Jur*) recourse, remedy; **poner ~ a** to correct, stop; **no tener más ~** to have no alternative; **¡qué ~!** there's no choice!; **sin ~** hopeless

remendar [remen'dar] /1j/ *vt* to repair; (*con parche*) to patch
remiendo *etc* [re'mjendo] *nm* mend; (*con parche*) patch; (*cosido*) darn
remilgado, -a [remil'ɣaðo, a] *adj* prim; (*afectado*) affected
remiso, -a [re'miso, a] *adj* slack, slow
remite [re'mite] *nm* (*en sobre*) name and address of sender; **remitente** *nmf* (*Correos*) sender; **remitir** /3a/ *vt* to remit, send ▷ *vi* to slacken; (*en carta*): **remite: X** sender: X
remo ['remo] *nm* (*de barco*) oar; (*Deporte*) rowing
remojar [remo'xar] /1a/ *vt* to steep, soak; (*galleta etc*) to dip, dunk
remojo [re'moxo] *nm*: **dejar la ropa en ~** to leave clothes to soak
remolacha [remo'latʃa] *nf* beet, beetroot (BRIT)
remolcador [remolka'ðor] *nm* (*Naut*) tug; (*Auto*) breakdown lorry
remolcar [remol'kar] /1g/ *vt* to tow
remolino [remo'lino] *nm* eddy; (*de agua*) whirlpool; (*de viento*) whirlwind; (*de gente*) crowd
remolque [re'molke] *nm* tow, towing; (*cuerda*) towrope; **llevar a ~** to tow
remontar [remon'tar] /1a/ *vt* to mend; **remontarse** *vr* to soar; **~se a** (*Com*) to amount to; **~ el vuelo** to soar
remorder [remor'ðer] /2h/ *vt* to distress, disturb; **~le la conciencia a algn** to have a guilty conscience; **remordimiento** *nm* remorse
remoto, -a [re'moto, a] *adj* remote
remover [remo'ßer] /2h/ *vt* to stir; (*tierra*) to turn over; (*objetos*) to move round
remuneración [remunera'θjon] *nf* remuneration
remunerar [remune'rar] /1a/ *vt* to remunerate; (*premiar*) to reward
renacer [rena'θer] /2d/ *vi* to be reborn; (*fig*) to revive; **renacimiento** *nm* rebirth; **el Renacimiento** the Renaissance
renacuajo [rena'kwaxo] *nm* (*Zool*) tadpole
renal [re'nal] *adj* renal, kidney *cpd*
rencilla [ren'θiʎa] *nf* quarrel
rencor [ren'kor] *nm* rancour, bitterness; **rencoroso, -a** *adj* spiteful
rendición [rendi'θjon] *nf* surrender
rendido, -a [ren'diðo, a] *adj* (*sumiso*) submissive; (*agotado*) worn-out, exhausted
rendija [ren'dixa] *nf* (*hendidura*) crack
rendimiento [rendi'mjento] *nm* (*producción*) output; (*Tec, Com*) efficiency
rendir [ren'dir] /3k/ *vt* (*vencer*) to defeat; (*producir*) to produce; (*dar beneficio*) to yield; (*agotar*) to exhaust ▷ *vi* to pay; **rendirse** *vr* (*someterse*) to surrender; (*cansarse*) to wear o.s. out; **~ homenaje** *o* **culto a** to pay homage to
renegar [rene'ɣar] /1h, 1j/ *vi* (*blasfemar*) to blaspheme; **~ de** (*renunciar*) to renounce; (*quejarse*) to complain about
RENFE ['renfe] *nf abr* = **Red Nacional de Ferrocarriles Españoles**
renglón [ren'glon] *nm* (*línea*) line; (*Com*) item, article; **a ~ seguido** immediately after
renombre [re'nombre] *nm* renown
renovación [renoßa'θjon] *nf* (*de contrato*) renewal; (*Arq*) renovation
renovar [reno'ßar] /1l/ *vt* to renew; (*Arq*) to renovate
renta ['renta] *nf* (*ingresos*) income; (*beneficio*) profit; (*alquiler*) rent; **~ vitalicia** annuity; **rentable** *adj* profitable
renuncia [re'nunθja] *nf* resignation; **renunciar** /1b/ *vt* to renounce, give up ▷ *vi* to resign; **renunciar a** (*tabaco, alcohol etc*) to give up; (*oferta, oportunidad*) to turn down; (*puesto*) to resign
reñido, -a [re'ɲiðo, a] *adj* (*batalla*) bitter, hard-fought; **estar ~ con algn** to be on bad terms with sb

reñir [re'ɲir] /3h, 3k/ *vt* (*regañar*) to scold ▷ *vi* (*estar peleado*) to quarrel, fall out; (*combatir*) to fight
reo ['reo] *nmf* culprit, offender; (*Jur*) accused
reojo [re'oxo]: **de ~** *adv* out of the corner of one's eye
reparación [repara'θjon] *nf* (*acto*) mending, repairing; (*Tec*) repair; (*fig*) amends, reparation
reparador, -a [repara'ðor, a] *adj* refreshing; (*comida*) fortifying ▷ *nm* repairer
reparar [repa'rar] /1a/ *vt* to repair; (*fig*) to make amends for; (*observar*) to observe ▷ *vi*: **~ en** (*darse cuenta de*) to notice; (*poner atención en*) to pay attention to
reparo [re'paro] *nm* (*advertencia*) observation; (*duda*) doubt; (*dificultad*) difficulty; **poner ~s (a)** to raise objections (to)
repartidor, a [reparti'ðor, a] *nm/f* distributor
repartir [repar'tir] /3a/ *vt* to distribute, share out; (*Com*, *Correos*) to deliver; **reparto** *nm* distribution; (*Com*, *Correos*) delivery; (*Teat*, *Cine*) cast; (*LAM*: *urbanización*) housing estate (*BRIT*), real estate development (*US*)
repasar [repa'sar] /1a/ *vt* (*Escol*) to revise; (*Mecánica*) to check, overhaul; (*Costura*) to mend; **repaso** *nm* revision; (*Mecánica*) overhaul, checkup; (*Costura*) mending
repecho [re'petʃo] *nm* steep incline
repelente [repe'lente] *adj* repellent, repulsive
repeler [repe'ler] /2a/ *vt* to repel
repente [re'pente] *nm*: **de ~** suddenly
repentino, -a [repen'tino, a] *adj* sudden
repercusión [reperku'sjon] *nf* repercussion
repercutir [reperku'tir] /3a/ *vi* (*objeto*) to rebound; (*sonido*) to echo; **~ en** (*fig*) to have repercussions *o* effects on
repertorio [reper'torjo] *nm* list; (*Teat*) repertoire
repetición [repeti'θjon] *nf* repetition
repetir [repe'tir] /3k/ *vt* to repeat; (*plato*) to have a second helping of ▷ *vi* to repeat; (*sabor*) to come back; **repetirse** *vr* to repeat o.s.
repetitivo, -a [repeti'tiβo, a] *adj* repetitive, repetitious
repique [re'pike] *nm* pealing, ringing; **repiqueteo** *nm* pealing; (*de tambor*) drumming
repisa [re'pisa] *nf* ledge, shelf; **~ de chimenea** mantelpiece; **~ de ventana** windowsill
repito *etc vb V* **repetir**
replantear [replante'ar] /1a/ *vt* (*cuestión pública*) to readdress; **replantearse** *vr*: **~se algo** to reconsider sth
repleto, -a [re'pleto, a] *adj* replete, full up
réplica ['replika] *nf* answer; (*Arte*) replica
replicar [repli'kar] /1g/ *vi* to answer; (*objetar*) to argue, answer back
repliegue [re'pljeɣe] *nm* (*Mil*) withdrawal
repoblación [repoβla'θjon] *nf* repopulation; (*de río*) restocking; **~ forestal** reafforestation
repoblar [repo'βlar] /1l/ *vt* to repopulate; (*con árboles*) to reafforest
repollito [repo'ʎito] *nm* (*LAM*): **~s de Bruselas** (Brussels) sprouts
repollo [re'poʎo] *nm* cabbage
reponer [repo'ner] /2q/ *vt* to replace, put back; (*Teat*) to revive; **reponerse** *vr* to recover; **~ que** to reply that
reportaje [repor'taxe] *nm* report, article
reportero, -a [repor'tero, a] *nm/f* reporter
reposacabezas [reposaka'βeθas] *nm inv* headrest

reposar [repo'sar] /1a/ *vi* to rest, repose
reposición [reposi'θjon] *nf* replacement; (*Cine*) second showing
reposo [re'poso] *nm* rest
repostar [repos'tar] /1a/ *vt* to replenish; (*Auto*) to fill up (with petrol *o* gasoline)
repostería [reposte'ria] *nf* confectioner's (shop)
represa [re'presa] *nf* dam; (*lago artificial*) lake, pool
represalia [repre'salja] *nf* reprisal
representación [representa'θjon] *nf* representation; (*Teat*) performance; **representante** *nmf* representative; (*Teat*) performer
representar [represen'tar] /1a/ *vt* to represent; (*Teat*) to perform; (*edad*) to look; **representarse** *vr* to imagine; **representativo, -a** *adj* representative
represión [repre'sjon] *nf* repression
reprimenda [repri'menda] *nf* reprimand, rebuke
reprimir [repri'mir] /3a/ *vt* to repress
reprobar [repro'βar] /1l/ *vt* to censure, reprove
reprochar [repro'tʃar] /1a/ *vt* to reproach; **reproche** *nm* reproach
reproducción [reproðuk'θjon] *nf* reproduction
reproducir [reproðu'θir] /3n/ *vt* to reproduce; **reproducirse** *vr* to breed; (*situación*) to recur
reproductor, a [reproðuk'tor, a] *adj* reproductive ▷ *nm*: **~ de CD** CD player
reptil [rep'til] *nm* reptile
república [re'puβlika] *nf* republic; **R~ Dominicana** Dominican Republic; **republicano, -a** *adj, nm/f* republican
repudiar [repu'ðjar] /1b/ *vt* to repudiate; (*fe*) to renounce
repuesto [re'pwesto] *nm* (*pieza de recambio*) spare (part); (*abastecimiento*) supply; **rueda de ~** spare wheel
repugnancia [repuɣ'naⁿθja] *nf* repugnance; **repugnante** *adj* repugnant, repulsive
repugnar [repuɣ'nar] /1a/ *vt* to disgust
repulsa [re'pulsa] *nf* rebuff
repulsión [repul'sjon] *nf* repulsion, aversion; **repulsivo, -a** *adj* repulsive
reputación [reputa'θjon] *nf* reputation
requerir [reke'rir] /3i/ *vt* (*pedir*) to ask, request; (*exigir*) to require; (*llamar*) to send for, summon
requesón [reke'son] *nm* cottage cheese
requete... [rekete] *pref* extremely
réquiem ['rekjem] *nm* requiem
requisito [reki'sito] *nm* requirement, requisite
res [res] *nf* beast, animal
resaca [re'saka] *nf* (*en el mar*) undertow, undercurrent; (*fam*) hangover
resaltar [resal'tar] /1a/ *vi* to project, stick out; (*fig*) to stand out
resarcir [resar'θir] /3b/ *vt* to compensate; **resarcirse** *vr* to make up for
resbaladero [resβala'ðero] *nm* (LAM) slide
resbaladizo, -a [resβala'ðiθo, a] *adj* slippery
resbalar [resβa'lar] /1a/ *vi* to slip, slide; (*fig*) to slip (up); **resbalarse** *vr* to slip, slide; (*fig*) to slip (up); **resbalón** *nm* (*acción*) slip
rescatar [reska'tar] /1a/ *vt* (*salvar*) to save, rescue; (*objeto*) to get back, recover; (*cautivos*) to ransom
rescate [res'kate] *nm* rescue; (*de objeto*) recovery; **pagar un ~** to pay a ransom
rescindir [resθin'dir] /3a/ *vt* rescind
rescisión [resθi'sjon] *nf* cancellation
resecar [rese'kar] /1g/ *vt* to dry off, dry thoroughly; (*Med*) to cut out, remove; **resecarse** *vr* to dry up
reseco, -a [re'seko, a] *adj* very dry; (*fig*) skinny
resentido, -a [resen'tiðo, a] *adj* resentful

resentimiento [resenti'mjento] *nm* resentment, bitterness
resentirse [resen'tirse] /3i/ *vr* (*debilitarse: persona*) to suffer; **~ de** (*sufrir las consecuencias de*) to feel the effects of; **~ de** *o* **por algo** to resent sth, be bitter about sth
reseña [re'seɲa] *nf* (*cuenta*) account; (*informe*) report; (*Lit*) review; **reseñar** /1a/ *vt* to describe; (*Lit*) to review
reserva [re'serβa] *nf* reserve; (*reservación*) reservation
reservación [reserβa'θjon] *nf* (LAM) reservation
reservado, -a [reser'βaðo, a] *adj* reserved; (*retraído*) cold, distant ▷ *nm* private room
reservar [reser'βar] /1a/ *vt* (*guardar*) to keep; (*Ferro, Teat etc*) to reserve, book; **reservarse** *vr* to save o.s.; (*callar*) to keep to o.s.
resfriado [res'friaðo] *nm* cold; **resfriarse** /1c/ *vr* to cool off; (*Med*) to catch (a) cold
resguardar [resɣwar'ðar] /1a/ *vt* to protect, shield; **resguardarse** *vr*: **~se de** to guard against; **resguardo** *nm* defence; (*vale*) voucher; (*recibo*) receipt, slip
residencia [resi'ðenθja] *nf* residence; (*Univ*) hall of residence; **~ para ancianos** *o* **jubilados** residential home, old people's home; **residencial** *adj* residential
residente [resi'ðente] *adj, nmf* resident
residir [resi'ðir] /3a/ *vi* to reside, live; **~ en** to reside *o* lie in
residuo [re'siðwo] *nm* residue
resignación [resiɣna'θjon] *nf* resignation; **resignarse** /1a/ *vr*: **resignarse a** *o* **con** to resign o.s. to, be resigned to
resina [re'sina] *nf* resin
resistencia [resis'tenθja] *nf* (*dureza*) endurance, strength; (*oposición, Elec*) resistance; **resistente** *adj* strong, hardy; (*Tec*) resistant
resistir [resis'tir] /3a/ *vt* (*soportar*) to bear; (*oponerse a*) to resist, oppose; (*aguantar*) to put up with ▷ *vi* to resist; (*aguantar*) to last, endure; **resistirse** *vr*: **~se a** to refuse to, resist
resoluto, -a [reso'luto, a] *adj* resolute
resolver [resol'βer] /2h/ *vt* to resolve; (*solucionar*) to solve, resolve; (*decidir*) to decide, settle; **resolverse** *vr* to make up one's mind
resonar [reso'nar] /1l/ *vi* to ring, echo
resoplar [reso'plar] /1a/ *vi* to snort; **resoplido** *nm* heavy breathing
resorte [re'sorte] *nm* spring; (*fig*) lever
resortera [resor'tera] *nf* (LAM) catapult
respaldar [respal'dar] /1a/ *vt* to back (up), support; **respaldarse** *vr* to lean back; **~se con** *o* **en** (*fig*) to take one's stand on; **respaldo** *nm* (*de sillón*) back; (*fig*) support, backing
respectivo, -a [respek'tiβo, a] *adj* respective; **en lo ~ a** with regard to
respecto [res'pekto] *nm*: **al ~** on this matter; **con ~ a, ~ de** with regard to, in relation to
respetable [respe'taβle] *adj* respectable
respetar [respe'tar] /1a/ *vt* to respect; **respeto** *nm* respect; (*acatamiento*) deference; **respetos** *nmpl* respects; **respetuoso, -a** *adj* respectful
respingo [res'pingo] *nm* start, jump
respiración [respira'θjon] *nf* breathing; (*Med*) respiration; (*ventilación*) ventilation; **~ asistida** artificial respiration (*by machine*)
respirar [respi'rar] /1a/ *vi* to breathe; **respiratorio, -a** *adj* respiratory; **respiro** *nm* breathing; (*fig: descanso*) respite
resplandecer [resplande'θer] /2d/ *vi* to shine; **resplandeciente** *adj* resplendent, shining; **resplandor** *nm* brilliance, brightness; (*del fuego*) blaze

responder [respon'der] /2a/ *vt* to answer ▷ *vi* to answer; (*fig*) to respond; (*pey*) to answer back; **~ de** *o* **por** to answer for; **respondón, -ona** *adj* cheeky

responsabilidad [responsaβili'ðað] *nf* responsibility

responsabilizarse [responsaβili'θarse] /1f/ *vr* to make o.s. responsible, take charge

responsable [respon'sable] *adj* responsible

respuesta [res'pwesta] *nf* answer, reply

resquebrajar [reskeβra'xar] /1a/ *vt* to crack, split; **resquebrajarse** *vr* to crack, split

resquicio [res'kiθjo] *nm* chink; (*hendidura*) crack

resta ['resta] *nf* (*Mat*) remainder

restablecer [restaβle'θer] /2d/ *vt* to re-establish, restore; **restablecerse** *vr* to recover

restante [res'tante] *adj* remaining; **lo ~** the remainder

restar [res'tar] /1a/ *vt* (*Mat*) to subtract; (*fig*) to take away ▷ *vi* to remain, be left

restauración [restaura'θjon] *nf* restoration

restaurante [restau'rante] *nm* restaurant

restaurar [restau'rar] /1a/ *vt* to restore

restituir [restitu'ir] /3g/ *vt* (*devolver*) to return, give back; (*rehabilitar*) to restore

resto ['resto] *nm* (*residuo*) rest, remainder; (*apuesta*) stake; **restos** *nmpl* remains

restorán [resto'ran] *nm* (*LAm*) restaurant

restregar [restre'ɣar] /1h, 1j/ *vt* to scrub, rub

restricción [restrik'θjon] *nf* restriction

restringir [restrin'xir] /3c/ *vt* to restrict, limit

resucitar [resuθi'tar] /1a/ *vt, vi* to resuscitate, revive

resuelto, -a [re'swelto, a] *pp de* **resolver** ▷ *adj* resolute, determined

resultado [resul'taðo] *nm* result; (*conclusión*) outcome; **resultante** *adj* resulting, resultant

resultar [resul'tar] /1a/ *vi* (*ser*) to be; (*llegar a ser*) to turn out to be; (*salir bien*) to turn out well; (*Com*) to amount to; **~ de** to stem from; **me resulta difícil hacerlo** it's difficult for me to do it

resumen [re'sumen] *nm* summary, résumé; **en ~** in short

resumir [resu'mir] /3a/ *vt* to sum up; (*cortar*) to abridge, cut down

No confundir *resumir* con la palabra inglesa *resume*.

resurgir [resur'xir] /3c/ *vi* (*reaparecer*) to reappear

resurrección [resurrek'θjon] *nf* resurrection

retablo [re'taβlo] *nm* altarpiece

retaguardia [reta'ɣwarðja] *nf* rearguard

retahíla [reta'ila] *nf* series, string

retal [re'tal] *nm* remnant

retar [re'tar] /1a/ *vt* to challenge; (*desafiar*) to defy, dare

retazo [re'taθo] *nm* snippet (BRIT), fragment

retención [reten'θjon] *nf* (*tráfico*) hold-up; **~ fiscal** deduction for tax purposes

retener [rete'ner] /2k/ *vt* (*intereses*) to withhold

reticente [reti'θente] *adj* (*insinuador*) insinuating; (*postura*) reluctant; **ser ~ a hacer algo** to be reluctant *o* unwilling to do sth

retina [re'tina] *nf* retina

retintín [retin'tin] *nm* jangle, jingle; **decir algo con ~** to say sth sarcastically

retirado, -a *adj* (*lugar*) remote; (*vida*) quiet; (*jubilado*) retired ▷ *nf* (*Mil*) retreat; (*de dinero*) withdrawal; (*de* *embajador*) recall; **batirse en retirada** to retreat

retirar [reti'rar] /1a/ *vt* to withdraw; (*quitar*) to remove; (*jubilar*) to retire, pension off; **retirarse** *vr* to retreat, withdraw; (*jubilarse*) to retire; (*acostarse*) to retire, go to bed; **retiro** *nm* retreat; (*jubilación*) retirement; (*pago*) pension

reto ['reto] *nm* dare, challenge

retocar [reto'kar] /1g/ *vt* (*fotografía*) to touch up, retouch

retoño [re'toɲo] *nm* sprout, shoot; (*fig*) offspring, child

retoque [re'toke] *nm* retouching

retorcer [retor'θer] /2b, 2h/ *vt* to twist; (*manos, lavado*) to wring; **retorcerse** *vr* to become twisted; (*persona*) to writhe

retorcido, -a [retor'θiðo, a] *adj* (*tb fig*) twisted

retorcijón [retorθi'xon] *nm* (LAM: *tb*: **~ de tripas**) stomach cramp

retorno [re'torno] *nm* return

retortijón [retorti'xon] *nm*: **~ de tripas** stomach cramp

retozar [reto'θar] /1f/ *vi* (*juguetear*) to frolic, romp; (*saltar*) to gambol

retracción [retrak'θjon] *nf* retraction

retraerse [retra'erse] /2o/ *vr* to retreat, withdraw; **retraído, -a** *adj* shy, retiring; **retraimiento** *nm* retirement; (*timidez*) shyness

retransmisión [retransmi'sjon] *nf* repeat (broadcast)

retransmitir [retransmi'tir] /3a/ *vt* (*mensaje*) to relay; (*TV etc*) to repeat, retransmit; (: *en vivo*) to broadcast live

retrasado, -a [retra'saðo, a] *adj* late; (*fam!*) backward (*!*); (*país etc*) underdeveloped

retrasar [retra'sar] /1a/ *vt* (*demorar*) to postpone, put off; (*retardar*) to slow down ▷ *vi* (*atrasarse*) to be late; (*reloj*) to be slow; (*producción*) to fall (off); (*quedarse atrás*) to lag behind; **retrasarse** *vr* to be late; to be slow; to fall (off); to lag behind

retraso [re'traso] *nm* (*demora*) delay; (*lentitud*) slowness; (*tardanza*) lateness; (*atraso*) backwardness; **retrasos** *nmpl* (*Com*) arrears; **llegar con ~** to arrive late; **~ mental** mental deficiency

retratar [retra'tar] /1a/ *vt* (*Arte*) to paint the portrait of; (*fotografiar*) to photograph; (*fig*) to depict, describe; **retrato** *nm* portrait; (*fig*) likeness; **retrato-robot** *nm* Identikit® picture

retrete [re'trete] *nm* toilet

retribuir [retriβu'ir] /3g/ *vt* (*recompensar*) to reward; (*pagar*) to pay

retro... [retro] *pref* retro...

retroceder [retroθe'ðer] /2a/ *vi* (*echarse atrás*) to move back(wards); (*fig*) to back down

retroceso [retro'θeso] *nm* backward movement; (*Med*) relapse; (*fig*) backing down

retrospectivo, -a [retrospek'tiβo, a] *adj* retrospective

retrovisor [retroβi'sor] *nm* rear-view mirror

retuitear [retwite'ar] *vt* (*en Twitter*) to retweet

retumbar [retum'bar] /1a/ *vi* to echo, resound

reuma ['reuma] *nm* rheumatism

reunión [reu'njon] *nf* (*asamblea*) meeting; (*fiesta*) party

reunir [reu'nir] /3a/ *vt* (*juntar*) to reunite, join (together); (*recoger*) to gather (together); (*personas*) to bring *o* get together; (*cualidades*) to combine; **reunirse** *vr* (*personas*: *en asamblea*) to meet, gather

revalidar [reβali'ðar] /1a/ *vt* (*ratificar*) to confirm, ratify

revalorizar [reβalori'θar] /1f/ *vt* to revalue, reassess

revancha [re'βantʃa] *nf* revenge

revelación [reβela'θjon] *nf* revelation

revelado [reβe'laðo] *nm* developing

revelar [reβe'lar] /1a/ *vt* to reveal; (*Foto*) to develop

reventa [re'βenta] *nf* (*de entradas*) touting

reventar [reβen'tar] /1j/ *vt* to burst, explode
reventón [reβen'ton] *nm* (*Auto*) blow-out (BRIT), flat (US)
reverencia [reβe'renθja] *nf* reverence; **reverenciar** /1b/ *vt* to revere
reverendo, -a [reβe'rendo, a] *adj* reverend
reverente [reβe'rente] *adj* reverent
reversa [re'βersa] *nf* (LAM) (reverse) gear
reversible [reβer'siβle] *adj* reversible
reverso [re'βerso] *nm* back, other side; (*de moneda*) reverse
revertir [reβer'tir] /3i/ *vi* to revert
revés [re'βes] *nm* back, wrong side; (*fig*) reverse, setback; (*Deporte*) backhand; **al ~** the wrong way round; (*de arriba abajo*) upside down; (*ropa*) inside out; **volver algo del ~** to turn sth round; (*ropa*) to turn sth inside out
revisar [reβi'sar] /1a/ *vt* (*examinar*) to check; (*texto etc*) to revise; **revisión** *nf* revision; **revisión salarial** wage review
revisor, a [reβi'sor, a] *nm/f* inspector; (*Ferro*) ticket collector
revista [re'βista] *nf* magazine, review; (*Teat*) revue; (*inspección*) inspection; **~ del corazón** *magazine featuring celebrity gossip and real-life romance stories*; **pasar ~ a** to review, inspect
revivir [reβi'βir] /3a/ *vi* to revive
revolcar [reβol'kar] /1g, 1l/ *vt* to knock down; **revolcarse** *vr* to roll about
revoltijo [reβol'tixo] *nm* mess, jumble
revoltoso, -a [reβol'toso, a] *adj* (*travieso*) naughty, unruly
revolución [reβolu'θjon] *nf* revolution; **revolucionario, -a** *adj, nm/f* revolutionary
revolver [reβol'βer] /2h/ *vt* (*desordenar*) to disturb, mess up; (*mover*) to move about ▷ *vi*: **~ en** to go through, rummage (about) in; **revolverse** *vr*: **~se contra** to turn on *o* against
revólver [re'βolβer] *nm* revolver
revuelo [re'βwelo] *nm* fluttering; (*fig*) commotion
revuelto, -a [re'βwelto, a] *pp de* **revolver** ▷ *adj* (*mezclado*) mixed-up, in disorder ▷ *nf* (*motín*) revolt; (*agitación*) commotion
rey [rei] *nm* king; **Día de R~es** Twelfth Night; **los R~es Magos** the Three Wise Men, the Magi

REYES MAGOS

The night before the 6th of January (the Epiphany), which is a holiday in Spain, children go to bed expecting *los Reyes Magos*, the Three Wise Men who visited the baby Jesus, to bring them presents. Twelfth night processions, known as *cabalgatas*, take place that evening, when 3 people dressed as *los Reyes Magos* arrive in the town by land or sea to the delight of the children.

reyerta [re'jerta] *nf* quarrel, brawl
rezagado, -a [reθa'ɣaðo, a] *nm/f* straggler
rezar [re'θar] /1f/ *vi* to pray; **~ con** (*fam*) to concern, have to do with; **rezo** *nm* prayer
rezumar [reθu'mar] /1a/ *vt* to ooze
ría ['ria] *nf* estuary
riada [ri'aða] *nf* flood
ribera [ri'βera] *nf* (*de río*) bank; (: *área*) riverside
ribete [ri'βete] *nm* (*de vestido*) border; (*fig*) addition
ricino [ri'θino] *nm*: **aceite de ~** castor oil
rico, -a ['riko, a] *adj* (*adinerado*) rich; (*lujoso*) luxurious; (*comida*) delicious; (*niño*) lovely, cute ▷ *nm/f* rich person
ridiculez [riðiku'leθ] *nf* absurdity
ridiculizar [riðikuli'θar] /1f/ *vt* to ridicule

ridículo, -a [ri'ðikulo, a] *adj* ridiculous; **hacer el ~** to make a fool of o.s.; **poner a algn en ~** to make a fool of sb
riego ['rjeɣo] *nm* (*aspersión*) watering; (*irrigación*) irrigation; **~ sanguíneo** blood flow *o* circulation
riel [rjel] *nm* rail
rienda ['rjenda] *nf* rein; **dar ~ suelta a** to give free rein to
riesgo ['rjesɣo] *nm* risk; **correr el ~ de** to run the risk of
rifa ['rifa] *nf* (*lotería*) raffle; **rifar** /ɪa/ *vt* to raffle
rifle ['rifle] *nm* rifle
rigidez [rixi'ðeθ] *nf* rigidity, stiffness; (*fig*) strictness; **rígido, -a** *adj* rigid, stiff; (*moralmente*) strict, inflexible
rigor [ri'ɣor] *nm* strictness, rigour; (*inclemencia*) harshness; **de ~** de rigueur, essential; **riguroso, -a** *adj* rigorous; (*Meteorología*) harsh; (*severo*) severe
rimar [ri'mar] /ɪa/ *vi* to rhyme
rimbombante [rimbom'bante] *adj* pompous
rímel, rímmel ['rimel] *nm* mascara
rímmel ['rimel] *nm* = **rímel**
rin [rin] *nm* (LAM) (wheel) rim
rincón [rin'kon] *nm* corner (*inside*)
rinoceronte [rinoθe'ronte] *nm* rhinoceros
riña ['riɲa] *nf* (*disputa*) argument; (*pelea*) brawl
riñón [ri'ɲon] *nm* kidney
río ['rio] *vb V* **reír** ▷ *nm* river; (*fig*) torrent, stream; **~ abajo/arriba** downstream/upstream; **R~ de la Plata** River Plate
rioja [ri'oxa] *nm* rioja wine ▷ *nf*: **La R~** La Rioja
rioplatense [riopla'tense] *adj* of *o* from the River Plate region
riqueza [ri'keθa] *nf* wealth, riches *pl*; (*cualidad*) richness
risa ['risa] *nf* laughter; (*una risa*) laugh; **¡qué ~!** what a laugh!
risco ['risko] *nm* crag, cliff
ristra ['ristra] *nf* string
risueño, -a [ri'sweɲo, a] *adj* (*sonriente*) smiling; (*contento*) cheerful
ritmo ['ritmo] *nm* rhythm; **a ~ lento** slowly; **trabajar a ~ lento** to go slow; **~ cardíaco** heart rate
rito ['rito] *nm* rite
ritual [ri'twal] *adj*, *nm* ritual
rival [ri'βal] *adj*, *nmf* rival; **rivalidad** *nf* rivalry; **rivalizar** /ɪf/ *vi*: **rivalizar con** to rival, vie with
rizado, -a [ri'θaðo, a] *adj* curly ▷ *nm* curls *pl*
rizar [ri'θar] /ɪf/ *vt* to curl; **rizarse** *vr* (*el pelo*) to curl; (*agua*) to ripple; **rizo** *nm* curl; (*en agua*) ripple
RNE *nf abr* = **Radio Nacional de España**
robar [ro'βar] /ɪa/ *vt* to rob; (*objeto*) to steal; (*casa etc*) to break into; (*Naipes*) to draw
roble ['roβle] *nm* oak; **robledal** *nm* oakwood
robo ['roβo] *nm* robbery, theft
robot *adj*, *nm* robot ▷ *nm* (*tb*: **~ de cocina**) food processor
robustecer [roβuste'θer] /ɔd/ *vt* to strengthen
robusto, -a [ro'βusto, a] *adj* robust, strong
roca ['roka] *nf* rock
roce ['roθe] *nm* (*caricia*) brush; (*Tec*) friction; (*en la piel*) graze; **tener ~ con** to have a brush with
rociar [ro'θjar] /ɪc/ *vt* to sprinkle, spray
rocín [ro'θin] *nm* nag, hack
rocío [ro'θio] *nm* dew
rocola [ro'kola] *nf* (LAM) jukebox
rocoso, -a [ro'koso, a] *adj* rocky
rodaballo [roða'baʎo] *nm* turbot
rodaja [ro'ðaxa] *nf* slice
rodaje [ro'ðaxe] *nm* (*Cine*) shooting, filming; (*Auto*): **en ~** running in
rodar [ro'ðar] /ɪl/ *vt* (*vehículo*) to wheel (along); (*escalera*) to roll down; (*viajar por*) to travel (over) ▷ *vi* to roll; (*coche*) to go, run; (*Cine*) to shoot, film

rodear [roðe'ar] /1a/ *vt* to surround ▷ *vi* to go round; **rodearse** *vr*: **~se de amigos** to surround o.s. with friends
rodeo [ro'ðeo] *nm* (*desvío*) detour; (*evasión*) evasion; (LAM) rodeo; **hablar sin ~s** to come to the point, speak plainly
rodilla [ro'ðiʎa] *nf* knee; **de ~s** kneeling; **ponerse de ~s** to kneel (down)
rodillo [ro'ðiʎo] *nm* roller; (*Culin*) rolling-pin
roedor, a [roe'ðor, a] *adj* gnawing ▷ *nm* rodent
roer [ro'er] /2y/ *vt* (*masticar*) to gnaw; (*corroer, fig*) to corrode
rogar [ro'ɣar] /1h, 1l/ *vt* (*pedir*) to beg, ask for ▷ *vi* (*suplicar*) to beg, plead; **rogarse** *vr*: **se ruega no fumar** please do not smoke
rojizo, -a [ro'xiθo, a] *adj* reddish
rojo, -a ['roxo, a] *adj* red ▷ *nm* red; **al ~ vivo** red-hot
rol [rol] *nm* list, roll; (*papel*) role
rollito [ro'ʎito] *nm* (*tb*: **~ de primavera**) spring roll
rollizo, -a [ro'ʎiθo] *adj* (*objeto*) cylindrical; (*persona*) plump
rollo ['roʎo] *nm* roll; (*de cuerda*) coil; (*de madera*) log; (*fam*) bore; **¡qué ~!** what a carry-on!
Roma ['roma] *nf* Rome
romance [ro'manθe] *nm* (*amoroso*) romance; (*Lit*) ballad
romano, -a [ro'mano, a] *adj* Roman ▷ *nm/f* Roman; **a la romana** in batter
romanticismo [romanti'θismo] *nm* romanticism
romántico, -a [ro'mantiko, a] *adj* romantic
rombo ['rombo] *nm* (*Mat*) rhombus
romería [rome'ria] *nf* (*Rel*) pilgrimage; (*excursión*) trip, outing

ROMERÍA

Originally a pilgrimage to a shrine or church to express devotion to Our Lady or a local Saint, the *romería* has also become a rural *fiesta* which accompanies the pilgrimage. People come from all over to attend, bringing their own food and drink, and spend the day in celebration.

romero, -a [ro'mero, a] *nm/f* pilgrim ▷ *nm* rosemary
romo, -a ['romo, a] *adj* blunt; (*fig*) dull
rompecabezas [rompeka'βeθas] *nm inv* riddle, puzzle; (*juego*) jigsaw (puzzle)
rompehuelgas [rompe'welɣas] *nm inv* (LAM) strikebreaker, scab
rompeolas [rompe'olas] *nm inv* breakwater
romper [rom'per] /2a/ *vt* to break; (*hacer pedazos*) to smash; (*papel, tela etc*) to tear, rip ▷ *vi* (*olas*) to break; (*sol, diente*) to break through; **~ un contrato** to break a contract; **~ a** to start (suddenly) to; **~ a llorar** to burst into tears; **~ con algn** to fall out with sb
ron [ron] *nm* rum
roncar [ron'kar] /1g/ *vi* to snore
ronco, -a ['ronko, a] *adj* (*afónico*) hoarse; (*áspero*) raucous
ronda ['ronda] *nf* (*de bebidas etc*) round; (*patrulla*) patrol; **rondar** /1a/ *vt* to patrol ▷ *vi* to patrol; (*fig*) to prowl round
ronquido [ron'kiðo] *nm* snore, snoring
ronronear [ronrone'ar] /1a/ *vi* to purr
roña ['roɲa] *nf* (*en veterinaria*) mange; (*mugre*) dirt, grime; (*óxido*) rust
roñoso, -a [ro'ɲoso, a] *adj* (*mugriento*) filthy; (*tacaño*) mean
ropa ['ropa] *nf* clothes *pl*, clothing; **~ blanca** linen; **~ de cama** bed linen; **~ de color** coloureds *pl*; **~ interior** underwear; **~ sucia** dirty clothes *pl*, dirty washing; **ropaje** *nm* gown, robes *pl*

ropero [ro'pero] *nm* linen cupboard; (*guardarropa*) wardrobe
rosa ['rosa] *adj inv* pink ▷ *nf* rose
rosado, -a [ro'saðo, a] *adj* pink ▷ *nm* rosé
rosal [ro'sal] *nm* rosebush
rosario [ro'sarjo] *nm* (*Rel*) rosary; **rezar el ~** to say the rosary
rosca ['roska] *nf* (*de tornillo*) thread; (*de humo*) coil, spiral; (*pan, postre*) ring-shaped roll/pastry
rosetón [rose'ton] *nm* rosette; (*Arq*) rose window
rosquilla [ros'kiʎa] *nf ring-shaped cake*
rostro ['rostro] *nm* (*cara*) face
rotativo, -a [rota'tiβo, a] *adj* rotary
roto, -a ['roto, a] *pp de* **romper** ▷ *adj* broken
rotonda [ro'tonda] *nf* roundabout
rótula ['rotula] *nf* kneecap; (*Tec*) ball-and-socket joint
rotulador [rotula'ðor] *nm* felt-tip pen
rótulo ['rotulo] *nm* heading, title; (*etiqueta*) label; (*letrero*) sign
rotundamente [rotunda'mente] *adv* (*negar*) flatly; (*responder, afirmar*) emphatically; **rotundo, -a** *adj* round; (*enfático*) emphatic
rotura [ro'tura] *nf* (*rompimiento*) breaking; (*Med*) fracture
rozadura [roθa'ðura] *nf* abrasion, graze
rozar [ro'θar] /1f/ *vt* (*frotar*) to rub; (*arañar*) to scratch; (*tocar ligeramente*) to shave; **rozarse** *vr* to rub (together); **~ con** (*fam*) to rub shoulders with
Rte. *abr* = **remite; remitente**
RTVE *nf abr* = **Radiotelevisión Española**
rubí [ru'βi] *nm* ruby; (*de reloj*) jewel
rubio, -a [ru'βjo, a] *adj* fair-haired, blond(e) ▷ *nm/f* blond/blonde; **tabaco ~** Virginia tobacco
rubor [ru'βor] *nm* (*sonrojo*) blush; (*timidez*) bashfulness; **ruborizarse** /1f/ *vr* to blush
rúbrica ['ruβrika] *nf* (*de la firma*) flourish; **rubricar** /1g/ *vt* (*firmar*) to sign with a flourish; (*concluir*) to sign and seal
rudimentario, -a [ruðimen'tarjo, a] *adj* rudimentary
rudo, -a ['ruðo, a] *adj* (*sin pulir*) unpolished; (*grosero*) coarse; (*violento*) violent; (*sencillo*) simple
rueda ['rweða] *nf* wheel; (*círculo*) ring, circle; (*rodaja*) slice, round; **~ de auxilio** (*LAM*) spare tyre; **~ delantera/trasera/de repuesto** front/back/spare wheel; **~ de prensa** press conference; **~ gigante** (*LAM*) big (*BRIT*) *o* Ferris (*US*) wheel
ruedo ['rweðo] *nm* (*círculo*) circle; (*Taur*) arena, bullring
ruego *etc* ['rweɣo] *vb V* **rogar** ▷ *nm* request
rugby ['ruɣβi] *nm* rugby
rugido [ru'xiðo] *nm* roar
rugir [ru'xir] /3c/ *vi* to roar
rugoso, -a [ru'ɣoso, a] *adj* (*arrugado*) wrinkled; (*áspero*) rough; (*desigual*) ridged
ruido ['rwiðo] *nm* noise; (*sonido*) sound; (*alboroto*) racket, row; (*escándalo*) commotion, rumpus; **ruidoso, -a** *adj* noisy, loud; (*fig*) sensational
ruin [rwin] *adj* contemptible, mean
ruina ['rwina] *nf* ruin; (*hundimiento*) collapse; (*de persona*) ruin, downfall
ruinoso, -a [rwi'noso, a] *adj* ruinous; (*destartalado*) dilapidated, tumbledown; (*Com*) disastrous
ruiseñor [rwise'ɲor] *nm* nightingale
rulero [ru'lero] *nm* (*LAM*) roller
ruleta [ru'leta] *nf* roulette
rulo ['rulo] *nm* (*para el pelo*) curler
Rumania [ru'manja] *nf* Rumania
rumba ['rumba] *nf* rumba
rumbo ['rumbo] *nm* (*ruta*) route, direction; (*ángulo de dirección*) course, bearing; (*fig*) course of events; **ir con ~ a** to be heading for
rumiante [ru'mjante] *nm* ruminant
rumiar [ru'mjar] /1b/ *vt* to chew; (*fig*) to chew over ▷ *vi* to chew the cud

rumor [ru'mor] *nm* (*ruido sordo*) low sound; (*murmuración*) murmur, buzz; **rumorearse** /ɾa/ *vr*: **se rumorea que** it is rumoured that
rupestre [ru'pestre] *adj* rock *cpd*
ruptura [rup'tura] *nf* rupture
rural [ru'ral] *adj* rural
Rusia ['rusja] *nf* Russia; **ruso, -a** *adj*, *nm/f* Russian
rústico, -a ['rustiko, a] *adj* rustic; (*ordinario*) coarse, uncouth ▷ *nm/f* yokel
ruta ['ruta] *nf* route
rutina [ru'tina] *nf* routine

S

S *abr* (= *san*, *santo*, *a*) St.; (= *sur*) S
s. *abr* (= *siglo*) c.; (= *siguiente*) foll.
S.A. *abr* (= *Sociedad Anónima*) Ltd., Inc. (*us*)
sábado ['saβaðo] *nm* Saturday
sábana ['saβana] *nf* sheet
sabañón [saβa'ɲon] *nm* chilblain
saber [sa'βer] /2m/ *vt* to know; (*llegar a conocer*) to find out, learn; (*tener capacidad de*) to know how to ▷ *vi*: **~ a** to taste of, taste like ▷ *nm* knowledge, learning; **a ~** namely; **¿sabes conducir/nadar?** can you drive/swim? **¿sabes francés?** do you *o* can you speak French?; **~ de memoria** to know by heart; **hacer ~** to inform, let know
sabiduría [saβiðu'ria] *nf* (*conocimientos*) wisdom; (*instrucción*) learning
sabiendas [sa'βjendas]: **a ~** *adv* knowingly
sabio, -a ['saβjo, a] *adj* (*docto*) learned; (*prudente*) wise, sensible

sabor [sa'βor] *nm* taste, flavour; **saborear** /1a/ *vt* to taste, savour; (*fig*) to relish
sabotaje [saβo'taxe] *nm* sabotage
sabré *etc* [sa'βre] *vb V* **saber**
sabroso, -a [sa'βroso, a] *adj* tasty; (*fig*: *fam*) racy, salty
sacacorchos [saka'kortʃos] *nm inv* corkscrew
sacapuntas [saka'puntas] *nm inv* pencil sharpener
sacar [sa'kar] /1g/ *vt* to take out; (*fig*: *extraer*) to get (out); (*quitar*) to remove, get out; (*hacer salir*) to bring out; (*conclusión*) to draw; (*novela etc*) to publish, bring out; (*ropa*) to take off; (*obra*) to make; (*premio*) to receive; (*entradas*) to get; (*Tenis*) to serve; **~ adelante** (*niño*) to bring up; (*negocio*) to carry on, go on with; **~ a algn a bailar** to get sb up to dance; **~ una foto** to take a photo; **~ la lengua** to stick out one's tongue; **~ buenas/malas notas** to get good/bad marks
sacarina [saka'rina] *nf* saccharin(e)
sacerdote [saθer'ðote] *nm* priest
saciar [sa'θjar] /1b/ *vt* to satisfy; **saciarse** *vr* (*de comida*) to get full up
saco ['sako] *nm* bag; (*grande*) sack; (*contenido*) bagful; (*LAM*: *chaqueta*) jacket; **~ de dormir** sleeping bag
sacramento [sakra'mento] *nm* sacrament
sacrificar [sakrifi'kar] /1g/ *vt* to sacrifice; **sacrificio** *nm* sacrifice
sacristía [sakris'tia] *nf* sacristy
sacudida [saku'ðiða] *nf* (*agitación*) shake, shaking; (*sacudimiento*) jolt, bump; **~ eléctrica** electric shock
sacudir [saku'ðir] /3a/ *vt* to shake; (*golpear*) to hit
Sagitario [saxi'tarjo] *nm* Sagittarius
sagrado, -a [sa'ɣraðo, a] *adj* sacred, holy
Sáhara ['saara] *nm*: **el ~** the Sahara (desert)
sal [sal] *vb V* **salir** ▷ *nf* salt; **~es de baño** bath salts
sala ['sala] *nf* large room; (*tb*: **~ de estar**) living room; (*Teat*) house, auditorium; (*de hospital*) ward; **~ de espera** waiting room; **~ de estar** living room
salado, -a [sa'laðo, a] *adj* salty; (*fig*) witty, amusing; **agua salada** salt water
salar [sa'lar] /1a/ *vt* to salt, add salt to
salariado, -a *adj* (*empleado*) salaried
salario [sa'larjo] *nm* wage, pay
salchicha [sal'tʃitʃa] *nf* (pork) sausage; **salchichón** *nm* (salami-type) sausage
saldo ['saldo] *nm* (*pago*) settlement; (*de una cuenta*) balance; (*lo restante*) remnant(s) (*pl*), remainder; (*de móvil*) credit; **saldos** *nmpl* (*en tienda*) sale
saldré *etc* [sal'dre] *vb V* **salir**
salero [sa'lero] *nm* salt cellar
salgo *etc vb V* **salir**
salida [sa'liða] *nf* (*puerta etc*) exit, way out; (*acto*) leaving, going out; (*de tren, Aviat*) departure; (*Com, Tec*) output, production; (*fig*) way out; (*Com*) opening; (*Geo, válvula*) outlet; (*de gas*) leak; **calle sin ~** cul-de-sac; **~ de baño** (*LAM*) bathrobe; **~ de incendios** fire escape

PALABRA CLAVE

salir [sa'lir] /3q/ *vi* **1** to leave; **Juan ha salido** Juan has gone out; **salió de la cocina** he came out of the kitchen
2 (*disco, libro*) to come out; **anoche salió en la tele** she appeared *o* was on TV last night; **salió en todos los periódicos** it was in all the papers
3 (*resultar*): **la muchacha nos salió muy trabajadora** the girl turned out to be a very hard worker; **la comida te ha salido exquisita** the food was delicious; **sale muy caro** it's very expensive
4: **salir adelante: no sé como haré para salir adelante** I don't know how I'll get by

▸ **salirse** *vr* (*líquido*) to spill; (*animal*) to escape

saliva [sa'liβa] *nf* saliva
salmo ['salmo] *nm* psalm
salmón [sal'mon] *nm* salmon
salmonete [salmo'nete] *nm* red mullet
salón [sa'lon] *nm* (*de casa*) living-room, lounge; (*muebles*) lounge suite; **~ de belleza** beauty parlour; **~ de baile** dance hall; **~ de actos/sesiones** assembly hall
salpicadera [salpika'ðera] *nf* (LAM) mudguard (BRIT), fender (US)
salpicadero [salpika'ðero] *nm* (*Auto*) dashboard
salpicar [salpi'kar] /1g/ *vt* (*rociar*) to sprinkle, spatter; (*esparcir*) to scatter
salpicón [salpi'kon] *nm* (*tb*: **~ de marisco**) seafood salad
salsa ['salsa] *nf* sauce; (*con carne asada*) gravy; (*fig*) spice
saltamontes [salta'montes] *nm inv* grasshopper
saltar [sal'tar] /1a/ *vt* to jump (over), leap (over); (*dejar de lado*) to skip, miss out ▷ *vi* to jump, leap; (*pelota*) to bounce; (*al aire*) to fly up; (*quebrarse*) to break; (*al agua*) to dive; (*fig*) to explode, blow up
salto ['salto] *nm* jump, leap; (*al agua*) dive; **~ de agua** waterfall; **~ de altura** high jump
salud [sa'luð] *nf* health; **¡(a su) ~!** cheers!, good health!; **saludable** *adj* (*de buena salud*) healthy; (*provechoso*) good, beneficial
saludar [salu'ðar] /1a/ *vt* to greet; (*Mil*) to salute; **saludo** *nm* greeting; **saludos** (*en carta*) best wishes, regards
salvación [salβa'θjon] *nf* salvation; (*rescate*) rescue
salvado [sal'βaðo] *nm* bran
salvaje [sal'βaxe] *adj* wild; (*tribu*) savage
salvamanteles [salβaman'teles] *nm inv* table mat
salvamento [salβa'mento] *nm* rescue
salvapantallas [salβapan'taʎas] *nm inv* screensaver
salvar [sal'βar] /1a/ *vt* (*rescatar*) to save, rescue; (*resolver*) to overcome, resolve; (*cubrir distancias*) to cover, travel; (*hacer excepción*) to except, exclude; (*un barco*) to salvage
salvavidas [salβa'βiðas] *adj inv*: **bote/chaleco/cinturón ~** lifeboat/lifejacket/lifebelt
salvo, -a ['salβo, a] *adj* safe ▷ *prep* except (for), save; **a ~** out of danger; **~ que** unless
san [san] *n* saint; **~ Juan** St. John
sanar [sa'nar] /1a/ *vt* (*herida*) to heal; (*persona*) to cure ▷ *vi* (*persona*) to get well, recover; (*herida*) to heal
sanatorio [sana'torjo] *nm* sanatorium
sanción [san'θjon] *nf* sanction
sancochado, -a [sanko'tʃaðo, a] *adj* (LAM *Culin*) underdone, rare
sandalia [san'dalja] *nf* sandal
sandía [san'dia] *nf* watermelon
sándwich ['sandwitʃ] (*pl* **sándwichs** *o* **sandwiches**) *nm* sandwich
Sanfermines [sanfer'mines] *nmpl* festivities in celebration of San Fermín

SANFERMINES

The *Sanfermines* are a week of *fiestas* in Pamplona, the capital of Navarre, made famous by Ernest Hemingway. From the 7th of July, the feast of San Fermín, crowds of mainly young people take to the streets drinking, singing and dancing. Early in the morning bulls are released along the narrow streets leading to the bullring, and people risk serious injury by running out in front of them, a custom which is also typical of many Spanish villages.

sangrar [san'grar] /1a/ *vt, vi* to bleed; **sangre** *nf* blood
sangría [san'gria] *nf* sangria (*sweetened drink of red wine with fruit*)
sangriento, -a [san'grjento, a] *adj* bloody
sanguíneo, -a [san'gineo, a] *adj* blood *cpd*
sanidad [sani'ðað] *nf*: **~ pública** public health (department)
San Isidro [sani'sidro] *nm patron saint of Madrid*

SAN ISIDRO

San Isidro is the patron saint of Madrid, and gives his name to the week-long festivities which take place around the 15th May. Originally an 18th-century trade fair, the *San Isidro* celebrations now include music, dance, a famous *romería*, theatre and bullfighting.

sanitario, -a [sani'tarjo, a] *adj* health *cpd*; **sanitarios** *nmpl* toilets (BRIT), restroom *sg* (US)
sano, -a ['sano, a] *adj* healthy; (*sin daños*) sound; (*comida*) wholesome; (*entero*) whole, intact; **~ y salvo** safe and sound

No confundir *sano* con la palabra inglesa *sane*.

Santiago [san'tjaɣo] *nm*: **~ (de Chile)** Santiago
santiamén [santja'men] *nm*: **en un ~** in no time at all
santidad [santi'ðað] *nf* holiness, sanctity
santiguarse [santi'ɣwarse] /1i/ *vr* to make the sign of the cross
santo, -a ['santo, a] *adj* holy; (*fig*) wonderful, miraculous ▷ *nm/f* saint ▷ *nm* saint's day; **~ y seña** password
santuario [san'twarjo] *nm* sanctuary, shrine
sapo ['sapo] *nm* toad
saque ['sake] *nm* (*Tenis*) service, serve; (*Fútbol*) throw-in; **~ de esquina** corner (kick)
saquear [sake'ar] /1a/ *vt* (*Mil*) to sack; (*robar*) to loot, plunder; (*fig*) to ransack
sarampión [saram'pjon] *nm* measles *sg*
sarcástico, -a [sar'kastiko, a] *adj* sarcastic
sardina [sar'ðina] *nf* sardine
sargento [sar'xento] *nm* sergeant
sarmiento [sar'mjento] *nm* vine shoot
sarna ['sarna] *nf* itch; (*Med*) scabies
sarpullido [sarpu'ʎiðo] *nm* (*Med*) rash
sarro ['sarro] *nm* (*en dientes*) tartar, plaque
sartén [sar'ten] *nf* frying pan
sastre ['sastre] *nm* tailor; **sastrería** *nf* (*arte*) tailoring; (*tienda*) tailor's (shop)
Satanás [sata'nas] *nm* Satan
satélite [sa'telite] *nm* satellite
sátira ['satira] *nf* satire
satisfacción [satisfak'θjon] *nf* satisfaction
satisfacer [satisfa'θer] /2r/ *vt* to satisfy; (*gastos*) to meet; (*pérdida*) to make good; **satisfacerse** *vr* to satisfy o.s., be satisfied; (*vengarse*) to take revenge; **satisfecho, -a** *adj* satisfied; (*contento*) content(ed), happy; (*tb*: **satisfecho de sí mismo**) self-satisfied, smug
saturar [satu'rar] /1a/ *vt* to saturate; **saturarse** *vr* (*mercado, aeropuerto*) to reach saturation point
sauce ['sauθe] *nm* willow; **~ llorón** weeping willow
sauna ['sauna] *nf* sauna
savia ['saβja] *nf* sap
saxofón [sakso'fon] *nm* saxophone
sazonar [saθo'nar] /1a/ *vt* to ripen; (*Culin*) to flavour, season
scooter [e'skuter] *nf* (ESP) scooter
Scotch® [skotʃ] *nm* (LAM) Sellotape® (BRIT), Scotch tape® (US)
SE *abr* (= *sudeste*) SE

PALABRA CLAVE

se [se] *pron* **1** (*reflexivo*: *sg*: *m*) himself; (: *f*) herself; (: *pl*) themselves; (: *cosa*) itself; (: *deVd*) yourself; (: *deVds*) yourselves; **se está preparando** she's getting (herself) ready
2 (*como complemento indirecto*) to him; to her; to them; to it; to you; **se lo dije ayer** (*aVd*) I told you yesterday; **se compró un sombrero** he bought himself a hat; **se rompió la pierna** he broke his leg
3 (*uso recíproco*) each other, one another; **se miraron (el uno al otro)** they looked at each other *o* one another
4 (*en oraciones pasivas*): **se han vendido muchos libros** a lot of books have been sold
5 (*impers*): **se dice que** people say that, it is said that; **allí se come muy bien** the food there is very good, you can eat very well there

sé [se] *vb V* **saber; ser**
sea *etc* ['sea] *vb V* **ser**
sebo ['seβo] *nm* fat, grease
secador [seka'ðor] *nm*: **~ para el pelo** hairdryer
secadora [seka'ðora] *nf* tumble dryer
secar [se'kar] /1g/ *vt* to dry; **secarse** *vr* to dry (off); (*río*, *planta*) to dry up
sección [sek'θjon] *nf* section
seco, -a ['seko, a] *adj* dry; (*carácter*) cold; (*respuesta*) sharp, curt; **decir algo a secas** to say sth curtly; **parar en ~** to stop dead
secretaría [sekreta'ria] *nf* secretariat
secretario, -a [sekre'tarjo, a] *nm/f* secretary
secreto, -a [se'kreto, a] *adj* secret; (*persona*) secretive ▷ *nm* secret; (*calidad*) secrecy
secta ['sekta] *nf* sect
sector [sek'tor] *nm* sector (*tb Inform*)
secuela [se'kwela] *nf* consequence
secuencia [se'kwenθja] *nf* sequence
secuestrar [sekwes'trar] /1a/ *vt* to kidnap; (*bienes*) to seize, confiscate; **secuestro** *nm* kidnapping; seizure, confiscation
secundario, -a [sekun'darjo, a] *adj* secondary
sed [seð] *nf* thirst; **tener ~** to be thirsty
seda ['seða] *nf* silk
sedal [se'ðal] *nm* fishing line
sedán [se'ðan] *nm* (LAM) saloon (BRIT), sedan (US)
sedante [se'ðante] *nm* sedative
sede ['seðe] *nf* (*de gobierno*) seat; (*de compañía*) headquarters *pl*; **Santa S~** Holy See
sedentario, -a [seðen'tarjo, a] *adj* sedentary
sediento, -a [se'ðjento, a] *adj* thirsty
sedimento [seði'mento] *nm* sediment
seducción [seðuk'θjon] *nf* seduction
seducir [seðu'θir] /3n/ *vt* to seduce; (*cautivar*) to charm, fascinate; (*atraer*) to attract; **seductor, a** *adj* seductive; charming, fascinating; attractive ▷ *nm/f* seducer
segar [se'ɣar] /1h, 1j/ *vt* (*mies*) to reap, cut; (*hierba*) to mow, cut
seglar [se'ɣlar] *adj* secular, lay
seguido, -a [se'ɣiðo, a] *adj* (*continuo*) continuous, unbroken; (*recto*) straight ▷ *adv* (*directo*) straight (on); (*después*) after; (LAM: *a menudo*) often ▷ *nf*: **en seguida** at once, right away; **cinco días ~s** five days running, five days in a row
seguidor, a [seɣi'[dd]or, a] *nm/f* follower
seguir [se'ɣir] /3d, 3k/ *vt* to follow; (*venir después*) to follow on, come after; (*proseguir*) to continue; (*perseguir*) to chase, pursue ▷ *vi* (*gen*) to follow; (*continuar*) to continue, carry *o* go on; **seguirse** *vr* to follow; **sigo sin comprender** I still don't understand; **sigue lloviendo** it's still raining

según [se'ɣun] *prep* according to ▷ *adv*: **~ (y conforme)** it all depends ▷ *conj* as

segundo, -a [se'ɣundo, a] *adj* second ▷ *nm* second ▷ *nf* second meaning; **segunda (clase)** second class; **segunda (marcha)** (*Auto*) second (gear); **de segunda mano** second hand

seguramente [seɣura'mente] *adv* surely; (*con certeza*) for sure, with certainty

seguridad [seɣuri'ðað] *nf* safety; (*del estado, de casa etc*) security; (*certidumbre*) certainty; (*confianza*) confidence; (*estabilidad*) stability; **~ social** social security

seguro, -a [se'ɣuro, a] *adj* (*cierto*) sure, certain; (*fiel*) trustworthy; (*libre de peligro*) safe; (*bien defendido, firme*) secure ▷ *adv* for sure, certainly ▷ *nm* (*Com*) insurance; **~ contra terceros/a todo riesgo** third party/comprehensive insurance; **~s sociales** social security *sg*

seis [seis] *num* six

seísmo [se'ismo] *nm* tremor, earthquake

selección [selek'θjon] *nf* selection; **seleccionar** /ıa/ *vt* to pick, choose, select

selectividad [selektiβi'ðað] *nf* (*Univ*) entrance examination

selecto, -a [se'lekto, a] *adj* select, choice; (*escogido*) selected

sellar [se'ʎar] /ıa/ *vt* (*documento oficial*) to seal; (*pasaporte, visado*) to stamp

sello ['seʎo] *nm* stamp; (*precinto*) seal

selva ['selβa] *nf* (*bosque*) forest, woods *pl*; (*jungla*) jungle

semáforo [se'maforo] *nm* (*Auto*) traffic lights *pl*; (*Ferro*) signal

semana [se'mana] *nf* week; **S~ Santa** Holy Week; **entre ~** during the week; *see note* **"Semana Santa"**; **semanal** *adj* weekly; **semanario** *nm* weekly (magazine)

SEMANA SANTA

Semana Santa is a holiday in Spain. All regions take *Viernes Santo*, Good Friday, *Sábado Santo*, Holy Saturday, and *Domingo de Resurrección*, Easter Sunday. Other holidays at this time vary according to each region. There are spectacular *procesiones* all over the country, with members of *cofradías* (brotherhoods) dressing in hooded robes and parading their *pasos* (religious floats or sculptures) through the streets. Seville has the most renowned celebrations, on account of the religious fervour shown by the locals.

sembrar [sem'brar] /ıj/ *vt* to sow; (*objetos*) to sprinkle, scatter about; (*noticias etc*) to spread

semejante [seme'xante] *adj* (*parecido*) similar; **~s** alike, similar ▷ *nm* fellow man, fellow creature; **nunca hizo cosa ~** he never did such a thing; **semejanza** *nf* similarity, resemblance

semejar [seme'xar] /ıa/ *vi* to seem like, resemble; **semejarse** *vr* to look alike, be similar

semen ['semen] *nm* semen

semestral [semes'tral] *adj* half-yearly, bi-annual

semicírculo [semi'θirkulo] *nm* semicircle

semidesnatado, -a [semiðesna'taðo, a] *adj* semi-skimmed

semifinal [semifi'nal] *nf* semifinal

semilla [se'miʎa] *nf* seed

seminario [semi'narjo] *nm* (*Rel*) seminary; (*Escol*) seminar

sémola ['semola] *nf* semolina

senado [se'naðo] *nm* senate; **senador, a** *nm/f* senator

sencillez [senθi'ʎeθ] *nf* simplicity; (*de persona*) naturalness; **sencillo, -a** *adj* simple; (*carácter*) natural, unaffected

senda ['senda] *nm* path, track
senderismo [sende'rismo] *nm* hiking
sendero [sen'dero] *nm* path, track
sendos, -as ['sendos, as] *adj pl*: **les dio ~ golpes** he hit both of them
senil [se'nil] *adj* senile
seno ['seno] *nm* (*Anat*) bosom, bust; (*fig*) bosom; **senos** *nmpl* breasts
sensación [sensa'θjon] *nf* sensation; (*sentido*) sense; (*sentimiento*) feeling; **sensacional** *adj* sensational
sensato, -a [sen'sato, a] *adj* sensible
sensible [sen'sible] *adj* sensitive; (*apreciable*) perceptible, appreciable; (*pérdida*) considerable; **sensiblero, -a** *adj* sentimental

No confundir *sensible* con la palabra inglesa *sensible*.

sensitivo, -a [sensi'tiβo, a] *adj* sense *cpd*
sensorial [senso'rjal] *adj* sensory
sensual [sen'swal] *adj* sensual
sentado, -a [sen'taðo, a] *adj* (*establecido*) settled ▷ *nf* sitting; (*Pol*) sit-in; **dar por ~** to take for granted, assume; **estar ~** to sit, be sitting (down)
sentar [sen'tar] /ɪj/ *vt* to sit, seat; (*fig*) to establish ▷ *vi* (*vestido*) to suit; (*alimento*): **~ bien/mal a** to agree/disagree with; **sentarse** *vr* (*persona*) to sit, sit down; (*los depósitos*) to settle
sentencia [sen'tenθja] *nf* (*máxima*) maxim, saying; (*Jur*) sentence; **sentenciar** /ɪb/ *vt* to sentence
sentido, -a [sen'tiðo, a] *adj* (*pérdida*) regrettable; (*carácter*) sensitive ▷ *nm* sense; (*sentimiento*) feeling; (*significado*) sense, meaning; (*dirección*) direction; **mi más ~ pésame** my deepest sympathy; **~ del humor** sense of humour; **~ común** common sense; **tener ~** to make sense; **~ único** one-way (street)
sentimental [sentimen'tal] *adj* sentimental; **vida ~** love life
sentimiento [senti'mjento] *nm* feeling
sentir [sen'tir] /ɜi/ *vt* to feel; (*percibir*) to perceive, sense; (*lamentar*) to regret, be sorry for ▷ *vi* to feel; (*lamentarse*) to feel sorry ▷ *nm* opinion, judgement; **sentirse** *vr*: **lo siento** I'm sorry; **~se mejor/mal** to feel better/ill
seña ['seɲa] *nf* sign; (*Mil*) password; **señas** *nfpl* address *sg*; **~s personales** personal description *sg*
señal [se'ɲal] *nf* sign; (*síntoma*) symptom; (*Ferro, Telec*) signal; (*marca*) mark; (*Com*) deposit; **en ~ de** as a token of, as a sign of; **señalar** /ɪa/ *vt* to mark; (*indicar*) to point out, indicate
señor, a [se'ɲor, a] *nm* (*hombre*) man; (*caballero*) gentleman; (*dueño*) owner, master; (*trato: antes de nombre propio*) Mr; (: *hablando directamente*) sir ▷ *nf* (*dama*) lady; (*trato: antes de nombre propio*) Mrs; (: *hablando directamente*) madam; (*esposa*) wife; **Muy ~ mío** Dear Sir; **Nuestra S~a** Our Lady
señorita [seɲo'rita] *nf* Miss; (*mujer joven*) young lady
señorito [seɲo'rito] *nm* young gentleman; (*pey*) toff
sepa *etc* ['sepa] *vb V* **saber**
separación [separa'θjon] *nf* separation; (*división*) division; (*distancia*) gap
separar [sepa'rar] /ɪa/ *vt* to separate; (*dividir*) to divide; **separarse** *vr* (*parte*) to come away; (*partes*) to come apart; (*persona*) to leave, go away; (*matrimonio*) to separate; **separatismo** *nm* separatism
sepia ['sepja] *nf* cuttlefish
septentrional [septentrjo'nal] *adj* northern
septiembre [sep'tjembre] *nm* September
séptimo, -a ['septimo, a] *adj, nm* seventh
sepulcral [sepul'kral] *adj* (*fig*) gloomy, dismal; (*silencio, atmósfera*) deadly; **sepulcro** *nm* tomb, grave

sepultar [sepul'tar] /1a/ *vt* to bury; **sepultura** *nf* (*acto*) burial; (*tumba*) grave, tomb
sequía [se'kia] *nf* drought
séquito ['sekito] *nm* (*de rey etc*) retinue; (*Pol*) followers *pl*

PALABRA CLAVE

ser [ser] /2v/ *vi* **1** (*descripción, identidad*) to be; **es médica/muy alta** she's a doctor/very tall; **su familia es de Cuzco** his family is from Cuzco; **soy Ana** I'm Ana; (*por teléfono*) it's Ana
2 (*propiedad*): **es de Joaquín** it's Joaquín's, it belongs to Joaquín
3 (*horas, fechas, números*): **es la una** it's one o'clock; **son las seis y media** it's half-past six; **es el 1 de junio** it's the first of June; **somos/son seis** there are six of us/them
4 (*suceso*): **¿qué ha sido eso?** what was that?; **la fiesta es en mi casa** the party's at my house
5 (*en oraciones pasivas*): **ha sido descubierto ya** it's already been discovered
6: **es de esperar que ...** it is to be hoped *o* I *etc* hope that ...
7 (*locuciones con subjun*): **o sea** that is to say; **sea él sea su hermana** either him or his sister
8: **a** *o* **de no ser por él ...** but for him ...
9: **a no ser que: a no ser que tenga uno ya** unless he's got one already
▸ *nm* being; **ser humano** human being

sereno, -a [se'reno, a] *adj* (*persona*) calm, unruffled; (*tiempo*) fine, settled; (*ambiente*) calm, peaceful ▷ *nm* night watchman
serial [se'rjal] *nm* serial
serie ['serje] *nf* series; (*cadena*) sequence, succession; **fuera de ~** out of order; (*fig*) special, out of the ordinary; **fabricación en ~** mass production
seriedad [serje'ðað] *nf* seriousness; (*formalidad*) reliability
serigrafía [seriɣra'fia] *nf* silk screen printing
serio, -a ['serjo, a] *adj* serious; reliable, dependable; grave, serious; **en ~** seriously
sermón [ser'mon] *nm* (*Rel*) sermon
seropositivo, -a [seroposi'tiβo, a] *adj* HIV-positive
serpentear [serpente'ar] /1a/ *vi* to wriggle; (*camino, río*) to wind, snake
serpentina [serpen'tina] *nf* streamer
serpiente [ser'pjente] *nf* snake; **~ de cascabel** rattlesnake
serranía [serra'nia] *nf* mountainous area
serrar [se'rrar] /1j/ *vt* to saw
serrín [se'rrin] *nm* sawdust
serrucho [se'rrutʃo] *nm* handsaw
service ['serβis] *nm* (LAM *Auto*) service
servicio [ser'βiθjo] *nm* service; (LAM *Auto*) service; **servicios** *nmpl* toilet(s); **~ incluido** service charge included; **~ militar** military service
servidumbre [serβi'ðumbre] *nf* (*sujeción*) servitude; (*criados*) servants *pl*, staff
servil [ser'βil] *adj* servile
servilleta [serβi'ʎeta] *nf* serviette, napkin
servir [ser'βir] /3k/ *vt* to serve ▷ *vi* to serve; (*tener utilidad*) to be of use, be useful; **servirse** *vr* to serve *o* help o.s.; **~se de algo** to make use of sth, use sth; **sírvase pasar** please come in
sesenta [se'senta] *num* sixty
sesión [se'sjon] *nf* (*Pol*) session, sitting; (*Cine*) showing
seso ['seso] *nm* brain; **sesudo, -a** *adj* sensible, wise
seta ['seta] *nf* mushroom; **~ venenosa** toadstool
setecientos, -as [sete'θjentos, as] *num* seven hundred
setenta [se'tenta] *num* seventy
severo, -a [se'βero, a] *adj* severe

Sevilla [se'βiʎa] *nf* Seville; **sevillano, -a** *adj* of *o* from Seville ▷ *nm/f* native *o* inhabitant of Seville
sexo ['sekso] *nm* sex
sexto, -a ['seksto, a] *num* sixth
sexual [sek'swal] *adj* sexual; **vida ~** sex life
si [si] *conj* if; whether ▷ *nm* (*Mus*) B; **me pregunto si ...** I wonder if *o* whether ...
sí [si] *adv* yes ▷ *nm* consent ▷ *pron* (*uso impersonal*) oneself; (*sg: m*) himself; (: *f*) herself; (: *de cosa*) itself; (: *de usted*) yourself; (*pl*) themselves; (: *de ustedes*) yourselves; (: *recíproco*) each other; **él no quiere pero yo sí** he doesn't want to but I do; **ella sí vendrá** she will certainly come, she is sure to come; **claro que sí** of course; **creo que sí** I think so
siamés, -esa [sja'mes, esa] *adj, nm/f* Siamese
SIDA ['siða] *nm abr* (= *síndrome de inmunodeficiencia adquirida*) AIDS
siderúrgico, -a [siðe'rurxico, a] *adj* iron and steel *cpd*
sidra ['siðra] *nf* cider
siembra ['sjembra] *nf* sowing
siempre ['sjempre] *adv* always; (*todo el tiempo*) all the time ▷ *conj*: **~ que ...** (+ *indic*) whenever ...; (+ *subjun*) provided that ...; **como ~** as usual; **para ~** forever
sien [sjen] *nf* temple
siento *etc* ['sjento] *vb V* **sentar; sentir**
sierra ['sjerra] *nf* (*Tec*) saw; (*Geo*) mountain range
siervo, -a ['sjerβo, a] *nm/f* slave
siesta ['sjesta] *nf* siesta, nap; **dormir la** *o* **echarse una** *o* **tomar una ~** to have an afternoon nap *o* a doze
siete ['sjete] *num* seven
sifón [si'fon] *nm* syphon
sigla ['siɣla] *nf* abbreviation
siglo ['siɣlo] *nm* century; (*fig*) age
significado [siɣnifi'kaðo] *nm* (*de palabra etc*) meaning
significar [siɣnifi'kar] /1g/ *vt* to mean, signify; (*notificar*) to make known, express
significativo, -a [siɣnifika'tiβo, a] *adj* significant
signo ['siɣno] *nm* sign; **~ de admiración** *o* **exclamación** exclamation mark; **~ de interrogación** question mark
sigo *etc vb V* **seguir**
siguiente [si'ɣjente] *adj* following; (*próximo*) next
siguió *etc vb V* **seguir**
sílaba ['silaβa] *nf* syllable
silbar [sil'βar] /1a/ *vt, vi* to whistle; **silbato** *nm* whistle; **silbido** *nm* whistle, whistling
silenciador [silenθja'ðor] *nm* silencer
silenciar [silen'θjar] /1b/ *vt* (*persona*) to silence; (*escándalo*) to hush up; **silencio** *nm* silence, quiet; **silencioso, -a** *adj* silent, quiet
silla ['siʎa] *nf* (*asiento*) chair; (*tb*: **~ de montar**) saddle; **~ de ruedas** wheelchair
sillón [si'ʎon] *nm* armchair, easy chair
silueta [si'lweta] *nf* silhouette; (*de edificio*) outline; (*figura*) figure
silvestre [sil'βestre] *adj* wild
simbólico, -a [sim'boliko, a] *adj* symbolic(al)
simbolizar [simboli'θar] /1f/ *vt* to symbolize
símbolo ['simbolo] *nm* symbol
similar [simi'lar] *adj* similar
simio ['simjo] *nm* ape
simpatía [simpa'tia] *nf* liking; (*afecto*) affection; (*amabilidad*) kindness; **simpático, -a** *adj* nice, pleasant; (*bondadoso*) kind

No confundir *simpático* con la palabra inglesa *sympathetic*.

simpatizante [simpati'θante] *nmf* sympathizer
simpatizar [simpati'θar] /1f/ *vi*: **~ con** to get on well with

simple ['simple] *adj* simple; (*elemental*) simple, easy; (*mero*) mere; (*puro*) pure, sheer ▷ *nmf* simpleton; **simpleza** *nf* simpleness; (*necedad*) silly thing; **simplificar** /1g/ *vt* to simplify
simposio [sim'posjo] *nm* symposium
simular [simu'lar] /1a/ *vt* to simulate
simultáneo, -a [simul'taneo, a] *adj* simultaneous
sin [sin] *prep* without ▷ *conj*: **~ que** (+ *subjun*) without; **la ropa está ~ lavar** the clothes are unwashed; **~ embargo** however
sinagoga [sina'ɣoɣa] *nf* synagogue
sinceridad [sinθeri'ðað] *nf* sincerity; **sincero, -a** *adj* sincere
sincronizar [sinkroni'θar] /1f/ *vt* to synchronize
sindical [sindi'kal] *adj* union *cpd*, trade-union *cpd*; **sindicalista** *adj* ▷ *nmf* trade unionist
sindicato [sindi'kato] *nm* (*de trabajadores*) trade(s) *o* labor (*US*) union; (*de negociantes*) syndicate
síndrome ['sindrome] *nm* syndrome; **~ de abstinencia** withdrawal symptoms; **~ de la clase turista** economy-class syndrome
sinfín [sin'fin] *nm*: **un ~ de** a great many, no end of
sinfonía [sinfo'nia] *nf* symphony
singular [singu'lar] *adj* singular; (*fig*) outstanding, exceptional; (*pey*) peculiar, odd
siniestro, -a [si'njestro, a] *adj* sinister ▷ *nm* (*accidente*) accident
sinnúmero [sin'numero] *nm* = **sinfín**
sino ['sino] *nm* fate, destiny ▷ *conj* (*pero*) but; (*salvo*) except, save
sinónimo, -a [si'nonimo, a] *adj* synonymous ▷ *nm* synonym
síntesis ['sintesis] *nf inv* synthesis; **sintético, -a** *adj* synthetic
sintió *vb V* **sentir**
síntoma ['sintoma] *nm* symptom
sintonía [sinto'nia] *nf* (*Radio*) tuning; **sintonizar** /1f/ *vt* (*Radio*) to tune (in) to
sinvergüenza [simber'ɣwenθa] *nmf* rogue, scoundrel; **¡es un ~!** he's got a nerve!
siquiera [si'kjera] *conj* even if, even though ▷ *adv* at least; **ni ~** not even
Siria ['sirja] *nf* Syria
sirviente, -a [sir'βjente, a] *nm/f* servant
sirvo *etc vb V* **servir**
sistema [sis'tema] *nm* system; (*método*) method; **sistemático, -a** *adj* systematic

SISTEMA EDUCATIVO

The reform of the Spanish *sistema educativo* (education system) begun in the early 90s has replaced the courses *EGB*, *BUP* and *COU* with the following: *Primaria* a compulsory 6 years; *Secundaria* a compulsory 4 years; *Bachillerato* an optional 2 year secondary school course, essential for those wishing to go on to higher education.

sitiar [si'tjar] /1b/ *vt* to besiege, lay siege to
sitio ['sitjo] *nm* (*lugar*) place; (*espacio*) room, space; (*Mil*) siege; **~ de taxis** (*LAM*: *parada*) taxi stand *o* rank (*BRIT*); **~ web** website
situación [sitwa'θjon] *nf* situation, position; (*estatus*) position, standing
situado, -a [si'twaðo, a] *adj* situated, placed
situar [si'twar] /1e/ *vt* to place, put; (*edificio*) to locate, situate
slip [es'lip] *nm* pants *pl*, briefs *pl*
smartphone [(e)'smarfon] *nm* smartphone
smoking [(e)'smokin] (*pl* **smokings**) *nm* dinner jacket (*BRIT*), tuxedo (*US*)

No confundir *smoking* con la palabra inglesa *smoking*.

SMS *nm* (*mensaje*) text (message), SMS (message)
snob [es'nob] = **esnob**
SO *abr* (= *suroeste*) SW
sobaco [so'βako] *nm* armpit

sobar [so'βar] /1a/ *vt* (*ropa*) to rumple; (*comida*) to play around with

soberanía [soβera'nia] *nf* sovereignty; **soberano, -a** *adj* sovereign; (*fig*) supreme ▷ *nm/f* sovereign

soberbio, -a [so'βerβjo, a] *adj* (*orgulloso*) proud; (*altivo*) arrogant; (*fig*) magnificent, superb ▷ *nf* pride; haughtiness, arrogance; magnificence

sobornar [soβor'nar] /1a/ *vt* to bribe; **soborno** *nm* bribe

sobra ['soβra] *nf* excess, surplus; **sobras** *nfpl* left-overs, scraps; **de ~** surplus, extra; **tengo de ~** I've more than enough; **sobrado, -a** *adj* (*más que suficiente*) more than enough; (*superfluo*) excessive; **sobrante** *adj* remaining, extra ▷ *nm* surplus, remainder; **sobrar** /1a/ *vt* to exceed, surpass ▷ *vi* (*tener de más*) to be more than enough; (*quedar*) to remain, be left (over)

sobrasada [soβra'saða] *nf* ≈ sausage spread

sobre ['soβre] *prep* (*gen*) on; (*encima*) on (top of); (*por encima de, arriba de*) over, above; (*más que*) more than; (*además*) in addition to, besides; (*alrededor de*) about ▷ *nm* envelope; **~ todo** above all

sobrecama [soβre'kama] *nf* bedspread

sobrecargar [soβrekar'ɣar] /1h/ *vt* (*camión*) to overload; (*Com*) to surcharge

sobredosis [soβre'ðosis] *nf inv* overdose

sobreentender [soβreenten'der] /2g/ *vt* to deduce, infer; **sobreentenderse** *vr*: **se sobreentiende que ...** it is implied that ...

sobrehumano, -a [soβreu'mano, a] *adj* superhuman

sobrellevar [soβreʎe'βar] /1a/ *vt* to bear, endure

sobremesa [soβre'mesa] *nf*: **durante la ~** after dinner

sobrenatural [soβrenatu'ral] *adj* supernatural

sobrenombre [soβre'nombre] *nm* nickname

sobrepasar [soβrepa'sar] /1a/ *vt* to exceed, surpass

sobreponer [soβrepo'ner] /2q/ *vt* (*poner encima*) to put on top; (*añadir*) to add; **sobreponerse** *vr*: **~se a** to overcome

sobresaliente [soβresa'ljente] *adj* outstanding, excellent

sobresalir [soβresa'lir] /3q/ *vi* to project, jut out; (*fig*) to stand out, excel

sobresaltar [soβresal'tar] /1a/ *vt* (*asustar*) to scare, frighten; (*sobrecoger*) to startle; **sobresalto** *nm* (*movimiento*) start; (*susto*) scare; (*turbación*) sudden shock

sobretodo [soβre'toðo] *nm* overcoat

sobrevenir [soβreβe'nir] /3r/ *vi* (*ocurrir*) to happen (unexpectedly); (*resultar*) to follow, ensue

sobrevivir [soβreβi'βir] /3a/ *vi* to survive

sobrevolar [soβreβo'lar] /1l/ *vt* to fly over

sobriedad [soβrje'ðað] *nf* sobriety, soberness; (*moderación*) moderation, restraint

sobrino, -a [so'βrino, a] *nm/f* nephew/niece

sobrio, -a ['soβrjo, a] *adj* sober; (*moderado*) moderate, restrained

socarrón, -ona [soka'rron, ona] *adj* (*sarcástico*) sarcastic, ironic(al)

socavón [soka'βon] *nm* (*en la calle*) hole

sociable [so'θjaβle] *adj* (*persona*) sociable, friendly; (*animal*) social

social [so'θjal] *adj* social; (*Com*) company *cpd*

socialdemócrata [soθjalde'mokrata] *nmf* social democrat

socialista [soθja'lista] *adj, nmf* socialist
socializar [soθjali'θar] /1f/ *vt* to socialize
sociedad [soθje'ðað] *nf* society; (*Com*) company; **~ anónima (S.A.)** limited company (Ltd) (BRIT), incorporated company (Inc) (US); **~ de consumo** consumer society
socio, -a ['soθjo, a] *nm/f* (*miembro*) member; (*Com*) partner
sociología [soθjolo'xia] *nf* sociology; **sociólogo, -a** *nm/f* sociologist
socorrer [soko'rrer] /2a/ *vt* to help; **socorrista** *nmf* first aider; (*en piscina, playa*) lifeguard; **socorro** *nm* (*ayuda*) help, aid; (*Mil*) relief; **¡socorro!** help!
soda ['soða] *nf* (*sosa*) soda; (*bebida*) soda (water)
sofá [so'fa] *nm* sofa, settee; **sofá-cama** *nm* studio couch, sofa bed
sofocar [sofo'kar] /1g/ *vt* to suffocate; (*apagar*) to smother, put out; **sofocarse** *vr* to suffocate; (*fig*) to blush, feel embarrassed; **sofoco** *nm* suffocation; (*azoro*) embarrassment
sofreír [sofre'ir] /3l/ *vt* to fry lightly
soft ['sof], **software** ['sofwer] *nm* (*Inform*) software
soga ['soɣa] *nf* rope
sois [sois] *vb V* **ser**
soja ['soxa] *nf* soya
sol [sol] *nm* sun; (*luz*) sunshine, sunlight; (*Mus*) G; **hace ~** it is sunny
solamente [sola'mente] *adv* only, just
solapa [so'lapa] *nf* (*de chaqueta*) lapel; (*de libro*) jacket
solapado, -a [sola'paðo, a] *adj* (*intenciones*) underhand; (*gestos, movimiento*) sly
solar [so'lar] *adj* solar, sun *cpd* ▷ *nm* (*terreno*) plot (of ground)
soldado [sol'daðo] *nm* soldier; **~ raso** private
soldador [solda'ðor] *nm* soldering iron; (*persona*) welder
soldar [sol'dar] /1l/ *vt* to solder, weld
soleado, -a [sole'aðo, a] *adj* sunny
soledad [sole'ðað] *nf* solitude; (*estado infeliz*) loneliness
solemne [so'lemne] *adj* solemn
soler [so'ler] *vi* to be in the habit of, be accustomed to; **suele salir a las ocho** she usually goes out at 8 o'clock
solfeo [sol'feo] *nm* sol-fa, singing of scales
solicitar [soliθi'tar] /1a/ *vt* (*permiso*) to ask for, seek; (*puesto*) to apply for; (*votos*) to canvass for; (*atención*) to attract
solícito, -a [so'liθito, a] *adj* (*diligente*) diligent; (*cuidadoso*) careful; **solicitud** *nf* (*calidad*) great care; (*petición*) request; (*a un puesto*) application
solidaridad [soliðari'ðað] *nf* solidarity; **solidario, -a** *adj* (*participación*) joint, common; (*compromiso*) mutually binding
sólido, -a ['soliðo, a] *adj* solid
soliloquio [soli'lokjo] *nm* soliloquy
solista [so'lista] *nmf* soloist
solitario, -a [soli'tarjo, a] *adj* (*persona*) lonely, solitary; (*lugar*) lonely, desolate ▷ *nm/f* (*reclusa*) recluse; (*en la sociedad*) loner ▷ *nm* solitaire
sollozar [soʎo'θar] /1f/ *vi* to sob; **sollozo** *nm* sob
solo¹, -a ['solo, a] *adj* (*único*) single, sole; (*sin compañía*) alone; (*solitario*) lonely; **hay una sola dificultad** there is just one difficulty; **a solas** alone, by o.s.
solo², sólo ['solo] *adv* only, just
solomillo [solo'miʎo] *nm* sirloin
soltar [sol'tar] /1l/ *vt* (*dejar ir*) to let go of; (*desprender*) to unfasten, loosen; (*librar*) to release, set free; (*risa etc*) to let out
soltero, -a [sol'tero, a] *adj* single, unmarried ▷ *nm* bachelor ▷ *nf* single woman; **solterón** *nm* confirmed bachelor
solterona [solte'rona] *nf* spinster
soltura [sol'tura] *nf* looseness, slackness; (*de los miembros*) agility,

ease of movement; (*en el hablar*) fluency, ease

soluble [so'luβle] *adj* (*Química*) soluble; (*problema*) solvable; **~ en agua** soluble in water

solución [solu'θjon] *nf* solution; **solucionar** /1a/ *vt* (*problema*) to solve; (*asunto*) to settle, resolve

solventar [solβen'tar] /1a/ *vt* (*pagar*) to settle, pay; (*resolver*) to resolve; **solvente** *adj* solvent

sombra ['sombra] *nf* shadow; (*como protección*) shade; **sombras** *nfpl* darkness *sg*, shadows; **tener buena/mala ~** to be lucky/unlucky

sombrero [som'brero] *nm* hat

sombrilla [som'briʎa] *nf* parasol, sunshade

sombrío, -a [som'brio, a] *adj* (*oscuro*) dark; (*fig*) sombre, sad; (*persona*) gloomy

someter [some'ter] /2a/ *vt* (*país*) to conquer; (*persona*) to subject to one's will; (*informe*) to present, submit; **someterse** *vr* to give in, yield, submit; **~ a** to subject to

somier [so'mjer] (*pl* **somiers**) *nm* spring mattress

somnífero [som'nifero] *nm* sleeping pill *o* tablet

somos ['somos] *vb V* **ser**

son [son] *vb V* **ser** ▷ *nm* sound

sonaja [so'naxa] *nf* (LAM) = **sonajero**

sonajero [sona'xero] *nm* (baby's) rattle

sonambulismo [sonambu'lismo] *nm* sleepwalking; **sonámbulo, -a** *nm/f* sleepwalker

sonar [so'nar] /1l/ *vt* to ring ▷ *vi* to sound; (*hacer ruido*) to make a noise; (*Ling*) to be sounded, be pronounced; (*ser conocido*) to sound familiar; (*campana*) to ring; (*reloj*) to strike, chime; **sonarse** *vr*: **~se (la nariz)** to blow one's nose; **me suena ese nombre** that name rings a bell

sonda ['sonda] *nf* (*Naut*) sounding; (*Tec*) bore, drill; (*Med*) probe

sondear [sonde'ar] /1a/ *vt* to sound; to bore (into), drill; to probe, sound; (*fig*) to sound out; **sondeo** *nm* sounding; boring, drilling; (*encuesta*) poll, enquiry

sonido [so'niðo] *nm* sound

sonoro, -a [so'noro, a] *adj* sonorous; (*resonante*) loud, resonant

sonreír [sonre'ir] /3l/ *vi* to smile; **sonriente** *adj* smiling; **sonrisa** *nf* smile

sonrojar [sonro'xar] /1a/ *vt*: **~ a algn** to make sb blush; **sonrojarse** *vr*: **~se (de)** to blush (at)

sonrojo *nm* blush

soñador, a [soɲa'ðor, a] *nm/f* dreamer

soñar [so'ɲar] /1l/ *vt*, *vi* to dream; **~ con** to dream about *o* of

soñoliento, -a [soɲo'ljento, a] *adj* sleepy, drowsy

sopa ['sopa] *nf* soup

soplar [so'plar] /1a/ *vt* (*polvo*) to blow away, blow off; (*inflar*) to blow up; (*vela*) to blow out ▷ *vi* to blow; **soplo** *nm* blow, puff; (*de viento*) puff, gust

soplón, -ona [so'plon, ona] *nm/f* (*fam*: *chismoso*) telltale; (: *de policía*) informer, grass

soporífero, -a [sopo'rifero, a] *adj* sleep-inducing ▷ *nm* sleeping pill

soportable [sopor'taβle] *adj* bearable

soportar [sopor'tar] /1a/ *vt* to bear, carry; (*fig*) to bear, put up with; **soporte** *nm* support; (*fig*) pillar, support

No confundir *soportar* con la palabra inglesa *support*.

soprano [so'prano] *nf* soprano

sorber [sor'βer] /2a/ *vt* (*chupar*) to sip; (*inhalar*) to sniff, inhale; (*absorber*) to soak up, absorb

sorbete [sor'βete] *nm* iced fruit drink

sorbo ['sorβo] *nm* (*trago*) gulp, swallow; (*chupada*) sip

sordera [sor'ðera] *nf* deafness

sórdido, -a ['sorðiðo, a] *adj* dirty, squalid
sordo, -a ['sorðo, a] *adj* (*persona*) deaf ▷ *nm/f* deaf person; **sordomudo, -a** *adj* speech-and-hearing impaired
sorna ['sorna] *nf* sarcastic tone
soroche [so'rotʃe] *nm* (LAM) mountain sickness
sorprendente [sorpren'dente] *adj* surprising
sorprender [sorpren'der] /2a/ *vt* to surprise; **sorpresa** *nf* surprise
sortear [sorte'ar] /1a/ *vt* to draw lots for; (*rifar*) to raffle; (*dificultad*) to dodge, avoid; **sorteo** *nm* (*en lotería*) draw; (*rifa*) raffle
sortija [sor'tixa] *nf* ring; (*rizo*) ringlet, curl
sosegado, -a [sose'ɣaðo, a] *adj* quiet, calm
sosiego [so'sjeɣo] *nm* quiet(ness), calm(ness)
soso, -a ['soso, a] *adj* (*Culin*) tasteless; (*fig*) dull, uninteresting
sospecha [sos'petʃa] *nf* suspicion; **sospechar** /1a/ *vt* to suspect; **sospechoso, -a** *adj* suspicious; (*testimonio, opinión*) suspect ▷ *nm/f* suspect
sostén [sos'ten] *nm* (*apoyo*) support; (*sujetador*) bra; (*alimentación*) sustenance, food
sostener [soste'ner] /2k/ *vt* to support; (*mantener*) to keep up, maintain; (*alimentar*) to sustain, keep going; **sostenerse** *vr* to support o.s.; (*seguir*) to continue, remain; **sostenido, -a** *adj* continuous, sustained; (*prolongado*) prolonged
sotana [so'tana] *nf* (*Rel*) cassock
sótano ['sotano] *nm* basement
soy [soi] *vb V* **ser**
soya ['soja] *nf* (LAM) soya (bean)
Sr. *abr* (= *Señor*) Mr
Sra. *abr* (= *Señora*) Mrs
Sras. *abr* (= *Señoras*) Mrs
Sres. *abr* (= *Señores*) Messrs
Srta. *abr* = **señorita**
Sta. *abr* (= *Santa*) St
Sto. *abr* (= *Santo*) St
su [su] *pron* (*de él*) his; (*de ella*) her; (*de una cosa*) its; (*de ellos, ellas*) their; (*de usted, ustedes*) your
suave ['swaβe] *adj* gentle; (*superficie*) smooth; (*trabajo*) easy; (*música, voz*) soft, sweet; **suavidad** *nf* gentleness; (*de superficie*) smoothness; (*de música*) softness, sweetness; **suavizante** *nm* (*de ropa*) softener; (*del pelo*) conditioner; **suavizar** /1f/ *vt* to soften; (*quitar la aspereza*) to smooth (out)
subasta [su'βasta] *nf* auction; **subastar** /1a/ *vt* to auction (off)
subcampeón, -ona [suβkampe'on, ona] *nm/f* runner-up
subconsciente [suβkons'θjente] *adj* subconscious
subdesarrollado, -a [suβðesarro'ʎaðo, a] *adj* underdeveloped
subdesarrollo [suβðesa'rroʎo] *nm* underdevelopment
subdirector, a [suβðirek'tor, a] *nm/f* assistant *o* deputy manager
súbdito, -a ['suβðito, a] *nm/f* subject
subestimar [suβesti'mar] /1a/ *vt* to underestimate, underrate
subir [su'βir] /3a/ *vt* (*objeto*) to raise, lift up; (*cuesta, calle*) to go up; (*colina, montaña*) to climb; (*precio*) to raise, put up ▷ *vi* to go/come up; (*a un coche*) to get in; (*a un autobús, tren*) to get on; (*precio*) to rise, go up; (*río, marea*) to rise; **subirse** *vr* to get up, climb
súbito, -a ['suβito, a] *adj* (*repentino*) sudden; (*imprevisto*) unexpected
subjetivo, -a [suβxe'tiβo, a] *adj* subjective
sublevar [suβle'βar] /1a/ *vt* to rouse to revolt; **sublevarse** *vr* to revolt, rise
sublime [su'βlime] *adj* sublime
submarinismo [suβmari'nismo] *nm* scuba diving
submarino, -a [suβma'rino, a] *adj* underwater ▷ *nm* submarine

subnormal [suβnor'mal] *adj* subnormal ▷ *nmf* subnormal person
subordinado, -a [suβorði'naðo, a] *adj, nm/f* subordinate
subrayar [suβra'jar] /1a/ *vt* to underline
subsanar [suβsa'nar] /1a/ *vt* (*reparar*) to rectify
subsidio [suβ'siðjo] *nm* (*ayuda*) aid, financial help; (*subvención*) subsidy, grant; (*de enfermedad, paro etc*) benefit, allowance
subsistencia [suβsis'tenθja] *nf* subsistence
subsistir [suβsis'tir] /3a/ *vi* to subsist; (*sobrevivir*) to survive, endure
subte ['suβte] *nm* (RPL) underground (BRIT), subway (US)
subterráneo, -a [suβte'rraneo, a] *adj* underground, subterranean ▷ *nm* underpass, underground passage
subtitulado, -a [suβtitu'laðo, a] *adj* subtitled
subtítulo [suβ'titulo] *nm* subtitle
suburbio [su'βurβjo] *nm* (*barrio*) slum quarter
subvención [suββen'θjon] *nf* subsidy, grant; **subvencionar** /1a/ *vt* to subsidize
sucedáneo, -a [suθe'ðaneo, a] *adj* substitute ▷ *nm* substitute (food)
suceder [suθe'ðer] /2a/ *vi* to happen; (*seguir*) to succeed, follow; **lo que sucede es que ...** the fact is that ...; **sucesión** *nf* succession; (*serie*) sequence, series
sucesivamente [suθesiβa'mente] *adv*: **y así ~** and so on
sucesivo, -a [suθe'siβo, a] *adj* successive, following; **en lo ~** in future, from now on
suceso [su'θeso] *nm* (*hecho*) event, happening; (*incidente*) incident
No confundir *suceso* con la palabra inglesa *success*.
suciedad [suθje'ðað] *nf* (*estado*) dirtiness; (*mugre*) dirt, filth
sucio, -a ['suθjo, a] *adj* dirty
suculento, -a [suku'lento, a] *adj* succulent
sucumbir [sukum'bir] /3a/ *vi* to succumb
sucursal [sukur'sal] *nf* branch (office)
sudadera [suða'ðera] *nf* sweatshirt
Sudáfrica [su'ðafrika] *nf* South Africa
Sudamérica [suða'merika] *nf* South America; **sudamericano, -a** *adj, nm/f* South American
sudar [su'ðar] /1a/ *vt, vi* to sweat
sudeste [su'ðeste] *nm* south-east
sudoeste [suðo'este] *nm* south-west
sudoku [su'doku] *nm* sudoku
sudor [su'ðor] *nm* sweat; **sudoroso, -a** *adj* sweaty, sweating
Suecia ['sweθja] *nf* Sweden; **sueco, -a** *adj* Swedish ▷ *nm/f* Swede
suegro, -a ['sweɣro, a] *nm/f* father-/mother-in-law
suela ['swela] *nf* sole
sueldo ['sweldo] *nm* pay, wage(s) (*pl*)
suelo ['swelo] *vb V* **soler** ▷ *nm* (*tierra*) ground; (*de casa*) floor
suelto, -a ['swelto, a] *adj* loose; (*libre*) free; (*separado*) detached; (*ágil*) quick, agile ▷ *nm* (loose) change, small change
sueñito [swe'ɲito] *nm* (LAM) nap
sueño ['sweɲo] *vb V* **soñar** ▷ *nm* sleep; (*somnolencia*) sleepiness, drowsiness; (*lo soñado, fig*) dream; **tener ~** to be sleepy
suero ['swero] *nm* (*Med*) serum; (*de leche*) whey
suerte ['swerte] *nf* (*fortuna*) luck; (*azar*) chance; (*destino*) fate, destiny; (*género*) sort, kind; **tener ~** to be lucky
suéter ['sweter] *nm* sweater
suficiente [sufi'θjente] *adj* enough, sufficient ▷ *nm* (*Escol*) pass
sufragio [su'fraxjo] *nm* (*voto*) vote; (*derecho de voto*) suffrage
sufrido, -a [su'friðo, a] *adj* (*de carácter fuerte*) tough; (*paciente*) long-suffering, patient
sufrimiento [sufri'mjento] *nm* suffering

sufrir [su'frir] /3a/ *vt* (*padecer*) to suffer; (*soportar*) to bear, put up with; (*apoyar*) to hold up, support ▷ *vi* to suffer
sugerencia [suxe'renθja] *nf* suggestion
sugerir [suxe'rir] /3i/ *vt* to suggest; (*sutilmente*) to hint
sugestión [suxes'tjon] *nf* suggestion; (*sutil*) hint; **sugestionar** /1a/ *vt* to influence
sugestivo, -a [suxes'tiβo, a] *adj* stimulating; (*fascinante*) fascinating
suicida [sui'θiða] *adj* suicidal ▷ *nmf* suicidal person; (*muerto*) suicide, person who has committed suicide; **suicidarse** /1a/ *vr* to commit suicide, kill o.s.; **suicidio** *nm* suicide
Suiza ['swiθa] *nf* Switzerland; **suizo, -a** *adj, nm/f* Swiss
sujeción [suxe'θjon] *nf* subjection
sujetador [suxeta'ðor] *nm* (*prenda femenina*) bra
sujetar [suxe'tar] /1a/ *vt* (*fijar*) to fasten; (*detener*) to hold down; **sujetarse** *vr* to subject o.s.; **sujeto, -a** *adj* fastened, secure ▷ *nm* subject; (*individuo*) individual; **sujeto a** subject to
suma ['suma] *nf* (*cantidad*) total, sum; (*de dinero*) sum; (*acto*) adding (up), addition; **en ~** in short
sumamente [suma'mente] *adv* extremely, exceedingly
sumar [su'mar] /1a/ *vt* to add (up) ▷ *vi* to add up
sumergir [sumer'xir] /3c/ *vt* to submerge; (*hundir*) to sink
suministrar [suministrar] /1a/ *vt* to supply, provide; **suministro** *nm* supply; (*acto*) supplying, providing
sumir [su'mir] /3a/ *vt* to sink, submerge; (*fig*) to plunge
sumiso, -a [su'miso, a] *adj* submissive, docile
sumo, -a ['sumo, a] *adj* great, extreme; (*mayor*) highest, supreme
suntuoso, -a [sun'twoso, a] *adj* sumptuous, magnificent
supe *etc* ['supe] *vb V* **saber**
súper ['super] *adj* (*fam*) super, great ▷ *nf* (*gasolina*) four-star (petrol)
super... [super] *pref* super..., over...
superar [supe'rar] /1a/ *vt* (*sobreponerse a*) to overcome; (*rebasar*) to surpass, do better than; (*pasar*) to go beyond; **superarse** *vr* to excel o.s.
superbueno, a [super'bweno, a] *adj* great, fantastic
superficial [superfi'θjal] *adj* superficial; (*medida*) surface *cpd*
superficie [super'fiθje] *nf* surface; (*área*) area
superfluo, -a [su'perflwo, a] *adj* superfluous
superior [supe'rjor] *adj* (*piso, clase*) upper; (*temperatura, número, nivel*) higher; (*mejor: calidad, producto*) superior, better ▷ *nmf* superior; **superioridad** *nf* superiority
supermercado [supermer'kaðo] *nm* supermarket
superponer [superpo'ner] /2q/ *vt* to superimpose
superstición [supersti'θjon] *nf* superstition; **supersticioso, -a** *adj* superstitious
supervisar [superβi'sar] /1a/ *vt* to supervise
supervivencia [superβi'βenθja] *nf* survival
superviviente [superβi'βjente] *adj* surviving
supiera *etc vb V* **saber**
suplantar [suplan'tar] /1a/ *vt* to supplant
suplementario, -a [suplemen'tarjo, a] *adj* supplementary
suplemento [suple'mento] *nm* supplement
suplente [su'plente] *adj* substitute ▷ *nmf* substitute
supletorio, -a [suple'torjo, a] *adj* supplementary ▷ *nm* supplement; **teléfono ~** extension

súplica ['suplika] *nf* request; (*Jur*) petition
suplicar [supli'kar] /1g/ *vt* (*cosa*) to beg (for), plead for; (*persona*) to beg, plead with
suplicio [su'pliθjo] *nm* torture
suplir [su'plir] /3a/ *vt* (*compensar*) to make good, make up for; (*reemplazar*) to replace, substitute ▷ *vi*: **~ a** to take the place of, substitute for
supo *etc* ['supo] *vb V* **saber**
suponer [supo'ner] /2q/ *vt* to suppose; **suposición** *nf* supposition
suprimir [supri'mir] /3a/ *vt* to suppress; (*derecho, costumbre*) to abolish; (*palabra etc*) to delete; (*restricción*) to cancel, lift
supuesto, -a [su'pwesto, a] *pp de* **suponer** ▷ *adj* (*hipotético*) supposed ▷ *nm* assumption, hypothesis ▷ *conj*: **~ que** since; **por ~** of course
sur [sur] *nm* south
suramericano, -a [surameri'kano, a] *adj* South American ▷ *nm/f* South American
surcar [sur'kar] /1g/ *vt* to plough; **surco** *nm* (*en metal, disco*) groove; (*Agr*) furrow
surfear [surfe'ar] /1a/ *vt*: **~ el Internet** to surf the internet
surgir [sur'xir] /3c/ *vi* to arise, emerge; (*dificultad*) to come up, crop up
suroeste [suro'este] *nm* south-west
surtido, -a [sur'tiðo, a] *adj* mixed, assorted ▷ *nm* (*selección*) selection, assortment; (*abastecimiento*) supply, stock; **surtidor** *nm*: **surtidor de gasolina** petrol (BRIT) *o* gas (US) pump
surtir [sur'tir] /3a/ *vt* to supply, provide ▷ *vi* to spout, spurt
susceptible [susθep'tiβle] *adj* susceptible; (*sensible*) sensitive; **~ de** capable of
suscitar [susθi'tar] /1a/ *vt* to cause, provoke; (*interés, sospechas*) to arouse
suscribir [suskri'βir] /3a/ *vt* (*firmar*) to sign; (*respaldar*) to subscribe to, endorse; **suscribirse** *vr* to subscribe; **suscripción** *nf* subscription
susodicho, -a [suso'ditʃo, a] *adj* above-mentioned
suspender [suspen'der] /2a/ *vt* (*objeto*) to hang (up), suspend; (*trabajo*) to stop, suspend; (*Escol*) to fail; (*interrumpir*) to adjourn; (*atrasar*) to postpone
suspense [sus'pense] *nm* suspense; **película/novela de ~** thriller
suspensión [suspen'sjon] *nf* suspension; (*fig*) stoppage, suspension
suspenso, -a [sus'penso, a] *adj* hanging, suspended; (*Escol*) failed ▷ *nm* (*Escol*) fail(ure); **quedar** *o* **estar en ~** to be pending; **película** *o* **novela de ~** (LAM) thriller
suspicaz [suspi'kaθ] *adj* suspicious, distrustful
suspirar [suspi'rar] /1a/ *vi* to sigh; **suspiro** *nm* sigh
sustancia [sus'tanθja] *nf* substance
sustento [sus'tento] *nm* support; (*alimento*) sustenance, food
sustituir [sustitu'ir] /3g/ *vt* to substitute, replace; **sustituto, -a** *nm/f* substitute, replacement
susto ['susto] *nm* fright, scare
sustraer [sustra'er] /2p/ *vt* to remove, take away; (*Mat*) to subtract
susurrar [susu'rrar] /1a/ *vi* to whisper; **susurro** *nm* whisper
sutil [su'til] *adj* (*aroma*) subtle; (*tenue*) thin; (*inteligencia*) sharp
suyo, -a ['sujo, a] *adj* (*con artículo o después del verbo* **ser**: *de él*) his; (: *de ella*) hers; (: *de ellos, ellas*) theirs; (: *de usted, ustedes*) yours; **un amigo ~** a friend of his (*o* hers *o* theirs *o* yours)

t

Tabacalera [taβaka'lera] *nf former Spanish state tobacco monopoly*
tabaco [ta'βako] *nm* tobacco; (*fam*) cigarettes *pl*
tabaquería [tabake'ria] *nf* tobacconist's (BRIT), cigar store (US)
taberna [ta'βerna] *nf* bar
tabique [ta'βike] *nm* partition
tabla ['taβla] *nf* (*de madera*) plank; (*estante*) shelf; (*de vestido*) pleat; (*Arte*) panel; **tablas** *nfpl*: **estar** *o* **quedar en ~s** to draw; **tablado** *nm* (*plataforma*) platform; (*Teat*) stage
tablao [ta'βlao] *nm* (*tb*: **~ flamenco**) flamenco show
tablero [ta'βlero] *nm* (*de madera*) plank, board; (*de ajedrez, damas*) board; (*Auto*) dashboard; **~ de mandos** (*LAM Auto*) dashboard
tableta [ta'βleta] *nf* (*Med*) tablet; (*de chocolate*) bar; (*Inform*) tablet
tablón [ta'βlon] *nm* (*de suelo*) plank; (*de techo*) beam; (*de anuncios*) notice board
tabú [ta'βu] *nm* taboo
taburete [taβu'rete] *nm* stool
tacaño, -a [ta'kaɲo, a] *adj* mean
tacha ['tatʃa] *nf* flaw; (*Tec*) stud; **tachar** /ɪa/ *vt* (*borrar*) to cross out; **tachar de** to accuse of
tacho ['tatʃo] *nm* (*LAM*) bucket; **~ de la basura** rubbish bin (BRIT), trash can (US)
taco ['tako] *nm* (*Billar*) cue; (*libro de billetes*) book; (*LAM*) heel; (*tarugo*) peg; (*palabrota*) swear word
tacón [ta'kon] *nm* heel; **de ~ alto** high-heeled
táctico, -a ['taktiko, a] *adj* tactical ▷ *nf* tactics *pl*
tacto ['takto] *nm* touch; (*fig*) tact
tajada [ta'xaða] *nf* slice
tajante [ta'xante] *adj* sharp
tajo ['taxo] *nm* (*corte*) cut; (*Geo*) cleft
tal [tal] *adj* such ▷ *pron* (*persona*) someone, such a one; (*cosa*) something, such a thing; **~ como** such as; **~ para cual** two of a kind ▷ *adv*: **~ como** (*igual*) just as; **~ cual** (*como es*) just as it is; **¿qué ~?** how are things?; **¿qué ~ te gusta?** how do you like it? ▷ *conj*: **con ~ (de) que** provided that
taladrar [tala'ðrar] /ɪa/ *vt* to drill; **taladro** *nm* drill
talante [ta'lante] *nm* (*humor*) mood; (*voluntad*) will, willingness
talar [ta'lar] /ɪa/ *vt* to fell, cut down; (*fig*) to devastate
talco ['talko] *nm* (*polvos*) talcum powder
talento [ta'lento] *nm* talent; (*capacidad*) ability
Talgo ['talgo] *nm abr* (= *tren articulado ligero Goicoechea Oriol*) *high-speed train*
talismán [talis'man] *nm* talisman
talla ['taʎa] *nf* (*estatura, fig, Med*) height, stature; (*de ropa*) size; (*palo*) measuring rod; (*Arte*) carving
tallar [ta'ʎar] /ɪa/ *vt* (*grabar*) to engrave; (*medir*) to measure
tallarín [taʎa'rin] *nm* noodle
talle ['taʎe] *nm* (*Anat*) waist; (*fig*) appearance

taller [ta'ʎer] *nm* (*Tec*) workshop; (*de artista*) studio
tallo ['taʎo] *nm* (*de planta*) stem; (*de hierba*) blade; (*brote*) shoot
talón [ta'lon] *nm* heel; (*Com*) counterfoil; (*cheque*) cheque (BRIT), check (US)
talonario [talo'narjo] *nm* (*de cheques*) chequebook (BRIT), checkbook (US); (*de recibos*) receipt book
tamaño, -a [ta'maɲo, a] *adj* (*tan grande*) such a big; (*tan pequeño*) such a small ▷ *nm* size; **de ~ natural** full-size
tamarindo [tama'rindo] *nm* tamarind
tambalearse [tambale'arse] /ɪa/ *vr* (*persona*) to stagger; (*vehículo*) to sway
también [tam'bjen] *adv* (*igualmente*) also, too, as well; (*además*) besides
tambor [tam'bor] *nm* drum; (*Anat*) eardrum; **~ del freno** brake drum
Támesis ['tamesis] *nm* Thames
tamizar [tami'θar] /ɪf/ *vt* to sieve
tampoco [tam'poko] *adv* nor, neither; **yo ~ lo compré** I didn't buy it either
tampón [tam'pon] *nm* tampon
tan [tan] *adv* so; **~ es así que** so much so that
tanda ['tanda] *nf* (*gen*) series; (*turno*) shift
tangente [tan'xente] *nf* tangent
tangerina [tanxe'rina] *nf* (LAM) tangerine
tangible [tan'xiβle] *adj* tangible
tanque ['tanke] *nm* tank; (*Auto, Naut*) tanker
tantear [tante'ar] /ɪa/ *vt* (*calcular*) to reckon (up); (*medir*) to take the measure of; (*probar*) to test, try out; (*tomar la medida: persona*) to take the measurements of; (*considerar*) to weigh up; (*persona: opinión*) to sound out ▷ *vi* (*Deporte*) to score; **tanteo** *nm* (*cálculo aproximado*) (rough) calculation; (*prueba*) test, trial; (*Deporte*) scoring

PALABRA CLAVE

tanto, -a ['tanto, a] *adj* (*cantidad*) so much, as much; **tantos** so many, as many; **20 y tantos** 20-odd
▶ *adv* (*cantidad*) so much, as much; (*tiempo*) so long, as long; **tanto tú como yo** both you and I; **tanto como eso** as much as that; **tanto más ... cuanto que** it's all the more ... because; **tanto mejor/peor** so much the better/the worse; **tanto si viene como si va** whether he comes or whether he goes; **tanto es así que** so much so that; **por tanto, por lo tanto** therefore
▶ *conj*: **en tanto que** while; **hasta tanto (que)** until such time as
▶ *nm* **1** (*suma*) certain amount; (*proporción*) so much; **un tanto perezoso** somewhat lazy
2 (*punto*) point; (: *gol*) goal
3 (*locuciones*): **al tanto** up to date; **al tanto de que** because of the fact that
▶ *pron*: **cado uno paga tanto** each one pays so much; **a tantos de agosto** on such and such a day in August; **entre tanto** meanwhile

tapa ['tapa] *nf* (*de caja, olla*) lid; (*de botella*) top; (*de libro*) cover; (*de comida*) snack
tapadera [tapa'ðera] *nf* lid, cover
tapar [ta'par] /ɪa/ *vt* (*cubrir*) to cover; (*envolver*) to wrap *o* cover up; (*la vista*) to obstruct; (*persona, falta*) to conceal; (LAM) to fill; **taparse** *vr* to wrap o.s. up
taparrabo [tapa'rraβo] *nm* loincloth
tapete [ta'pete] *nm* table cover
tapia ['tapja] *nf* (garden) wall
tapicería [tapiθe'ria] *nf* tapestry; (*para muebles*) upholstery; (*tienda*) upholsterer's (shop)
tapiz [ta'piθ] *nm* (*alfombra*) carpet; (*tela tejida*) tapestry; **tapizar** /ɪf/ *vt* (*muebles*) to upholster
tapón [ta'pon] *nm* (*de botella*) top; (*Tec*) plug; **~ de rosca** *o* **de tuerca** screw-top

taquigrafía [takiɣra'fia] *nf* shorthand; **taquígrafo, -a** *nm/f* shorthand writer, stenographer (*US*)
taquilla [ta'kiʎa] *nf* (*de estación etc*) booking office; (*suma recogida*) takings *pl*
tarántula [ta'rantula] *nf* tarantula
tararear [tarare'ar] /ıa/ *vi* to hum
tardar [tar'ðar] /ıa/ *vi* (*tomar tiempo*) to take a long time; (*llegar tarde*) to be late; (*demorar*) to delay; **¿tarda mucho el tren?** does the train take long?; **a más ~** at the (very) latest; **no tardes en venir** come soon
tarde ['tarðe] *adv* late ▷ *nf* (*de día*) afternoon; (*de noche*) evening; **de ~ en ~** from time to time; **¡buenas ~s!** good afternoon!; **a** *o* **por la ~** in the afternoon; in the evening
tardío, -a [tar'ðio, a] *adj* (*retrasado*) late; (*lento*) slow (to arrive)
tarea [ta'rea] *nf* task; **tareas** *nfpl* (*Escol*) homework *sg*; **~ de ocasión** chore
tarifa [ta'rifa] *nf* (*lista de precios*) price list; (*Com*) tariff
tarima [ta'rima] *nf* (*plataforma*) platform
tarjeta [tar'xeta] *nf* card; **~ postal/de crédito/de Navidad** postcard/credit card/Christmas card; **~ de embarque** boarding pass; **~ de memoria** memory card; **~ prepago** top-up card; **~ SIM** SIM card
tarro ['tarro] *nm* jar, pot
tarta ['tarta] *nf* (*pastel*) cake; (*torta*) tart
tartamudear [tartamuðe'ar] /ıa/ *vi* to stutter, stammer; **tartamudo, -a** *adj* stammering ▷ *nm/f* stammerer
tártaro, -a ['tartaro, a] *adj*: **salsa tártara** tartar(e) sauce
tasa ['tasa] *nf* (*precio*) (fixed) price, rate; (*valoración*) valuation; (*medida, norma*) measure, standard; **~ de cambio** exchange rate; **~s de aeropuerto** airport tax; **~s universitarias** university fees; **tasar** /ıa/ *vt* (*arreglar el precio*) to fix a price for; (*valorar*) to value, assess
tasca ['taska] *nf* (*fam*) pub
tatarabuelo, -a [tatara'βwelo, a] *nm/f* great-great-grandfather/mother
tatuaje [ta'twaxe] *nm* (*dibujo*) tattoo; (*acto*) tattooing
tatuar [ta'twar] /ıd/ *vt* to tattoo
taurino, -a [tau'rino, a] *adj* bullfighting *cpd*
Tauro ['tauro] *nm* Taurus
tauromaquia [tauro'makja] *nf* (art of) bullfighting
taxi ['taksi] *nm* taxi; **taxista** *nmf* taxi driver
taza ['taθa] *nf* cup; (*de retrete*) bowl; **~ para café** coffee cup; **~ de café** cup of coffee; **tazón** *nm* mug, large cup; (*escudilla*) basin
te [te] *pron* (*complemento de objeto*) you; (*complemento indirecto*) (to) you; (*reflexivo*) (to) yourself; **¿te duele mucho el brazo?** does your arm hurt a lot?; **te equivocas** you're wrong; **¡cálmate!** calm yourself!
té [te] *nm* tea
teatral [tea'tral] *adj* theatre *cpd*; (*fig*) theatrical
teatro [te'atro] *nm* theatre; (*Lit*) plays *pl*, drama
tebeo [te'βeo] *nm* children's comic
techo ['tetʃo] *nm* (*externo*) roof; (*interno*) ceiling
tecla ['tekla] *nf* (*Inform, Mus, Tip*) key; **teclado** *nm* keyboard (*tb Inform*); **teclear** /ıa/ *vi* to strum; (*fam*) to drum ▷ *vt* (*Inform*) to key (in)
técnico, -a ['tekniko, a] *adj* technical ▷ *nm/f* technician; (*experto*) expert ▷ *nf* (*procedimientos*) technique; (*tecnología*) technology
tecnología [teknolo'xia] *nf* technology; **tecnológico, -a** *adj* technological
tecolote [teko'lote] *nm* (*LAM*) owl
tedioso, -a [te'ðjoso, a] *adj* boring; tedious
teja ['texa] *nf* tile; (*Bot*) lime (tree); **tejado** *nm* (tiled) roof

tejano, -a [te'xano, a] *adj, nm/f* Texan ▷ *nmpl*: **~s** (*vaqueros*) jeans
tejemaneje [texema'nexe] *nm* (*lío*) fuss; (*intriga*) intrigue
tejer [te'xer] /2a/ *vt* to weave; (*LAM*) to knit; (*fig*) to fabricate; **tejido** *nm* fabric; (*estofa, tela*) (knitted) material; (*telaraña*) web; (*Anat*) tissue
tel. *abr* (= *teléfono*) tel.
tela ['tela] *nf* (*material*) material; (*de fruta, en líquido*) skin; **~ de araña** cobweb, spider's web; **telar** *nm* (*máquina*) loom
telaraña [tela'raɲa] *nf* cobweb
tele ['tele] *nf* (*fam*) TV
tele... [tele] *pref* tele...; **telebasura** *nf* trash TV; **telecomunicación** *nf* telecommunication; **telediario** *nm* television news; **teledirigido, -a** *adj* remote-controlled
teleférico [tele'feriko] *nm* (*de esquí*) ski-lift
telefonear [telefone'ar] /1a/ *vi* to telephone
telefónico, -a [tele'foniko, a] *adj* telephone *cpd*
telefonillo [telefo'niʎo] *nm* (*de puerta*) intercom
telefonista [telefo'nista] *nmf* telephonist
teléfono [te'lefono] *nm* (tele)phone; **~ móvil** mobile phone; **está hablando por ~** he's on the phone; **llamar a algn por ~** to ring sb (up) *o* phone sb (up); **~ celular** (*LAM*) mobile phone; **~ con cámara** camera phone; **~ inalámbrico** cordless phone
telégrafo [te'leɣrafo] *nm* telegraph
telegrama [tele'ɣrama] *nm* telegram
tele...: telenovela *nf* soap (opera); **teleobjetivo** *nm* telephoto lens; **telepatía** *nf* telepathy; **telepático, -a** *adj* telepathic; **telerrealidad** *nf* reality TV; **telescopio** *nm* telescope; **telesilla** *nm* chairlift; **telespectador, a** *nm/f* viewer; **telesquí** *nm* ski-lift; **teletarjeta** *nf* phonecard; **teletipo** *nm* teletype(writer); **teletrabajador, a** *nm/f* teleworker; **teletrabajo** *nm* teleworking; **televentas** *nfpl* telesales
televidente [teleβi'ðente] *nmf* viewer
televisar [teleβi'sar] /1a/ *vt* to televise
televisión [teleβi'sjon] *nf* television; **~ digital** digital television
televisor [teleβi'sor] *nm* television set
télex ['teleks] *nm* telex
telón [te'lon] *nm* curtain; **~ de acero** (*Pol*) iron curtain; **~ de fondo** backcloth, background
tema ['tema] *nm* (*asunto*) subject, topic; (*Mus*) theme; **temático, -a** *adj* thematic
temblar [tem'blar] /1j/ *vi* to shake, tremble; (*de frío*) to shiver; **temblor** *nm* trembling; (*de tierra*) earthquake; **tembloroso, -a** *adj* trembling
temer [te'mer] /2a/ *vt* to fear ▷ *vi* to be afraid; **temo que Juan llegue tarde** I am afraid Juan may be late
temible [te'miβle] *adj* fearsome
temor [te'mor] *nm* (*miedo*) fear; (*duda*) suspicion
témpano ['tempano] *nm*: **~ de hielo** ice floe
temperamento [tempera'mento] *nm* temperament
temperatura [tempera'tura] *nf* temperature
tempestad [tempes'tað] *nf* storm
templado, -a [tem'plaðo, a] *adj* (*agua*) lukewarm; (*clima*) mild; (*Mus*) well-tuned; **templanza** *nf* moderation
templar [tem'plar] /1a/ *vt* (*moderar*) to moderate; (*furia*) to restrain; (*calor*) to reduce; (*afinar*) to tune (up); (*acero*) to temper; (*tuerca*) to tighten up; **temple** *nm* (*ajuste*) tempering; (*afinación*) tuning; (*pintura*) tempera
templo ['templo] *nm* (*iglesia*) church; (*pagano etc*) temple
temporada [tempo'raða] *nf* time, period; (*estación, social*) season

temporal [tempo'ral] *adj* (*no permanente*) temporary ▷ *nm* storm
temprano, -a [tem'prano, a] *adj* early ▷ *adv* early; (*demasiado pronto*) too soon, too early
ten [ten] *vb V* **tener**
tenaces [te'naθes] *adj pl V* **tenaz**
tenaz [te'naθ] *adj* (*material*) tough; (*persona*) tenacious; (*terco*) stubborn
tenaza(s) [te'naθ(as)] *nf, nfpl* (*Med*) forceps; (*Tec*) pliers; (*Zool*) pincers
tendedero [tende'ðero] *nm* (*para ropa*) drying-place; (*cuerda*) clothes line
tendencia [ten'denθja] *nf* tendency; **tener ~ a** to tend *o* have a tendency to
tender [ten'der] /2g/ *vt* (*extender*) to spread out; (*ropa*) to hang out; (*vía férrea, cable*) to lay; (*cuerda*) to stretch ▷ *vi* to tend; **tenderse** *vr* to lie down; **~ la cama/la mesa** (*LAM*) to make the bed/lay the table
tenderete [tende'rete] *nm* (*puesto*) stall; (*exposición*) display of goods
tendero, -a [ten'dero, a] *nm/f* shopkeeper
tendón [ten'don] *nm* tendon
tendré *etc* [ten'dre] *vb V* **tener**
tenebroso, -a [tene'βroso, a] *adj* (*oscuro*) dark; (*fig*) gloomy
tenedor [tene'ðor] *nm* (*Culin*) fork
tenencia [te'nenθja] *nf* (*de casa*) tenancy; (*de oficio*) tenure; (*de propiedad*) possession

PALABRA CLAVE

tener [te'ner] /2k/ *vt* **1** (*poseer, gen*) to have; (: *en la mano*) to hold; **¿tienes un boli?** have you got a pen?; **va a tener un niño** she's going to have a baby; **¡ten** *o* **tenga!, ¡aquí tienes** *o* **tiene!** here you are!
2 (*edad, medidas*) to be; **tiene siete años** she's seven (years old); **tiene 15 cm de largo** it's 15 cm long
3 (*sentimientos, sensaciones*): **tener sed/hambre/frío/calor** to be thirsty/hungry/cold/hot; **tener razón** to be right
4 (*considerar*): **lo tengo por brillante** I consider him to be brilliant; **tener en mucho a algn** to think very highly of sb
5 (+ *pp*): **tengo terminada ya la mitad del trabajo** I've done half the work already
6: **tener que hacer algo** to have to do sth; **tengo que acabar este trabajo hoy** I have to finish this job today
7: **¿qué tienes, estás enfermo?** what's the matter with you, are you ill?
▶ **tenerse** *vr* **1**: **tenerse en pie** to stand up
2: **tenerse por** to think o.s.

tengo *etc* ['tengo] *vb V* **tener**
tenia ['tenja] *nf* tapeworm
teniente [te'njente] *nm* lieutenant; (*ayudante*) deputy
tenis ['tenis] *nm* tennis; **~ de mesa** table tennis; **tenista** *nmf* tennis player
tenor [te'nor] *nm* (*sentido*) meaning; (*Mus*) tenor; **a ~ de** on the lines of
tensar [ten'sar] /1a/ *vt* to tauten; (*arco*) to draw
tensión [ten'sjon] *nf* tension; (*Tec*) stress; **~ arterial** blood pressure; **tener la ~ alta** to have high blood pressure
tenso, -a ['tenso, a] *adj* tense
tentación [tenta'θjon] *nf* temptation
tentáculo [ten'takulo] *nm* tentacle
tentador, a [tenta'ðor, a] *adj* tempting
tentar [ten'tar] /1j/ *vt* (*seducir*) to tempt; (*atraer*) to attract
tentempié [tentem'pje] *nm* snack
tenue ['tenwe] *adj* (*delgado*) thin, slender; (*neblina*) light; (*lazo, vínculo*) slight
teñir [te'ɲir] *vt* to dye; (*fig*) to tinge; **teñirse** *vr* to dye; **~se el pelo** to dye one's hair
teología [teolo'xia] *nf* theology

teoría [teo'ria] *nf* theory; **en ~** in theory; **teórico, -a** *adj* theoretic(al) ▷ *nm/f* theoretician, theorist; **teorizar** /1f/ *vi* to theorize
terapéutico, -a [tera'peutiko, a] *adj* therapeutic(al)
terapia [te'rapja] *nf* therapy
tercer [ter'θer] *adj V* **tercero**
tercermundista [terθermun'dista] *adj* Third World *cpd*
tercero, -a [ter'θero, a] *adj* third ▷ *nm* (*Jur*) third party
terceto [ter'θeto] *nm* trio
terciar [ter'θjar] /1b/ *vi* (*participar*) to take part; (*hacer de árbitro*) to mediate; **terciario, -a** *adj* tertiary
tercio ['terθjo] *nm* third
terciopelo [terθjo'pelo] *nm* velvet
terco, -a ['terko, a] *adj* obstinate
tergal® [ter'ɣal] *nm* Terylene®, Dacron® (*US*)
tergiversar [terxiβer'sar] /1a/ *vt* to distort
termal [ter'mal] *adj* thermal
termas ['termas] *nfpl* hot springs
térmico, -a ['termiko, a] *adj* thermal
terminal [termi'nal] *adj* terminal ▷ *nm, nf* terminal
terminante [termi'nante] *adj* (*final*) final, definitive; (*tajante*) categorical; **terminantemente** *adv*: **terminantemente prohibido** strictly forbidden
terminar [termi'nar] /1a/ *vt* (*completar*) to complete, finish; (*concluir*) to end ▷ *vi* (*llegar a su fin*) to end; (*parar*) to stop; (*acabar*) to finish; **terminarse** *vr* to come to an end; **~ por hacer algo** to end up (by) doing sth
término ['termino] *nm* end, conclusion; (*parada*) terminus; (*límite*) boundary; **en último ~** (*a fin de cuentas*) in the last analysis; (*como último recurso*) as a last resort; **~ medio** average; (*fig*) middle way
termo® ['termo] *nm* Thermos® (flask)
termómetro [ter'mometro] *nm* thermometer
termostato [termos'tato] *nm* thermostat
ternero, -a [ter'nero, a] *nm/f* (*animal*) calf ▷ *nf* (*carne*) veal, beef
ternura [ter'nura] *nf* (*trato*) tenderness; (*palabra*) endearment; (*cariño*) fondness
terrado [te'rraðo] *nm* terrace
terraplén [terra'plen] *nm* embankment
terrateniente [terrate'njente] *nm* landowner
terraza [te'rraθa] *nf* (*balcón*) balcony; (*techo*) flat roof; (*Agr*) terrace
terremoto [terre'moto] *nm* earthquake
terrenal [terre'nal] *adj* earthly
terreno [te'rreno] *nm* (*tierra*) land; (*parcela*) plot; (*suelo*) soil; (*fig*) field; **un ~** a piece of land
terrestre [te'rrestre] *adj* terrestrial; (*ruta*) land *cpd*
terrible [te'rriβle] *adj* terrible; awful
territorio [terri'torjo] *nm* territory
terrón [te'rron] *nm* (*de azúcar*) lump; (*de tierra*) clod, lump
terror [te'rror] *nm* terror; **terrorífico, -a** *adj* terrifying; **terrorista** *adj, nmf* terrorist; **terrorista suicida** suicide bomber
terso, -a ['terso, a] *adj* (*liso*) smooth; (*pulido*) polished
tertulia [ter'tulja] *nf* (*reunión informal*) social gathering; (*grupo*) group, circle
tesis ['tesis] *nf inv* thesis
tesón [te'son] *nm* (*firmeza*) firmness; (*tenacidad*) tenacity
tesorero, -a [teso'rero, a] *nm/f* treasurer
tesoro [te'soro] *nm* treasure; (*Com, Pol*) treasury
testamento [testa'mento] *nm* will
testarudo, -a [testa'ruðo, a] *adj* stubborn
testículo [tes'tikulo] *nm* testicle

testificar [testifi'kar] /ıg/ *vt* to testify; (*fig*) to attest ▷ *vi* to give evidence
testigo [tes'tiɣo] *nm f* witness; **~ de cargo/descargo** witness for the prosecution/defence; **~ ocular** eye witness
testimonio [testi'monjo] *nm* testimony
teta ['teta] *nf* (*de biberón*) teat; (*Anat*: *fam*) breast
tétanos ['tetanos] *nm* tetanus
tetera [te'tera] *nf* teapot
tétrico, -a ['tetriko, a] *adj* gloomy, dismal
textear [tekste'ar] /ıa/ *vt* (LAM) to text
textil [teks'til] *adj* textile
texto ['teksto] *nm* text; **textual** *adj* textual
textura [teks'tura] *nf* (*de tejido*) texture
tez [teθ] *nf* (*cutis*) complexion
ti [ti] *pron* you; (*reflexivo*) yourself
tía ['tia] *nf* (*pariente*) aunt; (*fam*: *mujer*) girl
tibio, -a ['tiβjo, a] *adj* lukewarm
tiburón [tiβu'ron] *nm* shark
tic [tik] *nm* (*ruido*) click; (*de reloj*) tick; **~ nervioso** nervous tic
tictac [tik'tak] *nm* (*de reloj*) tick tock
tiempo ['tjempo] *nm* time; (*época, período*) age, period; (*Meteorología*) weather; (*Ling*) tense; (*de juego*) half; **a ~** in time; **a un** *o* **al mismo ~** at the same time; **al poco ~** very soon (after); **se quedó poco ~** he didn't stay very long; **hace poco ~** not long ago; **mucho ~** a long time; **de ~ en ~** from time to time; **hace buen/mal ~** the weather is fine/bad; **estar a ~** to be in time; **hace ~** some time ago; **hacer ~** to while away the time; **motor de 2 ~s** two-stroke engine; **primer ~** first half
tienda ['tjenda] *nf* shop; store; **~ de campaña** tent; **~ de comestibles** grocer's (shop) (BRIT), grocery (store) (US)
tiene *etc* ['tjene] *vb V* **tener**
tienta ['tjenta] *vb V* **tentar** ▷ *nf*: **andar a ~s** to grope one's way along
tiento *etc* ['tjento] *vb V* **tentar** ▷ *nm* (*tacto*) touch; (*precaución*) wariness
tierno, -a ['tjerno, a] *adj* (*blando, dulce*) tender; (*fresco*) fresh
tierra ['tjerra] *nf* earth; (*suelo*) soil; (*mundo*) world; (*país*) country, land; **~ adentro** inland
tieso, -a ['tjeso, a] *adj* (*rígido*) rigid; (*duro*) stiff; (*fam*: *orgulloso*) conceited
tiesto ['tjesto] *nm* flowerpot
tifón [ti'fon] *nm* typhoon
tifus ['tifus] *nm* typhus
tigre ['tiɣre] *nm* tiger
tijera [ti'xera] *nf* (*una tijera*) (pair of) scissors *pl*; (*Zool*) claw; **tijeras** *nf pl* scissors; (*para plantas*) shears
tila ['tila] *nf* lime flower tea
tildar [til'dar] /ıa/ *vt*: **~ de** to brand as
tilde ['tilde] *nf* (*Tip*) tilde
tilín [ti'lin] *nm* tinkle
timar [ti'mar] /ıa/ *vt* (*estafar*) to swindle
timbal [tim'bal] *nm* small drum
timbre ['timbre] *nm* (*sello*) stamp; (*campanilla*) bell; (*tono*) timbre; (*Com*) stamp duty
timidez [timi'ðeθ] *nf* shyness; **tímido, -a** *adj* shy
timo ['timo] *nm* swindle
timón [ti'mon] *nm* helm, rudder; **timonel** *nm* helmsman
tímpano ['timpano] *nm* (*Anat*) eardrum; (*Mus*) small drum
tina ['tina] *nf* tub; (*baño*) bath(tub); **tinaja** *nf* large earthen jar
tinieblas [ti'njeβlas] *nf pl* darkness *sg*; (*sombras*) shadows
tino ['tino] *nm* (*habilidad*) skill; (*juicio*) insight
tinta ['tinta] *nf* ink; (*Tec*) dye; (*Arte*) colour
tinte ['tinte] *nm* dye
tintero [tin'tero] *nm* inkwell
tinto ['tinto] *nm* red wine
tintorería [tintore'ria] *nf* dry cleaner's

tío ['tio] *nm* (*pariente*) uncle; (*fam*: *hombre*) bloke, guy (*US*)
tiovivo [tio'βiβo] *nm* merry-go-round
típico, -a ['tipiko, a] *adj* typical
tipo ['tipo] *nm* (*clase*) type, kind; (*hombre*) fellow; (*Anat*) build; (: *de mujer*) figure; (*Imprenta*) type; **~ bancario/de descuento** bank/discount rate; **~ de interés** interest rate; **~ de cambio** exchange rate
tipografía [tipoɣra'fia] *nf* printing
tíquet ['tiket] (*pl* **tíquets**) *nm* ticket; (*en tienda*) cash slip
tiquismiquis [tikis'mikis] *nm* fussy person ▷ *nmpl* (*querellas*) squabbling *sg*; (*escrúpulos*) silly scruples
tira ['tira] *nf* strip; (*fig*) abundance ▷ *nm*: **~ y afloja** give and take
tirabuzón [tiraβu'θon] *nm* (*rizo*) curl
tirachinas [tira'tʃinas] *nm inv* catapult
tirado, -a [ti'rado, a] *adj* (*barato*) dirt-cheap; (*fam*: *fácil*) very easy ▷ *nf* (*acto*) cast, throw; (*serie*) series; (*Tip*) printing, edition; **de una tirada** at one go; **está ~** (*fam*) it's a cinch
tirador [tira'dor] *nm* (*mango*) handle
tirano, -a [ti'rano, a] *adj* tyrannical ▷ *nm/f* tyrant
tirante [ti'rante] *adj* (*cuerda*) tight, taut; (*relaciones*) strained ▷ *nm* (*Arq*) brace; (*Tec*) stay; **tirantes** *nmpl* braces, suspenders (*US*); **tirantez** *nf* tightness; (*fig*) tension
tirar [ti'rar] /1a/ *vt* to throw; (*volcar*) to upset; (*derribar*) to knock down *o* over; (*bomba*) to drop; (*desechar*) to throw out *o* away; (*disipar*) to squander; (*imprimir*) to print ▷ *vi* (*disparar*) to shoot; (*dar un tirón*) to pull; (*fam*: *andar*) to go; (*tender a*) to tend to; (*Deporte*) to shoot; **tirarse** *vr* to throw o.s.; **~ abajo** to bring down, destroy; **tira más a su padre** he takes more after his father; **ir tirando** to manage
tirita [ti'rita] *nf* (sticking) plaster, Band-Aid® (*US*)
tiritar [tiri'tar] /1a/ *vi* to shiver
tiro ['tiro] *nm* (*lanzamiento*) throw; (*disparo*) shot; (*Deporte*) shot; (*Tenis*, *Golf*) drive; (*alcance*) range; **~ al blanco** target practice; **caballo de ~** cart-horse
tirón [ti'ron] *nm* (*sacudida*) pull, tug; **de un ~** in one go
tiroteo [tiro'teo] *nm* exchange of shots, shooting
tisis ['tisis] *nf* consumption, tuberculosis
títere ['titere] *nm* puppet
titubear [tituβe'ar] /1a/ *vi* to stagger; (*tartamudear*) to stammer; (*vacilar*) to hesitate; **titubeo** *nm* staggering; stammering; hesitation
titulado, -a [titu'lado, a] *adj* (*libro*) entitled; (*persona*) titled
titular [titu'lar] /1a/ *adj* titular ▷ *nmf* holder ▷ *nm* headline ▷ *vt* to title; **titularse** *vr* to be entitled; **título** *nm* title; (*de diario*) headline; (*certificado*) professional qualification; (*universitario*) university degree; **a título de** in the capacity of
tiza ['tiθa] *nf* chalk
toalla [to'aʎa] *nf* towel
tobillo [to'βiʎo] *nm* ankle
tobogán [toβo'ɣan] *nm* (*montaña rusa*) roller-coaster; (*resbaladilla*) chute, slide
tocadiscos [toka'ðiskos] *nm inv* record player
tocado, -a [to'kado, a] *adj* (*fam*) touched ▷ *nm* headdress
tocador [toka'dor] *nm* (*mueble*) dressing table; (*cuarto*) boudoir; (*fam*) ladies' room
tocar [to'kar] /1g/ *vt* to touch; (*Mus*) to play; (*campana*) to ring; (*referirse a*) to allude to ▷ *vi* (*a la puerta*) to knock (on *o* at the door); (*ser el turno*) to fall to, be the turn of; (*ser hora*) to be due; **tocarse** *vr* (*cubrirse la cabeza*) to cover one's head; (*tener contacto*) to touch (each other); **por lo que a mí me toca** as far as I am concerned; **te toca a ti** it's your turn

tocayo, -a [to'kajo, a] *nm/f* namesake
tocino [to'θino] *nm* bacon
todavía [toða'βia] *adv* (*aun*) even; (*aún*) still, yet; **~ más** yet *o* still more; **~ no** not yet

PALABRA CLAVE

todo, -a ['toðo, a] *adj* **1** (*sg*) all; **toda la carne** all the meat; **toda la noche** all night, the whole night; **todo el libro** the whole book; **toda una botella** a whole bottle; **todo lo contrario** quite the opposite; **está toda sucia** she's all dirty; **por todo el país** throughout the whole country
2 (*pl*) all; every; **todos los libros** all the books; **todas las noches** every night; **todos los que quieran salir** all those who want to leave
▶ *pron* **1** everything, all; **todos** everyone, everybody; **lo sabemos todo** we know everything; **todos querían más tiempo** everybody *o* everyone wanted more time; **nos marchamos todos** all of us left
2 (*con preposición*): **con todo él me sigue gustando** even so I still like him; **no me agrada del todo** I don't entirely like it
▶ *adv* all; **vaya todo seguido** keep straight on *o* ahead
▶ *nm*: **como un todo** as a whole

todopoderoso, -a [toðopoðe'roso, a] *adj* all-powerful; (*Rel*) almighty
todoterreno [toðote'rreno] *nm* four-wheel drive, SUV (*esp US*)
toga ['toɣa] *nf* toga; (*Escol*) gown
Tokio ['tokjo] *n* Tokyo
toldo ['toldo] *nm* (*para el sol*) sunshade; (*en tienda*) marquee
tolerancia [tole'ranθja] *nf* tolerance; **tolerante** *adj* tolerant; (*sociedad*) liberal; (*fig*) open-minded
tolerar [tole'rar] /1a/ *vt* to tolerate; (*resistir*) to endure
toma ['toma] *nf* (*gen*) taking; (*Med*) dose; (*Elec: tb*: **~ de corriente**) socket; **~ de tierra** (*Aviat*) landing; **tomacorriente** *nm* (*LAm*) socket
tomar [to'mar] /1a/ *vt* to take; (*aspecto*) to take on; (*beber*) to drink ▷ *vi* to take; (*LAm*) to drink; **tomarse** *vr* to take; **~se por** to consider o.s. to be; **¡toma!** here you are!; **~ a bien/a mal** to take well/badly; **~ en serio** to take seriously; **~ el pelo a algn** to pull sb's leg; **~la con algn** to pick a quarrel with sb; **~ el sol** to sunbathe
tomate [to'mate] *nm* tomato
tomillo [to'miʎo] *nm* thyme
tomo ['tomo] *nm* (*libro*) volume
ton [ton] *abr* = **tonelada** ▷ *nm*: **sin ~ ni son** without rhyme or reason
tonalidad [tonali'ðað] *nf* tone
tonel [to'nel] *nm* barrel
tonelada [tone'laða] *nf* ton; **tonelaje** *nm* tonnage
tónico, -a ['toniko, a] *adj* tonic ▷ *nm* (*Med*) tonic ▷ *nf* (*Mus*) tonic; (*fig*) keynote
tono ['tono] *nm* tone; **fuera de ~** inappropriate; **~ de llamada** ringtone
tontería [tonte'ria] *nf* (*estupidez*) foolishness; (*una tontería*) silly thing; **tonterías** *nfpl* rubbish *sg*, nonsense *sg*
tonto, -a ['tonto, a] *adj* stupid; (*ridículo*) silly ▷ *nm/f* fool
topar [to'par] /1a/ *vi*: **~ contra** *o* **en** to run into; **~ con** to run up against
tope ['tope] *adj* maximum ▷ *nm* (*fin*) end; (*límite*) limit; (*Ferro*) buffer; (*Auto*) bumper; **al ~** end to end
tópico, -a ['topiko, a] *adj* topical ▷ *nm* platitude
topo ['topo] *nm* (*Zool*) mole; (*fig*) blunderer
toque *etc* ['toke] *vb V* **tocar** ▷ *nm* touch; (*Mus*) beat; (*de campana*) chime, ring; **dar un ~ a** to test; **~ de queda** curfew
toqué *etc vb V* **tocar**
toquetear [tokete'ar] /1a/ *vt* to finger

toquilla [to'kiʎa] *nf* (*pañuelo*) headscarf; (*chal*) shawl
tórax ['toraks] *nm inv* thorax
torbellino [torbe'ʎino] *nm* whirlwind; (*fig*) whirl
torcedura [torθe'ðura] *nf* twist; (*Med*) sprain
torcer [tor'θer] /2b, 2h/ *vt* to twist; (*la esquina*) to turn; (*Med*) to sprain ▷ *vi* (*desviar*) to turn off; **torcerse** *vr* (*doblar*) to bend; (*desviarse*) to go astray; (*fracasar*) to go wrong; **torcido, -a** *adj* twisted; (*fig*) crooked ▷ *nm* curl
tordo, -a ['torðo, a] *adj* dappled ▷ *nm* thrush
torear [tore'ar] /1a/ *vt* (*fig*: *evadir*) to dodge; (*jugar con*) to tease ▷ *vi* to fight bulls; **toreo** *nm* bullfighting; **torero, -a** *nm/f* bullfighter
tormenta [tor'menta] *nf* storm; (*fig*: *confusión*) turmoil
tormento [tor'mento] *nm* torture; (*fig*) anguish
tornar [tor'nar] /1a/ *vt* (*devolver*) to return, give back; (*transformar*) to transform ▷ *vi* to go back
tornasolado, -a [tornaso'laðo, a] *adj* (*brillante*) iridescent; (*reluciente*) shimmering
torneo [tor'neo] *nm* tournament
tornillo [tor'niʎo] *nm* screw
torniquete [torni'kete] *nm* (*Med*) tourniquet
torno ['torno] *nm* (*Tec*) winch; (*tambor*) drum; **en ~ (a)** round, about
toro ['toro] *nm* bull; (*fam*) he-man; **los ~s** bullfighting *sg*
toronja [to'ronxa] *nf* grapefruit
torpe ['torpe] *adj* (*poco hábil*) clumsy, awkward; (*necio*) dim; (*lento*) slow
torpedo [tor'peðo] *nm* torpedo
torpeza [tor'peθa] *nf* (*falta de agilidad*) clumsiness; (*lentitud*) slowness; (*error*) mistake
torre ['torre] *nf* tower; (*de petróleo*) derrick
torrefacto, -a [torre'fakto, a] *adj* roasted
torrente [to'rrente] *nm* torrent
torrija [to'rrixa] *nf* fried bread; **~s** French toast *sg*
torsión [tor'sjon] *nf* twisting
torso ['torso] *nm* torso
torta ['torta] *nf* cake; (*fam*) slap
tortícolis [tor'tikolis] *nm inv* stiff neck
tortilla [tor'tiʎa] *nf* omelette; (LAM) maize pancake; **~ francesa/española** plain/potato omelette
tórtola ['tortola] *nf* turtledove
tortuga [tor'tuɣa] *nf* tortoise
tortuoso, -a [tor'twoso, a] *adj* winding
tortura [tor'tura] *nf* torture; **torturar** /1a/ *vt* to torture
tos [tos] *nf inv* cough; **~ ferina** whooping cough
toser [to'ser] /2a/ *vi* to cough
tostado, -a *adj* toasted; (*por el sol*) dark brown; (*piel*) tanned ▷ *nf* piece of toast; **tostadas** *nfpl* toast *sg*
tostador [tosta'ðor] *nm*, **tostadora** [tosta'ðora] *nf* toaster
tostar [tos'tar] /1l/ *vt* to toast; (*café*) to roast; (*al sol*) to tan; **tostarse** *vr* to get brown
total [to'tal] *adj* total ▷ *adv* in short; (*al fin y al cabo*) when all is said and done ▷ *nm* total; **en ~** in all; **~ que** to cut a long story short
totalidad [totali'ðað] *nf* whole
totalitario, -a [totali'tarjo, a] *adj* totalitarian
tóxico, -a ['toksiko, a] *adj* toxic ▷ *nm* poison; **toxicómano, -a** *nm/f* drug addict
toxina [to'ksina] *nf* toxin
tozudo, -a [to'θuðo, a] *adj* obstinate
trabajador, a [traβaxa'ðor, a] *nm/f* worker ▷ *adj* hard-working; **~ autónomo** *o* **por cuenta propia** self-employed person
trabajar [traβa'xar] /1a/ *vt* to work; (*arar*) to till; (*empeñarse en*) to work at; (*convencer*) to persuade ▷ *vi* to work; (*esforzarse*) to strive; **trabajo** *nm* work

(*tarea*) task; (*Pol*) labour; (*fig*) effort; **tomarse el trabajo de** to take the trouble to; **trabajo por turno/a destajo** shift work/piecework; **trabajo en equipo** teamwork; **trabajos forzados** hard labour *sg*

trabalenguas [traβa'lengwas] *nm inv* tongue twister

tracción [trak'θjon] *nf* traction; **~ delantera/trasera** front-wheel/rear-wheel drive

tractor [trak'tor] *nm* tractor

tradición [traði'θjon] *nf* tradition; **tradicional** *adj* traditional

traducción [traðuk'θjon] *nf* translation

traducir [traðu'θir] /3n/ *vt* to translate; **traductor, a** *nm/f* translator

traer [tra'er] /2o/ *vt* to bring; (*llevar*) to carry; (*ropa*) to wear; (*incluir*) to carry; (*fig*) to cause; **traerse** *vr*: **~se algo** to be up to sth

traficar [trafi'kar] /1g/ *vi* to trade

tráfico ['trafiko] *nm* (*Com*) trade; (*Auto*) traffic

tragaluz [traɣa'luθ] *nm* skylight

tragamonedas [traɣamo'neðas] *nm inv*, **tragaperras** [traɣa'perras] *nm inv* slot machine

tragar [tra'ɣar] /1h/ *vt* to swallow; (*devorar*) to devour, bolt down; **tragarse** *vr* to swallow

tragedia [tra'xeðja] *nf* tragedy; **trágico, -a** *adj* tragic

trago ['traɣo] *nm* (*de líquido*) drink; (*comido de golpe*) gulp; (*fam*: *de bebida*) swig; (*desgracia*) blow; **echar un ~** to have a drink

traición [trai'θjon] *nf* treachery; (*Jur*) treason; (*una traición*) act of treachery; **traicionar** /1a/ *vt* to betray

traidor, a [trai'ðor, a] *adj* treacherous ▷ *nm/f* traitor

traigo *etc* ['traiɣo] *vb V* **traer**

traje ['traxe] *vb V* **traer** ▷ *nm* dress; (*de hombre*) suit; (*traje típico*) costume; **~ de baño** swimsuit; **~ de luces** bullfighter's costume

trajera *etc* [tra'xera] *vb V* **traer**

trajín [tra'xin] *nm* (*fam*: *movimiento*) bustle; **trajinar** /1a/ *vi* (*moverse*) to bustle about

trama ['trama] *nf* (*intriga*) plot; (*de tejido*) weft; **tramar** /1a/ *vt* to plot; (*Tec*) to weave

tramitar [trami'tar] /1a/ *vt* (*asunto*) to transact; (*negociar*) to negotiate

trámite ['tramite] *nm* (*paso*) step; (*Jur*) transaction; **trámites** *nmpl* (*burocracia*) procedures; (*Jur*) proceedings

tramo ['tramo] *nm* (*de tierra*) plot; (*de escalera*) flight; (*de vía*) section

trampa ['trampa] *nf* trap; (*en el suelo*) trapdoor; (*engaño*) trick; (*fam*) fiddle; **trampear** /1a/ *vt, vi* to cheat

trampolín *nm* trampoline; (*de piscina etc*) diving board

tramposo, -a [tram'poso, a] *adj* crooked, cheating ▷ *nm/f* crook, cheat

tranca ['tranka] *nf* (*palo*) stick; (*de puerta, ventana*) bar; **trancar** /1g/ *vt* to bar

trance ['tranθe] *nm* (*momento difícil*) difficult moment; (*estado de hipnosis*) trance

tranquilidad [trankili'ðað] *nf* (*calma*) calmness, stillness; (*paz*) peacefulness

tranquilizar [trankili'θar] /1f/ *vt* (*calmar*) to calm (down); (*asegurar*) to reassure; **tranquilizarse** *vr* to calm down; **tranquilo, -a** *adj* (*calmado*) calm; (*apacible*) peaceful; (*mar*) calm; (*mente*) untroubled

transacción [transak'θjon] *nf* transaction

transbordador [transβorða'ðor] *nm* ferry

transbordo [trans'βorðo] *nm* transfer; **hacer ~** to change (trains)

transcurrir [transku'rrir] /3a/ *vi* (*tiempo*) to pass; (*hecho*) to turn out

transcurso [trans'kurso] *nm*: **~ del tiempo** lapse (of time)

transeúnte [transe'unte] *nmf* passer-by
transferencia [transfe'renθja] *nf* transference; (*Com*) transfer
transferir [transfe'rir] /3i/ *vt* to transfer
transformación [transforma'θjon] *nf* transformation
transformador [transforma'ðor] *nm* transformer
transformar [transfor'mar] /1a/ *vt* to transform; (*convertir*) to convert
transfusión [transfu'sjon] *nf* (*tb*: **~ de sangre**) (blood) transfusion
transgénico, -a [trans'xeniko, a] *adj* genetically modified
transición [transi'θjon] *nf* transition
transigir [transi'xir] /3c/ *vi* to compromise; (*ceder*) to make concessions
transitar [transi'tar] /1a/ *vi* to go (from place to place); **tránsito** *nm* transit; (*Auto*) traffic; **transitorio, -a** *adj* transitory
transmisión [transmi'sjon] *nf* (*Radio, TV*) transmission; (*transferencia*) transfer; **~ en directo/exterior** live/outside broadcast
transmitir [transmi'tir] /3a/ *vt* to transmit; (*Radio, TV*) to broadcast
transparencia [transpa'renθja] *nf* transparency; (*claridad*) clearness, clarity; (*foto*) slide
transparentar [transparen'tar] /1a/ *vt* to reveal ▷ *vi* to be transparent; **transparente** *adj* transparent; (*aire*) clear
transpirar [transpi'rar] /1a/ *vi* to perspire
transportar [transpor'tar] /1a/ *vt* to transport; (*llevar*) to carry; **transporte** *nm* transport; (*Com*) haulage
transversal [transβer'sal] *adj* transverse, cross
tranvía [tram'bia] *nm* tram
trapeador [trapea'ðor] *nm* (LAM) mop; **trapear** /1a/ *vt* (LAM) to mop
trapecio [tra'peθjo] *nm* trapeze; **trapecista** *nmf* trapeze artist
trapero, -a [tra'pero, a] *nm/f* ragman
trapicheos [trapi'tʃeos] *nmpl* (*fam*) schemes, fiddles
trapo ['trapo] *nm* (*tela*) rag; (*de cocina*) cloth
tráquea ['trakea] *nf* windpipe
traqueteo [trake'teo] *nm* rattling
tras [tras] *prep* (*detrás*) behind; (*después*) after
trasatlántico [trasat'lantiko] *nm* (*barco*) (cabin) cruiser
trascendencia [trasθen'denθja] *nf* (*importancia*) importance; (*en filosofía*) transcendence
trascendental [trasθenden'tal] *adj* important; transcendental
trasero, -a [tra'sero, a] *adj* back, rear ▷ *nm* (*Anat*) bottom
trasfondo [tras'fondo] *nm* background
trasgredir [trasɣre'ðir] /3a/ *vt* to contravene
trashumante [trasu'mante] *adj* migrating
trasladar [trasla'ðar] /1a/ *vt* to move; (*persona*) to transfer; (*postergar*) to postpone; (*copiar*) to copy; **trasladarse** *vr* (*mudarse*) to move; **traslado** *nm* move; (*mudanza*) move, removal
traslucir [traslu'θir] /3f/ *vt* to show
trasluz [tras'luθ] *nm* reflected light; **al ~** against *o* up to the light
trasnochador, a *nm/f* (*fig*) night owl
trasnochar [trasno'tʃar] /1a/ *vi* (*acostarse tarde*) to stay up late
traspapelar [traspape'lar] /1a/ *vt* (*documento, carta*) to mislay, misplace
traspasar [traspa'sar] /1a/ *vt* (*bala*) to pierce, go through; (*propiedad*) to sell, transfer; (*calle*) to cross over; (*límites*) to go beyond; (*ley*) to break; **traspaso** *nm* (*venta*) transfer, sale
traspié [tras'pje] *nm* (*tropezón*) trip; (*fig*) blunder
trasplantar [trasplan'tar] /1a/ *vt* to transplant

traste ['traste] *nm* (*Mus*) fret; **dar al ~ con algo** to ruin sth
trastero [tras'tero] *nm* lumber room
trastienda [tras'tjenda] *nf* back room (*of shop*)
trasto ['trasto] *nm* (*pey*: *cosa*) piece of junk; (: *persona*) dead loss
trastornado, -a [trastor'naðo, a] *adj* (*loco*) mad; crazy
trastornar [trastor'nar] /1a/ *vt* (*fig*: *ideas*) to confuse; (: *nervios*) to shatter; (: *persona*) to drive crazy; **trastornarse** *vr* (*volverse loco*) to go mad *o* crazy; **trastorno** *nm* (*acto*) overturning; (*confusión*) confusion
tratable [tra'taβle] *adj* friendly
tratado [tra'taðo] *nm* (*Pol*) treaty; (*Com*) agreement
tratamiento [trata'mjento] *nm* treatment; **~ de textos** (*Inform*) word processing
tratar [tra'tar] /1a/ *vt* (*ocuparse de*) to treat; (*manejar*, *Tec*) to handle; (*Med*) to treat; (*dirigirse a*: *persona*) to address ▷ *vi*: **~ de** (*hablar sobre*) to deal with, be about; (*intentar*) to try to; **tratarse** *vr* to treat each other; **~ con** (*Com*) to trade in; (*negociar con*) to negotiate with; (*tener tratos con*) to have dealings with; **¿de qué se trata?** what's it about?; **trato** *nm* dealings *pl*; (*relaciones*) relationship; (*comportamiento*) manner; (*Com*, *Jur*) agreement
trauma ['trauma] *nm* trauma
través [tra'βes] *nm* (*contratiempo*) reverse; **al ~** across, crossways; **a ~ de** across; (*sobre*) over; (*por*) through
travesaño [traβe'saɲo] *nm* (*Arq*) crossbeam; (*Deporte*) crossbar
travesía [traβe'sia] *nf* (*calle*) cross-street; (*Naut*) crossing
travesura [traβe'sura] *nf* (*broma*) prank; (*ingenio*) wit
travieso, -a [tra'βjeso, a] *adj* (*niño*) naughty
trayecto [tra'jekto] *nm* (*ruta*) road, way; (*viaje*) journey; (*tramo*) stretch; **trayectoria** *nf* trajectory; (*fig*) path
traza ['traθa] *nf* (*aspecto*) looks *pl*; (*señal*) sign; **trazado, -a** *adj*: **bien trazado** shapely, well-formed ▷ *nm* (*Arq*) plan, design; (*fig*) outline
trazar [tra'θar] /1f/ *vt* (*Arq*) to plan; (*Arte*) to sketch; (*fig*) to trace; (*plan*) to draw up; **trazo** *nm* (*línea*) line; (*bosquejo*) sketch
trébol ['treβol] *nm* (*Bot*) clover
trece ['treθe] *num* thirteen
trecho ['tretʃo] *nm* (*distancia*) distance; (*de tiempo*) while
tregua ['treɣwa] *nf* (*Mil*) truce; (*fig*) lull, respite
treinta ['treinta] *num* thirty
tremendo, -a [tre'mendo, a] *adj* (*terrible*) terrible; (*imponente*: *cosa*) imposing; (*fam*: *fabuloso*) tremendous
tren [tren] *nm* train; **~ de aterrizaje** undercarriage; **~ de cercanías** suburban train
trenca ['trenka] *nf* duffel coat
trenza ['trenθa] *nf* (*de pelo*) plait
trepar [tre'par] /1a/ *vt*, *vi* to climb
tres [tres] *num* three
tresillo [tre'siʎo] *nm* three-piece suite; (*Mus*) triplet
treta ['treta] *nf* trick
triángulo [tri'angulo] *nm* triangle
tribu ['triβu] *nf* tribe
tribuna [tri'βuna] *nf* (*plataforma*) platform; (*Deporte*) stand
tribunal [triβu'nal] *nm* (*en juicio*) court; (*comisión*, *fig*) tribunal; **~ popular** jury
tributo [tri'βuto] *nm* (*Com*) tax
trigal [tri'ɣal] *nm* wheat field
trigo ['triɣo] *nm* wheat
trigueño, -a [tri'ɣeɲo, a] *adj* (*pelo*) corn-coloured
trillar [tri'ʎar] /1a/ *vt* (*Agr*) to thresh
trimestral [trimes'tral] *adj* quarterly; (*Escol*) termly
trimestre [tri'mestre] *nm* (*Escol*) term
trinar [tri'nar] /1a/ *vi* (*ave*) to sing; (*rabiar*) to fume, be angry
trinchar [trin'tʃar] /1a/ *vt* to carve

trinchera [trin'tʃera] *nf* (*fosa*) trench
trineo [tri'neo] *nm* sledge
trinidad [trini'ðað] *nf* trio; (*Rel*): **la T~** the Trinity
tripa ['tripa] *nf* (*Anat*) intestine; (*fam*) belly; **tripas** *nfpl* insides
triple ['triple] *adj* triple
triplicado, -a [tripli'kaðo, a] *adj*: **por ~** in triplicate
tripulación [tripula'θjon] *nf* crew
tripulante [tripu'lante] *nmf* crewman/woman
tripular [tripu'lar] /1a/ *vt* (*barco*) to man; (*Auto*) to drive
triquiñuela [triki'ɲwela] *nf* trick
tris [tris] *nm* crack
triste ['triste] *adj* sad; (*lamentable*) sorry, miserable; **tristeza** *nf* (*aflicción*) sadness; (*melancolía*) melancholy
triturar [tritu'rar] /1a/ *vt* (*moler*) to grind; (*mascar*) to chew
triunfar [triun'far] /1a/ *vi* (*tener éxito*) to triumph; (*ganar*) to win; **triunfo** *nm* triumph
trivial [tri'βjal] *adj* trivial
triza ['triθa] *nf*: **hacer algo ~s** to smash sth to bits; (*papel*) to tear sth to shreds
trocear [troθe'ar] /1a/ *vt* to cut up
trocha ['trotʃa] *nf* short cut
trofeo [tro'feo] *nm* (*premio*) trophy
tromba ['tromba] *nf*; downpour
trombón [trom'bon] *nm* trombone
trombosis [trom'bosis] *nf inv* thrombosis
trompa ['trompa] *nf* horn; (*trompo*) humming top; (*hocico*) snout; **cogerse una ~** (*fam*) to get tight
trompazo [trom'paθo] *nm* (*choque*) bump, bang; (*puñetazo*) punch
trompeta [trom'peta] *nf* trumpet; (*clarín*) bugle
trompicón [trompi'kon]: **a trompicones** *adv* in fits and starts
trompo ['trompo] *nm* spinning top
trompón [trom'pon] *nm* bump
tronar [tro'nar] /1l/ *vt* (*LAM*) to shoot; (: *examen*) to flunk ▷ *vi* to thunder; (*fig*) to rage
tronchar [tron'tʃar] /1a/ *vt* (*árbol*) to chop down; (*fig*: *vida*) to cut short; (*esperanza*) to shatter; (*persona*) to tire out; **troncharse** *vr* to fall down
tronco ['tronko] *nm* (*de árbol*, *Anat*) trunk
trono ['trono] *nm* throne
tropa ['tropa] *nf* (*Mil*) troop; (*soldados*) soldiers *pl*
tropezar [trope'θar] /1f, 1j/ *vi* to trip, stumble; (*fig*) to slip up; **~ con** to run into; (*topar con*) to bump into; **tropezón** *nm* trip; (*fig*) blunder
tropical [tropi'kal] *adj* tropical
trópico ['tropiko] *nm* tropic
tropiezo *etc* [tro'pjeθo] *vb V* **tropezar** ▷ *nm* (*error*) slip, blunder; (*desgracia*) misfortune; (*obstáculo*) snag
trotamundos [trota'mundos] *nm inv* globetrotter
trotar [tro'tar] /1a/ *vi* to trot; **trote** *nm* trot; (*fam*) travelling; **de mucho trote** hard-wearing
trozar [tro'θar] /1f/ *vt* (*LAM*) to cut up, cut into pieces
trozo ['troθo] *nm* bit, piece
trucha ['trutʃa] *nf* trout
truco ['truko] *nm* (*habilidad*) knack; (*engaño*) trick
trueno ['trweno] *nm* thunder; (*estampido*) bang
trueque ['trweke] *nm* exchange; (*Com*) barter
trufa ['trufa] *nf* (*Bot*) truffle
truhán, -ana [tru'an, ana] *nm/f* rogue
truncar [trun'kar] /1g/ *vt* (*cortar*) to truncate; (*la vida etc*) to cut short; (*el desarrollo*) to stunt
tu [tu] *adj* your
tú [tu] *pron* you
tubérculo [tu'βerkulo] *nm* (*Bot*) tuber
tuberculosis [tuβerku'losis] *nf inv* tuberculosis
tubería [tuβe'ria] *nf* pipes *pl*; (*conducto*) pipeline
tubo ['tuβo] *nm* tube, pipe; **~ de ensayo** test-tube; **~ de escape** exhaust (pipe)

tuerca ['twerka] *nf* nut
tuerto, -a ['twerto, a] *adj* blind in one eye ▷ *nm/f* one-eyed person
tuerza *etc* ['twerθa] *vb V* **torcer**
tuétano ['twetano] *nm* marrow; (*Bot*) pith
tufo ['tufo] *nm* (*pey*) stench
tuitear [tuite'ar] *vt, vi* to tweet
tul [tul] *nm* tulle
tulipán [tuli'pan] *nm* tulip
tullido, -a [tu'ʎiðo, a] *adj* crippled
tumba ['tumba] *nf* (*sepultura*) tomb
tumbar [tum'bar] /ıa/ *vt* to knock down; **tumbarse** *vr* (*echarse*) to lie down; (*extenderse*) to stretch out
tumbo ['tumbo] *nm*: **dar ~s** to stagger
tumbona [tum'bona] *nf* (*butaca*) easy chair; (*de playa*) deckchair (BRIT), beach chair (US)
tumor [tu'mor] *nm* tumour
tumulto [tu'multo] *nm* turmoil
tuna ['tuna] *nf* (*Mus*) student music group; *V tb* **tuno**

TUNA

A *tuna* is made up of university students, or quite often former students, who dress up in costumes from the *Edad de Oro*, the Spanish Golden Age. These musical troupes go through the town playing their guitars, lutes and tambourines and serenade the young ladies in the halls of residence, or make impromptu appearances at weddings or parties singing traditional Spanish songs for a few coins.

tunante [tu'nante] *nm* rogue
túnel ['tunel] *nm* tunnel
Túnez ['tuneθ] *nm* Tunis
tuning ['tunin] *nm* (*Auto*) car styling, modding (*fam*)
tuno, -a ['tuno, a] *nm/f* (*fam*) rogue ▷ *nm* (*Mus*) *member of a "tuna"*; *V* **tuna**
tupido, -a [tu'piðo, a] *adj* (*denso*) dense; (*tela*) close-woven
turbante [tur'βante] *nm* turban
turbar [tur'βar] /ıa/ *vt* (*molestar*) to disturb; (*incomodar*) to upset
turbina [tur'βina] *nf* turbine
turbio, -a ['turβjo, a] *adj* cloudy; (*tema*) confused
turbulencia [turβu'lenθja] *nf* turbulence; (*fig*) restlessness; **turbulento, -a** *adj* turbulent; (*fig*: *intranquilo*) restless; (*ruidoso*) noisy
turco, -a ['turko, a] *adj* Turkish ▷ *nm/f* Turk
turismo [tu'rismo] *nm* tourism; (*coche*) saloon car; **turista** *nmf* tourist; **turístico, -a** *adj* tourist *cpd*
turnarse [tur'narse] /ıa/ *vr* to take (it in) turns; **turno** *nm* (*de trabajo*) shift; (*Deporte etc*) turn
turquesa [tur'kesa] *nf* turquoise
Turquía [tur'kia] *nf* Turkey
turrón [tu'rron] *nm* (*dulce*) nougat
tutear [tute'ar] /ıa/ *vt* to address as familiar "tú"; **tutearse** *vr* to be on familiar terms
tutela [tu'tela] *nf* (*legal*) guardianship; **tutelar** /ıa/ *adj* tutelary ▷ *vt* to protect
tutor, a [tu'tor, a] *nm/f* (*legal*) guardian; (*Escol*) tutor
tuve *etc* ['tuβe] *vb V* **tener**
tuviera *etc vb V* **tener**
tuyo, -a ['tujo, a] *adj* yours, of yours ▷ *pron* yours; **un amigo ~** a friend of yours; **los ~s** (*fam*) your relations, your family
TV *nf abr* (= *televisión*) TV
TVE *nf abr* = **Televisión Española**
tweet [twit] (*pl* **tweets**) *nm* (*en Twitter*) tweet

u

último, -a ['ultimo, a] *adj* last; (*más reciente*) latest, most recent; (*más bajo*) bottom; (*más alto*) top; **en las últimas** on one's last legs; **por ~** finally
ultra ['ultra] *adj* ultra ▷ *nmf* extreme right-winger
ultraje [ul'traxe] *nm* outrage; insult
ultramar [ultra'mar] *nm*: **de** *o* **en ~** abroad, overseas
ultranza [ul'tranθa]: **a ~** *adv* (*a toda costa*) at all costs; (*completo*) outright
umbral [um'bral] *nm* (*gen*) threshold

PALABRA CLAVE

un, -una [un, 'una] *artículo indefinido* **1** a; (*antes de vocal*) an; **una mujer/naranja** a woman/an orange **2**: **unos/unas: hay unos regalos para ti** there are some presents for you; **hay unas cervezas en la nevera** there are some beers in the fridge; *V tb* **uno**

u [u] *conj* or
ubicar [uβi'kar] /1g/ *vt* to place, situate; (*encontrar*) to find; **ubicarse** *vr* to be situated, be located
ubre ['uβre] *nf* udder
UCI *sigla f* (= *Unidad de Cuidados Intensivos*) ICU
Ud(s) *abr* = **usted**
UE *nf abr* (= *Unión Europea*) EU
ufanarse [ufa'narse] /1a/ *vr* to boast; **ufano, -a** *adj* (*arrogante*) arrogant; (*presumido*) conceited
UGT *nf abr* = **Unión General de Trabajadores (UGT)**
úlcera ['ulθera] *nf* ulcer
ulterior [ulte'rjor] *adj* (*más allá*) farther, further; (*subsecuente, siguiente*) subsequent
últimamente ['ultimamente] *adv* (*recientemente*) lately, recently
ultimar [ulti'mar] /1a/ *vt* to finish; (*finalizar*) to finalize; (*LAM*: *matar*) to kill
ultimátum [ulti'matum] *nm* ultimatum

unánime [u'nanime] *adj* unanimous; **unanimidad** *nf* unanimity
undécimo, -a [un'deθimo, a] *adj* eleventh
ungir [un'xir] /3c/ *vt* to anoint
ungüento [un'gwento] *nm* ointment
único, -a ['uniko, a] *adj* only; sole; (*sin par*) unique
unidad [uni'ðad] *nf* unity; (*Tec*) unit
unido, -a [u'niðo, a] *adj* joined, linked; (*fig*) united
unificar [unifi'kar] /1g/ *vt* to unite, unify
uniformar [unifor'mar] /1a/ *vt* to make uniform; (*persona*) to put into uniform
uniforme [uni'forme] *adj* uniform, equal; (*superficie*) even ▷ *nm* uniform
unilateral [unilate'ral] *adj* unilateral
unión [u'njon] *nf* union; (*acto*) uniting joining; (*calidad*) unity; (*Tec*) joint; **U~ General de Trabajadores (UGT)** (*ESP*) *Socialist Union Confederation*; **U~ Europea** European Union
unir [u'nir] /3a/ *vt* (*juntar*) to join, unite; (*atar*) to tie, fasten; (*combinar*)

to combine; **unirse** *vr* to join together, unite; (*empresas*) to merge

unísono [u'nisono] *nm*: **al ~** in unison

universal [uniβer'sal] *adj* universal; (*mundial*) world *cpd*

universidad [uniβersi'ðað] *nf* university

universitario, -a [uniβersi'tarjo, a] *adj* university *cpd* ▷ *nm/f* (*profesor*) lecturer; (*estudiante*) (university) student; (*graduado*) graduate

universo [uni'βerso] *nm* universe

PALABRA CLAVE

uno, -a ['uno, a] *adj* one; **unos pocos** a few; **unos cien** about a hundred
▶ *pron* **1** one; **quiero uno solo** I only want one; **uno de ellos** one of them
2 (*alguien*) somebody, someone; **conozco a uno que se te parece** I know somebody *o* someone who looks like you; **unos querían quedarse** some (people) wanted to stay
3 (*impersonal*) one; **uno mismo** oneself
4: **unos ... otros ...** some ... others
▶ *nf* one; **es la una** it's one o'clock
▶ *num* (number) one; *V tb* **un**

untar [un'tar] /1a/ *vt* (*mantequilla*) to spread; (*engrasar*) to grease, oil

uña ['uɲa] *nf* (*Anat*) nail; (*garra*) claw; (*casco*) hoof; (*arrancaclavos*) claw

uranio [u'ranjo] *nm* uranium

urbanización [urβaniθa'θjon] *nf* (*colonia, barrio*) estate, housing scheme

urbanizar [urβani'θar] /1f/ *vt* (*zona*) to develop, urbanize

urbano, -a [ur'βano, a] *adj* (*de ciudad*) urban; (*cortés*) courteous, polite

urbe ['urβe] *nf* large city

urdir [ur'ðir] /3a/ *vt* to warp; (*fig*) to plot, contrive

urgencia [ur'xenθja] *nf* urgency; (*prisa*) haste, rush; (*emergencia*) emergency; **servicios de ~** emergency services; **"U~s"** "Casualty"; **urgente** *adj* urgent

urgir [ur'xir] /3c/ *vi* to be urgent; **me urge** I'm in a hurry for it

urinario, -a [uri'narjo, a] *adj* urinary ▷ *nm* urinal

urna ['urna] *nf* urn; (*Pol*) ballot box

urraca [u'rraka] *nf* magpie

URSS *nf abr* (*Historia*: = *Unión de Repúblicas Socialistas Soviéticas*) USSR

Uruguay [uru'ɣwai] *nm*: **El ~** Uruguay; **uruguayo, -a** *adj, nm/f* Uruguayan

usado, -a [u'saðo, a] *adj* used; (*de segunda mano*) secondhand

usar [u'sar] /1a/ *vt* to use; (*ropa*) to wear; (*tener costumbre*) to be in the habit of; **usarse** *vr* to be used; **uso** *nm* use; (*Mecánica etc*) wear; (*costumbre*) usage, custom; (*moda*) fashion; **al uso** in keeping with custom; **al uso de** in the style of; **de uso externo** (*Med*) for external use

usted [us'teð] *pron* you *sg*; **~es** you *pl*

usual [u'swal] *adj* usual

usuario, -a [usw'arjo, a] *nm/f* user

usura [u'sura] *nf* usury; **usurero, -a** *nm/f* usurer

usurpar [usur'par] /1a/ *vt* to usurp

utensilio [uten'siljo] *nm* tool; (*Culin*) utensil

útero ['utero] *nm* uterus, womb

útil ['util] *adj* useful ▷ *nm* tool; **utilidad** *nf* usefulness; (*Com*) profit; **utilizar** /1f/ *vt* to use, utilize

utopía [uto'pia] *nf* Utopia; **utópico, -a** *adj* Utopian

uva ['uβa] *nf* grape

UVA

In Spain *las uvas* play a big part on New Years' Eve (*Nochevieja*), when on the stroke of midnight people from every part of Spain, at home, in restaurants or in the plaza mayor eat a grape for each stroke of the clock – especially the one at Puerta del Sol in Madrid. It is said to bring luck for the following year.

V

va [ba] *vb V* **ir**
vaca ['baka] *nf* (*animal*) cow; (*carne*) beef
vacaciones [baka'θjones] *nfpl* holiday(s)
vacante [ba'kante] *adj* vacant, empty ▷ *nf* vacancy
vaciar [ba'θjar] /1c/ *vt* to empty (out); (*ahuecar*) to hollow out; (*moldear*) to cast; **vaciarse** *vr* to empty
vacilar [baθi'lar] /1a/ *vi* to be unsteady; to falter; to hesitate, waver; (*memoria*) to fail
vacío, -a [ba'θio, a] *adj* empty; (*puesto*) vacant; (*desocupado*) idle; (*vano*) vain ▷ *nm* emptiness; (*Física*) vacuum; (*un vacío*) (empty) space
vacuna [ba'kuna] *nf* vaccine; **vacunar** /1a/ *vt* to vaccinate
vacuno, -a [ba'kuno, a] *adj* bovine; **ganado ~** cattle
vadear [baðe'ar] /1a/ *vt* (*río*) to ford; **vado** *nm* ford; **"vado permanente"** "keep clear"
vagabundo, -a [baɣa'βundo, a] *adj* wandering ▷ *nm/f* tramp
vagancia [ba'ɣanθja] *nf* (*pereza*) idleness, laziness; (*vagabundeo*) vagrancy
vagar [ba'ɣar] /1h/ *vi* to wander; (*no hacer nada*) to idle
vagina [ba'xina] *nf* vagina
vago, -a ['baɣo, a] *adj* vague; (*perezoso*) lazy ▷ *nm/f* (*vagabundo*) tramp; (*perezoso*) lazybones *sg*, idler
vagón [ba'ɣon] *nm* (*de pasajeros*) carriage; (*de mercancías*) wagon
vaho ['bao] *nm* (*vapor*) vapour, steam; (*respiración*) breath
vaina ['baina] *nf* sheath
vainilla [bai'niʎa] *nf* vanilla
vais [bais] *vb V* **ir**
vaivén [bai'βen] *nm* to-and-fro movement; (*de tránsito*) coming and going; **vaivenes** *nmpl* (*fig*) ups and downs
vajilla [ba'xiʎa] *nf* crockery, dishes *pl*; (*una vajilla*) service
valdré *etc vb V* **valer**
vale ['bale] *nm* voucher; (*recibo*) receipt; (*pagaré*) IOU
valedero, -a [bale'ðero, a] *adj* valid
valenciano, -a [balen'θjano, a] *adj* Valencian
valentía [balen'tia] *nf* courage, bravery
valer [ba'ler] /2p/ *vt* to be worth; (*Mat*) to equal; (*costar*) to cost ▷ *vi* (*ser útil*) to be useful; (*ser válido*) to be valid; **valerse** *vr* to take care of o.s.; **~ la pena** to be worthwhile; **¿vale?** O.K.?; **más vale que nos vayamos** we'd better go; **~se de** to make use of, take advantage of; **¡eso a mí no me vale!** (LAM *fam*: *no importar*) I couldn't care less about that
valeroso, -a [bale'roso, a] *adj* brave, valiant
valgo *etc* ['balɣo] *vb V* **valer**
valía [ba'lia] *nf* worth
validar [bali'ðar] /1a/ *vt* to validate; **validez** *nf* validity; **válido, -a** *adj* vali

valiente [ba'ljente] *adj* brave, valiant ▷ *nmf* brave man/woman
valija [ba'lixa] *nf* (*LAM*) case, suitcase; **~ diplomática** diplomatic bag
valioso, -a [ba'ljoso, a] *adj* valuable
valla ['baʎa] *nf* fence; (*Deporte*) hurdle; **~ publicitaria** hoarding (*esp BRIT*), billboard (*esp US*); **vallar** /1a/ *vt* to fence in
valle ['baʎe] *nm* valley
valor [ba'lor] *nm* value, worth; (*precio*) price; (*valentía*) valour, courage; (*importancia*) importance; *V tb* **valores**; **valorar** /1a/ *vt* to value; **valores** *nmpl* (*Com*) securities
vals [bals] *nm* waltz
válvula ['balβula] *nf* valve
vamos ['bamos] *vb V* **ir**
vampiro, -iresa [bam'piro, i'resa] *nm/f* vampire
van [ban] *vb V* **ir**
vanguardia [ban'gwardja] *nf* vanguard; (*Arte*) avant-garde
vanidad [bani'ðað] *nf* vanity; **vanidoso, -a** *adj* vain, conceited
vano, -a ['bano, a] *adj* vain
vapor [ba'por] *nm* vapour; (*vaho*) steam; **al ~** (*Culin*) steamed; **~ de agua** water vapour; **vaporizador** *nm* spray; **vaporizar** /1f/ *vt* to vaporize; **vaporoso, -a** *adj* vaporous
vaquero, -a [ba'kero, a] *adj* cattle *cpd* ▷ *nm* cowboy; **vaqueros** *nmpl* jeans
vaquilla [ba'kiʎa] *nf* heifer
vara ['bara] *nf* stick; (*Tec*) rod
variable [ba'rjaβle] *adj, nf* variable (*tb Inform*)
variación [barja'θjon] *nf* variation
variar [ba'rjar] /1c/ *vt* to vary; (*modificar*) to modify; (*cambiar de posición*) to switch around ▷ *vi* to vary
varicela [bari'θela] *nf* chicken pox
varices [ba'riθes] *nfpl* varicose veins
variedad [barje'ðað] *nf* variety
varilla [ba'riʎa] *nf* stick; (*Bot*) twig; (*Tec*) rod; (*de rueda*) spoke
vario, -a ['barjo, a] *adj* varied; **~s** various, several
varita [ba'rita] *nf*: **~ mágica** magic wand
varón [ba'ron] *nm* male, man; **varonil** *adj* manly
Varsovia [bar'soβja] *nf* Warsaw
vas [bas] *vb V* **ir**
vasco, -a ['basko, a], **vascongado, -a** [baskon'gaðo, a] *adj, nm/f* Basque
vaselina [base'lina] *nf* Vaseline®
vasija [ba'sixa] *nf* (earthenware) vessel
vaso ['baso] *nm* glass, tumbler; (*Anat*) vessel

No confundir *vaso* con la palabra inglesa *vase*.

vástago ['bastaɣo] *nm* (*Bot*) shoot; (*Tec*) rod; (*fig*) offspring
vasto, -a ['basto, a] *adj* vast, huge
Vaticano [bati'kano] *nm*: **el ~** the Vatican
vatio ['batjo] *nm* (*Elec*) watt
vaya *etc* ['baja] *vb V* **ir**
Vd *abr* = **usted**
Vds *abr* = **ustedes**; *V* **usted**
ve [be] *vb V* **ir; ver**
vecindad [beθin'dað] *nf*, **vecindario** [beθin'darjo] *nm* neighbourhood; (*habitantes*) residents *pl*
vecino, -a [be'θino, a] *adj* neighbouring ▷ *nm/f* neighbour; (*residente*) resident
veda ['beða] *nf* prohibition; **vedar** /1a/ *vt* (*prohibir*) to ban, prohibit; (*impedir*) to stop, prevent
vegetación [bexeta'θjon] *nf* vegetation
vegetal [bexe'tal] *adj, nm* vegetable
vegetariano, -a [bexeta'rjano, a] *adj, nm/f* vegetarian
vehículo [be'ikulo] *nm* vehicle; (*Med*) carrier
veía *etc vb V* **ver**
veinte ['beinte] *num* twenty
vejar [be'xar] /1a/ *vt* (*irritar*) to annoy, vex; (*humillar*) to humiliate
vejez [be'xeθ] *nf* old age
vejiga [be'xiɣa] *nf* (*Anat*) bladder

vela ['bela] *nf* (*de cera*) candle; (*Naut*) sail; (*insomnio*) sleeplessness; (*vigilia*) vigil; (*Mil*) sentry duty; **estar a dos ~s** (*fam*) to be skint

velado, -a [be'laðo, a] *adj* veiled; (*sonido*) muffled; (*Foto*) blurred ▷ *nf* soirée

velar [be'lar] /1a/ *vt* (*vigilar*) to keep watch over ▷ *vi* to stay awake; **~ por** to watch over, look after

velatorio [bela'torjo] *nm* (funeral) wake

velero [be'lero] *nm* (*Naut*) sailing ship; (*Aviat*) glider

veleta [be'leta] *nf* weather vane

veliz [be'lis] *nm* (LAm) suitcase

vello ['beʎo] *nm* down, fuzz

velo ['belo] *nm* veil

velocidad [beloθi'ðað] *nf* speed; (*Tec*) rate; (*Mecánica, Auto*) gear

velocímetro [belo'θimetro] *nm* speedometer

velorio [be'lorjo] *nm* (LAm) (funeral) wake

veloz [be'loθ] *adj* fast

ven [ben] *vb V* **venir**

vena ['bena] *nf* vein

venado [be'naðo] *nm* deer

vencedor, a [benθe'ðor, a] *adj* victorious ▷ *nm/f* victor, winner

vencer [ben'θer] /2b/ *vt* (*dominar*) to defeat, beat; (*derrotar*) to vanquish; (*superar, controlar*) to overcome, master ▷ *vi* (*triunfar*) to win (through), triumph; (*plazo*) to expire; **vencido, -a** *adj* (*derrotado*) defeated, beaten; (*Com*) due ▷ *adv*: **pagar vencido** to pay in arrears

venda ['benda] *nf* bandage; **vendaje** *nm* bandage, dressing; **vendar** /1a/ *vt* to bandage; **vendar los ojos** to blindfold

vendaval [benda'βal] *nm* (*viento*) gale

vendedor, a [bende'ðor, a] *nm/f* seller

vender [ben'der] /2a/ *vt* to sell; **venderse** *vr* (*estar a la venta*) to be on sale; **~ al contado/al por mayor/al por menor/a plazos** to sell for cash/wholesale/retail/on credit; **"se vende"** "for sale"

vendimia [ben'dimja] *nf* grape harvest

vendré *etc* [ben'dre] *vb V* **venir**

veneno [be'neno] *nm* poison; (*de serpiente*) venom; **venenoso, -a** *adj* poisonous; venomous

venerable [bene'raβle] *adj* venerable; **venerar** /1a/ *vt* (*respetar*) to revere; (*reconocer*) to venerate; (*adorar*) to worship

venéreo, -a [be'nereo, a] *adj*: **enfermedad venérea** venereal disease

venezolano, -a [beneθo'lano, a] *adj* Venezuelan

Venezuela [bene'θwela] *nf* Venezuela

venganza [ben'ganθa] *nf* vengeance, revenge; **vengar** /1h/ *vt* to avenge; **vengarse** *vr* to take revenge; **vengativo, -a** *adj* (*persona*) vindictive

vengo *etc vb V* **venir**

venia ['benja] *nf* (*perdón*) pardon; (*permiso*) consent

venial [be'njal] *adj* venial

venida [be'niða] *nf* (*llegada*) arrival; (*regreso*) return

venidero, -a [beni'ðero, a] *adj* coming, future

venir [be'nir] /3r/ *vi* to come; (*llegar*) to arrive; (*ocurrir*) to happen; **venirse** *vr*: **~se abajo** to collapse; **~ bien** to be suitable; **~ mal** to be unsuitable *o* inconvenient; **el año que viene** next year

venta ['benta] *nf* (*Com*) sale; **~ a plazos** hire purchase; **"en ~"** "for sale"; **~ al contado/al por mayor/al por menor** *o* **al detalle** cash sale/wholesale/retail; **~ a domicilio** door-to-door selling; **estar de** *o* **en ~** to be (up) for sale *o* on the market

ventaja [ben'taxa] *nf* advantage; **ventajoso, -a** *adj* advantageous

ventana [ben'tana] *nf* window; **ventanilla** *nf* (*de taquilla*) window

ventilación [bentila'θjon] *nf* ventilation; (*corriente*) draught
ventilador [bentila'ðor] *nm* fan
ventilar [benti'lar] /1a/ *vt* to ventilate; (*poner a secar*) to put out to dry; (*fig*) to air, discuss
ventisca [ben'tiska] *nf* blizzard
ventrílocuo, -a [ben'trilokwo, a] *nm/f* ventriloquist
ventura [ben'tura] *nf* (*felicidad*) happiness; (*buena suerte*) luck; (*destino*) fortune; **a la (buena) ~** at random; **venturoso, -a** *adj* happy; (*afortunado*) lucky, fortunate
veo *etc vb V* **ver**
ver [ber] /2u/ *vt, vi* to see; (*mirar*) to look at, watch; (*investigar*) to look into; (*entender*) to see, understand; **verse** *vr* (*encontrarse*) to meet; (*dejarse ver*) to be seen; (*hallarse: en un apuro*) to find o.s., be; **a ~** let's see; **no tener nada que ~ con** to have nothing to do with; **a mi modo de ~** as I see it; **ya veremos** we'll see
vera ['bera] *nf* edge, verge; (*de río*) bank
veraneante [berane'ante] *nmf* holidaymaker, (summer) vacationer (*US*)
veranear [berane'ar] /1a/ *vi* to spend the summer; **veraneo** *nm* summer holiday; **veraniego, -a** *adj* summer *cpd*
verano [be'rano] *nm* summer
veras ['beras] *nfpl*: **de ~** really, truly
verbal [ber'βal] *adj* verbal
verbena [ber'βena] *nf* street party; (*baile*) open-air dance
verbo ['berβo] *nm* verb
verdad [ber'ðað] *nf* truth; (*fiabilidad*) reliability; **de ~** real, proper; **a decir ~, no quiero** to tell (you) the truth, I don't want to; **verdadero, -a** *adj* (*veraz*) true, truthful; (*fiable*) reliable; (*fig*) real
verde ['berðe] *adj* green; (*chiste etc*) blue, dirty ▷ *nm* green; **viejo ~** dirty old man; **verdear** /1a/ *vi* to turn green; **verdor** *nm* greenness
verdugo [ber'ðuɣo] *nm* executioner
verdulero, -a [berðu'lero, a] *nm/f* greengrocer
verdura [ber'ðura] *nf* greenness; **verduras** *nfpl* (*Culin*) greens
vereda [be'reða] *nf* path; (*LAM*) pavement, sidewalk (*US*)
veredicto [bere'ðikto] *nm* verdict
vergonzoso, -a [berɣon'θoso, a] *adj* shameful; (*tímido*) timid, bashful
vergüenza [ber'ɣwenθa] *nf* shame, sense of shame; (*timidez*) bashfulness; (*pudor*) modesty; **me da ~ decírselo** I feel too shy *o* it embarrasses me to tell him
verídico, -a [be'riðiko, a] *adj* true, truthful
verificar [berifi'kar] /1a/ *vt* to check; (*corroborar*) to verify (*tb Inform*); (*llevar a cabo*) to carry out; **verificarse** *vr* (*profecía etc*) to come *o* prove true
verja ['berxa] *nf* (*cancela*) iron gate; (*cerca*) railing(s); (*rejado*) grating
vermut [ber'mu] (*pl* **vermuts**) *nm* vermouth
verosímil [bero'simil] *adj* likely, probable; (*relato*) credible
verruga [be'rruɣa] *nf* wart
versátil [ber'satil] *adj* versatile
versión [ber'sjon] *nf* version
verso ['berso] *nm* verse; **un ~** a line of poetry
vértebra ['berteβra] *nf* vertebra
verter [ber'ter] /2g/ *vt* (*vaciar*) to empty, pour (out); (*sin querer*) to spill; (*basura*) to dump ▷ *vi* to flow
vertical [berti'kal] *adj* vertical
vértice ['bertiθe] *nm* vertex, apex
vertidos [ber'tiðos] *nmpl* waste *sg*
vertiente [ber'tjente] *nf* slope; (*fig*) aspect
vértigo ['bertiɣo] *nm* vertigo; (*mareo*) dizziness
vesícula [be'sikula] *nf* blister
vespino® [bes'pino] *nm o f* ≈ moped
vestíbulo [bes'tiβulo] *nm* hall; (*de teatro*) foyer

vestido [bes'tiðo] *nm* (*ropa*) clothes *pl*, clothing; (*de mujer*) dress, frock
vestidor [besti'ðor] *nm* (LAM *Deporte*) changing (BRIT) *o* locker (US) room
vestimenta [besti'menta] *nf* clothing
vestir [bes'tir] /3k/ *vt* (*poner*: *ropa*) to put on; (*llevar*: *ropa*) to wear; (*pagar*: *la ropa*) to clothe; (*sastre*) to make clothes for ▷ *vi* to dress; (*verse bien*) to look good; **vestirse** *vr* to get dressed, dress o.s.; **estar vestido de** to be dressed *o* clad in; (*como disfraz*) to be dressed as
vestuario [bes'twarjo] *nm* clothes *pl*, wardrobe; (*Teat*: *para actores*) dressing room; (*Deporte*) changing room
vetar [be'tar] /1a/ *vt* to veto
veterano, -a [bete'rano, a] *adj*, *nm/f* veteran
veterinario, -a [beteri'narjo, a] *nm/f* vet(erinary surgeon) ▷ *nf* veterinary science
veto ['beto] *nm* veto
vez [beθ] *nf* time; (*turno*) turn; **a la ~ que** at the same time as; **a su ~** in its turn; **una ~** once; **dos veces** twice; **de una ~** in one go; **de una ~ para siempre** once and for all; **en ~ de** instead of; **a veces** sometimes; **otra ~** again; **una y otra ~** repeatedly; **de ~ en cuando** from time to time; **7 veces 9** 7 times 9; **hacer las veces de** to stand in for; **tal ~** perhaps
vía ['bia] *nf* track, route; (*Ferro*) line; (*fig*) way; (*Anat*) passage, tube ▷ *prep* via, by way of; **por ~ judicial** by legal means; **en ~s de** in the process of; **~ aérea** airway; **V~ Láctea** Milky Way; **~ pública** public highway *o* thoroughfare
viable ['bjaβle] *adj* (*plan etc*) feasible
viaducto [bja'ðukto] *nm* viaduct
viajante [bja'xante] *nm* commercial traveller
viajar [bja'xar] /1a/ *vi* to travel; **viaje** *nm* journey; (*gira*) tour; (*Naut*) voyage; **estar de viaje** to be on a journey; **viaje de ida y vuelta** round trip; **viaje de novios** honeymoon; **viajero, -a** *adj* travelling (BRIT), traveling (US); (*Zool*) migratory ▷ *nm/f* (*quien viaja*) traveller; (*pasajero*) passenger
víbora ['biβora] *nf* viper; (LAM: *venenoso*) poisonous snake
vibración [biβra'θjon] *nf* vibration
vibrar [bi'βrar] /1a/ *vt* to vibrate ▷ *vi* to vibrate
vicepresidente [biθepresi'ðente] *nmf* vice president
viceversa [biθe'βersa] *adv* vice versa
vicio ['biθjo] *nm* vice; (*mala costumbre*) bad habit; **vicioso, -a** *adj* (*muy malo*) vicious; (*corrompido*) depraved ▷ *nm/f* depraved person
víctima ['biktima] *nf* victim
victoria [bik'torja] *nf* victory; **victorioso, -a** *adj* victorious
vid [bið] *nf* vine
vida ['biða] *nf* life; (*duración*) lifetime; **de por ~** for life; **en la/mi ~** never; **estar con ~** to be still alive; **ganarse la ~** to earn one's living
vídeo ['biðeo] *nm* video; **película de ~** videofilm; **videocámara** *nf* camcorder; **videoclub** *nm* video club; **videojuego** *nm* video game; **videollamada** *nf* video call; **videoteléfono** *nf* videophone
vidrio ['biðrjo] *nm* glass
vieira ['bjeira] *nf* scallop
viejo, -a ['bjexo, a] *adj* old ▷ *nm/f* old man/woman; **hacerse** *o* **ponerse ~** to grow *o* get old
Viena ['bjena] *nf* Vienna
viene *etc* ['bjene] *vb V* **venir**
vienés, -esa [bje'nes, esa] *adj* Viennese
viento ['bjento] *nm* wind; **hacer ~** to be windy
vientre ['bjentre] *nm* belly; (*matriz*) womb
viernes ['bjernes] *nm inv* Friday; **V~ Santo** Good Friday
Vietnam [bjet'nam] *nm*: Vietnam; **vietnamita** *adj* Vietnamese

viga ['biɣa] *nf* beam, rafter; (*de metal*) girder
vigencia [bi'xenθja] *nf* validity; **estar/entrar en ~** to be in/come into effect *o* force; **vigente** *adj* valid, in force; (*imperante*) prevailing
vigésimo, -a [bi'xesimo, a] *num* twentieth
vigía [bi'xia] *nm* look-out
vigilancia [bixi'lanθja] *nf*: **tener a algn bajo ~** to keep watch on sb
vigilar [bixi'lar] /ɪa/ *vt* to watch over ▷ *vi* to be vigilant; (*hacer guardia*) to keep watch; **~ por** to take care of
vigilia [vi'xilja] *nf* wakefulness; (*Rel*) vigil; (: *ayuno*) fast
vigor [bi'ɣor] *nm* vigour, vitality; **en ~** in force; **entrar/poner en ~** to come/put into effect; **vigoroso, -a** *adj* vigorous
VIH *nm abr* (= *virus de inmunodeficiencia humana*) HIV; **~ negativo/positivo** HIV-negative/-positive
vil [bil] *adj* vile, low
villa ['biʎa] *nf* (*casa*) villa; (*pueblo*) small town; (*municipalidad*) municipality
villancico [biʎan'θiko] *nm* (Christmas) carol
vilo ['bilo]: **en ~** *adv* in the air, suspended; (*fig*) on tenterhooks, in suspense
vinagre [bi'naɣre] *nm* vinegar
vinagreta [bina'ɣreta] *nf* vinaigrette, French dressing
vinculación [binkula'θjon] *nf* (*lazo*) link, bond; (*acción*) linking
vincular [binku'lar] /ɪa/ *vt* to link, bind; **vínculo** *nm* link, bond
vine *etc vb V* **venir**
vinicultor, -a [binikul'tor, a] *nm/f* wine grower
vinicultura [binikul'tura] *nf* wine growing
viniera *etc vb V* **venir**
vino ['bino] *vb V* **venir** ▷ *nm* wine; **~ de solera/seco/tinto** vintage/dry/red wine
viña ['biɲa] *nf*, **viñedo** [bi'ɲeðo] *nm* vineyard
viola ['bjola] *nf* viola
violación [bjola'θjon] *nf* violation; **~ (sexual)** rape
violar [bjo'lar] /ɪa/ *vt* to violate; (*cometer estupro*) to rape
violencia [bjo'lenθja] *nf* (*fuerza*) violence, force; (*embarazo*) embarrassment; (*acto injusto*) unjust act; **violentar** /ɪa/ *vt* to force; (*casa*) to break into; (*agredir*) to assault; (*violar*) to violate; **violento, -a** *adj* violent; (*furioso*) furious; (*situación*) embarrassing; (*acto*) forced, unnatural
violeta [bjo'leta] *nf* violet
violín [bjo'lin] *nm* violin
violón [bjo'lon] *nm* double bass
viral [bi'ral] *adj* (*tb Inform*) viral
virar [bi'rar] /ɪa/ *vi* to change direction
virgen ['birxen] *adj* virgin ▷ *nmf* virgin
Virgo ['biryo] *nm* Virgo
viril [bi'ril] *adj* virile; **virilidad** *nf* virility
virtud [bir'tuð] *nf* virtue; **en ~ de** by virtue of; **virtuoso, -a** *adj* virtuous ▷ *nm/f* virtuoso
viruela [bi'rwela] *nf* smallpox
virulento, -a [biru'lento, a] *adj* virulent
virus ['birus] *nm inv* virus
visa ['bisa] *nf* (LAM), **visado** [bi'saðo] *nm* (ESP) visa
víscera ['bisθera] *nf* internal organ; **vísceras** *nfpl* entrails
visceral [bisθe'ral] *adj* (*odio*) deep-rooted; **reacción ~** gut reaction
visera [bi'sera] *nf* visor
visibilidad [bisiβili'ðað] *nf* visibility; **visible** *adj* visible; (*fig*) obvious
visillo [bi'siʎo] *nm* lace curtain
visión [bi'sjon] *nf* (*Anat*) vision, (eye) sight; (*fantasía*) vision, fantasy
visita [bi'sita] *nf* call, visit; (*persona*) visitor; **visitante** *adj* visiting ▷ *nmf* visitor; **visitar** /ɪa/ *vt* to visit, call on
visón [bi'son] *nm* mink
visor [bi'sor] *nm* (*Foto*) viewfinder

víspera ['bispera] *nf* day before; **la ~** *o* **en ~s de** on the eve of
vista ['bista] *nf* sight, vision; (*capacidad de ver*) (eye)sight; (*mirada*) look(s); **a primera ~** at first glance; **hacer la ~ gorda** to turn a blind eye; **volver la ~** to look back; **está a la ~ que** it's obvious that; **en ~ de** in view of; **en ~ de que** in view of the fact that; **¡hasta la ~!** so long!, see you!; **con ~s a** with a view to; **vistazo** *nm* glance; **dar** *o* **echar un vistazo a** to glance at
visto, -a ['bisto, a] *vb V* **vestir** ▷ *pp de* **ver** ▷ *adj* seen; (*considerado*) considered ▷ *nm*: **~ bueno** approval; **por lo ~** apparently; **está ~ que** it's clear that; **está bien/mal ~** it's acceptable/unacceptable; **~ que** since, considering that
vistoso, -a [bis'toso, a] *adj* colourful
visual [bi'swal] *adj* visual
vital [bi'tal] *adj* life *cpd*, living *cpd*; (*fig*) vital; (*persona*) lively, vivacious; **vitalicio, -a** *adj* for life; **vitalidad** *nf* vitality; (*de persona, negocio*) energy; (*de ciudad*) liveliness
vitamina [bita'mina] *nf* vitamin
vitorear [bitore'ar] /1a/ *vt* to cheer, acclaim
vitrina [bi'trina] *nf* glass case; (*en casa*) display cabinet; (*LAM*) shop window
viudo, -a ['bjuðo, a] *adj* widowed ▷ *nm* widower ▷ *nf* widow
viva ['biβa] *excl* hurrah!; **¡~ el rey!** long live the King!
vivaracho, -a [biβa'ratʃo, a] *adj* jaunty, lively; (*ojos*) bright, twinkling
vivaz [bi'βaθ] *adj* lively
víveres ['biβeres] *nmpl* provisions
vivero [bi'βero] *nm* (*Horticultura*) nursery; (*para peces*) fish farm; (*fig*) hotbed
viveza [bi'βeθa] *nf* liveliness; (*agudeza: mental*) sharpness
vivienda [bi'βjenda] *nf* housing; (*casa*) house; (*piso*) flat (BRIT), apartment (US)
viviente [bi'βjente] *adj* living
vivir [bi'βir] /3a/ *vt* to live *o* go through ▷ *vi*: **~ (de)** to live (by, off, on) ▷ *nm* life, living
vivo, -a ['biβo, a] *adj* living, alive; (*fig*) vivid; (*persona: astuto*) smart, clever; **en ~** (*TV etc*) live
vocablo [bo'kaβlo] *nm* (*palabra*) word; (*término*) term
vocabulario [bokaβu'larjo] *nm* vocabulary
vocación [boka'θjon] *nf* vocation; **vocacional** *nf* (*LAM*) ≈ technical college
vocal [bo'kal] *adj* vocal ▷ *nf* vowel; **vocalizar** /1f/ *vt* to vocalize
vocero, -a [bo'θero, a] *nm/f* (*LAM*) spokesman/woman
voces ['boθes] *nfpl de* **voz**
vodka ['boðka] *nm* vodka
vol *abr* = **volumen**
volado, -a [bo'laðo, a] *adv* (*LAM*) in a rush, hastily
volador, a [bola'ðor, a] *adj* flying
volandas [bo'landas]: **en ~** *adv in o* through the air
volante [bo'lante] *adj* flying ▷ *nm* (*de máquina, coche*) steering wheel; (*de reloj*) balance
volar [bo'lar] /1l/ *vt* to blow up ▷ *vi* to fly
volátil [bo'latil] *adj* volatile
volcán [bol'kan] *nm* volcano; **volcánico, -a** *adj* volcanic
volcar [bol'kar] /1g, 1l/ *vt* to upset, overturn; (*tumbar, derribar*) to knock over; (*vaciar*) to empty out ▷ *vi* to overturn; **volcarse** *vr* to tip over
voleibol [bolei'βol] *nm* volleyball
volqué [bol'ke] *vb V* **volcar**
voltaje [bol'taxe] *nm* voltage
voltear [bolte'ar] /1a/ *vt* to turn over; (*volcar*) to knock over
voltereta [bolte'reta] *nf* somersault
voltio ['boltjo] *nm* volt
voluble [bo'luβle] *adj* fickle
volumen [bo'lumen] *nm* volume; **voluminoso, -a** *adj* voluminous; (*enorme*) massive

voluntad [bolun'tað] *nf* will, willpower; (*deseo*) desire, wish
voluntario, -a [bolun'tarjo, a] *adj* voluntary ▷ *nm/f* volunteer
volver [bol'βer] /2h/ *vt* to turn; (*boca abajo*) to turn (over); (*voltear*) to turn round, turn upside down; (*poner del revés*) to turn inside out; (*devolver*) to return ▷ *vi* to return, go/come back; **volverse** *vr* to turn round; **~ la espalda** to turn one's back; **~ a hacer** to do again; **~ en sí** to come to *o* round; **~ triste** *etc* **a algn** to make sb sad *etc*; **~se loco** to go mad
vomitar [bomi'tar] /1a/ *vt, vi* to vomit; **vómito** *nm* vomit
voraz [bo'raθ] *adj* voracious
vos [bos] *pron* (LAM) you
vosotros, -as [bo'sotros, as] *pron* you *pl*; (*reflexivo*): **entre ~** among yourselves
votación [bota'θjon] *nf* (*acto*) voting; (*voto*) vote
votar [bo'tar] /1a/ *vi* to vote; **voto** *nm* vote; (*promesa*) vow; **votos** *nmpl* (good) wishes
voy [boi] *vb V* **ir**
voz [boθ] *nf* voice; (*grito*) shout; (*chisme*) rumour; (*Ling*) word; **dar voces** to shout, yell; **en ~ baja** in a low voice; **de viva ~** verbally; **en ~ alta** aloud; **~ de mando** command
vuelco *etc* ['bwelko] *vb V* **volcar** ▷ *nm* spill, overturning
vuelo ['bwelo] *vb V* **volar** ▷ *nm* flight; (*encaje*) lace, frill; **coger al ~** to catch in flight; **~ libre** hang-gliding; **~ regular** scheduled flight
vuelque *etc* ['bwelke] *vb V* **volcar**
vuelta ['bwelta] *nf* turn; (*curva*) bend, curve; (*regreso*) return; (*revolución*) revolution; (*circuito*) lap; (*de papel, tela*) reverse; (*cambio*) change; **~ ciclista** (*Deporte*) (cycle) tour; **a la ~** (ESP) on one's return; **a la ~ de la esquina** round the corner; **a ~ de correo** by return of post; **dar ~s** to turn, revolve; (*cabeza*) to spin; **dar(se) la ~** (*volverse*) to turn round; **dar ~s a una idea** to turn over an idea (in one's mind); **dar una ~** to go for a walk; (*en coche*) to go for a drive
vuelto ['bwelto] *pp de* **volver**
vuelvo *etc* ['bwelβo] *vb V* **volver**
vuestro, -a ['bwestro, a] *adj* your ▷ *pron*: **el ~/la vuestra/los ~s/las vuestras** yours; **un amigo ~** a friend of yours
vulgar [bul'ɣar] *adj* (*ordinario*) vulgar; (*común*) common; **vulgaridad** *nf* commonness; (*acto*) vulgarity; (*expresión*) coarse expression
vulnerable [bulne'raβle] *adj* vulnerable
vulnerar [bulne'rar] /1a/ *vt* (*Jur, Com*) to violate; (*derechos*) to violate, to interfere with; (*reputación*) to harm, damage

W X

walkie-talkie [walki'talki] *nm* walkie-talkie
walkman® ['wal(k)man] *nm* Walkman®
wâter ['bater] *nm* (*taza*) toilet; (*LAM*: *lugar*) toilet (*BRIT*), rest room (*US*)
web [web] *nm o f* (*página*) website; (*red*) (World Wide) Web; **webcam** *nf* webcam; **webmaster** *nmf* webmaster; **website** *nm* website
western ['western] (*pl* **westerns**) *nm* western
whisky ['wiski] *nm* whisky
wifi ['waifai] *nm* Wi-Fi
windsurf ['winsurf] *nm* windsurfing; **hacer ~** to go windsurfing

xenofobia [seno'foβja] *nf* xenophobia
xilófono [si'lofono] *nm* xylophone
xocoyote, -a [ksoko'jote, a] *nm/f* (*LAM*) baby of the family, youngest child

Y

y [i] *conj* and; (*hora*): **la una y cinco** five past one
ya [ja] *adv* (*gen*) already; (*ahora*) now; (*en seguida*) at once; (*pronto*) soon ▷ *excl* all right! ▷ *conj* (*ahora que*) now that; **ya lo sé** I know; **¡ya está bien!** that's (quite) enough!; **¡ya voy!** coming!; **ya que** since
yacer [ja'θer] /2x/ *vi* to lie
yacimiento [jaθi'mjento] *nm* deposit; (*arqueológico*) site
yanqui ['janki] *adj* ▷ *nmf* Yankee
yate ['jate] *nm* yacht
yazco *etc* ['jaθko] *vb V* **yacer**
yedra ['jeðra] *nf* ivy
yegua ['jeɣwa] *nf* mare
yema ['jema] *nf* (*del huevo*) yolk; (*Bot*) leaf bud; (*fig*) best part; **~ del dedo** fingertip
yerno ['jerno] *nm* son-in-law
yeso ['jeso] *nm* plaster
yo [jo] *pron personal* I; **soy yo** it's me
yodo ['joðo] *nm* iodine
yoga ['joɣa] *nm* yoga
yogur(t) [jo'ɣur(t)] *nm* yogurt
yuca ['juka] *nf* (*Bot*) yucca; (*alimento*) cassava, manioc root
Yugoslavia [juɣos'laβja] *nf* (*Historia*) Yugoslavia
yugular [juɣu'lar] *adj* jugular
yunque ['junke] *nm* anvil
yuyo ['jujo] *nm* (LAM: *mala hierba*) weed

Z

zafar [θa'far] /1a/ *vt* (*soltar*) to untie; (*superficie*) to clear; **zafarse** *vr* (*escaparse*) to escape; (*Tec*) to slip off
zafiro [θa'firo] *nm* sapphire
zaga ['θaɣa] *nf*: **a la ~** behind, in the rear
zaguán [θa'ɣwan] *nm* hallway
zalamero, -a [θala'mero, a] *adj* flattering; (*relamido*) suave
zamarra [θa'marra] *nf* (*chaqueta*) sheepskin jacket
zambullirse [θambu'ʎirse] /3h/ *vr* to dive
zampar [θam'par] /1a/ *vt* to gobble
zanahoria [θana'orja] *nf* carrot
zancadilla [θanka'ðiʎa] *nf* trip
zanco ['θanko] *nm* stilt
zángano ['θangano] *nm* drone
zanja ['θanxa] *nf* ditch; **zanjar** /1a/ *vt* (*conflicto*) to resolve
zapata [θa'pata] *nf* (*Mecánica*) shoe
zapatería [θapate'ria] *nf* (*oficio*) shoemaking; (*tienda*) shoe-shop; (*fábrica*) shoe factory; **zapatero, -a** *nm/f* shoemaker
zapatilla [θapa'tiʎa] *nf* slipper; (*de deporte*) training shoe
zapato [θa'pato] *nm* shoe
zapping ['θapin] *nm* channel-hopping; **hacer ~** to channel-hop, flick through the channels
zar [θar] *nm* tsar, czar
zarandear [θarande'ar] /1a/ *vt* (*fam*) to shake vigorously
zarpa ['θarpa] *nf* (*garra*) claw
zarpar [θar'par] /1a/ *vi* to weigh anchor
zarza ['θarθa] *nf* (*Bot*) bramble
zarzamora [θarθa'mora] *nf* blackberry
zarzuela [θar'θwela] *nf* Spanish light opera
zigzag [θiɣ'θaɣ] *adj* zigzag
zinc [θink] *nm* zinc
zíper ['siper] *nm* (LAM) zip, zipper (US)
zócalo ['θokalo] *nm* (*Arq*) plinth, base; (*de pared*) skirting board
zoclo ['θoklo] *nm* (LAM) skirting board (BRIT), baseboard (US)
zodíaco [θo'ðiako] *nm* zodiac
zona ['θona] *nf* area, zone; **~ fronteriza** border area; **~ roja** (LAM) red-light district
zonzo, -a ['θonθo, a] (LAM) *adj* silly ▷ *nm/f* fool
zoo ['θoo] *nm* zoo
zoología [θoolo'xia] *nf* zoology; **zoológico, -a** *adj* zoological ▷ *nm* (*tb*: **parque zoológico**) zoo; **zoólogo, -a** *nm/f* zoologist
zoom [θum] *nm* zoom lens
zopilote [θopi'lote] *nm* (LAM) buzzard
zoquete [θo'kete] *nm* (*fam*) blockhead
zorro, -a ['θorro, a] *adj* crafty ▷ *nm/f* fox/vixen
zozobrar [θoθo'βrar] /1a/ *vi* (*hundirse*) to capsize; (*fig*) to fail
zueco ['θweko] *nm* clog
zumbar [θum'bar] /1a/ *vt* (*golpear*) to hit ▷ *vi* to buzz; **zumbido** *nm* buzzing
zumo ['θumo] *nm* juice
zurcir [θur'θir] /3b/ *vt* (*coser*) to darn
zurdo, -a ['θurðo, a] *adj* (*persona*) left-handed
zurrar [θu'rrar] /1a/ *vt* (*fam*) to wallop

Spanish in focus

Introduction	2
Spain and its regions	3
A snapshot of Spain	5
The Spanish-speaking world	6
Other languages of Spain	8
Latin American Spanish	8
A snapshot of Spanish-speaking America	9
Improving your pronunciation	10
Improving your fluency	11
Correspondence	13
Text messaging	13
Writing an email	14
Writing a personal letter	16
Writing a formal letter	18
Making a call	20
Spanish phrases and sayings	22
Some common translation difficulties	25

Introduction

Spanish in focus gives you a fascinating introduction to the Spanish-speaking world. The following pages look at where Spanish is spoken throughout the world, helping you to get to know the language and the people that speak it. Practical language tips and notes on common translation difficulties will allow you to become more confident in Spanish and a useful correspondence section gives you all the information you need to be able to communicate effectively.

We've also included a number of links to useful websites, which will give you the opportunity to read and learn more about Spanish-speaking countries and the Spanish language.

We hope that you will enjoy using your *Spanish in focus* supplement. We are sure that it will help you to find out more about Spanish-speaking countries and become more confident in writing and speaking Spanish.

¡Vamos!

Spain and its regions

Spellings
The English spellings of Seville, Majorca, Catalonia and Andalusia are not used in Spanish; *Sevilla*, *Mallorca*, *Cataluña* and *Andalucía* are the Spanish forms. Remember the accent on *Málaga*, *Córdoba* and *Cádiz* in Spanish.

Spain and its regions

The six biggest Spanish cities

City	*Name of inhabitants*	*Population*
Madrid	los madrileños	6,199,000
Barcelona	los barceloneses	5,258,000
Valencia	los valencianos	810,000
Sevilla	los sevillanos	701,000
Zaragoza	los zaragozanos	701,000
Málaga	los malagueños	574,000

Spain shares the Iberian Peninsula with Portugal, its neighbour to the west. The Spanish state consists of the mainland; the Balearic Islands in the Mediterranean; and the Canary Islands in the Atlantic, off north-west Africa. The enclaves of Ceuta and Melilla, on the coast of Morocco, are also Spanish.

The head of state is the King, Felipe VI. The Prime Minister, leader of the party that has the majority in parliament, heads the government and is elected every four years.

Spain is organized into seventeen administrative regions called *comunidades autónomas*. Each region, made up of several smaller *provincias*, has its own parliament and can legislate in areas such as housing, infrastructure, health and education. Central government retains jurisdiction for matters such as defence, foreign affairs and the legal system, which affect the country as a whole.

Regional identity is strong in many parts of Spain, and though the majority of people speak Castilian Spanish (*castellano*) as their first language, other languages and dialects are also important, and for significant numbers of people are their mother tongue. Three of these languages are called *lenguas cooficiales*: Basque (*euskera*), Catalan (*catalán*) and Galician (*gallego*). They have official status under the Constitution and are therefore used in official documents, education and so on.

A snapshot of Spain

- Spain is the second biggest country by area in Western Europe, covering 505,000 km² (well over twice the size of the UK).
- Spain's highest mountain is in the Canary Islands: Pico del Teide (3707 m), in Tenerife.
- The river Ebro is around 910km long, rising in the Cantabrian Mountains and flowing into the Mediterranean.
- 46.1 million people live in Spain. The population is one of the slowest-growing in the world.
- The main religion in Spain is Roman Catholicism.
- Spain is the world's fourteenth largest economy (the US is first and the UK fifth).
- Only France and the US are more popular with foreign tourists; over 68 million visit Spain every year. British and German visitors head the list, and Catalonia is the most popular destination.

Useful links:

www.ine.es
The Spanish statistical office.

www.cervantes.es
Information about Spanish language and culture.

The Spanish-speaking world

Spellings

Don't forget the accent on *Perú*, *Panamá* and *México* in Spanish. *República Dominicana* is the Spanish-speaking Dominican Republic (not to be confused with English-speaking Dominica). Cuba's capital, Havana, is *La Habana* in Spanish.

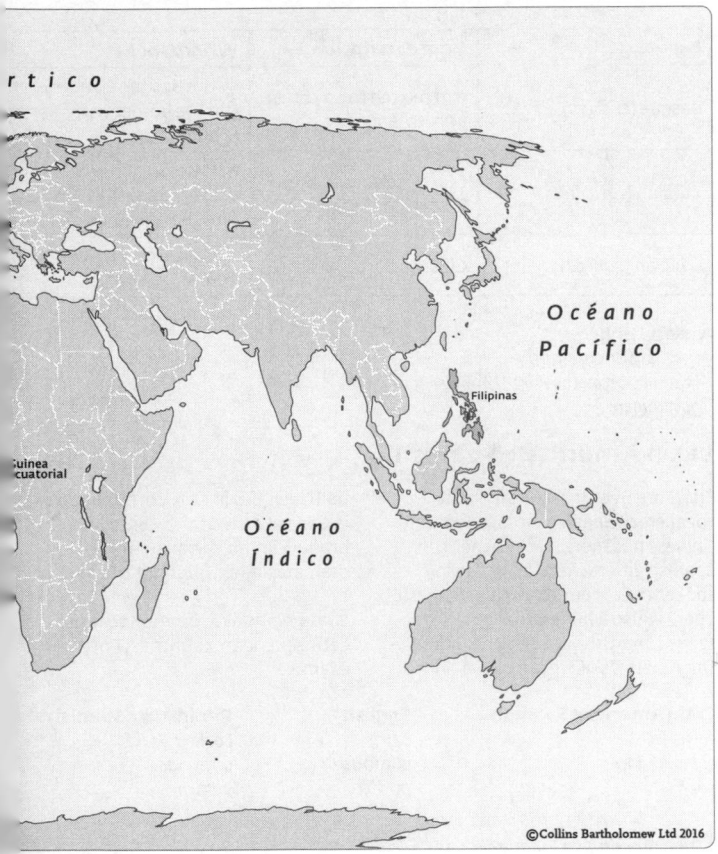

Countries or regions where Spanish is the main language or an official language

Countries or regions where many of the population speak Spanish

Other languages of Spain

Language	Brief description	Where spoken
Basque (*euskera*)	Not related to any other known language	In the Basque Country (on the border with France)
Catalan (*catalán*)	Closely related to both French and Spanish	In Catalonia (north-eastern Spain), Valencia and the Balearics
Galician (*gallego*)	Close to Portuguese	In Galicia (north-west Spain)

A useful link:
www.lamoncloa.gob.es
Information on the Prime Minister and government.

Latin American Spanish

There are over 470 million native speakers of Spanish worldwide; only Chinese has more. Latin American Spanish differs from the Spanish spoken in Europe (peninsular Spanish). There is also a huge variation in the type of Spanish spoken throughout the Americas. For example, a 'light bulb' is *un foco* in Mexico, but *una bujía* in Central America. Accents and pronunciation can also vary dramatically throughout the region.

Some words are common to most Latin American countries. For example:

Latin American Spanish	English	Peninsular Spanish
carro	car	*coche*
computadora	computer	*ordenador*
papa	potato	*patata*

Two Amerindian languages
Náhuatl was the language of the Aztecs and is still spoken by over 1.5 million Mexicans. It gave us words such as 'tomato', 'avocado', 'chocolate' and 'chilli'. *Quechua* is still used by about 8 million descendants of the Incas in the Andean region. 'Llama', 'condor' and 'puma' all come from Quechua.

A snapshot of Spanish-speaking America

- Argentina is the biggest Spanish-speaking country by area in South and Central America, covering 2,767,000 km². Next come Mexico (1,973,000 km²) and Peru (1,285,000 km²).

- Mexico has by far the biggest population (127 million), but is outstripped by tiny El Salvador in terms of population density (291 people per km², compared with 266 in the UK and just 33 in the US).

- The highest mountain in the world outside the Himalayas, Cerro Aconcagua (6959 m) lies in Argentina. The lowest point in South America, Laguna del Carbón (150 m below sea level), is also in Argentina.

- At an altitude of 3630 m, the Bolivian city of La Paz is the highest capital in the Americas.

- The Atacama Desert (lying mainly in northern Chile) is the driest place on earth.

The second longest river in the world, the Amazon, rises in the Peruvian Andes and flows east through Brazil to the Atlantic. Angel Falls in Venezuela is the world's highest waterfall.

- Latin America has only two landlocked countries: Bolivia and Paraguay.

- Chile is over 4000 km long but only 177 km wide on average.

- Mexico is the world's fifteenth largest economy (the US is first and the UK fifth).

- The USA has the fifth largest Spanish-speaking population in the world (34 million, or nearly 11% of the population).

A useful link:

http://lanic.utexas.edu/index.html
Aspects of life in Spanish-speaking America.

Improving your pronunciation

There are a number of different methods you can use to improve your accent and increase your confidence in speaking Spanish:

- read out loud to yourself to improve your confidence
- listen to Spanish- language radio
- watch Spanish-language films
- chat with Spanish-speakers

A useful link:
www.mediatico.com

Some special Spanish sounds

- ***Z* and *c***. Most Spaniards say *z* and the *c* in *ce* and *ci* like 'th' in English '***th***in' (e.g. *cena* = 'thena'; *diez* = 'dieth'). Latin Americans tend to use an 's' sound, as in English '***s***ame'.
- ***Ll***. The pronunciation of this (e.g. *llamar*, *ella*) is rather variable – all over the Spanish-speaking world you'll hear speakers who pronounce it like English '***y***et', while others pronounce it like 'mi***ll***ion'.
- ***J* and *g***. *J* in any position and *g* before *e* or *i* sound similar to English 'lo***ch***' (e.g. *jefe*, *ajo*, *gente*) in Spain, but in Latin America they are softer, more like English *h*.
- ***B* and *v***. These sound exactly the same: at the start of a word and after *m* and *n* (e.g. *vaso*, *ambulancia*) they are similar to English ***b***oy. Otherwise to say them try saying a 'b', but don't let your lips touch (e.g. *obra*, *uva*).
- ***D***. Between vowels and after consonants other than *l* or *n* (e.g. *modo*, *ardiente*), *d* is very like 'th' in English '***th***ough'.
- ***H***. In Spanish, *h* is always silent (e.g. *hablar* is pronounced 'ablar').
- ***R* and *rr***. *Rr* is strongly trilled, like Scots *r* (e.g. *perro*). *R* is said with a single trill (e.g. *pero*), but sounds like *rr* at the start of a word and after *l*, *n* or *s* (e.g. *rápido*).
- ***Ñ***. A *tilde* changes the sound of *n* to one similar to English 'o***ni***on' (e.g. *baño*).

Improving your fluency

Conversational words and phrases

In English we insert lots of words and phrases, such as *so*, *then*, *by the way* into our conversation, to give our thoughts a structure and often to show our attitude. The Spanish words shown below do the same thing. If you use them they will make you sound more fluent and natural.

- ***además***
  Además, *no tienes nada que perder.* (= besides)

- ***está bien***
  ¡***Está bien***! *Lo haré.* (= all right!)

- ***bueno***
  ¡***Bueno***! *Haremos lo que tú quieras.* (= all right!)

- ***por cierto***
  Por cierto, *¿has sacado las entradas?* (= by the way)

- ***claro***
  ¿Te gusta el fútbol? – ¡***Claro que sí/no***! (= of course!/of course not!)

- ***desde luego***
  ¡***Desde luego*** *que me gusta!* (= of course)

- ***entonces***
  *Si no es tu padre, ¿**entonces** quién es?* (= then)
  Entonces, *¿vienes o te quedas?* (= so)

- ***pues***
  Pues, *como te iba contando ...* (= well)

- ***por supuesto***
  Por supuesto *que iré.* (= of course)

- ***de todas formas/maneras***
  De todas formas/maneras *iremos.* (= anyway, in any case)

- ***vale***
  ¿Vamos a tomar algo? – ¡***Vale***! (= OK)

- ***venga***
  ¡***Venga***, *vámonos!* (= come on; *used in Spain*)

Improving your fluency

Varying the words you use to get your message across will make you sound more fluent in Spanish. For example, you already know *Me gusta el mar*, but for a change you could say *Me encanta el mar* to mean the same thing. Here are some other suggestions:

Saying what you like or dislike

Me ha gustado mucho tu regalo.	I was delighted with ...
Estaba encantado/encantada con el regalo.	I (really) liked ...
No me gusta comer fuera de casa.	I don't like ...
Mi vecina *me cae muy mal*.	I don't like ... (at all).
Detesto cualquier tipo de violencia.	I hate ...

Expressing your opinion

Creo que es demasiado caro.	I think ...
Pienso que es normal.	I think ...
Me parece que le va a encantar tu visita.	I think ...
Estoy seguro/segura de que no es culpa tuya.	I'm sure ...
En mi opinión, fue un error.	In my opinion ...

Agreeing or disagreeing

Tienes razón.	You're right.
Estoy (No estoy) de acuerdo contigo.	I (don't) agree with you.
¡Claro que sí!	Of course!
¡Naturalmente!	Of course!
En eso te equivocas.	You're wrong there.

Correspondence

The following section on correspondence has been designed to help you communicate confidently in written as well as spoken Spanish. Sample letters, emails and sections on text messaging and making telephone calls will ensure that you have all the vocabulary you need to correspond successfully in Spanish.

Text messaging

Abbreviation	Spanish	English
+trd	*más tarde*	later
2	*tú*	you
a2	*adiós*	goodbye
bboo	*besos*	love (from)
find	*fin de semana*	weekend
gnl	*genial*	wonderful
h lgo HL	*hasta luego*	see you later
LAP	*lo antes posible*	asap (as soon as possible)
msj	*mensaje*	message
NLS	*no lo sé*	I don't know
q acc? q hcs?	*¿qué haces?*	what are you doing?
QT1BD	*¡que tengas un buen día!*	have a good day!
q tl?	*¿qué tal?*	how are you?
salu2	*saludos*	best wishes
tq	*te quiero*	I love you
x	*por*	for, by etc
xdon	*perdón*	sorry
xq	*porque*	because
xq?	*¿por qué?*	why?

Writing an email

Archivo Edición Ver Herramientas **Correo** Ayuda Enviar

Nuevo mensaje
Responder al autor
Responder a todos
Reenviar
Archivo adjunto

A: belen.huertas@glnet.es
Cc:
Copia oculta:
Asunto: Concierto

Hola, ¿qué tal el fin de semana?

Me sobran dos entradas para el concierto de mañana, de unos amigos que no pueden venir. Si te interesa, o conoces a alguien que quiera ir, avísame en cuanto puedas.

Un beso,

E.

Saying your email address
In Spanish, when you tell someone your email address, you say:
belen punto huertas arroba glnet punto es

archivo	file
edición (f)	edit
ver	view
herramientas (fpl)	tools
correo	mail
ayuda	help
enviar	send
nuevo mensaje (m)	new
responder	reply

responder a todos	reply to all
reenviar	forward
archivo adjunto	attachment
A	to
CC	cc (carbon copy)
copia oculta	bcc (blind carbon copy)
asunto	subject
de	from
fecha	date

Here is some additional useful Internet vocabulary:

adelante	forward
atrás	back
banda ancha	broadband
bajarse algo de Internet	to download something from the Internet
borrar	to delete
buscador (m)	search engine
buscar	to search
clicar en or *hacer clic en*	to click on
copia de seguridad	backup
copiar	to copy
correo basura	spam
cortar y pegar	to cut and paste
descargarse algo de Internet	to download something from the Internet

e-mail or *email (m)*	email; email address
enlaces (mpl)	links
historial (m)	history
icono	icon
Internet (m or f)	the Internet
mandar un e-mail or *un email a alguien*	to email someone
navegar por Internet	to surf the Net
página de inicio	home page
página web	web page
preguntas frecuentes	FAQs
sitio web	website
el or *la web*	the (World-Wide) Web

Writing a personal letter

Town/city you are writing from, and the date; your full address is not given

Barcelona,
5 de junio de 2017

Queridos amigos: ← Use a colon here

Muchas gracias por la preciosa pulsera que me mandasteis por mi cumpleaños, que me ha gustado muchísimo. Voy a disfrutar de verdad poniéndomela para mi fiesta del sábado, y estoy segura de que a Cristina le va a dar una envidia tremenda.

En realidad no hay demasiadas cosas nuevas que contaros, ya que últimamente parece que no hago otra cosa que estudiar para los exámenes, que ya están a la vuelta de la esquina. No sabéis las ganas que tengo de terminarlos todos y poder empezar a pensar en las vacaciones.

Paloma me encarga que os dé recuerdos de su parte.

Muchos besos de

Ana

Writing a personal letter

Other ways of starting a personal letter	Other ways of ending a personal letter
Querido Juan *Mi querida Marta* *Queridísimo Antonio*	*Con mucho cariño* *Un fuerte abrazo de ...* *Un beso muy fuerte* *Afectuosamente*

Some useful phrases

Muchas gracias por la carta.	Thank you for your letter.
Me alegró mucho recibir noticias tuyas.	It was great to hear from you.
Perdona que no te haya escrito antes.	Sorry for not writing sooner.
Dale un beso a Eduardo de mi parte.	Give my love to Eduardo.
Mamá te manda recuerdos.	Mum sends her best wishes.
Escríbeme pronto.	Write soon.

Writing a formal letter

José Arteaga Pérez ← Your own name and address
Plaza San Agustín 45, 3º A
34012 Zaragoza

19 de marzo de 2017 ← Date

Hotel Sol y Mar
Paseo Marítimo 12
08005 Barcelona ← Name and address of the person/company you are writing to

Estimados señores: ← Use a colon here

Como continuación a nuestra conversación telefónica de esta mañana, les escribo para confirmarles la reserva de una habitación doble con baño para las noches del miércoles 5 y el jueves 6 de julio de 2017.

Como hemos acordado, les envío los detalles de mi tarjeta de crédito como garantía para la reserva.

Sin otro particular, les envío un atento saludo.

José Arteaga Pérez

In much of the Spanish-speaking world, and especially in Spain, most people use two *apellidos*, or surnames. The first is their father's first surname, and the second their mother's first surname. For example, the children of Juan Arteaga López, married to Carmen Pérez Rodríguez, would be called Arteaga Pérez. A married woman normally retains her own surname instead of taking her husband's.

Writing a formal letter

Other ways of starting a formal letter	Other ways of ending a formal letter
Estimado señor (García) *Estimados señores* *Muy señor mío/Muy señores míos* (used especially in Spain) *De nuestra consideración* (used especially in Latin America)	*Reciba un atento saludo de ...* *Un cordial saludo* *Le/les saluda atentamente*

Some useful phrases

Agradecemos su carta de ...	Thank you for your letter of ...
En relación con ...	With reference to ...
Les ruego que me envíen ...	Please send me ...
Sin otro particular, quedo a la espera de su respuesta.	I look forward to hearing from you.
Muchas gracias de antemano por ...	Thank you in advance for ...

Sr. D. is short for Señor Don

Sr. D. José María Álvarez Martín
c/ Colón 59, 3º dcha.
08720 Vilafranca del Penedés
Barcelona
SPAIN

3º dcha means that the person lives on the third floor, and their door is on the right. ('Left' would be *izqda.*)

The postcode comes before the name of the town.

Making a call

Asking for information

¿Cuál es el prefijo de Léon?	What's the code for Léon?
¿Qué hay que hacer para obtener línea externa?	How do I get an outside line?
¿Podría decirme cuál es la extensión del Sr. Ruiz?	Please could you tell me what Sr. Ruiz's extension number is?

When your number answers

Hola, ¿está Susana?	Hello! Is Susana there?
Por favor, ¿podría hablar con Carlos García?	Could I speak to Carlos García, please?
¿Es usted la Sra. Reyes?	Is that Sra. Reyes?
¿Puede decirle que me llame?	Could you ask him/her to call me back?
Le vuelvo a llamar dentro de media hora.	I'll call back in half an hour.
¿Podría dejar un recado?	Could I leave a message, please?

When you answer the telephone

¿Diga?/¿Dígame?/¿Sí?	Hello? (*used in Spain*)
¿Aló?	Hello? (*used in Latin America*)
¿Hola?	Hello? (*used in the Southern Cone*)
¿Bueno?	Hello? (*used in Mexico*)
¿Con quién hablo?	Who's speaking?
Soy Marcos.	It's Marcos speaking.
Sí, soy yo.	Speaking.
¿Quiere dejar un mensaje?	Would you like to leave a message?

Making a call

What you may hear

¿De parte de quién?	Who's calling?
Le paso.	I'm putting you through now.
No cuelgue.	Please hold.
No contesta.	There's no reply.
Comunica.	The line is engaged (Brit)/busy (US).
¿Quiere dejar un mensaje?	Would you like to leave a message?

If you have a problem

Perdone, me he equivocado de número.	Sorry, I dialled the wrong number.
No se oye bien.	This is a bad line.
Se corta.	You're breaking up.
Me estoy quedando sin batería.	My battery's low.
Se oye muy mal.	I can't hear you.

Saying your phone number

To tell someone your phone number in Spanish, you divide the number up into pairs instead of saying each digit separately. For example:

88 73 14

ochenta y ocho / setenta y tres / catorce

If there's an extra number, you make a group of three and say those numbers separately. For example:

959 48 32 94

nueve-cinco-nueve / cuarenta y ocho / treinta y dos / noventa y cuatro

Spanish phrases and sayings

In Spanish, as in many languages, people use vivid expressions based on images from their experience of real life. We've grouped the common expressions below according to the type of image they use. For fun, we have given you the word-for-word translation as well as the true English equivalent.

Food and drink

en todas partes cuecen habas → it's the same the whole world over
word for word: *broad beans are cooked everywhere*

llamar al pan pan y al vino vino → to call a spade a spade
word for word: *to call bread bread and wine wine*

eso es pedir peras al olmo → that's asking the impossible
word for word: *that's asking the elm tree for pears*

llegar para los postres → to come very late
word for word: *to arrive in time for pudding*

ahogarse en un vaso de agua → to make a mountain out of a molehill
word for word: *to drown in a glass of water*

Animals and insects

aburrirse como una ostra → to be bored stiff
word for word: *to get as bored as an oyster*

si los burros volaran → pigs might fly
word for word: *if donkeys could fly*

estar más loco que una cabra → to be as mad as a hatter
word for word: *to be madder than a goat*

a paso de tortuga → at a snail's pace
word for word: *at a tortoise's pace*

Spanish phrases and sayings

Objects

consultar algo con la almohada → to sleep on something
word for word: *to discuss something with one's pillow*

empezar la casa por el tejado → to put the cart before the horse
word for word: *to start the house with the roof*

estar en la luna → to have one's head in the clouds
word for word: *to be on the moon*

Weather

ha llovido mucho desde entonces → a lot of water has flowed under the bridge since then
word for word: *it's rained a lot since then*

nunca llueve a gusto de todos → you can't please everyone
word for word: *it never rains to everyone's liking*

una tormenta en un vaso de agua → a storm in a teacup
word for word: *a storm in a glass of water*

Parts of the body

romperse la cabeza → to rack one's brains
word for word: *to break one's head*

ener la cabeza sobre los hombros → to have one's head screwed on (the right way)
word for word: *to have one's head on one's shoulders*

ostar un ojo de la cara → to cost an arm and a leg
word for word: *to cost an eye from one's face*

me costó un riñón → it cost me a fortune
word for word: *it cost me a kidney*

Spanish phrases and sayings

Clothes

cambiar de chaqueta → to change sides
word for word: *to change one's jacket*

estar hasta el gorro → to be fed up
word for word: *to be up to one's hat*

querer nadar y guardar la ropa → to want to have it both ways
word for word: *to want to swim and keep one's clothes on*

estar todavía en pañales → to be still wet behind the ears
word for word: *to be still in nappies*

Colours

no distinguir lo blanco de lo negro → to be unable to tell right from wrong
word for word: *not to be able to tell what's white from what's black*

ponerse de mil colores → to go bright red
word for word: *to turn a thousand colours*

verlo todo de color de rosa → to see everything through rose-tinted spectacles
word for word: *to see everything in pink*

estar más rojo que un cangrejo → to be lobster-pink *or* lobster-red
word for word: *to be redder than a crab*

Some common translation difficulties

On the following pages we have shown some of the translation difficulties that you are most likely to come across. We hope that the tips we have given will help you to avoid these common pitfalls when writing and speaking Spanish.

'I, you, he, she, they...?'

Yo, tú, él and so on are not normally used before a verb if the ending or context make it clear who is performing the action:

I speak Spanish.	➜	*Hablo español.*
We have two cars.	➜	*Tenemos dos coches.*

But use ***yo, tú, él*** and the other subject pronouns for emphasis, contrast or where it helps make it clear who is being talked about:

You don't need to come.	➜	***Tú*** *no tienes que venir.*
He drives but she doesn't.	➜	***Él*** *conduce pero ella no.*

Usted and ***ustedes***, the polite words for 'you', are used more than the other pronouns.

Personal *a*

When the direct object of a verb is a specific person or pet, put ***a*** in front of it (except after *tener*):

I look after **my little sister**.	➜	*Cuido* ***a mi hermana pequeña****.*
They love **their dog**.	➜	*Quieren mucho* ***a su perro****.*

Some common translation difficulties

'You'

In Spanish the word for 'you' and the form of the verb depend on who you are talking to:

- With one person you know well, use the ***tú*** form of the verb:

  Will you lend me this CD? → *¿Me **prestas** este CD?*

- With one person you do not know so well, use ***usted*** and the ***usted*** form of the verb:

  Have you met my wife? → *¿**Usted conoce** a mi mujer?*

- With more than one person you know well, in Spain use the ***vosotros/as*** form of the verb:

  Do you understand, children? → *¿**Entendéis**, niños?*

Elsewhere, use ***ustedes*** and the ***ustedes*** form:

  Are you coming too? → *¿Vienen también **ustedes**?*

- With more than one person you do not know so well, use ***ustedes*** and the ***ustedes*** form:

  Please come this way. → *Pasen **ustedes** por aquí.*

Vos and *tú*

In Argentina and parts of Central America, *vos* is preferred to *tú*.

Some common translation difficulties

Showing possession

In English, you can use 's and s' to show who or what something belongs to; in Spanish, you have to use a different construction:

my brother**'s** car	→	*el coche **de** mi hermano*
the girl**s'** bedroom	→	*el cuarto **de** las niñas*

Translating '*to*'

To is generally translated by **a** but remember:

- When you are talking about the time, use ***menos***:

five **to** ten	→	*las diez **menos** cinco*
at a quarter **to** seven	→	*a las siete **menos** cuarto*

- In front of verbs, it is often just shown by the Spanish verb ending:

to sing	→	***cantar***
to eat	→	***comer***
I want **to go out**.	→	*Quiero **salir**.*

When you mean 'in order to', use ***para***:

I did it **(in order) to** help you.	→	*Lo hice **para** ayudaros.*

Some common translation difficulties

'There is' and 'there are'

In Spanish these are both translated by ***hay***:

There is a gentleman at the door.	➜	***Hay*** *un señor en la puerta.*
There are five books on the table.	➜	***Hay*** *cinco libros en la mesa.*

Translating '*and*'

The normal word for 'and' is *y*, but to avoid two 'i' sounds coming together, you use *e* instead before words beginning with *i* or *hi* (but not *hie*):

Spain **and** Italy	➜	*España* ***e*** *Italia*
grapes **and** figs	➜	*uvas* ***e*** *higos*

Translating '*or*'

The normal word for 'or' is *o*, but to avoid two 'o' sounds coming together, you use *u* instead before words beginning with *o* or *ho:*

for one reason **or** another	➜	*por un motivo* ***u*** *otro*

Translating '*-ing*'

In Spanish you use the infinitive (the Spanish verb ending in *-ar*, *-er* or *-ir*) after verbs like *gustar, encantar, preferir, ver* and *oír* as well as after prepositions, even though in English we use the *-ing* form of the verb:

I like **going** to the cinema.	➜	*Me gusta* ***ir*** *al cine.*
We love **dancing**.	➜	*Nos encanta* ***bailar****.*
We prefer **travelling** by train.	➜	*Preferimos* ***viajar*** *en tren.*
I've heard her **singing**.	➜	*La he oído* ***cantar****.*
Before **leaving**...	➜	*Antes de* ***salir****...*

Some common translation difficulties

To be: *ser* or *estar*?

There are two main verbs which mean 'be' in Spanish, *ser* and *estar*.

Ser is used:

- to link nouns and pronouns (words like 'he' and 'him'):

Pablo **is** a teacher.	➜	*Pablo* ***es*** *profesor.*
It's me.	➜	***Soy*** *yo.*
It's five o'clock.	➜	***Son*** *las cinco.*
Three and two **are** five.	➜	*Tres y dos* ***son*** *cinco.*

- with adjectives that give the idea of inherent and fundamental characteristics:

He's tall.	➜	***Es*** *alto.*
Marta'**s** very attractive.	➜	*Marta* ***es*** *muy guapa.*
They're fair.	➜	***Son*** *rubios.*
He's a bachelor.	➜	***Es*** *soltero.*
They're Italian.	➜	***Son*** *italianos.*

Estar is used:

- when describing more temporary qualities:

The coffee'**s** cold.	➜	*El café* ***está*** *frío.*
She's in a bad mood.	➜	***Está*** *de mal humor.*
You're looking very pretty today.	➜	***Estás*** *muy guapa hoy.*

- to talk about location and with past participles (the *–ado/-ido* form of regular verbs) used as adjectives:

I'm in Madrid.	➜	***Estoy*** *en Madrid.*
Madrid **is** in Spain.	➜	*Madrid* ***está*** *en España.*
She's married.	➜	***Está*** *casada.*
The window'**s** broken.	➜	*La ventana* ***está*** *rota.*

Some common translation difficulties

Translating 'to be' by other verbs

Other verbs can be used in certain contexts instead of *ser* and *estar* to translate 'to be':

• Use **tener** in phrases describing how you feel:

I'm hot/cold.	→	***Tengo*** *calor/frío.*
We're hungry/thirsty.	→	***Tenemos*** *hambre/sed.*
Don't be afraid.	→	***No tengas*** *miedo.*
You're right.	→	***Tienes*** *razón.*

• Use **tener** when talking about your age:

How old **are you**?	→	*¿Cuántos años* ***tienes****?*
I'm fifteen.	→	***Tengo*** *quince (años).*

• Use **hacer** when talking about the weather:

What'**s** the weather like?	→	*¿Qué tiempo* ***hace****?*
It's lovely.	→	***Hace*** *bueno.*
It's hot.	→	***Hace*** *calor.*
It's windy.	→	***Hace*** *viento.*

Translating verbs

Many English verbs can be followed by a preposition or adverb such as 'on' or 'back' – 'to go on', 'to give back'. These additions often give the verb a new meaning. There is no similar way of doing this in Spanish – you just use a different word, for example:

to go	→	*ir*
to go on	→	*seguir, continuar*
to give	→	*dar*
to give back	→	*devolver*

Some common translation difficulties

More on prepositions

Sentences that contain a verb and preposition in English might not contain a preposition in Spanish, and vice versa. The dictionary can help you with these.

For example:

• Verb + preposition:		Verb without preposition:
to look **for** something	➜	*buscar algo*
• Verb without preposition:		Verb + preposition:
to attend something	➜	*asistir **a** algo*

'Can', 'be able'

There are different ways of saying what someone can do in Spanish:

Use **poder** to talk about someone's physical ability to do something:

I can't go out with you. ➜ ***No puedo*** *salir contigo*.

Use **saber** to talk about things you *know how to* do:

Can you swim? ➜ ***¿Sabes*** *nadar?*

Don't translate *can* when it's used with verbs of sensing, seeing and hearing:

I **can't see** anything. ➜ ***No veo*** *nada*.
Can't you **hear** me? ➜ ¿Es que **no** me **oyes**?

useful link:
www.spanish.about.com/od/learnspanishgrammar

a

A [eɪ] *n* (*Mus*) la *m*; **A road** *n* (BRIT *Aut*) ≈ carretera nacional

KEYWORD

a [ə] *indef art* (*before vowel and silent h* **an**) **1** un(a); **a book** un libro; **an apple** una manzana; **she's a nurse** (ella) es enfermera
2 (*instead of the number "one"*) un(a); **a year ago** hace un año; **a hundred/thousand pounds** cien/mil libras
3 (*in expressing ratios, prices etc*): **three a day/week** tres al día/a la semana; **10 km an hour** 10 km por hora; **£5 a person** £5 por persona; **30p a kilo** 30p el kilo

A2 *n* (BRIT *Scol*) *segunda parte de los "A levels" (módulos 4–6)*
AA *n abbr* (BRIT: = *Automobile Association*) ≈ RACE *m* (SP); (= *Alcoholics Anonymous*) A.A.
AAA *n abbr* (= *American Automobile Association*) ≈ RACE *m* (SP)
aback [ə'bæk] *adv*: **to be taken ~** quedar(se) desconcertado
abandon [ə'bændən] *vt* abandonar; (*renounce*) renunciar a
abattoir ['æbətwɑːʳ] *n* (BRIT) matadero
abbey ['æbɪ] *n* abadía
abbreviation [əbriːvɪ'eɪʃən] *n* (*short form*) abreviatura
abdomen ['æbdəmən] *n* abdomen *m*
abduct [æb'dʌkt] *vt* raptar, secuestrar
abide [ə'baɪd] *vt*: **I can't ~ it/him** no lo/le puedo ver *or* aguantar; **abide by** *vt fus* atenerse a
ability [ə'bɪlɪtɪ] *n* habilidad *f*, capacidad *f*; (*talent*) talento
able ['eɪbl] *adj* capaz; (*skilled*) hábil; **to be ~ to do sth** poder hacer algo
abnormal [æb'nɔːməl] *adj* anormal
aboard [ə'bɔːd] *adv* a bordo ▷ *prep* a bordo de
abolish [ə'bɔlɪʃ] *vt* suprimir, abolir
abolition [æbəu'lɪʃən] *n* supresión *f*, abolición *f*
abort [ə'bɔːt] *vt* abortar; (*Comput*) interrumpir ▷ *vi* (*Comput*) interrumpir el programa; **abortion** *n* aborto; **to have an abortion** abortar

KEYWORD

about [ə'baut] *adv* **1** (*approximately*) más o menos, aproximadamente; **about a hundred/thousand** *etc* unos/as *or* como cien/mil *etc*; **it takes about 10 hours** se tarda unas *or* más o menos 10 horas; **at about two o'clock** sobre las dos; **I've just about finished** casi he terminado
2 (*referring to place*) por todas partes; **to leave things lying about** dejar las cosas (tiradas) por ahí; **to run about** correr por todas partes; **to walk about** pasearse, ir y venir
3: **to be about to do sth** estar a punto de hacer algo

▶ *prep* **1** (*relating to*) de, sobre, acerca de; **a book about London** un libro sobre *or* acerca de Londres; **what is it about?** ¿de qué se trata?; **we talked about it** hablamos de eso *or* ello; **what** *or* **how about doing this?** ¿qué tal si hacemos esto?
2 (*referring to place*) por; **to walk about the town** caminar por la ciudad

above [ə'bʌv] *adv* encima, por encima, arriba ▷ *prep* encima de; (*greater than: in number*) más de; (: *in rank*) superior a; **mentioned ~** susodicho; **~ all** sobre todo
abroad [ə'brɔːd] *adv* (*be*) en el extranjero; (*go*) al extranjero
abrupt [ə'brʌpt] *adj* (*sudden*) brusco
abscess ['æbsɪs] *n* absceso
absence ['æbsəns] *n* ausencia
absent ['æbsənt] *adj* ausente; **absent-minded** *adj* distraído
absolute ['æbsəluːt] *adj* absoluto; **absolutely** *adv* totalmente; **oh yes, absolutely!** ¡claro *or* por supuesto que sí!
absorb [əb'zɔːb] *vt* absorber; **to be ~ed in a book** estar absorto en un libro; **absorbent** *adj* absorbente; **absorbent cotton** *n* (US) algodón *m* hidrófilo; **absorbing** *adj* absorbente
abstain [əb'steɪn] *vi*: **to ~ (from)** abstenerse (de)
abstract ['æbstrækt] *adj* abstracto
absurd [əb'səːd] *adj* absurdo
abundance [ə'bʌndəns] *n* abundancia
abundant [ə'bʌndənt] *adj* abundante
abuse [ə'bjuːs] *n* (*insults*) insultos *mpl*; (*misuse*) abuso ▷ *vt* [ə'bjuːz] (*ill-treat*) maltratar; (*take advantage of*) abusar de; **abusive** *adj* ofensivo
abysmal [ə'bɪzməl] *adj* pésimo; (*failure*) garrafal; (*ignorance*) supino
academic [ækə'dɛmɪk] *adj* académico, universitario; (*pej*: *issue*) puramente teórico ▷ *n* estudioso/a; (*lecturer*) profesor(a) *m/f* universitario/a; **academic year** *n* (*Univ*) año académico
academy [ə'kædəmɪ] *n* (*learned body*) academia; (*school*) instituto, colegio
accelerate [æk'sɛləreɪt] *vi* acelerar; **acceleration** *n* aceleración *f*; **accelerator** *n* (BRIT) acelerador *m*
accent ['æksɛnt] *n* acento; (*fig*) énfasis *m*
accept [ək'sɛpt] *vt* aceptar; (*concede*) admitir; **acceptable** *adj* aceptable; **acceptance** *n* aceptación *f*
access ['æksɛs] *n* acceso ▷ *vt*: **to have ~ to** tener acceso a; **accessible** *adj* (*place, person*) accesible; (*knowledge etc*) asequible
accessory [æk'sɛsərɪ] *n* accesorio; (*Law*): **~ to** cómplice de
accident ['æksɪdənt] *n* accidente *m*; (*chance*) casualidad *f*; **by ~** (*unintentionally*) sin querer; (*by coincidence*) por casualidad; **accidental** *adj* accidental, fortuito; **accidentally** *adv* sin querer; por casualidad; **Accident and Emergency Department** *n* (BRIT) Urgencias *fpl*; **accident insurance** *n* seguro contra accidentes
acclaim [ə'kleɪm] *vt* aclamar, aplaudir ▷ *n* aclamación *f*, aplausos *mpl*
accommodate [ə'kɔmədeɪt] *vt* alojar, hospedar; (*car, hotel etc*) tener cabida para; (*oblige, help*) complacer; **this car ~s four people comfortably** en este coche caben cuatro personas cómodamente
accommodation *n*, (US) **accommodations** *npl* [əkɔmə'deɪʃən(z)] alojamiento
accompaniment [ə'kʌmpənɪmənt] *n* acompañamiento
accompany [ə'kʌmpənɪ] *vt* acompañar
accomplice [ə'kʌmplɪs] *n* cómplice *mf*

accomplish [ə'kʌmplɪʃ] *vt* (*finish*) concluir; **accomplishment** *n* (*bringing about*) realización *f*; (*skill*) talento

accord [ə'kɔːd] *n* acuerdo ▷ *vt* conceder; **of his own ~** espontáneamente; **accordance** *n*: **in accordance with** de acuerdo con; **according: according to** *prep* según; (*in accordance with*) conforme a; **accordingly** *adv* (*thus*) por consiguiente; (*appropriately*) de acuerdo con esto

account [ə'kaunt] *n* (*Comm*) cuenta; (*report*) informe *m*; **accounts** *npl* (*Comm*) cuentas *fpl*; **of little ~** de poca importancia; **on ~** a crédito; **to buy sth on ~** comprar algo a crédito; **on no ~** bajo ningún concepto; **on ~ of** a causa de, por motivo de; **to take into ~, take ~ of** tener en cuenta; **account for** *vt fus* (*explain*) explicar; **accountable** *adj*: **accountable (for)** responsable (de); **accountant** *n* contable *mf*, contador(a) *m/f* (LAm); **account number** *n* (*at bank etc*) número de cuenta

accumulate [ə'kjuːmjuleɪt] *vt* acumular ▷ *vi* acumularse

accuracy ['ækjurəsɪ] *n* (*of total*) exactitud *f*; (*of description etc*) precisión *f*

accurate ['ækjurɪt] *adj* (*number*) exacto; (*answer*) acertado; (*shot*) certero; **accurately** *adv* con precisión

accusation [ækju'zeɪʃən] *n* acusación *f*

accuse [ə'kjuːz] *vt* acusar; (*blame*) echar la culpa a; **to ~ sb (of sth)** acusar a algn (de algo); **accused** *n* acusado/a

accustomed [ə'kʌstəmd] *adj*: **~ to** acostumbrado a

ace [eɪs] *n* as *m*

ache [eɪk] *n* dolor *m* ▷ *vi* doler; **my head ~s** me duele la cabeza

achieve [ə'tʃiːv] *vt* (*reach*) alcanzar; (*victory, success*) lograr, conseguir; **achievement** *n* (*completion*) realización *f*; (*success*) éxito

acid ['æsɪd] *adj* ácido; (*bitter*) agrio ▷ *n* (*Chem, inf: LSD*) ácido

acknowledge [ək'nɔlɪdʒ] *vt* (*letter: also*: **~ receipt of**) acusar recibo de; (*fact*) reconocer; **acknowledgement** *n* acuse *m* de recibo

acne ['æknɪ] *n* acné *m*

acorn ['eɪkɔːn] *n* bellota

acoustic [ə'kuːstɪk] *adj* acústico

acquaintance [ə'kweɪntəns] *n* conocimiento; (*person*) conocido/a; **to make sb's ~** conocer a algn

acquire [ə'kwaɪəʳ] *vt* adquirir

acquisition [ækwɪ'zɪʃən] *n* adquisición *f*

acquit [ə'kwɪt] *vt* absolver, exculpar; **to ~ o.s. well** salir con éxito

acre ['eɪkəʳ] *n* acre *m*

acronym ['ækrənɪm] *n* siglas *fpl*

across [ə'krɔs] *prep* (*on the other side of*) al otro lado de; (*crosswise*) a través de ▷ *adv* de un lado a otro, de una parte a otra a través, al través; **to run/swim ~** atravesar corriendo/nadando; **~ from** enfrente de; **the lake is 12 km ~** el lago tiene 12 km de ancho

acrylic [ə'krɪlɪk] *adj* acrílico

act [ækt] *n* acto, acción *f*; (*Theat*) acto; (*in music-hall etc*) número; (*Law*) decreto, ley *f* ▷ *vi* (*behave*) comportarse; (*Theat*) actuar; (*pretend*) fingir; (*take action*) tomar medidas ▷ *vt* (*part*) hacer; **to catch sb in the ~** coger a algn in fraganti *or* con las manos en la masa; **to ~ Hamlet** hacer el papel de Hamlet; **to ~ as** actuar *or* hacer de; **act up** *vi* (*inf: person*) portarse mal; **acting** *adj* suplente ▷ *n*: **to do some acting** hacer algo de teatro

action ['ækʃən] *n* acción *f*, acto; (*Mil*) acción *f*; (*Law*) proceso, demanda; **out of ~** (*person*) fuera de combate; (*thing*) averiado, estropeado; **to take ~** tomar medidas; **action replay** *n* (*TV*) repetición *f*

activate ['æktɪveɪt] *vt* activar
active ['æktɪv] *adj* activo, enérgico; (*volcano*) en actividad; **actively** *adv* (*participate*) activamente; (*discourage, dislike*) enérgicamente
activist ['æktɪvɪst] *n* activista *mf*
activity [æk'tɪvɪtɪ] *n* actividad *f*; **activity holiday** *n vacaciones con actividades organizadas*
actor ['æktəʳ] *n* actor *m*
actress ['æktrɪs] *n* actriz *f*
actual ['æktjuəl] *adj* verdadero, real

Be careful not to translate *actual* by the Spanish word *actual*.

actually ['æktjuəlɪ] *adv* realmente, en realidad

Be careful not to translate *actually* by the Spanish word *actualmente*.

acupuncture ['ækjupʌŋktʃəʳ] *n* acupuntura
acute [ə'kju:t] *adj* agudo
ad [æd] *n abbr* = **advertisement**
adamant ['ædəmənt] *adj* firme, inflexible
adapt [ə'dæpt] *vt* adaptar ▷ *vi*: **to ~ (to)** adaptarse (a), ajustarse (a); **adapter, adaptor** *n* (*Elec*) adaptador *m*; (*for several plugs*) ladrón *m*
add [æd] *vt* añadir, agregar (*esp LAm*); **add up** *vt* (*figures*) sumar ▷ *vi* (*fig*): **it doesn't ~ up** no tiene sentido; **it doesn't ~ up to much** es poca cosa, no tiene gran *or* mucha importancia
addict ['ædɪkt] *n* adicto/a; (*enthusiast*) entusiasta *mf*; **addicted** [ə'dɪktɪd] *adj*: **to be addicted to** ser adicto a; ser aficionado a; **addiction** [ə'dɪkʃən] *n* (*to drugs etc*) adicción *f*; **addictive** [ə'dɪktɪv] *adj* que causa adicción
addition [ə'dɪʃən] *n* (*adding up*) adición *f*; (*thing added*) añadidura, añadido; **in ~** además, por añadidura; **in ~ to** además de; **additional** *adj* adicional
additive ['ædɪtɪv] *n* aditivo
address [ə'drɛs] *n* dirección *f*, señas *fpl*; (*speech*) discurso ▷ *vt* (*letter*) dirigir; (*speak to*) dirigirse a, dirigir la palabra a; **to ~ o.s. to sth** (*issue, problem*) abordar; **address book** *n* agenda (de direcciones)
adequate ['ædɪkwɪt] *adj* (*satisfactory*) adecuado; (*enough*) suficiente
adhere [əd'hɪəʳ] *vi*: **to ~ to** adherirse a; (*fig: abide by*) observar
adhesive [əd'hi:zɪv] *n* adhesivo; **adhesive tape** *n* (BRIT) cinta adhesiva; (*US Med*) esparadrapo
adjacent [ə'dʒeɪsənt] *adj*: **~ to** contiguo a, inmediato a
adjective ['ædʒɛktɪv] *n* adjetivo
adjoining [ə'dʒɔɪnɪŋ] *adj* contiguo, vecino
adjourn [ə'dʒə:n] *vt* aplazar ▷ *vi* suspenderse
adjust [ə'dʒʌst] *vt* (*change*) modificar; (*arrange*) arreglar; (*machine*) ajustar ▷ *vi*: **to ~ (to)** adaptarse (a); **adjustable** *adj* ajustable; **adjustment** *n* adaptación *f*; (*of prices, wages*) ajuste *m*
administer [əd'mɪnɪstəʳ] *vt* administrar
administration [ædmɪnɪ'streɪʃən] *n* administración *f*; (*government*) gobierno
administrative [əd'mɪnɪstrətɪv] *adj* administrativo
administrator [əd'mɪnɪstreɪtəʳ] *n* administrador(a) *m/f*
admiral ['ædmərəl] *n* almirante *m*
admiration [ædmə'reɪʃən] *n* admiración *f*
admire [əd'maɪəʳ] *vt* admirar; **admirer** *n* admirador(a) *m/f*
admission [əd'mɪʃən] *n* (*to exhibition, nightclub*) entrada; (*enrolment*) ingreso (*confession*) confesión *f*
admit [əd'mɪt] *vt* dejar entrar, dar entrada a; (*permit*) admitir; (*acknowledge*) reconocer; **to be ~ted to hospital** ingresar en el hospital; **admit to** *vt fus* confesarse culpable de; **admittance** *n* entrada; **admittedly** *adv* es cierto que

adolescent [ædəu'lɛsnt] *adj, n* adolescente *mf*
adopt [ə'dɔpt] *vt* adoptar; **adopted** *adj* adoptivo; **adoption** *n* adopción *f*
adore [ə'dɔːʳ] *vt* adorar
adorn [ə'dɔːn] *vt* adornar
Adriatic [eɪdrɪ'ætɪk] *n*: **the ~ (Sea)** el (Mar) Adriático
adrift [ə'drɪft] *adv* a la deriva
ADSL *n abbr* (= *asymmetrical digital subscriber line*) ADSL *m*
adult ['ædʌlt] *n* adulto/a ▷ *adj*: **~ education** educación *f* para adultos
adultery [ə'dʌltərɪ] *n* adulterio
advance [əd'vɑːns] *n* adelanto, progreso; (*money*) anticipo; (*Mil*) avance *m* ▷ *vt* avanzar, adelantar; (*money*) anticipar ▷ *vi* avanzar, adelantarse; **in ~** por adelantado; **to make ~s to sb** hacer una proposición a algn; (*amorously*) insinuarse a algn; **advanced** *adj* avanzado; (*Scol*: *studies*) adelantado
advantage [əd'vɑːntɪdʒ] *n* (*also Tennis*) ventaja; **to take ~ of** aprovecharse de
advent ['ædvənt] *n* advenimiento; **A~** Adviento
adventure [əd'vɛntʃəʳ] *n* aventura; **adventurous** *adj* aventurero
adverb ['ædvəːb] *n* adverbio
adversary ['ædvəsərɪ] *n* adversario, contrario
adverse ['ædvəːs] *adj* adverso, contrario
advert ['ædvəːt] *n abbr* (BRIT) = **advertisement**
advertise ['ædvətaɪz] *vi* (*in newspaper etc*) poner un anuncio, anunciarse; **to ~ for** buscar por medio de anuncios ▷ *vt* anunciar; **advertisement** [əd'vəːtɪsmənt] *n* anuncio; **advertiser** *n* anunciante *mf*; **advertising** *n* publicidad *f*; anuncios *mpl*; (*industry*) industria publicitaria
advice [əd'vaɪs] *n* consejo, consejos *mpl*; (*notification*) aviso; **a piece of ~** un consejo; **to take legal ~** consultar a un abogado
advisable [əd'vaɪzəbl] *adj* aconsejable, conveniente
advise [əd'vaɪz] *vt* aconsejar; **to ~ sb of sth** informar a algn de algo; **to ~ sb against sth/doing sth** desaconsejar algo a algn/aconsejar a algn que no haga algo; **adviser** *n* consejero/a; (*business adviser*) asesor(a) *m/f*; **advisory** *adj* consultivo
advocate ['ædvəkeɪt] *vt* abogar por ▷ *n* ['ædvəkɪt] abogado/a; (*supporter*): **~ of** defensor(a) *m/f* de
Aegean [iː'dʒiːən] *n*: **the ~ (Sea)** el (Mar) Egeo
aerial ['ɛərɪəl] *n* antena ▷ *adj* aéreo
aerobics [ɛə'rəubɪks] *nsg* aerobic *m*
aeroplane ['ɛərəpleɪn] *n* (BRIT) avión *m*
aerosol ['ɛərəsɔl] *n* aerosol *m*
affair [ə'fɛəʳ] *n* asunto; (*also*: **love ~**) aventura *f* amorosa
affect [ə'fɛkt] *vt* afectar, influir en; (*move*) conmover; **affected** *adj* afectado
affection *n* afecto, cariño; **affectionate** *adj* afectuoso, cariñoso
afflict [ə'flɪkt] *vt* afligir
affluent ['aefluənt] *adj* acomodado; **the ~ society** la sociedad opulenta
afford [ə'fɔːd] *vt* (*provide*) proporcionar; **can we ~ a car?** ¿podemos permitirnos el gasto de comprar un coche?; **affordable** *adj* asequible
Afghanistan [æf'gænɪstæn] *n* Afganistán *m*
afraid [ə'freɪd] *adj*: **to be ~ of** (*person*) tener miedo a; (*thing*) tener miedo de; **to be ~ to** tener miedo de, temer; **I am ~ that** me temo que; **I'm ~ so** me temo que sí; **I'm ~ not** lo siento, pero no
Africa ['æfrɪkə] *n* África; **African** *adj, n* africano/a; **African-American** *adj, n* afroamericano/a

after ['ɑːftəʳ] *prep* (*time*) después de; (*place, order*) detrás de, tras ▷ *adv* después ▷ *conj* después (de) que; **what/who are you ~?** ¿qué/a quién buscas?; **~ having done/he left** después de haber hecho/después de que se marchó; **to ask ~ sb** preguntar por algn; **~ all** después de todo, al fin y al cabo; **~ you!** ¡pase usted!; **after-effects** *npl* secuelas *fpl*, efectos *mpl*; **aftermath** *n* consecuencias *fpl*, resultados *mpl*; **afternoon** *n* tarde *f*; **after-shave (lotion)** *n* aftershave *m*; **aftersun (lotion)** *n* aftersun *m inv*; **afterwards** *adv* después, más tarde

again [əˈgɛn] *adv* otra vez, de nuevo; **to do sth ~** volver a hacer algo; **~ and ~** una y otra vez

against [əˈgɛnst] *prep* (*opposed*) en contra de; (*close to*) contra, junto a

age [eɪdʒ] *n* edad *f*; (*period*) época ▷ *vi* envejecer(se) ▷ *vt* envejecer; **he is 20 years of ~** tiene 20 años; **under ~** menor de edad; **to come of ~** llegar a la mayoría de edad; **it's been ~s since I saw you** hace siglos que no te veo; **age group** *n*: **to be in the same age group** tener la misma edad; **age limit** *n* límite *m* de edad, edad *f* tope

agency ['eɪdʒənsɪ] *n* agencia

agenda [əˈdʒɛndə] *n* orden *m* del día

Be careful not to translate *agenda* by the Spanish word *agenda*.

agent ['eɪdʒənt] *n* agente *mf*; (*representative*) representante *mf* delegado/a

aggravate ['ægrəveɪt] *vt* agravar; (*annoy*) irritar

aggression [əˈgrɛʃən] *n* agresión *f*

aggressive [əˈgrɛsɪv] *adj* agresivo; (*vigorous*) enérgico

agile ['ædʒaɪl] *adj* ágil

agitated ['ædʒɪteɪtɪd] *adj* agitado

AGM *n abbr* (= *annual general meeting*) junta *f* general

ago [əˈgəu] *adv*: **two days ~** hace dos días; **not long ~** hace poco; **how long ~?** ¿hace cuánto tiempo?

agony ['ægənɪ] *n* (*pain*) dolor *m* atroz; (*distress*) angustia; **to be in ~** retorcerse de dolor

agree [əˈgriː] *vt* (*price*) acordar, quedar en ▷ *vi* (*statements etc*) coincidir, concordar; **to ~ (with)** (*person*) estar de acuerdo (con), ponerse de acuerdo (con); **to ~ to do** aceptar hacer; **to ~ to sth** consentir en algo; **to ~ that** (*admit*) estar de acuerdo en que; **garlic doesn't ~ with me** el ajo no me sienta bien; **agreeable** *adj* agradable; (*person*) simpático; (*willing*) de acuerdo, conforme; **agreed** *adj* (*time, place*) convenido; **agreement** *n* acuerdo; (*Comm*) contrato; **in agreement** de acuerdo, conforme

agricultural [ægrɪˈkʌltʃərəl] *adj* agrícola

agriculture ['ægrɪkʌltʃəʳ] *n* agricultura

ahead [əˈhɛd] *adv* delante; **~ of** delante de; (*fig*: *schedule etc*) antes de; **~ of time** antes de la hora; **go right** *or* **straight ~** siga adelante

aid [eɪd] *n* ayuda, auxilio ▷ *vt* ayudar, auxiliar; **in ~ of** a beneficio de

aide [eɪd] *n* ayudante *mf*

AIDS [eɪdz] *n abbr* (= *acquired immune (or immuno-)deficiency syndrome*) SIDA *m*

ailing ['eɪlɪŋ] *adj* (*person, economy*) enfermizo

ailment ['eɪlmənt] *n* enfermedad *f*, achaque *m*

aim [eɪm] *vt* (*gun*) apuntar; (*missile, remark*) dirigir; (*blow*) asestar ▷ *vi* (*also*: **take ~**) apuntar ▷ *n* puntería; (*objective*) propósito, meta; **to ~ at** (*objective*) aspirar a, pretender; **to ~ to do** tener la intención de hacer, aspirar a hacer

ain't [eɪnt] (*inf*) = **are not; aren't; isn't**

air [ɛəʳ] *n* aire *m*; (*appearance*) aspecto ▷ *vt* (*room*) ventilar; (*clothes, bed, grievances, ideas*) airear ▷ *cpd* aéreo; **to throw sth into the ~** (*ball etc*) lanzar algo al aire; **by ~** (*travel*) en avión; **to**

be on the ~ (*Radio, TV: programme*) estarse emitiendo; (: *station*) estar en antena; **airbag** *n* airbag *m inv*; **air bed** *n* (BRIT) colchoneta inflable *or* neumática; **airborne** *adj* (*in the air*) en el aire; **as soon as the plane was airborne** tan pronto como el avión estuvo en el aire; **air-conditioned** *adj* climatizado; **air conditioning** *n* aire *m* acondicionado; **aircraft** *n* (*pl inv*) avión *m*; **airfield** *n* campo de aviación; **Air Force** *n* fuerzas aéreas *fpl*, aviación *f*; **air hostess** (BRIT) *n* azafata; **airing cupboard** *n* (BRIT) armario *m* para oreo; **airlift** *n* puente *m* aéreo; **airline** *n* línea aérea; **airliner** *n* avión *m* de pasajeros; **airmail** *n*: **by airmail** por avión; **airplane** *n* (US) avión *m*; **airport** *n* aeropuerto; **air raid** *n* ataque *m* aéreo; **airsick** *adj*: **to be airsick** marearse (en avión); **airspace** *n* espacio aéreo; **airstrip** *n* pista de aterrizaje; **air terminal** *n* terminal *f*; **airtight** *adj* hermético; **air traffic controller** *n* controlador(a) *m/f* aéreo/a; **airy** *adj* (*room*) bien ventilado; (*manners*) desenfadado

aisle [aɪl] *n* (*of church*) nave *f* lateral; (*of theatre, plane*) pasillo; **aisle seat** *n* (*on plane*) asiento de pasillo

ajar [ə'dʒɑːʳ] *adj* entreabierto

à la carte [ælæ'kɑːt] *adv* a la carta

alarm [ə'lɑːm] *n* alarma; (*anxiety*) inquietud *f* ▷ *vt* asustar, alarmar; **alarm call** *n* (*in hotel etc*) alarma; **alarm clock** *n* despertador *m*; **alarmed** *adj* (*person*) alarmado, asustado; (*house, car etc*) con alarma; **alarming** *adj* alarmante

Albania [æl'beɪnɪə] *n* Albania

albeit [ɔːl'biːɪt] *conj* aunque

album ['ælbəm] *n* álbum *m*; (L.P.) elepé *m*

alcohol ['ælkəhɔl] *n* alcohol *m*; **alcohol-free** *adj* sin alcohol; **alcoholic** *adj, n* alcohólico/a

alcove ['ælkəʊv] *n* nicho, hueco

ale [eɪl] *n* cerveza

alert [ə'lə:t] *adj* alerta *inv*; (*sharp*) despierto, atento ▷ *n* alerta *m*, alarma ▷ *vt* poner sobre aviso; **to be on the ~** estar alerta *or* sobre aviso

algebra ['ældʒɪbrə] *n* álgebra

Algeria [æl'dʒɪərɪə] *n* Argelia

alias ['eɪlɪəs] *adv* alias, conocido por ▷ *n* alias *m*; (*of criminal*) apodo; (*of writer*) seudónimo

alibi ['ælɪbaɪ] *n* coartada

alien ['eɪlɪən] *n* (*foreigner*) extranjero/a; (*extraterrestrial*) extraterrestre *mf* ▷ *adj*: **~ to** ajeno a; **alienate** *vt* enajenar, alejar

alight [ə'laɪt] *adj* ardiendo ▷ *vi* apearse, bajar

align [ə'laɪn] *vt* alinear

alike [ə'laɪk] *adj* semejantes, iguales ▷ *adv* igualmente, del mismo modo; **to look ~** parecerse

alive [ə'laɪv] *adj* vivo; (*lively*) alegre

KEYWORD

all [ɔːl] *adj* todo/a *sg*, todos/as *pl*; **all day** todo el día; **all night** toda la noche; **all men** todos los hombres; **all five came** vinieron los cinco; **all the books** todos los libros; **all the time/his life** todo el tiempo/toda su vida

▶ *pron* **1** todo; **I ate it all, I ate all of it** me lo comí todo; **all of us went** fuimos todos; **all the boys went** fueron todos los chicos; **is that all?** ¿eso es todo?, ¿algo más?; (*in shop*) ¿algo más?, ¿alguna cosa más?

2 (*in phrases*): **above all** sobre todo; por encima de todo; **after all** después de todo; **at all: anything at all** lo que sea; **not at all** (*in answer to question*) en absoluto; (*in answer to thanks*) ¡de nada!, ¡no hay de qué!; **I'm not at all tired** no estoy nada cansado/a; **anything at all will do** cualquier cosa viene bien; **all in all** a fin de cuentas

▶ *adv*: **all alone** completamente solo/a; **it's not as hard as all that** no es tan difícil como lo pintas; **all the more/the better** tanto más/mejor; **all but** casi; **the score is two all** están empatados a dos

Allah ['ælə] *n* Alá *m*
allegation [ælɪ'geɪʃən] *n* alegato
alleged [ə'ledʒd] *adj* supuesto, presunto; **allegedly** [ə'ledʒɪdlɪ] *adv* supuestamente, según se afirma
allegiance [ə'li:dʒəns] *n* lealtad *f*
allergic [ə'lə:dʒɪk] *adj*: **~ to** alérgico a
allergy ['ælədʒɪ] *n* alergia
alleviate [ə'li:vɪeɪt] *vt* aliviar
alley ['ælɪ] *n* callejuela
alliance [ə'laɪəns] *n* alianza
allied ['ælaɪd] *adj* aliado
alligator ['ælɪgeɪtəʳ] *n* caimán *m*
all-in ['ɔ:lɪn] *adj, adv* (BRIT: *charge*) todo incluido
allocate ['æləkeɪt] *vt* (*share out*) repartir; (*devote*) asignar
allot [ə'lɔt] *vt* asignar
all-out ['ɔ:laut] *adj* (*effort etc*) supremo
allow [ə'lau] *vt* permitir, dejar; (*a claim*) admitir; (*sum to spend, time estimated*) dar, conceder; (*concede*): **to ~ that** reconocer que; **to ~ sb to do** permitir a algn hacer; **he is ~ed to ...** se le permite ...; **allow for** *vt fus* tener en cuenta; **allowance** *n* subvención *f*, pensión *f*; (*tax allowance*) desgravación *f*; **to make allowances for** (*person*) disculpar a; (*thing*) tener en cuenta
all right *adv* bien; (*as answer*) ¡de acuerdo!, ¡está bien!
ally *n* ['ælaɪ] aliado/a ▷ *vt* [ə'laɪ]: **to ~ o.s. with** aliarse con
almighty [ɔ:l'maɪtɪ] *adj* todopoderoso; (*row etc*) imponente
almond ['ɑ:mənd] *n* almendra
almost ['ɔ:lməust] *adv* casi; **he ~ fell** casi *or* por poco se cae
alone [ə'ləun] *adj* solo ▷ *adv* solo; **to leave sb ~** dejar a algn en paz; **to leave sth ~** no tocar algo; **let ~ ...** y mucho menos ...
along [ə'lɔŋ] *prep* a lo largo de, por ▷ *adv*: **is he coming ~ with us?** ¿viene con nosotros?; **he was limping ~** iba cojeando; **~ with** junto con; **all ~** (*all the time*) desde el principio; **alongside** *prep* al lado de ▷ *adv* (*Naut*) de costado
aloof [ə'lu:f] *adj* distante ▷ *adv*: **to stand ~** mantenerse a distancia
aloud [ə'laud] *adv* en voz alta
alphabet ['ælfəbɛt] *n* alfabeto
Alps [ælps] *npl*: **the ~** los Alpes
already [ɔ:l'rɛdɪ] *adv* ya
alright ['ɔ:l'raɪt] *adv* (BRIT) = **all right**
also ['ɔ:lsəu] *adv* también, además
altar ['ɔltəʳ] *n* altar *m*
alter ['ɔltəʳ] *vt* cambiar, modificar ▷ *vi* cambiar, modificarse; **alteration** *n* cambio, modificación *f*; **alterations** *npl* (*Sewing*) arreglos *mpl*
alternate [ɔl'tə:nɪt] *adj* alterno ▷ *vi* ['ɔltəneɪt]: **to ~ (with)** alternar (con); **on ~ days** en días alternos
alternative [ɔl'tə:nətɪv] *adj* alternativo ▷ *n* alternativa; **~ medicine** medicina alternativa; **alternatively** *adv*: **alternatively one could ...** por otra parte se podría ...
although [ɔ:l'ðəu] *conj* aunque
altitude ['æltɪtju:d] *n* altura
altogether [ɔ:ltə'gɛðəʳ] *adv* completamente, del todo; (*on the whole, in all*) en total, en conjunto
aluminium [ælju'mɪnɪəm], (US) **aluminum** [ə'lu:mɪnəm] *n* aluminio
always ['ɔ:lweɪz] *adv* siempre
Alzheimer's ['æltshaɪməz] *n* (*also*: **~ disease**) (enfermedad *f* de) *m* Alzheimer
am [æm] *vb see* **be**
a.m. *adv abbr* (= *ante meridiem*) de la mañana
amalgamate [ə'mælgəmeɪt] *vi* amalgamarse ▷ *vt* amalgamar
amass [ə'mæs] *vt* amontonar, acumular

amateur ['æmətəʳ] *n* aficionado/a, amateur *mf*
amaze [ə'meɪz] *vt* asombrar, pasmar; **to be ~d (at)** asombrarse (de); **amazed** *adj* asombrado; **amazement** *n* asombro, sorpresa; **amazing** *adj* extraordinario; (*bargain, offer*) increíble
Amazon ['æməzən] *n* (*Geo*) Amazonas *m*
ambassador [æm'bæsədəʳ] *n* embajador(a) *m/f*
amber ['æmbəʳ] *n* ámbar *m*; **at ~** (BRIT *Aut*) en amarillo
ambiguous [æm'bɪgjuəs] *adj* ambiguo
ambition [æm'bɪʃən] *n* ambición *f*; **ambitious** *adj* ambicioso
ambulance ['æmbjuləns] *n* ambulancia
ambush ['æmbuʃ] *n* emboscada ▷ *vt* tender una emboscada a
amen [ɑː'mɛn] *excl* amén
amend [ə'mɛnd] *vt* enmendar; **to make ~s** dar cumplida satisfacción; **amendment** *n* enmienda
amenities [ə'miːnɪtɪz] *npl* comodidades *fpl*
America [ə'mɛrɪkə] *n* América (del Norte); (*USA*) Estados *mpl* Unidos; **American** *adj, n* (norte) americano/a, estadounidense *mf*; **American football** *n* (BRIT) fútbol *m* americano
amicable ['æmɪkəbl] *adj* amistoso, amigable
amid(st) [ə'mɪd(st)] *prep* entre, en medio de
ammunition [æmju'nɪʃən] *n* municiones *fpl*
amnesty ['æmnɪstɪ] *n* amnistía
among(st) [ə'mʌŋ(st)] *prep* entre, en medio de
amount [ə'maunt] *n* cantidad *f*; (*of bill etc*) suma, importe *m* ▷ *vi*: **to ~ to** sumar; (*be same as*) equivaler a, significar
amp(ère) ['æmp(ɛəʳ)] *n* amperio
ample ['æmpl] *adj* (*spacious*) amplio; (*abundant*) abundante; **to have ~ time** tener tiempo de sobra
amplifier ['æmplɪfaɪəʳ] *n* amplificador *m*
amputate ['æmpjuteɪt] *vt* amputar
Amtrak ['æmtræk] *n* (US) *empresa nacional de ferrocarriles de los EE.UU.*
amuse [ə'mjuːz] *vt* divertir; (*distract*) distraer, entretener; **amusement** *n* diversión *f*; (*pastime*) pasatiempo; (*laughter*) risa; **amusement arcade** *n* salón *m* de juegos; **amusement park** *n* parque *m* de atracciones
amusing [ə'mjuːzɪŋ] *adj* divertido
an [æn, ən, n] *indef art see* **a**
anaemia [ə'niːmɪə] *n* anemia
anaemic [ə'niːmɪk] *adj* anémico; (*fig*) flojo
anaesthetic [ænɪs'θɛtɪk] *n* anestesia
analog(ue) ['ænəlɔg] *adj* analógico
analogy [ə'nælədʒɪ] *n* analogía
analyse ['ænəlaɪz] *vt* (BRIT) analizar; **analysis** (*pl* **analyses**) *n* análisis *m inv*; **analyst** ['ænəlɪst] *n* (*political analyst, psychoanalyst*) analista *mf*
analyze ['ænəlaɪz] *vt* (US) = **analyse**
anarchy ['ænəkɪ] *n* anarquía, desorden *m*
anatomy [ə'nætəmɪ] *n* anatomía
ancestor ['ænsɪstəʳ] *n* antepasado
anchor ['æŋkəʳ] *n* ancla, áncora ▷ *vi* (*also*: **to drop ~**) anclar; **to weigh ~** levar anclas
anchovy ['æntʃəvɪ] *n* anchoa
ancient ['eɪnʃənt] *adj* antiguo
and [ænd] *conj* y; (*before i, hi*) e; **~ so on** etcétera; **try ~ come** procura venir; **better ~ better** cada vez mejor
Andes ['ændiːz] *npl*: **the ~** los Andes
Andorra [æn'dɔːrə] *n* Andorra
anemia [ə'niːmɪə] *n* (US) = **anaemia**
anemic [ə'niːmɪk] *adj* (US) = **anaemic**
anesthetic [ænɪs'θɛtɪk] *n* (US) = **anaesthetic**
angel ['eɪndʒəl] *n* ángel *m*
anger ['æŋgəʳ] *n* cólera

angina [æn'dʒaɪnə] *n* angina (del pecho)
angle ['æŋgl] *n* ángulo; **from their ~** desde su punto de vista
angler ['æŋgleʳ] *n* pescador(a) *m/f* (de caña)
Anglican ['æŋglɪkən] *adj, n* anglicano/a
angling ['æŋglɪŋ] *n* pesca con caña
angrily ['æŋgrɪlɪ] *adv* enojado, enfadado
angry ['æŋgrɪ] *adj* enfadado, enojado (*esp LAM*); **to be ~ with sb/at sth** estar enfadado con algn/por algo; **to get ~** enfadarse, enojarse (*esp LAM*)
anguish ['æŋgwɪʃ] *n* (*physical*) tormentos *mpl*; (*mental*) angustia
animal ['ænɪməl] *n* animal *m*; (*pej*: *person*) bestia
animated ['ænɪmeɪtɪd] *adj* animado
animation [ænɪ'meɪʃən] *n* animación *f*
aniseed ['ænɪsi:d] *n* anís *m*
ankle ['æŋkl] *n* tobillo *m*
annex *n* ['ænɛks] (*BRIT*: *also*: **annexe**: *building*) edificio anexo ▷ *vt* [æ'nɛks] (*territory*) anexionar
anniversary [ænɪ'və:sərɪ] *n* aniversario
announce [ə'nauns] *vt* anunciar; **announcement** *n* anuncio; (*declaration*) declaración *f*; **announcer** *n* (*Radio*) locutor(a) *m/f*; (*TV*) presentador(a) *m/f*
annoy [ə'nɔɪ] *vt* molestar, fastidiar; **don't get ~ed!** ¡no se enfade!; **annoying** *adj* molesto, fastidioso; (*person*) pesado
annual ['ænjuəl] *adj* anual ▷ *n* (*Bot*) anual *m*; (*book*) anuario; **annually** *adv* anualmente, cada año
annum ['ænəm] *n see* **per annum**
anonymous [ə'nɔnɪməs] *adj* anónimo
anorak ['ænəræk] *n* anorak *m*
anorexia [ænə'rɛksɪə] *n* (*Med*) anorexia
anorexic [ænə'rɛksɪk] *adj, n* anoréxico/a
another [ə'nʌðəʳ] *adj*: **~ book** otro libro ▷ *pron* otro; *see also* **one**
answer ['a:nsəʳ] *n* respuesta, contestación *f*; (*to problem*) solución *f* ▷ *vi* contestar, responder ▷ *vt* (*reply to*) contestar a, responder a; (*problem*) resolver; **in ~ to your letter** contestando *or* en contestación a su carta; **to ~ the phone** contestar el teléfono; **to ~ the bell** *or* **the door** abrir la puerta; **answer back** *vi* replicar, ser respondón/ona; **answer for** *vt fus* responder de *or* por; **answer to** *vt fus* (*description*) corresponder a; **answerphone** *n* (*esp BRIT*) contestador *m* (automático)
ant [ænt] *n* hormiga
Antarctic [ænt'ɑ:ktɪk] *n*: **the ~** el Antártico
antelope ['æntɪləup] *n* antílope *m*
antenatal [æntɪ'neɪtl] *adj* prenatal
antenna (*pl* **antennae**) [æn'tɛnə, -ni:] *n* antena
anthem ['ænθəm] *n*: **national ~** himno nacional
anthology [æn'θɔlədʒɪ] *n* antología
anthrax ['ænθræks] *n* ántrax *m*
anthropology [ænθrə'pɔlədʒɪ] *n* antropología
anti... [æntɪ] *pref* anti...; **antibiotic** [æntɪbaɪ'ɔtɪk] *adj, n* antibiótico; **antibody** ['æntɪbɔdɪ] *n* anticuerpo
anticipate [æn'tɪsɪpeɪt] *vt* prever; (*expect*) esperar, contar con; (*forestall*) anticiparse a, adelantarse a; **anticipation** [æntɪsɪ'peɪʃən] *n* previsión *f*; esperanza; anticipación *f*
anticlimax [æntɪ'klaɪmæks] *n* decepción *f*
anticlockwise [æntɪ'klɔkwaɪz] *adv* en dirección contraria a la de las agujas del reloj
antics ['æntɪks] *npl* gracias *fpl*
anti: antidote ['æntɪdəut] *n* antídoto; **antifreeze** ['æntɪfri:z] *n* anticongelante *m*; **antihistamine**

[æntɪ'hɪstəmi:n] *n* antihistamínico; **antiperspirant** ['æntɪpə:spɪrənt] *n* antitranspirante *m*

antique [æn'ti:k] *n* antigüedad *f* ▷ *adj* antiguo; **antique shop** *n* tienda de antigüedades

antiseptic [æntɪ'sɛptɪk] *adj*, *n* antiséptico

antisocial [æntɪ'səuʃəl] *adj* antisocial

antivirus [æntɪ'vaɪərəs] *adj* antivirus; **~ software** antivirus *m*

antlers ['æntləz] *npl* cornamenta

anxiety [æŋ'zaɪətɪ] *n* (*worry*) inquietud *f*; (*eagerness*) ansia, anhelo

anxious ['æŋkʃəs] *adj* (*worried*) inquieto; (*keen*) deseoso; **to be ~ to do** tener muchas ganas de hacer

KEYWORD

any ['ɛnɪ] *adj* **1** (*in questions etc*) algún/alguna; **have you any butter/children?** ¿tienes mantequilla/hijos?; **if there are any tickets left** si quedan billetes, si queda algún billete
2 (*with negative*): **I haven't any money/books** no tengo dinero/libros
3 (*no matter which*) cualquier; **any excuse will do** valdrá *or* servirá cualquier excusa; **choose any book you like** escoge el libro que quieras
4 (*in phrases*): **in any case** de todas formas, en cualquier caso; **any day now** cualquier día (de estos); **at any moment** en cualquier momento, de un momento a otro; **at any rate** en todo caso; **any time: come (at) any time** ven cuando quieras; **he might come (at) any time** podría llegar de un momento a otro
▶ *pron* **1** (*in questions etc*): **have you got any?** ¿tienes alguno/a?; **can any of you sing?** ¿sabe cantar alguno de vosotros/ustedes?
2 (*with negative*): **I haven't any (of them)** no tengo ninguno
3 (*no matter which one(s)*): **take any of those books (you like)** toma el libro que quieras de ésos
▶ *adv* **1** (*in questions etc*): **do you want any more soup/sandwiches?** ¿quieres más sopa/bocadillos?; **are you feeling any better?** ¿te sientes algo mejor?
2 (*with negative*): **I can't hear him any more** ya no le oigo; **don't wait any longer** no esperes más

anybody ['ɛnɪbɔdɪ] *pron* cualquiera; (*in interrogative sentences*) alguien; (*in negative sentences*): **I don't see ~** no veo a nadie

anyhow ['ɛnɪhau] *adv* de todos modos, de todas maneras; (*carelessly*) de cualquier manera; (*haphazardly*) de cualquier modo; **I shall go ~** iré de todas maneras

anyone ['ɛnɪwʌn] *pron* = **anybody**

anything ['ɛnɪθɪŋ] *pron* cualquier cosa; (*in interrogative sentences*) algo; (*in negative sentences*) nada; (*everything*) todo; **~ else?** ¿algo más?; **can you see ~?** ¿ves algo?; **he'll eat ~** come de todo *or* lo que sea

anytime ['ɛnɪtaɪm] *adv* (*at any moment*) en cualquier momento, de un momento a otro; (*whenever*) no importa cuándo, cuando quiera

anyway ['ɛnɪwɛɪ] *adv* (*at any rate*) de todos modos, de todas formas; (*besides*) además; **~, I couldn't come even if I wanted to** además, no podría venir aunque quisiera; **I shall go ~** iré de todos modos; **why are you phoning, ~?** ¿entonces, por qué llamas?, ¿por qué llamas, pues?

anywhere ['ɛnɪwɛəʳ] *adv* dondequiera; (*interrogative*) en algún sitio; (*negative sense*) en ningún sitio; (*everywhere*) en *or* por todas partes; **I don't see him ~** no le veo en ningún sitio; **are you going ~?** ¿vas a algún sitio?; **~ in the world** en cualquier parte del mundo

apart [ə'pa:t] *adv* aparte, separadamente; **10 miles ~** separados por 10 millas; **to take ~** desmontar; **~ from** *prep* aparte de

apartment [ə'pɑːtmənt] *n* (*US*) piso, departamento (*LAm*), apartamento; (*room*) cuarto; **apartment block,** (*US*) **apartment building** *n* bloque *m* de apartamentos

apathy ['æpəθɪ] *n* apatía, indiferencia

ape [eɪp] *n* mono ▷ *vt* imitar, remedar

aperitif [ə'pɛrɪtiːf] *n* aperitivo

aperture ['æpətʃjuəʳ] *n* rendija, resquicio; (*Phot*) abertura

APEX ['eɪpɛks] *n abbr* (*Aviat:* = *advance purchase excursion*) tarifa *f* APEX

apologize [ə'pɔlədʒaɪz] *vi*: **to ~ (for sth to sb)** disculparse (con algn por algo)

apology [ə'pɔlədʒɪ] *n* disculpa, excusa

Be careful not to translate *apology* by the Spanish word *apología*.

apostrophe [ə'pɔstrəfɪ] *n* apóstrofo *m*

app *n abbr* (*inf: Comput:* = *application*) aplicación *f*

appal [ə'pɔːl] *vt* horrorizar, espantar; **appalling** *adj* espantoso; (*awful*) pésimo

apparatus [æpə'reɪtəs] *n* (*equipment*) equipo; (*organization*) aparato; (*in gymnasium*) aparatos *mpl*

apparent [ə'pærənt] *adj* aparente; (*obvious*) evidente; **apparently** *adv* por lo visto, al parecer

appeal [ə'piːl] *vi* (*Law*) apelar ▷ *n* (*Law*) apelación *f*; (*request*) llamamiento; (*plea*) petición *f*; (*charm*) atractivo; **to ~ for** solicitar; **to ~ to** (*thing*) atraer; **it doesn't ~ to me** no me atrae, no me llama la atención; **appealing** *adj* (*nice*) atractivo

appear [ə'pɪəʳ] *vi* aparecer, presentarse; (*Law*) comparecer; (*publication*) salir (a luz), publicarse; (*seem*) parecer; **to ~ on TV/in "Hamlet"** salir por la tele/hacer un papel en "Hamlet"; **it would ~ that** parecería que; **appearance** *n* aparición *f*; (*look, aspect*) apariencia, aspecto; **to keep up appearances** salvar las apariencias; **to all appearances** al parecer

appendices [ə'pɛndɪsiːz] *npl of* **appendix**

appendicitis [əpɛndɪ'saɪtɪs] *n* apendicitis *f*

appendix (*pl* **appendices**) [ə'pɛndɪks, -dɪsiːz] *n* apéndice *m*

appetite ['æpɪtaɪt] *n* apetito; (*fig*) deseo, anhelo

appetizer ['æpɪtaɪzəʳ] *n* (*drink*) aperitivo; (*food*) tapas *fpl* (*SP*)

applaud [ə'plɔːd] *vt, vi* aplaudir

applause [ə'plɔːz] *n* aplausos *mpl*

apple ['æpl] *n* manzana; **apple pie** *n* pastel *m* de manzana, pay *m* de manzana (*LAm*)

appliance [ə'plaɪəns] *n* aparato

applicable [ə'plɪkəbl] *adj* aplicable; **to be ~ to** referirse a

applicant ['æplɪkənt] *n* candidato/a; solicitante *mf*

application [æplɪ'keɪʃən] *n* (*also Comput*) aplicación *f*; (*for a job, a grant etc*) solicitud *f*; **application form** *n* solicitud *f*

apply [ə'plaɪ] *vt*: **to ~ (to)** aplicar (a); (*fig*) emplear (para) ▷ *vi*: **to ~ to** (*ask*) dirigirse a; (*be suitable for*) ser aplicable a; **to ~ for** (*permit, grant, job*) solicitar; **to ~ o.s. to** aplicarse a, dedicarse a

appoint [ə'pɔɪnt] *vt* (*to post*) nombrar

Be careful not to translate *appoint* by the Spanish word *apuntar*.

appointment *n* (*engagement*) cita; (*act*) nombramiento; (*post*) puesto; **to make an ~ (with)** (*doctor*) pedir hora (con); (*friend*) citarse (con)

appraisal [ə'preɪzl] *n* evaluación *f*

appreciate [ə'priːʃɪeɪt] *vt* apreciar, tener en mucho; (*be grateful for*) agradecer; (*be aware of*) comprender ▷ *vi* (*Comm*) aumentar en valor; **appreciation** *n* apreciación *f*; (*gratitude*) reconocimiento, agradecimiento; (*Comm*) aumento en valor

apprehension [æprɪ'hɛnʃən] *n* (*fear*) aprensión *f*

apprehensive [æprɪ'hɛnsɪv] *adj* aprensivo

apprentice [ə'prɛntɪs] *n* aprendiz(a) *m/f*

approach [ə'prəʊtʃ] *vi* acercarse ▷ *vt* acercarse a; (*ask, apply to*) dirigirse a; (*problem*) abordar ▷ *n* acercamiento; (*access*) acceso; (*to problem etc*) enfoque *m*

appropriate [ə'prəʊprɪɪt] *adj* apropiado, conveniente ▷ *vt* [-rɪeɪt] (*take*) apropiarse de

approval [ə'pru:vəl] *n* aprobación *f*, visto bueno; **on ~** (*Comm*) a prueba

approve [ə'pru:v] *vt* aprobar; **approve of** *vt fus* aprobar; **they don't ~ of her** (ella) no les parece bien

approximate [ə'prɔksɪmɪt] *adj* aproximado; **approximately** *adv* aproximadamente, más o menos

Apr. *abbr* (= *April*) abr

apricot ['eɪprɪkɔt] *n* albaricoque *m* (SP), damasco (LAM)

April ['eɪprəl] *n* abril *m*; **April Fools' Day** *n* ≈ día *m* de los (Santos) Inocentes

apron ['eɪprən] *n* delantal *m*

apt [æpt] *adj* acertado, oportuno; **~ to do** (*likely*) propenso a hacer

aquarium [ə'kwɛərɪəm] *n* acuario

Aquarius [ə'kwɛərɪəs] *n* Acuario

Arab ['ærəb] *adj, n* árabe *mf*

Arabia [ə'reɪbɪə] *n* Arabia; **Arabian** *adj* árabe; **Arabic** ['ærəbɪk] *adj* árabe, arábigo ▷ *n* árabe *m*; **Arabic numerals** numeración *f* arábiga

arbitrary ['a:bɪtrərɪ] *adj* arbitrario

arbitration [a:bɪ'treɪʃən] *n* arbitraje *m*

arc [a:k] *n* arco

arcade [a:'keɪd] *n* (*round a square*) soportales *mpl*; (*shopping arcade*) galería comercial

arch [a:tʃ] *n* arco; (*of foot*) puente *m* ▷ *vt* arquear

archaeology [a:kɪ'ɔlədʒɪ] *n* arqueología

archbishop [a:tʃ'bɪʃəp] *n* arzobispo

archeology *etc* [a:kɪ'ɔlədʒɪ] (US) *see* **archaeology** *etc*

architect ['a:kɪtɛkt] *n* arquitecto/a; **architectural** *adj* arquitectónico; **architecture** *n* arquitectura

archive ['a:kaɪv] *n* (*often pl: also Comput*) archivo

Arctic ['a:ktɪk] *adj* ártico ▷ *n*: **the ~** el Ártico

are [a:r] *vb see* **be**

area ['ɛərɪə] *n* área; (*Math etc*) superficie *f*; (*zone*) región *f*, zona; (*of knowledge, experience*) campo; **area code** *n* (US *Tel*) prefijo

arena [ə'ri:nə] *n* arena; (*of circus*) pista

aren't [a:nt] = **are not**

Argentina [a:dʒən'ti:nə] *n* Argentina; **Argentinian** [a:dʒən'tɪnɪən] *adj, n* argentino/a

arguably ['a:gjuəblɪ] *adv*: **it is ~ ...** es discutiblemente ...

argue ['a:gju:] *vi* (*quarrel*) discutir; (*reason*) razonar, argumentar; **to ~ that** sostener que

argument ['a:gjumənt] *n* (*reasons*) argumento; (*quarrel*) discusión *f*

Aries ['ɛərɪz] *n* Aries *m*

arise [ə'raɪz] (*pt* **arose**, *pp* **arisen** [ə'rɪzn]) *vi* surgir, presentarse

arithmetic [ə'rɪθmətɪk] *n* aritmética

arm [a:m] *n* brazo ▷ *vt* armar; **~ in ~** cogidos del brazo; **armchair** *n* sillón *m*, butaca

armed [a:md] *adj* armado; **armed robbery** *n* robo a mano armada

armour, (US) **armor** ['a:mər] *n* armadura

armpit ['a:mpɪt] *n* sobaco, axila

armrest ['a:mrɛst] *n* reposabrazos *m inv*

army ['a:mɪ] *n* ejército; (*fig*) multitud *f*

A road *n* (BRIT) ≈ carretera *f* nacional

aroma [ə'rəumə] *n* aroma *m*, fragancia; **aromatherapy** *n* aromaterapia
arose [ə'rəuz] *pt of* **arise**
around [ə'raund] *adv* alrededor; (*in the area*) a la redonda ▷ *prep* alrededor de
arouse [ə'rauz] *vt* despertar; (*anger*) provocar
arrange [ə'reɪndʒ] *vt* arreglar, ordenar; (*programme*) organizar; **to ~ to do sth** quedar en hacer algo; **arrangement** *n* arreglo; (*agreement*) acuerdo; **arrangements** *npl* (*preparations*) preparativos *mpl*
array [ə'reɪ] *n*: **~ of** (*things*) serie *f or* colección *f* de; (*people*) conjunto de
arrears [ə'rɪəz] *npl* atrasos *mpl*; **to be in ~ with one's rent** estar retrasado en el pago del alquiler
arrest [ə'rɛst] *vt* detener; (*sb's attention*) llamar ▷ *n* detención *f*; **under ~** detenido
arrival [ə'raɪvəl] *n* llegada; **new ~** recién llegado/a
arrive [ə'raɪv] *vi* llegar; **arrive at** *vt fus* (*decision, solution*) llegar a
arrogance ['ærəgəns] *n* arrogancia, prepotencia (LAm)
arrogant ['ærəgənt] *adj* arrogante
arrow ['ærəu] *n* flecha
arse [ɑːs] *n* (BRIT *inf!*) culo, trasero
arson ['ɑːsn] *n* incendio provocado
art [ɑːt] *n* arte *m*; (*skill*) destreza; **art college** *n* escuela *f* de Bellas Artes
artery ['ɑːtərɪ] *n* arteria
art gallery *n* pinacoteca; (*Comm*) galería de arte
arthritis [ɑː'θraɪtɪs] *n* artritis *f*
artichoke ['ɑːtɪtʃəuk] *n* alcachofa; **Jerusalem ~** aguaturma
article ['ɑːtɪkl] *n* artículo
articulate *adj* [ɑː'tɪkjulɪt] (*speech*) claro ▷ *vt* [ɑː'tɪkjuleɪt] expresar
artificial [ɑːtɪ'fɪʃəl] *adj* artificial
artist ['ɑːtɪst] *n* artista *mf*; (*Mus*) intérprete *mf*; **artistic** *adj* artístico
art school *n* escuela de bellas artes

KEYWORD

as [æz] *conj* **1** (*referring to time*: *while*) mientras; **as the years go by** con el paso de los años; **he came in as I was leaving** entró cuando me marchaba; **as from tomorrow** a partir de *or* desde mañana
2 (*in comparisons*): **as big as** tan grande como; **twice as big as** el doble de grande que; **as much money/many books as** tanto dinero/tantos libros como; **as soon as** en cuanto
3 (*since, because*) como, ya que; **as I don't speak German I can't understand him** no le entiendo ya que no hablo alemán
4 (*referring to manner, way*): **do as you wish** haz lo que quieras; **as she said** como dijo
5 (*concerning*): **as for** *or* **to that** por *or* en lo que respecta a eso
6: **as if** *or* **though** como si; **he looked as if he was ill** parecía como si estuviera enfermo, tenía aspecto de enfermo; *see also* **long; such; well**
▶ *prep* (*in the capacity of*): **he works as a barman** trabaja de barman; **as chairman of the company, he ...** como presidente de la compañía, ...; **he gave it to me as a present** me lo dio de regalo

a.s.a.p. *abbr* (= *as soon as possible*) cuanto antes
asbestos [æz'bɛstəs] *n* asbesto, amianto
ascent [ə'sɛnt] *n* subida; (*slope*) cuesta, pendiente *f*
ash [æʃ] *n* ceniza; (*tree*) fresno
ashamed [ə'ʃeɪmd] *adj* avergonzado; **to be ~ of** avergonzarse de
ashore [ə'ʃɔː^{r}] *adv* en tierra; (*swim etc*) a tierra
ashtray ['æʃtreɪ] *n* cenicero
Ash Wednesday *n* miércoles *m* de Ceniza

Asia ['eɪʃə] *n* Asia; **Asian** *adj, n* asiático/a
aside [ə'saɪd] *adv* a un lado ▷ *n* aparte *m*
ask [ɑːsk] *vt* (*question*) preguntar; (*invite*) invitar; **to ~ sb sth/to do sth** preguntar algo a algn/pedir a algn que haga algo; **to ~ sb about sth** preguntar algo a algn; **to ~ (sb) a question** hacer una pregunta (a algn); **to ~ sb out to dinner** invitar a cenar a algn; **ask for** *vt fus* pedir; **it's just ~ing for trouble** *or* **for it** es buscarse problemas
asleep [ə'sliːp] *adj* dormido; **to fall ~** dormirse, quedarse dormido
asparagus [əs'pærəgəs] *n* espárragos *mpl*
aspect ['æspɛkt] *n* aspecto, apariencia; (*direction in which a building etc faces*) orientación *f*
aspirations [æspə'reɪʃənz] *npl* aspiraciones *fpl*; (*ambition*) ambición *f*
aspire [əs'paɪəʳ] *vi*: **to ~ to** aspirar a, ambicionar
aspirin ['æsprɪn] *n* aspirina
ass [æs] *n* asno, burro; (*inf*) imbécil *mf*; (*us inf!*) culo, trasero
assassin [ə'sæsɪn] *n* asesino/a; **assassinate** *vt* asesinar
assault [ə'sɔːlt] *n* asalto; (*Law*) agresión *f* ▷ *vt* asaltar; (*sexually*) violar
assemble [ə'sɛmbl] *vt* reunir, juntar; (*Tech*) montar ▷ *vi* reunirse, juntarse
assembly [ə'sɛmblɪ] *n* reunión *f*, asamblea; (*parliament*) parlamento; (*construction*) montaje *m*
assert [ə'səːt] *vt* afirmar; (*insist on*) hacer valer; **assertion** *n* afirmación *f*
assess [ə'sɛs] *vt* valorar, calcular; (*tax, damages*) fijar; (*for tax*) gravar; **assessment** *n* valoración *f*; gravamen *m*
asset ['æsɛt] *n* ventaja; **assets** *npl* (*funds*) activo *sg*, fondos *mpl*
assign [ə'saɪn] *vt* (*date*) fijar; (*task*) asignar; (*resources*) destinar; **assignment** *n* tarea
assist [ə'sɪst] *vt* ayudar; **assistance** *n* ayuda, auxilio; **assistant** *n* ayudante *mf*; (BRIT: *also*: **shop assistant**) dependiente/a *m/f*
associate [*adj, n* ə'səuʃɪɪt, *vt, vi* ə'səuʃɪeɪt] *adj* asociado ▷ *n* colega *mf* ▷ *vt* asociar; (*ideas*) relacionar ▷ *vi*: **to ~ with sb** tratar con algn
association [əsəusɪ'eɪʃən] *n* asociación *f*
assorted [ə'sɔːtɪd] *adj* surtido, variado
assortment [ə'sɔːtmənt] *n* (*of shapes, colours*) surtido; (*of books*) colección *f*; (*of people*) mezcla
assume [ə'sjuːm] *vt* suponer; (*responsibilities etc*) asumir; (*attitude, name*) adoptar, tomar
assumption [ə'sʌmpʃən] *n* suposición *f*, presunción *f*; (*act*) asunción *f*
assurance [ə'ʃuərəns] *n* garantía, promesa; (*confidence*) confianza, aplomo; (*insurance*) seguro
assure [ə'ʃuəʳ] *vt* asegurar
asterisk ['æstərɪsk] *n* asterisco
asthma ['æsmə] *n* asma
astonish [ə'stɔnɪʃ] *vt* asombrar, pasmar; **astonished** *adj* estupefacto, pasmado; **to be astonished (at)** asombrarse (de); **astonishing** *adj* asombroso, pasmoso; **I find it astonishing that ...** me asombra *or* pasma que ...; **astonishment** *n* asombro, sorpresa
astound [ə'staund] *vt* asombrar, pasmar
astray [ə'streɪ] *adv*: **to go ~** extraviarse; **to lead ~** llevar por mal camino
astrology [əs'trɔlədʒɪ] *n* astrología
astronaut ['æstrənɔːt] *n* astronauta *mf*
astronomer [əs'trɔnəməʳ] *n* astrónomo/a
astronomical [æstrə'nɔmɪkəl] *adj* astronómico
astronomy [aes'trɔnəmɪ] *n* astronomía

astute [əs'tju:t] *adj* astuto
asylum [ə'saɪləm] *n* (*refuge*) asilo; (*hospital*) manicomio

KEYWORD

at [æt] *prep* **1** (*referring to position*) en; (*direction*) a; **at the top** en lo alto; **at home/school** en casa/la escuela; **to look at sth/sb** mirar algo/a algn
2 (*referring to time*): **at four o'clock** a las cuatro; **at night** por la noche; **at Christmas** en Navidad; **at times** a veces
3 (*referring to rates, speed etc*): **at £1 a kilo** a una libra el kilo; **two at a time** de dos en dos; **at 50 km/h** a 50 km/h
4 (*referring to manner*): **at a stroke** de un golpe; **at peace** en paz
5 (*referring to activity*): **to be at work** estar trabajando; (*in office*) estar en el trabajo; **to play at cowboys** jugar a los vaqueros; **to be good at sth** ser bueno en algo
6 (*referring to cause*): **shocked/surprised/annoyed at sth** asombrado/sorprendido/fastidiado por algo; **I went at his suggestion** fui a instancias suyas
▶ *n* (*symbol @*) arroba

ate [ɛt, eɪt] *pt of* **eat**
atheist ['eɪθɪɪst] *n* ateo/a
Athens ['æθɪnz] *n* Atenas *f*
athlete ['æθli:t] *n* atleta *mf*
athletic [æθ'lɛtɪk] *adj* atlético; **athletics** *n* atletismo
Atlantic [ət'læntɪk] *adj* atlántico ▷ *n*: **the ~ (Ocean)** el (Océano) Atlántico
atlas ['ætləs] *n* atlas *m inv*
A.T.M. *n abbr* (= *Automated Telling Machine*) *cajero automático*
atmosphere ['ætməsfɪə'] *n* atmósfera; (*fig*) ambiente *m*
atom ['ætəm] *n* átomo; **atomic** [ə'tɔmɪk] *adj* atómico; **atom(ic) bomb** *n* bomba atómica
A to Z® *n* (*map*) callejero
atrocity [ə'trɔsɪtɪ] *n* atrocidad *f*
attach [ə'tætʃ] *vt* sujetar; (*document, email, letter*) adjuntar; **to be ~ed to sb/sth** (*like*) tener cariño a algn/algo; **attachment** *n* (*tool*) accesorio; (*Comput*) archivo *o* documento adjunto; (*love*): **attachment (to)** apego (a)
attack [ə'tæk] *vt* (*Mil*) atacar; (*criminal*) agredir, asaltar; (*criticize*) criticar; (*task etc*) emprender ▷ *n* ataque *m*, asalto; (*on sb's life*) atentado; (*fig: criticism*) crítica; **heart ~** infarto (de miocardio); **attacker** *n* agresor(a) *m/f*, asaltante *mf*
attain [ə'teɪn] *vt* (*also*: **~ to**) alcanzar; (*achieve*) lograr, conseguir
attempt [ə'tɛmpt] *n* tentativa, intento; (*attack*) atentado ▷ *vt* intentar
attend *vt* asistir a; (*patient*) atender; **attend to** *vt fus* (*needs, affairs etc*) ocuparse de; (*speech etc*) prestar atención a; (*customer*) atender a; **attendance** *n* asistencia, presencia; (*people present*) concurrencia; **attendant** *n* sirviente/a *m/f*, ayudante *mf* ▷ *adj* concomitante
attention [ə'tɛnʃən] *n* atención *f* ▷ *excl* (*Mil*) ¡firme(s)!; **for the ~ of ...** (*Admin*) a la atención de ...
attic ['ætɪk] *n* desván *m*
attitude ['ætɪtju:d] *n* actitud *f*; (*disposition*) disposición *f*
attorney [ə'tə:nɪ] *n* (*lawyer*) abogado/a; **Attorney General** *n* (BRIT) ≈ fiscal *mf* general del Estado; (US) ≈ ministro/a de Justicia
attract [ə'trækt] *vt* atraer; (*attention*) llamar; **attraction** *n* encanto; (*Physics*) atracción *f*; (*towards sth*) atracción *f*; **attractive** *adj* atractivo
attribute ['ætrɪbju:t] *n* atributo ▷ *vt* [ə'trɪbju:t]: **to ~ sth to** atribuir algo a
aubergine ['əubəʒi:n] *n* (BRIT) berenjena; (*colour*) morado

auburn ['ɔ:bən] *adj* color castaño rojizo
auction ['ɔ:kʃən] *n* (*also*: **sale by ~**) subasta ▷ *vt* subastar
audible ['ɔ:dɪbl] *adj* audible, que se puede oír
audience ['ɔ:dɪəns] *n* público; (*Radio*) radioescuchas *mpl*; (*TV*) telespectadores *mpl*; (*interview*) audiencia
audit ['ɔ:dɪt] *vt* revisar, intervenir
audition [ɔ:'dɪʃən] *n* audición *f*
auditor ['ɔ:dɪtəʳ] *n* interventor(a) *m/f*, censor(a) *m/f* de cuentas
auditorium [ɔ:dɪ'tɔ:rɪəm] *n* auditorio
Aug. *abbr* (= *August*) ag
August ['ɔ:gəst] *n* agosto
aunt [ɑ:nt] *n* tía; **auntie, aunty** ['ɑ:ntɪ] *n diminutive of* **aunt**
au pair ['əu'pɛəʳ] *n* (*also*: **~ girl**) chica *f* au pair
aura ['ɔ:rə] *n* aura; (*atmosphere*) ambiente *m*
austerity [ɔ'stɛrɪtɪ] *n* austeridad *f*
Australia [ɔs'treɪlɪə] *n* Australia; **Australian** *adj, n* australiano/a
Austria ['ɔstrɪə] *n* Austria; **Austrian** *adj, n* austríaco/a
authentic [ɔ:'θɛntɪk] *adj* auténtico
author ['ɔ:θəʳ] *n* autor(a) *m/f*
authority [ɔ:'θɔrɪtɪ] *n* autoridad *f*; **the authorities** *npl* las autoridades
authorize ['ɔ:θəraɪz] *vt* autorizar
auto ['ɔ:təu] *n* (*US*) coche *m*, carro (*LAM*), automóvil *m*; **autobiography** [ɔ:təbaɪ'ɔgrəfɪ] *n* autobiografía; **autograph** ['ɔ:təgrɑ:f] *n* autógrafo ▷ *vt* (*photo etc*) dedicar; **automatic** [ɔ:tə'mætɪk] *adj* automático ▷ *n* (*gun*) pistola automática; **automatically** *adv* automáticamente; **automobile** ['ɔ:təməbi:l] *n* (*US*) coche *m*, carro (*LAM*), automóvil *m*; **autonomous** [ɔ:'tɔnəməs] *adj* autónomo; **autonomy** [ɔ:'tɔnəmɪ] *n* autonomía
autumn ['ɔ:təm] *n* otoño
auxiliary [ɔ:g'zɪlɪərɪ] *adj* auxiliar
avail [ə'veɪl] *vt*: **to ~ o.s. of** aprovechar(se) de ▷ *n*: **to no ~** en vano, sin resultado
availability [əveɪlə'bɪlɪtɪ] *n* disponibilidad *f*
available [ə'veɪləbl] *adj* disponible
avalanche ['ævəlɑ:nʃ] *n* alud *m*, avalancha
Ave. *abbr* (= *avenue*) Av., Avda
avenue ['ævənju:] *n* avenida; (*fig*) camino
average ['ævərɪdʒ] *n* promedio, media ▷ *adj* (*mean*) medio; (*ordinary*) regular, corriente ▷ *vt* alcanzar un promedio de; **on ~** por término medio
avert [ə'və:t] *vt* prevenir; (*blow*) desviar; (*one's eyes*) apartar
avid ['ævɪd] *adj* ávido
avocado [ævə'kɑ:dəu] *n* (BRIT: *also*: **~ pear**) aguacate *m*, palta (*LAM*)
avoid [ə'vɔɪd] *vt* evitar, eludir
await [ə'weɪt] *vt* esperar, aguardar
awake [ə'weɪk] (*pt* **awoke**, *pp* **awoken** *or* **awaked**) *adj* despierto ▷ *vt* despertar ▷ *vi* despertarse; **to be ~** estar despierto
award [ə'wɔ:d] *n* premio; (*Law*) fallo, sentencia ▷ *vt* otorgar, conceder; (*Law*: *damages*) adjudicar
aware [ə'wɛəʳ] *adj* consciente; **to become ~ of** darse cuenta de, enterarse de; **awareness** *n* conciencia, conocimiento
away [ə'weɪ] *adv* fuera; (*far away*) lejos; **two kilometres ~** a dos kilómetros (de distancia); **two hours ~ by car** a dos horas en coche; **the holiday was two weeks ~** faltaban dos semanas para las vacaciones; **he's ~ for a week** estará ausente una semana; **to work/pedal ~** seguir trabajando/pedaleando; **to fade ~** desvanecerse; (*sound*) apagarse
awe [ɔ:] *n* respeto, admiración *f* respetuosa; **awesome** ['ɔ:səm] *adj* (*esp US*: *excellent*) formidable

awful ['ɔ:fəl] *adj* terrible; **an ~ lot of** (*people, cars, dogs*) la mar de, muchísimos; **awfully** *adv* (*very*) terriblemente

awkward ['ɔ:kwəd] *adj* desmañado, torpe; (*shape, situation*) incómodo; (*question*) difícil

awoke [ə'wəuk] *pt of* **awake**

awoken [ə'wəukən] *pp of* **awake**

axe, (*US*) **ax** [æks] *n* hacha ▷ *vt* (*project etc*) cortar; (*jobs*) reducir

axle ['æksl] *n* eje *m*, árbol *m*

ay(e) [aɪ] *excl* (*yes*) sí

azalea [ə'zeɪlɪə] *n* azalea

b

B [bi:] *n* (*Mus*) si *m*

baby ['beɪbɪ] *n* bebé *mf*; (*US inf: darling*) mi amor; **baby carriage** *n* (*US*) cochecito; **baby-sit** *vi* hacer de canguro; **baby-sitter** *n* canguro *mf*; **baby wipe** *n* toallita húmeda (*para bebés*)

bachelor ['bætʃələʳ] *n* soltero; **B~ of Arts/Science (BA/BSc)** licenciado/a en Filosofía y Letras/Ciencias

back [bæk] *n* (*of person*) espalda; (*of animal*) lomo; (*of hand, page*) dorso; (*as opposed to front*) parte *f* de atrás; (*of chair*) respaldo; (*of page*) reverso; (*Football*) defensa *m* ▷ *vt* (*candidate: also*: **~ up**) respaldar, apoyar; (*horse: at races*) apostar a; (*car*) dar marcha atrás a *or* con ▷ *vi* (*car etc*) dar marcha atrás ▷ *adj* (*garden, room*) de atrás ▷ *adv* (*not forward*) (hacia) atrás; **he's ~** (*returned*) ha vuelto; **~ seats/wheels** (*Aut*) asientos *mpl* traseros, ruedas *fpl* traseras; **~ payments**

pagos *mpl* con efecto retroactivo; **~ rent** renta atrasada; **he ran ~** volvió corriendo; **throw the ball ~** (*restitution*) devuelve la pelota; **can I have it ~?** ¿me lo devuelve?; **he called ~** (*again*) volvió a llamar; **back down** *vi* echarse atrás; **back out** *vi* (*of promise*) volverse atrás; **back up** *vt* (*person*) apoyar, respaldar; (*theory*) defender; (*Comput*) hacer una copia de reserva de; **backache** *n* dolor *m* de espalda; **backbencher** *n* (BRIT) *diputado sin cargo oficial en el gobierno o la oposición*; **backbone** *n* columna vertebral; **back door** *n* puerta *f* trasera; **backfire** *vi* (*Aut*) petardear; (*plans*) fallar, salir mal; **backgammon** *n* backgammon *m*; **background** *n* fondo; (*of events*) antecedentes *mpl*; (*basic knowledge*) bases *fpl*; (*experience*) conocimientos *mpl*, educación *f*; **family background** origen *m*, antecedentes *mpl* familiares; **backing** *n* (*fig*) apoyo, respaldo; (*Comm*) respaldo financiero; (*Mus*) acompañamiento; **backlog** *n*: **backlog of work** trabajo atrasado; **backpack** *n* mochila; **backpacker** *n* mochilero/a; **backslash** *n* pleca, barra inversa; **backstage** *adv* entre bastidores; **backstroke** *n* espalda; **backup** *adj* suplementario; (*Comput*: *disk, file*) de reserva ▷ *n* (*support*) apoyo; (*also*: **backup file**) copia de reserva; **backward** *adj* (*person, country*) atrasado; **backwards** *adv* hacia atrás; (*read a list*) al revés; (*fall*) de espaldas; **backyard** *n* patio trasero

bacon ['beɪkən] *n* tocino, beicon *m*

bacteria [bæk'tɪərɪə] *npl* bacterias *fpl*

bad [bæd] *adj* malo; (*serious*) grave; (*meat, food*) podrido, pasado; **to go ~** pasarse

badge [bædʒ] *n* insignia; (*metal badge*) chapa; (*of policeman*) placa

badger ['bædʒəʳ] *n* tejón *m*

badly ['bædlɪ] *adv* (*work, dress etc*) mal; **to reflect ~ on sb** influir negativamente en la reputación de algn; **~ wounded** gravemente herido; **he needs it ~** le hace mucha falta; **to be ~ off (for money)** andar mal de dinero

bad-mannered ['bæd'mænəd] *adj* mal educado

badminton ['bædmɪntən] *n* bádminton *m*

bad-tempered ['bæd'tɛmpəd] *adj* de mal genio *or* carácter; (*temporarily*) de mal humor

bag [bæg] *n* bolsa; (*handbag*) bolso; (*satchel*) mochila; (*case*) maleta; **~s of** (*inf*) un montón de

baggage ['bægɪdʒ] *n* equipaje *m*; **baggage allowance** *n* límite *m* de equipaje; **baggage (re)claim** *n* recogida de equipajes

baggy ['bægɪ] *adj* (*trousers*) ancho, holgado

bagpipes ['bægpaɪps] *npl* gaita *sg*

bail [beɪl] *n* fianza ▷ *vt* (*prisoner*: *also*: **grant ~ to**) poner en libertad bajo fianza; (*boat*: *also*: **~ out**) achicar; **on ~** (*prisoner*) bajo fianza; **to ~ sb out** pagar la fianza de algn

bait [beɪt] *n* cebo ▷ *vt* poner el cebo en

bake [beɪk] *vt* cocer (al horno) ▷ *vi* cocerse; **baked beans** *npl* judías *fpl* en salsa de tomate; **baked potato** *n* patata al horno; **baker** *n* panadero/a; **bakery** *n* panadería; (*for cakes*) pastelería; **baking** *n* (*act*) cocción *f*; (*batch*) hornada; **baking powder** *n* levadura (en polvo)

balance ['bæləns] *n* equilibrio; (*Comm*: *sum*) balance *m*; (*remainder*) resto; (*scales*) balanza ▷ *vt* equilibrar; (*budget*) nivelar; (*account*) saldar; (*compensate*) compensar; **~ of trade/payments** balanza de comercio/pagos; **balanced** *adj* (*personality, diet*) equilibrado; (*report*) objetivo; **balance sheet** *n* balance *m*

balcony ['bælkənɪ] *n* (*open*) balcón *m*; (*closed*) galería; (*in theatre*) anfiteatro

bald [bɔ:ld] *adj* calvo; (*tyre*) liso

ball [bɔːl] *n* (*football*) balón *m*; (*for tennis, golf etc*) pelota; (*of wool, string*) ovillo; (*dance*) baile *m*; **to play ~ (with sb)** jugar a la pelota (con algn); (*fig*) cooperar

ballerina [bælə'riːnə] *n* bailarina

ballet ['bæleɪ] *n* ballet *m*; **ballet dancer** *n* bailarín/ina *m/f* (de ballet)

balloon [bə'luːn] *n* globo

ballot ['bælət] *n* votación *f*

ballroom ['bɔːlrum] *n* salón *m* de baile

Baltic ['bɔːltɪk] *n*: **the ~ (Sea)** el (Mar) Báltico

bamboo [bæm'buː] *n* bambú *m*

ban [bæn] *n* prohibición *f* ▷ *vt* prohibir; (*exclude*) excluir

banana [bə'nɑːnə] *n* plátano, banana (*LAm*)

band [bænd] *n* (*group*) banda; (*strip*) faja, tira; (*at a dance*) orquesta; (*Mil*) banda; (*rock band*) grupo

bandage ['bændɪdʒ] *n* venda, vendaje *m* ▷ *vt* vendar

Band-Aid® ['bændeɪd] *n* (*US*) tirita

bandit ['bændɪt] *n* bandido

bang [bæŋ] *n* (*of gun, exhaust*) estallido; (*of door*) portazo; (*blow*) golpe *m* ▷ *vt* (*door*) cerrar de golpe; (*one's head*) golpear ▷ *vi* estallar; *see also* **bangs**

Bangladesh [bæŋglə'dɛʃ] *n* Bangladesh *f*

bangle ['bæŋgl] *n* brazalete *m*, ajorca

bangs [bæŋz] *npl* (*US*) flequillo *sg*

banish ['bænɪʃ] *vt* desterrar

banister(s) ['bænɪstə(z)] *n*(*pl*) barandilla *f*, pasamanos *m inv*

banjo ['bændʒəu] (*pl* **banjoes** *or* **banjos**) *n* banjo

bank [bæŋk] *n* (*Comm*) banco; (*of river, lake*) ribera, orilla; (*of earth*) terraplén *m* ▷ *vi* (*Aviat*) ladearse; **bank on** *vt fus* contar con; **bank account** *n* cuenta bancaria; **bank balance** *n* saldo; **bank card** *n* tarjeta bancaria; **bank charges** *npl* comisión *fsg*; **banker** *n* banquero; **bank holiday** *n* (*BRIT*) día *m* festivo *or* de fiesta; *ver nota* **"bank holiday"**; **banking** *n* banca; **bank manager** *n* director(a) *m/f* (de sucursal) de banco; **banknote** *n* billete *m* de banco

BANK HOLIDAY

El término *bank holiday* se aplica en el Reino Unido a todo día festivo oficial en el que cierran bancos y comercios. Los más destacados coinciden con Navidad, Semana Santa, finales de mayo y finales de agosto. Al contrario que en los países de tradición católica, no se celebran las festividades dedicadas a los santos.

bankrupt ['bæŋkrʌpt] *adj* quebrado, insolvente; **to go ~** hacer bancarrota; **to be ~** estar en quiebra; **bankruptcy** *n* quiebra

bank statement *n* extracto de cuenta

banner ['bænəʳ] *n* pancarta

bannister(s) ['bænɪstə(z)] *n*(*pl*) = **banister(s)**

banquet ['bæŋkwɪt] *n* banquete *m*

baptism ['bæptɪzəm] *n* bautismo; (*act*) bautizo

baptize [bæp'taɪz] *vt* bautizar

bar [bɑːʳ] *n* barra; (*on door*) tranca; (*of window, cage*) reja; (*of soap*) pastilla; (*of chocolate*) tableta; (*fig*: *hindrance*) obstáculo; (*prohibition*) prohibición *f*; (*pub*) bar *m*; (*counter*) barra, mostrador *m*; (*Mus*) barra ▷ *vt* (*road*) obstruir; (*person*) excluir; (*activity*) prohibir; **behind ~s** entre rejas; **the B~** (*Law*) la abogacía; **~ none** sin excepción

barbaric [bɑː'bærɪk] *adj* bárbaro

barbecue ['bɑːbɪkjuː] *n* barbacoa

barbed wire ['bɑːbd-] *n* alambre *m* de espino

barber ['bɑːbəʳ] *n* peluquero, barbero; **barber's (shop)**, (*US*) **barber (shop)** *n* peluquería

bar code *n* código de barras
bare [bɛəʳ] *adj* desnudo; (*trees*) sin hojas ▷ *vt* desnudar; **to ~ one's teeth** enseñar los dientes; **barefoot** *adj, adv* descalzo; **barely** *adv* apenas
bargain ['bɑːgɪn] *n* pacto; (*transaction*) negocio; (*good buy*) ganga ▷ *vi* negociar; (*haggle*) regatear; **into the ~** además, por añadidura; **bargain for** *vt fus* (*inf*): **he got more than he ~ed for** le resultó peor de lo que esperaba
barge [bɑːdʒ] *n* barcaza; **barge in** *vi* irrumpir; (*in conversation*) entrometerse
bark [bɑːk] *n* (*of tree*) corteza; (*of dog*) ladrido ▷ *vi* ladrar
barley ['bɑːlɪ] *n* cebada
barmaid ['bɑːmeɪd] *n* camarera
barman ['bɑːmən] *n* camarero, barman *m*
barn [bɑːn] *n* granero
barometer [bəˈrɔmɪtəʳ] *n* barómetro
baron ['bærən] *n* barón *m*; (*fig*) magnate *m*; **baroness** *n* baronesa
barracks ['bærəks] *npl* cuartel *msg*
barrage ['bæraːʒ] *n* (*Mil*) cortina de fuego; (*dam*) presa; (*of criticism etc*) lluvia, aluvión *m*
barrel ['bærəl] *n* barril *m*; (*of gun*) cañón *m*
barren ['bærən] *adj* estéril
barrette [bəˈrɛt] *n* (*US*) pasador *m* (*LAm, SP*), broche *m* (*MEX*)
barricade [bærɪˈkeɪd] *n* barricada
barrier ['bærɪəʳ] *n* barrera
barring ['bɑːrɪŋ] *prep* excepto, salvo
barrister ['bærɪstəʳ] *n* (*BRIT*) abogado/a
barrow ['bærəu] *n* (*cart*) carretilla
bartender ['bɑːtɛndəʳ] *n* (*US*) camarero, barman *m*
base [beɪs] *n* base *f* ▷ *vt*: **to ~ sth on** basar *or* fundar algo en ▷ *adj* bajo, infame
baseball ['beɪsbɔːl] *n* béisbol *m*; **baseball cap** *n* gorra *f* de béisbol
basement ['beɪsmənt] *n* sótano
bases ['beɪsiːz] *npl of* **basis**
bash [bæʃ] *vt* (*inf*) golpear
basic ['beɪsɪk] *adj* básico; **basically** *adv* fundamentalmente, en el fondo; **basics** *npl*: **the basics** los fundamentos
basil ['bæzl] *n* albahaca
basin ['beɪsn] *n* cuenco, tazón *m*; (*Geo*) cuenca; (*also*: **wash~**) lavabo
basis ['beɪsɪs] (*pl* **bases**) *n* base *f*; **on a part-time/trial ~** a tiempo parcial/a prueba
basket ['bɑːskɪt] *n* cesta, cesto; **basketball** *n* baloncesto
bass [beɪs] *n* (*Mus*) bajo
bastard ['bɑːstəd] *n* bastardo/a; (*inf!*) hijo de puta (*!*)
bat [bæt] *n* (*Zool*) murciélago; (*for ball games*) palo; (*BRIT*: *for table tennis*) pala ▷ *vt*: **he didn't ~ an eyelid** ni pestañeó
batch [bætʃ] *n* lote *m*; (*of bread*) hornada
bath [bɑːθ] *n* (*act*) baño; (*bathtub*) bañera, tina (*esp LAm*) ▷ *vt* bañar; **to have a ~** bañarse, darse un baño; *see also* **baths**
bathe [beɪð] *vi* bañarse ▷ *vt* (*wound etc*) lavar
bathing ['beɪðɪŋ] *n* baño; **bathing costume**, (*US*) **bathing suit** *n* traje *m* de baño
bath: bathrobe *n* albornoz *m*; **bathroom** *n* (cuarto de) baño; **baths** [bɑːðz] *npl* piscina *sg*; **bath towel** *n* toalla de baño; **bathtub** *n* bañera
baton ['bætən] *n* (*Mus*) batuta; (*weapon*) porra
batter ['bætəʳ] *vt* maltratar; (*wind, rain*) azotar ▷ *n* batido; **battered** *adj* (*hat, pan*) estropeado
battery ['bætərɪ] *n* batería; (*of torch*) pila; **battery farming** *n* cría intensiva
battle ['bætl] *n* batalla; (*fig*) lucha ▷ *vi* luchar; **battlefield** *n* campo *m* de batalla
bay [beɪ] *n* (*Geo*) bahía; **to hold sb at ~** mantener a alguien a raya

bazaar [bəˈzɑːʳ] *n* bazar *m*
BBC *n abbr* (= *British Broadcasting Corporation*) BBC *f*

KEYWORD

be [biː] (*pt* **was, were**, *pp* **been**) *aux vb* **1** (*with present participle, forming continuous tenses*): **what are you doing?** ¿qué estás haciendo?, ¿qué haces?; **they're coming tomorrow** vienen mañana; **I've been waiting for you for hours** llevo horas esperándote
2 (*with pp: forming passives*) ser (*but often replaced by active or reflexive constructions*); **to be murdered** ser asesinado; **the box had been opened** habían abierto la caja; **the thief was nowhere to be seen** no se veía al ladrón por ninguna parte
3 (*in tag questions*): **it was fun, wasn't it?** fue divertido, ¿no? *or* ¿verdad?; **he's good-looking, isn't he?** es guapo, ¿no te parece?; **she's back again, is she?** entonces, ¿ha vuelto?
4 (*+ to + infin*): **the house is to be sold** (*necessity*) hay que vender la casa; (*future*) van a vender la casa; **he's not to open it** no tiene que abrirlo
▶ *vb +complement* **1** (*with n or num complement*) ser; **he's a doctor** es médico; **2 and 2 are 4** 2 y 2 son 4
2 (*with adj complement, expressing permanent or inherent quality*) ser; (: *expressing state seen as temporary or reversible*) estar; **I'm English** soy inglés/esa; **she's tall/pretty** es alta/bonita; **he's young** es joven; **be careful/good/quiet** ten cuidado/pórtate bien/cállate; **I'm tired** estoy cansado/a; **it's dirty** está sucio/a
3 (*of health*) estar; **how are you?** ¿cómo estás?; **he's very ill** está muy enfermo; **I'm better now** ya estoy mejor
4 (*of age*) tener; **how old are you?** ¿cuántos años tienes?; **I'm sixteen (years old)** tengo dieciséis años
5 (*cost*) costar; ser; **how much was the meal?** ¿cuánto fue *or* costó la comida?; **that'll be £5.75, please** son £5.75, por favor; **this shirt is £17** esta camisa cuesta £17
▶ *vi* **1** (*exist, occur etc*) existir, haber; **the best singer that ever was** el mejor cantante que existió jamás; **is there a God?** ¿hay un Dios?, ¿existe Dios?; **be that as it may** sea como sea; **so be it** así sea
2 (*referring to place*) estar; **I won't be here tomorrow** no estaré aquí mañana
3 (*referring to movement*): **where have you been?** ¿dónde has estado?
▶ *impers vb* **1** (*referring to time*): **it's 5 o'clock** son las 5; **it's the 28th of April** estamos a 28 de abril
2 (*referring to distance*): **it's 10 km to the village** el pueblo está a 10 km
3 (*referring to the weather*): **it's too hot/cold** hace demasiado calor/frío; **it's windy today** hace viento hoy
4 (*emphatic*): **it's me** soy yo; **it was Maria who paid the bill** fue María la que pagó la cuenta

beach [biːtʃ] *n* playa ▷ *vt* varar
beacon [ˈbiːkən] *n* (*lighthouse*) faro; (*marker*) guía
bead [biːd] *n* cuenta; (*of dew, sweat*) gota; **beads** *npl* (*necklace*) collar *m*
beak [biːk] *n* pico
beam [biːm] *n* (*Arch*) viga; (*of light*) rayo, haz *m* de luz ▷ *vi* brillar; (*smile*) sonreír
bean [biːn] *n* judía; **runner/broad ~** habichuela/haba; **coffee ~** grano de café; **bean sprouts** *npl* brotes *mpl* de soja
bear [bɛəʳ] (*pt* **bore**, *pp* **borne**) *n* oso ▷ *vt* (*weight etc*) llevar; (*cost*) pagar; (*responsibility*) tener; (*endure*) soportar, aguantar; (*children*) tener; (*fruit*) dar ▷ *vi*: **to ~ right/left** torcer a la derecha/izquierda

beard [bɪəd] *n* barba
bearer ['bɛərəʳ] *n* portador(a) *m/f*
bearing ['bɛərɪŋ] *n* porte *m*; (*connection*) relación *f*
beast [bi:st] *n* bestia; (*inf*) bruto, salvaje *m*
beat [bi:t] (*pt* **beat**, *pp* **beaten** ['bi:tn]) *n* (*of heart*) latido; (*Mus*) ritmo, compás *m*; (*of policeman*) ronda ▷ *vt* (*hit*) golpear, pegar; (*eggs*) batir; (*defeat*) vencer, derrotar; (*better*) sobrepasar; (*drum*) redoblar ▷ *vi* (*heart*) latir; **off the ~en track** aislado; **to ~ it** largarse; **beat up** *vt* (*inf*: *person*) dar una paliza a; **beating** *n* paliza
beautiful ['bju:tɪful] *adj* hermoso, bello; **beautifully** *adv* de maravilla
beauty ['bju:tɪ] *n* belleza; **beauty parlour**, (*US*) **beauty parlor** *n* salón *m* de belleza; **beauty salon** *n* salón *m* de belleza; **beauty spot** *n* (*Tourism*) lugar *m* pintoresco
beaver ['bi:vəʳ] *n* castor *m*
became [bɪ'keɪm] *pt of* **become**
because [bɪ'kɔz] *conj* porque; **~ of** *prep* debido a, a causa de
beckon ['bɛkən] *vt* (*also*: **~ to**) llamar con señas
become [bɪ'kʌm] (*irreg*: *like* **come**) *vi* (+ *noun*) hacerse, llegar a ser; (+ *adj*) ponerse, volverse ▷ *vt* (*suit*) favorecer, sentar bien a; **to ~ fat** engordar
bed [bɛd] *n* cama; (*of flowers*) macizo; (*of sea, lake*) fondo; (*of river*) lecho; (*of coal, clay*) capa; **to go to ~** acostarse; **bed and breakfast** *n* ≈ pensión *f*; *ver nota* **"bed and breakfast"**; **bedclothes** *npl* ropa de cama; **bedding** *n* ropa de cama; **bed linen** *n* (*BRIT*) ropa *f* de cama; **bedroom** *n* dormitorio; **bedside** *n*: **at sb's bedside** a la cabecera de alguien; **bedside lamp** *n* lámpara de noche; **bedside table** *n* mesilla de noche; **bedsit(ter)** *n* (*BRIT*) estudio; **bedspread** *n* cubrecama *m*, colcha; **bedtime** *n* hora de acostarse

BED AND BREAKFAST

Se llama *Bed and Breakfast* a la casa de hospedaje particular, o granja si es en el campo, que ofrece cama y desayuno a tarifas inferiores a las de un hotel. El servicio se suele anunciar con carteles colocados en las ventanas del establecimiento, en el jardín o en la carretera y en ellos aparece a menudo únicamente el símbolo "*B & B*".

bee [bi:] *n* abeja
beech [bi:tʃ] *n* haya
beef [bi:f] *n* carne *f* de vaca; **roast ~** rosbif *m*; **beefburger** *n* hamburguesa
been [bi:n] *pp of* **be**
beer [bɪəʳ] *n* cerveza; **beer garden** *n* (*BRIT*) terraza *f* de verano, jardín *m* (de un bar)
beet [bi:t] *n* (*US*) remolacha
beetle ['bi:tl] *n* escarabajo
beetroot ['bi:tru:t] *n* (*BRIT*) remolacha
before [bɪ'fɔ:ʳ] *prep* (*of time*) antes de; (*of space*) delante de ▷ *conj* antes (de) que ▷ *adv* (*time*) antes; (*space*) delante, adelante; **~ going** antes de marcharse; **~ she goes** antes de que se vaya; **the week ~** la semana anterior; **I've never seen it ~** no lo he visto nunca; **beforehand** *adv* de antemano, con anticipación
beg [bɛg] *vi* pedir limosna ▷ *vt* pedir, rogar; (*entreat*) suplicar; **to ~ sb to do sth** rogar a algn que haga algo; *see also* **pardon**
began [bɪ'gæn] *pt of* **begin**
beggar ['bɛgəʳ] *n* mendigo/a
begin [bɪ'gɪn] (*pt* **began**, *pp* **begun**) *vt*, *vi* empezar, comenzar; **to ~ doing** *or* **to do sth** empezar a hacer algo; **beginner** *n* principiante *mf*; **beginning** *n* principio, comienzo
begun [bɪ'gʌn] *pp of* **begin**
behalf [bɪ'hɑ:f] *n*: **on ~ of** en nombre de, por; (*for benefit of*) en beneficio de; **on my/his ~** por mí/él

behave [bɪ'heɪv] *vi* (*person*) portarse, comportarse; (*well*: *also*: **~ o.s.**) portarse bien; **behaviour,** (*US*) **behavior** *n* comportamiento, conducta

behind [bɪ'haɪnd] *prep* detrás de ▷ *adv* detrás, por detrás, atrás ▷ *n* trasero; **to be ~ (schedule)** ir retrasado; **~ the scenes** (*fig*) entre bastidores

beige [beɪʒ] *adj* (color) beige

Beijing ['beɪ'dʒɪŋ] *n* Pekín *m*

being ['bi:ɪŋ] *n* ser *m*; **to come into ~** nacer, aparecer

belated [bɪ'leɪtɪd] *adj* atrasado, tardío

belch [bɛltʃ] *vi* eructar ▷ *vt* (*also*: **~ out**: *smoke etc*) arrojar

Belgian ['bɛldʒən] *adj*, *n* belga *mf*

Belgium ['bɛldʒəm] *n* Bélgica

belief [bɪ'li:f] *n* opinión *f*; (*trust*, *faith*) fe *f*

believe [bɪ'li:v] *vt*, *vi* creer; **to ~ in** creer en; **believer** *n* partidario/a; (*Rel*) creyente *mf*, fiel *mf*

bell [bɛl] *n* campana; (*small*) campanilla; (*on door*) timbre *m*

bellboy ['bɛlbɔɪ], (*US*) **bellhop** ['bɛlhɔp] *n* botones *m inv*

bellow ['bɛləu] *vi* bramar; (*person*) rugir

bell pepper *n* (*esp US*) pimiento, pimentón *m* (*LAm*)

belly ['bɛlɪ] *n* barriga, panza; **belly button** (*inf*) *n* ombligo

belong [bɪ'lɔŋ] *vi*: **to ~ to** pertenecer a; (*club etc*) ser socio de; **this book ~s here** este libro va aquí; **belongings** *npl* pertenencias *fpl*

beloved [bɪ'lʌvɪd] *adj*, *n* querido/a

below [bɪ'ləu] *prep* bajo, debajo de; (*less than*) inferior a ▷ *adv* abajo, (por) debajo; **see ~** véase más abajo

belt [bɛlt] *n* cinturón *m*; (*Tech*) correa, cinta ▷ *vt* (*thrash*) pegar con correa; **beltway** *n* (*US Aut*) carretera de circunvalación

bemused [bɪ'mju:zd] *adj* perplejo

bench [bɛntʃ] *n* banco; (*BRIT Pol*): **the Government/Opposition ~es** (los asientos de) los miembros del Gobierno/de la Oposición; **the B~** (*Law*) la magistratura

bend [bɛnd] (*pt*, *pp* **bent**) *vt* doblar ▷ *vi* inclinarse ▷ *n* (*in road*, *river*) recodo; (*in pipe*) codo; **bend down** *vi* inclinarse, doblarse; **bend over** *vi* inclinarse

beneath [bɪ'ni:θ] *prep* bajo, debajo de; (*unworthy of*) indigno de ▷ *adv* abajo, (por) debajo

beneficial [bɛnɪ'fɪʃəl] *adj*: **~ to** beneficioso para

benefit ['bɛnɪfɪt] *n* beneficio; (*allowance of money*) subsidio ▷ *vt* beneficiar ▷ *vi*: **he'll ~ from it** le sacará provecho

benign [bɪ'naɪn] *adj* benigno; (*smile*) afable

bent [bɛnt] *pt*, *pp of* **bend** ▷ *n* inclinación *f* ▷ *adj*: **to be ~ on** estar empeñado en

bereaved [bɪ'ri:vd] *n*: **the ~** los allegados *mpl* del difunto

beret ['bɛreɪ] *n* boina

Berlin [bə:'lɪn] *n* Berlín *m*

Bermuda [bə:'mju:də] *n* las (Islas) Bermudas

berry ['bɛrɪ] *n* baya

berth [bə:θ] *n* (*bed*) litera; (*cabin*) camarote *m*; (*for ship*) amarradero ▷ *vi* atracar, amarrar

beside [bɪ'saɪd] *prep* junto a, al lado de; **to be ~ o.s. with anger** estar fuera de sí; **that's ~ the point** eso no tiene nada que ver; **besides** *adv* además ▷ *prep* además de

best [bɛst] *adj* (el/la) mejor ▷ *adv* (lo) mejor; **the ~ part of** (*most*) la mayor parte de; **at ~** en el mejor de los casos; **to make the ~ of sth** sacar el mejor partido de algo; **to do one's ~** hacer todo lo posible; **to the ~ of my knowledge** que yo sepa; **to the ~ of my ability** como mejor puedo; **best-before date** *n* fecha de consumo preferente; **best man** *n* padrino de boda; **bestseller** *n* éxito de ventas, bestseller *m*

bet [bɛt] *n* apuesta ▷ *vt, vi* (*pt, pp* **bet** *or* **betted**): **to ~ (on)** apostar (a)
betray [bɪ'treɪ] *vt* traicionar; (*trust*) faltar a
better ['bɛtəʳ] *adj* mejor ▷ *adv* mejor ▷ *vt* superar ▷ *n*: **to get the ~ of sb** quedar por encima de algn; **you had ~ do it** más vale que lo hagas; **he thought ~ of it** cambió de parecer; **to get ~** mejorar(se)
betting ['bɛtɪŋ] *n* juego, apuestas *fpl*; **betting shop** *n* (BRIT) casa de apuestas
between [bɪ'twi:n] *prep* entre ▷ *adv* (*time*) mientras tanto; (*place*) en medio
beverage ['bɛvərɪdʒ] *n* bebida
beware [bɪ'wɛəʳ] *vi*: **to ~ (of)** tener cuidado (con); **"~ of the dog"** "perro peligroso"
bewildered [bɪ'wɪldəd] *adj* aturdido, perplejo
beyond [bɪ'jɔnd] *prep* más allá de; (*past*: *understanding*) fuera de; (*after*: *date*) después de, más allá de; (*above*) superior a ▷ *adv* (*in space*) más allá; (*in time*) posteriormente; **~ doubt** fuera de toda duda; **~ repair** irreparable
bias ['baɪəs] *n* (*prejudice*) prejuicio; (*preference*) predisposición *f*
bias(s)ed ['baɪəst] *adj* parcial
bib [bɪb] *n* babero
Bible ['baɪbl] *n* Biblia
bicarbonate of soda [baɪ'kɑ:bənɪt-] *n* bicarbonato sódico
biceps ['baɪseps] *n* bíceps *m*
bicycle ['baɪsɪkl] *n* bicicleta; **bicycle pump** *n* bomba de bicicleta
bid [bɪd] *n* oferta, postura; (*attempt*) tentativa, conato ▷ *vi* hacer una oferta ▷ *vt* (*offer*) ofrecer; **to ~ sb good day** dar a algn los buenos días; **bidder** *n*: **the highest bidder** el mejor postor
bidet ['bi:deɪ] *n* bidet *m*
big [bɪg] *adj* grande; (*brother, sister*) mayor; **bigheaded** *adj* engreído; **big toe** *n* dedo gordo (del pie)
bike [baɪk] *n* bici *f*; **bike lane** *n* carril *m* bici
bikini [bɪ'ki:nɪ] *n* bikini *m*
bilateral [baɪ'lætərl] *adj* (*agreement*) bilateral
bilingual [baɪ'lɪŋgwəl] *adj* bilingüe
bill [bɪl] *n* cuenta; (*invoice*) factura; (*Pol*) proyecto de ley; (*US*: *banknote*) billete *m*; (*of bird*) pico; (*Theat*) programa *m*; **"post no ~s"** "prohibido fijar carteles"; **to fit** *or* **fill the ~** (*fig*) cumplir con los requisitos; **billboard** *n* valla publicitaria; **billfold** *n* (US) cartera
billiards ['bɪljədz] *n* billar *m*
billion ['bɪljən] *n* (BRIT) billón *m*; (US) mil millones *mpl*
bin [bɪn] *n* cubo *or* bote *m* (LAM) de la basura; (*litterbin*) papelera
bind (*pt, pp* **bound**) [baɪnd, baʊnd] *vt* atar; (*book*) encuadernar; (*oblige*) obligar ▷ *n* (*inf*: *nuisance*) lata
binge [bɪndʒ] *n*: **to go on a ~** ir de juerga
bingo ['bɪŋgəʊ] *n* bingo *m*
binoculars [bɪ'nɔkjuləz] *npl* prismáticos *mpl*
bio...: biochemistry [baɪə'kɛmɪstrɪ] *n* bioquímica; **biodegradable** ['baɪəʊdɪ'greɪdəbl] *adj* biodegradable; **biofuel** ['baɪəʊfjʊəl] *n* biocombustible *m*, biocarburante *m*; **biography** [baɪ'ɔgrəfɪ] *n* biografía; **biological** [baɪə'lɔdʒɪkəl] *adj* biológico; **biology** [baɪ'ɔlədʒɪ] *n* biología; **biometric** [baɪə'mɛtrɪk] *adj* biométrico
bipolar [baɪ'pəʊləʳ] *adj* bipolar
birch [bə:tʃ] *n* abedul *m*
bird [bə:d] *n* ave *f*, pájaro; (BRIT *inf*: *girl*) chica; **bird flu** *n* gripe aviar; **bird of prey** *n* ave *f* de presa; **bird-watching** *n*: **he likes to go bird-watching on Sundays** los domingos le gusta ir a ver pájaros
Biro® ['baɪrəʊ] *n* bolígrafo
birth [bə:θ] *n* nacimiento; (*Med*) parto; **to give ~ to** parir, dar a luz a; (*fig*) dar origen a; **birth certificate** *n* partida de nacimiento; **birth control** *n*

control *m* de natalidad; (*methods*) métodos *mpl* anticonceptivos; **birthday** *n* cumpleaños *m inv*; **birthmark** *n* antojo, marca de nacimiento; **birthplace** *n* lugar *m* de nacimiento

biscuit ['bɪskɪt] *n* (BRIT) galleta

bishop ['bɪʃəp] *n* obispo; (*Chess*) alfil *m*

bistro ['bi:strəu] *n* café-bar *m*

bit [bɪt] *pt of* **bite** ▷ *n* trozo, pedazo, pedacito; (*Comput*) bit *m*; (*for horse*) freno, bocado; **a ~ of** un poco de; **a ~ mad** un poco loco; **~ by ~** poco a poco

bitch [bɪtʃ] *n* (*dog*) perra; (*inf!*: *woman*) zorra (*!*)

bite [baɪt] *vt, vi* (*pt* **bit**, *pp* **bitten**) morder; (*insect etc*) picar ▷ *n* (*of insect*) picadura; (*mouthful*) bocado; **to ~ one's nails** morderse las uñas; **let's have a ~ (to eat)** vamos a comer algo

bitten ['bɪtn] *pp of* **bite**

bitter ['bɪtəʳ] *adj* amargo; (*wind, criticism*) cortante, penetrante; (*battle*) encarnizado ▷ *n* (BRIT: *beer*) *cerveza típica británica a base de lúpulos*

bizarre [bɪ'za:ʳ] *adj* raro, extraño

black [blæk] *adj* negro ▷ *n* color *m* negro ▷ *vt* (BRIT *Industry*) boicotear; **to give sb a ~ eye** ponerle a algn el ojo morado; **~ coffee** café *m* solo; **~ and blue** *adj* amoratado; **black out** *vi* (*faint*) desmayarse; **blackberry** *n* zarzamora; **blackbird** *n* mirlo; **blackboard** *n* pizarra; **blackcurrant** *n* grosella negra; **black ice** *n* hielo invisible en la carretera; **blackmail** *n* chantaje *m* ▷ *vt* chantajear; **black market** *n* mercado negro; **blackout** *n* (*Elec*) apagón *m*; (*TV*) bloqueo informativo; (*fainting*) desmayo, pérdida de conocimiento; **black pepper** *n* pimienta *f* negra; **black pudding** *n* morcilla; **Black Sea** *n*: **the Black Sea** el Mar Negro

bladder ['blædəʳ] *n* vejiga

blade [bleɪd] *n* hoja; **a ~ of grass** una brizna de hierba

blame [bleɪm] *n* culpa ▷ *vt*: **to ~ sb for sth** echar a algn la culpa de algo; **to be to ~ (for)** tener la culpa (de)

bland [blænd] *adj* (*taste*) soso

blank [blæŋk] *adj* en blanco; (*look*) sin expresión ▷ *n* blanco, espacio en blanco; (*cartridge*) cartucho sin bala *or* de fogueo; **my mind is a ~** no puedo recordar nada

blanket ['blæŋkɪt] *n* manta, cobija (LAM); (*of snow*) capa; (*of fog*) manto

blast [bla:st] *n* (*of wind*) ráfaga, soplo; (*of explosive*) explosión *f* ▷ *vt* (*blow up*) volar

blatant ['bleɪtənt] *adj* descarado

blaze [bleɪz] *n* (*fire*) fuego; (*fig*) arranque *m* ▷ *vi* (*fire*) arder en llamas; (*fig*) brillar ▷ *vt*: **to ~ a trail** (*fig*) abrir (un) camino; **in a ~ of publicity** bajo los focos de la publicidad

blazer ['bleɪzəʳ] *n chaqueta de uniforme de colegial o de socio de club*

bleach [bli:tʃ] *n* (*also*: **household ~**) lejía ▷ *vt* blanquear; **bleachers** *npl* (US *Sport*) gradas *fpl*

bleak [bli:k] *adj* (*countryside*) desierto; (*weather*) desapacible; (*smile*) triste; (*prospect, future*) poco prometedor(a)

bled [bled] *pt, pp of* **bleed**

bleed [bli:d] (*pt, pp* **bled**) *vt* sangrar ▷ *vi* sangrar; **my nose is ~ing** me está sangrando la nariz

blemish ['blemɪʃ] *n* marca, mancha; (*on reputation*) tacha

blend [blend] *n* mezcla ▷ *vt* mezclar ▷ *vi* (*colours etc*) combinarse, mezclarse; **blender** *n* (*Culin*) batidora

bless (*pt, pp* **blessed** *or* **blest**) [bles, blest] *vt* bendecir; **~ you!** (*after sneeze*) ¡Jesús!; **blessing** *n* bendición *f*; (*advantage*) beneficio, ventaja; **it was a blessing in disguise** no hay mal que por bien no venga

blew [blu:] *pt of* **blow**

blight [blaɪt] *vt* (*hopes etc*) frustrar, arruinar

blind [blaɪnd] *adj* ciego ▷ *n* (*for window*) persiana ▷ *vt* cegar; (*dazzle*) deslumbrar; **to ~ sb to ...** (*deceive*) cegar a algn a ...; **~ people** los ciegos; **blind alley** *n* callejón *m* sin salida; **blindfold** *n* venda ▷ *adv* con los ojos vendados ▷ *vt* vendar los ojos a

blink [blɪŋk] *vi* parpadear, pestañear; (*light*) oscilar

bliss [blɪs] *n* felicidad *f*

blister ['blɪstəʳ] *n* ampolla ▷ *vi* ampollarse

blizzard ['blɪzəd] *n* ventisca

bloated ['bləʊtɪd] *adj* hinchado

blob [blɔb] *n* (*drop*) gota; (*stain, spot*) mancha

block [blɔk] *n* (*also Comput*) bloque *m*; (*in pipes*) obstáculo; (*of buildings*) manzana, cuadra (*LAM*) ▷ *vt* obstruir, cerrar; (*progress*) estorbar; **~ of flats** (*BRIT*) bloque *m* de pisos; **mental ~** bloqueo mental; **block up** *vt* tapar, obstruir; (*pipe*) atascar; **blockade** [blɔ'keɪd] *n* bloqueo ▷ *vt* bloquear; **blockage** *n* estorbo, obstrucción *f*; **blockbuster** *n* (*book*) best-seller *m*; (*film*) éxito de público; **block capitals** *npl* mayúsculas *fpl*; **block letters** *npl* mayúsculas *fpl*

blog [blɔg] *n* blog *m* ▷ *vi* bloguear; **he ~s about politics** tiene un blog sobre política

blogger ['blɔgəʳ] *n* (*inf: person*) blogero/a

blogosphere ['blɔgəsfɪəʳ] *n* blogosfera

bloke [bləʊk] *n* (*BRIT inf*) tipo, tío

blond, blonde [blɔnd] *adj, n* rubio/a

blood [blʌd] *n* sangre *f*; **blood donor** *n* donante *mf* de sangre; **blood group** *n* grupo sanguíneo; **blood poisoning** *n* septicemia, envenenamiento de la sangre; **blood pressure** *n* tensión *f*, presión *f* sanguínea; **bloodshed** *n* baño de sangre; **bloodshot** *adj* inyectado en sangre; **bloodstream** *n* corriente *f* sanguínea; **blood test** *n* análisis *m* de sangre; **blood transfusion** *n* transfusión *f* de sangre; **blood type** *n* grupo sanguíneo; **blood vessel** *n* vaso sanguíneo; **bloody** *adj* sangriento; (*BRIT inf!*): **this bloody ...** este condenado *or* puñetero *or* fregado (*LAM ... !*) ▷ *adv* (*BRIT inf!*): **bloody strong/good** terriblemente fuerte/bueno

bloom [blu:m] *n* floración *f* ▷ *vi* florecer

blossom ['blɔsəm] *n* flor *f* ▷ *vi* florecer

blot [blɔt] *n* borrón *m* ▷ *vt* (*stain*) manchar

blouse [blauz] *n* blusa

blow [bləʊ] (*pt* **blew**, *pp* **blown**) *n* golpe *m* ▷ *vi* soplar; (*fuse*) fundirse ▷ *vt* (*fuse*) quemar; (*instrument*) tocar; **to ~ one's nose** sonarse; **blow away** *vt* llevarse, arrancar; **blow out** *vt* apagar ▷ *vi* apagarse; **blow up** *vi* estallar ▷ *vt* volar; (*tyre*) inflar; (*Phot*) ampliar; **blow-dry** *n* secado con secador de mano

blown [bləʊn] *pp of* **blow**

blue [blu:] *adj* azul; **~ film** película porno; **~ joke** chiste verde; **to come out of the ~** (*fig*) ser completamente inesperado; **bluebell** *n* campanilla, campánula azul; **blueberry** *n* arándano; **blue cheese** *n* queso azul; **blues** *npl*: **the blues** (*Mus*) el blues; **to have the blues** estar triste; **bluetit** *n* herrerillo *m* (común)

bluff [blʌf] *vi* tirarse un farol, farolear ▷ *n* farol *m*; **to call sb's ~** coger a algn en un renuncio

blunder ['blʌndəʳ] *n* patinazo, metedura de pata ▷ *vi* cometer un error, meter la pata

blunt [blʌnt] *adj* (*knife*) desafilado; (*person*) franco, directo

blur [blə:ʳ] *n* aspecto borroso; **to become a ~** hacerse borroso ▷ *vt* (*vision*) enturbiar; **blurred** *adj* borroso

blush [blʌʃ] *vi* ruborizarse, ponerse colorado ▷ *n* rubor *m*; **blusher** *n* colorete *m*

board [bɔ:d] *n* tabla, tablero; (*on wall*) tablón *m*; (*for chess etc*) tablero; (*committee*) junta, consejo; (*in firm*) mesa *or* junta directiva; (*Naut, Aviat*): **on ~** a bordo ▷ *vt* (*ship*) embarcarse en; (*train*) subir a; **full ~** (BRIT) pensión *f* completa; **half ~** (BRIT) media pensión; **to go by the ~** (*fig*) irse por la borda; **board game** *n* juego de tablero; **boarding card** *n* (BRIT *Aviat*, *Naut*) tarjeta de embarque; **boarding pass** *n* (US) = **boarding card**; **boarding school** *n* internado; **board room** *n* sala de juntas

boast [bəust] *vi*: **to ~ (about** *or* **of)** alardear (de)

boat [bəut] *n* barco, buque *m*; (*small*) barca, bote *m*

bob [bɔb] *vi* (*also*: **~ up and down**) menearse, balancearse

body ['bɔdɪ] *n* cuerpo; (*corpse*) cadáver *m*; (*of car*) caja, carrocería; (*fig*: *public body*) organismo; **body-building** *n* culturismo; **bodyguard** *n* guardaespaldas *m inv*; **bodywork** *n* carrocería

bog [bɔg] *n* pantano, ciénaga ▷ *vt*: **to get ~ged down** (*fig*) empantanarse, atascarse

bogus ['bəugəs] *adj* falso, fraudulento

boil [bɔɪl] *vt* hervir; (*eggs*) pasar por agua ▷ *vi* hervir; (*fig*: *with anger*) estar furioso ▷ *n* (*Med*) furúnculo, divieso; **to come to the** (BRIT) *or* **a** (US) **~** comenzar a hervir; **~ed egg** huevo pasado por agua; **~ed potatoes** patatas *fpl or* papas *fpl* (LAM) cocidas; **boil over** *vi* (*liquid*) salirse; (*anger, resentment*) llegar al colmo; **boiler** *n* caldera; **boiling** *adj*: **I'm boiling (hot)** (*inf*) estoy asado; **boiling point** *n* punto de ebullición *f*

bold [bəuld] *adj* valiente, audaz; (*pej*) descarado; (*colour*) llamativo

Bolivia [bə'lɪvɪə] *n* Bolivia; **Bolivian** *adj*, *n* boliviano/a

bollard ['bɔləd] *n* (BRIT *Aut*) poste *m*

bolt [bəult] *n* (*lock*) cerrojo; (*with nut*) perno, tornillo ▷ *adv*: **~ upright** rígido, erguido ▷ *vt* (*door*) echar el cerrojo a; (*food*) engullir ▷ *vi* fugarse; (*horse*) desbocarse

bomb [bɔm] *n* bomba ▷ *vt* bombardear

bombard [bɔm'bɑ:d] *vt* bombardear; (*fig*) asediar

bomb: bomber *n* (*Aviat*) bombardero; **bomb scare** *n* amenaza de bomba

bond [bɔnd] *n* (*binding promise*) fianza; (*Finance*) bono; (*link*) vínculo, lazo; **in ~** (*Comm*) en depósito bajo fianza

bone [bəun] *n* hueso; (*of fish*) espina ▷ *vt* deshuesar; quitar las espinas a

bonfire ['bɔnfaɪəʳ] *n* hoguera, fogata

bonnet ['bɔnɪt] *n* gorra; (BRIT: *of car*) capó *m*

bonus ['bəunəs] *n* (*payment*) paga extraordinaria, plus *m*; (*fig*) bendición *f*

boo [bu:] *excl* ¡uh! ▷ *vt* abuchear

book [buk] *n* libro; (*of stamps etc*) librillo; **~s** (*Comm*) cuentas *fpl*, contabilidad *f* ▷ *vt* (*ticket, seat, room*) reservar; **book in** *vi* (*at hotel*) registrarse; **book up** *vt*: **the hotel is ~ed up** el hotel está completo; **bookcase** *n* librería, estante *m* para libros; **booking** *n* reserva; **booking office** *n* (BRIT: *Rail*) despacho de billetes *or* boletos (LAM); (: *Theat*) taquilla, boletería (LAM); **book-keeping** *n* contabilidad *f*; **booklet** *n* folleto; **bookmaker** *n* corredor *m* de apuestas; **bookmark** *n* (*Comput*) favorito, marcador *m*; **bookseller** *n* librero/a; **bookshelf** *n* estante *m*; **bookshop** *n* librería

book store *n* = **bookshop**

boom [bu:m] *n* (*noise*) trueno, estampido; (*in prices etc*) alza rápida; (*Econ*) boom *m* ▷ *vi* (*cannon*) hacer gran estruendo, retumbar; (*Econ*) estar en alza

boost [bu:st] *n* estímulo, empuje *m* ▷ *vt* estimular, empujar

boot [bu:t] *n* bota; (BRIT: *of car*) maleta, maletero ▷ *vt* (*Comput*) arrancar; **to ~** (*in addition*) además, por añadidura

booth [bu:ð] *n* (*telephone booth, voting booth*) cabina

booze [buːz] (*inf*) *n* bebida
border ['bɔːdəʳ] *n* borde *m*, margen *m*; (*of a country*) frontera; (*for flowers*) arriate *m* ▷ *adj* fronterizo; **the B~s** *región fronteriza entre Escocia e Inglaterra*; **border on** *vt fus* lindar con; **borderline** *n* (*fig*) frontera; **on the borderline** en el límite
bore [bɔːʳ] *pt of* **bear** ▷ *vt* (*hole*) hacer; (*person*) aburrir ▷ *n* (*person*) pelmazo, pesado; (*of gun*) calibre *m*; **bored** *adj* aburrido; **he's bored to tears** *or* **to death** *or* **stiff** está aburrido como una ostra, está muerto de aburrimiento; **boredom** *n* aburrimiento
boring ['bɔːrɪŋ] *adj* aburrido
born [bɔːn] *adj*: **to be ~** nacer; **I was ~ in 1960** nací en 1960
borne [bɔːn] *pp of* **bear**
borough ['bʌrə] *n* municipio
borrow ['bɔrəu] *vt*: **to ~ sth (from sb)** tomar algo prestado (a alguien)
Bosnia ['bɔznɪə] *n* Bosnia; **Bosnia-Herzegovina, Bosnia-Hercegovina** ['bɔsnɪəhɛrzə'gəuviːnə] *n* Bosnia-Herzegovina; **Bosnian** *adj, n* bosnio/a
bosom ['buzəm] *n* pecho
boss [bɔs] *n* jefe/a *m/f* ▷ *vt* (*also*: **~ about** *or* **around**) mangonear; **bossy** *adj* mandón/ona
both [bəuθ] *adj, pron* ambos/as, los/las dos; **~ of us went, we ~ went** fuimos los dos, ambos fuimos ▷ *adv*: **~ A and B** tanto A como B
bother ['bɔðəʳ] *vt* (*worry*) preocupar; (*disturb*) molestar, fastidiar ▷ *vi*: **to ~ o.s.** molestarse ▷ *n* (*trouble*) dificultad *f*; (*nuisance*) molestia, lata; **to ~ doing** tomarse la molestia de hacer
bottle ['bɔtl] *n* botella; (*small*) frasco; (*baby's*) biberón *m* ▷ *vt* embotellar; **bottle bank** *n* contenedor *m* de vidrio; **bottle-opener** *n* abrebotellas *m inv*
bottom ['bɔtəm] *n* (*of box, sea*) fondo; (*buttocks*) trasero, culo; (*of page, mountain, tree*) pie *m*; (*of list*) final *m* ▷ *adj* (*lowest*) más bajo; (*last*) último
bought [bɔːt] *pt, pp of* **buy**
boulder ['bəuldəʳ] *n* canto rodado
bounce [bauns] *vi* (*ball*) (re)botar; (*cheque*) ser rechazado ▷ *vt* hacer (re)botar ▷ *n* (*rebound*) (re)bote *m*; **bouncer** *n* (*inf*) gorila *m*
bound [baund] *pt, pp of* **bind** ▷ *n* (*leap*) salto; (*gen pl*: *limit*) límite *m* ▷ *vi* (*leap*) saltar ▷ *adj*: **~ by** rodeado de; **to be ~ to do sth** (*obliged*) tener el deber de hacer algo; **he's ~ to come** es seguro que vendrá; **"out of ~s to the public"** "prohibido el paso"; **~ for** con destino a
boundary ['baundrɪ] *n* límite *m*
bouquet ['bukeɪ] *n* (*of flowers*) ramo
bourbon ['buəbən] *n* (*US*: *also*: **~ whiskey**) whisky *m* americano, bourbon *m*
bout [baut] *n* (*of malaria etc*) ataque *m*; (*Boxing etc*) combate *m*, encuentro
boutique [buː'tiːk] *n* boutique *f*, tienda de ropa
bow¹ [bəu] *n* (*knot*) lazo; (*weapon, Mus*) arco
bow² [bau] *n* (*of the head*) reverencia; (*Naut*: *also*: **~s**) proa ▷ *vi* inclinarse, hacer una reverencia
bowels ['bauəlz] *npl* intestinos *mpl*, vientre *m*; (*fig*) entrañas *fpl*
bowl [bəul] *n* tazón *m*, cuenco; (*ball*) bola ▷ *vi* (*Cricket*) arrojar la pelota; *see also* **bowls**; **bowler** *n* (*Cricket*) lanzador *m* (de la pelota); (BRIT: *also*: **bowler hat**) hongo, bombín *m*; **bowling** *n* (*game*) bolos *mpl*; **bowling alley** *n* bolera; **bowling green** *n* pista para bochas; **bowls** *n* juego de los bolos, bochas *fpl*
bow tie ['bəu-] *n* corbata de lazo, pajarita
box [bɔks] *n* (*also*: **cardboard ~**) caja, cajón *m*; (*Theat*) palco ▷ *vt* encajonar ▷ *vi* (*Sport*) boxear; **boxer** *n* (*person*) boxeador *m*; (*dog*) bóxer *m*; **boxer shorts** *npl* bóxers; **a pair of boxer shorts** unos bóxers; **boxing** *n* (*Sport*) boxeo; **Boxing Day** *n* (BRIT) día *m* de San Esteban; **boxing gloves** *npl* guantes *mpl* de boxeo; **boxing ring**

n ring *m*, cuadrilátero; **box office** *n* taquilla, boletería (LAM)

boy [bɔɪ] *n* (*young*) niño; (*older*) muchacho, chico; (*son*) hijo; **boy band** *n* boy band *m* (*grupo musical de chicos*)

boycott ['bɔɪkɔt] *n* boicot *m* ▷ *vt* boicotear

boyfriend ['bɔɪfrɛnd] *n* novio

bra [brɑː] *n* sostén *m*, sujetador *m*

brace [breɪs] *n* (BRIT: *on teeth*) corrector *m*, aparato; (*tool*) berbiquí *m* ▷ *vt* asegurar, reforzar; **to ~ o.s. (for)** (*fig*) prepararse (para); *see also* **braces**

bracelet ['breɪslɪt] *n* pulsera, brazalete *m*

braces ['breɪsɪz] *npl* (*on teeth*) corrector *m*; (BRIT: *for trousers*) tirantes *mpl*

bracket ['brækɪt] *n* (*Tech*) soporte *m*, puntal *m*; (*group*) clase *f*, categoría; (*also*: **brace ~**) soporte *m*, abrazadera; (*also*: **round ~**) paréntesis *m inv*; **in ~s** entre paréntesis

brag [bræg] *vi* jactarse

braid [breɪd] *n* (*trimming*) galón *m*; (*of hair*) trenza

brain [breɪn] *n* cerebro; **brains** *npl* sesos *mpl*; **she's got ~s** es muy lista

braise [breɪz] *vt* cocer a fuego lento

brake [breɪk] *n* (*on vehicle*) freno ▷ *vi* frenar; **brake light** *n* luz *f* de frenado

bran [bræn] *n* salvado

branch [brɑːntʃ] *n* rama; (*Comm*) sucursal *f* ▷ *vi* ramificarse; (*fig*) extenderse; **branch off** *vi*: **a small road ~es off to the right** hay una carretera pequeña que sale hacia la derecha; **branch out** *vi* (*fig*) extenderse

brand [brænd] *n* marca; (*fig*: *type*) tipo ▷ *vt* (*cattle*) marcar con hierro candente; **brand name** *n* marca; **brand-new** *adj* flamante, completamente nuevo

brandy ['brændɪ] *n* coñac *m*

brash [bræʃ] *adj* (*cheeky*) descarado

brass [brɑːs] *n* latón *m*; **the ~** (*Mus*) los cobres; **brass band** *n* banda de metal

brat [bræt] *n* (*pej*) mocoso/a

brave [breɪv] *adj* valiente, valeroso ▷ *vt* (*challenge*) desafiar; (*resist*) aguantar; **bravery** *n* valor *m*, valentía

brawl [brɔːl] *n* pelea, reyerta

Brazil [brə'zɪl] *n* (el) Brasil; **Brazilian** *adj*, *n* brasileño/a

breach [briːtʃ] *vt* abrir brecha en ▷ *n* (*gap*) brecha; (*breaking*): **~ of contract** infracción *f* de contrato; **~ of the peace** perturbación *f* del orden público

bread [brɛd] *n* pan *m*; **breadbin** *n* panera; **breadbox** *n* (US) panera; **breadcrumbs** *npl* migajas *fpl*; (*Culin*) pan *msg* rallado

breadth [brɛtθ] *n* anchura; (*fig*) amplitud *f*

break [breɪk] (*pt* **broke**, *pp* **broken**) *vt* romper; (*promise*) faltar a; (*law*) violar, infringir; (*record*) batir ▷ *vi* romperse, quebrarse; (*storm*) estallar; (*weather*) cambiar; (*news etc*) darse a conocer ▷ *n* (*gap*) abertura; (*fracture*) fractura; (*time*) intervalo; (: *at school*) (período de) recreo; (*chance*) oportunidad *f*; **break down** *vt* (*figures*, *data*) analizar, descomponer ▷ *vi* estropearse; (*Aut*) averiarse; (*person*) romper a llorar; (*talks*) fracasar; **break in** *vt* (*horse etc*) domar ▷ *vi* (*burglar*) forzar una entrada; **break into** *vt fus* (*house*) forzar; **break off** *vi* (*speaker*) pararse, detenerse; (*branch*) partir; **break out** *vi* estallar; (*prisoner*) escaparse; **to ~ out in spots** salir a algn granos; **break up** *vi* (*marriage*) deshacerse; (*ship*) hacerse pedazos; (*crowd*, *meeting*) disolverse; (*Scol*) terminar (el curso); (*line*) cortarse ▷ *vt* (*rocks etc*) partir; (*journey*) partir; (*fight etc*) acabar con; **the line's** *or* **you're ~ing up** se corta; **breakdown** *n* (*Aut*) avería; (*in communications*) interrupción *f*; (*Med*: *also*: **nervous breakdown**) colapso, crisis *f* nerviosa; (*of marriage*, *talks*) fracaso; (*of figures*) desglose *m*;

breakdown truck, breakdown van *n* (camión *m*) grúa
breakfast ['brɛkfəst] *n* desayuno
break: break-in *n* robo con allanamiento de morada; **breakthrough** *n* (*fig*) avance *m*
breast [brɛst] *n* (*of woman*) pecho, seno; (*chest*) pecho; (*of bird*) pechuga; **breast-feed** *vt, vi* (*irreg*: *like* **feed**) amamantar, dar el pecho
breaststroke ['brɛststrəuk] *n* braza de pecho
breath [brɛθ] *n* aliento, respiración *f*; **to take a deep ~** respirar hondo; **out of ~** sin aliento, sofocado
Breathalyser® ['brɛθəlaɪzᵉʳ] *n* (BRIT) alcoholímetro *m*
breathe [briːð] *vt, vi* respirar; **breathe in** *vt, vi* aspirar; **breathe out** *vt, vi* espirar; **breathing** *n* respiración *f*
breath: breathless *adj* sin aliento, jadeante; **breathtaking** *adj* imponente, pasmoso; **breath test** *n* prueba de la alcoholemia
bred [brɛd] *pt, pp of* **breed**
breed [briːd] (*pt, pp* **bred**) *vt* criar ▷ *vi* reproducirse, procrear ▷ *n* raza, casta
breeze [briːz] *n* brisa
breezy ['briːzɪ] *adj* de mucho viento, ventoso; (*person*) despreocupado
brew [bruː] *vt* (*tea*) hacer; (*beer*) elaborar ▷ *vi* (*fig*: *trouble*) prepararse; (*storm*) amenazar; **brewery** *n* fábrica de cerveza
bribe [braɪb] *n* soborno ▷ *vt* sobornar, cohechar; **bribery** *n* soborno, cohecho
bric-a-brac ['brɪkəbræk] *n inv* baratijas *fpl*
brick [brɪk] *n* ladrillo; **bricklayer** *n* albañil *m*
bride *n* novia; **bridegroom** *n* novio; **bridesmaid** *n* dama de honor
bridge [brɪdʒ] *n* puente *m*; (*Naut*) puente *m* de mando; (*of nose*) caballete *m*; (*Cards*) bridge *m* ▷ *vt* (*fig*): **to ~ a gap** llenar un vacío
bridle ['braɪdl] *n* brida, freno
brief [briːf] *adj* breve, corto ▷ *n* (*Law*) escrito ▷ *vt* informar; **briefcase** *n* cartera, portafolio(s) *m inv* (LAM); **briefing** *n* (*Press*) informe *m*; **briefly** *adv* (*smile, glance*) brevemente; (*explain, say*) en pocas palabras
briefs *npl* (*for men*) calzoncillos *mpl*; (*for women*) bragas *fpl*
brigadier [brɪgəˈdɪəʳ] *n* general *m* de brigada
bright [braɪt] *adj* brillante; (*room*) luminoso; (*day*) de sol; (*person*: *clever*) listo, inteligente; (: *lively*) alegre; (*colour*) vivo; (*future*) prometedor(a)
brilliant ['brɪljənt] *adj* brillante; (*clever*) genial
brim [brɪm] *n* borde *m*; (*of hat*) ala
brine [braɪn] *n* (*Culin*) salmuera
bring [brɪŋ] (*pt, pp* **brought**) *vt* (*thing*) traer; (*person*) conducir; **bring about** *vt* ocasionar, producir; **bring back** *vt* volver a traer; (*return*) devolver; **bring down** *vt* (*government, plane*) derribar; (*price*) rebajar; **bring in** *vt* (*harvest*) recoger; (*person*) hacer entrar *or* pasar; (*object*) traer; (*Pol*: *bill, law*) presentar; (*produce*: *income*) producir, rendir; **bring on** *vt* (*illness, attack*) producir, causar; (*player, substitute*) sacar (de la reserva), hacer salir; **bring out** *vt* (*object*) sacar; (*book*) publicar; **bring round** *vt* (*unconscious person*) hacer volver en sí; (*convince*) convencer; **bring up** *vt* (*person*) educar, criar; (*question*) sacar a colación; (*food*: *vomit*) devolver, vomitar
brink [brɪŋk] *n* borde *m*
brisk [brɪsk] *adj* (*walk*) enérgico, vigoroso; (*speedy*) rápido; (*wind*) fresco; (*trade*) activo; (*abrupt*) brusco
bristle ['brɪsl] *n* cerda ▷ *vi* (*fur*) erizarse; **to ~ in anger** temblar de rabia
Brit [brɪt] *n abbr* (*inf*: = *British person*) británico/a
Britain ['brɪtən] *n* (*also*: **Great ~**) Gran Bretaña

British ['brɪtɪʃ] *adj* británico; **the British** *npl* los británicos; **the British Isles** *npl* las Islas Británicas
Briton ['brɪtən] *n* británico/a
brittle ['brɪtl] *adj* quebradizo, frágil
broad [brɔːd] *adj* ancho; (*range*) amplio; (*accent*) cerrado; **in ~ daylight** en pleno día; **broadband** *n* banda ancha; **broad bean** *n* haba; **broadcast** (*pt, pp* **broadcast**) *n* emisión *f* ▷ *vt* (*Radio*) emitir; (*TV*) transmitir ▷ *vi* emitir; transmitir; **broaden** *vt* ampliar ▷ *vi* ensancharse; **to broaden one's mind** hacer más tolerante a algn; **broadly** *adv* en general; **broad-minded** *adj* tolerante, liberal
broccoli ['brɔkəlɪ] *n* brécol *m*
brochure ['brəuʃjuəʳ] *n* folleto
broil [brɔɪl] *vt* (*US*) asar a la parrilla
broiler ['brɔɪləʳ] *n* (*grill*) parilla
broke [brəuk] *pt of* **break** ▷ *adj* (*inf*) pelado, sin blanca
broken ['brəukən] *pp of* **break** ▷ *adj* roto; **~ leg** pierna rota; **in ~ English** en un inglés chapurreado
broken-down ['brəukn'daun] *adj* (*car*) averiado; (*machine*) estropeado
broker ['brəukəʳ] *n* corredor(a) *m/f* de bolsa
bronchitis [brɔŋ'kaɪtɪs] *n* bronquitis *f*
bronze [brɔnz] *n* bronce *m*
brooch [brəutʃ] *n* broche *m*
brood [bruːd] *n* camada, cría ▷ *vi* (*hen*) empollar; **to ~ over** dar vueltas a
broom [brum] *n* escoba; (*Bot*) retama
Bros. *abbr* (*Comm*: = *Brothers*) Hnos
broth [brɔθ] *n* caldo
brothel ['brɔθl] *n* burdel *m*
brother ['brʌðəʳ] *n* hermano; **brother-in-law** *n* cuñado
brought [brɔːt] *pt, pp of* **bring**
brow [brau] *n* (*forehead*) frente *f*; (*eyebrow*) ceja; (*of hill*) cumbre *f*
brown [braun] *adj* marrón; (*hair*) castaño; (*tanned*) moreno ▷ *n* (*colour*) marrón *m* ▷ *vt* (*Culin*) dorar; **brown bread** *n* pan *m* integral
Brownie ['brauni] *n* niña exploradora
brown rice *n* arroz *m* integral
brown sugar *n* azúcar *m* moreno
browse [brauz] *vi* (*animal*) pacer; (*among books*) hojear libros; **to ~ through a book** hojear un libro; **browser** *n* (*Comput*) navegador *m*
bruise [bruːz] *n* (*on person*) cardenal *m* ▷ *vt* magullar
brunette [bruː'nɛt] *n* morena
brush [brʌʃ] *n* cepillo; (*for painting, shaving etc*) brocha; (*artist's*) pincel *m* ▷ *vt* (*sweep*) barrer; (*groom*) cepillar; **to ~ past, ~ against** rozar al pasar
Brussels ['brʌslz] *n* Bruselas
Brussels sprout *n* col *f* de Bruselas
brutal ['bruːtl] *adj* brutal
BSc *abbr* (= *Bachelor of Science*) *licenciado en Ciencias*
BSE *n abbr* (= *bovine spongiform encephalopathy*) encefalopatía espongiforme bovina
bubble ['bʌbl] *n* burbuja ▷ *vi* burbujear, borbotar; **bubble bath** *n* espuma para el baño; **bubble gum** *n* chicle *m* (de globo); **bubblejet printer** ['bʌbldʒɛt-] *n* impresora de inyección por burbujas
buck [bʌk] *n* (*rabbit*) macho; (*deer*) gamo; (*US inf*) dólar *m* ▷ *vi* corcovear; **to pass the ~ (to sb)** echar (a algn) el muerto
bucket ['bʌkɪt] *n* cubo, balde *m* (*esp LAm*); **bucket list** *n lista de cosas que hacer antes de morir*
buckle ['bʌkl] *n* hebilla ▷ *vt* abrochar con hebilla ▷ *vi* combarse
bud [bʌd] *n* (*of plant*) brote *m*, yema; (*of flower*) capullo ▷ *vi* brotar, echar brotes
Buddhism ['budɪzm] *n* Budismo
Buddhist ['budɪst] *adj, n* budista *mf*
buddy ['bʌdɪ] *n* (*US*) compañero, compinche *m*
budge [bʌdʒ] *vt* mover; (*fig*) hacer ceder ▷ *vi* moverse
budgerigar ['bʌdʒərɪgaːʳ] *n* periquito
budget ['bʌdʒɪt] *n* presupuesto ▷ *vi*: **to ~ for sth** presupuestar algo
budgie ['bʌdʒɪ] *n* = **budgerigar**

buff [bʌf] *adj* (*colour*) color de ante ▷ *n* (*enthusiast*) entusiasta *mf*

buffalo ['bʌfələu] (*pl* **buffalo** *or* **buffaloes**) *n* (BRIT) búfalo; (US: *bison*) bisonte *m*

buffer ['bʌfəʳ] *n* (*Rail*) tope *m*; (*Comput*) memoria intermedia, buffer *m*

buffet ['bufeɪ] *n* (BRIT: *bar*) bar *m*, cafetería; (*food*) buffet *m*; **buffet car** *n* (BRIT *Rail*) coche-restaurante *m*

bug [bʌg] *n* (*insect*) bicho, sabandija; (*germ*) microbio, bacilo; (*spy device*) micrófono oculto; (*Comput*) error *m* ▷ *vt* (*annoy*) fastidiar; (*room*) poner un micrófono oculto en

build [bɪld] *n* (*of person*) tipo ▷ *vt* (*pt, pp* **built**) construir, edificar; **build up** *vt* (*morale, forces, production*) acrecentar; (*stocks*) acumular; **builder** *n* (*contractor*) contratista *mf*

building ['bɪldɪŋ] *n* construcción *f*; (*habitation, offices*) edificio; **building site** *n* obra, solar *m* (SP); **building society** *n* (BRIT) sociedad *f* de préstamo inmobiliario

built [bɪlt] *pt, pp of* **build**; **built-in** *adj* (*cupboard*) empotrado; (*device*) interior, incorporado; **built-up** *adj* (*area*) urbanizado

bulb [bʌlb] *n* (*Bot*) bulbo; (*Elec*) bombilla, bombillo (LAM), foco (LAM)

Bulgaria [bʌl'gɛərɪə] *n* Bulgaria; **Bulgarian** *adj* búlgaro ▷ *n* búlgaro/a

bulge [bʌldʒ] *n* bulto ▷ *vi* bombearse, pandearse; **to ~ (with)** rebosar (de)

bulimia [bə'lɪmɪə] *n* bulimia

bulimic *adj, n* bulímico/a

bulk [bʌlk] *n* (*mass*) bulto, volumen *m*; **in ~** (*Comm*) a granel; **the ~ of** la mayor parte de; **bulky** *adj* voluminoso, abultado

bull [bul] *n* toro

bulldozer ['buldəuzəʳ] *n* buldozer *m*

bullet ['bulɪt] *n* bala; **~ wound** balazo

bulletin ['bulɪtɪn] *n* comunicado, parte *m*; (*journal*) boletín *m*; **bulletin board** *n* (US) tablón *m* de anuncios; (*Comput*) tablero de noticias

bullfight ['bulfaɪt] *n* corrida de toros; **bullfighter** *n* torero; **bullfighting** *n* los toros *mpl*, el toreo

bully ['bulɪ] *n* valentón *m*, matón *m* ▷ *vt* intimidar, tiranizar; **bullying** *n* (*at school*) acoso escolar

bum [bʌm] *n* (*inf*: BRIT: *backside*) culo; (*esp US*: *tramp*) vagabundo

bumblebee ['bʌmblbi:] *n* abejorro

bump [bʌmp] *n* (*blow*) tope *m*, choque *m*; (*jolt*) sacudida; (*on road etc*) bache *m*; (*on head*) chichón *m* ▷ *vt* (*strike*) chocar contra; **bump into** *vt fus* chocar contra, tropezar con; (*person*) topar con; **bumper** *n* (BRIT) parachoques *m inv* ▷ *adj*: **bumper crop/harvest** cosecha abundante; **bumpy** *adj* (*road*) lleno de baches

bun [bʌn] *n* (BRIT: *cake*) pastel *m*; (US: *bread*) bollo; (*of hair*) moño

bunch [bʌntʃ] *n* (*of flowers*) ramo; (*of keys*) manojo; (*of bananas*) piña; (*of people*) grupo; (*pej*) pandilla; **bunches** *npl* (*in hair*) coletas *fpl*

bundle ['bʌndl] *n* bulto, fardo; (*of sticks*) haz *m*; (*of papers*) legajo ▷ *vt* (*also*: **~ up**) atar, envolver; **to ~ sth/sb into** meter algo/a algn precipitadamente en

bungalow ['bʌŋgələu] *n* bungalow *m*, chalé *m*

bungee jumping ['bʌndʒi:'dʒʌmpɪŋ] *n* puenting *m*, banyi *m*

bunion ['bʌnjən] *n* juanete *m*

bunk [bʌŋk] *n* litera; **~ beds** *npl* literas *fpl*

bunker ['bʌŋkəʳ] *n* (*coal store*) carbonera; (*Mil*) refugio; (*Golf*) bunker *m*

bunny ['bʌnɪ] *n* (*also*: **~ rabbit**) conejito

buoy [bɔɪ] *n* boya; **buoyant** *adj* (*ship*) capaz de flotar; (*carefree*) boyante, optimista; (*Comm*: *market, prices etc*) sostenido; (: *economy*) boyante

burden ['bə:dn] *n* carga ▷ *vt* cargar

bureau (*pl* **bureaux**) ['bjuərəu, -z] *n* (BRIT: *writing desk*) escritorio, buró *m*;

(*US*: *chest of drawers*) cómoda; (*office*) oficina, agencia

bureaucracy [bjuə'rɔkrəsɪ] *n* burocracia

bureaucrat ['bjuərəkræt] *n* burócrata *mf*

bureau de change [-də'ʃɑ̃ʒ] (*pl* **bureaux de change**) *n* caja *f* de cambio

bureaux ['bjuərəuz] *npl of* **bureau**

burger ['bə:gəʳ] *n* hamburguesa

burglar ['bə:gləʳ] *n* ladrón/ona *m/f*; **burglar alarm** *n* alarma *f* contra robo; **burglary** *n* robo con allanamiento *or* fractura, robo de una casa

burial ['bɛrɪəl] *n* entierro

burn [bə:n] (*pt, pp* **burned** *or* **burnt**) *vt* quemar; (*house*) incendiar ▷ *vi* quemarse, arder; incendiarse; (*sting*) escocer ▷ *n* (*Med*) quemadura; **burn down** *vt* incendiar; **burn out** *vt* (*writer etc*): **to ~ o.s. out** agotarse; **burning** *adj* (*building, forest*) en llamas; (*hot*: *sand etc*) abrasador(a); (*ambition*) ardiente

Burns' Night [bə:nz-] *n ver nota* **"Burns' Night"**

BURNS' NIGHT

Cada veinticinco de enero los escoceses celebran la llamada *Burns' Night* (noche de Burns), en honor al poeta escocés Robert Burns (1759-1796). Es tradición hacer una cena en la que, al son de la música de la gaita escocesa, se sirve *haggis*, plato tradicional de asadura de cordero cocida en el estómago del animal, acompañado de nabos y puré de patatas. Durante la misma se recitan poemas del autor y varios discursos conmemorativos de carácter festivo.

burnt [bə:nt] *pt, pp of* **burn**

burp [bə:p] (*inf*) *n* eructo ▷ *vi* eructar

burrow ['bʌrəu] *n* madriguera ▷ *vt* hacer una madriguera

burst [bə:st] (*pt, pp* **burst**) *vt* (*balloon, pipe*) reventar; (*banks etc*) romper ▷ *vi* reventarse; romperse; (*tyre*) pincharse ▷ *n* (*explosion*) estallido; (*also*: **~ pipe**) reventón *m*; **to ~ out laughing** soltar la carcajada; **to ~ into tears** deshacerse en lágrimas; **to be ~ing with** reventar de; **a ~ of energy** una explosión de energía; **a ~ of speed** un acelerón; **to ~ open** abrirse de golpe; **burst into** *vt fus* (*room etc*) irrumpir en

bury ['bɛrɪ] *vt* enterrar; (*body*) enterrar, sepultar

bus [bʌs] *n* autobús *m*; **bus conductor** *n* cobrador(a) *m/f*

bush [buʃ] *n* arbusto; (*scrub land*) monte *m* bajo; **to beat about the ~** andar(se) con rodeos

business ['bɪznɪs] *n* (*matter, affair*) asunto; (*trading*) comercio, negocios *mpl*; (*firm*) empresa, casa; (*occupation*) oficio; **to be away on ~** estar en viaje de negocios; **it's my ~ to ...** me toca *or* corresponde ...; **it's none of my ~** no es asunto mío; **he means ~** habla en serio; **business class** *n* (*Aviat*) clase *f* preferente; **businesslike** *adj* eficiente; **businessman** *n* hombre *m* de negocios; **business trip** *n* viaje *m* de negocios; **businesswoman** *n* mujer *f* de negocios

busker ['bʌskəʳ] *n* (*BRIT*) músico/a ambulante

bus: bus pass *n* bonobús; **bus shelter** *n* parada cubierta; **bus station** *n* estación *f or* terminal *f* de autobuses; **bus-stop** *n* parada de autobús

bust [bʌst] *n* (*Anat*) pecho; (*sculpture*) busto ▷ *adj* (*inf*: *broken*) roto, estropeado; **to go ~** quebrar

bustling ['bʌslɪŋ] *adj* (*town*) animado bullicioso

busy ['bɪzɪ] *adj* ocupado, atareado; (*shop, street*) concurrido, animado ▷ *vt*: **to ~ o.s. with** ocuparse en; **the line's ~** está comunicando; **busy signal** *n* (*US Tel*) señal *f* de comunicando

KEYWORD

but [bʌt] *conj* **1** pero; **he's not very bright, but he's hard-working** no es muy inteligente, pero es trabajador
2 (*in direct contradiction*) sino; **he's not English but French** no es inglés sino francés; **he didn't sing but he shouted** no cantó sino que gritó
3 (*showing disagreement, surprise etc*): **but that's far too expensive!** ¡pero eso es carísimo!; **but it does work!** ¡(pero) sí que funciona!
▸ *prep* (*apart from, except*) menos, salvo; **we've had nothing but trouble** no hemos tenido más que problemas; **no-one but him can do it** nadie más que él puede hacerlo; **who but a lunatic would do such a thing?** ¡sólo un loco haría una cosa así!; **but for you/your help** si no fuera por ti/tu ayuda; **anything but that** cualquier cosa menos eso
▸ *adv* (*just, only*): **she's but a child** no es más que una niña; **had I but known** si lo hubiera sabido; **I can but try** al menos lo puedo intentar; **it's all but finished** está casi acabado

butcher ['bʊtʃəʳ] *n* carnicero/a ▷ *vt* hacer una carnicería con; (*cattle etc for meat*) matar; **~'s (shop)** carnicería
butler ['bʌtləʳ] *n* mayordomo
butt [bʌt] *n* (*cask*) tonel *m*; (*of gun*) culata; (*of cigarette*) colilla; (BRIT *fig*: *target*) blanco ▷ *vt* dar cabezadas contra
butter ['bʌtəʳ] *n* mantequilla ▷ *vt* untar con mantequilla; **buttercup** *n* ranúnculo
butterfly ['bʌtəflaɪ] *n* mariposa; (*Swimming*: *also*: **~ stroke**) (braza de) mariposa
buttocks ['bʌtəks] *npl* nalgas *fpl*
button ['bʌtn] *n* botón *m* ▷ *vt* (*also*: **~ up**) abotonar, abrochar ▷ *vi* abrocharse
buy [baɪ] (*pt, pp* **bought**) *vt* comprar ▷ *n* compra; **to ~ sb sth/sth from sb** comprarle algo a algn; **to ~ sb a drink** invitar a algn a tomar algo; **buy out** *vt* (*partner*) comprar la parte de; **buy up** *vt* (*property*) acaparar; (*stock*) comprar todas las existencias de; **buyer** *n* comprador(a) *m/f*; **buyer's market** mercado favorable al comprador
buzz [bʌz] *n* zumbido; (*inf*: *phone call*) llamada (telefónica) ▷ *vi* zumbar; **buzzer** *n* timbre *m*

KEYWORD

by [baɪ] *prep* **1** (*referring to cause, agent*) por; de; **abandoned by his mother** abandonado por su madre; **a painting by Picasso** un cuadro de Picasso
2 (*referring to method, manner, means*): **by bus/car/train** en autobús/coche/tren; **to pay by cheque** pagar con cheque; **by moonlight/candlelight** a la luz de la luna/una vela; **by saving hard, he ...** ahorrando, ...
3 (*via, through*) por; **we came by Dover** vinimos por Dover
4 (*close to, past*): **the house by the river** la casa junto al río; **she rushed by me** pasó a mi lado como una exhalación; **I go by the post office every day** paso por delante de Correos todos los días
5 (*time*: *not later than*) para; (: *during*): **by daylight** de día; **by 4 o'clock** para las cuatro; **by this time tomorrow** mañana a estas horas; **by the time I got here it was too late** cuando llegué ya era demasiado tarde
6 (*amount*): **by the metre/kilo** por metro/kilo; **paid by the hour** pagado por hora
7 (*in measurements, sums*): **to divide/multiply by 3** dividir/multiplicar por 3; **a room 3 metres by 4** una habitación de 3 metros por 4; **it's broader by a metre** es un metro más ancho
8 (*according to*) según, de acuerdo con; **it's 3 o'clock by my watch** según mi

reloj, son las tres; **it's all right by me** por mí, está bien
9: **(all) by oneself** *etc* todo solo; **he did it (all) by himself** lo hizo él solo; **he was standing (all) by himself in a corner** estaba de pie solo en un rincón
10: **by the way** a propósito, por cierto; **this wasn't my idea, by the way** pues, no fue idea mía
▶ *adv* **1** *see* **go, pass**
2: **by and by** finalmente; **they'll come back by and by** acabarán volviendo; **by and large** en líneas generales, en general

by-election *n* (BRIT) elección *f* parcial
bypass ['baɪpɑːs] *n* carretera de circunvalación; (*Med*) (operación *f* de) bypass *m* ▷ *vt* evitar
byte [baɪt] *n* (*Comput*) byte *m*, octeto

C

C, c [siː] *n* (*Mus*) do *m*
cab [kæb] *n* taxi *m*; (*of truck*) cabina
cabaret ['kæbəreɪ] *n* cabaret *m*
cabbage ['kæbɪdʒ] *n* col *f*, berza
cabin ['kæbɪn] *n* cabaña; (*on ship*) camarote *m*; **cabin crew** *n* tripulación *f* de cabina
cabinet ['kæbɪnɪt] *n* (*Pol*) consejo de ministros; (*furniture*) armario; (*also*: **display ~**) vitrina; **cabinet minister** *n* ministro/a (del gabinete)
cable ['keɪbl] *n* cable *m* ▷ *vt* cablegrafiar; **cable car** *n* teleférico; **cable television** *n* televisión *f* por cable
cactus (*pl* **cacti**) ['kæktəs, -taɪ] *n* cacto
café ['kæfeɪ] *n* café *m*
cafeteria [kæfɪ'tɪərɪə] *n* cafetería (*con autoservicio para comer*)
caffeine ['kæfiːn] *n* cafeína
cage [keɪdʒ] *n* jaula
cagoule [kə'guːl] *n* chubasquero

cake [keɪk] *n* (*large*) tarta; (*small*) pastel *m*; (*of soap*) pastilla
calcium ['kælsɪəm] *n* calcio
calculate ['kælkjuleɪt] *vt* calcular; **calculation** *n* cálculo, cómputo; **calculator** *n* calculadora
calendar ['kæləndəʳ] *n* calendario
calf [kɑːf] (*pl* **calves**) *n* (*of cow*) ternero, becerro; (*of other animals*) cría; (*also*: **~skin**) piel *f* de becerro; (*Anat*) pantorrilla
calibre, (*US*) **caliber** ['kælɪbəʳ] *n* calibre *m*
call [kɔːl] *vt* llamar; (*meeting, strike*) convocar ▷ *vi* (*shout*) llamar; (*telephone*) llamar (por teléfono); (*visit*: *also*: **~ in, ~ round**) hacer una visita ▷ *n* llamada; (*of bird*) canto; **to be ~ed** llamarse; **on ~** (*nurse, doctor etc*) de guardia; **call back** *vi* (*return*) volver; (*Tel*) volver a llamar; **call for** *vt fus* (*demand*) pedir, exigir; (*fetch*) pasar a recoger; **call in** *vt* (*doctor, expert, police*) llamar; **call off** *vt* (*cancel*: *meeting, race*) cancelar; (: *deal*) anular; (: *strike*) desconvocar; **call on** *vt fus* (*visit*) ir a ver; (*turn to*) acudir a; **call out** *vi* gritar; **call up** *vt* (*Mil*) llamar a filas; **callbox** *n* (BRIT) cabina telefónica; **call centre** *n* (BRIT) centro de atención al cliente; **caller** *n* visita *f*; (*Tel*) usuario/a
callous ['kæləs] *adj* insensible, cruel
calm [kɑːm] *adj* tranquilo; (*sea*) tranquilo, en calma ▷ *n* calma, tranquilidad *f* ▷ *vt* calmar, tranquilizar; **calm down** *vi* calmarse, tranquilizarse ▷ *vt* calmar, tranquilizar; **calmly** *adv* tranquilamente, con calma
Calor gas® ['kæləʳ-] *n* butano
calorie ['kælərɪ] *n* caloría
calves [kɑːvz] *npl of* **calf**
camcorder ['kæmkɔːdəʳ] *n* videocámara
came [keɪm] *pt of* **come**
camel ['kæməl] *n* camello
camera ['kæmərə] *n* cámara *or* máquina fotográfica; (*Cine, TV*) cámara; **in ~** (*Law*) a puerta cerrada; **cameraman** *n* cámara *m*; **camera phone** *n* teléfono *m* con cámara
camouflage ['kæməflɑːʒ] *n* camuflaje *m* ▷ *vt* camuflar
camp [kæmp] *n* campamento, camping *m*; (*Mil*) campamento; (*for prisoners*) campo; (*fig*: *faction*) bando ▷ *vi* acampar ▷ *adj* afectado, afeminado; **to go ~ing** ir de *or* hacer camping
campaign [kæm'peɪn] *n* (*Mil, Pol etc*) campaña ▷ *vi*: **to ~ (for/against)** hacer campaña (a favor de/en contra de); **campaigner** *n*: **campaigner for** defensor(a) *m/f* de
camp: campbed *n* (BRIT) cama plegable; **camper** *n* campista *mf*; (*vehicle*) caravana; **campground** *n* (*US*) camping *m*, campamento; **camping** *n* camping *m*; **campsite** *n* camping *m*
campus ['kæmpəs] *n* campus *m*
can¹ [kæn] *n* (*of oil, water*) bidón *m*; (*tin*) lata, bote *m* ▷ *vt* enlatar

KEYWORD

can² [kæn] (*negative* **cannot, can't**, *conditional, pt* **could**) *aux vb* **1** (*be able to*) poder; **you can do it if you try** puedes hacerlo si lo intentas; **I can't see you** no te veo
2 (*know how to*) saber; **I can swim/play tennis/drive** sé nadar/jugar al tenis/conducir; **can you speak French?** ¿hablas *or* sabes hablar francés?
3 (*may*) poder; **can I use your phone?** ¿me dejas *or* puedo usar tu teléfono?
4 (*expressing disbelief, puzzlement etc*): **it can't be true!** ¡no puede ser (verdad)!; **what CAN he want?** ¿qué querrá?
5 (*expressing possibility, suggestion etc*): **he could be in the library** podría estar en la biblioteca; **she could have been delayed** puede que se haya retrasado

Canada ['kænədə] *n* Canadá *m*; **Canadian** [kə'neɪdɪən] *adj, n* canadiense *mf*
canal [kə'næl] *n* canal *m*
canary [kə'nɛərɪ] *n* canario
Canary Islands *npl* las (Islas) Canarias
cancel ['kænsəl] *vt* cancelar; (*train*) suprimir; (*cross out*) tachar; **cancellation** [kænsə'leɪʃən] *n* cancelación *f*; supresión *f*
cancer ['kænsəʳ] *n* cáncer *m*; **C~** (*Astro*) Cáncer *m*
candidate ['kændɪdeɪt] *n* candidato/a
candle ['kændl] *n* vela; (*in church*) cirio; **candlestick** *n* (*single*) candelero; (: *low*) palmatoria; (*bigger, ornate*) candelabro
candy ['kændɪ] *n* azúcar *m* cande; (*US*) caramelo; **candy bar** (*US*) *n* barrita (*dulce*); **candyfloss** *n* (*BRIT*) algodón *m* (azucarado)
cane [keɪn] *n* (*Bot*) caña; (*stick*) vara, palmeta ▷ *vt* (*BRIT Scol*) castigar (con palmeta)
canister ['kænɪstəʳ] *n* bote *m*, lata
cannabis ['kænəbɪs] *n* canabis *m*
canned [kænd] *adj* en lata, de lata
cannon ['kænən] (*pl* **cannon** *or* **cannons**) *n* cañón *m*
cannot ['kænɔt] = **can not**
canoe [kə'nu:] *n* canoa; (*Sport*) piragua; **canoeing** *n* piragüismo
canon ['kænən] *n* (*clergyman*) canónigo; (*standard*) canon *m*
can opener *n* abrelatas *m inv*
can't [kænt] = **can not**
canteen [kæn'ti:n] *n* (*eating place*) comedor *m*; (*BRIT*: *of cutlery*) juego
canter ['kæntəʳ] *vi* ir a medio galope
canvas ['kænvəs] *n* (*material*) lona; (*painting*) lienzo; (*Naut*) velamen *m*
canvass ['kænvəs] *vi* (*Pol*): **to ~ for** solicitar votos por ▷ *vt* (*Comm*) sondear
canyon ['kænjən] *n* cañón *m*
cap [kæp] *n* (*hat*) gorra; (*of pen*) capuchón *m*; (*of bottle*) tapón *m*, tapa; (*BRIT*: *contraceptive*) diafragma *m* ▷ *vt* (*outdo*) superar; (*limit*) recortar
capability [keɪpə'bɪlɪtɪ] *n* capacidad *f*
capable ['keɪpəbl] *adj* capaz
capacity [kə'pæsɪtɪ] *n* capacidad *f*; (*position*) calidad *f*
cape [keɪp] *n* capa; (*Geo*) cabo
caper ['keɪpəʳ] *n* (*Culin*: *also*: **~s**) alcaparra; (*prank*) travesura
capital ['kæpɪtl] *n* (*also*: **~ city**) capital *f*; (*money*) capital *m*; (*also*: **~ letter**) mayúscula; **capitalism** *n* capitalismo; **capitalist** *adj, n* capitalista *mf*; **capital punishment** *n* pena de muerte
Capitol ['kæpɪtl] *n*: **the ~** el Capitolio

CAPITOL

El Capitolio (*Capitol*) es el edificio en el que se reúne el Congreso de los Estados Unidos (*Congress*), situado en la ciudad de Washington. Por extensión, también se suele llamar así al edificio en el que tienen lugar las sesiones parlamentarias de la cámara de representantes de muchos de los estados.

Capricorn ['kæprɪkɔ:n] *n* Capricornio
capsize [kæp'saɪz] *vt* volcar, hacer zozobrar ▷ *vi* volcarse, zozobrar
capsule ['kæpsju:l] *n* cápsula
captain ['kæptɪn] *n* capitán *m*
caption ['kæpʃən] *n* (*heading*) título; (*to picture*) leyenda
captivity [kæp'tɪvɪtɪ] *n* cautiverio
capture ['kæptʃəʳ] *vt* capturar; (*place*) tomar; (*attention*) captar, llamar ▷ *n* captura; toma; (*Comput*: *also*: **data ~**) formulación *f* de datos
car [kɑ:ʳ] *n* coche *m*, carro (*LAM*), automóvil *m*; (*US Rail*) vagón *m*
carafe [kə'ræf] *n* jarra
caramel ['kærəməl] *n* caramelo

carat ['kærət] *n* quilate *m*
caravan ['kærəvæn] *n* (BRIT) caravana, rulot *m*; (*of camels*) caravana; **caravan site** *n* (BRIT) camping *m* para caravanas
carbohydrates [kɑːbəʊ'haɪdreɪts] *npl* (*foods*) hidratos *mpl* de carbono
carbon ['kɑːbən] *n* carbono; **carbon dioxide** *n* dióxido de carbono, anhídrido carbónico; **carbon footprint** *n* huella de carbono; **carbon monoxide** *n* monóxido de carbono; **carbon-neutral** *n* neutro en carbono, sin emisiones netas de CO_2
car boot sale *n* mercadillo (*de objetos usados expuestos en el maletero del coche*)
carburettor, (US) **carburetor** [kɑːbjʊ'retəʳ] *n* carburador *m*
card [kɑːd] *n* (*thin cardboard*) cartulina; (*playing card*) carta, naipe *m*; (*visiting card, greetings card etc*) tarjeta; (*index card*) ficha; **cardboard** *n* cartón *m*, cartulina; **card game** *n* juego de naipes *or* cartas
cardigan ['kɑːdɪgən] *n* rebeca
cardinal ['kɑːdɪnl] *adj* cardinal; (*importance, principal*) esencial ▷ *n* cardenal *m*
cardphone ['kɑːdfəʊn] *n cabina que funciona con tarjetas telefónicas*
care [kɛəʳ] *n* cuidado; (*worry*) preocupación *f*; (*charge*) cargo, custodia ▷ *vi*: **to ~ about** preocuparse por; **~ of (c/o)** en casa de, al cuidado de; **in sb's ~** a cargo de algn; **to take ~ to** cuidarse de, tener cuidado de; **to take ~ of** *vt* cuidar; **I don't ~** no me importa; **I couldn't ~ less** me trae sin cuidado; **care for** *vt fus* cuidar; (*like*) querer
career [kə'rɪəʳ] *n* profesión *f* ▷ *vi* (*also*: **~ along**) correr a toda velocidad
care: carefree *adj* despreocupado; **careful** *adj* cuidadoso; (*cautious*) cauteloso; **(be) careful!** ¡(ten) cuidado!; **carefully** *adv* con cuidado, cuidadosamente; **caregiver** (US) *n* (*professional*) enfermero/a; (*unpaid*) *persona que cuida a un pariente o vecino*; **careless** *adj* descuidado; (*heedless*) poco atento; **carelessness** *n* descuido, falta de atención; **carer** *n* (*professional*) enfermero/a; (*unpaid*) *persona que cuida a un pariente o vecino*; **caretaker** *n* portero/a, conserje *mf*
car-ferry ['kɑːfɛrɪ] *n* transbordador *m* para coches
cargo ['kɑːgəʊ] (*pl* **cargoes**) *n* cargamento, carga
car hire *n* alquiler *m* de coches
Caribbean [kærɪ'biːən] *adj* caribe, caribeño; **the ~ (Sea)** el (Mar) Caribe
caring ['kɛərɪŋ] *adj* humanitario
carnation [kɑː'neɪʃən] *n* clavel *m*
carnival ['kɑːnɪvəl] *n* carnaval *m*; (US) parque *m* de atracciones
carol ['kærəl] *n*: **(Christmas) ~** villancico
carousel [kærə'sɛl] *n* (US) tiovivo, caballitos *mpl*
car park *n* (BRIT) aparcamiento, parking *m*
carpenter ['kɑːpɪntəʳ] *n* carpintero/a
carpet ['kɑːpɪt] *n* alfombra ▷ *vt* alfombrar; **fitted ~** moqueta
car rental *n* (US) alquiler *m* de coches
carriage ['kærɪdʒ] *n* (BRIT *Rail*) vagón *m*; (*horse-drawn*) coche *m*; (*for goods*) transporte *m*; **~ paid** porte pagado; **carriageway** *n* (BRIT: *part of road*) calzada
carrier ['kærɪəʳ] *n* transportista *mf*; (*company*) empresa de transportes; (*Med*) portador(a) *m/f*; **carrier bag** *n* (BRIT) bolsa de papel *or* plástico
carrot ['kærət] *n* zanahoria
carry ['kærɪ] *vt* (*person*) llevar; (*transport*) transportar; (*involve: responsibilities etc*) entrañar ▷ *vi* (*sound*) oírse; **to get carried away** (*fig*) entusiasmarse; **carry on** *vi* (*continue*) seguir (adelante), continuar ▷ *vt* seguir, continuar; **carry out** *vt* (*orders*) cumplir; (*investigation*) llevar a cabo, realizar

cart [kɑːt] *n* carro, carreta ▷ *vt* (*inf*: *transport*) cargar con
carton ['kɑːtən] *n* caja (de cartón); (*of milk etc*) bote *m*
cartoon [kɑː'tuːn] *n* (*Press*) chiste *m*; (*comic strip*) tira cómica; (*film*) dibujos *mpl* animados
cartridge ['kɑːtrɪdʒ] *n* cartucho
carve [kɑːv] *vt* (*meat*) trinchar; (*wood*) tallar; (*stone*) cincelar, esculpir; (*on tree*) grabar; **carving** *n* (*in wood etc*) escultura; (*design*) talla
car wash *n* túnel *m* de lavado
case [keɪs] *n* (*container*) caja; (*Med*) caso; (*for jewels etc*) estuche *m*; (*Law*) causa, proceso; (BRIT: *also*: **suit~**) maleta; **in ~ of** en caso de; **in any ~** en todo caso; **just in ~** por si acaso
cash [kæʃ] *n* (dinero en) efectivo; (*inf*: *money*) dinero ▷ *vt* cobrar, hacer efectivo; **to pay (in) ~** pagar al contado; **~ on delivery (COD)** entrega contra reembolso; **cashback** *n* (*discount*) devolución *f*; (*at supermarket etc*) *retirada de dinero en efectivo de un establecimiento donde se ha pagado con tarjeta; también dinero retirado*; **cash card** *n* tarjeta *f* de(l) cajero (automático); **cash desk** *n* (BRIT) caja; **cash dispenser** *n* cajero automático
cashew [kæ'ʃuː] *n* (*also*: **~ nut**) anacardo
cashier [kæ'ʃɪᵊ] *n* cajero/a
cashmere ['kæʃmɪəᵊ] *n* cachemira
cash point *n* cajero automático
cash register *n* caja
casino [kə'siːnəu] *n* casino
casket ['kɑːskɪt] *n* cofre *m*, estuche *m*; (US: *coffin*) ataúd *m*
casserole ['kæsərəul] *n* (*food, pot*) cazuela
cassette [kæ'sɛt] *n* cas(s)et(t)e *m or f*; **cassette player, cassette recorder** *n* cas(s)et(t)e *m*
cast [kɑːst] (*pt, pp* **cast**) *vt* (*throw*) echar, arrojar, lanzar; (*Theat*): **to ~ sb as Othello** dar a algn el papel de Otelo ▷ *n* (*Theat*) reparto; (*also*: **plaster ~**) vaciado; **to ~ one's vote** votar; **cast off** *vi* (*Naut*) soltar amarras; (*Knitting*) cerrar los puntos
castanets [kæstə'nɛts] *npl* castañuelas *fpl*
caster sugar ['kɑːstəᵊ-] *n* (BRIT) azúcar *m* extrafino
Castile [kæs'tiːl] *n* Castilla; **Castilian** *adj, n* castellano/a
cast-iron ['kɑːstaɪən] *adj* (*lit*) (hecho) de hierro fundido *or* colado; (*fig*: *alibi*) irrebatible; (*will*) férreo
castle ['kɑːsl] *n* castillo; (*Chess*) torre *f*
casual ['kæʒjul] *adj* fortuito; (*irregular*: *work etc*) eventual, temporero; (*unconcerned*) despreocupado; (*clothes*) de sport

Be careful not to translate *casual* by the Spanish word *casual*.

casualty ['kæʒjultɪ] *n* víctima, herido; (*dead*) muerto; **casualty ward** *n* urgencias *fpl*
cat [kæt] *n* gato
Catalan ['kætəlæn] *adj, n* catalán/ana *m/f*
catalogue, (US) **catalog** ['kætəlɔg] *n* catálogo ▷ *vt* catalogar
Catalonia [kætə'ləunɪə] *n* Cataluña
catalytic converter [kætə'lɪtɪkkən'vəːtəᵊ] *n* catalizador *m*
cataract ['kætərækt] *n* (*Med*) cataratas *fpl*
catarrh [kə'tɑːᵊ] *n* catarro
catastrophe [kə'tæstrəfɪ] *n* catástrofe *f*
catch [kætʃ] (*pt, pp* **caught**) *vt* coger (SP), agarrar (LAM); (*arrest*) atrapar; (*grasp*) asir; (*breath*) recobrar; (*person*: *by surprise*) pillar; (*attract*: *attention*) captar; (*Med*) pillar, coger; (*also*: **~ up**) alcanzar ▷ *vi* (*fire*) encenderse; (*in branches etc*) engancharse ▷ *n* (*fish etc*) captura; (*act of catching*) cogida; (*of lock*) pestillo, cerradura; **to ~ fire** prenderse; (*house*) incendiarse; **to**

~ sight of divisar; **catch up** *vi* (*fig*) ponerse al día; **catching** *adj* (*Med*) contagioso

category ['kætɪgərɪ] *n* categoría

cater ['keɪtə^{r}] *vi*: **to ~ for** (BRIT) abastecer a; (*needs*) atender a; (*consumers*) proveer a

caterpillar ['kætəpɪlə^{r}] *n* oruga

cathedral [kə'θi:drəl] *n* catedral *f*

cattle ['kætl] *npl* ganado *sg*

catwalk ['kætwɔ:k] *n* pasarela

caught [kɔ:t] *pt, pp of* **catch**

cauliflower ['kɔlɪflauə^{r}] *n* coliflor *f*

cause [kɔ:z] *n* causa; (*reason*) motivo, razón *f* ▷ *vt* causar

caution ['kɔ:ʃən] *n* cautela, prudencia; (*warning*) advertencia, amonestación *f* ▷ *vt* amonestar; **cautious** *adj* cauteloso, prudente, precavido

cave [keɪv] *n* cueva, caverna; **cave in** *vi* (*roof etc*) derrumbarse, hundirse

caviar(e) ['kævɪa:^{r}] *n* caviar *m*

cavity ['kævɪtɪ] *n* hueco, cavidad *f*

cc *abbr* (= *cubic centimetres*) cc, cm^{3}; (*on letter etc*) = **carbon copy**

CCTV *n abbr* = **closed-circuit television**

CD *n abbr* (= *compact disc*) CD *m*; **CD player** *n* reproductor *m* de CD; **CD-ROM** *n abbr* (= *compact disc read-only memory*) CD-ROM *m*; **CD writer** *n* grabadora *f* de CDs

cease [si:s] *vt* cesar; **ceasefire** *n* alto *m* el fuego

cedar ['si:də^{r}] *n* cedro

ceilidh ['keɪlɪ] *n baile con música y danzas tradicionales escocesas o irlandesas*

ceiling ['si:lɪŋ] *n* techo; (*fig*) límite *m*

celebrate ['selɪbreɪt] *vt* celebrar ▷ *vi*: **let's ~!** ¡vamos a celebrarlo!; **celebration** *n* celebración *f*

celebrity [sɪ'lebrɪtɪ] *n* (*person*) famoso/a

celery ['selərɪ] *n* apio

cell [sel] *n* celda; (*Biol*) célula; (*Elec*) elemento

cellar ['selə^{r}] *n* sótano; (*for wine*) bodega

cello ['tʃeləu] *n* violoncelo

Cellophane® ['seləfeɪn] *n* celofán *m*

cellphone ['selfəun] *n* móvil

Celsius ['selsɪəs] *adj* centígrado

Celtic ['keltɪk, 'seltɪk] *adj* celta

cement [sə'ment] *n* cemento

cemetery ['semɪtrɪ] *n* cementerio

censor ['sensə^{r}] *n* censor(a) *m/f* ▷ *vt* (*cut*) censurar; **censorship** *n* censura

census ['sensəs] *n* censo

cent [sent] *n* (US: *unit of dollar*) centavo; (*unit of euro*) céntimo; *see also* **per**

centenary [sen'ti:nərɪ], (US) **centennial** [sen'tenɪəl] *n* centenario

center ['sentə^{r}] *n* (US) = **centre**

centi...: centigrade ['sentɪgreɪd] *adj* centígrado; **centimetre,** (US) **centimeter** ['sentɪmi:tə^{r}] *n* centímetro; **centipede** ['sentɪpi:d] *n* ciempiés *m inv*

central ['sentrəl] *adj* central; (*house etc*) céntrico; **Central America** *n* Centroamérica; **central heating** *n* calefacción *f* central; **central reservation** *n* (BRIT *Aut*) mediana

centre, (US) **center** ['sentə^{r}] *n* centro ▷ *vt* centrar; **centre-forward** *n* (*Sport*) delantero centro; **centre-half** *n* (*Sport*) medio centro

century ['sentjurɪ] *n* siglo; **20th ~** siglo veinte

CEO *n abbr* = **chief executive officer**

ceramic [sɪ'ræmɪk] *adj* de cerámica

cereal ['si:rɪəl] *n* cereal *m*

ceremony ['serɪmənɪ] *n* ceremonia; **to stand on ~** hacer ceremonias, andarse con cumplidos

certain ['sə:tən] *adj* seguro; (*particular*) cierto; **for ~** a ciencia cierta; **a ~ Mr Smith** un tal Sr. Smith; **certainly** *adv* desde luego, por supuesto; **certainty** *n* certeza, certidumbre *f*, seguridad *f*

certificate [sə'tɪfɪkɪt] *n* certificado

C

certify ['sə:tɪfaɪ] *vt* certificar; (*declare insane*) declarar loco
cf. *abbr* (= *compare*) cfr
CFC *n abbr* (= *chlorofluorocarbon*) CFC *m*
chain [tʃeɪn] *n* cadena; (*of mountains*) cordillera; (*of events*) sucesión *f* ▷ *vt* (*also*: **~ up**) encadenar; **chain-smoke** *vi* fumar un cigarrillo tras otro
chair [tʃeəʳ] *n* silla; (*armchair*) sillón *m*; (*of university*) cátedra ▷ *vt* (*meeting*) presidir; **chairlift** *n* telesilla *m*; **chairman** *n* presidente *m*; **chairperson** *n* presidente/a *m/f*; **chairwoman** *n* presidenta
chalet ['ʃæleɪ] *n* chalet *m* (de madera)
chalk [tʃɔ:k] *n* (*Geo*) creta; (*for writing*) tiza, gis *m* (LAM); **chalkboard** (US) *n* pizarrón (LAM), pizarra (SP)
challenge ['tʃælɪndʒ] *n* desafío, reto ▷ *vt* desafiar, retar; (*statement, right*) poner en duda; **to ~ sb to do sth** retar a algn a que haga algo; **challenging** *adj* que supone un reto; (*tone*) de desafío
chamber ['tʃeɪmbəʳ] *n* cámara, sala; **chambermaid** *n* camarera
champagne [ʃæm'peɪn] *n* champaña *m*, champán *m*
champion ['tʃæmpɪən] *n* campeón/ona *m/f*; (*of cause*) defensor(a) *m/f*; **championship** *n* campeonato
chance [tʃɑ:ns] *n* (*opportunity*) ocasión *f*, oportunidad *f*; (*likelihood*) posibilidad *f*; (*risk*) riesgo ▷ *vt* arriesgar, probar ▷ *adj* fortuito, casual; **to ~ it** arriesgarse, intentarlo; **to take a ~** arriesgarse; **by ~** por casualidad
chancellor ['tʃɑ:nsələʳ] *n* canciller *m*; **C~ of the Exchequer** (BRIT) Ministro de Economía y Hacienda; *see also* **Downing Street**
chandelier [ʃændə'lɪəʳ] *n* araña (de luces)
change [tʃeɪndʒ] *vt* cambiar; (*clothes, house*) cambiarse de, mudarse de; (*transform*) transformar ▷ *vi* cambiar(se); (*change trains*) hacer transbordo; (*be transformed*): **to ~ into** transformarse en ▷ *n* cambio; (*alteration*) modificación *f*, transformación *f*; (*coins*) suelto; (*money returned*) vuelta, vuelto (LAM); **to ~ one's mind** cambiar de opinión *or* idea; **to ~ gear** (*Aut*) cambiar de marcha; **for a ~** para variar; **change over** *vi* (*from sth to sth*) cambiar; (*players etc*) cambiar(se) ▷ *vt* cambiar; **changeable** *adj* (*weather*) cambiable; **change machine** *n* máquina de cambio; **changing room** *n* (BRIT) vestuario
channel ['tʃænl] *n* (*TV*) canal *m*; (*of river*) cauce *m*; (*fig: medium*) medio ▷ *vt* (*river etc*) encauzar; **the (English) C~** el Canal (de la Mancha); **the C~ Islands** las Islas Anglonormandas; **the C ~ Tunnel** el túnel del Canal de la Mancha, el Eurotúnel
chant [tʃɑ:nt] *n* (*also Rel*) canto; (*of crowd*) gritos *mpl* ▷ *vt* (*slogan, word*) repetir a gritos
chaos ['keɪɔs] *n* caos *m*
chaotic [keɪ'ɔtɪk] *adj* caótico
chap [tʃæp] *n* (BRIT *inf*: *man*) tío, tipo
chapel ['tʃæpəl] *n* capilla
chapped [tʃæpt] *adj* agrietado
chapter ['tʃæptəʳ] *n* capítulo
character ['kærɪktəʳ] *n* carácter *m*, naturaleza, índole *f*; (*in novel, film*) personaje *m*; (*individuality*) carácter *m*; **characteristic** [kærɪktə'rɪstɪk] *adj* característico ▷ *n* característica; **characterize** *vt* caracterizar
charcoal ['tʃɑ:kəul] *n* carbón *m* vegetal; (*Art*) carboncillo
charge [tʃɑ:dʒ] *n* (*Law*) cargo, acusación *f*; (*cost*) precio, coste *m*; (*responsibility*) cargo ▷ *vt* (*Law*): **to ~ (with)** acusar (de); (*gun, battery*) cargar; (*Mil*: *enemy*) cargar; (*price*) pedir; (*customer*) cobrar ▷ *vi* precipitarse; **charge card** *n* tarjeta de cuenta; **charger** *n* (*also*: **battery charger**) cargador *m* (de baterías)

charismatic [kærɪz'mætɪk] *adj* carismático

charity ['tʃærɪtɪ] *n* caridad *f*; (*organization*) organización *f* benéfica; (*money, gifts*) limosnas *fpl*; **charity shop** *n* (BRIT) *tienda de artículos de segunda mano que dedica su recaudación a causas benéficas*

charm [tʃɑːm] *n* encanto, atractivo; (*spell*) hechizo; (*object*) amuleto; (*on bracelet*) dije *m* ▷ *vt* encantar; **charming** *adj* encantador(a)

chart [tʃɑːt] *n* (*table*) cuadro; (*graph*) gráfica; (*map*) carta de navegación ▷ *vt* (*course*) trazar; (*progress*) seguir; (*sales*) hacer una gráfica de; **to be in the ~s** (*record, pop group*) estar en la lista de éxitos

charter ['tʃɑːtəʳ] *vt* (*bus*) alquilar; (*plane, ship*) fletar ▷ *n* (*document*) carta; **chartered accountant** *n* (BRIT) contable *mf* diplomado/a; **charter flight** *n* vuelo chárter

chase [tʃeɪs] *vt* (*pursue*) perseguir; (*hunt*) cazar ▷ *n* persecución *f*

chat [tʃæt] *vi* (*also*: **have a ~**) charlar; (*Internet*) chatear ▷ *n* charla; **chat up** *vt* (*inf*: *girl*) ligar con, enrollarse con; **chat room** *n* (*Internet*) chat *m*, canal *m* de charla; **chat show** *n* (BRIT) programa *m* de entrevistas

chatter ['tʃætəʳ] *vi* (*person*) charlar; (*teeth*) castañetear ▷ *n* (*of birds*) parloteo; (*of people*) charla, cháchara

chauffeur ['ʃəufəʳ] *n* chófer *m*

chauvinist ['ʃəuvɪnɪst] *n* (*also*: **male ~**) machista *m*; (*nationalist*) chovinista *mf*

cheap [tʃiːp] *adj* barato; (*joke*) de mal gusto; (*poor quality*) de mala calidad ▷ *adv* barato; **cheap day return** *n billete de ida y vuelta el mismo día*; **cheaply** *adv* barato, a bajo precio

cheat [tʃiːt] *vi* hacer trampa ▷ *vt* estafar ▷ *n* (*person*) tramposo/a; **to ~ sb (out of sth)** estafar (algo) a algn; **cheat on** *vt fus* engañar

check [tʃɛk] *vt* (*examine*) controlar; (*facts*) comprobar; (*count*) contar; (*halt*) frenar; (*restrain*) refrenar, restringir ▷ *n* (*inspection*) control *m*, inspección *f*; (*curb*) freno; (*bill*) nota, cuenta; (*US*) = **cheque**; (*pattern*: *gen pl*) cuadro; **check in** *vi* (*in hotel*) registrarse; (*at airport*) facturar ▷ *vt* (*luggage*) facturar; **check off** *vt* (*esp US*: *check*) comprobar; (*cross off*) tachar; **check out** *vi* (*of hotel*) desocupar la habitación; **check up** *vi*: **to ~ up on sth** comprobar algo; **to ~ up on sb** investigar a algn; **checkbook** *n* (*US*) = **chequebook**; **checked** *adj* a cuadros *inv*; **checkers** *n* (*US*) damas *fpl*; **check-in** *n* (*also*: **check-in desk**: *at airport*) mostrador *m* de facturación; **checking account** *n* (*US*) cuenta corriente; **checklist** *n* lista; **checkmate** *n* jaque *m* mate; **checkout** *n* caja; **checkpoint** *n* (punto de) control *m*; **checkroom** *n* (*US*) consigna; **checkup** *n* (*Med*) reconocimiento general

cheddar ['tʃedəʳ] *n* (*also*: **~ cheese**) queso *m* cheddar

cheek [tʃiːk] *n* mejilla; (*impudence*) descaro; **what a ~!** ¡qué cara!; **cheekbone** *n* pómulo; **cheeky** *adj* fresco, descarado

cheer [tʃɪəʳ] *vt* vitorear, ovacionar; (*gladden*) alegrar, animar ▷ *vi* dar vivas ▷ *n* viva *m*; **cheer up** *vi* animarse ▷ *vt* alegrar, animar; **cheerful** *adj* alegre

cheerio [tʃɪərɪ'əu] *excl* (BRIT) ¡hasta luego!

cheerleader ['tʃɪəliːdəʳ] *n* animador(a) *m/f*

cheese [tʃiːz] *n* queso; **cheeseburger** *n* hamburguesa con queso; **cheesecake** *n* pastel *m* de queso

chef [ʃɛf] *n* jefe/a *m/f* de cocina

chemical ['kɛmɪkəl] *adj* químico ▷ *n* producto químico

chemist ['kɛmɪst] *n* (BRIT: *pharmacist*) farmacéutico/a; (*scientist*) químico/a;

~'s (shop) *n* (BRIT) farmacia; **chemistry** *n* química

cheque, (US) **check** [tʃɛk] *n* cheque *m*; **chequebook** *n* talonario (de cheques), chequera (LAM); **cheque card** *n* (BRIT) tarjeta de identificación bancaria

cherry ['tʃɛrɪ] *n* cereza; (*also*: **~ tree**) cerezo

chess [tʃɛs] *n* ajedrez *m*

chest [tʃɛst] *n* (*Anat*) pecho; (*box*) cofre *m*; **~ of drawers** *n* cómoda

chestnut ['tʃɛsnʌt] *n* castaña; (*also*: **~ tree**) castaño

chew [tʃuː] *vt* mascar, masticar; **chewing gum** *n* chicle *m*

chic [ʃiːk] *adj* elegante

chick [tʃɪk] *n* pollito, polluelo; (US *inf*) chica

chicken ['tʃɪkɪn] *n* gallina, pollo; (*food*) pollo; (*inf*: *coward*) gallina *mf*; **chicken out** *vi* (*inf*) rajarse; **chickenpox** *n* varicela

chickpea ['tʃɪkpiː] *n* garbanzo

chief [tʃiːf] *n* jefe/a *m/f* ▷ *adj* principal; **chief executive (officer)** *n* director *m* general; **chiefly** *adv* principalmente

child (*pl* **children**) [tʃaɪld, 'tʃɪldrən] *n* niño/a; (*offspring*) hijo/a; **child abuse** *n* (*with violence*) malos tratos *mpl* a niños; (*sexual*) abuso *m* sexual de niños; **child benefit** *n* (BRIT) *subsidio por cada hijo pequeño*; **childbirth** *n* parto; **childcare** *n* cuidado de los niños; **childhood** *n* niñez *f*, infancia; **childish** *adj* pueril, infantil; **child minder** *n* (BRIT) madre *f* de día; **children** ['tʃɪldrən] *npl of* **child**

Chile ['tʃɪlɪ] *n* Chile *m*; **Chilean** *adj*, *n* chileno/a

chill [tʃɪl] *n* frío; (*Med*) resfriado ▷ *vt* enfriar; (*Culin*) refrigerar; **chill out** *vi* (*esp US inf*) tranquilizarse

chilly ['tʃɪlɪ] *adj* frío

chimney ['tʃɪmnɪ] *n* chimenea

chimpanzee [tʃɪmpæn'ziː] *n* chimpancé *m*

chin [tʃɪn] *n* mentón *m*, barbilla

China ['tʃaɪnə] *n* China

china ['tʃaɪnə] *n* porcelana; (*crockery*) loza

Chinese [tʃaɪ'niːz] *adj* chino ▷ *n* (*pl inv*) chino/a; (*Ling*) chino

chip [tʃɪp] *n* (*gen pl*: *Culin*: BRIT) patata *or* (LAM) papa frita; (: US: *also*: **potato ~**) patata *or* (LAM) papa frita; (*of wood*) astilla; (*stone*) lasca; (*in gambling*) ficha; (*Comput*) chip *m* ▷ *vt* (*cup, plate*) desconchar; **chip shop** *n ver nota* **"chip shop"**

CHIP SHOP

Se denomina *chip shop* o *fish-and-chip shop* a un tipo de tienda popular de comida rápida en la que se despachan platos tradicionales británicos, principalmente filetes de pescado rebozado frito y patatas fritas.

chiropodist [kɪ'rɔpədɪst] *n* (BRIT) podólogo/a

chisel ['tʃɪzl] *n* (*for wood*) escoplo; (*for stone*) cincel *m*

chives [tʃaɪvz] *npl* cebollinos *mpl*

chlorine ['klɔːriːn] *n* cloro

choc-ice ['tʃɔkaɪs] *n* (BRIT) helado *m* cubierto de chocolate

chocolate ['tʃɔklɪt] *n* chocolate *m*; (*sweet*) bombón *m*

choice [tʃɔɪs] *n* elección *f*; (*preference*) preferencia ▷ *adj* escogido

choir ['kwaɪəʳ] *n* coro

choke [tʃəuk] *vi* ahogarse; (*on food*) atragantarse ▷ *vt* ahogar; (*block*) atascar ▷ *n* (*Aut*) estárter *m*

cholesterol [kɔ'lɛstərəl] *n* colesterol *m*

chook [tʃuk] (AUST, NZ *inf*) *n* gallina; (*as food*) pollo

choose (*pt* **chose**, *pp* **chosen**) [tʃuːz, tʃəuz, tʃəuzn] *vt* escoger, elegir; (*team*) seleccionar; **to ~ to do sth** optar por hacer algo

chop [tʃɔp] *vt* (*wood*) cortar, talar; (*Culin*: *also*: **~ up**) picar ▷ *n* (*Culin*) chuleta; **chop down** *vt* (*tree*) talar; **chop off** *vt* cortar (de un tajo); **chopsticks** *npl* palillos *mpl*

chord [kɔːd] *n* (*Mus*) acorde *m*

chore [tʃɔːʳ] *n* faena, tarea; (*routine task*) trabajo rutinario

chorus ['kɔːrəs] *n* coro; (*repeated part of song*) estribillo

chose [tʃəuz] *pt of* **choose**

chosen ['tʃəuzn] *pp of* **choose**

Christ [kraɪst] *n* Cristo

christen ['krɪsn] *vt* bautizar; **christening** *n* bautizo

Christian ['krɪstɪən] *adj*, *n* cristiano/a; **Christianity** [krɪstɪ'ænɪtɪ] *n* cristianismo; **Christian name** *n* nombre *m* de pila

Christmas ['krɪsməs] *n* Navidad *f*; **Merry ~!** ¡Felices Navidades!; **Christmas card** *n* crismas *m inv*, tarjeta de Navidad; **Christmas carol** *n* villancico *m*; **Christmas Day** *n* día *m* de Navidad; **Christmas Eve** *n* Nochebuena; **Christmas pudding** *n* (*esp* BRIT) pudín *m* de Navidad; **Christmas tree** *n* árbol *m* de Navidad

chrome [krəum] *n* = **chromium**

chromium ['krəumɪəm] *n* cromo; (*also*: **~ plating**) cromado

chronic ['krɔnɪk] *adj* crónico

chrysanthemum [krɪ'sænθəməm] *n* crisantemo

chubby ['tʃʌbɪ] *adj* rechoncho

chuck [tʃʌk] (*inf*) *vt* lanzar, arrojar; (BRIT: *also*: **~ in, ~ up**) abandonar; **chuck out** *vt* (*person*) echar (fuera); (*rubbish etc*) tirar

chuckle ['tʃʌkl] *vi* reírse entre dientes

chum [tʃʌm] *n* amiguete/a *m/f*

chunk [tʃʌŋk] *n* pedazo, trozo

church [tʃəːtʃ] *n* iglesia; **churchyard** *n* cementerio

churn [tʃəːn] *n* (*for butter*) mantequera; (*for milk*) lechera

chute [ʃuːt] *n* (*also*: **rubbish ~**) vertedero

chutney ['tʃʌtnɪ] *n* *salsa picante de frutas y especias*

CIA *n abbr* (US: = *Central Intelligence Agency*) CIA *f*

CID *n abbr* (BRIT: = *Criminal Investigation Department*) ≈ B.I.C. *f* (*sp*)

cider ['saɪdəʳ] *n* sidra

cigar [sɪ'gaːʳ] *n* puro

cigarette [sɪgə'rɛt] *n* cigarrillo; **cigarette lighter** *n* mechero

cinema ['sɪnəmə] *n* cine *m*

cinnamon ['sɪnəmən] *n* canela

circle ['səːkl] *n* círculo; (*in theatre*) anfiteatro ▷ *vi* dar vueltas ▷ *vt* (*surround*) rodear, cercar; (*move round*) dar la vuelta a

circuit ['səːkɪt] *n* circuito; (*track*) pista; (*lap*) vuelta

circular ['səːkjuləʳ] *adj* circular ▷ *n* circular *f*

circulate ['səːkjuleɪt] *vi* circular; (*person*: *socially*) alternar, circular ▷ *vt* poner en circulación; **circulation** [səːkju'leɪʃən] *n* circulación *f*; (*of newspaper etc*) tirada

circumstances ['səːkəmstənsɪz] *npl* circunstancias *fpl*; (*financial condition*) situación *f* económica

circus ['səːkəs] *n* circo

cite [saɪt] *vt* citar

citizen ['sɪtɪzn] *n* (*Pol*) ciudadano/a; (*of city*) habitante *mf*, vecino/a; **citizenship** *n* ciudadanía; (BRIT *Scol*) civismo

citrus fruits ['sɪtrəs-] *npl* cítricos *mpl*

city ['sɪtɪ] *n* ciudad *f*; **the C~** *centro financiero de Londres*; **city centre** *n* centro de la ciudad

City Technology College *n* (BRIT) ≈ Centro de formación profesional

civic ['sɪvɪk] *adj* cívico; (*authorities*) municipal

civil ['sɪvɪl] *adj* civil; (*polite*) atento, cortés; **civilian** [sɪ'vɪlɪən] *adj* civil ▷ *n* civil *mf*

civilization [sɪvɪlaɪ'zeɪʃən] *n* civilización *f*

civilized ['sɪvɪlaɪzd] *adj* civilizado
civil: civil law *n* derecho civil, **civil rights** *npl* derechos *mpl* civiles; **civil servant** *n* funcionario/a (del Estado); **Civil Service** *n* administración *f* pública; **civil war** *n* guerra civil
CJD *n abbr* (= *Creutzfeldt-Jakob disease*) *enfermedad de Creutzfeldt-Jakob*
claim [kleɪm] *vt* exigir, reclamar; (*rights etc*) reivindicar; (*assert*) pretender ▷ *vi* (*for insurance*) reclamar ▷ *n* (*for expenses*) reclamación *f*; (*Law*) demanda; (*pretension*) pretensión *f*; **claim form** *n* solicitud *f*
clam [klæm] *n* almeja
clamp [klæmp] *n* abrazadera; (*laboratory clamp*) grapa ▷ *vt* afianzar (con abrazadera)
clan [klæn] *n* clan *m*
clap [klæp] *vi* aplaudir
claret ['klærət] *n* burdeos *m inv*
clarify ['klærɪfaɪ] *vt* aclarar
clarinet [klærɪ'nɛt] *n* clarinete *m*
clarity ['klærɪtɪ] *n* claridad *f*
clash [klæʃ] *n* estruendo; (*fig*) choque *m* ▷ *vi* enfrentarse; (*beliefs*) chocar; (*disagree*) estar en desacuerdo; (*colours*) desentonar; (*two events*) coincidir
clasp [klɑ:sp] *n* (*hold*) apretón *m*; (*of necklace, bag*) cierre *m* ▷ *vt* (*hand*) apretar; (*embrace*) abrazar
class [klɑ:s] *n* clase *f* ▷ *vt* clasificar
classic ['klæsɪk] *n* clásico; **classical** *adj* clásico
classification [klæsɪfɪ'keɪʃən] *n* clasificación *f*
classify ['klæsɪfaɪ] *vt* clasificar
classmate ['klɑ:smeɪt] *n* compañero/a de clase
classroom ['klɑ:srum] *n* aula; **classroom assistant** *n* profesor(a) *m/f* de apoyo
classy ['klɑ:sɪ] *adj* (*inf*) elegante, con estilo
clatter ['klætəʳ] *n* ruido, estruendo ▷ *vi* hacer ruido *or* estruendo
clause [klɔ:z] *n* cláusula; (*Ling*) oración *f*
claustrophobic [klɔ:strə'fəubɪk] *adj* claustrofóbico; **I feel ~** me entra claustrofobia
claw [klɔ:] *n* (*of cat*) uña; (*of bird of prey*) garra; (*of lobster*) pinza
clay [kleɪ] *n* arcilla
clean [kli:n] *adj* limpio; (*record, reputation*) bueno, intachable; (*joke*) decente ▷ *vt* limpiar; (*hands etc*) lavar; **clean up** *vt* limpiar, asear; **cleaner** *n* encargado/a de la limpieza; (*also*: **dry cleaner**) tintorero/a; (*substance*) producto para la limpieza; **cleaning** *n* limpieza
cleanser ['klɛnzəʳ] *n* (*cosmetic*) loción *f or* crema limpiadora
clear [klɪəʳ] *adj* claro; (*road, way*) libre ▷ *vt* (*space*) despejar, limpiar; (*Law*: *suspect*) absolver; (*obstacle*) salvar, saltar por encima de; (*cheque*) aceptar ▷ *vi* (*fog etc*) despejarse ▷ *adv*: **~ of** a distancia de; **to ~ the table** recoger *or* quitar la mesa; **clear away** *vt* (*things, clothes etc*) quitar (de en medio); (*dishes*) retirar; **clear up** *vt* limpiar; (*mystery*) aclarar, resolver; **clearance** *n* (*removal*) despeje *m*; (*permission*) acreditación *f*; **clear-cut** *adj* bien definido, claro; **clearing** *n* (*in wood*) claro; **clearly** *adv* claramente; (*evidently*) sin duda; **clearway** *n* (BRIT) *carretera en la que no se puede estacionar*
clench [klɛntʃ] *vt* apretar, cerrar
clergy ['klə:dʒɪ] *n* clero
clerk [klɑ:k, *US* klə:k] *n* oficinista *mf*; (*US*) dependiente/a *m/f*
clever ['klɛvəʳ] *adj* (*mentally*) inteligente, listo; (*skilful*) hábil; (*device, arrangement*) ingenioso
cliché ['kli:feɪ] *n* cliché *m*, frase *f* hecha
click [klɪk] *vt* (*tongue*) chasquear ▷ *vi* (*Comput*) hacer clic; **to ~ one's heels** taconear; **to ~ on an icon** hacer clic en un icono
client ['klaɪənt] *n* cliente *mf*
cliff [klɪf] *n* acantilado

climate ['klaɪmɪt] *n* clima *m*; **climate change** *n* cambio climático
climax ['klaɪmæks] *n* (*of battle, career*) apogeo; (*of film, book*) punto culminante, clímax; (*sexual*) orgasmo
climb [klaɪm] *vi* subir, trepar ▷ *vt* (*stairs*) subir; (*tree*) trepar a; (*mountain*) escalar ▷ *n* subida, ascenso; **to ~ over a wall** saltar una tapia; **climb down** *vi* (*fig*) volverse atrás; **climber** *n* escalador(a) *m/f*; **climbing** *n* escalada
clinch [klɪntʃ] *vt* (*deal*) cerrar; (*argument*) remachar
cling (*pt, pp* **clung**) [klɪŋ, klʌŋ] *vi*: **to ~ (to)** agarrarse (a); (*clothes*) pegarse (a)
clinic ['klɪnɪk] *n* clínica
clip [klɪp] *n* (*for hair*) horquilla; (*also*: **paper ~**) sujetapapeles *m inv*, clip *m* ▷ *vt* (*cut*) cortar; (*also*: **~ together**) unir; **clipping** *n* (*from newspaper*) recorte *m*
cloak [kləuk] *n* capa, manto ▷ *vt* (*fig*) encubrir, disimular; **cloakroom** *n* guardarropa *m*; (BRIT: *WC*) lavabo, aseos *mpl*, baño (*esp* LAM)
clock [klɔk] *n* reloj *m*; **clock in, clock on** *vi* fichar, picar; **clock off, clock out** *vi* fichar *or* picar la salida; **clockwise** *adv* en el sentido de las agujas del reloj; **clockwork** *n* aparato de relojería ▷ *adj* (*toy, train*) de cuerda
clog [klɔg] *n* zueco, chanclo ▷ *vt* atascar ▷ *vi* (*also*: **~ up**) atascarse
clone [kləun] *n* clon *m* ▷ *vt* clonar
close [kləus, kləuz] *adj* (*near*): **~ (to)** cerca (de); (*friend*) íntimo; (*connection*) estrecho; (*examination*) detallado, minucioso; (*weather*) bochornoso ▷ *adv* cerca; **~ to** *prep* cerca de ▷ *vt* cerrar; (*end*) concluir, terminar ▷ *vi* (*shop etc*) cerrar; (*end*) concluir(se), terminar(se) ▷ *n* (*end*) fin *m*, final *m*, conclusión *f*; **to have a ~ shave** (*fig*) escaparse por un pelo; **~ by, ~ at hand** muy cerca; **close down** *vi* cerrar definitivamente; **closed** [kləuzd] *adj* (*shop etc*) cerrado
closed-circuit ['kləuzd'sə:kɪt] *adj*: **~ television** televisión *f* por circuito cerrado
closely ['kləuslɪ] *adv* (*study*) con detalle; (*watch*) de cerca
closet ['klɔzɪt] *n* armario
close-up ['kləusʌp] *n* primer plano
closing time ['kləuzɪŋ-] *n* hora de cierre
closure ['kləuʒəʳ] *n* cierre *m*
clot [klɔt] *n* (*also*: **blood ~**) coágulo; (*inf*: *idiot*) imbécil *mf* ▷ *vi* (*blood*) coagularse
cloth [klɔθ] *n* (*material*) tela, paño; (*rag*) trapo
clothes [kləuðz] *npl* ropa *sg*; **clothes line** *n* cuerda (para tender la ropa); **clothes peg,** (US) **clothes pin** *n* pinza
clothing ['kləuðɪŋ] *n* = **clothes**
cloud [klaud] *n* nube *f*; **cloud over** *vi* (*also fig*) nublarse; **cloudy** *adj* nublado; (*liquid*) turbio
clove [kləuv] *n* clavo; **~ of garlic** diente *m* de ajo
clown [klaun] *n* payaso ▷ *vi* (*also*: **~ about, ~ around**) hacer el payaso
club [klʌb] *n* (*society*) club *m*; (*weapon*) porra, cachiporra; (*also*: **golf ~**) palo ▷ *vt* aporrear ▷ *vi*: **to ~ together** (*join forces*) unir fuerzas; **clubs** *npl* (*Cards*) tréboles *mpl*; **club class** *n* (*Aviat*) clase *f* preferente
clue [klu:] *n* pista; (*in crosswords*) indicación *f*; **I haven't a ~** no tengo ni idea
clump [klʌmp] *n* (*of trees*) grupo
clumsy ['klʌmzɪ] *adj* (*person*) torpe; (*tool*) difícil de manejar
clung [klʌŋ] *pt, pp of* **cling**
cluster ['klʌstəʳ] *n* grupo ▷ *vi* agruparse, apiñarse
clutch [klʌtʃ] *n* (*Aut*) embrague *m*; **to fall into sb's ~es** caer en las garras de algn ▷ *vt* agarrar
cm *abbr* (= *centimetre*) cm
Co. *abbr* = **county; company**
c/o *abbr* (= *care of*) c/a, a/c
coach [kəutʃ] *n* autocar *m* (SP), autobús *m*; (*horse-drawn*) coche *m*;

(*of train*) vagón *m*, coche *m*; (*Sport*) entrenador(a) *m/f*, instructor(a) *m/f* ▷ *vt* (*Sport*) entrenar; (*student*) preparar, enseñar; **coach station** *n* (BRIT) estación *f* de autobuses *etc*; **coach trip** *n* excursión *f* en autocar

coal [kəul] *n* carbón *m*

coalition [kəuə'lɪʃən] *n* coalición *f*

coarse [kɔːs] *adj* basto, burdo; (*vulgar*) grosero, ordinario

coast [kəust] *n* costa, litoral *m* ▷ *vi* (*Aut*) ir en punto muerto; **coastal** *adj* costero; **coastguard** *n* guardacostas *m inv*; **coastline** *n* litoral *m*

coat [kəut] *n* abrigo; (*of animal*) pelo, pelaje, lana; (*of paint*) mano *f*, capa ▷ *vt* cubrir, revestir; **coat hanger** *n* percha, gancho (LAM); **coating** *n* capa, baño

coax [kəuks] *vt* engatusar

cob [kɔb] *n see* **corn**

cobbled ['kɔbld] *adj*: **~ street** calle *f* empedrada, calle *f* adoquinada

cobweb ['kɔbwɛb] *n* telaraña

cocaine [kə'keɪn] *n* cocaína

cock [kɔk] *n* (*rooster*) gallo; (*male bird*) macho ▷ *vt* (*gun*) amartillar; **cockerel** *n* gallito

cockney ['kɔknɪ] *n habitante de ciertos barrios de Londres*

cockpit ['kɔkpɪt] *n* cabina

cockroach ['kɔkrəutʃ] *n* cucaracha

cocktail ['kɔkteɪl] *n* cóctel *m*

cocoa ['kəukəu] *n* cacao; (*drink*) chocolate *m*

coconut ['kəukənʌt] *n* coco

COD *abbr* = **cash on delivery**; (US: = *collect on delivery*) C.A.E.

cod [kɔd] *n* bacalao

code [kəud] *n* código; (*cipher*) clave *f*; (*Tel*) prefijo

coeducational [kəuɛdju'keɪʃənl] *adj* mixto

coffee ['kɔfɪ] *n* café *m*; **coffee bar** *n* (BRIT) cafetería; **coffee bean** *n* grano de café; **coffee break** *n* descanso (para tomar café); **coffee maker** *n* máquina de hacer café, cafetera; **coffeepot** *n* cafetera; **coffee shop** *n* café *m*; **coffee table** *n* mesita baja

coffin ['kɔfɪn] *n* ataúd *m*

cog [kɔg] *n* diente *m*

cognac ['kɔnjæk] *n* coñac *m*

coherent [kəu'hɪərənt] *adj* coherente

coil [kɔɪl] *n* rollo; (*Aut*, *Elec*) bobina, carrete *m*; (*contraceptive*) DIU *m* ▷ *vt* enrollar

coin [kɔɪn] *n* moneda ▷ *vt* (*word*) inventar, acuñar

coincide [kəuɪn'saɪd] *vi* coincidir; **coincidence** [kəu'ɪnsɪdəns] *n* casualidad *f*

Coke® [kəuk] *n* Coca Cola® *f*

coke [kəuk] *n* (*coal*) coque *m*

colander ['kɔləndəʳ] *n* escurridor *m*

cold [kəuld] *adj* frío ▷ *n* frío; (*Med*) resfriado; **it's ~** hace frío; **to be ~** tener frío; **to catch a ~** resfriarse, acatarrarse; **in ~ blood** a sangre fría; **cold sore** *n* herpes *m* labial

coleslaw ['kəulslɔː] *n* ensalada de col con zanahoria

colic ['kɔlɪk] *n* cólico

collaborate [kə'læbəreɪt] *vi* colaborar

collapse [kə'læps] *vi* hundirse, derrumbarse; (*Med*) sufrir un colapso ▷ *n* hundimiento, derrumbamiento; (*Med*) colapso

collar ['kɔləʳ] *n* (*of coat*, *shirt*) cuello; (*for dog*) collar *m*; **collarbone** *n* clavícula

colleague ['kɔliːg] *n* colega *mf*; (*at work*) compañero/a *m/f*

collect [kə'lɛkt] *vt* reunir; (*as a hobby*) coleccionar; (BRIT: *call and pick up*) recoger; (*debts*) recaudar; (*donations*, *subscriptions*) colectar ▷ *vi* (*crowd*) reunirse ▷ *adv* (US *Tel*): **to call ~** llamar a cobro revertido; **collection** *n* colección *f*; (*of post*) recogida; **collective** *adj* colectivo; **collector** *n* coleccionista *mf*

college ['kɔlɪdʒ] *n* colegio; (*of technology*, *agriculture etc*) escuela

collide [kə'laɪd] *vi* chocar
collision [kə'lɪʒən] *n* choque *m*
cologne [kə'ləun] *n* (*also*: **eau de ~**) (agua de) colonia
Colombia [kə'lɔmbɪə] *n* Colombia; **Colombian** *adj, n* colombiano/a
colon ['kəulən] *n* (*sign*) dos puntos; (*Med*) colon *m*
colonel ['kə:nl] *n* coronel *m*
colonial [kə'ləunɪəl] *adj* colonial
colony ['kɔlənɪ] *n* colonia
colour, (US) **color** ['kʌlə^r] *n* color *m* ▷ *vt* colorear; (*dye*) teñir; (*fig*: *account*) adornar; (: *judgement*) distorsionar ▷ *vi* (*blush*) sonrojarse; **colour in** *vt* colorear; **colour-blind** *adj* daltónico; **coloured** *adj* de color; (*photo*) en color; (*infl*: *of race*) de color; **colour film** *n* película en color; **colourful** *adj* lleno de color; (*person*) pintoresco; **colouring** *n* colorido, color; (*substance*) colorante *m*; **colour television** *n* televisión *f* en color
column ['kɔləm] *n* columna
coma ['kəumə] *n* coma *m*
comb [kəum] *n* peine *m*; (*ornamental*) peineta ▷ *vt* (*hair*) peinar; (*area*) registrar a fondo
combat ['kɔmbæt] *n* combate *m* ▷ *vt* combatir
combination [kɔmbɪ'neɪʃən] *n* combinación *f*
combine [kəm'baɪn] *vt* combinar; (*qualities*) reunir ▷ *vi* combinarse ▷ *n* ['kɔmbaɪn] (*Econ*) cartel *m*

KEYWORD

come [kʌm] (*pt* **came**, *pp* **come**) *vi* **1** (*movement towards*) venir; **to come running** venir corriendo
2 (*arrive*) llegar; **he's come here to work** ha venido aquí para trabajar; **to come home** volver a casa
3 (*reach*): **to come to** llegar a; **the bill came to £40** la cuenta ascendía a cuarenta libras
4 (*occur*): **an idea came to me** se me ocurrió una idea
5 (*be, become*): **to come loose/undone** *etc* aflojarse/desabrocharse, desatarse *etc*; **I've come to like him** por fin ha llegado a gustarme
come across *vt fus* (*person*) encontrarse con; (*thing*) encontrar
come along *vi* (BRIT: *progress*) ir
come back *vi* (*return*) volver
come down *vi* (*price*) bajar; (*building*: *be demolished*) ser derribado
come from *vt fus* (*place, source*) ser de
come in *vi* (*visitor*) entrar; (*train, report*) llegar; (*fashion*) ponerse de moda; (*on deal etc*) entrar
come off *vi* (*button*) soltarse, desprenderse; (*attempt*) salir bien
come on *vi* (*pupil, work, project*) marchar; (*lights*) encenderse; (*electricity*) volver; **come on!** ¡vamos!
come out *vi* (*fact*) salir a la luz; (*book, sun*) salir; (*stain*) quitarse
come round *vi* (*after faint, operation*) volver en sí
come to *vi* (*wake*) volver en sí
come up *vi* (*sun*) salir; (*problem*) surgir; (*event*) aproximarse; (*in conversation*) mencionarse
come up with *vt fus* (*idea*) sugerir; (*money*) conseguir

comeback ['kʌmbæk] *n*: **to make a ~** (*Theat*) volver a las tablas
comedian [kə'mi:dɪən] *n* humorista *mf*
comedy ['kɔmɪdɪ] *n* comedia
comet ['kɔmɪt] *n* cometa *m*
comfort ['kʌmfət] *n* bienestar *m*; (*relief*) alivio ▷ *vt* consolar; **comfortable** *adj* cómodo; (*income*) adecuado; **comfort station** *n* (US) servicios *mpl*
comic ['kɔmɪk] *adj* (*also*: **~al**) cómico ▷ *n* (*comedian*) cómico; (*magazine*) tebeo; (*for adults*) cómic *m*; **comic book** *n* (US) libro *m* de cómics; **comic strip** *n* tira cómica
comma ['kɔmə] *n* coma

command [kə'mɑ:nd] *n* orden *f*, mandato; (*Mil: authority*) mando; (*mastery*) dominio ▷ *vt* (*troops*) mandar; (*give orders to*) mandar, ordenar; **commander** *n* (*Mil*) comandante *mf*, jefe/a *m/f*

commemorate [kə'mɛməreɪt] *vt* conmemorar

commence [kə'mɛns] *vt, vi* comenzar; **commencement** *n* (*US*) (*Univ*) (ceremonia de) graduación *f*

commend [kə'mɛnd] *vt* elogiar, alabar; (*recommend*) recomendar

comment ['kɔmɛnt] *n* comentario ▷ *vi*: **to ~ (on)** hacer comentarios (sobre); **"no ~"** (*written*) "sin comentarios"; (*spoken*) "no tengo nada que decir"; **commentary** *n* comentario; **commentator** *n* comentarista *mf*

commerce ['kɔmə:s] *n* comercio

commercial [kə'mə:ʃəl] *adj* comercial ▷ *n* (*TV*) anuncio; **commercial break** *n* intermedio para publicidad

commission [kə'mɪʃən] *n* (*committee, fee, order for work of art etc*) comisión *f* ▷ *vt* (*work of art*) encargar; **out of ~** fuera de servicio; **commissioner** *n* (*Police*) comisario *m* de policía

commit [kə'mɪt] *vt* (*act*) cometer; (*resources*) dedicar; (*to sb's care*) entregar; **to ~ o.s. (to do)** comprometerse (a hacer); **to ~ suicide** suicidarse; **commitment** *n* compromiso

committee [kə'mɪtɪ] *n* comité *m*

commodity [kə'mɔdɪtɪ] *n* mercancía

common ['kɔmən] *adj* común; (*pej*) ordinario ▷ *n* campo común; **commonly** *adv* comúnmente; **commonplace** *adj* corriente; **Commons** *npl* (BRIT *Pol*): **the Commons** (la Cámara de) los Comunes; **common sense** *n* sentido común; **Commonwealth** *n*: **the Commonwealth** la Commonwealth

communal ['kɔmju:nl] *adj* comunal; (*kitchen*) común

commune ['kɔmju:n] *n* (*group*) comuna ▷ *vi* [kə'mju:n]: **to ~ with** comunicarse con

communicate [kə'mju:nɪkeɪt] *vt* comunicar ▷ *vi*: **to ~ (with)** comunicarse (con); (*in writing*) estar en contacto (con)

communication [kəmju:nɪ'keɪʃən] *n* comunicación *f*

communion [kə'mju:nɪən] *n* (*also*: **Holy C~**) comunión *f*

communism ['kɔmjunɪzəm] *n* comunismo; **communist** *adj, n* comunista *mf*

community [kə'mju:nɪtɪ] *n* comunidad *f*; (*large group*) colectividad *f*; **community centre** *n* centro social; **community service** *n* trabajo *m* comunitario (*prestado en lugar de cumplir una pena de prisión*)

commute [kə'mju:t] *vi viajar a diario de casa al trabajo* ▷ *vt* conmutar; **commuter** *n persona que viaja a diario de casa al trabajo*

compact [kəm'pækt] *adj* compacto ▷ *n* ['kɔmpækt] (*also*: **powder ~**) polvera; **compact disc** *n* compact disc *m*; **compact disc player** *n* lector *m or* reproductor *m* de discos compactos

companion [kəm'pænɪən] *n* compañero/a

company ['kʌmpənɪ] *n* compañía; (*Comm*) empresa, compañía; **to keep sb ~** acompañar a algn; **company car** *n* coche *m* de la empresa; **company director** *n* director(a) *m/f* de empresa

comparable ['kɔmpərəbl] *adj* comparable

comparative [kəm'pærətɪv] *adj* relativo; (*study, linguistics*) comparado **comparatively** *adv* (*relatively*) relativamente

compare [kəm'pɛəʳ] *vt* comparar ▷ *vi*: **to ~ (with)** poder compararse (con); **~d with** *or* **to** comparado con *or* a; **comparison** [kəm'pærɪsn] *n* comparación *f*

compartment [kəm'pɑːtmənt] *n* compartim(i)ento

compass ['kʌmpəs] *n* brújula; **compasses** *npl* compás *m*

compassion [kəm'pæʃən] *n* compasión *f*

compatible [kəm'pætɪbl] *adj* compatible

compel [kəm'pel] *vt* obligar; **compelling** *adj* (*fig: argument*) convincente

compensate ['kɔmpənseɪt] *vt* compensar ▷ *vi*: **to ~ for** compensar; **compensation** *n* (*for loss*) indemnización *f*

compete [kəm'piːt] *vi* (*take part*) competir; (*vie with*) competir, hacer la competencia

competent ['kɔmpɪtənt] *adj* competente, capaz

competition [kɔmpɪ'tɪʃən] *n* (*contest*) concurso; (*rivalry*) competencia

competitive [kəm'petɪtɪv] *adj* (*Econ, Sport*) competitivo

competitor [kəm'petɪtəʳ] *n* (*rival*) competidor(a) *m/f*; (*participant*) concursante *mf*

complacent [kəm'pleɪsənt] *adj* autocomplaciente

complain [kəm'pleɪn] *vi* quejarse; (*Comm*) reclamar; **complaint** *n* queja; (*Comm*) reclamación *f*; (*Med*) enfermedad *f*

complement ['kɔmplɪmənt] *n* complemento; (*esp ship's crew*) dotación *f* ▷ *vt* ['kɔmplɪmɛnt] (*enhance*) complementar; **complementary** [kɔmplɪ'mɛntərɪ] *adj* complementario

complete [kəm'pliːt] *adj* (*full*) completo; (*finished*) acabado ▷ *vt* (*fulfil*) completar; (*finish*) acabar; (*a form*) rellenar; **completely** *adv* completamente; **completion** *n* terminación *f*; **on completion of contract** cuando se realice el contrato

complex ['kɔmplɛks] *n* complejo

complexion [kəm'plɛkʃən] *n* (*of face*) tez *f*, cutis *m*

compliance [kəm'plaɪəns] *n* (*submission*) sumisión *f*; (*agreement*) conformidad *f*; **in ~ with** de acuerdo con

complicate ['kɔmplɪkeɪt] *vt* complicar; **complicated** *adj* complicado; **complication** [kɔmplɪ'keɪʃən] *n* complicación *f*

compliment ['kɔmplɪmənt] *n* (*formal*) cumplido ▷ *vt* felicitar; **complimentary** [kɔmplɪ'mɛntərɪ] *adj* elogioso; (*copy*) de regalo

comply [kəm'plaɪ] *vi*: **to ~ with** acatar

component [kəm'pəunənt] *adj* componente ▷ *n* (*Tech*) pieza

compose [kəm'pəuz] *vt* componer; **to be ~d of** componerse de; **to ~ o.s.** tranquilizarse; **composer** *n* (*Mus*) compositor(a) *m/f*; **composition** [kɔmpə'zɪʃən] *n* composición *f*

composure [kəm'pəuʒəʳ] *n* serenidad *f*, calma

compound ['kɔmpaund] *n* (*Chem*) compuesto; (*Ling*) término compuesto; (*enclosure*) recinto ▷ *adj* compuesto; (*fracture*) complicado

comprehension [kɔmprɪ'hɛnʃən] *n* comprensión *f*

comprehensive [kɔmprɪ'hɛnsɪv] *adj* (*broad*) exhaustivo; **~ (school)** *n* *centro estatal de enseñanza secundaria* ≈ Instituto Nacional de Bachillerato (SP)

compress [kəm'prɛs] *vt* comprimir; (*Comput*) comprimir ▷ *n* ['kɔmprɛs] (*Med*) compresa

comprise [kəm'praɪz] *vt* (*also*: **be ~d of**) comprender, constar de

compromise ['kɔmprəmaɪz] *n* (*agreement*) arreglo ▷ *vt* comprometer ▷ *vi* transigir

compulsive [kəm'pʌlsɪv] *adj* compulsivo; (*viewing, reading*) obligado

compulsory [kəm'pʌlsərɪ] *adj* obligatorio
computer [kəm'pju:tə^{r}] *n* ordenador *m*, computador *m*, computadora; **computer game** *n* juego de ordenador; **computerize** *vt* (*data*) computerizar; (*system*) informatizar; **computer programmer** *n* programador(a) *m/f*; **computer programming** *n* programación *f*; **computer science** *n* informática; **computer studies** *npl* informática *fsg*, computación *fsg* (LAM); **computing** [kəm'pju:tɪŋ] *n* (*activity*) informática
con [kɔn] *vt* estafar ▷ *n* estafa; **to ~ sb into doing sth** (*inf*) engañar a algn para que haga algo
conceal [kən'si:l] *vt* ocultar
concede [kən'si:d] *vt* (*point, argument*) reconocer; (*territory*) ceder; **to ~ (defeat)** darse por vencido; **to ~ that** admitir que
conceited [kən'si:tɪd] *adj* orgulloso
conceive [kən'si:v] *vt, vi* concebir
concentrate ['kɔnsəntreɪt] *vi* concentrarse ▷ *vt* concentrar
concentration [kɔnsən'treɪʃən] *n* concentración *f*
concept ['kɔnsɛpt] *n* concepto
concern [kən'sə:n] *n* (*matter*) asunto; (*Comm*) empresa; (*anxiety*) preocupación *f* ▷ *vt* (*worry*) preocupar; (*involve*) afectar; (*relate to*) tener que ver con; **to be ~ed (about)** interesarse (por), preocuparse (por); **concerning** *prep* sobre, acerca de
concert ['kɔnsət] *n* concierto; **concert hall** *n* sala de conciertos
concerto [kən'tʃə:təu] *n* concierto
concession [kən'sɛʃən] *n* concesión *f*; **tax ~** privilegio fiscal
concise [kən'saɪs] *adj* conciso
conclude [kən'klu:d] *vt* concluir; (*treaty etc*) firmar; (*agreement*) llegar a; (*decide*): **to ~ that ...** llegar a la conclusión de que ...; **conclusion** [kən'klu:ʒən] *n* conclusión *f*
concrete ['kɔnkri:t] *n* hormigón *m* ▷ *adj* de hormigón; (*fig*) concreto
concussion [kən'kʌʃən] *n* conmoción *f* cerebral
condemn [kən'dɛm] *vt* condenar; (*building*) declarar en ruina
condensation [kɔndɛn'seɪʃən] *n* condensación *f*
condense [kən'dɛns] *vi* condensarse ▷ *vt* condensar; (*text*) abreviar
condition [kən'dɪʃən] *n* condición *f*; (*of health*) estado; (*disease*) enfermedad *f* ▷ *vt* condicionar; **on ~ that** a condición (de) que; **conditional** *adj* condicional; **conditioner** *n* suavizante *m*
condo ['kɔndəu] *n abbr* (US *inf*) = **condominium**
condom ['kɔndəm] *n* condón *m*
condominium [kɔndə'mɪnɪəm] *n* (US: *building*) bloque *m* de pisos *or* apartamentos (*propiedad de quienes lo habitan*), condominio (LAM); (: *apartment*) piso *or* apartamento (en propiedad), condominio (LAM)
condone [kən'dəun] *vt* condonar
conduct ['kɔndʌkt] *n* conducta, comportamiento ▷ *vt* [kən'dʌkt] (*lead*) conducir; (*manage*) llevar, dirigir; (*Mus*) dirigir; **to ~ o.s.** comportarse; **conducted tour** *n* (BRIT) visita con guía; **conductor** *n* (*of orchestra*) director(a) *m/f*; (US: *on train*) revisor(a) *m/f*; (*on bus*) cobrador *m*; (*Elec*) conductor *m*
cone [kəun] *n* cono; (*pine cone*) piña; (*for ice cream*) cucurucho
confectionery [kən'fɛkʃənrɪ] *n* dulces *mpl*
confer [kən'fə:^{r}] *vt*: **to ~ (on)** otorgar (a) ▷ *vi* conferenciar
conference ['kɔnfərns] *n* (*meeting*) reunión *f*; (*convention*) congreso
confess [kən'fɛs] *vt* confesar ▷ *vi* confesar; **confession** *n* confesión *f*
confide [kən'faɪd] *vi*: **to ~ in** confiar en

confidence ['kɔnfɪdns] *n* (*also*: **self-~**) confianza; (*secret*) confidencia; **in ~** (*speak, write*) en confianza; **confident** *adj* seguro de sí mismo; **confidential** [kɔnfɪ'dɛnʃəl] *adj* confidencial

confine [kən'faɪn] *vt* (*limit*) limitar; (*shut up*) encerrar; **confined** *adj* (*space*) reducido

confirm [kən'fə:m] *vt* confirmar; **confirmation** [kɔnfə'meɪʃən] *n* confirmación *f*

confiscate ['kɔnfɪskeɪt] *vt* confiscar

conflict ['kɔnflɪkt] *n* conflicto ▷ *vi* [kən'flɪkt] (*opinions*) estar reñido

conform [kən'fɔ:m] *vi*: **to ~ to** ajustarse a

confront [kən'frʌnt] *vt* (*problems*) hacer frente a; (*enemy, danger*) enfrentarse con; **confrontation** [kɔnfrən'teɪʃən] *n* enfrentamiento

confuse [kən'fju:z] *vt* (*perplex*) desconcertar; (*mix up*) confundir; (*complicate*) complicar; **confused** *adj* confuso; (*person*) desconcertado; **confusing** *adj* confuso; **confusion** *n* confusión *f*

congestion [kən'dʒɛstʃən] *n* congestión *f*

congratulate [kən'grætjuleɪt] *vt* felicitar; **congratulations** [kəngrætju'leɪʃənz] *npl*: **congratulations (on)** felicitaciones *fpl* (por); **congratulations!** ¡enhorabuena!

congregation [kɔŋgrɪ'geɪʃən] *n* (*in church*) fieles *mpl*

congress ['kɔŋgrɛs] *n* congreso; (*US Pol*): **C~** el Congreso (de los Estados Unidos); **congressman** *n* (*US*) miembro del Congreso; **congresswoman** *n* (*US*) diputada, miembro *f* del Congreso

conifer ['kɔnɪfə^r] *n* conífera

conjugate ['kɔndʒugeɪt] *vt* conjugar

conjugation [kɔndʒə'geɪʃən] *n* conjugación *f*

conjunction [kən'dʒʌŋkʃən] *n* conjunción *f*; **in ~ with** junto con

conjure ['kʌndʒə^r] *vi* hacer juegos de manos

connect [kə'nɛkt] *vt* juntar, unir; (*Elec*) conectar; (*fig*) relacionar, asociar ▷ *vi*: **to ~ with** (*train*) enlazar con; **to be ~ed with** (*associated*) estar relacionado con; **I am trying to ~ you** (*Tel*) estoy intentando ponerle al habla; **connecting flight** *n* vuelo *m* de enlace; **connection** *n* juntura, unión *f*; (*Elec*) conexión *f*; (*Rail*) enlace *m*; (*Tel*) comunicación *f*; (*fig*) relación *f*

conquer ['kɔŋkə^r] *vt* (*territory*) conquistar; (*enemy, feelings*) vencer

conquest ['kɔŋkwɛst] *n* conquista

cons [kɔnz] *npl see* **mod cons; pro**

conscience ['kɔnʃəns] *n* conciencia

conscientious [kɔnʃɪ'ɛnʃəs] *adj* concienzudo; (*objection*) de conciencia

conscious ['kɔnʃəs] *adj* consciente; (*deliberate: insult, error*) premeditado, intencionado; **consciousness** *n* conciencia; (*Med*) conocimiento

consecutive [kən'sɛkjutɪv] *adj* consecutivo; **on 3 ~ occasions** en 3 ocasiones consecutivas

consensus [kən'sɛnsəs] *n* consenso

consent [kən'sɛnt] *n* consentimiento ▷ *vi*: **to ~ to** consentir en

consequence ['kɔnsɪkwəns] *n* consecuencia

consequently ['kɔnsɪkwəntlɪ] *adv* por consiguiente

conservation [kɔnsə'veɪʃən] *n* conservación *f*

conservative [kən'sə:vətɪv] *adj*, *n* conservador(a); (*cautious*) moderado; **C~** *adj* (BRIT *Pol*) conservador(a) *m/f*

conservatory [kən'sə:vətrɪ] *n* (*greenhouse*) invernadero

consider [kən'sɪdə^r] *vt* considerar; (*take into account*) tener en cuenta; (*study*) estudiar, examinar; **to ~ doing sth** pensar en (la posibilidad de) hacer algo; **considerable** *adj* considerable; **considerably** *adv* bastante, considerablemente; **considerate** *adj* considerado; **consideration** [kənsɪdə'reɪʃən] *n* consideración *f*; **to be under consideration** estar estudiándose; **considering** *prep*: **considering (that)** teniendo en cuenta (que)

consignment [kɔn'saɪnmənt] *n* envío

consist [kən'sɪst] *vi*: **to ~ of** consistir en

consistency [kən'sɪstənsɪ] *n* (*of person etc*) consecuencia, coherencia; (*thickness*) consistencia

consistent [kən'sɪstənt] *adj* (*person, argument*) consecuente, coherente

consolation [kɔnsə'leɪʃən] *n* consuelo

console [kən'səul] *vt* consolar ▷ *n* ['kɔnsəul] consola

consonant ['kɔnsənənt] *n* consonante *f*

conspicuous [kən'spɪkjuəs] *adj* (*visible*) visible

conspiracy [kən'spɪrəsɪ] *n* conjura, complot *m*

constable ['kʌnstəbl] *n* (BRIT) agente *mf* (de policía); **chief ~** ≈ jefe *mf* de policía

constant ['kɔnstənt] *adj* constante; **constantly** *adv* constantemente

constipated ['kɔnstɪpeɪtəd] *adj* estreñido

> Be careful not to translate *constipated* by the Spanish word *constipado*.

constipation [kɔnstɪ'peɪʃən] *n* estreñimiento

constituency [kən'stɪtjuənsɪ] *n* (*Pol*) distrito electoral; (*people*) electorado

constitute ['kɔnstɪtju:t] *vt* constituir

constitution [kɔnstɪ'tju:ʃən] *n* constitución *f*

constraint [kən'streɪnt] *n* (*force*) fuerza; (*limit*) restricción *f*

construct [kən'strʌkt] *vt* construir; **construction** *n* construcción *f*; **constructive** *adj* constructivo

consul ['kɔnsl] *n* cónsul *mf*; **consulate** ['kɔnsjulɪt] *n* consulado

consult [kən'sʌlt] *vt* consultar; **consultant** *n* (BRIT *Med*) especialista *mf*; (*other specialist*) asesor(a) *m/f*; **consultation** *n* consulta; **consulting room** *n* (BRIT) consultorio

consume [kən'sju:m] *vt* (*eat*) comerse; (*drink*) beberse; (*fire etc*) consumir; (*Comm*) consumir; **consumer** *n* consumidor(a) *m/f*

consumption [kən'sʌmpʃən] *n* consumo

cont. *abbr* (= *continued*) sigue

contact ['kɔntækt] *n* contacto; (*person*: *pej*) enchufe *m* ▷ *vt* ponerse en contacto con; **~ lenses** *n pl* lentes *fpl* de contacto

contagious [kən'teɪdʒəs] *adj* contagioso

contain [kən'teɪn] *vt* contener; **to ~ o.s.** contenerse; **container** *n* recipiente *m*; (*for shipping etc*) contenedor *m*

contaminate [kən'tæmɪneɪt] *vt* contaminar

cont'd *abbr* (= *continued*) sigue

contemplate ['kɔntəmpleɪt] *vt* contemplar; (*reflect upon*) considerar

contemporary [kən'tɛmpərərɪ] *adj*, *n* contemporáneo/a

contempt [kən'tɛmpt] *n* desprecio; **~ of court** (*Law*) desacato (a los tribunales *or* a la justicia)

contend [kən'tɛnd] *vt* (*argue*) afirmar ▷ *vi*: **to ~ with/for** luchar contra/por

content [kən'tɛnt] *adj* (*happy*) contento; (*satisfied*) satisfecho ▷ *vt* contentar; satisfacer ▷ *n* ['kɔntɛnt] contenido; **contents** *npl* contenido *msg*; **(table of) ~s** índice *m* de materias; **contented** *adj* contento; satisfecho

contest ['kɔntɛst] *n* contienda; (*competition*) concurso ▷ *vt* [kən'tɛst] (*dispute*) impugnar; (*Pol: election, seat*) presentarse como candidato/a a

Be careful not to translate *contest* by the Spanish word *contestar*.

contestant [kən'tɛstənt] *n* concursante *mf*; (*in fight*) contendiente *mf*

context ['kɔntɛkst] *n* contexto

continent ['kɔntɪnənt] *n* continente *m*; **the C~** (BRIT) el continente europeo; **continental** *adj* continental; **continental breakfast** *n* desayuno estilo europeo; **continental quilt** *n* (BRIT) edredón *m*

continual [kən'tɪnjuəl] *adj* continuo; **continually** *adv* continuamente

continue [kən'tɪnju:] *vi, vt* seguir, continuar

continuity [kɔntɪ'njuɪtɪ] *n* (*also Cine*) continuidad *f*

continuous [kən'tɪnjuəs] *adj* continuo; **continuous assessment** *n* (BRIT) evaluación *f* continua; **continuously** *adv* continuamente

contour ['kɔntuə^{r}] *n* contorno; (*also*: **~ line**) curva de nivel

contraception [kɔntrə'sɛpʃən] *n* contracepción *f*

contraceptive [kɔntrə'sɛptɪv] *adj, n* anticonceptivo

contract [*n* 'kɔntrækt, *vi, vt* kɔn'trækt] *n* contrato ▷ *vi* (*Comm*): **to ~ to do sth** comprometerse por contrato a hacer algo; (*become smaller*) contraerse, encogerse ▷ *vt* contraer; **contractor** *n* contratista *mf*

contradict [kɔntrə'dɪkt] *vt* contradecir; **contradiction** *n* contradicción *f*

contrary[1] ['kɔntrərɪ] *adj* contrario ▷ *n* lo contrario; **on the ~** al contrario; **unless you hear to the ~** a no ser que le digan lo contrario

contrary[2] [kən'trɛərɪ] *adj* (*perverse*) terco

contrast ['kɔntrɑ:st] *n* contraste *m* ▷ *vt* [kən'trɑ:st] contrastar; **in ~ to** *or* **with** a diferencia de

contribute [kən'trɪbju:t] *vi* contribuir ▷ *vt*: **to ~ to** contribuir a; (*newspaper*) colaborar en; (*discussion*) intervenir en; **contribution** *n* (*money*) contribución *f*; (*to debate*) intervención *f*; (*to journal*) colaboración *f*; **contributor** *n* (*to newspaper*) colaborador(a) *m/f*

control [kən'trəul] *vt* controlar; (*traffic etc*) dirigir; (*machinery*) manejar; (*temper*) dominar; (*disease, fire*) dominar, controlar ▷ *n* control *m*; (*of car*) conducción *f*; (*check*) freno; **controls** *npl* (*of vehicle*) instrumentos *mpl* de mando; (*of radio*) controles *mpl*; (*governmental*) medidas *fpl* de control; **everything is under ~** todo está bajo control; **to be in ~ of** estar al mando de; **the car went out of ~** perdió el control del coche; **control tower** *n* (*Aviat*) torre *f* de control

controversial [kɔntrə'və:ʃl] *adj* polémico

controversy ['kɔntrəvə:sɪ] *n* polémica

convenience [kən'vi:nɪəns] *n* (*comfort*) comodidad *f*; (*advantage*) ventaja; **at your earliest ~** (*Comm*) tan pronto como le sea posible; **all modern ~s** (BRIT) todo confort

convenient [kən'vi:nɪənt] *adj* (*useful*) útil; (*place*) conveniente; (*time*) oportuno

convent ['kɔnvənt] *n* convento

convention [kən'vɛnʃən] *n* convención *f*; (*meeting*) asamblea; **conventional** *adj* convencional

conversation [kɔnvə'seɪʃən] *n* conversación *f*

conversely [kɔn'və:slɪ] *adv* a la inversa

conversion [kən'və:ʃən] *n* conversión *f*

convert [kən'və:t] *vt* (*Rel, Comm*) convertir; (*alter*) transformar ▷ *n* ['kɔnvə:t] converso/a; **convertible** *adj* convertible ▷ *n* descapotable *m*

convey [kən'veɪ] *vt* transportar; (*thanks*) comunicar; (*idea*) expresar; **conveyor belt** *n* cinta transportadora
convict [kən'vɪkt] *vt* (*find guilty*) declarar culpable a ▷ *n* ['kɔnvɪkt] presidiario/a; **conviction** [kən'vɪkʃən] *n* condena; (*belief*) convicción *f*
convince [kən'vɪns] *vt* convencer; **to ~ sb (of sth/that)** convencer a algn (de algo/de que); **convinced** *adj*: **convinced of/that** convencido de/de que; **convincing** *adj* convincente
convoy ['kɔnvɔɪ] *n* convoy *m*
cook [kuk] *vt* (*stew etc*) guisar; (*meal*) preparar ▷ *vi* hacerse; (*person*) cocinar ▷ *n* cocinero/a; **cookbook** *n* libro de cocina; **cooker** *n* cocina; **cookery** *n* cocina; **cookery book** *n* (BRIT) = **cookbook**
cookie ['kukɪ] *n* (US) galleta; (*Comput*) cookie *f*
cooking ['kukɪŋ] *n* cocina
cool [ku:l] *adj* fresco; (*not afraid*) tranquilo; (*unfriendly*) frío ▷ *vt* enfriar ▷ *vi* enfriarse; **cool down** *vi* enfriarse; (*fig: person, situation*) calmarse; **cool off** *vi* (*become calmer*) calmarse, apaciguarse; (*lose enthusiasm*) perder (el) interés, enfriarse
cop [kɔp] *n* (*inf*) poli *m*
cope [kəup] *vi*: **to ~ with** (*problem*) hacer frente a
copper ['kɔpəʳ] *n* (*metal*) cobre *m*; (*inf*) poli *m*
copy ['kɔpɪ] *n* copia; (*of book*) ejemplar *m* ▷ *vt* (*also Comput*) copiar; **copyright** *n* derechos *mpl* de autor
coral ['kɔrəl] *n* coral *m*
cord [kɔ:d] *n* cuerda; (*Elec*) cable *m*; (*fabric*) pana; **cords** *npl* (*trousers*) pantalones *mpl* de pana; **cordless** *adj* sin hilos
corduroy ['kɔ:dərɔɪ] *n* pana
core [kɔ:ʳ] *n* centro, núcleo; (*of fruit*) corazón *m*; (*of problem etc*) meollo ▷ *vt* quitar el corazón de
coriander [kɔrɪ'ændəʳ] *n* culantro
cork [kɔ:k] *n* corcho; (*tree*) alcornoque *m*; **corkscrew** *n* sacacorchos *m inv*
corn [kɔ:n] *n* (BRIT: *wheat*) trigo; (US: *maize*) maíz *m*; (*on foot*) callo; **~ on the cob** (*Culin*) maíz en la mazorca
corned beef ['kɔ:nd-] *n* carne *f* de vaca acecinada
corner ['kɔ:nəʳ] *n* (*outside*) esquina; (*inside*) rincón *m*; (*in road*) curva; (*Football*) córner *m* ▷ *vt* (*trap*) arrinconar; (*Comm*) acaparar ▷ *vi* (*in car*) tomar las curvas; **corner shop** *n* (BRIT) tienda de la esquina
cornflakes ['kɔ:nfleɪks] *npl* copos *mpl* de maíz, cornflakes *mpl*
cornflour ['kɔ:nflauəʳ] *n* (BRIT) harina de maíz
cornstarch ['kɔ:nstɑ:tʃ] *n* (US) = **cornflour**
Cornwall ['kɔ:nwəl] *n* Cornualles *m*
coronary ['kɔrənərɪ] *n*: **~ (thrombosis)** infarto
coronation [kɔrə'neɪʃən] *n* coronación *f*
coroner ['kɔrənəʳ] *n* juez *mf* de instrucción
corporal ['kɔ:pərl] *n* cabo ▷ *adj*: **~ punishment** castigo corporal
corporate ['kɔ:pərɪt] *adj* (*action, ownership*) colectivo; (*finance, image*) corporativo
corporation [kɔ:pə'reɪʃən] *n* (*of town*) ayuntamiento; (*Comm*) corporación *f*
corps (*pl* **corps**) [kɔ:ʳ, kɔ:z] *n* cuerpo; **press ~** gabinete *m* de prensa
corpse [kɔ:ps] *n* cadáver *m*
correct [kə'rɛkt] *adj* correcto; (*accurate*) exacto ▷ *vt* corregir; **correction** *n* (*act*) corrección *f*; (*instance*) rectificación *f*
correspond [kɔrɪs'pɔnd] *vi*: **to ~ (with)** (*write*) escribirse (con); (*be in accordance*) corresponder (con); **to ~ (to)** (*be equivalent to*) corresponder (a); **correspondence** *n* correspondencia; **correspondent** *n* corresponsal *mf*; **corresponding** *adj* correspondiente

corridor ['kɔrɪdɔːʳ] *n* pasillo
corrode [kə'rəud] *vt* corroer ▷ *vi* corroerse
corrupt [kə'rʌpt] *adj* corrompido; (*person*) corrupto ▷ *vt* corromper; (*Comput*) degradar; **corruption** *n* corrupción *f*; (*of data*) alteración *f*
Corsica ['kɔːsɪkə] *n* Córcega
cosmetic [kɔz'mɛtɪk] *n* ▷ *adj* cosmético; **cosmetic surgery** *n* cirugía *f* estética
cosmopolitan [kɔzmə'pɔlɪtn] *adj* cosmopolita
cost [kɔst] (*pt, pp* **cost**) *n* (*price*) precio ▷ *vi* costar, valer ▷ *vt* preparar el presupuesto de; **costs** *npl* (*Law*) costas *fpl*; **how much does it ~?** ¿cuánto cuesta?; **to ~ sb time/effort** costarle a algn tiempo/esfuerzo; **it ~ him his life** le costó la vida; **at all ~s** cueste lo que cueste
co-star ['kəustɑːʳ] *n* coprotagonista *mf*
Costa Rica ['kɔstə'riːkə] *n* Costa Rica; **Costa Rican** *adj, n* costarriqueño/a
costly ['kɔstlɪ] *adj* costoso
costume ['kɔstjuːm] *n* traje *m*; (BRIT: *also*: **swimming ~**) traje de baño
cosy, (US) **cozy** ['kəuzɪ] *adj* cómodo; (*room, atmosphere*) acogedor(a)
cot [kɔt] *n* (BRIT: *child's*) cuna; (US: *folding bed*) cama plegable
cottage ['kɔtɪdʒ] *n* casita de campo; **cottage cheese** *n* requesón *m*
cotton ['kɔtn] *n* algodón *m*; (*thread*) hilo; **cotton on** *vi* (*inf*): **to ~ on (to sth)** caer en la cuenta (de algo); **cotton bud** *n* (BRIT) bastoncillo *m* de algodón; **cotton candy** *n* (US) algodón *m* (azucarado); **cotton wool** *n* (BRIT) algodón *m* (hidrófilo)
couch [kautʃ] *n* sofá *m*; (*in doctor's surgery*) camilla; (*psychiatrist's*) diván *m*
cough [kɔf] *vi* toser ▷ *n* tos *f*; **cough mixture** *n* jarabe *m* para la tos
could [kud] *pt of* **can²**; **couldn't** = **could not**
council ['kaunsl] *n* consejo; **city** *or* **town ~** ayuntamiento, consejo municipal; **council estate** *n* (BRIT) barriada de viviendas sociales de alquiler; **council house** *n* (BRIT) vivienda social de alquiler; **councillor** *n* concejal *mf*; **council tax** *n* (BRIT) contribución *f* municipal (*dependiente del valor de la vivienda*)
counsel ['kaunsl] *n* (*advice*) consejo; (*lawyer*) abogado/a ▷ *vt* aconsejar; **counselling,** (US) **counseling** *n* (*Psych*) asistencia *f* psicológica; **counsellor,** (US) **counselor** *n* consejero/a; abogado/a
count [kaunt] *vt* contar; (*include*) incluir ▷ *vi* contar ▷ *n* cuenta; (*of votes*) escrutinio; (*nobleman*) conde *m*; **count in** (*inf*) *vt*: **to ~ sb in on sth** contar con algn para algo; **count on** *vt fus* contar con; **countdown** *n* cuenta atrás
counter ['kauntəʳ] *n* (*in shop*) mostrador *m*; (*in games*) ficha ▷ *vt* contrarrestar ▷ *adv*: **~ to** contrario a
counter-clockwise ['kauntə'klɔkwaɪz] *adv* en sentido contrario al de las agujas del reloj
counterfeit ['kauntəfɪt] *n* falsificación *f* ▷ *vt* falsificar ▷ *adj* falso, falsificado
counterpart ['kauntəpɑːt] *n* homólogo/a
countess ['kauntɪs] *n* condesa
countless ['kauntlɪs] *adj* innumerable
country ['kʌntrɪ] *n* país *m*; (*native land*) patria; (*as opposed to town*) campo; (*region*) región *f*, tierra; **country and western (music)** *n* música country; **country house** *n* casa de campo; **countryside** *n* campo
county ['kauntɪ] *n* condado
coup [kuː] (*pl* **coups**) *n* golpe *m*; (*triumph*) éxito; (*also*: **~ d'état**) golpe de estado
couple ['kʌpl] *n* (*of things*) par *m*; (*of people*) pareja; (*married couple*) matrimonio; **a ~ of** un par de

C

coupon ['kuːpɔn] *n* cupón *m*; (*voucher*) valé *m*
courage ['kʌrɪdʒ] *n* valor *m*, valentía; **courageous** [kə'reɪdʒəs] *adj* valiente
courgette [kuə'ʒɛt] *n* (BRIT) calabacín *m*
courier ['kurɪəʳ] *n* mensajero/a; (*for tourists*) guía *mf* (de turismo)
course [kɔːs] *n* (*direction*) dirección *f*; (*of river*) curso; (*Scol*) curso; (*of ship*) rumbo; (*Golf*) campo; (*part of meal*) plato; **of ~** *adv* desde luego, naturalmente; **of ~!** ¡claro!; **~ of treatment** (*Med*) tratamiento
court [kɔːt] *n* (*royal*) corte *f*; (*Law*) tribunal *m*, juzgado; (*Tennis*) pista, cancha (LAM) ▷ *vt* (*woman*) cortejar; **to take to ~** demandar
courtesy ['kəːtəsɪ] *n* cortesía; **by ~ of** (por) cortesía de; **courtesy bus, courtesy coach** *n* autobús *m* gratuito
court: courthouse *n* (US) palacio de justicia; **courtroom** *n* sala de justicia; **courtyard** *n* patio
cousin ['kʌzn] *n* primo/a; **first ~** primo/a carnal
cover ['kʌvəʳ] *vt* cubrir; (*with lid*) tapar; (*distance*) cubrir, recorrer; (*include*) abarcar; (*protect*) abrigar; (*journalist*) investigar; (*issues*) tratar ▷ *n* cubierta; (*lid*) tapa; (*for chair etc*) funda; (*envelope*) sobre *m*; (*of magazine*) portada; (*shelter*) abrigo; (*insurance*) cobertura; **to take ~** (*shelter*) protegerse, resguardarse; **under ~** (*indoors*) bajo techo; **under ~ of darkness** al amparo de la oscuridad; **under separate ~** (*Comm*) por separado; **cover up** *vi*: **to ~ up for sb** encubrir a algn; **coverage** *n* (*in media*) cobertura informativa; **cover charge** *n* precio del cubierto; **cover-up** *n* encubrimiento
cow [kau] *n* vaca ▷ *vt* intimidar
coward ['kauəd] *n* cobarde *mf*; **cowardly** *adj* cobarde
cowboy ['kauboɪ] *n* vaquero
cozy ['kəuzɪ] *adj* (US) = **cosy**
crab [kræb] *n* cangrejo
crack [kræk] *n* grieta; (*noise*) crujido; (*drug*) crack *m* ▷ *vt* agrietar, romper; (*nut*) cascar; (*whip etc*) chasquear; (*knuckles*) crujir; (*joke*) contar ▷ *adj* (*athlete*) de primera clase; **crack down on** *vt fus* adoptar medidas severas contra; **cracked** *adj* (*cup, window*) rajado; (*wall*) resquebrajado; **cracker** *n* (*biscuit*) crácker *m*; (*Christmas cracker*) petardo sorpresa
crackle ['krækl] *vi* crepitar
cradle ['kreɪdl] *n* cuna
craft [krɑːft] *n* (*skill*) arte *m*; (*trade*) oficio; (*cunning*) astucia; (*boat*) embarcación *f*; **craftsman** *n* artesano; **craftsmanship** *n* destreza
cram [kræm] *vt* (*fill*): **to ~ sth with** llenar algo (a reventar) de; (*put*): **to ~ sth into** meter algo a la fuerza en ▷ *vi* (*for exams*) empollar
cramp [kræmp] *n* (*Med*) calambre *m*; **cramped** *adj* apretado
cranberry ['krænbərɪ] *n* arándano agrio
crane [kreɪn] *n* (*Tech*) grúa; (*bird*) grulla
crap [kræp] *n* (*inf!*) mierda (*!*)
crash [kræʃ] *n* (*noise*) estrépito; (*of cars, plane*) accidente *m*; (*of business*) quiebra ▷ *vt* (*plane*) estrellar ▷ *vi* (*plane*) estrellarse; (*two cars*) chocar; **crash course** *n* curso acelerado; **crash helmet** *n* casco (protector)
crate [kreɪt] *n* cajón *m* de embalaje; (*for bottles*) caja
crave [kreɪv] *vt, vi*: **to ~ (for)** ansiar, anhelar
crawl [krɔːl] *vi* (*drag o.s.*) arrastrarse; (*child*) andar a gatas, gatear; (*vehicle*) avanzar (lentamente) ▷ *n* (*Swimming*) crol *m*
crayfish ['kreɪfɪʃ] *n* (*pl inv*: *freshwater*) cangrejo (de río); (: *saltwater*) cigala
crayon ['kreɪən] *n* lápiz *m* de color
craze [kreɪz] *n* (*fashion*) moda
crazy ['kreɪzɪ] *adj* (*person*) loco; (*idea*) disparatado; **to be ~ about sb/sth** (*inf*) estar loco por algn/algo

creak [kri:k] *vi* crujir; (*hinge etc*) chirriar, rechinar
cream [kri:m] *n* (*of milk*) nata, crema; (*lotion*) crema; (*fig*) flor *f* y nata ▷ *adj* (*colour*) color *m* crema; **cream cheese** *n* queso blanco cremoso; **creamy** *adj* cremoso
crease [kri:s] *n* (*fold*) pliegue *m*; (*in trousers*) raya; (*wrinkle*) arruga ▷ *vt* (*wrinkle*) arrugar ▷ *vi* (*wrinkle up*) arrugarse
create [kri:'eɪt] *vt* crear; **creation** *n* creación *f*; **creative** *adj* creativo; **creator** *n* creador(a) *m/f*
creature ['kri:tʃəʳ] *n* (*animal*) animal *m*; (*insect*) bicho; (*person*) criatura
crèche, creche [krɛʃ] *n* (BRIT) guardería (infantil)
credentials [krɪ'dɛnʃlz] *npl* referencias *fpl*
credibility [krɛdɪ'bɪlɪtɪ] *n* credibilidad *f*
credible ['krɛdɪbl] *adj* creíble
credit ['krɛdɪt] *n* crédito; (*merit*) honor *m*, mérito ▷ *vt* (*Comm*) abonar; (*believe*) creer, dar crédito a ▷ *adj* crediticio; **to be in ~** (*person, bank account*) tener saldo a favor; **to ~ sb with** (*fig*) reconocer a algn el mérito de; *see also* **credits**; **credit card** *n* tarjeta de crédito; **credit crunch** *n* crisis *f* crediticia
credits ['krɛdɪts] *npl* (*Cine*) títulos *mpl* *or* rótulos *mpl* de crédito, ficha técnica
creek [kri:k] *n* cala, ensenada; (US) riachuelo
creep (*pt, pp* **crept**) [kri:p, krɛpt] *vi* (*animal*) deslizarse
cremate [krɪ'meɪt] *vt* incinerar
crematorium [krɛmə'tɔ:rɪəm] (*pl* **crematoria**) *n* crematorio
crept [krɛpt] *pt, pp of* **creep**
crescent ['krɛsnt] *n* media luna; (*street*) calle *f* (*en forma de semicírculo*)
cress [krɛs] *n* berro
crest [krɛst] *n* (*of bird*) cresta; (*of hill*) cima, cumbre *f*; (*of coat of arms*) blasón *m*
crew [kru:] *n* (*of ship etc*) tripulación *f*; (*Cine etc*) equipo; **crew-neck** *n* cuello a la caja
crib [krɪb] *n* cuna ▷ *vt* (*inf*) plagiar
cricket ['krɪkɪt] *n* (*insect*) grillo; (*game*) críquet *m*; **cricketer** *n* jugador(a) *m/f* de críquet
crime [kraɪm] *n* crimen *m*; (*less serious*) delito; **criminal** ['krɪmɪnl] *n* criminal *mf*, delincuente *mf* ▷ *adj* criminal; (*law*) penal
crimson ['krɪmzn] *adj* carmesí
cringe [krɪndʒ] *vi* encogerse
cripple ['krɪpl] *n* (*inf!*) lisiado/a, cojo/a ▷ *vt* lisiar, mutilar
crisis ['kraɪsɪs] (*pl* **crises**) *n* crisis *f*
crisp [krɪsp] *adj* fresco; (*toast, snow*) crujiente; (*manner*) seco; **crispy** *adj* crujiente
criterion [kraɪ'tɪərɪən] (*pl* **criteria**) *n* criterio
critic ['krɪtɪk] *n* crítico/a; **critical** *adj* crítico; (*illness*) grave; **criticism** ['krɪtɪsɪzm] *n* crítica; **criticize** ['krɪtɪsaɪz] *vt* criticar
Croat ['krəuæt] *adj, n* = **Croatian**
Croatia [krəu'eɪʃə] *n* Croacia; **Croatian** *adj, n* croata *mf* ▷ *n* (*Ling*) croata *m*
crockery ['krɔkərɪ] *n* loza, vajilla
crocodile ['krɔkədaɪl] *n* cocodrilo
crocus ['krəukəs] *n* crocus *m*, croco
croissant ['krwasã] *n* croissant *m*, medialuna (*esp* LAM)
crook [kruk] *n* ladrón/ona *m/f*; (*of shepherd*) cayado; **crooked** ['krukɪd] *adj* torcido; (*inf*) corrupto
crop [krɔp] *n* (*produce*) cultivo; (*amount produced*) cosecha; (*riding crop*) látigo de montar ▷ *vt* cortar, recortar; **crop up** *vi* surgir, presentarse
cross [krɔs] *n* cruz *f* ▷ *vt* (*street etc*) cruzar, atravesar ▷ *adj* de mal humor, enojado; **cross off** *vt* tachar; **cross out** *vt* tachar; **cross over** *vi* cruzar; **cross-Channel ferry** *n* transbordador *m* que cruza el Canal de la Mancha; **cross-country (race)**

C

n carrera a campo traviesa, cross *m*; **crossing** *n* (*sea passage*) travesía; (*also*: **pedestrian crossing**) paso de peatones; **crossing guard** *n* (*US*) *persona encargada de ayudar a los niños a cruzar la calle*; **crossroads** *nsg* cruce *m*; (*fig*) encrucijada; **crosswalk** *n* (*US*) paso de peatones; **crossword** *n* crucigrama *m*

crotch [krɔtʃ] *n* (*of garment*) entrepierna

crouch [kraʊtʃ] *vi* agacharse, acurrucarse

crouton ['kru:tɔn] *n* cubito de pan frito

crow [kraʊ] *n* (*bird*) cuervo; (*of cock*) canto, cacareo ▷ *vi* (*cock*) cantar

crowd [kraʊd] *n* muchedumbre *f* ▷ *vt* (*gather*) amontonar; (*fill*) llenar ▷ *vi* (*gather*) reunirse; (*pile up*) amontonarse; **crowded** *adj* (*full*) atestado; (*densely populated*) superpoblado

crown [kraʊn] *n* corona; (*of head*) coronilla; (*of hill*) cumbre *f*; (*for tooth*) funda ▷ *vt* coronar; **and to ~ it all ...** (*fig*) y para colmo *or* remate ...; **crown jewels** *npl* joyas *fpl* reales

crucial ['kru:ʃl] *adj* decisivo

crucifix ['kru:sɪfɪks] *n* crucifijo

crude [kru:d] *adj* (*materials*) bruto; (*basic*) tosco; (*vulgar*) ordinario ▷ *n* (*also*: **~ oil**) (petróleo) crudo

cruel ['kruəl] *adj* cruel; **cruelty** *n* crueldad *f*

cruise [kru:z] *n* crucero ▷ *vi* (*ship*) navegar; (*car*) ir a velocidad constante

crumb [krʌm] *n* miga, migaja

crumble ['krʌmbl] *vt* desmenuzar ▷ *vi* (*building*) desmoronarse

crumpet ['krʌmpɪt] *n* ≈ bollo para tostar

crumple ['krʌmpl] *vt* (*paper*) estrujar; (*material*) arrugar

crunch [krʌntʃ] *vt* (*with teeth*) mascar; (*underfoot*) hacer crujir ▷ *n* (*fig*) hora de la verdad; **crunchy** *adj* crujiente

crush [krʌʃ] *n* (*crowd*) aglomeración *f* ▷ *vt* aplastar; (*paper*) estrujar; (*cloth*) arrugar; (*fruit*) exprimir; (*opposition*) aplastar; (*hopes*) destruir; **to have a ~ on sb** estar enamorado de algn

crust [krʌst] *n* corteza; **crusty** *adj* (*bread*) crujiente; (*person*) de mal carácter

crutch [krʌtʃ] *n* muleta

cry [kraɪ] *vi* llorar; (*shout*: *also*: **~ out**) gritar ▷ *n* grito; (*of animal*) aullido; **cry out** *vi* (*call out, shout*) lanzar un grito, echar un grito ▷ *vt* gritar

crystal ['krɪstl] *n* cristal *m*

cub [kʌb] *n* cachorro; (*also*: **~ scout**) niño explorador

Cuba ['kju:bə] *n* Cuba; **Cuban** *adj, n* cubano/a

cube [kju:b] *n* cubo ▷ *vt* (*Math*) elevar al cubo

cubicle ['kju:bɪkl] *n* (*at pool*) caseta; (*for bed*) cubículo

cuckoo ['kuku:] *n* cuco

cucumber ['kju:kʌmbəʳ] *n* pepino

cuddle ['kʌdl] *vt* abrazar ▷ *vi* abrazarse

cue [kju:] *n* (*snooker cue*) taco; (*Theat etc*) entrada

cuff [kʌf] *n* (BRIT: *of shirt, coat etc*) puño; (*US*: *of trousers*) vuelta; (*blow*) bofetada; **off the ~** *adv* improvisado; **cufflinks** *npl* gemelos *mpl*

cuisine [kwɪ'zi:n] *n* cocina

cul-de-sac ['kʌldəsæk] *n* callejón *m* sin salida

cull [kʌl] *vt* (*kill selectively*: *animals*) matar selectivamente ▷ *n* matanza selectiva

culminate ['kʌlmɪneɪt] *vi*: **to ~ in** culminar en

culprit ['kʌlprɪt] *n* culpable *mf*

cult [kʌlt] *n* culto

cultivate ['kʌltɪveɪt] *vt* (*also fig*) cultivar

cultural ['kʌltʃərəl] *adj* cultural

culture ['kʌltʃəʳ] *n* (*also fig*) cultura; (*Biol*) cultivo

cumin ['kʌmɪn] *n* (*spice*) comino

cunning ['kʌnɪŋ] *n* astucia ▷ *adj* astuto

cup [kʌp] *n* taza; (*prize, event*) copa
cupboard ['kʌbəd] *n* armario; (*in kitchen*) alacena
cup final *n* (*Football*) final *f* de copa
curator [kjuə'reɪtəʳ] *n* director(a) *m/f*
curb [kə:b] *vt* refrenar ▷ *n* freno; (*US*) bordillo
curdle ['kə:dl] *vi* cuajarse
cure [kjuəʳ] *vt* curar ▷ *n* cura, curación *f*; (*fig*: *solution*) remedio
curfew ['kə:fju:] *n* toque *m* de queda
curiosity [kjuəɪrɪ'ɔsɪtɪ] *n* curiosidad *f*
curious ['kjuərɪəs] *adj* curioso; **I'm ~ about him** me intriga
curl [kə:l] *n* rizo ▷ *vt* (*hair*) rizar ▷ *vi* rizarse; **curl up** *vi* (*person*) hacerse un ovillo; **curler** *n* bigudí *m*, rulo; **curly** *adj* rizado
currant ['kʌrnt] *n* pasa; (*black, red*) grosella
currency ['kʌrnsɪ] *n* moneda; **to gain ~** (*fig*) difundirse
current ['kʌrnt] *n* corriente *f* ▷ *adj* actual; **in ~ use** de uso corriente; **current account** *n* (BRIT) cuenta corriente; **current affairs** *npl* (noticias *fpl* de) actualidad *f*; **currently** *adv* actualmente
curriculum [kə'rɪkjuləm] (*pl* **curriculums** *or* **curricula**) *n* plan *m* de estudios; **curriculum vitae** [-'vi:taɪ] *n* currículum *m* (vitae)
curry ['kʌrɪ] *n* curry *m* ▷ *vt*: **to ~ favour with** buscar el favor de; **curry powder** *n* curry *m* en polvo
curse [kə:s] *vi* echar pestes, soltar palabrotas ▷ *vt* maldecir ▷ *n* maldición *f*; (*swearword*) palabrota, taco
cursor ['kə:səʳ] *n* (*Comput*) cursor *m*
curt [kə:t] *adj* seco
curtain ['kə:tn] *n* cortina; (*Theat*) telón *m*; **to draw the ~s** (*together*) cerrar las cortinas; (*apart*) abrir las cortinas
curve [kə:v] *n* curva ▷ *vi* (*road*) hacer una curva; (*line etc*) curvarse; **curved** *adj* curvo
cushion ['kuʃən] *n* cojín *m*; (*Snooker*) banda ▷ *vt* (*shock*) amortiguar
custard ['kʌstəd] *n* natillas *fpl*
custody ['kʌstədɪ] *n* custodia; **to take sb into ~** detener a algn
custom ['kʌstəm] *n* costumbre *f*; (*Comm*) clientela
customer ['kʌstəməʳ] *n* cliente *mf*
customized ['kʌstəmaɪzd] *adj* (*car etc*) hecho a encargo
customs ['kʌstəmz] *npl* aduana *sg*; **customs officer** *n* aduanero/a
cut [kʌt] (*pt, pp* **cut**) *vt* cortar; (*price*) rebajar; (*reduce*) reducir ▷ *vi* cortar ▷ *n* corte *m*; (*in skin*) cortadura; (*in salary etc*) rebaja; (*in spending*) reducción *f*, recorte *m*; (*slice of meat*) tajada; **to ~ and paste** (*Comput*) cortar y pegar; **cut back** *vt* (*plants*) podar; (*production, expenditure*) reducir; **cut down** *vt* (*tree*) derribar; (*consumption, expenses*) reducir; **cut off** *vt* cortar; (*fig*) aislar; **we've been ~ off** (*Tel*) nos han cortado la comunicación; **cut out** *vt* (*shape*) recortar; (*delete*) suprimir; **cut up** *vt* cortar (en pedazos); **cutback** *n* reducción *f*
cute [kju:t] *adj* mono
cutlery ['kʌtlərɪ] *n* cubiertos *mpl*
cutlet ['kʌtlɪt] *n* chuleta
cut-price ['kʌt'praɪs] *adj* a precio reducido
cutting ['kʌtɪŋ] *adj* (*remark*) mordaz ▷ *n* (BRIT: *from newspaper*) recorte *m*; (*from plant*) esqueje *m*
CV *n abbr* = **curriculum vitae**
cyber attack ['saɪbərətæk] *n* ciberataque *m*
cyberbullying ['saɪbəbulɪɪŋ] *n* ciberacoso
cybercafé ['saɪbə,kæfeɪ] *n* cibercafé *m*
cyberspace ['saɪbəspeɪs] *n* ciberespacio
cycle ['saɪkl] *n* ciclo; (*bicycle*) bicicleta ▷ *vi* ir en bicicleta; **cycle hire** *n* alquiler *m* de bicicletas; **cycle lane** *n* carril *m* bici; **cycle path** *n*

carril-bici *m*; **cycling** *n* ciclismo; **cyclist** *n* ciclista *mf*
cyclone ['saɪkləun] *n* ciclón *m*
cylinder ['sɪlɪndəʳ] *n* cilindro
cymbals ['sɪmblz] *npl* platillos *mpl*
cynical ['sɪnɪkl] *adj* cínico
Cypriot ['sɪprɪət] *adj*, *n* chipriota *mf*
Cyprus ['saɪprəs] *n* Chipre *f*
cyst [sɪst] *n* quiste *m*; **cystitis** [sɪs'taɪtɪs] *n* cistitis *f*
czar [zɑːʳ] *n* zar *m*
Czech [tʃɛk] *adj* checo ▷ *n* checo/a; **the ~ Republic** la República Checa

d

D, d [diː] *n* (*Mus*) re *m*
dab [dæb] *vt*: **to ~ ointment onto a wound** aplicar pomada sobre una herida; **to ~ with paint** dar unos toques de pintura
dad [dæd], **daddy** ['dædɪ] *n* papá *m*
daffodil ['dæfədɪl] *n* narciso
daft [dɑːft] *adj* tonto
dagger ['dægəʳ] *n* puñal *m*, daga; **to look ~s at sb** fulminar a algn con la mirada
daily ['deɪlɪ] *adj* diario, cotidiano ▷ *adv* todos los días, cada día
dairy ['dɛərɪ] *n* (*shop*) lechería; (*on farm*) vaquería; **dairy produce** *n* productos *mpl* lácteos
daisy ['deɪzɪ] *n* margarita
dam [dæm] *n* presa ▷ *vt* embalsar
damage ['dæmɪdʒ] *n* daño; (*fig*) perjuicio; (*to machine*) avería ▷ *vt* dañar; perjudicar; averiar; **~ to property** daños materiales; **damages** *npl* (*Law*) daños y perjuicios

damn [dæm] *vt* condenar; (*curse*) maldecir ▷ *n* (*inf*): **I don't give a ~** me importa un pito ▷ *adj* (*inf*: *also*: **~ed**) maldito; **~ (it)!** ¡maldito sea!
damp [dæmp] *adj* húmedo, mojado ▷ *n* humedad *f* ▷ *vt* (*also*: **~en**: *cloth, rag*) mojar; (: *enthusiasm*) enfriar
dance [dɑːns] *n* baile *m* ▷ *vi* bailar; **dance floor** *n* pista *f* de baile; **dancer** *n* bailador(a) *m/f*; (*professional*) bailarín/ina *m/f*; **dancing** *n* baile *m*
dandelion ['dændɪlaɪən] *n* diente *m* de león
dandruff ['dændrəf] *n* caspa
D & T (BRIT *Scol*) *n abbr* (= *design and technology*) diseño y pretecnología
Dane [deɪn] *n* danés/esa *m/f*
danger ['deɪndʒəʳ] *n* peligro; (*risk*) riesgo; **~!** (*on sign*) ¡peligro!; **to be in ~ of** correr riesgo de; **dangerous** *adj* peligroso
dangle ['dæŋgl] *vt* colgar ▷ *vi* pender, estar colgado
Danish ['deɪnɪʃ] *adj* danés/esa ▷ *n* (*Ling*) danés *m*
dare [dɛəʳ] *vt*: **to ~ sb to do** desafiar a algn a hacer ▷ *vi*: **to ~ (to) do sth** atreverse a hacer algo; **I ~ say** (*I suppose*) puede ser; **daring** *adj* (*person*) osado; (*plan, escape*) atrevido ▷ *n* atrevimiento, osadía
dark [dɑːk] *adj* oscuro; (*hair, complexion*) moreno ▷ *n*: **in the ~** a oscuras; **in the ~ about** (*fig*) ignorante de; **after ~** después del anochecer; **darken** *vt* (*colour*) hacer más oscuro ▷ *vi* oscurecerse; **darkness** *n* oscuridad *f*; **darkroom** *n* cuarto oscuro
darling ['dɑːlɪŋ] *adj*, *n* querido/a
dart [dɑːt] *n* dardo; (*in sewing*) pinza ▷ *vi* precipitarse; **dartboard** *n* diana; **darts** *n* dardos *mpl*
dash [dæʃ] *n* (*small quantity: of liquid*) gota, chorrito; (*sign*) raya ▷ *vt* (*hopes*) defraudar ▷ *vi* precipitarse, ir de prisa
dashboard ['dæʃbɔːd] *n* (*Aut*) salpicadero
data ['deɪtə] *npl* datos *mpl*; **database** *n* base *f* de datos; **data processing** *n* proceso *or* procesamiento de datos
date [deɪt] *n* (*day*) fecha; (*with friend*) cita; (*fruit*) dátil *m* ▷ *vt* fechar; (*inf*: *girl etc*) salir con; **~ of birth** fecha de nacimiento; **to ~** *adv* hasta la fecha; **dated** *adj* anticuado
daughter ['dɔːtəʳ] *n* hija; **daughter-in-law** *n* nuera, hija política
daunting ['dɔːntɪŋ] *adj* desalentador/a
dawn [dɔːn] *n* alba, amanecer *m*; (*fig*) nacimiento ▷ *vi* amanecer; (*fig*): **it ~ed on him that ...** cayó en la cuenta de que ...
day [deɪ] *n* día *m*; (*working day*) jornada; **the ~ before** el día anterior; **the ~ after tomorrow** pasado mañana; **the ~ before yesterday** anteayer; **the following ~** el día siguiente; **by ~** de día; **day-care centre** *n* centro de día; (*for children*) guardería infantil; **daydream** *vi* soñar despierto; **daylight** *n* luz *f* (del día); **day return** *n* (BRIT) billete *m* de ida y vuelta (en un día); **daytime** *n* día *m*; **day-to-day** *adj* cotidiano; **day trip** *n* excursión *f* (de un día)
dazed [deɪzd] *adj* aturdido
dazzle ['dæzl] *vt* deslumbrar; **dazzling** *adj* (*light, smile*) deslumbrante; (*colour*) fuerte
DC *abbr* (*Elec*) = **direct current**
dead [dɛd] *adj* muerto; (*limb*) dormido; (*battery*) agotado ▷ *adv* (*completely*) totalmente; (*exactly*) justo; **to shoot sb ~** matar a algn a tiros; **~ tired** muerto (de cansancio); **to stop ~** parar en seco; **dead end** *n* callejón *m* sin salida; **deadline** *n* fecha tope; **deadly** *adj* mortal, fatal; **deadly dull** aburridísimo; **Dead Sea** *n*: **the Dead Sea** el Mar Muerto
deaf [dɛf] *adj* sordo; **deafen** *vt* ensordecer; **deafening** *adj* ensordecedor/a
deal [diːl] *n* (*agreement*) pacto, convenio ▷ *vt* (*pt, pp* **dealt**) dar; (*card*)

d

repartir; **a great ~ (of)** bastante, mucho; **deal with** *vt fus* (*people*) tratar con; (*problem*) ocuparse de; (*subject*) tratar de; **dealer** *n* comerciante *mf*; (*Cards*) mano *f*; **dealings** *npl* (*Comm*) transacciones *fpl*; (*relations*) relaciones *fpl*

dealt [dɛlt] *pt, pp of* **deal**

dean [di:n] *n* (*Rel*) deán *m*; (*Scol*) decano/a

dear [dɪəʳ] *adj* querido; (*expensive*) caro ▷ *n*: **my ~** querido/a; **~ me!** ¡Dios mío!; **D~ Sir/Madam** (*in letter*) Muy señor mío, Estimado señor/Estimada señora, De mi/nuestra (mayor) consideración (*esp LAm*); **D~ Mr/Mrs X** Estimado/a señor(a) X; **dearly** *adv* (*love*) mucho; (*pay*) caro

death [dɛθ] *n* muerte *f*; **death penalty** *n* pena de muerte; **death sentence** *n* condena a muerte

debate [dɪ'beɪt] *n* debate *m* ▷ *vt* discutir

debit ['dɛbɪt] *n* debe *m* ▷ *vt*: **to ~ a sum to sb** *or* **to sb's account** cargar una suma en cuenta a algn; **debit card** *n* tarjeta *f* de débito

debris ['dɛbri:] *n* escombros *mpl*

debt [dɛt] *n* deuda; **to be in ~** tener deudas

debug ['di:'bʌg] *vt* (*Comput*) depurar, limpiar

début ['deɪbju:] *n* presentación *f*

Dec. *abbr* (= *December*) dic

decade ['dɛkeɪd] *n* década, decenio

decaffeinated [dɪ'kæfɪneɪtɪd] *adj* descafeinado

decay [dɪ'keɪ] *n* (*of building*) desmoronamiento; (*of tooth*) caries *f inv* ▷ *vi* (*rot*) pudrirse

deceased [dɪ'si:st] *n*: **the ~** el/la difunto/a

deceit [dɪ'si:t] *n* engaño

deceive [dɪ'si:v] *vt* engañar

December [dɪ'sɛmbəʳ] *n* diciembre *m*

decency ['di:sənsɪ] *n* decencia

decent ['di:sənt] *adj* (*proper*) decente; (*person*) amable, bueno

deception [dɪ'sɛpʃən] *n* engaño

Be careful not to translate *deception* by the Spanish word *decepción*.

deceptive [dɪ'sɛptɪv] *adj* engañoso

decide [dɪ'saɪd] *vt* (*person*) decidir; (*question, argument*) resolver ▷ *vi* decidir; **to ~ to do/that** decidir hacer/que; **to ~ on sth** tomar una decisión sobre algo

decimal ['dɛsɪməl] *adj* decimal ▷ *n* decimal *f*

decision [dɪ'sɪʒən] *n* decisión *f*

decisive [dɪ'saɪsɪv] *adj* decisivo; (*manner, person*) decidido

deck [dɛk] *n* (*Naut*) cubierta; (*of bus*) piso; (*of cards*) baraja; **record ~** platina; **deckchair** *n* tumbona

declaration [dɛklə'reɪʃən] *n* declaración *f*

declare [dɪ'kleəʳ] *vt* declarar

decline [dɪ'klaɪn] *n* disminución *f* ▷ *vt* rehusar ▷ *vi* (*person, business*) decaer; (*strength*) disminuir

decorate ['dɛkəreɪt] *vt* (*paint*) pintar; (*paper*) empapelar; (*adorn*): **to ~ (with)** adornar (de), decorar (de); **decoration** *n* adorno; (*act*) decoración *f*; (*medal*) condecoración *f*; **decorator** *n* (*workman*) pintor *m* decorador

decrease ['di:kri:s] *n* disminución *f* ▷ *vt* [dɪ'kri:s] disminuir, reducir ▷ *vi* reducirse

decree [dɪ'kri:] *n* decreto

dedicate ['dɛdɪkeɪt] *vt* dedicar; **dedicated** *adj* dedicado; (*Comput*) especializado; **dedicated word processor** procesador *m* de textos especializado *or* dedicado; **dedication** *n* (*devotion*) dedicación *f*; (*in book*) dedicatoria

deduce [dɪ'dju:s] *vt* deducir

deduct [dɪ'dʌkt] *vt* restar; (*from wage etc*) descontar; **deduction** *n* (*amount deducted*) descuento; (*conclusion*) deducción *f*, conclusión *f*

deed [di:d] *n* hecho, acto; (*feat*) hazaña; (*Law*) escritura

deem [di:m] *vt* (*formal*) juzgar, considerar
deep [di:p] *adj* profundo; (*voice*) bajo; (*breath*) profundo ▷ *adv*: **the spectators stood 20 ~** los espectadores se formaron de 20 en fondo; **to be four metres ~** tener cuatro metros de profundidad; **deep-fry** *vt* freír en aceite abundante; **deeply** *adv* (*breathe*) a pleno pulmón; (*interested, moved, grateful*) profundamente, hondamente
deer (*pl* **deer**) [dɪə^{r}] *n* ciervo
default [dɪ'fɔ:lt] *n* (*Comput*) defecto; **by ~** por incomparecencia
defeat [dɪ'fi:t] *n* derrota ▷ *vt* derrotar, vencer
defect ['di:fɛkt] *n* defecto ▷ *vi* [dɪ'fɛkt]: **to ~ to the enemy** pasarse al enemigo; **defective** [dɪ'fɛktɪv] *adj* defectuoso
defence, (*US*) **defense** [dɪ'fɛns] *n* defensa
defend [dɪ'fɛnd] *vt* defender; **defendant** *n* acusado/a; (*in civil case*) demandado/a; **defender** *n* defensor(a) *m/f*; (*Sport*) defensa *mf*
defense [dɪ'fɛns] *n* (*US*) = **defence**
defensive [dɪ'fɛnsɪv] *adj* defensivo ▷ *n*: **on the ~** a la defensiva
defer [dɪ'fə:^{r}] *vt* aplazar
defiance [dɪ'faɪəns] *n* desafío; **in ~ of** en contra de; **defiant** [dɪ'faɪənt] *adj* (*challenging*) retador(a), desafiante
deficiency [dɪ'fɪʃənsɪ] *n* (*lack*) falta; (*defect*) defecto; **deficient** [dɪ'fɪʃənt] *adj* (*lacking*) insuficiente; **deficient in** deficiente en
deficit ['dɛfɪsɪt] *n* déficit *m*
define [dɪ'faɪn] *vt* definir; (*limits etc*) determinar
definite ['dɛfɪnɪt] *adj* (*fixed*) determinado; (*clear, obvious*) claro; **he was ~ about it** no dejó lugar a dudas (sobre ello); **definitely** *adv*: **he's definitely mad** no cabe duda de que está loco
definition [dɛfɪ'nɪʃən] *n* definición *f*
deflate [di:'fleɪt] *vt* desinflar
deflect [dɪ'flɛkt] *vt* desviar
defraud [dɪ'frɔ:d] *vt*: **to ~ sb of sth** estafar algo a algn
defriend [di:'frɛnd] *vt* (*Internet*) quitar de amigo a; **he has ~ed her on Facebook** la ha quitado de amiga en Facebook
defrost [di:'frɔst] *vt* (*frozen food, fridge*) descongelar
defuse [di:'fju:z] *vt* desarmar; (*situation*) calmar
defy [dɪ'faɪ] *vt* (*resist*) oponerse a; (*challenge*) desafiar; **it defies description** resulta imposible describirlo
degree [dɪ'gri:] *n* grado; (*Scol*) título; **to have a ~ in maths** ser licenciado/a en matemáticas; **by ~s** (*gradually*) poco a poco, por etapas; **to some ~** hasta cierto punto
dehydrated [di:haɪ'dreɪtɪd] *adj* deshidratado; (*milk*) en polvo
de-icer [di:'aɪsə^{r}] *n* descongelador *m*
delay [dɪ'leɪ] *vt* demorar, aplazar; (*person*) entretener; (*train*) retrasar ▷ *vi* tardar ▷ *n* demora, retraso; **without ~** en seguida, sin tardar
delegate ['dɛlɪgɪt] *n* delegado/a ▷ *vt* ['dɛlɪgeɪt] (*person*) delegar en; (*task*) delegar
delete [dɪ'li:t] *vt* suprimir, tachar
deli ['dɛlɪ] *n* = **delicatessen**
deliberate [dɪ'lɪbərɪt] *adj* (*intentional*) intencionado; (*slow*) pausado, lento ▷ *vi* [dɪ'lɪbəreɪt] deliberar; **deliberately** *adv* (*on purpose*) a propósito
delicacy ['dɛlɪkəsɪ] *n* delicadeza; (*choice food*) manjar *m*
delicate ['dɛlɪkɪt] *adj* delicado; (*fragile*) frágil
delicatessen [dɛlɪkə'tɛsn] *n tienda especializada en alimentos de calidad*
delicious [dɪ'lɪʃəs] *adj* delicioso
delight [dɪ'laɪt] *n* (*feeling*) placer *m*, deleite *m*; (*object*) encanto, delicia ▷ *vt* encantar, deleitar; **to**

take ~ in deleitarse en; **delighted** *adj*: **delighted (at** *or* **with/to do)** encantado (con/de hacer); **delightful** *adj* encantador(a), delicioso

delinquent [dɪ'lɪŋkwənt] *adj*, *n* delincuente *mf*

deliver [dɪ'lɪvəʳ] *vt* (*distribute*) repartir; (*hand over*) entregar; (*message*) comunicar; (*speech*) pronunciar; (*Med*) asistir al parto de; **delivery** *n* reparto; entrega; (*of speaker*) modo de expresarse; (*Med*) parto, alumbramiento; **to take delivery of** recibir

delusion [dɪ'luːʒən] *n* ilusión *f*, engaño

de luxe [də'lʌks] *adj* de lujo

delve [dɛlv] *vi*: **to ~ into** hurgar en

demand [dɪ'mɑːnd] *vt* exigir; (*rights*) reclamar ▷ *n* exigencia; (*claim*) reclamación *f*; (*Econ*) demanda; **to be in ~** ser muy solicitado; **on ~** a solicitud; **demanding** *adj* (*boss*) exigente; (*work*) absorbente

demise [dɪ'maɪz] *n* (*death*) fallecimiento

demo ['dɛməu] *n abbr* (*inf*: = *demonstration*) manifestación *f*

democracy [dɪ'mɔkrəsɪ] *n* democracia

democrat ['dɛməkræt] *n* demócrata *mf*; **democratic** [dɛmə'krætɪk] *adj* democrático; **the Democratic Party** el partido demócrata (estadounidense)

demolish [dɪ'mɔlɪʃ] *vt* derribar, demoler; (*fig*: *argument*) destruir

demolition [dɛmə'lɪʃən] *n* derribo, demolición *f*

demon ['diːmən] *n* (*evil spirit*) demonio

demonstrate ['dɛmənstreɪt] *vt* demostrar ▷ *vi* manifestarse; **demonstration** [dɛmən'streɪʃən] *n* (*Pol*) manifestación *f*; (*proof*) prueba, demostración *f*; **demonstrator** *n* (*Pol*) manifestante *mf*

demote [dɪ'məut] *vt* degradar

den [dɛn] *n* (*of animal*) guarida

denial [dɪ'naɪəl] *n* (*refusal*) denegación *f*; (*of report etc*) desmentido

denim ['dɛnɪm] *n* tela vaquera; **denims** *npl* vaqueros *mpl*

Denmark ['dɛnmɑːk] *n* Dinamarca

denomination [dɪnɔmɪ'neɪʃən] *n* valor *m*; (*Rel*) confesión *f*

denounce [dɪ'nauns] *vt* denunciar

dense [dɛns] *adj* (*thick*) espeso; (*foliage etc*) tupido; (*stupid*) torpe

density ['dɛnsɪtɪ] *n* densidad *f*; **single/double-~ disk** *n* (*Comput*) disco de densidad sencilla/de doble densidad

dent [dɛnt] *n* abolladura ▷ *vt* (*also*: **make a ~ in**) abollar

dental ['dɛntl] *adj* dental; **dental floss** *n* seda dental; **dental surgery** *n* clínica dental, consultorio dental

dentist ['dɛntɪst] *n* dentista *mf*

dentures ['dɛntʃəz] *npl* dentadura *sg* (postiza)

deny [dɪ'naɪ] *vt* negar; (*charge*) rechazar

deodorant [diː'əudərənt] *n* desodorante *m*

depart [dɪ'pɑːt] *vi* irse, marcharse; (*train*) salir; **to ~ from** (*fig*: *differ from*) apartarse de

department [dɪ'pɑːtmənt] *n* (*Comm*) sección *f*; (*Scol*) departamento; (*Pol*) ministerio; **department store** *n* grandes almacenes *mpl*

departure [dɪ'pɑːtʃəʳ] *n* partida, ida; (*of train*) salida; **a new ~** un nuevo rumbo; **departure lounge** *n* (*at airport*) sala de embarque

depend [dɪ'pɛnd] *vi*: **to ~ (up)on** depender de; (*rely on*) contar con; **it ~s** depende, según; **~ing on the result** según el resultado; **dependant** *n* dependiente *mf*; **dependent** *adj*: **to be dependent (on)** depender (de) ▷ *n* = **dependant**

depict [dɪ'pɪkt] *vt* (*in picture*) pintar; (*describe*) representar

deport [dɪ'pɔːt] *vt* deportar

deposit [dɪ'pɔzɪt] *n* depósito; (*Chem*) sedimento; (*of ore, oil*) yacimiento ▷ *vt* depositar; **deposit account** *n* (BRIT) cuenta de ahorros

depot ['dɛpəu] *n* (*storehouse*) depósito; (*for vehicles*) parque *m*

depreciate [dɪ'pri:ʃɪeɪt] *vi* depreciarse, perder valor

depress [dɪ'prɛs] *vt* deprimir; (*press down*) apretar; **depressed** *adj* deprimido; **depressing** *adj* deprimente; **depression** *n* depresión *f*

deprive [dɪ'praɪv] *vt*: **to ~ sb of** privar a algn de; **deprived** *adj* necesitado

dept. *abbr* (= *department*) dto

depth [dɛpθ] *n* profundidad *f*; **at a ~ of three metres** a tres metros de profundidad; **to be out of one's ~** (*swimmer*) perder pie; (*fig*) sentirse perdido

deputy ['dɛpjutɪ] *adj*: **~ head** subdirector(a) *m/f* ▷ *n* sustituto/a, suplente *mf*; (*Pol*) diputado/a

derail [dɪ'reɪl] *vt*: **to be ~ed** descarrilarse

derelict ['dɛrɪlɪkt] *adj* abandonado

derive [dɪ'raɪv] *vt* derivar; (*benefit etc*) obtener ▷ *vi*: **to ~ from** derivarse de

descend [dɪ'sɛnd] *vt, vi* descender, bajar; **to ~ from** descender de; **descendant** *n* descendiente *mf*

descent [dɪ'sɛnt] *n* descenso; (*origin*) descendencia

describe [dɪs'kraɪb] *vt* describir; **description** [dɪs'krɪpʃən] *n* descripción *f*; (*sort*) clase *f*, género

desert [n 'dɛzət, *vt, vi* dɪ'zə:t] *n* desierto ▷ *vt* abandonar ▷ *vi* (*Mil*) desertar; **deserted** *adj* desierto

deserve [dɪ'zə:v] *vt* merecer, ser digno de

design [dɪ'zaɪn] *n* (*sketch*) bosquejo; (*of dress, car*) diseño; (*pattern*) dibujo ▷ *vt* diseñar; **design and technology** *n* (BRIT *Scol*) diseño y tecnología

designate ['dɛzɪgneɪt] *vt* (*appoint*) nombrar; (*destine*) designar ▷ *adj* ['dɛzɪgnɪt] designado

designer [dɪ'zaɪnə^r] *n* diseñador/a (*m/f*)

desirable [dɪ'zaɪərəbl] *adj* (*proper*) deseable; (*attractive*) atractivo

desire [dɪ'zaɪə^r] *n* deseo ▷ *vt* desear

desk [dɛsk] *n* (*in office*) escritorio; (*for pupil*) pupitre *m*; (*in hotel, at airport*) recepción *f*; (BRIT: *in shop, restaurant*) caja

desktop ['dɛsktɔp] *n* (*Comput*) escritorio; **desktop publishing** *n* autoedición *f*

despair [dɪs'pɛə^r] *n* desesperación *f* ▷ *vi*: **to ~ of** desesperar de

despatch [dɪs'pætʃ] *n, vt* = **dispatch**

desperate ['dɛspərɪt] *adj* desesperado; (*fugitive*) peligroso; **to be ~ for sth/to do** necesitar urgentemente algo/hacer; **desperately** *adv* desesperadamente; (*very*) terriblemente, gravemente

desperation [dɛspə'reɪʃən] *n* desesperación *f*; **in ~** desesperado

despise [dɪs'paɪz] *vt* despreciar

despite [dɪs'paɪt] *prep* a pesar de, pese a

dessert [dɪ'zə:t] *n* postre *m*; **dessertspoon** *n* cuchara (de postre)

destination [dɛstɪ'neɪʃən] *n* destino

destined ['dɛstɪnd] *adj*: **~ for London** con destino a Londres

destiny ['dɛstɪnɪ] *n* destino

destroy [dɪs'trɔɪ] *vt* destruir

destruction [dɪs'trʌkʃən] *n* destrucción *f*

destructive [dɪs'trʌktɪv] *adj* destructivo, destructor(a)

detach [dɪ'tætʃ] *vt* separar; (*unstick*) despegar; **detached** *adj* (*attitude*) objetivo, imparcial; **detached house** *n* chalé *m*, chalet *m*

detail ['di:teɪl] *n* detalle *m* ▷ *vt* detallar; (*Mil*) destacar; **in ~** detalladamente; **to go into ~(s)** entrar en detalles; **detailed** *adj* detallado

detain [dɪ'teɪn] *vt* retener; (*in captivity*) detener

d

detect [dɪ'tɛkt] *vt* descubrir; (*Med*, *Police*) identificar; (*Mil*, *Radar*, *Tech*) detectar; **detection** *n* descubrimiento; identificación *f*; **detective** *n* detective *m*; **detective story** *n* novela policíaca

detention [dɪ'tɛnʃən] *n* detención *f*, arresto; (*Scol*) castigo

deter [dɪ'tə:ʳ] *vt* (*dissuade*) disuadir

detergent [dɪ'tə:dʒənt] *n* detergente *m*

deteriorate [dɪ'tɪərɪəreɪt] *vi* deteriorarse

determination [dɪtə:mɪ'neɪʃən] *n* resolución *f*

determine [dɪ'tə:mɪn] *vt* determinar; **determined** *adj*: **to be determined to do sth** estar decidido *or* resuelto a hacer algo

deterrent [dɪ'tɛrənt] *n* fuerza de disuasión

detest [dɪ'tɛst] *vt* aborrecer

detour ['di:tuəʳ] *n* (*US Aut*: *diversion*) desvío

detox ['di:tɔks] *n* desintoxicación *f*

detract [dɪ'trækt] *vt*: **to ~ from** quitar mérito a, restar valor a

detrimental [dɛtrɪ'mɛntl] *adj*: **~ (to)** perjudicial (a)

devastating ['dɛvəsteɪtɪŋ] *adj* devastador/a; (*fig*) arrollador/a

develop [dɪ'vɛləp] *vt* desarrollar; (*Phot*) revelar; (*disease*) contraer; (*habit*) adquirir ▷ *vi* desarrollarse; (*advance*) progresar; **developing country** *n* país *m* en (vías de) desarrollo; **development** *n* desarrollo; (*advance*) progreso; (*of affair, case*) desenvolvimiento; (*of land*) urbanización *f*

device [dɪ'vaɪs] *n* (*apparatus*) aparato, mecanismo

devil ['dɛvl] *n* diablo, demonio

devious ['di:vɪəs] *adj* taimado

devise [dɪ'vaɪz] *vt* idear, inventar

devote [dɪ'vəut] *vt*: **to ~ sth to** dedicar algo a; **devoted** *adj* (*loyal*) leal, fiel; **to be devoted to sb** querer con devoción a algn; **the book is devoted to politics** el libro trata de política; **devotion** *n* dedicación *f*; (*Rel*) devoción *f*

devour [dɪ'vauəʳ] *vt* devorar

devout [dɪ'vaut] *adj* devoto

dew [dju:] *n* rocío

diabetes [daɪə'bi:ti:z] *n* diabetes *f*

diabetic [daɪə'bɛtɪk] *n* diabético/a

diagnose ['daɪəgnəuz] *vt* diagnosticar

diagnosis (*pl* **diagnoses**) [daɪəg'nəusɪs, -si:z] *n* diagnóstico

diagonal [daɪ'ægənl] *adj* diagonal ▷ *n* diagonal *f*

diagram ['daɪəgræm] *n* diagrama *m*, esquema *m*

dial ['daɪəl] *n* esfera; (*of radio*) dial ; (*of phone*) disco ▷ *vt* (*number*) marcar

dialect ['daɪəlɛkt] *n* dialecto

dialling code ['daɪəlɪŋ-] *n* prefijo

dialling tone *n* señal *f or* tono de marcar

dialogue, (*US*) **dialog** ['daɪəlɔg] *n* diálogo

diameter [daɪ'æmɪtəʳ] *n* diámetro

diamond ['daɪəmənd] *n* diamante *m*; **diamonds** *npl* (*Cards*) diamantes *mpl*

diaper ['daɪəpəʳ] *n* (*US*) pañal *m*

diarrhoea, (*US*) **diarrhea** [daɪə'ri:ə] *n* diarrea

diary ['daɪərɪ] *n* (*daily account*) diario; (*book*) agenda

dice [daɪs] *n* (*pl inv*) dados *mpl* ▷ *vt* (*Culin*) cortar en cuadritos

dictate [dɪk'teɪt] *vt* dictar; **dictation** *n* dictado

dictator [dɪk'teɪtəʳ] *n* dictador *m*

dictionary ['dɪkʃənrɪ] *n* diccionario

did [dɪd] *pt of* **do**

didn't ['dɪdənt] = **did not**

die [daɪ] *vi* morir; **to be dying for sth/to do sth** morirse por algo/de ganas de hacer algo; **die down** *vi* apagarse; (*wind*) amainar; **die out** *vi* desaparecer

diesel ['di:zl] *n* diesel *m*

diet ['daɪət] *n* dieta; (*restricted food*) régimen *m* ▷ *vi* (*also*: **be on a ~**) estar a dieta, hacer régimen

differ ['dɪfəʳ] *vi* (*be different*) ser distinto, diferenciarse; (*disagree*) discrepar; **difference** ['dɪfrəns] *n* diferencia; (*quarrel*) desacuerdo; **different** *adj* diferente, distinto; **differentiate** [dɪfə'rɛnʃɪeɪt] *vi*: **to differentiate between** distinguir entre; **differently** *adv* de otro modo, en forma distinta

difficult ['dɪfɪkəlt] *adj* difícil; **difficulty** *n* dificultad *f*

dig [dɪg] *vt* (*pt, pp* **dug**) (*hole*) cavar; (*ground*) remover ▷ *n* (*prod*) empujón *m*; (*archaeological*) excavación *f*; (*remark*) indirecta; **to ~ one's nails into** clavar las uñas en; *see also* **digs**; **dig up** *vt* desenterrar; (*plant*) desarraigar

digest [daɪ'dʒɛst] *vt* (*food*) digerir; (*facts*) asimilar ▷ *n* ['daɪdʒɛst] resumen *m*; **digestion** *n* digestión *f*

digit ['dɪdʒɪt] *n* (*number*) dígito; (*finger*) dedo; **digital** *adj* digital; **digital camera** *n* cámara digital; **digital TV** *n* televisión *f* digital

dignified ['dɪgnɪfaɪd] *adj* grave, solemne

dignity ['dɪgnɪtɪ] *n* dignidad *f*

digs [dɪgz] *npl* (BRIT *inf*) pensión *f*, alojamiento

dilemma [daɪ'lɛmə] *n* dilema *m*

dill [dɪl] *n* eneldo

dilute [daɪ'luːt] *vt* diluir

dim [dɪm] *adj* (*light*) débil; (*outline*) borroso; (*stupid*) lerdo; (*room*) oscuro ▷ *vt* (*light*) bajar

dime [daɪm] *n* (US) *moneda de diez centavos*

dimension [dɪ'mɛnʃən] *n* dimensión *f*

diminish [dɪ'mɪnɪʃ] *vt, vi* disminuir

din [dɪn] *n* estruendo, estrépito

dine [daɪn] *vi* cenar; **diner** *n* (*person*) comensal *mf*

dinghy ['dɪŋgɪ] *n* bote *m*; (*also*: **rubber ~**) lancha (neumática)

dingy ['dɪndʒɪ] *adj* (*room*) sombrío; (*dirty*) sucio

dining car ['daɪnɪŋ-] *n* (BRIT) coche-restaurante *m*

dining room *n* comedor *m*

dining table *n* mesa *f* de comedor

dinkum ['dɪŋkəm] *adj* (AUST, NZ *inf*: *also*: **fair ~**) de verdad, auténtico; **fair ~?** ¿de verdad?

dinner ['dɪnəʳ] *n* (*evening meal*) cena; (*lunch*) comida; (*public*) cena, banquete *m*; **dinner jacket** *n* smoking *m*; **dinner party** *n* cena; **dinner time** *n* (*evening*) hora de cenar; (*midday*) hora de comer

dinosaur ['daɪnəsɔːʳ] *n* dinosaurio

dip [dɪp] *n* (*slope*) pendiente *f*; (*in sea*) chapuzón *m* ▷ *vt* (*in water*) mojar; (*ladle etc*) meter; (BRIT *Aut*): **to ~ one's lights** poner la luz de cruce ▷ *vi* descender, bajar

diploma [dɪ'pləumə] *n* diploma *m*

diplomacy [dɪ'pləuməsɪ] *n* diplomacia

diplomat ['dɪpləmæt] *n* diplomático/a; **diplomatic** [dɪplə'mætɪk] *adj* diplomático

dipstick ['dɪpstɪk] *n* (*Aut*) varilla de nivel (del aceite)

dire [daɪəʳ] *adj* calamitoso

direct [daɪ'rɛkt] *adj* directo; (*manner, person*) franco ▷ *vt* dirigir; **can you ~ me to ...?** ¿puede indicarme dónde está ...?; **to ~ sb to do sth** mandar a algn hacer algo; **direct debit** *n* domiciliación *f* bancaria de recibos

direction [dɪ'rɛkʃən] *n* dirección *f*; **sense of ~** sentido de la orientación; **directions** *npl* instrucciones *fpl*; **~s for use** modo de empleo

directly [dɪ'rɛktlɪ] *adv* (*in straight line*) directamente; (*at once*) en seguida

director [dɪ'rɛktəʳ] *n* director(a) *m/f*

directory [dɪ'rɛktərɪ] *n* (*Tel*) guía (telefónica); (*Comput*) directorio; **directory enquiries,** (US) **directory assistance** *n* (*service*) (servicio *m* de) información

dirt [dəːt] *n* suciedad *f*; **dirty** *adj* sucio; (*joke*) verde, colorado (LAM) ▷ *vt* ensuciar; (*stain*) manchar

disability [dɪsə'bɪlɪtɪ] *n* incapacidad *f*

d

disabled [dɪs'eɪbld] *adj* (*physically*) minusválido/a
disadvantage [dɪsəd'vɑ:ntɪdʒ] *n* desventaja, inconveniente *m*
disagree [dɪsə'gri:] *vi* (*differ*) discrepar; **to ~ (with)** no estar de acuerdo (con); **disagreeable** *adj* desagradable; **disagreement** *n* desacuerdo
disappear [dɪsə'pɪəʳ] *vi* desaparecer; **disappearance** *n* desaparición *f*
disappoint [dɪsə'pɔɪnt] *vt* decepcionar; defraudar; **disappointed** *adj* decepcionado; **disappointing** *adj* decepcionante; **disappointment** *n* decepción *f*
disapproval [dɪsə'pru:vəl] *n* desaprobación *f*
disapprove [dɪsə'pru:v] *vi*: **to ~ of** desaprobar
disarm [dɪs'ɑ:m] *vt* desarmar; **disarmament** *n* desarme *m*
disaster [dɪ'zɑ:stəʳ] *n* desastre *m*
disastrous [dɪ'zɑ:strəs] *adj* desastroso
disbelief [dɪsbə'li:f] *n* incredulidad *f*
disc [dɪsk] *n* disco; (*Comput*); = **disk**
discard [dɪs'kɑ:d] *vt* tirar; (*fig*) descartar
discharge [dɪs'tʃɑ:dʒ] *vt* (*task, duty*) cumplir; (*patient*) dar de alta; (*employee*) despedir; (*soldier*) licenciar; (*defendant*) poner en libertad ▷ *n* ['dɪstʃɑ:dʒ] (*Elec*) descarga; (*dismissal*) despedida; (*of duty*) desempeño; (*of debt*) pago, descargo
discipline ['dɪsɪplɪn] *n* disciplina ▷ *vt* disciplinar
disc jockey *n* pinchadiscos *m invf inv*
disclose [dɪs'kləuz] *vt* revelar
disco ['dɪskəu] *n abbr* = **discothèque**
discoloured, (*US*) **discolored** [dɪs'kʌləd] *adj* descolorido
discomfort [dɪs'kʌmfət] *n* incomodidad *f*; (*unease*) inquietud *f*; (*physical*) malestar *m*
disconnect [dɪskə'nɛkt] *vt* separar; (*Elec etc*) desconectar
discontent [dɪskən'tɛnt] *n* descontento
discontinue [dɪskən'tɪnju:] *vt* interrumpir; (*payments*) suspender
discothèque ['dɪskəutɛk] *n* discoteca
discount ['dɪskaunt] *n* descuento ▷ *vt* [dɪs'kaunt] descontar
discourage [dɪs'kʌrɪdʒ] *vt* desalentar; **to ~ sb from doing** disuadir a algn de hacer
discover [dɪs'kʌvəʳ] *vt* descubrir; **discovery** *n* descubrimiento
discredit [dɪs'krɛdɪt] *vt* desacreditar
discreet [dɪ'skri:t] *adj* (*tactful*) discreto; (*careful*) circunspecto, prudente
discrepancy [dɪ'skrɛpənsɪ] *n* (*difference*) diferencia
discretion [dɪ'skrɛʃən] *n* (*tact*) discreción *f*; **at the ~ of** a criterio de
discriminate [dɪ'skrɪmɪneɪt] *vi*: **to ~ between** distinguir entre; **to ~ against** discriminar contra; **discrimination** [dɪskrɪmɪ'neɪʃən] *n* (*discernment*) perspicacia; (*bias*) discriminación *f*
discuss [dɪ'skʌs] *vt* discutir; (*a theme*) tratar; **discussion** *n* discusión *f*
disease [dɪ'zi:z] *n* enfermedad *f*
disembark [dɪsɪm'bɑ:k] *vt, vi* desembarcar
disgrace [dɪs'greɪs] *n* ignominia; (*shame*) vergüenza, escándalo ▷ *vt* deshonrar; **disgraceful** *adj* vergonzoso
disgruntled [dɪs'grʌntld] *adj* disgustado, descontento
disguise [dɪs'gaɪz] *n* disfraz *m* ▷ *vt* disfrazar; **in ~** disfrazado
disgust [dɪs'gʌst] *n* repugnancia ▷ *vt* repugnar, dar asco a

Be careful not to translate *disgust* by the Spanish word *disgustar*.

disgusted [dɪs'gʌstɪd] *adj* indignado

Be careful not to translate *disgusted* by the Spanish word *disgustado*.

disgusting [dɪs'gʌstɪŋ] *adj* repugnante, asqueroso
dish [dɪʃ] *n* plato; **to do** *or* **wash the ~es** fregar los platos; **dishcloth** *n* (*for washing*) bayeta; (*for drying*) paño de cocina
dishonest [dɪs'ɔnɪst] *adj* (*person*) poco honrado, tramposo; (*means*) fraudulento
dishtowel ['dɪʃtauəl] *n* (*US*) bayeta
dishwasher ['dɪʃwɔʃəʳ] *n* lavaplatos *m inv*
disillusion [dɪsɪ'lu:ʒən] *vt* desilusionar
disinfectant [dɪsɪn'fɛktənt] *n* desinfectante *m*
disintegrate [dɪs'ɪntɪgreɪt] *vi* disgregarse, desintegrarse
disk [dɪsk] *n* (*Comput*) disco, disquete *m*; **single-/double-sided ~** disco de una cara/dos caras; **disk drive** *n* unidad *f* (de disco); **diskette** *n* disquete *m*
dislike [dɪs'laɪk] *n* antipatía, aversión *f* ▷ *vt* tener antipatía a
dislocate ['dɪsləkeɪt] *vt* dislocar
disloyal [dɪs'lɔɪəl] *adj* desleal
dismal ['dɪzml] *adj* (*dark*) sombrío; (*depressing*) triste; (*very bad*) fatal
dismantle [dɪs'mæntl] *vt* desmontar, desarmar
dismay [dɪs'meɪ] *n* consternación *f* ▷ *vt* consternar
dismiss [dɪs'mɪs] *vt* (*worker*) despedir; (*idea*) rechazar; (*Law*) rechazar; (*possibility*) descartar; **dismissal** *n* despido
disobedient [dɪsə'bi:dɪənt] *adj* desobediente
disobey [dɪsə'beɪ] *vt* desobedecer
disorder [dɪs'ɔ:dəʳ] *n* desorden *m*; (*rioting*) disturbio; (*Med*) trastorno
disorganized [dɪs'ɔ:gənaɪzd] *adj* desorganizado
disown [dɪs'əun] *vt* renegar de
dispatch [dɪs'pætʃ] *vt* enviar ▷ *n* (*sending*) envío; (*Press*) informe *m*; (*Mil*) parte *m*
dispel [dɪs'pɛl] *vt* disipar
dispense [dɪs'pɛns] *vt* (*medicine*) preparar; **dispense with** *vt fus* prescindir de; **dispenser** *n* (*container*) distribuidor *m* automático
disperse [dɪs'pə:s] *vt* dispersar ▷ *vi* dispersarse
display [dɪs'pleɪ] *n* (*in shop window*) escaparate *m*; (*exhibition*) exposición *f*; (*Comput*) visualización *f*; (*of feeling*) manifestación *f* ▷ *vt* exponer; manifestar; (*ostentatiously*) lucir
displease [dɪs'pli:z] *vt* (*offend*) ofender; (*annoy*) fastidiar
disposable [dɪs'pəuzəbl] *adj* desechable; **~ personal income** ingresos *mpl* personales disponibles
disposal [dɪs'pəuzl] *n* (*of rubbish*) destrucción *f*; **at one's ~** a la disposición de algn
dispose [dɪs'pəuz] *vi*: **~ of** (*unwanted goods*) deshacerse de; (*Comm*: *sell*) traspasar, vender
disposition [dɪspə'zɪʃən] *n* disposición *f*; (*temperament*) carácter *m*
disproportionate [dɪsprə'pɔ:ʃənət] *adj* desproporcionado
dispute [dɪs'pju:t] *n* disputa; (*also*: **industrial ~**) conflicto (laboral) ▷ *vt* (*argue*) disputar; (*question*) cuestionar
disqualify [dɪs'kwɔlɪfaɪ] *vt* (*Sport*) desclasificar; **to ~ sb for sth/from doing sth** incapacitar a algn para algo/para hacer algo
disregard [dɪsrɪ'gɑ:d] *vt* (*ignore*) no hacer caso de
disrupt [dɪs'rʌpt] *vt* (*plans*) desbaratar, trastornar; (*meeting, public transport, conversation*) interrumpir; **disruption** *n* desbaratamiento; trastorno; interrupción *f*
dissatisfaction [dɪssætɪs'fækʃən] *n* disgusto, descontento
dissatisfied [dɪs'sætɪsfaɪd] *adj* insatisfecho
dissect [dɪ'sɛkt] *vt* disecar
dissent [dɪ'sɛnt] *n* disensión *f*

dissertation [dɪsə'teɪʃən] *n* tesina
dissolve [dɪ'zɔlv] *vt* disolver ▷ *vi* disolverse
distance ['dɪstns] *n* distancia; **in the ~** a lo lejos
distant ['dɪstnt] *adj* lejano; (*manner*) reservado, frío
distil, (*US*) **distill** [dɪs'tɪl] *vt* destilar; **distillery** *n* destilería
distinct [dɪs'tɪŋkt] *adj* (*different*) distinto; (*clear*) claro; (*unmistakeable*) inequívoco; **as ~ from** a diferencia de; **distinction** *n* distinción *f*; (*in exam*) sobresaliente *m*; **distinctive** *adj* distintivo
distinguish [dɪs'tɪŋgwɪʃ] *vt* distinguir; **distinguished** *adj* (*eminent*) distinguido
distort [dɪs'tɔ:t] *vt* deformar; (*sound*) distorsionar
distract [dɪs'trækt] *vt* distraer; **distracted** *adj* distraído; **distraction** *n* distracción *f*; (*confusion*) aturdimiento
distraught [dɪs'trɔ:t] *adj* turbado, enloquecido
distress [dɪs'trɛs] *n* (*anguish*) angustia ▷ *vt* afligir; **distressing** *adj* angustioso; doloroso
distribute [dɪs'trɪbju:t] *vt* distribuir; (*share out*) repartir; **distribution** [dɪstrɪ'bju:ʃən] *n* distribución *f*; **distributor** *n* (*Aut*) distribuidor *m*; (*Comm*) distribuidora
district ['dɪstrɪkt] *n* (*of country*) zona, región *f*; (*of town*) barrio; (*Admin*) distrito; **district attorney** *n* (*US*) fiscal *mf*
distrust [dɪs'trʌst] *n* desconfianza ▷ *vt* desconfiar de
disturb [dɪs'tə:b] *vt* (*person: bother, interrupt*) molestar; (*disorganize*) desordenar; **disturbance** *n* (*political etc*) disturbio; (*of mind*) trastorno; **disturbed** *adj* (*worried, upset*) preocupado, angustiado; **to be emotionally/mentally disturbed** tener problemas emocionales/ser un trastornado mental; **disturbing** *adj* inquietante, perturbador(a)
ditch [dɪtʃ] *n* zanja; (*irrigation ditch*) acequia ▷ *vt* (*inf: partner*) deshacerse de; (: *plan, car etc*) abandonar
ditto ['dɪtəu] *adv* ídem, lo mismo
dive [daɪv] *n* (*from board*) salto; (*underwater*) buceo; (*of submarine*) inmersión *f* ▷ *vi* (*swimmer: into water*) saltar; (: *under water*) zambullirse, bucear; (*fish, submarine*) sumergirse; (*bird*) lanzarse en picado; **to ~ into** (*bag etc*) meter la mano en; (*place*) meterse de prisa en; **diver** *n* (*underwater*) buzo
diverse [daɪ'və:s] *adj* diversos/as, varios/as
diversion [daɪ'və:ʃən] *n* (BRIT *Aut*) desviación *f*; (*distraction*) diversión *f*; (*Mil*) diversión *f*
diversity [daɪ'və:sɪtɪ] *n* diversidad *f*
divert [daɪ'və:t] *vt* (*train, plane, traffic*) desviar
divide [dɪ'vaɪd] *vt* dividir; (*separate*) separar ▷ *vi* dividirse; (*road*) bifurcarse; **divided highway** *n* (*US*) carretera de doble calzada
divine [dɪ'vaɪn] *adj* divino
diving ['daɪvɪŋ] *n* (*Sport*) salto; (*underwater*) buceo; **diving board** *n* trampolín *m*
division [dɪ'vɪʒən] *n* división *f*; (*sharing out*) reparto; (*disagreement*) diferencias *fpl*; (*Comm*) sección *f*
divorce [dɪ'vɔ:s] *n* divorcio ▷ *vt* divorciarse de; **divorced** *adj* divorciado; **divorcee** [dɪvɔ:'si:] *n* divorciado/a
DIY *adj, n abbr* = **do-it-yourself**
dizzy ['dɪzɪ] *adj* (*person*) mareado; **to feel ~** marearse
DJ *n abbr* (= *disc jokey*) DJ *mf*
DNA *n abbr* (= *deoxyribonucleic acid*) ADN *m*

KEYWORD

do [du:] (*pt* **did**, *pp* **done**) *n* (*inf: party etc*): **we're having a little do on**

Saturday damos una fiestecita el sábado; **it was rather a grand do** fue un acontecimiento a lo grande
▸ *aux vb* **1** (*in negative constructions, not translated*): **I don't understand** no entiendo
2 (*to form questions, not translated*): **didn't you know?** ¿no lo sabías?; **what do you think?** ¿qué opinas?
3 (*for emphasis, in polite expressions*): **people do make mistakes sometimes** a veces sí se cometen errores; **she does seem rather late** a mí también me parece que se ha retrasado; **do sit down/help yourself** siéntate/sírvete por favor; **do take care!** ¡ten cuidado! ¿eh?
4 (*used to avoid repeating vb*): **she sings better than I do** canta mejor que yo; **do you agree? — yes, I do/no, I don't** ¿estás de acuerdo? — sí (lo estoy)/no (lo estoy); **she lives in Glasgow — so do I** vive en Glasgow — yo también; **he didn't like it and neither did we** no le gustó y a nosotros tampoco; **who made this mess? — I did** ¿quién hizo esta chapuza? — yo; **he asked me to help him and I did** me pidió que le ayudara y lo hice
5 (*in question tags*): **you like him, don't you?** te gusta, ¿verdad? *or* ¿no?; **I don't know him, do I?** creo que no le conozco
▸ *vt* **1**: **what are you doing tonight?** ¿qué haces esta noche?; **what can I do for you?** (*in shop*) ¿en qué puedo servirle?; **to do the washing-up/cooking** fregar los platos/cocinar; **to do one's teeth/hair/nails** lavarse los dientes/arreglarse el pelo/arreglarse las uñas
2 (*Aut etc*): **the car was doing 100** el coche iba a 100; **we've done 200 km already** ya hemos hecho 200 km; **he can do 100 in that car** puede ir a 100 en ese coche
▸ *vi* **1** (*act, behave*) hacer; **do as I do** haz como yo
2 (*get on, fare*): **he's doing well/badly at school** va bien/mal en la escuela; **the firm is doing well** la empresa anda *or* va bien; **how do you do?** mucho gusto; (*less formal*) ¿qué tal?
3 (*suit*): **will it do?** ¿sirve?, ¿está *or* va bien?
4 (*be sufficient*) bastar; **will £10 do?** ¿será bastante con £10?; **that'll do** así está bien; **that'll do!** (*in annoyance*) ¡ya está bien!, ¡basta ya!; **to make do (with)** arreglárselas (con)
do up *vt* (*laces*) atar; (*zip, dress, shirt*) abrochar; (*renovate: room, house*) renovar
do with *vt fus* (*need*): **I could do with a drink/some help** no me vendría mal un trago/un poco de ayuda; (*be connected with*) tener que ver con; **what has it got to do with you?** ¿qué tiene que ver contigo?
do without *vi*: **if you're late for dinner then you'll do without** si llegas tarde tendrás que quedarte sin cenar ▷ *vt fus* pasar sin; **I can do without a car** puedo pasar sin coche

dock [dɔk] *n* (*Naut*) muelle *m*; (*Law*) banquillo (de los acusados) ▷ *vi* (*enter dock*) atracar (en el muelle); **docks** *npl* muelles *mpl*, puerto *sg*
doctor ['dɔktəʳ] *n* médico; (*Ph.D. etc*) doctor(a) *m/f* ▷ *vt* (*drink etc*) adulterar; **Doctor of Philosophy** *n* Doctor *m* (en Filosofía y Letras)
document ['dɔkjumənt] *n* documento; **documentary** [dɔkju'mɛntərɪ] *adj* documental ▷ *n* documental *m*; **documentation** [dɔkjumɛn'teɪʃən] *n* documentación *f*
dodge [dɔdʒ] *n* (*fig*) truco ▷ *vt* evadir; (*blow*) esquivar
dodgy ['dɔdʒɪ] *adj* (BRIT *inf*: *uncertain*) dudoso; (*shady*) sospechoso; (*risky*) arriesgado
does [dʌz] *vb see* **do**
doesn't ['dʌznt] = **does not**

dog [dɔg] *n* perro ▷ *vt* seguir (de cerca); (*memory etc*) perseguir; **doggy bag** *n* *bolsa para llevarse las sobras de la comida*
do-it-yourself [du:ɪtjɔ:'sɛlf] *n* bricolaje *m*
dole [dəul] *n* (BRIT: *payment*) subsidio de paro; **on the ~** parado; **dole out** *vt* repartir
doll [dɔl] *n* muñeca
dollar ['dɔlə^{r}] *n* dólar *m*
dolphin ['dɔlfɪn] *n* delfín *m*
dome [dəum] *n* (*Arch*) cúpula
domestic [də'mɛstɪk] *adj* (*animal, duty*) doméstico; (*flight, news, policy*) nacional; **domestic appliance** *n* aparato *m* doméstico, aparato *m* de uso doméstico
dominant ['dɔmɪnənt] *adj* dominante
dominate ['dɔmɪneɪt] *vt* dominar
domino ['dɔmɪnəu] (*pl* **dominoes**) *n* ficha de dominó; **dominoes** *n* (*game*) dominó
donate [də'neɪt] *vt* donar; **donation** *n* donativo
done [dʌn] *pp of* **do**
dongle ['dɔŋgl] *n* (*Comput: for wireless connection*) adaptador *m*; (*: for protected software*) llave *f* de seguridad
donkey ['dɔŋkɪ] *n* burro
donor ['dəunə^{r}] *n* donante *mf*; **donor card** *n* carnet *m* de donante de órganos
don't [dəunt] = **do not**
doodle ['du:dl] *vi* pintar dibujitos *or* garabatos
doom [du:m] *n* (*fate*) suerte *f* ▷ *vt*: **to be ~ed to failure** estar condenado al fracaso
door [dɔ:^{r}] *n* puerta; **doorbell** *n* timbre *m*; **door handle** *n* tirador *m*; (*of car*) manija; **doorknob** *n* pomo *m* de la puerta, manilla *f* (LAM); **doorstep** *n* peldaño; **doorway** *n* entrada, puerta
dope [dəup] *n* (*inf: illegal drug*) droga; (*: *person*) imbécil *mf* ▷ *vt* (*horse etc*) drogar
dormitory ['dɔ:mɪtrɪ] *n* (BRIT) dormitorio; (US) colegio mayor
DOS [dɔs] *n abbr* = **disk operating system**
dosage ['dəusɪdʒ] *n* dosis *f inv*
dose [dəus] *n* dosis *f inv*
dot [dɔt] *n* punto ▷ *vi*: **~ted with** salpicado de; **on the ~** en punto; **dotcom** *n* puntocom *f*; **dotted line** *n*: **to sign on the dotted line** firmar
double ['dʌbl] *adj* doble ▷ *adv* (*twice*): **to cost ~** costar el doble ▷ *n* doble *m* ▷ *vt* doblar ▷ *vi* doblarse; **on the ~,** (BRIT) **at the ~** corriendo; **double back** *vi* (*person*) volver sobre sus pasos; **double bass** *n* contrabajo; **double bed** *n* cama de matrimonio; **double-check** *vt* volver a revisar ▷ *vi*: **I'll double-check** voy a revisarlo otra vez; **double-click** (*Comput*) *vi* hacer doble clic; **double-cross** *vt* (*trick*) engañar; (*betray*) traicionar; **doubledecker** *n* autobús *m* de dos pisos; **double glazing** *n* (BRIT) doble acristalamiento; **double room** *n* habitación *f* doble; **doubles** *n* (*Tennis*) juego de dobles; **double yellow lines** *npl* (BRIT Aut) *línea doble amarilla de prohibido aparcar* ≈ línea *fsg* amarilla continua
doubt [daut] *n* duda ▷ *vt* dudar; (*suspect*) dudar de; **to ~ that** dudar que; **doubtful** *adj* dudoso; (*unconvinced*): **to be doubtful about sth** tener dudas sobre algo; **doubtless** *adv* sin duda
dough [dəu] *n* masa, pasta; **doughnut** *n* dónut *m*
dove [dʌv] *n* paloma
down [daun] *n* (*feathers*) plumón *m*, flojel *m*; (*hill*) loma ▷ *adv* (*also*: **~wards**) abajo, hacia abajo; (*on the ground*) por/en tierra ▷ *prep* abajo ▷ *vt* (*inf: drink*) beberse; **~ with X!** ¡abajo X!; **down-and-out** *n* (*tramp*) vagabundo/a; **downfall** *n* caída, ruina; **downhill** *adv*: **to go downhill** ir cuesta abajo
Downing Street ['daunɪŋ-] *n* (BRIT) Downing Street *f*

DOWNING STREET

Downing Street es la calle de Londres en la que tienen su residencia oficial tanto el Primer Ministro (*Prime Minister*) como el Ministro de Economía (*Chancellor of the Exchequer*). El primero vive en el nº 10 y el segundo en el nº 11. Es una calle cerrada al público que se encuentra en el barrio de Westminster, en el centro de Londres. *Downing Street* se usa también en lenguaje periodístico para referirse al jefe del gobierno británico.

down: download *vt* (*Comput*) descargar; **downloadable** *adj* (*Comput*) descargable; **downright** *adj* (*nonsense, lie*) manifiesto; (*refusal*) terminante

Down's syndrome [daʊnz-] *n* síndrome *m* de Down

down: downstairs *adv* (*below*) (en el piso de) abajo; (*motion*) escaleras abajo; **down-to-earth** *adj* práctico; **downtown** *adv* en el centro de la ciudad; **down under** *adv* en Australia (*or* Nueva Zelanda); **downward** ['daʊnwəd] *adv* hacia abajo; **downwards** ['daʊnwədz] *adv* hacia abajo

doz. *abbr* = **dozen**

doze [dəʊz] *vi* dormitar

dozen ['dʌzn] *n* docena; **a ~ books** una docena de libros; **~s of** cantidad de

Dr, Dr. *abbr* (= *doctor*) Dr; (*in street names*) = **drive**

drab [dræb] *adj* gris, monótono

draft [drɑːft] *n* (*first copy*) borrador *m*; (*US*: *call-up*) quinta ▷ *vt* (*write roughly*) hacer un borrador de; *see also* **draught**

drag [dræg] *vt* arrastrar; (*river*) dragar, rastrear ▷ *vi* arrastrarse por el suelo ▷ *n* (*inf*) lata; (*women's clothing*): **in ~** vestido de mujer; **to ~ and drop** (*Comput*) arrastrar y soltar

dragon ['drægən] *n* dragón *m*

dragonfly ['drægənflaɪ] *n* libélula

drain [dreɪn] *n* desaguadero; (*in street*) sumidero ▷ *vt* (*land, marshes*) desecar; (*reservoir*) desecar; (*fig*) agotar ▷ *vi* escurrirse; **to be a ~ on** consumir, agotar; **drainage** *n* (*act*) desagüe *m*; (*Med, Agr*) drenaje *m*; (*sewage*) alcantarillado; **drainpipe** *n* tubo de desagüe

drama ['drɑːmə] *n* (*art*) teatro; (*play*) drama *m*; **dramatic** [drə'mætɪk] *adj* dramático; (*sudden, marked*) espectacular

drank [dræŋk] *pt of* **drink**

drape [dreɪp] *vt* (*cloth*) colocar; (*flag*) colgar

drastic ['dræstɪk] *adj* (*measure, reduction*) severo; (*change*) radical

draught, (*US*) **draft** [drɑːft] *n* (*of air*) corriente *f* de aire; (*Naut*) calado; **on ~** (*beer*) de barril; **draught beer** *n* cerveza de barril; **draughts** *n* (BRIT) juego de damas

draw [drɔː] (*pt* **drew**, *pp* **drawn**) *vt* (*take out*) sacar; (*attract*) atraer; (*picture*) dibujar; (*money*) retirar ▷ *vi* (*Sport*) empatar ▷ *n* (*Sport*) empate *m*; (*lottery*) sorteo; **draw out** *vi* (*lengthen*) alargarse; **draw up** *vi* (*stop*) pararse ▷ *vt* (*document*) redactar; **drawback** *n* inconveniente *m*, desventaja

drawer *n* cajón *m*

drawing ['drɔːɪŋ] *n* dibujo; **drawing pin** *n* (BRIT) chincheta *m*; **drawing room** *n* salón *m*

drawn [drɔːn] *pp of* **draw**

dread [dred] *n* pavor *m*, terror *m* ▷ *vt* temer, tener miedo *or* pavor a; **dreadful** *adj* espantoso

dream [driːm] *n* sueño ▷ *vt*, *vi* soñar; **dreamer** *n* soñador(a) *m/f*

dreamt [dremt] *pt*, *pp of* **dream**

dreary ['drɪərɪ] *adj* monótono

drench [drentʃ] *vt* empapar

dress [dres] *n* vestido; (*clothing*) ropa ▷ *vt* vestir; (*wound*) vendar ▷ *vi* vestirse; **to ~ o.s., get ~ed** vestirse;

d

dress up *vi* vestirse de etiqueta; (*in fancy dress*) disfrazarse; **dress circle** *n* (BRIT) principal *m*; **dresser** *n* (*furniture*) aparador *m*; (: US) tocador *m*; **dressing** *n* (*Med*) vendaje *m*; (*Culin*) aliño; **dressing gown** *n* (BRIT) bata; **dressing room** *n* (*Theat*) camarín *m*; (*Sport*) vestuario; **dressing table** *n* tocador *m*; **dressmaker** *n* modista, costurera

drew [druː] *pt of* **draw**

dribble ['drɪbl] *vi* (*baby*) babear ▷ *vt* (*ball*) regatear

dried [draɪd] *adj* seco; (*milk*) en polvo

drier ['draɪəʳ] *n* = **dryer**

drift [drɪft] *n* (*of current etc*) flujo; (*of snow*) ventisquero; (*meaning*) significado ▷ *vi* (*boat*) ir a la deriva; (*sand, snow*) amontonarse

drill [drɪl] *n* taladro; (*bit*) broca; (*of dentist*) fresa; (*for mining etc*) perforadora, barrena; (*Mil*) instrucción *f* ▷ *vt* perforar, taladrar; (*soldiers*) ejercitar ▷ *vi* (*for oil*) perforar

drink [drɪŋk] *n* bebida ▷ *vt*, *vi* beber; **to have a ~** tomar algo; tomar una copa *or* un trago; **a ~ of water** un trago de agua; **drink-driving** *n*: **to be charged with drink-driving** ser acusado de conducir borracho *or* en estado de embriaguez; **drinker** *n* bebedor(a) *m/f*; **drinking water** *n* agua potable

drip [drɪp] *n* (*act*) goteo; (*one drip*) gota; (*Med*) gota a gota *m* ▷ *vi* gotear

drive [draɪv] (*pt* **drove**, *pp* **driven**) *n* (*journey*) viaje *m* (en coche); (*also*: **~way**) entrada; (*energy*) energía, vigor *m*; (*Comput*: *also*: **disk ~**) unidad *f* (de disco) ▷ *vt* (*car*) conducir; (*nail*) clavar; (*push*) empujar; (*Tech*: *motor*) impulsar ▷ *vi* (*Aut*: *at controls*) conducir, manejar (LAM); (: *travel*) pasearse en coche; **left-/right-hand ~** conducción *f* a la izquierda/derecha; **to ~ sb mad** volverle loco a algn; **drive out** *vt* (*force out*) expulsar, echar; **drive-in** *adj* (*esp* US): **drive-in cinema** autocine *m*

driven ['drɪvn] *pp of* **drive**

driver ['draɪvəʳ] *n* conductor(a) *m/f*, chofer *m* (LAM); **driver's license** *n* (US) carnet *m or* permiso de conducir

driveway ['draɪvweɪ] *n* camino de entrada

driving ['draɪvɪŋ] *n* conducir *m*, manejar *m* (LAM); **driving instructor** *n* instructor(a) *m/f* de autoescuela; **driving lesson** *n* clase *f* de conducir; **driving licence** *n* (BRIT) carnet *m or* permiso de conducir; **driving test** *n* examen *m* de conducir

drizzle ['drɪzl] *n* llovizna

droop [druːp] *vi* (*flower*) marchitarse; (*shoulders*) encorvarse; (*head*) inclinarse

drop [drɔp] *n* (*of water*) gota; (*fall*: *in price*) bajada ▷ *vt* dejar caer; (*voice, eyes, price*) bajar; (*set down from car*) dejar ▷ *vi* (*object*) caer; (*price, temperature*) bajar; (*wind*) amainar; **drop in** *vi* (*inf*: *visit*): **to ~ in (on)** pasar por casa (de); **drop off** *vi* (*sleep*) dormirse ▷ *vt* (*passenger*) dejar; **drop out** *vi* (*withdraw*) retirarse

drought [draut] *n* sequía

drove [drəuv] *pt of* **drive**

drown [draun] *vt* ahogar ▷ *vi* ahogarse

drowsy ['drauzɪ] *adj* soñoliento; **to be ~** tener sueño

drug [drʌg] *n* medicamento; (*narcotic*) droga ▷ *vt* drogar; **to be on ~s** drogarse; **drug addict** *n* drogadicto/a; **drug dealer** *n* traficante *mf* de drogas; **druggist** *n* (US) farmacéutico/a; **drugstore** *n* (US) tienda (*de comestibles, periódicos y medicamentos*)

drum [drʌm] *n* tambor *m*; (*for oil, petrol*) bidón *m*; **drums** *npl* batería *sg*; **drummer** *n* tambor *mf*

drunk [drʌŋk] *pp of* **drink** ▷ *adj* borracho ▷ *n* (*also*: **drunkard**) borracho/a; **drunken** *adj* borracho

dry [draɪ] *adj* seco; (*day*) sin lluvia; (*climate*) árido, seco ▷ *vt* secar; (*tears*) enjugarse ▷ *vi* secarse; **dry up** *vi* (*river*) secarse; **dry-cleaner's** *n* tintorería; **dry-cleaning** *n* lavado en seco; **dryer** *n* (*for hair*) secador *m*; (*for clothes*) secadora

DSS *n abbr* (BRIT) = **Department of Social Security**; *see* **social security**

DTP *n abbr* = **desktop publishing**

dual ['djuəl] *adj* doble; **dual carriageway** *n* (BRIT) ≈ autovía

dubious ['dju:bɪəs] *adj* (*questionable: reputation*) dudoso; (*: character*) sospechoso; (*unsure*) indeciso

duck [dʌk] *n* pato ▷ *vi* agacharse

due [dju:] *adj* (*proper*) debido ▷ *adv*: **~ north** derecho al norte; **in ~ course** a su debido tiempo; **~ to** debido a; **the train is ~ to arrive at 8.00** el tren tiene (prevista) la llegada a las ocho; **the rent's ~ on the 30th** hay que pagar el alquiler el día 30

duel ['djuəl] *n* duelo

duet [dju:'ɛt] *n* dúo

dug [dʌg] *pt, pp of* **dig**

duke [dju:k] *n* duque *m*

dull [dʌl] *adj* (*light*) apagado; (*stupid*) torpe; (*boring*) pesado; (*sound, pain*) sordo; (*weather, day*) gris ▷ *vt* (*pain, grief*) aliviar; (*mind, senses*) entorpecer

dumb [dʌm] *adj* mudo; (*stupid*) estúpido

dummy ['dʌmɪ] *n* (*tailor's model*) maniquí *m*; (BRIT: *for baby*) chupete *m* ▷ *adj* falso, postizo

dump [dʌmp] *n* (*place*) basurero, vertedero ▷ *vt* (*put down*) dejar; (*get rid of*) deshacerse de; (*Comput*) tirar (a la papelera); (*Comm: goods*) inundar el mercado de

dumpling ['dʌmplɪŋ] *n bola de masa hervida*

dune [dju:n] *n* duna

dungarees [dʌŋgə'ri:z] *npl* mono *sg*, overol *msg* (LAM)

dungeon ['dʌndʒən] *n* calabozo

duplex ['dju:plɛks] *n* dúplex *m*

duplicate ['dju:plɪkət] *n* duplicado ▷ *vt* ['dju:plɪkeɪt] duplicar; (*photocopy*) fotocopiar; (*repeat*) repetir; **in ~** por duplicado

durable ['djuərəbl] *adj* duradero

duration [djuə'reɪʃən] *n* duración *f*

during ['djuərɪŋ] *prep* durante

dusk [dʌsk] *n* crepúsculo, anochecer *m*

dust [dʌst] *n* polvo ▷ *vt* (*furniture*) desempolvar; (*cake etc*): **to ~ with** espolvorear de; **dustbin** *n* (BRIT) cubo de la basura, balde *m* (LAM); **duster** *n* paño, trapo; **dustman** *n* basurero; **dustpan** *n* cogedor *m*; **dusty** *adj* polvoriento

Dutch [dʌtʃ] *adj* holandés/esa ▷ *n* (*Ling*) holandés *m* ▷ *adv*: **to go ~** pagar a escote; **the Dutch** *npl* los holandeses; **Dutchman, Dutchwoman** *n* holandés/esa *m/f*

duty ['dju:tɪ] *n* deber *m*; (*tax*) derechos *mpl* de aduana; **on ~** de servicio; (*at night etc*) de guardia; **off ~** libre (de servicio); **duty-free** *adj* libre de impuestos

duvet ['du:veɪ] *n* (BRIT) edredón *m* (nórdico)

DVD *n abbr* (= *digital versatile or video disc*) DVD *m*; **DVD player** *n* lector *m* de DVD; **DVD writer** *n* grabadora de DVD

dwarf (*pl* **dwarves**) [dwɔ:f, dwɔ:vz] *n* (*inf!*) enano/a ▷ *vt* empequeñecer

dwell (*pt, pp* **dwelt**) [dwɛl, dwɛlt] *vi* morar; **dwell on** *vt fus* explayarse en

dwindle ['dwɪndl] *vi* disminuir

dye [daɪ] *n* tinte *m* ▷ *vt* teñir

dying ['daɪɪŋ] *adj* moribundo

dynamic [daɪ'næmɪk] *adj* dinámico

dynamite ['daɪnəmaɪt] *n* dinamita

dyslexia [dɪs'lɛksɪə] *n* dislexia

dyslexic [dɪs'lɛksɪk] *adj, n* disléxico/a

e

E [iː] *n* (*Mus*) mi *m*

each [iːtʃ] *adj* cada *inv* ▷ *pron* cada uno; **~ other** el uno al otro; **they hate ~ other** se odian (entre ellos *or* mutuamente)

eager ['iːgəʳ] *adj* (*keen*) entusiasmado; **to be ~ to do sth** estar deseoso de hacer algo; **to be ~ for** tener muchas ganas de

eagle ['iːgl] *n* águila

ear [ɪəʳ] *n* oreja; (*sense of hearing*) oído; (*of corn*) espiga; **earache** *n* dolor *m* de oídos; **eardrum** *n* tímpano

earl [əːl] *n* conde *m*

earlier ['əːlɪəʳ] *adj* anterior ▷ *adv* antes

early ['əːlɪ] *adv* temprano; (*ahead of time*) con tiempo, con anticipación ▷ *adj* temprano; (*reply*) pronto; (*man*) primitivo; (*first: Christians, settlers*) primero; **to have an ~ night** acostarse temprano; **in the ~** *or* **~ in the spring/19th century** a principios de primavera/del siglo diecinueve; **early retirement** *n* jubilación *f* anticipada

earmark ['ɪəmɑːk] *vt*: **to ~ for** reservar para, destinar a

earn [əːn] *vt* (*salary*) percibir; (*interest*) devengar; (*praise*) ganarse

earnest ['əːnɪst] *adj* (*wish*) fervoroso; (*person*) serio, formal ▷ *n*: **in ~** *adv* en serio

earnings ['əːnɪŋz] *npl* (*personal*) ingresos *mpl*; (*of company etc*) ganancias *fpl*

ear: earphones *npl* auriculares *mpl*; **earplugs** *npl* tapones *mpl* para los oídos; **earring** *n* pendiente *m*, arete *m* (LAm)

earth [əːθ] *n* tierra; (BRIT *Elec*) toma de tierra ▷ *vt* (BRIT *Elec*) conectar a tierra; **earthquake** *n* terremoto

ease [iːz] *n* facilidad *f*; (*comfort*) comodidad *f* ▷ *vt* (*problem*) mitigar; (*pain*) aliviar; **to ~ sth in/out** meter/sacar algo con cuidado; **at ~!** (*Mil*) ¡descansen!

easily ['iːzɪlɪ] *adv* fácilmente

east [iːst] *n* este *m* ▷ *adj* del este, oriental ▷ *adv* al este, hacia el este; **the E~** el Oriente; (*Pol*) el Este; **eastbound** *adj* en dirección este

Easter ['iːstəʳ] *n* Pascua (de Resurrección); **Easter egg** *n* huevo de Pascua

eastern ['iːstən] *adj* del este, oriental

Easter Sunday *n* Domingo de Resurrección

easy ['iːzɪ] *adj* fácil; (*life*) holgado, cómodo; (*relaxed*) natural ▷ *adv*: **to take it** *or* **things ~** (*not worry*) no preocuparse; (*rest*) descansar; **easy-going** *adj* acomodadizo

eat (*pt* **ate**, *pp* **eaten**) [iːt, eɪt, 'iːtn] *vt* comer; **eat out** *vi* comer fuera

eavesdrop ['iːvzdrɔp] *vi*: **to ~ (on sb)** escuchar a escondidas *or* con disimulo (a algn)

e-book ['iːbuk] *n* libro electrónico

e-business ['iːbɪznɪs] *n* (*commerce*) comercio electrónico; (*company*) negocio electrónico
EC *n abbr* (= *European Community*) CE *f*
eccentric [ɪk'sɛntrɪk] *adj, n* excéntrico/a
echo ['ɛkəu] (*pl* **echoes**) *n* eco *m* ▷ *vt* (*sound*) repetir ▷ *vi* resonar, hacer eco
echo ['ɛkəu] (*pl* **echoes**) *n* eco *m* ▷ *vt* (*sound*) repetir ▷ *vi* resonar, hacer eco
e-cigarette ['iːsɪgərɛt] *n* cigarrillo electrónico
eclipse [ɪ'klɪps] *n* eclipse *m*
eco-friendly ['iːkəufrɛndlɪ] *adj* ecológico
ecological [iːkə'lɔdʒɪkl] *adj* ecológico
ecology [ɪ'kɔlədʒɪ] *n* ecología
e-commerce ['iːkɔməːs] *n* comercio electrónico
economic [iːkə'nɔmɪk] *adj* económico; (*business etc*) rentable; **economical** *adj* económico; **economics** *n* (*Scol*) economía
economist [ɪ'kɔnəmɪst] *n* economista *mf*
economize [ɪ'kɔnəmaɪz] *vi* economizar, ahorrar
economy [ɪ'kɔnəmɪ] *n* economía; **economy class** *n* (*Aviat etc*) clase *f* turista; **economy class syndrome** *n* síndrome *m* de la clase turista
ecstasy ['ɛkstəsɪ] *n* éxtasis *m inv*; (*drug*) éxtasis *m inv*; **ecstatic** [ɛks'tætɪk] *adj* extático
eczema ['ɛksɪmə] *n* eczema *m*
edge [ɛdʒ] *n* (*of knife etc*) filo; (*of object*) borde *m*; (*of lake etc*) orilla ▷ *vt* (*Sewing*) ribetear; **on ~** (*fig*) = **edgy**; **to ~ away from** alejarse poco a poco de
edgy ['ɛdʒɪ] *adj* nervioso, inquieto
edible ['ɛdɪbl] *adj* comestible
Edinburgh ['ɛdɪnbərə] *n* Edimburgo
edit ['ɛdɪt] *vt* (*be editor of*) dirigir; (*re-write*) redactar; (*Comput*) editar; **edition** [ɪ'dɪʃən] *n* edición *f*; **editor** *n* (*of newspaper*) director(a) *m/f*; (*of book*) redactor(a) *m/f*; **editorial** [ɛdɪ'tɔːrɪəl] *adj* editorial ▷ *n* editorial *m*
educate ['ɛdjukeɪt] *vt* educar; (*instruct*) instruir; **educated** ['ɛdjukeɪtɪd] *adj* culto
education [ɛdju'keɪʃən] *n* educación *f*; (*schooling*) enseñanza; (*Scol*) pedagogía; **educational** *adj* (*policy etc*) de educación, educativo; (*teaching*) docente; (*instructive*) educativo
eel [iːl] *n* anguila
eerie ['ɪərɪ] *adj* espeluznante
effect [ɪ'fɛkt] *n* efecto ▷ *vt* efectuar, llevar a cabo; **effects** *npl* (*property*) efectos *mpl*; **to take ~** (*law*) entrar en vigor *or* vigencia; (*drug*) surtir efecto; **in ~** en realidad; **effective** *adj* eficaz; (*real*) efectivo; **effectively** *adv* eficazmente; (*in reality*) de hecho
efficiency [ɪ'fɪʃənsɪ] *n* eficiencia; (*of machine*) rendimiento
efficient [ɪ'fɪʃənt] *adj* eficiente; (*machine, car*) de buen rendimiento; **efficiently** *adv* eficientemente, de manera eficiente
effort ['ɛfət] *n* esfuerzo; **effortless** *adj* sin ningún esfuerzo
e.g. *adv abbr* (= *exempli gratia*) p.ej.
egg [ɛg] *n* huevo; **hard-boiled/soft-boiled/poached ~** huevo duro *or* (*LAm*) a la copa *or* (*LAm*) tibio/pasado por agua/escalfado; **eggcup** *n* huevera; **eggplant** *n* (*esp US*) berenjena; **eggshell** *n* cáscara de huevo; **egg white** *n* clara de huevo; **egg yolk** *n* yema de huevo
ego ['iːgəu] *n* ego
Egypt ['iːdʒɪpt] *n* Egipto; **Egyptian** [ɪ'dʒɪpʃən] *adj, n* egipcio/a
eight [eɪt] *num* ocho; **eighteen** *num* dieciocho; **eighteenth** *adj* decimoctavo; **the eighteenth floor** la planta dieciocho; **the eighteenth of August** el dieciocho de agosto; **eighth** [eɪtθ] *adj* octavo; **eightieth** ['eɪtɪɪθ] *adj* octogésimo; **eighty** ['eɪtɪ] *num* ochenta
Eire ['ɛərə] *n* Eire *m*
either ['aɪðəʳ] *adj* cualquiera de los dos ...; (*both, each*) cada ▷ *pron*: **~ (of them)** cualquiera (de los dos) ▷ *adv* tampoco ▷ *conj*: **~ yes or no** o sí o no;

on ~ side en ambos lados; **I don't like ~** no me gusta ninguno de los dos; **no, I don't ~** no, yo tampoco

eject [ɪ'dʒɛkt] *vt* echar; (*tenant*) desahuciar

elaborate *adj* [ɪ'læbərɪt] (*design, pattern*) complejo ▷ *vt* [ɪ'læbəreɪt] elaborar; (*expand*) ampliar; (*refine*) refinar ▷ *vi* explicarse con muchos detalles

elastic [ɪ'læstɪk] *adj, n* elástico; **elastic band** *n* (BRIT) gomita

elbow ['ɛlbəʊ] *n* codo

elder ['ɛldəʳ] *adj* mayor ▷ *n* (*tree*) saúco; (*person*) mayor; **elderly** *adj* de edad, mayor; **~ people** los mayores, los ancianos

eldest ['ɛldɪst] *adj, n* el/la mayor

elect [ɪ'lɛkt] *vt* elegir; **to ~ to do** optar por hacer ▷ *adj*: **the president ~** el presidente electo; **election** *n* elección *f*; **electoral** *adj* electoral; **electorate** *n* electorado

electric [ɪ'lɛktrɪk] *adj* eléctrico; **electrical** *adj* eléctrico; **electric blanket** *n* manta eléctrica; **electric fire** *n* estufa eléctrica; **electrician** [ɪlɛk'trɪʃən] *n* electricista *mf*; **electricity** [ɪlɛk'trɪsɪtɪ] *n* electricidad *f*; **electric shock** *n* electrochoque *m*; **electrify** [ɪ'lɛktrɪfaɪ] *vt* (*Rail*) electrificar; (*fig: audience*) electrizar

electronic [ɪlɛk'trɔnɪk] *adj* electrónico; **electronic mail** *n* correo electrónico; **electronics** *n* electrónica

elegance ['ɛlɪgəns] *n* elegancia

elegant ['ɛlɪgənt] *adj* elegante

element ['ɛlɪmənt] *n* elemento; (*of heater, kettle etc*) resistencia

elementary [ɛlɪ'mɛntərɪ] *adj* elemental; (*primitive*) rudimentario; **elementary school** *n* (US) escuela de enseñanza primaria

elephant ['ɛlɪfənt] *n* elefante *m*

elevate ['ɛlɪveɪt] *vt* elevar; (*in rank*) ascender

elevator ['ɛlɪveɪtəʳ] *n* (US) ascensor *m*

eleven [ɪ'lɛvn] *num* once; **eleventh** [ɪ'lɛvnθ] *adj* undécimo

eligible ['ɛlɪdʒəbl] *adj*: **an ~ young man/woman** un buen partido; **to be ~ for sth** llenar los requisitos para algo

eliminate [ɪ'lɪmɪneɪt] *vt* (*a suspect, possibility*) descartar

elm [ɛlm] *n* olmo

eloquent ['ɛləkwənt] *adj* elocuente

else [ɛls] *adv*: **something ~** otra cosa *or* algo más; **somewhere ~** en otra parte; **everywhere ~** en todas partes menos aquí; **where ~?** ¿dónde más?, ¿en qué otra parte?; **there was little ~ to do** apenas quedaba otra cosa que hacer; **nobody ~** nadie más; **elsewhere** *adv* (*be*) en otra parte; (*go*) a otra parte

elusive [ɪ'luːsɪv] *adj* esquivo; (*answer*) difícil de encontrar

email ['iːmeɪl] *n abbr* (= *electronic mail*) email *m*, correo electrónico; **email address** *n* dirección *f* electrónica, email *m*

embankment [ɪm'bæŋkmənt] *n* terraplén *m*

embargo [ɪm'bɑːgəʊ] (*pl* **embargoes**) *n* prohibición *f*; (*Comm, Naut*) embargo; **to put an ~ on sth** poner un embargo en algo

embark [ɪm'bɑːk] *vi* embarcarse ▷ *vt* embarcar; **to ~ on** (*journey*) emprender, iniciar

embarrass [ɪm'bærəs] *vt* avergonzar, dar vergüenza a; **embarrassed** *adj* azorado, violento; **to be embarrassed** sentirse azorado *or* violento; **embarrassing** *adj* (*situation*) violento; (*question*) embarazoso; **embarrassment** *n* vergüenza

Be careful not to translate *embarrassed* by the Spanish word *embarazada*.

embassy ['ɛmbəsɪ] *n* embajada

embrace [ɪm'breɪs] *vt* abrazar, dar un abrazo a; (*include*) abarcar ▷ *vi* abrazarse ▷ *n* abrazo

embroider [ɪm'brɔɪdəʳ] *vt* bordar; **embroidery** *n* bordado
embryo ['ɛmbrɪəu] *n* embrión *m*
emerald ['ɛmərəld] *n* esmeralda
emerge [ɪ'mə:dʒ] *vi* salir; (*arise*) surgir
emergency [ɪ'mə:dʒənsɪ] *n* crisis *f inv*; **in an ~** en caso de urgencia; **(to declare a) state of ~** (declarar) estado de emergencia *or* de excepción; **emergency brake** *n* (*US*) freno de mano; **emergency exit** *n* salida de emergencia; **emergency landing** *n* aterrizaje *m* forzoso; **emergency room** (*US Med*) *n* sala *f* de urgencias; **emergency service** *n* servicio de urgencia
emigrate ['ɛmɪgreɪt] *vi* emigrar; **emigration** *n* emigración *f*
eminent ['ɛmɪnənt] *adj* eminente
emission [ɪ'mɪʃən] *n* emisión *f*
emit [ɪ'mɪt] *vt* emitir; (*smell, smoke*) despedir
emoticon [ɪ'məutɪkɔn] *n* emoticón *m*
emotion [ɪ'məuʃən] *n* emoción *f*; **emotional** *adj* (*person*) sentimental; (*scene*) conmovedor(a), emocionante
emperor ['ɛmpərəʳ] *n* emperador *m*
emphasis (*pl* **emphases**) ['ɛmfəsɪs, -si:z] *n* énfasis *m inv*
emphasize ['ɛmfəsaɪz] *vt* (*word, point*) subrayar, recalcar; (*feature*) hacer resaltar
empire ['ɛmpaɪəʳ] *n* imperio
employ [ɪm'plɔɪ] *vt* emplear; **employee** [ɪmplɔɪ'i:] *n* empleado/a; **employer** *n* patrón/ona *m/f*; (*businessman*) empresario/a; **employment** *n* empleo; **to find employment** encontrar trabajo; **employment agency** *n* agencia de colocaciones *or* empleo
empower [ɪm'pauəʳ] *vt*: **to ~ sb to do sth** autorizar a algn para hacer algo
empress ['ɛmprɪs] *n* emperatriz *f*
emptiness ['ɛmptɪnɪs] *n* vacío
empty ['ɛmptɪ] *adj* vacío; (*street, area*) desierto; (*threat*) vano ▷ *vt* vaciar; (*place*) dejar vacío ▷ *vi* vaciarse; (*house*) quedar(se) vacío *or* desocupado; **empty-handed** *adj* con las manos vacías
EMU *n abbr* (= *European Monetary Union*) UME *f*
emulsion [ɪ'mʌlʃən] *n* emulsión *f*
enable [ɪ'neɪbl] *vt*: **to ~ sb to do sth** permitir a algn hacer algo
enamel [ɪ'næməl] *n* esmalte *m*
enchanting [ɪn'tʃɑ:ntɪŋ] *adj* encantador(a)
encl. *abbr* (= *enclosed*) adj
enclose [ɪn'kləuz] *vt* (*land*) cercar; (*with letter etc*) adjuntar; **please find ~d** le mandamos adjunto
enclosure [ɪn'kləuʒəʳ] *n* cercado, recinto
encore [ɔŋ'kɔ:ʳ] *excl* ¡otra!, ¡bis! ▷ *n* bis *m*
encounter [ɪn'kauntəʳ] *n* encuentro ▷ *vt* encontrar, encontrarse con; (*difficulty*) tropezar con
encourage [ɪn'kʌrɪdʒ] *vt* alentar, animar; (*growth*) estimular; **encouragement** *n* estímulo; (*of industry*) fomento
encouraging [ɪn'kʌrɪdʒɪŋ] *adj* alentador(a)
encyclop(a)edia [ɛnsaɪkləu'pi:dɪə] *n* enciclopedia
end [ɛnd] *n* fin *m*; (*of table*) extremo; (*of street*) final *m*; (*Sport*) lado ▷ *vt* terminar, acabar; (*also*: **bring to an ~, put an ~ to**) acabar con ▷ *vi* terminar, acabar; **in the ~** al final; **on ~** (*object*) de punta, de cabeza; **to stand on ~** (*hair*) erizarse; **for hours on ~** hora tras hora; **end up** *vi*: **to ~ up in** terminar en; (*place*) ir a parar a
endanger [ɪn'deɪndʒəʳ] *vt* poner en peligro; **an ~ed species** una especie en peligro de extinción
endearing [ɪn'dɪərɪŋ] *adj* entrañable
endeavour, (*US*) **endeavor** [ɪn'dɛvəʳ] *n* esfuerzo; (*attempt*) tentativa ▷ *vi*: **to ~ to do** esforzarse por hacer; (*try*) procurar hacer

e

ending ['ɛndɪŋ] *n* (*of book*) desenlace *m*; (*Ling*) terminación *f*
endless ['ɛndlɪs] *adj* interminable, inacabable
endorse [ɪn'dɔːs] *vt* (*cheque*) endosar; (*approve*) aprobar; **endorsement** *n* (*on driving licence*) nota de sanción
endurance [ɪn'djuərəns] *n* resistencia
endure [ɪn'djuəʳ] *vt* (*bear*) aguantar, soportar ▷ *vi* (*last*) perdurar
enemy ['ɛnəmɪ] *adj, n* enemigo/a
energetic [ɛnə'dʒɛtɪk] *adj* enérgico
energy ['ɛnədʒɪ] *n* energía
enforce [ɪn'fɔːs] *vt* (*law*) hacer cumplir
engaged [ɪn'geɪdʒd] *adj* (BRIT: *busy, in use*) ocupado; (*betrothed*) prometido; **to get ~** prometerse; **engaged tone** *n* (BRIT *Tel*) señal *f* de comunicando
engagement [ɪn'geɪdʒmənt] *n* (*appointment*) compromiso, cita; (*to marry*) compromiso; (*period*) noviazgo; **engagement ring** *n* anillo de pedida
engaging [ɪn'geɪdʒɪŋ] *adj* atractivo
engine ['ɛndʒɪn] *n* (*Aut*) motor *m*; (*Rail*) locomotora
engineer [ɛndʒɪ'nɪəʳ] *n* ingeniero/a; (BRIT: *for repairs*) técnico/a; (US *Rail*) maquinista *mf*; **engineering** *n* ingeniería
England ['ɪŋglənd] *n* Inglaterra
English ['ɪŋglɪʃ] *adj* inglés/esa ▷ *n* (*Ling*) el inglés; **the English** *npl* los ingleses; **English Channel** *n*: **the English Channel** el Canal de la Mancha; **Englishman, Englishwoman** *n* inglés/esa *m/f*
engrave [ɪn'greɪv] *vt* grabar
engraving [ɪn'greɪvɪŋ] *n* grabado
enhance [ɪn'hɑːns] *vt* aumentar; (*beauty*) realzar
enjoy [ɪn'dʒɔɪ] *vt* (*health, fortune*) disfrutar de, gozar de; **I ~ doing ...** me gusta hacer ...; **to ~ o.s.** divertirse; **enjoyable** *adj* agradable; (*amusing*) divertido; **enjoyment** *n* (*joy*) placer *m*
enlarge [ɪn'lɑːdʒ] *vt* aumentar; (*broaden*) extender; (*Phot*) ampliar ▷ *vi*: **to ~ on** (*subject*) tratar con más detalles; **enlargement** *n* (*Phot*) ampliación *f*
enlist [ɪn'lɪst] *vt* alistar; (*support*) conseguir ▷ *vi* alistarse
enormous [ɪ'nɔːməs] *adj* enorme
enough [ɪ'nʌf] *adj*: **~ time/books** bastante tiempo/bastantes libros ▷ *n*: **have you got ~?** ¿tiene usted bastante? ▷ *adv*: **big ~** bastante grande; **he has not worked ~** no ha trabajado bastante; **(that's) ~!** ¡basta ya!, ¡ya está bien!; **that's ~, thanks** con eso basta, gracias; **I've had ~** estoy harto; **... which, funnily ~ ...** ... lo que, por extraño que parezca ...
enquire [ɪn'kwaɪəʳ] *vt, vi* = **inquire**
enrage [ɪn'reɪdʒ] *vt* enfurecer
enrich [ɪn'rɪtʃ] *vt* enriquecer
enrol, (US) **enroll** [ɪn'rəʊl] *vt* (*member*) inscribir; (*Scol*) matricular ▷ *vi* inscribirse; (*Scol*) matricularse; **enrolment,** (US) **enrollment** *n* inscripción *f*; matriculación *f*
en route [ɔn'ruːt] *adv* durante el viaje
en suite [ɔn'swiːt] *adj*: **with ~ bathroom** con baño
ensure [ɪn'ʃuəʳ] *vt* asegurar
entail [ɪn'teɪl] *vt* suponer
enter ['ɛntəʳ] *vt* (*room, profession*) entrar en; (*club*) hacerse socio de; (*army*) alistarse en; (*sb for a competition*) inscribir; (*write down*) anotar, apuntar; (*Comput*) introducir ▷ *vi* entrar
enterprise ['ɛntəpraɪz] *n* empresa; (*spirit*) iniciativa; **free ~** la libre empresa; **private ~** la iniciativa privada; **enterprising** *adj* emprendedor(a)
entertain [ɛntə'teɪn] *vt* (*amuse*) divertir; (*receive: guest*) recibir (en casa); (*idea*) abrigar; **entertainer** *n* artista *mf*; **entertaining** *adj* divertido, entretenido; **entertainment** *n* (*amusement*) diversión *f*; (*show*) espectáculo
enthusiasm [ɪn'θuːzɪæzəm] *n* entusiasmo

enthusiast [ɪnˈθuːzɪæst] *n* entusiasta *mf*; **enthusiastic** [ɪnθuːzɪˈæstɪk] *adj* entusiasta; **to be enthusiastic about sb/sth** estar entusiasmado con algn/algo

entire [ɪnˈtaɪəʳ] *adj* entero; **entirely** *adv* totalmente

entitle [ɪnˈtaɪtl] *vt*: **to ~ sb to sth** dar a algn derecho a algo; **entitled** *adj* (*book*) titulado; **to be entitled to sth/to do sth** tener derecho a algo/a hacer algo

entrance [ˈɛntrəns] *n* entrada ▷ *vt* [ɪnˈtrɑːns] encantar, hechizar; **to gain ~ to** (*university etc*) ingresar en; **entrance examination** *n* examen *m* de ingreso; **entrance fee** *n* (*to a show*) entrada; (*to a club*) cuota; **entrance ramp** *n* (*US Aut*) rampa de acceso

entrant [ˈɛntrənt] *n* (*in race, competition*) participante *mf*; (*in exam*) candidato/a

entrepreneur [ɔntrəprəˈnəːʳ] *n* empresario/a

entrust [ɪnˈtrʌst] *vt*: **to ~ sth to sb** confiar algo a algn

entry [ˈɛntrɪ] *n* entrada; (*in register, diary, ship's log*) apunte *m*; (*in account book, ledger, list*) partida; **no ~** prohibido el paso; (*Aut*) dirección prohibida; **entry phone** *n* portero automático

envelope [ˈɛnvələup] *n* sobre *m*

envious [ˈɛnvɪəs] *adj* envidioso; (*look*) de envidia

environment [ɪnˈvaɪərnmənt] *n* (*surroundings*) entorno; **Department of the E~** ministerio del medio ambiente; **environmental** [ɪnvaɪərnˈmɛntl] *adj* (medio)ambiental; **environmentally** [ɪnvaɪərnˈmɛntlɪ] *adv*: **environmentally sound/friendly** ecológico

envisage [ɪnˈvɪzɪdʒ] *vt* prever

envoy [ˈɛnvɔɪ] *n* enviado/a

envy [ˈɛnvɪ] *n* envidia ▷ *vt* tener envidia a; **to ~ sb sth** envidiar algo a algn

epic [ˈɛpɪk] *n* épica ▷ *adj* épico

epidemic [ɛpɪˈdɛmɪk] *n* epidemia

epilepsy [ˈɛpɪlɛpsɪ] *n* epilepsia

epileptic [ɛpɪˈlɛptɪk] *adj, n* epiléptico/a; **epileptic fit** *n* ataque *m* de epilepsia, acceso *m* epiléptico

episode [ˈɛpɪsəud] *n* episodio

equal [ˈiːkwl] *adj* igual; (*treatment*) equitativo ▷ *n* igual *mf* ▷ *vt* ser igual a; (*fig*) igualar; **to be ~ to** (*task*) estar a la altura de; **equality** [iːˈkwɔlɪtɪ] *n* igualdad *f*; **equalize** *vi* (*Sport*) empatar; **equally** *adv* igualmente; (*share etc*) a partes iguales

equation [ɪˈkweɪʒən] *n* (*Math*) ecuación *f*

equator [ɪˈkweɪtəʳ] *n* ecuador *m*

equip [ɪˈkwɪp] *vt* equipar; (*person*) proveer; **to be well ~ped** estar bien equipado; **equipment** *n* equipo

equivalent [ɪˈkwɪvəlnt] *adj, n* equivalente *m*; **to be ~ to** equivaler a

ER *abbr* (BRIT: = *Elizabeth Regina*) *la reina Isabel*; (*US Med*) = **emergency room**

era [ˈɪərə] *n* era, época

erase [ɪˈreɪz] *vt* borrar; **eraser** *n* goma de borrar

e-reader [ˈiːriːdəʳ] *n* libro electrónico

erect [ɪˈrɛkt] *adj* erguido ▷ *vt* erigir, levantar; (*assemble*) montar; **erection** *n* (*of building*) construcción *f*; (*of machinery*) montaje *m*; (*Med*) erección *f*

ERM *n abbr* (= *Exchange Rate Mechanism*) (mecanismo de cambios del) SME *m*

erode [ɪˈrəud] *vt* (*Geo*) erosionar; (*metal*) corroer, desgastar

erosion [ɪˈrəuʒən] *n* erosión *f*; desgaste *m*

erotic [ɪˈrɔtɪk] *adj* erótico

errand [ˈɛrnd] *n* recado, mandado (*LAm*)

erratic [ɪˈrætɪk] *adj* desigual, poco uniforme

error [ˈɛrəʳ] *n* error *m*, equivocación *f*

erupt [ɪˈrʌpt] *vi* entrar en erupción; (*fig*) estallar; **eruption** *n* erupción *f*; (*of anger, violence*) estallido

escalate ['ɛskəleɪt] *vi* extenderse, intensificarse
escalator ['ɛskəleɪtəʳ] *n* escalera mecánica
escape [ɪ'skeɪp] *n* fuga ▷ *vi* escaparse; (*flee*) huir, evadirse ▷ *vt* evitar, eludir; (*consequences*) escapar a; **his name ~s me** no me sale su nombre; **to ~ from** (*place*) escaparse de; (*person*) huir de
escort *n* ['ɛskɔ:t] acompañante *mf*; (*Mil*) escolta ▷ *vt* [ɪ'skɔ:t] acompañar
especially [ɪ'spɛʃlɪ] *adv* especialmente; (*above all*) sobre todo; (*particularly*) en especial
espionage ['ɛspɪəna:ʒ] *n* espionaje *m*
essay ['ɛseɪ] *n* (*Scol*) redacción *f*; (: *longer*) trabajo
essence ['ɛsns] *n* esencia
essential [ɪ'sɛnʃl] *adj* (*necessary*) imprescindible; (*basic*) esencial ▷ *n* (*often pl*) lo esencial; **essentially** *adv* esencialmente
establish [ɪ'stæblɪʃ] *vt* establecer; (*prove*) demostrar; (*relations*) entablar; **establishment** *n* establecimiento; **the Establishment** la clase dirigente
estate [ɪ'steɪt] *n* (*land*) finca, hacienda; (*inheritance*) herencia; **housing ~** (BRIT) urbanización *f*; **estate agent** *n* (BRIT) agente *mf* inmobiliario/a; **estate car** *n* (BRIT) ranchera, coche *m* familiar
estimate ['ɛstɪmət] *n* estimación *f*; (*assessment*) tasa, cálculo; (*Comm*) presupuesto ▷ *vt* ['ɛstɪmeɪt] estimar; tasar, calcular
etc *abbr* (= *et cetera*) etc
eternal [ɪ'tə:nl] *adj* eterno
eternity [ɪ'tə:nɪtɪ] *n* eternidad *f*
ethical ['ɛθɪkl] *adj* ético; **ethics** ['ɛθɪks] *n* ética ▷ *npl* moralidad *f*
Ethiopia [i:θɪ'əʊpɪə] *n* Etiopía
ethnic ['ɛθnɪk] *adj* étnico; **ethnic minority** *n* minoría étnica
e-ticket ['i:tɪkɪt] *n* billete electrónico, boleto electrónico (LAM)
etiquette ['ɛtɪkɛt] *n* etiqueta
EU *n abbr* (= *European Union*) UE *f*
euro ['jʊərəʊ] *n* euro
Europe ['juərəp] *n* Europa; **European** [juərə'pi:ən] *adj*, *n* europeo/a; **European Community** *n* Comunidad *f* Europea; **European Union** *n* Unión *f* Europea
Eurostar® ['juərəusta:ʳ] *n* Eurostar® *m*
evacuate [ɪ'vækjueɪt] *vt* evacuar; (*place*) desocupar
evade [ɪ'veɪd] *vt* evadir, eludir
evaluate [ɪ'væljueɪt] *vt* evaluar; (*value*) tasar; (*evidence*) interpretar
evaporate [ɪ'væpəreɪt] *vi* evaporarse; (*fig*) desvanecerse
eve [i:v] *n*: **on the ~ of** en vísperas de
even ['i:vn] *adj* (*level*) llano; (*smooth*) liso; (*speed, temperature*) uniforme; (*number*) par ▷ *adv* hasta, incluso; **~ if, ~ though** aunque + *subjun*, así + *subjun* (LAM); **~ more** aun más; **~ so** aun así; **not ~** ni siquiera; **~ he was there** hasta él estaba allí; **~ on Sundays** incluso los domingos; **to get ~ with sb** ajustar cuentas con algn
evening ['i:vnɪŋ] *n* tarde *f*; (*night*) noche *f*; **in the ~** por la tarde; **this ~** esta tarde *or* noche; **tomorrow/yesterday ~** mañana/ayer por la tarde *or* noche; **evening class** *n* clase *f* nocturna; **evening dress** *n* (*man's*) traje *m* de etiqueta; (*woman's*) traje *m* de noche
event [ɪ'vɛnt] *n* suceso, acontecimiento; (*Sport*) prueba; **in the ~ of** en caso de; **eventful** *adj* (*life*) azaroso; (*day*) ajetreado; (*game*) lleno de emoción; (*journey*) lleno de incidentes
eventual [ɪ'vɛntʃuəl] *adj* final; **eventually** *adv* (*finally*) por fin; (*in time*) con el tiempo

Be careful not to translate *eventual* by the Spanish word *eventual*.

ever ['ɛvəʳ] *adv* nunca, jamás; (*at all times*) siempre ▷ *conj* después de que; **for ~** (para) siempre; **the best ~** lo nunca visto; **have you ~ seen it?** ¿lo has visto alguna vez?; **better than ~** mejor que nunca; **~ since** *adv* desde entonces; **evergreen** *n* árbol *m* de hoja perenne

KEYWORD

every ['ɛvrɪ] *adj* **1** (*each*) cada; **every one of them** (*persons*) todos ellos/as; (*objects*) cada uno de ellos/as; **every shop in the town was closed** todas las tiendas de la ciudad estaban cerradas
2 (*all possible*) todo/a; **I gave you every assistance** te di toda la ayuda posible; **I have every confidence in him** tiene toda mi confianza; **we wish you every success** te deseamos toda suerte de éxitos
3 (*showing recurrence*) todo/a; **every day/week** todos los días/todas las semanas; **every other car had been broken into** habían forzado uno de cada dos coches; **she visits me every other/third day** me visita cada dos/tres días; **every now and then** de vez en cuando

everybody ['ɛvrɪbɔdɪ] *pron* todos *pron pl*, todo el mundo
everyday ['ɛvrɪdeɪ] *adj* (*daily: use, occurrence, experience*) cotidiano; (*usual: expression*) corriente
everyone ['ɛvrɪwʌn] *pron* = **everybody**
everything ['ɛvrɪθɪŋ] *pron* todo
everywhere ['ɛvrɪwɛəʳ] *adv* (*be*) en todas partes; (*go*) a *or* por todas partes; **~ you go you meet ...** en todas partes encuentras ...
evict [ɪ'vɪkt] *vt* desahuciar
evidence ['ɛvɪdəns] *n* (*proof*) prueba; (*of witness*) testimonio; **to give ~** prestar declaración, dar testimonio
evident ['ɛvɪdənt] *adj* evidente, manifiesto; **evidently** *adv* por lo visto
evil ['i:vl] *adj* malo; (*influence*) funesto ▷ *n* mal *m*
evoke [ɪ'vəuk] *vt* evocar
evolution [i:və'lu:ʃən] *n* evolución *f*
evolve [ɪ'vɔlv] *vt* desarrollar ▷ *vi* evolucionar, desarrollarse
ewe [ju:] *n* oveja
ex [ɛks] (*inf*) *n*: **my ex** mi ex
ex- [ɛks] *pref* (*husband, president etc*) ex-
exact [ɪg'zækt] *adj* exacto ▷ *vt*: **to ~ sth (from)** exigir algo (de); **exactly** *adv* exactamente; **exactly!** ¡exacto!
exaggerate [ɪg'zædʒəreɪt] *vt, vi* exagerar; **exaggeration** [ɪgzædʒə'reɪʃən] *n* exageración *f*
exam [ɪg'zæm] *n abbr* (*Scol*); = **examination**
examination [ɪgzæmɪ'neɪʃən] *n* examen *m*; (*Med*) reconocimiento
examine [ɪg'zæmɪn] *vt* examinar; (*inspect*) inspeccionar; (*Med*) reconocer; **examiner** *n* examinador(a) *m/f*
example [ɪg'za:mpl] *n* ejemplo; **for ~** por ejemplo
exasperate [ɪg'za:spəreɪt] *vt* exasperar; **~d by** *or* **at** *or* **with** exasperado por *or* con
excavate ['ɛkskəveɪt] *vt* excavar
exceed [ɪk'si:d] *vt* exceder; (*number*) pasar de; (*speed limit*) sobrepasar; (*powers*) excederse en; (*hopes*) superar; **exceedingly** *adv* sumamente, sobremanera
excel [ɪk'sɛl] *vi* sobresalir; **to ~ o.s.** lucirse
excellence ['ɛksələns] *n* excelencia
excellent ['ɛksələnt] *adj* excelente
except [ɪk'sɛpt] *prep* (*also*: **~ for, ~ing**) excepto, salvo ▷ *vt* exceptuar, excluir; **~ if/when** excepto si/cuando; **~ that** salvo que; **exception** *n* excepción *f*; **to take exception to** ofenderse por; **exceptional** *adj* excepcional; **exceptionally** *adv* excepcionalmente, extraordinariamente
excerpt ['ɛksə:pt] *n* extracto
excess [ɪk'sɛs] *n* exceso; **excess baggage** *n* exceso de equipaje; **excessive** *adj* excesivo

exchange [ɪks'tʃeɪndʒ] *n* intercambio; (*also*: **telephone ~**) central *f* (telefónica) ▷ *vt*: **to ~ (for)** cambiar (por); **exchange rate** *n* tipo de cambio

excite [ɪk'saɪt] *vt* (*stimulate*) estimular; **to get ~d** emocionarse; **excitement** *n* emoción *f*; **exciting** *adj* emocionante

exclaim [ɪk'skleɪm] *vi* exclamar

exclamation [ɛksklə'meɪʃən] *n* exclamación *f*; **exclamation mark,** (*US*) **exclamation point** *n* signo de admiración

exclude [ɪk'sklu:d] *vt* excluir; (*except*) exceptuar

excluding [ɪks'klu:dɪŋ] *prep*: **~ VAT** IVA no incluido

exclusion [ɪk'sklu:ʒən] *n* exclusión *f*; **to the ~ of** con exclusión de

exclusive [ɪk'sklu:sɪv] *adj* exclusivo; (*club, district*) selecto; **~ of tax** excluyendo impuestos; **exclusively** *adv* únicamente

excruciating [ɪk'skru:ʃɪeɪtɪŋ] *adj* (*pain*) agudísimo, atroz

excursion [ɪk'skə:ʃən] *n* excursión *f*

excuse *n* [ɪk'skju:s] disculpa, excusa; (*evasion*) pretexto ▷ *vt* [ɪk'skju:z] disculpar, perdonar; (*justify*) justificar; **to ~ sb from doing sth** dispensar a algn de hacer algo; **~ me!** ¡perdone!; (*attracting attention*) ¡oiga (, por favor)!; **if you will ~ me** con su permiso

ex-directory ['ɛksdɪ'rɛktərɪ] *adj* (BRIT): **~ (phone) number** número que no figura en la guía (telefónica)

execute ['ɛksɪkju:t] *vt* (*plan*) realizar; (*order*) cumplir; (*person*) ajusticiar, ejecutar; **execution** *n* realización *f*; cumplimiento; ejecución *f*

executive [ɪg'zɛkjutɪv] *n* (*Comm*) ejecutivo/a; (*Pol*) poder *m* ejecutivo ▷ *adj* ejecutivo

exempt [ɪg'zɛmpt] *adj*: **~ from** exento de ▷ *vt*: **to ~ sb from** eximir a algn de

exercise ['ɛksəsaɪz] *n* ejercicio ▷ *vt* ejercer; (*patience etc*) proceder con; (*dog*) sacar de paseo ▷ *vi* hacer ejercicio; **exercise book** *n* cuaderno de ejercicios

exert [ɪg'zə:t] *vt* ejercer; **to ~ o.s.** esforzarse; **exertion** [ɪg'zə:ʃən] *n* esfuerzo

exhale [ɛks'heɪl] *vt* despedir ▷ *vi* espirar

exhaust [ɪg'zɔ:st] *n* (*pipe*) (tubo de) escape *m*; (*fumes*) gases *mpl* de escape ▷ *vt* agotar; **exhausted** *adj* agotado; **exhaustion** [ɪg'zɔ:stʃən] *n* agotamiento; **nervous exhaustion** agotamiento nervioso

exhibit [ɪg'zɪbɪt] *n* (*Art*) obra expuesta; (*Law*) objeto expuesto ▷ *vt* (*show: emotions*) manifestar; (: *courage, skill*) demostrar; (*paintings*) exponer; **exhibition** [ɛksɪ'bɪʃən] *n* exposición *f*

exhilarating [ɪg'zɪləreɪtɪŋ] *adj* estimulante, tónico

exile ['ɛksaɪl] *n* exilio; (*person*) exiliado/a ▷ *vt* desterrar, exiliar

exist [ɪg'zɪst] *vi* existir; **existence** *n* existencia; **existing** *adj* existente, actual

exit ['ɛksɪt] *n* salida ▷ *vi* (*Theat*) hacer mutis; (*Comput*) salir (del sistema); **exit ramp** *n* (*US Aut*) vía de acceso

Be careful not to translate *exit* by the Spanish word *éxito*.

exotic [ɪg'zɔtɪk] *adj* exótico

expand [ɪk'spænd] *vt* ampliar, extender; (*number*) aumentar ▷ *vi* (*trade etc*) ampliarse, expandirse; (*gas, metal*) dilatarse; **to ~ on** (*notes, story etc*) ampliar

expansion [ɪk'spænʃən] *n* ampliación *f*; aumento; (*of trade*) expansión *f*

expect [ɪk'spɛkt] *vt* esperar; (*count on*) contar con; (*suppose*) suponer ▷ *vi*: **to be ~ing** estar encinta; **expectation** [ɛkspɛk'teɪʃən] *n* (*hope*) esperanza; (*belief*) expectativa

expedition [ɛkspə'dɪʃən] *n* expedición *f*
expel [ɪk'spɛl] *vt* expulsar
expenditure [ɪk'spɛndɪtʃᵊʳ] *n* gastos *mpl*, desembolso; (*of time, effort*) gasto
expense [ɪk'spɛns] *n* gasto, gastos *mpl*; (*high cost*) coste *m*; **expenses** *npl* (*Comm*) gastos *mpl*; **at the ~ of** a costa de; **expense account** *n* cuenta de gastos (de representación)
expensive [ɪk'spɛnsɪv] *adj* caro, costoso
experience [ɪk'spɪərɪəns] *n* experiencia ▷ *vt* experimentar; (*suffer*) sufrir; **experienced** *adj* experimentado
experiment [ɪk'spɛrɪmənt] *n* experimento ▷ *vi* hacer experimentos; **experimental** [ɪkspɛrɪ'mɛntl] *adj* experimental; **the process is still at the experimental stage** el proceso está todavía en prueba
expert ['ɛkspə:t] *adj* experto, perito ▷ *n* experto/a, perito/a; (*specialist*) especialista *mf*; **expertise** [ɛkspə:'ti:z] *n* pericia
expire [ɪk'spaɪᵃʳ] *vi* caducar, vencerse; **expiry** [ɪk'spaɪərɪ] *n* vencimiento; **expiry date** *n* (*of medicine, food item*) fecha de caducidad
explain [ɪk'spleɪn] *vt* explicar; **explanation** [ɛksplə'neɪʃən] *n* explicación *f*
explicit [ɪk'splɪsɪt] *adj* explícito
explode [ɪk'spləud] *vi* estallar, explotar; (*with anger*) reventar
exploit ['ɛksplɔɪt] *n* hazaña ▷ *vt* [ɪk'splɔɪt] explotar; **exploitation** [ɛksplɔɪ'teɪʃən] *n* explotación *f*
explore [ɪk'splɔ:ʳ] *vt* explorar; (*fig*) examinar, sondear; **explorer** *n* explorador(a) *m/f*
explosion [ɪk'spləuʒən] *n* explosión *f*; **explosive** [ɪk'spləusɪv] *adj, n* explosivo
export *vt* [ɛk'spɔ:t] exportar ▷ *n* ['ɛkspɔ:t] exportación *f* ▷ *cpd* de exportación; **exporter** [ɛk'spɔ:təʳ] *n* exportador(a) *m/f*
expose [ɪk'spəuz] *vt* exponer; (*unmask*) desenmascarar; **exposed** *adj* expuesto
exposure [ɪk'spəuʒəʳ] *n* exposición *f*; (*Phot: speed*) (tiempo *m* de) exposición *f*; (: *shot*) fotografía; **to die from ~** (*Med*) morir de frío
express [ɪk'sprɛs] *adj* (*definite*) expreso, explícito; (BRIT: *letter etc*) urgente ▷ *n* (*train*) rápido ▷ *vt* expresar; **expression** [ɪk'sprɛʃən] *n* expresión *f*; **expressway** *n* (US: *urban motorway*) autopista
exquisite [ɛk'skwɪzɪt] *adj* exquisito
extend [ɪk'stɛnd] *vt* (*visit, street*) prolongar; (*building*) ampliar; (*invitation*) ofrecer ▷ *vi* (*land*) extenderse; **the contract ~s to/for ...** el contrato se prolonga hasta/por ...
extension [ɪk'stɛnʃən] *n* extensión *f*; (*building*) ampliación *f*; (*Tel: line*) extensión *f*; (: *telephone*) supletorio *m*; (*of deadline*) prórroga
extensive [ɪk'stɛnsɪv] *adj* extenso; (*damage*) importante; (*knowledge*) amplio
extent [ɪk'stɛnt] *n* (*breadth*) extensión *f*; (*scope*) alcance *m*; **to some ~** hasta cierto punto; **to the ~ of ...** hasta el punto de ...; **to such an ~ that ...** hasta tal punto que ...; **to what ~?** ¿hasta qué punto?
exterior [ɛk'stɪərɪəʳ] *adj* exterior, externo ▷ *n* exterior *m*
external [ɛk'stə:nl] *adj* externo
extinct [ɪk'stɪŋkt] *adj* (*volcano*) extinguido; (*race*) extinguido; **extinction** *n* extinción *f*
extinguish [ɪk'stɪŋgwɪʃ] *vt* extinguir, apagar
extra ['ɛkstrə] *adj* adicional ▷ *adv* (*in addition*) más ▷ *n* (*addition*) extra *m*; (*Theat*) extra *mf*, comparsa *mf*
extract *vt* [ɪk'strækt] sacar; (*tooth*) extraer ▷ *n* ['ɛkstrækt] extracto

extradite ['ɛkstrədaɪt] *vt* extraditar
extraordinary [ɪk'strɔ:dnrɪ] *adj* extraordinario; (*odd*) raro
extravagance [ɪk'strævəgəns] *n* derroche *m*; (*thing bought*) extravagancia
extravagant [ɪk'strævəgənt] *adj* (*wasteful*) derrochador(a); (*taste, gift*) excesivamente caro; (*price*) exorbitante
extreme [ɪk'stri:m] *adj* extremo; extremado ▷ *n* extremo; **extremely** *adv* sumamente, extremadamente
extremist [ɪk'stri:mɪst] *adj, n* extremista *mf*
extrovert ['ɛkstrəvə:t] *n* extrovertido/a
eye [aɪ] *n* ojo ▷ *vt* mirar; **to keep an ~ on** vigilar; **eyeball** *n* globo ocular; **eyebrow** *n* ceja; **eyedrops** *npl* gotas *fpl* para los ojos; **eyelash** *n* pestaña; **eyelid** *n* párpado; **eyeliner** *n* lápiz *m* de ojos; **eyeshadow** *n* sombra de ojos; **eyesight** *n* vista; **eye witness** *n* testigo *mf* ocular

f

F [ɛf] *n* (*Mus*) fa *m*
fabric ['fæbrɪk] *n* tejido, tela

Be careful not to translate *fabric* by the Spanish word *fábrica*.

fabulous ['fæbjuləs] *adj* fabuloso
face [feɪs] *n* (*Anat*) cara, rostro; (*of clock*) esfera ▷ *vt* (*direction*) estar de cara a; (*situation*) hacer frente a; (*facts*) aceptar; **~ down** (*person, card*) boca abajo; **to lose ~** desprestigiarse; **to make** *or* **pull a ~** hacer muecas; **in the ~ of** (*difficulties etc*) ante; **on the ~ of it** a primera vista; **~ to ~** cara a cara; **face up to** *vt fus* hacer frente a, enfrentarse a; **face cloth** *n* (BRIT) toallita; **face pack** *n* (BRIT) mascarilla
facial ['feɪʃəl] *adj* de la cara ▷ *n* (*also*: **beauty ~**) tratamiento facial, limpieza
facilitate [fə'sɪlɪteɪt] *vt* facilitar
facility [fə'sɪlɪtɪ] *n* facilidad *f*; **facilities** *npl* instalaciones *fpl*; **credit ~** facilidades de crédito
fact [fækt] *n* hecho; **in ~** en realidad

faction ['fækʃən] *n* facción *f*
factor ['fæktəʳ] *n* factor *m*
factory ['fæktərɪ] *n* fábrica
factual ['fæktjuəl] *adj* basado en los hechos
faculty ['fækəltɪ] *n* facultad *f*; (*US*: *teaching staff*) personal *m* docente
fad [fæd] *n* novedad *f*, moda
fade [feɪd] *vi* desteñirse; (*sound, hope*) desvanecerse; (*light*) apagarse; (*flower*) marchitarse; **fade away** *vi* (*sound*) apagarse
fag [fæg] *n* (BRIT *inf*: *cigarette*) pitillo (SP), cigarro
Fahrenheit ['fɑ:rənhaɪt] *n* Fahrenheit *m*
fail [feɪl] *vt* suspender; (*memory etc*) fallar a ▷ *vi* suspender; (*be unsuccessful*) fracasar; (*strength, brakes, engine*) fallar; **to ~ to do sth** (*neglect*) dejar de hacer algo; (*be unable*) no poder hacer algo; **without ~** sin falta; **failing** *n* falta, defecto ▷ *prep* a falta de; **failure** ['feɪljəʳ] *n* fracaso; (*person*) fracasado/a; (*mechanical etc*) fallo
faint [feɪnt] *adj* débil; (*recollection*) vago; (*mark*) apenas visible ▷ *n* desmayo ▷ *vi* desmayarse; **to feel ~** estar mareado, marearse; **faintest** *adj*: **I haven't the faintest idea** no tengo la más remota idea; **faintly** *adv* débilmente; (*vaguely*) vagamente
fair [fɛəʳ] *adj* justo; (*hair, person*) rubio; (*weather*) bueno; (*good enough*) suficiente; (*sizeable*) considerable ▷ *adv*: **to play ~** jugar limpio ▷ *n* feria; (BRIT: *funfair*) parque *m* de atracciones; **fairground** *n* recinto ferial; **fair-haired** *adj* (*person*) rubio; **fairly** *adv* (*justly*) con justicia; (*quite*) bastante; **fair trade** *n* comercio justo; **fairway** *n* (*Golf*) calle *f*
fairy ['fɛərɪ] *n* hada; **fairy tale** *n* cuento de hadas
faith [feɪθ] *n* fe *f*; (*trust*) confianza; (*sect*) religión *f*; **faithful** *adj*, *adj* (*loyal*: *troops etc*) leal; (*spouse*) fiel; (*account*) exacto; **faithfully** *adv* fielmente; **yours faithfully** (BRIT: *in letters*) le saluda atentamente
fake [feɪk] *n* (*painting etc*) falsificación *f*; (*person*) impostor(a) *m/f* ▷ *adj* falso ▷ *vt* fingir; (*painting etc*) falsificar
falcon ['fɔ:lkən] *n* halcón *m*
fall [fɔ:l] *n* caída; (*US*) otoño ▷ *vi* (*pt* **fell**, *pp* **fallen**) caer; (*accidentally*) caerse; (*price*) bajar; **falls** *npl* (*waterfall*) cataratas *fpl*, salto *sg* de agua; **to ~ flat** *vi* (*on one's face*) caerse de bruces; (*joke, story*) no hacer gracia; **fall apart** *vi* deshacerse; **fall down** *vi* (*person*) caerse; (*building*) derrumbarse; **fall for** *vt fus* (*trick*) tragar; (*person*) enamorarse de; **fall off** *vi* caerse; (*diminish*) disminuir; **fall out** *vi* (*friends etc*) reñir; (*hair, teeth*) caerse; **fall over** *vi* caer(se); **fall through** *vi* (*plan, project*) fracasar
fallen ['fɔ:lən] *pp of* **fall**
fallout ['fɔ:laut] *n* lluvia radioactiva
false [fɔ:ls] *adj* falso; **under ~ pretences** con engaños; **false alarm** *n* falsa alarma; **false teeth** *npl* (BRIT) dentadura *sg* postiza
fame [feɪm] *n* fama
familiar [fə'mɪlɪəʳ] *adj* familiar; (*well-known*) conocido; (*tone*) de confianza; **to be ~ with** (*subject*) conocer (bien); **familiarize** [fə'mɪlɪəraɪz] *vt*: **to familiarize o.s. with** familiarizarse con
family ['fæmɪlɪ] *n* familia; **family doctor** *n* médico/a de cabecera; **family planning** *n* planificación *f* familiar
famine ['fæmɪn] *n* hambre *f*, hambruna
famous ['feɪməs] *adj* famoso, célebre
fan [fæn] *n* abanico; (*Elec*) ventilador *m*; (*Sport*) hincha *mf*; (*of pop star*) fan *mf* ▷ *vt* abanicar; (*fire, quarrel*) atizar
fanatic [fə'nætɪk] *n* fanático/a
fan belt *n* correa del ventilador
fan club *n* club *m* de fans
fancy ['fænsɪ] *n* (*whim*) capricho, antojo; (*imagination*) imaginación *f*

▷ *adj* (*luxury*) de lujo ▷ *vt* (*feel like, want*) tener ganas de; (*imagine*) imaginarse; **to take a ~ to sb** tomar cariño a algn; **he fancies her** le gusta (ella) mucho; **fancy dress** *n* disfraz *m*

fan heater *n* calefactor *m* de aire

fantasize ['fæntəsaɪz] *vi* fantasear, hacerse ilusiones

fantastic [fæn'tæstɪk] *adj* fantástico

fantasy ['fæntəzɪ] *n* fantasía

fanzine ['fænzi:n] *n* fanzine *m*

FAQs *npl abbr* (= *frequently asked questions*) preguntas *fpl* frecuentes

far [fɑːʳ] *adj* (*distant*) lejano ▷ *adv* lejos; **~ away, ~ off** (a lo) lejos; **~ better** mucho mejor; **~ from** lejos de; **by ~** con mucho; **go as ~ as the farm** vaya hasta la granja; **as ~ as I know** que yo sepa; **how ~?** ¿hasta dónde?; (*fig*) ¿hasta qué punto?

farce [fɑːs] *n* farsa

fare [fɛəʳ] *n* (*on trains, buses*) precio (del billete); (*in taxi: cost*) tarifa; (*food*) comida; **half/full ~** medio billete *m*/ billete *m* completo

Far East *n*: **the ~** el Extremo *or* Lejano Oriente

farewell [fɛə'wɛl] *excl*, *n* adiós *m*

farm [fɑːm] *n* granja, finca, estancia (LAM), chacra (LAM) ▷ *vt* cultivar; **farmer** *n* granjero/a, estanciero/a (LAM); **farmhouse** *n* granja, casa de hacienda (LAM); **farming** *n* agricultura; (*tilling*) cultivo; **sheep farming** cría de ovejas; **farmyard** *n* corral *m*

far-reaching [fɑː'riːtʃɪŋ] *adj* (*reform, effect*) de gran alcance

fart [fɑːt] (*inf!*) *vi* tirarse un pedo (!)

farther ['fɑːðəʳ] *adv* más lejos, más allá ▷ *adj* más lejano

farthest ['fɑːðɪst] *superlative of* **far**

fascinate ['fæsɪneɪt] *vt* fascinar; **fascinated** *adj* fascinado; **fascinating** *adj* fascinante; **fascination** [fæsɪ'neɪʃən] *n* fascinación *f*; **fascinator** *n* (*hat*) tocado (*de plumas, flores o cintas*)

fascist ['fæʃɪst] *adj*, *n* fascista *mf*

fashion ['fæʃən] *n* moda; (*fashion industry*) industria de la moda; (*manner*) manera ▷ *vt* formar; **in ~** a la moda; **out of ~** pasado de moda; **fashionable** *adj* de moda; **fashion show** *n* desfile *m* de modelos

fast [fɑːst] *adj* (*also Phot: film*) rápido; (*dye, colour*) sólido; (*clock*): **to be ~** estar adelantado ▷ *adv* rápidamente, de prisa; (*stuck, held*) firmemente ▷ *n* ayuno ▷ *vi* ayunar; **~ asleep** profundamente dormido

fasten ['fɑːsn] *vt* asegurar, sujetar; (*coat, belt*) abrochar ▷ *vi* cerrarse

fast food *n* comida rápida, platos *mpl* preparados

fat [fæt] *adj* gordo; (*book*) grueso; (*profit*) grande, pingüe ▷ *n* grasa; (*on person*) carnes *fpl*; (*lard*) manteca

fatal ['feɪtl] *adj* (*mistake*) fatal; (*injury*) mortal; **fatality** [fə'tælɪtɪ] *n* (*road death etc*) víctima *f* mortal; **fatally** *adv*: **fatally injured** herido de muerte

fate [feɪt] *n* destino

father ['fɑːðəʳ] *n* padre *m*; **Father Christmas** *n* Papá *m* Noel; **father-in-law** *n* suegro

fatigue [fə'tiːg] *n* fatiga, cansancio

fatten ['fætn] *vt*, *vi* engordar; **chocolate is ~ing** el chocolate engorda

fatty ['fætɪ] *adj* (*food*) graso ▷ *n* (*inf*) gordito/a, gordinflón/ona *m*/*f*

faucet ['fɔːsɪt] *n* (US) grifo, llave *f*, canilla (LAM)

fault [fɔːlt] *n* (*blame*) culpa; (*defect: in character*) defecto; (*Geo*) falla ▷ *vt* criticar; **it's my ~** es culpa mía; **to find ~ with** criticar, poner peros a; **at ~** culpable; **faulty** *adj* defectuoso

fauna ['fɔːnə] *n* fauna

favour, (US) **favor** ['feɪvəʳ] *n* favor *m*; (*approval*) aprobación *f* ▷ *vt* (*proposition*) estar a favor de, aprobar; (*assist*) favorecer; **to do sb a ~** hacer un favor a algn; **to find ~ with sb** (*person*) caer en gracia a algn; **in ~ of**

a favor de; **favourable** *adj* favorable; **favourite** ['feɪvərɪt] *adj*, *n* favorito/a, preferido/a

fawn [fɔːn] *n* cervato ▷ *adj* (*also*: **~-coloured**) de color cervato, leonado ▷ *vi*: **to ~ (up)on** adular

fax [fæks] *n* fax *m* ▷ *vt* mandar *or* enviar por fax

FBI *n abbr* (*US*: = *Federal Bureau of Investigation*) FBI *m*

fear [fɪəʳ] *n* miedo, temor *m* ▷ *vt* temer; **for ~ of** por temor a; **fearful** *adj* temeroso; (*awful*) espantoso; **fearless** *adj* audaz

feasible ['fiːzəbl] *adj* factible

feast [fiːst] *n* banquete *m*; (*Rel*: *also*: **~ day**) fiesta ▷ *vi* festejar

feat [fiːt] *n* hazaña

feather ['fɛðəʳ] *n* pluma

feature ['fiːtʃəʳ] *n* característica; (*article*) reportaje *m* ▷ *vt* (*film*) presentar ▷ *vi* figurar; **features** *npl* (*of face*) facciones *fpl*; **feature film** *n* largometraje *m*

Feb. *abbr* (= *February*) feb

February ['fɛbruərɪ] *n* febrero

fed [fɛd] *pt*, *pp of* **feed**

federal ['fɛdərəl] *adj* federal

federation [fɛdə'reɪʃən] *n* federación *f*

fee [fiː] *n* (*professional*) honorarios *mpl*; (*of school*) matrícula; (*also*: **membership ~**) cuota

feeble ['fiːbl] *adj* débil

feed [fiːd] *n* comida; (*of animal*) pienso; (*on printer*) dispositivo de alimentación ▷ *vt* (*pt*, *pp* **fed**) alimentar; (BRIT: *breastfeed*) dar el pecho a; (*animal*, *baby*) dar de comer a; **feed into** *vt* (*data*, *information*) suministrar a; **feedback** *n* reacción *f*; feedback *m*

feel [fiːl] *n* (*sensation*) sensación *f*; (*sense of touch*) tacto ▷ *vt* (*pt*, *pp* **felt**) tocar; (*cold*, *pain etc*) sentir; (*think*, *believe*) creer; **to ~ hungry/cold** tener hambre/frío; **to ~ lonely/better** sentirse solo/mejor; **I don't ~ well** no me siento bien; **it ~s soft** es suave al tacto; **to ~ like** (*want*) tener ganas de; **feeling** *n* (*physical*) sensación *f*; (*foreboding*) presentimiento; (*emotion*) sentimiento

feet [fiːt] *npl of* **foot**

fell [fɛl] *pt of* **fall** ▷ *vt* (*tree*) talar

fellow ['fɛləu] *n* tipo, tío (SP); (*of learned society*) socio/a; **fellow citizen** *n* conciudadano/a; **fellow countryman** *n* compatriota *m*; **fellow men** *npl* semejantes *mpl*; **fellowship** *n* compañerismo; (*grant*) beca

felony ['fɛlənɪ] *n* crimen *m*

felt [fɛlt] *pt*, *pp of* **feel** ▷ *n* fieltro

felt-tip pen ['fɛlttɪp-] *n* rotulador *m*

female ['fiːmeɪl] *n* (*woman*) mujer *f*; (*Zool*) hembra ▷ *adj* femenino

feminine ['fɛmɪnɪn] *adj* femenino

feminist ['fɛmɪnɪst] *n* feminista *mf*

fence [fɛns] *n* valla, cerca ▷ *vt* (*also*: **~ in**) cercar ▷ *vi* hacer esgrima; **fencing** *n* esgrima

fend [fɛnd] *vi*: **to ~ for o.s.** valerse por sí mismo; **fend off** *vt* (*attack*, *attacker*) rechazar; (*awkward question*) esquivar

fender ['fɛndəʳ] *n* (*US Aut*) parachoques *m inv*

fennel ['fɛnl] *n* hinojo

ferment *vi* [fə'mɛnt] fermentar ▷ *n* ['fəːmɛnt] (*fig*) agitación *f*

fern [fəːn] *n* helecho

ferocious [fə'rəuʃəs] *adj* feroz

ferret ['fɛrɪt] *n* hurón *m*

ferry ['fɛrɪ] *n* (*small*) barca de pasaje, balsa; (*large*: *also*: **~boat**) transbordador *m*, ferry *m* ▷ *vt* transportar

fertile ['fəːtaɪl] *adj* fértil; (*Biol*) fecundo; **fertilize** ['fəːtɪlaɪz] *vt* (*Biol*) fecundar; (*Agr*) abonar; **fertilizer** *n* abono

festival ['fɛstɪvəl] *n* (*Rel*) fiesta; (*Art*, *Mus*) festival *m*

festive ['fɛstɪv] *adj* festivo; **the ~ season** (BRIT: *Christmas*) las Navidades

fetch [fɛtʃ] *vt* ir a buscar; (*sell for*) venderse por

f

fête [feɪt] *n* fiesta
fetus ['fi:təs] *n* (*US*) = **foetus**
feud [fju:d] *n* (*hostility*) enemistad *f*; (*quarrel*) disputa
fever ['fi:vəʳ] *n* fiebre *f*; **feverish** *adj* febril
few [fju:] *adj* (*not many*) pocos ▷ *pron* algunos; **a ~** *adj* unos pocos; **fewer** *adj* menos; **fewest** *adj* los/las menos
fiancé [fɪ'ɑ̃:ŋseɪ] *n* novio, prometido; **fiancée** *n* novia, prometida
fiasco [fɪ'æskəu] *n* fiasco
fib [fɪb] *n* mentirijilla
fibre, (*US*) **fiber** ['faɪbəʳ] *n* fibra; **fibreglass,** (*US*) **fiberglass** *n* fibra de vidrio
fickle ['fɪkl] *adj* inconstante
fiction ['fɪkʃən] *n* ficción *f*; **fictional** *adj* novelesco
fiddle ['fɪdl] *n* (*Mus*) violín *m*; (*cheating*) trampa ▷ *vt* (BRIT: *accounts*) falsificar; **fiddle with** *vt fus* juguetear con
fidelity [fɪ'dɛlɪtɪ] *n* fidelidad *f*
field [fi:ld] *n* campo; (*fig*) campo, esfera; (*Sport*) campo, cancha (*LAM*); **field marshal** *n* mariscal *m*
fierce [fɪəs] *adj* feroz; (*wind, attack*) violento; (*heat*) intenso; (*fighting, enemy*) encarnizado
fifteen [fɪf'ti:n] *num* quince; **fifteenth** *adj* decimoquinto; **the fifteenth floor** la planta quince; **the fifteenth of August** el quince de agosto
fifth [fɪfθ] *adj* quinto
fiftieth ['fɪftɪɪθ] *adj* quincuagésimo
fifty ['fɪftɪ] *num* cincuenta; **fifty-fifty** *adj* (*deal, split*) a medias ▷ *adv*: **to go fifty-fifty with sb** ir a medias con algn
fig [fɪg] *n* higo
fight [faɪt] (*pt, pp* **fought**) *n* pelea; (*Mil*) combate *m*; (*struggle*) lucha ▷ *vt* luchar contra; (*cancer, alcoholism*) combatir ▷ *vi* pelear, luchar; **fight back** *vi* defenderse; (*after illness*) recuperarse ▷ *vt* (*tears*) contener; **fight off** *vt* (*attack, attacker*) rechazar; (*disease, sleep, urge*) luchar contra; **fighting** *n* combate *m*, pelea
figure ['fɪgəʳ] *n* (*Drawing, Geom*) figura, dibujo; (*number, cipher*) cifra; (*person, outline*) figura ▷ *vt* (*esp US*: *think, calculate*) calcular, imaginarse ▷ *vi* (*appear*) figurar; **figure out** *vt* (*work out*) resolver
file [faɪl] *n* (*tool*) lima; (*dossier*) expediente *m*; (*folder*) carpeta; (*Comput*) fichero; (*row*) fila ▷ *vt* limar; (*Law*: *claim*) presentar; (*store*) archivar; **filing cabinet** *n* archivo
Filipino [fɪlɪ'pi:nəu] *adj* filipino ▷ *n* (*person*) filipino/a
fill [fɪl] *vt* llenar; (*vacancy*) cubrir ▷ *n*: **to eat one's ~** comer hasta hartarse; **fill in** *vt* rellenar; **fill out** *vt* (*form, receipt*) rellenar; **fill up** *vt* llenar (hasta el borde) ▷ *vi* (*Aut*) echar gasolina
fillet ['fɪlɪt] *n* filete *m*; **fillet steak** *n* filete *m* de ternera
filling ['fɪlɪŋ] *n* (*Culin*) relleno; (*for tooth*) empaste *m*; **filling station** *n* estación *f* de servicio
film [fɪlm] *n* película ▷ *vt* (*scene*) filmar ▷ *vi* rodar; **film star** *n* estrella de cine
filter ['fɪltəʳ] *n* filtro ▷ *vt* filtrar; **filter lane** *n* (BRIT) carril *m* de selección
filth [fɪlθ] *n* suciedad *f*; **filthy** *adj* sucio; (*language*) obsceno
fin [fɪn] *n* aleta
final ['faɪnl] *adj* (*last*) final, último; (*definitive*) definitivo ▷ *n* (*Sport*) final *f*; **finals** *npl* (*Scol*) exámenes *mpl* finales
finale [fɪ'nɑ:lɪ] *n* final *m*
final: finalist *n* (*Sport*) finalista *mf*; **finalize** *vt* ultimar; **finally** *adv* (*lastly*) por último, finalmente; (*eventually*) por fin
finance [faɪ'næns] *n* (*money, funds*) fondos *mpl* ▷ *vt* financiar; **finances** *npl* finanzas *fpl*; **financial** [faɪ'nænʃəl] *adj* financiero; **financial year** *n* ejercicio (financiero)
find [faɪnd] (*pt, pp* **found**) *vt* encontrar, hallar; (*come upon*) descubrir ▷ *n* hallazgo;

descubrimiento; **to ~ sb guilty** (*Law*) declarar culpable a algn; **find out** *vt* averiguar; (*truth, secret*) descubrir ▷ *vi*: **to ~ out about** enterarse de; **findings** *npl* (*Law*) veredicto *sg*, fallo *sg*; (*of report*) recomendaciones *fpl*

fine [faɪn] *adj* (*delicate*) fino ▷ *adv* (*well*) bien ▷ *n* (*Law*) multa ▷ *vt* (*Law*) multar; **he's ~** está muy bien; **fine arts** *npl* bellas artes *fpl*

finger ['fɪŋgəʳ] *n* dedo ▷ *vt* (*touch*) manosear; **little/index ~** (dedo) meñique *m*/índice *m*; **fingernail** *n* uña; **fingerprint** *n* huella dactilar; **fingertip** *n* yema del dedo

finish ['fɪnɪʃ] *n* (*end*) fin *m*; (*Sport*) meta; (*polish etc*) acabado ▷ *vt*, *vi* terminar; **to ~ doing sth** acabar de hacer algo; **to ~ first/second/third** llegar el primero/segundo/tercero; **finish off** *vt* acabar, terminar; (*kill*) rematar; **finish up** *vt* acabar, terminar ▷ *vi* ir a parar, terminar

Finland ['fɪnlənd] *n* Finlandia

Finn [fɪn] *n* finlandés/esa *m/f*; **Finnish** *adj* finlandés/esa ▷ *n* (*Ling*) finlandés *m*

fir [fəːʳ] *n* abeto

fire ['faɪəʳ] *n* fuego; (*accidental, damaging*) incendio; (*heater*) estufa ▷ *vt* (*gun*) disparar; (*interest*) despertar; (*dismiss*) despedir ▷ *vi* encenderse; **on ~** ardiendo, en llamas; **fire alarm** *n* alarma de incendios; **firearm** *n* arma de fuego; **fire brigade,** (*US*) **fire department** *n* (cuerpo de) bomberos *mpl*; **fire engine** *n* coche *m* de bomberos; **fire escape** *n* escalera de incendios; **fire exit** *n* salida de incendios; **fire extinguisher** *n* extintor *m*; **fireman** *n* bombero; **fireplace** *n* chimenea; **fire station** *n* parque *m* de bomberos; **firetruck** *n* (*US*) = **fire engine**; **firewall** *n* (*Internet*) firewall *m*; **firewood** *n* leña; **fireworks** *npl* fuegos *mpl* artificiales

firm [fəːm] *adj* firme ▷ *n* empresa; **firmly** *adv* firmemente

first [fəːst] *adj* primero ▷ *adv* (*before others*) primero; (*when listing reasons etc*) en primer lugar, primeramente ▷ *n* (*person: in race*) primero/a; (*Aut*) primera; **at ~** al principio; **~ of all** ante todo; **first aid** *n* primeros auxilios *mpl*; **first aid kit** *n* botiquín *m*; **first-class** *adj* de primera clase; **first-hand** *adj* de primera mano; **first lady** *n* (*esp US*) primera dama; **firstly** *adv* en primer lugar; **first name** *n* nombre *m* de pila; **first-rate** *adj* de primera (clase)

fiscal ['fɪskəl] *adj* fiscal; **~ year** año fiscal, ejercicio

fish [fɪʃ] *n* (*pl inv*) pez *m*; (*food*) pescado ▷ *vt* pescar en ▷ *vi* pescar; **to go ~ing** ir de pesca; **~ and chips** pescado frito con patatas fritas; **fisherman** *n* pescador *m*; **fish fingers** *npl* (BRIT) palitos *mpl* de pescado (empanado); **fishing boat** *n* barca de pesca; **fishing line** *n* sedal *m*; **fishmonger** *n* (BRIT) pescadero/a; **fishmonger's (shop)** *n* (BRIT) pescadería; **fish sticks** *npl* (*US*) = **fish fingers**; **fishy** *adj* (*fig*) sospechoso

fist [fɪst] *n* puño

fit [fɪt] *adj* (*Med, Sport*) en (buena) forma; (*proper*) adecuado, apropiado ▷ *vt* (*clothes*) quedar bien a; (*instal*) poner; (*equip*) proveer; (*match: facts*) cuadrar *or* corresponder *or* coincidir con ▷ *vi* (*clothes*) quedar bien; (*in space, gap*) caber; (*facts*) coincidir ▷ *n* (*Med*) ataque *m*; **~ to** apto para; **~ for** apropiado para; **a ~ of anger/enthusiasm** un arranque de cólera/entusiasmo; **this dress is a good ~** este vestido me queda bien; **by ~s and starts** a rachas; **fit in** *vi* encajar; **fitness** *n* (*Med*) forma física; **fitted** *adj* (*jacket, shirt*) entallado; (*sheet*) de cuatro picos; **fitted carpet** *n* moqueta; **fitted kitchen** *n* cocina amueblada; **fitting** *adj* apropiado ▷ *n* (*of dress*) prueba; **fitting room** *n* (*in shop*) probador *m*; **fittings** *npl* instalaciones *fpl*

five [faɪv] *num* cinco; **fiver** *n* (*inf*: BRIT) billete *m* de cinco libras; (: US) billete *m* de cinco dólares

fix [fɪks] *vt* (*secure*) fijar, asegurar; (*mend*) arreglar; (*meal, drink*) preparar ▷ *n*: **to be in a ~** estar en un aprieto; **fix up** *vt* (*date, meeting*) arreglar; **to ~ sb up with sth** conseguirle algo a algn; **fixed** *adj* (*prices etc*) fijo; **fixture** *n* (*Sport*) encuentro

fizzy ['fɪzɪ] *adj* (*drink*) gaseoso

flag [flæg] *n* bandera; (*stone*) losa ▷ *vi* decaer; **flag down** *vt*: **to ~ sb down** hacer señas a algn para que se pare; **flagpole** *n* asta de bandera

flair [fleəʳ] *n* aptitud *f* especial

flak [flæk] *n* (*Mil*) fuego antiaéreo; (*inf*: *criticism*) lluvia de críticas

flake [fleɪk] *n* (*of rust, paint*) desconchón *m*; (*of snow*) copo; (*of soap powder*) escama ▷ *vi* (*also*: **~ off**) desconcharse

flamboyant [flæm'bɔɪənt] *adj* (*dress*) vistoso; (*person*) extravagante

flame [fleɪm] *n* llama

flamingo [flə'mɪŋgəu] *n* flamenco

flammable ['flæməbl] *adj* inflamable

flan [flæn] *n* (BRIT) tarta

Be careful not to translate *flan* by the Spanish word *flan*.

flank [flæŋk] *n* flanco ▷ *vt* flanquear

flannel ['flænl] *n* (BRIT: *also*: **face ~**) toallita; (*fabric*) franela; **flannels** *npl* pantalones *mpl* de franela

flap [flæp] *n* (*of pocket, envelope*) solapa ▷ *vt* (*wings*) batir ▷ *vi* (*sail, flag*) ondear

flare [fleəʳ] *n* llamarada; (*Mil*) bengala; (*in skirt etc*) vuelo; **flares** *npl* (*trousers*) pantalones *mpl* de campana; **flare up** *vi* encenderse; (*fig*: *person*) encolerizarse; (: *revolt*) estallar

flash [flæʃ] *n* relámpago; (*also*: **news ~**) noticias *fpl* de última hora; (*Phot*) flash *m* ▷ *vt* (*light, headlights*) lanzar destellos con ▷ *vi* brillar; (*hazard light etc*) lanzar destellos; **in a ~** en un instante; **he ~ed by** *or* **past** pasó como un rayo; **flashback** *n* flashback *m*; **flashbulb** *n* bombilla de flash; **flashlight** *n* linterna

flask [flɑ:sk] *n* petaca; (*also*: **vacuum ~**) termo

flat [flæt] *adj* llano; (*smooth*) liso; (*tyre*) desinflado; (*battery*) descargado; (*beer*) sin gas; (*Mus*: *instrument*) desafinado ▷ *n* (BRIT: *apartment*) piso (SP), departamento (LAM), apartamento; (*Aut*) pinchazo; (*Mus*) bemol *m*; **(to work) ~ out** (trabajar) a tope; **flatten** *vt* (*also*: **flatten out**) allanar; (*smooth out*) alisar; (*house, city*) arrasar

flatter ['flætəʳ] *vt* adular, halagar; **flattering** *adj* halagador(a); (*clothes etc*) que favorece

flaunt [flɔ:nt] *vt* ostentar, lucir

flavour, (US) **flavor** ['fleɪvəʳ] *n* sabor *m*, gusto ▷ *vt* sazonar, condimentar; **strawberry ~ed** con sabor a fresa; **flavouring,** (US) **flavoring** *n* (*in product*) aromatizante *m*

flaw [flɔ:] *n* defecto; **flawless** *adj* impecable

flea [fli:] *n* pulga; **flea market** *n* rastro, mercadillo

flee (*pt, pp* **fled**) [fli:, flɛd] *vt* huir de ▷ *vi* huir

fleece [fli:s] *n* vellón *m*; (*wool*) lana; (*top*) forro polar ▷ *vt* (*inf*) desplumar

fleet [fli:t] *n* flota; (*of cars, lorries etc*) parque *m*

fleeting ['fli:tɪŋ] *adj* fugaz

Flemish ['flɛmɪʃ] *adj* flamenco

flesh [flɛʃ] *n* carne *f*; (*skin*) piel *f*; (*of fruit*) pulpa

flew [flu:] *pt of* **fly**

flex [flɛks] *n* cable *m* ▷ *vt* (*muscles*) tensar; **flexibility** *n* flexibilidad *f*; **flexible** *adj* flexible; **flexitime** *n* horario flexible

flick [flɪk] *n* capirotazo ▷ *vt* dar un golpecito a; **flick through** *vt fus* hojear

flicker ['flɪkəʳ] *vi* (*light*) parpadear; (*flame*) vacilar

flies [flaɪz] *npl of* **fly**

flight [flaɪt] *n* vuelo; (*escape*) huida, fuga; (*also*: **~ of steps**) tramo (de escaleras); **flight attendant** *n* auxiliar *mf* de vuelo
flimsy ['flɪmzɪ] *adj* (*thin*) muy ligero; (*excuse*) flojo
flinch [flɪntʃ] *vi* encogerse; **to ~ from** retroceder ante
fling [flɪŋ] (*pt, pp* **flung**) *vt* arrojar
flint [flɪnt] *n* pedernal *m*; (*in lighter*) piedra
flip [flɪp] *vt*: **to ~ a coin** echar a cara o cruz
flip-flops ['flɪpflɔps] *npl* (*esp* BRIT) chancletas *fpl*
flipper ['flɪpəʳ] *n* aleta
flirt [flə:t] *vi* coquetear, flirtear ▷ *n* coqueta *f*
float [fləut] *n* flotador *m*; (*in procession*) carroza; (*sum of money*) reserva ▷ *vi* (*currency*) flotar; (*swimmer*) hacer la plancha
flock [flɔk] *n* (*of sheep*) rebaño; (*of birds*) bandada ▷ *vi*: **to ~ to** acudir en tropel a
flood [flʌd] *n* inundación *f*; (*of letters, imports etc*) avalancha ▷ *vt* inundar ▷ *vi* (*place*) inundarse; (*people*): **to ~ into** inundar; **flooding** *n* inundaciones *fpl*; **floodlight** *n* foco
floor [flɔ:ʳ] *n* suelo; (*storey*) piso; (*of sea, valley*) fondo ▷ *vt* (*with blow*) derribar; (*fig*: *baffle*) dejar anonadado; **ground ~,** (US) **first ~** planta baja; **first ~,** (US) **second ~** primer piso; **floorboard** *n* tabla; **flooring** *n* suelo; (*material*) solería; **floor show** *n* cabaret *m*
flop [flɔp] *n* fracaso ▷ *vi* (*fail*) fracasar; **floppy** *adj* flojo ▷ *n* (*Comput*: *also*: **floppy disk**) floppy *m*
flora ['flɔ:rə] *n* flora
floral ['flɔ:rl] *adj* (*pattern*) floreado
florist ['flɔrɪst] *n* florista *mf*; **~'s (shop)** *n* floristería
flotation [fləu'teɪʃən] *n* (*of shares*) emisión *f*; (*of company*) lanzamiento
flour ['flauəʳ] *n* harina
flourish ['flʌrɪʃ] *vi* florecer ▷ *n* ademán *m*, movimiento (ostentoso)
flow [fləu] *n* (*movement*) flujo; (*of traffic*) circulación *f*; (*Elec*) corriente *f* ▷ *vi* (*river, blood*) fluir; (*traffic*) circular
flower ['flauəʳ] *n* flor *f* ▷ *vi* florecer; **flower bed** *n* macizo; **flowerpot** *n* tiesto
flown [fləun] *pp of* **fly**
fl. oz. *abbr* = **fluid ounce**
flu [flu:] *n*: **to have ~** tener la gripe
fluctuate ['flʌktjueɪt] *vi* fluctuar
fluent ['flu:ənt] *adj* (*speech*) elocuente; **he speaks ~ French, he's ~ in French** domina el francés
fluff [flʌf] *n* pelusa; **fluffy** *adj* de pelo suave
fluid ['flu:ɪd] *adj* (*movement*) fluido, líquido; (*situation*) inestable ▷ *n* fluido, líquido; **fluid ounce** *n* onza *f* líquida
fluke [flu:k] *n* (*inf*) chiripa
flung [flʌŋ] *pt, pp of* **fling**
fluorescent [fluə'rɛsnt] *adj* fluorescente
fluoride ['fluərаɪd] *n* fluoruro
flurry ['flʌrɪ] *n* (*of snow*) ventisca; **~ of activity** frenesí *m* de actividad
flush [flʌʃ] *n* rubor *m*; (*fig*: *of youth, beauty*) resplandor *m* ▷ *vt* limpiar con agua ▷ *vi* ruborizarse ▷ *adj*: **~ with** a ras de; **to ~ the toilet** tirar de la cadena (del wáter)
flute [flu:t] *n* flauta travesera
flutter ['flʌtəʳ] *n* (*of wings*) revoloteo, aleteo ▷ *vi* revolotear
fly [flaɪ] (*pt* **flew**, *pp* **flown**) *n* mosca; (*on trousers*: *also*: **flies**) bragueta ▷ *vt* (*plane*) pilotar; (*cargo*) transportar (en avión); (*distance*) recorrer (en avión) ▷ *vi* volar; (*passenger*) ir en avión; (*escape*) evadirse; (*flag*) ondear; **fly away** *vi* (*bird, insect*) irse volando; **fly off** *vi* irse volando; **fly-drive** *n*: **fly-drive holiday** *vacaciones que incluyen vuelo y alquiler de coche*; **flying** *n* (*activity*) (el) volar ▷ *adj*: **flying visit** visita relámpago; **with flying colours** con lucimiento;

f

flying saucer *n* platillo volante; **flyover** *n* (BRIT) paso elevado *or* (LAM) a desnivel

FM *abbr* (*Radio*: = *frequency modulation*) FM

foal [fəul] *n* potro

foam [fəum] *n* espuma ▷ *vi* hacer espuma

focus ['fəukəs] (*pl* **focuses**) *n* foco; (*centre*) centro ▷ *vt* (*field glasses etc*) enfocar ▷ *vi*: **to ~ (on)** enfocar (a); (*issue etc*) centrarse en; **in/out of ~** enfocado/desenfocado

foetus, (US) **fetus** ['fi:təs] *n* feto

fog [fɔg] *n* niebla; **foggy** *adj*: **it's foggy** hay niebla; **fog lamp,** (US) **fog light** *n* (*Aut*) faro antiniebla

foil [fɔɪl] *vt* frustrar ▷ *n* hoja; (*also*: **kitchen ~**) papel *m* (de) aluminio; (*Fencing*) florete *m*

fold [fəuld] *n* (*bend, crease*) pliegue *m*; (*Agr*) redil *m* ▷ *vt* doblar; **to ~ one's arms** cruzarse de brazos; **fold up** *vi* plegarse, doblarse; (*business*) quebrar ▷ *vt* (*map etc*) plegar; **folder** *n* (*for papers*) carpeta; (*Comput*) directorio; **folding** *adj* (*chair, bed*) plegable

foliage ['fəulɪɪdʒ] *n* follaje *m*

folk [fəuk] *npl* gente *f* ▷ *adj* popular, folklórico; **folks** *npl* familia, parientes *mpl*; **folklore** ['fəukɔ:r] *n* folklore *m*; **folk music** *n* música folk; **folk song** *n* canción *f* popular *or* folk

follow ['fɔləu] *vt* seguir ▷ *vi* seguir; (*result*) resultar; **he ~ed suit** hizo lo mismo; **follow up** *vt* (*letter, offer*) responder a; (*case*) investigar; **follower** *n* seguidor(a) *m/f*; (*Pol*) partidario/a; **following** *adj* siguiente ▷ *n* seguidores *mpl*, afición f; **follow-up** *n* continuación *f*

fond [fɔnd] *adj* (*loving*) cariñoso; **to be ~ of sb** tener cariño a algn; **she's ~ of swimming** tiene afición a la natación, le gusta nadar

food [fu:d] *n* comida; **food mixer** *n* batidora; **food poisoning** *n* intoxicación *f* alimentaria; **food processor** *n* robot *m* de cocina; **food stamp** *n* (US) vale *m* para comida

fool [fu:l] *n* tonto/a; (*Culin*) puré *m* de frutas con nata ▷ *vt* engañar; **fool about, fool around** *vi* hacer el tonto; **foolish** *adj* tonto; (*careless*) imprudente; **foolproof** *adj* (*plan etc*) infalible

foot [fut] (*pl* **feet**) *n* (*Anat*) pie *m*; (*measure*) pie *m* (= 304 *mm*); (*of animal, table*) pata ▷ *vt* (*bill*) pagar; **on ~** a pie; **footage** *n* (*Cine*) imágenes *fpl*; **foot-and-mouth (disease)** *n* fiebre *f* aftosa; **football** *n* balón *m*; (*game*: BRIT) fútbol *m*; (: US) fútbol *m* americano; **footballer** *n* (BRIT) = **football player**; **football match** *n* partido de fútbol; **football player** *n* futbolista *mf*, jugador(a) *m/f* de fútbol; **footbridge** *n* puente *m* para peatones; **foothills** *npl* estribaciones *fpl*; **foothold** *n* pie *m* firme; **footing** *n* (*fig*) nivel *m*; **to lose one's footing** perder pie; **footnote** *n* nota (de pie de página); **footpath** *n* sendero; **footprint** *n* huella, pisada; **footstep** *n* paso; **footwear** *n* calzado

KEYWORD

for [fɔ:] *prep* **1** (*indicating destination, intention*) para; **the train for London** el tren con destino a Londres; **he left for Rome** marchó para Roma; **he went for the paper** fue por el periódico; **is this for me?** ¿es esto para mí?; **it's time for lunch** es la hora de comer

2 (*indicating purpose*) para; **what('s it) for?** ¿para qué (es)?; **to pray for peace** rezar por la paz

3 (*on behalf of, representing*): **the MP for Hove** el diputado por Hove; **he works for the government/a local firm** trabaja para el gobierno/en una empresa local; **I'll ask him for you** se lo pediré por ti; **G for George** G de Gerona

4 (*because of*) por esta razón; **for fear of being criticized** por temor a ser criticado
5 (*with regard to*) para; **it's cold for July** hace frío para julio; **he has a gift for languages** tiene don de lenguas
6 (*in exchange for*) por; **I sold it for £5** lo vendí por £5; **to pay 50 pence for a ticket** pagar 50 peniques por un billete
7 (*in favour of*): **are you for or against us?** ¿estás con nosotros o contra nosotros?; **I'm all for it** estoy totalmente a favor; **vote for X** vote (a) X
8 (*referring to distance*): **there are roadworks for 5 km** hay obras en 5 km; **we walked for miles** caminamos kilómetros y kilómetros
9 (*referring to time*): **he was away for two years** estuvo fuera (durante) dos años; **it hasn't rained for three weeks** no ha llovido durante *or* en tres semanas; **I have known her for years** la conozco desde hace años; **can you do it for tomorrow?** ¿lo podrás hacer para mañana?
10 (*with infinitive clauses*): **it is not for me to decide** la decisión no es cosa mía; **it would be best for you to leave** sería mejor que te fueras; **there is still time for you to do it** todavía te queda tiempo para hacerlo; **for this to be possible ...** para que esto sea posible ...
11 (*in spite of*) a pesar de; **for all his complaints** a pesar de sus quejas
▶ *conj* (*since, as*: *formal*) puesto que

forbid (*pt* **forbad(e)**, *pp* **forbidden**) [fə'bɪd, -'bæd, -'bɪdn] *vt* prohibir; **to ~ sb to do sth** prohibir a algn hacer algo; **forbidden** *pt of* **forbid** ▷ *adj* (*food, area*) prohibido; (*word, subject*) tabú

force [fɔːs] *n* fuerza ▷ *vt* forzar; **to ~ o.s. to do** hacer un esfuerzo por hacer; **forced** *adj* forzado; **forceful** *adj* enérgico

ford [fɔːd] *n* vado

fore [fɔːʳ] *n*: **to come to the ~** empezar a destacar; **forearm** *n* antebrazo; **forecast** *n* pronóstico ▷ *vt* (*irreg*: *like* **cast**) pronosticar; **forecourt** *n* patio; (*of garage*) área de entrada; **forefinger** *n* (dedo) índice *m*; **forefront** *n*: **in the forefront of** en la vanguardia de; **foreground** *n* (*also Comput*) primer plano *m*; **forehead** ['fɔrɪd] *n* frente *f*

foreign ['fɔrɪn] *adj* extranjero; (*trade*) exterior; **foreign currency** *n* divisas *fpl*; **foreigner** *n* extranjero/a; **foreign exchange** *n* divisas *fpl*; **Foreign Office** *n* (BRIT) Ministerio de Asuntos Exteriores; **Foreign Secretary** *n* (BRIT) Ministro/a de Asuntos Exteriores

fore: foreman *n* capataz *m*; **foremost** *adj* principal ▷ *adv*: **first and foremost** ante todo; **forename** *n* nombre *m* (de pila)

forensic [fə'rɛnsɪk] *adj* forense

foresee (*pt* **foresaw**, *pp* **foreseen**) [fɔː'siː, -'sɔː, -'siːn] *vt* prever; **foreseeable** *adj* previsible

forest ['fɔrɪst] *n* bosque *m*; **forestry** *n* silvicultura

forever [fə'rɛvəʳ] *adv* para siempre; (*endlessly*) constantemente

foreword ['fɔːwəːd] *n* prefacio

forfeit ['fɔːfɪt] *vt* perder (derecho a)

forgave [fə'geɪv] *pt of* **forgive**

forge [fɔːdʒ] *n* herrería ▷ *vt* (*signature, money*) falsificar; (*metal*) forjar; **forger** *n* falsificador(a) *m/f*; **forgery** *n* falsificación *f*

forget (*pt* **forgot**, *pp* **forgotten**) [fə'gɛt, -'gɔt, -'gɔtn] *vt* olvidar ▷ *vi* olvidarse; **forgetful** *adj* olvidadizo, despistado

forgive (*pt* **forgave**, *pp* **forgiven**) [fə'gɪv, -'geɪv, -'gɪvn] *vt* perdonar; **to ~ sb for sth/for doing sth** perdonar algo a algn/a algn por haber hecho algo

forgot [fə'gɒt] *pt of* **forget**
forgotten [fə'gɒtn] *pp of* **forget**
fork [fɔːk] *n* (*for eating*) tenedor *m*; (*for gardening*) horca; (*of roads*) bifurcación *f* ▷ *vi* (*road*) bifurcarse
forlorn [fə'lɔːn] *adj* (*person*) triste, melancólico; (*cottage*) abandonado; (*attempt*) desesperado
form [fɔːm] *n* forma; (BRIT *Scol*) curso; (*document*) formulario, planilla (LAM) ▷ *vt* formar; **in top ~** en plena forma; **to ~ a circle/a queue** hacer una curva/una cola
formal ['fɔːməl] *adj* (*offer, receipt*) por escrito; (*person etc*) correcto; (*occasion, dinner*) ceremonioso; **~ dress** traje *m* de vestir; **formality** [fɔː'mælɪtɪ] *n* ceremonia
format ['fɔːmæt] *n* formato ▷ *vt* (*Comput*) formatear
formation [fɔː'meɪʃən] *n* formación *f*
former ['fɔːmə^{r}] *adj* anterior; (*earlier*) antiguo; (*ex*) ex; **the ~ ... the latter ...** aquél ... éste ...; **formerly** *adv* antes
formidable ['fɔːmɪdəbl] *adj* formidable
formula ['fɔːmjulə] *n* fórmula
fort [fɔːt] *n* fuerte *m*
forthcoming [fɔːθ'kʌmɪŋ] *adj* próximo, venidero; (*character*) comunicativo
fortieth ['fɔːtɪɪθ] *adj* cuadragésimo
fortify ['fɔːtɪfaɪ] *vt* fortalecer
fortnight ['fɔːtnaɪt] *n* (BRIT) quincena; **it's a ~ since ...** hace quince días que ...; **fortnightly** *adj* quincenal ▷ *adv* quincenalmente
fortress ['fɔːtrɪs] *n* fortaleza
fortunate ['fɔːtʃənɪt] *adj*: **it is ~ that ...** (es una) suerte que ...; **fortunately** *adv* afortunadamente
fortune ['fɔːtʃən] *n* suerte *f*; (*wealth*) fortuna; **fortune-teller** *n* adivino/a
forty ['fɔːtɪ] *num* cuarenta
forum ['fɔːrəm] *n* foro
forward ['fɔːwəd] *adj* (*position*) avanzado; (*movement*) hacia delante; (*front*) delantero; (*not shy*) atrevido ▷ *n* (*Sport*) delantero ▷ *vt* (*letter*) remitir; (*career*) promocionar; **to move ~** avanzar; **forwarding address** *n* destinatario; **forward slash** *n* barra diagonal
fossick ['fɒsɪk] *vi* (AUST, NZ *inf*) buscar; **to ~ for sth** buscar algo
fossil ['fɒsl] *n* fósil *m*
foster ['fɒstə^{r}] *vt* (*child*) acoger en familia; (*idea*) fomentar; **foster child** *n* hijo/a adoptivo/a; **foster mother** *n* madre *f* adoptiva
fought [fɔːt] *pt, pp of* **fight**
foul [faul] *adj* sucio, puerco; (*weather, smell etc*) asqueroso; (*language*) grosero; (*temper*) malísimo ▷ *n* (*Football*) falta ▷ *vt* (*dirty*) ensuciar; **foul play** *n* (*Law*) muerte *f* violenta
found [faund] *pt, pp of* **find** ▷ *vt* fundar; **foundation** [faun'deɪʃən] *n* (*act*) fundación *f*; (*basis*) base *f*; (*also*: **foundation cream**) crema de base; **foundations** *npl* (*of building*) cimientos *mpl*
founder ['faundə^{r}] *n* fundador(a) *m/f* ▷ *vi* irse a pique
fountain ['fauntɪn] *n* fuente *f*; **fountain pen** *n* (pluma) estilográfica, plumafuente *f* (LAM)
four [fɔː^{r}] *num* cuatro; **on all ~s** a gatas; **four-letter word** *n* taco; **four-poster** *n* (*also*: **four-poster bed**) cama de columnas; **fourteen** *num* catorce; **fourteenth** *adj* decimocuarto; **fourth** *adj* cuarto; **four-wheel drive** *n* tracción *f* a las cuatro ruedas
fowl [faul] *n* ave *f* (de corral)
fox [fɒks] *n* zorro ▷ *vt* confundir
foyer ['fɔɪeɪ] *n* vestíbulo
fracking ['frækɪŋ] *n* fracturación *f or* fractura hidráulica, fracking *m*
fraction ['frækʃən] *n* fracción *f*
fracture ['frækt$\int$ə^{r}] *n* fractura
fragile ['frædʒaɪl] *adj* frágil
fragment ['frægmənt] *n* fragmento
fragrance ['freɪgrəns] *n* fragancia
frail [freɪl] *adj* frágil, quebradizo
frame [freɪm] *n* (*Tech*) armazón *f*; (*of picture, door etc*) marco; (*of spectacles*:

also: **~s**) montura ▷ *vt* enmarcar; **framework** *n* marco

France [frɑːns] *n* Francia

franchise ['frǽntʃaɪz] *n* (*Pol*) derecho al voto, sufragio; (*Comm*) licencia, concesión *f*

frank [frǽŋk] *adj* franco ▷ *vt* (*letter*) franquear; **frankly** *adv* francamente

frantic ['frǽntɪk] *adj* (*need, desire*) desesperado; (*search*) frenético

fraud [frɔːd] *n* fraude *m*; (*person*) impostor(a) *m/f*

fraught [frɔːt] *adj*: **~ with** cargado de

fray [freɪ] *vi* deshilacharse

freak [friːk] *n* (*person*) fenómeno; (*event*) suceso anormal

freckle ['frɛkl] *n* peca

free [friː] *adj* libre; (*gratis*) gratuito ▷ *vt* (*prisoner etc*) poner en libertad; (*jammed object*) soltar; **~ (of charge), for ~** gratis; **freedom** *n* libertad *f*; **Freefone®** *n* número gratuito; **free gift** *n* regalo; **free kick** *n* tiro libre; **freelance** *adj* independiente ▷ *adv* por cuenta propia; **freely** *adv* libremente; (*liberally*) generosamente; **Freepost®** *n* porte *m* pagado; **free-range** *adj* (*hen, egg*) de granja; **freeway** *n* (US) autopista; **free will** *n* libre albedrío; **of one's own free will** por su propia voluntad

freeze [friːz] (*pt* **froze**, *pp* **frozen**) *vi* helarse, congelarse ▷ *vt* helar; (*prices, food, salaries*) congelar ▷ *n* helada; (*on arms, wages*) congelación *f*; **freezer** *n* congelador *m*

freezing ['friːzɪŋ] *adj* helado; **freezing point** *n* punto de congelación

freight [freɪt] *n* (*goods*) carga; (*money charged*) flete *m*; **freight train** *n* (US) tren *m* de mercancías

French [frɛntʃ] *adj* francés/esa ▷ *n* (*Ling*) francés *m*; **the French** *npl* los franceses; **French bean** *n* judía verde; **French bread** *n* pan *m* francés; **French dressing** *n* (*Culin*) vinagreta; **French fried potatoes,** (US) **French fries** *npl* patatas *fpl or* (LAM) papas *fpl* fritas; **Frenchman** *n* francés *m*; **French stick** *n* barra de pan; **French window** *n* puerta ventana; **Frenchwoman** *n* francesa

frenzy ['frɛnzɪ] *n* frenesí *m*

frequency ['friːkwənsɪ] *n* frecuencia

frequent *adj* ['friːkwənt] frecuente ▷ *vt* [frɪ'kwɛnt] frecuentar; **frequently** *adv* frecuentemente, a menudo

fresh [freʃ] *adj* fresco; (*bread*) tierno; (*new*) nuevo; **freshen** *vi* (*wind*) arreciar; (*air*) refrescar; **freshen up** *vi* (*person*) arreglarse; **fresher** *n* (BRIT *Scol*: *inf*) estudiante *mf* de primer año; **freshly** *adv*: **freshly painted/arrived** recién pintado/llegado; **freshman** *n* (US *Scol*); = **fresher**; **freshwater** *adj* (*fish*) de agua dulce

fret [frɛt] *vi* inquietarse

Fri. *abbr* (= *Friday*) vier

friction ['frɪkʃən] *n* fricción *f*

Friday ['fraɪdɪ] *n* viernes *m inv*

fridge [frɪdʒ] *n* (BRIT) nevera, frigo, refrigeradora (LAM), heladera (LAM)

fried [fraɪd] *adj*: **~ egg** huevo frito

friend [frɛnd] *n* amigo/a ▷ *vt* (*Internet*) añadir como amigo a; **friendly** *adj* simpático; (*government*) amigo; (*place*) acogedor(a); (*match*) amistoso; **friendship** *n* amistad *f*

fries [fraɪz] *npl* (*esp* US) = **French fried potatoes**

frigate ['frɪgɪt] *n* fragata

fright [fraɪt] *n* susto; **to take ~** asustarse; **frighten** *vt* asustar; **frightened** *adj* asustado; **frightening** *adj*: **it's frightening** da miedo; **frightful** *adj* espantoso, horrible

frill [frɪl] *n* volante *m*

fringe [frɪndʒ] *n* (BRIT: *of hair*) flequillo; (*of forest etc*) borde *m*, margen *m*

Frisbee® ['frɪzbɪ] *n* frisbee® *m*

fritter ['frɪtəʳ] *n* buñuelo

frivolous ['frɪvələs] *adj* frívolo

fro [frəu] *see* **to**

frock [frɔk] *n* vestido
frog [frɔg] *n* rana; **frogman** *n* hombre-rana *m*

KEYWORD

from [frɔm] *prep* **1** (*indicating starting place*) de, desde; **where do you come from?** ¿de dónde eres?; **from London to Glasgow** de Londres a Glasgow; **to escape from sth/sb** escaparse de algo/algn
2 (*indicating origin etc*) de; **a letter/telephone call from my sister** una carta/llamada de mi hermana; **tell him from me that ...** dígale de mi parte que ...
3 (*indicating time*): **from one o'clock to** *or* **until** *or* **till nine** de la una a las nueve, desde la una hasta las nueve; **from January (on)** a partir de enero
4 (*indicating distance*) de; **the hotel is 1 km from the beach** el hotel está a 1 km de la playa
5 (*indicating price, number etc*) de; **prices range from £10 to £50** los precios van desde £10 a *or* hasta £50; **the interest rate was increased from 9% to 10%** el tipo de interés fue incrementado de un 9% a un 10%
6 (*indicating difference*) de; **he can't tell red from green** no sabe distinguir el rojo del verde; **to be different from sb/sth** ser diferente a algn/algo
7 (*because of, on the basis of*): **from what he says** por lo que dice; **weak from hunger** debilitado por el hambre

front [frʌnt] *n* (*foremost part*) parte *f* delantera; (*of house*) fachada; (*promenade*: *also*: **sea ~**) paseo marítimo; (*Mil, Pol, Meteorology*) frente *m*; (*fig*: *appearances*) apariencia ▷ *adj* (*wheel, leg*) delantero; (*row, line*) primero; **in ~ (of)** delante (de); **front door** *n* puerta principal; **frontier** ['frʌntɪəʳ] *n* frontera; **front page** *n* primera plana; **front-wheel drive** *n* tracción *f* delantera
frost [frɔst] *n* helada; (*also*: **hoar~**) escarcha; **frostbite** *n* congelación *f*; **frosting** *n* (*esp US*: *icing*) glaseado; **frosty** *adj* (*weather*) de helada; (*welcome etc*) glacial
froth [frɔθ] *n* espuma
frown [fraun] *vi* fruncir el ceño
froze [frəuz] *pt of* **freeze**
frozen ['frəuzn] *pp of* **freeze**
fruit [fru:t] *n* (*pl inv*) fruta; **fruit juice** *n* jugo *or* (*SP*) zumo de fruta; **fruit machine** *n* (*BRIT*) máquina tragaperras; **fruit salad** *n* macedonia *or* (*LAm*) ensalada de frutas
frustrate [frʌs'treɪt] *vt* frustrar; **frustrated** *adj* frustrado
fry [fraɪ] (*pt, pp* **fried**) *vt* freír ▷ *n*: **small ~** gente *f* menuda; **frying pan** *n* sartén *f*
ft. *abbr* = **foot; feet**
fudge [fʌdʒ] *n* (*Culin*) *caramelo blando*
fuel [fjuəl] *n* (*for heating*) combustible *m*; (*coal*) carbón *m*; (*wood*) leña; (*for engine*) carburante *m*; **fuel tank** *n* depósito de combustible
fulfil [ful'fɪl] *vt* (*function*) desempeñar; (*condition*) cumplir; (*wish, desire*) realizar
full [ful] *adj* lleno; (*fig*) pleno; (*complete*) completo; (*maximum*) máximo; (*information*) detallado; (*price*) íntegro ▷ *adv*: **~ well** perfectamente; **I'm ~ (up)** estoy lleno; **~ employment** pleno empleo; **a ~ two hours** dos horas enteras; **at ~ speed** a toda velocidad; **in ~** (*reproduce, quote*) íntegramente; **full-length** *adj* (*portrait*) de cuerpo entero; **full moon** *n* luna llena; **full-scale** *adj* (*attack, war, search, retreat*) en gran escala; (*plan, model*) de tamaño natural; **full stop** *n* punto; **full-time** *adj* (*work*) de tiempo completo ▷ *adv*: **to work full-time** trabajar a tiempo completo; **fully** *adv* completamente; (*at least*) al menos

fumble ['fʌmbl] *vi*: **to ~ with** manejar torpemente
fume [fju:m] *vi* estar furioso, echar humo; **fumes** *npl* humo *sg*, gases *mpl*
fun [fʌn] *n* (*amusement*) diversión *f*; **to have ~** divertirse; **for ~** por gusto; **to make ~ of** reírse de
function ['fʌŋkʃən] *n* función *f* ▷ *vi* funcionar
fund [fʌnd] *n* fondo; (*reserve*) reserva; **funds** *npl* (*money*) fondos *mpl*
fundamental [fʌndə'mɛntl] *adj* fundamental
funeral ['fju:nərəl] *n* (*burial*) entierro; (*ceremony*) funerales *mpl*; **funeral director** *n* director(a) *m/f* de pompas fúnebres; **funeral parlour** *n* (BRIT) funeraria
funfair ['fʌnfɛəʳ] *n* (BRIT) parque *m* de atracciones
fungus (*pl* **fungi**) ['fʌŋgəs, -gaɪ] *n* hongo; (*mould*) moho
funnel ['fʌnl] *n* embudo; (*of ship*) chimenea
funny ['fʌnɪ] *adj* gracioso, divertido; (*strange*) curioso, raro
fur [fə:ʳ] *n* piel *f*; (BRIT: *on tongue etc*) sarro; **fur coat** *n* abrigo de pieles
furious ['fjuərɪəs] *adj* furioso; (*effort, argument*) violento
furnish ['fə:nɪʃ] *vt* amueblar; (*supply*) proporcionar; (*information*) facilitar; **furnishings** *npl* mobiliario *sg*
furniture ['fə:nɪtʃəʳ] *n* muebles *mpl*; **piece of ~** mueble *m*
furry ['fə:rɪ] *adj* peludo
further ['fə:ðəʳ] *adj* (*new*) nuevo ▷ *adv* más lejos; (*more*) más; (*moreover*) además ▷ *vt* hacer avanzar; **how much ~ is it?** ¿a qué distancia queda?; **~ to your letter of ...** (*Comm*) con referencia a su carta de ...; **to ~ one's interests** fomentar sus intereses; **further education** *n* educación *f* postescolar; **furthermore** *adv* además
furthest ['fə:ðɪst] *superlative of* **far**
fury ['fjuərɪ] *n* furia
fuse, (US) **fuze** [fju:z] *n* fusible *m*; (*for bomb etc*) mecha ▷ *vt* (*metal*) fundir; (*fig*) fusionar ▷ *vi* fundirse; fusionarse; (BRIT *Elec*): **to ~ the lights** fundir los plomos; **fuse box** *n* caja de fusibles
fusion ['fju:ʒən] *n* fusión *f*
fuss [fʌs] *n* (*excitement*) conmoción *f*; (*complaint*) alboroto; **to make a ~** armar jaleo; **fussy** *adj* (*person*) quisquilloso
future ['fju:tʃəʳ] *adj* futuro; (*coming*) venidero ▷ *n* futuro, porvenir; **in ~** de ahora en adelante; **futures** *npl* (*Comm*) operaciones *fpl* a término, futuros *mpl*
fuze [fju:z] *n, vb* (US) = **fuse**
fuzzy ['fʌzɪ] *adj* (*Phot*) borroso; (*hair*) muy rizado

g

G [dʒiː] *n* (*Mus*) sol *m*
g. *abbr* (= *gram(s), gravity*) g
gadget ['gædʒɪt] *n* aparato
Gaelic ['geɪlɪk] *adj, n* (*Ling*) gaélico
gag [gæg] *n* (*on mouth*) mordaza; (*joke*) chiste *m* ▷ *vt* amordazar
gain [geɪn] *n* ganancia ▷ *vt* ganar ▷ *vi* (*watch*) adelantarse; **to ~ by sth** ganar con algo; **to ~ ground** ganar terreno; **to ~ 3 lbs (in weight)** engordar 3 libras; **gain (up)on** *vt fus* alcanzar
gal., gall. *abbr* = **gallon**
gala ['gɑːlə] *n* gala
galaxy ['gæləksɪ] *n* galaxia
gale [geɪl] *n* (*wind*) vendaval *m*; **~ force 10** vendaval de fuerza 10
gall bladder *n* vesícula biliar
gallery ['gælərɪ] *n* (*also*: **art ~**: *state-owned*) pinacoteca *or* museo de arte; (: *private*) galería de arte
gallon ['gæln] *n* galón *m* (= *8 pintas; Brit* = *4,546 litros; US* = *3,785 litros*)
gallop ['gæləp] *n* galope *m* ▷ *vi* galopar
gallstone ['gɔːlstəun] *n* cálculo biliar
gamble ['gæmbl] *n* (*risk*) jugada arriesgada; (*bet*) apuesta ▷ *vt*: **to ~ on** apostar a; (*fig*) contar con ▷ *vi* jugar; (*take a risk*) jugárselas; (*Comm*) especular; **to ~ on the Stock Exchange** jugar a la bolsa; **gambler** *n* jugador(a) *m/f*; **gambling** *n* juego
game [geɪm] *n* juego; (*match*) partido; (*of cards*) partida; (*Hunting*) caza ▷ *adj* valiente; (*ready*): **to be ~ for anything** estar dispuesto a todo; **~s** (*Scol*) deportes *mpl*; **games console** *n* consola de juegos; **game show** *n* programa *m* concurso *inv*, concurso
gaming ['geɪmɪŋ] *n* (*with video games*) juegos *mpl* de ordenador *or* computadora
gammon ['gæmən] *n* (*bacon*) tocino ahumado; (*ham*) jamón *m* ahumado
gang [gæŋ] *n* (*of criminals etc*) banda; (*of kids*) pandilla; (*of workmen*) brigada
gangster ['gæŋstəʳ] *n* gángster *m*
gap [gæp] *n* hueco; (*in trees, traffic*) claro; (*in time*) intervalo
gape [geɪp] *vi* mirar boquiabierto
gap year *n* año sabático (*antes de empezar a estudiar en la universidad*)
garage ['gærɑːʒ] *n* garaje *m*; (*for repairs*) taller *m*; **garage sale** *n* venta de objetos usados (*en el jardín de una casa particular*)
garbage ['gɑːbɪdʒ] *n* (*US*) basura; (*nonsense*) bobadas *fpl*; **garbage can** *n* (*US*) cubo *or* balde *m* (*LAM*) *or* bote *m* (*LAM*) de la basura; **garbage collector** *n* (*US*) basurero/a
garden ['gɑːdn] *n* jardín *m*; **gardens** *npl* (*public*) parque *m*; **garden centre** *n* (*BRIT*) centro de jardinería; **gardener** *n* jardinero/a; **gardening** *n* jardinería
garlic ['gɑːlɪk] *n* ajo
garment ['gɑːmənt] *n* prenda (de vestir)
garnish ['gɑːnɪʃ] *vt* (*Culin*) aderezar
garrison ['gærɪsn] *n* guarnición *f*

gas [gæs] *n* gas *m*; (*US*: *gasoline*) gasolina ▷ *vt* asfixiar con gas; **gas cooker** *n* (*BRIT*) cocina de gas; **gas cylinder** *n* bombona de gas; **gas fire** *n* estufa de gas

gasket ['gæskɪt] *n* (*Aut*) junta

gasoline ['gæsəli:n] *n* (*US*) gasolina

gasp [ga:sp] *n* grito sofocado ▷ *vi* (*pant*) jadear

gas: gas pedal *n* (*esp US*) acelerador *m*; **gas station** *n* (*US*) gasolinera; **gas tank** *n* (*US Aut*) depósito (de gasolina)

gate [geɪt] *n* (*also at airport*) puerta; (*metal*) verja

gatecrash ['geɪtkræʃ] *vt* colarse en

gateway ['geɪtweɪ] *n* puerta

gather ['gæðəʳ] *vt* (*flowers, fruit*) coger (*SP*), recoger (*LAM*); (*assemble*) reunir; (*pick up*) recoger; (*Sewing*) fruncir; (*understand*) sacar en consecuencia ▷ *vi* (*assemble*) reunirse; **to ~ speed** ganar velocidad; **gathering** *n* reunión *f*, asamblea

gauge, (*US*) **gage** [geɪdʒ] *n* (*instrument*) indicador *m* ▷ *vt* medir; (*fig*) juzgar

gave [geɪv] *pt of* **give**

gay [geɪ] *adj* (*homosexual*) gay; (*colour, person*) alegre

gaze [geɪz] *n* mirada fija ▷ *vi*: **to ~ at sth** mirar algo fijamente

GB *abbr* (= *Great Britain*) GB

GCSE *n abbr* (*BRIT*: = *General Certificate of Secondary Education*) *certificado del último ciclo de la enseñanza secundaria obligatoria*

gear [gɪəʳ] *n* equipo; (*Tech*) engranaje *m*; (*Aut*) velocidad *f*, marcha ▷ *vt* (*fig*: *adapt*): **to ~ sth to** adaptar *or* ajustar algo a; **top** *or* (*US*) **high/low ~** cuarta/primera; **in ~** con la marcha metida; **gear up** *vi* prepararse; **gear box** *n* caja de cambios; **gear lever,** (*US*) **gear shift** *n* palanca de cambio; **gear stick** *n* (*BRIT*) = **gear lever**

geese [gi:s] *npl of* **goose**

gel [dʒɛl] *n* gel *m*

gem [dʒɛm] *n* piedra preciosa

Gemini ['dʒɛmɪnaɪ] *n* Géminis *m*

gender ['dʒɛndəʳ] *n* género

gene [dʒi:n] *n* gen(e) *m*

general ['dʒɛnərl] *n* general *m* ▷ *adj* general; **in ~** en general; **general anaesthetic,** (*US*) **general anesthetic** *n* anestesia general; **general election** *n* elecciones *fpl* generales; **generalize** *vi* generalizar; **generally** *adv* generalmente, en general; **general practitioner** *n* médico/a de medicina general; **general store** *n* tienda (*que vende de todo*) (*LAM, SP*), almacén *m* (*SC, SP*)

generate ['dʒɛnəreɪt] *vt* generar

generation [dʒɛnə'reɪʃən] *n* generación *f*

generator ['dʒɛnəreɪtəʳ] *n* generador *m*

generosity [dʒɛnə'rɔsɪtɪ] *n* generosidad *f*

generous ['dʒɛnərəs] *adj* generoso

genetic [dʒɪ'nɛtɪk] *adj* genético; **~ engineering** ingeniería genética; **~ fingerprinting** identificación *f* genética; **genetically modified organism** *n* organismo transgénico; **genetics** *n* genética

genitals ['dʒɛnɪtlz] *npl* (órganos *mpl*) genitales *mpl*

genius ['dʒi:nɪəs] *n* genio

genome ['gi:nəum] *n* genoma *m*

gent [dʒɛnt] *n abbr* (*BRIT inf*); = **gentleman**

gentle ['dʒɛntl] *adj* (*sweet*) dulce; (*touch etc*) ligero, suave

Be careful not to translate *gentle* by the Spanish word *gentil*.

gentleman ['dʒɛntlmən] *n* señor *m*; (*well-bred man*) caballero

gently ['dʒɛntlɪ] *adv* suavemente

gents [dʒɛnts] *n* servicios *mpl* (de caballeros)

genuine ['dʒenjuɪn] *adj* auténtico; (*person*) sincero; **genuinely** *adv* sinceramente

geographic(al) [dʒɪə'græfɪk(l)] *adj* geográfico

g

geography [dʒɪˈɔgrəfɪ] *n* geografía
geology [dʒɪˈɔlədʒɪ] *n* geología
geometry [dʒɪˈɔmətrɪ] *n* geometría
geranium [dʒɪˈreɪnjəm] *n* geranio
gerbil [ˈdʒerbl] *n* gerbo
geriatric [dʒerɪˈætrɪk] *adj, n* geriátrico/a
germ [dʒəːm] *n* (*microbe*) microbio, bacteria; (*seed*) germen *m*
German [ˈdʒəːmən] *adj* alemán/ana ▷ *n* alemán/ana *m/f*; (*Ling*) alemán *m*; **German measles** *n* rubeola, rubéola
Germany [ˈdʒəːmənɪ] *n* Alemania
gesture [ˈdʒɛstjəʳ] *n* gesto

KEYWORD

get [gɛt] (*pt, pp* **got**, *pp* **gotten** (*US*)) *vi* **1** (*become, be*) ponerse, volverse; **to get old/tired** envejecer/cansarse; **to get drunk** emborracharse; **to get dirty** ensuciarse; **when do I get paid?** ¿cuándo me pagan *or* se me paga?; **it's getting late** se está haciendo tarde
2 (*go*): **to get to/from** llegar a/de; **to get home** llegar a casa
3 (*begin*) empezar a; **to get to know sb** (llegar a) conocer a algn; **I'm getting to like him** me está empezando a gustar; **let's get going** *or* **started** ¡vamos (a empezar)!
4 (*modal aux vb*): **you've got to do it** tienes que hacerlo
▶ *vt* **1**: **to get sth done** (*finish*) hacer algo; (*have done*) mandar hacer algo; **to get one's hair cut** cortarse el pelo; **to get the car going** *or* **to go** arrancar el coche; **to get sb to do sth** conseguir *or* hacer que algn haga algo; **to get sth/sb ready** preparar algo/a algn
2 (*obtain: money, permission, results*) conseguir; (*find: job, flat*) encontrar; (*fetch: person, doctor*) buscar; (: *object*) ir a buscar, traer; **to get sth for sb** conseguir algo para algn; **get me Mr Jones, please** (*Tel*) póngame *or* (*LAm*) comuníqueme con el Sr. Jones, por favor; **can I get you a drink?** ¿quieres algo de beber?
3 (*receive: present, letter*) recibir; (*acquire: reputation*) alcanzar; (: *prize*) ganar; **what did you get for your birthday?** ¿qué te regalaron por tu cumpleaños?; **how much did you get for the painting?** ¿cuánto sacaste por el cuadro?
4 (*catch*) coger (*SP*), agarrar (*LAm*); (*hit: target etc*) dar en; **to get sb by the arm/throat** coger *or* agarrar a algn por el brazo/cuello; **get him!** ¡cógelo! (*SP*), ¡atrápalo! (*LAm*); **the bullet got him in the leg** la bala le dio en la pierna
5 (*take, move*) llevar; **to get sth to sb** hacer llegar algo a algn; **do you think we'll get it through the door?** ¿crees que lo podremos meter por la puerta?
6 (*catch, take: plane, bus etc*) coger (*SP*), tomar (*LAm*); **where do I get the train for Birmingham?** ¿dónde se coge *or* se toma el tren para Birmingham?
7 (*understand*) entender; (*hear*) oír; **I've got it!** ¡ya lo tengo!, ¡eureka!; **I don't get your meaning** no te entiendo; **I'm sorry, I didn't get your name** lo siento, no me he enterado de tu nombre
8 (*have, possess*): **to have got** tener
get away *vi* marcharse; (*escape*) escaparse
get away with *vt fus* hacer impunemente
get back *vi* (*return*) volver ▷ *vt* recobrar
get in *vi* entrar; (*train*) llegar; (*arrive home*) volver a casa, regresar
get into *vt fus* entrar en; (*vehicle*) subir a; **to get into a rage** enfadarse
get off *vi* (*from train etc*) bajar(se); (*depart: person, car*) marcharse ▷ *vt* (*remove*) quitar ▷ *vt fus* (*train, bus*) bajar(se) de
get on *vi* (*at exam etc*): **how are you**

getting on? ¿cómo te va?; **to get on (with)** (*agree*) llevarse bien (con) *vt fus* subir(se) a
get out *vi* salir; (*of vehicle*) bajar(se) ▷ *vt* sacar
get out of *vt fus* salir de; (*duty etc*) escaparse de
get over *vt fus* (*illness*) recobrarse de
get through *vi* (*Tel*) (lograr) comunicar
get up *vi* (*rise*) levantarse ▷ *vt fus* subir

getaway ['gɛtəweɪ] *n* fuga
Ghana ['gɑːnə] *n* Ghana
ghastly ['gɑːstlɪ] *adj* horrible
ghetto ['gɛtəu] *n* gueto
ghost [gəust] *n* fantasma *m*
giant ['dʒaɪənt] *n* gigante *mf* ▷ *adj* gigantesco, gigante
gift [gɪft] *n* regalo; (*ability*) don *m*; **gifted** *adj* dotado; **gift shop,** (*US*) **gift store** *n* tienda de regalos; **gift token, gift voucher** *n* vale-regalo *m*
gig [gɪg] *n* (*inf: concert*) actuación
gigabyte ['gɪgəbaɪt] *n* gigabyte *m*
gigantic [dʒaɪ'gæntɪk] *adj* gigantesco
giggle ['gɪgl] *vi* reírse tontamente
gills [gɪlz] *npl* (*of fish*) branquias *fpl*, agallas *fpl*
gilt [gɪlt] *adj, n* dorado
gimmick ['gɪmɪk] *n* reclamo
gin [dʒɪn] *n* ginebra
ginger ['dʒɪndʒəʳ] *n* jengibre *m*
gipsy ['dʒɪpsɪ] *n* gitano/a
giraffe [dʒɪ'rɑːf] *n* jirafa
girl [gəːl] *n* (*small*) niña; (*young woman*) chica, joven *f*, muchacha; **an English ~** una (chica) inglesa; **girl band** *n* girl band *m* (*grupo musical de chicas*); **girlfriend** *n* (*of girl*) amiga; (*of boy*) novia
gist [dʒɪst] *n* lo esencial
give (*pt* **gave**, *pp* **given**) [gɪv, geɪv, 'gɪvn] *vt* dar; (*deliver*) entregar; (*as gift*) regalar ▷ *vi* (*break*) romperse; (*stretch: fabric*) dar de sí; **to ~ sb sth, ~ sth to sb** dar algo a algn; **give away** *vt* (*give free*) regalar; (*betray*) traicionar; (*disclose*) revelar; **give back** *vt* devolver; **give in** *vi* ceder ▷ *vt* entregar; **give out** *vt* distribuir; **give up** *vi* rendirse, darse por vencido ▷ *vt* renunciar a; **to ~ up smoking** dejar de fumar; **to ~ o.s. up** entregarse
given ['gɪvn] *pp of* **give** ▷ *adj* (*fixed: time, amount*) determinado ▷ *conj*: **~ (that) ...** dado (que) ...; **~ the circumstances ...** dadas las circunstancias ...
glacier ['glæsɪəʳ] *n* glaciar *m*
glad [glæd] *adj* contento; **gladly** *adv* con mucho gusto
glamorous ['glæmərəs] *adj* con glamour, glam(o)uroso
glamour, (*US*) **glamor** ['glæməʳ] *n* encanto, atractivo
glance [glɑːns] *n* ojeada, mirada ▷ *vi*: **to ~ at** echar una ojeada a
gland [glænd] *n* glándula
glare [glɛəʳ] *n* deslumbramiento, brillo ▷ *vi* deslumbrar; **to ~ at** mirar con odio; **glaring** *adj* (*mistake*) manifiesto
glass [glɑːs] *n* vidrio, cristal *m*; (*for drinking*) vaso; (*with stem*) copa
glasses ['glɑːsəs] *npl* gafas *fpl*
glaze [gleɪz] *vt* (*window*) acristalar; (*pottery*) vidriar ▷ *n* barniz *m*
gleam [gliːm] *vi* relucir
glen [glɛn] *n* cañada
glide [glaɪd] *vi* deslizarse; (*Aviat: bird*) planear; **glider** *n* (*Aviat*) planeador *m*
glimmer ['glɪməʳ] *n* luz *f* tenue; (*of hope*) rayo
glimpse [glɪmps] *n* vislumbre *m* ▷ *vt* vislumbrar, entrever
glint [glɪnt] *vi* centellear
glisten ['glɪsn] *vi* relucir, brillar
glitter ['glɪtəʳ] *vi* relucir, brillar
global ['gləubl] *adj* mundial; **globalization** ['gləubəlaɪzeɪʃən] *n* globalización *f*; **global warming** *n* (re)calentamiento global *or* de la tierra
globe [gləub] *n* globo; (*model*) globo terráqueo

gloom [gluːm] *n* penumbra; (*sadness*) desaliento, melancolía; **gloomy** *adj* (*dark*) oscuro; (*sad*) triste; (*pessimistic*) pesimista

glorious ['glɔːrɪəs] *adj* glorioso; (*weather, sunshine*) espléndido

glory ['glɔːrɪ] *n* gloria

gloss [glɔs] *n* (*shine*) brillo; (*also*: **~ paint**) (pintura) esmalte *m*

glossary ['glɔsərɪ] *n* glosario

glossy ['glɔsɪ] *adj* lustroso; (*magazine*) de papel satinado *or* cuché

glove [glʌv] *n* guante *m*; **glove compartment** *n* (*Aut*) guantera

glow [gləu] *vi* brillar

glucose ['gluːkəus] *n* glucosa

glue [gluː] *n* pegamento ▷ *vt* pegar

GM *adj abbr* (= *genetically-modified*) transgénico; **GM crop** *n* cultivo transgénico

gm *abbr* (= *gram*) g

GMT *abbr* (= *Greenwich Mean Time*) GMT

gnaw [nɔː] *vt* roer

go [gəu] (*pt* **went**, *pp* **gone**) *vi* ir; (*travel*) viajar; (*depart*) irse, marcharse; (*work*) funcionar, marchar; (*be sold*) venderse; (*time*) pasar; (*become*) ponerse; (*break etc*) estropearse, romperse ▷ *n*: **to have a go (at)** probar suerte (con); **to be on the go** no parar; **whose go is it?** ¿a quién le toca?; **he's going to do it** va a hacerlo; **to go for a walk** ir a dar un paseo; **to go dancing** ir a bailar; **how did it go?** ¿qué tal salió *or* resultó?, ¿cómo ha ido?; **go ahead** *vi* seguir adelante; **go around** *vi* = **go round**; **go away** *vi* irse, marcharse; **go back** *vi* volver; **go by** *vi* (*years, time*) pasar ▷ *vt fus* guiarse por; **go down** *vi* bajar; (*ship*) hundirse; (*sun*) ponerse ▷ *vt fus* bajar por; **go for** *vt fus* (*fetch*) ir por; (*like*) gustar; (*attack*) atacar; **go in** *vi* entrar; **go into** *vt fus* entrar en; (*investigate*) investigar; (*embark on*) dedicarse a; **go off** *vi* irse, marcharse; (*food*) pasarse; (*explode*) estallar; (*event*) realizarse ▷ *vt fus* perder el interés por; **I'm going off him/the idea** ya no me gusta tanto él/la idea; **go on** *vi* (*continue*) seguir, continuar; (*happen*) pasar, ocurrir; **to go on doing sth** seguir haciendo algo; **go out** *vi* salir; (*fire, light*) apagarse; **go over** *vi* (*ship*) zozobrar ▷ *vt fus* (*check*) revisar; **go past** *vi*, *vt fus* pasar; **go round** *vi* (*circulate*: *news, rumour*) correr; (*suffice*) alcanzar, bastar; (*revolve*) girar, dar vueltas; (*make a detour*): **to go round (by)** dar la vuelta (por); (*visit*): **to go round (to sb's)** pasar a ver (a algn) ▷ *vt fus*: **to go round the back** pasar por detrás; **go through** *vt fus* (*town etc*) atravesar; **go up** *vi* subir; **go with** *vt fus* (*accompany*) ir con; (*fit, suit*) hacer juego con, acompañar a; **go without** *vt fus* pasarse sin

go-ahead ['gəuəhɛd] *adj* emprendedor(a) ▷ *n* luz *f* verde

goal [gəul] *n* meta; (*score*) gol *m*; **goalkeeper** *n* portero; **goal post** *n* poste *m* (de la portería)

goat [gəut] *n* cabra *f*

gobble ['gɔbl] *vt* (*also*: **~ down, ~ up**) engullir

god [gɔd] *n* dios *m*; **G~** Dios *m*; **godchild** *n* ahijado/a; **goddaughter** *n* ahijada; **goddess** *n* diosa; **godfather** *n* padrino; **godmother** *n* madrina; **godson** *n* ahijado

goggles ['gɔglz] *npl* gafas *fpl*

going ['gəuɪŋ] *n* (*conditions*) cosas *fpl* ▷ *adj*: **the ~ rate** la tarifa corriente *or* en vigor

gold [gəuld] *n* oro ▷ *adj* de oro; **golden** *adj* (*made of gold*) de oro; (*colour*) dorado; **goldfish** *n* pez *m* de colores; **goldmine** *n* mina de oro; **gold-plated** *adj* chapado en oro

golf [gɔlf] *n* golf *m*; **golf ball** *n* (*for game*) pelota de golf; (*on typewriter*) esfera impresora; **golf club** *n* club *m* de golf; (*stick*) palo (de golf); **golf course** *n* campo de golf; **golfer** *n* golfista *mf*

gone [gɔn] *pp of* **go**

gong [gɔŋ] *n* gong *m*

good [gʊd] *adj* bueno; (*before m sg n*) buen; (*well-behaved*) educado ▷ *n* bien *m*; **~!** ¡qué bien!; **he's ~ at it** se le da bien; **to be ~ for** servir para; **it's ~ for you** te hace bien; **would you be ~ enough to ...?** ¿podría hacerme el favor de ...?, ¿sería tan amable de ...?; **a ~ deal (of)** mucho; **a ~ many** muchos; **to make ~** reparar; **it's no ~ complaining** no sirve de nada quejarse; **for ~** (*for ever*) para siempre, definitivamente; **~ morning/afternoon** ¡buenos días/buenas tardes!; **~ evening!** ¡buenas noches!; **~ night!** ¡buenas noches!

goodbye [gʊd'baɪ] *excl* ¡adiós!; **to say ~ (to)** (*person*) despedirse (de)

good: Good Friday *n* Viernes *m* Santo; **good-looking** *adj* guapo; **good-natured** *adj* (*person*) de buen carácter; **goodness** *n* (*of person*) bondad *f*; **for goodness sake!** ¡por Dios!; **goodness gracious!** ¡madre mía!; **goods** *npl* (*Comm etc*) mercancías *fpl*; **goods train** *n* (BRIT) tren *m* de mercancías; **goodwill** *n* buena voluntad *f*

google ['guːgəl] *vt, vi* buscar en Google®

goose (*pl* **geese**) [guːs, giːs] *n* ganso, oca

gooseberry ['guzbərɪ] *n* grosella espinosa *or* silvestre; **to play ~** hacer de carabina

gorge [gɔːdʒ] *n* garganta ▷ *vr*: **to ~ o.s. (on)** atracarse (de)

gorgeous ['gɔːdʒəs] *adj* precioso; (*weather*) estupendo; (*person*) guapísimo

gorilla [gə'rɪlə] *n* gorila *m*

gosh [gɔʃ] (*inf*) *excl* ¡cielos!

gospel ['gɔspl] *n* evangelio

gossip ['gɔsɪp] *n* cotilleo; (*person*) cotilla *mf* ▷ *vi* cotillear; **gossip column** *n* ecos *mpl* de sociedad

got [gɔt] *pt, pp of* **get**

gotten ['gɔtn] (US) *pp of* **get**

gourmet ['guəmeɪ] *n* gastrónomo/a

govern ['gʌvən] *vt* gobernar; **government** *n* gobierno; **governor** *n* gobernador(a) *m/f*; (*of school etc*) miembro del consejo; (*of jail*) director(a) *m/f*

gown [gaʊn] *n* vestido; (*of teacher, judge*) toga

GP *n abbr* (*Med*) = **general practitioner**

GPS *n abbr* (= *global positioning system*) GPS *m*

grab [græb] *vt* agarrar, coger (SP); **to ~ at** intentar agarrar

grace [greɪs] *n* gracia ▷ *vt* honrar; (*adorn*) adornar; **5 days' ~** un plazo de 5 días; **graceful** *adj* grácil, ágil; (*style, shape*) elegante, gracioso; **gracious** ['greɪʃəs] *adj* amable

grade [greɪd] *n* (*quality*) clase *f*, calidad *f*; (*in hierarchy*) grado; (*Scol: mark*) nota; (US: *Scol*) curso ▷ *vt* clasificar; **grade crossing** *n* (US) paso a nivel; **grade school** *n* (US) escuela primaria

gradient ['greɪdɪənt] *n* pendiente *f*

gradual ['grædjʊəl] *adj* gradual; **gradually** *adv* gradualmente

graduate *n* ['grædjʊɪt] licenciado/a, graduado/a ▷ *vi* ['grædjʊeɪt] licenciarse, graduarse; **graduation** [grædju'eɪʃən] *n* graduación *f*; (US *Scol*) entrega de los títulos de bachillerato

graffiti [grə'fiːtɪ] *npl* pintadas *fpl*

graft [grɑːft] *n* (*Agr, Med*) injerto; (*bribery*) corrupción *f* ▷ *vt* injertar; **hard ~** (*inf*) trabajo duro

grain [greɪn] *n* (*single particle*) grano; (*no pl: cereals*) cereales *mpl*; (*in wood*) veta

gram [græm] *n* gramo

grammar ['græmə^{r}] *n* gramática; **grammar school** *n* (BRIT) ≈ instituto (de segunda enseñanza)

gramme [græm] *n* = **gram**

gran [græn] *n* (BRIT *inf*) abuela

grand [grænd] *adj* magnífico, imponente; (*wonderful*) estupendo; (*gesture etc*) grandioso; **grandad** (*inf*) *n* = **granddad**; **grandchild** (*pl*

grandchildren) *n* nieto/a; **granddad** *n* yayo, abuelito; **granddaughter** *n* nieta; **grandfather** *n* abuelo; **grandma** *n* yaya, abuelita; **grandmother** *n* abuela; **grandpa** *n* = **granddad**; **grandparents** *npl* abuelos *mpl*; **grand piano** *n* piano de cola; **Grand Prix** ['grɑ̃:'pri:] *n* (*Aut*) gran premio, Grand Prix *m*; **grandson** *n* nieto

granite ['grænɪt] *n* granito

granny ['grænɪ] *n* abuelita, yaya

grant [grɑ:nt] *vt* (*concede*) conceder; (*admit*): **to ~ (that)** reconocer (que) ▷ *n* (*Scol*) beca; **to take sth for ~ed** dar algo por sentado

grape [greɪp] *n* uva

grapefruit ['greɪpfru:t] *n* pomelo (SC, SP), toronja (LAM)

graph [grɑ:f] *n* gráfica; **graphic** ['græfɪk] *adj* gráfico; **graphics** *n* artes *fpl* gráficas ▷ *npl* (*drawings*, *Comput*) gráficos *mpl*

grasp [grɑ:sp] *vt* agarrar, asir; (*understand*) comprender ▷ *n* (*grip*) asimiento; (*understanding*) comprensión *f*

grass [grɑ:s] *n* hierba; (*lawn*) césped *m*; **grasshopper** *n* saltamontes *m inv*

grate [greɪt] *n* parrilla ▷ *vi* chirriar ▷ *vt* (*Culin*) rallar

grateful ['greɪtful] *adj* agradecido

grater ['greɪtəʳ] *n* rallador *m*

gratitude ['grætɪtju:d] *n* agradecimiento

grave [greɪv] *n* tumba ▷ *adj* serio, grave

gravel ['grævl] *n* grava

gravestone ['greɪvstəun] *n* lápida

graveyard ['greɪvjɑ:d] *n* cementerio

gravity ['grævɪtɪ] *n* gravedad *f*

gravy ['greɪvɪ] *n* salsa de carne

gray [greɪ] *adj* (US) = **grey**

graze [greɪz] *vi* pacer ▷ *vt* (*touch lightly, scrape*) rozar ▷ *n* (*Med*) rozadura

grease [gri:s] *n* (*fat*) grasa; (*lubricant*) lubricante *m* ▷ *vt* engrasar; **greasy** *adj* grasiento

great [greɪt] *adj* grande; (*inf*) estupendo; **Great Britain** *n* Gran Bretaña; **great-grandfather** *n* bisabuelo; **great-grandmother** *n* bisabuela; **greatly** *adv* muy; (*with verb*) mucho

Greece [gri:s] *n* Grecia

greed [gri:d] *n* (*also*: **~iness**) codicia; (*for food*) gula; (*for power etc*) avidez *f*; **greedy** *adj* codicioso; (*for food*) glotón/ona

Greek [gri:k] *adj* griego ▷ *n* griego/a; (*Ling*) griego

green [gri:n] *adj* verde; (*inexperienced*) novato ▷ *n* verde *m*; (*stretch of grass*) césped *m*; (*of golf course*) green *m*; **the G~ party** (*Pol*) el partido verde; **greens** *npl* verduras *fpl*; **green card** *n* (*Aut*) carta verde; (US: *work permit*) *permiso de trabajo para los extranjeros en EE. UU.*; **greengage** *n* (ciruela) claudia; **greengrocer** *n* (BRIT) verdulero/a; **greenhouse** *n* invernadero; **greenhouse effect** *n* efecto invernadero; **green tax** *n* ecotasa, impuesto ecológico

Greenland ['gri:nlənd] *n* Groenlandia

green salad *n* ensalada *f* (*de lechuga, pepino, pimiento verde, etc*)

greet [gri:t] *vt* saludar; (*news*) recibir; **greeting** *n* (*welcome*) bienvenida; **greeting(s) card** *n* tarjeta de felicitación

grew [gru:] *pt of* **grow**

grey [greɪ] *adj* gris; **grey-haired** *adj* canoso; **greyhound** *n* galgo

grid [grɪd] *n* rejilla; (*Elec*) red *f*; **gridlock** *n* retención *f*

grief [gri:f] *n* dolor *m*, pena

grievance ['gri:vəns] *n* motivo de queja, agravio

grieve [gri:v] *vi* afligirse, acongojarse ▷ *vt* afligir, apenar; **to ~ for** llorar por

grill [grɪl] *n* (*on cooker*) parrilla ▷ *vt* (BRIT) asar a la parrilla; (*question*) interrogar

grille [grɪl] *n* rejilla

grim [grɪm] *adj* (*place*) lúgubre; (*person*) adusto
grime [graɪm] *n* mugre *f*
grin [grɪn] *n* sonrisa abierta ▷ *vi*: **to ~ (at)** sonreír abiertamente (a)
grind [graɪnd] (*pt, pp* **ground**) *vt* (*coffee, pepper etc*) moler; (*US*: *meat*) picar; (*make sharp*) afilar ▷ *n*: **the daily ~** (*inf*) la rutina diaria
grip [grɪp] *n* (*hold*) asimiento; (*handle*) asidero ▷ *vt* agarrar; **to get to ~s with** enfrentarse con; **to lose one's ~** (*fig*) perder el control; **gripping** *adj* absorbente
grit [grɪt] *n* gravilla; (*courage*) valor *m* ▷ *vt* (*road*) poner gravilla en; **to ~ one's teeth** apretar los dientes
grits [grɪts] *npl* (*US*) maíz *msg* a medio moler
groan [grəun] *n* gemido, quejido ▷ *vi* gemir, quejarse
grocer ['grəusəʳ] *n* tendero (de ultramarinos); **~'s (shop)** *n* tienda de ultramarinos *or* (*LAm*) de abarrotes; **groceries** *npl* comestibles *mpl*; **grocery** *n* (*shop*) tienda de ultramarinos
groin [grɔɪn] *n* ingle *f*
groom [gru:m] *n* mozo/a de cuadra; (*also*: **bride~**) novio ▷ *vt* (*horse*) almohazar; (*fig*): **to ~ sb for** preparar a algn para; **well-~ed** acicalado
groove [gru:v] *n* ranura; surco
grope [grəup] *vi*: **to ~ for** buscar a tientas
gross [grəus] *adj* (*neglect, injustice*) grave; (*vulgar*: *behaviour*) grosero; (: *appearance*) de mal gusto; (*Comm*) bruto; **grossly** *adv* (*greatly*) enormemente
grotesque [grə'tɛsk] *adj* grotesco
ground [graund] *pt, pp of* **grind** ▷ *n* suelo, tierra; (*Sport*) campo, terreno; (*reason*: *gen pl*) motivo, razón *f*; (*US*: *also*: **~ wire**) tierra ▷ *vt* (*plane*) mantener en tierra; (*US Elec*) conectar con tierra; **grounds** *npl* (*of coffee etc*) poso *sg*; (*gardens etc*) jardines *mpl*, parque *m*; **on the ~** en el suelo; **to gain/lose ~** ganar/perder terreno; **to the ~** al suelo; **ground floor** *n* (*BRIT*) planta baja; **groundsheet** (*BRIT*) *n* tela impermeable; **groundwork** *n* trabajo preliminar
group [gru:p] *n* grupo; (*Mus*: *pop group*) conjunto, grupo ▷ *vt* (*also*: **~ together**) agrupar ▷ *vi* agruparse
grouse [graus] *n* (*pl inv*: *bird*) urogallo ▷ *vi* (*complain*) quejarse
grovel ['grɔvl] *vi* (*fig*) arrastrarse
grow (*pt* **grew**, *pp* **grown**) [grəu, gru:, grəun] *vi* crecer; (*increase*) aumentar; (*expand*) desarrollarse; (*become*) volverse ▷ *vt* cultivar; (*hair, beard*) dejar crecer; **to ~ rich/weak** enriquecerse/debilitarse; **grow on** *vt fus*: **that painting is ~ing on me** ese cuadro me gusta cada vez más; **grow up** *vi* crecer, hacerse hombre/mujer
growl [graul] *vi* gruñir
grown [grəun] *pp of* **grow**; **grown-up** *n* adulto/a, mayor *mf*
growth [grəuθ] *n* crecimiento, desarrollo; (*what has grown*) brote *m*; (*Med*) tumor *m*
grub [grʌb] *n* gusano; (*inf*: *food*) comida
grubby ['grʌbɪ] *adj* sucio, mugriento
grudge [grʌdʒ] *n* rencor ▷ *vt*: **to ~ sb sth** dar algo a algn de mala gana; **to bear sb a ~** guardar rencor a algn
gruelling, (*US*) **grueling** *adj* agotador
gruesome ['gru:səm] *adj* horrible
grumble ['grʌmbl] *vi* refunfuñar, quejarse
grumpy ['grʌmpɪ] *adj* gruñón/ona
grunt [grʌnt] *vi* gruñir
guarantee [gærən'ti:] *n* garantía ▷ *vt* garantizar
guard [ga:d] *n* guardia; (*person*) guarda *mf*; (*BRIT Rail*) jefe *m* de tren; (*on machine*) cubierta de protección; (*fireguard*) pantalla ▷ *vt* guardar; **to be on one's ~** (*fig*) estar en guardia;

guardian *n* guardián/ana *m/f*; (*of minor*) tutor(a) *m/f*

guerrilla [gə'rɪlə] *n* guerrillero/a

guess [gɛs] *vi*, *vt* adivinar; (*suppose*) suponer ▷ *n* suposición *f*, conjetura; **to take** *or* **have a ~** tratar de adivinar

guest [gɛst] *n* invitado/a; (*in hotel*) huésped(a) *m/f*; **guest room** *n* cuarto de huéspedes

guidance ['gaɪdəns] *n* (*advice*) consejos *mpl*

guide [gaɪd] *n* (*person*) guía *mf*; (*book*, *fig*) guía *f*; (*also*: **girl ~**) exploradora ▷ *vt* guiar; **guidebook** *n* guía; **guide dog** *n* perro guía; **guided tour** *n* visita *f* con guía; **guidelines** *npl* (*fig*) directrices *fpl*

guild [gɪld] *n* gremio

guilt [gɪlt] *n* culpabilidad *f*; **guilty** *adj* culpable

guinea pig *n* cobaya; (*fig*) conejillo de Indias

guitar [gɪ'tɑːʳ] *n* guitarra; **guitarist** *n* guitarrista *mf*

gulf [gʌlf] *n* golfo; (*abyss*) abismo

gull [gʌl] *n* gaviota

gulp [gʌlp] *vi* tragar saliva ▷ *vt* (*also*: **~ down**) tragarse

gum [gʌm] *n* (*Anat*) encía; (*glue*) goma, cemento (*LAm*); (*sweet*) gominola; (*also*: **chewing-~**) chicle *m* ▷ *vt* pegar con goma

gun [gʌn] *n* (*small*) pistola; (*shotgun*) escopeta; (*rifle*) fusil *m*; (*cannon*) cañón *m*; **gunfire** *n* disparos *mpl*; **gunman** *n* pistolero; **gunpoint** *n*: **at gunpoint** a mano armada; **gunpowder** *n* pólvora; **gunshot** *n* disparo

gush [gʌʃ] *vi* chorrear, salir a raudales; (*fig*) deshacerse en efusiones

gust [gʌst] *n* (*of wind*) ráfaga

gut [gʌt] *n* intestino; (*Mus etc*) cuerda de tripa; **guts** *npl* (*courage*) agallas *fpl*, valor *m*; (*inf*: *innards*: *of people*, *animals*) tripas *fpl*

gutter ['gʌtəʳ] *n* (*of roof*) canalón *m*; (*in street*) cuneta

guy [gaɪ] *n* (*also*: **~rope**) viento, cuerda; (*inf*: *man*) tío (*SP*), tipo

Guy Fawkes' Night [gaɪ'fɔːks-] *n* *ver nota* **"Guy Fawkes' Night"**

GUY FAWKES' NIGHT

La noche del cinco de noviembre, *Guy Fawkes' Night*, se celebra el fracaso de la conspiración de la pólvora (*Gunpowder Plot*), el intento fallido de volar el parlamento de Jaime I en 1605. Esa noche se lanzan fuegos artificiales y se queman en muchas hogueras muñecos de trapo que representan a *Guy Fawkes*, uno de los cabecillas. Días antes los niños tienen por costumbre pedir a los viandantes "*a penny for the guy*", dinero para comprar los cohetes.

gym [dʒɪm] *n* (*also*: **gymnasium**) gimnasio; (*also*: **gymnastics**) gimnasia; **gymnasium** *n* gimnasio; **gymnast** *n* gimnasta *mf*; **gymnastics** *n* gimnasia; **gym shoes** *npl* zapatillas *fpl* de gimnasia

gynaecologist, (*US*) **gynecologist** [gaɪnɪ'kɔlədʒɪst] *n* ginecólogo/a

gypsy ['dʒɪpsɪ] *n* = **gipsy**

h

haberdashery ['hæbə'dæʃərɪ] *n* (*BRIT*) mercería
habit ['hæbɪt] *n* hábito, costumbre *f*; (*drug habit*) adicción *f*
habitat ['hæbɪtæt] *n* hábitat *m*
hack [hæk] *vt* (*cut*) cortar; (*slice*) tajar ▷ *n* (*pej*: *writer*) escritor(a) *m/f* a sueldo; **hacker** *n* (*Comput*) pirata *m* informático
had [hæd] *pt*, *pp of* **have**
haddock ['hædək] (*pl* **haddock** *or* **haddocks**) *n especie de merluza*
hadn't ['hædnt] = **had not**
haemorrhage, (*US*) **hemorrhage** ['hɛmərɪdʒ] *n* hemorragia
haemorrhoids, (*US*) **hemorrhoids** ['hɛmərɔɪdz] *npl* hemorroides *fpl*
haggle ['hægl] *vi* regatear
Hague [heɪg] *n*: **The ~** La Haya
hail [heɪl] *n* (*weather*) granizo ▷ *vt* saludar; (*call*) llamar a ▷ *vi* granizar; **hailstone** *n* (piedra de) granizo
hair [hɛə^{r}] *n* pelo, cabellos *mpl*; (*one hair*) pelo, cabello; (*on legs etc*) vello; **to do one's ~** arreglarse el pelo; **grey ~** canas *fpl*; **hairband** *n* cinta; **hairbrush** *n* cepillo (para el pelo); **haircut** *n* corte *m* de pelo; **hairdo** *n* peinado; **hairdresser** *n* peluquero/a; **hairdresser's** peluquería; **hairdryer** *n* secador *m* (de pelo); **hair gel** *n* fijador; **hair spray** *n* laca; **hairstyle** *n* peinado; **hairy** *adj* peludo, velludo; (*inf*: *frightening*) espeluznante
haka ['hɑːkə] *n* (*NZ*) haka *m or f*
hake [heɪk] *n* merluza
half [hɑːf] (*pl* **halves**) *n* mitad *f*; (*of beer*) ≈ caña (*SP*), media pinta; (*Rail*) billete *m* de niño ▷ *adj* medio ▷ *adv* medio, a medias; **two and a ~** dos y media; **~ a dozen** media docena; **~ a pound** media libra, ≈ 250 gr.; **to cut sth in ~** cortar algo por la mitad; **half board** *n* (*BRIT*: *in hotel*) media pensión; **half-brother** *n* hermanastro; **half day** *n* medio día *m*, media jornada; **half fare** *n* medio pasaje *m*; **half-hearted** *adj* indiferente, poco entusiasta; **half-hour** *n* media hora; **half-price** *adj* a mitad de precio; **half term** *n* (*BRIT Scol*) *vacaciones de mediados del trimestre*; **half-time** *n* descanso; **halfway** *adv* a medio camino
hall [hɔːl] *n* (*for concerts*) sala; (*entrance way*) vestíbulo
hallmark ['hɔːlmɑːk] *n* sello
hallo [hə'ləu] *excl* = **hello**
hall of residence *n* (*BRIT*) residencia universitaria
Hallowe'en [hæləu'iːn] *n* víspera de Todos los Santos

HALLOWE'EN

La tradición anglosajona dice que en la noche del 31 de octubre, *Hallowe'en*, víspera de Todos los Santos, es fácil ver a brujas y fantasmas. Es una ocasión festiva

- en la que los niños se disfrazan y
- van de puerta en puerta llevando
- un farol hecho con una calabaza en
- forma de cabeza humana. Cuando
- se les abre la puerta gritan "*trick*
- *or treat*" para indicar que gastarán
- una broma a quien no les dé un
- pequeño regalo (como golosinas
- o dinero).

hallucination [həluːsɪˈneɪʃən] *n* alucinación *f*
hallway [ˈhɔːlweɪ] *n* vestíbulo
halo [ˈheɪləu] *n* (*of saint*) aureola, halo
halt [hɔːlt] *n* (*stop*) alto, parada ▷ *vt* parar ▷ *vi* pararse
halve [hɑːv] *vt* partir por la mitad
halves [hɑːvz] *pl of* **half**
ham [hæm] *n* jamón *m* (cocido)
hamburger [ˈhæmbəːgəʳ] *n* hamburguesa
hamlet [ˈhæmlɪt] *n* aldea
hammer [ˈhæməʳ] *n* martillo ▷ *vt* (*nail*) clavar; **to ~ a point home to sb** remacharle un punto a algn
hammock [ˈhæmək] *n* hamaca
hamper [ˈhæmpəʳ] *vt* estorbar ▷ *n* cesto
hamster [ˈhæmstəʳ] *n* hámster *m*
hamstring [ˈhæmstrɪŋ] *n* (*Anat*) tendón *m* de la corva
hand [hænd] *n* mano *f*; (*of clock*) aguja; (*writing*) letra; (*worker*) obrero ▷ *vt* dar, pasar; **to give sb a ~** echar una mano a algn, ayudar a algn; **at ~** a mano; **in ~** entre manos; **on ~** (*person, services*) a mano, al alcance; **to ~** (*information etc*) a mano; **on the one ~ ..., on the other ~ ...** por una parte ... por otra (parte) ...; **hand down** *vt* pasar, bajar; (*tradition*) transmitir; (*heirloom*) dejar en herencia; (*US: sentence, verdict*) imponer; **hand in** *vt* entregar; **hand out** *vt* distribuir; **hand over** *vt* (*deliver*) entregar; **handbag** *n* bolso, cartera (*LAm*); **hand baggage** *n* = **hand luggage**; **handbook** *n* manual *m*; **handbrake** *n* freno de mano; **handcuffs** *npl* esposas *fpl*; **handful** *n* puñado
handicap [ˈhændɪkæp] *n* desventaja; (*Sport*) hándicap *m* ▷ *vt* estorbar
handkerchief [ˈhæŋkətʃɪf] *n* pañuelo
handle [ˈhændl] *n* (*of door etc*) pomo, tirador *m*; (*of cup etc*) asa; (*of knife etc*) mango; (*for winding*) manivela ▷ *vt* (*touch*) tocar; (*deal with*) encargarse de; (*treat: people*) manejar; **"~ with care"** "(manéjese) con cuidado"; **to fly off the ~** perder los estribos; **handlebar(s)** *n*(*pl*) manillar *msg*
hand: hand luggage *n* equipaje *m* de mano; **handmade** *adj* hecho a mano; **handout** *n* (*charity*) limosna; (*leaflet*) folleto
hands-free [ˈhændzfriː] *adj* (*Tel: telephone*) manos libres; **~ kit** manos libres *m inv*
handsome [ˈhænsəm] *adj* guapo
handwriting [ˈhændraɪtɪŋ] *n* letra
handy [ˈhændɪ] *adj* (*close at hand*) a mano; (*machine, tool etc*) práctico; (*skilful*) hábil, diestro
hang [hæŋ] (*pt, pp* **hung**) *vt* colgar; (*criminal*) ahorcar; **to get the ~ of sth** (*inf*) coger el tranquillo a algo; **hang about, hang around** *vi* haraganear; **hang down** *vi* colgar, pender; **hang on** *vi* (*wait*) esperar; **hang out** *vt* (*washing*) tender, colgar ▷ *vi* (*inf: live*) vivir; **to ~ out of sth** colgar fuera de algo; **hang round** *vi* = **hang about**; **hang up** *vt* colgar ▷ *vi* (*Tel*) colgar
hanger [ˈhæŋəʳ] *n* percha
hang-gliding [ˈhæŋglaɪdɪŋ] *n* vuelo con ala delta
hangover [ˈhæŋəuvəʳ] *n* (*after drinking*) resaca
hankie, hanky [ˈhæŋkɪ] *n abbr* = **handkerchief**
happen [ˈhæpən] *vi* suceder, ocurrir; (*chance*): **he ~ed to hear/see** dio la casualidad de que oyó/vio; **as it ~s** da la casualidad de que

happily ['hæpɪlɪ] *adv* (*luckily*) afortunadamente; (*cheerfully*) alegremente
happiness ['hæpɪnɪs] *n* felicidad *f*; (*joy*) alegría
happy ['hæpɪ] *adj* feliz; (*cheerful*) alegre; **to be ~ (with)** estar contento (con); **yes, I'd be ~ to** sí, con mucho gusto; **~ birthday!** ¡feliz cumpleaños!
harass ['hærəs] *vt* acosar, hostigar; **harassment** *n* persecución *f*
harbour, (US) **harbor** ['hɑːbəʳ] *n* puerto ▷ *vt* (*fugitive*) dar abrigo a; (*hope etc*) abrigar
hard [hɑːd] *adj* duro; (*difficult*) difícil; (*work*) arduo; (*person*) severo ▷ *adv* (*work*) mucho, duro; (*think*) profundamente; **to look ~ at sb/sth** clavar los ojos en algn/algo; **to try ~** esforzarse; **no ~ feelings!** ¡sin rencor(es)!; **to be ~ of hearing** ser duro de oído; **to be ~ done by** ser tratado injustamente; **hardback** *n* libro de tapa dura; **hardboard** *n* aglomerado *m* (*de madera*); **hard disk** *n* (*Comput*) disco duro; **harden** *vt* endurecer; (*fig*) curtir ▷ *vi* endurecerse; (*fig*) curtirse
hardly ['hɑːdlɪ] *adv* apenas; **~ ever** casi nunca
hard: hardship *n* (*troubles*) penas *fpl*; (*financial*) apuro; **hard shoulder** *n* (*Aut*) arcén *m*; **hard-up** *adj* (*inf*) sin un duro (SP), sin plata (LAM); **hardware** *n* ferretería; (*Comput*) hardware *m*; **hardware shop,** (US) **hardware store** *n* ferretería; **hard-working** *adj* trabajador(a)
hardy ['hɑːdɪ] *adj* fuerte; (*plant*) resistente
hare [hɛəʳ] *n* liebre *f*
harm [hɑːm] *n* daño, mal *m* ▷ *vt* (*person*) hacer daño a; (*health, interests*) perjudicar; (*thing*) dañar; **out of ~'s way** a salvo; **harmful** *adj* dañino; **harmless** *adj* (*person*) inofensivo; (*joke etc*) inocente
harmony ['hɑːmənɪ] *n* armonía
harness ['hɑːnɪs] *n* arreos *mpl* ▷ *vt* (*horse*) enjaezar; (*resources*) aprovechar
harp [hɑːp] *n* arpa ▷ *vi*: **to ~ on (about)** machacar (con)
harsh [hɑːʃ] *adj* (*cruel*) duro, cruel; (*severe*) severo
harvest ['hɑːvɪst] *n* (*harvest time*) siega; (*of cereals etc*) cosecha; (*of grapes*) vendimia ▷ *vt* cosechar
has [hæz] *vb see* **have**
hashtag ['hæʃtæg] *n* (*on Twitter*) hashtag *m*
hasn't ['hæznt] = **has not**
hassle ['hæsl] *n* (*inf*) lío, rollo ▷ *vt* incordiar
haste [heɪst] *n* prisa; **hasten** ['heɪsn] *vt* acelerar ▷ *vi* darse prisa; **hastily** *adv* de prisa; **hasty** *adj* apresurado
hat [hæt] *n* sombrero
hatch *n* (*Naut*: *also*: **~way**) escotilla ▷ *vi* salir del cascarón ▷ *vt* incubar; (*scheme, plot*) tramar; **5 eggs have ~ed** han salido 5 pollos
hatchback ['hætʃbæk] *n* (*Aut*) tres *or* cinco puertas *m*
hate [heɪt] *vt* odiar, aborrecer ▷ *n* odio; **hatred** ['heɪtrɪd] *n* odio
haul [hɔːl] *vt* tirar ▷ *n* (*of fish*) redada; (*of stolen goods etc*) botín *m*
haunt [hɔːnt] *vt* (*ghost*) aparecer en; (*obsess*) obsesionar ▷ *n* guarida; **haunted** *adj* (*castle etc*) embrujado; (*look*) de angustia

KEYWORD

have [hæv] (*pt*, *pp* **had**) *aux vb* **1** haber; **to have arrived/eaten** haber llegado/comido; **having finished** *or* **when he had finished, he left** cuando hubo acabado, se fue
2 (*in tag questions*): **you've done it, haven't you?** lo has hecho, ¿verdad? *or* ¿no?
3 (*in short answers and questions*): **I haven't** no; **so I have** pues, es

verdad; **we haven't paid — yes we have!** no hemos pagado — ¡sí que hemos pagado!; **I've been there before, have you?** he estado allí antes, ¿y tú?
▶ *modal aux vb* (*be obliged*): **to have (got) to do sth** tener que hacer algo; **you haven't to tell her** no hay que *or* no debes decírselo
▶ *vt* **1** (*possess*); **he has (got) blue eyes/dark hair** tiene los ojos azules/el pelo negro
2 (*referring to meals etc*): **to have breakfast/lunch/dinner** desayunar/comer/cenar; **to have a drink/a cigarette** tomar algo/fumar un cigarrillo
3 (*receive*) recibir; **may I have your address?** ¿puedes darme tu dirección?; **you can have it for £5** te lo puedes quedar por £5; **I must have it by tomorrow** lo necesito para mañana; **to have a baby** tener un niño *or* bebé
4 (*maintain, allow*): **I won't have it!** ¡no lo permitiré!; **I won't have this nonsense!** ¡no permitiré estas tonterías!; **we can't have that** no podemos permitir eso
5: **to have sth done** hacer *or* mandar hacer algo; **to have one's hair cut** cortarse el pelo; **to have sb do sth** hacer que algn haga algo
6 (*experience, suffer*): **to have a cold/flu** tener un resfriado/la gripe; **she had her bag stolen/her arm broken** le robaron el bolso/se rompió un brazo; **to have an operation** operarse
7 (+ *noun*): **to have a swim/walk/bath/rest** nadar/dar un paseo/darse un baño/descansar; **let's have a look** vamos a ver; **to have a meeting/party** celebrar una reunión/una fiesta; **let me have a try** déjame intentarlo

haven ['heɪvn] *n* puerto; (*fig*) refugio

haven't ['hævnt] = **have not**

havoc ['hævək] *n* estragos *mpl*

Hawaii [hə'waɪiː] *n* (Islas *fpl*) Hawai *m*

hawk [hɔːk] *n* halcón *m*

hawthorn ['hɔːθɔːn] *n* espino

hay [heɪ] *n* heno; **hay fever** *n* fiebre *f* del heno; **haystack** *n* almiar *m*

hazard ['hæzəd] *n* peligro ▷ *vt* aventurar; **hazardous** *adj* peligroso; **hazard warning lights** *npl* (*Aut*) señales *fpl* de emergencia

haze [heɪz] *n* neblina

hazel ['heɪzl] *n* (*tree*) avellano ▷ *adj* (*eyes*) color *m* de avellano; **hazelnut** *n* avellana

hazy ['heɪzɪ] *adj* brumoso; (*idea*) vago

he [hiː] *pron* él; **he who ...** aquél que ..., quien ...

head [hɛd] *n* cabeza; (*leader*) jefe/a *m/f* ▷ *vt* (*list*) encabezar; (*group*) capitanear; **~s (or tails)** cara (o cruz); **~ first** de cabeza; **~ over heels in love** perdidamente enamorado; **to ~ the ball** cabecear (el balón); **head for** *vt fus* dirigirse a; (*disaster*) ir camino de; **head off** *vt* (*threat, danger*) evitar; **headache** *n* dolor *m* de cabeza; **heading** *n* título; **headlamp** *n* (BRIT) = **headlight**; **headlight** *n* faro; **headline** *n* titular *m*; **head office** *n* oficina central, central *f*; **headphones** *npl* auriculares *mpl*; **headquarters** *npl* sede *f* central; (*Mil*) cuartel *m* general; **headroom** *n* (*in car*) altura interior; (*under bridge*) (límite *m* de) altura; **headscarf** *n* pañuelo; **headset** *n* cascos *mpl*; **head teacher** *n* director(a); **head waiter** *n* maître *m*

heal [hiːl] *vt* curar ▷ *vi* cicatrizar

health [hɛlθ] *n* salud *f*; **health care** *n* asistencia sanitaria; **health centre** *n* ambulatorio, centro médico; **health food** *n* alimentos *mpl* orgánicos; **Health Service** *n* (BRIT) servicio de salud pública, ≈ Insalud *m* (SP); **healthy** *adj* sano; saludable

heap [hiːp] *n* montón *m* ▷ *vt* amontonar; **~s of** (*inf: lots*) montones de; **to ~ favours/praise/gifts** *etc* **on sb** colmar a algn de favores/elogios/regalos *etc*

hear [hɪəʳ] (*pt, pp* **heard**) *vt* oír; (*news*) saber ▷ *vi* oír; **to ~ about** oír hablar de; **to ~ from sb** tener noticias de algn

heard [hə:d] *pt, pp of* **hear**

hearing ['hɪərɪŋ] *n* (*sense*) oído; (*Law*) vista; **hearing aid** *n* audífono

hearse [hə:s] *n* coche *m* fúnebre

heart [hɑ:t] *n* corazón *m*; (*fig*) valor *m*; (*of lettuce*) cogollo; **hearts** *npl* (*Cards*) corazones *mpl*; **at ~** en el fondo; **by ~** (*learn, know*) de memoria; **to take ~** cobrar ánimos; **heart attack** *n* infarto (de miocardio); **heartbeat** *n* latido (del corazón); **heartbroken** *adj*: **she was heartbroken about it** eso le partió el corazón; **heartburn** *n* acedía; **heart disease** *n* enfermedad *f* cardíaca

hearth [hɑ:θ] *n* (*fireplace*) chimenea

heartless ['hɑ:tlɪs] *adj* despiadado

hearty ['hɑ:tɪ] *adj* (*person*) campechano; (*laugh*) sano; (*dislike, support*) absoluto

heat [hi:t] *n* calor *m*; (*Sport*: *also*: **qualifying ~**) prueba eliminatoria ▷ *vt* calentar; **heat up** *vi* calentarse ▷ *vt* calentar; **heated** *adj* caliente; (*fig*) acalorado; **heater** *n* calentador *m*, estufa

heather ['hɛðəʳ] *n* brezo

heating ['hi:tɪŋ] *n* calefacción *f*

heatwave ['hi:tweɪv] *n* ola de calor

heaven ['hɛvn] *n* cielo; (*Rel*) paraíso; **heavenly** *adj* celestial

heavily ['hɛvɪlɪ] *adv* pesadamente; (*drink, smoke*) en exceso; (*sleep, sigh*) profundamente

heavy ['hɛvɪ] *adj* pesado; (*work*) duro; (*sea, rain, meal*) fuerte; (*drinker, smoker*) empedernido; (*responsibility*) grave; (*schedule*) ocupado; (*weather*) bochornoso; **~ goods vehicle** *n* vehículo pesado

Hebrew ['hi:bru:] *adj, n* (*Ling*) hebreo

hectare ['hɛktɑ:ʳ] *n* (BRIT) hectárea

hectic ['hɛktɪk] *adj* agitado

he'd [hi:d] = **he would; he had**

hedge [hɛdʒ] *n* seto ▷ *vi* contestar con evasivas; **to ~ one's bets** (*fig*) cubrirse

hedgehog ['hɛdʒhɔg] *n* erizo

heed [hi:d] *vt* (*also*: **take ~ of**) hacer caso de

heel [hi:l] *n* talón *m*; (*of shoe*) tacón *m* ▷ *vt* (*shoe*) poner tacón a

hefty ['hɛftɪ] *adj* (*person*) fornido; (*price*) alto

height [haɪt] *n* (*of person*) talla, estatura; (*of building*) altura; (*high ground*) cerro; (*altitude*) altitud *f*; **at the ~ of summer** en los días más calurosos del verano; **heighten** *vt* elevar; (*fig*) aumentar

heir [ɛəʳ] *n* heredero; **heiress** *n* heredera

held [hɛld] *pt, pp of* **hold**

helicopter ['hɛlɪkɔptəʳ] *n* helicóptero

hell [hɛl] *n* infierno; **oh ~!** (*inf*) ¡demonios!

he'll [hi:l] = **he will; he shall**

hello [hə'ləu] *excl* ¡hola!; (*to attract attention*) ¡oiga!; (*surprise*) ¡caramba!

helmet ['hɛlmɪt] *n* casco

help [hɛlp] *n* ayuda; (*cleaner etc*) criada, asistenta ▷ *vt* ayudar; **~!** ¡socorro!; **~ yourself** sírvete; **he can't ~ it** no lo puede evitar; **help out** *vi* ayudar, echar una mano ▷ *vt*: **to ~ sb out** ayudar a algn, echar una mano a algn; **helper** *n* ayudante *mf*; **helpful** *adj* útil; (*person*) servicial; **helping** *n* ración *f*; **helpless** *adj* (*incapable*) incapaz; (*defenceless*) indefenso; **helpline** *n* teléfono de asistencia al público

hem [hɛm] *n* dobladillo ▷ *vt* poner *or* coser el dobladillo a

hemisphere ['hɛmɪsfɪəʳ] *n* hemisferio

hemorrhage ['hɛmərɪdʒ] *n* (US) = **haemorrhage**

hemorrhoids ['hɛmərɔɪdz] *npl* (US) = **haemorrhoids**

h

hen [hɛn] *n* gallina; (*female bird*) hembra
hence [hɛns] *adv* (*therefore*) por lo tanto; **two years ~** de aquí a dos años
hen night *n* (*inf*) despedida de soltera
hepatitis [hɛpə'taɪtɪs] *n* hepatitis *f inv*
her [hə:ʳ] *pron* (*direct*) la; (*indirect*) le; (*stressed, after prep*) ella ▷ *adj* su; *see also* **me; my**
herb [hə:b] *n* hierba; **herbal** ['hə:bl] *adj* de hierbas; **herbal tea** *n* infusión *f* de hierbas
herd [hə:d] *n* rebaño
here [hɪəʳ] *adv* aquí; **~!** (*present*) ¡presente!; **~ is/are** aquí está/están; **~ she is** aquí está
hereditary [hɪ'rɛdɪtrɪ] *adj* hereditario
heritage ['hɛrɪtɪdʒ] *n* patrimonio
hernia ['hə:nɪə] *n* hernia
hero ['hɪərəu] (*pl* **heroes**) *n* héroe *m*; (*in book, film*) protagonista *m*; **heroic** [hɪ'rəuɪk] *adj* heroico
heroin ['hɛrəuɪn] *n* heroína
heroine ['hɛrəuɪn] *n* heroína; (*in book, film*) protagonista
heron ['hɛrən] *n* garza
herring ['hɛrɪŋ] (*pl inv*) *n* arenque *m*
hers [hə:z] *pron* (el) suyo/(la) suya *etc*; *see also* **mine**
herself [hə:'sɛlf] *pron* (*reflexive*) se; (*emphatic*) ella misma; (*after prep*) sí (misma); *see also* **oneself**
he's [hi:z] = **he is; he has**
hesitant ['hɛzɪtənt] *adj* indeciso
hesitate ['hɛzɪteɪt] *vi* vacilar; (*in speech*) titubear; (*be unwilling*) resistirse a; **hesitation** [hɛzɪ'teɪʃən] *n* indecisión *f*
heterosexual [hɛtərəu'sɛksjuəl] *adj, n* heterosexual *mf*
hexagon ['hɛksəgən] *n* hexágono
hey [heɪ] *excl* ¡oye!, ¡oiga!
heyday ['heɪdeɪ] *n*: **the ~ of** el apogeo de
HGV *n abbr* = **heavy goods vehicle**
hi [haɪ] *excl* ¡hola!
hibernate ['haɪbəneɪt] *vi* invernar
hiccough, hiccup ['hɪkʌp] *vi* hipar
hid [hɪd] *pt of* **hide**
hidden ['hɪdn] *pp of* **hide** ▷ *adj*: **~ agenda** plan *m* encubierto
hide [haɪd] (*pt* **hid**, *pp* **hidden**) *n* (*skin*) piel *f* ▷ *vt* esconder; ocultar ▷ *vi*: **to ~ (from sb)** esconderse *or* ocultarse (de algn)
hideous ['hɪdɪəs] *adj* horrible
hiding ['haɪdɪŋ] *n* (*beating*) paliza; **to be in ~** (*concealed*) estar escondido
hi-fi ['haɪfaɪ] *n* estéreo, hifi *m* ▷ *adj* de alta fidelidad
high [haɪ] *adj* alto; (*speed, number*) grande; (*price*) elevado; (*wind*) fuerte; (*voice*) agudo ▷ *adv* alto, a gran altura; **it is 20 m ~** tiene 20 m de altura; **~ in the air** en las alturas; **highchair** *n* silla alta (para niños); **high-class** *adj* (*hotel*) de lujo; (*person*) distinguido, de categoría; (*food*) de alta categoría; **higher education** *n* educación *f or* enseñanza superior; **high heels** *npl* (*heels*) tacones *mpl* altos; (*shoes*) zapatos *mpl* de tacón; **high jump** *n* (*Sport*) salto de altura; **highlands** *npl* tierras *fpl* altas; **the Highlands** (*in Scotland*) las Tierras Altas de Escocia; **highlight** *n* (*fig*: *of event*) punto culminante ▷ *vt* subrayar; **highlights** *npl* (*in hair*) reflejos *mpl*; **highlighter** *n* rotulador; **highly** *adv* sumamente; **highly paid** muy bien pagado; **to speak highly of** hablar muy bien de; **highness** *n* altura; **Her** *or* **His Highness** Su Alteza; **high-rise** *n* (*also*: **high-rise block, high-rise building**) torre *f* de pisos; **high school** *n* ≈ Instituto Nacional de Bachillerato (*SP*); **high season** *n* (*BRIT*) temporada alta; **high street** *n* (*BRIT*) calle *f* mayor; **high-tech** (*inf*) *adj* al-tec (*inf*), de alta tecnología; **highway** *n* carretera; (*US*) autopista; **Highway Code** *n* (*BRIT*) código de la circulación
hijack ['haɪdʒæk] *vt* secuestrar; **hijacker** *n* secuestrador(a) *m/f*

hike [haɪk] *vi* (*go walking*) ir de excursión (a pie) ▷ *n* caminata; **hiker** *n* excursionista *mf*; **hiking** *n* senderismo

hilarious [hɪˈleərɪəs] *adj* divertidísimo

hill [hɪl] *n* colina; (*high*) montaña; (*slope*) cuesta; **hillside** *n* ladera; **hill walking** *n* senderismo (de montaña); **hilly** *adj* montañoso

him [hɪm] *pron* (*direct*) le, lo; (*indirect*) le; (*stressed, after prep*) él; *see also* **me**; **himself** *pron* (*reflexive*) se; (*emphatic*) él mismo; (*after prep*) sí (mismo); *see also* **oneself**

hind [haɪnd] *adj* posterior

hinder [ˈhɪndəʳ] *vt* estorbar, impedir

hindsight [ˈhaɪndsaɪt] *n*: **with ~** en retrospectiva

Hindu [ˈhɪnduː] *n* hindú *mf*; **Hinduism** [ˈhɪnduːɪzm] *n* (*Rel*) hinduismo

hinge [hɪndʒ] *n* bisagra, gozne *m* ▷ *vi* (*fig*): **to ~ on** depender de

hint [hɪnt] *n* indirecta; (*advice*) consejo ▷ *vt*: **to ~ that** insinuar que ▷ *vi*: **to ~ at** aludir a

hip [hɪp] *n* cadera

hippie [ˈhɪpɪ] *n* hippie *mf*, jipi *mf*

hippo [ˈhɪpəu] (*pl* **hippos**) *n* hipopótamo; **hippopotamus** (*pl* **hippopotamuses** *or* **hippopotami**) [hɪpəˈpɔtəməs, -ˈpɔtəmaɪ] *n* hipopótamo

hippy [ˈhɪpɪ] *n* = **hippie**

hire [ˈhaɪəʳ] *vt* (BRIT: *car, equipment*) alquilar; (*worker*) contratar ▷ *n* alquiler *m*; **for ~** se alquila; (*taxi*) libre; **hire(d) car** *n* (BRIT) coche *m* de alquiler; **hire purchase** *n* (BRIT) compra a plazos; **to buy sth on hire purchase** comprar algo a plazos

his [hɪz] *pron* (el) suyo/(la) suya *etc* ▷ *adj* su; *see also* **my; mine**

Hispanic [hɪsˈpænɪk] *adj* hispánico

hiss [hɪs] *vi* silbar

historian [hɪˈstɔːrɪən] *n* historiador(a) *m/f*

historic(al) [hɪˈstɔrɪk(l)] *adj* histórico

history [ˈhɪstərɪ] *n* historia

hit [hɪt] *vt* (*strike*) golpear, pegar; (*reach*: *target*) alcanzar; (*collide with*: *car*) chocar contra; (*fig*: *affect*) afectar ▷ *n* golpe *m*; (*success*) éxito; (*on website*) visita; (*in web search*) correspondencia; **to ~ it off with sb** llevarse bien con algn; **hit back** *vi* defenderse; (*fig*) devolver golpe por golpe

hitch [hɪtʃ] *vt* (*fasten*) atar, amarrar; (*also*: **~ up**) arremangarse ▷ *n* (*difficulty*) problema, pega; **to ~ a lift** hacer autostop

hitch-hike [ˈhɪtʃhaɪk] *vi* hacer autostop; **hitch-hiker** *n* autostopista *mf*; **hitch-hiking** *n* autostop *m*

hi-tech [haɪˈtɛk] *adj* de alta tecnología

hitman [ˈhɪtmæn] *n* asesino a sueldo

HIV *n abbr* (= *human immunodeficiency virus*) VIH *m*; **~-negative** VIH negativo; **~-positive** VIH positivo, seropositivo

hive [haɪv] *n* colmena

hoard [hɔːd] *n* (*treasure*) tesoro; (*stockpile*) provisión *f* ▷ *vt* acumular

hoarse [hɔːs] *adj* ronco

hoax [həuks] *n* engaño

hob [hɔb] *n* quemador *m*

hobble [ˈhɔbl] *vi* cojear

hobby [ˈhɔbɪ] *n* pasatiempo, afición *f*

hobo [ˈhəubəu] *n* (*us*) vagabundo

hockey [ˈhɔkɪ] *n* hockey *m*; **hockey stick** *n* palo *m* de hockey

hog [hɔg] *n* cerdo, puerco ▷ *vt* (*fig*) acaparar; **to go the whole ~** echar el todo por el todo

Hogmanay [hɔgməˈneɪ] *n* Nochevieja

HOGMANAY

La Nochevieja o *New Year's Eve* se conoce como *Hogmanay* en Escocia, donde se festeje de forma especial. La familia y los amigos se suelen juntar para oír las campanadas del reloj y luego se hace el *first-footing*,

- costumbre que consiste en visitar a
- los amigos y vecinos llevando algo
- de beber (generalmente whisky) y
- un trozo de carbón que se supone
- que traerá buena suerte para el año
- entrante.

hoist [hɔɪst] *n* (*crane*) grúa ▷ *vt* levantar, alzar

hold [həʊld] (*pt, pp* **held**) *vt* sostener; (*contain*) contener; (*have: power, qualification*) tener; (*keep back*) retener; (*believe*) sostener; (*meeting*) celebrar ▷ *vi* (*withstand: pressure*) resistir; (*be valid*) ser válido; (*stick*) pegarse ▷ *n* (*grasp*) asimiento; (*fig*) dominio; **~ the line!** (*Tel*) ¡no cuelgue!; **to ~ one's own** (*fig*) defenderse; **to catch** *or* **get (a) ~ of** agarrarse *or* asirse de; **hold back** *vt* retener; (*secret*) ocultar; **hold on** *vi* agarrarse bien; (*wait*) esperar; **~ on!** (*Tel*) ¡(espere) un momento!; **hold out** *vt* ofrecer ▷ *vi* (*resist*) resistir; **hold up** *vt* (*raise*) levantar; (*support*) apoyar; (*delay*) retrasar; (*rob*) asaltar; **holdall** *n* (BRIT) bolsa; **holder** *n* (*of ticket, record*) poseedor(a) *m/f*; (*of passport, post, office, title etc*) titular *mf*

hole [həʊl] *n* agujero

holiday ['hɔlədɪ] *n* vacaciones *fpl*; (*day off*) (día *m* de) fiesta, día *m* festivo *or* feriado (LAM); **on ~** de vacaciones; **holiday camp** *n* (BRIT) colonia *or* centro vacacional; **holiday job** *n* (BRIT) trabajo para las vacaciones; **holidaymaker** *n* (BRIT) turista *mf*; **holiday resort** *n* centro turístico

Holland ['hɔlənd] *n* Holanda

hollow ['hɔləʊ] *adj* hueco; (*fig*) vacío; (*eyes*) hundido; (*sound*) sordo ▷ *n* hueco; (*in ground*) hoyo ▷ *vt*: **to ~ out** ahuecar

holly ['hɔlɪ] *n* acebo

Hollywood ['hɔlɪwʊd] *n* Hollywood *m*

holocaust ['hɔləkɔːst] *n* holocausto

holy ['həʊlɪ] *adj* santo, sagrado; (*water*) bendito

home [həʊm] *n* casa; (*country*) patria; (*institution*) asilo ▷ *adj* (*domestic*) casero, de casa; (*Econ, Pol*) nacional ▷ *adv* (*direction*) a casa; **at ~** en casa; **to go/come ~** ir/volver a casa; **make yourself at ~** ¡estás en tu casa!; **home address** *n* domicilio; **homeland** *n* tierra natal; **homeless** *adj* sin hogar, sin casa; **homely** *adj* (*simple*) sencillo; **home-made** *adj* casero; **home match** *n* partido en casa; **Home Office** *n* (BRIT) Ministerio del Interior; **home owner** *n* propietario/a de una casa; **home page** *n* (*Comput*) página de inicio; **Home Secretary** *n* (BRIT) Ministro del Interior; **homesick** *adj*: **to be homesick** tener morriña *or* nostalgia; **home town** *n* ciudad *f* natal; **homework** *n* deberes *mpl*

homicide ['hɔmɪsaɪd] *n* (US) homicidio

homoeopathic, (US) **homeopathic** [həʊmɪəʊ'pæθɪk] *adj* homeopático

homoeopathy, (US) **homeopathy** [həʊmɪ'ɔpəθɪ] *n* homeopatía

homosexual [hɔməʊ'sɛksjʊəl] *adj*, *n* homosexual *mf*

honest ['ɔnɪst] *adj* honrado; (*sincere*) franco, sincero; **honestly** *adv* honradamente; francamente; **honesty** *n* honradez *f*

honey ['hʌnɪ] *n* miel *f*; **honeymoon** *n* luna de miel; **honeysuckle** *n* madreselva

Hong Kong ['hɔŋ'kɔŋ] *n* Hong-Kong *m*

honorary ['ɔnərərɪ] *adj* no remunerado; (*duty, title*) honorífico; **~ degree** doctorado honoris causa

honour, (US) **honor** ['ɔnəʳ] *vt* honrar; (*commitment, promise*) cumplir con ▷ *n* honor *m*, honra; **honourable,** (US) **honorable** ['ɔnərəbl] *adj* honorable; **honours degree** *n* (*Univ*) *licenciatura superior*

hood [hʊd] *n* capucha; (BRIT *Aut*) capota; (US *Aut*) capó *m*; (*of cooker*) campana de humos; **hoodie** ['hudɪ] *n* (*pullover*) sudadera *f* con capucha; (*young person*) capuchero/a

hoof (*pl* **hoofs** *or* **hooves**) [hu:f, hu:vz] *n* pezuña

hook [huk] *n* gancho; (*on dress*) corchete *m*, broche *m*; (*for fishing*) anzuelo ▷ *vt* enganchar

hooligan ['hu:lɪgən] *n* gamberro

hoop [hu:p] *n* aro

hooray [hu:'reɪ] *excl* = **hurrah**

hoot [hu:t] *vi* (BRIT *Aut*) tocar la bocina; (*siren*) sonar; (*owl*) ulular

hooves [hu:vz] *pl of* **hoof**

hop [hɔp] *vi* saltar, brincar; (*on one foot*) saltar con un pie

hope [həup] *vt, vi* esperar ▷ *n* esperanza; **I ~ so/not** espero que sí/no; **hopeful** *adj* (*person*) optimista; (*situation*) prometedor(a); **hopefully** *adv* con esperanza; **hopefully he will recover** esperamos que se recupere; **hopeless** *adj* desesperado

hops [hɔps] *npl* lúpulo *sg*

horizon [hə'raɪzn] *n* horizonte *m*; **horizontal** [hɔrɪ'zɔntl] *adj* horizontal

hormone ['hɔ:məun] *n* hormona

horn [hɔ:n] *n* cuerno; (*Mus*: *also*: **French ~**) trompa; (*Aut*) bocina, claxon *m*

horoscope ['hɔrəskəup] *n* horóscopo

horrendous [hɔ'rɛndəs] *adj* horrendo

horrible ['hɔrɪbl] *adj* horrible

horrid ['hɔrɪd] *adj* horrible, horroroso

horrific [hɔ'rɪfɪk] *adj* (*accident*) horroroso; (*film*) horripilante

horrifying ['hɔrɪfaɪɪŋ] *adj* horroroso

horror ['hɔrəʳ] *n* horror *m*; **horror film** *n* película de terror *or* miedo

hors d'œuvre [ɔ:'də:vrə] *n* entremeses *mpl*

horse [hɔ:s] *n* caballo; **horseback** *n*: **on horseback** a caballo; **horse chestnut** *n* (*tree*) castaño de Indias; (*nut*) castaña de Indias; **horsepower** *n* caballo (de fuerza), potencia en caballos; **horse-racing** *n* carreras *fpl* de caballos; **horseradish** *n* rábano picante; **horse riding** *n* (BRIT) equitación *f*

hose [həuz] *n* (*also*: **~pipe**) manguera

hospital ['hɔspɪtl] *n* hospital *m*

hospitality [hɔspɪ'tælɪtɪ] *n* hospitalidad *f*

host [həust] *n* anfitrión *m*; (*TV, Radio*) presentador(a) *m/f*; (*Rel*) hostia; (*large number*): **a ~ of** multitud de

hostage ['hɔstɪdʒ] *n* rehén *m*

hostel ['hɔstl] *n* hostal *m*; **(youth) ~** albergue *m* juvenil

hostess ['həustɪs] *n* anfitriona; (BRIT: *air hostess*) azafata; (*TV, Radio*) presentadora

hostile ['hɔstaɪl] *adj* hostil

hostility [hɔ'stɪlɪtɪ] *n* hostilidad *f*

hot [hɔt] *adj* caliente; (*weather*) caluroso, de calor; (*as opposed to only warm*) muy caliente; (*spicy*) picante; **to be ~** (*person*) tener calor; (*object*) estar caliente; (*weather*) hacer calor; **hot dog** *n* perrito caliente

hotel [həu'tɛl] *n* hotel *m*

hotspot ['hɔt'spɔt] *n* (*Comput*: *also*: **wireless ~**) punto de acceso inalámbrico

hot-water bottle [hɔt'wɔ:tə-] *n* bolsa de agua caliente

hound [haund] *vt* acosar ▷ *n* perro de caza

hour ['auəʳ] *n* hora; **hourly** *adj* (de) cada hora

house [haus] *n* casa; (*Pol*) cámara; (*Theat*) sala ▷ *vt* [hauz] (*person*) alojar; **it's on the ~** (*fig*) la casa invita; **household** *n* familia; **householder** *n* propietario/a; (*head of house*) cabeza de familia; **housekeeper** *n* ama de llaves; **housekeeping** *n* (*work*) trabajos *mpl* domésticos; **housewife** *n* ama de casa; **house wine** *n* vino *m* de la casa; **housework** *n* faenas *fpl* (de la casa)

housing ['hauzɪŋ] *n* (*act*) alojamiento; (*houses*) viviendas *fpl*; **housing development,** (*BRIT*) **housing estate** *n* urbanización *f*

hover ['hɔvəʳ] *vi* flotar (en el aire); **hovercraft** *n* aerodeslizador *m*

how [hau] *adv* cómo; **~ are you?** ¿cómo estás?; **~ long have you been here?** ¿cuánto (tiempo) hace que estás aquí?, ¿cuánto (tiempo) llevas aquí?; **~ lovely!** ¡qué bonito!; **~ many/much?** ¿cuántos/cuánto?; **~ much does it cost?** ¿cuánto cuesta?; **~ old are you?** ¿cuántos años tienes?; **~ is school?** ¿qué tal la escuela?; **~ was the film?** ¿qué tal la película?

however [haʊ'ɛvəʳ] *adv* de cualquier manera; (*+ adjective*) por muy ... que; (*in questions*) cómo ▷ *conj* sin embargo, no obstante; **~ I do it** lo haga como lo haga; **~ cold it is** por mucho frío que haga; **~ did you do it?** ¿cómo lo hiciste?

howl [haʊl] *n* aullido ▷ *vi* aullar; (*person*) dar alaridos; (*wind*) ulular

HP *n abbr* (*BRIT*) = **hire purchase**

hp *abbr* = **horsepower**

HQ *n abbr* = **headquarters**

hr(s) *abbr* (= *hour(s)*) h

HTML *n abbr* (= *hypertext markup language*) HTML *m*

hubcap ['hʌbkæp] *n* tapacubos *m inv*

huddle ['hʌdl] *vi*: **to ~ together** amontonarse

huff [hʌf] *n*: **in a ~** enojado

hug [hʌg] *vt* abrazar ▷ *n* abrazo

huge [hju:dʒ] *adj* enorme

hull [hʌl] *n* (*of ship*) casco

hum [hʌm] *vt* tararear, canturrear ▷ *vi* tararear, canturrear; (*insect*) zumbar

human ['hju:mən] *adj* humano

humane [hju:'meɪn] *adj* humano, humanitario

humanitarian [hju:mænɪ'tɛərɪən] *adj* humanitario

humanity [hju:'mænɪtɪ] *n* humanidad *f*

human rights *npl* derechos *mpl* humanos

humble ['hʌmbl] *adj* humilde

humid ['hju:mɪd] *adj* húmedo; **humidity** [hju'mɪdɪtɪ] *n* humedad *f*

humiliate [hju:'mɪlɪeɪt] *vt* humillar

humiliating [hju:'mɪlɪeɪtɪŋ] *adj* humillante, vergonzoso

humiliation [hju:mɪlɪ'eɪʃən] *n* humillación *f*

hummus ['hʊməs] *n* humus *m*

humorous ['hju:mərəs] *adj* gracioso, divertido

humour, (*US*) **humor** ['hju:məʳ] *n* humorismo, sentido del humor; (*mood*) humor *m* ▷ *vt* (*person*) complacer

hump [hʌmp] *n* (*in ground*) montículo; (*camel's*) giba

hunch [hʌntʃ] *n* (*premonition*) presentimiento

hundred ['hʌndrəd] *num* ciento; (*before n*) cien; **~s of** centenares de; **hundredth** *adj* centésimo

hung [hʌŋ] *pt, pp of* **hang**

Hungarian [hʌŋ'gɛərɪən] *adj* húngaro ▷ *n* húngaro/a

Hungary ['hʌŋgərɪ] *n* Hungría

hunger ['hʌŋgəʳ] *n* hambre *f* ▷ *vi*: **to ~ for** (*fig*) tener hambre de, anhelar

hungry ['hʌŋgrɪ] *adj* hambriento; **to be ~** tener hambre

hunt [hʌnt] *vt* (*seek*) buscar; (*Sport*) cazar ▷ *vi* (*search*): **to ~ (for)** buscar; (*Sport*) cazar ▷ *n* caza, cacería; **hunter** *n* cazador(a) *m/f*; **hunting** *n* caza

hurdle ['hə:dl] *n* (*Sport*) valla; (*fig*) obstáculo

hurl [hə:l] *vt* lanzar, arrojar

hurrah [hu'rɑ:], **hurray** [hu'reɪ] *n* ¡viva!

hurricane ['hʌrɪkən] *n* huracán *m*

hurry ['hʌrɪ] *n* prisa ▷ *vt* (*person*) dar prisa a; (*work*) apresurar, hacer de prisa; **to be in a ~** tener prisa; **hurry up** *vi* darse prisa, apurarse (*LAM*)

hurt [hə:t] (*pt, pp* **hurt**) *vt* hacer daño a ▷ *vi* doler ▷ *adj* lastimado

husband ['hʌzbənd] *n* marido

hush [hʌʃ] *n* silencio ▷ *vt* hacer callar; **~!** ¡chitón!, ¡cállate!

husky ['hʌskɪ] *adj* ronco ▷ *n* perro esquimal
hut [hʌt] *n* cabaña; (*shed*) cobertizo
hyacinth ['haɪəsɪnθ] *n* jacinto
hydrangea [haɪ'dreɪnʒə] *n* hortensia
hydrofoil ['haɪdrəfɔɪl] *n* aerodeslizador *m*
hydrogen ['haɪdrədʒən] *n* hidrógeno
hygiene ['haɪdʒi:n] *n* higiene *f*; **hygienic** [haɪ'dʒi:nɪk] *adj* higiénico
hymn [hɪm] *n* himno
hype [haɪp] *n* (*inf*) bombo
hyperlink ['haɪpəlɪŋk] *n* hiperenlace *m*
hyphen ['haɪfn] *n* guión *m*
hypnotize ['hɪpnətaɪz] *vt* hipnotizar
hypocrite ['hɪpəkrɪt] *n* hipócrita *mf*
hypocritical [hɪpə'krɪtɪkl] *adj* hipócrita
hypothesis (*pl* **hypotheses**) [haɪ'pɔθɪsɪs, -si:z] *n* hipótesis *f inv*
hysterical [hɪ'stɛrɪkl] *adj* histérico
hysterics [hɪ'stɛrɪks] *npl* histeria *sg*, histerismo *sg*; **to be in ~** (*fig*) morirse de risa

I

I [aɪ] *pron* yo
ice [aɪs] *n* hielo ▷ *vt* (*cake*) alcorzar ▷ *vi* (*also*: **~ over, ~ up**) helarse; **iceberg** *n* iceberg *m*; **ice cream** *n* helado; **ice cube** *n* cubito de hielo; **ice hockey** *n* hockey *m* sobre hielo
Iceland ['aɪslənd] *n* Islandia; **Icelander** *n* islandés/esa *m/f*; **Icelandic** *adj* islandés/esa ▷ *n* (*Ling*) islandés *m*
ice: ice lolly *n* (BRIT) polo; **ice rink** *n* pista de hielo; **ice-skating** *n* patinaje *m* sobre hielo
icing ['aɪsɪŋ] *n* (*Culin*) alcorza; **icing sugar** *n* (BRIT) azúcar *m* glas(eado)
icon ['aɪkɔn] *n* icono
ICT *n abbr* (= *Information and Communication(s) Technology*) TIC *f*; (BRIT *Scol*) informática
icy ['aɪsɪ] *adj* helado
I'd [aɪd] = **I would; I had**
ID card *n* (*identity card*) DNI *m*
idea [aɪ'dɪə] *n* idea

ideal [aɪ'diəl] *n* ideal *m* ▷ *adj* ideal; **ideally** [aɪ'diəlɪ] *adv*
identical [aɪ'dɛntɪkl] *adj* idéntico
identification [aɪdɛntɪfɪ'keɪʃən] *n* identificación *f*; **means of ~** documentos *mpl* personales
identify [aɪ'dɛntɪfaɪ] *vt* identificar
identity [aɪ'dɛntɪtɪ] *n* identidad *f*; **identity card** *n* carnet *m* de identidad; **identity theft** *n* robo de identidad
ideology [aɪdɪ'ɔlədʒɪ] *n* ideología
idiom ['ɪdɪəm] *n* modismo; (*style of speaking*) lenguaje *m*

Be careful not to translate *idiom* by the Spanish word *idioma*.

idiot ['ɪdɪət] *n* idiota *mf*
idle ['aɪdl] *adj* (*inactive*) ocioso; (*lazy*) holgazán/ana; (*unemployed*) parado, desocupado; (*talk*) frívolo ▷ *vi* (*machine*) funcionar *or* marchar en vacío
idol ['aɪdl] *n* ídolo
idyllic [ɪ'dɪlɪk] *adj* idílico
i.e. *abbr* (= *id est*) es decir
if [ɪf] *conj* si; **if necessary** si resultase necesario; **if I were you** yo en tu lugar; **if only** si solamente; **as if** como si
ignite [ɪg'naɪt] *vt* (*set fire to*) encender ▷ *vi* encenderse
ignition [ɪg'nɪʃən] *n* (*Aut: process*) ignición *f*; (: *mechanism*) encendido; **to switch on/off the ~** arrancar/apagar el motor
ignorance ['ɪgnərəns] *n* ignorancia
ignorant ['ɪgnərənt] *adj* ignorante; **to be ~ of** ignorar
ignore [ɪg'nɔːʳ] *vt* (*person*) no hacer caso de; (*fact*) pasar por alto
ill [ɪl] *adj* enfermo, malo ▷ *n* mal *m* ▷ *adv* mal; **to take** *or* **be taken ~** caer *or* ponerse enfermo
I'll [aɪl] = **I will; I shall**
illegal [ɪ'liːgl] *adj* ilegal
illegible [ɪ'lɛdʒɪbl] *adj* ilegible
illegitimate [ɪlɪ'dʒɪtɪmət] *adj* ilegítimo
ill health *n* mala salud *f*; **to be in ~** estar mal de salud
illiterate [ɪ'lɪtərət] *adj* analfabeto
illness ['ɪlnɪs] *n* enfermedad *f*
illuminate [ɪ'luːmɪneɪt] *vt* (*room, street*) iluminar, alumbrar
illusion [ɪ'luːʒən] *n* ilusión *f*
illustrate ['ɪləstreɪt] *vt* ilustrar
illustration [ɪlə'streɪʃən] *n* (*example*) ejemplo, ilustración *f*; (*in book*) lámina
I'm [aɪm] = **I am**
image ['ɪmɪdʒ] *n* imagen *f*
imaginary [ɪ'mædʒɪnərɪ] *adj* imaginario
imagination [ɪmædʒɪ'neɪʃən] *n* imaginación *f*; (*inventiveness*) inventiva
imaginative [ɪ'mædʒɪnətɪv] *adj* imaginativo
imagine [ɪ'mædʒɪn] *vt* imaginarse
imam [ɪ'mɑːm] *n* imán *m*
imbalance [ɪm'bæləns] *n* desequilibrio
imitate ['ɪmɪteɪt] *vt* imitar; **imitation** [ɪmɪ'teɪʃən] *n* imitación *f*; (*copy*) copia
immaculate [ɪ'mækjulət] *adj* inmaculado
immature [ɪmə'tjuəʳ] *adj* (*person*) inmaduro
immediate [ɪ'miːdɪət] *adj* inmediato; (*pressing*) urgente, apremiante; (*nearest: family*) próximo; (: *neighbourhood*) inmediato; **immediately** *adv* (*at once*) en seguida; (*directly*) inmediatamente; **immediately next to** justo al lado de
immense [ɪ'mɛns] *adj* inmenso, enorme; **immensely** *adv* enormemente
immerse [ɪ'mɜːs] *vt* (*submerge*) sumergir; **to be ~d in** (*fig*) estar absorto en
immigrant ['ɪmɪgrənt] *n* inmigrante *mf*; **immigration** [ɪmɪ'greɪʃən] *n* inmigración *f*
imminent ['ɪmɪnənt] *adj* inminente
immoral [ɪ'mɔrl] *adj* inmoral
immortal [ɪ'mɔːtl] *adj* inmortal
immune [ɪ'mjuːn] *adj*: **~ (to)** inmune (a); **immune system** *n* sistema *m* inmunitario
immunize ['ɪmjunaɪz] *vt* inmunizar

impact ['ɪmpækt] *n* impacto
impair [ɪm'peəʳ] *vt* perjudicar
impartial [ɪm'pɑ:ʃl] *adj* imparcial
impatience [ɪm'peɪʃəns] *n* impaciencia
impatient [ɪm'peɪʃənt] *adj* impaciente; **to get** *or* **grow ~** impacientarse
impeccable [ɪm'pɛkəbl] *adj* impecable
impending [ɪm'pɛndɪŋ] *adj* inminente
imperative [ɪm'pɛrətɪv] *adj* (*tone*) imperioso; (*necessary*) imprescindible
imperfect [ɪm'pə:fɪkt] *adj* (*goods etc*) defectuoso ▷ *n* (*Ling: also:* **~ tense**) imperfecto
imperial [ɪm'pɪərɪəl] *adj* imperial
impersonal [ɪm'pə:sənl] *adj* impersonal
impersonate [ɪm'pə:səneɪt] *vt* hacerse pasar por
impetus ['ɪmpətəs] *n* ímpetu *m*; (*fig*) impulso
implant [ɪm'plɑ:nt] *vt* (*Med*) injertar, implantar; (*fig: idea, principle*) inculcar
implement *n* ['ɪmplɪmənt] herramienta ▷ *vt* ['ɪmplɪmɛnt] hacer efectivo; (*carry out*) realizar
implicate ['ɪmplɪkeɪt] *vt* (*compromise*) comprometer; **to ~ sb in sth** comprometer a algn en algo
implication [ɪmplɪ'keɪʃən] *n* consecuencia; **by ~** indirectamente
implicit [ɪm'plɪsɪt] *adj* implícito; absoluto
imply [ɪm'plaɪ] *vt* (*involve*) suponer; (*hint*) insinuar
impolite [ɪmpə'laɪt] *adj* mal educado
import *vt* [ɪm'pɔ:t] importar ▷ *n* ['ɪmpɔ:t] (*Comm*) importación *f*; (*: article*) producto importado; (*meaning*) significado, sentido
importance [ɪm'pɔ:təns] *n* importancia
important [ɪm'pɔ:tənt] *adj* importante; **it's not ~** no importa, no tiene importancia
importer [ɪm'pɔ:təʳ] *n* importador(a) *m/f*
impose [ɪm'pəuz] *vt* imponer ▷ *vi*: **to ~ on sb** abusar de algn; **imposing** *adj* imponente, impresionante
impossible [ɪm'pɔsɪbl] *adj* imposible; (*person*) insoportable
impotent ['ɪmpətənt] *adj* impotente
impoverished [ɪm'pɔvərɪʃt] *adj* necesitado
impractical [ɪm'præktɪkl] *adj* (*person*) poco práctico
impress [ɪm'prɛs] *vt* impresionar; (*mark*) estampar; **to ~ sth on sb** convencer a algn de la importancia de algo
impression [ɪm'prɛʃən] *n* impresión *f*; **to be under the ~ that** tener la impresión de que
impressive [ɪm'prɛsɪv] *adj* impresionante
imprison [ɪm'prɪzn] *vt* encarcelar; **imprisonment** *n* encarcelamiento; (*term of imprisonment*) cárcel *f*
improbable [ɪm'prɔbəbl] *adj* improbable, inverosímil
improper [ɪm'prɔpəʳ] *adj* (*incorrect*) impropio; (*unseemly*) indecoroso; (*indecent*) indecente; (*dishonest: activities*) deshonesto
improve [ɪm'pru:v] *vt* mejorar; (*foreign language*) perfeccionar ▷ *vi* mejorar; **improvement** *n* mejora; perfeccionamiento
improvise ['ɪmprəvaɪz] *vt, vi* improvisar
impulse ['ɪmpʌls] *n* impulso; **to act on ~** actuar sin reflexionar; **impulsive** [ɪm'pʌlsɪv] *adj* irreflexivo

KEYWORD

in [ɪn] *prep* **1** (*indicating place, position, with place names*) en; **in the house/garden** en (la) casa/el jardín; **in here/there** aquí/ahí *or* allí dentro; **in London/England** en Londres/Inglaterra

2 (*indicating time*) en; **in spring** en (la) primavera; **in 1988/May** en 1988/mayo; **in the afternoon** por la tarde; **at four o'clock in the afternoon** a las cuarto de la tarde; **I did it in three hours/days** lo hice en tres horas/días; **I'll see you in two weeks** *or* **in two weeks' time** te veré dentro de dos semanas
3 (*indicating manner etc*) en; **in a loud/soft voice** en voz alta/baja; **in pencil/ink** a lápiz/bolígrafo; **the boy in the blue shirt** el chico de la camisa azul
4 (*indicating circumstances*): **in the sun/shade** al sol/a la sombra; **in the rain** bajo la lluvia; **a change in policy** un cambio de política
5 (*indicating mood, state*): **in tears** llorando; **in anger/despair** enfadado/desesperado; **to live in luxury** vivir lujosamente
6 (*with ratios, numbers*): **1 in 10 households, 1 household in 10** una de cada 10 familias; **20 pence in the pound** 20 peniques por libra; **they lined up in twos** se alinearon de dos en dos
7 (*referring to people, works*) en; entre; **the disease is common in children** la enfermedad es común entre los niños; **in (the works of) Dickens** en (las obras de) Dickens
8 (*indicating profession etc*): **to be in teaching** dedicarse a la enseñanza
9 (*after superlative*) de; **the best pupil in the class** el/la mejor alumno/a de la clase
10 (*with present participle*): **in saying this** al decir esto
▶ *adv*: **to be in** (*person*: *at home*) estar en casa; (: *at work*) estar; (*train, ship, plane*) haber llegado; (*in fashion*) estar de moda; **she'll be in later today** llegará más tarde hoy; **to ask sb in** hacer pasar a algn; **to run/limp** *etc* **in** entrar corriendo/cojeando *etc*
▶ *n*: **the ins and outs** (*of proposal, situation etc*) los detalles

inability [ɪnə'bɪlɪtɪ] *n*: **~ (to do)** incapacidad *f* (de hacer)
inaccurate [ɪn'ækjurət] *adj* inexacto, incorrecto
inadequate [ɪn'ædɪkwət] *adj* (*insufficient*) insuficiente; (*person*) incapaz
inadvertently [ɪnəd'və:tntlɪ] *adv* por descuido
inappropriate [ɪnə'prəupɪrɪət] *adj* inadecuado
inaugurate [ɪ'nɔ:gjureɪt] *vt* inaugurar; (*president, official*) investir
Inc. *abbr* = **incorporated**
incapable [ɪn'keɪpəbl] *adj*: **~ (of doing sth)** incapaz (de hacer algo)
incense *n* ['ɪnsɛns] incienso ▷ *vt* [ɪn'sɛns] (*anger*) indignar, encolerizar
incentive [ɪn'sɛntɪv] *n* incentivo, estímulo
inch [ɪntʃ] *n* pulgada; **to be within an ~ of** estar a dos dedos de; **he didn't give an ~** no hizo la más mínima concesión
incidence ['ɪnsɪdns] *n* (*of crime, disease*) incidencia
incident ['ɪnsɪdnt] *n* incidente *m*
incidentally [ɪnsɪ'dɛntəlɪ] *adv* (*by the way*) por cierto
inclination [ɪnklɪ'neɪʃən] *n* (*tendency*) tendencia, inclinación *f*
incline [*n* 'ɪnklaɪn, *vt, vi* ɪn'klaɪn] *n* pendiente *f*, cuesta ▷ *vt* (*head*) poner de lado ▷ *vi* inclinarse; **to be ~d to** (*tend*) ser propenso a
include [ɪn'klu:d] *vt* incluir; (*in letter*) adjuntar; **including** *prep* incluso, inclusive; **including tip** propina incluida
inclusion [ɪn'klu:ʒən] *n* inclusión *f*
inclusive [ɪn'klu:sɪv] *adj* inclusivo; **~ of tax** incluidos los impuestos
income ['ɪnkʌm] *n* (*personal*) ingresos *mpl*; (*from property etc*) renta; (*profit*) rédito; **income support** *n* (BRIT)

≈ ayuda familiar; **income tax** *n* impuesto sobre la renta

incoming ['ɪnkʌmɪŋ] *adj* (*passengers, flight*) de llegada; (*government*) entrante; (*tenant*) nuevo

incompatible [ɪnkəm'pætɪbl] *adj* incompatible

incompetence [ɪn'kɔmpɪtəns] *n* incompetencia

incompetent [ɪn'kɔmpɪtənt] *adj* incompetente

incomplete [ɪnkəm'pli:t] *adj* incompleto; (*unfinished*) sin terminar

inconsistent [ɪnkən'sɪstnt] *adj* inconsecuente; (*contradictory*) incongruente; **~ with** que no concuerda con

inconvenience [ɪnkən'vi:njəns] *n* inconvenientes *mpl*; (*trouble*) molestia ▷ *vt* incomodar

inconvenient [ɪnkən'vi:njənt] *adj* incómodo, poco práctico; (*time, place*) inoportuno

incorporate [ɪn'kɔ:pəreɪt] *vt* incorporar; (*contain*) comprender; (*add*) agregar

incorporated [ɪn'kɔ:pəreɪtɪd] *adj*: **~ company** (*US*) ≈ Sociedad *f* Anónima (S.A.)

incorrect [ɪnkə'rɛkt] *adj* incorrecto

increase [*n* 'ɪnkri:s, *vi, vt* ɪn'kri:s] *n* aumento ▷ *vi* aumentar; (*grow*) crecer; (*price*) subir ▷ *vt* aumentar; (*price*) subir; **increasingly** *adv* cada vez más

incredible *adj* increíble; **incredibly** *adv* increíblemente

incur [ɪn'kə:ʳ] *vt* (*expenses*) incurrir en; (*loss*) sufrir; (*anger, disapproval*) provocar

indecent [ɪn'di:snt] *adj* indecente

indeed [ɪn'di:d] *adv* efectivamente, en realidad; (*in fact*) en efecto; (*furthermore*) es más; **yes ~!** ¡claro que sí!

indefinitely [ɪn'dɛfɪnɪtlɪ] *adv* (*wait*) indefinidamente

independence [ɪndɪ'pɛndns] *n* independencia; **Independence Day** *n* Día *m* de la Independencia

INDEPENDENCE DAY

El cuatro de julio es la fiesta nacional de los Estados Unidos, *Independence Day*, en conmemoración de la Declaración de Independencia escrita por Thomas Jefferson y adoptada en 1776. En ella se proclamaba la ruptura total con Gran Bretaña de las trece colonias americanas que fueron el origen de los Estados Unidos de América.

independent [ɪndɪ'pɛndənt] *adj* independiente; **independent school** *n* (BRIT) escuela *f* privada, colegio *m* privado

index ['ɪndɛks] *n* (*pl* **indexes**: *in book*) indices *m*; (*in library etc*) catálogo; (*pl* **indexes**: *ratio, sign*) exponente *m*

India ['ɪndɪə] *n* la India; **Indian** *adj, n* indio/a; (*infl*): **Red Indian** piel roja *mf*

indicate ['ɪndɪkeɪt] *vt* indicar; **indication** [ɪndɪ'keɪʃən] *n* indicio, señal *f*; **indicative** [ɪn'dɪkətɪv] *adj*: **to be indicative of sth** indicar algo; **indicator** *n* indicador *m*; (*Aut*) intermitente *m*

indices ['ɪndɪsi:z] *npl of* **index**

indict [ɪn'daɪt] *vt* acusar; **indictment** *n* acusación *f*

indifference [ɪn'dɪfrəns] *n* indiferencia

indifferent [ɪn'dɪfrənt] *adj* indiferente; (*poor*) regular

indigenous [ɪn'dɪdʒɪnəs] *adj* indígena

indigestion [ɪndɪ'dʒɛstʃən] *n* indigestión *f*

indignant [ɪn'dɪgnənt] *adj*: **to be ~ about sth** indignarse por algo

indirect [ɪndɪ'rɛkt] *adj* indirecto

indispensable [ɪndɪ'spɛnsəbl] *adj* indispensable, imprescindible

individual [ɪndɪ'vɪdjuəl] *n* individuo ▷ *adj* individual; (*personal*) personal; (*particular*) particular; **individually** *adv* individualmente

Indonesia [ɪndə'ni:zɪə] *n* Indonesia
indoor ['ɪndɔːʳ] *adj* (*swimming pool*) cubierto; (*plant*) de interior; (*sport*) bajo cubierta; **indoors** [ɪn'dɔːz] *adv* dentro
induce [ɪn'djuːs] *vt* inducir, persuadir; (*bring about*) producir
indulge [ɪn'dʌldʒ] *vt* (*whim*) satisfacer; (*person*) complacer; (*child*) mimar ▷ *vi*: **to ~ in** darse el gusto de; **indulgent** *adj* indulgente
industrial [ɪn'dʌstrɪəl] *adj* industrial; **industrial estate** *n* (BRIT) polígono *or* (LAM) zona industrial; **industrialist** *n* industrial *mf*; **industrial park** *n* (US) = **industrial estate**
industry ['ɪndəstrɪ] *n* industria; (*diligence*) aplicación *f*
inefficient [ɪnɪ'fɪʃənt] *adj* ineficaz, ineficiente
inequality [ɪnɪ'kwɔlɪtɪ] *n* desigualdad *f*
inevitable [ɪn'ɛvɪtəbl] *adj* inevitable; (*necessary*) forzoso; **inevitably** *adv* inevitablemente
inexpensive [ɪnɪk'spɛnsɪv] *adj* económico
inexperienced [ɪnɪk'spɪərɪənst] *adj* inexperto
inexplicable [ɪnɪk'splɪkəbl] *adj* inexplicable
infamous ['ɪnfəməs] *adj* infame
infant ['ɪnfənt] *n* niño/a; (*baby*) niño/a pequeño/a, bebé *mf*
infantry ['ɪnfəntrɪ] *n* infantería
infant school *n* (BRIT) escuela infantil
infect [ɪn'fɛkt] *vt* (*wound*) infectar; (*food*) contaminar; (*person, animal*) contagiar; **infection** [ɪn'fɛkʃən] *n* infección *f*; (*fig*) contagio; **infectious** [ɪn'fɛkʃəs] *adj* contagioso
infer [ɪn'fəːʳ] *vt* deducir, inferir
inferior [ɪn'fɪərɪəʳ] *adj*, *n* inferior *mf*
infertile [ɪn'fəːtaɪl] *adj* estéril; (*person*) infecundo
infertility [ɪnfəː'tɪlɪtɪ] *n* esterilidad *f*; infecundidad *f*
infested [ɪn'fɛstɪd] *adj*: **~ (with)** plagado (de)
infinite ['ɪnfɪnɪt] *adj* infinito; **infinitely** *adv* infinitamente
infirmary [ɪn'fəːmərɪ] *n* hospital *m*
inflamed [ɪn'fleɪmd] *adj*: **to become ~** inflamarse
inflammation [ɪnflə'meɪʃən] *n* inflamación *f*
inflatable [ɪn'fleɪtəbl] *adj* inflable
inflate [ɪn'fleɪt] *vt* (*tyre*) inflar; (*fig*) hinchar; **inflation** [ɪn'fleɪʃən] *n* (*Econ*) inflación *f*
inflexible [ɪn'flɛksɪbl] *adj* inflexible
inflict [ɪn'flɪkt] *vt*: **to ~ on** infligir en
influence ['ɪnfluəns] *n* influencia ▷ *vt* influir en, influenciar; **under the ~ of alcohol** en estado de embriaguez; **influential** [ɪnflu'ɛnʃl] *adj* influyente
influx ['ɪnflʌks] *n* afluencia
info ['ɪnfəu] *n* (*inf*) = **information**
inform [ɪn'fɔːm] *vt*: **to ~ sb of sth** informar a algn sobre *or* de algo ▷ *vi*: **to ~ on sb** delatar a algn
informal [ɪn'fɔːml] *adj* (*manner, tone*) desenfadado; (*dress, occasion*) informal; (*visit, meeting*) extraoficial
information [ɪnfə'meɪʃən] *n* información *f*; (*knowledge*) conocimientos *mpl*; **a piece of ~** un dato; **information office** *n* información *f*; **information technology** *n* informática
informative [ɪn'fɔːmətɪv] *adj* informativo
infra-red [ɪnfrə'rɛd] *adj* infrarrojo
infrastructure ['ɪnfrəstrʌktʃəʳ] *n* infraestructura
infrequent [ɪn'fri:kwənt] *adj* infrecuente
infuriate [ɪn'fjuərɪeɪt] *vt*: **to become ~d** ponerse furioso
infuriating [ɪn'fjuərɪeɪtɪŋ] *adj* (*habit, noise*) enloquecedor(a)
ingenious [ɪn'dʒiːnjəs] *adj* ingenioso
ingredient [ɪn'gri:dɪənt] *n* ingrediente *m*

inhabit [ɪn'hæbɪt] *vt* vivir en; **inhabitant** *n* habitante *mf*
inhale [ɪn'heɪl] *vt* inhalar ▷ *vi* (*breathe in*) aspirar; (*in smoking*) tragar; **inhaler** *n* inhalador *m*
inherent [ɪn'hɪərənt] *adj*: **~ in** *or* **to** inherente a
inherit [ɪn'hɛrɪt] *vt* heredar; **inheritance** *n* herencia; (*fig*) patrimonio
inhibit [ɪn'hɪbɪt] *vt* inhibir, impedir; **inhibition** [ɪnhɪ'bɪʃən] *n* cohibición *f*
initial [ɪ'nɪʃl] *adj* primero ▷ *n* inicial *f* ▷ *vt* firmar con las iniciales; **initials** *npl* iniciales *fpl*; (*abbreviation*) siglas *fpl*; **initially** *adv* en un principio
initiate [ɪ'nɪʃɪeɪt] *vt* iniciar; **to ~ proceedings against sb** (*Law*) poner una demanda contra algn
initiative [ɪ'nɪʃətɪv] *n* iniciativa; **to take the ~** tomar la iniciativa
inject [ɪn'dʒɛkt] *vt* inyectar; **injection** [ɪn'dʒɛkʃən] *n* inyección *f*
injure ['ɪndʒə^r] *vt* herir; (*hurt*) lastimar; (*fig*: *reputation etc*) perjudicar; **injured** *adj* herido; **injury** *n* herida, lesión *f*; (*wrong*) perjuicio, daño

Be careful not to translate *injury* by the Spanish word *injuria*.

injustice [ɪn'dʒʌstɪs] *n* injusticia
ink [ɪŋk] *n* tinta; **ink-jet printer** ['ɪŋkdʒɛt-] *n* impresora de chorro de tinta
inland *adj* ['ɪnlənd] interior ▷ *adv* [ɪn'lænd] tierra adentro; **Inland Revenue** *n* (BRIT) ≈ Hacienda, ≈ Agencia Tributaria
in-laws ['ɪnlɔ:z] *npl* suegros *mpl*
inmate ['ɪnmeɪt] *n* (*in prison*) preso/a, presidiario/a; (*in asylum*) internado/a
inn [ɪn] *n* posada, mesón *m*
inner ['ɪnə^r] *adj* interior; (*feelings*) íntimo; **inner-city** *adj* (*schools, problems*) de las zonas céntricas pobres, de los barrios céntricos pobres
inning ['ɪnɪŋ] *n* (*US Baseball*) inning *m*, entrada; **~s** (*Cricket*) entrada, turno
innocence ['ɪnəsns] *n* inocencia
innocent ['ɪnəsnt] *adj* inocente
innovation [ɪnəu'veɪʃən] *n* novedad *f*
innovative ['ɪnəuvətɪv] *adj* innovador
in-patient ['ɪnpeɪʃənt] *n* (paciente *mf*) interno/a
input ['ɪnput] *n* entrada; (*of resources*) inversión *f*; (*Comput*) entrada de datos
inquest ['ɪnkwɛst] *n* (*coroner's*) investigación *f* post-mortem
inquire [ɪn'kwaɪə^r] *vi* preguntar ▷ *vt*: **to ~ when/where/whether** preguntar cuándo/dónde/si; **to ~ about** (*person*) preguntar por; (*fact*) informarse de; **inquiry** *n* pregunta; (*Law*) investigación *f*, pesquisa; **"Inquiries"** "Información"
insane [ɪn'seɪn] *adj* loco; (*Med*) demente
insanity [ɪn'sænɪtɪ] *n* demencia, locura
insect ['ɪnsɛkt] *n* insecto; **insect repellent** *n* loción *f* contra los insectos
insecure [ɪnsɪ'kjuə^r] *adj* inseguro
insecurity [ɪnsɪ'kjuərɪtɪ] *n* inseguridad *f*
insensitive [ɪn'sɛnsɪtɪv] *adj* insensible
insert *vt* [ɪn'sə:t] (*into sth*) introducir; (*Comput*) insertar ▷ *n* ['ɪnsə:t] encarte *m*
inside ['ɪn'saɪd] *n* interior *m* ▷ *adj* interior, interno ▷ *adv* (*within*) (por) dentro; (*with movement*) hacia dentro ▷ *prep* dentro de; (*of time*): **~ 10 minutes** en menos de 10 minutos; **~ out** *adv* (*turn*) al revés; (*know*) a fondo; **inside lane** *n* (*Aut*: BRIT) carril *m* izquierdo; (: *in US, Europe etc*) carril *m* derecho
insight ['ɪnsaɪt] *n* perspicacia
insignificant [ɪnsɪg'nɪfɪknt] *adj* insignificante
insincere [ɪnsɪn'sɪə^r] *adj* poco sincero
insist [ɪn'sɪst] *vi* insistir; **to ~ on doing** empeñarse en hacer; **to ~ that** insistir en que; (*claim*) exigir que;

insistent *adj* insistente; (*noise, action*) persistente

insomnia [ɪn'sɔmnɪə] *n* insomnio

inspect [ɪn'spɛkt] *vt* inspeccionar, examinar; (*troops*) pasar revista a; **inspection** [ɪn'spɛkʃən] *n* inspección *f*, examen *m*; (*of troops*) revista; **inspector** *n* inspector(a) *m/f*; (BRIT: *on buses, trains*) revisor(a) *m/f*

inspiration [ɪnspə'reɪʃən] *n* inspiración *f*; **inspire** [ɪn'spaɪəʳ] *vt* inspirar; **inspiring** *adj* inspirador(a)

instability [ɪnstə'bɪlɪtɪ] *n* inestabilidad *f*

install, (US) **instal** [ɪn'stɔ:l] *vt* instalar; **installation** [ɪnstə'leɪʃən] *n* instalación *f*

instalment, (US) **installment** [ɪn'stɔ:lmənt] *n* plazo; (*of story*) entrega; (*of TV serial etc*) capítulo; **in ~s** (*pay, receive*) a plazos

instance ['ɪnstəns] *n* ejemplo, caso; **for ~** por ejemplo; **in the first ~** en primer lugar

instant ['ɪnstənt] *n* instante *m*, momento ▷ *adj* inmediato; (*coffee*) instantáneo; **instantly** *adv* en seguida, al instante; **instant messaging** *n* mensajería instantánea

instead [ɪn'stɛd] *adv* en cambio; **~ of** en lugar de, en vez de

instinct ['ɪnstɪŋkt] *n* instinto; **instinctive** *adj* instintivo

institute ['ɪnstɪtju:t] *n* instituto; (*professional body*) colegio ▷ *vt* (*begin*) iniciar, empezar; (*proceedings*) entablar

institution [ɪnstɪ'tju:ʃən] *n* institución *f*; (*Med: home*) asilo; (: *asylum*) manicomio

instruct [ɪn'strʌkt] *vt*: **to ~ sb in sth** instruir a algn en *or* sobre algo; **to ~ sb to do sth** dar instrucciones a algn de *or* mandar a algn hacer algo; **instruction** [ɪn'strʌkʃən] *n* (*teaching*) instrucción *f*; **instructions** *npl* órdenes *fpl*; **instructions (for use)** modo *sg* de empleo; **instructor** *n* instructor(a) *m/f*

instrument ['ɪnstrəmənt] *n* instrumento; **instrumental** [ɪnstrə'mɛntl] *adj* (*Mus*) instrumental; **to be instrumental in** ser el artífice de

insufficient [ɪnsə'fɪʃənt] *adj* insuficiente

insulate ['ɪnsjuleɪt] *vt* aislar; **insulation** [ɪnsju'leɪʃən] *n* aislamiento

insulin ['ɪnsjulɪn] *n* insulina

insult *n* ['ɪnsʌlt] insulto ▷ *vt* [ɪn'sʌlt] insultar; **insulting** *adj* insultante

insurance [ɪn'ʃuərəns] *n* seguro; **fire/life ~** seguro contra incendios/de vida; **insurance company** *n* compañía *f* de seguros; **insurance policy** *n* póliza (de seguros)

insure [ɪn'ʃuəʳ] *vt* asegurar

intact [ɪn'tækt] *adj* íntegro; (*untouched*) intacto

intake ['ɪnteɪk] *n* (*of food*) ingestión *f*; (BRIT *Scol*): **an ~ of 200 a year** 200 matriculados al año

integral ['ɪntɪgrəl] *adj* (*whole*) íntegro; (*part*) integrante

integrate ['ɪntɪgreɪt] *vt* integrar ▷ *vi* integrarse

integrity [ɪn'tɛgrɪtɪ] *n* honradez *f*, rectitud *f*

intellect ['ɪntəlɛkt] *n* intelecto; **intellectual** [ɪntə'lɛktjuəl] *adj, n* intelectual *mf*

intelligence [ɪn'tɛlɪdʒəns] *n* inteligencia

intelligent [ɪn'tɛlɪdʒənt] *adj* inteligente

intend [ɪn'tɛnd] *vt* (*gift etc*): **to ~ sth for** destinar algo a; **to ~ to do sth** tener intención de *or* pensar hacer algo

intense [ɪn'tɛns] *adj* intenso

intensify [ɪn'tɛnsɪfaɪ] *vt* intensificar; (*increase*) aumentar

intensity [ɪn'tɛnsɪtɪ] *n* intensidad *f*

intensive [ɪn'tɛnsɪv] *adj* intensivo; **intensive care** *n*: **to be in intensive care** estar bajo cuidados intensivos;

intensive care unit unidad *f* de vigilancia intensiva

intent [ɪn'tɛnt] *n* propósito; (*Law*) premeditación *f* ▷ *adj* (*absorbed*) absorto; (*attentive*) atento; **to all ~s and purposes** a efectos prácticos; **to be ~ on doing sth** estar resuelto *or* decidido a hacer algo

intention [ɪn'tɛnʃən] *n* intención *f*, propósito; **intentional** *adj* deliberado

interact [ɪntər'ækt] *vi* influirse mutuamente; **interaction** [ɪntər'ækʃən] *n* interacción *f*, acción *f* recíproca; **interactive** *adj* (*Comput*) interactivo

intercept [ɪntə'sɛpt] *vt* interceptar; (*stop*) detener

interchange *n* ['ɪntətʃeɪndʒ] intercambio; (*on motorway*) intersección *f*

intercourse ['ɪntəkɔːs] *n* (*also*: **sexual ~**) relaciones *fpl* sexuales

interest ['ɪntrɪst] *n* (*Comm*) interés *m* ▷ *vt* interesar; **interested** *adj* interesado; **to be interested in** interesarse por; **interesting** *adj* interesante; **interest rate** *n* tipo de interés

interface ['ɪntəfeɪs] *n* (*Comput*) junción *f*

interfere [ɪntə'fɪəʳ] *vi*: **to ~ in** entrometerse en; **to ~ with** (*hinder*) estorbar; (*damage*) estropear

interference [ɪntə'fɪərəns] *n* intromisión *f*; (*Radio*, *TV*) interferencia

interim ['ɪntərɪm] *adj* provisional ▷ *n*: **in the ~** en el ínterin

interior [ɪn'tɪərɪəʳ] *n* interior *m* ▷ *adj* interior; **interior design** *n* interiorismo, decoración *f* de interiores

intermediate [ɪntə'miːdɪət] *adj* intermedio

intermission [ɪntə'mɪʃən] *n* (*Theat*) descanso

intern *vt* [ɪn'təːn] internar ▷ *n* ['ɪntəːn] (*esp US*: *doctor*) médico/a interno/a; (: *on work placement*) becario/a

internal [ɪn'təːnl] *adj* interior; (*injury*, *structure*, *memo*) internal; **~ injuries** heridas *fpl or* lesiones *fpl* internas; **Internal Revenue Service** *n* (*US*) ≈ Hacienda, ≈ Agencia Tributaria

international [ɪntə'næʃənl] *adj* internacional; **~ (game)** partido internacional

internet, Internet ['ɪntənɛt] *n*: **the ~** (el *or* la) Internet; **internet café** *n* cibercafé *m*; **Internet Service Provider** *n* proveedor *m* de (acceso a) Internet; **internet user** *n* internauta *mf*

interpret [ɪn'təːprɪt] *vt* interpretar; (*translate*) traducir; (*understand*) entender ▷ *vi* hacer de intérprete; **interpretation** [ɪntəːprɪ'teɪʃən] *n* interpretación *f*; traducción *f*; **interpreter** *n* intérprete *mf*

interrogate [ɪn'tɛrəɡeɪt] *vt* interrogar; **interrogation** [ɪntɛrəu'ɡeɪʃən] *n* interrogatorio; **interrogative** [ɪntə'rɔɡətɪv] *adj* interrogativo

interrupt [ɪntə'rʌpt] *vt*, *vi* interrumpir; **interruption** [ɪntə'rʌpʃən] *n* interrupción *f*

intersection [ɪntə'sɛkʃən] *n* (*of roads*) cruce *m*

interstate ['ɪntərsteɪt] *n* (*US*) carretera interestatal

interval ['ɪntəvl] *n* intervalo; (*BRIT Theat*, *Sport*) descanso; (*Scol*) recreo; **at ~s** a ratos, de vez en cuando

intervene [ɪntə'viːn] *vi* intervenir; (*take part*) participar; (*occur*) sobrevenir

interview ['ɪntəvjuː] *n* entrevista ▷ *vt* entrevistar a; **interviewer** *n* entrevistador(a) *m/f*

intimate *adj* ['ɪntɪmət] íntimo; (*friendship*) estrecho; (*knowledge*) profundo ▷ *vt* ['ɪntɪmeɪt] dar a entender

intimidate [ɪn'tɪmɪdeɪt] *vt* intimidar, amedrentar; **intimidating** *adj* amedrentador, intimidante

into ['ɪntu:] *prep* en; (*towards*) a; (*inside*) hacia el interior de; **~ three pieces/French** en tres pedazos/al francés

intolerant [ɪn'tɔlərənt] *adj*: **~ (of)** intolerante (con)

intranet ['ɪntrənet] *n* intranet *f*

intransitive [ɪn'trænsɪtɪv] *adj* intransitivo

intricate ['ɪntrɪkət] *adj* (*design, pattern*) intrincado

intrigue [ɪn'tri:g] *n* intriga ▷ *vt* fascinar; **intriguing** *adj* fascinante

introduce [ɪntrə'dju:s] *vt* introducir, meter; (*speaker, TV show etc*) presentar; **to ~ sb (to sb)** presentar algn (a algn); **to ~ sb to** (*pastime, technique*) introducir a algn a; **introduction** [ɪntrə'dʌkʃən] *n* introducción *f*; (*of person*) presentación *f*; **introductory** [ɪntrə'dʌktərɪ] *adj* introductorio; **an introductory offer** una oferta introductoria

intrude [ɪn'tru:d] *vi* (*person*) entrometerse; **to ~ on** estorbar; **intruder** *n* intruso/a

intuition [ɪntju:'ɪʃən] *n* intuición *f*

inundate ['ɪnʌndeɪt] *vt*: **to ~ with** inundar de

invade [ɪn'veɪd] *vt* invadir

invalid *n* ['ɪnvəlɪd] minusválido/a ▷ *adj* [ɪn'vælɪd] (*not valid*) inválido, nulo

invaluable [ɪn'væljuəbl] *adj* inestimable

invariably [ɪn'vɛərɪəblɪ] *adv* sin excepción, siempre; **she is ~ late** siempre llega tarde

invasion [ɪn'veɪʒən] *n* invasión *f*

invent [ɪn'vɛnt] *vt* inventar; **invention** [ɪn'vɛnʃən] *n* invento; (*lie*) invención *f*; **inventor** [ɪn'vɛntəʳ] *n* inventor(a) *m/f*

inventory ['ɪnvəntrɪ] *n* inventario

inverted commas [ɪn'və:tɪd-] *npl* (BRIT) comillas *fpl*

invest [ɪn'vɛst] *vt* invertir ▷ *vi*: **to ~ in** (*company etc*) invertir dinero en; (*fig: sth useful*) comprar; **to ~ sb with sth** conferir algo a algn

investigate [ɪn'vɛstɪgeɪt] *vt* investigar; **investigation** [ɪnvɛstɪ'geɪʃən] *n* investigación *f*, pesquisa

investigator [ɪn'vɛstɪgeɪtəʳ] *n* investigador(a) *m/f*; **private ~** investigador(a) *m/f* privado/a

investment [ɪn'vɛstmənt] *n* inversión *f*

investor [ɪn'vɛstəʳ] *n* inversor(a) *m/f*

invisible [ɪn'vɪzɪbl] *adj* invisible

invitation [ɪnvɪ'teɪʃən] *n* invitación *f*

invite [ɪn'vaɪt] *vt* invitar; (*opinions etc*) solicitar, pedir; **inviting** *adj* atractivo; (*food*) apetitoso

invoice ['ɪnvɔɪs] *n* factura ▷ *vt* facturar

involve [ɪn'vɔlv] *vt* suponer, implicar, tener que ver con; (*concern, affect*) corresponder a; **to ~ sb (in sth)** involucrar a algn (en algo), comprometer a algn (con algo); **involved** *adj* complicado; **to be involved in sth** (*take part*) estar involucrado en algo; (*engrossed in*) estar muy metido; **involvement** [ɪn'vɔlvmənt] *n* participación *f*, dedicación *f*; (*obligation*) compromiso; (*difficulty*) apuro

inward ['ɪnwəd] *adj* (*movement*) interior, interno; (*thought, feeling*) íntimo; **inwards** *adv* hacia dentro

iPod® ['aɪpɔd] *n* iPod® *m*

IQ *n abbr* (= *intelligence quotient*) C.I. *m*

IRA *n abbr* (= *Irish Republican Army*) IRA *m*

Iran [ɪ'rɑ:n] *n* Irán *m*; **Iranian** [ɪ'reɪnɪən] *adj* iraní ▷ *n* iraní *mf*

Iraq [ɪ'rɑ:k] *n* Irak *m*; **Iraqi** [ɪ'rɑ:kɪ] *adj, n* iraquí *mf*

Ireland ['aɪələnd] *n* Irlanda

iris (*pl* **irises**) ['aɪrɪs, -ɪz] *n* (*Anat*) iris *m*; (*Bot*) lirio

Irish ['aɪrɪʃ] *adj* irlandés/esa ▷ *npl*: **the ~** los irlandeses; **Irishman** *n* irlandés *m*; **Irishwoman** *n* irlandesa
iron ['aɪən] *n* hierro; (*for clothes*) plancha ▷ *adj* de hierro ▷ *vt* (*clothes*) planchar
ironic(al) [aɪ'rɔnɪk(l)] *adj* irónico
ironic: ironically *adv* irónicamente
ironing ['aɪənɪŋ] *n* (*act*) planchado; (*ironed clothes*) ropa planchada; (*clothes to be ironed*) ropa por planchar; **ironing board** *n* tabla de planchar
irony ['aɪrənɪ] *n* ironía
irrational [ɪ'ræʃənl] *adj* irracional
irregular [ɪ'rɛgjulə^{r}] *adj* irregular; (*surface*) desigual; (*action, event*) anómalo; (*behaviour*) poco ortodoxo
irrelevant [ɪ'rɛləvənt] *adj*: **to be ~** estar fuera de lugar
irresistible [ɪrɪ'zɪstɪbl] *adj* irresistible
irresponsible [ɪrɪ'spɔnsɪbl] *adj* (*act*) irresponsable; (*person*) poco serio
irrigation [ɪrɪ'geɪʃən] *n* riego
irritable ['ɪrɪtəbl] *adj* (*person*) de mal humor
irritate ['ɪrɪteɪt] *vt* fastidiar; (*Med*) picar; **irritating** *adj* fastidioso; **irritation** [ɪrɪ'teɪʃən] *n* fastidio; picazón *f*
IRS *n abbr* (*US*) = **Internal Revenue Service**
is [ɪz] *vb see* **be**
ISDN *n abbr* (= *Integrated Services Digital Network*) RDSI *f*
Islam ['ɪzlɑːm] *n* Islam *m*; **Islamic** [ɪz'læmɪk] *adj* islámico
island ['aɪlənd] *n* isla; **islander** *n* isleño/a
isle [aɪl] *n* isla
isn't ['ɪznt] = **is not**
isolated ['aɪsəleɪtɪd] *adj* aislado
isolation [aɪsə'leɪʃən] *n* aislamiento
ISP *n abbr* = **Internet Service Provider**
Israel ['ɪzreɪl] *n* Israel *m*; **Israeli** [ɪz'reɪlɪ] *adj*, *n* israelí *mf*
issue ['ɪsjuː] *n* cuestión *f*; (*outcome*) resultado; (*of banknotes etc*) emisión *f*; (*of newspaper etc*) número ▷ *vt* (*rations, equipment*) distribuir, repartir; (*orders*) dar; (*certificate, passport*) expedir; (*decree*) promulgar; (*magazine*) publicar; (*cheque*) extender; (*banknotes, stamp*) emitir; **at ~** en cuestión; **to take ~ with sb (over)** disentir con algn (en); **to make an ~ of sth** dar a algo más importancia de lo necesario
IT *n abbr* = **information technology**

KEYWORD

it [ɪt] *pron* **1** (*specific subject: not generally translated*) él/ella; (*direct object*) lo/la; (*indirect object*) le; (*after prep*) él/ella; (*abstract concept*) ello; **it's on the table** está en la mesa; **I can't find it** no lo (*or* la) encuentro; **give it to me** dámelo (*or* dámela); **I spoke to him about it** le hablé del asunto; **what did you learn from it?** ¿qué aprendiste de él (*or* ella)?; **did you go to it?** (*party, concert etc*) ¿fuiste?
2 (*impersonal*): **it's raining** llueve, está lloviendo; **it's 6 o'clock/the 10th of August** son las 6/es el 10 de agosto; **how far is it? — it's 10 miles/2 hours on the train** ¿a qué distancia está? — a 10 millas/2 horas en tren; **who is it? — it's me** ¿quién es? — soy yo

Italian [ɪ'tæljən] *adj* italiano ▷ *n* italiano/a; (*Ling*) italiano
italic [ɪ'tælɪk] *adj* cursivo; **italics** *npl* cursiva *sg*
Italy ['ɪtəlɪ] *n* Italia
itch [ɪtʃ] *n* picazón *f* ▷ *vi* (*part of body*) picar; **to be ~ing to do sth** rabiar por *or* morirse de ganas de hacer algo; **itchy** *adj*: **to be itchy** picar; **my hand is itchy** me pica la mano
it'd ['ɪtd] = **it would; it had**
item ['aɪtəm] *n* artículo; (*on agenda*) asunto (a tratar); (*also*: **news ~**) noticia
itinerary [aɪ'tɪnərərɪ] *n* itinerario
it'll ['ɪtl] = **it will; it shall**

its [ɪts] *adj* su
it's [ɪts] = **it is; it has**
itself [ɪt'sɛlf] *pron* (*reflexive*) sí mismo/a; (*emphatic*) él mismo/a
ITV *n abbr* (BRIT: = *Independent Television*) *cadena de televisión comercial*
I've [aɪv] = **I have**
ivory ['aɪvərɪ] *n* marfil *m*
ivy ['aɪvɪ] *n* hiedra

J

jab [dʒæb] *n* (*Med*: *inf*) pinchazo ▷ *vt*: **to ~ sth into sth** clavar algo en algo
jack [dʒæk] *n* (*Aut*) gato; (*Cards*) sota
jacket ['dʒækɪt] *n* chaqueta, americana, saco (*LAm*); (*of book*) sobrecubierta; **jacket potato** *n* patata asada (con piel)
jackpot ['dʒækpɔt] *n* premio gordo
Jacuzzi® [dʒə'ku:zɪ] *n* jacuzzi® *m*
jagged ['dʒægɪd] *adj* dentado
jail [dʒeɪl] *n* cárcel *f* ▷ *vt* encarcelar; **jail sentence** *n* pena *f* de cárcel
jam [dʒæm] *n* mermelada; (*also*: **traffic ~**) embotellamiento; (*difficulty*) apuro ▷ *vt* (*passage etc*) obstruir; (*mechanism, drawer etc*) atascar; (*Radio*) interferir ▷ *vi* atascarse, trabarse; **to ~ sth into sth** meter algo a la fuerza en algo
Jamaica [dʒə'meɪkə] *n* Jamaica
jammed [dʒæmd] *adj* atascado
Jan. *abbr* (= *January*) ene
janitor ['dʒænɪtə^{r}] *n* (*caretaker*) portero, conserje *m*

January ['dʒænjuərɪ] *n* enero
Japan [dʒə'pæn] *n* (el) Japón; **Japanese** [dʒæpə'ni:z] *adj* japonés/esa ▷ *n* (*pl inv*) japonés/esa *m/f*; (*Ling*) japonés *m*
jar *n* (*glass*: *large*) jarra; (: *small*) tarro ▷ *vi* (*sound*) chirriar; (*colours*) desentonar
jargon ['dʒa:gən] *n* jerga
javelin ['dʒævlɪn] *n* jabalina
jaw [dʒɔ:] *n* mandíbula
jazz [dʒæz] *n* jazz *m*
jealous ['dʒɛləs] *adj* celoso; (*envious*) envidioso; **jealousy** *n* celos *mpl*; envidia
jeans [dʒi:nz] *npl* (pantalones *mpl*) vaqueros *mpl or* tejanos *mpl*, bluejean *m inv* (LAM)
Jello® ['dʒɛləu] *n* (US) gelatina
jelly ['dʒɛlɪ] *n* (*jam*) jalea; (*dessert etc*) gelatina; **jellyfish** *n* medusa
jeopardize ['dʒɛpədaɪz] *vt* arriesgar, poner en peligro
jerk [dʒə:k] *n* (*jolt*) sacudida; (*wrench*) tirón *m*; (US *inf*) imbécil *mf* ▷ *vt* tirar bruscamente de ▷ *vi* (*vehicle*) dar una sacudida
Jersey ['dʒə:zɪ] *n* Jersey *m*
jersey ['dʒə:zɪ] *n* jersey *m*; (*fabric*) tejido de punto
Jesus ['dʒi:zəs] *n* Jesús *m*
jet [dʒɛt] *n* (*of gas, liquid*) chorro; (*Aviat*) avión *m* a reacción; **jet lag** *n* desorientación *f* por desfase horario; **jet-ski** *vi* practicar el motociclismo acuático
jetty ['dʒɛtɪ] *n* muelle *m*, embarcadero
Jew [dʒu:] *n* judío/a
jewel ['dʒu:əl] *n* joya; (*in watch*) rubí *m*; **jeweller,** (US) **jeweler** *n* joyero/a; **jeweller's (shop)** joyería; **jewellery,** (US) **jewelry** *n* joyas *fpl*, alhajas *fpl*
Jewish ['dʒu:ɪʃ] *adj* judío
jigsaw ['dʒɪgsɔ:] *n* (*also*: **~ puzzle**) rompecabezas *m inv*, puzle *m*
job [dʒɔb] *n* (*task*) tarea; (*post*) empleo; **it's a good ~ that ...** menos mal que ...; **just the ~!** ¡justo lo que necesito!; **that's not my ~** eso no me incumbe *or* toca a mí; **job centre** *n* (BRIT) oficina de empleo; **jobless** *adj* sin trabajo
jockey ['dʒɔkɪ] *n* jockey *mf* ▷ *vi*: **to ~ for position** maniobrar para sacar delantera
jog [dʒɔg] *vt* empujar (ligeramente) ▷ *vi* (*run*) hacer footing; **to ~ sb's memory** refrescar la memoria a algn; **jogging** *n* footing *m*
join [dʒɔɪn] *vt* (*things*) unir, juntar; (*club*) hacerse socio de; (*Pol*: *party*) afiliarse a; (*meet*: *people*) reunirse con; (*fig*) unirse a ▷ *vi* (*roads*) empalmar; (*rivers*) confluir ▷ *n* juntura; **join in** *vi* tomar parte, participar ▷ *vt fus* tomar parte *or* participar en; **join up** *vi* unirse; (*Mil*) alistarse
joiner ['dʒɔɪnə^r] *n* carpintero/a
joint [dʒɔɪnt] *n* (*Tech*) juntura, unión *f*; (*Anat*) articulación *f*; (BRIT *Culin*) pieza de carne (para asar); (*inf*: *place*) garito; (*of cannabis*) porro ▷ *adj* (*common*) común; (*combined*) conjunto; **joint account** *n* (*with bank etc*) cuenta común; **jointly** *adv* en común; (*together*) conjuntamente
joke [dʒəuk] *n* chiste *m*; (*also*: **practical ~**) broma ▷ *vi* bromear; **to play a ~ on** gastar una broma a; **joker** *n* (*Cards*) comodín *m*
jolly ['dʒɔlɪ] *adj* (*merry*) alegre; (*enjoyable*) divertido ▷ *adv* (*inf*) muy
jolt [dʒəult] *n* (*shake*) sacudida; (*shock*) susto ▷ *vt* (*physically*) sacudir; (*emotionally*) asustar
Jordan ['dʒɔ:dən] *n* (*country*) Jordania; (*river*) Jordán *m*
journal ['dʒə:nl] *n* (*magazine*) revista; (*diary*) diario; **journalism** *n* periodismo; **journalist** *n* periodista *mf*
journey ['dʒə:nɪ] *n* viaje *m*; (*distance covered*) trayecto
joy [dʒɔɪ] *n* alegría; **joyrider** *n persona que se da una vuelta en un coche robado*
joystick ['dʒɔɪstɪk] *n* (*Aviat*) palanca de mando; (*Comput*) palanca de control

Jr *abbr* = **junior**
judge [dʒʌdʒ] *n* juez *mf* ▷ *vt* juzgar; (*estimate*) considerar; **judg(e)ment** *n* juicio
judo ['dʒu:dəu] *n* judo
jug [dʒʌg] *n* jarra
juggle ['dʒʌgl] *vi* hacer juegos malabares; **juggler** *n* malabarista *mf*
juice [dʒu:s] *n* jugo, zumo (*SP*); **juicy** *adj* jugoso
Jul. *abbr* (= *July*) jul
July [dʒu:'laɪ] *n* julio
jumble ['dʒʌmbl] *n* revoltijo ▷ *vt* (*also*: **~ up**) revolver; **jumble sale** *n* (*BRIT*) mercadillo

JUMBLE SALE

En cada *jumble sale* pueden comprarse todo tipo de objetos baratos de segunda mano, especialmente ropa, juguetes, libros, vajillas y muebles. Suelen organizarse en los locales de un colegio, iglesia, ayuntamiento o similar, con fines benéficos, bien en ayuda de una organización benéfica conocida o para solucionar problemas más concretos de la comunidad.

jumbo ['dʒʌmbəu], **jumbo jet** *n* jumbo
jump [dʒʌmp] *vi* saltar, dar saltos; (*increase*) aumentar ▷ *vt* saltar ▷ *n* salto; (*increase*) aumento; **to ~ the queue** (*BRIT*) colarse
jumper ['dʒʌmpəʳ] *n* (*BRIT*: *pullover*) jersey *m*, suéter *m*; (*US*: *dress*) pichi *m*
jump leads, (*US*) **jumper cables** *npl* cables *mpl* puente de batería
Jun. *abbr* = **junior**
junction ['dʒʌŋkʃən] *n* (*BRIT*: *of roads*) cruce *m*; (*Rail*) empalme *m*
June [dʒu:n] *n* junio
jungle ['dʒʌŋgl] *n* selva, jungla
junior ['dʒu:nɪəʳ] *adj* (*in age*) menor, más joven; (*position*) subalterno ▷ *n* menor *mf*, joven *mf*; **junior high school** *n* (*US*) *centro de educación secundaria*; **junior school** *n* (*BRIT*) escuela primaria
junk [dʒʌŋk] *n* (*cheap goods*) baratijas *fpl*; (*rubbish*) basura; **junk food** *n* comida basura *or* de plástico
junkie ['dʒʌŋkɪ] *n* (*inf*) yonqui *mf*
junk mail *n* propaganda (buzoneada)
Jupiter ['dʒu:pɪtəʳ] *n* (*Mythology*, *Astro*) Júpiter *m*
jurisdiction [dʒuərɪs'dɪkʃən] *n* jurisdicción *f*; **it falls** *or* **comes within/outside our ~** es/no es de nuestra competencia
jury ['dʒuərɪ] *n* jurado
just [dʒʌst] *adj* justo ▷ *adv* (*exactly*) exactamente; (*only*) sólo, solamente; **he's ~ done it/left** acaba de hacerlo/irse; **~ right** perfecto; **~ two o'clock** las dos en punto; **she's ~ as clever as you** es tan lista como tú; **~ as well that ...** menos mal que ...; **~ as he was leaving** en el momento en que se marchaba; **~ before/enough** justo antes/lo suficiente; **~ here** aquí mismo; **he ~ missed** falló por poco; **~ listen to this** escucha esto un momento
justice ['dʒʌstɪs] *n* justicia; (*US*: *judge*) juez *mf*; **to do ~ to** (*fig*) hacer justicia a
justification [dʒʌstɪfɪ'keɪʃən] *n* justificación *f*
justify ['dʒʌstɪfaɪ] *vt* justificar; (*text*) alinear
jut [dʒʌt] *vi* (*also*: **~ out**) sobresalir
juvenile ['dʒu:vənaɪl] *adj* (*humour*, *mentality*) infantil ▷ *n* menor *mf* de edad

k

K *abbr* (= *one thousand*) mil; (= *kilobyte*) K
kangaroo [kæŋgə'ru:] *n* canguro
karaoke [ka:rə'əukɪ] *n* karaoke
karate [kə'ra:tɪ] *n* karate *m*
kebab [kə'bæb] *n* pincho moruno
keel [ki:l] *n* quilla; **on an even ~** (*fig*) en equilibrio
keen [ki:n] *adj* (*interest, desire*) grande, vivo; (*eye, intelligence*) agudo; (*competition*) reñido; (*edge*) afilado; (BRIT: *eager*) entusiasta; **to be ~ to do** *or* **on doing sth** tener muchas ganas de hacer algo; **to be ~ on sth/sb** interesarse por algo/algn
keep [ki:p] (*pt, pp* **kept**) *vt* (*retain, preserve*) guardar; (*hold back*) quedarse con; (*shop*) ser propietario de; (*feed: family etc*) mantener; (*promise*) cumplir; (*chickens, bees etc*) criar ▷ *vi* (*food*) conservarse; (*remain*) seguir, continuar ▷ *n* (*of castle*) torreón *m*; (*food etc*) comida, sustento; **to ~ doing sth** seguir haciendo algo; **to ~ sb from doing sth** impedir a algn hacer algo; **to ~ sb happy** tener a algn contento; **to ~ a place tidy** mantener un lugar limpio; **to ~ sth to o.s.** no decirle algo a nadie; **to ~ time** (*clock*) mantener la hora exacta; **keep away** *vt*: **to ~ sth/sb away from sb** mantener algo/a algn apartado de algn ▷ *vi*: **to ~ away (from)** mantenerse apartado (de); **keep back** *vt* (*crowd, tears*) contener; (*money*) quedarse con; (*conceal: information*): **to ~ sth back from sb** ocultar algo a algn ▷ *vi* hacerse a un lado; **keep off** *vt* (*dog, person*) mantener a distancia ▷ *vi* evitar; **~ your hands off!** ¡no toques!; **"~ off the grass"** "prohibido pisar el césped"; **keep on** *vi*: **to ~ on doing** seguir *or* continuar haciendo; **to ~ on (about sth)** no parar de hablar (de algo); **keep out** *vi* (*stay out*) permanecer fuera; **"~ out"** "prohibida la entrada"; **keep up** *vt* mantener, conservar ▷ *vi* no rezagarse; **to ~ up with** (*pace*) ir al paso de; (*level*) mantenerse a la altura de; **keeper** *n* guarda *mf*; **keeping** *n* (*care*) cuidado; **in keeping with** de acuerdo con
kennel ['kɛnl] *n* perrera; **kennels** *npl* residencia canina
Kenya ['kɛnjə] *n* Kenia
kept [kɛpt] *pt, pp of* **keep**
kerb [kə:b] *n* (BRIT) bordillo
kerosene ['kɛrəsi:n] *n* keroseno
ketchup ['kɛtʃəp] *n* salsa de tomate, ketchup *m*
kettle ['kɛtl] *n* hervidor *m*
key [ki:] *n* llave *f*; (*Mus*) tono; (*of piano, typewriter*) tecla; (*on map*) clave *f* ▷ *cpd* (*vital: position, issue, industry etc*) clave ▷ *vt* (*also*: **~ in**) teclear; **keyboard** *n* teclado; **keyhole** *n* ojo (de la cerradura); **keypad** *n* teclado; **keyring** *n* llavero
kg *abbr* (= *kilogram*) kg
khaki ['ka:kɪ] *n* caqui
kick [kɪk] *vt* (*person*) dar una patada a; (*inf: habit*) quitarse de ▷ *vi* (*horse*) dar coces ▷ *n* patada; puntapié *m*; (*thrill*):

he does it for ~s lo hace por pura diversión; **kick off** *vi* (*Sport*) hacer el saque inicial; **kick-off** *n* saque inicial; **the kick-off is at 10 o'clock** el partido empieza a las diez

kid [kɪd] *n* (*inf*: *child*) chiquillo/a; (*animal*) cabrito; (*leather*) cabritilla ▷ *vi* (*inf*) bromear

kidnap ['kɪdnæp] *vt* secuestrar; **kidnapping** *n* secuestro

kidney ['kɪdnɪ] *n* riñón *m*; **kidney bean** *n* judía, alubia

kill [kɪl] *vt* matar; (*murder*) asesinar ▷ *n* matanza; **to ~ time** matar el tiempo; **killer** *n* asesino/a; **killing** *n* (*one*) asesinato; (*several*) matanza; **to make a killing** hacer su agosto

kiln [kɪln] *n* horno

kilo ['kiːləu] *n abbr* (= *kilogram(me)*) kilo; **kilobyte** ['kɪləubaɪt] *n* (*Comput*) kilobyte *m*; **kilogram(me)** ['kɪləugræm] *n* kilogramo; **kilometre,** (*US*) **kilometer** ['kɪləmiːtəʳ] *n* kilómetro; **kilowatt** ['kɪləuwɔt] *n* kilovatio

kilt [kɪlt] *n* falda escocesa

kin [kɪn] *n* parientes *mpl*

kind [kaɪnd] *adj* amable, atento ▷ *n* clase *f*, especie *f*; (*species*) género; **in ~** (*Comm*) en especie; **a ~ of** una especie de; **to be two of a ~** ser tal para cual

kindergarten ['kɪndəgɑːtn] *n* jardín *m* de infancia

kindly ['kaɪndlɪ] *adj* bondadoso; (*gentle*) cariñoso ▷ *adv* bondadosamente, amablemente; **will you ~ ...** sería usted tan amable de ...

kindness ['kaɪndnɪs] *n* bondad *f*, amabilidad *f*; (*act*) favor *m*

king [kɪŋ] *n* rey *m*; **kingdom** *n* reino; **kingfisher** *n* martín *m* pescador; **king-size(d)** *adj* de tamaño gigante; **king-size bed** cama de matrimonio extragrande

kiosk ['kiːɔsk] *n* quiosco; (*BRIT Tel*) cabina

kipper ['kɪpəʳ] *n* arenque *m* ahumado

kiss [kɪs] *n* beso ▷ *vt* besar; **~ of life** (*artificial respiration*) respiración *f* boca a boca; **to ~ (each other)** besarse

kit [kɪt] *n* equipo; (*set of tools etc*) (caja de) herramientas *fpl*; (*assembly kit*) juego de armar

kitchen ['kɪtʃɪn] *n* cocina

kite [kaɪt] *n* (*toy*) cometa

kitten ['kɪtn] *n* gatito/a

kiwi ['kiːwiː] *n* (*also*: **~ fruit**) kiwi *m*

km *abbr* (= *kilometre*) km

km/h *abbr* (= *kilometres per hour*) km/h

knack [næk] *n*: **to have the ~ of doing sth** tener facilidad para hacer algo

knee [niː] *n* rodilla; **kneecap** *n* rótula

kneel (*pt*, *pp* **knelt**) [niːl, nɛlt] *vi* (*also*: **~ down**) arrodillarse

knelt [nɛlt] *pt*, *pp of* **kneel**

knew [njuː] *pt of* **know**

knickers ['nɪkəz] *npl* (*BRIT*) bragas *fpl*

knife [naɪf] (*pl* **knives**) *n* cuchillo ▷ *vt* acuchillar

knight [naɪt] *n* caballero; (*Chess*) caballo

knit [nɪt] *vt* tejer, tricotar ▷ *vi* hacer punto, tricotar; (*bones*) soldarse; **knitting** *n* labor *f* de punto; **knitting needle,** (*US*) **knit pin** *n* aguja de hacer punto *or* tejer; **knitwear** *n* prendas *fpl* de punto

knives [naɪvz] *pl of* **knife**

knob [nɔb] *n* (*of door*) pomo; (*of stick*) puño; (*on radio, TV*) botón *m*

knock [nɔk] *vt* (*strike*) golpear; (*bump into*) chocar contra; (*inf*) criticar ▷ *vi* (*at door etc*): **to ~ at/on** llamar a ▷ *n* golpe *m*; (*on door*) llamada; **knock down** *vt* atropellar; **knock off** *vi* (*inf*: *finish*) salir del trabajo ▷ *vt* (*inf*: *steal*) birlar; **knock out** *vt* dejar sin sentido; (*Boxing*) poner fuera de combate, dejar K.O.; (*in competition*) eliminar; **knock over** *vt* (*object*) tirar; (*pedestrian*) atropellar; **knockout** *n* (*Boxing*) K.O. *m*, knockout *m*

knot [nɔt] *n* nudo ▷ *vt* anudar

know (*pt* **knew**, *pp* **known**) [nəu, nju:, nəun] *vt* saber; (*person, author, place*) conocer; (*recognize*) reconocer ▷ *vi*: **to ~ how to swim** saber nadar; **to ~ about** *or* **of sb/sth** saber de algn/algo; **know-all** *n* sabelotodo *m invf inv*; **know-how** *n* conocimientos *mpl*; **knowing** *adj* (*look etc*) de complicidad; **knowingly** *adv* (*purposely*) a sabiendas; (*smile, look*) con complicidad; **know-it-all** *n* (*US*) = **know-all**

knowledge ['nɔlɪdʒ] *n* conocimiento; (*learning*) saber *m*, conocimientos *mpl*; **knowledgeable** *adj* entendido

known [nəun] *pp of* **know** ▷ *adj* (*thief, facts*) conocido; (*expert*) reconocido

knuckle ['nʌkl] *n* nudillo

koala [kəu'a:lə] *n* (*also*: **~ bear**) koala *m*

Koran [kɔ'ra:n] *n* Corán *m*

Korea [kə'rɪə] *n* Corea; **Korean** *adj*, *n* coreano/a

kosher ['kəuʃəʳ] *adj* autorizado por la ley judía

Kosovar ['kɔsəva:ʳ], **Kosovan** ['kɔsəvən] *adj* kosovar; **Kosovo** ['kɒsəvəu] *n* Kosovo *m*

Kremlin ['kremlɪn] *n*: **the ~** el Kremlin

Kuwait [ku'weɪt] *n* Kuwait *m*

L *abbr* (BRIT *Aut* = *learner*) L

lab [læb] *n abbr* = **laboratory**

label ['leɪbl] *n* etiqueta ▷ *vt* poner una etiqueta a

labor ['leɪbəʳ] *n*, *vb* (*US*) = **labour**

laboratory [lə'bɔrətərɪ] *n* laboratorio

Labor Day *n* (*US*) día *m* de los trabajadores (*primer lunes de septiembre*)

labor union *n* (*US*) sindicato

labour, (*US*) **labor** ['leɪbəʳ] *n* (*task*) trabajo; (*also*: **~ force**) mano *f* de obra; (*Med*) (dolores *mpl* de) parto ▷ *vi*: **to ~ (at)** trabajar (en) ▷ *vt*: **to ~ a point** insistir en un punto; **to be in ~** (*Med*) estar de parto; **the L~ party** (BRIT) el partido laborista, los laboristas *mpl*; **labourer** *n* peón *m*; (*on farm*) peón *m*; (*day labourer*) jornalero

lace [leɪs] *n* encaje *m*; (*of shoe etc*) cordón *m* ▷ *vt* (*shoes*: *also*: **~ up**) atarse

lack [læk] *n* (*absence*) falta ▷ *vt* faltarle a algn, carecer de; **through** *or* **for**

~ of por falta de; **to be ~ing** faltar, no haber; **to be ~ing in sth** faltarle a algn algo

lacquer ['lækə^{r}] *n* laca

lacy ['leɪsɪ] *adj* (*like lace*) como de encaje

lad [læd] *n* muchacho, chico

ladder ['lædə^{r}] *n* escalera (de mano); (BRIT: *in tights*) carrera

ladle ['leɪdl] *n* cucharón *m*

lady ['leɪdɪ] *n* señora; (*distinguished, noble*) dama; **young ~** señorita; **the ladies' (room)** los servicios de señoras; **"ladies and gentlemen ..."** "señoras y caballeros ..."; **ladybird,** (US) **ladybug** *n* mariquita

lag [læg] *vi* (*also*: **~ behind**) retrasarse, quedarse atrás ▷ *vt* (*pipes*) revestir

lager ['lɑ:gə^{r}] *n* cerveza (rubia)

lagoon [lə'gu:n] *n* laguna

laid [leɪd] *pt, pp of* **lay**

laid-back [leɪd'bæk] *adj* (*inf*) relajado

lain [leɪn] *pp of* **lie**

lake [leɪk] *n* lago

lamb [læm] *n* cordero; (*meat*) carne *f* de cordero

lame [leɪm] *adj* cojo; (*excuse*) poco convincente

lament [lə'mɛnt] *n* lamento ▷ *vt* lamentarse de

lamp [læmp] *n* lámpara; **lamppost** *n* (BRIT) farola; **lampshade** *n* pantalla

land [lænd] *n* tierra; (*country*) país *m*; (*piece of land*) terreno; (*estate*) tierras *fpl*, finca ▷ *vi* (*from ship*) desembarcar; (*Aviat*) aterrizar; (*fig: fall*) caer ▷ *vt* (*passengers, goods*) desembarcar; **to ~ sb with sth** (*inf*) hacer cargar a algn con algo; **landing** *n* aterrizaje *m*; (*of staircase*) rellano; **landing card** *n* tarjeta de desembarque; **landlady** *n* (*owner*) dueña; (*of boarding house*) patrona; **landline** *n* (teléfono) fijo; **landlord** *n* propietario; (*of pub etc*) patrón *m*; **landmark** *n* lugar *m* conocido; **to be a landmark** (*fig*) hacer época; **landowner** *n* terrateniente *mf*; **landscape** *n* paisaje *m*; **landslide** *n* (*Geo*) corrimiento de tierras; (*fig: Pol*) victoria arrolladora

lane [leɪn] *n* (*in country*) camino; (*Aut*) carril *m*; (*in race*) calle *f*

language ['læŋgwɪdʒ] *n* lenguaje *m*; (*national tongue*) idioma *m*, lengua; **bad ~** palabrotas *fpl*; **language laboratory** *n* laboratorio de idiomas; **language school** *n* academia de idiomas

lantern ['læntn] *n* linterna, farol *m*

lap [læp] *n* (*of track*) vuelta; (*of body*) regazo ▷ *vi* (*waves*) chapotear; **to sit on sb's ~** sentarse en las rodillas de algn; **lap up** *vt* beber a lengüetadas *or* con la lengua

lapel [lə'pɛl] *n* solapa

lapse [læps] *n* fallo; (*moral*) desliz *m* ▷ *vi* (*expire*) caducar; (*time*) pasar, transcurrir; **to ~ into bad habits** volver a las andadas; **~ of time** lapso, intervalo

lard [lɑ:d] *n* manteca (de cerdo)

larder ['lɑ:də^{r}] *n* despensa

large [lɑ:dʒ] *adj* grande; **at ~** (*free*) en libertad; (*generally*) en general; **largely** *adv* (*mostly*) en su mayor parte; (*introducing reason*) en gran parte; **large-scale** *adj* (*map, drawing*) a gran escala; (*reforms, business activities*) importante

Be careful not to translate *large* by the Spanish word *largo*.

lark [lɑ:k] *n* (*bird*) alondra; (*joke*) broma

larrikin ['lærɪkɪn] *n* (AUST, NZ *inf*) gamberro/a

laryngitis [lærɪn'dʒaɪtɪs] *n* laringitis *f*

lasagne [lə'zænjə] *n* lasaña

laser ['leɪzə^{r}] *n* láser *m*; **laser printer** *n* impresora láser

lash [læʃ] *n* latigazo; (*also*: **eye~**) pestaña ▷ *vt* azotar; (*tie*) atar; **lash out** *vi*: **to ~ out (at sb)** (*hit*) arremeter (contra algn); **to ~ out against sb** lanzar invectivas contra algn

lass [læs] *n* chica

last [lɑ:st] *adj* último; (*final*) final ▷ *adv* (*finally*) por último ▷ *vi* durar;

(*continue*) continuar, seguir; **~ night** anoche; **~ week** la semana pasada; **at ~** por fin; **~ but one** penúltimo; **lastly** *adv* por último, finalmente; **last-minute** *adj* de última hora

latch [lætʃ] *n* pestillo; **latch on to** *vt fus* (*person*) pegarse a; (*idea*) aferrarse a

late [leɪt] *adj* (*not on time*) tarde, atrasado; (*deceased*) fallecido ▷ *adv* tarde; (*behind time, schedule*) con retraso; **of ~** últimamente; **~ at night** a última hora de la noche; **in ~ May** hacia fines de mayo; **the ~ Mr X** el difunto Sr. X; **latecomer** *n* recién llegado/a; **lately** *adv* últimamente; **later** *adj* (*date etc*) posterior; (*version etc*) más reciente ▷ *adv* más tarde, después; **latest** ['leɪtɪst] *adj* último; **at the latest** a más tardar

lather ['lɑːðəʳ] *n* espuma (de jabón) ▷ *vt* enjabonar

Latin ['lætɪn] *n* latín *m* ▷ *adj* latino; **Latin America** *n* América Latina; **Latin American** *adj, n* latinoamericano/a

latitude ['lætɪtjuːd] *n* latitud *f*; (*fig*) libertad *f*

latter ['lætəʳ] *adj* último; (*of two*) segundo ▷ *n*: **the ~** el último, éste

laugh [lɑːf] *n* risa ▷ *vi* reírse, reír; **(to do sth) for a ~** (hacer algo) en broma; **laugh at** *vt fus* reírse de; **laughter** *n* risa

launch [lɔːntʃ] *n* (*boat*) lancha ▷ *vt* (*ship*) botar; (*rocket, plan*) lanzar; (*fig*) comenzar; **launch into** *vt fus* lanzarse a

launder ['lɔːndəʳ] *vt* lavar

Launderette® [lɔːn'drɛt], (*US*) **Laundromat®** ['lɔːndrəmæt] *n* lavandería (automática)

laundry ['lɔːndrɪ] *n* lavandería; (*clothes: dirty*) ropa sucia; (: *clean*) colada

lava ['lɑːvə] *n* lava

lavatory ['lævətərɪ] *n* wáter *m*

lavender ['lævəndəʳ] *n* lavanda

lavish ['lævɪʃ] *adj* abundante; **~ with** pródigo en ▷ *vt*: **to ~ sth on sb** colmar a algn de algo

law [lɔː] *n* ley *f*; (*study*) derecho; (*of game*) regla; **lawful** *adj* legítimo, lícito; **lawless** *adj* (*act*) ilegal

lawn [lɔːn] *n* césped *m*; **lawnmower** *n* cortacésped *m*

lawsuit ['lɔːsuːt] *n* pleito

lawyer ['lɔːjəʳ] *n* abogado/a; (*for sales, wills etc*) notario/a

lax [læks] *adj* (*discipline*) relajado; (*person*) negligente

laxative ['læksətɪv] *n* laxante *m*

lay [leɪ] *pt of* **lie** ▷ *adj* laico; (*not expert*) lego ▷ *vt* (*pt, pp* **laid**) (*place*) colocar; (*eggs, table*) poner; (*trap*) tender; (*carpet*) extender; **lay down** *vt* (*pen etc*) dejar; (*rules etc*) establecer; **to ~ down the law** imponer las normas; **lay off** *vt* (*workers*) despedir; **lay on** *vt* (*meal, facilities*) proveer; **lay out** *vt* (*display*) exponer; **lay-by** *n* (BRIT Aut) área de descanso

layer ['leɪəʳ] *n* capa

layman ['leɪmən] *n* lego

layout ['leɪaʊt] *n* (*design*) plan *m*, trazado; (*Press*) composición *f*

lazy ['leɪzɪ] *adj* perezoso, vago

lb. *abbr* (*weight*) = **pound**

lead¹ (*pt, pp* **led**) [liːd, lɛd] *n* (*front position*) delantera; (*clue*) pista; (*Elec*) cable *m*; (*for dog*) correa; (*Theat*) papel *m* principal ▷ *vt* conducir; (*be leader of*) dirigir; (*Sport*) ir en cabeza de ▷ *vi* ir primero; **to be in the ~** (*Sport*) llevar la delantera; (*fig*) ir a la cabeza; **lead up to** *vt fus* (*events*) conducir a; (*in conversation*) preparar el terreno para

lead² [lɛd] *n* (*metal*) plomo; (*in pencil*) mina

leader ['liːdəʳ] *n* jefe/a *m/f*, líder *m*; **leadership** *n* dirección *f*; **qualities of leadership** iniciativa *sg*

lead-free ['lɛdfriː] *adj* sin plomo

leading ['liːdɪŋ] *adj* (*main*) principal; (*first*) primero; (*front*) delantero

lead singer [liːd-] *n* cantante *mf*

leaf [liːf] (*pl* **leaves**) *n* hoja; **to turn over a new ~** hacer borrón y cuenta nueva; **leaf through** *vt fus* (*book*) hojear

leaflet ['liːflɪt] *n* folleto

league [liːg] *n* sociedad *f*; (*Football*) liga; **to be in ~ with** estar confabulado con

leak [liːk] *n* (*of liquid, gas*) escape *m*, fuga; (*in pipe*) agujero; (*in roof*) gotera; (*fig: of information, in security*) filtración *f* ▷ *vi* (*ship*) hacer agua; (*pipe*) tener un escape; (*roof*) tener goteras; (*also*: **~ out**: *liquid, gas*) escaparse ▷ *vt* (*fig*) filtrar

lean [liːn] (*pt, pp* **leaned** *or* **leant**) *adj* (*thin*) flaco; (*meat*) magro ▷ *vt*: **to ~ sth on sth** apoyar algo en algo ▷ *vi* (*slope*) inclinarse; **to ~ against** apoyarse contra; **to ~ on** apoyarse en; **lean forward** *vi* inclinarse hacia adelante; **lean over** *vi* inclinarse; **leaning** *n*: **leaning (towards)** inclinación *f* (hacia)

leant [lɛnt] *pt, pp of* **lean**

leap [liːp] *n* salto ▷ *vi* (*pt, pp* **leaped** *or* **leapt**) saltar

leapt [lɛpt] *pt, pp of* **leap**

leap year *n* año bisiesto

learn (*pt, pp* **learned** *or* **learnt**) [ləːn, -t] *vt* aprender; (*come to know of*) enterarse de ▷ *vi* aprender; **to ~ how to do sth** aprender a hacer algo; **learner** *n* (BRIT: *also*: **learner driver**) conductor(a) *m/f* en prácticas; *see also* **L-plates**; **learning** *n* saber *m*, conocimientos *mpl*

learnt [ləːnt] *pp of* **learn**

lease [liːs] *n* arriendo ▷ *vt* arrendar

leash [liːʃ] *n* correa

least [liːst] *adj* (*slightest*) menor, más pequeño; (*smallest amount of*) mínimo ▷ *adv* menos; **the ~ expensive car** el coche menos caro; **at ~** por lo menos, al menos; **not in the ~** en absoluto

leather ['lɛðəʳ] *n* cuero

leave [liːv] (*pt, pp* **left**) *vt* dejar; (*go away from*) abandonar ▷ *vi* irse; (*train*) salir ▷ *n* permiso; **to be left** quedar, sobrar; **there's some milk left over** sobra *or* queda algo de leche; **on ~** de permiso; **leave behind** *vt* (*on purpose*) dejar (atrás); (*accidentally*) olvidar; **leave out** *vt* omitir

leaves [liːvz] *pl of* **leaf**

Lebanon ['lɛbənən] *n*: **the ~** el Líbano

lecture ['lɛktʃəʳ] *n* conferencia; (*Scol*) clase *f* ▷ *vi* dar clase(s) ▷ *vt* (*reprove*) echar una reprimenda a; **to give a ~ on** dar una conferencia sobre; **lecture hall** *n* sala de conferencias; (*Univ*) aula; **lecturer** *n* conferenciante *mf*; (BRIT: *at university*) profesor(a) *m/f*; **lecture theatre** *n* = **lecture hall**

led [lɛd] *pt, pp of* **lead**[1]

ledge [lɛdʒ] *n* (*on wall*) repisa; (*of window*) alféizar *m*; (*of mountain*) saliente *m*

leek [liːk] *n* puerro

left [lɛft] *pt, pp of* **leave** ▷ *adj* izquierdo; (*remaining*): **there are two ~** quedan dos ▷ *n* izquierda ▷ *adv* a la izquierda; **on** *or* **to the ~** a la izquierda; **the L~** (*Pol*) la izquierda; **left-hand** *adj*: **the left-hand side** la izquierda; **left-hand drive** *n* conducción *f* por la izquierda; **left-handed** *adj* zurdo; **left-luggage locker** *n* (BRIT) consigna *f* automática; **left-luggage (office)** *n* (BRIT) consigna; **left-overs** *npl* sobras *fpl*; **left-wing** *adj* (*Pol*) de izquierda(s), izquierdista

leg [lɛg] *n* pierna; (*of animal, chair*) pata; (*Culin: of meat*) pierna; (: *of chicken*) pata; (*of journey*) etapa

legacy ['lɛgəsɪ] *n* herencia

legal ['liːgl] *adj* (*permitted by law*) lícito; (*of law*) legal; **legal holiday** *n* (US) fiesta oficial; **legalize** *vt* legalizar; **legally** *adv* legalmente

legend ['lɛdʒənd] *n* leyenda; **legendary** *adj* legendario

leggings ['lɛgɪŋz] *npl* mallas *fpl*, leggins *mpl*

legible ['lɛdʒəbl] *adj* legible

legislation [lɛdʒɪs'leɪʃən] *n* legislación *f*
legislative ['lɛdʒɪslətɪv] *adj* legislativo
legitimate [lɪ'dʒɪtɪmət] *adj* legítimo
leisure ['lɛʒəʳ] *n* ocio, tiempo libre; **at ~** con tranquilidad; **leisure centre** *n* polideportivo; **leisurely** *adj* sin prisa; lento
lemon ['lɛmən] *n* limón *m*; **lemonade** *n* (*fizzy*) gaseosa; **lemon tea** *n* té *m* con limón
lend [lɛnd] (*pt, pp* **lent**) *vt*: **to ~ sth to sb** prestar algo a algn
length [lɛŋθ] *n* (*size*) largo, longitud *f*; (*of rope etc*) largo; (*of wood, string*) trozo; (*amount of time*) duración *f*; **at ~** (*at last*) por fin, finalmente; (*lengthily*) largamente; **lengthen** *vt* alargar ▷ *vi* alargarse; **lengthways** *adv* a lo largo; **lengthy** *adj* largo, extenso
lens [lɛnz] *n* (*of spectacles*) lente *f*; (*of camera*) objetivo
Lent [lɛnt] *n* Cuaresma
lent [lɛnt] *pt, pp of* **lend**
lentil ['lɛntl] *n* lenteja
Leo ['liːəu] *n* Leo
leopard ['lɛpəd] *n* leopardo
leotard ['liːətɑːd] *n* malla
leprosy ['lɛprəsɪ] *n* lepra
lesbian ['lɛzbɪən] *n* lesbiana
less [lɛs] *adj* (*in size, degree etc*) menor; (*in quantity*) menos ▷ *pron, adv* menos; **~ than half** menos de la mitad; **~ than ever** menos que nunca; **~ 5%** menos el cinco por ciento; **~ and ~** cada vez menos; **the ~ he works ...** cuanto menos trabaja ...; **lessen** *vi* disminuir, reducirse ▷ *vt* disminuir, reducir; **lesser** ['lɛsəʳ] *adj* menor; **to a lesser extent** *or* **degree** en menor grado
lesson ['lɛsn] *n* clase *f*; **it taught him a ~** (*fig*) le sirvió de lección
let (*pt, pp* **let**) [lɛt] *vt* (*allow*) dejar, permitir; (BRIT: *lease*) alquilar; **to ~ sb do sth** dejar que algn haga algo; **to ~ sb know sth** comunicar algo a algn; **~'s go** ¡vamos!; **~ him come** que venga; **"to ~"** "se alquila"; **let down** *vt* (*tyre*) desinflar; (*disappoint*) defraudar; **let in** *vt* dejar entrar; (*visitor etc*) hacer pasar; **let off** *vt* dejar escapar; (*firework etc*) disparar; (*bomb*) accionar; **let out** *vt* dejar salir
lethal ['liːθl] *adj* (*weapon*) mortífero; (*poison, wound*) mortal
letter ['lɛtəʳ] *n* (*of alphabet*) letra; (*correspondence*) carta; **letterbox** *n* (BRIT) buzón *m*
lettuce ['lɛtɪs] *n* lechuga
leukaemia, (US) **leukemia** [luː'kiːmɪə] *n* leucemia
level ['lɛvl] *adj* (*flat*) llano ▷ *adv* a nivel ▷ *n* nivel *m*; (*height*) altura ▷ *vt* nivelar, allanar; (*destroy*: *building*) derribar; **to be ~ with** estar a nivel de; **A ~s** (BRIT) ≈ exámenes *mpl* de bachillerato superior; **on the ~** (*fig*: *honest*) en serio; **level crossing** *n* (BRIT) paso a nivel
lever ['liːvəʳ] *n* palanca ▷ *vt*: **to ~ up** levantar con palanca; **leverage** *n* (*fig*: *influence*) influencia
levy ['lɛvɪ] *n* impuesto ▷ *vt* exigir, recaudar
liability [laɪə'bɪlətɪ] *n* (*pej*: *person, thing*) estorbo, lastre *m*; (*Law*: *responsibility*) responsabilidad *f*; (*handicap*) desventaja
liable ['laɪəbl] *adj* (*subject*): **~ to** sujeto a; (*responsible*): **~ for** responsable de; (*likely*): **~ to do** propenso a hacer
liaise [liː'eɪz] *vi*: **to ~ (with)** colaborar (con)
liar ['laɪəʳ] *n* mentiroso/a
liberal ['lɪbərl] *adj* liberal; (*generous*): **~ with** generoso con; **Liberal Democrat** *n* (BRIT) demócrata *mf* liberal
liberate ['lɪbəreɪt] *vt* (*people*: *from poverty etc*) librar; (*prisoner*) libertar; (*country*) liberar
liberation [lɪbə'reɪʃən] *n* liberación *f*
liberty ['lɪbətɪ] *n* libertad *f*; **to be at ~** (*criminal*) estar en libertad; **to be at ~**

to do estar libre para hacer; **to take the ~ of doing sth** tomarse la libertad de hacer algo

Libra ['li:brə] *n* Libra

librarian [laɪ'brɛərɪən] *n* bibliotecario/a

library ['laɪbrərɪ] *n* biblioteca

Be careful not to translate *library* by the Spanish word *librería*.

Libya ['lɪbɪə] *n* Libia

lice [laɪs] *pl of* **louse**

licence, (US) **license** ['laɪsns] *n* licencia; (*permit*) permiso; (*also*: **driving ~**, (US) **driver's license**) carnet de conducir, permiso de manejar (LAM)

license ['laɪsns] *n* (US) = **licence** ▷ *vt* autorizar, dar permiso a; **licensed** *adj* (*for alcohol*) autorizado para vender bebidas alcohólicas; **license plate** *n* (US) placa (de matrícula); **licensing hours** *npl* (BRIT) *horas durante las cuales se permite la venta y consumo de alcohol (en un bar etc)*

lick [lɪk] *vt* lamer; (*inf*: *defeat*) dar una paliza a; **to ~ one's lips** relamerse

lid [lɪd] *n* (*of box, case, pan*) tapa, tapadera

lie [laɪ] *n* mentira ▷ *vi* (*pt* **lay**, *pp* **lain**) mentir; (*rest*) estar echado, estar acostado; (*of object*: *be situated*) estar, encontrarse; **to tell ~s** mentir; **to ~ low** (*fig*) mantenerse a escondidas; **lie about, lie around** *vi* (*things*) estar tirado; (BRIT: *people*) estar acostado *or* tumbado; **lie down** *vi* echarse, tumbarse

Liechtenstein ['lɪktənstaɪn] *n* Liechtenstein *m*

lie-in ['laɪɪn] *n* (BRIT): **to have a ~** quedarse en la cama

lieutenant [lɛf'tɛnənt] [(US) lu:'tɛnənt] *n* (*Mil*) teniente *m*

life (*pl* **lives**) [laɪf, laɪvz] *n* vida; **life assurance** *n* (BRIT) seguro de vida; **lifebelt** *n* (BRIT) cinturón *m* salvavidas; **lifeboat** *n* lancha de socorro; **lifeguard** *n* vigilante *mf*, socorrista *mf*; **life insurance** *n* = **life assurance**; **life jacket** *n* chaleco salvavidas; **lifelike** *adj* natural; **life preserver** *n* (US) = **lifebelt**; **life sentence** *n* cadena perpetua; **lifestyle** *n* estilo de vida; **lifetime** *n*: **in his lifetime** durante su vida

lift [lɪft] *vt* levantar; (*copy*) plagiar ▷ *vi* (*fog*) disiparse ▷ *n* (BRIT: *elevator*) ascensor *m*; **to give sb a ~** (BRIT) llevar a algn en coche; **lift up** *vt* levantar; **lift-off** *n* despegue *m*

light [laɪt] *n* luz *f*; (*lamp*) luz *f*, lámpara; (*headlight*) faro; (*for cigarette etc*): **have you got a ~?** ¿tienes fuego? ▷ *vt* (*pt*, *pp* **lit**) (*candle, cigarette, fire*) encender; (*room*) alumbrar ▷ *adj* (*colour*) claro; (*room*) con mucha luz; **lights** *npl* (*traffic lights*) semáforos *mpl*; **in the ~ of** a la luz de; **to come to ~** salir a la luz; **light up** *vi* (*smoke*) encender un cigarrillo; (*face*) iluminarse ▷ *vt* (*illuminate*) iluminar, alumbrar; (*set fire to*) encender; **light bulb** *n* bombilla, bombillo (LAM), foco (LAM); **lighten** *vt* (*make less heavy*) aligerar; **lighter** *n* (*also*: **cigarette lighter**) encendedor *m*, mechero; **light-hearted** *adj* (*person*) alegre; (*remark etc*) divertido; **lighthouse** *n* faro; **lighting** *n* (*system*) alumbrado; **lightly** *adv* ligeramente; (*not seriously*) con poca seriedad; **to get off lightly** ser castigado con poca severidad

lightning ['laɪtnɪŋ] *n* relámpago, rayo

lightweight *adj* (*suit*) ligero ▷ *n* (*Boxing*) peso ligero

like [laɪk] *vt* (*person*) querer a ▷ *prep* como ▷ *adj* parecido, semejante ▷ *n*: **his ~s and dislikes** sus gustos y aversiones; **the ~s of him** personas como él; **I would ~, I'd ~** me gustaría; (*for purchase*) quisiera; **would you ~ a coffee?** ¿te apetece un café?; **I ~ swimming** me gusta nadar; **to be** *or* **look ~ sb/sth** parecerse a algn/algo; **that's just ~ him** es muy de él, es típico de él; **do it ~ this** hazlo así; **it is nothing ~ ...** no tiene parecido alguno con ...; **what's he ~?** ¿cómo es (él)?; **likeable** *adj* simpático, agradable

likelihood ['laɪklɪhud] *n* probabilidad *f*

likely ['laɪklɪ] *adj* probable; **he's ~ to leave** es probable *or* (LAM) capaz que se vaya; **not ~!** ¡ni hablar!

likewise ['laɪkwaɪz] *adv* igualmente; **to do ~** hacer lo mismo

liking ['laɪkɪŋ] *n*: **~ (for)** (*person*) cariño (a); (*thing*) afición (a); **to be to sb's ~** ser del gusto de algn

lilac ['laɪlək] *n* (*tree*) lilo; (*flower*) lila

Lilo® ['laɪləu] *n* colchoneta inflable

lily ['lɪlɪ] *n* lirio, azucena; **~ of the valley** *n* lirio de los valles

limb [lɪm] *n* miembro

limbo ['lɪmbəu] *n*: **to be in ~** (*fig*) quedar a la expectativa

lime [laɪm] *n* (*tree*) limero; (*fruit*) lima; (*Geo*) cal *f*

limelight ['laɪmlaɪt] *n*: **to be in the ~** (*fig*) ser el centro de atención

limestone ['laɪmstəun] *n* piedra caliza

limit ['lɪmɪt] *n* límite *m* ▷ *vt* limitar; **limited** *adj* limitado; **to be limited to** limitarse a

limousine ['lɪməzi:n] *n* limusina

limp [lɪmp] *n*: **to have a ~** tener cojera ▷ *vi* cojear ▷ *adj* flojo

line [laɪn] *n* línea; (*rope*) cuerda; (*for fishing*) sedal *m*; (*wire*) hilo; (*row, series*) fila, hilera; (*of writing*) renglón *m*; (*on face*) arruga; (*Rail*) vía ▷ *vt* (*Sewing*): **to ~ (with)** forrar (de); **to ~ the streets** ocupar las aceras; **in ~ with** de acuerdo con; **line up** *vi* hacer cola ▷ *vt* alinear; **to have sth ~d up** tener algo arreglado

linear ['lɪnɪəʳ] *adj* lineal

linen ['lɪnɪn] *n* ropa blanca; (*cloth*) lino

liner ['laɪnəʳ] *n* vapor *m* de línea transatlántico; **dustbin ~** bolsa de la basura

line-up ['laɪnʌp] *n* (*US*: *queue*) cola; (*Sport*) alineación *f*

linger ['lɪŋgəʳ] *vi* retrasarse, tardar en marcharse; (*smell, tradition*) persistir

lingerie ['lænʒəri:] *n* ropa interior (de mujer), lencería

linguist ['lɪŋgwɪst] *n* lingüista *mf*; **linguistic** *adj* lingüístico

lining ['laɪnɪŋ] *n* forro

link [lɪŋk] *n* (*of chain*) eslabón *m*; (*relationship*) relación *f*; (*bond*) vínculo, lazo; (*Internet*) enlace *m* ▷ *vt* vincular, unir; (*associate*): **to ~ with** *or* **to** relacionar con; **links** *npl* (*Golf*); **link up** *vt* acoplar ▷ *vi* unirse

lion ['laɪən] *n* león *m*; **lioness** *n* leona

lip [lɪp] *n* labio; **lip-read** *vi* leer los labios; **lip salve** *n* crema protectora para labios; **lipstick** *n* lápiz *m or* barra de labios, carmín *m*

liqueur [lɪ'kjuəʳ] *n* licor *m*

liquid ['lɪkwɪd] *adj, n* líquido; **liquidizer** ['lɪkwɪdaɪzəʳ] *n* (*Culin*) licuadora

liquor ['lɪkəʳ] *n* licor *m*, bebidas *fpl* alcohólicas; **liquor store** *n* (*US*) bodega, *tienda de vinos y bebidas alcohólicas*

Lisbon ['lɪzbən] *n* Lisboa

lisp [lɪsp] *n* ceceo ▷ *vi* cecear

list [lɪst] *n* lista ▷ *vt* (*write down*) hacer una lista de; (*mention*) enumerar

listen ['lɪsn] *vi* escuchar, oír; **listener** *n* oyente *mf*

lit [lɪt] *pt, pp of* **light**

liter ['li:təʳ] *n* (*US*) = **litre**

literacy ['lɪtərəsɪ] *n* capacidad *f* de leer y escribir

literal ['lɪtərl] *adj* literal; **literally** *adv* literalmente

literary ['lɪtərərɪ] *adj* literario

literate ['lɪtərət] *adj* que sabe leer y escribir; (*educated*) culto

literature ['lɪtərɪtʃəʳ] *n* literatura; (*brochures etc*) folletos *mpl*

litre, (*US*) **liter** ['li:təʳ] *n* litro

litter ['lɪtəʳ] *n* (*rubbish*) basura; (*young animals*) camada, cría; **litter bin** *n*

(BRIT) papelera; **littered** *adj*: **littered with** lleno de

little ['lɪtl] *adj* (*small*) pequeño; (*not much*) poco; (*diminutive*): **~ house** casita ▷ *adv* poco; **a ~** un poco (de); **a ~ bit** un poquito; **~ by ~** poco a poco; **little finger** *n* dedo meñique

live¹ [laɪv] *adj* (*animal*) vivo; (*wire*) conectado; (*broadcast*) en directo; (*unexploded*) sin explotar

live² [lɪv] *vi* vivir; **to ~ together** vivir juntos; **live up to** *vt fus* (*fulfil*) cumplir con

livelihood ['laɪvlɪhud] *n* sustento

lively ['laɪvlɪ] *adj* vivo; (*place, book etc*) animado

liven up ['laɪvn-] *vt* animar ▷ *vi* animarse

liver ['lɪvəʳ] *n* hígado

lives [laɪvz] *npl of* **life**

livestock ['laɪvstɔk] *n* ganado

living ['lɪvɪŋ] *adj* (*alive*) vivo ▷ *n*: **to earn** *or* **make a ~** ganarse la vida; **living room** *n* sala (de estar)

lizard ['lɪzəd] *n* lagartija

load [ləud] *n* carga; (*weight*) peso ▷ *vt* (*also Comput*) cargar; **a ~ of, ~s of** (*fig*) (gran) cantidad de, montones de; **to ~ (up) with** cargar con *or* de; **loaded** *adj* cargado

loaf (*pl* **loaves**) [ləuf] *n* (barra de) pan *m*

loan [ləun] *n* préstamo ▷ *vt* prestar; **on ~** prestado

loathe [ləuð] *vt* aborrecer; (*person*) odiar

loaves [ləuvz] *pl of* **loaf**

lobby ['lɔbɪ] *n* vestíbulo, sala de espera; (*Pol*: *pressure group*) grupo de presión ▷ *vt* presionar

lobster ['lɔbstəʳ] *n* langosta

local ['ləukl] *adj* local ▷ *n* (*pub*) bar *m*; **the locals** *npl* los vecinos, los del lugar; **local anaesthetic,** (US) **local anesthetic** *n* (*Med*) anestesia local; **local authority** *n* municipio, ayuntamiento (SP); **local government** *n* gobierno municipal; **locally** ['ləukəlɪ] *adv* en la vecindad

locate [ləu'keɪt] *vt* (*find*) localizar; (*situate*): **to be ~d in** estar situado en

location [ləu'keɪʃən] *n* situación *f*; **on ~** (*Cine*) en exteriores

loch [lɔx] *n* lago

lock [lɔk] *n* (*of door, box*) cerradura; (*of canal*) esclusa; (*of hair*) mechón *m* ▷ *vt* (*with key*) cerrar con llave ▷ *vi* (*door etc*) cerrarse con llave; (*wheels*) trabarse; **lock in** *vt* encerrar; **lock out** *vt* (*person*) cerrar la puerta a; **lock up** *vt* (*criminal*) meter en la cárcel; (*mental patient*) encerrar; (*house*) cerrar (con llave) ▷ *vi* echar la llave

locker ['lɔkəʳ] *n* casillero; **locker-room** *n* (US *Sport*) vestuario

locksmith ['lɔksmɪθ] *n* cerrajero/a

locomotive [ləukə'məutɪv] *n* locomotora

lodge [lɔdʒ] *n* casa del guarda ▷ *vi* (*person*): **to ~ (with)** alojarse (en casa de) ▷ *vt* presentar; **lodger** ['lɔdʒəʳ] *n* huésped *mf*

lodging ['lɔdʒɪŋ] *n* alojamiento, hospedaje *m*

loft [lɔft] *n* desván *m*

log [lɔg] *n* (*of wood*) leño, tronco; (*written account*) diario ▷ *vt* anotar; **log in, log on** *vi* (*Comput*) iniciar la sesión; **log off, log out** *vi* (*Comput*) finalizar la sesión

logic ['lɔdʒɪk] *n* lógica; **logical** *adj* lógico

login ['lɔgɪn] *n* (*Comput*) login *m*

lollipop ['lɔlɪpɔp] *n* pirulí *m*; **lollipop man, lollipop lady** *n* (BRIT) *persona encargada de ayudar a los niños a cruzar la calle*

lolly ['lɔlɪ] *n* (*inf*: *ice cream*) polo; (: *lollipop*) piruleta; (: *money*) guita

London ['lʌndən] *n* Londres *m*; **Londoner** *n* londinense *mf*

lone [ləun] *adj* solitario

loneliness ['ləunlɪnɪs] *n* soledad *f*, aislamiento

lonely ['ləunlɪ] *adj* (*situation*) solitario; (*person*) solo; (*place*) aislado

long [lɔŋ] *adj* largo ▷ *adv* mucho tiempo, largamente ▷ *vi*: **to ~ for sth**

anhelar algo; **so** *or* **as ~ as** mientras, con tal de que; **don't be ~!** ¡no tardes!, ¡vuelve pronto!; **how ~ is the street?** ¿cuánto tiene la calle de largo?; **how ~ is the lesson?** ¿cuánto dura la clase?; **six metres ~** que mide seis metros, de seis metros de largo; **six months ~** que dura seis meses, de seis meses de duración; **all night ~** toda la noche; **he no ~er comes** ya no viene; **~ before** mucho antes; **before ~** (+ *future*) dentro de poco; (+ *past*) poco tiempo después; **at ~ last** al fin, por fin; **long-distance** *adj* (*race*) de larga distancia; (*call*) interurbano; **long-haul** *adj* (*flight*) de larga distancia; **longing** *n* anhelo, ansia; (*nostalgia*) nostalgia ▷ *adj* anhelante

longitude ['lɔŋgɪtju:d] *n* longitud *f*

long: long jump *n* salto de longitud; **long-life** *adj* (*batteries*) de larga duración; (*milk*) uperizado; **long-sighted** *adj* (BRIT) présbita; **long-standing** *adj* de mucho tiempo; **long-term** *adj* a largo plazo

loo [lu:] *n* (BRIT *inf*) wáter *m*

look [luk] *vi* mirar; (*seem*) parecer; (*building etc*): **to ~ south/on to the sea** dar al sur/al mar ▷ *n* mirada; (*glance*) vistazo; (*appearance*) aire *m*, aspecto; **looks** *npl* belleza *sg*; **~ (here)!** (*expressing annoyance etc*) ¡oye!; **~!** (*expressing surprise*) ¡mira!; **look after** *vt fus* (*care for*) cuidar a; (*deal with*) encargarse de; **look around** *vi* echar una mirada alrededor; **look at** *vt fus* mirar; **look back** *vi* mirar hacia atrás; **look down on** *vt fus* (*fig*) despreciar, mirar con desprecio; **look for** *vt fus* buscar; **look forward to** *vt fus* esperar con ilusión; (*in letters*): **we ~ forward to hearing from you** quedamos a la espera de su respuesta *or* contestación; **look into** *vt fus* investigar; **look out** *vi* (*beware*): **to ~ out (for)** tener cuidado (de); **look out for** *vt fus* (*seek*) buscar; (*await*) esperar; **look round** *vi* volver la cabeza; **look through** *vt fus* (*papers, book*) hojear; **look to** *vt fus* ocuparse de; (*rely on*) contar con; **look up** *vi* mirar hacia arriba; (*improve*) mejorar ▷ *vt* (*word*) buscar; **look up to** *vt fus* admirar

look-out *n* (*tower etc*) puesto de observación; (*person*) vigía *mf*; **to be on the ~ for sth** estar al acecho de algo

loom [lu:m] *vi*: **~ (up)** (*threaten*) surgir, amenazar; (*event: approach*) aproximarse

loony ['lu:nɪ] *adj, n* (*infl*) loco/a

loop [lu:p] *n* lazo; **loophole** *n* laguna

loose [lu:s] *adj* suelto; (*clothes*) ancho; (*morals, discipline*) relajado; **to be at a ~ end** *or* (US) **at ~ ends** no saber qué hacer; **loosely** *adv* libremente, aproximadamente; **loosen** *vt* aflojar

loot [lu:t] *n* botín *m* ▷ *vt* saquear

lop-sided ['lɔp'saɪdɪd] *adj* torcido; (*fig*) desequilibrado

lord [lɔ:d] *n* señor *m*; **L~ Smith** Lord Smith; **the L~** el Señor; **the (House of) L~s** (BRIT) la Cámara de los Lores

lorry ['lɔrɪ] *n* (BRIT) camión *m*; **lorry driver** *n* camionero/a

lose (*pt, pp* **lost**) [lu:z, lɔst] *vt* perder ▷ *vi* perder, ser vencido; **to ~ (time)** (*clock*) atrasarse; **lose out** *vi* salir perdiendo; **loser** *n* perdedor(a) *m/f*

loss [lɔs] *n* pérdida; **heavy ~es** (*Mil*) grandes pérdidas *fpl*; **to be at a ~** no saber qué hacer; **to make a ~** sufrir pérdidas

lost [lɔst] *pt, pp of* **lose** ▷ *adj* perdido; **lost property,** (US) **lost and found** *n* objetos *mpl* perdidos

lot [lɔt] *n* (*at auction*) lote *m*; **the ~** el todo, todos *mpl*, todas *fpl*; **a ~** mucho, bastante; **a ~ of, ~s of** muchos/as; (*with singular noun*) mucho/a; **I read a ~** leo bastante; **to draw ~s (for sth)** echar suertes (para decidir algo)

lotion ['ləuʃən] *n* loción *f*

lottery ['lɔtərɪ] *n* lotería

loud [laud] *adj* (*voice, sound*) fuerte; (*laugh, shout*) estrepitoso; (*gaudy*) chillón/ona ▷ *adv* (*speak etc*) fuerte;

out ~ en voz alta; **loudly** *adv* (*noisily*) fuerte; (*aloud*) en alta voz; **loudspeaker** *n* altavoz *m*

lounge [laundʒ] *n* salón *m*, sala de estar; (*of hotel*) salón *m*; (*of airport*) sala de embarque ▷ *vi* (*also*: **~ about, ~ around**) holgazanear

louse (*pl* **lice**) [laus, laɪs] *n* piojo

lousy ['lauzɪ] *adj* (*fig*) vil, asqueroso; (*ill*) fatal

love [lʌv] *n* (*romantic, sexual*) amor *m*; (*kind, caring*) cariño ▷ *vt* amar, querer; **~ from Anne** (*in letter*) con cariño de Anne; **I ~ to read** me encanta leer; **to be in ~ with** estar enamorado de; **to make ~** hacer el amor; **I ~ you** te quiero; **for the ~ of** por amor a; **"15 ~ "** (*Tennis*) "15 a cero"; **I ~ paella** me encanta la paella; **love affair** *n* aventura sentimental *or* amorosa; **love life** *n* vida sentimental

lovely ['lʌvlɪ] *adj* (*delightful*) encantador(a); (*beautiful*) precioso

lover ['lʌvəʳ] *n* amante *mf*; (*amateur*): **a ~ of** un(a) aficionado/a *or* un(a) amante de

loving ['lʌvɪŋ] *adj* amoroso, cariñoso

low [ləu] *adj, adv* bajo ▷ *n* (*Meteorology*) área de baja presión; **to feel ~** sentirse deprimido; **to turn (down) ~** bajar; **low-alcohol** *adj* bajo en alcohol; **low-calorie** *adj* bajo en calorías

lower ['ləuəʳ] *adj* más bajo; (*less important*) menos importante ▷ *vt* bajar; (*reduce*) reducir; **to ~ o.s. to** (*fig*) rebajarse a

low-fat *adj* (*milk, yoghurt*) desnatado; (*diet*) bajo en calorías

loyal ['lɔɪəl] *adj* leal; **loyalty** *n* lealtad *f*; **loyalty card** *n* tarjeta cliente

LP *n abbr* (= *long-playing record*) elepé *m*

L-plates ['ɛlpleɪts] *npl* (BRIT) (placas *fpl* de) la L

L-PLATES

En el Reino Unido las personas que están aprendiendo a conducir han de llevar indicativos blancos con una L en rojo llamados normalmente *L-plates* (de *learner*) en la parte delantera y trasera de los automóviles que conducen. No tienen que ir a clases teóricas, sino que desde el principio se les entrega un carnet de conducir provisional (*provisional driving licence*) para que realicen sus prácticas, que han de estar supervisadas por un conductor con carnet definitivo (*full driving licence*). Tampoco se les permite hacer prácticas en autopistas aunque vayan acompañados.

Lt. *abbr* (= *lieutenant*) Tte.

Ltd *abbr* (*Comm*: = *limited company*) S.A.

luck [lʌk] *n* suerte *f*; **good/bad ~** buena/mala suerte; **good ~!** ¡(que tengas) suerte!; **bad** *or* **hard** *or* **tough ~!** ¡qué pena!; **luckily** *adv* afortunadamente; **lucky** *adj* afortunado; (*at cards etc*) con suerte; (*object*) que trae suerte

lucrative ['lu:krətɪv] *adj* lucrativo

ludicrous ['lu:dɪkrəs] *adj* absurdo

luggage ['lʌgɪdʒ] *n* equipaje *m*; **luggage rack** *n* (*on car*) baca, portaequipajes *m inv*

lukewarm ['lu:kwɔ:m] *adj* tibio

lull [lʌl] *n* tregua ▷ *vt* (*child*) acunar; (*person, fear*) calmar; **to ~ sb to sleep** arrullar a algn; **to ~ sb into a false sense of security** dar a algn una falsa sensación de seguridad

lullaby ['lʌləbaɪ] *n* nana

lumber ['lʌmbəʳ] *n* (*junk*) trastos *mpl* viejos; (*wood*) maderos *mpl*

luminous ['lu:mɪnəs] *adj* luminoso

lump [lʌmp] *n* terrón *m*; (*fragment*) trozo; (*swelling*) bulto ▷ *vt* (*also*: **~ together**) juntar; **lump sum** *n* suma global; **lumpy** *adj* (*sauce*) lleno de grumos

lunatic ['lu:nətɪk] *adj, n* (*inf!*) loco/a

lunch [lʌntʃ] *n* almuerzo, comida ▷ *vi* almorzar; **lunch break, lunch hour** *n* hora del almuerzo
lunchtime ['lʌntʃtaɪm] *n* hora del almuerzo *or* de comer
lung [lʌŋ] *n* pulmón *m*
lure [luəʳ] *n* (*bait*) cebo; (*decoy*) señuelo; (*attraction*) atracción *f* ▷ *vt* convencer con engaños
lurk [lə:k] *vi* (*wait*) estar al acecho; (*fig*) acechar
lush [lʌʃ] *adj* exuberante
lust [lʌst] *n* lujuria; (*greed*) codicia
Luxembourg ['lʌksəmbə:g] *n* Luxemburgo
luxurious [lʌg'zjuərɪəs] *adj* lujoso
luxury ['lʌkʃərɪ] *n* lujo ▷ *cpd* de lujo
Lycra® ['laɪkrə] *n* licra®
lying ['laɪɪŋ] *n* mentiras *fpl* ▷ *adj* mentiroso
lyric ['lɪrɪk] *adj* lírico; **lyrics** *npl* (*of song*) letra *sg*

m

m *abbr* (= *metre*) m.; = **mile; million**
MA *n abbr* (*Scol*) = **Master of Arts**
ma [mɑ:] *n* (*inf*) mamá
mac [mæk] *n* (BRIT) impermeable *m*
macaroni [mækə'rəunɪ] *n* macarrones *mpl*
Macedonia [mæsɪ'dəunɪə] *n* Macedonia; **Macedonian** [mæsɪ'dəunɪən] *adj* macedonio ▷ *n* macedonio/a; (*Ling*) macedonio
machine [mə'ʃi:n] *n* máquina ▷ *vt* (*dress etc*) coser a máquina; (*Tech*) trabajar a máquina; **machine gun** *n* ametralladora; **machinery** *n* maquinaria; (*fig*) mecanismo; **machine washable** *adj* lavable a máquina
macho ['mætʃəu] *adj* macho
mackerel ['mækrl] *n* (*pl inv*) caballa
mackintosh ['mækɪntɔʃ] *n* (BRIT) impermeable *m*
mad [mæd] *adj* loco; (*idea*) disparatado; (*angry*) furioso; **to be ~ (keen) about** *or* **on sth** estar loco por algo

madam ['mædəm] *n* señora
mad cow disease *n* encefalopatía espongiforme bovina
made [meɪd] *pt, pp of* **make**; **made-to-measure** *adj* (BRIT) hecho a la medida; **made-up** *adj* (*story*) ficticio
madly ['mædlɪ] *adv* locamente
madman ['mædmən] *n* loco
madness ['mædnɪs] *n* locura
Madrid [mə'drɪd] *n* Madrid *m*
Mafia ['mæfɪə] *n* Mafia
mag [mæg] *n abbr* (BRIT *inf*); = **magazine**
magazine [mægə'ziːn] *n* revista
maggot ['mægət] *n* gusano
magic ['mædʒɪk] *n* magia ▷ *adj* mágico; **magical** *adj* mágico; **magician** [mə'dʒɪʃən] *n* mago/a
magistrate ['mædʒɪstreɪt] *n* juez *mf* (municipal)
magnet ['mægnɪt] *n* imán *m*; **magnetic** [mæg'nɛtɪk] *adj* magnético
magnificent [mæg'nɪfɪsnt] *adj* magnífico
magnify ['mægnɪfaɪ] *vt* (*object*) ampliar; (*sound*) aumentar; **magnifying glass** *n* lupa
magpie ['mægpaɪ] *n* urraca
mahogany [mə'hɔgənɪ] *n* caoba
maid [meɪd] *n* criada; **old ~** (*pej*) solterona
maiden name *n* apellido de soltera
mail [meɪl] *n* correo; (*letters*) cartas *fpl* ▷ *vt* echar al correo; **mailbox** *n* (US) buzón *m*; **mailing list** *n* lista de direcciones; **mailman** *n* (US) cartero; **mail-order** *n* pedido postal
main [meɪn] *adj* principal, mayor ▷ *n* (*pipe*) cañería principal *or* maestra; (US) red *f* eléctrica; **the ~s** (BRIT *Elec*) la red eléctrica; **in the ~** en general; **main course** *n* (*Culin*) plato principal; **mainland** *n* continente *m*; **mainly** *adv* principalmente; **main road** *n* carretera principal; **mainstream** *n* corriente *f* principal; **main street** *n* calle *f* mayor
maintain [meɪn'teɪn] *vt* mantener
maintenance ['meɪntənəns] *n* mantenimiento; (*alimony*) pensión *f* alimenticia
maisonette [meɪzə'nɛt] *n* dúplex *m*
maize [meɪz] *n* (BRIT) maíz *m*, choclo (LAM)
majesty ['mædʒɪstɪ] *n* majestad *f*; **Your M~** Su Majestad
major ['meɪdʒəʳ] *n* (*Mil*) comandante *m* ▷ *adj* principal; (*Mus*) mayor
Majorca [mə'jɔːkə] *n* Mallorca
majority [mə'dʒɔrɪtɪ] *n* mayoría
make [meɪk] (*pt, pp* **made**) *vt* (*manufacture*) hacer, fabricar; (*mistake*) cometer; (*speech*) pronunciar; (*cause to be*): **to ~ sb sad** poner triste *or* entristecer a algn; (*force*): **to ~ sb do sth** obligar a algn a hacer algo; (*equal*): **2 and 2 ~ 4** 2 y 2 son 4 ▷ *n* marca; **to ~ a fool of sb** poner a algn en ridículo; **to ~ a profit/loss** obtener ganancias/sufrir pérdidas; **to ~ it** (*arrive*) llegar; (*achieve sth*) tener éxito; **what time do you ~ it?** ¿qué hora tienes?; **to ~ do with** contentarse con; **make off** *vi* largarse; **make out** *vt* (*decipher*) descifrar; (*understand*) entender; (*see*) distinguir; (*cheque*) extender; **make up** *vt* (*invent*) inventar; (*parcel*) hacer ▷ *vi* reconciliarse; (*with cosmetics*) maquillarse; **make up for** *vt fus* compensar; **makeover** *n* cambio de imagen; **to give sb a makeover** hacerle a algn un cambio de imagen; **maker** *n* fabricante *mf*; (*of film, programme*) autor(a) *m/f*; **makeshift** *adj* improvisado; **make-up** *n* maquillaje *m*
making ['meɪkɪŋ] *n* (*fig*): **in the ~** en vías de formación; **to have the ~s of** (*person*) tener madera de
malaria [mə'lɛərɪə] *n* malaria
Malaysia [mə'leɪzɪə] *n* Malaisia, Malaysia
male [meɪl] *n* (*Biol, Elec*) macho ▷ *adj* (*sex, attitude*) masculino; (*child etc*) varón

malicious [mə'lɪʃəs] *adj* malicioso; rencoroso
malignant [mə'lɪgnənt] *adj* (*Med*) maligno
mall [mɔ:l] *n* (*US*: *also*: **shopping ~**) centro comercial
mallet ['mælɪt] *n* mazo
malnutrition [mælnju:'trɪʃən] *n* desnutrición *f*
malpractice [mæl'præktɪs] *n* negligencia profesional
malt [mɔ:lt] *n* malta; (*whisky*) whisky *m* de malta
Malta ['mɔ:ltə] *n* Malta; **Maltese** [mɔ:l'ti:z] *adj* maltés/esa ▷ *n* (*pl inv*) maltés/esa *m/f*
mammal ['mæml] *n* mamífero
mammoth ['mæməθ] *n* mamut *m* ▷ *adj* gigantesco
man (*pl* **men**) [mæn, mɛn] *n* hombre *m*; (*mankind*) el hombre ▷ *vt* (*Naut*) tripular; (*Mil*) defender; (*operate*: *machine*) manejar; **an old ~** un viejo; **~ and wife** marido y mujer
manage ['mænɪdʒ] *vi* arreglárselas ▷ *vt* (*be in charge of*) dirigir; (*person etc*) manejar; **manageable** *adj* manejable; **management** *n* dirección *f*; **manager** *n* director(a) *m/f*; (*of pop star*) mánager *mf*; (*Sport*) entrenador(a) *m/f*; **manageress** *n* directora; (*Sport*) entrenadora; **managerial** [mænə'dʒɪərɪəl] *adj* directivo; **managing director** *n* director(a) *m/f* general
mandarin ['mændərɪn] *n* (*also*: **~ orange**) mandarina; (*person*) mandarín *m*
mandate ['mændeɪt] *n* mandato
mandatory ['mændətərɪ] *adj* obligatorio
mane [meɪn] *n* (*of horse*) crin *f*; (*of lion*) melena
maneuver [mə'nu:vəʳ] *vb*, *n* (*US*) = **manoeuvre**
mangetout [mɔnʒ'tu:] *n* tirabeque *m*
mango ['mæŋgəu] (*pl* **mangoes**) *n* mango
man: manhole *n* boca de alcantarilla; **manhood** *n* edad *f* viril; (*manliness*) virilidad *f*
mania ['meɪnɪə] *n* manía; **maniac** ['meɪnɪæk] *n* maníaco/a; (*fig*) maniático
manic ['mænɪk] *adj* frenético
manicure ['mænɪkjuəʳ] *n* manicura
manifest ['mænɪfɛst] *vt* manifestar, mostrar ▷ *adj* manifiesto
manifesto [mænɪ'fɛstəu] *n* manifiesto
manipulate [mə'nɪpjuleɪt] *vt* manipular
man: mankind [mæn'kaɪnd] *n* humanidad *f*, género humano; **manly** *adj* varonil; **man-made** *adj* artificial
manner ['mænəʳ] *n* manera, modo; (*behaviour*) conducta, manera de ser; (*type*) clase *f*; **manners** *npl* modales *mpl*; **bad ~s** falta *sg* de educación
manoeuvre, (*US*) **maneuver** [mə'nu:vəʳ] *vt*, *vi* maniobrar ▷ *n* maniobra
manpower ['mænpauəʳ] *n* mano *f* de obra
mansion ['mænʃən] *n* mansión *f*
manslaughter ['mænslɔ:təʳ] *n* homicidio involuntario
mantelpiece ['mæntlpi:s] *n* repisa de la chimenea
manual ['mænjuəl] *adj* manual ▷ *n* manual *m*
manufacture [mænju'fæktʃəʳ] *vt* fabricar ▷ *n* fabricación *f*; **manufacturer** *n* fabricante *mf*
manure [mə'njuəʳ] *n* estiércol *m*
manuscript ['mænjuskrɪpt] *n* manuscrito
many ['mɛnɪ] *adj* muchos/as ▷ *pron* muchos/as; **a great ~** muchísimos, un buen número de; **~ a time** muchas veces
map [mæp] *n* mapa *m*; **map out** *vt* proyectar
maple ['meɪpl] *n* arce *m*, maple *m* (*LAm*)
mar [ma:ʳ] *vt* estropear

Mar. *abbr* (= *March*) mar
marathon ['mærəθən] *n* maratón *m*
marble ['mɑ:bl] *n* mármol *m*; (*toy*) canica
March [mɑ:tʃ] *n* marzo
march [mɑ:tʃ] *vi* (*Mil*) marchar; (*demonstrators*) manifestarse ▷ *n* marcha; (*demonstration*) manifestación *f*
mare [mɛəʳ] *n* yegua
margarine [mɑ:dʒə'ri:n] *n* margarina
margin ['mɑ:dʒɪn] *n* margen *m*; (*Comm*: *profit margin*) margen *m* de beneficios; **marginal** *adj* marginal; **marginally** *adv* ligeramente
marigold ['mærɪgəuld] *n* caléndula
marijuana [mærɪ'wɑ:nə] *n* marihuana
marina [mə'ri:nə] *n* puerto deportivo
marinade [mærɪ'neɪd] *n* adobo
marinate ['mærɪneɪt] *vt* adobar
marine [mə'ri:n] *adj* marino ▷ *n* soldado de infantería de marina
marital ['mærɪtl] *adj* matrimonial; **~ status** estado civil
maritime ['mærɪtaɪm] *adj* marítimo
marjoram ['mɑ:dʒərəm] *n* mejorana
mark [mɑ:k] *n* marca, señal *f*; (*in snow, mud etc*) huella; (*stain*) mancha; (BRIT *Scol*) nota ▷ *vt* (*Sport*: *player*) marcar; (*stain*) manchar; (BRIT *Scol*) calificar, corregir; **to ~ time** marcar el paso; (*fig*) marcar(se) un ritmo; **marked** *adj* marcado, acusado; **marker** *n* (*sign*) marcador *m*; (*bookmark*) registro
market ['mɑ:kɪt] *n* mercado ▷ *vt* (*Comm*) comercializar; **marketing** *n* marketing *m*; **marketplace** *n* mercado; **market research** *n* (*Comm*) estudios *mpl* de mercado
marmalade ['mɑ:məleɪd] *n* mermelada de naranja
maroon [mə'ru:n] *vt*: **to be ~ed** (*shipwrecked*) quedar aislado; (*fig*) quedar abandonado ▷ *n* (*colour*) granate *m*
marquee [mɑ:'ki:] *n* entoldado
marriage ['mærɪdʒ] *n* (*state*) matrimonio; (*wedding*) boda; (*act*) casamiento; **marriage certificate** *n* partida de casamiento
married ['mærɪd] *adj* casado; (*life, love*) conyugal
marrow ['mærəu] *n* médula; (*vegetable*) calabacín *m*
marry ['mærɪ] *vt* casarse con; (*father, priest etc*) casar ▷ *vi* (*also*: **get married**) casarse
Mars [mɑ:z] *n* Marte *m*
marsh [mɑ:ʃ] *n* pantano; (*salt marsh*) marisma
marshal ['mɑ:ʃl] *n* (*Mil*) mariscal *m*; (*at sports meeting, demonstration etc*) oficial *m*; (US: *of police, fire department*) jefe/a *m/f* ▷ *vt* (*facts*) ordenar; (*soldiers*) formar
martyr ['mɑ:təʳ] *n* mártir *mf*
marvel ['mɑ:vl] *n* maravilla, prodigio ▷ *vi*: **to ~ (at)** maravillarse (de); **marvellous,** (US) **marvelous** ['mɑ:vləs] *adj* maravilloso
Marxism ['mɑ:ksɪzəm] *n* marxismo
Marxist ['mɑ:ksɪst] *adj, n* marxista *mf*
marzipan ['mɑ:zɪpæn] *n* mazapán *m*
mascara [mæs'kɑ:rə] *n* rimel *m*
mascot ['mæskət] *n* mascota
masculine ['mæskjulɪn] *adj* masculino
mash [mæʃ] *vt* machacar; **mashed potatoes** *npl* puré *m* de patatas *or* (LAM) papas
mask [mɑ:sk] *n* máscara ▷ *vt* (*hide*: *feelings*) esconder; **to ~ one's face** (*cover*) ocultarse la cara
mason ['meɪsn] *n* (*also*: **stone~**) albañil *m*; (*also*: **free~**) masón *m*; **masonry** *n* (*in building*) mampostería
mass [mæs] *n* (*people*) muchedumbre *f*; (*Physics*) masa; (*Rel*) misa; (*great quantity*) montón *m* ▷ *vi* reunirse; (*Mil*) concentrarse; **the ~es** las masas
massacre ['mæsəkəʳ] *n* masacre *f*
massage ['mæsɑ:ʒ] *n* masaje *m* ▷ *vt* dar masajes *or* un masaje a
massive ['mæsɪv] *adj* enorme; (*support, intervention*) masivo

mass media *npl* medios *mpl* de comunicación de masas
mass-produce ['mæsprə'dju:s] *vt* fabricar en serie
mast [ma:st] *n* (*Naut*) mástil *m*; (*Radio etc*) torre *f*
master ['ma:stə^r] *n* (*of servant, animal*) amo; (*of situation*) dueño; (*Art, Mus*) maestro; (*in secondary school*) profesor *m*; (*title for boys*): **M~ X** Señorito X ▷ *vt* dominar; **mastermind** *n* inteligencia superior ▷ *vt* dirigir, planear; **Master of Arts** *n* licenciatura superior en Letras; *see also* **master's degree**; **Master of Science** *n* licenciatura superior en Ciencias; *see also* **master's degree**; **masterpiece** *n* obra maestra; **master's degree** *n* máster *m*

MASTER'S DEGREE

Los estudios de postgrado británicos que llevan a la obtención de un *master's degree* consisten generalmente en una combinación de curso(s) académico(s) y tesina (*dissertation*) sobre un tema original, o bien únicamente la redacción de una tesina. El primer caso es el más frecuente para los títulos de *MA* (*Master of Arts*) y *MSc* (*Master of Science*), mientras que los de *MLitt* (*Master of Letters*) o *MPhil* (*Master of Philosophy*) se obtienen normalmente mediante tesina. En algunas universidades, como las escocesas, el título de *master's degree* no es de postgrado, sino que corresponde a la licenciatura.

masturbate ['mæstəbeɪt] *vi* masturbarse
mat [mæt] *n* alfombrilla; (*also*: **door~**) felpudo ▷ *adj* = **matt**
match [mætʃ] *n* cerilla, fósforo; (*game*) partido; (*fig*) igual *mf* ▷ *vt* emparejar; (*go well with*) hacer juego con; (*equal*) igualar; (*correspond to*) corresponderse con; (*pair: also*: **~ up**) casar con ▷ *vi* hacer juego; **to be a good ~** hacer buena pareja; **matchbox** *n* caja de cerillas; **matching** *adj* que hace juego
mate [meɪt] *n* (*workmate*) colega *mf*; (*inf: friend*) amigo/a; (*animal*) macho/hembra; (*in merchant navy*) primer oficial *m*, segundo de a bordo ▷ *vi* acoplarse, aparearse ▷ *vt* acoplar, aparear
material [mə'tɪərɪəl] *n* (*substance*) materia; (*equipment*) material *m*; (*cloth*) tela, tejido ▷ *adj* material; (*important*) esencial; **materials** *npl* materiales *mpl*
materialize [mə'tɪərɪəlaɪz] *vi* materializarse
maternal [mə'tə:nl] *adj* maternal
maternity [mə'tə:nɪtɪ] *n* maternidad *f*; **maternity hospital** *n* hospital *m* de maternidad; **maternity leave** *n* baja por maternidad
math [mæθ] *n abbr* (*US*: = *mathematics*) matemáticas *fpl*
mathematical [mæθə'mætɪkl] *adj* matemático
mathematician [mæθəmə'tɪʃən] *n* matemático/a
mathematics [mæθə'mætɪks] *n* matemáticas *fpl*
maths [mæθs] *n abbr* (BRIT: = *mathematics*) matemáticas *fpl*
matinée ['mætɪneɪ] *n* sesión *f* de tarde
matron ['meɪtrən] *n* (*in hospital*) enfermera jefe; (*in school*) ama de llaves
matt [mæt] *adj* mate
matter ['mætə^r] *n* cuestión *f*, asunto; (*Physics*) sustancia, materia; (*Med: pus*) pus *m* ▷ *vi* importar; **it doesn't ~** no importa; **what's the ~?** ¿qué pasa?; **no ~ what** pase lo que pase; **as a ~ of course** por rutina; **as a ~ of fact** en realidad; **printed ~** impresos *mpl*; **reading ~** material *m* de lectura
mattress ['mætrɪs] *n* colchón *m*

mature [mə'tjuəʳ] *adj* maduro ▷ *vi* madurar; **mature student** *n* *estudiante de más de 21 años*; **maturity** *n* madurez *f*

maul [mɔ:l] *vt* magullar

mauve [məuv] *adj* de color malva

max *abbr* = **maximum**

maximize ['mæksɪmaɪz] *vt* (*profits etc*) llevar al máximo; (*chances*) maximizar

maximum ['mæksɪməm] *adj* máximo ▷ *n* máximo

May [meɪ] *n* mayo

may [meɪ] *vi* (*indicating possibility*): **he ~ come** puede que venga; (*be allowed to*): **~ I smoke?** ¿puedo fumar?; (*wishes*): **~ God bless you!** ¡que Dios le bendiga!

maybe ['meɪbi:] *adv* quizá(s)

May Day *n* el primero de Mayo

mayhem ['meɪhɛm] *n* caos *m* total

mayonnaise [meɪə'neɪz] *n* mayonesa

mayor [mɛəʳ] *n* alcalde *m*; **mayoress** *n* alcaldesa

maze [meɪz] *n* laberinto

MD *n abbr* (*Comm*) = **managing director**

me [mi:] *pron* (*direct*) me; (*stressed, after pronoun*) mí; **can you hear me?** ¿me oyes?; **he heard ME!** me oyó a mí; **it's me** soy yo; **give them to me** dámelos; **with/without me** conmigo/sin mí

meadow ['mɛdəu] *n* prado, pradera

meagre, (*US*) **meager** ['mi:gəʳ] *adj* escaso, pobre

meal [mi:l] *n* comida; (*flour*) harina; **mealtime** *n* hora de comer

mean [mi:n] *adj* (*with money*) tacaño; (*unkind*) mezquino, malo; (*average*) medio ▷ *vt* (*signify*) querer decir, significar; (*intend*): **to ~ to do sth** tener la intención de *or* pensar hacer algo ▷ *n* medio, término medio; **do you ~ it?** ¿lo dices en serio?; **what do you ~?** ¿qué quiere decir?; **to be meant for sb/sth** ser para algn/algo; *see also* **means**

meaning ['mi:nɪŋ] *n* significado, sentido; **meaningful** *adj* significativo; **meaningless** *adj* sin sentido

means *npl* medio *sg*, manera *sg*; (*resource*) recursos *mpl*, medios *mpl*; **by ~ of** mediante, por medio de; **by all ~!** ¡naturalmente!, ¡claro que sí!

meant [mɛnt] *pt, pp of* **mean**

meantime ['mi:ntaɪm], **meanwhile** ['mi:nwaɪl] *adv* (*also*: **in the ~**) mientras tanto

measles ['mi:zlz] *n* sarampión *m*

measure ['mɛʒəʳ] *vt* medir ▷ *vi* medir ▷ *n* medida; (*ruler*) cinta métrica, metro; **measurement** *n* (*measure*) medida; (*act*) medición *f*; **to take sb's measurements** tomar las medidas a algn

meat [mi:t] *n* carne *f*; **cold ~s** fiambres *mpl*; **meatball** *n* albóndiga

Mecca ['mɛkə] *n* la Meca

mechanic [mɪ'kænɪk] *n* mecánico/a; **mechanical** *adj* mecánico

mechanism ['mɛkənɪzəm] *n* mecanismo

medal ['mɛdl] *n* medalla; **medallist**, (*US*) **medalist** ['mɛdlɪst] *n* (*Sport*) medallista *mf*

meddle ['mɛdl] *vi*: **to ~ in** entrometerse en; **to ~ with sth** manosear algo

media ['mi:dɪə] *npl* medios *mpl* de comunicación

mediaeval [mɛdɪ'i:vl] *adj* = **medieval**

mediate ['mi:dɪeɪt] *vi* mediar

medical ['mɛdɪkl] *adj* médico ▷ *n* reconocimiento médico; **medical certificate** *n* certificado *m* médico

medicated ['mɛdɪkeɪtɪd] *adj* medicinal

medication [mɛdɪ'keɪʃən] *n* medicación *f*

medicine ['mɛdsɪn] *n* medicina; (*drug*) medicamento

medieval [mɛdɪ'i:vl] *adj* medieval

mediocre [mi:dɪ'əukəʳ] *adj* mediocre

meditate ['mɛdɪteɪt] *vi* meditar

meditation [mɛdɪ'teɪʃən] *n* meditación *f*
Mediterranean [mɛdɪtə'reɪnɪən] *adj* mediterráneo; **the ~ (Sea)** el (mar *m*) Mediterráneo
medium ['mi:dɪəm] *adj* mediano ▷ *n* (*means*) medio; (*person*) médium *mf*; **medium-sized** *adj* de tamaño mediano; (*clothes*) de (la) talla mediana; **medium wave** *n* onda media
meek [mi:k] *adj* manso, sumiso
meet [mi:t] (*pt, pp* **met**) *vt* encontrar; (*accidentally*) encontrarse con; (*by arrangement*) reunirse con; (*for the first time*) conocer; (*go and fetch*) ir a buscar; (*opponent*) enfrentarse con; (*obligations*) cumplir ▷ *vi* encontrarse; (*in session*) reunirse; (*join: objects*) unirse; (*get to know*) conocerse; **meet up** *vi*: **to ~ up with sb** reunirse con algn; **meet with** *vt fus* (*difficulty*) tropezar con; **meeting** *n* encuentro; (*arranged*) cita, compromiso (LAM); (*formal session, business meeting*) reunión *f*; (*Pol*) mítin *m*; **meeting place** *n* lugar *m* de reunión *or* encuentro
megabyte ['mɛgə'baɪt] *n* (*Comput*) megabyte *m*, megaocteto
megaphone ['mɛgəfəun] *n* megáfono
megapixel ['mɛgəpɪksl] *n* megapíxel *m*
melancholy ['mɛlənkəlɪ] *n* melancolía ▷ *adj* melancólico
melody ['mɛlədɪ] *n* melodía
melon ['mɛlən] *n* melón *m*
melt [mɛlt] *vi* (*metal*) fundirse; (*snow*) derretirse ▷ *vt* fundir
member ['mɛmbəʳ] *n* miembro; (*of club*) socio/a; **M~ of Parliament** (BRIT) diputado/a; **M~ of the European Parliament** (BRIT) eurodiputado/a; **M~ of the Scottish Parliament** (BRIT) diputado/a del Parlamento escocés; **membership** *n* (*members*) miembros *mpl*; (*numbers*) número de miembros *or* socios; **membership card** *n* carnet *m* de socio
memento [mə'mɛntəu] *n* recuerdo
memo ['mɛməu] *n* apunte *m*, nota
memorable ['mɛmərəbl] *adj* memorable
memorandum (*pl* **memoranda**) [mɛmə'rændəm, -də] *n* nota (de servicio); (*Pol*) memorándum *m*
memorial [mɪ'mɔ:rɪəl] *n* monumento conmemorativo ▷ *adj* conmemorativo
memorize ['mɛməraɪz] *vt* aprender de memoria
memory ['mɛmərɪ] *n* recuerdo; (*Comput*) memoria; **memory card** *n* tarjeta de memoria; **memory stick** *n* (*Comput*) llave *f* de memoria
men [mɛn] *pl of* **man**
menace ['mɛnəs] *n* amenaza ▷ *vt* amenazar
mend [mɛnd] *vt* reparar, arreglar; (*darn*) zurcir ▷ *vi* reponerse ▷ *n* remiendo; (*darn*) zurcido; **to be on the ~** ir mejorando; **to ~ one's ways** enmendarse
meningitis [mɛnɪn'dʒaɪtɪs] *n* meningitis *f*
menopause ['mɛnəupɔ:z] *n* menopausia
men's room *n* (US): **the ~** el servicio de caballeros
menstruation [mɛnstru'eɪʃən] *n* menstruación *f*
menswear ['mɛnzwɛəʳ] *n* confección *f* de caballero
mental ['mɛntl] *adj* mental; **mental hospital** *n* (*pej*) (hospital *m*) psiquiátrico; **mentality** [mɛn'tælɪtɪ] *n* mentalidad *f*; **mentally** *adv*: **to be mentally ill** tener una enfermedad mental
menthol ['mɛnθɔl] *n* mentol *m*
mention ['mɛnʃən] *n* mención *f* ▷ *vt* mencionar; (*speak of*) hablar de; **don't ~ it!** ¡de nada!
menu ['mɛnju:] *n* (*set menu*) menú *m*; (*printed*) carta; (*Comput*) menú *m*

MEP *n abbr* = **Member of the European Parliament**
mercenary ['mə:sınərı] *adj, n* mercenario/a
merchandise ['mə:tʃəndaız] *n* mercancías *fpl*
merchant ['mə:tʃənt] *n* comerciante *mf*; **merchant navy,** (*US*) **merchant marine** *n* marina mercante
merciless ['mə:sılıs] *adj* despiadado
mercury ['mə:kjurı] *n* mercurio
mercy ['mə:sı] *n* compasión *f*; (*Rel*) misericordia; **at the ~ of** a la merced de
mere [mıəʳ] *adj* simple, mero; **merely** *adv* simplemente, sólo
merge [mə:dʒ] *vt* (*join*) unir ▷ *vi* unirse; (*Comm*) fusionarse; **merger** *n* (*Comm*) fusión *f*
meringue [mə'læŋ] *n* merengue *m*
merit ['mεrıt] *n* mérito ▷ *vt* merecer
mermaid ['mə:meıd] *n* sirena
merry ['mεrı] *adj* alegre; **M~ Christmas!** ¡Felices Pascuas!; **merry-go-round** *n* tiovivo
mesh [mεʃ] *n* malla
mess [mεs] *n* confusión *f*; (*of objects*) revoltijo; (*dirt*) porquería; (*Mil*) comedor *m*; **mess about, mess around** *vi* (*inf*) perder el tiempo; (*pass the time*) pasar el rato; **mess up** *vt* (*inf: spoil*) estropear; (*dirty*) ensuciar; **mess with** *vt fus* (*inf: challenge, confront*) meterse con (*inf*); (*interfere with*) interferir con
message ['mεsıdʒ] *n* mensaje *m*, recado ▷ *vt* (*inf: person*) mandar un mensaje a; (: *comment*) mandar
messenger ['mεsındʒəʳ] *n* mensajero/a
Messrs *abbr* (*on letters*: = *Messieurs*) Sres.
messy ['mεsı] *adj* (*dirty*) sucio; (*untidy*) desordenado
met [mεt] *pt, pp of* **meet**
metabolism [mε'tæbəlızəm] *n* metabolismo
metal ['mεtl] *n* metal *m*; **metallic** [mε'tælık] *adj* metálico
metaphor ['mεtəfəʳ] *n* metáfora
meteor ['mi:tıəʳ] *n* meteoro; **meteorite** ['mi:tıəraıt] *n* meteorito
meteorology [mi:tıə'rɔlədʒı] *n* meteorología
meter ['mi:təʳ] *n* (*instrument*) contador *m*; (*US: unit*); = **metre** ▷ *vt* (*US Post*) franquear
method ['mεθəd] *n* método; **methodical** *adj* metódico
meths [mεθs] *n* (*BRIT*) = **methylated spirit**
methylated spirit ['mεθılεıtıd-] *n* (*BRIT*) alcohol *m* metilado *or* desnaturalizado
meticulous [mε'tıkjuləs] *adj* meticuloso
metre, (*US*) **meter** ['mi:təʳ] *n* metro
metric ['mεtrık] *adj* métrico
metropolitan [mεtrə'pɔlıtən] *adj* metropolitano
Metropolitan Police *n* (*BRIT*): **the ~** la policía londinense
Mexican ['mεksıkən] *adj, n* mexicano/a, mejicano/a
Mexico ['mεksıkəu] *n* México, Méjico
mg *abbr* (= *milligram*) mg
mice [maıs] *pl of* **mouse**
micro... [maıkrəu] *pref* micro...; **microchip** *n* microplaqueta; **microphone** *n* micrófono; **microscope** *n* microscopio; **microwave** *n* (*also*: **microwave oven**) horno microondas
mid [mıd] *adj*: **in ~ May** a mediados de mayo; **in ~ afternoon** a media tarde; **in ~ air** en el aire; **midday** *n* mediodía *m*
middle ['mıdl] *n* centro; (*half-way point*) medio; (*waist*) cintura ▷ *adj* de en medio; **in the ~ of the night** en plena noche; **middle-aged** *adj* de mediana edad; **Middle Ages** *npl*: **the Middle Ages** la Edad Media; **middle class** *n*: **the middle class(es)** la clase media ▷ *adj*: **middle-class** de clase media; **Middle East** *n* Oriente *m* Medio; **middle name** *n* segundo

nombre *m*; **middle school** *n* (US) *colegio para niños de doce a catorce años*; (BRIT) *colegio para niños de ocho o nueve a doce o trece años*

midge [mɪdʒ] *n* mosquito

midget ['mɪdʒɪt] *n* (*inf!*) enano/a

midnight ['mɪdnaɪt] *n* medianoche *f*

midst [mɪdst] *n*: **in the ~ of** en medio de; (*situation, action*) en mitad de

midsummer [mɪd'sʌmə^{r}] *n*: **a ~ day** un día de pleno verano

midway [mɪd'weɪ] *adj, adv*: **~ (between)** a medio camino (entre); **~ through** a la mitad (de)

midweek [mɪd'wi:k] *adv* entre semana

midwife (*pl* **midwives**) ['mɪdwaɪf, -waɪvz] *n* matrona, comadrona

midwinter [mɪd'wɪntə^{r}] *n*: **in ~** en pleno invierno

might [maɪt] *vb see* **may** ▷ *n* fuerza, poder *m*; **mighty** *adj* fuerte, poderoso

migraine ['mi:greɪn] *n* jaqueca

migrant ['maɪgrənt] *adj* migratorio; (*worker*) emigrante

migrate [maɪ'greɪt] *vi* emigrar

migration [maɪ'greɪʃən] *n* emigración *f*

mike [maɪk] *n abbr* (= *microphone*) micro

mild [maɪld] *adj* (*person*) apacible; (*climate*) templado; (*slight*) ligero; (*taste*) suave; (*illness*) leve; **mildly** *adv* ligeramente; suavemente; **to put it mildly** por no decir algo peor

mile [maɪl] *n* milla; **mileage** *n* número de millas; (*Aut*) kilometraje *m*; **mileometer** [maɪ'lɔmɪtə^{r}] *n* (BRIT) = **milometer**; **milestone** *n* mojón *m*

military ['mɪlɪtərɪ] *adj* militar

militia [mɪ'lɪʃə] *n* milicia

milk [mɪlk] *n* leche *f* ▷ *vt* (*cow*) ordeñar; (*fig*) chupar; **milk chocolate** *n* chocolate *m* con leche; **milkman** *n* lechero; **milky** *adj* lechoso

mill [mɪl] *n* (*windmill etc*) molino; (*coffee mill*) molinillo; (*factory*) fábrica ▷ *vt* moler ▷ *vi* (*also*: **~ about**) arremolinarse

millennium (*pl* **millenniums** *or* **millennia**) [mɪ'lɛnɪəm, -'lɛnɪə] *n* milenio, milenario

milli... ['mɪlɪ] *pref* mili...; **milligram(me)** ['mɪlɪgraem] *n* miligramo; **millilitre,** (US) **milliliter** ['mɪlɪli:tə^{r}] *n* mililitro; **millimetre,** (US) **millimeter** ['mɪlɪmi:tə^{r}] *n* milímetro

million ['mɪljən] *n* millón *m*; **a ~ times** un millón de veces; **millionaire** [mɪljə'nɛə^{r}] *n* millonario/a; **millionth** *adj* millonésimo

milometer [maɪ'lɔmɪtə^{r}] *n* (BRIT) cuentakilómetros *m inv*

mime [maɪm] *n* mímica; (*actor*) mimo/a ▷ *vt* remedar ▷ *vi* actuar de mimo

mimic ['mɪmɪk] *n* imitador(a) *m/f* ▷ *adj* mímico ▷ *vt* remedar, imitar

min. *abbr* (= *minute(s)*) m.; = **minimum**

mince [mɪns] *vt* picar ▷ *n* (BRIT *Culin*) carne *f* picada; **mincemeat** *n conserva de fruta picada*; (US: *meat*) carne *f* picada; **mince pie** *n pastelillo relleno de fruta picada*

mind [maɪnd] *n* mente *f*; (*contrasted with matter*) espíritu *m* ▷ *vt* (*attend to, look after*) ocuparse de, cuidar; (*be careful of*) tener cuidado con; (*object to*): **I don't ~ the noise** no me molesta el ruido; **it is on my ~** me preocupa; **to bear sth in ~** tomar *or* tener algo en cuenta; **to make up one's ~** decidirse; **I don't ~** me es igual; **~ you, ...** te advierto que ...; **never ~!** ¡es igual!, ¡no importa!; (*don't worry*) ¡no te preocupes!; **"~ the step"** "cuidado con el escalón"; **mindless** *adj* (*violence, crime*) sin sentido; (*work*) de autómata

mine [maɪn] *pron* (el) mío/(la) mía *etc* ▷ *adj*: **this book is ~** este libro es mío ▷ *n* mina ▷ *vt* (*coal*) extraer; (*ship, beach*) minar; **minefield** *n* campo de minas; **miner** *n* minero/a

mineral ['mɪnərəl] *adj* mineral ▷ *n* mineral *m*; **mineral water** *n* agua mineral
mingle ['mɪŋgl] *vi*: **to ~ with** mezclarse con
miniature ['mɪnətʃəʳ] *adj* (en) miniatura ▷ *n* miniatura
minibar ['mɪnɪbɑːʳ] *n* minibar *m*
minibus ['mɪnɪbʌs] *n* microbús *m*
minicab ['mɪnɪkæb] *n* taxi *m* (*que sólo puede pedirse por teléfono*)
minimal ['mɪnɪml] *adj* mínimo
minimize ['mɪnɪmaɪz] *vt* minimizar; (*play down*) empequeñecer
minimum ['mɪnɪməm] *n* mínimo ▷ *adj* mínimo
mining ['maɪnɪŋ] *n* minería
miniskirt ['mɪnɪskəːt] *n* minifalda
minister ['mɪnɪstəʳ] *n* (BRIT *Pol*) ministro/a; (: *junior*) secretario/a de Estado; (*Rel*) pastor *m* ▷ *vi*: **to ~ to** atender a
ministry ['mɪnɪstrɪ] *n* (BRIT *Pol*) ministerio; (*Rel*) sacerdocio
minor ['maɪnəʳ] *adj* (*repairs, injuries*) leve; (*poet, planet*) menor; (*Mus*) menor ▷ *n* (*Law*) menor *mf* de edad
Minorca [mɪ'nɔːkə] *n* Menorca
minority [maɪ'nɔrɪtɪ] *n* minoría
mint [mɪnt] *n* (*plant*) menta, hierbabuena; (*sweet*) caramelo de menta ▷ *vt* (*coins*) acuñar; **the (Royal) M~,** (*US*): **the (US) M~** la Casa de la Moneda; **in ~ condition** en perfecto estado
minus ['maɪnəs] *n* (*also*: **~ sign**) signo menos ▷ *prep* menos; **12 ~ 6 equals 6** 12 menos 6 son 6; **~ 24°C** menos 24 grados
minute¹ ['mɪnɪt] *n* minuto; (*fig*) momento; **minutes** *npl* (*of meeting*) actas *fpl*; **at the last ~** a última hora
minute² [maɪ'njuːt] *adj* diminuto; (*search*) minucioso
miracle ['mɪrəkl] *n* milagro
miraculous [mɪ'rækjuləs] *adj* milagroso
mirage ['mɪrɑːʒ] *n* espejismo
mirror ['mɪrəʳ] *n* espejo; (*in car*) retrovisor *m*
misbehave [mɪsbɪ'heɪv] *vi* portarse mal
misc. *abbr* = **miscellaneous**
miscarriage ['mɪskærɪdʒ] *n* (*Med*) aborto (no provocado); **~ of justice** error *m* judicial
miscellaneous [mɪsɪ'leɪnɪəs] *adj* varios/as, diversos/as
mischief ['mɪstʃɪf] *n* travesura; (*maliciousness*) malicia; **mischievous** ['mɪstʃɪvəs] *adj* travieso
misconception ['mɪskən'sɛpʃən] *n* idea equivocada; equivocación *f*
misconduct [mɪs'kɔndʌkt] *n* mala conducta; **professional ~** falta profesional
miser ['maɪzəʳ] *n* avaro/a
miserable ['mɪzərəbl] *adj* (*unhappy*) triste, desgraciado; (*wretched*) miserable
misery ['mɪzərɪ] *n* tristeza; (*wretchedness*) miseria, desdicha
misfortune [mɪs'fɔːtʃən] *n* desgracia
misgiving [mɪs'gɪvɪŋ] *n* (*apprehension*) presentimiento; **to have ~s about sth** tener dudas sobre algo
misguided [mɪs'gaɪdɪd] *adj* equivocado
mishap ['mɪshæp] *n* desgracia, contratiempo
misinterpret [mɪsɪn'təːprɪt] *vt* interpretar mal
misjudge [mɪs'dʒʌdʒ] *vt* juzgar mal
mislay [mɪs'leɪ] *vt* extraviar, perder
mislead [mɪs'liːd] *vt* llevar a conclusiones erróneas; **misleading** *adj* engañoso
misplace [mɪs'pleɪs] *vt* extraviar
misprint ['mɪsprɪnt] *n* errata, error *m* de imprenta
misrepresent [mɪsrɛprɪ'zɛnt] *vt* falsificar
Miss [mɪs] *n* Señorita
miss [mɪs] *vt* (*train etc*) perder; (*target*) errar; (*regret the absence of*): **I ~ him** le

echo de menos ▷ *vi* fallar ▷ *n* (*shot*) tiro fallido; **miss out** *vt* (BRIT) omitir; **miss out on** *vt fus* (*fun, party, opportunity*) perderse

missile ['mɪsaɪl] *n* (*Aviat*) misil *m*; (*object thrown*) proyectil *m*

missing ['mɪsɪŋ] *adj* (*pupil*) ausente; (*thing*) perdido; **~ in action** desaparecido en combate

mission ['mɪʃən] *n* misión *f*; **missionary** *n* misionero/a

misspell [mɪs'spɛl] *vt* (*irreg*: *like* **spell**) escribir mal

mist [mɪst] *n* (*light*) neblina; (*heavy*) niebla; (*at sea*) bruma ▷ *vi* (*also*: **~ over, ~ up**: BRIT: *windows*) empañarse

mistake [mɪs'teɪk] *n* error *m* ▷ *vt* (*irreg*: *like* **take**) entender mal; **by ~** por equivocación; **to make a ~** equivocarse; **to ~ A for B** confundir A con B; **mistaken** *pp of* **mistake** ▷ *adj* equivocado; **to be mistaken** equivocarse, engañarse

mister ['mɪstəʳ] *n* (*inf*) señor *m*; *see also* **Mr**

mistletoe ['mɪsltəu] *n* muérdago

mistook [mɪs'tuk] *pt of* **mistake**

mistress ['mɪstrɪs] *n* (*lover*) amante *f*; (*of house*) señora (de la casa); (BRIT: *in primary school*) maestra; (: *in secondary school*) profesora

mistrust [mɪs'trʌst] *vt* desconfiar de

misty ['mɪstɪ] *adj* (*day*) de niebla; (*glasses*) empañado

misunderstand [mɪsʌndə'stænd] *vt, vi* (*irreg*: *like* **understand**) entender mal; **misunderstanding** *n* malentendido

misunderstood [mɪsʌndə'stud] *pt, pp of* **misunderstand** ▷ *adj* (*person*) incomprendido

misuse *n* [mɪs'juːs] mal uso; (*of power*) abuso; (*of funds*) malversación *f* ▷ *vt* [mɪs'juːz] abusar de; (*funds*) malversar

mix [mɪks] *vt* mezclar; (*combine*) unir ▷ *vi* mezclarse; (*people*) llevarse bien ▷ *n* mezcla; **mix up** *vt* mezclar; (*confuse*) confundir; **mixed** *adj* mixto; (*feelings etc*) encontrado; **mixed grill** *n* (BRIT) parrillada mixta; **mixed salad** *n* ensalada mixta; **mixed-up** *adj* (*confused*) confuso, revuelto; **mixer** *n* (*for food*) batidora; (*person*): **he's a good mixer** tiene don de gentes; **mixture** *n* mezcla; **mix-up** *n* confusión *f*

ml *abbr* (= *millilitre(s)*) ml

mm *abbr* (= *millimetre*) mm

moan [məun] *n* gemido ▷ *vi* gemir; (*inf*: *complain*): **to ~ (about)** quejarse (de)

moat [məut] *n* foso

mob [mɔb] *n* multitud *f* ▷ *vt* acosar

mobile ['məubaɪl] *adj* móvil ▷ *n* móvil *m*; **mobile home** *n* caravana; **mobile phone** *n* teléfono móvil

mobility [məu'bɪlɪtɪ] *n* movilidad *f*

mobilize ['məubɪlaɪz] *vt* movilizar

mock [mɔk] *vt* (*make ridiculous*) ridiculizar; (*laugh at*) burlarse de ▷ *adj* fingido; **~ exams** (BRIT: *Scol*) exámenes *mpl* de prueba; **mockery** *n* burla

mod cons ['mɔd'konz] *npl abbr* = **modern conveniences**; *see* **convenience**

mode [məud] *n* modo

model ['mɔdl] *n* modelo; (*for fashion, art*) modelo *mf* ▷ *adj* modelo *inv* ▷ *vt* modelar; **to ~ o.s. on** tomar como modelo a ▷ *vi* ser modelo; **to ~ clothes** pasar modelos, ser modelo

modem ['məudəm] *n* módem *m*

moderate *adj, n* ['mɔdərət] moderado/a ▷ *vi* ['mɔdəreɪt] moderarse, calmarse ▷ *vt* ['mɔdəreɪt] moderar

moderation [mɔdə'reɪʃən] *n* moderación *f*; **in ~** con moderación

modern ['mɔdən] *adj* moderno; **modernize** *vt* modernizar

modest ['mɔdɪst] *adj* modesto; (*small*) módico; **modesty** ['mɔdɪstɪ] *n* modestia

modification [mɔdɪfɪ'keɪʃən] *n* modificación *f*

modify ['mɔdɪfaɪ] *vt* modificar
module ['mɔdju:l] *n* módulo
mohair ['məuhɛəʳ] *n* mohair *m*
Mohammed [mə'hæmɛd] *n* Mahoma *m*
moist [mɔɪst] *adj* húmedo; **moisture** ['mɔɪstʃəʳ] *n* humedad *f*; **moisturizer** ['mɔɪstʃəraɪzəʳ] *n* crema hidratante
mold [məuld] *n*, *vt* (*US*) = **mould**
mole [məul] *n* (*animal*) topo; (*spot*) lunar *m*
molecule ['mɔlɪkju:l] *n* molécula
molest [məu'lɛst] *vt* importunar; (*sexually*) abusar sexualmente de

Be careful not to translate *molest* by the Spanish word *molestar*.

molten ['məultən] *adj* fundido; (*lava*) líquido
mom [mɔm] *n* (*US*) = **mum**
moment ['məumənt] *n* momento; **at** *or* **for the ~** de momento, por ahora; **momentarily** ['məuməntrɪlɪ] *adv* momentáneamente; (*US*: *very soon*) de un momento a otro; **momentary** *adj* momentáneo; **momentous** [məu'mɛntəs] *adj* trascendental, importante
momentum [məu'mɛntəm] *n* momento; (*fig*) ímpetu *m*; **to gather ~** cobrar velocidad; (*fig*) cobrar fuerza
mommy ['mɔmɪ] *n* (*US*) = **mummy**
Mon. *abbr* (= *Monday*) lun.
Monaco ['mɔnəkəu] *n* Mónaco
monarch ['mɔnək] *n* monarca *mf*; **monarchy** *n* monarquía
monastery ['mɔnəstərɪ] *n* monasterio
Monday ['mʌndɪ] *n* lunes *m inv*
monetary ['mʌnɪtərɪ] *adj* monetario
money ['mʌnɪ] *n* dinero; **to make ~** ganar dinero; **money belt** *n* riñonera; **money order** *n* giro
mongrel ['mʌŋgrəl] *n* (*dog*) perro cruzado
monitor ['mɔnɪtəʳ] *n* (*Scol*) monitor *m*; (*also*: **television ~**) receptor *m* de control; (*of computer*) monitor *m* ▷ *vt* controlar
monk [mʌŋk] *n* monje *m*
monkey ['mʌŋkɪ] *n* mono
monologue ['mɔnəlɔg] *n* monólogo
monopoly [mə'nɔpəlɪ] *n* monopolio
monotonous [mə'nɔtənəs] *adj* monótono
monsoon [mɔn'su:n] *n* monzón *m*
monster ['mɔnstəʳ] *n* monstruo
month [mʌnθ] *n* mes *m*; **300 dollars a ~** 300 dólares al mes; **every ~** cada mes; **monthly** *adj* mensual ▷ *adv* mensualmente
monument ['mɔnjumənt] *n* monumento
mood [mu:d] *n* humor *m*; **to be in a good/bad ~** estar de buen/mal humor; **moody** *adj* (*changeable*) de humor variable; (*sullen*) malhumorado
moon [mu:n] *n* luna; **moonlight** *n* luz *f* de la luna
moor [muəʳ] *n* páramo ▷ *vt* (*ship*) amarrar ▷ *vi* echar las amarras
moose [mu:s] *n* (*pl inv*) alce *m*
mop [mɔp] *n* fregona; (*of hair*) melena ▷ *vt* fregar; **mop up** *vt* limpiar
mope [məup] *vi* estar deprimido
moped ['məupɛd] *n* ciclomotor *m*
moral ['mɔrl] *adj* moral ▷ *n* moraleja; **morals** *npl* moralidad *f*, moral *f*
morale [mɔ'ra:l] *n* moral *f*
morality [mə'rælɪtɪ] *n* moralidad *f*
morbid ['mɔ:bɪd] *adj* (*interest*) morboso; (*Med*) mórbido

KEYWORD

more [mɔ:ʳ] *adj* **1** (*greater in number etc*) más; **more people/work than before** más gente/trabajo que antes **2** (*additional*) más; **do you want (some) more tea?** ¿quieres más té?; **is there any more wine?** ¿queda vino?; **it'll take a few more weeks** tardará unas semanas más; **it's 2 kms more to the house** faltan 2 kms para la casa; **more time/letters than we expected** más tiempo del que/más cartas de las que esperábamos

▶ *pron* (*greater amount, additional amount*) más; **more than 10** más de 10; **it cost more than the other one/than we expected** costó más que el otro/más de lo que esperábamos; **is there any more?** ¿hay más?; **many/much more** muchos/as más, mucho/a más ▶ *adv* más; **more dangerous/easily (than)** más peligroso/fácilmente (que); **more and more expensive** cada vez más caro; **more or less** más o menos; **more than ever** más que nunca

moreover [mɔː'rəuvəʳ] *adv* además, por otra parte
morgue [mɔːg] *n* depósito de cadáveres
morning ['mɔːnɪŋ] *n* mañana; (*early morning*) madrugada; **in the ~** por la mañana; **7 o'clock in the ~** las 7 de la mañana; **morning sickness** *n* náuseas *fpl* del embarazo
Moroccan [mə'rɔkən] *adj, n* marroquí *mf*
Morocco [mə'rɔkəu] *n* Marruecos *m*
moron ['mɔːrɔn] *n* (*infl*) imbécil *mf*
morphine ['mɔːfiːn] *n* morfina
Morse [mɔːs] *n* (*also*: **~ code**) (código) morse *m*
mortal ['mɔːtl] *adj, n* mortal *m*
mortar ['mɔːtaʳ] *n* argamasa
mortgage ['mɔːgɪdʒ] *n* hipoteca ▷ *vt* hipotecar
mortician [mɔː'tɪʃən] *n* (*US*) director(a) *m/f* de pompas fúnebres
mortified ['mɔːtɪfaɪd] *adj*: **I was ~** me dio muchísima vergüenza
mortuary ['mɔːtjuərɪ] *n* depósito de cadáveres
mosaic [məu'zeɪɪk] *n* mosaico
Moslem ['mɔzləm] *adj, n* = **Muslim**
mosque [mɔsk] *n* mezquita
mosquito [mɔs'kiːtəu] (*pl* **mosquitoes**) *n* mosquito, zancudo (*LAM*)
moss [mɔs] *n* musgo
most [məust] *adj* la mayor parte de, la mayoría de ▷ *pron* la mayor parte, la mayoría ▷ *adv* el más; (*very*) muy; **the ~** (*also*: + *adjective*) el más; **~ of them** la mayor parte de ellos; **I saw the ~** yo fui el que más vi; **at the (very) ~** a lo sumo, todo lo más; **to make the ~ of** aprovechar (al máximo); **a ~ interesting book** un libro interesantísimo; **mostly** *adv* en su mayor parte, principalmente
MOT *n abbr* (*BRIT*) = **Ministry of Transport**; **the ~ (test)** ≈ la ITV
motel [məu'tɛl] *n* motel *m*
moth [mɔθ] *n* mariposa nocturna; (*clothes moth*) polilla
mother ['mʌðəʳ] *n* madre *f* ▷ *adj* materno ▷ *vt* (*care for*) cuidar (como una madre); **motherhood** *n* maternidad *f*; **mother-in-law** *n* suegra; **mother-of-pearl** *n* nácar *m*; **Mother's Day** *n* Día *m* de la Madre; **mother-to-be** *n* futura madre; **mother tongue** *n* lengua materna
motif [məu'tiːf] *n* motivo
motion ['məuʃən] *n* movimiento; (*gesture*) ademán *m*, señal *f*; (*at meeting*) moción *f* ▷ *vt, vi*: **to ~ (to) sb to do sth** hacer señas a algn para que haga algo; **motionless** *adj* inmóvil; **motion picture** *n* película
motivate ['məutɪveɪt] *vt* motivar
motivation [məutɪ'veɪʃən] *n* motivación *f*
motive ['məutɪv] *n* motivo
motor ['məutaʳ] *n* motor *m*; (*BRIT inf*: *vehicle*) coche *m*, carro (*LAM*), automóvil *m*, auto *m* (*LAM*) ▷ *adj* motor (*f*: motora *or* motriz); **motorbike** *n* moto *f*; **motorboat** *n* lancha motora; **motorcar** *n* (*BRIT*) coche *m*, carro (*LAM*), automóvil *m*, auto *m* (*LAM*); **motorcycle** *n* motocicleta; **motorcyclist** *n* motociclista *mf*; **motoring** *n* (*BRIT*) automovilismo; **motorist** *n* conductor(a) *m/f*, automovilista *mf*; **motor racing** *n* (*BRIT*) carreras *fpl* de coches,

automovilismo; **motorway** *n* (*BRIT*) autopista

motto ['mɔtəu] (*pl* **mottoes**) *n* lema *m*; (*watchword*) consigna

mould, (*US*) **mold** [məuld] *n* molde *m*; (*mildew*) moho ▷ *vt* moldear; (*fig*) formar; **mouldy** *adj* enmohecido

mound [maund] *n* montón *m*, montículo

mount [maunt] *n* monte *m* ▷ *vt* montar en, subir a; (*picture*) enmarcar ▷ *vi* (*also*: **~ up**: *increase*) aumentar; (*on horse*) montar

mountain ['mauntɪn] *n* montaña ▷ *cpd* de montaña; **mountain bike** *n* bicicleta de montaña; **mountaineer** *n* alpinista *mf*, andinista *mf* (*LAm*); **mountaineering** *n* montañismo, alpinismo, andinismo (*LAm*); **mountainous** *adj* montañoso; **mountain range** *n* sierra

mourn [mɔ:n] *vt* llorar, lamentar ▷ *vi*: **to ~ for** llorar la muerte de; **mourner** *n* doliente *mf*; **mourning** *n* luto; **in mourning** de luto

mouse (*pl* **mice**) [maus, maɪs] *n* (*also Comput*) ratón *m*; **mouse mat** *n* (*Comput*) alfombrilla, almohadilla

mousse [mu:s] *n* (*Culin*) mousse *f*; (*for hair*) espuma (moldeadora)

moustache [məs'ta:ʃ], (*US*) **mustache** ['mʌstæʃ] *n* bigote *m*

mouth (*pl* **mouths**) [mauθ, -ðz] *n* boca; (*of river*) desembocadura; **mouthful** *n* bocado; **mouth organ** *n* armónica; **mouthpiece** *n* (*of musical instrument*) boquilla; (*spokesman*) portavoz *mf*; **mouthwash** *n* enjuague *m* bucal

move [mu:v] *n* (*movement*) movimiento; (*in game*) jugada; (: *turn to play*) turno; (*change of house*) mudanza ▷ *vt* mover; (*emotionally*) conmover; (*Pol*: *resolution etc*) proponer ▷ *vi* moverse; (*traffic*) circular; (*also*: **~ house**) trasladarse, mudarse; **to get a ~ on** darse prisa; **to ~ sb to do sth** mover a algn a hacer algo; **move back** *vi* volver; **move in** *vi* (*to a house*) instalarse; **move off** *vi* ponerse en camino; **move on** *vi* seguir viaje; **move out** *vi* (*of house*) mudarse; **move over** *vi* hacerse a un lado, correrse; **move up** *vi* (*employee*) ascender; **movement** *n* movimiento

movie ['mu:vɪ] *n* película; **to go to the ~s** ir al cine; **movie theater** *n* (*US*) cine *m*

moving ['mu:vɪŋ] *adj* (*emotional*) conmovedor(a); (*that moves*) móvil

mow (*pt* **mowed**, *pp* **mowed** *or* **mown**) [məu, -n] *vt* (*grass*) cortar; (*corn*) segar; **mower** *n* (*also*: **lawnmower**) cortacésped *m*

Mozambique [məuzæm'bi:k] *n* Mozambique *m*

MP *n abbr* (*BRIT*) = **Member of Parliament**

mpg *n abbr* (= *miles per gallon*) *30 mpg = 9.4 l. per 100 km*

mph *abbr* (= *miles per hour*) *60 mph = 96 km/h*

MP3 ['ɛmpi:'θri:] *n* MP3 *m*; **MP3 player** *n* reproductor *m* MP3

Mr, Mr. ['mɪstəʳ] *n*: **Mr Smith** (el) Sr. Smith

Mrs, Mrs. ['mɪsɪz] *n*: **~ Smith** (la) Sra. de Smith

Ms, Ms. [mɪz] *n* (*Miss or Mrs*) *abreviatura con la que se evita hacer expreso el estado civil de una mujer*; **Ms Smith** (la) Sra. Smith

MSP *n abbr* (*BRIT*) = **Member of the Scottish Parliament**

Mt *abbr* (*Geo*: = *mount*) m.

much [mʌtʃ] *adj* mucho ▷ *adv*, *n*, *pron* mucho; (*before pp*) muy; **how ~ is it?** ¿cuánto es?, ¿cuánto cuesta?; **too ~** demasiado; **it's not ~** no es mucho; **as ~ as** tanto como; **however ~ he tries** por mucho que se esfuerce

muck [mʌk] *n* suciedad *f*; **muck up** *vt* (*inf*) estropear; **mucky** *adj* (*dirty*) sucio

mucus ['mju:kəs] *n* mucosidad *f*, moco

mud [mʌd] *n* barro, lodo

muddle ['mʌdl] *n* desorden *m*, confusión *f*; (*mix-up*) embrollo, lío ▷ *vt* (*also*: **~ up**) embrollar, confundir
muddy ['mʌdɪ] *adj* fangoso, cubierto de lodo
mudguard ['mʌdgɑ:d] *n* guardabarros *m inv*
muesli ['mju:zlɪ] *n* muesli *m*
muffin ['mʌfɪn] *n* bollo, ≈ magdalena
muffled ['mʌfld] *adj* apagado; (*noise etc*) amortiguado
muffler ['mʌflər] *n* (*scarf*) bufanda; (*US*: *Aut*) silenciador *m*
mug [mʌg] *n* (*cup*) taza alta; (*for beer*) jarra; (*inf*: *face*) jeta ▷ *vt* (*assault*) atracar; **mugger** ['mʌgər] *n* atracador(a) *m/f*; **mugging** *n* atraco callejero
muggy ['mʌgɪ] *adj* bochornoso
mule [mju:l] *n* mula
multicoloured, (*US*) **multicolored** ['mʌltɪkʌləd] *adj* multicolor
multimedia ['mʌltɪ'mi:dɪə] *adj* multimedia *inv*
multinational [mʌltɪ'næʃənl] *n* multinacional *f* ▷ *adj* multinacional
multiple ['mʌltɪpl] *adj* múltiple ▷ *n* múltiplo; **multiple choice** *n* (*also*: **multiple choice test**) examen *m* de tipo test; **multiple sclerosis** *n* esclerosis *f* múltiple
multiplex ['mʌltɪplɛks] *n* (*also*: **~ cinema**) multicines *m inv*
multiplication [mʌltɪplɪ'keɪʃən] *n* multiplicación *f*
multiply ['mʌltɪplaɪ] *vt* multiplicar ▷ *vi* multiplicarse
multistorey [mʌltɪ'stɔ:rɪ] *adj* (*BRIT*) de muchos pisos
mum [mʌm] *n* (*BRIT*) mamá *f* ▷ *adj*: **to keep ~ (about sth)** no decir ni mu (de algo)
mumble ['mʌmbl] *vt* decir entre dientes ▷ *vi* hablar entre dientes, musitar
mummy ['mʌmɪ] *n* (*BRIT*: *mother*) mamá *f*; (*embalmed*) momia
mumps [mʌmps] *n* paperas *fpl*
munch [mʌntʃ] *vt*, *vi* mascar
municipal [mju:'nɪsɪpl] *adj* municipal
mural ['mjuərl] *n* (pintura) mural *m*
murder ['mə:dər] *n* asesinato; (*in law*) homicidio ▷ *vt* asesinar, matar; **murderer** *n* asesino
murky ['mə:kɪ] *adj* (*water*, *past*) turbio; (*room*) sombrío
murmur ['mə:mər] *n* murmullo ▷ *vt*, *vi* murmurar
muscle ['mʌsl] *n* músculo; (*fig*: *strength*) garra, fuerza; **muscular** ['mʌskjulər] *adj* muscular; (*person*) musculoso
museum [mju:'zɪəm] *n* museo
mushroom ['mʌʃrum] *n* seta, hongo; (*small*) champiñón *m* ▷ *vi* crecer de la noche a la mañana
music ['mju:zɪk] *n* música; **musical** *adj* musical; (*sound*) melodioso; (*person*) con talento musical ▷ *n* (*show*) (comedia) musical *m*; **musical instrument** *n* instrumento musical; **musician** [mju:'zɪʃən] *n* músico/a
Muslim ['mʌzlɪm] *adj*, *n* musulmán/ana *m/f*
muslin ['mʌzlɪn] *n* muselina
mussel ['mʌsl] *n* mejillón *m*
must [mʌst] *aux vb* (*obligation*): **I ~ do it** debo hacerlo, tengo que hacerlo; (*probability*): **he ~ be there by now** ya debe (de) estar allí ▷ *n*: **it's a ~** es imprescindible
mustache ['mʌstæʃ] *n* (*US*) = **moustache**
mustard ['mʌstəd] *n* mostaza
mustn't ['mʌsnt] = **must not**
mute [mju:t] *adj*, *n* mudo/a
mutilate ['mju:tɪleɪt] *vt* mutilar
mutiny ['mju:tɪnɪ] *n* motín *m* ▷ *vi* amotinarse
mutter ['mʌtər] *vt*, *vi* murmurar
mutton ['mʌtn] *n* (carne *f* de) cordero
mutual ['mju:tʃuəl] *adj* mutuo; (*friend*) común

muzzle ['mʌzl] *n* hocico; (*protective device*) bozal *m*; (*of gun*) boca ▷ *vt* (*dog*) poner un bozal a

my [maɪ] *adj* mi(s); **my house/brother/sisters** mi casa/hermano/mis hermanas; **I've washed my hair/cut my finger** me he lavado el pelo/cortado un dedo; **is this my pen or yours?** ¿este bolígrafo es mío o tuyo?

myself [maɪ'sɛlf] *pron* (*reflexive*) me; (*emphatic*) yo mismo; (*after prep*) mí (mismo); *see also* **oneself**

mysterious [mɪs'tɪərɪəs] *adj* misterioso

mystery ['mɪstərɪ] *n* misterio

mystical ['mɪstɪkl] *adj* místico

mystify ['mɪstɪfaɪ] *vt* (*perplex*) dejar perplejo

myth [mɪθ] *n* mito; **mythology** [mɪ'θɔlədʒɪ] *n* mitología

n

n/a *abbr* (= *not applicable*) no interesa

nag [næg] *vt* (*scold*) regañar

nail [neɪl] *n* (*human*) uña; (*metal*) clavo ▷ *vt* clavar; **to ~ sb down to a date/price** hacer que algn se comprometa a una fecha/un precio; **nailbrush** *n* cepillo para las uñas; **nailfile** *n* lima para las uñas; **nail polish** *n* esmalte *m or* laca para las uñas; **nail polish remover** *n* quitaesmalte *m*; **nail scissors** *npl* tijeras *fpl* para las uñas; **nail varnish** *n* (BRIT) = **nail polish**

naïve [naɪ'i:v] *adj* ingenuo

naked ['neɪkɪd] *adj* (*nude*) desnudo; (*flame*) expuesto al aire

name [neɪm] *n* nombre *m*; (*surname*) apellido; (*reputation*) fama, renombre *m* ▷ *vt* (*child*) poner nombre a; (*criminal*) identificar; (*price, date etc*) fijar; **by ~** de nombre; **in the ~ of** en nombre de; **what's your ~?** ¿cómo se llama usted?; **to give one's ~ and**

address dar sus señas; **namely** *adv* a saber

nanny ['nænɪ] *n* niñera

nap [næp] *n* (*sleep*) sueñecito, siesta

napkin ['næpkɪn] *n* (*also*: **table ~**) servilleta

nappy ['næpɪ] *n* (BRIT) pañal *m*

narcotic [nɑː'kɔtɪk] *adj*, *n* narcótico; **narcotics** *npl* estupefacientes *mpl*, narcóticos *mpl*

narrative ['nærətɪv] *n* narrativa ▷ *adj* narrativo

narrator [nə'reɪtəʳ] *n* narrador(a) *m/f*

narrow ['nærəʊ] *adj* estrecho ▷ *vi* estrecharse; (*diminish*) reducirse; **to have a ~ escape** escaparse por los pelos; **narrow down** *vt* (*search, investigation, possibilities*) restringir, limitar; (*list*) reducir; **narrowly** *adv* (*miss*) por poco; **narrow-minded** *adj* de miras estrechas

nasal ['neɪzl] *adj* nasal

nasty ['nɑːstɪ] *adj* (*remark*) feo; (*person*) antipático; (*revolting: taste, smell*) asqueroso; (*wound, disease etc*) peligroso, grave

nation ['neɪʃən] *n* nación *f*

national ['næʃənl] *adj* nacional ▷ *n* súbdito/a; **national anthem** *n* himno nacional; **national dress** *n* traje *m* típico del país; **National Health Service** *n* (BRIT) servicio nacional de salud, ≈ INSALUD *m* (SP); **National Insurance** *n* (BRIT) seguro social nacional; **nationalist** *adj*, *n* nacionalista *mf*; **nationality** *n* nacionalidad *f*; **nationalize** *vt* nacionalizar; **National Trust** *n* (BRIT) *organización encargada de preservar el patrimonio histórico británico*

nationwide ['neɪʃənwaɪd] *adj* a escala nacional

native ['neɪtɪv] *n* (*local inhabitant*) natural *mf* ▷ *adj* (*indigenous*) indígena; (*country*) natal; (*innate*) natural, innato; **a ~ of Russia** un(a) natural de Rusia; **Native American** *adj*, *n* americano/a indígena, amerindio/a; **native speaker** *n* hablante *mf* nativo/a

NATO ['neɪtəʊ] *n abbr* (= *North Atlantic Treaty Organization*) OTAN *f*

natural ['nætʃrəl] *adj* natural; **natural gas** *n* gas *m* natural; **natural history** *n* historia natural; **naturally** *adv* (*speak etc*) naturalmente; (*of course*) desde luego, por supuesto; **natural resources** *npl* recursos *mpl* naturales

nature ['neɪtʃəʳ] *n* naturaleza; (*group, sort*) género, clase *f*; (*character*) modo de ser, carácter *m*; **by ~** por naturaleza; **nature reserve** *n* reserva natural

naughty ['nɔːtɪ] *adj* (*child*) travieso

nausea ['nɔːsɪə] *n* náusea

naval ['neɪvl] *adj* naval, de marina

navel ['neɪvl] *n* ombligo

navigate ['nævɪgeɪt] *vt* gobernar ▷ *vi* navegar; (*Aut*) ir de copiloto; **navigation** [nævɪ'geɪʃən] *n* (*action*) navegación *f*; (*science*) náutica

navy ['neɪvɪ] *n* marina de guerra; (*ships*) armada, flota

Nazi ['nɑːtsɪ] *n* nazi *mf*

NB *abbr* (= *nota bene*) nótese

near [nɪəʳ] *adj* (*place, relation*) cercano; (*time*) próximo ▷ *adv* cerca ▷ *prep* (*also*: **~ to**: *space*) cerca de, junto a; (*time*) cerca de ▷ *vt* acercarse a, aproximarse a; **nearby** [nɪə'baɪ] *adj* cercano, próximo ▷ *adv* cerca; **nearly** *adv* casi, por poco; **I nearly fell** por poco me caigo; **near-sighted** *adj* miope, corto de vista

neat [niːt] *adj* (*place*) ordenado, bien cuidado; (*person*) pulcro; (*plan*) ingenioso; (*spirits*) solo; **neatly** *adv* (*tidily*) con esmero; (*skilfully*) ingeniosamente

necessarily ['nɛsɪsrɪlɪ] *adv* necesariamente

necessary ['nɛsɪsrɪ] *adj* necesario, preciso

necessity [nɪ'sɛsɪtɪ] *n* necesidad *f*

neck [nɛk] *n* (*Anat*) cuello; (*of animal*) pescuezo ▷ *vi* besuquearse; **~ and ~**

parejos; **necklace** ['nɛklɪs] *n* collar *m*; **necktie** *n* (*US*) corbata

nectarine ['nɛktərɪn] *n* nectarina

need [ni:d] *n* (*lack*) escasez *f*, falta; (*necessity*) necesidad *f* ▷ *vt* (*require*) necesitar; **I ~ to do it** tengo que hacerlo; **you don't ~ to go** no hace falta que vayas

needle ['ni:dl] *n* aguja ▷ *vt* (*fig*: *inf*) picar, fastidiar

needless ['ni:dlɪs] *adj* innecesario; **~ to say** huelga decir que

needlework ['ni:dlwə:k] *n* (*activity*) costura, labor *f* de aguja

needn't ['ni:dnt] = **need not**

needy ['ni:dɪ] *adj* necesitado

negative ['nɛgətɪv] *n* (*Phot*) negativo; (*Ling*) negación *f* ▷ *adj* negativo

neglect [nɪ'glɛkt] *vt* (*one's duty*) faltar a, no cumplir con; (*child*) descuidar, desatender ▷ *n* (*state*) abandono; (*personal*) dejadez *f*; (*of child*) desatención *f*; (*of duty*) incumplimiento

negotiate [nɪ'gəuʃɪeɪt] *vt* (*treaty, loan*) negociar; (*obstacle*) franquear; (*bend in road*) tomar ▷ *vi*: **to ~ (with)** negociar (con)

negotiation [nɪgəuʃɪ'eɪʃən] *n* negociación *f*; **negotiations** *npl* negociaciones

negotiator [nɪ'gəuʃɪeɪtə^{r}] *n* negociador(a) *m/f*

neighbour, (*US*) **neighbor** ['neɪbə^{r}] *n* vecino/a; **neighbourhood,** (*US*) **neighborhood** *n* (*place*) vecindad *f*, barrio; (*people*) vecindario; **neighbouring,** (*US*) **neighboring** ['neɪbərɪŋ] *adj* vecino

neither ['naɪðə^{r}] *adj* ni ▷ *conj*: **I didn't move and ~ did John** no me he movido, ni Juan tampoco ▷ *pron* ninguno ▷ *adv*: **~ good nor bad** ni bueno ni malo

neon ['ni:ɔn] *n* neón *m*

Nepal [nɪ'pɔ:l] *n* Nepal *m*

nephew ['nɛvju:] *n* sobrino

nerve [nə:v] *n* (*Anat*) nervio; (*courage*) valor *m*; (*impudence*) descaro, frescura; **nerves** (*nervousness*) nerviosismo *msg*, nervios *mpl*; **a fit of ~s** un ataque de nervios

nervous ['nə:vəs] *adj* (*anxious*) nervioso; (*Anat*) nervioso; (*timid*) tímido, miedoso; **nervous breakdown** *n* crisis *f* nerviosa

nest [nɛst] *n* (*of bird*) nido ▷ *vi* anidar

net [nɛt] *n* red *f*; (*fabric*) tul *m* ▷ *adj* (*Comm*) neto, líquido ▷ *vt* coger (*SP*) *or* agarrar (*LAM*) con red; (*Sport*) marcar; **netball** *n* balonred *m*

Netherlands ['nɛðələndz] *npl*: **the ~** los Países Bajos

nett [nɛt] *adj* = **net**

nettle ['nɛtl] *n* ortiga

network ['nɛtwə:k] *n* red *f*

neurotic [njuə'rɔtɪk] *adj*, *n* neurótico/a

neuter ['nju:tə^{r}] *adj* (*Ling*) neutro ▷ *vt* castrar, capar

neutral ['nju:trəl] *adj* (*person*) neutral; (*colour etc*) neutro; (*Elec*) neutro ▷ *n* (*Aut*) punto muerto

never ['nɛvə^{r}] *adv* nunca, jamás; **I ~ went** no fui nunca; **~ in my life** jamás en la vida; *see also* **mind**; **never-ending** *adj* interminable, sin fin; **nevertheless** [nɛvəðə'lɛs] *adv* sin embargo, no obstante

new [nju:] *adj* nuevo; (*recent*) reciente; **New Age** *n* Nueva era; **newborn** *adj* recién nacido; **newcomer** ['nju:kʌmə^{r}] *n* recién venido *or* llegado; **newly** *adv* recién

news [nju:z] *n* noticias *fpl*; **a piece of ~** una noticia; **the ~** (*Radio, TV*) las noticias *fpl*; **news agency** *n* agencia de noticias; **newsagent** *n* (*BRIT*) vendedor(a) *m/f* de periódicos; **newscaster** *n* presentador(a) *m/f*, locutor(a) *m/f*; **news dealer** *n* (*US*) = **newsagent**; **newsletter** *n* hoja informativa, boletín *m*; **newspaper** *n* periódico, diario; **newsreader** *n* = **newscaster**

newt [nju:t] *n* tritón *m*
New Year *n* Año Nuevo; **New Year's Day** *n* Día *m* de Año Nuevo; **New Year's Eve** *n* Nochevieja
New Zealand [-'zi:lənd] *n* Nueva Zelanda (*SP*), Nueva Zelandia (*LAM*); **New Zealander** *n* neozelandés/esa *m/f*
next [nɛkst] *adj* (*house, room*) vecino, de al lado; (*meeting*) próximo; (*page*) siguiente ▷ *adv* después; **the ~ day** el día siguiente; **~ time** la próxima vez; **~ year** el año próximo *or* que viene; **~ to** junto a, al lado de; **~ to nothing** casi nada; **next door** *adv* en la casa de al lado ▷ *adj* vecino, de al lado; **next-of-kin** *n* pariente(s) *m*(*pl*) más cercano(s)
NHS *n abbr* (*BRIT*) = **National Health Service**
nibble ['nɪbl] *vt* mordisquear
nice [naɪs] *adj* (*likeable*) simpático; (*kind*) amable; (*pleasant*) agradable; (*attractive*) bonito; **nicely** *adv* amablemente; (*of health etc*) bien
niche [ni:ʃ] *n* (*Arch*) nicho, hornacina
nick [nɪk] *n* (*wound*) rasguño; (*cut, indentation*) mella, muesca ▷ *vt* (*inf*) birlar; **in the ~ of time** justo a tiempo
nickel ['nɪkl] *n* níquel *m*; (*US*) *moneda de 5 centavos*
nickname ['nɪkneɪm] *n* apodo, mote *m* ▷ *vt* apodar
nicotine ['nɪkəti:n] *n* nicotina
niece [ni:s] *n* sobrina
Nigeria [naɪ'dʒɪərɪə] *n* Nigeria
night [naɪt] *n* noche *f*; (*evening*) tarde *f*; **the ~ before last** anteanoche; **at ~, by ~** de noche, por la noche; **night club** *n* club nocturno, discoteca; **nightdress** *n* (*BRIT*) camisón *m*
nightgown ['naɪtgaun], **nightie** ['naɪtɪ] (*BRIT*) *n* = **nightdress**
night: night life *n* vida nocturna; **nightly** *adj* de todas las noches ▷ *adv* todas las noches, cada noche; **nightmare** *n* pesadilla; **night school** *n* clase(s) *f*(*pl*) nocturna(s); **night shift** *n* turno nocturno *or* de noche; **nighttime** *n* noche *f*
nil [nɪl] *n* (*BRIT Sport*) cero, nada
nine [naɪn] *num* nueve; **nineteen** ['naɪn'ti:n] *num* diecinueve; **nineteenth** [naɪn'ti:nθ] *adj* decimonoveno, decimonono; **ninetieth** ['naɪntɪɪθ] *adj* nonagésimo; **ninety** *num* noventa
ninth [naɪnθ] *adj* noveno
nip [nɪp] *vt* (*pinch*) pellizcar; (*bite*) morder
nipple ['nɪpl] *n* (*Anat*) pezón *m*
nitrogen ['naɪtrədʒən] *n* nitrógeno

KEYWORD

no [nəu] *adv* (*opposite of "yes"*) no; **are you coming? — no (I'm not)** ¿vienes? — no; **would you like some more? — no thank you** ¿quieres más? — no gracias
▶ *adj* **1** (*not any*): **I have no money/time/books** no tengo dinero/tiempo/libros; **no other man would have done it** ningún otro lo hubiera hecho
2: **"no entry"** "prohibido el paso"; **"no smoking"** "prohibido fumar"
▶ *n* (*pl* **noes**) no *m*

nobility [nəu'bɪlɪtɪ] *n* nobleza
noble ['nəubl] *adj* noble
nobody ['nəubədɪ] *pron* nadie
nod [nɔd] *vi* saludar con la cabeza; (*in agreement*) asentir con la cabeza ▷ *vt*: **to ~ one's head** inclinar la cabeza ▷ *n* inclinación *f* de cabeza; **nod off** *vi* cabecear
noise [nɔɪz] *n* ruido; (*din*) escándalo, estrépito; **noisy** *adj* ruidoso; (*child*) escandaloso
nominal ['nɔmɪnl] *adj* nominal
nominate ['nɔmɪneɪt] *vt* (*propose*) proponer; (*appoint*) nombrar; **nomination** [nɔmɪ'neɪʃən] *n* propuesta; nombramiento; **nominee** [nɔmɪ'ni:] *n* candidato/a

none [nʌn] *pron* ninguno/a ▷ *adv* de ninguna manera; **~ of you** ninguno de vosotros; **I've ~ left** no me queda ninguno/a; **he's ~ the worse for it** no le ha perjudicado; **I have ~** no tengo ninguno; **~ at all** (*not one*) ni uno

nonetheless [nʌnðə'lɛs] *adv* sin embargo, no obstante

non-fiction *n* no ficción *f*

nonsense ['nɔnsəns] *n* tonterías *fpl*, disparates *fpl*; **~!** ¡qué tonterías!

non-: non-smoker ['nɔn'sməukəʳ] *n* no fumador(a) *m/f*; **non-smoking** *adj* (de) no fumador; **non-stick** ['nɔn'stɪk] *adj* (*pan, surface*) antiadherente

noodles ['nu:dlz] *npl* tallarines *mpl*

noon [nu:n] *n* mediodía *m*

no-one ['nəuwʌn] *pron* = **nobody**

nor [nɔ:ʳ] *conj* = **neither** ▷ *adv see* **neither**

norm [nɔ:m] *n* norma

normal ['nɔ:ml] *adj* normal; **normally** *adv* normalmente

north [nɔ:θ] *n* norte *m* ▷ *adj* (del) norte ▷ *adv* al *or* hacia el norte; **North America** *n* América del Norte; **North American** *adj, n* norteamericano/a; **northbound** ['nɔ:θbaund] *adj* (*traffic*) que se dirige al norte; (*carriageway*) de dirección norte; **north-east** *n* nor(d)este *m*; **northeastern** *adj* nor(d)este, del nor(d)este; **northern** ['nɔ:ðən] *adj* norteño, del norte; **Northern Ireland** *n* Irlanda del Norte; **North Korea** *n* Corea del Norte; **North Pole** *n*: **the North Pole** el Polo Norte; **North Sea** *n*: **the North Sea** el mar del Norte; **north-west** *n* noroeste *m*; **northwestern** ['nɔ:θ'westən] *adj* noroeste, del noroeste

Norway ['nɔ:weɪ] *n* Noruega

Norwegian [nɔ:'wi:dʒən] *adj* noruego/a ▷ *n* noruego/a; (*Ling*) noruego

nose [nəuz] *n* (*Anat*) nariz *f*; (*Zool*) hocico; (*sense of smell*) olfato; **nose about, nose around** *vi* curiosear; **nosebleed** *n* hemorragia nasal; **nosey** *adj* curioso, fisgón/ona

nostalgia [nɔs'tældʒɪə] *n* nostalgia

nostalgic [nɔs'tældʒɪk] *adj* nostálgico

nostril ['nɔstrɪl] *n* ventana *or* orificio de la nariz

nosy ['nəuzɪ] *adj* = **nosey**

not [nɔt] *adv* no; **~ that ...** no es que ...; **it's too late, isn't it?** es demasiado tarde, ¿verdad?; **why ~?** ¿por qué no?

notable ['nəutəbl] *adj* notable; **notably** *adv* especialmente

notch [nɔtʃ] *n* muesca, corte *m*

note [nəut] *n* (*Mus, record, letter*) nota; (*banknote*) billete *m*; (*tone*) tono ▷ *vt* (*observe*) notar, observar; (*write down*) apuntar, anotar; **notebook** *n* libreta, cuaderno; **noted** *adj* célebre, conocido; **notepad** *n* bloc *m*; **notepaper** *n* papel *m* para cartas

nothing ['nʌθɪŋ] *n* nada; (*zero*) cero; **he does ~** no hace nada; **~ new** nada nuevo; **~ much** no mucho; **for ~** (*free*) gratis; (*in vain*) en balde

notice ['nəutɪs] *n* (*announcement*) anuncio; (*warning*) aviso; (*dismissal*) despido; (*resignation*) dimisión *f* ▷ *vt* (*observe*) notar, observar; **to bring sth to sb's ~** (*attention*) llamar la atención de algn sobre algo; **to take ~ of** hacer caso de, prestar atención a; **at short ~** con poca antelación; **until further ~** hasta nuevo aviso; **to hand in one's ~** dimitir, renunciar; **noticeable** *adj* evidente, obvio

Be careful not to translate *notice* by the Spanish word *noticia*.

notify ['nəutɪfaɪ] *vt*: **to ~ sb (of sth)** comunicar (algo) a algn

notion ['nəuʃən] *n* noción *f*, idea; (*opinion*) opinión *f*

notions ['nəuʃənz] *npl* (*US*) mercería

notorious [nəu'tɔ:rɪəs] *adj* notorio

notwithstanding [nɔtwɪθ'stændɪŋ] *adv* no obstante, sin embargo; **~ this** a pesar de esto

nought [nɔ:t] *n* cero
noun [naun] *n* nombre *m*, sustantivo
nourish ['nʌrɪʃ] *vt* nutrir; (*fig*) alimentar; **nourishment** *n* alimento, sustento
Nov. *abbr* (= *November*) nov.
novel ['nɔvl] *n* novela ▷ *adj* (*new*) nuevo, original; (*unexpected*) insólito; **novelist** *n* novelista *mf*; **novelty** *n* novedad *f*
November [nəu'vɛmbəʳ] *n* noviembre *m*
novice ['nɔvɪs] *n* (*Rel*) novicio/a
now [nau] *adv* (*at the present time*) ahora; (*these days*) actualmente, hoy día ▷ *conj*: **~ (that)** ya que, ahora que; **right ~** ahora mismo; **by ~** ya; **I'll do it just ~** ahora mismo lo hago; **~ and then, ~ and again** de vez en cuando; **from ~ on** de ahora en adelante; **nowadays** ['nauədeɪz] *adv* hoy (en) día, actualmente
nowhere ['nəuwɛəʳ] *adv* (*direction*) a ninguna parte; (*location*) en ninguna parte
nozzle ['nɔzl] *n* boquilla
nr *abbr* (BRIT) = **near**
nuclear ['nju:klɪəʳ] *adj* nuclear
nucleus (*pl* **nuclei**) ['nju:klɪəs, 'nju:klɪaɪ] *n* núcleo
nude [nju:d] *adj*, *n* desnudo *m*; **in the ~** desnudo
nudge [nʌdʒ] *vt* dar un codazo a
nudist ['nju:dɪst] *n* nudista *mf*
nudity ['nju:dɪtɪ] *n* desnudez *f*
nuisance ['nju:sns] *n* molestia, fastidio; (*person*) pesado, latoso; **what a ~!** ¡qué lata!
numb [nʌm] *adj*: **to be ~ with cold** estar entumecido de frío; **~ with fear/grief** paralizado de miedo/dolor
number ['nʌmbəʳ] *n* número; (*quantity*) cantidad *f* ▷ *vt* (*pages etc*) numerar, poner número a; (*amount to*) sumar, ascender a; **to be ~ed among** figurar entre; **a ~ of** varios, algunos; **they were ten in ~** eran diez; **number plate** *n* (BRIT) matrícula, placa; **Number Ten** *n* (BRIT: *10 Downing Street*) *residencia del primer ministro*
numerical [nju:'mɛrɪkl] *adj* numérico
numerous ['nju:mərəs] *adj* numeroso
nun [nʌn] *n* monja, religiosa
nurse [nə:s] *n* enfermero/a; (*nanny*) niñera ▷ *vt* (*patient*) cuidar, atender
nursery ['nə:sərɪ] *n* (*institution*) guardería infantil; (*room*) cuarto de los niños; (*for plants*) criadero, semillero; **nursery rhyme** *n* canción *f* infantil; **nursery school** *n* escuela infantil; **nursery slope** *n* (BRIT *Ski*) cuesta para principiantes
nursing ['nə:sɪŋ] *n* (*profession*) profesión *f* de enfermera; (*care*) asistencia, cuidado; **nursing home** *n* clínica de reposo
nurture ['nə:tʃəʳ] *vt* (*child, plant*) alimentar, nutrir
nut [nʌt] *n* (*Tech*) tuerca; (*Bot*) nuez *f*
nutmeg ['nʌtmɛg] *n* nuez *f* moscada
nutrient ['nju:trɪənt] *adj* nutritivo ▷ *n* elemento nutritivo
nutrition [nju:'trɪʃən] *n* nutrición *f*, alimentación *f*
nutritious [nju:'trɪʃəs] *adj* nutritivo
nuts [nʌts] *adj* (*inf*) chiflado
NVQ *n abbr* (BRIT: = *national vocational qualification*) *título de formación profesional*
nylon ['naɪlɔn] *n* nilón *m* ▷ *adj* de nilón

O

oak [əuk] *n* roble *m* ▷ *adj* de roble
OAP *n abbr* (BRIT) = **old-age pensioner**
oar [ɔːʳ] *n* remo
oasis (*pl* **oases**) [əu'eɪsɪs, əu'eɪsiːz] *n* oasis *m inv*
oath [əuθ] *n* juramento; (*swear word*) palabrota; **on** (BRIT) *or* **under ~** bajo juramento
oatmeal ['əutmiːl] *n* harina de avena
oats [əuts] *npl* avena
obedience [ə'biːdɪəns] *n* obediencia
obedient [ə'biːdɪənt] *adj* obediente
obese [əu'biːs] *adj* obeso
obesity [əu'biːsɪtɪ] *n* obesidad *f*
obey [ə'beɪ] *vt* obedecer; (*instructions*) cumplir
obituary [ə'bɪtjuərɪ] *n* necrología
object *n* ['ɔbdʒɪkt] objeto; (*purpose*) objeto, propósito; (*Ling*) complemento ▷ *vi* [əb'dʒɛkt]: **to ~ to** (*attitude*) estar en contra de; (*proposal*) oponerse a; **to ~ that** objetar que; **expense is no ~** no importa lo que cueste; **I ~!** ¡protesto!; **objection** [əb'dʒɛkʃən] *n* objeción *f*; **I have no objection to ...** no tengo inconveniente en que ...; **objective** *adj, n* objetivo
obligation [ɔblɪ'geɪʃən] *n* obligación *f*; (*debt*) deber *m*; **"without ~"** "sin compromiso"
obligatory [ə'blɪgətərɪ] *adj* obligatorio
oblige [ə'blaɪdʒ] *vt* (*do a favour for*) complacer, hacer un favor a; **to ~ sb to do sth** obligar a algn a hacer algo; **to be ~d to sb for sth** estarle agradecido a algn por algo
oblique [ə'bliːk] *adj* oblicuo; (*allusion*) indirecto
obliterate [ə'blɪtəreɪt] *vt* borrar
oblivious [ə'blɪvɪəs] *adj*: **~ of** inconsciente de
oblong ['ɔblɔŋ] *adj* rectangular ▷ *n* rectángulo
obnoxious [əb'nɔkʃəs] *adj* odioso, detestable; (*smell*) nauseabundo
oboe ['əubəu] *n* oboe *m*
obscene [əb'siːn] *adj* obsceno
obscure [əb'skjuəʳ] *adj* oscuro ▷ *vt* oscurecer; (*hide: sun*) ocultar
observant [əb'zəːvnt] *adj* observador(a)
observation [ɔbzə'veɪʃən] *n* (*Med*) observación *f*
observatory [əb'zəːvətrɪ] *n* observatorio
observe [əb'zəːv] *vt* observar; (*rule*) cumplir; **observer** *n* observador(a) *m/f*
obsess [əb'sɛs] *vt* obsesionar; **obsession** [əb'sɛʃən] *n* obsesión *f*; **obsessive** *adj* obsesivo
obsolete ['ɔbsəliːt] *adj* obsoleto
obstacle ['ɔbstəkl] *n* obstáculo; (*nuisance*) estorbo
obstinate ['ɔbstɪnɪt] *adj* terco, obstinado
obstruct [əb'strʌkt] *vt* obstruir; (*hinder*) estorbar, obstaculizar; **obstruction** [əb'strʌkʃən] *n*

obstrucción *f*; (*object*) estorbo, obstáculo

obtain [əb'teɪn] *vt* obtener; (*achieve*) conseguir

obvious ['ɔbvɪəs] *adj* obvio, evidente; **obviously** *adv* evidentemente; **obviously not!** ¡por supuesto que no!

occasion [ə'keɪʒən] *n* oportunidad *f*, ocasión *f*; (*event*) acontecimiento; **occasional** *adj* poco frecuente, ocasional; **occasionally** *adv* de vez en cuando

occult [ɔ'kʌlt] *adj* oculto

occupant ['ɔkjupənt] *n* (*of house*) inquilino/a; (*of boat, car*) ocupante *mf*

occupation [ɔkju'peɪʃən] *n* (*job*) trabajo; (*pastime*) ocupaciones *fpl*

occupy ['ɔkjupaɪ] *vt* (*seat, post, time*) ocupar; (*house*) habitar; **to ~ o.s. with** *or* **by doing** (*as job*) dedicarse a hacer; (*to pass time*) entretenerse haciendo

occur [ə'kəːr] *vi* ocurrir, suceder; **to ~ to sb** ocurrírsele a algn; **occurrence** [ə'kʌrəns] *n* suceso

ocean ['əuʃən] *n* océano

o'clock [ə'klɔk] *adv*: **it is five ~** son las cinco

Oct. *abbr* (= *October*) oct.

October [ɔk'təubəʳ] *n* octubre *m*

octopus ['ɔktəpəs] *n* pulpo

odd [ɔd] *adj* (*strange*) extraño, raro; (*number*) impar; (*sock, shoe etc*) suelto; **60-~** 60 y pico; **at ~ times** de vez en cuando; **to be the ~ one out** estar de más; **oddly** *adv* extrañamente; **odds** *npl* (*in betting*) puntos *mpl* de ventaja; **it makes no odds** da lo mismo; **at odds** reñidos/as; **odds and ends** cachivaches *mpl*

odometer [ɔ'dɔmɪtəʳ] *n* (*US*) cuentakilómetros *m inv*

odour, (*US*) **odor** ['əudəʳ] *n* olor *m*; (*unpleasant*) hedor *m*

KEYWORD

of [ɔv, əv] *prep* **1** de; **a friend of ours** un amigo nuestro; **a boy of 10** un chico de 10 años; **that was kind of you** eso fue muy amable de tu parte **2** (*expressing quantity, amount, dates etc*) de; **a kilo of flour** un kilo de harina; **there were three of them** había tres; **three of us went** tres de nosotros fuimos; **the 5th of July** el 5 de julio **3** (*from, out of*) de; **made of wood** (hecho) de madera

off [ɔf] *adj, adv* (*engine, light*) apagado; (*tap*) cerrado; (BRIT: *food: bad*) pasado, malo; (: *milk*) cortado; (*cancelled*) suspendido ▷ *prep* de; **to be ~** (*leave*) irse, marcharse; **to be ~ sick** estar enfermo *or* de baja; **a day ~** un día libre; **to have an ~ day** tener un mal día; **he had his coat ~** se había quitado el abrigo; **10% ~** (*Comm*) (con el) 10% de descuento; **5 km ~ (the road)** a 5 km (de la carretera); **~ the coast** frente a la costa; **I'm ~ meat** (*no longer eat/like it*) paso de la carne; **on the ~ chance** por si acaso; **on and ~** de vez en cuando

offence, (*US*) **offense** [ə'fɛns] *n* (*crime*) delito; **to take ~ at** ofenderse por

offend [ə'fɛnd] *vt* (*person*) ofender; **offender** *n* delinquente *mf*

offense [ə'fɛns] *n* (*US*) = **offence**

offensive [ə'fɛnsɪv] *adj* ofensivo; (*smell etc*) repugnante ▷ *n* (*Mil*) ofensiva

offer ['ɔfəʳ] *n* oferta, ofrecimiento; (*proposal*) propuesta ▷ *vt* ofrecer; **"on ~"** (*Comm*) "en oferta"

offhand [ɔf'hænd] *adj* informal ▷ *adv* de improviso

office ['ɔfɪs] *n* (*place*) oficina; (*room*) despacho; (*position*) cargo, oficio; **doctor's ~** (*US*) consultorio; **to take ~** entrar en funciones; **office block,** (*US*) **office building** *n* bloque *m* de oficinas; **office hours** *npl* horas *fpl* de oficina; (*US Med*) horas *fpl* de consulta

officer ['ɔfɪsəʳ] *n* (*Mil etc*) oficial *mf*; (*of organization*) director(a) *m/f*; (*also: police ~*) agente *mf* de policía

office worker *n* oficinista *mf*
official [ə'fɪʃl] *adj* oficial, autorizado ▷ *n* funcionario/a
off-licence *n* (BRIT: *shop*) *tienda de bebidas alcohólicas*

OFF-LICENCE

En el Reino Unido una *off-licence* es una tienda especializada en la venta de bebidas alcohólicas para el consumo fuera del establecimiento. De ahí su nombre, pues se necesita un permiso especial para tal venta, que está estrictamente regulada. Suelen vender además bebidas sin alcohol, tabaco, chocolate, patatas fritas etc y a menudo son parte de grandes cadenas nacionales.

off: off-peak *adj* (*electricity*) de banda económica; (*ticket*) *billete de precio reducido por viajar fuera de las horas punta*; **off-putting** *adj* (BRIT: *person*) poco amable, difícil; (*remark*) desalentador(a); **off-season** ['ɔf'siːzn] *adj, adv* fuera de temporada; **offset** ['ɔfsɛt] *vt* (*irreg*: *like* **set**) contrarrestar, compensar; **offshore** [ɔf'ʃɔːʳ] *adj* (*breeze, island*) costero; (*fishing*) de bajura; **offside** ['ɔf'saɪd] *adj* (*Sport*) fuera de juego; (*Aut*: *in UK*) del lado derecho; (: *in US, Europe etc*) del lado izquierdo
offspring ['ɔfspɪɪŋ] *n* descendencia
often ['ɔfn] *adv* a menudo, con frecuencia; **how ~ do you go?** ¿cada cuánto vas?
oh [əu] *excl* ¡ah!
oil [ɔɪl] *n* aceite *m*; (*petroleum*) petróleo ▷ *vt* engrasar; **oil filter** *n* (*Aut*) filtro de aceite; **oil painting** *n* pintura al óleo; **oil refinery** *n* refinería de petróleo; **oil rig** *n* torre *f* de perforación; **oil slick** *n* marea negra; **oil tanker** *n* petrolero; (*truck*) camión *m* cisterna; **oil well** *n* pozo (de petróleo); **oily** *adj* aceitoso; (*food*) grasiento
ointment ['ɔɪntmənt] *n* ungüento
O.K., okay ['əu'keɪ] *excl* O.K., ¡está bien!, ¡vale! ▷ *adj* bien ▷ *vt* dar el visto bueno a
old [əuld] *adj* viejo; (*former*) antiguo; **how ~ are you?** ¿cuántos años tienes?, ¿qué edad tienes?; **he's 10 years ~** tiene 10 años; **~er brother** hermano mayor; **old age** *n* vejez *f*; **old-age pension** *n* (BRIT) jubilación *f*, pensión *f*; **old-age pensioner** *n* (BRIT) jubilado/a; **old-fashioned** *adj* anticuado, pasado de moda; **old people's home** *n* (*esp* BRIT) residencia *f* de ancianos
olive ['ɔlɪv] *n* (*fruit*) aceituna; (*tree*) olivo ▷ *adj* (*also*: **~-green**) verde oliva *inv*; **olive oil** *n* aceite *m* de oliva
Olympic [əu'lɪmpɪk] *adj* olímpico; **the ~ Games, the ~s** *n pl* las Olimpiadas
omelet(te) ['ɔmlɪt] *n* tortilla, tortilla de huevo (LAM)
omen ['əumən] *n* presagio
ominous ['ɔmɪnəs] *adj* de mal agüero, amenazador(a)
omit [əu'mɪt] *vt* omitir

KEYWORD

on [ɔn] *prep* **1** (*indicating position*) en; sobre; **on the wall** en la pared; **it's on the table** está sobre *or* en la mesa; **on the left** a la izquierda
2 (*indicating means, method, condition etc*): **on foot** a pie; **on the train/plane** (*go*) en tren/avión; (*be*) en el tren/el avión; **on the radio/television** por *or* en la radio/televisión; **on the telephone** al teléfono; **to be on drugs** drogarse; (*Med*) estar a tratamiento; **to be on holiday/business** estar de vacaciones/en viaje de negocios
3 (*referring to time*): **on Friday** el viernes; **on Fridays** los viernes; **on June 20th** el 20 de junio; **a week on Friday** del viernes en una semana;

on arrival al llegar; **on seeing this** al ver esto
4 (*about, concerning*) sobre, acerca de; **a book on physics** un libro de *or* sobre física
▶ *adv* **1** (*referring to dress*): **to have one's coat on** tener *or* llevar el abrigo puesto; **she put her gloves on** se puso los guantes
2 (*referring to covering*): **"screw the lid on tightly"** "cerrar bien la tapa"
3 (*further, continuously*): **to walk/run** *etc* **on** seguir caminando/corriendo *etc*
▶ *adj* **1** (*functioning, in operation: machine, radio, TV, light*) encendido (SP), prendido (LAM); (: *tap*) abierto; (: *brakes*) echado, puesto; **is the meeting still on?** (*in progress*) ¿todavía continúa la reunión?; (*not cancelled*) ¿va a haber reunión al fin?; **there's a good film on at the cinema** ponen una buena película en el cine
2: **that's not on!** (*inf: not possible*) ¡eso ni hablar!; (: *not acceptable*) ¡eso no se hace!

once [wʌns] *adv* una vez; (*formerly*) antiguamente ▷ *conj* una vez que; **~ he had left/it was done** una vez que se había marchado/se hizo; **at ~** en seguida, inmediatamente; (*simultaneously*) a la vez; **~ a week** una vez a la semana; **~ more** otra vez; **~ and for all** de una vez por todas; **~ upon a time** érase una vez

oncoming ['ɔnkʌmɪŋ] *adj* (*traffic*) que viene de frente

KEYWORD

one [wʌn] *num* un/una; **one hundred and fifty** ciento cincuenta; **one by one** uno a uno
▶ *adj* **1** (*sole*) único; **the one book which** el único libro que; **the one man who** el único que
2 (*same*) mismo/a; **they came in the one car** vinieron en un solo coche
▶ *pron* **1**: **this one** este, éste; **that one** ese, ése; (*more remote*) aquel, aquél; **I've already got (a red) one** ya tengo uno/a (rojo/a); **one by one** uno/a por uno/a
2: **one another** (*US*) nos; (*you*) os (SP); (*you: formal, them*) se; **do you two ever see one another?** ¿os veis alguna vez? (SP), ¿se ven alguna vez?; **the two boys didn't dare look at one another** los dos chicos no se atrevieron a mirarse (el uno al otro); **they all kissed one another** se besaron unos a otros
3 (*impers*): **one never knows** nunca se sabe; **to cut one's finger** cortarse el dedo; **one needs to eat** hay que comer

one: one-off *n* (BRIT *inf: event*) caso especial; **oneself** *pron* (*reflexive*) se; (*after prep*) sí; (*emphatic*) uno/a mismo/a; **to hurt oneself** hacerse daño; **to keep sth for oneself** guardarse algo; **to talk to oneself** hablar solo; **one-shot** [wʌn'ʃɔt] *n* (*US*) = **one-off**; **one-sided** *adj* (*argument*) parcial; (*decision, view*) unilateral; (*game, contest*) desigual; **one-to-one** *adj* (*relationship*) individualizado; **one-way** *adj* (*street, traffic*) de dirección única

ongoing ['ɔngəuɪŋ] *adj* continuo

onion ['ʌnjən] *n* cebolla

online [ɔn'laɪn] *adj, adv* (*Comput*) en línea

onlooker ['ɔnlukəʳ] *n* espectador(a) *m/f*

only ['əunlɪ] *adv* solamente, solo, sólo (*to avoid confusion with adj*) ▷ *adj* único, solo ▷ *conj* solamente que, pero; **an ~ child** un hijo único; **not ~ ... but also ...** no sólo ... sino también ...

on-screen [ɔn'skriːn] *adj* (*Comput etc*) en pantalla; (*romance, kiss*) cinematográfico

onset ['ɔnsɛt] *n* comienzo

onto ['ɔntu] *prep* = **on to**

O

onward(s) ['ɔnwəd(z)] *adv* (*move*) (hacia) adelante; **from that time onward** desde entonces en adelante
oops [ups] *excl* (*also*: **~-a-daisy!**) ¡huy!
ooze [u:z] *vi* rezumar
opaque [əu'peɪk] *adj* opaco
open ['əupn] *adj* abierto; (*car*) descubierto; (*road, view*) despejado; (*meeting*) público; (*admiration*) manifiesto ▷ *vt* abrir ▷ *vi* abrirse; (*book etc*: *commence*) comenzar; **in the ~ (air)** al aire libre; **open up** *vt* abrir; (*blocked road*) despejar ▷ *vi* abrirse; **opening** *n* abertura; (*beginning*) comienzo; (*opportunity*) oportunidad *f*; **opening hours** *npl* horario de apertura; **open learning** *n enseñanza flexible a tiempo parcial*; **openly** *adv* abiertamente; **open-minded** *adj* de amplias miras, sin prejuicios; **open-necked** *adj* sin corbata; **open-plan** *adj* diáfano, sin tabiques; **Open University** *n* (BRIT) ≈ Universidad *f* Nacional de Enseñanza a Distancia, UNED *f*

OPEN UNIVERSITY

La *Open University*, fundada en 1969, está especializada en impartir cursos a distancia y a tiempo parcial con sus propios materiales de apoyo diseñados para tal fin, entre ellos programas de radio y televisión emitidos por la *BBC*. Los trabajos se envían por correo y se complementan con la asistencia obligatoria a cursos de verano. Para obtener la licenciatura es necesario estudiar un mínimo de módulos y alcanzar un determinado número de créditos.

opera ['ɔpərə] *n* ópera; **opera house** *n* teatro de la ópera; **opera singer** *n* cantante *mf* de ópera
operate ['ɔpəreɪt] *vt* (*machine*) hacer funcionar; (*company*) dirigir ▷ *vi* funcionar; **to ~ on sb** (*Med*) operar a algn; **operating theatre,** (US) **operating room** *n* quirófano, sala de operaciones
operation [ɔpə'reɪʃən] *n* operación *f*; (*of machine*) funcionamiento; **to be in ~** estar funcionando *or* en funcionamiento; **to have an ~** (*Med*) ser operado; **operational** *adj* operacional, en buen estado
operative ['ɔpərətɪv] *adj* en vigor
operator ['ɔpəreɪtəʳ] *n* (*of machine*) operario/a, maquinista *mf*; (*Tel*) operador(a) *m/f*, telefonista *mf*
opinion [ə'pɪnjən] *n* opinión *f*; **in my ~** en mi opinión, a mi juicio; **opinion poll** *n* encuesta, sondeo
opponent [ə'pəunənt] *n* adversario/a, contrincante *mf*
opportunity [ɔpə'tju:nɪtɪ] *n* oportunidad *f*; **to take the ~ to do** *or* **of doing** aprovechar la ocasión para hacer
oppose [ə'pəuz] *vt* oponerse a; **to be ~d to sth** oponerse a algo; **as ~d to** a diferencia de
opposite ['ɔpəzɪt] *adj* opuesto, contrario; (*house etc*) de enfrente ▷ *adv* en frente ▷ *prep* en frente de, frente a ▷ *n* lo contrario
opposition [ɔpə'zɪʃən] *n* oposición *f*
oppress [ə'prɛs] *vt* oprimir
opt [ɔpt] *vi*: **to ~ for** optar por; **to ~ to do** optar por hacer; **opt out** *vi*: **to ~ out of** optar por no hacer
optician [ɔp'tɪʃən] *n* óptico/a
optimism ['ɔptɪmɪzəm] *n* optimismo
optimist ['ɔptɪmɪst] *n* optimista *mf*; **optimistic** [ɔptɪ'mɪstɪk] *adj* optimista
optimum ['ɔptɪməm] *adj* óptimo
option ['ɔpʃən] *n* opción *f*; **optional** *adj* opcional
or [ɔ:ʳ] *conj* o; (*before o, ho*) u; (*with negative*): **he hasn't seen or heard anything** no ha visto ni oído nada; **or else** si no

oral ['ɔːrəl] *adj* oral ▷ *n* examen *m* oral
orange ['ɔrɪndʒ] *n* (*fruit*) naranja ▷ *adj* (de color) naranja *inv*; **orange juice** *n* jugo *m* de naranja, zumo *m* de naranja (*SP*); **orange squash** *n* bebida de naranja
orbit ['ɔːbɪt] *n* órbita ▷ *vt*, *vi* orbitar
orchard ['ɔːtʃəd] *n* huerto
orchestra ['ɔːkɪstrə] *n* orquesta; (*US*: *seating*) platea
orchid ['ɔːkɪd] *n* orquídea
ordeal [ɔː'diːl] *n* experiencia terrible
order ['ɔːdəʳ] *n* orden *m*; (*command*) orden *f*; (*state*) estado; (*Comm*) pedido ▷ *vt* (*also*: **put in ~**) ordenar, poner en orden; (*Comm*) pedir; (*command*) mandar, ordenar; **in ~** en orden; (*of document*) en regla; **in (working) ~** en funcionamiento; **to be out of ~** estar desordenado; (*not working*) no funcionar; **in ~ to do** para hacer; **on ~** (*Comm*) pedido; **to ~ sb to do sth** mandar a algn hacer algo; **order form** *n* hoja de pedido; **orderly** *n* (*Mil*) ordenanza *m*; (*Med*) auxiliar *mf* (de hospital) ▷ *adj* ordenado
ordinary ['ɔːdnrɪ] *adj* corriente, normal; (*pej*) común y corriente; **out of the ~** fuera de lo común
ore [ɔːʳ] *n* mineral *m*
oregano [ɔrɪ'gɑːnəu] *n* orégano
organ ['ɔːgən] *n* órgano
organic [ɔː'gænɪk] *adj* orgánico
organism *n* organismo
organization [ɔːgənaɪ'zeɪʃən] *n* organización *f*
organize ['ɔːgənaɪz] *vt* organizar; **organized** ['ɔːgənaɪzd] *adj* organizado; **to get organized** organizarse; **organizer** *n* organizador(a) *m/f*
orgasm ['ɔːgæzəm] *n* orgasmo
orgy ['ɔːdʒɪ] *n* orgía
oriental [ɔːrɪ'ɛntl] *adj* oriental
orientation [ɔːrɪen'teɪʃən] *n* orientación *f*
origin ['ɔrɪdʒɪn] *n* origen *m*
original [ə'rɪdʒɪnl] *adj* original; (*first*) primero; (*earlier*) primitivo ▷ *n* original *m*; **originally** *adv* al principio
originate [ə'rɪdʒɪneɪt] *vi*: **to ~ from, to ~ in** surgir de, tener su origen en
Orkneys ['ɔːknɪz] *npl*: **the ~** (*also*: **the Orkney Islands**) las Orcadas
ornament ['ɔːnəmənt] *n* adorno; (*trinket*) chuchería; **ornamental** [ɔːnə'mɛntl] *adj* decorativo, de adorno
ornate [ɔː'neɪt] *adj* recargado
orphan ['ɔːfn] *n* huérfano/a
orthodox ['ɔːθədɔks] *adj* ortodoxo
orthopaedic, (*US*) **orthopedic** [ɔːθə'piːdɪk] *adj* ortopédico
osteopath ['ɔstɪəpæθ] *n* osteópata *mf*
ostrich ['ɔstrɪtʃ] *n* avestruz *m*
other ['ʌðəʳ] *adj* otro ▷ *pron*: **the ~ one** el/la otro/a; **~ than** aparte de; **otherwise** *adv*, *conj* de otra manera; (*if not*) si no
otter ['ɔtəʳ] *n* nutria
ouch [autʃ] *excl* ¡ay!
ought [ɔːt] *aux vb*: **I ~ to do it** debería hacerlo; **this ~ to have been corrected** esto debiera de haberse corregido; **he ~ to win** (*probability*) debiera ganar
ounce [auns] *n* onza (=*28.35g*: *16oz* = *1lb*)
our ['auəʳ] *adj* nuestro; *see also* **my**; **ours** *pron* (el) nuestro/(la) nuestra *etc*; *see also* **mine**; **ourselves** *pron pl* (*reflexive*, *after prep*) nosotros/as; (*emphatic*) nosotros /as mismos/as; *see also* **oneself**
oust [aust] *vt* desalojar
out [aut] *adv* fuera, afuera; (*not at home*) fuera (de casa); (*light*, *fire*) apagado; **~ there** allí (fuera); **he's ~** (*absent*) no está, ha salido; **to be ~ in one's calculations** equivocarse (en sus cálculos); **to run ~** salir corriendo; **~ loud** en alta voz; **~ of** (*outside*) fuera de; (*because of*: *anger etc*) por; **~ of petrol** sin gasolina;

"~ of order" "no funciona"; **outback** *n* interior *m*; **outbound** *adj* (*flight*) de salida; (*flight*: *not return*) de ida; **outbound from/for** con salida de/hacia; **outbreak** *n* (*of war*) comienzo; (*of disease*) epidemia; (*of violence etc*) ola; **outburst** *n* explosión *f*, arranque *m*; **outcast** *n* paria *mf*; **outcome** *n* resultado; **outcry** *n* protestas *fpl*; **outdated** *adj* anticuado; **outdoor** *adj* al aire libre; (*clothes*) de calle; **outdoors** *adv* al aire libre

outer ['aʊtəʳ] *adj* exterior, externo; **outer space** *n* espacio exterior

outfit *n* (*clothes*) traje *m*

out: outgoing *adj* (*president, tenant*) saliente; (*character*) extrovertido; **outgoings** *npl* (BRIT) gastos *mpl*; **outhouse** *n* dependencia; **outing** *n* excursión *f*, paseo; **outlaw** *n* proscrito/a ▷ *vt* (*practice*) declarar ilegal; **outlay** *n* inversión *f*; **outlet** *n* salida; (*of pipe*) desagüe *m*; (*US Elec*) toma de corriente; (*also*: **retail outlet**) punto de venta; **outline** *n* (*shape*) contorno, perfil *m*; (*sketch, plan*) esbozo ▷ *vt* (*plan etc*) esbozar; **in outline** (*fig*) a grandes rasgos; **outlook** *n* (*fig*: *prospects*) perspectivas *fpl*; (: *for weather*) pronóstico; (: *opinion*) punto de vista; **outnumber** *vt* exceder *or* superar en número; **out-of-date** *adj* (*passport*) caducado; (*clothes, customs*) pasado de moda; **out-of-doors** *adv* al aire libre; **out-of-the-way** *adj* apartado; **out-of-town** *adj* (*shopping centre etc*) en las afueras; **outpatient** *n* paciente *mf* externo/a; **outpost** *n* puesto avanzado; **output** *n* (volumen *m* de) producción *f*, rendimiento; (*Comput*) salida

outrage ['aʊtreɪdʒ] *n* escándalo; (*atrocity*) atrocidad *f* ▷ *vt* ultrajar; **outrageous** [aʊt'reɪdʒəs] *adj* (*clothes*) extravagante; (*behaviour*) escandaloso

outright *adv* [aʊt'raɪt] (*ask, deny*) francamente; (*refuse*) rotundamente; (*win*) de manera absoluta; (*be killed*) en el acto ▷ *adj* ['aʊtraɪt] completo; (*refusal*) rotundo

outset ['aʊtsɛt] *n* principio

outside [aʊt'saɪd] *n* exterior *m* ▷ *adj* exterior, externo ▷ *adv* fuera ▷ *prep* fuera de; (*beyond*) más allá de; **at the ~** (*fig*) a lo sumo; **outside lane** *n* (*Aut*: *in Britain*) carril *m* de la derecha; (: *in US, Europe etc*) carril *m* de la izquierda; **outside line** *n* (*Tel*) línea (exterior); **outsider** *n* (*stranger*) forastero/a

out: outsize *adj* (*clothes*) de talla grande; **outskirts** *npl* alrededores *mpl*, afueras *fpl*; **outspoken** *adj* muy franco; **outstanding** *adj* excepcional, destacado; (*unfinished*) pendiente

outward ['aʊtwəd] *adj* externo; (*journey*) de ida

outweigh [aʊt'weɪ] *vt* pesar más que

oval ['əʊvl] *adj* ovalado ▷ *n* óvalo

ovary ['əʊvərɪ] *n* ovario

oven ['ʌvn] *n* horno; **oven glove** *n* guante *m* para el horno, manopla para el horno; **ovenproof** *adj* resistente al horno; **oven-ready** *adj* listo para el horno

over ['əʊvəʳ] *adv* encima, por encima ▷ *adj* (*finished*) terminado; (*surplus*) de sobra ▷ *prep* (por) encima de; (*above*) sobre; (*on the other side of*) al otro lado de; (*more than*) más de; (*during*) durante; **~ here** (por) aquí; **~ there** (por) allí *or* allá; **all ~** (*everywhere*) por todas partes; **~ and ~ (again)** una y otra vez; **~ and above** además de; **to ask sb ~** invitar a algn a casa; **to bend ~** inclinarse

overall ['əʊvərɔːl] *adj* (*length*) total; (*study*) de conjunto ▷ *adv* [əʊvər'ɔːl] en conjunto ▷ *n* (BRIT) guardapolvo; **overalls** *npl* mono *sg*, overol *msg* (LAM)

over: overboard *adv* (*Naut*) por la borda; **overcame** *pt of* **overcome**; **overcast** *adj* encapotado; **overcharge** *vt*: **to overcharge sb** cobrar un precio excesivo a algn; **overcoat** *n* abrigo; **overcome** *vt* (*irreg*: *like* **come**) vencer; (*difficulty*) superar; **overcrowded** *adj* atestado de gente; (*city, country*) superpoblado; **overdo** *vt* (*irreg*: *like* **do**) exagerar; (*overcook*) cocer demasiado; **to overdo it** (*work etc*) pasarse; **overdone** *adj* (*vegetables*) recocido; (*steak*) demasiado hecho; **overdose** *n* sobredosis *f inv*; **overdraft** *n* saldo deudor; **overdrawn** *adj* (*account*) en descubierto; **overdue** *adj* retrasado; **overestimate** *vt* sobreestimar

overflow [əuvə'fləu] *vi* desbordarse ▷ *n* ['əuvəfləu] (*also*: **~ pipe**) (cañería de) desagüe *m*

over: overgrown [əuvə'grəun] *adj* (*garden*) cubierto de hierba; **overhaul** *vt* [əuvə'hɔːl] revisar, repasar ▷ *n* ['əuvəhɔːl] revisión *f*

overhead *adv* [əuvə'hɛd] por arriba *or* encima ▷ *adj* ['əuvəhɛd] (*cable*) aéreo ▷ *n* ['əuvəhɛd] (*US*) = **overheads**; **overhead projector** *n* retroproyector; **overheads** *npl* gastos *mpl* generales

over: overhear *vt* (*irreg*: *like* **hear**) oír por casualidad; **overheat** *vi* (*engine*) recalentarse; **overland** *adj*, *adv* por tierra; **overlap** *vi* [əuvə'læp] superponerse; **overleaf** *adv* al dorso; **overload** *vt* sobrecargar; **overlook** *vt* (*have view of*) dar a, tener vistas a; (*miss*) pasar por alto; (*excuse*) perdonar

overnight [əuvə'naɪt] *adv* durante la noche; (*fig*) de la noche a la mañana ▷ *adj* de noche; **to stay ~** pasar la noche; **overnight bag** *n* fin *m* de semana, neceser *m* de viaje

overpass *n* (*US*) paso elevado *or* a desnivel

overpower [əuvə'pauəʳ] *vt* dominar; (*fig*) embargar; **overpowering** *adj* (*heat*) agobiante; (*smell*) penetrante

over: overreact [əuvərɪ'ækt] *vi* reaccionar de manera exagerada; **overrule** *vt* (*decision*) anular; (*claim*) denegar; **overrun** *vt* (*irreg*: *like* **run**: *country*) invadir; (: *time limit*) rebasar, exceder; **overseas** [əuvə'siːz] *adv* (*abroad*) en el extranjero ▷ *adj* (*trade*) exterior; (*visitor*) extranjero; **oversee** (*irreg*: *like* **see**) *vt* supervisar; **overshadow** *vt* (*fig*) eclipsar; **to be overshadowed by** estar a la sombra de; **oversight** *n* descuido; **oversleep** *vi* (*irreg*: *like* **sleep**) dormir más de la cuenta, no despertarse a tiempo; **overspend** *vi* (*irreg*: *like* **spend**) gastar más de la cuenta; **we have overspent by five dollars** hemos excedido el presupuesto en cinco dólares

overt [əu'vəːt] *adj* abierto

over: overtake *vt* (*irreg*: *like* **take**) sobrepasar; (BRIT *Aut*) adelantar; **overthrow** *vt* (*irreg*: *like* **throw**: *government*) derrocar; **overtime** *n* horas *fpl* extraordinarias; **overtook** [əuvə'tuk] *pt of* **overtake**; **overturn** *vt* volcar; (*fig*: *plan*) desbaratar; (: *government*) derrocar ▷ *vi* volcar; **overweight** *adj* demasiado gordo *or* pesado; **overwhelm** *vt* aplastar; **overwhelming** *adj* (*victory, defeat*) arrollador(a); (*desire*) irresistible

owe [əu] *vt* deber; **to ~ sb sth, to ~ sth to sb** deber algo a algn; **owing to** *prep* debido a, por causa de

owl [aul] *n* búho; (*also*: **barn ~**) lechuza

own [əun] *vt* tener, poseer ▷ *adj* propio; **a room of my ~** mi propia habitación; **to get one's ~ back** tomarse la revancha; **on one's ~** solo, a solas; **own up** *vi* confesar; **owner** *n* dueño/a; **ownership** *n* posesión *f*

ox (*pl* **oxen**) [ɔks, 'ɔksn] *n* buey *m*

Oxbridge ['ɔksbrɪdʒ] *n universidades de Oxford y Cambridge*

oxen ['ɔksən] *npl of* **ox**

oxygen ['ɔksɪdʒən] *n* oxígeno

oyster ['ɔɪstəʳ] *n* ostra

oz. *abbr* = **ounce**

ozone ['əuzəun] *n* ozono; **ozone-friendly** *adj* que no daña la capa de ozono; **ozone layer** *n* capa de ozono

p

p *abbr* (BRIT) = **penny; pence**

PA *n abbr* = **personal assistant**; **public address system**

p.a. *abbr* = **per annum**

pace [peɪs] *n* paso ▷ *vi*: **to ~ up and down** pasearse de un lado a otro; **to keep ~ with** llevar el mismo paso que; **pacemaker** *n* (*Med*) marcapasos *m inv*; (*Sport*: *also*: **pacesetter**) liebre *f*

pacific [pə'sɪfɪk] *adj* pacífico ▷ *n*: **the P~ (Ocean)** el (océano) Pacífico

pacifier ['pæsɪfaɪəʳ] *n* (US: *dummy*) chupete *m*

pack [pæk] *n* (*packet*) paquete *m*; (*of hounds*) jauría; (*of people*) manada; (*of thieves etc*) banda; (*of cards*) baraja; (*bundle*) fardo; (US: *of cigarettes*) paquete *m* ▷ *vt* (*fill*) llenar; (*in suitcase etc*) meter, poner; (*cram*) llenar, atestar; **to ~ (one's bags)** hacer las maletas; **to ~ sb off** (*inf*) despachar a algn; **pack in** *vi* (*inf*: *break down*) estropearse ▷ *vt* (*inf*) dejar; **~ it in!** ¡para!, ¡basta ya!; **pack up** *vi* (*inf*: *machine*) estropearse; (*person*) irse ▷ *vt* (*belongings, clothes*) recoger; (*goods, presents*) empaquetar, envolver

package ['pækɪdʒ] *n* paquete *m*; (*bulky*) bulto; (*also*: **~ deal**) acuerdo global ▷ *vt* (*Comm*: *goods*) envasar, embalar; **package holiday** *n* viaje *m* organizado (con todo incluido); **package tour** *n* viaje *m* organizado

packaging ['pækɪdʒɪŋ] *n* envase *m*

packed [pækt] *adj* abarrotado; **packed lunch** *n* almuerzo frío

packet ['pækɪt] *n* paquete *m*

packing ['pækɪŋ] *n* embalaje *m*

pact [pækt] *n* pacto

pad [pæd] *n* (*of paper*) bloc *m*; (*cushion*) cojinete *m*; (*inf*: *flat*) casa ▷ *vt* rellenar; **padded** *adj* (*jacket*) acolchado; (*bra*) reforzado

paddle ['pædl] *n* (*oar*) canalete *m*, pala; (US: *for table tennis*) pala ▷ *vt* remar ▷ *vi* (*with feet*) chapotear; **paddling pool** *n* (BRIT) piscina para niños

paddock ['pædək] *n* (*field*) potrero

padlock ['pædlɔk] *n* candado

paedophile, (US) **pedophile** ['pi:dəufaɪl] *adj* de pedófilos ▷ *n* pedófilo/a

page [peɪdʒ] *n* página; (*of newspaper*) plana; (*also*: **~ boy**) paje *m* ▷ *vt* (*in hotel etc*) llamar por altavoz a

pager ['peɪdʒəʳ] *n* busca *m*

paid [peɪd] *pt, pp of* **pay** ▷ *adj* (*work*) remunerado; (*holiday*) pagado; (*official*) a sueldo; **to put ~ to** (BRIT) acabar con

pain [peɪn] *n* dolor *m*; **to be in ~** sufrir; *see also* **pains**; **painful** *adj* doloroso; (*difficult*) penoso; (*disagreeable*) desagradable; **painkiller** *n* analgésico; **pains** *npl*: **to take pains to do sth** tomarse el trabajo de hacer algo; **painstaking** ['peɪnzteɪkɪŋ] *adj* (*person*) concienzudo, esmerado

paint [peɪnt] *n* pintura ▷ *vt* pintar; **to ~ the door blue** pintar la puerta de azul; **paintbrush** *n* (*artist's*) pincel *m*; (*decorator's*) brocha; **painter** *n* pintor(a) *m/f*; **painting** *n* pintura

pair [pɛəʳ] *n* (*of shoes, gloves etc*) par *m*; (*of people*) pareja; **a ~ of scissors** unas tijeras; **a ~ of trousers** unos pantalones, un pantalón

pajamas [pɪ'dʒɑːməz] *npl* (*US*) pijama *msg*

Pakistan [pɑːkɪ'stɑːn] *n* Paquistán *m*; **Pakistani** *adj, n* paquistaní *mf*

pal [pæl] *n* (*inf*) amiguete/a *m/f*, colega *mf*

palace ['pæləs] *n* palacio

pale [peɪl] *adj* pálido; (*colour*) claro ▷ *n*: **to be beyond the ~** pasarse de la raya

Palestine ['pælɪstaɪn] *n* Palestina; **Palestinian** [pælɪs'tɪnɪən] *adj, n* palestino/a

palm [pɑːm] *n* (*Anat*) palma; (*also*: **~ tree**) palmera, palma ▷ *vt*: **to ~ sth off on sb** (BRIT *inf*) endosarle algo a algn

pamper ['pæmpəʳ] *vt* mimar

pamphlet ['pæmflət] *n* folleto

pan [pæn] *n* (*also*: **sauce~**) cacerola, cazuela, olla; (*also*: **frying ~**) sartén *f*

pancake ['pænkeɪk] *n* crepe *f*

panda ['pændə] *n* panda *m*

pandemic [pæn'dɛmɪk] *n* pandemia; **flu ~** pandemia de gripe

pane [peɪn] *n* cristal *m*

panel ['pænl] *n* (*of wood*) panel *m*; (*Radio, TV*) panel *m* de invitados

panhandler ['pænhændləʳ] *n* (*US inf*) mendigo/a

panic ['pænɪk] *n* pánico ▷ *vi* dejarse llevar por el pánico

panorama [pænə'rɑːmə] *n* panorama *m*

pansy ['pænzɪ] *n* (*Bot*) pensamiento; (*inf!*) maricón *m*

pant [pænt] *vi* jadear

panther ['pænθəʳ] *n* pantera

panties ['pæntɪz] *npl* bragas *fpl*

pantomime ['pæntəmaɪm] *n* (BRIT) representación *f* musical navideña

PANTOMIME

En época navideña los teatros británicos ponen en escena representaciones llamadas *pantomimes*, versiones libres de cuentos tradicionales como Aladino o El gato con botas. En ella nunca faltan personajes como la dama (*dame*), papel que siempre interpreta un actor; el protagonista joven (*principal boy*), normalmente interpretado por una actriz, y el malvado (*villain*). Es un espectáculo familiar dirigido a los niños pero con grandes dosis de humor para adultos en el que se alienta la participación del público.

pants [pænts] *npl* (BRIT: *underwear*: *woman's*) bragas *fpl*; (: *man's*) calzoncillos *mpl*; (US: *trousers*) pantalones *mpl*

paper ['peɪpəʳ] *n* papel *m*; (*also*: **news~**) periódico, diario; (*study, article*) artículo; (*exam*) examen *m* ▷ *adj* de papel ▷ *vt* empapelar; **(identity) ~s** *npl* papeles *mpl*, documentos *mpl*; **paperback** *n* libro de bolsillo; **paper bag** *n* bolsa de papel; **paper clip** *n* clip *m*; **paper shop** *n* (BRIT) tienda de periódicos; **paperwork** *n* trabajo administrativo

paprika ['pæprɪkə] *n* pimentón *m*

par [pɑːʳ] *n* par *f*; (*Golf*) par *m*; **to be on a ~ with** estar a la par con

paracetamol [pærə'siːtəmɔl] *n* (BRIT) paracetamol *m*

parachute ['pærəʃuːt] *n* paracaídas *m inv*

parade [pə'reɪd] *n* desfile *m* ▷ *vt* (*show off*) hacer alarde de ▷ *vi* desfilar; (*Mil*) pasar revista

paradise ['pærədaɪs] *n* paraíso

paradox ['pærədɔks] *n* paradoja

paraffin ['pærəfɪn] *n* (BRIT): **~ (oil)** parafina

paragraph ['pærəgrɑːf] *n* párrafo

parallel ['pærəlɛl] *adj*: **~ (with/to)** en paralelo (con/a); (*fig*) semejante (a) ▷ *n* (*line*) paralela; (*fig*) paralelo; (*Geo*) paralelo

paralysis [pə'ræləsɪs] *n* parálisis *f inv*; **paralyze** *vt* paralizar; **paralyzed** paralizado

paramedic [pærə'mɛdɪk] *n* auxiliar *mf* sanitario/a

paranoid ['pærənɔɪd] *adj* (*person, feeling*) paranoico

parasite ['pærəsaɪt] *n* parásito/a

parcel ['pɑːsl] *n* paquete *m* ▷ *vt* (*also*: **~ up**) empaquetar, embalar

pardon ['pɑːdn] *n* (*Law*) indulto ▷ *vt* perdonar; **~ me!, I beg your ~!** ¡perdone usted!; **(I beg your) ~?,** (*US*): **~ me?** ¿cómo (dice)?

parent ['pɛərənt] *n* (*mother*) madre *f*; (*father*) padre *m*; **parents** *npl* padres *mpl*; **parental** [pə'rɛntl] *adj* paternal/maternal

Be careful not to translate *parent* by the Spanish word *pariente*.

Paris ['pærɪs] *n* París *m*

parish ['pærɪʃ] *n* parroquia

Parisian [pə'rɪzɪən] *adj*, *n* parisiense *mf*

park [pɑːk] *n* parque *m* ▷ *vt*, *vi* aparcar, estacionar

parking ['pɑːkɪŋ] *n* aparcamiento, estacionamiento; **"no ~"** "prohibido aparcar *or* estacionarse"; **parking lot** *n* (*US*) parking *m*; **parking meter** *n* parquímetro; **parking ticket** *n* multa de aparcamiento

parkway ['pɑːkweɪ] *n* (*US*) alameda

parliament ['pɑːləmənt] *n* parlamento; (*Spanish*) las Cortes *fpl*; *ver nota* **"parliament"**; **parliamentary** *adj* parlamentario

PARLIAMENT

El Parlamento británico (*Parliament*) tiene como sede el palacio de Westminster, también llamado *Houses of Parliament*. Consta de dos cámaras; la Cámara de los Comunes (*House of Commons*) está formada por 650 diputados (*Members of Parliament*) que acceden a ella tras ser elegidos por sufragio universal en su respectiva área o circunscripción electoral (*constituency*). Se reúne 175 días al año y sus sesiones son presididas y moderadas por el Presidente de la Cámara (*Speaker*). La cámara alta es la Cámara de los Lores (*House of Lords*) y sus miembros son nombrados por el monarca o bien han heredado su escaño. Su poder es limitado, aunque actúa como tribunal supremo de apelación, excepto en Escocia.

Parmesan [pɑːmɪ'zæn] *n* (*also*: **~ cheese**) queso parmesano

parole [pə'rəul] *n*: **on ~** en libertad condicional

parrot ['pærət] *n* loro, papagayo

parsley ['pɑːslɪ] *n* perejil *m*

parsnip ['pɑːsnɪp] *n* chirivía

parson ['pɑːsn] *n* cura *m*

part [pɑːt] *n* parte *f*; (*Mus*) parte *f*; (*bit*) trozo; (*of machine*) pieza; (*Theat etc*) papel *m*; (*of serial*) entrega; (*US*: *in hair*) raya ▷ *adv* = **partly** ▷ *vt* separar ▷ *vi* (*people*) separarse; (*crowd*) apartarse; **to take ~ in** participar *or* tomar parte en; **to take sb's ~** tomar partido por algn; **for my ~** por mi parte; **for the most ~** en su mayor parte; **~ of speech** (*Ling*) categoría gramatical; **part with** *vt fus* ceder, entregar; (*money*) pagar; (*get rid of*) deshacerse de

partial ['pɑːʃl] *adj* parcial; **to be ~ to** (*like*) ser aficionado a

participant [pɑː'tɪsɪpənt] *n* (*in competition*) concursante *mf*

participate [pɑː'tɪsɪpeɪt] *vi*: **to ~ in** participar en

particle ['pɑːtɪkl] *n* partícula; (*of dust*) mota

particular [pə'tɪkjulə^{r}] *adj* (*special*) particular; (*concrete*) concreto; (*given*) determinado; (*fussy*) quisquilloso; (*demanding*) exigente; **particulars** *npl* (*information*) datos *mpl*; (*details*) pormenores *mpl*; **in ~** en particular; **particularly** *adv* (*in particular*) sobre todo; (*difficult, good etc*) especialmente

parting ['pɑ:tɪŋ] *n* (*act of*) separación *f*; (*farewell*) despedida; (BRIT: *in hair*) raya ▷ *adj* de despedida

partition [pɑ:'tɪʃən] *n* (*Pol*) división *f*; (*wall*) tabique *m*

partly ['pɑ:tlɪ] *adv* en parte

partner ['pɑ:tnə^{r}] *n* (*Comm*) socio/a; (*Sport*) pareja; (*at dance*) pareja; (*spouse*) cónyuge *mf*; (*friend etc*) compañero/a; **partnership** *n* asociación *f*; (*Comm*) sociedad *f*

partridge ['pɑ:trɪdʒ] *n* perdiz *f*

part-time ['pɑ:t'taɪm] *adj, adv* a tiempo parcial

party ['pɑ:tɪ] *n* (*Pol*) partido; (*celebration*) fiesta; (*group*) grupo; (*Law*) parte *f* ▷ *adj* (*Pol*) de partido

pass [pɑ:s] *vt* (*time, object*) pasar; (*place*) pasar por; (*exam, law*) aprobar; (*overtake, surpass*) rebasar; (*approve*) aprobar ▷ *vi* pasar; (*Scol*) aprobar ▷ *n* (*permit*) permiso; (*membership card*) carnet *m*; (*in mountains*) puerto; (*Sport*) pase *m*; (*Scol*: *also*: **~ mark**) aprobado; **to ~ sth through sth** pasar algo por algo; **to make a ~ at sb** (*inf*) insinuársele a algn; **pass away** *vi* fallecer; **pass by** *vi* pasar ▷ *vt* (*ignore*) pasar por alto; **pass on** *vt*: **to ~ on (to)** transmitir (a); **pass out** *vi* desmayarse; **pass over** *vt* omitir, pasar por alto; **pass up** *vt* (*opportunity*) dejar pasar, no aprovechar; **passable** *adj* (*road*) transitable; (*tolerable*) pasable

passage ['pæsɪdʒ] *n* pasillo; (*act of passing*) tránsito; (*fare, in book*) pasaje *m*; (*by boat*) travesía

passenger ['pæsɪndʒə^{r}] *n* pasajero/a, viajero/a

passer-by [pɑ:sə'baɪ] *n* transeúnte *mf*

passing place *n* (*Aut*) apartadero

passion ['pæʃən] *n* pasión *f*; **passionate** *adj* apasionado; **passion fruit** *n* fruta de la pasión, granadilla

passive ['pæsɪv] *adj* (*also Ling*) pasivo

passport ['pɑ:spɔ:t] *n* pasaporte *m*; **passport control** *n* control *m* de pasaporte; **passport office** *n* oficina de pasaportes

password ['pɑ:swə:d] *n* contraseña

past [pɑ:st] *prep* (*further than*) más allá de; (*later than*) después de ▷ *adj* pasado; (*president etc*) antiguo ▷ *n* (*time*) pasado; (*of person*) antecedentes *mpl*; **quarter/half ~ four** las cuatro y cuarto/media; **he's ~ forty** tiene más de cuarenta años; **for the ~ few/three days** durante los últimos días/últimos tres días; **to run ~** pasar corriendo

pasta ['pæstə] *n* pasta

paste [peɪst] *n* pasta; (*glue*) engrudo ▷ *vt* pegar

pastel ['pæstl] *adj* pastel; (*painting*) al pastel

pasteurized ['pæstəraɪzd] *adj* pasteurizado

pastime ['pɑ:staɪm] *n* pasatiempo

pastor ['pɑ:stə^{r}] *n* pastor *m*

past participle *n* (*Ling*) participio *m* (de) pasado *or* (de) pretérito *or* pasivo

pastry ['peɪstrɪ] *n* (*dough*) pasta; (*cake*) pastel *m*

pasture ['pɑ:stʃə^{r}] *n* pasto

pasty *n* ['pæstɪ] empanada ▷ *adj* ['peɪstɪ] (*complexion*) pálido

pat [pæt] *vt* dar una palmadita a; (*dog etc*) acariciar

patch [pætʃ] *n* (*of material*) parche *m*; (*mended part*) remiendo; (*of land*) terreno ▷ *vt* remendar; **(to go through) a bad ~** (pasar por) una mala racha; **patchy** *adj* desigual

pâté ['pætei] *n* paté *m*

patent ['peɪtnt] *n* patente *f* ▷ *vt* patentar ▷ *adj* patente, evidente

paternal [pə'tə:nl] *adj* paternal; (*relation*) paterno
paternity [pə'tə:nɪtɪ] *n* paternidad *f*; **paternity leave** *n* permiso *m* por paternidad, licencia por paternidad
path [pɑ:θ] *n* camino, sendero; (*trail, track*) pista; (*of missile*) trayectoria
pathetic [pə'θɛtɪk] *adj* patético; (*very bad*) malísimo
pathway ['pɑ:θweɪ] *n* sendero, vereda
patience ['peɪʃns] *n* paciencia; (BRIT *Cards*) solitario
patient ['peɪʃnt] *n* paciente *mf* ▷ *adj* paciente, sufrido
patio ['pætɪəu] *n* patio
patriotic [pætrɪ'ɔtɪk] *adj* patriótico
patrol [pə'trəul] *n* patrulla ▷ *vt* patrullar por; **patrol car** *n* coche *m* patrulla
patron ['peɪtrən] *n* (*in shop*) cliente *mf*; (*of charity*) patrocinador(a) *m/f*; **~ of the arts** mecenas *m*
patronizing ['pætrənaɪzɪŋ] *adj* condescendiente
pattern ['pætən] *n* (*Sewing*) patrón *m*; (*design*) dibujo; **patterned** *adj* (*material*) estampado
pause [pɔ:z] *n* pausa ▷ *vi* hacer una pausa
pave [peɪv] *vt* pavimentar; **to ~ the way for** preparar el terreno para
pavement ['peɪvmənt] *n* (BRIT) acera, vereda (LAM), andén *m* (LAM), banqueta (LAM)
pavilion [pə'vɪlɪən] *n* (*Sport*) vestuarios *mpl*
paving ['peɪvɪŋ] *n* pavimento, enlosado
paw [pɔ:] *n* pata
pawn [pɔ:n] *n* (*Chess*) peón *m*; (*fig*) instrumento ▷ *vt* empeñar; **pawnbroker** ['pɔ:nbrəukəʳ] *n* prestamista *mf*
pay [peɪ] (*pt, pp* **paid**) *n* (*wage etc*) sueldo, salario ▷ *vt* pagar ▷ *vi* (*be profitable*) rendir; **to ~ attention (to)** prestar atención (a); **pay back** *vt* (*money*) reembolsar; (*person*) pagar; **pay for** *vt fus* pagar; **pay in** *vt* ingresar; **pay off** *vt* saldar ▷ *vi* (*scheme, decision*) dar resultado; **pay out** *vt* (*money*) gastar, desembolsar; **pay up** *vt* pagar; **payable** *adj* pagadero; **to make a cheque payable to sb** extender un cheque a favor de algn; **pay day** *n* día *m* de paga; **pay envelope** *n* (US) = **pay packet**; **payment** *n* pago; **monthly payment** mensualidad *f*; **payout** *n* pago; (*in competition*) premio en metálico; **pay packet** *n* (BRIT) sobre *m* (de la paga); **pay-phone** *n* teléfono público; **payroll** *n* plantilla, nómina; **pay slip** *n* nómina, hoja del sueldo; **pay television** *n* televisión *f* de pago
PC *n abbr* (= *personal computer*) PC *m*, OP *m*; (BRIT) = **police constable** ▷ *adj abbr* = **politically correct**
pc *abbr* = **per cent**
PDA *n abbr* (= *personal digital assistant*) agenda electrónica
PE *n abbr* (= *physical education*) ed. física
pea [pi:] *n* guisante *m*, chícharo (LAM), arveja (LAM)
peace [pi:s] *n* paz *f*; (*calm*) paz *f*, tranquilidad *f*; **peaceful** *adj* (*gentle*) pacífico; (*calm*) tranquilo, sosegado
peach [pi:tʃ] *n* melocotón *m*, durazno (LAM)
peacock ['pi:kɔk] *n* pavo real
peak [pi:k] *n* (*of mountain*) cumbre *f*, cima; (*of cap*) visera; (*fig*) cumbre *f*; **peak hours** *npl* horas *fpl* punta
peanut ['pi:nʌt] *n* cacahuete *m*, maní *m* (LAM); **peanut butter** *n* mantequilla de cacahuete
pear [pɛəʳ] *n* pera
pearl [pə:l] *n* perla
peasant ['pɛznt] *n* campesino/a
peat [pi:t] *n* turba
pebble ['pɛbl] *n* guijarro
peck [pɛk] *vt* (*also*: **~ at**) picotear ▷ *n* picotazo; (*kiss*) besito; **peckish** *adj* (BRIT *inf*): **I feel peckish** tengo ganas de picar algo

peculiar [pɪˈkjuːlɪəʳ] *adj* (*odd*) extraño, raro; (*typical*) propio, característico; **~ to** propio de
pedal [ˈpɛdl] *n* pedal *m* ▷ *vi* pedalear
pedalo [ˈpɛdələʊ] *n* patín *m* a pedal
pedestal [ˈpɛdəstl] *n* pedestal *m*
pedestrian [pɪˈdɛstrɪən] *n* peatón *m* ▷ *adj* pedestre; **pedestrian crossing** *n* (BRIT) paso de peatones; **pedestrianized** *adj*: **a pedestrianized street** una calle peatonal; **pedestrian precinct,** (US) **pedestrian zone** *n* zona reservada para peatones
pedigree [ˈpɛdɪgriː] *n* genealogía; (*of animal*) pedigrí *m* ▷ *cpd* (*animal*) de raza, de casta
pedophile [ˈpiːdəʊfaɪl] *n* (US) = **paedophile**
pee [piː] *vi* (*inf*) mear
peek [piːk] *vi* mirar a hurtadillas
peel [piːl] *n* piel *f*; (*of orange, lemon*) cáscara; (: *removed*) peladuras *fpl* ▷ *vt* pelar ▷ *vi* (*paint etc*) desconcharse; (*wallpaper*) despegarse, desprenderse; (*skin*) pelar
peep [piːp] *n* (*look*) mirada furtiva; (*sound*) pío ▷ *vi* (*look*) mirar furtivamente
peer [pɪəʳ] *vi*: **to ~ at** escudriñar ▷ *n* (*noble*) par *m*; (*equal*) igual *m*; (*contemporary*) contemporáneo/a
peg [pɛg] *n* (*for coat etc*) gancho, colgador *m*; (BRIT: *also*: **clothes ~**) pinza
pelican [ˈpɛlɪkən] *n* pelícano; **pelican crossing** *n* (BRIT *Aut*) paso de peatones señalizado
pelt [pɛlt] *vt*: **to ~ sb with sth** arrojarle algo a algn ▷ *vi* (*rain*: *also*: **~ down**) llover a cántaros; (*inf*: *run*) correr ▷ *n* pellejo
pelvis [ˈpɛlvɪs] *n* pelvis *f*
pen [pɛn] *n* (*also*: **ballpoint ~**) bolígrafo; (*also*: **fountain ~**) pluma; (*for sheep*) redil *m*
penalty [ˈpɛnltɪ] *n* pena; (*fine*) multa
pence [pɛns] *pl of* **penny**
pencil [ˈpɛnsl] *n* lápiz *m* ▷ *vt* (*also*: **~ in**) escribir con lápiz; (*fig*) apuntar con carácter provisional; **pencil case** *n* estuche *m*; **pencil sharpener** *n* sacapuntas *m inv*
pendant [ˈpɛndnt] *n* pendiente *m*
pending [ˈpɛndɪŋ] *prep* antes de ▷ *adj* pendiente
penetrate [ˈpɛnɪtreɪt] *vt* penetrar
penfriend [ˈpɛnfrɛnd] *n* (BRIT) amigo/a por correspondencia
penguin [ˈpɛŋgwɪn] *n* pingüino
penicillin [pɛnɪˈsɪlɪn] *n* penicilina
peninsula [pəˈnɪnsjulə] *n* península
penis [ˈpiːnɪs] *n* pene *m*
penitentiary [pɛnɪˈtɛnʃərɪ] *n* (US) cárcel *f*, presidio
penknife [ˈpɛnnaɪf] *n* navaja
penniless [ˈpɛnɪlɪs] *adj* sin dinero
penny (*pl* **pennies** *or* (*Brit*) **pence**) [ˈpɛnɪ, ˈpɛnɪz, pɛns] *n* (BRIT) penique *m*; (US) centavo
penpal [ˈpɛnpæl] *n* amigo/a por correspondencia
pension [ˈpɛnʃən] *n* (*allowance, state payment*) pensión *f*; (*old-age*) jubilación *f*; **pensioner** *n* (BRIT) jubilado/a
pentagon [ˈpɛntəgən] *n* pentágono; **the P~** (US *Pol*) el Pentágono

PENTAGON

Se conoce como el Pentágono (*the Pentagon*) al edificio de planta pentagonal que acoge las dependencias del Ministerio de Defensa estadounidense (*Department of Defense*) en Arlington, Virginia. En lenguaje periodístico se aplica también a la dirección militar del país.

penthouse [ˈpɛnthaus] *n* ático (de lujo)
penultimate [pɛˈnʌltɪmət] *adj* penúltimo
people [ˈpiːpl] *npl* gente *f*; (*citizens*) pueblo *sg*, ciudadanos *mpl*; (*Pol*): **the**

P

~ el pueblo ▷ *n* (*nation, race*) pueblo, nación *f*; **several ~ came** vinieron varias personas; **~ say that ...** dice la gente que ...

pepper ['pɛpə^{r}] *n* (*spice*) pimienta; (*vegetable*) pimiento ▷ *vt*: **to ~ with** (*fig*) salpicar de; **peppermint** *n* (*sweet*) pastilla de menta

per [pə:^{r}] *prep* por; **~ day/person** por día/persona; **~ annum** al año

perceive [pə'si:v] *vt* percibir; (*realize*) darse cuenta de

per cent, (*US*) **percent** *n* por ciento

percentage [pə'sɛntɪdʒ] *n* porcentaje *m*

perception [pə'sɛpʃən] *n* percepción *f*; (*insight*) perspicacia

perch [pə:tʃ] *n* (*fish*) perca; (*for bird*) percha ▷ *vi*: **to ~ (on)** (*bird*) posarse (en); (*person*) encaramarse (en)

percussion [pə'kʌʃən] *n* percusión *f*

perfect *adj* ['pə:fɪkt] perfecto ▷ *n* (*also*: **~ tense**) perfecto ▷ *vt* [pə'fɛkt] perfeccionar; **perfection** *n* perfección *f*; **perfectly** *adv* perfectamente

perform [pə'fɔ:m] *vt* (*carry out*) realizar, llevar a cabo; (*Theat*) representar; (*piece of music*) interpretar ▷ *vi* (*Tech*) funcionar; **performance** *n* (*of a play*) representación *f*; (*of player etc*) actuación *f*; (*of engine*) rendimiento; **performer** *n* (*actor*) actor *m*, actriz *f*

perfume ['pə:fju:m] *n* perfume *m*

perhaps [pə'hæps] *adv* quizá(s), tal vez

perimeter [pə'rɪmɪtə^{r}] *n* perímetro

period ['pɪərɪəd] *n* período; (*Scol*) clase *f*; (*full stop*) punto; (*Med*) regla ▷ *adj* (*costume, furniture*) de época; **periodical** [pɪərɪ'ɔdɪkl] *adj* periódico; **periodically** *adv* de vez en cuando, cada cierto tiempo

perish ['pɛrɪʃ] *vi* perecer; (*decay*) echarse a perder

perjury ['pə:dʒərɪ] *n* (*Law*) perjurio

perk [pə:k] *n* extra *m*

perm [pə:m] *n* permanente *f*

permanent ['pə:mənənt] *adj* permanente; **permanently** *adv* (*lastingly*) para siempre, de modo definitivo; (*all the time*) permanentemente

permission [pə'mɪʃən] *n* permiso

permit *n* ['pə:mɪt] permiso, licencia ▷ *vt* [pə'mɪt] permitir

perplex [pə'plɛks] *vt* dejar perplejo

persecute ['pə:sɪkju:t] *vt* perseguir

persecution [pə:sɪ'kju:ʃən] *n* persecución *f*

persevere [pə:sɪ'vɪə^{r}] *vi* perseverar

Persian ['pə:ʃən] *adj*, *n* persa *mf*; **the ~ Gulf** el Golfo Pérsico

persist [pə'sɪst] *vi* persistir; **to ~ in doing sth** empeñarse en hacer algo; **persistent** *adj* persistente; (*determined*) porfiado

person ['pə:sn] *n* persona; **in ~** en persona; **personal** *adj* personal, individual; (*visit*) en persona; **personal assistant** *n* ayudante *mf* personal; **personal computer** *n* ordenador *m* personal; **personality** [pə:sə'nælɪtɪ] *n* personalidad *f*; **personally** *adv* personalmente; (*in person*) en persona; **to take sth personally** tomarse algo a mal; **personal organizer** *n* agenda; **personal stereo** *n* walkman®*m*

personnel [pə:sə'nɛl] *n* personal *m*

perspective [pə'spɛktɪv] *n* perspectiva

perspiration [pə:spɪ'reɪʃən] *n* transpiración *f*

persuade [pə'sweɪd] *vt*: **to ~ sb to do sth** persuadir a algn para que haga algo

persuasion [pə'sweɪʒən] *n* persuasión *f*; (*persuasiveness*) persuasiva

persuasive [pə'sweɪsɪv] *adj* persuasivo

perverse [pə'və:s] *adj* perverso; (*wayward*) travieso

pervert *n* ['pə:və:t] pervertido/a ▷ *vt* [pə'və:t] pervertir

pessimism ['pɛsɪmɪzəm] *n* pesimismo
pessimist ['pɛsɪmɪst] *n* pesimista *mf*; **pessimistic** [pɛsɪ'mɪstɪk] *adj* pesimista
pest [pɛst] *n* (*insect*) insecto nocivo; (*fig*) lata, molestia
pester ['pɛstəʳ] *vt* molestar, acosar
pesticide ['pɛstɪsaɪd] *n* pesticida *m*
pet [pɛt] *n* animal *m* doméstico; (*favourite*) favorito/a ▷ *vt* acariciar ▷ *cpd*: **teacher's ~** favorito/a (del profesor); **~ hate** manía
petal ['pɛtl] *n* pétalo
petite [pə'ti:t] *adj* chiquita
petition [pə'tɪʃən] *n* petición *f*
petrified ['pɛtrɪfaɪd] *adj* horrorizado
petrol ['pɛtrəl] (BRIT) *n* gasolina
petroleum [pə'trəulɪəm] *n* petróleo
petrol: petrol pump *n* (BRIT: *in garage*) surtidor *m* de gasolina; **petrol station** *n* (BRIT) gasolinera; **petrol tank** *n* (BRIT) depósito (de gasolina)
petticoat ['pɛtɪkəut] *n* combinación *f*, enagua(s) *f*(*pl*) (LAM)
petty ['pɛtɪ] *adj* (*mean*) mezquino; (*unimportant*) insignificante
pew [pju:] *n* banco
pewter ['pju:təʳ] *n* peltre *m*
phantom ['fæntəm] *n* fantasma *m*
pharmacist ['fɑ:məsɪst] *n* farmacéutico/a
pharmacy ['fɑ:məsɪ] *n* (US) farmacia
phase [feɪz] *n* fase *f*; **phase in** *vt* introducir progresivamente; **phase out** *vt* (*machinery, product*) retirar progresivamente; (*job, subsidy*) eliminar por etapas
pheasant ['fɛznt] *n* faisán *m*
phenomena [fə'nɔmɪnə] *npl of* **phenomenon**
phenomenal [fɪ'nɔmɪnl] *adj* fenomenal, extraordinario
phenomenon (*pl* **phenomena**) [fə'nɔmɪnən, -nə] *n* fenómeno
Philippines ['fɪlɪpi:nz] *npl*: **the ~** (las Islas) Filipinas
philosopher [fɪ'lɔsəfəʳ] *n* filósofo/a
philosophical [fɪlə'sɔfɪkl] *adj* filosófico
philosophy [fɪ'lɔsəfɪ] *n* filosofía
phlegm [flɛm] *n* flema
phobia ['fəubjə] *n* fobia
phone [fəun] *n* teléfono ▷ *vt* telefonear, llamar por teléfono; **to be on the ~** tener teléfono; (*be calling*) estar hablando por teléfono; **phone back** *vt, vi* volver a llamar; **phone up** *vt, vi* llamar por teléfono; **phone book** *n* guía telefónica; **phone box, phone booth** *n* cabina telefónica; **phone call** *n* llamada (telefónica); **phonecard** *n* tarjeta telefónica; **phone number** *n* número de teléfono
phonetics [fə'nɛtɪks] *n* fonética
phoney ['fəunɪ] *adj* = **phony**
phony ['fəunɪ] *adj* falso
photo ['fəutəu] *n* foto *f*; **photo album** *n* álbum *m* de fotos; **photocopier** *n* fotocopiadora; **photocopy** *n* fotocopia ▷ *vt* fotocopiar
photograph ['fəutəgræf] *n* fotografía ▷ *vt* fotografiar; **photographer** *n* fotógrafo/a; **photography** [fə'tɔgrəfɪ] *n* fotografía
phrase [freɪz] *n* frase *f* ▷ *vt* expresar; **phrase book** *n* libro de frases
physical ['fɪzɪkl] *adj* físico; **physical education** *n* educación *f* física; **physically** *adv* físicamente
physician [fɪ'zɪʃən] *n* médico/a
physicist ['fɪzɪsɪst] *n* físico/a
physics ['fɪzɪks] *n* física
physiotherapist [fɪzɪəu'θɛrəpɪst] *n* fisioterapeuta *mf*; **physiotherapy** *n* fisioterapia
physique [fɪ'zi:k] *n* físico
pianist ['pɪənɪst] *n* pianista *mf*
piano [pɪ'ænəu] *n* piano
pick [pɪk] *n* (*tool*: *also*: **~axe**) pico, piqueta ▷ *vt* (*select*) elegir, escoger; (*gather*) coger (SP), recoger (LAM); (*lock*) abrir con ganzúa; **take your ~** escoja lo que quiera; **the ~ of** lo mejor de; **to ~ one's nose/teeth** hurgarse

la nariz/escarbarse los dientes; **pick on** *vt fus* (*person*) meterse con; **pick out** *vt* escoger; (*distinguish*) identificar; **pick up** *vi* (*improve*: *sales*) ir mejor; (: *patient*) reponerse; (: *Finance*) recobrarse ▷ *vt* recoger; (*learn*) aprender; (*Police*: *arrest*) detener; (*Radio*, *TV*, *Tel*) captar; **to ~ up speed** acelerarse; **to ~ o.s. up** levantarse

pickle ['pɪkl] *n* (*also*: **~s**: *as condiment*) escabeche *m*; (*fig*: *mess*) apuro ▷ *vt* conservar en escabeche; (*in vinegar*) conservar en vinagre

pickpocket ['pɪkpɔkɪt] *n* carterista *mf*

pickup ['pɪkʌp] *n* (*also*: **~ truck, ~ van**) furgoneta, camioneta

picnic ['pɪknɪk] *n* merienda ▷ *vi* hacer un picnic; **picnic area** *n* zona de picnic; (*Aut*) área de descanso

picture ['pɪktʃə^{r}] *n* cuadro; (*painting*) pintura; (*photograph*) fotografía; (*film*) película; (*TV*) imagen *f*; (*fig*: *description*) descripción *f*; (: *situation*) situación *f* ▷ *vt* (*imagine*) imaginar; **the ~s** (BRIT) el cine; **picture frame** *n* marco; **picture messaging** *n* (envío de) mensajes *mpl* con imágenes

picturesque [pɪktʃə'rɛsk] *adj* pintoresco

pie [paɪ] *n* (*of meat etc*: *large*) pastel *m*; (: *small*) empanada; (*sweet*) tarta

piece [pi:s] *n* pedazo, trozo; (*of cake*) trozo; (*item*): **a ~ of furniture/advice** un mueble/un consejo ▷ *vt*: **to ~ together** juntar; (*Tech*) armar; **to take to ~s** desmontar

pie chart *n* gráfico de sectores *or* de tarta

pier [pɪə^{r}] *n* muelle *m*, embarcadero

pierce [pɪəs] *vt* perforar; **to have one's ears ~d** hacerse los agujeros de las orejas

pig [pɪg] *n* cerdo, chancho (LAM); (*person*: *greedy*) tragón/ona *m/f*, comilón/ona *m/f*; (: *nasty*) cerdo/a

pigeon ['pɪdʒən] *n* paloma; (*as food*) pichón *m*

piggy bank ['pɪgɪbæŋk] *n* hucha (*en forma de cerdito*)

pigsty ['pɪgstaɪ] *n* pocilga

pigtail ['pɪgteɪl] *n* (*girl's*) trenza

pike [paɪk] *n* (*fish*) lucio

pilchard ['pɪltʃəd] *n* sardina

pile [paɪl] *n* montón *m*; (*of carpet*) pelo; **pile up** *vi* (*accumulate*: *work*) amontonarse, acumularse ▷ *vt* (*put in a heap*: *books*, *clothes*) apilar, amontonar; (*accumulate*) acumular; **piles** *npl* (*Med*) almorranas *fpl*, hemorroides *mpl*; **pile-up** *n* (*Aut*) accidente *m* múltiple

pilgrimage ['pɪlgrɪmɪdʒ] *n* peregrinación *f*, romería

pill [pɪl] *n* píldora; **the ~** la píldora

pillar ['pɪlə^{r}] *n* pilar *m*

pillow ['pɪləu] *n* almohada; **pillowcase** ['pɪləukeɪs] *n* funda (de almohada)

pilot ['paɪlət] *n* piloto *mf* ▷ *adj* (*scheme etc*) piloto *inv* ▷ *vt* pilotar; **pilot light** *n* piloto

pimple ['pɪmpl] *n* grano

PIN *n abbr* (= *personal identification number*) PIN *m*

pin [pɪn] *n* alfiler *m* ▷ *vt* prender con (alfiler); **~s and needles** hormigueo *sg*; **to ~ sth on sb** (*fig*) cargar a algn con la culpa de algo; **pin down** *vt* (*fig*): **to ~ sb down** hacer que algn concrete

pinafore ['pɪnəfɔ:^{r}] *n* delantal *m*

pinch [pɪntʃ] *n* (*of salt etc*) pizca ▷ *vt* pellizcar; (*inf*: *steal*) birlar; **at a ~** en caso de apuro

pine [paɪn] *n* (*also*: **~ tree**) pino ▷ *vi*: **to ~ for** suspirar por

pineapple ['paɪnæpl] *n* piña, ananá(s) *m* (LAM)

ping [pɪŋ] *n* (*noise*) sonido agudo; **Ping-Pong®** *n* pingpong *m*

pink [pɪŋk] *adj* (de color) rosa *inv* ▷ *n* (*colour*) rosa *m*; (*Bot*) clavel *m*

pinpoint ['pɪnpɔɪnt] *vt* precisar

pint [paɪnt] *n* pinta (*Brit* = *0,57 l*, *US* = *0,47 l*); (BRIT *inf*: *of beer*) pinta de cerveza, ≈ jarra (SP)

pioneer [paɪə'nɪəʳ] *n* pionero/a
pious ['paɪəs] *adj* piadoso, devoto
pip [pɪp] *n* (*seed*) pepita; **the ~s** (BRIT) la señal
pipe [paɪp] *n* tubería, cañería; (*for smoking*) pipa ▷ *vt* conducir en cañerías; **pipeline** *n* (*for oil*) oleoducto; (*for natural gas*) gaseoducto; **piper** *n* gaitero/a
pirate ['paɪərət] *n* pirata *mf* ▷ *vt* (*record, video, book*) hacer una copia pirata de, piratear
Pisces ['paɪsi:z] *n* Piscis *m*
piss [pɪs] *vi* (*inf*) mear; **pissed** *adj* (*inf: drunk*) mamado, pedo
pistol ['pɪstl] *n* pistola
piston ['pɪstən] *n* pistón *m*, émbolo
pit [pɪt] *n* hoyo; (*also*: **coal ~**) mina; (*in garage*) foso de inspección; (*also*: **orchestra ~**) foso de la orquesta ▷ *vt*: **to ~ one's wits against sb** medir fuerzas con algn
pitch [pɪtʃ] *n* (*Mus*) tono; (BRIT *Sport*) campo, terreno; (*tar*) brea ▷ *vt* (*throw*) arrojar, lanzar ▷ *vi* (*fall*) caer(se); **to ~ a tent** montar una tienda (de campaña); **pitch-black** *adj* negro como boca de lobo
pitfall ['pɪtfɔ:l] *n* riesgo
pith [pɪθ] *n* (*of orange*) piel *f* blanca
pitiful ['pɪtɪful] *adj* (*touching*) lastimoso, conmovedor(a)
pity ['pɪtɪ] *n* compasión *f*, piedad *f* ▷ *vt* compadecer(se de); **what a ~!** ¡qué pena!
pizza ['pi:tsə] *n* pizza
placard ['plæka:d] *n* (*in march etc*) pancarta
place [pleɪs] *n* lugar *m*, sitio; (*seat*) plaza, asiento; (*post*) puesto; (*home*): **at/to his ~** en/a su casa ▷ *vt* (*object*) poner, colocar; (*identify*) reconocer; **to take ~** tener lugar; **to be ~d** (*in race, exam*) colocarse; **out of ~** (*not suitable*) fuera de lugar; **in the first ~** en primer lugar; **to change ~s with sb** cambiarse de sitio con algn; **~ of birth** lugar *m* de nacimiento; **place mat** *n* (*wooden etc*) salvamanteles *m inv*; (*in linen etc*) mantel *m* individual; **placement** *n* colocación *f*; (*at work*) emplazamiento
placid ['plæsɪd] *adj* apacible
plague [pleɪg] *n* plaga; (*Med*) peste *f* ▷ *vt* (*fig*) acosar, atormentar
plaice [pleɪs] *n* (*pl inv*) platija
plain [pleɪn] *adj* (*clear*) claro, evidente; (*simple*) sencillo; (*not handsome*) poco atractivo ▷ *adv* claramente ▷ *n* llano, llanura; **plain chocolate** *n* chocolate *m* oscuro *or* amargo; **plainly** *adv* claramente
plaintiff ['pleɪntɪf] *n* demandante *mf*
plait [plæt] *n* trenza
plan [plæn] *n* (*drawing*) plano; (*scheme*) plan *m*, proyecto ▷ *vt* proyectar ▷ *vi* hacer proyectos; **to ~ to do** pensar hacer
plane [pleɪn] *n* (*Aviat*) avión *m*; (*tree*) plátano; (*tool*) cepillo; (*Math*) plano
planet ['plænɪt] *n* planeta *m*
plank [plæŋk] *n* tabla
planning ['plænɪŋ] *n* planificación *f*; **family ~** planificación familiar
plant [pla:nt] *n* planta; (*machinery*) maquinaria; (*factory*) fábrica ▷ *vt* plantar; (*field*) sembrar; (*bomb*) colocar
plantation [plæn'teɪʃən] *n* plantación *f*; (*estate*) hacienda
plaque [plæk] *n* placa
plaster ['pla:stəʳ] *n* (*for walls*) yeso; (*also*: **~ of Paris**) yeso mate; (BRIT: *also*: **sticking ~**) tirita ▷ *vt* enyesar; (*cover*): **to ~ with** llenar *or* cubrir de; **plaster cast** *n* (*Med*) escayola; (*model, statue*) vaciado de yeso
plastic ['plæstɪk] *n* plástico ▷ *adj* de plástico; **plastic bag** *n* bolsa de plástico; **plastic surgery** *n* cirugía plástica
plate [pleɪt] *n* (*dish*) plato; (*metal, in book*) lámina; (*dental plate*) placa de dentadura postiza
plateau (*pl* **plateaus** *or* **plateaux**) ['plætəu, -z] *n* meseta, altiplanicie *f*

platform ['plætfɔːm] *n* (*Rail*) andén *m*; (*stage*) plataforma; (*at meeting*) tribuna; (*Pol*) programa *m* (electoral)
platinum ['plætɪnəm] *n* platino
platoon [plə'tuːn] *n* pelotón *m*
platter ['plætəʳ] *n* fuente *f*
plausible ['plɔːzɪbl] *adj* verosímil; (*person*) convincente
play [pleɪ] *n* juego; (*Theat*) obra ▷ *vt* (*game*) jugar; (*football, tennis, cards*) jugar a; (*compete against*) jugar contra; (*instrument*) tocar; (*Theat*: *part*) hacer el papel de ▷ *vi* jugar; (*band*) tocar; (*tape, record*) sonar; **to ~ safe** ir a lo seguro; **play back** *vt* (*tape*) poner; **play up** *vi* (*cause trouble*) dar guerra; **player** *n* jugador(a) *m/f*; (*Theat*) actor *m*, actriz *f*; (*Mus*) músico/a; **playful** *adj* juguetón/ona; **playground** *n* (*in school*) patio de recreo; (*in park*) parque *m* infantil; **playgroup** *n* jardín *m* de infancia; **playing card** *n* naipe *m*, carta; **playing field** *n* campo de deportes; **playschool** *n* = **playgroup**; **playtime** *n* (*Scol*) (hora de) recreo; **playwright** *n* dramaturgo/a
plc *abbr* (BRIT: = *public limited company*) S.A.
plea [pliː] *n* súplica, petición *f*; (*Law*) alegato, defensa
plead [pliːd] *vt* (*give as excuse*) poner como pretexto; (*Law*): **to ~ sb's case** defender a algn ▷ *vi* (*Law*) declararse; (*beg*): **to ~ with sb** suplicar *or* rogar a algn
pleasant ['plezənt] *adj* agradable
please [pliːz] *excl* ¡por favor! ▷ *vt* (*give pleasure to*) dar gusto a, agradar ▷ *vi* (*think fit*): **do as you ~** haz lo que quieras *or* lo que te dé la gana; **~ yourself!** ¡haz lo que quieras!, ¡como quieras!; **pleased** *adj* (*happy*) alegre, contento; **pleased (with)** satisfecho (de); **pleased to meet you** ¡encantado!, ¡tanto *or* mucho gusto!
pleasure ['pleʒəʳ] *n* placer *m*, gusto; **"it's a ~"** "el gusto es mío"
pleat [pliːt] *n* pliegue *m*
pledge [pledʒ] *n* (*promise*) promesa, voto ▷ *vt* prometer
plentiful ['plentɪful] *adj* copioso, abundante
plenty ['plentɪ] *n*: **~ of** mucho(s)/a(s)
pliers ['plaɪəz] *npl* alicates *mpl*, tenazas *fpl*
plight [plaɪt] *n* condición *f* or situación *f* difícil
plod [plɔd] *vi* caminar con paso pesado; (*fig*) trabajar laboriosamente
plonk [plɔŋk] (*inf*) *n* (BRIT: *wine*) vino peleón ▷ *vt*: **to ~ sth down** dejar caer algo
plot [plɔt] *n* (*scheme*) complot *m*, conjura; (*of story, play*) argumento; (*of land*) terreno ▷ *vt* (*mark out*) trazar; (*conspire*) tramar, urdir ▷ *vi* conspirar
plough, (US) **plow** [plau] *n* arado ▷ *vt* (*earth*) arar
plow [plau] *n, vb* (US) = **plough**
ploy [plɔɪ] *n* truco, estratagema
pluck [plʌk] *vt* (*fruit*) coger (SP), recoger (LAM); (*musical instrument*) puntear; (*bird*) desplumar; **to ~ up courage** hacer de tripas corazón; **to ~ one's eyebrows** depilarse las cejas
plug [plʌg] *n* tapón *m*; (*Elec*) enchufe *m*, clavija; (*Aut*: *also*: **spark(ing) ~**) bujía ▷ *vt* (*hole*) tapar; (*inf*: *advertise*) dar publicidad a; **plug in** *vt* (*Elec*) enchufar; **plughole** *n* desagüe *m*
plum [plʌm] *n* (*fruit*) ciruela
plumber ['plʌməʳ] *n* fontanero/a, plomero/a (LAM)
plumbing ['plʌmɪŋ] *n* (*trade*) fontanería, plomería (LAM); (*piping*) cañerías
plummet ['plʌmɪt] *vi*: **to ~ (down)** caer a plomo
plump [plʌmp] *adj* rechoncho, rollizo; **plump for** *vt fus* (*inf*: *choose*) optar por
plunge [plʌndʒ] *n* zambullida ▷ *vt* sumergir, hundir ▷ *vi* (*fall*) caer; (*dive*) saltar; (*person*) arrojarse; **to take the ~** lanzarse
plural ['pluərl] *adj* plural ▷ *n* plural *m*

plus [plʌs] *n* (*also*: **~ sign**) signo más ▷ *prep* más, y, además de; **ten/twenty ~** más de diez/veinte

ply [plaɪ] *vt* (*a trade*) ejercer ▷ *vi* (*ship*) ir y venir; **to ~ sb with drink** no dejar de ofrecer copas a algn; **plywood** *n* madera contrachapada

PM *n abbr* (BRIT) = **Prime Minister**

p.m. *adv abbr* (= *post meridiem*) de la tarde *or* noche

PMS *n abbr* (= *premenstrual syndrome*) SPM *m*

PMT *n abbr* (= *premenstrual tension*) SPM *m*

pneumatic drill *n* taladradora neumática

pneumonia [njuːˈməunɪə] *n* pulmonía

poach [pəutʃ] *vt* (*cook*) escalfar; (*steal*) cazar/pescar en vedado ▷ *vi* cazar/pescar en vedado; **poached** *adj* (*egg*) escalfado

PO Box *n abbr* (= *Post Office Box*) apdo., aptdo.

pocket [ˈpɔkɪt] *n* bolsillo; (*fig*) bolsa ▷ *vt* meter en el bolsillo; (*steal*) embolsarse; **to be out of ~** salir perdiendo; **pocketbook** *n* (US) cartera; **pocket money** *n* asignación *f*

pod [pɔd] *n* vaina

podcast [ˈpɔdkɑːst] *n* podcast *m* ▷ *vi* podcastear

podiatrist [pɔˈdiːətrɪst] *n* (US) podólogo/a

podium [ˈpəudɪəm] *n* podio

poem [ˈpəuɪm] *n* poema *m*

poet [ˈpəuɪt] *n* poeta *mf*; **poetic** [pəuˈɛtɪk] *adj* poético; **poetry** *n* poesía

poignant [ˈpɔɪnjənt] *adj* conmovedor(a)

point [pɔɪnt] *n* punto; (*tip*) punta; (*purpose*) fin *m*, propósito; (*use*) utilidad *f*; (*significant part*) lo esencial; (*also*: **decimal ~**); **2 ~ 3 (2.3)** dos coma tres (2,3) ▷ *vt* (*gun etc*): **to ~ sth at sb** apuntar con algo a algn ▷ *vi*: **to ~ at** señalar; **points** *npl* (*Aut*) contactos *mpl*; (*Rail*) agujas *fpl*; **to be on the ~ of doing sth** estar a punto de hacer algo; **to make a ~ of doing sth** poner empeño en hacer algo; **to get the ~** comprender; **to come to the ~** ir al meollo; **there's no ~ (in doing)** no tiene sentido (hacer); **point out** *vt* señalar; **point-blank** *adv* (*say, refuse*) sin más hablar; (*also*: **at point-blank range**) a quemarropa; **pointed** *adj* (*shape*) puntiagudo, afilado; (*remark*) intencionado; **pointer** *n* (*needle*) aguja, indicador *m*; **pointless** *adj* sin sentido; **point of view** *n* punto de vista

poison [ˈpɔɪzn] *n* veneno ▷ *vt* envenenar; **poisonous** *adj* venenoso; (*fumes etc*) tóxico

poke [pəuk] *vt* (*jab with finger, stick etc*) empujar; (*put*): **to ~ sth in(to)** introducir algo en; **poke about** *vi* fisgonear; **poke out** *vi* (*stick out*) salir

poker [ˈpəukəʳ] *n* atizador *m*; (*Cards*) póker *m*

Poland [ˈpəulənd] *n* Polonia

polar [ˈpəulaʳ] *adj* polar; **polar bear** *n* oso polar

Pole [pəul] *n* polaco/a

pole [pəul] *n* palo; (*Geo*) polo; (*Tel*) poste *m*; **pole bean** *n* (US) judía trepadora; **pole vault** *n* salto con pértiga

police [pəˈliːs] *n* policía ▷ *vt* vigilar; **police car** *n* coche-patrulla *m*; **police constable** *n* (BRIT) guardia *m*, policía *m*; **police force** *n* cuerpo de policía; **policeman** *n* guardia *m*, policía *m*; **police officer** *n* guardia *mf*, policía *mf*; **police station** *n* comisaría; **policewoman** *n* (mujer *f*) policía

policy [ˈpɔlɪsɪ] *n* política; (*also*: **insurance ~**) póliza

polio [ˈpəulɪəu] *n* polio *f*

Polish [ˈpəulɪʃ] *adj* polaco ▷ *n* (*Ling*) polaco

polish [ˈpɔlɪʃ] *n* (*for shoes*) betún *m*; (*for floor*) cera (de lustrar); (*shine*) brillo, lustre *m*; (*fig*: *refinement*) refinamiento ▷ *vt* (*shoes*) limpiar; (*make shiny*) pulir, sacar brillo a; **polish off** *vt* (*food*) despachar; **polished** *adj* (*fig*: *person*) refinado

polite [pə'laɪt] *adj* cortés, atento; **politeness** *n* cortesía

political [pə'lɪtɪkl] *adj* político; **politically** *adv* políticamente; **politically correct** *adj* políticamente correcto

politician [pɔlɪ'tɪʃən] *n* político/a

politics ['pɔlɪtɪks] *n* política

poll [pəul] *n* (*votes*) votación *f*; (*also*: **opinion ~**) sondeo, encuesta ▷ *vt* (*votes*) obtener

pollen ['pɔlən] *n* polen *m*

polling station *n* centro electoral

pollute [pə'lu:t] *vt* contaminar

pollution [pə'lu:ʃən] *n* contaminación *f*

polo ['pəuləu] *n* (*sport*) polo; **polo-neck** *adj* de cuello vuelto ▷ *n* (*sweater*) suéter *m* de cuello vuelto; **polo shirt** *n* polo, niqui *m*

polyester [pɔlɪ'estəʳ] *n* poliéster *m*

polystyrene [pɔlɪ'staɪrɪ:n] *n* poliestireno

polythene ['pɔlɪθi:n] *n* (BRIT) polietileno; **polythene bag** *n* bolsa de plástico

pomegranate ['pɔmɪgrænɪt] *n* granada

pompous ['pɔmpəs] *adj* pomposo

pond [pɔnd] *n* (*natural*) charca; (*artificial*) estanque *m*

ponder ['pɔndəʳ] *vt* meditar

pony ['pəunɪ] *n* poney *m*; **ponytail** *n* coleta; **pony trekking** *n* (BRIT) excursión *f* a caballo

poodle ['pu:dl] *n* caniche *m*

pool [pu:l] *n* (*natural*) charca; (*also*: **swimming ~**) piscina, alberca (LAM) ▷ *vt* juntar; **(football) ~s** *npl* quinielas *fpl*

poor [puəʳ] *adj* pobre; (*bad*) malo ▷ *npl*: **the ~** los pobres; **poorly** *adj* mal, enfermo ▷ *adv* mal

pop [pɔp] *n* (*sound*) ruido seco; (*Mus*) (música) pop *m*; (*inf*: *father*) papá *m*; (*drink*) gaseosa ▷ *vt* (*burst*) hacer reventar ▷ *vi* reventar; (*cork*) saltar; **pop in** *vi* entrar un momento; **pop out** *vi* salir un momento; **popcorn** *n* palomitas *fpl* (de maíz)

poplar ['pɔpləʳ] *n* álamo

popper ['pɔpəʳ] *n* corchete *m*, botón *m* automático

poppy ['pɔpɪ] *n* amapola; *see also* **Remembrance Day**

Popsicle® ['pɔpsɪkl] *n* (US) polo

pop star *n* estrella del pop

popular ['pɔpjuləʳ] *adj* popular; **popularity** [pɔpju'lærɪtɪ] *n* popularidad *f*

population [pɔpju'leɪʃən] *n* población *f*

porcelain ['pɔ:slɪn] *n* porcelana

porch [pɔ:tʃ] *n* pórtico, entrada; (US) veranda

pore [pɔ:ʳ] *n* poro ▷ *vi*: **to ~ over** enfrascarse en

pork [pɔ:k] *n* (carne *f* de) cerdo *or* chancho (LAM); **pork chop** *n* chuleta de cerdo; **pork pie** *n* (BRIT *Culin*) empanada de carne de cerdo

porn [pɔ:n] *adj* (*inf*) porno *inv* ▷ *n* porno; **pornographic** [pɔ:nə'græfɪk] *adj* pornográfico; **pornography** [pɔ:'nɔgrəfɪ] *n* pornografía

porridge ['pɔrɪdʒ] *n* gachas *fpl* de avena

port [pɔ:t] *n* puerto; (*Naut*: *left side*) babor *m*; (*wine*) oporto; **~ of call** puerto de escala

portable ['pɔ:təbl] *adj* portátil

porter ['pɔ:təʳ] *n* (*for luggage*) maletero; (*doorkeeper*) portero/a, conserje *mf*

portfolio [pɔ:t'fəulɪəu] *n* (*case, of artist*) cartera, carpeta; (*Pol*, *Finance*) cartera

portion ['pɔ:ʃən] *n* porción *f*; (*helping*) ración *f*

portrait ['pɔ:trɪt] *n* retrato

portray [pɔː'treɪ] *vt* retratar; (*in writing*) representar
Portugal ['pɔːtjuɡl] *n* Portugal *m*
Portuguese [pɔːtjuˈɡiːz] *adj* portugués/esa ▷ *n* (*pl inv*) portugués/esa *m/f*; (*Ling*) portugués *m*
pose [pəuz] *n* postura, actitud *f* ▷ *vi* (*pretend*): **to ~ as** hacerse pasar por ▷ *vt* (*question*) plantear; **to ~ for** posar para
posh [pɔʃ] *adj* (*inf*) elegante, de lujo
position [pə'zɪʃən] *n* posición *f*; (*job*) puesto ▷ *vt* colocar
positive ['pɔzɪtɪv] *adj* positivo; (*certain*) seguro; (*definite*) definitivo; **positively** *adv* (*affirmatively, enthusiastically*) de forma positiva; (*inf: really*) absolutamente
possess [pə'zɛs] *vt* poseer; **possession** [pə'zɛʃən] *n* posesión *f*; **possessions** *npl* (*belongings*) pertenencias *fpl*; **possessive** *adj* posesivo
possibility [pɔsɪ'bɪlɪtɪ] *n* posibilidad *f*
possible ['pɔsɪbl] *adj* posible; **as big as ~** lo más grande posible; **possibly** *adv* posiblemente; **I cannot possibly come** me es imposible venir
post [pəust] *n* (BRIT: *system*) correos *mpl*; (: *letters, delivery*) correo; (*job, situation*) puesto; (*pole*) poste *m*; (*on blog, social network*) post *m* ▷ *vt* (BRIT) mandar por correo; (*on blog, social network*) colgar; (BRIT: *appoint*): **to ~ to** destinar a; **postage** *n* porte *m*, franqueo; **postal** *adj* postal, de correos; **postal order** *n* giro postal; **postbox** *n* (BRIT) buzón *m*; **postcard** *n* (tarjeta) postal *f*; **postcode** *n* (BRIT) código postal
poster ['pəustəʳ] *n* cartel *m*
postgraduate ['pəust'ɡrædjuɪt] *n* posgraduado/a
postman ['pəustmən] (*irreg: like* **man**) *n* (BRIT) cartero
postmark ['pəustmɑːk] *n* matasellos *m inv*
post-mortem [pəust'mɔːtəm] *n* autopsia
post office *n* (*building*) (oficina de) correos *m*; (*organization*): **the Post Office** Dirección *f* General de Correos
postpone [pəs'pəun] *vt* aplazar
posture ['pɔstʃəʳ] *n* postura, actitud *f*
postwoman ['pəustwumən] (*irreg: like* **woman**) *n* (BRIT) cartera
pot [pɔt] *n* (*for cooking*) olla; (*teapot*) tetera; (*coffeepot*) cafetera; (*for flowers*) maceta; (*for jam*) tarro, pote *m* (LAM); (*inf: marijuana*) costo, chocolate *m* ▷ *vt* (*plant*) poner en tiesto; **to go to ~** (*inf*) irse al traste
potato [pə'teɪtəu] (*pl* **potatoes**) *n* patata, papa (LAM); **potato peeler** *n* pelapatatas *m inv*
potent ['pəutnt] *adj* potente, poderoso; (*drink*) fuerte
potential [pə'tɛnʃl] *adj* potencial, posible ▷ *n* potencial *m*
pothole ['pɔthəul] *n* (*in road*) bache *m*; (BRIT: *underground*) gruta
pot plant *n* planta de interior
potter ['pɔtəʳ] *n* alfarero/a ▷ *vi*: **to ~ around, ~ about** entretenerse haciendo cosillas; **pottery** ['pɔtərɪ] *n* cerámica; (*factory*) alfarería
potty ['pɔtɪ] *n* orinal *m* de niño
pouch [pautʃ] *n* (*Zool*) bolsa; (*for tobacco*) petaca
poultry ['pəultrɪ] *n* aves *fpl* de corral; (*meat*) pollo
pounce [pauns] *vi*: **to ~ on** precipitarse sobre
pound [paund] *n* libra ▷ *vt* (*beat*) golpear; (*crush*) machacar ▷ *vi* (*beat*) dar golpes; **pound sterling** *n* libra esterlina
pour [pɔːʳ] *vt* echar; (*tea*) servir ▷ *vi* correr, fluir; **to ~ sb a drink** servirle a algn una copa; **pour in** *vi* (*people*) entrar en tropel; **pour out** *vi* salir en tropel ▷ *vt* (*drink*) echar, servir; (*fig*): **to ~ out one's feelings** desahogarse; **pouring** *adj*: **pouring rain** lluvia torrencial

pout [paut] *vi* hacer pucheros
poverty ['pɔvətɪ] *n* pobreza, miseria
powder ['paudəʳ] *n* polvo; (*also*: **face ~**) polvos *mpl* ▷ *vt* empolvar; **to ~ one's face** empolvarse la cara; **powdered milk** *n* leche *f* en polvo
power ['pauəʳ] *n* poder *m*; (*strength*) fuerza; (*nation*) potencia; (*drive*) empuje *m*; (*Tech*) potencia; (*Elec*) energía ▷ *vt* impulsar; **to be in ~** (*Pol*) estar en el poder; **power cut** *n* (BRIT) apagón *m*; **power failure** *n* = **power cut**; **powerful** *adj* poderoso; (*engine*) potente; (*play, speech*) convincente; **powerless** *adj* impotente; **power point** *n* (BRIT) enchufe *m*; **power station** *n* central *f* eléctrica
pp *abbr* (= *per procurationem*; *by proxy*) p.p.; = **pages**
PR *n abbr* (= *public relations*) relaciones *fpl* públicas
practical ['præktɪkl] *adj* práctico; **practical joke** *n* broma pesada; **practically** *adv* (*almost*) casi, prácticamente
practice ['præktɪs] *n* (*habit*) costumbre *f*; (*exercise*) práctica; (*training*) adiestramiento; (*Med*: *of profession*) práctica, ejercicio; (*Med*, *Law*: *business*) consulta ▷ *vt*, *vi* (US) = **practise**; **in ~** (*in reality*) en la práctica; **out of ~** desentrenado
practise, (US) **practice** ['præktɪs] *vt* (*carry out*) practicar; (*profession*) ejercer; (*train at*) practicar ▷ *vi* ejercer; (*train*) practicar; **practising,** (US) **practicing** *adj* (*Christian etc*) practicante; (*lawyer*) en ejercicio
practitioner [præk'tɪʃənəʳ] *n* (*Med*) médico/a
pragmatic [præg'mætɪk] *adj* pragmático
prairie ['prɛərɪ] *n* pampa
praise [preɪz] *n* alabanza(s) *f(pl)*, elogio(s) *m(pl)* ▷ *vt* alabar, elogiar
pram [præm] *n* (BRIT) cochecito de niño
prank [præŋk] *n* travesura
prawn [prɔːn] *n* gamba; **prawn cocktail** *n* cóctel *m* de gambas
pray [preɪ] *vi* rezar; **prayer** [preəʳ] *n* oración *f*, rezo; (*entreaty*) ruego, súplica
preach [priːtʃ] *vi* predicar; **preacher** *n* predicador(a) *m/f*
precarious [prɪ'kɛərɪəs] *adj* precario
precaution [prɪ'kɔːʃən] *n* precaución *f*
precede [prɪ'siːd] *vt*, *vi* preceder; **precedent** ['prɛsɪdənt] *n* precedente *m*; **preceding** [prɪ'siːdɪŋ] *adj* precedente
precinct ['priːsɪŋkt] *n* recinto
precious ['prɛʃəs] *adj* precioso
precise [prɪ'saɪs] *adj* preciso, exacto; **precisely** *adv* exactamente, precisamente
precision [prɪ'sɪʒən] *n* precisión *f*
predator ['prɛdətəʳ] *n* depredador *m*
predecessor ['priːdɪsɛsəʳ] *n* antecesor(a) *m/f*
predicament [prɪ'dɪkəmənt] *n* apuro
predict [prɪ'dɪkt] *vt* pronosticar; **predictable** *adj* previsible; **prediction** [prɪ'dɪkʃən] *n* predicción *f*
predominantly [prɪ'dɔmɪnəntlɪ] *adv* en su mayoría
preface ['prɛfəs] *n* prefacio
prefect ['priːfɛkt] *n* (BRIT: *in school*) monitor(a) *m/f*
prefer [prɪ'fəːʳ] *vt* preferir; **to ~ coffee to tea** preferir el café al té; **preferable** ['prɛfrəbl] *adj* preferible; **preferably** ['prɛfrəblɪ] *adv* preferentemente, más bien; **preference** ['prɛfrəns] *n* preferencia; (*priority*) prioridad *f*
prefix ['priːfɪks] *n* prefijo
pregnancy ['prɛgnənsɪ] *n* (*of woman*) embarazo; (*of animal*) preñez *f*
pregnant ['prɛgnənt] *adj* (*woman*) embarazada; (*animal*) preñada
prehistoric ['priːhɪs'tɔrɪk] *adj* prehistórico
prejudice ['prɛdʒudɪs] *n* prejuicio; **prejudiced** *adj* (*person*) predispuesto

preliminary [prɪ'lɪmɪnərɪ] *adj* preliminar
prelude ['prɛlju:d] *n* preludio
premature ['prɛmətʃuəʳ] *adj* prematuro
premier ['prɛmɪəʳ] *adj* primero, principal ▷ *n* (*Pol*) primer(a) ministro/a
première ['prɛmɪəʳ] *n* estreno
Premier League [prɛmɪə'li:g] *n* primera división
premises ['prɛmɪsɪs] *npl* local *msg*; **on the ~** en el lugar mismo
premium ['pri:mɪəm] *n* premio; (*insurance*) prima; **to be at a ~** estar muy solicitado
premonition [prɛmə'nɪʃən] *n* presentimiento
preoccupied [pri:'ɔkjupaɪd] *adj* ensimismado
prepaid [pri:'peɪd] *adj* porte pagado
preparation [prɛpə'reɪʃən] *n* preparación *f*; **preparations** *npl* preparativos *mpl*
preparatory school *n* (BRIT) *colegio privado de enseñanza primaria*; (US) *colegio privado de enseñanza secundaria*
prepare [prɪ'pɛəʳ] *vt* preparar, disponer; (*Culin*) preparar ▷ *vi*: **to ~ for** (*action*) prepararse *or* disponerse para; (*event*) hacer preparativos para; **prepared** *adj* (*willing*): **to be prepared to help sb** estar dispuesto a ayudar a algn; **prepared for** listo para
preposition [prɛpə'zɪʃən] *n* preposición *f*
prep school [prɛp-] *n* = **preparatory school**
prerequisite [pri:'rɛkwɪzɪt] *n* requisito previo
preschool ['pri:'sku:l] *adj* preescolar
prescribe [prɪ'skraɪb] *vt* (*Med*) recetar
prescription [prɪ'skrɪpʃən] *n* (*Med*) receta
presence ['prɛzns] *n* presencia; **in sb's ~** en presencia de algn; **~ of mind** aplomo
present *adj* ['prɛznt] (*in attendance*) presente; (*current*) actual ▷ *n* ['prɛznt] (*gift*) regalo; (*actuality*): **the ~** la actualidad, el presente ▷ *vt* [prɪ'zɛnt] (*introduce*) presentar; (*expound*) exponer; (*give*) presentar, dar, ofrecer; (*Theat*) representar; **to give sb a ~** regalar algo a algn; **at ~** actualmente; **presentable** [prɪ'zɛntəbl] *adj*: **to make o.s. presentable** arreglarse; **presentation** [prɛzn'teɪʃən] *n* presentación *f*; (*of case*) exposición *f*; **present-day** *adj* actual; **presenter** [prɪ'zɛntəʳ] *n* (*Radio, TV*) locutor(a) *m/f*; **presently** *adv* (*soon*) dentro de poco; (*now*) ahora; **present participle** *n* participio (de) presente
preservation [prɛzə'veɪʃən] *n* conservación *f*
preservative [prɪ'zə:vətɪv] *n* conservante *m*
preserve [prɪ'zə:v] *vt* (*keep safe*) preservar, proteger; (*maintain*) mantener; (*food*) conservar ▷ *n* (*for game*) coto, vedado; (*often pl*: *jam*) confitura
preside [prɪ'zaɪd] *vi* presidir
president ['prɛzɪdənt] *n* presidente *mf*; (US: *of company*) director(a) *m/f*; **presidential** [prɛzɪ'dɛnʃl] *adj* presidencial
press [prɛs] *n* (*tool, machine, newspapers*) prensa; (*printer's*) imprenta; (*of hand*) apretón *m* ▷ *vt* (*push*) empujar; (*squeeze*: *button*) apretar; (*iron*: *clothes*) planchar; (*pressure*) presionar; (*insist*): **to ~ sth on sb** insistir en que algn acepte algo ▷ *vi* (*squeeze*) apretar; **we are ~ed for time** tenemos poco tiempo; **to ~ sb to do** *or* **into doing sth** (*urge, entreat*) presionar a algn para que haga algo; **press conference** *n* rueda de prensa; **pressing** *adj* apremiante; **press stud** *n* (BRIT) botón *m* de presión; **press-up** *n* (BRIT) flexión *f*
pressure ['prɛʃəʳ] *n* presión *f*; **to put ~ on sb** presionar a algn; **pressure cooker** *n* olla a presión; **pressure group** *n* grupo de presión

prestige [prɛs'ti:ʒ] *n* prestigio
prestigious [prɛs'tɪdʒəs] *adj* prestigioso
presumably [prɪ'zju:məblɪ] *adv* es de suponer que, cabe presumir que
presume [prɪ'zju:m] *vt*: **to ~ (that)** presumir (que), suponer (que)
pretence, (*US*) **pretense** [prɪ'tɛns] *n* fingimiento; **under false ~s** con engaños
pretend [prɪ'tɛnd] *vt, vi* fingir

Be careful not to translate *pretend* by the Spanish word *pretender*.

pretense [prɪ'tɛns] *n* (*US*) = **pretence**
pretentious [prɪ'tɛnʃəs] *adj* pretencioso; (*ostentatious*) ostentoso, aparatoso
pretext ['pri:tɛkst] *n* pretexto
pretty ['prɪtɪ] *adj* bonito, lindo (*LAm*) ▷ *adv* bastante
prevail [prɪ'veɪl] *vi* (*gain mastery*) prevalecer; (*be current*) predominar; **prevailing** *adj* (*dominant*) predominante
prevalent ['prɛvələnt] *adj* (*widespread*) extendido
prevent [prɪ'vɛnt] *vt*: **to ~ (sb) from doing sth** impedir (a algn) hacer algo; **to ~ sth from happening** evitar que ocurra algo; **prevention** [prɪ'vɛnʃən] *n* prevención *f*; **preventive** *adj* preventivo
preview ['pri:vju:] *n* (*of film*) preestreno
previous ['pri:vɪəs] *adj* previo, anterior; **previously** *adv* antes
prey [preɪ] *n* presa ▷ *vi*: **to ~ on** (*feed on*) alimentarse de; **it was ~ing on his mind** le obsesionaba
price [praɪs] *n* precio ▷ *vt* (*goods*) fijar el precio de; **priceless** *adj* que no tiene precio; **price list** *n* tarifa
prick [prɪk] *n* (*sting*) picadura ▷ *vt* pinchar; (*hurt*) picar; **to ~ up one's ears** aguzar el oído
prickly ['prɪklɪ] *adj* espinoso; (*fig*: *person*) enojadizo
pride [praɪd] *n* orgullo; (*pej*) soberbia ▷ *vt*: **to ~ o.s. on** enorgullecerse de
priest [pri:st] *n* sacerdote *m*
primarily ['praɪmərɪlɪ] *adv* ante todo
primary ['praɪmərɪ] *adj* (*first in importance*) principal ▷ *n* (*US*: *also*: **~ election**) (elección *f*) primaria; **primary school** *n* (*BRIT*) escuela primaria
prime [praɪm] *adj* primero, principal; (*excellent*) selecto, de primera clase ▷ *n*: **in the ~ of life** en la flor de la vida ▷ *vt* (*wood, also fig*) preparar; **~ example** ejemplo típico; **Prime Minister** *n* primer(a) ministro/a; *ver nota* **"Downing Street"**
primitive ['prɪmɪtɪv] *adj* primitivo; (*crude*) rudimentario
primrose ['prɪmrəuz] *n* primavera, prímula
prince [prɪns] *n* príncipe *m*
princess [prɪn'sɛs] *n* princesa
principal ['prɪnsɪpl] *adj* principal ▷ *n* director(a) *m/f*; **principally** *adv* principalmente
principle ['prɪnsɪpl] *n* principio; **in ~** en principio; **on ~** por principio
print [prɪnt] *n* (*impression*) marca, impresión *f*; (*footprint*) huella; (*fingerprint*) huella dactilar; (*letters*) letra de molde; (*fabric*) estampado; (*Art*) grabado; (*Phot*) impresión *f* ▷ *vt* imprimir; (*write in capitals*) escribir en letras de molde; **out of ~** agotado; **print out** *vt* (*Comput*) imprimir; **printer** *n* (*person*) impresor(a) *m/f*; (*machine*) impresora; **printout** *n* (*Comput*) copia impresa
prior ['praɪəʳ] *adj* anterior, previo; (*more important*) más importante; **~ to doing** antes de *or* hasta hacer
priority [praɪ'ɔrɪtɪ] *n* prioridad *f*; **to have** *or* **take ~ over sth** tener prioridad sobre algo
prison ['prɪzn] *n* cárcel *f*, prisión *f* ▷ *cpd* carcelario; **prisoner** *n* (*in prison*) preso/a; (*captured person*) prisionero/a
pristine ['prɪsti:n] *adj* pristino

privacy ['prɪvəsɪ] *n* intimidad *f*
private ['praɪvɪt] *adj* (*personal*) particular; (*property, industry, discussion etc*) privado; (*person*) reservado; (*place*) tranquilo ▷ *n* soldado raso; **"~"** (*on envelope*) "confidencial"; (*on door*) "privado"; **in ~** en privado; **privately** *adv* en privado; (*in o.s.*) en secreto; **private property** *n* propiedad *f* privada; **private school** *n* colegio privado
privatize ['praɪvɪtaɪz] *vt* privatizar
privilege ['prɪvɪlɪdʒ] *n* privilegio; (*prerogative*) prerrogativa
prize [praɪz] *n* premio ▷ *adj* de primera clase ▷ *vt* apreciar, estimar; **prize-giving** *n* distribución *f* de premios; **prizewinner** *n* premiado/a
pro [prəu] *n* (*Sport*) profesional *mf*; **the ~s and cons** los pros y los contras
probability [prɔbə'bɪlɪtɪ] *n* probabilidad *f*; **in all ~** lo más probable
probable ['prɔbəbl] *adj* probable
probably ['prɔbəblɪ] *adv* probablemente
probation [prə'beɪʃən] *n*: **on ~** (*employee*) a prueba; (*Law*) en libertad condicional
probe [prəub] *n* (*Med, Space*) sonda; (*enquiry*) investigación *f* ▷ *vt* sondar; (*investigate*) investigar
problem ['prɔbləm] *n* problema *m*
procedure [prə'si:dʒəʳ] *n* procedimiento; (*bureaucratic*) trámites *mpl*
proceed [prə'si:d] *vi* proceder; (*continue*): **to ~ (with)** continuar (con); **proceedings** *npl* acto(s) *m*(*pl*); (*Law*) proceso *sg*; **proceeds** ['prəusi:dz] *npl* ganancias *fpl*, ingresos *mpl*
process ['prəusɛs] *n* proceso ▷ *vt* tratar, elaborar
procession [prə'sɛʃən] *n* desfile *m*; **funeral ~** cortejo fúnebre
proclaim [prə'kleɪm] *vt* (*announce*) anunciar
prod [prɔd] *vt* empujar ▷ *n* empujoncito; codazo
produce *n* ['prɔdju:s] (*Agr*) productos *mpl* agrícolas ▷ *vt* [prə'dju:s] producir; (*Theat*) presentar; **producer** *n* (*Theat*) director(a) *m/f*; (*Agr, Cine*) productor(a) *m/f*
product ['prɔdʌkt] *n* producto; **production** [prə'dʌkʃən] *n* (*act*) producción *f*; (*Theat*) representación *f*; **productive** [prə'dʌktɪv] *adj* productivo; **productivity** [prɔdʌk'tɪvɪtɪ] *n* productividad *f*
Prof. [prɔf] *abbr* (= *professor*) Prof
profession [prə'fɛʃən] *n* profesión *f*; **professional** *n* profesional *mf*; (*skilled person*) perito
professor [prə'fɛsəʳ] *n* (BRIT) catedrático/a; (US: *teacher*) profesor(a) *m/f*
profile ['prəufaɪl] *n* perfil *m*
profit ['prɔfɪt] *n* (*Comm*) ganancia ▷ *vi*: **to ~ by** *or* **from** aprovechar *or* sacar provecho de; **profitable** *adj* (*Econ*) rentable
profound [prə'faund] *adj* profundo
programme, (US *or Comput*) **program** ['prəugræm] *n* programa *m* ▷ *vt* programar; **programmer,** (US) **programer** ['prəugræməʳ] *n* programador(a) *m/f*; **programming,** (US) **programing** ['prəugræmɪŋ] *n* programación *f*
progress *n* ['prəugrɛs] progreso; (*development*) desarrollo ▷ *vi* [prə'grɛs] progresar, avanzar; **in ~** en curso; **progressive** [prə'grɛsɪv] *adj* progresivo; (*person*) progresista
prohibit [prə'hɪbɪt] *vt* prohibir; **to ~ sb from doing sth** prohibir a algn hacer algo
project *n* ['prɔdʒɛkt] proyecto ▷ *vt* [prə'dʒɛkt] proyectar ▷ *vi* (*stick out*) salir, sobresalir; **projection** [prə'dʒɛkʃən] *n* proyección *f*; (*overhang*) saliente *m*; **projector** [prə'dʒɛktəʳ] *n* proyector *m*
prolific [prə'lɪfɪk] *adj* prolífico
prolong [prə'lɔŋ] *vt* prolongar, extender

prom [prɔm] *n abbr* (BRIT) = **promenade**; = **promenade concert**; (US: *ball*) baile *m* de gala; *ver nota* **"prom"**

PROM

Los conciertos de música clásica más conocidos en Inglaterra son los llamados *Proms* (o *promenade concerts*), que tienen lugar en el *Royal Albert Hall* de Londres, aunque también se llama así a cualquier concierto de esas características. Su nombre se debe al hecho de que en un principio el público paseaba durante las actuaciones; en la actualidad parte de la gente que acude a ellos permanece de pie. En Estados Unidos se llama *prom* a un baile de gala en un colegio o universidad.

promenade [prɔmə'nɑːd] *n* (*by sea*) paseo marítimo

prominent ['prɔmɪnənt] *adj* (*standing out*) saliente; (*important*) eminente, importante

promiscuous [prə'mɪskjuəs] *adj* (*sexually*) promiscuo

promise ['prɔmɪs] *n* promesa ▷ *vt, vi* prometer; **promising** *adj* prometedor(a)

promote [prə'məut] *vt* (*Mil*) ascender; (*employee*) ascender; (*ideas*) fomentar; **promotion** [prə'məuʃən] *n* promoción *f*; (*Mil*) ascenso

prompt [prɔmpt] *adj* pronto ▷ *adv*: **at six o'clock ~** a las seis en punto ▷ *n* (*Comput*) aviso, guía ▷ *vt* (*urge*) mover, incitar; (*when talking*) instar; (*Theat*) apuntar; **to ~ sb to do sth** instar a algn a hacer algo; **promptly** *adv* (*punctually*) puntualmente; (*rapidly*) rápidamente

prone [prəun] *adj* (*lying*) postrado; **~ to** propenso a

prong [prɔŋ] *n* diente *m*, punta

pronoun ['prəunaun] *n* pronombre *m*

pronounce [prə'nauns] *vt* pronunciar

pronunciation [prənʌnsɪ'eɪʃən] *n* pronunciación *f*

proof [pruːf] *n* prueba ▷ *adj*: **~ against** a prueba de

prop [prɔp] *n* apoyo; (*fig*) sostén *m*; **props** *npl* accesorios *mpl*, at(t)rezzo *msg*; **prop up** *vt* (*roof, structure*) apuntalar; (*economy*) respaldar

propaganda [prɔpə'gændə] *n* propaganda

propeller [prə'pɛlə^r] *n* hélice *f*

proper ['prɔpə^r] *adj* (*suited, right*) propio; (*exact*) justo; (*seemly*) correcto, decente; (*authentic*) verdadero; **properly** *adv* (*adequately*) correctamente; (*decently*) decentemente; **proper noun** *n* nombre *m* propio

property ['prɔpətɪ] *n* propiedad *f*; **personal ~** bienes *mpl* muebles

prophecy ['prɔfɪsɪ] *n* profecía

prophet ['prɔfɪt] *n* profeta *mf*

proportion [prə'pɔːʃən] *n* proporción *f*; (*share*) parte *f*; **proportions** *npl* (*size*) dimensiones *fpl*; **proportional** *adj*: **proportional (to)** en proporción (con)

proposal [prə'pəuzl] *n* (*offer of marriage*) oferta de matrimonio; (*plan*) proyecto

propose [prə'pəuz] *vt* proponer ▷ *vi* declararse; **to ~ to do** tener intención de hacer

proposition [prɔpə'zɪʃən] *n* propuesta

proprietor [prə'praɪətə^r] *n* propietario/a, dueño/a

prose [prəuz] *n* prosa

prosecute ['prɔsɪkjuːt] *vt* (*Law*) procesar; **prosecution** [prɔsɪ'kjuːʃən] *n* proceso, causa; (*accusing side*) acusación *f*; **prosecutor** *n* acusador(a) *m/f*; (*also*: **public prosecutor**) fiscal *mf*

prospect *n* ['prɔspɛkt] (*chance*) posibilidad *f*; (*outlook*) perspectiva ▷ *vi* [prə'spɛkt] buscar; **prospects** *npl* (*for work etc*) perspectivas *fpl*; **prospective** [prə'spɛktɪv] *adj* futuro
prospectus [prə'spɛktəs] *n* prospecto
prosper ['prɔspəʳ] *vi* prosperar; **prosperity** [prɔ'spɛrɪtɪ] *n* prosperidad *f*; **prosperous** *adj* próspero
prostitute ['prɔstɪtjuːt] *n* prostituta; **male ~** prostituto
protect [prə'tɛkt] *vt* proteger; **protection** [prə'tɛkʃən] *n* protección *f*; **protective** *adj* protector(a)
protein ['prəutiːn] *n* proteína
protest *n* ['prəutɛst] protesta ▷ *vi* [prə'tɛst]: **to ~ about** *or* **at/against** protestar de/contra ▷ *vt* (*insist*): **to ~ (that)** insistir en (que)
Protestant ['prɔtɪstənt] *adj*, *n* protestante *mf*
protester, protestor *n* manifestante *mf*
protractor [prə'træktəʳ] *n* (*Geom*) transportador *m*
proud [praud] *adj* orgulloso; (*pej*) soberbio, altanero
prove [pruːv] *vt* probar; (*show*) demostrar ▷ *vi*: **to ~ correct** resultar correcto; **to ~ o.s.** ponerse a prueba
proverb ['prɔvəːb] *n* refrán *m*
provide [prə'vaɪd] *vt* proporcionar, dar; **to ~ sb with sth** proveer a algn de algo; **provide for** *vt fus* (*person*) mantener a; (*problem etc*) tener en cuenta; **provided** *conj*: **provided (that)** con tal de que, a condición de que; **providing** [prə'vaɪdɪŋ] *conj*: **providing (that)** a condición de que, con tal de que
province ['prɔvɪns] *n* provincia; (*fig*) esfera; **provincial** [prə'vɪnʃəl] *adj* provincial; (*pej*) provinciano
provision [prə'vɪʒən] *n* (*supply*) suministro, abastecimiento; **provisions** *npl* provisiones *fpl*, víveres *mpl*; **provisional** *adj* provisional
provocative [prə'vɔkətɪv] *adj* provocativo
provoke [prə'vəuk] *vt* (*arouse*) provocar, incitar; (*anger*) enojar
prowl [praul] *vi* (*also*: **~ about, ~ around**) merodear ▷ *n*: **on the ~** de merodeo
proximity [prɔk'sɪmɪtɪ] *n* proximidad *f*
proxy ['prɔksɪ] *n*: **by ~** por poderes
prudent ['pruːdnt] *adj* prudente
prune [pruːn] *n* ciruela pasa ▷ *vt* podar
pry [praɪ] *vi*: **to ~ into** entrometerse en
PS *abbr* (= *postscript*) P.D.
pseudonym ['sjuːdənɪm] *n* seudónimo
PSHE *n abbr* (BRIT *Scol*: = *personal, social, and health education*) *formación social y sanitaria para la vida adulta*
psychiatric [saɪkɪ'ætrɪk] *adj* psiquiátrico
psychiatrist [saɪ'kaɪətrɪst] *n* psiquiatra *mf*
psychic ['saɪkɪk] *adj* (*also*: **~al**) psíquico
psychoanalysis (*pl* **psychoanalyses**) [saɪkəuə'nælɪsɪs, -siːz] *n* psicoanálisis *m inv*
psychological [saɪkə'lɔdʒɪkl] *adj* psicológico
psychologist [saɪ'kɔlədʒɪst] *n* psicólogo/a
psychology [saɪ'kɔlədʒɪ] *n* psicología
psychotherapy [saɪkəu'θɛrəpɪ] *n* psicoterapia
pt *abbr* = **pint; point**
PTO *abbr* (= *please turn over*) sigue
pub [pʌb] *n abbr* (= *public house*) pub *m*, bar *m*
puberty ['pjuːbətɪ] *n* pubertad *f*
public ['pʌblɪk] *adj* público ▷ *n*: **the ~** el público; **in ~** en público; **to make sth ~** revelar *or* hacer público algo

publication [pʌblɪ'keɪʃən] *n* publicación *f*
public: public company *n* sociedad *f* anónima; **public convenience** *n* (BRIT) aseos *mpl* públicos, sanitarios *mpl* (LAM); **public holiday** *n* día *m* de fiesta, (día) feriado (LAM); **public house** *n* (BRIT) pub *m*, bar *m*
publicity [pʌb'lɪsɪtɪ] *n* publicidad *f*
publicize ['pʌblɪsaɪz] *vt* publicitar
public: public limited company *n* sociedad *f* anónima (S.A.); **publicly** *adv* públicamente, en público; **public opinion** *n* opinión *f* pública; **public relations** *n* relaciones *fpl* públicas; **public school** *n* (BRIT) colegio privado; (US) instituto; **public transport** *n* transporte *m* público
publish ['pʌblɪʃ] *vt* publicar; **publisher** *n* (*person*) editor(a) *m/f*; (*firm*) editorial *f*; **publishing** *n* (*industry*) industria del libro
pub lunch *n almuerzo que se sirve en un pub*; **to go for a ~** almorzar *o* comer en un pub
pudding ['pʊdɪŋ] *n* pudín *m*; (BRIT: *sweet*) postre *m*; **black ~** morcilla
puddle ['pʌdl] *n* charco
Puerto Rico [-'ri:kəu] *n* Puerto Rico
puff [pʌf] *n* soplo; (*of smoke*) bocanada; (*of breathing, engine*) resoplido ▷ *vt*: **to ~ one's pipe** dar chupadas a la pipa ▷ *vi* (*pant*) jadear; **puff pastry** *n* hojaldre *m*
pull [pul] *n* ▷ *vt* tirar de; (*haul*) tirar, arrastrar ▷ *vi* tirar, jalar (LAM); **to give sth a ~** (*tug*) dar un tirón a algo; **to ~ to pieces** hacer pedazos; **to ~ one's punches** andarse con bromas; **to ~ one's weight** hacer su parte; **to ~ o.s. together** tranquilizarse, sobreponerse; **to ~ sb's leg** tomar el pelo a algn; **pull apart** *vt* (*break*) romper; **pull away** *vi* (*vehicle*: *move off*) salir, arrancar; (*draw back*) apartarse bruscamente; **pull back** *vt* (*lever etc*) tirar hacia sí; (*curtains*) descorrer ▷ *vi* (*refrain*) contenerse; (*Mil*: *withdraw*) retirarse; **pull down** *vt* (*house*) derribar; **pull in** *vi* (*Aut*: *at the kerb*) parar (junto a la acera); (*Rail*) llegar; **pull off** *vt* (*deal etc*) cerrar; **pull out** *vi* (*car, train etc*) salir ▷ *vt* sacar, arrancar; **pull over** *vi* (*Aut*) hacerse a un lado; **pull up** *vi* (*stop*) parar ▷ *vt* (*uproot*) arrancar, desarraigar
pulley ['pulɪ] *n* polea
pullover ['puləuvəʳ] *n* jersey *m*, suéter *m*
pulp [pʌlp] *n* (*of fruit*) pulpa
pulpit ['pulpɪt] *n* púlpito
pulse [pʌls] *n* (*Anat*) pulso; (*of music, engine*) pulsación *f*; (*Bot*) legumbre *f*; **pulses** *npl* legumbres
puma ['pju:mə] *n* puma *m*
pump [pʌmp] *n* bomba; (*shoe*) zapatilla de tenis ▷ *vt* sacar con una bomba; **pump up** *vt* inflar
pumpkin ['pʌmpkɪn] *n* calabaza
pun [pʌn] *n* juego de palabras
punch [pʌntʃ] *n* (*blow*) golpe *m*, puñetazo; (*tool*) punzón *m*; (*drink*) ponche *m* ▷ *vt*: **to ~ sb/sth** (*hit*) dar un puñetazo *or* golpear a algn/algo; **punch-up** *n* (BRIT *inf*) riña
punctual ['pʌŋktjuəl] *adj* puntual
punctuation [pʌŋktju'eɪʃən] *n* puntuación *f*
puncture ['pʌŋktʃəʳ] (BRIT) *n* pinchazo ▷ *vt* pinchar
punish ['pʌnɪʃ] *vt* castigar; **punishment** *n* castigo
punk [pʌŋk] *n* (*also*: **~ rocker**) punki *mf*; (*also*: **~ rock**) música punk; (US *inf*: *hoodlum*) matón *m*
pup [pʌp] *n* cachorro
pupil ['pju:pl] *n* alumno/a; (*of eye*) pupila
puppet ['pʌpɪt] *n* títere *m*
puppy ['pʌpɪ] *n* cachorro, perrito
purchase ['pə:tʃɪs] *n* compra ▷ *vt* comprar
pure [pjuəʳ] *adj* puro; **purely** *adv* puramente
purify ['pjuərɪfaɪ] *vt* purificar, depurar
purity ['pjuərɪtɪ] *n* pureza

purple ['pə:pl] *adj* morado
purpose ['pə:pəs] *n* propósito; **on ~** a propósito, adrede
purr [pə:r] *vi* ronronear
purse [pə:s] *n* monedero; (*US*: *handbag*) bolso, cartera (LAM) ▷ *vt* fruncir
pursue [pə'sju:] *vt* seguir
pursuit [pə'sju:t] *n* (*chase*) caza; (*occupation*) actividad *f*
pus [pʌs] *n* pus *m*
push [puʃ] *n* empujón *m*; (*drive*) empuje *m* ▷ *vt* empujar; (*button*) apretar; (*promote*) promover ▷ *vi* empujar; **to ~ for** (*better pay, conditions*) reivindicar; **push in** *vi* colarse; **push off** *vi* (*inf*) largarse; **push on** *vi* seguir adelante; **push over** *vt* (*cause to fall*) hacer caer, derribar; (*knock over*) volcar; **push through** *vi* (*crowd*) abrirse paso a empujones ▷ *vt* (*measure*) despachar; **pushchair** *n* (BRIT) silla de niño; **pusher** *n* (*also*: **drug pusher**) traficante *mf* de drogas; **push-up** *n* (*US*) flexión *f*
puss [pus], **pussy(-cat)** ['pusɪ-] *n* minino
put (*pt, pp* **put**) [put] *vt* (*place*) poner, colocar; (*put into*) meter; (*express, say*) expresar; (*a question*) hacer; (*estimate*) calcular; **put aside** *vt* (*lay down*: *book etc*) dejar *or* poner a un lado; (*save*) ahorrar; (*in shop*) guardar; **put away** *vt* (*store*) guardar; **put back** *vt* (*replace*) devolver a su lugar; (*postpone*) aplazar; **put by** *vt* (*money*) guardar; **put down** *vt* (*on ground*) poner en el suelo; (*animal*) sacrificar; (*in writing*) apuntar; (*revolt etc*) sofocar; (*attribute*) atribuir; **put forward** *vt* (*ideas*) presentar, proponer; **put in** *vt* (*application, complaint*) presentar; (*time*) dedicar; **put off** *vt* (*postpone*) aplazar; (*discourage*) desanimar; **put on** *vt* ponerse; (*light etc*) encender; (*play etc*) presentar; (*brake*) echar; (*record, kettle etc*) poner; (*assume*) adoptar; **put out** *vt* (*fire, light*) apagar; (*rubbish etc*) sacar; (*cat etc*) echar; (*one's hand*) alargar; **put through** *vt* (*call*) poner; (*plan etc*) hacer aprobar; **put together** *vt* unir, reunir; (*assemble*: *furniture*) armar, montar; (*meal*) preparar; **put up** *vt* (*raise*) levantar, alzar; (*hang*) colgar; (*build*) construir; (*increase*) aumentar; (*accommodate*) alojar; **put up with** *vt fus* aguantar
putt [pʌt] *n* putt *m*; **putting green** *n* green *m*, minigolf *m*
puzzle ['pʌzl] *n* rompecabezas *m inv*; (*also*: **crossword ~**) crucigrama *m*; (*mystery*) misterio ▷ *vt* dejar perplejo, confundir ▷ *vi*: **to ~ over** devanarse los sesos sobre; **puzzling** *adj* misterioso, extraño
pyjamas, (*US*) **pajamas** [pɪ'dʒɑ:məz] *npl* pijama *msg*
pylon ['paɪlən] *n* torre *f* de conducción eléctrica
pyramid ['pɪrəmɪd] *n* pirámide *f*

q

quack [kwæk] *n* graznido; (*pej*: *doctor*) curandero/a
quadruple [kwɔ'dru:pl] *vt*, *vi* cuadruplicar
quail [kweɪl] *n* codorniz *f* ▷ *vi* amedrentarse
quaint [kweɪnt] *adj* extraño; (*picturesque*) pintoresco
quake [kweɪk] *vi* temblar ▷ *n abbr* = **earthquake**
qualification [kwɔlɪfɪ'keɪʃən] *n* (*ability*) capacidad *f*; (*often pl*: *diploma etc*) título; (*reservation*) salvedad *f*
qualified ['kwɔlɪfaɪd] *adj* capacitado; (*limited*) limitado; (*professionally*) titulado
qualify ['kwɔlɪfaɪ] *vt* (*capacitate*) capacitar; (*modify*) matizar ▷ *vi*: **to ~ (for)** (*in competition*) calificarse (para); (*be eligible*) reunir los requisitos (para); **to ~ (as)** (*pass examination*) calificarse (de), graduarse (en)
quality ['kwɔlɪtɪ] *n* calidad *f*; (*moral*) cualidad *f*
qualm [kwɑ:m] *n* escrúpulo
quantify ['kwɔntɪfaɪ] *vt* cuantificar
quantity ['kwɔntɪtɪ] *n* cantidad *f*; **in ~** en grandes cantidades
quarantine ['kwɔrnti:n] *n* cuarentena
quarrel ['kwɔrl] *n* riña, pelea ▷ *vi* reñir, pelearse
quarry ['kwɔrɪ] *n* cantera
quart [kwɔ:t] *n cuarto de galón = 1.136 l*
quarter ['kwɔ:tə^{r}] *n* cuarto, cuarta parte *f*; (*US*: *coin*) *moneda de 25 centavos*; (*of year*) trimestre *m*; (*district*) barrio ▷ *vt* dividir en cuartos; (*Mil*: *lodge*) alojar; **quarters** *npl* (*barracks*) cuartel *msg*; (*living quarters*) alojamiento *sg*; **a ~ of an hour** un cuarto de hora; **quarter final** *n* cuarto de final; **quarterly** *adj* trimestral ▷ *adv* cada 3 meses, trimestralmente
quartet(te) [kwɔ:'tɛt] *n* cuarteto
quartz [kwɔ:ts] *n* cuarzo
quay [ki:] *n* (*also*: **~side**) muelle *m*
queasy ['kwi:zɪ] *adj*: **to feel ~** tener náuseas
queen [kwi:n] *n* reina; (*Cards etc*) dama
queer [kwɪə^{r}] *adj* raro, extraño ▷ *n* (*pej*, *inf!*) marica (*!*) *m*
quench [kwɛntʃ] *vt*: **to ~ one's thirst** apagar la sed
query ['kwɪərɪ] *n* (*question*) pregunta ▷ *vt* dudar de
quest [kwɛst] *n* busca, búsqueda
question ['kwɛstʃən] *n* pregunta; (*matter*) asunto, cuestión *f* ▷ *vt* (*doubt*) dudar de; (*interrogate*) interrogar, hacer preguntas a; **beyond ~** fuera de toda duda; **out of the ~** imposible, ni hablar; **questionable** *adj* dudoso; **question mark** *n* punto de interrogación; **questionnaire** [kwɛstʃə'nɛə^{r}] *n* cuestionario
queue [kju:] (*BRIT*) *n* cola ▷ *vi* hacer cola
quiche [ki:ʃ] *n* quiche *m*

quick [kwɪk] *adj* rápido; (*agile*) ágil; (*mind*) listo ▷ *n*: **cut to the ~** (*fig*) herido en lo más vivo; **be ~!** ¡date prisa!; **quickly** *adv* rápidamente, de prisa

quid [kwɪd] *n* (*pl inv*: BRIT *inf*) libra

quiet ['kwaɪət] *adj* (*voice, music etc*) bajo; (*person, place*) tranquilo ▷ *n* silencio; (*calm*) tranquilidad *f*; **quietly** *adv* tranquilamente; (*silently*) silenciosamente

Be careful not to translate *quiet* by the Spanish word *quieto*.

quilt [kwɪlt] *n* edredón *m*

quirky ['kwɜːkɪ] *adj* raro, estrafalario

quit [kwɪt] (*pt, pp* **quit** *or* **quitted**) *vt* dejar, abandonar; (*premises*) desocupar ▷ *vi* (*give up*) renunciar; (*resign*) dimitir

quite [kwaɪt] *adv* (*rather*) bastante; (*entirely*) completamente; **~ a few of them** un buen número de ellos; **~ (so)!** ¡así es!, ¡exactamente!; **that's not ~ right** eso no está del todo bien

quits [kwɪts] *adj*: **~ (with)** en paz (con); **let's call it ~** quedamos en paz

quiver ['kwɪvə^{r}] *vi* estremecerse

quiz [kwɪz] *n* concurso

quota ['kwəutə] *n* cuota

quotation [kwəu'teɪʃən] *n* cita; (*estimate*) presupuesto; **quotation marks** *npl* comillas *fpl*

quote [kwəut] *n* cita ▷ *vt* (*sentence*) citar; (*Comm*: *sum, figure*) cotizar ▷ *vi*: **to ~ from** citar de; **quotes** *npl* (*inverted commas*) comillas *fpl*

r

rabbi ['ræbaɪ] *n* rabino

rabbit ['ræbɪt] *n* conejo

rabies ['reɪbiːz] *n* rabia

RAC *n abbr* (BRIT: = *Royal Automobile Club*) ≈ RACE *m* (SP)

raccoon [rə'kuːn] *n* mapache *m*

race [reɪs] *n* carrera; (*species*) raza ▷ *vt* (*horse*) hacer correr; (*engine*) acelerar ▷ *vi* (*compete*) competir; (*run*) correr; (*pulse*) latir a ritmo acelerado; **race car** *n* (US) = **racing car**; **racecourse** *n* hipódromo; **racehorse** *n* caballo de carreras; **racetrack** *n* hipódromo; (*for cars*) circuito de carreras

racial ['reɪʃl] *adj* racial

racing ['reɪsɪŋ] *n* carreras *fpl*; **racing car** *n* (BRIT) coche *m* de carreras; **racing driver** *n* (BRIT) piloto *mf* de carreras

racism ['reɪsɪzəm] *n* racismo

racist ['reɪsɪst] *adj, n* racista *mf*

rack [ræk] *n* (*also*: **luggage ~**) rejilla (portaequipajes); (*shelf*) estante *m*;

(*also*: **roof ~**) baca; (*also*: **clothes ~**) perchero ▷ *vt* atormentar; **to ~ one's brains** devanarse los sesos

racket ['rækɪt] *n* (*for tennis*) raqueta; (*inf*: *noise*) ruido, estrépito; (: *swindle*) estafa, timo

racquet ['rækɪt] *n* raqueta

radar ['reɪdɑːʳ] *n* radar *m*

radiation [reɪdɪ'eɪʃən] *n* radiación *f*

radiator ['reɪdɪeɪtəʳ] *n* radiador *m*

radical ['rædɪkl] *adj* radical

radio ['reɪdɪəu] *n* radio *f*; **on the ~** en *or* por la radio; **radioactive** *adj* radi(o)activo; **radio station** *n* emisora

radish ['rædɪʃ] *n* rábano

RAF *n abbr* (BRIT) = **Royal Air Force**

raffle ['ræfl] *n* rifa, sorteo

raft [rɑːft] *n* balsa; (*also*: **life ~**) balsa salvavidas

rag [ræg] *n* (*piece of cloth*) trapo; (*torn cloth*) harapo; (*pej*: *newspaper*) periodicucho; (*for charity*) *actividades estudiantiles benéficas*; **rags** *npl* harapos *mpl*

rage [reɪdʒ] *n* rabia, furor *m* ▷ *vi* (*person*) rabiar, estar furioso; (*storm*) bramar; **it's all the ~** es lo último; (*very fashionable*) está muy de moda

ragged ['rægɪd] *adj* (*edge*) desigual, mellado; (*cuff*) roto; (*appearance*) andrajoso, harapiento

raid [reɪd] *n* (*Mil*) incursión *f*; (*criminal*) asalto; (*by police*) redada ▷ *vt* invadir, atacar; asaltar

rail [reɪl] *n* (*on stair*) barandilla, pasamanos *m inv*; (*on bridge*) pretil *m*; (*of balcony, ship*) barandilla; **railcard** *n* (BRIT) *tarjeta para obtener descuentos en el tren*; **railing(s)** *n(pl)* verja *sg*; **railway,** (US) **railroad** *n* ferrocarril *m*, vía férrea; **railway line** *n* (BRIT) línea (de ferrocarril); **railway station** *n* (BRIT) estación *f* de ferrocarril

rain [reɪn] *n* lluvia ▷ *vi* llover; **in the ~** bajo la lluvia; **it's ~ing** llueve, está lloviendo; **rainbow** *n* arco iris; **raincoat** *n* impermeable *m*; **raindrop** *n* gota de lluvia; **rainfall** *n* lluvia; **rainforest** *n* selva tropical; **rainy** *adj* lluvioso

raise [reɪz] *n* aumento ▷ *vt* levantar; (*increase*) aumentar; (*improve*: *morale*) subir; (: *standards*) mejorar; (*doubts*) suscitar; (*a question*) plantear; (*cattle, family*) criar; (*crop*) cultivar; (*army*) reclutar; (*loan*) obtener; **to ~ one's voice** alzar la voz

raisin ['reɪzn] *n* pasa de Corinto

rake [reɪk] *n* (*tool*) rastrillo; (*person*) libertino ▷ *vt* (*garden*) rastrillar

rally ['rælɪ] *n* reunión *f*; (*Pol*) mitin *m*; (*Aut*) rallye *m*; (*Tennis*) peloteo ▷ *vt* reunir ▷ *vi* recuperarse

RAM [ræm] *n abbr* (= *random access memory*) RAM *f*

ram [ræm] *n* carnero; (*Tech*) pisón *m*; (*also*: **battering ~**) ariete *m* ▷ *vt* (*crash into*) dar contra, chocar con; (*push*: *fist etc*) empujar con fuerza

Ramadan ['ræmədæn] *n* Ramadán *m*

ramble ['ræmbl] *n* caminata, excursión *f* en el campo ▷ *vi* (*pej*: *also*: **~ on**) divagar; **rambler** *n* excursionista *mf*; (*Bot*) trepadora; **rambling** *adj* (*speech*) inconexo; (*Bot*) trepador(a); (*house*) laberíntico

ramp [ræmp] *n* rampa; **on/off ~** *n* (US *Aut*) vía de acceso/salida

rampage [ræm'peɪdʒ] *n*: **to be on the ~** desmandarse ▷ *vi*: **they went rampaging through the town** recorrieron la ciudad armando alboroto

ran [ræn] *pt of* **run**

ranch [rɑːntʃ] *n* hacienda, estancia

random ['rændəm] *adj* fortuito, sin orden; (*Comput*, *Math*) aleatorio ▷ *n*: **at ~** al azar

rang [ræŋ] *pt of* **ring**

range [reɪndʒ] *n* (*of mountains*) cadena de montañas, cordillera; (*of missile*) alcance *m*; (*of voice*) registro; (*series*) serie *f*; (*of products*) surtido; (*Mil*: *also*: **shooting ~**) campo de tiro; (*also*: **kitchen ~**) fogón *m* ▷ *vt* (*place*) colocar; (*arrange*) arreglar ▷ *vi*: **to ~**

over (*extend*) extenderse por; **to ~ from ... to ...** oscilar entre ... y ...

ranger [reɪndʒəʳ] *n* guardabosques *m inv*

rank [ræŋk] *n* (*row*) fila; (*Mil*) rango; (*status*) categoría; (BRIT: *also*: **taxi ~**) parada ▷ *vi*: **to ~ among** figurar entre ▷ *adj* fétido, rancio; **the ~ and file** (*fig*) las bases

ransom ['rænsəm] *n* rescate *m*; **to hold sb to ~** (*fig*) poner a algn entre la espada y la pared

rant [rænt] *vi* despotricar

rap [ræp] *vt* golpear, dar un golpecito en ▷ *n* (*music*) rap *m*

rape [reɪp] *n* violación *f*; (*Bot*) colza ▷ *vt* violar

rapid ['ræpɪd] *adj* rápido; **rapidly** *adv* rápidamente; **rapids** *npl* (*Geo*) rápidos *mpl*

rapist ['reɪpɪst] *n* violador *m*

rapport [ræ'pɔːʳ] *n* entendimiento

rare [reəʳ] *adj* raro, poco común; (*Culin*: *steak*) poco hecho; **rarely** *adv* pocas veces

rash [ræʃ] *adj* imprudente, precipitado ▷ *n* (*Med*) sarpullido, erupción *f* (cutánea)

rasher ['ræʃəʳ] *n* loncha

raspberry ['rɑːzbərɪ] *n* frambuesa

rat [ræt] *n* rata

rate [reɪt] *n* (*ratio*) razón *f*; (*price*) precio; (: *of hotel*) tarifa; (*of interest*) tipo; (*speed*) velocidad *f* ▷ *vt* (*value*) tasar; (*estimate*) estimar; **rates** *npl* (BRIT) impuesto *sg* municipal; (*fees*) tarifa *sg*; **to ~ sb/sth highly** tener a algn/algo en alta estima

rather ['rɑːðəʳ] *adv*: **it's ~ expensive** es algo caro; (*too much*) es demasiado caro; **there's ~ a lot** hay bastante; **I would** *or* **I'd ~ go** preferiría ir; **or ~** o mejor dicho

rating ['reɪtɪŋ] *n* tasación *f*; **ratings** *npl* (*Radio*, *TV*) niveles *mpl* de audiencia

ratio ['reɪʃɪəu] *n* razón *f*; **in the ~ of 100 to 1** a razón de *or* en la proporción de 100 a 1

ration ['ræʃən] *n* ración *f* ▷ *vt* racionar; **rations** *npl* víveres *mpl*

rational ['ræʃənl] *adj* (*solution*, *reasoning*) lógico, razonable; (*person*) cuerdo, sensato

rattle ['rætl] *n* golpeteo; (*of train etc*) traqueteo; (*object*: *of baby*) sonaja, sonajero ▷ *vi* (*small objects*) castañetear; (*car*, *bus*): **to ~ along** traquetear ▷ *vt* hacer sonar agitando

rave [reɪv] *vi* (*in anger*) encolerizarse; (*with enthusiasm*) entusiasmarse; (*Med*) delirar, desvariar ▷ *n* (*inf*: *party*) rave *m*

raven ['reɪvən] *n* cuervo

ravine [rə'viːn] *n* barranco

raw [rɔː] *adj* crudo; (*not processed*) bruto; (*sore*) vivo; (*inexperienced*) novato, inexperto; **~ materials** materias primas

ray [reɪ] *n* rayo; **~ of hope** (rayo de) esperanza

razor ['reɪzəʳ] *n* (*open*) navaja; (*safety razor*) máquina de afeitar; (*electric razor*) máquina (eléctrica) de afeitar; **razor blade** *n* hoja de afeitar

Rd *abbr* = **road**

RE *n abbr* (BRIT: *Scol*) = **religious education**; (: *Mil*) = **Royal Engineers**

re [riː] *prep* con referencia a

reach [riːtʃ] *n* alcance *m*; (*of river etc*) extensión *f* entre dos recodos ▷ *vt* alcanzar, llegar a; (*achieve*) lograr ▷ *vi* extenderse; **within ~** al alcance (de la mano); **out of ~** fuera del alcance; **reach out** *vt* (*hand*) tender ▷ *vi*: **to ~ out for sth** alargar *or* tender la mano para tomar algo

react [riː'ækt] *vi* reaccionar; **reaction** [riː'ækʃən] *n* reacción *f*; **reactor** [riː'æktəʳ] *n* (*also*: **nuclear reactor**) reactor *m* (nuclear)

read (*pt*, *pp* **read**) [riːd, rɛd] *vi* leer ▷ *vt* leer; (*understand*) entender; (*study*) estudiar; **read out** *vt* leer en alta voz; **reader** *n* lector(a) *m/f*; (BRIT: *at university*) profesor(a) *m/f*

readily ['rɛdɪlɪ] *adv* (*willingly*) de buena gana; (*easily*) fácilmente; (*quickly*) en seguida
reading ['riːdɪŋ] *n* lectura; (*on instrument*) indicación *f*
ready ['rɛdɪ] *adj* listo, preparado; (*willing*) dispuesto; (*available*) disponible ▷ *adv*: **~-cooked** listo para comer ▷ *n*: **at the ~** (*Mil*) listo para tirar ▷ *vt* preparar; **to get ~** *vi* prepararse; **ready-made** *adj* confeccionado
real [rɪəl] *adj* verdadero, auténtico; **in ~ terms** en términos reales; **real ale** *n* cerveza elaborada tradicionalmente; **real estate** *n* bienes *mpl* raíces; **realistic** [rɪə'lɪstɪk] *adj* realista
reality [riː'ælɪtɪ] *n* realidad *f*; **reality TV** *n* telerrealidad *f*
realization [rɪəlaɪ'zeɪʃən] *n* comprensión *f*; (*of a project*) realización *f*; (*Comm*) realización *f*
realize ['rɪəlaɪz] *vt* (*understand*) darse cuenta de
really ['rɪəlɪ] *adv* realmente; (*for emphasis*) verdaderamente; **what ~ happened** (*actually*) lo que pasó en realidad; **~?** ¿de veras?; **~!** (*annoyance*) ¡vamos!, ¡por favor!
realm [rɛlm] *n* reino; (*fig*) esfera
reappear [riːə'pɪəʳ] *vi* reaparecer
rear [rɪəʳ] *adj* trasero ▷ *n* parte *f* trasera ▷ *vt* (*cattle, family*) criar ▷ *vi* (*also*: **~ up**: *animal*) encabritarse
rearrange [riːə'reɪndʒ] *vt* ordenar *or* arreglar de nuevo
rear: rear-view mirror *n* (*Aut*) espejo retrovisor; **rear-wheel drive** *n* tracción *f* trasera
reason ['riːzn] *n* razón *f* ▷ *vi*: **to ~ with sb** tratar de que algn entre en razón; **it stands to ~ that ...** es lógico que ...; **reasonable** *adj* razonable; (*sensible*) sensato; **reasonably** *adv* razonablemente; **reasoning** *n* razonamiento, argumentos *mpl*
reassurance [riːə'ʃuərəns] *n* consuelo
reassure [riːə'ʃuəʳ] *vt* tranquilizar; **to ~ sb that** tranquilizar a algn asegurándole que
rebate ['riːbeɪt] *n* (*on tax etc*) desgravación *f*
rebel *n* ['rɛbl] rebelde *mf* ▷ *vi* [rɪ'bɛl] rebelarse, sublevarse; **rebellion** *n* rebelión *f*, sublevación *f*; **rebellious** *adj* rebelde; (*child*) revoltoso
rebuild [riː'bɪld] *vt* reconstruir
recall [rɪ'kɔːl] *vt* (*remember*) recordar; (*ambassador etc*) retirar ▷ *n* recuerdo
recd., rec'd *abbr* (= *received*) recibido
receipt [rɪ'siːt] *n* (*document*) recibo; (*act of receiving*) recepción *f*; **receipts** *npl* (*Comm*) ingresos *mpl*

Be careful not to translate *receipt* by the Spanish word *receta*.

receive [rɪ'siːv] *vt* recibir; (*guest*) acoger; (*wound*) sufrir; **receiver** *n* (*Tel*) auricular *m*; (*Radio*) receptor *m*; (*of stolen goods*) perista *mf*; (*Law*) administrador *m* jurídico
recent ['riːsnt] *adj* reciente; **recently** *adv* recientemente; **recently arrived** recién llegado
reception [rɪ'sɛpʃən] *n* recepción *f*; (*welcome*) acogida; **reception desk** *n* recepción *f*; **receptionist** *n* recepcionista *mf*
recession [rɪ'sɛʃən] *n* recesión *f*
recharge [riː'tʃɑːdʒ] *vt* (*battery*) recargar
recipe ['rɛsɪpɪ] *n* receta; (*for disaster, success*) fórmula
recipient [rɪ'sɪpɪənt] *n* recibidor(a) *m/f*; (*of letter*) destinatario/a
recital [rɪ'saɪtl] *n* recital *m*
recite [rɪ'saɪt] *vt* (*poem*) recitar
reckless ['rɛkləs] *adj* temerario, imprudente; (*speed*) peligroso
reckon ['rɛkən] *vt* calcular; (*consider*) considerar ▷ *vi*: **I ~ that ...** me parece que ...
reclaim [rɪ'kleɪm] *vt* (*land*) recuperar; (: *from sea*) rescatar; (*demand back*) reclamar
recline [rɪ'klaɪn] *vi* reclinarse

recognition [rɛkəg'nɪʃən] *n* reconocimiento; **transformed beyond ~** irreconocible
recognize ['rɛkəgnaɪz] *vt*: **to ~ (by/as)** reconocer (por/como)
recollection [rɛkə'lɛkʃən] *n* recuerdo
recommend [rɛkə'mɛnd] *vt* recomendar; **recommendation** [rɛkəmɛn'deɪʃən] *n* recomendación *f*
reconcile ['rɛkənsaɪl] *vt* (*two people*) reconciliar; (*two facts*) conciliar; **to ~ o.s. to sth** resignarse *or* conformarse a algo
reconsider [riːkən'sɪdəʳ] *vt* repensar
reconstruct [riːkən'strʌkt] *vt* reconstruir
record *n* ['rɛkɔːd] (*Mus*) disco; (*of meeting etc*) acta; (*register*) registro, partida; (*file*) archivo; (*also*: **police** *or* **criminal ~**) antecedentes *mpl* penales; (*written*) expediente *m*; (*Sport*) récord *m*; (*Comput*) registro ▷ *vt* [rɪ'kɔːd] registrar; (*Mus*: *song etc*) grabar; **in ~ time** en un tiempo récord; **off the ~** *adj* no oficial; *adv* confidencialmente; **recorded delivery** *n* (BRIT *Post*) entrega con acuse de recibo; **recorder** *n* (*Mus*) flauta de pico; **recording** *n* (*Mus*) grabación *f*; **record player** *n* tocadiscos *m inv*
recount *vt* [rɪ'kaunt] contar
recover [rɪ'kʌvəʳ] *vt* recuperar ▷ *vi* recuperarse; **recovery** *n* recuperación *f*
recreate [riːkrɪ'eɪt] *vt* recrear
recreation [rɛkrɪ'eɪʃən] *n* recreo; **recreational** *adj* de, recreo; **recreational drug** *n* droga recreativa; **recreational vehicle** *n* (*US*) caravana *or* roulotte *f* pequeña
recruit [rɪ'kruːt] *n* recluta *mf* ▷ *vt* reclutar; (*staff*) contratar; **recruitment** *n* reclutamiento
rectangle ['rɛktæŋgl] *n* rectángulo; **rectangular** [rɛk'tæŋgjuləʳ] *adj* rectangular
rectify ['rɛktɪfaɪ] *vt* rectificar
rector ['rɛktəʳ] *n* (*Rel*) párroco
recur [rɪ'kəːʳ] *vi* repetirse; (*pain, illness*) producirse de nuevo; **recurring** *adj* (*problem*) repetido, constante
recyclable [riː'saɪkləbl] *adj* reciclable
recycle [riː'saɪkl] *vt* reciclar
recycling [riː'saɪklɪŋ] *n* reciclaje *m*
red [rɛd] *n* rojo ▷ *adj* rojo; (*hair*) pelirrojo; (*wine*) tinto; **to be in the ~** (*account*) estar en números rojos; (*business*) tener un saldo negativo; **to give sb the ~ carpet treatment** recibir a algn con todos los honores; **Red Cross** *n* Cruz *f* Roja; **redcurrant** *n* grosella roja
redeem [rɪ'diːm] *vt* redimir; (*promises*) cumplir; (*sth in pawn*) desempeñar; (*Rel*: *fig*) rescatar
red: redhead *n* pelirrojo/a; **red-hot** *adj* candente; **red light** *n*: **to go through** *or* **jump a red light** (*Aut*) saltarse un semáforo; **red-light district** *n* barrio chino; **red meat** *n* carne *f* roja
reduce [rɪ'djuːs] *vt* reducir; **to ~ sb to silence/despair/tears** hacer callar/desesperarse/llorar a algn; **reduced** *adj* (*decreased*) reducido, rebajado; **at a reduced price** con rebaja *or* descuento; **"greatly reduced prices"** "grandes rebajas"; **reduction** [rɪ'dʌkʃən] *n* reducción *f*; (*of price*) rebaja; (*discount*) descuento
redundancy [rɪ'dʌndənsɪ] *n* despido; (*unemployment*) desempleo
redundant [rɪ'dʌndənt] *adj* (BRIT: *worker*) parado, sin trabajo; (*detail, object*) superfluo; **to be made ~** (BRIT) quedar(se) sin trabajo
reed [riːd] *n* (*Bot*) junco, caña; (*Mus*) lengüeta
reef [riːf] *n* (*at sea*) arrecife *m*
reel [riːl] *n* carrete *m*, bobina; (*of film*) rollo ▷ *vt* (*Tech*) devanar; (*also*: **~ in**) sacar ▷ *vi* (*sway*) tambalear(se)
ref [rɛf] *n abbr* (*inf*); = **referee**
refectory [rɪ'fɛktərɪ] *n* comedor *m*
refer [rɪ'fəːʳ] *vt* (*send*: *patient*) referir; (: *matter*) remitir ▷ *vi*: **to ~ to** (*allude*

r

to) referirse a, aludir a; (*apply to*) relacionarse con; (*consult*) remitirse a

referee [rɛfə'ri:] *n* árbitro; (BRIT: *for job application*): **to be a ~ for sb** proporcionar referencias a algn ▷ *vt* (*match*) arbitrar en

reference ['rɛfrəns] *n* referencia; (*for job application: letter*) carta de recomendación; **with ~ to** (*Comm: in letter*) me remito a; **reference number** *n* número de referencia

refill *vt* [ri:'fɪl] rellenar ▷ *n* ['ri:fɪl] repuesto, recambio

refine [rɪ'faɪn] *vt* refinar; **refined** *adj* (*person, taste*) refinado, fino; **refinery** *n* refinería

reflect [rɪ'flɛkt] *vt* reflejar ▷ *vi* (*think*) reflexionar, pensar; **it ~s badly/well on him** le perjudica/le hace honor; **reflection** [rɪ'flɛkʃən] *n* (*act*) reflexión *f*; (*image*) reflejo; (*discredit*) crítica; **on reflection** pensándolo bien

reflex ['ri:flɛks] *adj, n* reflejo

reform [rɪ'fɔ:m] *n* reforma ▷ *vt* reformar

refrain [rɪ'freɪn] *vi*: **to ~ from doing** abstenerse de hacer ▷ *n* estribillo

refresh [rɪ'frɛʃ] *vt* refrescar; **refreshing** *adj* refrescante; **refreshments** *npl* refrescos *mpl*

refrigerator [rɪ'frɪdʒəreɪtəʳ] *n* frigorífico, refrigeradora (LAM), heladera (LAM)

refuel [ri:'fjuəl] *vi* repostar (combustible)

refuge ['rɛfju:dʒ] *n* refugio, asilo; **to take ~ in** refugiarse en; **refugee** [rɛfju'dʒi:] *n* refugiado/a

refund *n* ['ri:fʌnd] reembolso ▷ *vt* [rɪ'fʌnd] devolver, reembolsar

refurbish [ri:'fə:bɪʃ] *vt* restaurar, renovar

refusal [rɪ'fju:zəl] *n* negativa; **to have first ~ on sth** tener la primera opción a algo

refuse¹ ['rɛfju:s] *n* basura

refuse² [rɪ'fju:z] *vt* (*reject*) rechazar; (*invitation*) declinar; (*permission*) denegar; (*say no to*) negarse a ▷ *vi* negarse; (*horse*) rehusar; **to ~ to do sth** negarse a *or* rehusar hacer algo

regain [rɪ'geɪn] *vt* recobrar, recuperar

regard [rɪ'ga:d] *n* mirada; (*esteem*) respeto; (*attention*) consideración *f* ▷ *vt* (*consider*) considerar; **to give one's ~s to** saludar de su parte a; **"with kindest ~s"** "con muchos recuerdos"; **as ~s, with ~ to** con respecto a, en cuanto a; **regarding** *prep* con respecto a, en cuanto a; **regardless** *adv* a pesar de todo; **regardless of** sin reparar en

regenerate [rɪ'dʒɛnəreɪt] *vt* regenerar

reggae ['rɛgeɪ] *n* reggae *m*

regiment ['rɛdʒɪmənt] *n* regimiento

region ['ri:dʒən] *n* región *f*; **in the ~ of** (*fig*) alrededor de; **regional** *adj* regional

register ['rɛdʒɪstəʳ] *n* registro ▷ *vt* registrar; (*birth*) declarar; (*car*) matricular; (*letter*) certificar; (*instrument*) marcar, indicar ▷ *vi* (*at hotel*) registrarse; (*as student*) matricularse; (*make impression*) producir impresión; **registered** *adj* (*letter*) certificado

registrar ['rɛdʒɪstra:ʳ] *n* secretario/a (del registro civil)

registration [rɛdʒɪs'treɪʃən] *n* (*act*) declaración *f*; (*Aut: also*: **~ number**) matrícula

registry office *n* (BRIT) registro civil; **to get married in a ~** casarse por lo civil

regret [rɪ'grɛt] *n* sentimiento, pesar *m* ▷ *vt* sentir, lamentar; **regrettable** *adj* lamentable

regular ['rɛgjuləʳ] *adj* regular; (*soldier*) profesional; (*usual*) habitual ▷ *n* (*client etc*) cliente/a *m/f* habitual; **regularly** *adv* con regularidad

regulate ['rɛgjuleɪt] *vt* controlar; **regulation** [rɛgju'leɪʃən] *n* (*rule*) regla, reglamento

rehabilitation ['riːəbɪlɪ'teɪʃən] *n* rehabilitación *f*
rehearsal [rɪ'həːsəl] *n* ensayo
rehearse [rɪ'həːs] *vt* ensayar
reign [reɪn] *n* reinado; (*fig*) predominio ▷ *vi* reinar; (*fig*) imperar
reimburse [riːɪm'bəːs] *vt* reembolsar
rein [reɪn] *n* (*for horse*) rienda
reincarnation [riːɪnkɑː'neɪʃən] *n* reencarnación *f*
reindeer ['reɪndɪəʳ] *n* (*pl inv*) reno
reinforce [riːɪn'fɔːs] *vt* reforzar
reinforcement [riːɪn'fɔːsmənt] *n* refuerzo; **reinforcements** *npl* (*Mil*) refuerzos *mpl*
reinstate [riːɪn'steɪt] *vt* (*worker*) reintegrar (a su puesto); (*tax, law*) reinstaurar
reject *n* ['riːdʒɛkt] (*thing*) desecho ▷ *vt* [rɪ'dʒɛkt] rechazar; (*proposition, offer etc*) descartar; **rejection** [rɪ'dʒɛkʃən] *n* rechazo
rejoice [rɪ'dʒɔɪs] *vi*: **to ~ at** *or* **over** regocijarse *or* alegrarse de
relate [rɪ'leɪt] *vt* (*tell*) contar, relatar; (*connect*) relacionar ▷ *vi* relacionarse; **related** *adj* afín; (*person*) emparentado; **to be related to** (*connected*) guardar relación con; (*by family*) ser pariente de; **relating**: **relating to** *prep* referente a
relation [rɪ'leɪʃən] *n* (*person*) pariente *mf*; (*link*) relación *f*; **relations** *npl* (*relatives*) familiares *mpl*; **relationship** *n* relación *f*; (*personal*) relaciones *fpl*; (*also*: **family relationship**) parentesco
relative ['rɛlətɪv] *n* pariente *mf*, familiar *mf* ▷ *adj* relativo; **relatively** *adv* (*fairly, rather*) relativamente
relax [rɪ'læks] *vi* descansar; (*quieten down*) relajarse ▷ *vt* relajar; (*grip*) aflojar; **relaxation** [riːlæk'seɪʃən] *n* descanso; (*easing*) relajamiento *m*; (*entertainment*) diversión *f*; **relaxed** *adj* relajado; (*tranquil*) tranquilo; **relaxing** *adj* relajante
relay *n* ['riːleɪ] (*race*) carrera de relevos ▷ *vt* [rɪ'leɪ] (*Radio, TV*) retransmitir
release [rɪ'liːs] *n* (*liberation*) liberación *f*; (*discharge*) puesta en libertad; (*of gas etc*) escape *m*; (*of film etc*) estreno; (*of record*) lanzamiento ▷ *vt* (*prisoner*) poner en libertad; (*film*) estrenar; (*book*) publicar; (*piece of news*) difundir; (*gas etc*) despedir, arrojar; (*free: from wreckage etc*) liberar; (*Tech: catch, spring etc*) desenganchar
relegate ['rɛləgeɪt] *vt* relegar; (*Sport*): **to be ~d to** bajar a
relent [rɪ'lɛnt] *vi* ablandarse; **relentless** *adj* implacable
relevant ['rɛləvənt] *adj* (*fact*) pertinente; **~ to** relacionado con
reliable [rɪ'laɪəbl] *adj* (*person, firm*) de confianza, de fiar; (*method, machine*) seguro; (*source*) fidedigno
relic ['rɛlɪk] *n* (*Rel*) reliquia; (*of the past*) vestigio
relief [rɪ'liːf] *n* (*from pain, anxiety*) alivio; (*help, supplies*) socorro, ayuda; (*Art, Geo*) relieve *m*
relieve [rɪ'liːv] *vt* (*pain, patient*) aliviar; (*bring help to*) ayudar, socorrer; (*take over from*) sustituir a; (: *guard*) relevar; **to ~ sb of sth** quitar algo a algn; **to ~ o.s.** hacer sus necesidades; **relieved** *adj*: **to be relieved** sentir un gran alivio
religion [rɪ'lɪdʒən] *n* religión *f*
religious [rɪ'lɪdʒəs] *adj* religioso; **religious education** *n* educación *f* religiosa
relish ['rɛlɪʃ] *n* (*Culin*) salsa; (*enjoyment*) entusiasmo ▷ *vt* (*food, challenge etc*) saborear; **to ~ doing** gozar haciendo
relocate [riːləu'keɪt] *vt* trasladar ▷ *vi* trasladarse
reluctance [rɪ'lʌktəns] *n* renuencia
reluctant [rɪ'lʌktənt] *adj* reacio; **to be ~ to do sth** resistirse a hacer algo; **reluctantly** *adv* de mala gana
rely [rɪ'laɪ]: **to ~ on** *vt fus* depender de; **you can ~ on my discretion** puedes contar con mi discreción

remain [rɪ'meɪn] *vi* (*survive*) quedar; (*be left*) sobrar; (*continue*) quedar(se), permanecer; **remainder** *n* resto; **remaining** *adj* restante, que queda(n); **remains** *npl* restos *mpl*

remand [rɪ'mɑːnd] *n*: **on ~** detenido (bajo custodia) ▷ *vt*: **to ~ in custody** mantener bajo custodia

remark [rɪ'mɑːk] *n* comentario ▷ *vt* comentar; **remarkable** *adj* (*outstanding*) extraordinario

remarry [riː'mærɪ] *vi* volver a casarse

remedy ['rɛmədɪ] *n* remedio ▷ *vt* remediar, curar

remember [rɪ'mɛmbəʳ] *vt* recordar, acordarse de; (*bear in mind*) tener presente; **~ me to your wife and children!** ¡déle recuerdos a su familia!

Remembrance Day, Remembrance Sunday *n* (BRIT) *ver nota* **"Remembrance Day"**

REMEMBRANCE DAY

En el Reino Unido el domingo más cercano al 11 de noviembre es *Remembrance Day* o *Remembrance Sunday*, aniversario de la firma del armisticio de 1918 que puso fin a la Primera Guerra Mundial. Tal día se recuerda a todos aquellos que murieron en las dos guerras mundiales con dos minutos de silencio a las once de la mañana (hora en que se firmó el armisticio), durante los actos de conmemoración celebrados en los monumentos a los caídos. Allí se colocan coronas de amapolas, flor que también se suele llevar prendida en el pecho tras pagar un donativo para los inválidos de guerra.

remind [rɪ'maɪnd] *vt*: **to ~ sb to do sth** recordar a algn que haga algo; **to ~ sb of sth** recordar algo a algn; **she ~s me of her mother** me recuerda a su madre; **reminder** *n* notificación *f*; (*memento*) recuerdo

reminiscent [rɛmɪ'nɪsnt] *adj*: **to be ~ of sth** recordar algo

remnant ['rɛmnənt] *n* resto; (*of cloth*) retal *m*

remorse [rɪ'mɔːs] *n* remordimientos *mpl*

remote [rɪ'məut] *adj* (*distant*) lejano; (*person*) distante; **remote control** *n* mando a distancia; **remotely** *adv* remotamente; (*slightly*) levemente

removal [rɪ'muːvəl] *n* (*taking away*) (el) quitar; (BRIT: *from house*) mudanza; (*from office: dismissal*) destitución *f*; (*Med*) extirpación *f*; **removal man** *n* (BRIT) mozo de mudanzas; **removal van** *n* (BRIT) camión *m* de mudanzas

remove [rɪ'muːv] *vt* quitar; (*employee*) destituir; (*name: from list*) tachar, borrar; (*doubt*) disipar; (*Med*) extirpar

Renaissance [rɪ'neɪsɔ̃ns] *n*: **the ~** el Renacimiento

rename [riː'neɪm] *vt* poner nuevo nombre a

render ['rɛndəʳ] *vt* (*thanks*) dar; (*aid*) proporcionar; prestar; **to ~ sth useless** hacer algo inútil

renew [rɪ'njuː] *vt* renovar; (*resume*) reanudar; (*extend date*) prorrogar; **renewable** *adj* renovable; **renewable energy, renewables** energías renovables

renovate ['rɛnəveɪt] *vt* renovar

renowned [rɪ'naund] *adj* renombrado

rent [rɛnt] *n* (*for house*) arriendo, renta ▷ *vt* alquilar; **rental** *n* (*for television, car*) alquiler *m*

reorganize [riː'ɔːgənaɪz] *vt* reorganizar

rep [rɛp] *n abbr* (*Comm*); = **representative**

repair [rɪ'pɛəʳ] *n* reparación *f* ▷ *vt* reparar; **in good/bad ~** en buen/mal estado; **repair kit** *n* caja de herramientas

repay [riː'peɪ] *vt* (*money*) devolver, reembolsar; (*person*) pagar; (*debt*) liquidar; (*sb's efforts*) devolver, corresponder a; **repayment** *n* reembolso, devolución *f*; (*sum of money*) recompensa

repeat [rɪ'piːt] *n* (*Radio, TV*) reposición *f* ▷ *vt* repetir ▷ *vi* repetirse; **repeatedly** *adv* repetidas veces; **repeat prescription** *n* (BRIT) receta renovada

repellent [rɪ'pɛlənt] *adj* repugnante ▷ *n*: **insect ~** crema/loción *f* antiinsectos

repercussion [riːpə'kʌʃən] *n* (*consequence*) repercusión *f*; **to have ~s** repercutir

repetition [rɛpɪ'tɪʃən] *n* repetición *f*

repetitive [rɪ'pɛtɪtɪv] *adj* repetitivo

replace [rɪ'pleɪs] *vt* (*put back*) devolver a su sitio; (*take the place of*) reemplazar, sustituir; **replacement** *n* (*act*) reposición *f*; (*thing*) recambio; (*person*) suplente *mf*

replay ['riːpleɪ] *n* (*Sport*) partido de desempate; (*TV*) repetición *f*

replica ['rɛplɪkə] *n* réplica, reproducción *f*

reply [rɪ'plaɪ] *n* respuesta, contestación *f* ▷ *vi* contestar, responder

report [rɪ'pɔːt] *n* informe *m*; (*Press etc*) reportaje *m*; (BRIT: *also*: **school ~**) informe *m* escolar; (*of gun*) detonación *f* ▷ *vt* informar sobre; (*Press etc*) hacer un reportaje sobre; (*notify*: *accident, culprit*) denunciar ▷ *vi* (*make a report*) presentar un informe; (*present o.s.*): **to ~ (to sb)** presentarse (ante algn); **report card** *n* (US, SCOTTISH) cartilla escolar; **reportedly** *adv* según se dice; **reporter** *n* periodista *mf*

represent [rɛprɪ'zɛnt] *vt* representar; (*Comm*) ser agente de; **representation** [rɛprɪzɛn'teɪʃən] *n* representación *f*; **representative** *n* (US *Pol*) representante *mf*, diputado/a; (*Comm*) representante *mf* ▷ *adj*: **representative (of)** representativo (de)

repress [rɪ'prɛs] *vt* reprimir; **repression** [rɪ'prɛʃən] *n* represión *f*

reprimand ['rɛprɪmɑːnd] *n* reprimenda ▷ *vt* reprender

reproduce [riːprə'djuːs] *vt* reproducir ▷ *vi* reproducirse; **reproduction** [riːprə'dʌkʃən] *n* reproducción *f*

reptile ['rɛptaɪl] *n* reptil *m*

republic [rɪ'pʌblɪk] *n* república; **republican** *adj*, *n* republicano/a

reputable ['rɛpjutəbl] *adj* (*make etc*) de renombre

reputation [rɛpjuˈteɪʃən] *n* reputación *f*

request [rɪ'kwɛst] *n* solicitud *f*, petición *f* ▷ *vt*: **to ~ sth of** *or* **from sb** solicitar algo a algn; **request stop** *n* (BRIT) parada discrecional

require [rɪ'kwaɪəʳ] *vt* (*need*: *person*) necesitar, tener necesidad de; (: *thing, situation*) exigir; (*want*) pedir; **to ~ sb to do sth/sth of sb** exigir que algn haga algo; **requirement** *n* requisito; (*need*) necesidad *f*

resat [riː'sæt] *pt, pp of* **resit**

rescue ['rɛskjuː] *n* rescate *m* ▷ *vt* rescatar

research [rɪ'səːtʃ] *n* investigaciones *fpl* ▷ *vt* investigar

resemblance [rɪ'zɛmbləns] *n* parecido

resemble [rɪ'zɛmbl] *vt* parecerse a

resent [rɪ'zɛnt] *vt* resentirse por, ofenderse por; **resentful** *adj* resentido; **resentment** *n* resentimiento

reservation [rɛzə'veɪʃən] *n* reserva; **reservation desk** *n* (US: *in hotel*) recepción *f*

reserve [rɪ'zəːv] *n* reserva; (*Sport*) suplente *mf* ▷ *vt* (*seats etc*) reservar; **reserved** *adj* reservado

reservoir ['rɛzəvwɑːʳ] *n* (*artificial lake*) embalse *m*, represa; (*tank*) depósito

residence ['rɛzɪdəns] *n* (*formal*: *home*) domicilio; (*length of stay*) permanencia; **residence permit** *n* (BRIT) permiso de residencia

resident ['rɛzɪdənt] *n* vecino/a; (*in hotel*) huésped(a) *m/f* ▷ *adj* residente; (*population*) permanente; **residential** [rɛzɪ'dɛnʃəl] *adj* residencial

residue ['rɛzɪdju:] *n* resto

resign [rɪ'zaɪn] *vt* renunciar a ▷ *vi*: **to ~ (from)** dimitir (de); **to ~ o.s. to** resignarse a; **resignation** [rɛzɪg'neɪʃən] *n* dimisión *f*; (*state of mind*) resignación *f*

resin ['rɛzɪn] *n* resina

resist [rɪ'zɪst] *vt* (*temptation, damage*) resistir; **resistance** *n* resistencia

resit ['ri:sɪt] (*pt, pp* **resat**) *vt* (BRIT: *exam*) volver a presentarse a; (: *subject*) recuperar, volver a examinarse de (SP)

resolution [rɛzə'lu:ʃən] *n* resolución *f*

resolve [rɪ'zɔlv] *n* resolución *f* ▷ *vt* resolver ▷ *vi*: **to ~ to do** resolver hacer

resort [rɪ'zɔ:t] *n* (*town*) centro turístico; (*recourse*) recurso ▷ *vi*: **to ~ to** recurrir a; **in the last ~** como último recurso

resource [rɪ'sɔ:s] *n* recurso; **resourceful** *adj* ingenioso

respect [rɪs'pɛkt] *n* respeto ▷ *vt* respetar; **respectable** *adj* respetable; (*amount etc*) apreciable; (*passable*) tolerable; **respectful** *adj* respetuoso; **respective** *adj* respectivo; **respectively** *adv* respectivamente

respite ['rɛspaɪt] *n* respiro

respond [rɪs'pɔnd] *vi* responder; (*react*) reaccionar; **response** [rɪs'pɔns] *n* respuesta; (*reaction*) reacción *f*

responsibility [rɪspɔnsɪ'bɪlɪtɪ] *n* responsabilidad *f*

responsible [rɪs'pɔnsɪbl] *adj* (*liable*): **~ (for)** responsable (de); (*character*) serio, formal; (*job*) de responsabilidad; **responsibly** *adv* con seriedad

responsive [rɪs'pɔnsɪv] *adj* sensible

rest [rɛst] *n* descanso, reposo; (*Mus*) pausa, silencio; (*support*) apoyo; (*remainder*) resto ▷ *vi* descansar; (*be supported*): **to ~ on** apoyarse en ▷ *vt*: **to ~ sth on/against** apoyar algo en *or* sobre/contra; **the ~ of them** (*people, objects*) los demás; **it ~s with him** depende de él

restaurant ['rɛstərɔŋ] *n* restaurante *m*; **restaurant car** *n* (BRIT) coche-comedor *m*

restless ['rɛstlɪs] *adj* inquieto

restoration [rɛstə'reɪʃən] *n* restauración *f*; (*giving back*) devolución *f*

restore [rɪ'stɔ:r] *vt* (*building*) restaurar; (*sth stolen*) devolver; (*health*) restablecer

restrain [rɪs'treɪn] *vt* (*feeling*) contener, refrenar; (*person*): **to ~ (from doing)** disuadir (de hacer); **restraint** *n* (*moderation*) moderación *f*; (*of style*) reserva

restrict [rɪs'trɪkt] *vt* restringir, limitar; **restriction** [rɪs'trɪkʃən] *n* restricción *f*, limitación *f*

rest room *n* (US) aseos *mpl*

restructure [ri:'strʌktʃə^r] *vt* reestructurar

result [rɪ'zʌlt] *n* resultado ▷ *vi*: **to ~ in** terminar en, tener por resultado; **as a ~ of** a *or* como consecuencia de

resume [rɪ'zju:m] *vt* reanudar ▷ *vi* (*meeting*) continuar

Be careful not to translate *resume* by the Spanish word *resumir*.

résumé ['rɛɪzju:meɪ] *n* resumen *m*

resuscitate [rɪ'sʌsɪteɪt] *vt* (*Med*) resucitar

retail ['ri:teɪl] *cpd* al por menor; **retailer** *n* detallista *mf*

retain [rɪ'teɪn] *vt* (*keep*) retener, conservar

retaliation [rɪtælɪ'eɪʃən] *n* represalias *fpl*

retarded [rɪ'ta:dɪd] *adj* (*inf!*) retrasado (mental) (*!*)

retire [rɪ'taɪə^r] *vi* (*give up work*) jubilarse; (*withdraw*) retirarse; (*go to bed*) acostarse; **retired** *adj* (*person*) jubilado; **retirement** *n* jubilación *f*

retort [rɪ'tɔ:t] *vi* replicar

retreat [rɪ'tri:t] *n* (*place*) retiro; (*Mil*) retirada ▷ *vi* retirarse

retrieve [rɪ'tri:v] *vt* recobrar; (*situation, honour*) salvar; (*Comput*) recuperar; (*error*) reparar

retrospect ['rɛtrəspɛkt] *n*: **in ~** retrospectivamente; **retrospective** [rɛtrə'spɛktɪv] *adj* retrospectivo; (*law*) retroactivo

return [rɪ'tə:n] *n* (*going or coming back*) vuelta, regreso; (*of sth stolen etc*) devolución *f*; (*Finance*: *from land, shares*) ganancia, ingresos *mpl* ▷ *cpd* (*journey*) de regreso; (BRIT: *ticket*) de ida y vuelta; (*match*) de vuelta ▷ *vi* (*person etc*: *come or go back*) volver, regresar; (*symptoms etc*) reaparecer ▷ *vt* devolver; (*favour, love etc*) corresponder a; (*verdict*) pronunciar; (*Pol*: *candidate*) elegir; **returns** *npl* (*Comm*) ingresos *mpl*; **in ~ (for)** a cambio (de); **by ~ of post** a vuelta de correo; **many happy ~s (of the day)!** ¡feliz cumpleaños!; **return ticket** *n* (*esp* BRIT) billete *m* (SP) *or* boleto *m* (LAM) de ida y vuelta, billete *m* redondo (MEX)

retweet [ri:'twi:t] *vt* retuitear

reunion [ri:'ju:nɪən] *n* (*of family*) reunión *f*; (*of two people, school*) reencuentro

reunite [ri:ju:'naɪt] *vt* reunir; (*reconcile*) reconciliar

revamp [ri:'væmp] *vt* renovar

reveal [rɪ'vi:l] *vt* revelar; **revealing** *adj* revelador(a)

revel ['rɛvl] *vi*: **to ~ in sth/in doing sth** gozar de algo/haciendo algo

revelation [rɛvə'leɪʃən] *n* revelación *f*

revenge [rɪ'vɛndʒ] *n* venganza; **to take ~ on** vengarse de

revenue ['rɛvənju:] *n* ingresos *mpl*, rentas *fpl*

Reverend ['rɛvərənd] *adj* (*in titles*): **the ~ John Smith** (*Anglican*) el Reverendo John Smith; (*Catholic*) el Padre John Smith; (*Protestant*) el Pastor John Smith

reversal [rɪ'və:sl] *n* (*of order*) inversión *f*; (*of policy*) cambio de rumbo; (*of decision*) revocación *f*

reverse [rɪ'və:s] *n* (*opposite*) contrario; (*back*: *of cloth*) revés *m*; (: *of coin*) reverso; (: *of paper*) dorso; (*Aut*: *also*: **~ gear**) marcha atrás ▷ *adj* (*order*) inverso; (*direction*) contrario ▷ *vt* (*decision*) dar marcha atrás a; (*Aut*) dar marcha atrás a; (*position, function*) invertir ▷ *vi* (BRIT *Aut*) poner en marcha atrás; **reverse-charge call** *n* (BRIT) llamada a cobro revertido; **reversing lights** *npl* (BRIT *Aut*) luces *fpl* de marcha atrás

revert [rɪ'və:t] *vi*: **to ~ to** volver *or* revertir a

review [rɪ'vju:] *n* (*magazine, also Mil*) revista; (*of book, film*) reseña; (US: *examination*) repaso, examen *m* ▷ *vt* repasar, examinar; (*Mil*) pasar revista a; (*book, film*) reseñar

revise [rɪ'vaɪz] *vt* (*manuscript*) corregir; (*opinion*) modificar; (*price, procedure*) revisar; (BRIT: *study*: *subject*) repasar; **revision** [rɪ'vɪʒən] *n* corrección *f*; modificación *f*; (*of subject*) repaso

revival [rɪ'vaɪvəl] *n* (*recovery*) reanimación *f*; (*of interest*) renacimiento; (*Theat*) reestreno; (*of faith*) despertar *m*

revive [rɪ'vaɪv] *vt* resucitar; (*custom*) restablecer; (*hope, courage*) reanimar; (*play*) reestrenar ▷ *vi* (*person*) volver en sí; (*business*) reactivarse

revolt [rɪ'vəult] *n* rebelión *f* ▷ *vi* rebelarse, sublevarse ▷ *vt* dar asco a, repugnar; **revolting** *adj* asqueroso, repugnante

revolution [rɛvə'lu:ʃən] *n* revolución *f*; **revolutionary** *adj*, *n* revolucionario/a

revolve [rɪ'vɔlv] *vi* dar vueltas, girar; **to ~ (a)round** girar en torno a

revolver [rɪ'vɔlvə^r] *n* revólver *m*

reward [rɪ'wɔ:d] *n* premio, recompensa ▷ *vt*: **to ~ (for)**

r

recompensar *or* premiar (por); **rewarding** *adj* (*fig*) gratificante

rewind [riːˈwaɪnd] *vt* rebobinar

rewritable [riːˈraɪtəbl] *adj* reescribible

rewrite [riːˈraɪt] *vt* (*irreg*: *like* **write**) reescribir

rheumatism [ˈruːmətɪzəm] *n* reumatismo, reúma

rhinoceros [raɪˈnɔsərəs] *n* rinoceronte *m*

rhubarb [ˈruːbɑːb] *n* ruibarbo

rhyme [raɪm] *n* rima; (*verse*) poesía

rhythm [ˈrɪðm] *n* ritmo

rib [rɪb] *n* (*Anat*) costilla ▷ *vt* (*mock*) tomar el pelo a

ribbon [ˈrɪbən] *n* cinta; **in ~s** (*torn*) hecho trizas

rice [raɪs] *n* arroz *m*; **rice pudding** *n* arroz *m* con leche

rich [rɪtʃ] *adj* rico; (*soil*) fértil; (*food*) pesado; (: *sweet*) empalagoso; **to be ~ in sth** abundar en algo

rid (*pt*, *pp* **rid**) [rɪd] *vt*: **to ~ sb of sth** librar a algn de algo; **to get ~ of** deshacerse *or* desembarazarse de

riddle [ˈrɪdl] *n* (*conundrum*) acertijo; (*mystery*) enigma *m*, misterio ▷ *vt*: **to be ~d with** ser lleno *or* plagado de

ride [raɪd] (*pt* **rode**, *pp* **ridden**) *n* paseo; (*distance covered*) viaje *m*, recorrido ▷ *vi* (*on horse*, *as sport*) montar; (*go somewhere*: *on horse*, *bicycle*) dar un paseo, pasearse; (*journey*: *on bicycle*, *motorcycle*, *bus*) viajar ▷ *vt* (*a horse*) montar a; (*distance*) recorrer; **to ~ a bicycle** andar en bicicleta; **to take sb for a ~** (*fig*) tomar el pelo a algn; **rider** *n* (*on horse*) jinete *m*; (*on bicycle*) ciclista *mf*; (*on motorcycle*) motociclista *mf*

ridge [rɪdʒ] *n* (*of hill*) cresta; (*of roof*) caballete *m*; (*wrinkle*) arruga

ridicule [ˈrɪdɪkjuːl] *n* irrisión *f*, burla ▷ *vt* poner en ridículo a, burlarse de; **ridiculous** [rɪˈdɪkjuləs] *adj* ridículo

riding [ˈraɪdɪŋ] *n* equitación *f*; **I like ~** me gusta montar a caballo; **riding school** *n* escuela de equitación

rife [raɪf] *adj*: **to be ~** ser muy común; **to be ~ with** abundar en

rifle [ˈraɪfl] *n* rifle *m*, fusil *m* ▷ *vt* saquear

rift [rɪft] *n* (*fig*: *between friends*) desavenencia

rig [rɪg] *n* (*also*: **oil ~**: *at sea*) plataforma petrolera ▷ *vt* (*election etc*) amañar los resultados de

right [raɪt] *adj* (*true*, *correct*) correcto, exacto; (*suitable*) indicado, debido; (*proper*) apropiado; (*just*) justo; (*morally good*) bueno; (*not left*) derecho ▷ *n* (*title*, *claim*) derecho; (*not left*) derecha ▷ *adv* bien, correctamente; (*not on the left*) a la derecha ▷ *vt* (*put straight*) enderezar; (*correct*) corregir ▷ *excl* ¡bueno!, ¡está bien!; **to be ~** (*person*) tener razón; (*answer*) ser correcto; **by ~s** en justicia; **on the ~** a la derecha; **to be in the ~** tener razón; **~ now** ahora mismo; **~ in the middle** exactamente en el centro; **~ away** en seguida; **right angle** *n* ángulo recto; **rightful** *adj* legítimo; **right-hand** *adj*: **right-hand drive** conducción *f* por la derecha; **the right-hand side** derecha; **right-handed** *adj* (*person*) que usa la mano derecha, diestro; **rightly** *adv* correctamente, debidamente; (*with reason*) con razón; **right of way** *n* (*on path etc*) derecho de paso; (*Aut*) prioridad *f* de paso; **right-wing** *adj* (*Pol*) derechista

rigid [ˈrɪdʒɪd] *adj* rígido; (*person*, *ideas*) inflexible

rigorous [ˈrɪgərəs] *adj* riguroso

rim [rɪm] *n* borde *m*; (*of spectacles*) aro; (*of wheel*) llanta

rind [raɪnd] *n* (*of bacon*, *cheese*) corteza; (*of lemon etc*) cáscara

ring [rɪŋ] (*pt* **rang**, *pp* **rung**) *n* (*of metal*) aro; (*on finger*) anillo; (*of people*) corro; (*of objects*) círculo; (*gang*) banda; (*for boxing*) cuadrilátero; (*of circus*) pista; (*bull ring*) ruedo, plaza; (*sound of bell*) toque *m* ▷ *vi* (*on telephone*) llamar por teléfono; (*large bell*) repicar; (*doorbell*, *phone*) sonar; (*also*: **~ out**) sonar; (*ears*) zumbar ▷ *vt* (BRIT *Tel*) llamar; (*bell etc*) hacer sonar; (*doorbell*) tocar; **to give sb a ~** (BRIT *Tel*) llamar a algn, dar un telefonazo a algn; **ring back** *vt, vi* (*Tel*) devolver la llamada; **ring off** *vi* (BRIT *Tel*) colgar, cortar la comunicación; **ring up** *vt* (BRIT *Tel*) llamar, telefonear; **ringing tone** *n* (*Tel*) tono de llamada; **ringleader** *n* cabecilla *mf*; **ring road** *n* (BRIT) carretera periférica *or* de circunvalación; **ringtone** *n* tono de llamada

rink [rɪŋk] *n* (*also*: **ice ~**) pista de hielo

rinse [rɪns] *n* (*of dishes*) enjuague *m*; (*of clothes*) aclarado; (*hair colouring*) reflejo ▷ *vt* enjuagar, aclarar; (*hair*) dar reflejos a

riot ['raɪət] *n* motín *m*, disturbio ▷ *vi* amotinarse; **to run ~** desmandarse

rip [rɪp] *n* rasgón *m* ▷ *vt* rasgar, desgarrar ▷ *vi* rasgarse; **rip off** *vt* (*inf*: *cheat*) estafar; **rip up** *vt* hacer pedazos

ripe [raɪp] *adj* maduro

rip-off ['rɪpɔf] *n* (*inf*): **it's a ~!** ¡es una estafa!, ¡es un timo!

ripple ['rɪpl] *n* onda, rizo; (*sound*) murmullo ▷ *vi* rizarse

rise (*pt* **rose**, *pp* **risen**) [raɪz, rəuz, 'rɪzn] *n* (*slope*) cuesta, pendiente *f*; (*hill*) altura; (*in wages*) aumento; (*in prices, temperature*) subida; (*fig*: *to power etc*) ascenso ▷ *vi* subir; (*waters*) crecer; (*sun*) salir; (*person*: *from bed etc*) levantarse; (*also*: **~ up**: *rebel*) sublevarse; (*in rank*) ascender; **to give ~ to** dar lugar *or* origen a; **to ~ to the occasion** ponerse a la altura de las circunstancias; **risen** ['rɪzn] *pp of* **rise**; **rising** *adj* (*increasing*: *number*) creciente; (: *prices*) en aumento *or* alza; (*tide*) creciente; (*sun, moon*) naciente

risk [rɪsk] *n* riesgo, peligro ▷ *vt* arriesgar; **to take** *or* **run the ~ of doing** correr el riesgo de hacer; **at ~** en peligro; **at one's own ~** bajo su propia responsabilidad; **risky** *adj* arriesgado, peligroso

rite [raɪt] *n* rito; **last ~s** últimos sacramentos *mpl*

ritual ['rɪtjuəl] *adj* ritual ▷ *n* ritual *m*, rito

rival ['raɪvl] *n* rival *mf*; (*in business*) competidor(a) *m/f* ▷ *adj* rival, opuesto ▷ *vt* competir con; **rivalry** *n* competencia

river ['rɪvəʳ] *n* río ▷ *cpd* (*port, traffic*) de río; **up/down ~** río arriba/abajo; **riverbank** *n* orilla (del río)

rivet ['rɪvɪt] *n* roblón *m*, remache *m* ▷ *vt* (*fig*) fascinar

road [rəud] *n* camino; (*motorway etc*) carretera; (*in town*) calle *f*; **major/minor ~** carretera general/secundaria; **roadblock** *n* barricada; **road map** *n* mapa *m* de carreteras; **road rage** *n conducta agresiva de los conductores*; **road safety** *n* seguridad *f* vial; **roadside** *n* borde *m* (del camino); **roadsign** *n* señal *f* de tráfico; **road tax** *n* (BRIT) impuesto de rodaje; **roadworks** *npl* obras *fpl*

roam [rəum] *vi* vagar

roar [rɔːʳ] *n* rugido; (*of vehicle, storm*) estruendo; (*of laughter*) carcajada ▷ *vi* rugir; hacer estruendo; **to ~ with laughter** reírse a carcajadas; **roaring** *adj*: **to do a roaring trade** hacer buen negocio

roast [rəust] *n* carne *f* asada, asado ▷ *vt* asar; (*coffee*) tostar; **roast beef** *n* rosbif *m*

rob [rɔb] *vt* robar; **to ~ sb of sth** robar algo a algn; (*fig*: *deprive*) quitar algo a algn; **robber** *n* ladrón/ona *m/f*; **robbery** *n* robo

robe [rəub] *n* (*for ceremony etc*) toga; (*also*: **bath ~**) bata, albornoz *m*

robin ['rɔbɪn] *n* petirrojo

robot ['rəubɔt] *n* robot *m*

robust [rəu'bʌst] *adj* robusto, fuerte

rock [rɔk] *n* roca; (*boulder*) peña, peñasco; (BRIT: *sweet*) ≈ pirulí *m* ▷ *vt* (*swing gently*) mecer; (*shake*) sacudir ▷ *vi* mecerse, balancearse; sacudirse; **on the ~s** (*drink*) con hielo; **their**

r

marriage is on the ~s su matrimonio se está yendo a pique; **rock and roll** *n* rocanrol *m*; **rock climbing** *n* (*Sport*) escalada

rocket ['rɔkɪt] *n* cohete *m*

rocking chair ['rɔkɪŋ-] *n* mecedora

rocky ['rɔkɪ] *adj* rocoso

rod [rɔd] *n* vara, varilla; (*also*: **fishing ~**) caña

rode [rəud] *pt of* **ride**

rodent ['rəudnt] *n* roedor *m*

rogue [rəug] *n* pícaro, pillo

role [rəul] *n* papel *m*; **role-model** *n* modelo a imitar

roll [rəul] *n* rollo; (*of bank notes*) fajo; (*also*: **bread ~**) panecillo; (*register*) lista, nómina; (*sound*: *of drums etc*) redoble *m* ▷ *vt* hacer rodar; (*also*: **~ up**: *string*) enrollar; (: *cigarettes*) liar; (*also*: **~ out**: *pastry*) aplanar ▷ *vi* rodar; (*drum*) redoblar; (*ship*) balancearse; **roll over** *vi* dar una vuelta; **roll up** *vi* (*inf*: *arrive*) aparecer ▷ *vt* (*carpet, cloth, map*) arrollar; (*sleeves*) arremangar

roller *n* rodillo; (*wheel*) rueda; (*for road*) apisonadora; (*for hair*) rulo; **Rollerblades®** *npl* patines *mpl* en línea; **roller coaster** *n* montaña rusa; **roller skates** *npl* patines *mpl* de rueda; **roller-skating** *n* patinaje sobre ruedas; **to go roller-skating** ir a patinar (*sobre ruedas*)

rolling pin *n* rodillo (de cocina)

ROM [rɔm] *n abbr* (*Comput*: = *read-only memory*) (memoria) ROM *f*

Roman ['rəumən] *adj*, *n* romano/a; **Roman Catholic** *adj*, *n* católico/a (romano/a)

romance [rə'mæns] *n* (*love affair*) amor *m*; (*charm*) lo romántico; (*novel*) novela de amor

Romania [ru:'meɪnɪə] *n* = **Rumania**

Roman numeral *n* número romano

romantic [rə'mæntɪk] *adj* romántico

Rome [rəum] *n* Roma

roof [ru:f] *n* techo; (*of house*) tejado ▷ *vt* techar, poner techo a; **~ of the mouth** paladar *m*; **roof rack** *n* (*Aut*) baca, portaequipajes *msg*

rook [ruk] *n* (*bird*) graja; (*Chess*) torre *f*

room [ru:m] *n* cuarto, habitación *f*, pieza (*esp LAm*); (*also*: **bed~**) dormitorio; (*in school etc*) sala; (*space*) sitio; **roommate** *n* compañero/a de cuarto; **room service** *n* servicio de habitaciones; **roomy** *adj* espacioso

rooster ['ru:stə^r] *n* gallo

root [ru:t] *n* raíz *f* ▷ *vi* arraigar(se)

rope [rəup] *n* cuerda; (*Naut*) cable *m* ▷ *vt* (*box*) atar *or* amarrar con (una) cuerda; (*climbers*: *also*: **~ together**) encordarse; (*an area*: *also*: **~ off**) acordonar; **to know the ~s** (*fig*) conocer los trucos (del oficio)

rort [rɔ:t] (*AUST*, *NZ inf*) *n* estafa ▷ *vt* estafar

rose [rəuz] *pt of* **rise** ▷ *n* rosa; (*also*: **~bush**) rosal *m*; (*on watering can*) roseta

rosé ['rəuzeɪ] *n* vino rosado

rosemary ['rəuzmərɪ] *n* romero

rosy ['rəuzɪ] *adj* rosado, sonrosado; **the future looks ~** el futuro parece prometedor

rot [rɔt] *n* podredumbre *f*; (*fig*: *pej*) tonterías *fpl* ▷ *vt* pudrir ▷ *vi* pudrirse

rota ['rəutə] *n* lista (de tareas)

rotate [rəu'teɪt] *vt* (*revolve*) hacer girar, dar vueltas a; (*jobs*) alternar ▷ *vi* girar, dar vueltas

rotten ['rɔtn] *adj* podrido; (*fig*) corrompido; (*inf*: *bad*) pésimo; **to feel ~** (*ill*) sentirse fatal

rough [rʌf] *adj* (*skin, surface*) áspero; (*terrain*) accidentado; (*road*) desigual; (*voice*) bronco; (*person, manner*) tosco, grosero; (*weather*) borrascoso; (*treatment*) brutal; (*sea*) embravecido; (*town, area*) peligroso; (*cloth*) basto; (*plan*) preliminar; (*guess*) aproximado ▷ *n* (*Golf*): **in the ~** en las hierbas altas; **to ~ it** vivir sin comodidades; **to sleep ~** (*BRIT*) pasar la noche al raso; **roughly** *adv* (*handle*) torpemente; (*make*) toscamente; (*approximately*) aproximadamente; **roughly speaking** más o menos

roulette [ruːˈlɛt] *n* ruleta

round [raʊnd] *adj* redondo ▷ *n* círculo; (*of policeman*) ronda; (*of milkman*) recorrido; (*of doctor*) visitas *fpl*; (*game: in competition, cards*) partida; (*of ammunition*) cartucho; (*Boxing*) asalto; (*of talks*) ronda ▷ *vt* (*corner*) doblar ▷ *prep* alrededor de; (*surrounding*): **~ his neck/the table** en su cuello/alrededor de la mesa; (*in a circular movement*): **to move ~ the room/sail ~ the world** dar una vuelta a la habitación/circumnavigar el mundo; (*in various directions*): **to move ~ a room/house** moverse por toda la habitación/casa ▷ *adv*: **all ~** por todos lados; **all the year ~** durante todo el año; **the long way ~** por el camino menos directo; **it's just ~ the corner** (*fig*) está a la vuelta de la esquina; **~ the clock** *adv* las 24 horas; **to go ~ to sb's (house)** ir a casa de algn; **to go ~ the back** pasar por atrás; **enough to go ~** bastante (para todos); **a ~ of applause** una salva de aplausos; **a ~ of drinks/sandwiches** una ronda de bebidas/bocadillos; **a ~ of toast** (BRIT) una tostada; **round off** *vt* (*speech etc*) acabar, poner término a; **round up** *vt* (*cattle*) acorralar; (*people*) reunir; (*prices*) redondear; **roundabout** *n* (BRIT: *Aut*) glorieta, rotonda; (: *at fair*) tiovivo ▷ *adj* (*route, means*) indirecto; **round trip** *n* viaje *m* de ida y vuelta; **roundup** *n* rodeo; (*of criminals*) redada; **a roundup of the latest news** un resumen de las últimas noticias

rouse [raʊz] *vt* (*wake up*) despertar; (*stir up*) suscitar

route [ruːt] *n* ruta, camino; (*of bus*) recorrido; (*of shipping*) derrota

router [ˈruːtəʳ] *n* (*Comput*) router *m*

routine [ruːˈtiːn] *adj* rutinario ▷ *n* rutina; (*Theat*) número

row¹ [rəʊ] *n* (*line*) fila, hilera; (*Knitting*) vuelta ▷ *vi* (*in boat*) remar ▷ *vt* (*boat*) conducir remando; **four days in a ~** cuarto días seguidos

row² [raʊ] *n* (*noise*) escándalo; (*dispute*) bronca, pelea; (*scolding*) reprimenda ▷ *vi* reñir(se)

rowboat [ˈrəʊbəʊt] *n* (US) bote *m* de remos

rowing [ˈrəʊɪŋ] *n* remo; **rowing boat** *n* (BRIT) bote *m or* barco de remos

royal [ˈrɔɪəl] *adj* real; **Royal Air Force** *n* Fuerzas Aéreas Británicas *fpl*; **royalty** *n* (*royal persons*) (miembros *mpl* de la) familia real; (*payment to author*) derechos *mpl* de autor

rpm *abbr* (= *revolutions per minute*) r.p.m.

RSVP *abbr* (= *répondez s'il vous plaît*) SRC

Rt. Hon. *abbr* (BRIT: = *Right Honourable*) *tratamiento honorífico de diputado*

rub [rʌb] *vt* frotar; (*hard*) restregar ▷ *n*: **to give sth a ~** frotar algo; **to ~ sb up** *or* (US) **~ sb the wrong way** sacar de quicio a algn; **rub in** *vt* (*ointment*) frotar; **rub off** *vt* borrarse; **rub out** *vt* borrar

rubber [ˈrʌbəʳ] *n* caucho, goma; (BRIT: *eraser*) goma de borrar; **rubber band** *n* goma, gomita; **rubber gloves** *npl* guantes *mpl* de goma

rubbish [ˈrʌbɪʃ] (BRIT) *n* (*from household*) basura; (*waste*) desperdicios *mpl*; (*fig: pej*) tonterías *fpl*; (*trash*) basura, porquería; **rubbish bin** *n* cubo *or* bote *m* (LAM) de la basura; **rubbish dump** *n* vertedero, basurero

rubble [ˈrʌbl] *n* escombros *mpl*

ruby [ˈruːbɪ] *n* rubí *m*

rucksack [ˈrʌksæk] *n* mochila

rudder [ˈrʌdəʳ] *n* timón *m*

rude [ruːd] *adj* (*impolite: person*) maleducado; (: *word, manners*) grosero; (*indecent*) indecente

ruffle [ˈrʌfl] *vt* (*hair*) despeinar; (*clothes*) arrugar; (*fig: person*) agitar

rug [rʌg] *n* alfombra; (BRIT: *for knees*) manta

rugby [ˈrʌgbɪ] *n* rugby *m*

rugged ['rʌgɪd] *adj* (*landscape*) accidentado; (*features*) robusto
ruin ['ru:ɪn] *n* ruina ▷ *vt* arruinar; (*spoil*) estropear; **ruins** *npl* ruinas *fpl*, restos *mpl*
rule [ru:l] *n* (*norm*) norma, costumbre *f*; (*regulation, ruler*) regla; (*government*) dominio ▷ *vt* (*country, person*) gobernar ▷ *vi* gobernar; (*Law*) fallar; **as a ~** por regla general; **rule out** *vt* excluir; **ruler** *n* (*sovereign*) soberano; (*for measuring*) regla; **ruling** *adj* (*party*) gobernante; (*class*) dirigente ▷ *n* (*Law*) fallo, decisión *f*
rum [rʌm] *n* ron *m*
Rumania [ru:'meɪnɪə] *n* Rumanía; **Rumanian** *adj, n* rumano/a
rumble ['rʌmbl] *n* ruido sordo ▷ *vi* retumbar, hacer un ruido sordo; (*stomach, pipe*) sonar
rumour, (*US*) **rumor** ['ru:mə^r] *n* rumor *m* ▷ *vt*: **it is ~ed that ...** se rumorea que ...; **~ has it that ...** corre la voz de que ...
rump steak *n* filete *m* de lomo
run [rʌn] (*pt* **ran**, *pp* **run**) *n* (*Sport*) carrera; (*outing*) paseo, excursión *f*; (*distance travelled*) trayecto; (*series*) serie *f*; (*Theat*) temporada; (*Ski*) pista; (*in tights, stockings*) carrera ▷ *vt* (*operate: business*) dirigir; (: *competition, course*) organizar; (: *hotel, house*) administrar, llevar; (*Comput*) ejecutar; (*to pass: hand*) pasar; (*Press: feature*) publicar ▷ *vi* correr; (*work: machine*) funcionar, marchar; (*bus, train: operate*) circular, ir; (: *travel*) ir; (*continue: play*) seguir en cartel; (: *contract*) ser válido; (*flow: river, bath*) fluir; (*colours, washing*) desteñirse; (*in election*) ser candidato; **there was a ~ on** (*meat, tickets*) hubo mucha demanda de; **in the long ~** a la larga; **on the ~** en fuga; **I'll ~ you to the station** te llevaré a la estación en coche; **to ~ a risk** correr un riesgo; **to ~ a bath** llenar la bañera; **run after** *vt fus* (*to catch up*) correr tras; (*chase*) perseguir; **run away** *vi* huir; **run down** *vt* (*reduce: production*) ir reduciendo; (*factory*) restringir la producción de; (*Aut*) atropellar; (*criticize*) criticar; **to be ~ down** (*person: tired*) encontrarse agotado; **run into** *vt fus* (*meet: person, trouble*) tropezar con; (*collide with*) chocar con; **run off** *vt* (*water*) dejar correr ▷ *vi* huir corriendo; **run out** *vi* (*person*) salir corriendo; (*liquid*) irse; (*lease*) caducar, vencer; (*money*) acabarse; **run out of** *vt fus* quedar sin; **run over** *vt* (*Aut*) atropellar ▷ *vt fus* (*revise*) repasar; **run through** *vt fus* (*instructions*) repasar; **run up** *vt* (*debt*) incurrir en; **to ~ up against** (*difficulties*) tropezar con; **runaway** *adj* (*horse*) desbocado; (*truck*) sin frenos; (*person*) fugitivo
rung [rʌŋ] *pp of* **ring** ▷ *n* (*of ladder*) escalón *m*, peldaño
runner ['rʌnə^r] *n* (*in race: person*) corredor(a) *m/f*; (: *horse*) caballo; (*on sledge*) patín *m*; **runner bean** *n* (BRIT) judía verde; **runner-up** *n* subcampeón/ona *m/f*
running ['rʌnɪŋ] *n* (*sport*) atletismo; (*race*) carrera ▷ *adj* (*costs, water*) corriente; (*commentary*) en directo; **to be in/out of the ~ for sth** tener/no tener posibilidades de ganar algo; **6 days ~** 6 días seguidos
runny ['rʌnɪ] *adj* líquido; (*eyes*) lloroso; **to have a ~ nose** tener mocos
run-up ['rʌnʌp] *n*: **~ to** (*election etc*) período previo a
runway ['rʌnweɪ] *n* (*Aviat*) pista (de aterrizaje)
rupture ['rʌptʃə^r] *n* (*Med*) hernia ▷ *vt*: **to ~ o.s.** causarse una hernia
rural ['ruərl] *adj* rural
rush [rʌʃ] *n* ímpetu *m*; (*hurry*) prisa; (*Comm*) demanda repentina; (*Bot*) junco; (*current*) corriente *f* fuerte; (*of feeling*) torrente *m* ▷ *vt* apresurar; (*work*) hacer de prisa ▷ *vi* correr, precipitarse; **rush hour** *n* horas *fpl* punta
Russia ['rʌʃə] *n* Rusia; **Russian** *adj* ruso ▷ *n* ruso/a; (*Ling*) ruso

rust [rʌst] *n* herrumbre *f*, moho ▷ *vi* oxidarse
rusty ['rʌstɪ] *adj* oxidado
ruthless ['ru:θlɪs] *adj* despiadado
RV *n abbr* (*US*) = **recreational vehicle**
rye [raɪ] *n* centeno

S

Sabbath ['sæbəθ] *n* domingo; (*Jewish*) sábado
sabotage ['sæbəta:ʒ] *n* sabotaje *m* ▷ *vt* sabotear
saccharin(e) ['sækərɪn] *n* sacarina
sachet ['sæʃeɪ] *n* sobrecito
sack [sæk] *n* (*bag*) saco, costal *m* ▷ *vt* (*dismiss*) despedir; (*plunder*) saquear; **to get the ~** ser despedido
sacred ['seɪkrɪd] *adj* sagrado, santo
sacrifice ['sækrɪfaɪs] *n* sacrificio ▷ *vt* sacrificar
sad [sæd] *adj* (*unhappy*) triste; (*deplorable*) lamentable
saddle ['sædl] *n* silla (de montar); (*of cycle*) sillín *m* ▷ *vt* (*horse*) ensillar; **to be ~d with sth** (*inf*) quedar cargado con algo
sadistic [sə'dɪstɪk] *adj* sádico
sadly ['sædlɪ] *adv* tristemente; **~ lacking (in)** muy deficiente (en)
sadness ['sædnɪs] *n* tristeza
safari [sə'fa:rɪ] *n* safari *m*

safe [seɪf] *adj* (*out of danger*) fuera de peligro; (*not dangerous, sure*) seguro; (*unharmed*) ileso ▷ *n* caja de caudales, caja fuerte; **~ and sound** sano y salvo; **(just) to be on the ~ side** para mayor seguridad; **safely** *adv* seguramente, con seguridad; **to arrive safely** llegar bien; **safe sex** *n* sexo seguro *or* sin riesgo

safety ['seɪftɪ] *n* seguridad *f*; **safety belt** *n* cinturón *m* (de seguridad); **safety pin** *n* imperdible *m*, seguro (*LAM*)

saffron ['sæfrən] *n* azafrán *m*

sag [sæg] *vi* aflojarse

sage [seɪdʒ] *n* (*herb*) salvia; (*man*) sabio

Sagittarius [sædʒɪ'tɛərɪəs] *n* Sagitario

Sahara [sə'hɑːrə] *n*: **the ~ (Desert)** el Sáhara

said [sɛd] *pt, pp of* **say**

sail [seɪl] *n* (*on boat*) vela ▷ *vt* (*boat*) gobernar ▷ *vi* (*travel: ship*) navegar; (*Sport*) hacer vela; **they ~ed into Copenhagen** arribaron a Copenhague; **sailboat** *n* (*US*) velero, barco de vela; **sailing** *n* (*Sport*) vela; **to go sailing** hacer vela; **sailing boat** *n* velero, barco de vela; **sailor** *n* marinero, marino

saint [seɪnt] *n* santo

sake [seɪk] *n*: **for the ~ of** por

salad ['sæləd] *n* ensalada; **salad cream** *n* (*BRIT*) mayonesa; **salad dressing** *n* aliño

salami [sə'lɑːmɪ] *n* salami *m*, salchichón *m*

salary ['sælərɪ] *n* sueldo

sale [seɪl] *n* venta; (*at reduced prices*) liquidación *f*, saldo; (*auction*) subasta; **sales** *npl* (*total amount sold*) ventas *fpl*, facturación *f*; **"for ~"** "se vende"; **on ~** en venta; **on ~ or return** (*goods*) venta por reposición; **sales assistant** *n* (*BRIT*) dependiente/a *m/f*; **sales clerk** *n* (*US*) dependiente/a *m/f*; **salesman** *n* vendedor *m*; (*in shop*) dependiente *m*; **salesperson** (*irreg*) *n* vendedor(a) *m/f*, dependiente/a *m/f*; **sales rep** *n* representante *mf*, agente *mf* comercial

saline ['seɪlaɪn] *adj* salino

saliva [sə'laɪvə] *n* saliva

salmon ['sæmən] *n* (*pl inv*) salmón *m*

salon ['sælɔn] *n* (*hairdressing salon, beauty salon*) salón *m*

saloon [sə'luːn] *n* (*US*) bar *m*, taberna; (*BRIT Aut*) (coche *m* de) turismo; (*ship's lounge*) cámara, salón *m*

salt [sɔːlt] *n* sal *f* ▷ *vt* salar; (*put salt on*) poner sal en; **saltwater** *adj* de agua salada; **salty** *adj* salado

salute [sə'luːt] *n* saludo; (*of guns*) salva ▷ *vt* saludar

salvage ['sælvɪdʒ] *n* (*saving*) salvamento, recuperación *f*; (*things saved*) objetos *mpl* salvados ▷ *vt* salvar

Salvation Army *n* Ejército de Salvación

same [seɪm] *adj* mismo ▷ *pron*: **the ~** el mismo/la misma; **the ~ book as** el mismo libro que; **at the ~ time** (*at the same moment*) al mismo tiempo; (*yet*) sin embargo; **all** *or* **just the ~** sin embargo, aun así; **to do the ~ (as sb)** hacer lo mismo (que otro); **and the ~ to you!** ¡igualmente!

sample ['sɑːmpl] *n* muestra ▷ *vt* (*food, wine*) probar

sanction ['sæŋkʃən] *n* sanción *f* ▷ *vt* sancionar; **sanctions** *npl* (*Pol*) sanciones *fpl*

sanctuary ['sæŋktjuərɪ] *n* santuario; (*refuge*) asilo, refugio; (*for wildlife*) reserva

sand [sænd] *n* arena; (*beach*) playa; **sands** *npl* playa *sg* de arena ▷ *vt* (*also*: **~ down**: *wood etc*) lijar

sandal ['sændl] *n* sandalia

sand: sandbox *n* (*US*) = **sandpit**; **sandcastle** *n* castillo de arena; **sand dune** *n* duna; **sandpaper** *n* papel *m* de lija; **sandpit** *n* (*for children*) cajón *m* de arena; **sandstone** *n* piedra arenisca

sandwich ['sændwɪtʃ] *n* bocadillo (*SP*), sandwich *m* (*LAM*) ▷ *vt* (*also*: **~ in**) intercalar; **to be ~ed between** estar apretujado entre; **cheese/ham ~** sandwich de queso/jamón

sandy ['sændɪ] *adj* arenoso; (*colour*) rojizo

sane [seɪn] *adj* cuerdo, sensato

Be careful not to translate *sane* by the Spanish word *sano*.

sang [sæŋ] *pt of* **sing**

sanitary towel, (US) **sanitary napkin** *n* paño higiénico, compresa

sanity ['sænɪtɪ] *n* cordura; (*of judgment*) sensatez *f*

sank [sæŋk] *pt of* **sink**

Santa Claus [sæntə'klɔːz] *n* San Nicolás *m*, Papá Noel *m*

sap [sæp] *n* (*of plants*) savia ▷ *vt* (*strength*) minar, agotar

sapphire ['sæfaɪəʳ] *n* zafiro

sarcasm ['sɑːkæzm] *n* sarcasmo

sarcastic [sɑː'kæstɪk] *adj* sarcástico

sardine [sɑː'diːn] *n* sardina

SASE *n abbr* (US: = *self-addressed stamped envelope*) *sobre con las propias señas de uno y con sello*

sat [sæt] *pt, pp of* **sit**

Sat. *abbr* (= *Saturday*) sáb.

satchel ['sætʃl] *n* (*child's*) cartera, mochila (LAM)

satellite ['sætəlaɪt] *n* satélite *m*; **satellite dish** *n* (antena) parabólica; **satellite television** *n* televisión *f* por satélite

satin ['sætɪn] *n* raso ▷ *adj* de raso

satire ['sætaɪəʳ] *n* sátira

satisfaction [sætɪs'fækʃən] *n* satisfacción *f*

satisfactory [sætɪs'fæktərɪ] *adj* satisfactorio

satisfied ['sætɪsfaɪd] *adj* satisfecho; **to be ~ (with sth)** estar satisfecho (de algo)

satisfy ['sætɪsfaɪ] *vt* satisfacer; (*convince*) convencer

satnav ['sætnæv] *n abbr* (= *satellite navigation*) navegador *m* (GPS)

Saturday ['sætədɪ] *n* sábado

sauce [sɔːs] *n* salsa; (*sweet*) crema; **saucepan** *n* cacerola, olla

saucer ['sɔːsəʳ] *n* platillo

Saudi Arabia *n* Arabia Saudí *or* Saudita

sauna ['sɔːnə] *n* sauna

sausage ['sɔsɪdʒ] *n* salchicha; **sausage roll** *n* empanadilla de salchicha

sautéed ['səʊteɪd] *adj* salteado

savage ['sævɪdʒ] *adj* (*cruel, fierce*) feroz, furioso; (*primitive*) salvaje ▷ *n* salvaje *mf* ▷ *vt* (*attack*) embestir

save [seɪv] *vt* (*rescue*) salvar, rescatar; (*money, time*) ahorrar; (*put by*) guardar; (*Comput*) salvar (y guardar); (*avoid: trouble*) evitar; (*Sport*) parar ▷ *vi* (*also: ~ up*) ahorrar ▷ *n* (*Sport*) parada ▷ *prep* salvo, excepto

saving ['seɪvɪŋ] *n* (*on price etc*) economía; **savings** *npl* ahorros *mpl*; **savings account** *n* cuenta de ahorros; **savings and loan association** *n* (US) sociedad *f* de ahorro y préstamo

savoury, (US) **savory** ['seɪvərɪ] *adj* sabroso; (*dish: not sweet*) salado

saw [sɔː] *pt of* **see** ▷ *n* (*tool*) sierra ▷ *vt* serrar; **sawdust** *n* (a)serrín *m*

sawn [sɔːn] *pp of* **saw**

saxophone ['sæksəfəʊn] *n* saxófono

say (*pt, pp* **said**) [seɪ, sɛd] *n*: **to have one's ~** expresar su opinión ▷ *vt, vi* decir; **to have a** *or* **some ~ in sth** tener voz y voto en algo; **to ~ yes/no** decir que sí/no; **that is to ~** es decir; **that goes without ~ing** ni que decir tiene; **saying** *n* dicho, refrán *m*

scab [skæb] *n* costra; (*pej*) esquirol(a) *m/f*

scaffolding ['skæfəldɪŋ] *n* andamio, andamiaje *m*

scald [skɔːld] *n* escaldadura ▷ *vt* escaldar

scale [skeɪl] *n* escala; (*Mus*) escala; (*of fish*) escama; (*of salaries, fees etc*) escalafón *m* ▷ *vt* (*mountain*) escalar; (*tree*) trepar; **scales** *npl* (*small*) balanza *sg*; (*large*) báscula *sg*; **on a large ~** a gran escala; **~ of charges** tarifa, lista de precios

scallion ['skæljən] *n* (*US*) cebolleta

scallop ['skɔləp] *n* (*Zool*) venera; (*Sewing*) festón *m*

scalp [skælp] *n* cabellera ▷ *vt* escalpar

scalpel ['skælpl] *n* bisturí *m*

scam [skæm] *n* (*inf*) estafa, timo

scampi ['skæmpɪ] *npl* gambas *fpl*

scan [skæn] *vt* (*examine*) escudriñar; (*glance at quickly*) dar un vistazo a; (*TV, Radar*) explorar, registrar ▷ *n* (*Med*) examen *m* ultrasónico; **to have a ~** pasar por el escáner

scandal ['skændl] *n* escándalo; (*gossip*) chismes *mpl*

Scandinavia [skændɪ'neɪvɪə] *n* Escandinavia; **Scandinavian** *adj, n* escandinavo/a

scanner ['skænəʳ] *n* (*Radar, Med, Comput*) escáner *m*

scapegoat ['skeɪpgəut] *n* cabeza de turco, chivo expiatorio

scar [skɑː] *n* cicatriz *f* ▷ *vt* marcar con una cicatriz

scarce [skeəs] *adj* escaso; **to make o.s. ~** (*inf*) esfumarse; **scarcely** *adv* apenas

scare [skeəʳ] *n* susto, sobresalto; (*panic*) pánico ▷ *vt* asustar, espantar; **to ~ sb stiff** dar a algn un susto de muerte; **bomb ~** amenaza de bomba; **scarecrow** *n* espantapájaros *m inv*; **scared** *adj*: **to be scared** estar asustado

scarf (*pl* **scarves**) [skɑːf, skɑːvz] *n* (*long*) bufanda; (*square*) pañuelo

scarlet ['skɑːlɪt] *adj* escarlata

scarves [skɑːvz] *npl of* **scarf**

scary ['skeərɪ] *adj* (*inf*) de miedo

scatter ['skætəʳ] *vt* (*spread*) esparcir, desparramar; (*put to flight*) dispersar ▷ *vi* desparramarse; dispersarse

scenario [sɪ'nɑːrɪəu] *n* (*Theat*) argumento; (*Cine*) guión *m*; (*fig*) escenario

scene [siːn] *n* (*Theat*) escena; (*of crime, accident*) escenario; (*sight, view*) vista, panorama; (*fuss*) escándalo; **scenery** *n* (*Theat*) decorado; (*landscape*) paisaje *m*; **scenic** *adj* pintoresco

Be careful not to translate *scenery* by the Spanish word *escenario*.

scent [sɛnt] *n* perfume *m*, olor *m*; (*fig: track*) rastro, pista

sceptical, (*US*) **skeptical** ['skɛptɪkl] *adj* escéptico

schedule ['ʃɛdjuːl, *US* 'skɛdjuːl] *n* (*of trains*) horario; (*of events*) programa *m*; (*list*) lista ▷ *vt* (*visit*) fijar la hora de; **on ~** a la hora, sin retraso; **to be ahead of/behind ~** ir adelantado/retrasado

scheduled ['ʃɛdjuːld, *US* 'skɛdjuːld] *adj* (*date, time*) fijado; **~ flight** vuelo regular

scheme [skiːm] *n* (*plan*) plan *m*, proyecto; (*plot*) intriga; (*arrangement*) disposición *f*; (*pension scheme etc*) sistema *m* ▷ *vi* (*intrigue*) intrigar

schizophrenic [skɪtsə'frɛnɪk] *adj* esquizofrénico

scholar ['skɔləʳ] *n* (*pupil*) alumno/a; (*learned person*) sabio/a, erudito/a; **scholarship** *n* erudición *f*; (*grant*) beca

school [skuːl] *n* escuela, colegio; (*in university*) facultad *f*; **schoolbook** *n* libro de texto; **schoolboy** *n* alumno; **schoolchild** schoolchildren *n* alumno/a; **schoolgirl** *n* alumna; **schooling** *n* enseñanza; **schoolteacher** *n* (*primary*) maestro/a; (*secondary*) profesor(a) *m/f*

science ['saɪəns] *n* ciencia; **science fiction** *n* ciencia-ficción *f*; **scientific** [saɪən'tɪfɪk] *adj* científico; **scientist** *n* científico/a

sci-fi ['saɪfaɪ] *n abbr* (*inf*) = **science fiction**

scissors ['sɪzəz] *npl* tijeras *fpl*; **a pair of ~** unas tijeras

scold [skəuld] *vt* regañar

scone [skɔn] *n pastel de pan*

scoop [skuːp] *n* (*for flour etc*) pala; (*Press*) exclusiva

scooter ['skuːtəʳ] *n* (*motor cycle*) Vespa®; (*toy*) patinete *m*
scope [skəup] *n* (*of plan, undertaking*) ámbito; (*of person*) competencia; (*opportunity*) libertad *f* (de acción)
scorching ['skɔːtʃɪŋ] *adj* abrasador(a)
score [skɔːʳ] *n* (*points etc*) puntuación *f*; (*Mus*) partitura; (*twenty*) veintena ▷ *vt* (*goal, point*) ganar; (*mark, cut*) rayar ▷ *vi* marcar un tanto; (*Football*) marcar un gol; (*keep score*) llevar el tanteo; **on that ~** en lo que se refiere a eso; **to ~ 6 out of 10** obtener una puntuación de 6 sobre 10; **score out** *vt* tachar; **scoreboard** *n* marcador *m*; **scorer** *n* marcador(a) *m/f*; (*keeping score*) encargado/a del marcador
scorn [skɔːn] *n* desprecio
Scorpio ['skɔːpɪəu] *n* Escorpión *m*
scorpion ['skɔːpɪən] *n* alacrán *m*
Scot [skɔt] *n* escocés/esa *m/f*
Scotch tape® *n* (*US*) cinta adhesiva, celo, scotch® *m*
Scotland ['skɔtlənd] *n* Escocia
Scots [skɔts] *adj* escocés/esa; **Scotsman** *n* escocés *m*; **Scotswoman** *n* escocesa
Scottish ['skɔtɪʃ] *adj* escocés/esa; **the ~ Parliament** el Parlamento escocés
scout [skaut] *n* explorador *m*; **girl ~** (*US*) niña exploradora
scowl [skaul] *vi* fruncir el ceño; **to ~ at sb** mirar con ceño a algn
scramble ['skræmbl] *n* (*climb*) subida (difícil); (*struggle*) pelea ▷ *vi*: **to ~ out/through** salir/abrirse paso con dificultad; **to ~ for** pelear por; **scrambled eggs** *npl* huevos *mpl* revueltos
scrap [skræp] *n* (*bit*) pedacito; (*fig*) pizca; (*fight*) riña, bronca; (*also*: **~ iron**) chatarra, hierro viejo ▷ *vt* (*discard*) desechar, descartar ▷ *vi* reñir, armar (una) bronca; **scraps** *npl* (*waste*) sobras *fpl*, desperdicios *mpl*; **scrapbook** *n* álbum *m* de recortes
scrape [skreɪp] *n* (*fig*) lío, apuro ▷ *vt* raspar; (*skin etc*) rasguñar; (*also*: **~ against**) rozar; **to get into a ~** meterse en un lío; **scrape through** *vi* (*in exam*) aprobar por los pelos
scrap paper *n* pedazos *mpl* de papel
scratch [skrætʃ] *n* rasguño; (*from claw*) arañazo ▷ *vt* (*paint, car*) rayar; (*with claw, nail*) rasguñar, arañar ▷ *vi* rascarse; **to start from ~** partir de cero; **to be up to ~** cumplir con los requisitos; **scratch card** *n* (BRIT) tarjeta *f* de "rasque y gane"
scream [skriːm] *n* chillido ▷ *vi* chillar
screen [skriːn] *n* (*Cine, TV*) pantalla; (*movable*) biombo ▷ *vt* (*conceal*) tapar; (*from the wind etc*) proteger; (*film*) proyectar; (*fig*: *person*: *for security*) investigar; **screening** *n* (*Med*) exploración *f*; **screenplay** *n* guión *m*; **screen saver** *n* (*Comput*) salvapantallas *m inv*; **screenshot** *n* (*Comput*) pantallazo, captura de pantalla
screw [skruː] *n* tornillo; (*propeller*) hélice *f* ▷ *vt* atornillar; **screw up** *vt* (*paper, material etc*) arrugar; **to ~ up one's eyes** arrugar el entrecejo; **screwdriver** *n* destornillador *m*
scribble ['skrɪbl] *n* garabatos *mpl* ▷ *vi* garabatear ▷ *vt*: **to ~ sth down** garabatear algo
script [skrɪpt] *n* (*Cine etc*) guión *m*; (*writing*) escritura, letra
scroll [skrəul] *n* rollo
scrub [skrʌb] *n* (*land*) maleza ▷ *vt* fregar, restregar; (*reject*) cancelar, anular
scruffy ['skrʌfɪ] *adj* desaliñado
scrum(mage) ['skrʌm(ɪdʒ)] *n* (*Rugby*) melée *f*
scrutiny ['skruːtɪnɪ] *n* escrutinio, examen *m*
scuba diving ['skuːbə'daɪvɪŋ] *n* submarinismo
sculptor ['skʌlptəʳ] *n* escultor(a) *m/f*
sculpture ['skʌlptʃəʳ] *n* escultura
scum [skʌm] *n* (*on liquid*) espuma; (*pej*: *people*) escoria
scurry ['skʌrɪ] *vi*: **to ~ off** escabullirse

S

sea [siː] *n* mar *m* (*or also f*); **by ~** (*travel*) en barco; **on the ~** (*boat*) en el mar; (*town*) junto al mar; **to be all at ~** (*fig*) estar despistado; **out to** *or* **at ~** en alta mar; **seafood** *n* mariscos *mpl*; **sea front** *n* paseo marítimo; **seagull** *n* gaviota

seal [siːl] *n* (*animal*) foca; (*stamp*) sello ▷ *vt* (*close*) cerrar; **seal off** *vt* obturar

sea level *n* nivel *m* del mar

seam [siːm] *n* costura; (*of metal*) juntura; (*of coal*) veta, filón *m*

search [sɜːtʃ] *n* (*for person, thing*) busca, búsqueda; (*of drawer, pockets*) registro ▷ *vt* (*look in*) buscar en; (*examine*) examinar; (*person, place*) registrar ▷ *vi*: **to ~ for** buscar; **in ~ of** en busca de; **search engine** *n* (*Internet*) buscador *m*; **search party** *n* equipo de salvamento

sea: seashore *n* playa, orilla del mar; **seasick** *adj* mareado; **seaside** *n* playa, orilla del mar; **seaside resort** *n* centro turístico costero

season ['siːzn] *n* (*of year*) estación *f*; (*sporting etc*) temporada ▷ *vt* (*food*) sazonar; **to be in/out of ~** estar en sazón/fuera de temporada; **seasonal** *adj* estacional; **seasoning** *n* condimento; **season ticket** *n* abono

seat [siːt] *n* (*in bus, train*) asiento; (*chair*) silla; (*Parliament*) escaño; (*buttocks*) trasero ▷ *vt* sentar; (*have room for*) tener cabida para; **to be ~ed** sentarse; **seat belt** *n* cinturón *m* de seguridad; **seating** *n* asientos *mpl*

sea: sea water *n* agua *m* del mar; **seaweed** *n* alga marina

sec. *abbr* = **second**

secluded [sɪ'kluːdɪd] *adj* retirado

second ['sɛkənd] *adj* segundo ▷ *adv* en segundo lugar ▷ *n* segundo; (*Aut*: *also*: **~ gear**) segunda; (*Comm*) artículo con algún desperfecto; (BRIT *Scol*: *degree*) título universitario de segunda clase ▷ *vt* (*motion*) apoyar; **to have ~ thoughts** cambiar de opinión; **on ~ thoughts** *or* (US) **thought** pensándolo bien; **secondary** *adj* secundario; **secondary school** *n* escuela secundaria; **second-class** *adj* de segunda clase ▷ *adv*: **to travel second-class** viajar en segunda; **secondhand** *adj* de segunda mano, usado; **secondly** *adv* en segundo lugar; **second-rate** *adj* de segunda categoría

secrecy ['siːkrəsɪ] *n* secreto

secret ['siːkrɪt] *adj*, *n* secreto; **in ~** en secreto

secretary ['sɛkrətərɪ] *n* secretario/a; **S~ of State** (BRIT *Pol*) Ministro (con cartera)

secretive ['siːkrətɪv] *adj* reservado, sigiloso

secret service *n* servicio secreto

sect [sɛkt] *n* secta

section ['sɛkʃən] *n* sección *f*; (*part*) parte *f*; (*of document*) artículo; (*of opinion*) sector *m*

sector ['sɛktəʳ] *n* sector *m*

secular ['sɛkjuləʳ] *adj* secular, seglar

secure [sɪ'kjuəʳ] *adj* seguro; (*firmly fixed*) firme, fijo ▷ *vt* (*fix*) asegurar, afianzar; (*get*) conseguir

security [sɪ'kjuərɪtɪ] *n* seguridad *f*; (*for loan*) fianza; (: *object*) prenda; **securities** *npl* (*Comm*) valores *mpl*, títulos *mpl*; **security guard** *n* guardia *mf* de seguridad

sedan [sɪ'dæn] *n* (US *Aut*) sedán *m*

sedate [sɪ'deɪt] *adj* tranquilo ▷ *vt* administrar sedantes a, sedar

sedative ['sɛdɪtɪv] *n* sedante *m*

seduce [sɪ'djuːs] *vt* seducir; **seductive** [sɪ'dʌktɪv] *adj* seductor/a

see [siː] (*pt* **saw**, *pp* **seen**) *vt* ver; (*understand*) ver, comprender ▷ *vi* ver ▷ *n* sede *f*; **to ~ sb to the door** acompañar a algn a la puerta; **to ~ that** (*ensure*) asegurarse de que; **~ you soon/later/tomorrow!** ¡hasta pronto/luego/mañana!; **see off** *vt* despedir; **see out** *vt* (*take to the door*) acompañar hasta la puerta; **see**

through *vt fus* calar ▷ *vt* llevar a cabo; **see to** *vt fus* atender a, encargarse de
seed [siːd] *n* semilla; (*in fruit*) pepita; (*fig*) germen *m*; (*Tennis*) preseleccionado/a; **to go to ~** (*plant*) granar; (*fig*) descuidarse
seeing ['siːɪŋ] *conj*: **~ (that)** visto que, en vista de que
seek (*pt, pp* **sought**) [siːk, sɔːt] *vt* buscar; (*post*) solicitar
seem [siːm] *vi* parecer; **there ~s to be ...** parece que hay ...; **seemingly** *adv* aparentemente, según parece
seen [siːn] *pp of* **see**
seesaw ['siːsɔː] *n* subibaja *m*
segment ['sɛgmənt] *n* segmento; (*of citrus fruit*) gajo
segregate ['sɛgrɪgeɪt] *vt* segregar
seize [siːz] *vt* (*grasp*) agarrar, asir; (*take possession of*) secuestrar; (: *territory*) apoderarse de; (*opportunity*) aprovecharse de
seizure ['siːʒəʳ] *n* (*Med*) ataque *m*; (*Law*) incautación *f*
seldom ['sɛldəm] *adv* rara vez
select [sɪ'lɛkt] *adj* selecto, escogido ▷ *vt* escoger, elegir; (*Sport*) seleccionar; **selection** *n* selección *f*, elección *f*; (*Comm*) surtido; **selective** *adj* selectivo
self [sɛlf] *n* uno mismo ▷ *pref* auto...; **the ~** el yo; **self-assured** *adj* seguro de sí mismo; **self-catering** *adj* (BRIT): **self-catering apartment** apartamento con cocina propia; **self-centred,** (US) **self-centered** *adj* egocéntrico; **self-confidence** *n* confianza en sí mismo; **self-confident** *adj* seguro de sí (mismo), lleno de confianza en sí mismo; **self-conscious** *adj* cohibido; **self-contained** *adj* (BRIT: *flat*) con entrada particular; **self-control** *n* autodominio; **self-defence,** (US) **self-defense** *n* defensa propia; **self-employed** *adj* que trabaja por cuenta propia; **self-esteem** *n* amor *m* propio; **self-harm** *vi* autolesionarse; **self-indulgent** *adj* indulgente consigo mismo; **self-interest** *n* egoísmo; **selfish** *adj* egoísta; **self-pity** *n* lástima de sí mismo; **self-raising,** (US) **self-rising** *adj*: **self-raising flour** harina con levadura; **self-respect** *n* amor *m* propio; **self-service** *adj* de autoservicio
selfie ['sɛlfɪ] *n* selfie *m*, autofoto *f*
sell (*pt, pp* **sold**) [sɛl, səʊld] *vt* vender ▷ *vi* venderse; **to ~ at** *or* **for £10** venderse a 10 libras; **sell off** *vt* liquidar; **sell out** *vi*: **the tickets are all sold out** las entradas están agotadas; **sell-by date** *n* fecha de caducidad; **seller** *n* vendedor(a) *m/f*
Sellotape® ['sɛləʊteɪp] *n* (BRIT) celo, scotch® *m*
selves [sɛlvz] *npl of* **self**
semester [sɪ'mɛstəʳ] *n* (US) semestre *m*
semi... [sɛmɪ] *pref* semi..., medio...; **semicircle** *n* semicírculo; **semidetached (house)** *n* casa adosada; **semi-final** *n* semifinal *f*
seminar ['sɛmɪnɑːʳ] *n* seminario
semi-skimmed ['sɛmɪ'skɪmd] *adj* semidesnatado; **semi-skimmed (milk)** *n* leche semidesnatada
senate ['sɛnɪt] *n* senado; *see also* **Congress**; **senator** *n* senador(a) *m/f*
send (*pt, pp* **sent**) [sɛnd, sɛnt] *vt* mandar, enviar; **send back** *vt* devolver; **send for** *vt fus* mandar traer; **send in** *vt* (*report, application, resignation*) mandar; **send off** *vt* (*goods*) despachar; (BRIT *Sport*: *player*) expulsar; **send on** *vt* (*letter, luggage*) remitir; **send out** *vt* (*invitation*) mandar; (*signal*) emitir; **send up** *vt* (*person, price*) hacer subir; (BRIT: *parody*) parodiar; **sender** *n* remitente *mf*; **send-off** *n*: **a good send-off** una buena despedida
senile ['siːnaɪl] *adj* senil
senior ['siːnɪəʳ] *adj* (*older*) mayor, más viejo; (: *on staff*) de más antigüedad; (*of higher rank*) superior; **senior citizen** *n* persona de la tercera edad; **senior high school** *n* (US) ≈ instituto de enseñanza media

S

sensation [sɛn'seɪʃən] *n* sensación *f*; **sensational** *adj* sensacional
sense [sɛns] *n* (*faculty, meaning*) sentido; (*feeling*) sensación *f*; (*good sense*) sentido común, juicio ▷ *vt* sentir, percibir; **it makes ~** tiene sentido; **senseless** *adj* estúpido, insensato; (*unconscious*) sin conocimiento; **sense of humour** *n* (BRIT) sentido del humor
sensible ['sɛnsɪbl] *adj* sensato; (*reasonable*) razonable, lógico

Be careful not to translate *sensible* by the Spanish word *sensible*.

sensitive ['sɛnsɪtɪv] *adj* sensible; (*touchy*) susceptible
sensual ['sɛnsjuəl] *adj* sensual
sensuous ['sɛnsjuəs] *adj* sensual
sent [sɛnt] *pt, pp of* **send**
sentence ['sɛntəns] *n* (*Ling*) oración *f*; (*Law*) sentencia, fallo ▷ *vt*: **to ~ sb to death/to five years** condenar a algn a muerte/a cinco años de cárcel
sentiment ['sɛntɪmənt] *n* sentimiento; (*opinion*) opinión *f*; **sentimental** [sɛntɪ'mɛntl] *adj* sentimental
Sep. *abbr* (= *September*) sep., set.
separate *adj* ['sɛprɪt] separado; (*distinct*) distinto; **~s** *npl* (*clothes*) coordinados *mpl* ▷ *vt* ['sɛpəreɪt] separar; (*part*) dividir ▷ *vi* ['sɛpəreɪt] separarse; **separately** *adv* por separado; **separation** [sɛpə'reɪʃən] *n* separación *f*
September [sɛp'tɛmbəʳ] *n* se(p) tiembre *m*
septic ['sɛptɪk] *adj* séptico; **septic tank** *n* fosa séptica
sequel ['siːkwl] *n* consecuencia, resultado; (*of story*) continuación *f*
sequence ['siːkwəns] *n* sucesión *f*, serie *f*; (*Cine*) secuencia
sequin ['siːkwɪn] *n* lentejuela
Serb [səːb] *adj, n* = **Serbian**
Serbian ['səːbɪən] *adj* serbio ▷ *n* serbio/a; (*Ling*) serbio
sergeant ['saːdʒənt] *n* sargento
serial ['sɪərɪəl] *n* (*TV*) serie *f*; **serial killer** *n* asesino/a múltiple; **serial number** *n* número de serie
series ['sɪəriːz] *n* (*pl inv*) serie *f*
serious ['sɪərɪəs] *adj* serio; (*grave*) grave; **seriously** *adv* en serio; (*ill, wounded etc*) gravemente
sermon ['səːmən] *n* sermón *m*
servant *n* servidor(a) *m/f*; (*also*: **house ~**) criado/a
serve [səːv] *vt* servir; (*customer*) atender; (*train*) tener parada en; (*apprenticeship*) hacer; (*prison term*) cumplir ▷ *vi* (*servant, soldier etc*) servir; (*Tennis*) sacar ▷ *n* (*Tennis*) saque *m*; **it ~s him right** se lo tiene merecido; **server** *n* (*Comput*) servidor *m*
service ['səːvɪs] *n* servicio; (*Rel*) misa; (*Aut*) mantenimiento; (*of dishes*) juego ▷ *vt* (*car, washing machine*) revisar; (: *repair*) reparar; **services** *npl* (*Econ*: *tertiary sector*) sector *m* terciario *or* (de) servicios; (BRIT: *on motorway*) área de servicio; **the S~s** las fuerzas armadas; **to be of ~ to sb** ser útil a algn; **~ included/not included** servicio incluido/no incluido; **service area** *n* (*on motorway*) área de servicios; **service charge** *n* (BRIT) servicio; **serviceman** *n* militar *m*; **service station** *n* estación *f* de servicio
serviette [səːvɪ'ɛt] *n* (BRIT) servilleta
session ['sɛʃən] *n* sesión *f*; **to be in ~** estar en sesión
set [sɛt] (*pt, pp* **set**) *n* juego; (*Radio*) aparato; (*TV*) televisor *m*; (*of utensils*) batería; (*of cutlery*) cubierto; (*of books*) colección *f*; (*Tennis*) set *m*; (*group of people*) grupo; (*Cine*) plató *m*; (*Theat*) decorado; (*Hairdressing*) marcado ▷ *adj* (*fixed*) fijo; (*ready*) listo ▷ *vt* (*place*) poner, colocar; (*fix*) fijar; (*adjust*) ajustar, arreglar; (*decide*: *rules etc*) establecer, decidir ▷ *vi* (*sun*) ponerse; (*jam, jelly*) cuajarse; (*concrete*) fraguar; **to be ~ on doing sth** estar empeñado en hacer algo; **to ~ to music** poner música a; **to ~ on fire** incendiar,

prender fuego a; **to ~ free** poner en libertad; **to ~ sth going** poner algo en marcha; **to ~ sail** zarpar, hacerse a la mar; **set aside** *vt* poner aparte, dejar de lado; **set down** *vt* (*bus, train*) dejar; **set in** *vi* (*infection*) declararse; (*complications*) comenzar; **the rain has ~ in for the day** parece que va a llover todo el día; **set off** *vi* partir ▷ *vt* (*bomb*) hacer estallar; (*cause to start*) poner en marcha; (*show up well*) hacer resaltar; **set out** *vi* partir ▷ *vt* (*arrange*) disponer; (*state*) exponer; **to ~ out to do sth** proponerse hacer algo; **set up** *vt* establecer; **setback** *n* revés *m*, contratiempo; **set menu** *n* menú *m*

settee [sɛˈtiː] *n* sofá *m*

setting [ˈsɛtɪŋ] *n* (*scenery*) marco; (*of jewel*) engaste *m*, montadura

settle [ˈsɛtl] *vt* (*argument, matter*) resolver; (*pay: bill, accounts*) pagar, liquidar; (*Med: calm*) calmar, sosegar ▷ *vi* (*dust etc*) depositarse; (*weather*) estabilizarse; **to ~ for sth** convenir en aceptar algo; **to ~ on sth** decidirse por algo; **settle down** *vi* (*get comfortable*) ponerse cómodo, acomodarse; (*calm down*) calmarse, tranquilizarse; (*live quietly*) echar raíces; **settle in** *vi* instalarse; **settle up** *vi*: **to ~ up with sb** ajustar cuentas con algn; **settlement** *n* (*payment*) liquidación *f*; (*agreement*) acuerdo, convenio; (*village etc*) poblado

setup [ˈsɛtʌp] *n* sistema *m*

seven [ˈsɛvn] *num* siete; **seventeen** *num* diecisiete; **seventeenth** *adj* decimoséptimo; **seventh** *adj* séptimo; **seventieth** *adj* septuagésimo; **seventy** *num* setenta

sever [ˈsɛvəʳ] *vt* cortar; (*relations*) romper

several [ˈsɛvərl] *adj, pron* varios/as *m/f pl*, algunos/as *m/f pl*; **~ of us** varios de nosotros

severe [sɪˈvɪəʳ] *adj* severo; (*serious*) grave; (*hard*) duro; (*pain*) intenso

sew (*pt* **sewed**, *pp* **sewn**) [səu, səud, səun] *vt, vi* coser

sewage [ˈsuːɪdʒ] *n* aguas *fpl* residuales

sewer [ˈsuːəʳ] *n* alcantarilla, cloaca

sewing [ˈsəuɪŋ] *n* costura; **sewing machine** *n* máquina de coser

sewn [səun] *pp of* **sew**

sex [sɛks] *n* sexo; **to have ~** hacer el amor; **sexism** *n* sexismo; **sexist** *adj, n* sexista *mf*; **sexual** [ˈsɛksjuəl] *adj* sexual; **sexual intercourse** relaciones *fpl* sexuales; **sexuality** [seksjuˈælɪtɪ] *n* sexualidad *f*; **sexy** *adj* sexy

shabby [ˈʃæbɪ] *adj* (*person*) desharrapado; (*clothes*) raído, gastado

shack [ʃæk] *n* choza, chabola

shade [ʃeɪd] *n* sombra; (*for lamp*) pantalla; (*for eyes*) visera; (*of colour*) tono *m*, tonalidad *f* ▷ *vt* dar sombra a; **shades** *npl* (US: *sunglasses*) gafas *fpl* de sol; **in the ~** a la sombra; **a ~ more** (*small quantity*) un poquito más

shadow [ˈʃædəu] *n* sombra ▷ *vt* (*follow*) seguir y vigilar; **shadow cabinet** *n* (BRIT *Pol*) gobierno en la oposición

shady [ˈʃeɪdɪ] *adj* sombreado; (*fig: dishonest*) sospechoso; (*deal*) turbio

shaft [ʃɑːft] *n* (*of arrow, spear*) astil *m*; (*Aut, Tech*) eje *m*, árbol *m*; (*of mine*) pozo; (*of lift*) hueco, caja; (*of light*) rayo

shake [ʃeɪk] (*pt* **shook**, *pp* **shaken**) *vt* sacudir; (*building*) hacer temblar ▷ *vi* (*tremble*) temblar; **to ~ one's head** (*in refusal*) negar con la cabeza; (*in dismay*) mover *or* menear la cabeza, incrédulo; **to ~ hands with sb** estrechar la mano a algn; **shake off** *vt* sacudirse; (*fig*) deshacerse de; **shake up** *vt* agitar; **shaky** *adj* (*unstable*) inestable, poco firme; (*trembling*) tembloroso

shall [ʃæl] *aux vb*: **I ~ go** iré; **~ I help you?** ¿quieres que te ayude?; **I'll buy three, ~ I?** compro tres, ¿no te parece?

shallow [ˈʃæləu] *adj* poco profundo; (*fig*) superficial

sham [ʃæm] *n* fraude *m*, engaño
shambles ['ʃæmblz] *n* confusión *f*
shame [ʃeɪm] *n* vergüenza ▷ *vt* avergonzar; **it is a ~ that/to do** es una lástima *or* pena que/hacer; **what a ~!** ¡qué lástima *or* penal; **shameful** *adj* vergonzoso; **shameless** *adj* descarado
shampoo [ʃæm'puː] *n* champú *m* ▷ *vt* lavar con champú
shandy ['ʃændɪ] *n* clara, cerveza con gaseosa
shan't [ʃɑːnt] = **shall not**
shape [ʃeɪp] *n* forma ▷ *vt* formar, dar forma a; (*sb's ideas*) formar; (*sb's life*) determinar; **to take ~** tomar forma
share [ʃɛəʳ] *n* (*part*) parte *f*, porción *f*; (*contribution*) cuota; (*Comm*) acción *f* ▷ *vt* dividir; (*have in common*) compartir; **to ~ out (among** *or* **between)** repartir (entre); **shareholder** *n* (BRIT) accionista *mf*
shark [ʃɑːk] *n* tiburón *m*
sharp [ʃɑːp] *adj* (*razor, knife*) afilado; (*point*) puntiagudo; (*outline*) definido; (*pain*) intenso; (*Mus*) desafinado; (*contrast*) marcado; (*voice*) agudo; (*person: quick-witted*) avispado; (: *dishonest*) poco escrupuloso ▷ *n* (*Mus*) sostenido ▷ *adv*: **at two o'clock ~** a las dos en punto; **sharpen** *vt* afilar; (*pencil*) sacar punta a; (*fig*) agudizar; **sharpener** *n* (*also*: **pencil sharpener**) sacapuntas *m inv*; **sharply** *adv* (*abruptly*) bruscamente; (*clearly*) claramente; (*harshly*) severamente
shatter ['ʃætəʳ] *vt* hacer añicos *or* pedazos; (*fig*: *ruin*) destruir, acabar con ▷ *vi* hacerse añicos; **shattered** *adj* (*grief-stricken*) destrozado, deshecho; (*exhausted*) agotado, hecho polvo
shave [ʃeɪv] *vt* afeitar, rasurar ▷ *vi* afeitarse ▷ *n*: **to have a ~** afeitarse; **shaver** *n* (*also*: **electric shaver**) máquina de afeitar (eléctrica)
shaving ['ʃeɪvɪŋ] *n* (*action*) afeitado; **shavings** *npl* (*of wood etc*) virutas *fpl*; **shaving cream** *n* crema (de afeitar); **shaving foam** *n* espuma de afeitar
shawl [ʃɔːl] *n* chal *m*
she [ʃiː] *pron* ella
sheath [ʃiːθ] *n* vaina; (*contraceptive*) preservativo
shed (*pt, pp* **shed**) [ʃɛd] *n* cobertizo ▷ *vt* (*skin*) mudar; (*tears*) derramar; (*workers*) despedir
she'd [ʃiːd] = **she had; she would**
sheep [ʃiːp] *n* (*pl inv*) oveja; **sheepdog** *n* perro pastor; **sheepskin** *n* piel *f* de carnero
sheer [ʃɪəʳ] *adj* (*utter*) puro, completo; (*steep*) escarpado; (*material*) diáfano ▷ *adv* verticalmente
sheet [ʃiːt] *n* (*on bed*) sábana; (*of paper*) hoja; (*of glass, metal*) lámina
sheik(h) [ʃeɪk] *n* jeque *m*
shelf (*pl* **shelves**) [ʃɛlf, ʃɛlvz] *n* estante *m*
shell [ʃɛl] *n* (*on beach*) concha; (*of egg, nut etc*) cáscara; (*explosive*) proyectil *m*, obús *m*; (*of building*) armazón *m* ▷ *vt* (*peas*) desenvainar; (*Mil*) bombardear
she'll [ʃiːl] = **she will; she shall**
shellfish ['ʃɛlfɪʃ] *n* (*pl inv*) crustáceo; (*pl*: *as food*) mariscos *mpl*
shelter ['ʃɛltəʳ] *n* abrigo, refugio ▷ *vt* (*aid*) amparar, proteger; (*give lodging to*) abrigar ▷ *vi* abrigarse, refugiarse; **sheltered** *adj* (*life*) protegido; (*spot*) abrigado
shelves [ʃɛlvz] *npl of* **shelf**
shelving ['ʃɛlvɪŋ] *n* estantería
shepherd ['ʃɛpəd] *n* pastor *m* ▷ *vt* (*guide*) guiar, conducir; **shepherd's pie** *n pastel de carne y puré de patatas*
sheriff ['ʃɛrɪf] *n* (US) sheriff *m*
sherry ['ʃɛrɪ] *n* jerez *m*
she's [ʃiːz] = **she is; she has**
Shetland ['ʃɛtlənd] *n* (*also*: **the ~s, the ~ Isles**) las Islas *fpl* Shetland
shield [ʃiːld] *n* escudo; (*Tech*) blindaje *m* ▷ *vt*: **to ~ (from)** proteger (de)
shift [ʃɪft] *n* (*change*) cambio; (*at work*) turno ▷ *vt* trasladar; (*remove*) quitar ▷ *vi* moverse

shin [ʃɪn] *n* espinilla
shine [ʃaɪn] (*pt, pp* **shone**) *n* brillo, lustre *m* ▷ *vi* brillar, relucir ▷ *vt* (*shoes*) lustrar, sacar brillo a; **to ~ a torch on sth** dirigir una linterna hacia algo
shingles ['ʃɪŋglz] *n* (*Med*) herpes *msg*
shiny ['ʃaɪnɪ] *adj* brillante, lustroso
ship [ʃɪp] *n* buque *m*, barco ▷ *vt* (*goods*) embarcar; (*send*) transportar *or* enviar por vía marítima; **shipment** *n* (*goods*) envío; **shipping** *n* (*act*) embarque *m*; (*traffic*) buques *mpl*; **shipwreck** *n* naufragio ▷ *vt*: **to be shipwrecked** naufragar; **shipyard** *n* astillero
shirt [ʃəːt] *n* camisa; **in ~ sleeves** en mangas de camisa
shit [ʃɪt] (*inf!*) *excl* ¡mierda! (*!*)
shiver ['ʃɪvəʳ] *n* escalofrío ▷ *vi* temblar, estremecerse; (*with cold*) tiritar
shock [ʃɔk] *n* (*impact*) choque *m*; (*Elec*) descarga (eléctrica); (*emotional*) conmoción *f*; (*start*) sobresalto, susto; (*Med*) postración *f* nerviosa ▷ *vt* dar un susto a; (*offend*) escandalizar; **shocking** *adj* (*awful*) espantoso; (*improper*) escandaloso
shoe (*pt, pp* **shod**) [ʃuː, ʃɔd] *n* zapato; (*for horse*) herradura ▷ *vt* (*horse*) herrar; **shoelace** *n* cordón *m*; **shoe polish** *n* betún *m*; **shoeshop** *n* zapatería
shone [ʃɔn] *pt, pp of* **shine**
shonky ['ʃɔŋkɪ] *adj* (AUST, NZ *inf*) chapucero
shook [ʃuk] *pt of* **shake**
shoot [ʃuːt] (*pt, pp* **shot**) *n* (*on branch, seedling*) retoño, vástago ▷ *vt* disparar; (*kill*) matar a tiros; (*execute*) fusilar; (*Cine*: *film, scene*) rodar, filmar ▷ *vi* (*Football*) chutar; **shoot down** *vt* (*plane*) derribar; **shoot up** *vi* (*prices*) dispararse; **shooting** *n* (*shots*) tiros *mpl*; (*Hunting*) caza con escopeta
shop [ʃɔp] *n* tienda; (*workshop*) taller *m* ▷ *vi* (*also*: **go ~ping**) ir de compras; **shop assistant** *n* (BRIT) dependiente/a *m/f*; **shopkeeper** *n* tendero/a; **shoplifting** *n* ratería, robo (en las tiendas); **shopping** *n* (*goods*) compras *fpl*; **shopping bag** *n* bolsa (de compras); **shopping centre,** (US) **shopping center** *n* centro comercial; **shopping mall** *n* centro comercial; **shopping trolley** *n* (BRIT) carrito de la compra; **shop window** *n* escaparate *m*, vidriera (LAM)
shore [ʃɔːʳ] *n* orilla ▷ *vt*: **to ~ (up)** reforzar; **on ~** en tierra
short [ʃɔːt] *adj* corto; (*in time*) breve, de corta duración; (*person*) bajo; (*curt*) brusco, seco; **(a pair of) ~s** (unos) pantalones *mpl* cortos; **to be ~ of sth** estar falto de algo; **in ~** en pocas palabras; **~ of doing ...** a menos que hagamos *etc* ...; **everything ~ of ...** todo menos ...; **it is ~ for** es la forma abreviada de; **to cut ~** (*speech, visit*) interrumpir, terminar inesperadamente; **to fall ~ of** no alcanzar; **to run ~ of sth** acabársele algo; **to stop ~** parar en seco; **to stop ~ of** detenerse antes de; **shortage** ['ʃɔːtɪdʒ] *n* falta; **shortbread** *n galleta de mantequilla especie de mantecada*; **shortcoming** *n* defecto, deficiencia; **short(crust) pastry** *n* (BRIT) pasta quebradiza; **shortcut** *n* atajo; **shorten** *vt* acortar; (*visit*) interrumpir; **shortfall** *n* déficit *m*; **shorthand** *n* (BRIT) taquigrafía; **short-lived** *adj* efímero; **shortly** *adv* en breve, dentro de poco; **short-sighted** *adj* (BRIT) miope; (*fig*) imprudente; **short-sleeved** *adj* de manga corta; **short story** *n* cuento; **short-tempered** *adj* enojadizo; **short-term** *adj* (*effect*) a corto plazo
shot [ʃɔt] *pt, pp of* **shoot** ▷ *n* (*sound*) tiro, disparo; (*try*) tentativa; (*injection*) inyección *f*; (*Phot*) toma, fotografía; **like a ~** (*without any delay*) como un rayo; **shotgun** *n* escopeta
should [ʃud] *aux vb*: **I ~ go now** debo irme ahora; **he ~ be there now** debe de haber llegado (ya); **I ~ go if I were you** yo en tu lugar me iría; **I ~ like to** me gustaría

shoulder ['ʃəuldəʳ] *n* hombro ▷ *vt* (*fig*) cargar con; **shoulder blade** *n* omóplato

shouldn't ['ʃudnt] = **should not**

shout [ʃaut] *n* grito ▷ *vt* gritar ▷ *vi* gritar, dar voces

shove [ʃʌv] *n* empujón *m* ▷ *vt* empujar; (*inf*: *put*): **to ~ sth in** meter algo a empellones

shovel ['ʃʌvl] *n* pala; (*mechanical*) excavadora ▷ *vt* mover con pala

show [ʃəu] (*pt* **showed**, *pp* **shown**) *n* (*of emotion*) demostración *f*; (*semblance*) apariencia; (*exhibition*) exposición *f*; (*Theat*) función *f*, espectáculo ▷ *vt* mostrar, enseñar; (*courage etc*) mostrar, manifestar; (*exhibit*) exponer; (*film*) proyectar ▷ *vi* mostrarse; (*appear*) aparecer; **on ~** (*exhibits etc*) expuesto; **it's just for ~** es sólo para impresionar; **show in** *vt* (*person*) hacer pasar; **show off** *vi* (*pej*) presumir ▷ *vt* (*display*) lucir; **show out** *vt*: **to ~ sb out** acompañar a algn a la puerta; **show up** *vi* (*stand out*) destacar; (*inf*: *turn up*) presentarse ▷ *vt* (*unmask*) desenmascarar; **show business** *n* el mundo del espectáculo

shower ['ʃauəʳ] *n* (*rain*) chaparrón *m*, chubasco; (*of stones etc*) lluvia; (*also*: **~ bath**) ducha ▷ *vi* llover ▷ *vt*: **to ~ sb with sth** colmar a algn de algo; **to have** *or* **take a ~** ducharse; **shower cap** *n* gorro de baño; **shower gel** *n* gel de ducha

showing ['ʃəuɪŋ] *n* (*of film*) proyección *f*

show jumping *n* hípica

shown [ʃəun] *pp of* **show**

show: show-off ['ʃəuɔf] *n* (*inf*: *person*) fanfarrón/ona *m/f*; **showroom** *n* sala de muestras

shrank [ʃræŋk] *pt of* **shrink**

shred [ʃred] *n* (*gen pl*) triza, jirón *m* ▷ *vt* hacer trizas; (*Culin*) desmenuzar

shrewd [ʃruːd] *adj* astuto

shriek [ʃriːk] *n* chillido ▷ *vi* chillar

shrimp [ʃrɪmp] *n* camarón *m*

shrine [ʃraɪn] *n* santuario, sepulcro

shrink (*pt* **shrank**, *pp* **shrunk**) [ʃrɪŋk, ʃræŋk, ʃrʌŋk] *vi* encogerse; (*be reduced*) reducirse ▷ *vt* encoger ▷ *n* (*inf*, *pej*) loquero/a; **to ~ from (doing) sth** no atreverse a hacer algo

shrivel ['ʃrɪvl], **shrivel up** *vt* (*dry*) secar ▷ *vi* secarse

shroud [ʃraud] *n* sudario ▷ *vt*: **~ed in mystery** envuelto en el misterio

Shrove Tuesday ['ʃrəuv-] *n* martes *m* de carnaval

shrub [ʃrʌb] *n* arbusto

shrug [ʃrʌg] *n* encogimiento de hombros ▷ *vt*, *vi*: **to ~ (one's shoulders)** encogerse de hombros; **shrug off** *vt* negar importancia a

shrunk [ʃrʌŋk] *pp of* **shrink**

shudder ['ʃʌdəʳ] *n* estremecimiento, escalofrío ▷ *vi* estremecerse

shuffle ['ʃʌfl] *vt* (*cards*) barajar; **to ~ (one's feet)** arrastrar los pies

shun [ʃʌn] *vt* rehuir, esquivar

shut (*pt*, *pp* **shut**) [ʃʌt] *vt* cerrar ▷ *vi* cerrarse; **shut down** *vt*, *vi* cerrar; **shut up** *vi* (*inf*: *keep quiet*) callarse ▷ *vt* (*close*) cerrar; (*silence*) callar; **shutter** *n* contraventana; (*Phot*) obturador *m*

shuttle ['ʃʌtl] *n* lanzadera; (*also*: **~ service**: *Aviat*) puente *m* aéreo; **shuttlecock** *n* volante *m*

shy [ʃaɪ] *adj* tímido

sibling ['sɪblɪŋ] *n* (*formal*) hermano/a

sick [sɪk] *adj* (*ill*) enfermo; (*nauseated*) mareado; (*humour*) morboso; **to be ~** (BRIT) vomitar; **to feel ~** tener náuseas; **to be ~ of** (*fig*) estar harto de; **sickening** *adj* (*fig*) asqueroso; **sick leave** *n* baja por enfermedad; **sickly** *adj* enfermizo; (*taste*) empalagoso; **sickness** *n* enfermedad *f*, mal *m*; (*vomiting*) náuseas *fpl*

side [saɪd] *n* lado; (*of body*) costado; (*of lake*) orilla; (*team*) equipo; (*of hill*) ladera ▷ *adj* (*door, entrance*) lateral ▷ *vi*: **to ~ with sb** tomar partido por algn; **by the ~ of** al lado de; **~ by ~** juntos/as; **from all ~s** de todos lados; **to**

take ~s (with) tomar partido (por); **sideboard** *n* aparador *m*; **sideboards,** (BRIT) **sideburns** *npl* patillas *fpl*; **sidelight** *n* (*Aut*) luz *f* lateral; **sideline** *n* (*Sport*) línea de banda; (*fig*) empleo suplementario; **side road** *n* (BRIT) calle *f* lateral; **side street** *n* calle *f* lateral; **sidetrack** *vt* (*fig*) desviar (de su propósito); **sidewalk** ['saɪdwɔ:k] *n* (US) acera; **sideways** *adv* de lado

siege [si:dʒ] *n* cerco, sitio

sieve [sɪv] *n* colador *m* ▷ *vt* cribar

sift [sɪft] *vt* cribar ▷ *vi*: **to ~ through** (*information*) examinar cuidadosamente

sigh [saɪ] *n* suspiro ▷ *vi* suspirar

sight [saɪt] *n* (*faculty*) vista; (*spectacle*) espectáculo; (*on gun*) mira, alza ▷ *vt* divisar; **in ~** a la vista; **out of ~** fuera de (la) vista; **sightseeing** *n* turismo; **to go sightseeing** hacer turismo

sign [saɪn] *n* (*with hand*) señal *f*, seña; (*trace*) huella, rastro; (*notice*) letrero; (*written*) signo ▷ *vt* firmar; (*Sport*) fichar; **sign in** *vi* firmar el registro (al entrar); **sign on** *vi* (*Mil*) alistarse; (*as unemployed*) apuntarse al paro ▷ *vt* (*Mil*) alistar; (*employee*) contratar; **to ~ on for a course** matricularse en un curso; **sign over** *vt*: **to ~ sth over to sb** traspasar algo a algn; **sign up** *vi* (*Mil*) alistarse; (*for course*) inscribirse ▷ *vt* (*player*) fichar

signal ['sɪgnl] *n* señal *f* ▷ *vi* señalizar ▷ *vt* (*person*) hacer señas a; (*message*) transmitir

signature ['sɪgnətʃəʳ] *n* firma

significance [sɪg'nɪfɪkəns] *n* (*importance*) trascendencia

significant [sɪg'nɪfɪkənt] *adj* significativo; (*important*) trascendente

signify ['sɪgnɪfaɪ] *vt* significar

sign language *n* mímica, lenguaje *m* por *or* de señas

signpost ['saɪnpəʊst] *n* indicador *m*

Sikh [si:k] *adj*, *n* sij *mf*

silence ['saɪlns] *n* silencio ▷ *vt* hacer callar, acallar; (*guns*) reducir al silencio

silent ['saɪlnt] *adj* silencioso; (*not speaking*) callado; (*film*) mudo; **to keep** *or* **remain ~** guardar silencio

silhouette [sɪlu:'ɛt] *n* silueta

silicon chip *n* chip *m*, plaqueta de silicio

silk [sɪlk] *n* seda ▷ *cpd* de seda

silly ['sɪlɪ] *adj* (*person*) tonto; (*idea*) absurdo

silver ['sɪlvəʳ] *n* plata; (*money*) moneda suelta ▷ *adj* de plata; **silver-plated** *adj* plateado

SIM card ['sɪm-] *n* (*Tel*) SIM card *m or f*, tarjeta SIM

similar ['sɪmɪləʳ] *adj*: **~ to** parecido *or* semejante a; **similarity** [sɪmɪ'lærɪtɪ] *n* semejanza; **similarly** *adv* del mismo modo

simmer ['sɪməʳ] *vi* hervir a fuego lento

simple ['sɪmpl] *adj* (*easy*) sencillo; (*foolish*) simple; (*Comm*) simple; **simplicity** [sɪm'plɪsɪtɪ] *n* sencillez *f*; **simplify** ['sɪmplɪfaɪ] *vt* simplificar; **simply** *adv* (*live, talk*) sencillamente; (*just, merely*) sólo

simulate ['sɪmjuleɪt] *vt* simular

simultaneous [sɪməl'teɪnɪəs] *adj* simultáneo; **simultaneously** *adv* simultáneamente

sin [sɪn] *n* pecado ▷ *vi* pecar

since [sɪns] *adv* desde entonces ▷ *prep* desde ▷ *conj* (*time*) desde que; (*because*) ya que, puesto que; **~ then, ever ~** desde entonces

sincere [sɪn'sɪəʳ] *adj* sincero; **sincerely** *adv*: **yours sincerely** (*in letters*) le saluda atentamente

sing (*pt* **sang**, *pp* **sung**) [sɪŋ, sæŋ, sʌŋ] *vt* cantar ▷ *vi* cantar

Singapore [sɪŋə'pɔ:ʳ] *n* Singapur *m*

singer ['sɪŋəʳ] *n* cantante *mf*

singing ['sɪŋɪŋ] *n* canto

single ['sɪŋgl] *adj* único, solo; (*unmarried*) soltero; (*not double*) individual, sencillo ▷ *n* (BRIT: *also*: **~ ticket**) billete *m* sencillo; (*record*) sencillo, single *m*; **singles** *npl* (*Tennis*) individual *msg*; **single out** *vt*

S

(*choose*) escoger; **single bed** *n* cama individual; **single file** *n*: **in single file** en fila de uno; **single-handed** *adv* sin ayuda; **single-minded** *adj* resuelto, firme; **single parent** *n* (*mother*) madre *f* soltera; (*father*) padre *m* soltero; **single-parent family** familia monoparental; **single room** *n* habitación *f* individual

singular ['sɪŋgjulə^{r}] *adj* raro, extraño; (*outstanding*) excepcional ▷ *n* (*Ling*) singular *m*

sinister ['sɪnɪstə^{r}] *adj* siniestro

sink [sɪŋk] (*pt* **sank**, *pp* **sunk**) *n* fregadero ▷ *vt* (*ship*) hundir, echar a pique; (*foundations*) excavar; (*piles etc*): **to ~ sth into** hundir algo en ▷ *vi* hundirse; **sink in** *vi* (*fig*) penetrar, calar

sinus ['saɪnəs] *n* (*Anat*) seno

sip [sɪp] *n* sorbo ▷ *vt* sorber, beber a sorbitos

sir [sə:^{r}] *n* señor *m*; **S~ John Smith** Sir John Smith; **yes ~** sí, señor

siren ['saɪərn] *n* sirena

sirloin ['sə:lɔɪn] *n* solomillo

sirloin steak *n* filete *m* de solomillo

sister ['sɪstə^{r}] *n* hermana; (BRIT: *nurse*) enfermera jefe; **sister-in-law** *n* cuñada

sit (*pt*, *pp* **sat**) [sɪt, sæt] *vi* sentarse; (*be sitting*) estar sentado; (*assembly*) reunirse; (*for painter*) posar ▷ *vt* (*exam*) presentarse a; **sit back** *vi* (*in seat*) recostarse; **sit down** *vi* sentarse; **sit on** *vt fus* (*jury, committee*) ser miembro de, formar parte de; **sit up** *vi* incorporarse; (*not go to bed*) no acostarse

sitcom ['sɪtkɔm] *n abbr* (*TV*: = *situation comedy*) telecomedia

site [saɪt] *n* sitio; (*also*: **building ~**) solar *m* ▷ *vt* situar

sitting ['sɪtɪŋ] *n* (*of assembly etc*) sesión *f*; (*in canteen*) turno; **sitting room** *n* sala de estar

situated ['sɪtjueɪtɪd] *adj* situado

situation [sɪtju'eɪʃən] *n* situación *f*; **"~s vacant"** (BRIT) "ofertas de trabajo"

six [sɪks] *num* seis; **sixteen** *num* dieciséis; **sixteenth** *adj* decimosexto; **sixth** [sɪksθ] *adj* sexto; **sixth form** *n* (BRIT) clase *f* de alumnos del sexto año (*de 16 a 18 años de edad*); **sixth-form college** *n* instituto *m* para alumnos de 16 a 18 años; **sixtieth** *adj* sexagésimo; **sixty** *num* sesenta

size [saɪz] *n* tamaño; (*extent*) extensión *f*; (*of clothing*) talla; (*of shoes*) número; **sizeable** *adj* importante, considerable

sizzle ['sɪzl] *vi* crepitar

skate [skeɪt] *n* patín *m*; (*fish*: *pl inv*) raya ▷ *vi* patinar; **skateboard** *n* monopatín *m*; **skateboarding** *n* monopatín *m*; **skater** *n* patinador(a) *m/f*; **skating** *n* patinaje *m*; **skating rink** *n* pista de patinaje

skeleton ['skɛlɪtn] *n* esqueleto; (*Tech*) armazón *m*; (*outline*) esquema *m*

sketch [skɛtʃ] *n* (*drawing*) dibujo; (*outline*) esbozo, bosquejo; (*Theat*) pieza corta, sketch *m* ▷ *vt* dibujar; (*plan etc*: *also*: **~ out**) esbozar

skewer ['skju:ə^{r}] *n* broqueta

ski [ski:] *n* esquí *m* ▷ *vi* esquiar; **ski boot** *n* bota de esquí

skid [skɪd] *n* patinazo ▷ *vi* patinar

ski: skier *n* esquiador(a) *m/f*; **skiing** *n* esquí *m*

skilful, (US) **skillful** ['skɪlful] *adj* diestro, experto

ski lift *n* telesilla *m*, telesquí *m*

skill [skɪl] *n* destreza, pericia; (*technique*) técnica; **skilled** *adj* hábil, diestro; (*worker*) cualificado

skim [skɪm] *vt* (*milk*) desnatar; (*glide over*) rozar, rasar ▷ *vi*: **to ~ through** (*book*) hojear; **skimmed milk** *n* leche *f* desnatada *or* descremada

skin [skɪn] *n* piel *f*; (*complexion*) cutis *m* ▷ *vt* (*fruit etc*) pelar; (*animal*) despellejar; **skinhead** *n* cabeza *mf* rapada, skin(head) *mf*; **skinny** *adj* flaco

skip [skɪp] *n* brinco, salto; (*container*) contenedor *m* ▷ *vi* brincar; (*with* *rope*) saltar a la comba ▷ *vt* (*pass over*) omitir, saltarse

ski: ski pass *n* forfait *m* (de esquí); **ski pole** *n* bastón *m* de esquiar

skipper ['skɪpəʳ] *n* (*Naut, Sport*) capitán *m*

skipping rope ['skɪpɪŋ-] *n* (BRIT) comba

skirt [skə:t] *n* falda, pollera (LAM) ▷ *vt* (*go round*) ladear

skirting board ['skə:tɪŋ-] *n* (BRIT) rodapié *m*

ski slope *n* pista de esquí

ski suit *n* traje *m* de esquiar

skull [skʌl] *n* calavera; (*Anat*) cráneo

skunk [skʌŋk] *n* mofeta

sky [skaɪ] *n* cielo; **skyscraper** *n* rascacielos *m inv*

slab [slæb] *n* (*stone*) bloque *m*; (*flat*) losa; (*of cake*) trozo

slack [slæk] *adj* (*loose*) flojo; (*slow*) de poca actividad; (*careless*) descuidado; **slacks** *npl* pantalones *mpl*

slain [sleɪn] *pp of* **slay**

slam [slæm] *vt* (*throw*) arrojar (violentamente); (*criticize*) vapulear, vituperar ▷ *vi* cerrarse de golpe; **to ~ the door** dar un portazo

slander ['slɑ:ndəʳ] *n* calumnia, difamación *f*

slang [slæŋ] *n* argot *m*; (*jargon*) jerga

slant [slɑ:nt] *n* sesgo, inclinación *f*; (*fig*) punto de vista, interpretación *f*

slap [slæp] *n* palmada; (*in face*) bofetada ▷ *vt* dar una palmada/bofetada a; (*paint etc*): **to ~ sth on sth** embadurnar algo con algo ▷ *adv* (*directly*) de lleno

slash [slæʃ] *vt* acuchillar; (*fig*: *prices*) fulminar

slate [sleɪt] *n* pizarra ▷ *vt* (BRIT *fig*: *criticize*) vapulear

slaughter ['slɔ:təʳ] *n* (*of animals*) matanza; (*of people*) carnicería ▷ *vt* matar; **slaughterhouse** *n* matadero

Slav [slɑ:v] *adj* eslavo

slave [sleɪv] *n* esclavo/a ▷ *vi* (*also*: **~ away**) trabajar como un negro; **slavery** *n* esclavitud *f*

slay (*pt* **slew**, *pp* **slain**) [sleɪ, slu:, sleɪn] *vt* matar

sleazy ['sli:zɪ] *adj* (*fig*: *place*) sórdido

sledge [slɛdʒ], (US) **sled** [slɛd] *n* trineo

sleek [sli:k] *adj* (*shiny*) lustroso

sleep [sli:p] (*pt, pp* **slept**) *n* sueño ▷ *vi* dormir; **to go to ~** dormirse; **sleep in** *vi* (*oversleep*) quedarse dormido; **sleeper** *n* (*person*) durmiente *mf*; (BRIT: *Rail*: *on track*) traviesa; (: *train*) coche-cama *m*; **sleeping bag** *n* saco de dormir; **sleeping car** *n* coche-cama *m*; **sleeping pill** *n* somnífero; **sleepover** *n*: **we're having a sleepover at Fiona's** nos quedamos a dormir en casa de Fiona; **sleepwalk** *vi* caminar dormido; (*habitually*) ser sonámbulo; **sleepy** *adj* soñoliento; (*place*) soporífero

sleet [sli:t] *n* aguanieve *f*

sleeve [sli:v] *n* manga; (*Tech*) manguito; (*of record*) funda; **sleeveless** *adj* sin mangas

sleigh [sleɪ] *n* trineo

slender ['slɛndəʳ] *adj* delgado; (*means*) escaso

slept [slɛpt] *pt, pp of* **sleep**

slew [slu:] *vi* (*veer*) torcerse ▷ *pt of* **slay**

slice [slaɪs] *n* (*of meat*) tajada; (*of bread*) rebanada; (*of lemon*) rodaja; (*utensil*) paleta ▷ *vt* cortar; rebanar

slick [slɪk] *adj* (*skilful*) hábil, diestro; (*clever*) astuto ▷ *n* (*also*: **oil ~**) marea negra

slide [slaɪd] (*pt, pp* **slid**) *n* (*in playground*) tobogán *m*; (*Phot*) diapositiva; (BRIT: *also*: **hair ~**) pasador *m* ▷ *vt* correr, deslizar ▷ *vi* (*slip*) resbalarse; (*glide*) deslizarse; **sliding** *adj* (*door*) corredizo

slight [slaɪt] *adj* (*slim*) delgado; (*frail*) delicado; (*pain etc*) leve; (*trifling*) insignificante; (*small*) pequeño ▷ *n* desaire *m* ▷ *vt* (*offend*) ofender, desairar; **not in the ~est** en absoluto; **slightly** *adv* ligeramente, un poco

S

slim [slɪm] *adj* delgado, esbelto ▷ *vi* adelgazar; **slimming** *n* adelgazamiento
slimy ['slaɪmɪ] *adj* cenagoso
sling (*pt, pp* **slung**) [slɪŋ, slʌŋ] *n* (*Med*) cabestrillo; (*weapon*) honda ▷ *vt* tirar, arrojar
slip [slɪp] *n* (*slide*) resbalón *m*; (*mistake*) descuido; (*underskirt*) combinación *f*; (*of paper*) papelito ▷ *vt* (*slide*) deslizar ▷ *vi* deslizarse; (*stumble*) resbalar(se); (*decline*) decaer; (*move smoothly*): **to ~ into/out of** (*room etc*) colarse en/salirse de; **to give sb the ~** dar esquinazo a algn; **a ~ of the tongue** un lapsus; **slip up** *vi* (*make mistake*) equivocarse; meter la pata
slipper ['slɪpəʳ] *n* zapatilla, pantufla
slippery ['slɪpərɪ] *adj* resbaladizo
slip road *n* (BRIT) carretera de acceso
slit [slɪt] (*pt, pp* **slit**) *n* raja; (*cut*) corte *m* ▷ *vt* rajar, cortar
slog [slɔg] (BRIT) *vi* sudar tinta ▷ *n*: **it was a ~** costó trabajo (hacerlo)
slogan ['sləugən] *n* eslogan *m*, lema *m*
slope [sləup] *n* (*up*) cuesta, pendiente *f*; (*down*) declive *m*; (*side of mountain*) falda, vertiente *f* ▷ *vi*: **to ~ down** estar en declive; **to ~ up** subir (en pendiente); **sloping** *adj* en pendiente; en declive
sloppy ['slɔpɪ] *adj* (*work*) descuidado; (*appearance*) desaliñado
slot [slɔt] *n* ranura ▷ *vt*: **to ~ into** encajar en; **slot machine** *n* (BRIT: *vending machine*) máquina expendedora; (*for gambling*) máquina tragaperras
Slovakia [sləu'vækɪə] *n* Eslovaquia
Slovene [sləu'vi:n] *adj* esloveno ▷ *n* esloveno/a; (*Ling*) esloveno
Slovenia [sləu'vi:nɪə] *n* Eslovenia; **Slovenian** *adj, n* = **Slovene**
slow [sləu] *adj* lento; (*watch*): **to be ~** ir atrasado ▷ *adv* lentamente, despacio ▷ *vt* (*also*: **~ down, ~ up**: *engine, machine*) reducir la marcha de ▷ *vi* (*also*: **~ down, ~ up**) ir más despacio; **"~"** (*road sign*) "disminuir la velocidad"; **slowly** *adv* lentamente, despacio; **slow motion** *n*: **in slow motion** a cámara lenta
slug [slʌg] *n* babosa; (*bullet*) posta; **sluggish** *adj* lento; (*lazy*) perezoso
slum [slʌm] *n* casucha
slump [slʌmp] *n* (*economic*) depresión *f* ▷ *vi* hundirse; (*prices*) caer en picado
slung [slʌŋ] *pt, pp of* **sling**
slur [slə:ʳ] *n* calumnia ▷ *vt* (*word*) pronunciar mal; **to cast a ~ on sb** manchar la reputación de algn, difamar a algn
sly [slaɪ] *adj* astuto; (*nasty*) malicioso
smack [smæk] *n* (*slap*) bofetada ▷ *vt* dar una manotada a ▷ *vi*: **to ~ of** saber a, oler a
small [smɔ:l] *adj* pequeño; **small ads** *npl* (BRIT) anuncios *mpl* por palabras; **small change** *n* suelto, cambio
smart [smɑ:t] *adj* elegante; (*clever*) listo, inteligente; (*quick*) rápido, vivo ▷ *vi* escocer, picar; **smartcard** *n* tarjeta inteligente; **smartphone** *n* smartphone *m*
smash [smæʃ] *n* (*also*: **~-up**) choque *m*; (*sound*) estrépito ▷ *vt* (*break*) hacer pedazos; (*car etc*) estrellar; (*Sport*: *record*) batir ▷ *vi* hacerse pedazos; (*against wall etc*) estrellarse; **smashing** *adj* (*inf*) estupendo
smear [smɪəʳ] *n* mancha; (*Med*) frotis *m inv* (cervical) ▷ *vt* untar; **smear test** *n* (*Med*) citología, frotis *m inv* (cervical)
smell [smɛl] (*pt, pp* **smelt** *or* **smelled**) *n* olor *m*; (*sense*) olfato ▷ *vt, vi* oler; **smelly** *adj* maloliente
smelt [smɛlt] *pt, pp of* **smell**
smile [smaɪl] *n* sonrisa ▷ *vi* sonreír
smirk [smə:k] *n* sonrisa falsa *or* afectada
smog [smɔg] *n* smog *m*
smoke [sməuk] *n* humo ▷ *vi* fumar; (*chimney*) echar humo ▷ *vt* (*cigarettes*) fumar; **smoke alarm** *n* detector *m* de humo, alarma contra incendios; **smoked** *adj* (*bacon, glass*) ahumado;

smoker *n* fumador(a) *m/f*; **smoking** *n*: **"no smoking"** "prohibido fumar"; **smoky** *adj* (*room*) lleno de humo

Be careful not to translate *smoking* by the Spanish word *smoking*.

smooth [smuːð] *adj* liso; (*sea*) tranquilo; (*flavour, movement*) suave; (*person*: *pej*) meloso ▷ *vt* alisar; (*also*: **~ out**: *creases*) alisar; (*difficulties*) allanar

smother ['smʌðəʳ] *vt* sofocar; (*repress*) contener

SMS *n abbr* (= *short message service*) SMS *m*; **SMS message** *n* (mensaje *m*) SMS *m*

smudge [smʌdʒ] *n* mancha ▷ *vt* manchar

smug [smʌg] *adj* engreído

smuggle ['smʌgl] *vt* pasar de contrabando; **smuggling** *n* contrabando

snack [snæk] *n* bocado; **snack bar** *n* cafetería

snag [snæg] *n* problema *m*

snail [sneɪl] *n* caracol *m*

snake [sneɪk] *n* serpiente *f*

snap [snæp] *n* (*sound*) chasquido; (*photograph*) foto *f* ▷ *adj* (*decision*) instantáneo ▷ *vt* (*break*) quebrar ▷ *vi* quebrarse; (*fig*: *person*) contestar bruscamente; **to ~ shut** cerrarse de golpe; **snap at** *vt fus*: **to ~ (at sb)** (*dog*) intentar morder (a algn); **snap up** *vt* agarrar; **snapshot** *n* foto *f* (instantánea)

snarl [snɑːl] *vi* gruñir

snatch [snætʃ] *n* (*small piece*) fragmento ▷ *vt* (*snatch away*) arrebatar; (*grasp*) agarrar; **to ~ some sleep** buscar tiempo para dormir

sneak [sniːk] *vi*: **to ~ in/out** entrar/salir a hurtadillas ▷ *n* (*inf*) soplón/ona *m/f*; **to ~ up on sb** aparecérsele de improviso a algn; **sneakers** *npl* (*US*) zapatos *mpl* de lona

sneer [snɪəʳ] *vi* sonreír con desprecio; **to ~ at sth/sb** burlarse *or* mofarse de algo/algn

sneeze [sniːz] *vi* estornudar

sniff [snɪf] *vi* sorber (por la nariz) ▷ *vt* husmear, oler; (*glue, drug*) esnifar

snigger ['snɪgəʳ] *vi* reírse con disimulo

snip [snɪp] *n* (*piece*) recorte *m*; (*bargain*) ganga ▷ *vt* tijeretear

sniper ['snaɪpəʳ] *n* francotirador(a) *m/f*

snob [snɔb] *n* (e)snob *mf*

snooker ['snuːkəʳ] *n* snooker *m*, *billar inglés*

snoop [snuːp] *vi*: **to ~ about** fisgonear

snooze [snuːz] *n* siesta ▷ *vi* echar una siesta

snore [snɔːʳ] *vi* roncar ▷ *n* ronquido

snorkel ['snɔːkl] *n* tubo de respiración

snort [snɔːt] *n* bufido ▷ *vi* bufar

snow [snəu] *n* nieve *f* ▷ *vi* nevar; **snowball** *n* bola de nieve ▷ *vi* ir aumentando; **snowstorm** *n* tormenta de nieve, nevasca

snub [snʌb] *vt*: **to ~ sb** desairar a algn ▷ *n* desaire *m*, repulsa

snug [snʌg] *adj* (*cosy*) cómodo; (*fitted*) ajustado

KEYWORD

so [səu] *adv* **1** (*thus, likewise*) así, de este modo; **if so** de ser así; **I like swimming — so do I** a mí me gusta nadar — a mí también; **I've got work to do — so has Paul** tengo trabajo que hacer — Paul también; **it's five o'clock — so it is!** son las cinco — ¡pues es verdad!; **I hope/think so** espero/creo que sí; **so far** hasta ahora; (*in past*) hasta este momento
2 (*in comparisons etc*: *to such a degree*) tan; **so quickly (that)** tan rápido (que); **she's not so clever as her brother** no es tan lista como su hermano; **we were so worried** estábamos preocupadísimos
3: **so much** *adj* tanto/a; *adv* tanto; **so many** tantos/as
4 (*phrases*): **10 or so** unos 10, 10 o así; **so long!** (*inf*: *goodbye*) ¡hasta luego!

S

▶ *conj* **1** (*expressing purpose*): **so as to do** para hacer; **so (that)** para que + *subjun*
2 (*expressing result*) así que; **so you see, I could have gone** así que ya ves, (yo) podría haber ido

soak [səuk] *vt* (*drench*) empapar; (*put in water*) remojar ▷ *vi* remojarse, estar a remojo; **soak up** *vt* absorber; **soaking** *adj* (*also*: **soaking wet**) calado *or* empapado (hasta los huesos *or* el tuétano)
so-and-so ['səuənsəu] *n* (*somebody*) fulano/a de tal
soap [səup] *n* jabón *m*; **soap opera** *n* telenovela; **soap powder** *n* jabón *m* en polvo
soar [sɔːʳ] *vi* (*on wings*) remontarse; (*building etc*) elevarse; (*price*) dispararse
sob [sɔb] *n* sollozo ▷ *vi* sollozar
sober ['səubəʳ] *adj* (*serious*) serio; (*not drunk*) sobrio; (*colour, style*) discreto; **sober up** *vi* pasársele a algn la borrachera
so-called ['səu'kɔːld] *adj* llamado
soccer ['sɔkəʳ] *n* fútbol *m*
sociable ['səuʃəbl] *adj* sociable
social ['səuʃl] *adj* social ▷ *n* velada, fiesta; **socialism** *n* socialismo; **socialist** *adj*, *n* socialista *mf*; **socialize** *vi* hacer vida social; **social life** *n* vida social; **socially** *adv* socialmente; **social media** *npl* medios sociales; **social networking** *n* interacción *f* social a través de la red; **social networking site** *n* red *f* social; **social security** *n* seguridad *f* social; **social services** *npl* servicios *mpl* sociales; **social work** *n* asistencia social; **social worker** *n* asistente/a *m/f* social
society [sə'saɪətɪ] *n* sociedad *f*; (*club*) asociación *f*; (*also*: **high ~**) alta sociedad
sociology [səusɪ'ɔlədʒɪ] *n* sociología
sock [sɔk] *n* calcetín *m*
socket ['sɔkɪt] *n* (*Elec*) enchufe *m*
soda ['səudə] *n* (*Chem*) sosa; (*also*: **~ water**) soda; (*US*: *also*: **~ pop**) gaseosa
sodium ['səudɪəm] *n* sodio
sofa ['səufə] *n* sofá *m*; **sofa bed** *n* sofá-cama *m*
soft [sɔft] *adj* (*teacher, parent*) blando; (*gentle, not loud*) suave; **soft drink** *n* bebida no alcohólica; **soft drugs** *npl* drogas *fpl* blandas; **soften** ['sɔfn] *vt* ablandar; suavizar ▷ *vi* ablandarse; suavizarse; **softly** *adv* suavemente; (*gently*) delicadamente, con delicadeza; **software** *n* (*Comput*) software *m*
soggy ['sɔgɪ] *adj* empapado
soil [sɔɪl] *n* (*earth*) tierra, suelo ▷ *vt* ensuciar
solar ['səuləʳ] *adj* solar; **solar power** *n* energía solar; **solar system** *n* sistema *m* solar
sold [səuld] *pt*, *pp of* **sell**
soldier ['səuldʒəʳ] *n* soldado; (*army man*) militar *m*
sold out *adj* (*Comm*) agotado
sole [səul] *n* (*of foot*) planta; (*of shoe*) suela; (*fish*: *pl inv*) lenguado ▷ *adj* único; **solely** *adv* únicamente, sólo, solamente; **I will hold you solely responsible** le consideraré el único responsable
solemn ['sɔləm] *adj* solemne
solicitor [sə'lɪsɪtəʳ] *n* (BRIT: *for wills etc*) ≈ notario/a; (*in court*) ≈ abogado/a
solid ['sɔlɪd] *adj* sólido; (*gold etc*) macizo ▷ *n* sólido
solitary ['sɔlɪtərɪ] *adj* solitario, solo
solitude ['sɔlɪtjuːd] *n* soledad *f*
solo ['səuləu] *n* solo ▷ *adv* (*fly*) en solitario; **soloist** *n* solista *mf*
soluble ['sɔljubl] *adj* soluble
solution [sə'luːʃən] *n* solución *f*
solve [sɔlv] *vt* resolver, solucionar
solvent ['sɔlvənt] *adj* (*Comm*) solvente ▷ *n* (*Chem*) solvente *m*
sombre, (*US*) **somber** ['sɔmbəʳ] *adj* sombrío

KEYWORD

some [sʌm] *adj* **1** (*a certain amount or number of*): **some tea/water/biscuits** té/agua/(unas) galletas; **there's some milk in the fridge** hay leche en el frigo; **there were some people outside** había algunas personas fuera; **I've got some money, but not much** tengo algo de dinero, pero no mucho
2 (*certain: in contrasts*) algunos/as; **some people say that ...** hay quien dice que ...; **some films were excellent, but most were mediocre** hubo películas excelentes, pero la mayoría fueron mediocres
3 (*unspecified*): **some woman was asking for you** una mujer estuvo preguntando por ti; **some day** algún día; **some day next week** un día de la semana que viene; **he was asking for some book (or other)** pedía no se qué libro
▶ *pron* **1** (*a certain number*): **I've got some** (*books etc*) tengo algunos/as
2 (*a certain amount*) algo; **I've got some** (*money, milk*) tengo algo; **could I have some of that cheese?** ¿me puede dar un poco de ese queso?; **I've read some of the book** he leído parte del libro
▶ *adv*: **some 10 people** unas 10 personas, una decena de personas; **somebody** *pron* alguien; **somehow** *adv* de alguna manera; (*for some reason*) por una u otra razón; **someone** *pron* = **somebody**; **someplace** *adv* (*US*) = **somewhere**; **something** *pron* algo; **would you like something to eat/drink?** ¿te gustaría cenar/tomar algo?; **sometime** *adv* (*in future*) algún día, en algún momento; **sometime last month** durante el mes pasado; **sometimes** *adv* a veces; **somewhat** *adv* algo; **somewhere** *adv* (*be*) en alguna parte; (*go*) a alguna parte; **somewhere else** (*be*) en otra parte; (*go*) a otra parte

son [sʌn] *n* hijo
song [sɔŋ] *n* canción *f*
son-in-law ['sʌnɪnlɔː] *n* yerno
soon [suːn] *adv* pronto, dentro de poco; **~ afterwards** poco después; *see also* **as**; **sooner** *adv* (*time*) antes, más temprano; **I would sooner do that** preferiría hacer eso; **sooner or later** tarde o temprano
soothe [suːð] *vt* tranquilizar; (*pain*) aliviar
sophisticated [sə'fɪstɪkeɪtɪd] *adj* sofisticado
sophomore ['sɔfəmɔːʳ] *n* (*US*) estudiante *mf* de segundo año
soprano [sə'prɑːnəu] *n* soprano *f*
sorbet ['sɔːbeɪ] *n* sorbete *m*
sordid ['sɔːdɪd] *adj* (*place etc*) sórdido; (*motive etc*) mezquino
sore [sɔːʳ] *adj* (*painful*) doloroso, que duele ▷ *n* llaga
sorrow ['sɔrəu] *n* pena, dolor *m*
sorry ['sɔrɪ] *adj* (*regretful*) arrepentido; (*condition, excuse*) lastimoso; **~!** ¡perdón!, ¡perdone!; **~?** ¿cómo?; **I feel ~ for him** me da lástima *or* pena
sort [sɔːt] *n* clase *f*, género, tipo ▷ *vt* (*also*: **~ out**: *papers*) clasificar; (*organize*) ordenar, organizar; (*resolve*: *problem, situation etc*) arreglar, solucionar
SOS *n* SOS *m*
so-so ['səusəu] *adv* regular, así así
sought [sɔːt] *pt, pp of* **seek**
soul [səul] *n* alma *f*
sound [saund] *adj* (*healthy*) sano; (*safe, not damaged*) en buen estado; (*dependable: person*) de fiar; (*sensible*) sensato, razonable ▷ *adv*: **~ asleep** profundamente dormido ▷ *n* (*noise*) sonido, ruido; (*volume: on TV etc*) volumen *m*; (*Geo*) estrecho ▷ *vt* (*alarm*) sonar ▷ *vi* sonar, resonar; (*fig: seem*) parecer; **to ~ like** sonar a; **soundtrack** *n* (*of film*) banda sonora
soup [suːp] *n* (*thick*) sopa; (*thin*) caldo
sour ['sauəʳ] *adj* agrio; (*milk*) cortado; **it's just ~ grapes!** (*fig*) ¡están verdes!

S

source [sɔːs] *n* fuente *f*
south [saʊθ] *n* sur *m* ▷ *adj* del sur ▷ *adv* al sur, hacia el sur; **South Africa** *n* Sudáfrica; **South African** *adj, n* sudafricano/a; **South America** *n* América del Sur, Sudamérica; **South American** *adj, n* sudamericano/a; **southbound** *adj* (con) rumbo al sur; **south-east** *n* sudeste *m*, sureste *m* ▷ *adj* (*counties etc*) (del) sudeste, (del) sureste; **southeastern** *adj* (del) sudeste, (del) sureste; **southern** *adj* del sur, meridional; **South Korea** *n* Corea del Sur; **South Pole** *n* Polo Sur; **southward(s)** *adv* hacia el sur; **south-west** *n* suroeste *m*; **southwestern** *adj* suroeste
souvenir [suːvəˈnɪəʳ] *n* recuerdo
sovereign [ˈsɔvrɪn] *adj, n* soberano/a
sow[1] [saʊ] *n* cerda, puerca
sow[2] (*pt* **sowed**, *pp* **sown**) [səʊ, səʊn] *vt* sembrar
soya [ˈsɔɪə], (*US*) **soy** [sɔɪ] *n* soja
spa [spɑː] *n* balneario
space [speɪs] *n* espacio; (*room*) sitio ▷ *vt* (*also*: **~ out**) espaciar; **spacecraft** *n* nave *f* espacial; **spaceship** *n* = **spacecraft**
spacious [ˈspeɪʃəs] *adj* amplio
spade [speɪd] *n* (*tool*) pala; **spades** *npl* (*Cards*: *British*) picas *fpl*; (: *Spanish*) espadas *fpl*
spaghetti [spəˈgɛtɪ] *n* espaguetis *mpl*
Spain [speɪn] *n* España
spam *n* (*junk email*) correo basura
span [spæn] *n* (*of bird, plane*) envergadura; (*of arch*) luz *f*; (*in time*) lapso ▷ *vt* extenderse sobre, cruzar; (*fig*) abarcar
Spaniard [ˈspænjəd] *n* español(a) *m/f*
Spanish [ˈspænɪʃ] *adj* español(a) ▷ *n* (*Ling*) español *m*, castellano; **the Spanish** *npl* los españoles
spank [spæŋk] *vt* zurrar
spanner [ˈspænəʳ] *n* (*BRIT*) llave *f* inglesa
spare [spɛəʳ] *adj* de reserva; (*surplus*) sobrante, de más ▷ *n* (*part*) pieza de repuesto ▷ *vt* (*do without*) pasarse sin; (*refrain from hurting*) perdonar; **to ~** (*surplus*) sobrante, de sobra; **spare part** *n* pieza de repuesto; **spare room** *n* cuarto de los invitados; **spare time** *n* tiempo libre; **spare tyre,** (*US*) **spare tire** *n* (*Aut*) neumático *or* llanta (*LAM*) de recambio; **spare wheel** *n* (*Aut*) rueda de recambio
spark [spɑːk] *n* chispa; (*fig*) chispazo
sparking plug [ˈspɑːk(ɪŋ)-] *n* = **spark plug**
sparkle [ˈspɑːkl] *n* centelleo, destello ▷ *vi* (*shine*) relucir, brillar
spark plug *n* bujía
sparrow [ˈspærəʊ] *n* gorrión *m*
sparse [spɑːs] *adj* esparcido, escaso
spasm [ˈspæzəm] *n* (*Med*) espasmo
spat [spæt] *pt, pp of* **spit**
spate [speɪt] *n* (*fig*): **~ of** torrente *m* de
spatula [ˈspætjulə] *n* espátula
speak (*pt* **spoke**, *pp* **spoken**) [spiːk, spəʊk, ˈspəʊkn] *vt* (*language*) hablar; (*truth*) decir ▷ *vi* hablar; (*make a speech*) intervenir; **to ~ to sb/of** *or* **about sth** hablar con algn/de *or* sobre algo; **~ up!** ¡habla más alto!; **speaker** *n* (*in public*) orador(a) *m/f*; (*also*: **loudspeaker**) altavoz *m*; (*for stereo etc*) bafle *m*; **the Speaker** (*Pol*: *BRIT*) *el Presidente de la Cámara de los Comunes*; (: *US*) *el Presidente del Congreso*
spear [spɪəʳ] *n* lanza ▷ *vt* alancear
special [ˈspɛʃl] *adj* especial; (*edition etc*) extraordinario; (*delivery*) urgente; **special delivery** *n* (*Post*): **by special delivery** por entrega urgente; **special effects** *npl* (*Cine*) efectos *mpl* especiales; **specialist** *n* especialista *mf*; **speciality** *n* especialidad *f*; **specialize** *vi*: **to specialize (in)** especializarse (en); **specially** *adv* especialmente; **special offer** *n* (*Comm*) oferta especial; **special school** *n* (*BRIT*) colegio *m* de educación especial; **specialty** *n* (*US*) = **speciality**
species [ˈspiːʃiːz] *n* especie *f*

specific [spə'sɪfɪk] *adj* específico; **specifically** *adv* específicamente
specify ['spɛsɪfaɪ] *vt, vi* especificar, precisar
specimen ['spɛsɪmən] *n* ejemplar *m*; (*Med*: *of urine*) espécimen *m*; (: *of blood*) muestra
speck [spɛk] *n* grano, mota
spectacle ['spɛktəkl] *n* espectáculo; **spectacles** *npl* (BRIT: *glasses*) gafas *fpl* (SP), anteojos *mpl*; **spectacular** [spɛk'tækjulə^{r}] *adj* espectacular; (*success*) impresionante
spectator [spɛk'teɪtə^{r}] *n* espectador(a) *m/f*
spectrum (*pl* **spectra**) ['spɛktrəm, -trə] *n* espectro
speculate ['spɛkjuleɪt] *vi* especular; **to ~ about** especular sobre
sped [spɛd] *pt, pp of* **speed**
speech [spi:tʃ] *n* (*faculty*) habla; (*formal talk*) discurso; (*language*) lenguaje *m*; **speechless** *adj* mudo, estupefacto
speed [spi:d] *n* velocidad *f*; (*haste*) prisa; (*promptness*) rapidez *f*; **at full** *or* **top ~** a máxima velocidad; **speed up** *vi* acelerarse ▷ *vt* acelerar; **speedboat** *n* lancha motora; **speeding** *n* (*Aut*) exceso de velocidad; **speed limit** *n* límite *m* de velocidad, velocidad *f* máxima; **speedometer** [spɪ'dɔmɪtə^{r}] *n* velocímetro; **speedy** *adj* (*fast*) veloz, rápido; (*prompt*) pronto
spell [spɛl] *n* (*also*: **magic ~**) encanto, hechizo; (*period of time*) rato, período ▷ *vt* deletrear; (*fig*) anunciar, presagiar; **to cast a ~ on sb** hechizar a algn; **he can't ~** comete faltas de ortografía; **spell out** *vt* (*explain*): **to ~ sth out for sb** explicar algo a algn en detalle; **spellchecker** *n* (*Comput*) corrector *m* (ortográfico); **spelling** *n* ortografía
spelt [spɛlt] *pt, pp of* **spell**
spend (*pt, pp* **spent**) [spɛnd, spɛnt] *vt* (*money*) gastar; (*time*) pasar; (*life*) dedicar; **spending** *n*: **government spending** gastos *mpl* del gobierno
spent [spɛnt] *pt, pp of* **spend** ▷ *adj* (*cartridge, bullets, match*) usado
sperm [spə:m] *n* esperma
sphere [sfɪə^{r}] *n* esfera
spice [spaɪs] *n* especia ▷ *vt* especiar
spicy ['spaɪsɪ] *adj* picante
spider ['spaɪdə^{r}] *n* araña
spike [spaɪk] *n* (*point*) punta; (*Bot*) espiga
spill (*pt, pp* **spilt** *or* **spilled**) [spɪl, spɪlt, spɪld] *vt* derramar, verter ▷ *vi* derramarse; **spill over** *vi* desbordarse
spin [spɪn] (*pt, pp* **spun**) *n* (*Aviat*) barrena; (*trip in car*) paseo (en coche) ▷ *vt* (*wool etc*) hilar; (*wheel*) girar ▷ *vi* girar, dar vueltas
spinach ['spɪnɪtʃ] *n* espinacas *fpl*
spinal ['spaɪnl] *adj* espinal
spin doctor *n* (*inf*) *informador(a) parcial al servicio de un partido político*
spin-dryer *n* (BRIT) secadora centrífuga
spine [spaɪn] *n* espinazo, columna vertebral; (*thorn*) espina
spiral ['spaɪərl] *n* espiral *f* ▷ *vi* (*prices*) dispararse
spire ['spaɪə^{r}] *n* aguja, chapitel *m*
spirit ['spɪrɪt] *n* (*soul*) alma *f*; (*ghost*) fantasma *m*; (*attitude*) espíritu *m*; (*courage*) valor *m*, ánimo; **spirits** *npl* (*drink*) alcohol *msg*, bebidas *fpl* alcohólicas; **in good ~s** alegre, de buen ánimo
spiritual ['spɪrɪtjuəl] *adj* espiritual ▷ *n* espiritual *m*
spit (*pt, pp* **spat**) [spɪt, spæt] *n* (*for roasting*) asador *m*, espetón *m*; (*saliva*) saliva ▷ *vi* escupir; (*sound*) chisporrotear
spite [spaɪt] *n* rencor *m*, ojeriza ▷ *vt* fastidiar; **in ~ of** a pesar de, pese a; **spiteful** *adj* rencoroso, malévolo
splash [splæʃ] *n* (*sound*) chapoteo; (*of colour*) mancha ▷ *vt* salpicar ▷ *vi* (*also*: **~ about**) chapotear; **splash out** *vi* (BRIT *inf*) derrochar dinero
splendid ['splɛndɪd] *adj* espléndido

splinter ['splɪntəʳ] *n* astilla; (*in finger*) espigón *m* ▷ *vi* astillarse, hacer astillas

split [splɪt] (*pt, pp* **split**) *n* hendedura, raja; (*fig*) división *f*; (*Pol*) escisión *f* ▷ *vt* partir, rajar; (*party*) dividir; (*work, profits*) repartir ▷ *vi* dividirse, escindirse; **split up** *vi* (*couple*) separarse; (*meeting*) acabarse

spoil (*pt, pp* **spoilt** *or* **spoiled**) [spɔɪl, spɔɪlt, spɔɪld] *vt* (*damage*) dañar; (*ruin*) estropear, echar a perder; (*child*) mimar, consentir

spoilt [spɔɪlt] *pt, pp of* **spoil** ▷ *adj* (*child*) mimado, consentido; (*ballot paper*) invalidado

spoke [spəuk] *pt of* **speak** ▷ *n* rayo, radio

spoken ['spəukn] *pp of* **speak**

spokesman ['spəuksmən] *n* portavoz *m*

spokesperson ['spəukspə:sn] *n* portavoz *mf*, vocero/a (LAM)

spokeswoman ['spəukswumən] *n* portavoz *f*

sponge [spʌndʒ] *n* esponja; (*also*: **~ cake**) bizcocho ▷ *vt* (*wash*) lavar con esponja ▷ *vi*: **to ~ on** *or* (US) **off sb** vivir a costa de algn; **sponge bag** *n* (BRIT) neceser *m*

sponsor ['spɔnsəʳ] *n* patrocinador(a) *m/f* ▷ *vt* patrocinar; apadrinar; **sponsorship** *n* patrocinio

spontaneous [spɔn'teɪnɪəs] *adj* espontáneo

spooky ['spu:kɪ] *adj* (*inf*) espeluznante, horripilante

spoon [spu:n] *n* cuchara; **spoonful** *n* cucharada

sport [spɔ:t] *n* deporte *m*; **to be a good ~** (*person*) ser muy majo; **sport jacket** *n* (US) = **sports jacket**; **sports car** *n* coche *m* sport; **sports centre** *n* (BRIT) polideportivo; **sports jacket,** (US) **sport jacket** *n* chaqueta deportiva; **sportsman** *n* deportista *m*; **sports utility vehicle** *n* todoterreno *m inv*; **sportswear** *n* ropa de deporte; **sportswoman** *n* deportista; **sporty** *adj* deportivo

spot [spɔt] *n* sitio, lugar *m*; (*dot*: *on pattern*) punto, mancha; (*pimple*) grano ▷ *vt* (*notice*) notar, observar; **on the ~** en el acto; **spotless** *adj* (*clean*) inmaculado; (*reputation*) intachable; **spotlight** *n* foco, reflector *m*; (*Aut*) faro auxiliar

spouse [spauz] *n* cónyuge *mf*

sprain [spreɪn] *n* torcedura ▷ *vt*: **to ~ one's ankle** torcerse el tobillo

sprang [spræŋ] *pt of* **spring**

sprawl [sprɔ:l] *vi* tumbarse

spray [spreɪ] *n* rociada; (*of sea*) espuma; (*container*) atomizador *m*; (*of paint*) pistola rociadora; (*of flowers*) ramita ▷ *vt* rociar; (*crops*) regar

spread [sprɛd] (*pt, pp* **spread**) *n* extensión *f*; (*inf*: *food*) comilona ▷ *vt* extender; (*butter*) untar; (*wings, sails*) desplegar; (*scatter*) esparcir ▷ *vi* (*also*: **~ out**: *stain*) extenderse; (*news*) diseminarse; **middle-age ~** gordura de la mediana edad; **repayments will be ~ over 18 months** los pagos se harán a lo largo de 18 meses; **spread out** *vi* (*move apart*) separarse; **spreadsheet** *n* (*Comput*) hoja de cálculo

spree [spri:] *n*: **to go on a ~** ir de juerga *or* farra (LAM)

spring [sprɪŋ] (*pt* **sprang**, *pp* **sprung**) *n* (*season*) primavera; (*leap*) salto, brinco; (*coiled metal*) resorte *m*; (*of water*) fuente *f*, manantial *m* ▷ *vi* saltar, brincar; **spring up** *vi* (*thing*: *appear*) aparecer; (*problem*) surgir; **spring onion** *n* cebolleta

sprinkle ['sprɪŋkl] *vt* (*pour*: *liquid*) rociar; (: *salt, sugar*) espolvorear; **to ~ water** *etc* **on, ~ with water** *etc* rociar *or* salpicar de agua *etc*

sprint [sprɪnt] *n* (e)sprint *m* ▷ *vi* esprintar

sprung [sprʌŋ] *pp of* **spring**

spun [spʌn] *pt, pp of* **spin**

spur [spə:ʳ] *n* espuela; (*fig*) estímulo, aguijón *m* ▷ *vt* (*also*: **~ on**) estimular, incitar; **on the ~ of the moment** de improviso

spurt [spəːt] *n* chorro; (*of energy*) arrebato ▷ *vi* chorrear

spy [spaɪ] *n* espía *mf* ▷ *vi*: **to ~ on** espiar a ▷ *vt* (*see*) divisar, lograr ver

sq. *abbr* (*Math etc*); = **square**

squabble ['skwɔbl] *vi* reñir, pelear

squad [skwɔd] *n* (*Mil*) pelotón *m*; (*Police*) brigada; (*Sport*) equipo

squadron ['skwɔdrn] *n* (*Mil*) escuadrón *m*; (*Aviat, Naut*) escuadra

squander ['skwɔndəʳ] *vt* (*money*) derrochar, despilfarrar; (*chances*) desperdiciar

square [skwɛəʳ] *n* cuadro; (*in town*) plaza; (*inf: person*) carca *mf* ▷ *adj* cuadrado; (*inf: ideas, tastes*) trasnochado ▷ *vt* (*arrange*) arreglar; (*Math*) cuadrar; (*reconcile*) compaginar; **all ~** igual(es); **a ~ meal** una comida decente; **two metres ~** dos metros por dos; **one ~ metre** un metro cuadrado; **square root** *n* raíz *f* cuadrada

squash [skwɔʃ] *n* (*vegetable*) calabaza; (*Sport*) squash *m*; (BRIT: *drink*): **lemon/orange ~** zumo (SP) *or* jugo (LAM) de limón/naranja ▷ *vt* aplastar

squat [skwɔt] *adj* achaparrado ▷ *vi* agacharse, sentarse en cuclillas; **squatter** *n* okupa *mf*

squeak [skwiːk] *vi* (*hinge, wheel*) chirriar, rechinar; (*mouse*) chillar

squeal [skwiːl] *vi* chillar, dar gritos agudos

squeeze [skwiːz] *n* presión *f*; (*of hand*) apretón *m*; (*Comm*) restricción *f* ▷ *vt* (*hand, arm*) apretar

squid [skwɪd] *n* (*inv*) calamar *m*

squint [skwɪnt] *vi* bizquear, ser bizco ▷ *n* (*Med*) estrabismo

squirm [skwəːm] *vi* retorcerse, revolverse

squirrel ['skwɪrəl] *n* ardilla

squirt [skwəːt] *vi* salir a chorros ▷ *vt* chiscar

Sr *abbr* = **senior**

Sri Lanka [srɪ'læŋkə] *n* Sri Lanka *m*

St *abbr* (= *saint*) Sto./a.; (= *street*) c/

stab [stæb] *n* (*with knife etc*) puñalada; (*of pain*) pinchazo; **to have a ~ at (doing) sth** (*inf*) probar (a hacer) algo ▷ *vt* apuñalar

stability [stə'bɪlɪtɪ] *n* estabilidad *f*

stable ['steɪbl] *adj* estable ▷ *n* cuadra, caballeriza

stack [stæk] *n* montón *m*, pila ▷ *vt* amontonar, apilar

stadium ['steɪdɪəm] *n* estadio

staff [stɑːf] *n* (*work force*) personal *m*, plantilla; (BRIT *Scol*) cuerpo docente ▷ *vt* proveer de personal

stag [stæg] *n* ciervo, venado

stage [steɪdʒ] *n* escena; (*point*) etapa; (*platform*) plataforma; **the ~** el teatro ▷ *vt* (*play*) poner en escena, representar; (*organize*) montar, organizar; **in ~s** por etapas

stagger ['stægəʳ] *vi* tambalear ▷ *vt* (*amaze*) asombrar; (*hours, holidays*) escalonar; **staggering** *adj* asombroso

stagnant ['stægnənt] *adj* estancado

stag night, stag party *n* despedida de soltero

stain [steɪn] *n* mancha; (*colouring*) tintura ▷ *vt* manchar; (*wood*) teñir; **stained glass** *n* vidrio *m* de color; **stainless steel** *n* acero inoxidable

stair [stɛəʳ] *n* (*step*) peldaño; **stairs** *npl* escaleras *fpl*

staircase ['stɛəkeɪs], **stairway** ['stɛəweɪ] *n* escalera

stake [steɪk] *n* estaca, poste *m*; (*Comm*) interés *m*; (*Betting*) apuesta ▷ *vt* (*bet*) apostar; **to be at ~** estar en juego; **to ~ a claim to (sth)** presentar reclamación por *or* reclamar (algo)

stale [steɪl] *adj* (*bread*) duro; (*food*) pasado; (*smell*) rancio; (*beer*) agrio

stalk [stɔːk] *n* tallo, caña ▷ *vt* acechar, cazar al acecho

stall *n* (*in market*) puesto; (*in stable*) casilla (de establo) ▷ *vt* (*Aut*) calar; (*fig*) dar largas a ▷ *vi* (*Aut*) pararse, calarse; (*fig*) buscar evasivas

stamina ['stæmɪnə] *n* resistencia

stammer ['stæmə^{r}] *n* tartamudeo ▷ *vi* tartamudear

stamp [stæmp] *n* sello, estampilla (LAM); (*mark*) marca, huella; (*on document*) timbre *m* ▷ *vi* (*also*: **~ one's foot**) patear ▷ *vt* (*letter*) poner sellos en, franquear; (*with rubber stamp*) marcar con sello; **~ed addressed envelope (sae)** sobre *m* franqueado con la dirección propia; **stamp out** *vt* (*fire*) apagar con el pie; (*crime, opposition*) acabar con

stampede [stæm'pi:d] *n* estampida

stance [stæns] *n* postura

stand [stænd] (*pt, pp* **stood**) *n* (*attitude*) posición *f*, postura; (*for taxis*) parada; (*also*: **music ~**) atril *m*; (*Sport*) tribuna; (*at exhibition*) stand *m* ▷ *vi* (*be*) estar, encontrarse; (*be on foot*) estar de pie; (*rise*) levantarse; (*remain*) quedar en pie ▷ *vt* (*place*) poner, colocar; (*tolerate, withstand*) aguantar, soportar; **to make a ~** (*fig*) mantener una postura firme; **to ~ for parliament** (BRIT) presentarse (como candidato) a las elecciones; **stand back** *vi* retirarse; **stand by** *vi* (*be ready*) estar listo ▷ *vt fus* (*opinion*) mantener; **stand down** *vi* (*withdraw*) ceder el puesto; (*Mil, Law*) retirarse; **stand for** *vt fus* (*signify*) significar; (*tolerate*) aguantar, permitir; **stand in for** *vt fus* suplir a; **stand out** *vi* destacarse; **stand up** *vi* levantarse, ponerse de pie; **stand up for** *vt fus* defender; **stand up to** *vt fus* hacer frente a

standard ['stændəd] *n* patrón *m*, norma; (*flag*) estandarte *m* ▷ *adj* (*size etc*) normal, corriente, estándar; **standards** *npl* (*morals*) valores *mpl* morales; **standard of living** *n* nivel *m* de vida

standing ['stændɪŋ] *adj* (*on foot*) de pie, en pie; (*permanent*) permanente ▷ *n* reputación *f*; **of many years' ~** que lleva muchos años; **standing order** *n* (BRIT: *at bank*) giro bancario

stand: standpoint *n* punto de vista; **standstill** *n*: **at a standstill** (*industry, traffic*) paralizado; **to come to a standstill** pararse, quedar paralizado

stank [stæŋk] *pt of* **stink**

staple ['steɪpl] *n* (*for papers*) grapa ▷ *adj* (*crop, industry, food etc*) básico ▷ *vt* grapar

star [sta:^{r}] *n* estrella; (*celebrity*) estrella, astro ▷ *vi*: **to ~ in** ser la estrella de; **the stars** *npl* (*Astrology*) el horóscopo

starboard ['sta:bəd] *n* estribor *m*

starch [sta:tʃ] *n* almidón *m*

stardom ['sta:dəm] *n* estrellato

stare [stɛə^{r}] *n* mirada fija ▷ *vi*: **to ~ at** mirar fijo

stark [sta:k] *adj* (*bleak*) severo, escueto ▷ *adv*: **~ naked** en cueros

start [sta:t] *n* principio, comienzo; (*departure*) salida; (*sudden movement*) sobresalto; (*advantage*) ventaja ▷ *vt* empezar, comenzar; (*cause*) causar; (*found*) fundar; (*engine*) poner en marcha ▷ *vi* comenzar, empezar; (*with fright*) asustarse, sobresaltarse; (*train etc*) salir; **to ~ doing** *or* **to do sth** empezar a hacer algo; **start off** *vi* empezar, comenzar; (*leave*) salir, ponerse en camino; **start out** *vi* (*begin*) empezar; (*set out*) partir, salir; **start up** *vi* comenzar; (*car*) ponerse en marcha ▷ *vt* comenzar; (*car*) poner en marcha; **starter** *n* (*Aut*) botón *m* de arranque; (*Sport*: *official*) juez *mf* de salida; (: *runner*) corredor(a) *m/f*; (BRIT *Culin*) entrada, entrante *m*; **starting point** *n* punto de partida

startle ['sta:tl] *vt* sobresaltar; **startling** *adj* alarmante

starvation [sta:'veɪʃən] *n* hambre *f*

starve [sta:v] *vi* pasar hambre; (*to death*) morir de hambre ▷ *vt* hacer pasar hambre

state [steɪt] *n* estado ▷ *vt* (*say, declare*) afirmar; **to be in a ~** estar agitado; **the S~s** los Estados Unidos; **statement** *n* afirmación *f*; **state**

school *n* escuela *or* colegio estatal; **statesman** *n* estadista *m*

static ['stætɪk] *n* (*Radio*) parásitos *mpl* ▷ *adj* estático

station ['steɪʃən] *n* estación *f*; (*Radio*) emisora; (*rank*) posición *f* social ▷ *vt* colocar, situar; (*Mil*) apostar

stationary ['steɪʃnərɪ] *adj* estacionario, fijo

stationer's (shop) *n* (BRIT) papelería

stationery ['steɪʃənərɪ] *n* papel *m* de escribir; (*writing materials*) artículos *mpl* de escritorio

station wagon *n* (US) coche *m* familiar con ranchera

statistic [stə'tɪstɪk] *n* estadística; **statistics** *n* (*science*) estadística

statue ['stætju:] *n* estatua

stature ['stætʃə^{r}] *n* estatura; (*fig*) talla

status ['steɪtəs] *n* estado; (*reputation*) estatus *m*; **status quo** *n* (e)statu quo *m*

statutory ['stætjutrɪ] *adj* estatutario

staunch [stɔ:ntʃ] *adj* leal, incondicional

stay [steɪ] *n* estancia ▷ *vi* quedar(se); (*as guest*) hospedarse; **to ~ put** seguir en el mismo sitio; **to ~ the night/5 days** pasar la noche/estar *or* quedarse 5 días; **stay away** *vi* (*from person, building*) no acercarse; (*from event*) no acudir; **stay behind** *vi* quedar atrás; **stay in** *vi* quedarse en casa; **stay on** *vi* quedarse; **stay out** *vi* (*of house*) no volver a casa; (*strikers*) no volver al trabajo; **stay up** *vi* (*at night*) velar, no acostarse

steadily ['stɛdɪlɪ] *adv* (*firmly*) firmemente; (*unceasingly*) sin parar; (*fixedly*) fijamente

steady ['stɛdɪ] *adj* (*fixed*) firme; (*regular*) regular; (*boyfriend etc*) formal, fijo; (*person, character*) sensato, juicioso ▷ *vt* (*stabilize*) estabilizar; (*nerves*) calmar

steak [steɪk] *n* filete *m*; (*beef*) bistec *m*

steal (*pt* **stole**, *pp* **stolen**) [sti:l, stəul, 'stəulɪn] *vt*, *vi* robar

steam [sti:m] *n* vapor *m*; (*mist*) vaho, humo ▷ *vt* (*Culin*) cocer al vapor ▷ *vi* echar vapor; **steam up** *vi* (*window*) empañarse; **to get ~ed up about sth** (*fig*) ponerse negro por algo; **steamy** *adj* (*room*) lleno de vapor; (*window*) empañado; (*heat, atmosphere*) bochornoso

steel [sti:l] *n* acero ▷ *adj* de acero

steep [sti:p] *adj* escarpado, abrupto; (*stair*) empinado; (*price*) exorbitante, excesivo ▷ *vt* empapar, remojar

steeple ['sti:pl] *n* aguja

steer [stɪə^{r}] *vt* (*car*) conducir (SP), manejar (LAM); (*person*) dirigir ▷ *vi* conducir (SP), manejar (LAM); **steering** *n* (*Aut*) dirección *f*; **steering wheel** *n* volante *m*

stem [stɛm] *n* (*of plant*) tallo; (*of glass*) pie *m* ▷ *vt* detener; (*blood*) restañar

step [stɛp] *n* paso; (*stair*) peldaño, escalón *m* ▷ *vi*: **to ~ forward** dar un paso adelante; **steps** *npl* (BRIT) = **stepladder**; **to be in/out of ~ with** estar acorde con/estar en disonancia con; **step down** *vi* (*fig*) retirarse; **step in** *vi* entrar; (*fig*) intervenir; **step up** *vt* (*increase*) aumentar; **stepbrother** *n* hermanastro; **stepchild** (*pl* **stepchildren**) *n* hijastro/a; **stepdaughter** *n* hijastra; **stepfather** *n* padrastro; **stepladder** *n* escalera doble *or* de tijera; **stepmother** *n* madrastra; **stepsister** *n* hermanastra; **stepson** *n* hijastro

stereo ['stɛrɪəu] *n* estéreo ▷ *adj* (*also*: **~phonic**) estéreo, estereofónico

stereotype ['stɪərɪətaɪp] *n* estereotipo ▷ *vt* estereotipar

sterile ['stɛraɪl] *adj* estéril; **sterilize** ['stɛrɪlaɪz] *vt* esterilizar

sterling ['stə:lɪŋ] *adj* (*silver*) de ley ▷ *n* (*Econ*) libras *fpl* esterlinas; **a pound ~** una libra esterlina

stern [stə:n] *adj* severo, austero ▷ *n* (*Naut*) popa

steroid ['stɪərɔɪd] *n* esteroide *m*

stew [stjuː] *n* estofado ▷ *vt, vi* estofar, guisar; (*fruit*) cocer
steward ['stjuːəd] *n* camarero; **stewardess** *n* azafata
stick [stɪk] (*pt, pp* **stuck**) *n* palo; (*as weapon*) porra; (*also*: **walking ~**) bastón *m* ▷ *vt* (*glue*) pegar; (*inf*: *put*) meter; (: *tolerate*) aguantar, soportar ▷ *vi* pegarse; (*come to a stop*) quedarse parado; **it stuck in my mind** se me quedó grabado; **stick out** *vi* sobresalir; **stick up** *vi* sobresalir; **stick up for** *vt fus* defender; **sticker** *n* (*label*) etiqueta adhesiva; (*with slogan*) pegatina; **sticking plaster** *n* (BRIT) esparadrapo; **stick insect** *n* insecto palo; **stick shift** *n* (US *Aut*) palanca de cambios
sticky ['stɪkɪ] *adj* pegajoso; (*label*) adhesivo; (*fig*) difícil
stiff [stɪf] *adj* rígido, tieso; (*hard*) duro; (*difficult*) difícil; (*person*) inflexible; (*price*) exorbitante ▷ *adv*: **scared/bored ~** muerto de miedo/aburrimiento
stifling ['staɪflɪŋ] *adj* (*heat*) sofocante, bochornoso
stigma ['stɪgmə] *n* estigma *m*
stiletto [stɪ'lɛtəu] *n* (BRIT: *also*: **~ heel**) tacón *m* de aguja
still [stɪl] *adj* inmóvil, quieto ▷ *adv* todavía; (*even*) aún; (*nonetheless*) sin embargo, aun así
stimulate ['stɪmjuleɪt] *vt* estimular
stimulus (*pl* **stimuli**) ['stɪmjuləs, -laɪ] *n* estímulo, incentivo
sting [stɪŋ] (*pt, pp* **stung**) *n* (*wound*) picadura; (*pain*) escozor *m*, picazón *m*; (*organ*) aguijón *m* ▷ *vt* picar ▷ *vi* picar
stink (*pt* **stank**, *pp* **stunk**) [stɪŋk, stæŋk, stʌŋk] *n* hedor *m*, tufo ▷ *vi* heder, apestar
stir [stəːʳ] *n* (*fig*: *agitation*) conmoción *f* ▷ *vt* (*tea etc*) remover; (*fig*: *emotions*) provocar ▷ *vi* moverse; **stir up** *vt* (*trouble*) fomentar; **stir-fry** *vt* sofreír removiendo ▷ *n plato preparado sofriendo y removiendo los ingredientes*
stitch [stɪtʃ] *n* (*Sewing*) puntada; (*Knitting*) punto; (*Med*) punto (de sutura); (*pain*) punzada ▷ *vt* coser; (*Med*) suturar
stock [stɔk] *n* (*Comm*: *reserves*) existencias *fpl*, stock *m*; (: *selection*) surtido; (*Agr*) ganado, ganadería; (*Culin*) caldo; (*fig*: *lineage*) estirpe *f*; (*Finance*) capital *m* ▷ *adj* (*reply etc*) clásico ▷ *vt* (*have in stock*) tener existencias de; **stocks** *npl*: **~s and shares** acciones y valores; **in ~** en existencia *or* almacén; **out of ~** agotado; **to take ~ of** (*fig*) considerar, examinar; **stockbroker** ['stɔkbrəukaʳ] *n* agente *mf or* corredor(a) *m/f* de bolsa; **stock cube** *n* pastilla *or* cubito de caldo; **stock exchange** *n* bolsa; **stockholder** ['stɔkhəuldaʳ] *n* (US) accionista *mf*
stocking ['stɔkɪŋ] *n* media
stock market *n* bolsa (de valores)
stole [stəul] *pt of* **steal** ▷ *n* estola
stolen ['stəuln] *pp of* **steal**
stomach ['stʌmək] *n* (*Anat*) estómago; (*belly*) vientre *m* ▷ *vt* tragar, aguantar; **stomachache** *n* dolor *m* de estómago
stone [stəun] *n* piedra; (*in fruit*) hueso; (BRIT: *weight*) = *6.348 kg; 14lb* ▷ *adj* de piedra ▷ *vt* apedrear; (*fruit*) deshuesar
stood [stud] *pt, pp of* **stand**
stool [stuːl] *n* taburete *m*
stoop [stuːp] *vi* (*also*: **~ down**) doblarse, agacharse; (*also*: **have a ~**) ser cargado de espaldas; (*bend*) inclinarse
stop [stɔp] *n* parada; (*in punctuation*) punto ▷ *vt* parar, detener; (*break off*) suspender; (*block*: *pay*) suspender; (: *cheque*) invalidar; (*also*: **put a ~ to**) poner término a ▷ *vi* pararse, detenerse; (*end*) acabarse; **to ~ doing sth** dejar de hacer algo; **stop by** *vi* pasar por; **stop off** *vi* interrumpir el viaje; **stopover** *n* parada intermedia; (*Aviat*) escala; **stoppage** *n* (*strike*) paro; (*blockage*) obstrucción *f*

storage ['stɔːrɪdʒ] *n* almacenaje *m*
store [stɔː^{r}] *n* (*stock*) provisión *f*; (*depot*) almacén *m*; (BRIT: *large shop*) almacén *m*; (US) tienda; (*reserve*) reserva, repuesto ▷ *vt* almacenar; **stores** *npl* víveres *mpl*; **who knows what is in ~ for us** quién sabe lo que nos espera; **storekeeper** *n* (US) tendero/a
storey, (US) **story** ['stɔːrɪ] *n* piso
storm [stɔːm] *n* tormenta; (*fig*: *of applause*) salva; (: *of criticism*) nube *f* ▷ *vi* (*fig*) rabiar ▷ *vt* tomar por asalto; **stormy** *adj* tempestuoso
story ['stɔːrɪ] *n* historia; (*lie*) cuento; (US) = **storey**
stout [staut] *adj* (*strong*) sólido; (*fat*) gordo, corpulento ▷ *n* cerveza negra
stove [stəuv] *n* (*for cooking*) cocina; (*for heating*) estufa
straight [streɪt] *adj* recto, derecho; (*frank*) franco, directo ▷ *adv* derecho, directamente; (*drink*) solo; **to put** *or* **get sth ~** dejar algo en claro; **~ away, ~ off** en seguida; **straighten** *vt* (*also*: **straighten out**) enderezar, poner derecho ▷ *vi* (*also*: **straighten up**) enderezarse, ponerse derecho; **straightforward** [streɪt'fɔːwəd] *adj* (*simple*) sencillo; (*honest*) sincero
strain [streɪn] *n* tensión *f*; (*Tech*) presión *f*; (*Med*) torcedura; (*of virus*) variedad *f* ▷ *vt* (*back etc*) torcerse; (*resources*) agotar; (*stretch*) estirar; (*filter*) filtrar; **strained** *adj* (*muscle*) torcido; (*laugh*) forzado; (*relations*) tenso; **strainer** *n* colador *m*
strait [streɪt] *n* (*Geo*) estrecho; **to be in dire ~s** (*fig*) estar en un gran aprieto
strand [strænd] *n* (*of thread*) hebra; (*of rope*) ramal *m*; **a ~ of hair** un pelo; **stranded** *adj* (*person*: *without money*) desamparado; (: *without transport*) colgado
strange [streɪndʒ] *adj* (*not known*) desconocido; (*odd*) extraño, raro; **strangely** *adv* de un modo raro; *see also* **enough**; **stranger** *n* desconocido/a; (*from another area*) forastero/a

Be careful not to translate *stranger* by the Spanish word *extranjero*.

strangle ['stræŋgl] *vt* estrangular
strap [stræp] *n* correa; (*of slip, dress*) tirante *m*
strategic [strə'tiːdʒɪk] *adj* estratégico
strategy ['strætɪdʒɪ] *n* estrategia
straw [strɔː] *n* paja; (*also*: **drinking ~**) caña, pajita; **that's the last ~!** ¡eso es el colmo!
strawberry ['strɔːbərɪ] *n* fresa, frutilla (LAm)
stray [streɪ] *adj* (*animal*) extraviado; (*bullet*) perdido; (*scattered*) disperso ▷ *vi* extraviarse, perderse
streak [striːk] *n* raya ▷ *vt* rayar ▷ *vi*: **to ~ past** pasar como un rayo
stream [striːm] *n* riachuelo, arroyo; (*jet*) chorro; (*flow*) corriente *f*; (*of people*) oleada ▷ *vt* (*Scol*) dividir en grupos por habilidad ▷ *vi* correr, fluir; **to ~ in/out** (*people*) entrar/salir en tropel
street [striːt] *n* calle *f*; **streetcar** *n* (US) tranvía *m*; **street light** *n* farol *m* (LAm), farola (SP); **street map** *n* plano (de la ciudad); **street plan** *n* plano callejero
strength [streŋθ] *n* fuerza; (*of girder, knot etc*) resistencia; (*fig*: *power*) poder *m*; **strengthen** *vt* fortalecer, reforzar
strenuous ['strenjuəs] *adj* (*energetic*) enérgico
stress [stres] *n* presión *f*; (*mental strain*) estrés *m*; (*Ling, Poetry*) acento ▷ *vt* subrayar, recalcar; **stressed** *adj* (*tense*) estresado, agobiado; (*syllable*) acentuado; **stressful** *adj* (*job*) estresante
stretch [stretʃ] *n* (*of sand etc*) trecho ▷ *vi* estirarse; (*extend*): **to ~ to** *or* **as far as** extenderse hasta ▷ *vt* extender, estirar; (*make demands of*) exigir el máximo esfuerzo a; **stretch out** *vi* tenderse ▷ *vt* (*arm etc*) extender; (*spread*) estirar

S

stretcher ['strɛtʃəʳ] *n* camilla
strict [strɪkt] *adj* estricto; (*discipline, ban*) severo; **strictly** *adv* estrictamente; (*totally*) terminantemente
stride (*pt* **strode**, *pp* **stridden**) [straɪd, strəud, 'strɪdn] *n* zancada, tranco ▷ *vi* dar zancadas, andar a trancos
strike [straɪk] (*pt, pp* **struck**) *n* huelga; (*of oil etc*) descubrimiento; (*attack*) ataque *m* ▷ *vt* golpear, pegar; (*oil etc*) descubrir; (*agreement, deal*) alcanzar ▷ *vi* declarar la huelga; (*attack*) atacar; (*clock*) dar la hora; **on ~** (*workers*) en huelga; **to ~ a match** encender una cerilla; **striker** *n* huelguista *mf*; (*Sport*) delantero; **striking** ['straɪkɪŋ] *adj* (*colour*) llamativo; (*obvious*) notorio
string (*pt, pp* **strung**) [strɪŋ, strʌŋ] *n* cuerda; (*row*) hilera ▷ *vt*: **to ~ together** ensartar; **to ~ out** extenderse; **the strings** *npl* (*Mus*) los instrumentos de cuerda; **to pull ~s** (*fig*) mover palancas
strip [strɪp] *n* tira; (*of land*) franja; (*of metal*) cinta, lámina ▷ *vt* desnudar; (*also*: **~ down**: *machine*) desmontar ▷ *vi* desnudarse; **strip off** *vt* (*paint etc*) quitar ▷ *vi* (*person*) desnudarse
stripe [straɪp] *n* raya; (*Mil*) galón *m*; **striped** *adj* a rayas, rayado
stripper ['strɪpəʳ] *n* artista *mf* de striptease
strip-search ['strɪpsəːtʃ] *vt*: **to ~ sb** desnudar y registrar a algn
strive (*pt* **strove**, *pp* **striven**) [straɪv, strəuv, 'strɪvn] *vi*: **to ~ to do sth** esforzarse *or* luchar por hacer algo
strode [strəud] *pt of* **stride**
stroke [strəuk] *n* (*blow*) golpe *m*; (*Swimming*) brazada; (*Med*) apoplejía ▷ *vt* acariciar; **at a ~** de golpe
stroll [strəul] *n* paseo, vuelta ▷ *vi* dar un paseo *or* una vuelta; **stroller** *n* (*US*: *pushchair*) cochecito
strong [strɔŋ] *adj* fuerte; **they are 50 ~** son 50; **stronghold** *n* fortaleza; (*fig*) baluarte *m*; **strongly** *adv* fuertemente, con fuerza; (*believe*) firmemente
strove [strəuv] *pt of* **strive**
struck [strʌk] *pt, pp of* **strike**
structure ['strʌktʃəʳ] *n* estructura; (*building*) construcción *f*
struggle ['strʌgl] *n* lucha ▷ *vi* luchar
strung [strʌŋ] *pt, pp of* **string**
stub [stʌb] *n* (*of ticket etc*) matriz *f*; (*of cigarette*) colilla ▷ *vt*: **to ~ one's toe on sth** dar con el dedo del pie contra algo; **stub out** *vt* apagar
stubble ['stʌbl] *n* rastrojo; (*on chin*) barba (incipiente)
stubborn ['stʌbən] *adj* terco, testarudo
stuck [stʌk] *pt, pp of* **stick** ▷ *adj* (*jammed*) atascado
stud [stʌd] *n* (*shirt stud*) corchete *m*; (*of boot*) taco; (*earring*) pendiente *m* (de bolita); (*also*: **~ farm**) caballeriza; (*also*: **~ horse**) caballo semental ▷ *vt* (*fig*): **~ded with** salpicado de
student ['stjuːdənt] *n* estudiante *mf* ▷ *adj* estudiantil; **student driver** *n* (*US Aut*) aprendiz(a) *m/f* de conductor; **students' union** *n* (BRIT: *association*) sindicato de estudiantes; (: *building*) centro de estudiantes
studio ['stjuːdɪəu] *n* estudio; (*artist's*) taller *m*; **studio flat** *n* estudio
study ['stʌdɪ] *n* estudio ▷ *vt* estudiar; (*examine*) examinar, investigar ▷ *vi* estudiar
stuff [stʌf] *n* materia; (*substance*) material *m*, sustancia; (*things, belongings*) cosas *fpl* ▷ *vt* llenar; (*Culin*) rellenar; (*animal*) disecar; **stuffing** *n* relleno; **stuffy** *adj* (*room*) mal ventilado; (*person*) de miras estrechas
stumble ['stʌmbl] *vi* tropezar, dar un traspié; **stumble across** *vt fus* (*fig*) tropezar con
stump [stʌmp] *n* (*of tree*) tocón *m*; (*of limb*) muñón *m* ▷ *vt*: **to be ~ed for an answer** quedarse sin saber qué contestar
stun [stʌn] *vt* aturdir

stung [stʌŋ] *pt, pp of* **sting**
stunk [stʌŋk] *pp of* **stink**
stunned [stʌnd] *adj* (*dazed*) aturdido, atontado; (*amazed*) pasmado; (*shocked*) anonadado
stunning ['stʌnɪŋ] *adj* (*fig: news*) pasmoso; (*: outfit etc*) sensacional
stunt [stʌnt] *n* (*in film*) escena peligrosa; (*also*: **publicity ~**) truco publicitario
stupid ['stju:pɪd] *adj* estúpido, tonto; **stupidity** [stju:'pɪdɪtɪ] *n* estupidez *f*
sturdy ['stə:dɪ] *adj* robusto, fuerte
stutter ['stʌtəʳ] *n* tartamudeo ▷ *vi* tartamudear
style [staɪl] *n* estilo; **stylish** *adj* elegante, a la moda; **stylist** *n* (*hair stylist*) peluquero/a
sub... [sʌb] *pref* sub...; **subconscious** *adj* subconsciente
subdued [səb'dju:d] *adj* (*light*) tenue; (*person*) sumiso, manso
subject *n* ['sʌbdʒɪkt] súbdito; (*Scol*) tema *m*, materia; (*Grammar*) sujeto ▷ *vt* [səb'dʒɛkt]: **to ~ sb to sth** someter a algn a algo ▷ *adj* ['sʌbdʒɪkt]: **to be ~ to** (*law*) estar sujeto a; (*person*) ser propenso a; **subjective** [səb'dʒɛktɪv] *adj* subjetivo; **subject matter** *n* (*content*) contenido
subjunctive [səb'dʒʌŋktɪv] *adj, n* subjuntivo
submarine [sʌbmə'ri:n] *n* submarino
submission [səb'mɪʃən] *n* sumisión *f*
submit [səb'mɪt] *vt* someter ▷ *vi* someterse
subordinate [sə'bɔ:dɪnət] *adj, n* subordinado/a
subscribe [səb'skraɪb] *vi* suscribir; **to ~ to** (*fund, opinion*) suscribir, aprobar; (*newspaper*) suscribirse a
subscription [səb'skrɪpʃən] *n* abono; (*to magazine*) suscripción *f*
subsequent ['sʌbsɪkwənt] *adj* subsiguiente, posterior; **subsequently** *adv* posteriormente, más tarde
subside [səb'saɪd] *vi* hundirse; (*flood*) bajar; (*wind*) amainar
subsidiary [səb'sɪdɪərɪ] *n* sucursal *f*, filial *f*
subsidize ['sʌbsɪdaɪz] *vt* subvencionar
subsidy ['sʌbsɪdɪ] *n* subvención *f*
substance ['sʌbstəns] *n* sustancia
substantial [səb'stænʃl] *adj* sustancial, sustancioso; (*fig*) importante
substitute ['sʌbstɪtju:t] *n* (*person*) suplente *mf*; (*thing*) sustituto ▷ *vt*: **to ~ A for B** sustituir B por A, reemplazar A por B; **substitution** *n* sustitución *f*
subtle ['sʌtl] *adj* sutil
subtract [səb'trækt] *vt* restar; sustraer
suburb ['sʌbə:b] *n* barrio residencial; **the ~s** las afueras (de la ciudad); **suburban** [sə'bə:bən] *adj* suburbano; (*train etc*) de cercanías
subway ['sʌbweɪ] *n* (BRIT) paso subterráneo *or* inferior; (US) metro
succeed [sək'si:d] *vi* (*person*) tener éxito; (*plan*) salir bien ▷ *vt* suceder a; **to ~ in doing** lograr hacer
success [sək'sɛs] *n* éxito; **successful** *adj* (*venture*) de éxito, exitoso (*esp LAM*); **successfully** *adv* con éxito

Be careful not to translate *success* by the Spanish word *suceso*.

succession [sək'sɛʃən] *n* sucesión *f*, serie *f*
successive [sək'sɛsɪv] *adj* sucesivo
successor [sək'sɛsəʳ] *n* sucesor(a) *m/f*
succumb [sə'kʌm] *vi* sucumbir
such [sʌtʃ] *adj* tal, semejante; (*of that kind*): **~ a book** tal libro; (*so much*): **~ courage** tanto valor ▷ *adv* tan; **~ a long trip** un viaje tan largo; **~ a lot of** tanto; **~ as** (*like*) tal como; **as ~** como tal; **such-and-such** *adj* tal o cual
suck [sʌk] *vt* chupar; (*bottle*) sorber; (*breast*) mamar
Sudan [su'dæn] *n* Sudán *m*

sudden ['sʌdn] *adj* (*rapid*) repentino, súbito; (*unexpected*) imprevisto; **all of a ~** de repente; **suddenly** *adv* de repente
sudoku [su'dəuku:] *n* sudoku *m*
sue [su:] *vt* demandar
suede [sweɪd] *n* ante *m*, gamuza (LAM)
suffer ['sʌfəʳ] *vt* sufrir, padecer; (*tolerate*) aguantar, soportar ▷ *vi* sufrir, padecer; **to ~ from** padecer, sufrir; **suffering** *n* sufrimiento
suffice [sə'faɪs] *vi* bastar, ser suficiente
sufficient [sə'fɪʃənt] *adj* suficiente, bastante
suffocate ['sʌfəkeɪt] *vi* ahogarse, asfixiarse
sugar ['ʃugəʳ] *n* azúcar *m* ▷ *vt* echar azúcar a, azucarar
suggest [sə'dʒɛst] *vt* sugerir; **suggestion** [sə'dʒɛstʃən] *n* sugerencia
suicide ['suɪsaɪd] *n* suicidio; (*person*) suicida *mf*; **to commit ~** suicidarse; **suicide attack** *n* atentado suicida; **suicide bomber** *n* terrorista *mf* suicida; **suicide bombing** *n* atentado *m* suicida
suit [su:t] *n* traje *m*; (*Law*) pleito; (*Cards*) palo ▷ *vt* convenir; (*clothes*) sentar bien a, ir bien a; (*adapt*): **to ~ sth to** adaptar *or* ajustar algo a; **well ~ed** (*couple*) hechos el uno para el otro; **suitable** *adj* conveniente; (*apt*) indicado; **suitcase** *n* maleta, valija (LAM)
suite [swi:t] *n* (*of rooms*) suite *f*; (*Mus*) suite *f*; (*furniture*): **bedroom/dining room ~** (juego de) dormitorio/comedor *m*; **a three-piece ~** un tresillo
sulfur ['sʌlfəʳ] *n* (US) = **sulphur**
sulk [sʌlk] *vi* estar de mal humor
sulphur, (US) **sulfur** ['sʌlfəʳ] *n* azufre *m*
sultana [sʌl'tɑ:nə] *n* (*fruit*) pasa de Esmirna
sum [sʌm] *n* suma; (*total*) total *m*; **sum up** *vt* resumir ▷ *vi* hacer un resumen
summarize ['sʌməraɪz] *vt* resumir
summary ['sʌmərɪ] *n* resumen *m* ▷ *adj* (*justice*) sumario
summer ['sʌməʳ] *n* verano ▷ *adj* de verano; **in (the) ~** en (el) verano; **summer holidays** *npl* vacaciones *fpl* de verano; **summertime** *n* (*season*) verano
summit ['sʌmɪt] *n* cima, cumbre *f*; (*also*: **~ conference**) (conferencia) cumbre *f*
summon ['sʌmən] *vt* (*person*) llamar; (*meeting*) convocar
sun [sʌn] *n* sol *m*
Sun. *abbr* (= *Sunday*) dom.
sun: sunbathe *vi* tomar el sol; **sunbed** *n* cama solar; **sunblock** *n* filtro solar; **sunburn** *n* (*painful*) quemadura del sol; (*tan*) bronceado; **sunburnt, sunburned** *adj* (*tanned*) bronceado; (*painfully*) quemado por el sol
Sunday ['sʌndɪ] *n* domingo
sunflower ['sʌnflauəʳ] *n* girasol *m*
sung [sʌŋ] *pp of* **sing**
sunglasses ['sʌnglɑ:sɪz] *npl* gafas *fpl* de sol
sunk [sʌŋk] *pp of* **sink**
sun: sunlight *n* luz *f* del sol; **sun lounger** *n* tumbona, perezosa (LAM); **sunny** ['sʌnɪ] *adj* soleado; (*day*) de sol; (*fig*) alegre; **sunrise** *n* salida del sol; **sun roof** *n* (*Aut*) techo corredizo *or* solar; **sunscreen** *n* filtro solar; **sunset** *n* puesta del sol; **sunshade** *n* (*over table*) sombrilla; **sunshine** ['sʌnʃaɪn] *n* sol *m*; **sunstroke** *n* insolación *f*; **suntan** *n* bronceado; **suntan lotion** *n* bronceador *m*; **suntan oil** *n* aceite *m* bronceador
super ['su:pəʳ] *adj* (*inf*) genial
superb [su:'pə:b] *adj* magnífico, espléndido
superficial [su:pə'fɪʃəl] *adj* superficial

superintendent [su:pərɪn'tɛndənt] *n* director(a) *m/f*; (*also*: **police ~**) subjefe/a *m/f*
superior [su'pɪərɪəʳ] *adj* superior; (*smug*) desdeñoso ▷ *n* superior *m*
superlative [su'pə:lətɪv] *n* superlativo
supermarket ['su:pəmɑ:kɪt] *n* supermercado
supernatural [su:pə'nætʃərəl] *adj* sobrenatural ▷ *n*: **the ~** lo sobrenatural
superpower ['su:pəpauəʳ] *n* (*Pol*) superpotencia
superstition [su:pə'stɪʃən] *n* superstición *f*
superstitious [su:pə'stɪʃəs] *adj* supersticioso
superstore ['su:pəstɔ:ʳ] *n* (BRIT) hipermercado
supervise ['su:pəvaɪz] *vt* supervisar; **supervision** [su:pə'vɪʒən] *n* supervisión *f*; **supervisor** *n* supervisor(a) *m/f*
supper ['sʌpəʳ] *n* cena
supple ['sʌpl] *adj* flexible
supplement *n* ['sʌplɪmənt] suplemento ▷ *vt* [sʌplɪ'mɛnt] suplir
supplier [sə'plaɪəʳ] *n* (*Comm*) distribuidor(a) *m/f*
supply [sə'plaɪ] *vt* (*provide*) suministrar; (*equip*): **to ~ (with)** proveer (de) ▷ *n* provisión *f*; (*of gas, water etc*) suministro; **supplies** *npl* (*food*) víveres *mpl*; (*Mil*) pertrechos *mpl*
support [sə'pɔ:t] *n* apoyo; (*Tech*) soporte *m* ▷ *vt* apoyar; (*financially*) mantener; (*uphold*) sostener; **supporter** *n* (*Pol etc*) partidario/a; (*Sport*) aficionado/a

Be careful not to translate *support* by the Spanish word *soportar*.

suppose [sə'pəuz] *vt* suponer; (*imagine*) imaginarse; **to be ~d to do sth** deber hacer algo; **supposedly** [sə'pəuzɪdlɪ] *adv* según cabe suponer; **supposing** *conj* en caso de que
suppress [sə'prɛs] *vt* suprimir; (*yawn*) ahogar
supreme [su'pri:m] *adj* supremo
surcharge ['sə:tʃɑ:dʒ] *n* sobretasa, recargo
sure [ʃuəʳ] *adj* seguro; (*definite, convinced*) cierto; **to make ~ of sth/that** asegurarse de algo/asegurar que; **~!** (*of course*) ¡claro!, ¡por supuesto!; **~ enough** efectivamente; **surely** *adv* (*certainly*) seguramente
surf [sə:f] *n* olas *fpl* ▷ *vt*: **to ~ the Net** navegar por Internet
surface ['sə:fɪs] *n* superficie *f* ▷ *vt* (*road*) revestir ▷ *vi* salir a la superficie; **surface mail** *n* vía terrestre
surfboard ['sə:fbɔ:d] *n* tabla (de surf)
surfer ['sə:fəʳ] *n* surfista *mf*; **web** *or* **net ~** internauta *mf*
surfing ['sə:fɪŋ] *n* surf *m*
surge [sə:dʒ] *n* oleada, oleaje *m* ▷ *vi* (*wave*) romper; (*people*) avanzar a tropel
surgeon ['sə:dʒən] *n* cirujano/a
surgery ['sə:dʒərɪ] *n* cirugía; (BRIT: *room*) consultorio
surname ['sə:neɪm] *n* apellido
surpass [sə:'pɑ:s] *vt* superar, exceder
surplus ['sə:pləs] *n* excedente *m*; (*Comm*) superávit *m* ▷ *adj* excedente, sobrante
surprise [sə'praɪz] *n* sorpresa ▷ *vt* sorprender; **surprised** *adj* (*look, smile*) de sorpresa; **to be surprised** sorprenderse; **surprising** *adj* sorprendente; **surprisingly** *adv* (*easy, helpful*) de modo sorprendente
surrender [sə'rɛndəʳ] *n* rendición *f*, entrega ▷ *vi* rendirse, entregarse
surround [sə'raund] *vt* rodear, circundar; (*Mil etc*) cercar; **surrounding** *adj* circundante; **surroundings** *npl* alrededores *mpl*, cercanías *fpl*
surveillance [sə:'veɪləns] *n* vigilancia
survey *n* ['sə:veɪ] inspección *f* reconocimiento; (*inquiry*) encuesta

▷ *vt* [sə:'veɪ] examinar, inspeccionar; (*look at*) mirar, contemplar; **surveyor** *n* agrimensor(a) *m/f*

survival [sə'vaɪvl] *n* supervivencia

survive [sə'vaɪv] *vi* sobrevivir; (*custom etc*) perdurar ▷ *vt* sobrevivir a; **survivor** *n* superviviente *mf*

suspect *adj, n* ['sʌspɛkt] sospechoso/a ▷ *vt* [səs'pɛkt] sospechar

suspend [səs'pɛnd] *vt* suspender; **suspended sentence** *n* (*Law*) libertad *f* condicional; **suspenders** *npl* (BRIT) ligas *fpl*; (US) tirantes *mpl*

suspense [səs'pɛns] *n* incertidumbre *f*, duda; (*in film etc*) suspense *m*; **to keep sb in ~** mantener a algn en suspense

suspension [səs'pɛnʃən] *n* suspensión *f*; (*of driving licence*) privación *f*; **suspension bridge** *n* puente *m* colgante

suspicion [səs'pɪʃən] *n* sospecha; (*distrust*) recelo; **suspicious** *adj* receloso; (*causing suspicion*) sospechoso

sustain [səs'teɪn] *vt* sostener, apoyar; (*suffer*) sufrir, padecer

SUV ['ɛs'ju:'vi:] *n abbr* (= *sports utility vehicle*) todoterreno *m inv*, cuatro por cuatro *m inv*

swallow ['swɔləu] *n* (*bird*) golondrina ▷ *vt* tragar

swam [swæm] *pt of* **swim**

swamp [swɔmp] *n* pantano, ciénaga ▷ *vt* abrumar, agobiar

swan [swɔn] *n* cisne *m*

swap [swɔp] *n* canje *m* ▷ *vt*: **to ~ (for)** canjear (por), cambiar (por)

swarm [swɔ:m] *n* (*of bees*) enjambre *m*; (*fig*) multitud *f* ▷ *vi* (*bees*) formar un enjambre; (*fig*) pulular

sway [sweɪ] *vi* mecerse, balancearse ▷ *vt* (*influence*) mover, influir en

swear (*pt* **swore**, *pp* **sworn**) [swɛə^r, swɔ:^{r}, swɔ:n] *vi* jurar ▷ *vt*: jurar; **swear in** *vt*: **to be sworn in** prestar juramento; **swearword** *n* taco, palabrota

sweat [swɛt] *n* sudor *m* ▷ *vi* sudar

sweater ['swɛtə^r] *n* suéter *m*

sweatshirt ['swɛtʃə:t] *n* sudadera

sweaty ['swɛtɪ] *adj* sudoroso

Swede [swi:d] *n* sueco/a

swede [swi:d] *n* (BRIT) nabo

Sweden ['swi:dn] *n* Suecia

Swedish ['swi:dɪʃ] *adj, n* (*Ling*) sueco

sweep [swi:p] (*pt, pp* **swept**) *n* (*act*) barrida; (*also*: **chimney ~**) deshollinador(a) *m/f* ▷ *vt* barrer; (*with arm*) empujar; (*current*) arrastrar ▷ *vi* barrer

sweet [swi:t] *n* (BRIT: *candy*) dulce *m*, caramelo; (: *pudding*) postre *m* ▷ *adj* dulce; (*charming*: *smile, character*) dulce, amable; **sweetcorn** *n* maíz *m* (dulce); **sweetener** ['swi:tnə^r] *n* (*Culin*) edulcorante *m*; **sweetheart** *n* novio/a; **sweetshop** *n* (BRIT) confitería, bombonería

swell [swɛl] (*pt* **swelled**, *pp* **swollen** *or* **swelled**) *n* (*of sea*) marejada, oleaje *m* ▷ *adj* (US *inf*: *excellent*) estupendo, fenomenal ▷ *vt* hinchar, inflar ▷ *vi* (*also*: **~ up**) hincharse; (*numbers*) aumentar; (*sound, feeling*) ir aumentando; **swelling** *n* (*Med*) hinchazón *f*

swept [swɛpt] *pt, pp of* **sweep**

swerve [swə:v] *vi* desviarse bruscamente

swift [swɪft] *n* (*bird*) vencejo ▷ *adj* rápido, veloz

swim [swɪm] (*pt* **swam**, *pp* **swum**) *n*: **to go for a ~** ir a nadar *or* a bañarse ▷ *vi* nadar; (*head, room*) dar vueltas ▷ *vt* pasar a nado; **to go ~ming** ir a nadar; **swimmer** *n* nadador(a) *m/f*; **swimming** *n* natación *f*; **swimming costume** *n* bañador *m*, traje *m* de baño; **swimming pool** *n* piscina, alberca (LAM); **swimming trunks** *npl* bañador *msg*; **swimsuit** *n* = **swimming costume**

swing [swɪŋ] (*pt, pp* **swung**) *n* (*in playground*) columpio; (*movement*) balanceo, vaivén *m*; (*change of* *direction*) viraje *m*; (*rhythm*) ritmo ▷ *vt* balancear; (*also*: **~ round**) voltear, girar ▷ *vi* balancearse, columpiarse; (*also*: **~ round**) dar media vuelta; **to be in full ~** estar en plena marcha

swipe card [swaɪp-] *n* tarjeta magnética deslizante, tarjeta swipe

swirl [swɜ:l] *vi* arremolinarse

Swiss [swɪs] *adj*, *n* (*pl inv*) suizo/a

switch [swɪtʃ] *n* (*for light, radio etc*) interruptor *m*; (*change*) cambio ▷ *vt* (*change*) cambiar de; **switch off** *vt* apagar; (*engine*) parar; **switch on** *vt* encender, prender (LAM); (*engine, machine*) arrancar; **switchboard** *n* (*Tel*) centralita (de teléfonos), conmutador *m* (LAM)

Switzerland ['swɪtsələnd] *n* Suiza

swivel ['swɪvl] *vi* (*also*: **~ round**) girar

swollen ['swəulən] *pp of* **swell**

swoop [swu:p] *n* (*by police etc*) redada ▷ *vi* (*also*: **~ down**) caer en picado

swop [swɔp] *n*, *vb* = **swap**

sword [sɔ:d] *n* espada; **swordfish** *n* pez *m* espada

swore [swɔ:ʳ] *pt of* **swear**

sworn [swɔ:n] *pp of* **swear** ▷ *adj* (*statement*) bajo juramento; (*enemy*) implacable

swum [swʌm] *pp of* **swim**

swung [swʌŋ] *pt*, *pp of* **swing**

syllable ['sɪləbl] *n* sílaba

syllabus ['sɪləbəs] *n* programa *m* de estudios

symbol ['sɪmbl] *n* símbolo

symbolic(al) [sɪm'bɔlɪk(l)] *adj* simbólico; **to be symbolic of sth** simbolizar algo

symmetrical [sɪ'mɛtrɪkl] *adj* simétrico

symmetry ['sɪmɪtrɪ] *n* simetría

sympathetic [sɪmpə'θɛtɪk] *adj* (*understanding*) comprensivo; **to be ~ towards** (*person*) ser comprensivo con

Be careful not to translate *sympathetic* by the Spanish word *simpático*.

sympathize ['sɪmpəθaɪz] *vi*: **to ~ with** (*person*) compadecerse de; (*feelings*) comprender; (*cause*) apoyar

sympathy ['sɪmpəθɪ] *n* (*pity*) compasión *f*

symphony ['sɪmfənɪ] *n* sinfonía

symptom ['sɪmptəm] *n* síntoma *m*, indicio

synagogue ['sɪnəgɔg] *n* sinagoga

syndicate ['sɪndɪkɪt] *n* sindicato; (*Press*) agencia (de noticias)

syndrome ['sɪndrəum] *n* síndrome *m*

synonym ['sɪnənɪm] *n* sinónimo

synthetic [sɪn'θɛtɪk] *adj* sintético

Syria ['sɪrɪə] *n* Siria

syringe [sɪ'rɪndʒ] *n* jeringa

syrup ['sɪrəp] *n* jarabe *m*, almíbar *m*

system ['sɪstəm] *n* sistema *m*; (*Anat*) organismo; **systematic** [sɪstə'mætɪk] *adj* sistemático; metódico; **systems analyst** *n* analista *mf* de sistemas

t

ta [tɑː] *excl* (BRIT *inf*) ¡gracias!
tab [tæb] *n* lengüeta; (*label*) etiqueta; **to keep ~s on** (*fig*) vigilar
table ['teɪbl] *n* mesa; (*of statistics etc*) cuadro, tabla ▷ *vt* (BRIT: *motion etc*) presentar; **to lay** *or* **set the ~** poner la mesa; **tablecloth** *n* mantel *m*; **table d'hôte** [tɑːbl'dəʊt] *n* menú *m*; **table lamp** *n* lámpara de mesa; **tablemat** *n* (*for plate*) posaplatos *m inv*; (*for hot dish*) salvamanteles *m inv*; **tablespoon** *n* cuchara grande; (*also*: **tablespoonful**: *as measurement*) cucharada grande
tablet ['tæblɪt] *n* (*Med*) pastilla, comprimido; (*of stone*) lápida; (*Comput*) tableta, tablet *f*
table tennis *n* ping-pong *m*, tenis *m* de mesa
tabloid ['tæblɔɪd] *n* periódico popular sensacionalista
taboo [tə'buː] *adj*, *n* tabú *m*
tack [tæk] *n* (*nail*) tachuela ▷ *vt* (*nail*) clavar con tachuelas; (*stitch*) hilvanar ▷ *vi* virar
tackle ['tækl] *n* (*gear*) equipo; (*fishing tackle, for lifting*) aparejo ▷ *vt* (*difficulty*) enfrentarse a; (*challenge*: *person*) hacer frente a; (*grapple with*) agarrar; (*Football*) entrar a; (*Rugby*) placar
tacky ['tækɪ] *adj* pegajoso; (*inf*) hortera *inv*, de mal gusto
tact [tækt] *n* tacto, discreción *f*; **tactful** *adj* discreto, diplomático
tactics ['tæktɪks] *npl* táctica *sg*
tactless ['tæktlɪs] *adj* indiscreto
tadpole ['tædpəʊl] *n* renacuajo
taffy ['tæfɪ] *n* (US) melcocha
tag [tæg] *n* (*label*) etiqueta
tail [teɪl] *n* cola; (*of shirt, coat*) faldón *m* ▷ *vt* (*follow*) vigilar a; **tails** *npl* (*formal suit*) levita
tailor ['teɪlə^{r}] *n* sastre *m*
Taiwan [taɪ'wɑːn] *n* Taiwán *m*; **Taiwanese** *adj*, *n* taiwanés/esa
take [teɪk] (*pt* **took**, *pp* **taken**) *vt* tomar; (*grab*) coger (SP), agarrar (LAM); (*gain*: *prize*) ganar; (*require*: *effort, courage*) exigir; (*support weight of*) aguantar; (*hold*: *passengers etc*) tener cabida para; (*accompany, bring, carry*) llevar; (*exam*) presentarse a; **to ~ sth from** (*drawer etc*) sacar algo de; (*person*) quitar algo a, coger algo a (SP); **I ~ it that ...** supongo que ...; **take after** *vt fus* parecerse a; **take apart** *vt* desmontar; **take away** *vt* (*remove*) quitar; (*carry off*) llevar; **take back** *vt* (*return*) devolver; (*one's words*) retractar; **take down** *vt* (*building*) derribar; (*message etc*) apuntar; **take in** *vt* (*deceive*) engañar; (*understand*) entender; (*include*) abarcar; (*lodger*) acoger, recibir; **take off** *vi* (*Aviat*) despegar ▷ *vt* (*remove*) quitar; **take on** *vt* (*work*) emprender; (*employee*) contratar; (*opponent*) desafiar; **take out** *vt* sacar; **take over** *vt* (*business*) tomar posesión de ▷ *vi*: **to ~ over from sb** reemplazar a algn; **take up** *vt* (*a dress*) acortar; (*occupy*: *time, space*) ocupar; (*engage in*: *hobby etc*) dedicarse a; (*accept*) aceptar; **to ~ sb up on**

aceptar algo de algn; **takeaway** *adj* (BRIT: *food*) para llevar ▷ *n* tienda *or* restaurante *m* de comida para llevar; **taken** *pp of* **take**; **takeoff** *n* (*Aviat*) despegue *m*; **takeover** *n* (*Comm*) absorción *f*; **takings** *npl* (*Comm*) ingresos *mpl*

talc [tælk] *n* (*also*: **~um powder**) talco

tale [teɪl] *n* (*story*) cuento; (*account*) relación *f*; **to tell ~s** (*fig*) contar chismes

talent ['tælnt] *n* talento; **talented** *adj* de talento

talk [tɔːk] *n* charla; (*gossip*) habladurías *fpl*, chismes *mpl*; (*conversation*) conversación *f* ▷ *vi* hablar; **talks** *npl* (*Pol etc*) conversaciones *fpl*; **to ~ about** hablar de; **to ~ sb into doing sth** convencer a algn para que haga algo; **to ~ sb out of doing sth** disuadir a algn de que haga algo; **to ~ shop** hablar del trabajo; **talk over** *vt* discutir; **talk show** *n* programa *m* magazine

tall [tɔːl] *adj* alto; (*tree*) grande; **to be 6 feet ~** ≈ medir 1 metro 80, tener 1 metro 80 de alto

tambourine [tæmbə'riːn] *n* pandereta

tame [teɪm] *adj* domesticado; (*fig*: *story, style, person*) soso, anodino

tamper ['tæmpəʳ] *vi*: **to ~ with** (*lock etc*) intentar forzar

tampon ['tæmpən] *n* tampón *m*

tan [tæn] *n* (*also*: **sun~**) bronceado ▷ *vi* ponerse moreno ▷ *adj* (*colour*) marrón

tandem ['tændəm] *n* tándem *m*

tangerine [tændʒə'riːn] *n* mandarina

tangle ['tæŋgl] *n* enredo; **to get in(to) a ~** enredarse

tank [tæŋk] *n* (*also*: **water ~**) depósito, tanque *m*; (*for fish*) acuario; (*Mil*) tanque *m*

tanker ['tæŋkəʳ] *n* (*ship*) petrolero; (*truck*) camión *m* cisterna

tanned [tænd] *adj* (*skin*) moreno

tantrum ['tæntrəm] *n* rabieta

Tanzania [tænzə'nɪə] *n* Tanzania

tap [tæp] *n* (BRIT: *on sink etc*) grifo, canilla (LAM); (*gentle blow*) golpecito; (*gas tap*) llave *f* ▷ *vt* (*shoulder etc*) dar palmaditas en; (*resources*) utilizar, explotar; (*telephone conversation*) intervenir; **on ~** (*fig*: *resources*) a mano; **beer on ~** cerveza de barril; **tap dancing** *n* claqué *m*

tape [teɪp] *n* cinta; (*also*: **magnetic ~**) cinta magnética; (*sticky tape*) cinta adhesiva ▷ *vt* (*record*) grabar (en cinta); **on ~** (*song etc*) grabado (en cinta); **tape measure** *n* cinta métrica, metro; **tape recorder** *n* grabadora

tapestry ['tæpɪstrɪ] *n* (*object*) tapiz *m*; (*art*) tapicería

tar [tɑːʳ] *n* alquitrán *m*, brea

target ['tɑːgɪt] *n* blanco

tariff ['tærɪf] *n* (*on goods*) arancel *m*; (BRIT: *in hotels etc*) tarifa

tarmac ['tɑːmæk] *n* (BRIT: *on road*) asfalto; (*Aviat*) pista (de aterrizaje)

tarpaulin [tɑː'pɔːlɪn] *n* lona (impermeabilizada)

tarragon ['tærəgən] *n* estragón *m*

tart [tɑːt] *n* (*Culin*) tarta; (BRIT *inf*, *pej*: *woman*) fulana ▷ *adj* agrio, ácido

tartan ['tɑːtn] *n* tartán *m*, tela escocesa

task [tɑːsk] *n* tarea; **to take to ~** reprender

taste [teɪst] *n* sabor *m*, gusto; (*fig*) muestra, idea ▷ *vt* probar ▷ *vi*: **to ~ of** *or* **like** (*fish etc*) saber a; **you can ~ the garlic (in it)** se nota el sabor a ajo; **in good/bad ~** de buen/mal gusto; **tasteful** *adj* de buen gusto; **tasteless** *adj* (*food*) soso; (*remark*) de mal gusto; **tasty** *adj* sabroso, rico

tatters ['tætəz] *npl*: **in ~** hecho jirones

tattoo [tə'tuː] *n* tatuaje *m*; (*spectacle*) espectáculo militar ▷ *vt* tatuar

taught [tɔːt] *pt, pp of* **teach**

taunt [tɔːnt] *n* pulla ▷ *vt* lanzar pullas a

Taurus ['tɔːrəs] *n* Tauro

taut [tɔːt] *adj* tirante, tenso

tax [tæks] *n* impuesto ▷ *vt* gravar (con un impuesto); (*fig*: *test*) poner a prueba; (: *patience*) agotar; **tax-free** *adj* libre de impuestos

taxi ['tæksɪ] *n* taxi *m* ▷ *vi* (*Aviat*) rodar por la pista; **taxi driver** *n* taxista *mf*; **taxi rank,** (BRIT) **taxi stand** *n* parada de taxis

tax payer *n* contribuyente *mf*

TB *n abbr* = **tuberculosis**

tea [tiː] *n* té *m*; (BRIT: *snack*) ≈ merienda; **high ~** (BRIT) ≈ merienda-cena; **tea bag** *n* bolsita de té; **tea break** *n* (BRIT) descanso para el té

teach (*pt*, *pp* **taught**) [tiːtʃ, tɔːt] *vt*: **to ~ sb sth, ~ sth to sb** enseñar algo a algn ▷ *vi* enseñar; (*be a teacher*) ser profesor(a); **teacher** *n* (*in secondary school*) profesor(a) *m/f*; (*in primary school*) maestro/a; **teaching** *n* enseñanza

tea: tea cloth *n* (BRIT) paño de cocina, trapo de cocina (LAM); **teacup** *n* taza de té; **tea leaves** *npl* hojas *fpl* de té

team [tiːm] *n* equipo; (*of animals*) pareja; **team up** *vi* asociarse

teapot ['tiːpɔt] *n* tetera

tear¹ [tɪəʳ] *n* lágrima; **in ~s** llorando

tear² [tɛəʳ] (*pt* **tore**, *pp* **torn**) *n* rasgón *m*, desgarrón *m* ▷ *vt* romper, rasgar ▷ *vi* rasgarse; **tear apart** *vt* (*also fig*) hacer pedazos; **tear down** *vt* (*building, statue*) derribar; (*poster, flag*) arrancar; **tear off** *vt* (*sheet of paper etc*) arrancar; (*one's clothes*) quitarse a tirones; **tear up** *vt* (*sheet of paper etc*) romper

tearful ['tɪəful] *adj* lloroso

tear gas *n* gas *m* lacrimógeno

tearoom ['tiːruːm] *n* salón *m* de té

tease [tiːz] *vt* tomar el pelo a

tea: teaspoon *n* cucharita; (*also*: **teaspoonful**: *as measurement*) cucharadita; **teatime** *n* hora del té; **tea towel** *n* (BRIT) paño de cocina

technical ['tɛknɪkl] *adj* técnico

technician [tɛk'nɪʃn] *n* técnico/a

technique [tɛk'niːk] *n* técnica

technology [tɛk'nɔlədʒɪ] *n* tecnología

teddy (bear) ['tɛdɪ-] *n* osito de peluche

tedious ['tiːdɪəs] *adj* pesado, aburrido

tee [tiː] *n* (*Golf*) tee *m*

teen [tiːn] *adj* = **teenage** ▷ *n* (US) = **teenager**

teenage ['tiːneɪdʒ] *adj* (*fashions etc*) juvenil; **teenager** ['tiːneɪdʒəʳ] *n* adolescente *mf*

teens [tiːnz] *npl*: **to be in one's ~** ser adolescente

teeth [tiːθ] *npl of* **tooth**

teetotal ['tiːˈtəutl] *adj* abstemio

telecommunications ['tɛlɪkəmjuːnɪ'keɪʃənz] *n* telecomunicaciones *fpl*

telegram ['tɛlɪgræm] *n* telegrama *m*

telegraph pole *n* poste *m* telegráfico

telephone ['tɛlɪfəun] *n* teléfono ▷ *vt* llamar por teléfono, telefonear; **to be on the ~** (*subscriber*) tener teléfono; (*be speaking*) estar hablando por teléfono; **telephone book** *n* guía *f* telefónica; **telephone booth,** (BRIT) **telephone box** *n* cabina telefónica; **telephone call** *n* llamada telefónica; **telephone directory** *n* guía telefónica; **telephone number** *n* número de teléfono

telesales ['tɛlɪseɪlz] *npl* televentas *fpl*

telescope ['tɛlɪskəup] *n* telescopio

televise ['tɛlɪvaɪz] *vt* televisar

television ['tɛlɪvɪʒən] *n* televisión *f*; **to watch ~** mirar *or* ver la televisión; **television programme** *n* programa *m* de televisión

tell (*pt*, *pp* **told**) [tɛl, təuld] *vt* decir; (*relate*: *story*) contar; (*distinguish*): **to ~ sth from** distinguir algo de ▷ *vi* (*talk*): **to ~ (of)** contar; (*have effect*) tener efecto; **to ~ sb to do sth** decir a algn que haga algo; **tell off** *vt*: **to ~ sb off** regañar a algn; **teller** *n* (*in bank*) cajero/a

telly ['tɛlɪ] *n* (BRIT *inf*) tele *f*

temp [tɛmp] *n abbr* (BRIT: = *temporary office worker*) empleado/a eventual
temper ['tɛmpəʳ] *n* (*mood*) humor *m*; (*bad temper*) (mal) genio; (*fit of anger*) ira ▷ *vt* (*moderate*) moderar; **to be in a ~** estar furioso; **to lose one's ~** enfadarse, enojarse (LAM)
temperament ['tɛmprəmənt] *n* (*nature*) temperamento; **temperamental** [tɛmprə'mɛntl] *adj* temperamental
temperature ['tɛmprətʃəʳ] *n* temperatura; **to have** *or* **run a ~** tener fiebre
temple ['tɛmpl] *n* (*building*) templo; (*Anat*) sien *f*
temporary ['tɛmpərərɪ] *adj* provisional; (*passing*) transitorio; (*worker*) eventual; (*job*) temporal
tempt [tɛmpt] *vt* tentar; **to ~ sb into doing sth** tentar *or* inducir a algn a hacer algo; **temptation** *n* tentación *f*; **tempting** *adj* tentador(a); (*food*) apetitoso
ten [tɛn] *num* diez
tenant ['tɛnənt] *n* inquilino/a
tend [tɛnd] *vt* cuidar ▷ *vi*: **to ~ to do sth** tener tendencia a hacer algo; **tendency** ['tɛndənsɪ] *n* tendencia
tender ['tɛndəʳ] *adj* tierno, blando; (*delicate*) delicado; (*meat*) tierno; (*sore*) sensible ▷ *n* (*Comm*: *offer*) oferta; (*money*): **legal ~** moneda de curso legal ▷ *vt* ofrecer
tendon ['tɛndən] *n* tendón *m*
tenner ['tɛnəʳ] *n* (billete *m* de) diez libras *fpl*
tennis ['tɛnɪs] *n* tenis *m*; **tennis ball** *n* pelota de tenis; **tennis court** *n* cancha de tenis; **tennis match** *n* partido de tenis; **tennis player** *n* tenista *mf*; **tennis racket** *n* raqueta de tenis
tenor ['tɛnəʳ] *n* (*Mus*) tenor *m*
tenpin bowling ['tɛnpɪn-] *n* bolos *mpl*
tense [tɛns] *adj* tenso; (*person*) nervioso ▷ *n* (*Ling*) tiempo
tension ['tɛnʃən] *n* tensión *f*
tent [tɛnt] *n* tienda (de campaña), carpa (LAM)
tentative ['tɛntətɪv] *adj* (*person*) indeciso; (*provisional*) provisional
tenth [tɛnθ] *adj* décimo
tent: tent peg *n* clavija, estaca; **tent pole** *n* mástil *m*
tepid ['tɛpɪd] *adj* tibio
term [tə:m] *n* (*word*) término; (*period*) período; (*Scol*) trimestre *m* ▷ *vt* llamar; **terms** *npl* (*conditions*) condiciones *fpl*; **in the short/long ~** a corto/largo plazo; **to be on good ~s with sb** llevarse bien con algn; **to come to ~s with** (*problem*) aceptar
terminal ['tə:mɪnl] *adj* (*disease*) mortal; (*patient*) terminal ▷ *n* (*Elec*) borne *m*; (*Comput*) terminal *m*; (*also*: **air ~**) terminal *f*; (BRIT: *also*: **coach ~**) (estación *f*) terminal *f*
terminate ['tə:mɪneɪt] *vt* poner término a
termini ['tə:mɪnaɪ] *npl of* **terminus**
terminology [tə:mɪ'nɔlədʒɪ] *n* terminología
terminus (*pl* **termini**) ['tə:mɪnəs, 'tə:mɪnaɪ] *n* término, (estación *f*) terminal *f*
terrace ['tɛrəs] *n* terraza; (BRIT: *row of houses*) hilera de casas adosadas; **the ~s** (BRIT *Sport*) las gradas *fpl*; **terraced** *adj* (*garden*) escalonado; (*house*) adosado
terrain [tɛ'reɪn] *n* terreno
terrestrial [tɪ'restrɪəl] *adj* (*life*) terrestre; (BRIT: *channel*) de transmisión (por) vía terrestre
terrible ['tɛrɪbl] *adj* terrible, horrible; (*inf*) malísimo; **terribly** *adv* terriblemente; (*very badly*) malísimamente
terrier ['tɛrɪəʳ] *n* terrier *m*
terrific [tə'rɪfɪk] *adj* fantástico, fenomenal
terrify ['tɛrɪfaɪ] *vt* aterrorizar; **to be terrified** estar aterrado

or aterrorizado; **terrifying** *adj* aterrador(a)

territorial [tɛrɪ'tɔːrɪəl] *adj* territorial

territory ['tɛrɪtərɪ] *n* territorio

terror ['tɛrəʳ] *n* terror *m*; **terrorism** *n* terrorismo; **terrorist** *n* terrorista *mf*; **terrorist attack** *n* atentado (terrorista)

test [tɛst] *n* (*trial, check*) prueba; (*Chem, Med*) prueba; (*exam*) examen *m*, test *m*; (*also*: **driving ~**) examen *m* de conducir ▷ *vt* probar, poner a prueba; (*Med*) examinar

testicle ['tɛstɪkl] *n* testículo

testify ['tɛstɪfaɪ] *vi* (*Law*) prestar declaración; **to ~ to sth** atestiguar algo

testimony ['tɛstɪmənɪ] *n* (*Law*) testimonio

test: test match *n* partido internacional; **test tube** *n* probeta

tetanus ['tɛtənəs] *n* tétano

text [tɛkst] *n* texto; (*on mobile*) mensaje *m* de texto ▷ *vt*: **to ~ sb** enviar un mensaje (de texto) a algn; **textbook** *n* libro de texto

textiles ['tɛkstaɪlz] *npl* tejidos *mpl*

text message *n* mensaje *m* de texto

text messaging [-'mɛsɪdʒɪŋ] *n* (envío de) mensajes *mpl* de texto

texture ['tɛkstʃəʳ] *n* textura

Thai [taɪ] *adj, n* tailandés/esa *m/f*

Thailand ['taɪlænd] *n* Tailandia

than [ðæn, ðən] *conj* que; (*with numerals*): **more ~ 10/once** más de 10/una vez; **I have more/less ~ you** tengo más/menos que tú; **it is better to phone ~ to write** es mejor llamar por teléfono que escribir

thank [θæŋk] *vt* dar las gracias a, agradecer; **~ you (very much)** (muchas) gracias; **~ God!** ¡gracias a Dios!; *see also* **thanks**; **thankfully** *adv*: **thankfully there were few victims** afortunadamente hubo pocas víctimas

thanks [θæŋks] *npl* gracias *fpl* ▷ *excl* ¡gracias!; **many ~, ~ a lot** ¡muchas gracias!; **~ to** *prep* gracias a

Thanksgiving (Day) ['θæŋksgɪvɪŋ-] *n* día *m* de Acción de Gracias

THANKSGIVING DAY

En Estados Unidos el cuarto jueves de noviembre es *Thanksgiving Day*, fiesta oficial en la que se conmemora la celebración que tuvieron los primeros colonos norteamericanos (*Pilgrims* o *Pilgrim Fathers*) tras la estupenda cosecha de 1621, por la que se dan gracias a Dios. En Canadá se celebra una fiesta semejante el segundo lunes de octubre, aunque no está relacionada con dicha fecha histórica.

KEYWORD

that [ðæt] (*pl* **those**) *adj* (*demonstrative*) ese/a; (: *more remote*) aquel/aquella; **leave that book on the table** deja ese libro sobre la mesa; **that one** ese/esa, ése/ésa (*to avoid confusion with adj*); (*more remote*) aquel/aquella, aquél/aquélla (*to avoid confusion with adj*); **that one over there** ese/esa de ahí, ése/ésa de ahí; aquel/aquella de allí, aquél/aquélla de allí; *see also* **those**

▶ *pron* **1** (*demonstrative*) ese/a, ése/a (*to avoid confusion with adj*), eso (*neuter*); (: *more remote*) aquel/aquella, aquél/aquélla (*to avoid confusion with adj*), aquello (*neuter*); **what's that?** ¿qué es eso (*or* aquello)?; **who's that?** ¿quién es?; (*pointing etc*) ¿quién es ese/a?; **is that you?** ¿eres tú?; **will you eat all that?** ¿vas a comer todo eso?; **that's my house** esa es mi casa; **that's what he said** eso es lo que dijo; **that is (to say)** es decir; *see also* **those**

2 (*relative, subject, object*) que; (: *with*

preposition) (ella) que, ella cual; **the book (that) I read** el libro que leí; **the books that are in the library** los libros que están en la biblioteca; **all (that) I have** todo lo que tengo; **the box (that) I put it in** la caja en la que *or* donde lo puse; **the people (that) I spoke to** la gente con la que hablé
3 (*relative, of time*) que; **the day (that) he came** el día (en) que vino
▸ *conj* que; **he thought that I was ill** creyó que yo estaba enfermo
▸ *adv* (*demonstrative*): **I can't work that much** no puedo trabajar tanto; **I didn't realize it was that bad** no creí que fuera tan malo; **that high** así de alto

thatched [θætʃt] *adj* (*roof*) de paja; **~ cottage** casita con tejado de paja
thaw [θɔː] *n* deshielo ▷ *vi* (*ice*) derretirse; (*food*) descongelarse ▷ *vt* descongelar

KEYWORD

the [ðiː, ðə] *def art* **1** el *m*, la *f*, los *mpl*, las *fpl* (*NB = el used immediately before feminine noun beginning with stressed (h) a; a + el = al; de + el = del*): **the boy/girl** el chico/la chica; **the books/flowers** los libros/las flores; **to the postman/from the drawer** al cartero/del cajón; **I haven't the time/money** no tengo tiempo/dinero
2 (*+ adj to form noun*) los; lo; **the rich and the poor** los ricos y los pobres; **to attempt the impossible** intentar lo imposible
3 (*in titles, surnames*): **Elizabeth the First** Isabel Primera; **Peter the Great** Pedro el Grande
4 (*in comparisons*): **the more he works the more he earns** cuanto más trabaja más gana

theatre, (*US*) **theater** ['θɪətəʳ] *n* teatro; (*also*: **lecture ~**) aula; (*Med*: *also*: **operating ~**) quirófano

theft [θɛft] *n* robo
their [ðɛəʳ] *adj* su; **theirs** *pron* (el) suyo/(la) suya *etc*; *see also* **my; mine**
them [ðɛm, ðəm] *pron* (*direct*) los/las; (*indirect*) les; (*stressed, after prep*) ellos/ellas; *see also* **me**
theme [θiːm] *n* tema *m*; **theme park** *n* parque *m* temático
themselves [ðəm'sɛlvz] *pron pl* (*subject*) ellos mismos/ellas mismas; (*complement*) se; (*after prep*) sí (mismos/as); *see also* **oneself**
then [ðɛn] *adv* (*at that time*) entonces; (*next*) pues; (*later*) luego, después; (*and also*) además ▷ *conj* (*therefore*) en ese caso, entonces ▷ *adj*: **the ~ president** el entonces presidente; **from ~ on** desde entonces
theology [θɪ'ɔlədʒɪ] *n* teología
theory ['θɪərɪ] *n* teoría
therapist ['θɛrəpɪst] *n* terapeuta *mf*
therapy ['θɛrəpɪ] *n* terapia

KEYWORD

there ['ðɛəʳ] *adv* **1**: **there is, there are** hay; **there is no-one here** no hay nadie aquí; **there is no bread left** no queda pan; **there has been an accident** ha habido un accidente
2 (*referring to place*) ahí; (: *distant*) allí; **it's there** está ahí; **put it in/on/up/down there** ponlo ahí dentro/encima/arriba/abajo; **I want that book there** quiero ese libro de ahí; **there he is!** ¡ahí está!
3: **there, there** (*esp to child*) venga, venga, bueno; **thereabouts** *adv* por ahí; **thereafter** *adv* después; **thereby** *adv* así, de ese modo

therefore ['ðɛəfɔːʳ] *adv* por lo tanto
there's = **there is; there has**
thermal ['θəːml] *adj* termal; (*paper*) térmico
thermometer [θə'mɔmɪtəʳ] *n* termómetro

thermostat ['θə:məustæt] *n* termostato

these [ðiːz] *adj pl* estos/as ▷ *pron pl* estos/as, éstos/as (*to avoid confusion with adj*); **~ children/flowers** estos chicos/estas flores; *see also* **this**

thesis (*pl* **theses**) ['θiːsɪs, -siːz] *n* tesis *f inv*

they [ðeɪ] *pron pl* ellos/ellas; **~ say that ...** (*it is said that*) se dice que ...; **they'd** [ðeɪd] = **they had; they would**; **they'll** = **they shall; they will**; **they're** = **they are**; **they've** = **they have**

thick [θɪk] *adj* (*dense*) espeso; (: *vegetation, beard*) tupido; (*stupid*) torpe ▷ *n*: **in the ~ of the battle** en lo más reñido de la batalla; **it's 20 cm ~** tiene 20 cm de espesor; **thicken** *vi* espesarse ▷ *vt* (*sauce etc*) espesar; **thickness** *n* espesor *m*, grueso

thief (*pl* **thieves**) [θiːf, θiːvz] *n* ladrón/ona *m/f*

thigh [θaɪ] *n* muslo

thin [θɪn] *adj* delgado; (*hair*) escaso; (*crowd*) disperso ▷ *vt*: **to ~ (down)** diluir

thing [θɪŋ] *n* cosa; (*object*) objeto, artículo; (*contraption*) chisme *m*; (*mania*) manía; **things** *npl* (*belongings*) cosas *fpl*; **the best ~ would be to ...** lo mejor sería ...; **how are ~s?** ¿qué tal van las cosas?

think (*pl* **thought**) [θɪŋk, θɔːt] *vi* pensar ▷ *vt* pensar, creer; **what did you ~ of them?** ¿qué te parecieron?; **to ~ about sth/sb** pensar en algo/algn; **I'll ~ about it** lo pensaré; **to ~ of doing sth** pensar en hacer algo; **I ~ so/not** creo que sí/no; **to ~ well of sb** tener buen concepto de algn; **think over** *vt* reflexionar sobre, meditar; **think up** *vt* imaginar

third [θəːd] *adj* (*before n*) tercer(a); (*following n*) tercero/a ▷ *n* tercero/a; (*fraction*) tercio; (BRIT: *degree*) *título universitario de tercera clase*; **thirdly** *adv* en tercer lugar; **third party insurance** *n* (BRIT) seguro a terceros; **Third World** *n*: **the Third World** el Tercer Mundo

thirst [θəːst] *n* sed *f*; **thirsty** *adj* (*person*) sediento; **to be thirsty** tener sed

thirteen [θəː'tiːn] *num* trece; **thirteenth** [θəː'tiːnθ] *adj* decimotercero

thirtieth ['θəːtɪəθ] *adj* trigésimo

thirty ['θəːtɪ] *num* treinta

KEYWORD

this [ðɪs] (*pl* **these**) *adj* (*demonstrative*) este/a; **this man/woman** este hombre/esta mujer; **this one (here)** este/a, éste/a (*to avoid confusion with adj*), esto (de aquí); *see also* **these**
▶ *pron* (*demonstrative*) este/a, éste/a (*to avoid confusion with adj*), esto *neuter*; **who is this?** ¿quién es esteesta?; **what is this?** ¿qué es esto?; **this is where I live** aquí vivo; **this is what he said** esto es lo que dijo; **this is Mr Brown** (*in introductions*) le presento al Sr. Brown; (*photo*) este es el Sr. Brown; (*on telephone*) habla el Sr. Brown; *see also* **these**
▶ *adv* (*demonstrative*): **this high/long** así de alto/largo; **this far** hasta aquí

thistle ['θɪsl] *n* cardo

thorn [θɔːn] *n* espina

thorough ['θʌrə] *adj* (*search*) minucioso; (*knowledge*) profundo; (*research*) a fondo; **thoroughly** *adv* (*search*) minuciosamente; (*study*) profundamente; (*wash*) a fondo; (*utterly: bad, wet etc*) completamente, totalmente

those [ðəuz] *adj pl* esos/esas; aquellos/as ▷ *pron pl* esos/esas, ésos/ésas (*to avoid confusion with adj*); (*more remote*) aquellos/as, aquéllos/as (*to avoid confusion with adj*); **leave ~ books on the table** deja esos libros sobre la mesa

though [ðəu] *conj* aunque ▷ *adv* sin embargo, aún así; **even ~** aunque; **it's not so easy, ~** sin embargo no es tan fácil

thought [θɔːt] *pt, pp of* **think** ▷ *n* pensamiento; (*opinion*) opinión *f*; **thoughtful** *adj* pensativo; (*considerate*) atento; **thoughtless** *adj* desconsiderado

thousand ['θauzənd] *num* mil; **two ~** dos mil; **~s of** miles de; **thousandth** *num* milésimo

thrash [θræʃ] *vt* dar una paliza a

thread [θrɛd] *n* hilo; (*of screw*) rosca ▷ *vt* (*needle*) enhebrar

threat [θrɛt] *n* amenaza; **threaten** *vi* amenazar ▷ *vt*: **to threaten sb with sth/to do** amenazar a algn con algo/con hacer; **threatening** ['θrɛtnɪŋ] *adj* amenazador(a), amenazante

three [θriː] *num* tres; **three-dimensional** *adj* tridimensional; **three-piece** ['θriːpiːs] *cpd*: **three-piece suite** tresillo; **three-quarters** *npl* tres cuartas partes; **three-quarters full** tres cuartas partes lleno

threshold ['θrɛʃhəuld] *n* umbral *m*

threw [θruː] *pt of* **throw**

thrill [θrɪl] *n* (*excitement*) emoción *f* ▷ *vt* emocionar; **to be ~ed** (*with gift etc*) estar encantado; **thriller** *n* película/novela de suspense; **thrilling** *adj* emocionante

thriving ['θraɪvɪŋ] *adj* próspero

throat [θrəut] *n* garganta; **I have a sore ~** me duele la garganta

throb [θrɔb] *vi* latir; (*with pain*) dar punzadas

throne [θrəun] *n* trono

through [θruː] *prep* por, a través de; (*time*) durante; (*by means of*) por medio de, mediante; (*owing to*) gracias a ▷ *adj* (*ticket, train*) directo ▷ *adv* completamente, de parte a parte; de principio a fin; **to put sb ~ to sb** (*Tel*) poner *or* pasar a algn con algn; **to be ~** (*Tel*) tener comunicación; (*have finished*) haber terminado; **"no ~ road"** (BRIT) "calle sin salida"; **throughout** *prep* (*place*) por todas partes de, por todo; (*time*) durante todo ▷ *adv* por *or* en todas partes

throw (*pt* **threw**, *pp* **thrown**) [θrəu, θruː, θrəun] *n* tiro; (*Sport*) lanzamiento ▷ *vt* tirar, echar; (*Sport*) lanzar; (*rider*) derribar; (*fig*) desconcertar; **to ~ a party** dar una fiesta; **throw away** *vt* tirar; **throw in** *vt* (*Sport: ball*) sacar; (*include*) incluir; **throw off** *vt* deshacerse de; **throw out** *vt* tirar; **throw up** *vi* vomitar

thru [θruː] *prep, adj, adv* (US) = **through**

thrush [θrʌʃ] *n* zorzal *m*, tordo

thrust [θrʌst] (*pt, pp* **thrust**) *vt* empujar

thud [θʌd] *n* golpe *m* sordo

thug [θʌg] *n* gamberro/a

thumb [θʌm] *n* (*Anat*) pulgar *m* ▷ *vt*: **to ~ a lift** hacer dedo; **thumbtack** *n* (US) chincheta

thump [θʌmp] *n* golpe *m*; (*sound*) ruido seco *or* sordo ▷ *vt, vi* golpear

thunder ['θʌndəʳ] *n* trueno ▷ *vi* tronar; (*train etc*): **to ~ past** pasar como un trueno; **thunderstorm** ['θʌndəstɔːm] *n* tormenta

Thur(s). *abbr* (= *Thursday*) juev.

Thursday ['θəːzdɪ] *n* jueves *m inv*

thus [ðʌs] *adv* así, de este modo

thwart [θwɔːt] *vt* frustrar

thyme [taɪm] *n* tomillo

Tibet [tɪ'bɛt] *n* el Tibet

tick [tɪk] *n* (*sound: of clock*) tictac *m*; (*mark*) señal *f* (de visto bueno), palomita (LAM); (*Zool*) garrapata; (BRIT *inf*): **in a ~** en un instante ▷ *vi* hacer tictac ▷ *vt* marcar; **tick off** *vt* marcar; (*person*) reñir

ticket ['tɪkɪt] *n* billete *m*, boleto (LAM); (*for cinema etc*) entrada, boleto (LAM); (*in shop, on goods*) etiqueta; (*for library*) tarjeta; **to get a parking ~** (*Aut*) ser multado por estacionamiento ilegal; **ticket barrier** *n* (BRIT *Rail*) *barrera* *más allá de la cual se necesita billete/boleto*; **ticket collector** *n* revisor(a) *m/f*; **ticket inspector** *n* revisor(a) *m/f*, inspector(a) *m/f* de boletos (LAM); **ticket machine** *n* máquina de billetes (SP) *or* boletos (LAM); **ticket office** *n* (*Theat*) taquilla, boletería (LAM); (*Rail*) despacho de billetes *or* boletos (LAM)

tickle ['tɪkl] *vt* hacer cosquillas a ▷ *vi* hacer cosquillas; **ticklish** *adj* (*which tickles*: *blanket*) que pica; (: *cough*) irritante; (*fig*: *problem*) delicado; **to be ticklish** tener cosquillas

tide [taɪd] *n* marea; (*fig*: *of events*) curso, marcha

tidy ['taɪdɪ] *adj* (*room*) ordenado; (*drawing, work*) limpio; (*person*) (bien) arreglado ▷ *vt* (*also*: **~ up**) poner en orden

tie [taɪ] *n* (*string etc*) atadura; (BRIT: *necktie*) corbata; (*fig*: *link*) vínculo, lazo; (*Sport*: *draw*) empate *m* ▷ *vt* atar ▷ *vi* (*Sport*) empatar; **to ~ in a bow** hacer un lazo; **to ~ a knot in sth** hacer un nudo en algo; **tie down** *vt* atar; (*fig*): **to ~ sb down to** obligar a algn a; **tie up** *vt* (*dog*) atar; (*arrangements*) concluir; **to be ~d up** (*busy*) estar ocupado

tier [tɪə^{r}] *n* grada; (*of cake*) piso

tiger ['taɪgə^{r}] *n* tigre *m*

tight [taɪt] *adj* (*rope*) tirante; (*money*) escaso; (*clothes, budget*) ajustado; (*programme*) apretado; (*budget*) ajustado; (*security*) estricto; (*inf*: *drunk*) borracho ▷ *adv* (*squeeze*) muy fuerte; (*shut*) herméticamente; **tighten** *vt* (*rope*) estirar; (*screw*) apretar ▷ *vi* estirarse; apretarse; **tightly** *adv* (*grasp*) muy fuerte; **tights** *npl* (BRIT) medias *fpl*, panties *mpl*

tile [taɪl] *n* (*on roof*) teja; (*on floor*) baldosa; (*on wall*) azulejo

till [tɪl] *n* caja (registradora) ▷ *vt* (*land*) cultivar ▷ *prep*, *conj* = **until**

tilt [tɪlt] *vt* inclinar ▷ *vi* inclinarse

timber [tɪmbə^{r}] *n* (*material*) madera

time [taɪm] *n* tiempo; (*epoch*: *often pl*) época; (*by clock*) hora; (*moment*) momento; (*occasion*) vez *f*; (*Mus*) compás *m* ▷ *vt* calcular *or* medir el tiempo de; (*race*) cronometrar; (*remark etc*) elegir el momento para; **a long ~** mucho tiempo; **four at a ~** cuarto a la vez; **for the ~ being** de momento, por ahora; **at ~s** a veces; **from ~ to ~** de vez en cuando; **in ~** (*soon enough*) a tiempo; (*after some time*) con el tiempo; (*Mus*) al compás; **in a week's ~** dentro de una semana; **in no ~** en un abrir y cerrar de ojos; **any ~** cuando sea; **on ~** a la hora; **5 ~s 5** 5 por 5; **what ~ is it?** ¿qué hora es?; **to have a good ~** pasarlo bien, divertirse; **time limit** *n* plazo; **timely** *adj* oportuno; **timer** *n* (*in kitchen*) temporizador *m*; **timetable** *n* horario; **time zone** *n* huso horario

timid ['tɪmɪd] *adj* tímido

timing ['taɪmɪŋ] *n* (*Sport*) cronometraje *m*; **the ~ of his resignation** el momento que eligió para dimitir

tin [tɪn] *n* estaño; (*also*: **~ plate**) hojalata; (BRIT: *can*) lata; **tinfoil** *n* papel *m* de estaño

tingle ['tɪŋgl] *vi* (*cheeks, skin*: *from cold*) sentir comezón; (: *from bad circulation*) sentir hormigueo; **to ~ with** estremecerse de

tinker ['tɪŋkə^{r}]: **~ with** *vt fus* jugar con, tocar

tinned [tɪnd] *adj* (BRIT: *food*) en lata, en conserva

tin opener [-əupnə^{r}] *n* (BRIT) abrelatas *m inv*

tint [tɪnt] *n* matiz *m*; (*for hair*) tinte *m*; **tinted** *adj* (*hair*) teñido; (*glass, spectacles*) ahumado

tiny ['taɪnɪ] *adj* minúsculo, pequeñito

tip [tɪp] *n* (*end*) punta; (*gratuity*) propina; (BRIT: *for rubbish*) vertedero; (*advice*) consejo ▷ *vt* (*waiter*) dar una propina a; (*tilt*) inclinar; (*empty*: *also*:

~ out) vaciar, echar; **tip off** *vt* avisar, poner sobre aviso a

tiptoe ['tɪptəʊ] *n*: **on ~** de puntillas

tire ['taɪəʳ] *n* (*US*) = **tyre** ▷ *vt* cansar ▷ *vi* cansarse; (*become bored*) aburrirse; **tired** *adj* cansado; **to be tired of sth** estar harto de algo; **tire pressure** *n* (*US*) = **tyre pressure**; **tiring** *adj* cansado

tissue ['tɪʃuː] *n* tejido; (*paper handkerchief*) pañuelo de papel, kleenex®*m*; **tissue paper** *n* papel *m* de seda

tit [tɪt] *n* (*bird*) herrerillo común; **to give ~ for tat** dar ojo por ojo

title ['taɪtl] *n* título

T-junction ['tiːdʒʌŋkʃən] *n* cruce *m* en T

TM *abbr* (= *trademark*) marca de fábrica; = **transcendental meditation**

KEYWORD

to [tuː, tə] *prep* **1** (*direction*) a; **to go to France/London/school/the station** ir a Francia/Londres/al colegio/a la estación; **to go to Claude's/the doctor's** ir a casa de Claude/al médico; **the road to Edinburgh** la carretera de Edimburgo
2 (*as far as*) hasta, a; **from here to London** de aquí a *or* hasta Londres; **to count to 10** contar hasta 10; **from 40 to 50 people** entre 40 y 50 personas
3 (*with expressions of time*): **a quarter/twenty to five** las cinco menos cuarto/veinte
4 (*for, of*): **the key to the front door** la llave de la puerta principal; **she is secretary to the director** es la secretaria del director; **a letter to his wife** una carta a *or* para su mujer
5 (*expressing indirect object*) a; **to give sth to sb** darle algo a algn; **to talk to sb** hablar con algn; **to be a danger to sb** ser un peligro para algn; **to carry out repairs to sth** hacer reparaciones en algo
6 (*in relation to*): **3 goals to 2** 3 goles a 2; **30 miles to the gallon** ≈ 9,4 litros a los cien (kilómetros)
7 (*purpose, result*): **to come to sb's aid** venir en auxilio *or* ayuda de algn; **to sentence sb to death** condenar a algn a muerte; **to my great surprise** con gran sorpresa mía
▶ *infin particle* **1** (*simple infin*): **to go/eat** ir/comer
2 (*following another vb; see also relevant vb*): **to want/try/start to do** querer/intentar/empezar a hacer
3 (*with vb omitted*): **I don't want to** no quiero
4 (*purpose, result*) para; **I did it to help you** lo hice para ayudarte; **he came to see you** vino a verte
5 (*equivalent to relative clause*): **I have things to do** tengo cosas que hacer; **the main thing is to try** lo principal es intentarlo
6 (*after adj etc*): **ready to go** listo para irse; **too old to ...** demasiado viejo (como) para ...
▶ *adv*: **pull/push the door to** tirar de/empujar la puerta

toad [təʊd] *n* sapo; **toadstool** *n* seta venenosa

toast [təʊst] *n* (*Culin*) tostada; (*drink, speech*) brindis *m inv* ▷ *vt* (*Culin*) tostar; (*drink to*) brindar por; **toaster** *n* tostador *m*

tobacco [tə'bækəʊ] *n* tabaco

toboggan [tə'bɔgən] *n* tobogán *m*

today [tə'deɪ] *adv, n* (*also fig*) hoy *m*

toddler ['tɔdləʳ] *n* niño/a (que empieza a andar)

toe [təʊ] *n* dedo (del pie); (*of shoe*) punta ▷ *vt*: **to ~ the line** (*fig*) acatar las normas; **toenail** *n* uña del pie

toffee ['tɔfɪ] *n* caramelo

together [tə'gɛðəʳ] *adv* juntos; (*at same time*) al mismo tiempo, a la vez; **~ with** junto con

toilet ['tɔɪlət] *n* (BRIT: *lavatory*) servicios *mpl*, baño ▷ *cpd* (*bag, soap* *etc*) de aseo; **toilet bag** *n* neceser *m*, bolsa de aseo; **toilet paper** *n* papel *m* higiénico; **toiletries** *npl* artículos *mpl* de tocador; **toilet roll** *n* rollo de papel higiénico

token ['təukən] *n* (*sign*) señal *f*, muestra; (*souvenir*) recuerdo; (*disc*) ficha ▷ *cpd* (*fee, strike*) simbólico; **book/record ~** (BRIT) vale *m* para comprar libros/discos

Tokyo ['təukjəu] *n* Tokio, Tokío

told [təuld] *pt, pp of* **tell**

tolerant ['tɔlərnt] *adj*: **~ of** tolerante con

tolerate ['tɔləreɪt] *vt* tolerar

toll [təul] *n* (*of casualties*) número de víctimas; (*tax, charge*) peaje *m* ▷ *vi* (*bell*) doblar; **toll call** *n* (*US Tel*) conferencia, llamada interurbana; **toll-free** *adj, adv* (*US*) gratis

tomato [tə'mɑːtəu] (*pl* **tomatoes**) *n* tomate *m*; **tomato sauce** *n* salsa de tomate

tomb [tuːm] *n* tumba; **tombstone** *n* lápida

tomorrow [tə'mɔrəu] *adv, n* (*also fig*) mañana; **the day after ~** pasado mañana; **~ morning** mañana por la mañana

ton [tʌn] *n* tonelada; **~s of** (*inf*) montones de

tone [təun] *n* tono ▷ *vi* armonizar; **tone down** *vt* (*criticism*) suavizar; (*colour*) atenuar

tongs [tɔŋz] *npl* (*for coal*) tenazas *fpl*; (*for hair*) tenacillas *fpl*

tongue [tʌŋ] *n* lengua; **~ in cheek** en broma

tonic ['tɔnɪk] *n* (*Med*) tónico; (*also*: **~ water**) (agua) tónica

tonight [tə'naɪt] *adv, n* esta noche

tonsil ['tɔnsl] *n* amígdala; **tonsillitis** [tɔnsɪ'laɪtɪs] *n* amigdalitis *f*

too [tuː] *adv* (*excessively*) demasiado; (*also*) también; **~ much** demasiado; **~ many** demasiados/as

took [tuk] *pt of* **take**

tool [tuːl] *n* herramienta; **tool box** *n* caja de herramientas; **tool kit** *n* juego de herramientas

tooth (*pl* **teeth**) [tuːθ, tiːθ] *n* (*Anat, Tech*) diente *m*; (*molar*) muela; **toothache** *n* dolor *m* de muelas; **toothbrush** *n* cepillo de dientes; **toothpaste** *n* pasta de dientes; **toothpick** *n* palillo

top [tɔp] *n* (*of mountain*) cumbre *f*, cima; (*of head*) coronilla; (*of ladder*) (lo) alto; (*of cupboard, table*) superficie *f*; (*lid: of box, jar*) tapa; (: *of bottle*) tapón *m*; (*of list, table, queue, page*) cabeza; (*toy*) peonza; (*Dress: blouse*) blusa; (: *T-shirt*) camiseta ▷ *adj* de arriba; (*in rank*) principal, primero; (*best*) mejor ▷ *vt* (*exceed*) exceder; (*be first in*) encabezar; **on ~ of** sobre, encima de; **from ~ to bottom** de pies a cabeza; **top up** *vt* volver a llenar; (*mobile phone*) recargar el saldo de; **top floor** *n* último piso; **top hat** *n* sombrero de copa

topic ['tɔpɪk] *n* tema *m*; **topical** *adj* actual

topless ['tɔplɪs] *adj* (*bather etc*) topless *inv*

topping ['tɔpɪŋ] *n* (*Culin*): **with a ~ of cream** con nata por encima

topple ['tɔpl] *vt* derribar ▷ *vi* caerse

top-up card *n* (*for mobile phone*) tarjeta prepago

torch [tɔːtʃ] *n* antorcha; (BRIT: *electric*) linterna

tore [tɔːʳ] *pt of* **tear**[1]

torment *n* ['tɔːmɛnt] tormento ▷ *vt* [tɔː'mɛnt] atormentar; (*fig*: *annoy*) fastidiar

torn [tɔːn] *pp of* **tear**[1]

tornado [tɔː'neɪdəu] (*pl* **tornadoes**) *n* tornado

torpedo [tɔː'piːdəu] (*pl* **torpedoes**) *n* torpedo

torrent ['tɔrnt] *n* torrente *m*; **torrential** [tɔ'rɛnʃl] *adj* torrencial

tortoise ['tɔːtəs] *n* tortuga

torture ['tɔːtʃəʳ] *n* tortura ▷ *vt* torturar; (*fig*) atormentar

Tory ['tɔːrɪ] *adj, n* (BRIT *Pol*) conservador(a) *m/f*
toss [tɔs] *vt* tirar, echar; (*head*) sacudir; **to ~ a coin** echar a cara o cruz; **to ~ up for sth** jugar algo a cara o cruz; **to ~ and turn** (*in bed*) dar vueltas (en la cama)
total ['təutl] *adj* total, entero; (*emphatic: failure etc*) completo, total ▷ *n* total *m*, suma ▷ *vt* (*add up*) sumar; (*amount to*) ascender a
totalitarian [təutælɪ'teərɪən] *adj* totalitario
totally ['təutəlɪ] *adv* totalmente
touch [tʌtʃ] *n* tacto; (*contact*) contacto ▷ *vt* tocar; (*emotionally*) conmover; **a ~ of** (*fig*) una pizca *or* un poquito de; **to get in ~ with sb** ponerse en contacto con algn; **to lose ~** (*friends*) perder contacto; **touch down** *vi* (*on land*) aterrizar; **touchdown** *n* aterrizaje *m*; (US *Football*) ensayo; **touched** *adj* conmovido; **touching** *adj* conmovedor(a); **touchline** *n* (*Sport*) línea de banda; **touch-sensitive** *adj* sensible al tacto
tough [tʌf] *adj* (*meat*) duro; (*task, problem, situation*) difícil; (*person*) fuerte
tour ['tuə^r] *n* viaje *m*; (*also*: **package ~**) viaje *m* con todo incluido; (*of town, museum*) visita ▷ *vt* viajar por; **to go on a ~ of** (*region, country*) ir de viaje por; (*museum, castle*) visitar; **to go on ~** partir *or* ir de gira; **tour guide** *n* guía *mf* turístico/a
tourism ['tuərɪzm] *n* turismo
tourist ['tuərɪst] *n* turista *mf* ▷ *cpd* turístico; **tourist office** *n* oficina de turismo
tournament ['tuənəmənt] *n* torneo
tour operator *n* touroperador(a) *m/f*, operador(a) *m/f* turístico/a
tow [təu] *n* ▷ *vt* remolcar; **"on** *or* (US) **in ~"** (*Aut*) "a remolque"; **tow away** *vt* llevarse a remolque
toward(s) [tə'wɔːd(z)] *prep* hacia; (*of attitude*) respecto a, con; (*of purpose*) para
towel ['tauəl] *n* toalla; **towelling** *n* (*fabric*) felpa
tower ['tauə^r] *n* torre *f*; **tower block** *n* (BRIT) bloque *m* de pisos
town [taun] *n* ciudad *f*; **to go to ~** ir a la ciudad; (*fig*) tirar la casa por la ventana; **town centre** *n* centro de la ciudad; **town hall** *n* ayuntamiento
tow truck *n* (US) camión *m* grúa
toxic ['tɔksɪk] *adj* tóxico
toy [tɔɪ] *n* juguete *m*; **toy with** *vt fus* jugar con; (*idea*) acariciar; **toyshop** *n* juguetería
trace [treɪs] *n* rastro ▷ *vt* (*draw*) trazar, delinear; (*locate*) encontrar
track [træk] *n* (*mark*) huella, pista; (*path*) camino, senda; (: *of bullet etc*) trayectoria; (: *of suspect, animal*) pista, rastro; (*Rail*) vía; (*Comput, Sport*) pista; (*on album*) canción *f* ▷ *vt* seguir la pista de; **to keep ~ of** mantenerse al tanto de, seguir; **track down** *vt* (*person*) localizar; (*sth lost*) encontrar; **tracksuit** *n* chandal *m*
tractor ['trækte^r] *n* tractor *m*
trade [treɪd] *n* comercio; (*skill, job*) oficio ▷ *vi* negociar, comerciar ▷ *vt* (*exchange*): **to ~ sth (for sth)** cambiar algo (por algo); **trade in** *vt* (*old car etc*) ofrecer como parte del pago; **trademark** *n* marca de fábrica; **trader** *n* comerciante *mf*; **tradesman** *n* (*shopkeeper*) comerciante *mf*; **trade union** *n* sindicato
trading ['treɪdɪŋ] *n* comercio
tradition [trə'dɪʃən] *n* tradición *f*; **traditional** *adj* tradicional
traffic ['træfɪk] *n* tráfico, circulación *f* ▷ *vi*: **to ~ in** (*pej: liquor, drugs*) traficar en; **air ~** tráfico aéreo; **traffic circle** *n* (US) rotonda, glorieta; **traffic island** *n* refugio, isleta; **traffic jam** *n* embotellamiento; **traffic lights** *npl* semáforo *sg*; **traffic warden** *n* guardia *mf* de tráfico
tragedy ['trædʒədɪ] *n* tragedia
tragic ['trædʒɪk] *adj* trágico

trail [treɪl] *n* (*tracks*) rastro, pista; (*path*) camino, sendero; (*dust, smoke*) estela ▷ *vt* (*drag*) arrastrar; (*follow*) seguir la pista de ▷ *vi* arrastrarse; (*in contest etc*) ir perdiendo; **trailer** *n* (*Aut*) remolque *m*; (*caravan*) caravana; (*Cine*) trailer *m*, avance *m*

train [treɪn] *n* tren *m*; (*of dress*) cola ▷ *vt* (*educate*) formar; (*sportsman*) entrenar; (*dog*) amaestrar; (*point: gun etc*): **to ~ on** apuntar a ▷ *vi* (*Sport*) entrenarse; (*be educated, learn a skill*) formarse; **to ~ as a teacher** *etc* estudiar para profesor *etc*; **one's ~ of thought** el razonamiento de algn; **trainee** [treɪ'ni:] *n* trabajador(a) *m/f* en prácticas; **trainer** *n* (*Sport*) entrenador(a) *m/f*; (*of animals*) domador(a) *m/f*; **trainers** *npl* (*shoes*) zapatillas *fpl* (de deporte); **training** *n* formación *f*; entrenamiento; **to be in training** (*Sport*) estar entrenando; **training course** *n* curso de formación; **training shoes** *npl* zapatillas *fpl* (de deporte)

trait [treɪt] *n* rasgo

traitor ['treɪtəʳ] *n* traidor(a) *m/f*

tram [træm] *n* (*BRIT: also:* **~car**) tranvía *m*

tramp [træmp] *n* (*person*) vagabundo/a; (*inf, pej: woman*) puta

trample ['træmpl] *vt*: **to ~ (underfoot)** pisotear

trampoline ['træmpəli:n] *n* trampolín *m*

tranquil ['trænkwɪl] *adj* tranquilo; **tranquillizer,** (*US*) **tranquilizer** *n* (*Med*) tranquilizante *m*

transaction [træn'zækʃən] *n* transacción *f*, operación *f*

transatlantic ['trænzət'læntɪk] *adj* transatlántico

transcript ['trænskrɪpt] *n* copia

transfer *n* ['trænsfəʳ] transferencia; (*Sport*) traspaso; (*picture, design*) calcomanía ▷ *vt* [træns'fə:ʳ] trasladar; **to ~ the charges** (*BRIT Tel*) llamar a cobro revertido

transform [træns'fɔ:m] *vt* transformar; **transformation** *n* transformación *f*

transfusion [træns'fju:ʒən] *n* transfusión *f*

transit ['trænzɪt] *n*: **in ~** en tránsito

transition [træn'zɪʃən] *n* transición *f*

transitive ['trænzɪtɪv] *adj* (*Ling*) transitivo

translate [trænz'leɪt] *vt*: **to ~ (from/into)** traducir (de/a); **translation** [trænz'leɪʃən] *n* traducción *f*; **translator** *n* traductor(a) *m/f*

transmission [trænz'mɪʃən] *n* transmisión *f*

transmit [trænz'mɪt] *vt* transmitir; **transmitter** *n* transmisor *m*

transparent [træns'pærnt] *adj* transparente

transplant *n* ['trænspla:nt] (*Med*) transplante *m*

transport *n* ['trænspɔ:t] transporte *m* ▷ *vt* [træns'pɔ:t] transportar; **transportation** [trænspɔ:'teɪʃən] *n* transporte *m*

transvestite [trænz'vestaɪt] *n* travesti *mf*

trap [træp] *n* (*snare, trick*) trampa ▷ *vt* coger (*SP*) *or* agarrar (*LAM*) en una trampa; (*trick*) engañar; (*confine*) atrapar

trash [træʃ] *n* basura; (*inf: nonsense*) tonterías *fpl*; **the book/film is ~** el libro/la película no vale nada; **trash can** *n* (*US*) cubo, balde *m* (*LAM*) *or* bote *m* (*LAM*) de la basura

trauma ['trɔ:mə] *n* trauma *m*; **traumatic** [trɔ:'mætɪk] *adj* traumático

travel ['trævl] *n* viaje *m* ▷ *vi* viajar ▷ *vt* (*distance*) recorrer; **travel agency** *n* agencia de viajes; **travel agent** *n* agente *mf* de viajes; **travel insurance** *n* seguro de viaje; **traveller,** (*US*) **traveler** ['trævləʳ] *n* viajero/a; **traveller's cheque,** (*US*) **traveler's check** *n* cheque *m* de viaje; **travelling,** (*US*) **traveling** ['trævlɪŋ] *n* los viajes, el viajar; **travel-sick** *adj*: **to get travel-sick** marearse al viajar; **travel sickness** *n* mareo

tray [treɪ] *n* bandeja; (*on desk*) cajón *m*

treacherous ['trɛtʃərəs] *adj* traidor(a); **road conditions are ~** el estado de las carreteras es peligroso

treacle ['tri:kl] *n* (BRIT) melaza

tread (*pt* **trod**, *pp* **trodden**) [trɛd, trɔd, 'trɔdn] *n* paso, pisada; (*of tyre*) banda de rodadura ▷ *vi* pisar; **tread on** *vt fus* pisar

treasure ['trɛʒəʳ] *n* tesoro ▷ *vt* (*value*) apreciar, valorar; **treasurer** *n* tesorero/a

treasury ['trɛʒərɪ] *n*: **the T~** ≈ el Ministerio de Economía y de Hacienda

treat [tri:t] *n* (*present*) regalo ▷ *vt* tratar; **to ~ sb to sth** invitar a algn a algo; **treatment** *n* tratamiento

treaty ['tri:tɪ] *n* tratado

treble ['trɛbl] *adj* triple ▷ *vt* triplicar ▷ *vi* triplicarse

tree [tri:] *n* árbol *m*; **tree trunk** *n* tronco de árbol

trek [trɛk] *n* (*long journey*) expedición *f*; (*tiring walk*) caminata

tremble ['trɛmbl] *vi* temblar

tremendous [trɪ'mɛndəs] *adj* tremendo; enorme; (*excellent*) estupendo

trench [trɛntʃ] *n* zanja

trend [trɛnd] *n* (*tendency*) tendencia; (*of events*) curso; (*fashion*) moda; **trendy** *adj* de moda

trespass ['trɛspəs] *vi*: **to ~ on** entrar sin permiso en; **"no ~ing"** "prohibido el paso"

trial ['traɪəl] *n* (*Law*) juicio, proceso; (*test*: *of machine etc*) prueba; **trial period** *n* periodo de prueba

triangle ['traɪæŋgl] *n* (*Math*, *Mus*) triángulo

triangular [traɪ'æŋgjuləʳ] *adj* triangular

tribe [traɪb] *n* tribu *f*

tribunal [traɪ'bju:nl] *n* tribunal *m*

tribute ['trɪbju:t] *n* homenaje *m*, tributo; **to pay ~ to** rendir homenaje a

trick [trɪk] *n* trampa; (*conjuring trick*, *deceit*) truco; (*joke*) broma; (*Cards*) baza ▷ *vt* engañar; **to play a ~ on sb** gastar una broma a algn; **that should do the ~** eso servirá

trickle ['trɪkl] *n* (*of water etc*) hilo ▷ *vi* gotear

tricky ['trɪkɪ] *adj* difícil; (*problem*) delicado

tricycle ['traɪsɪkl] *n* triciclo

trifle ['traɪfl] *n* bagatela; (*Culin*) *dulce de bizcocho, gelatina, fruta y natillas* ▷ *adv*: **a ~ long** un pelín largo

trigger ['trɪgəʳ] *n* (*of gun*) gatillo

trim [trɪm] *adj* (*house*, *garden*) en buen estado; (*figure*): **to be ~** tener buen talle ▷ *n* (*haircut etc*) recorte *m* ▷ *vt* (*neaten*) arreglar; (*cut*) recortar; (*decorate*) adornar; (*Naut*: *a sail*) orientar

trio ['tri:əu] *n* trío

trip [trɪp] *n* viaje *m*; (*excursion*) excursión *f*; (*stumble*) traspié *m* ▷ *vi* (*stumble*) tropezar; (*go lightly*) andar a paso ligero; **on a ~** de viaje; **trip up** *vi* tropezar, caerse ▷ *vt* hacer tropezar *or* caer

triple ['trɪpl] *adj* triple

triplets ['trɪplɪts] *npl* trillizos/as *m/f pl*

tripod ['traɪpɔd] *n* trípode *m*

triumph ['traɪʌmf] *n* triunfo ▷ *vi*: **to ~ (over)** vencer; **triumphant** [traɪ'ʌmfənt] *adj* triunfante

trivial ['trɪvɪəl] *adj* insignificante

trod [trɔd] *pt of* **tread**

trodden ['trɔdn] *pp of* **tread**

trolley ['trɔlɪ] *n* carrito

trolley bus *n* trolebús *m*

trombone [trɔm'bəun] *n* trombón *m*

troop [tru:p] *n* grupo, banda; **troops** *npl* (*Mil*) tropas *fpl*

trophy ['trəufɪ] *n* trofeo

tropical ['trɔpɪkl] *adj* tropical

trot [trɔt] *n* trote *m* ▷ *vi* trotar; **on the ~** (BRIT *fig*) seguidos/as

trouble ['trʌbl] *n* problema *m*, dificultad *f*; (*worry*) preocupación *f*; (*bother, effort*) molestia, esfuerzo; (*unrest*) inquietud *f*; (*Med*): **stomach ~** problemas *mpl* gástricos ▷ *vt* molestar; (*worry*) preocupar, inquietar ▷ *vi*: **to ~ to do sth** molestarse en hacer algo; **troubles** *npl* (*Pol etc*) conflictos *mpl*; **to be in ~** estar en un apuro; **it's no ~!** ¡no es molestia (ninguna)!; **what's the ~?** ¿qué pasa?; **troubled** *adj* (*person*) preocupado; (*epoch, life*) agitado; **troublemaker** *n* agitador(a) *m/f*; **troublesome** *adj* molesto

trough [trɔf] *n* (*also*: **drinking ~**) abrevadero; (*also*: **feeding ~**) comedero

trousers ['trauzəz] *npl* pantalones *mpl*; **short ~** pantalones *mpl* cortos

trout [traut] *n* (*pl inv*) trucha

trowel ['trauəl] *n* paleta

truant ['truənt] *n*: **to play ~** (BRIT) hacer novillos

truce [tru:s] *n* tregua

truck [trʌk] *n* (US) camión *m*; (*Rail*) vagón *m*; **truck driver** *n* camionero/a

true [tru:] *adj* verdadero; (*accurate*) exacto; (*genuine*) auténtico; (*faithful*) fiel; **to come ~** realizarse

truly ['tru:lɪ] *adv* realmente; **yours ~** (*in letter-writing*) atentamente

trumpet ['trʌmpɪt] *n* trompeta

trunk [trʌŋk] *n* (*of tree, person*) tronco; (*of elephant*) trompa; (*case*) baúl *m*; (US *Aut*) maletero

trunks [trʌŋks] *npl* (*also*: **swimming ~**) bañador *m*

trust [trʌst] *n* confianza; (*Law*) fideicomiso ▷ *vt* (*rely on*) tener confianza en; **to ~ sth to sb** (*entrust*) confiar algo a algn; **to ~ (that)** (*hope*) esperar (que); **you'll have to take it on ~** tienes que aceptarlo a ojos cerrados; **trusted** *adj* de confianza; **trustworthy** *adj* digno de confianza

truth (*pl* **truths**) [tru:θ, tru:ðz] *n* verdad *f*; **truthful** *adj* (*person*) sincero; (*account*) fidedigno

try [traɪ] *n* tentativa, intento; (*Rugby*) ensayo ▷ *vt* (*Law*) juzgar, procesar; (*test*: *sth new*) probar, someter a prueba; (*attempt*) intentar; (*strain*: *patience*) hacer perder ▷ *vi* probar; **to give sth a ~** intentar hacer algo; **to ~ to do sth** intentar hacer algo; **~ again!** ¡vuelve a probar!; **~ harder!** ¡esfuérzate más!; **well, I tried** al menos lo intenté; **try on** *vt* (*clothes*) probarse; **trying** *adj* cansado; (*person*) pesado

T-shirt ['ti:ʃə:t] *n* camiseta

tub [tʌb] *n* cubo (SP), balde *m* (LAM); (*bath*) bañera, tina (LAM)

tube [tju:b] *n* tubo; (BRIT: *underground*) metro

tuberculosis [tjubə:kju'ləusɪs] *n* tuberculosis *f inv*

tube station *n* (BRIT) estación *f* de metro

tuck [tʌk] *vt* (*put*) poner; **tuck away** *vt* esconder; **tuck in** *vt* meter; (*child*) arropar ▷ *vi* (*eat*) comer con apetito

tucker ['tʌkəʳ] *n* (AUST, NZ *inf*) papeo

tuck shop *n* (*Scol*) tienda de golosinas

Tue(s). *abbr* (= *Tuesday*) mart.

Tuesday ['tju:zdɪ] *n* martes *m inv*

tug [tʌg] *n* (*ship*) remolcador *m* ▷ *vt* remolcar

tuition [tju:'ɪʃən] *n* (BRIT) enseñanza; (: *private tuition*) clases *fpl* particulares; (US: *school fees*) matrícula

tulip ['tju:lɪp] *n* tulipán *m*

tumble ['tʌmbl] *n* (*fall*) caída ▷ *vi* caerse; **to ~ to sth** (*inf*) caer en la cuenta de algo; **tumble dryer** *n* (BRIT) secadora

tumbler ['tʌmbləʳ] *n* vaso

tummy ['tʌmɪ] *n* (*inf*) barriga

tumour, (US) **tumor** ['tju:məʳ] *n* tumor *m*

tuna ['tju:nə] *n* (*pl inv*: *also*: **~ fish**) atún *m*

tune [tju:n] *n* melodía ▷ *vt* (*Mus*) afinar; (*Radio, TV, Aut*) sintonizar; **to be in/out of ~** (*instrument*) estar afinado/desafinado; (*singer*) afinar/desafinar; **to be in/out of ~ with** (*fig*) armonizar/desentonar con; **tune in** *vi* (*Radio, TV*): **to ~ in (to)** sintonizar (con); **tune up** *vi* (*musician*) afinar (su instrumento)

tunic ['tju:nɪk] *n* túnica

Tunisia [tju:'nɪzɪə] *n* Túnez *m*

tunnel ['tʌnl] *n* túnel *m*; (*in mine*) galería ▷ *vi* construir un túnel/una galería

turbulence ['tə:bjuləns] *n* (*Aviat*) turbulencia

turf [tə:f] *n* césped *m*; (*clod*) tepe *m* ▷ *vt* cubrir con césped

Turk [tə:k] *n* turco/a

Turkey ['tə:kɪ] *n* Turquía

turkey ['tə:kɪ] *n* pavo

Turkish ['tə:kɪʃ] *adj* turco ▷ *n* (*Ling*) turco

turmoil ['tə:mɔɪl] *n*: **in ~** revuelto

turn [tə:n] *n* turno; (*in road*) curva; (*Theat*) número; (*Med*) ataque *m* ▷ *vt* girar, volver; (*collar, steak*) dar la vuelta a; (*change*): **to ~ sth into** convertir algo en ▷ *vi* volver; (*person: look back*) volverse; (*reverse direction*) dar la vuelta; (*milk*) cortarse; **a good ~** un favor; **it gave me quite a ~** me dio un susto; **"no left ~"** (*Aut*) "prohibido girar a la izquierda"; **it's your ~** te toca a ti; **in ~** por turnos; **to take ~s** turnarse; **turn around** *vi* (*person*) volverse, darse la vuelta ▷ *vt* (*object*) dar la vuelta a, voltear (LAM); **turn away** *vi* apartar la vista ▷ *vt* rechazar; **turn back** *vi* volverse atrás ▷ *vt* hacer retroceder; (*clock*) retrasar; **turn down** *vt* (*refuse*) rechazar; (*reduce*) bajar; (*fold*) doblar; **turn in** *vi* (*inf: go to bed*) acostarse ▷ *vt* (*fold*) doblar hacia dentro; **turn off** *vi* (*from road*) desviarse ▷ *vt* (*light, radio etc*) apagar; (*engine*) parar; **turn on** *vt* (*light, radio etc*) encender, prender (LAM); (*engine*) poner en marcha; **turn out** *vt* (*light, gas*) apagar; (*produce*) producir ▷ *vi*: **to ~ out to be ...** resultar ser ...; **turn over** *vi* (*person*) volverse ▷ *vt* (*mattress, card*) dar la vuelta a; (*page*) volver; **turn round** *vi* volverse; (*rotate*) girar; **turn to** *vt fus*: **to ~ to sb** acudir a algn; **turn up** *vi* (*person*) llegar, presentarse; (*lost object*) aparecer ▷ *vt* (*radio*) subir; **turning** *n* (*bend*) curva; **turning point** *n* (*fig*) momento decisivo

turnip ['tə:nɪp] *n* nabo

turn: turnout ['tə:naut] *n* (*attendance*) asistencia; (*number of people attending*) número de asistentes; (*spectators*) público; **turnover** *n* (*Comm: amount of money*) facturación *f*; (*of goods*) movimiento; **turnstile** *n* torniquete *m*; **turn-up** *n* (BRIT: *on trousers*) vuelta

turquoise ['tə:kwɔɪz] *n* (*stone*) turquesa ▷ *adj* color turquesa *inv*

turtle ['tə:tl] *n* tortuga (marina)

turtleneck (sweater) ['tə:tlnɛk-] *n* (jersey *m* de) cuello cisne

tusk [tʌsk] *n* colmillo

tutor ['tju:tə^{r}] *n* profesor(a) *m/f*; **tutorial** [tju:'tɔ:rɪəl] *n* (*Scol*) seminario

tuxedo [tʌk'si:dəu] *n* (US) smóking *m*, esmoquin *m*

TV [ti:'vi:] *n abbr* (= *television*) televisión *f*

tweed [twi:d] *n* tweed *m*

tweet [twi:t] *n* (*on Twitter*) tweet *m* ▷ *vt, vi* (*on Twitter*) tuitear

tweezers ['twi:zəz] *npl* pinzas *fpl* (de depilar)

twelfth [twɛlfθ] *num* duodécimo

twelve [twɛlv] *num* doce; **at ~ o'clock** (*midday*) a mediodía; (*midnight*) a medianoche

twentieth ['twɛntɪɪθ] *num* vigésimo

twenty ['twɛntɪ] *num* veinte; **in ~ fourteen** en dos mil catorce

twice [twaɪs] *adv* dos veces; **~ as much** dos veces más

twig [twɪg] *n* ramita

twilight ['twaɪlaɪt] *n* crepúsculo

twin [twɪn] *adj, n* gemelo/a ▷ *vt* hermanar; **twin-bedded room** *n* = **twin room**; **twin beds** *npl* camas *fpl* gemelas

twinkle ['twɪŋkl] *vi* centellear; (*eyes*) parpadear
twin room *n* habitación *f* con dos camas
twist [twɪst] *n* (*action*) torsión *f*; (*in road, coil*) vuelta; (*in wire, flex*) doblez *f*; (*in story*) giro ▷ *vt* torcer; (*roll around*) enrollar; (*fig*) deformar ▷ *vi* serpentear
twit [twɪt] *n* (*inf*) tonto
twitch [twɪtʃ] *n* sacudida; (*nervous*) tic *m* nervioso ▷ *vi* moverse nerviosamente
two [tu:] *num* dos; **to put ~ and ~ together** (*fig*) atar cabos
type [taɪp] *n* (*category*) tipo, género; (*model*) modelo; (*Typ*) tipo, letra ▷ *vt* (*letter etc*) escribir a máquina; **typewriter** *n* máquina de escribir
typhoid ['taɪfɔɪd] *n* (fiebre *f*) tifoidea
typhoon [taɪ'fu:n] *n* tifón *m*
typical ['tɪpɪkl] *adj* típico; **typically** *adv* típicamente
typing ['taɪpɪŋ] *n* mecanografía
typist ['taɪpɪst] *n* mecanógrafo/a
tyre, (*US*) **tire** ['taɪəʳ] *n* neumático, llanta (*LAm*); **tyre pressure** *n* presión *f* de los neumáticos

U

UFO ['ju:fəu] *n abbr* (= *unidentified flying object*) OVNI *m*
Uganda [ju:'gændə] *n* Uganda
ugly ['ʌglɪ] *adj* feo; (*dangerous*) peligroso
UHT *adj abbr* = **ultra heat treated**; **~ milk** leche *f* uperizada
UK *n abbr* (= *United Kingdom*) R.U.
ulcer ['ʌlsəʳ] *n* úlcera; **mouth ~** llaga bucal
ultimate ['ʌltɪmət] *adj* último, final; (*greatest*) mayor; **ultimately** *adv* (*in the end*) por último, al final; (*fundamentally*) a fin de cuentas
ultimatum (*pl* **ultimatums** *or* **ultimata**) [ʌltɪ'meɪtəm, -tə] *n* ultimátum *m*
ultrasound ['ʌltrəsaund] *n* (*Med*) ultrasonido
ultraviolet ['ʌltrə'vaɪəlɪt] *adj* ultravioleta
umbrella [ʌm'brɛlə] *n* paraguas *m inv*
umpire ['ʌmpaɪəʳ] *n* árbitro

UN *n abbr* (= *United Nations*) ONU *f*
unable [ʌn'eɪbl] *adj*: **to be ~ to do sth** no poder hacer algo
unacceptable [ʌnək'sɛptəbl] *adj* (*proposal, behaviour, price*) inaceptable; **it's ~ that** no se puede aceptar que
unanimous [ju:'nænɪməs] *adj* unánime
unarmed [ʌn'a:md] *adj* (*person*) desarmado
unattended [ʌnə'tɛndɪd] *adj* desatendido
unattractive [ʌnə'trəktɪv] *adj* poco atractivo
unavailable [ʌnə'veɪləbl] *adj* (*article, room, book*) no disponible; (*person*) ocupado
unavoidable [ʌnə'vɔɪdəbl] *adj* inevitable
unaware [ʌnə'wɛəʳ] *adj*: **to be ~ of** ignorar; **unawares** *adv*: **to catch sb unawares** pillar a algn desprevenido
unbearable [ʌn'bɛərəbl] *adj* insoportable
unbeatable [ʌn'bi:təbl] *adj* invencible; (*price*) inmejorable
unbelievable [ʌnbɪ'li:vəbl] *adj* increíble
unborn [ʌn'bɔ:n] *adj* que va a nacer
unbutton [ʌn'bʌtn] *vt* desabrochar
uncalled-for [ʌn'kɔ:ldfɔ:ʳ] *adj* gratuito, inmerecido
uncanny [ʌn'kænɪ] *adj* extraño
uncertain [ʌn'sə:tn] *adj* incierto; (*indecisive*) indeciso; **uncertainty** *n* incertidumbre *f*
unchanged [ʌn'tʃeɪndʒd] *adj* sin cambiar *or* alterar
uncle ['ʌŋkl] *n* tío
unclear [ʌn'klɪəʳ] *adj* poco claro; **I'm still ~ about what I'm supposed to do** todavía no tengo muy claro lo que tengo que hacer
uncomfortable [ʌn'kʌmfətəbl] *adj* incómodo; (*uneasy*) inquieto
uncommon [ʌn'kɔmən] *adj* poco común, raro
unconditional [ʌnkən'dɪʃənl] *adj* incondicional
unconscious [ʌn'kɔnʃəs] *adj* sin sentido; (*unaware*) inconsciente ▷ *n*: **the ~** el inconsciente
uncontrollable [ʌnkən'trəuləbl] *adj* (*temper*) indomable; (*laughter*) incontenible
unconventional [ʌnkən'vɛnʃənl] *adj* poco convencional
uncover [ʌn'kʌvəʳ] *vt* descubrir; (*take lid off*) destapar
undecided [ʌndɪ'saɪdɪd] *adj* (*person*) indeciso; (*question*) no resuelto
undeniable [ʌndɪ'naɪəbl] *adj* innegable
under ['ʌndəʳ] *prep* debajo de; (*less than*) menos de; (*according to*) según, de acuerdo con ▷ *adv* debajo, abajo; **~ there** ahí debajo; **~ construction** en construcción; **undercover** *adj* clandestino; **underdone** *adj* (*Culin*) poco hecho; **underestimate** *vt* subestimar; **undergo** *vt* (*irreg*: *like* **go**) sufrir; (*treatment*) recibir; **undergraduate** *n* estudiante *mf*; **underground** *n* (BRIT: *railway*) metro; (*Pol*) movimiento clandestino ▷ *adj* subterráneo ▷ *adv* (*work*) en la clandestinidad; **undergrowth** *n* maleza; **underline** *vt* subrayar; **undermine** *vt* socavar, minar; **underneath** [ʌndə'ni:θ] *adv* debajo ▷ *prep* debajo de, bajo; **underpants** *npl* calzoncillos *mpl*; **underpass** *n* (BRIT) paso subterráneo; **underprivileged** *adj* desposeído; **underscore** *vt* subrayar, sostener; **undershirt** *n* (US) camiseta; **underskirt** *n* (BRIT) enaguas *fpl*
understand [ʌndə'stænd] *vt, vi* entender, comprender; (*assume*) tener entendido; **understandable** *adj* comprensible; **understanding** *adj* comprensivo ▷ *n* comprensión *f*, entendimiento; (*agreement*) acuerdo
understatement [ʌndə'steɪtmənt] *n* modestia (excesiva); **to say it was**

good is quite an ~ decir que estuvo bien es quedarse corto

understood [ʌndə'stʊd] *pt, pp of* **understand** ▷ *adj* entendido; (*implied*): **it is ~ that** se sobreentiende que

undertake [ʌndə'teɪk] *vt* (*irreg*: *like* **take**) emprender; **to ~ to do sth** comprometerse a hacer algo

undertaker ['ʌndəteɪkəʳ] *n* director(a) *m/f* de pompas fúnebres

undertaking ['ʌndəteɪkɪŋ] *n* empresa; (*promise*) promesa

under: underwater *adv* bajo el agua ▷ *adj* submarino; **underway** *adj*: **to be underway** (*meeting*) estar en marcha; (*investigation*) estar llevándose a cabo; **underwear** *n* ropa interior *or* íntima (LAm); **underwent** *vb see* **undergo**; **underworld** *n* (*of crime*) hampa, inframundo

undesirable [ʌndɪ'zaɪərəbl] *adj* indeseable

undisputed [ʌndɪ'spjuːtɪd] *adj* incontestable

undo [ʌn'duː] *vt* (*irreg*: *like* **do**: *laces*) desatar; (*button etc*) desabrochar; (*spoil*) deshacer

undone [ʌn'dʌn] *pp of* **undo** ▷ *adj*: **to come ~** (*clothes*) desabrocharse; (*parcel*) desatarse

undoubtedly [ʌn'daʊtɪdlɪ] *adv* indudablemente, sin duda

undress [ʌn'drɛs] *vi* desnudarse

unearth [ʌn'əːθ] *vt* desenterrar

uneasy [ʌn'iːzɪ] *adj* intranquilo; (*worried*) preocupado; **to feel ~ about doing sth** sentirse incómodo con la idea de hacer algo

unemployed [ʌnɪm'plɔɪd] *adj* parado, sin trabajo ▷ *n*: **the ~** los parados

unemployment [ʌnɪm'plɔɪmənt] *n* paro, desempleo; **unemployment benefit** *n* (BRIT) subsidio de desempleo *or* paro

unequal [ʌn'iːkwəl] *adj* (*length, objects etc*) desigual; (*amounts*) distinto

uneven [ʌn'iːvn] *adj* desigual; (*road etc*) con baches

unexpected [ʌnɪk'spɛktɪd] *adj* inesperado; **unexpectedly** *adv* inesperadamente

unfair [ʌn'fɛəʳ] *adj*: **~ (to sb)** injusto (con algn)

unfaithful [ʌn'feɪθful] *adj* infiel

unfamiliar [ʌnfə'mɪlɪəʳ] *adj* extraño, desconocido; **to be ~ with sth** desconocer *or* ignorar algo

unfashionable [ʌn'fæʃnəbl] *adj* pasado *or* fuera de moda

unfasten [ʌn'fɑːsn] *vt* desatar

unfavourable, (US) **unfavorable** [ʌn'feɪvərəbl] *adj* desfavorable

unfinished [ʌn'fɪnɪʃt] *adj* inacabado, sin terminar

unfit [ʌn'fɪt] *adj* en baja forma; (*incompetent*) incapaz; **~ for work** no apto para trabajar

unfold [ʌn'fəʊld] *vt* desdoblar ▷ *vi* abrirse

unforgettable [ʌnfə'gɛtəbl] *adj* inolvidable

unfortunate [ʌn'fɔːtʃnət] *adj* desgraciado; (*event, remark*) inoportuno; **unfortunately** *adv* desgraciadamente

unfriend [ʌn'frɛnd] *vt* (*Internet*) quitar de amigo a; **he has ~ed her on Facebook** la ha quitado de amiga en Facebook

unfriendly [ʌn'frɛndlɪ] *adj* antipático; (*behaviour, remark*) hostil, poco amigable

unfurnished [ʌn'fəːnɪʃt] *adj* sin amueblar

unhappiness [ʌn'hæpɪnɪs] *n* tristeza

unhappy [ʌn'haepɪ] *adj* (*sad*) triste; (*unfortunate*) desgraciado; (*childhood*) infeliz; **~ with** (*arrangements etc*) poco contento con, descontento de

unhealthy [ʌn'hɛlθɪ] *adj* malsano; (*person*) enfermizo; (*interest*) morboso

unheard-of [ʌn'həːdɔv] *adj* inaudito, sin precedente

unhelpful [ʌn'hɛlpful] *adj* (*person*) poco servicial; (*advice*) inútil
unhurt [ʌn'hə:t] *adj* ileso
unidentified [ʌnaɪ'dɛntɪfaɪd] *adj* no identificado; **~ flying object (UFO)** objeto volante no identificado
uniform ['ju:nɪfɔ:m] *n* uniforme *m* ▷ *adj* uniforme
unify ['ju:nɪfaɪ] *vt* unificar, unir
unimportant [ʌnɪm'pɔ:tənt] *adj* sin importancia
uninhabited [ʌnɪn'hæbɪtɪd] *adj* desierto
unintentional [ʌnɪn'tɛnʃənəl] *adj* involuntario
union ['ju:njən] *n* unión *f*; (*also*: **trade ~**) sindicato ▷ *cpd* sindical; **Union Jack** *n* bandera del Reino Unido
unique [ju:'ni:k] *adj* único
unisex ['ju:nɪsɛks] *adj* unisex
unit ['ju:nɪt] *n* unidad *f*; (*team, squad*) grupo; **kitchen ~** módulo de cocina
unite [ju:'naɪt] *vt* unir ▷ *vi* unirse; **united** *adj* unido; **United Kingdom** *n* Reino Unido
United Nations (Organization) *n* Naciones Unidas *fpl*
United States (of America) *n* Estados Unidos *mpl* (de América)
unity ['ju:nɪtɪ] *n* unidad *f*
universal [ju:nɪ'və:sl] *adj* universal
universe ['ju:nɪvə:s] *n* universo
university [ju:nɪ'və:sɪtɪ] *n* universidad *f*
unjust [ʌn'dʒʌst] *adj* injusto
unkind [ʌn'kaɪnd] *adj* poco amable; (*comment etc*) cruel
unknown [ʌn'nəun] *adj* desconocido
unlawful [ʌn'lɔ:ful] *adj* ilegal, ilícito
unleaded [ʌn'lɛdɪd] *n* (*also*: **~ petrol**) gasolina sin plomo
unleash [ʌn'li:ʃ] *vt* desatar
unless [ʌn'lɛs] *conj* a menos que; **~ he comes** a menos que venga; **~ otherwise stated** salvo indicación contraria
unlike [ʌn'laɪk] *adj* distinto ▷ *prep* a diferencia de
unlikely [ʌn'laɪklɪ] *adj* improbable
unlimited [ʌn'lɪmɪtɪd] *adj* ilimitado
unlisted [ʌn'lɪstɪd] *adj* (*US Tel*) que no figura en la guía
unload [ʌn'ləud] *vt* descargar
unlock [ʌn'lɔk] *vt* abrir (con llave)
unlucky [ʌn'lʌkɪ] *adj* desgraciado; (*object, number*) que da mala suerte; **to be ~** tener mala suerte
unmarried [ʌn'mærɪd] *adj* soltero
unmistakable [ʌnmɪs'teɪkəbl] *adj* inconfundible
unnatural [ʌn'nætʃrəl] *adj* antinatural; (*manner*) afectado; (*habit*) perverso
unnecessary [ʌn'nɛsəsərɪ] *adj* innecesario, inútil
UNO ['ju:nəu] *n abbr* (= *United Nations Organization*) ONU *f*
unofficial [ʌnə'fɪʃl] *adj* no oficial
unpack [ʌn'pæk] *vi* deshacer las maletas ▷ *vt* deshacer
unpaid [ʌn'peɪd] *adj* (*bill, debt*) sin pagar, impagado; (*Comm*) pendiente; (*holiday*) sin sueldo; (*work*) sin pago, voluntario
unpleasant [ʌn'plɛznt] *adj* (*disagreeable*) desagradable; (*person, manner*) antipático
unplug [ʌn'plʌg] *vt* desenchufar, desconectar
unpopular [ʌn'pɔpjulə^{r}] *adj* poco popular
unprecedented [ʌn'prɛsɪdəntɪd] *adj* sin precedentes
unpredictable [ʌnprɪ'dɪktəbl] *adj* imprevisible
unprotected ['ʌnprə'tɛktɪd] *adj* (*sex*) sin protección
unqualified [ʌn'kwɔlɪfaɪd] *adj* sin título, no cualificado; (*success*) total
unravel [ʌn'rævl] *vt* desenmarañar
unreal [ʌn'rɪəl] *adj* irreal
unrealistic [ʌnrɪə'lɪstɪk] *adj* poco realista
unreasonable [ʌn'ri:znəbl] *adj* irrazonable; **to make ~ demands on sb** hacer demandas excesivas a algn

unrelated [ʌnrɪ'leɪtɪd] *adj* sin relación; (*family*) no emparentado
unreliable [ʌnrɪ'laɪəbl] *adj* (*person*) informal; (*machine*) poco fiable
unrest [ʌn'rɛst] *n* inquietud *f*, malestar *m*; (*Pol*) disturbios *mpl*
unroll [ʌn'rəʊl] *vt* desenrollar
unruly [ʌn'ru:lɪ] *adj* indisciplinado
unsafe [ʌn'seɪf] *adj* peligroso
unsatisfactory ['ʌnsætɪs'fæktərɪ] *adj* poco satisfactorio
unscrew [ʌn'skru:] *vt* destornillar
unsettled [ʌn'sɛtld] *adj* inquieto; (*weather*) variable
unsettling [ʌn'sɛtlɪŋ] *adj* perturbador(a), inquietante
unsightly [ʌn'saɪtlɪ] *adj* desagradable
unskilled [ʌn'skɪld] *adj*: **~ workers** mano *f* de obra no cualificada
unspoiled ['ʌn'spɔɪld], **unspoilt** ['ʌn'spɔɪlt] *adj* (*place*) que no ha perdido su belleza natural
unstable [ʌn'steɪbl] *adj* inestable
unsteady [ʌn'stɛdɪ] *adj* inestable
unsuccessful [ʌnsək'sɛsful] *adj* (*attempt*) infructuoso; (*writer, proposal*) sin éxito; **to be ~** (*in attempting sth*) no tener éxito, fracasar
unsuitable [ʌn'su:təbl] *adj* inapropiado; (*time*) inoportuno
unsure [ʌn'ʃuəʳ] *adj* inseguro, poco seguro
untidy [ʌn'taɪdɪ] *adj* (*room*) desordenado; (*appearance*) desaliñado
untie [ʌn'taɪ] *vt* desatar
until [ən'tɪl] *prep* hasta ▷ *conj* hasta que; **~ he comes** hasta que venga; **~ now** hasta ahora; **~ then** hasta entonces
untrue [ʌn'tru:] *adj* (*statement*) falso
unused [ʌn'ju:zd] *adj* sin usar
unusual [ʌn'ju:ʒuəl] *adj* insólito, poco común; **unusually** *adv*: **he arrived unusually early** llegó más temprano que de costumbre
unveil [ʌn'veɪl] *vt* (*statue*) descubrir
unwanted [ʌn'wɔntɪd] *adj* (*person, effect*) no deseado
unwell [ʌn'wɛl] *adj*: **to feel ~** estar indispuesto, sentirse mal
unwilling [ʌn'wɪlɪŋ] *adj*: **to be ~ to do sth** estar poco dispuesto a hacer algo
unwind [ʌn'waɪnd] (*irreg*: *like* **wind²**) *vt* desenvolver ▷ *vi* (*relax*) relajarse
unwise [ʌn'waɪz] *adj* imprudente
unwittingly [ʌn'wɪtɪŋlɪ] *adv* inconscientemente, sin darse cuenta
unwrap [ʌn'ræp] *vt* desenvolver
unzip [ʌn'zɪp] *vt* abrir la cremallera de; (*Comput*) descomprimir

KEYWORD

up [ʌp] *prep*: **to go/be up sth** subir/estar subido en algo; **he went up the stairs/the hill** subió las escaleras/la colina; **we walked/climbed up the hill** subimos la colina; **they live further up the street** viven más arriba en la calle; **go up that road and turn left** sigue por esa calle y gira a la izquierda
▶ *adv* **1** (*upwards, higher*) más arriba; **up in the mountains** en lo alto (de la montaña); **put it a bit higher up** ponlo un poco más arriba *or* alto; **up there** ahí *or* allí arriba; **up above** en lo alto, por encima, arriba
2: **to be up** (*out of bed*) estar levantado; (*prices, level*) haber subido
3: **up to** (*as far as*) hasta; **up to now** hasta ahora *or* la fecha
4: **to be up to** (*depending on*): **it's up to you** depende de ti; **he's not up to it** (*job, task etc*) no es capaz de hacerlo; **his work is not up to the required standard** su trabajo no da la talla; **what is he up to?** (*inf*: *doing*) ¿qué estará tramando?
▶ *n*: **ups and downs** altibajos *mpl*

up-and-coming [ʌpənd'kʌmɪŋ] *adj* prometedor(a)

upbringing [ˈʌpbrɪŋɪŋ] *n* educación *f*
update [ʌpˈdeɪt] *vt* poner al día
upfront [ʌpˈfrʌnt] *adj* claro, directo ▷ *adv* a las claras; (*pay*) por adelantado; **to be ~ about sth** admitir algo claramente
upgrade [ʌpˈgreɪd] *vt* ascender; (*Comput*) modernizar
upheaval [ʌpˈhiːvl] *n* trastornos *mpl*; (*Pol*) agitación *f*
uphill [ʌpˈhɪl] *adj* cuesta arriba; (*fig*: *task*) penoso, difícil ▷ *adv*: **to go ~** ir cuesta arriba
upholstery [ʌpˈhəulstərɪ] *n* tapicería
upload [ˈʌpləʊd] *vt* (*Comput*) subir
upmarket [ʌpˈmɑːkɪt] *adj* (*product*) de categoría
upon [əˈpɔn] *prep* sobre
upper [ˈʌpəʳ] *adj* superior, de arriba ▷ *n* (*of shoe*: *also*: **~s**) pala; **upper-class** *adj* de clase alta
upright [ˈʌpraɪt] *adj* vertical; (*fig*) honrado
uprising [ˈʌpraɪzɪŋ] *n* sublevación *f*
uproar [ˈʌprɔːʳ] *n* escándalo
upset *n* [ˈʌpsɛt] (*to plan etc*) revés *m*, contratiempo; (*Med*) trastorno ▷ *vt* [ʌpˈsɛt] (*irreg*: *like* **set**: *glass etc*) volcar; (*plan*) alterar; (*person*) molestar ▷ *adj* [ʌpˈsɛt] preocupado, perturbado; (*stomach*) revuelto
upside-down [ˈʌpsaɪdˈdaun] *adv* al revés; **to turn a place ~** (*fig*) revolverlo todo
upstairs [ʌpˈstɛəz] *adv* arriba ▷ *adj* (*room*) de arriba ▷ *n* el piso superior
up-to-date [ˈʌptəˈdeɪt] *adj* actual, moderno
uptown [ˈʌptaun] *adv* (*US*) hacia las afueras ▷ *adj* exterior, de las afueras
upward(s) [ˈʌpwəd(z)] *adv* hacia arriba; (*more than*): **~ of** más de
uranium [juəˈreɪnɪəm] *n* uranio
Uranus [juəˈreɪnəs] *n* Urano
urban [ˈəːbən] *adj* urbano
urge [əːdʒ] *n* (*desire*) deseo ▷ *vt*: **to ~ sb to do sth** animar a algn a hacer algo
urgency [ˈəːdʒənsɪ] *n* urgencia
urgent [ˈəːdʒənt] *adj* urgente
urinal [ˈjuərɪnl] *n* (*building*) urinario; (*vessel*) orinal *m*
urinate [ˈjuərɪneɪt] *vi* orinar
urine [ˈjuərɪn] *n* orina
US *n abbr* (= *United States*) EE.UU.
us [ʌs] *pron* nos; (*after prep*) nosotros/as; *see also* **me**
USA *n abbr* = **United States of America**; (*Mil*) = **United States Army**
USB *abbr* (= *universal serial bus*) USB *m*; **USB stick** *n* memoria USB, llave *f* de memoria
use *n* [juːs] uso, empleo; (*usefulness*) utilidad *f* ▷ *vt* [juːz] usar, emplear; **in ~** en uso; **out of ~** en desuso; **to be of ~** servir; **it's no ~** (*pointless*) es inútil; (*not useful*) no sirve; **to be ~d to** estar acostumbrado a (*SP*), acostumbrar; **she ~d to do it** (ella) solía *or* acostumbraba hacerlo; **use up** *vt* (*food*) consumir; (*money*) gastar; **used** [juːzd] *adj* (*car*) usado; **useful** *adj* útil; **useless** *adj* (*unusable*) inservible; **user** *n* usuario/a; **user-friendly** *adj* (*Comput*) fácil de utilizar
username [ˈjuːzənɛɪm] *n* (*Comput*) nombre *m* de usuario
usual [ˈjuːʒuəl] *adj* normal, corriente; **as ~** como de costumbre; **usually** *adv* normalmente
ute [juːt] *n abbr* (*AUST*, *NZ inf*: = *utility truck*) camioneta
utensil [juːˈtɛnsl] *n* utensilio; **kitchen ~s** batería de cocina
utility [juːˈtɪlɪtɪ] *n* utilidad *f*; (*public utility*) (empresa de) servicio público
utilize [ˈjuːtɪlaɪz] *vt* utilizar
utmost [ˈʌtməust] *adj* mayor ▷ *n*: **to do one's ~** hacer todo lo posible
utter [ˈʌtəʳ] *adj* total, completo ▷ *vt* pronunciar, proferir; **utterly** *adv* completamente, totalmente
U-turn [ˈjuːˈtəːn] *n* cambio de sentido

V

v. *abbr* (= *verse*) vers.°; (= *see*) V, vid., vide; (= *versus*) vs.; = **volt**

vacancy ['veɪkənsɪ] *n* (*job*) vacante *f*; (*room*) cuarto libre; **"no vacancies"** "completo"

vacant ['veɪkənt] *adj* desocupado, libre; (*expression*) distraído

vacate [və'keɪt] *vt* (*house*) desocupar; (*job*) dejar (vacante)

vacation [və'keɪʃən] *n* vacaciones *fpl*; **vacationer** [və'keɪʃənəʳ], **vacationist** [və'keɪʃənɪst] *n* (*US*) turista *mf*

vaccination [væksɪ'neɪʃən] *n* vacunación *f*

vaccine ['væksi:n] *n* vacuna

vacuum ['vækjum] *n* vacío; **vacuum cleaner** *n* aspiradora

vagina [və'dʒaɪnə] *n* vagina

vague [veɪg] *adj* vago; (*memory*) borroso; (*ambiguous*) impreciso; (*person*: *absent-minded*) distraído; (: *evasive*): **to be ~** no decir las cosas claramente

vain [veɪn] *adj* (*conceited*) presumido; (*useless*) vano, inútil; **in ~** en vano

Valentine's Day *n* día de los enamorados (*el 14 de febrero, día de San Valentín*)

valid ['vælɪd] *adj* válido; (*ticket*) valedero; (*law*) vigente

valley ['vælɪ] *n* valle *m*

valuable ['vælju̇əbl] *adj* (*jewel*) de valor; (*time*) valioso; **valuables** *npl* objetos *mpl* de valor

value ['vælju:] *n* valor *m*; (*importance*) importancia ▷ *vt* (*fix price of*) tasar, valorar; (*esteem*) apreciar; **values** *npl* (*moral*) valores *mpl* morales

valve [vælv] *n* válvula

vampire ['væmpaɪəʳ] *n* vampiro

van [væn] *n* (*Aut*) furgoneta, camioneta (LAm)

vandal ['vændl] *n* vándalo/a; **vandalism** *n* vandalismo; **vandalize** *vt* dañar, destruir

vanilla [və'nɪlə] *n* vainilla

vanish ['vænɪʃ] *vi* desaparecer

vanity ['vænɪtɪ] *n* vanidad *f*

vapour, (*US*) **vapor** ['veɪpəʳ] *n* vapor *m*; (*on breath, window*) vaho

variable ['vεərɪəbl] *adj* variable

variant ['vεərɪənt] *n* variante *f*

variation [vεərɪ'eɪʃən] *n* variación *f*

varied ['vεərɪd] *adj* variado

variety [və'raɪətɪ] *n* variedad *f*, diversidad *f*

various ['vεərɪəs] *adj* varios/as, diversos/as

varnish ['vɑ:nɪʃ] *n* barniz *m*; (*also*: **nail ~**) esmalte *m* ▷ *vt* barnizar; (*nails*) pintar (con esmalte)

vary ['vεərɪ] *vt* variar; (*change*) cambiar ▷ *vi* variar

vase [vɑ:z] *n* florero, jarrón *m*

Be careful not to translate *vase* by the Spanish word *vaso*.

Vaseline® ['væsɪli:n] *n* vaselina®

vast [vɑ:st] *adj* enorme

VAT [væt] *n abbr* (BRIT: = *value added tax*) IVA *m*

vault [vɔːlt] *n* (*of roof*) bóveda; (*tomb*) panteón *m*; (*in bank*) cámara acorazada ▷ *vt* (*also:* **~ over**) saltar (por encima de)

VCR *n abbr* = **video cassette recorder**

VDU *n abbr* (= *visual display unit*) UPV *f*

veal [viːl] *n* ternera

veer [vɪəʳ] *vi* (*vehicle*) virar; (*wind*) girar

vegan ['viːgən] *n* vegetariano/a estricto/a

vegetable ['vɛdʒtəbl] *n* (*Bot*) vegetal *m*; (*edible plant*) legumbre *f*, hortaliza ▷ *adj* vegetal

vegetarian [vɛdʒɪ'tɛərɪən] *adj, n* vegetariano/a

vegetation [vɛdʒɪ'teɪʃən] *n* vegetación *f*

vehicle ['viːɪkl] *n* vehículo; (*fig*) medio

veil [veɪl] *n* velo ▷ *vt* velar

vein [veɪn] *n* vena; (*of ore etc*) veta

Velcro® ['vɛlkrəu] *n* velcro® *m*

velvet ['vɛlvɪt] *n* terciopelo

vending machine ['vɛndɪŋ-] *n* máquina expendedora, expendedor *m*

vendor ['vɛndəʳ] *n* vendedor(a) *m/f*; **street ~** vendedor(a) *m/f* callejero/a

vengeance ['vɛndʒəns] *n* venganza; **with a ~** (*fig*) con creces

venison ['vɛnɪsn] *n* carne *f* de venado

venom ['vɛnəm] *n* veneno

vent [vɛnt] *n* (*opening*) abertura; (*air-hole*) respiradero; (*in wall*) rejilla (de ventilación) ▷ *vt* (*fig: feelings*) desahogar

ventilation [vɛntɪ'leɪʃən] *n* ventilación *f*

venture ['vɛntʃəʳ] *n* empresa ▷ *vt* (*opinion*) ofrecer ▷ *vi* arriesgarse, lanzarse; **a business ~** una empresa comercial

venue ['vɛnjuː] *n* (*meeting place*) lugar *m* de reunión

Venus ['viːnəs] *n* Venus *m*

verb [vəːb] *n* verbo; **verbal** *adj* verbal

verdict ['vəːdɪkt] *n* veredicto, fallo; (*fig*) opinión *f*, juicio

verge [vəːdʒ] *n* (BRIT) borde *m*; **to be on the ~ of doing sth** estar a punto de hacer algo

verify ['vɛrɪfaɪ] *vt* comprobar, verificar

versatile ['vəːsətaɪl] *adj* (*person*) polifacético; (*machine, tool etc*) versátil

verse [vəːs] *n* poesía; (*stanza*) estrofa; (*in bible*) versículo

version ['vəːʃən] *n* versión *f*

versus ['vəːsəs] *prep* contra

vertical ['vəːtɪkl] *adj* vertical

very ['vɛrɪ] *adv* muy ▷ *adj*: **the ~ book which** el mismo libro que; **the ~ last** el último (de todos); **at the ~ least** al menos; **~ much** muchísimo

vessel ['vɛsl] *n* (*ship*) barco; (*container*) vasija

vest [vɛst] *n* (BRIT) camiseta; (US: *waistcoat*) chaleco

vet [vɛt] *n abbr* = **veterinary surgeon** ▷ *vt* revisar; **to ~ sb for a job** someter a investigación a algn para un trabajo

veteran ['vɛtərn] *n* veterano/a

veterinary surgeon *n* (BRIT) veterinario/a

veto ['viːtəu] *n* veto ▷ *vt* prohibir

via ['vaɪə] *prep* por, por vía de

viable ['vaɪəbl] *adj* viable

vibrate [vaɪ'breɪt] *vi* vibrar

vibration [vaɪ'breɪʃən] *n* vibración *f*

vicar ['vɪkəʳ] *n* párroco

vice [vaɪs] *n* (*evil*) vicio; (*Tech*) torno de banco; **vice-chairman** *n* vicepresidente *m*

vice versa ['vaɪsɪ'vəːsə] *adv* viceversa

vicinity [vɪ'sɪnɪtɪ] *n*: **in the ~ (of)** cercano (a)

vicious ['vɪʃəs] *adj* (*remark*) malicioso; (*blow*) brutal; (*dog, horse*) resabido; **a ~ circle** un círculo vicioso

victim ['vɪktɪm] *n* víctima

victor ['vɪktəʳ] *n* vencedor(a) *m/f*

Victorian [vɪk'tɔːrɪən] *adj* victoriano

victorious [vɪk'tɔːrɪəs] *adj* vencedor(a)

victory ['vɪktərɪ] *n* victoria

video ['vɪdɪəu] *n* vídeo ▷ *vt* grabar (en vídeo); **video call** *n* videollamada; **video camera** *n* videocámara, cámara de vídeo; **video cassette recorder** *n* = **video recorder**; **video**

game *n* videojuego; **videophone** *n* videoteléfono, videófono; **video recorder** *n* vídeo; **video tape** *n* cinta de vídeo

vie [vaɪ] *vi*: **to ~ with** competir con

Vienna [vɪ'ɛnə] *n* Viena

Vietnam [vjɛt'næm] *n* Vietnam *m*; **Vietnamese** [vjɛtnə'mi:z] *adj* vietnamita ▷ *n* (*pl inv*) vietnamita *mf*

view [vju:] *n* vista; (*opinion*) opinión *f*, criterio ▷ *vt* (*look at*) mirar; **on ~** (*in museum etc*) expuesto; **in full ~ of sb** a la vista de algn; **in ~ of the fact that** en vista de que; **viewer** *n* (*TV*) telespectador(a) *m/f*; **viewpoint** *n* punto de vista

vigilant ['vɪdʒɪlənt] *adj* vigilante

vigorous ['vɪgərəs] *adj* enérgico, vigoroso

vile [vaɪl] *adj* (*action*) vil, infame; (*smell*) repugnante; (*temper*) endemoniado

villa ['vɪlə] *n* (*country house*) casa de campo; (*suburban house*) chalet *m*

village ['vɪlɪdʒ] *n* aldea; **villager** *n* aldeano/a

villain ['vɪlən] *n* (*scoundrel*) malvado/a; (*criminal*) maleante *mf*

vinaigrette [vɪneɪ'grɛt] *n* vinagreta

vine [vaɪn] *n* vid *f*

vinegar ['vɪnɪgəʳ] *n* vinagre *m*

vineyard ['vɪnjə:d] *n* viña, viñedo

vintage ['vɪntɪdʒ] *n* (*year*) vendimia, cosecha

vinyl ['vaɪnl] *n* vinilo

viola [vɪ'əulə] *n* (*Mus*) viola

violate ['vaɪəleɪt] *vt* violar

violation [vaɪə'leɪʃən] *n* violación *f*; **in ~ of sth** en violación de algo

violence ['vaɪələns] *n* violencia

violent ['vaɪələnt] *adj* violento; (*pain*) intenso

violet ['vaɪələt] *adj* violado, violeta *inv* ▷ *n* (*plant*) violeta

violin [vaɪə'lɪn] *n* violín *m*

VIP *n abbr* (= *very important person*) VIP *m*

viral *adj* (*Med*) vírico; (*Comput*) viral

virgin ['və:dʒɪn] *n* virgen *mf*

Virgo ['və:gəu] *n* Virgo

virtual ['və:tjuəl] *adj* virtual; **virtually** *adv* prácticamente, virtualmente; **virtual reality** *n* (*Comput*) realidad *f* virtual

virtue ['və:tju:] *n* virtud *f*; **by ~ of** en virtud de

virus ['vaɪərəs] *n* virus *m inv*

visa ['vi:zə] *n* visado, visa (*LAm*)

vise [vaɪs] *n* (*US Tech*); = **vice**

visibility [vɪzɪ'bɪlɪtɪ] *n* visibilidad *f*

visible ['vɪzəbl] *adj* visible

vision ['vɪʒən] *n* (*sight*) vista; (*foresight, in dream*) visión *f*

visit ['vɪzɪt] *n* visita ▷ *vt* (*person*) visitar, hacer una visita a; (*place*) ir a, (ir a) conocer; **visiting hours** *npl* (*in hospital etc*) horas *fpl* de visita; **visitor** *n* visitante *mf*; (*to one's house*) visita; (*tourist*) turista *mf*; **visitor centre,** (*US*) **visitor center** *n* centro *m* de información

visual ['vɪzjuəl] *adj* visual; **visualize** *vt* imaginarse

vital ['vaɪtl] *adj* (*essential*) esencial, imprescindible; (*organ*) vital

vitality [vaɪ'tælɪtɪ] *n* energía, vitalidad *f*

vitamin ['vɪtəmɪn] *n* vitamina

vivid ['vɪvɪd] *adj* (*account*) gráfico; (*light*) intenso; (*imagination*) vivo

V-neck ['vi:nɛk] *n* cuello de pico

vocabulary [vəu'kæbjuləɪ] *n* vocabulario

vocal ['vəukl] *adj* vocal; (*articulate*) elocuente

vocational [vəu'keɪʃənl] *adj* profesional

vodka ['vɔdkə] *n* vodka *m*

vogue [vəug] *n*: **to be in ~** estar de moda *or* en boga

voice [vɔɪs] *n* voz *f*; **voice mail** *n* fonobuzón *m*

void [vɔɪd] *n* vacío; (*hole*) hueco ▷ *adj* (*invalid*) nulo, inválido; (*empty*): **~ of** carente *or* desprovisto de

volatile ['vɔlətaɪl] *adj* (*situation*) inestable; (*person*) voluble; (*liquid*) volátil

volcano [vɔl'keɪnəu] (*pl* **volcanoes**) *n* volcán *m*
volleyball ['vɔlɪbɔ:l] *n* voleibol *m*
volt [vəult] *n* voltio; **voltage** *n* voltaje *m*
volume ['vɔlju:m] *n* (*of tank*) volumen *m*; (*book*) tomo
voluntarily ['vɔləntrɪlɪ] *adv* libremente, voluntariamente
voluntary ['vɔləntərɪ] *adj* voluntario
volunteer [vɔlən'tɪəʳ] *n* voluntario/a ▷ *vt* (*information*) ofrecer ▷ *vi* ofrecerse (de voluntario); **to ~ to do** ofrecerse a hacer
vomit ['vɔmɪt] *n* vómito ▷ *vt, vi* vomitar
vote [vəut] *n* voto; (*votes cast*) votación *f*; (*right to vote*) derecho a votar; (*franchise*) sufragio ▷ *vt* (*chairman*) elegir ▷ *vi* votar, ir a votar; **~ of thanks** voto de gracias; **voter** *n* votante *mf*; **voting** *n* votación *f*
voucher ['vautʃəʳ] *n* (*for meal, petrol*) vale *m*
vow [vau] *n* voto ▷ *vi* hacer voto ▷ *vt*: **to ~ to do/that** jurar hacer/que
vowel ['vauəl] *n* vocal *f*
voyage ['vɔɪɪdʒ] *n* viaje *m*
vulgar ['vʌlgəʳ] *adj* (*rude*) ordinario, grosero; (*in bad taste*) de mal gusto
vulnerable ['vʌlnərəbl] *adj* vulnerable
vulture ['vʌltʃəʳ] *n* buitre *m*

W

waddle ['wɔdl] *vi* andar como un pato
wade [weɪd] *vi* (*fig: a book*) leer con dificultad; **to ~ through the water** caminar por el agua
wafer ['weɪfəʳ] *n* (*biscuit*) barquillo
waffle ['wɔfl] *n* (*Culin*) gofre *m* ▷ *vi* meter el rollo
wag [wæg] *vt* menear, agitar ▷ *vi* moverse, menearse
wage [weɪdʒ] *n* (*also*: **~s**) sueldo, salario ▷ *vt*: **to ~ war** hacer la guerra
wag(g)on ['wægən] *n* (*horse-drawn*) carro; (*BRIT Rail*) vagón *m*
wail [weɪl] *n* gemido ▷ *vi* gemir
waist [weɪst] *n* cintura, talle *m*; **waistcoat** *n* (*BRIT*) chaleco
wait [weɪt] *n* (*interval*) pausa ▷ *vi* esperar; **to lie in ~ for** acechar a; **I can't ~ to** (*fig*) estoy deseando; **to ~ for** esperar (a); **wait on** *vt fus* servir a; **waiter** *n* camarero; **waiting list** *n* lista de espera; **waiting room** *n*

sala de espera; **waitress** ['weɪtrɪs] *n* camarera

waive [weɪv] *vt* suspender

wake [weɪk] (*pt* **woke** *or* **waked**, *pp* **woken** *or* **waked**) *vt* (*also*: **~ up**) despertar ▷ *vi* (*also*: **~ up**) despertarse ▷ *n* (*for dead person*) velatorio; (*Naut*) estela

Wales [weɪlz] *n* País *m* de Gales

walk [wɔːk] *n* (*stroll*) paseo; (*hike*) excursión *f* a pie, caminata; (*gait*) paso, andar *m*; (*in park etc*) paseo ▷ *vi* andar, caminar; (*for pleasure, exercise*) pasearse ▷ *vt* (*distance*) recorrer a pie, andar; (*dog*) (sacar a) pasear; **10 minutes' ~ from here** a 10 minutos de aquí andando; **people from all ~s of life** gente de todas las esferas; **walk out** *vi* (*go out*) salir; (*as protest*) salirse; (*strike*) declararse en huelga; **walker** *n* (*person*) paseante *mf*, caminante *mf*; **walkie-talkie** ['wɔːkɪ'tɔːkɪ] *n* walkie-talkie *m*; **walking** *n* (el) andar; **walking shoes** *npl* zapatos *mpl* para andar; **walking stick** *n* bastón *m*; **Walkman®** *n* walkman®*m*; **walkway** *n* paseo

wall [wɔːl] *n* pared *f*; (*exterior*) muro; (*city wall etc*) muralla

wallet ['wɔlɪt] *n* cartera

wallpaper ['wɔːlpeɪpəʳ] *n* papel *m* pintado ▷ *vt* empapelar

walnut ['wɔːlnʌt] *n* nuez *f*; (*tree*) nogal *m*

walrus ['wɔːlrəs] (*pl* **walrus** *or* **walruses**) *n* morsa

waltz [wɔːlts] *n* vals *m* ▷ *vi* bailar el vals

wand [wɔnd] *n* (*also*: **magic ~**) varita (mágica)

wander ['wɔndəʳ] *vi* (*person*) vagar; deambular; (*thoughts*) divagar ▷ *vt* recorrer, vagar por

want [wɔnt] *vt* querer, desear; (*need*) necesitar ▷ *n*: **for ~ of** por falta de; **wanted** *adj* (*criminal*) buscado; **"wanted"** (*in advertisements*) "se busca"

war [wɔːʳ] *n* guerra; **to make ~** hacer la guerra

ward [wɔːd] *n* (*in hospital*) sala; (*Pol*) distrito electoral; (*Law*: *child*: *also*: **~ of court**) pupilo/a

warden ['wɔːdn] *n* (BRIT: *of institution*) director(a) *m/f*; (*of park, game reserve*) guardián/ana *m/f*; (BRIT: *also*: **traffic ~**) guardia *mf*

wardrobe ['wɔːdrəub] *n* armario, ropero

warehouse ['wɛəhaus] *n* almacén *m*, depósito

warfare ['wɔːfɛəʳ] *n* guerra

warhead ['wɔːhɛd] *n* cabeza armada

warm [wɔːm] *adj* caliente; (*thanks, congratulations, apologies*) efusivo; (*clothes etc*) que abriga; (*welcome, day*) caluroso; **it's ~** hace calor; **I'm ~** tengo calor; **warm up** *vi* (*room*) calentarse; (*person*) entrar en calor; (*athlete*) hacer ejercicios de calentamiento ▷ *vt* calentar; **warmly** *adv* afectuosamente; **warmth** *n* calor *m*

warn [wɔːn] *vt* avisar, advertir; **warning** *n* aviso, advertencia; **warning light** *n* luz *f* de advertencia

warrant ['wɔrnt] *n* (*Law*: *to arrest*) orden *f* de detención; (: *to search*) mandamiento de registro

warranty ['wɔrəntɪ] *n* garantía

warrior ['wɔrɪəʳ] *n* guerrero/a

Warsaw ['wɔːsɔː] *n* Varsovia

warship ['wɔːʃɪp] *n* buque *m or* barco de guerra

wart [wɔːt] *n* verruga

wartime ['wɔːtaɪm] *n*: **in ~** en tiempos de guerra, en la guerra

wary ['wɛərɪ] *adj* cauteloso

was [wɔz] *pt of* **be**

wash [wɔʃ] *vt* lavar; (*sweep, carry*: *sea etc*) llevar ▷ *vi* lavarse ▷ *n* (*clothes etc*) lavado; (*of ship*) estela; **to have a ~** lavarse; **wash up** *vi* (BRIT) fregar los platos; (US) lavarse; **washbasin** *n* lavabo; **washcloth** *n* (US) manopla; **washer** *n* (*Tech*) arandela; **washing**

n (*dirty*) ropa sucia; (*clean*) colada; **washing line** *n* cuerda de (colgar) la ropa; **washing machine** *n* lavadora; **washing powder** *n* (BRIT) detergente *m* (en polvo)

Washington ['wɔʃɪŋtən] *n* Washington *m*

wash: washing-up *n* fregado; (*dishes*) platos *mpl* (para fregar); **washing-up liquid** *n* lavavajillas *m inv*; **washroom** *n* servicios *mpl*

wasn't ['wɔznt] = **was not**

wasp [wɔsp] *n* avispa

waste [weɪst] *n* derroche *m*, despilfarro; (*of time*) pérdida; (*food*) sobras *fpl*; (*rubbish*) basura, desperdicios *mpl* ▷ *adj* (*material*) de desecho; (*left over*) sobrante; (*land, ground*) baldío ▷ *vt* malgastar, derrochar; (*time*) perder; (*opportunity*) desperdiciar; **waste ground** *n* (BRIT) terreno baldío; **wastepaper basket** *n* papelera

watch [wɔtʃ] *n* reloj *m*; (*vigilance*) vigilancia; (*Mil: guard*) centinela *m*; (*Naut: spell of duty*) guardia ▷ *vt* (*look at*) mirar, observar; (: *match, programme*) ver; (*spy on, guard*) vigilar; (*be careful of*) cuidar, tener cuidado de ▷ *vi* ver, mirar; (*keep guard*) montar guardia; **watch out** *vi* cuidarse, tener cuidado; **watchdog** *n* perro guardián; (*fig*) organismo de control; **watch strap** *n* pulsera (de reloj)

water ['wɔːtəʳ] *n* agua ▷ *vt* (*plant*) regar ▷ *vi* (*eyes*) llorar; **his mouth ~ed** se le hizo la boca agua; **water down** *vt* (*milk etc*) aguar; (*fig: story*) dulcificar, diluir; **watercolour,** (US) **watercolor** *n* acuarela; **watercress** *n* berro; **waterfall** *n* cascada, salto de agua; **watering can** *n* regadera; **watermelon** *n* sandía; **waterproof** *adj* impermeable; **water-skiing** *n* esquí *m* acuático

watt [wɔt] *n* vatio

wave [weɪv] *n* ola; (*of hand*) señal *f* con la mano; (*Radio*) onda; (*in hair*) onda; (*fig*) oleada ▷ *vi* agitar la mano; (*flag*) ondear ▷ *vt* (*handkerchief, gun*) agitar; **wavelength** *n* longitud *f* de onda

waver ['weɪvəʳ] *vi* (*faith*) flaquear

wavy ['weɪvɪ] *adj* ondulado

wax [wæks] *n* cera ▷ *vt* encerar ▷ *vi* (*moon*) crecer

way [weɪ] *n* camino; (*distance*) trayecto, recorrido; (*direction*) dirección *f*, sentido; (*manner*) modo, manera; (*habit*) costumbre *f*; **which ~? — this ~** ¿por dónde? *or* ¿en qué dirección? — por aquí; **on the ~** (*en route*) en (el) camino; **to be on one's ~** estar en camino; **to be in the ~** bloquear el camino; (*fig*) estorbar; **to go out of one's ~ to do sth** desvivirse por hacer algo; **to lose one's ~** extraviarse; **in a ~** en cierto modo *or* sentido; **by the ~** a propósito; **"~ in"** (BRIT) "entrada"; **"~ out"** (BRIT) "salida"; **the ~ back** el camino de vuelta; **"give ~"** (BRIT *Aut*) "ceda el paso"; **no ~!** (*inf*) ¡ni pensarlo!

WC *n abbr* (BRIT: = *water closet*) wáter *m*

we [wiː] *pron pl* nosotros/as

weak [wiːk] *adj* débil, flojo; (*tea, coffee*) flojo, aguado; **weaken** *vi* debilitarse; (*give way*) ceder ▷ *vt* debilitar; **weakness** *n* debilidad *f*; (*fault*) punto débil; **to have a weakness for** tener debilidad por

wealth [wɛlθ] *n* riqueza; (*of details*) abundancia; **wealthy** *adj* rico

weapon ['wɛpən] *n* arma; **~s of mass destruction** armas de destrucción masiva

wear [wɛəʳ] (*pt* **wore**, *pp* **worn**) *n* (*use*) uso; (*deterioration through use*) desgaste *m* ▷ *vt* (*clothes, beard*) llevar; (*shoes*) calzar; (*damage: through use*) gastar, usar ▷ *vi* (*last*) durar; (*rub through etc*) desgastarse; **evening ~** (*man's*) traje *m* de etiqueta; (*woman's*) traje *m* de noche; **wear off** *vi* (*pain, excitement etc*) pasar, desaparecer;

wear out *vt* desgastar; (*person, strength*) agotar

weary ['wɪərɪ] *adj* cansado; (*dispirited*) abatido ▷ *vi*: **to ~ of** cansarse de

weasel ['wi:zl] *n* (*Zool*) comadreja

weather ['wɛðəʳ] *n* tiempo ▷ *vt* (*storm, crisis*) hacer frente a; **under the ~** (*fig*: *ill*) mal, pachucho; **weather forecast** *n* boletín *m* meteorológico

weave (*pt* **wove**, *pp* **woven**) [wi:v, wəuv, 'wəuvn] *vt* (*cloth*) tejer; (*fig*) entretejer

web [wɛb] *n* (*of spider*) telaraña; (*on foot*) membrana; (*network*) red *f*; **the W~** la Red; **web address** *n* dirección *f* de página web; **webcam** *n* webcam *f*; **web page** *n* página web; **website** *n* sitio web

wed [wɛd] (*pt, pp* **wedded**) *vt* casar ▷ *vi* casarse

Wed. *abbr* (= *Wednesday*) miérc.

we'd [wi:d] = **we had; we would**

wedding ['wɛdɪŋ] *n* boda, casamiento; **wedding anniversary** *n* aniversario de boda; **silver/golden wedding anniversary** bodas *fpl* de plata/de oro; **wedding day** *n* día *m* de la boda; **wedding dress** *n* traje *m* de novia; **wedding ring** *n* alianza

wedge [wɛdʒ] *n* (*of wood etc*) cuña; (*of cake*) trozo ▷ *vt* acuñar; (*push*) apretar

Wednesday ['wɛdnzdɪ] *n* miércoles *m inv*

wee [wi:] *adj* (SCOTTISH) pequeñito

weed [wi:d] *n* mala hierba, maleza ▷ *vt* escardar, desherbar; **weedkiller** *n* herbicida *m*

week [wi:k] *n* semana; **a ~ today** de hoy en ocho días; **a ~ on Tuesday** del martes en una semana; **weekday** *n* día *m* laborable; **weekend** *n* fin *m* de semana; **weekly** *adv* semanalmente, cada semana ▷ *adj* semanal ▷ *n* semanario

weep (*pt, pp* **wept**) [wi:p, wɛpt] *vi, vt* llorar

weigh [weɪ] *vt, vi* pesar; **to ~ anchor** levar anclas; **weigh up** *vt* sopesar

weight [weɪt] *n* peso; (*on scale*) pesa; **to lose/put on ~** adelgazar/engordar; **weightlifting** *n* levantamiento de pesas

weir [wɪəʳ] *n* presa

weird [wɪəd] *adj* raro, extraño

welcome ['wɛlkəm] *adj* bienvenido ▷ *n* bienvenida ▷ *vt* dar la bienvenida a; (*be glad of*) alegrarse de; **thank you — you're ~** gracias — de nada

weld [wɛld] *n* soldadura ▷ *vt* soldar

welfare ['wɛlfɛəʳ] *n* bienestar *m*; (*social aid*) asistencia social; **welfare state** *n* estado del bienestar

well [wɛl] *n* pozo ▷ *adv* bien ▷ *adj*: **to be ~** estar bien (de salud) ▷ *excl* ¡vaya!, ¡bueno!; **as ~** también; **as ~ as** además de; **~ done!** ¡bien hecho!; **get ~ soon!** ¡que te mejores pronto!; **to do ~** (*business*) ir bien; **I did ~ in my exams** me han salido bien los exámenes

we'll [wi:l] = **we will; we shall**

well: well-behaved *adj*: **to be well-behaved** portarse bien; **well-built** *adj* (*person*) fornido; **well-dressed** *adj* bien vestido

wellies ['welɪz] *npl* (BRIT *inf*) botas de goma

well: well-known *adj* (*person*) conocido; **well-off** *adj* acomodado; **well-paid** [wel'peɪd] *adj* bien pagado, bien retribuido

Welsh [wɛlʃ] *adj* galés/esa ▷ *n* (*Ling*) galés *m*; **Welshman** *n* galés *m*; **Welshwoman** *n* galesa

went [wɛnt] *pt of* **go**

wept [wɛpt] *pt, pp of* **weep**

were [wə:ʳ] *pt of* **be**

we're [wɪəʳ] = **we are**

weren't [wə:nt] = **were not**

west [wɛst] *n* oeste *m* ▷ *adj* occidental, del oeste ▷ *adv* al *or* hacia el oeste; **the W~** Occidente *m*; **westbound** ['wɛstbaund] *adj* (*traffic, carriageway*) con rumbo al oeste; **western** *adj* occidental ▷ *n* (*Cine*) película del oeste; **West Indian** *adj, n* antillano/a

wet [wɛt] *adj* (*damp*) húmedo; (*wet through*) mojado; (*rainy*) lluvioso; **to get ~** mojarse; **"~ paint"** "recién pintado"; **wetsuit** *n* traje *m* de buzo
we've [wi:v] = **we have**
whack [wæk] *vt* dar un buen golpe a
whale [weɪl] *n* (*Zool*) ballena
wharf (*pl* **wharves**) [wɔ:f, wɔ:vz] *n* muelle *m*

KEYWORD

what [wɔt] *adj* **1** (*in direct/indirect questions*) qué; **what size is he?** ¿qué talla usa?; **what colour/shape is it?** ¿de qué color/forma es?
2 (*in exclamations*): **what a mess!** ¡qué desastre!; **what a fool I am!** ¡qué tonto soy!
▶ *pron* **1** (*interrogative*) qué; **what are you doing?** ¿qué haces *or* estás haciendo?; **what is happening?** ¿qué pasa *or* está pasando?; **what is it called?** ¿cómo se llama?; **what about me?** ¿y yo qué?; **what about doing ...?** ¿qué tal si hacemos ...?
2 (*relative*) lo que; **I saw what you did/was on the table** vi lo que hiciste/había en la mesa
▶ *excl* (*disbelieving*) ¡cómo!; **what, no coffee!** ¡que no hay café!

whatever [wɔt'ɛvəʳ] *adj*: **~ book you choose** cualquier libro que elijas ▷ *pron*: **do ~ is necessary** haga lo que sea necesario; **no reason ~** ninguna razón en absoluto; **nothing ~** nada en absoluto; **~ it costs** cueste lo que cueste
whatsoever [wɔtsəu'ɛvəʳ] *adj see* **whatever**
wheat [wi:t] *n* trigo
wheel [wi:l] *n* rueda; (*Aut*: *also*: **steering ~**) volante *m*; (*Naut*) timón *m* ▷ *vt* (*pram etc*) empujar ▷ *vi* (*also*: **~ round**) dar la vuelta, girar; **wheelbarrow** *n* carretilla; **wheelchair** *n* silla de ruedas; **wheel clamp** *n* (*Aut*) cepo
wheeze [wi:z] *vi* resollar

KEYWORD

when [wɛn] *adv* cuando; **when did it happen?** ¿cuándo ocurrió?; **I know when it happened** sé cuándo ocurrió
▶ *conj* **1** (*at, during, after the time that*) cuando; **be careful when you cross the road** ten cuidado al cruzar la calle; **that was when I needed you** entonces era cuando te necesitaba
2 (*on, at which*): **on the day when I met him** el día en qué le conocí
3 (*whereas*) cuando

whenever [wɛn'ɛvəʳ] *conj* cuando; (*every time*) cada vez que
where [wɛəʳ] *adv* dónde ▷ *conj* donde; **this is ~** aquí es donde; **whereabouts** *adv* dónde ▷ *n*: **nobody knows his whereabouts** nadie conoce su paradero; **whereas** *conj* mientras; **whereby** *adv* mediante el/la cual *etc*, por lo/la cual *etc*; **wherever** [wɛər'ɛvəʳ] *adv* dondequiera que; (*interrogative*) dónde
whether ['wɛðəʳ] *conj* si; **I don't know ~ to accept or not** no sé si aceptar o no; **~ you go or not** vayas o no vayas

KEYWORD

which [wɪtʃ] *adj* **1** (*interrogative, direct, indirect*) qué; **which picture(s) do you want?** ¿qué cuadro(s) quieres?; **which one?** ¿cuál?
2: **in which case** en cuyo caso; **we got there at eight pm, by which time the cinema was full** llegamos allí a las ocho, cuando el cine estaba lleno
▶ *pron* **1** (*interrogative*) cual; **I don't mind which** el/la que sea
2 (*relative, replacing noun*) que; (: *replacing clause*) lo que; (: *after preposition*) (el/la) que, el/la cual; **the**

apple which you ate/which is on the table la manzana que comiste/que está en la mesa; **the chair on which you are sitting** la silla en la que estás sentado; **he didn't believe it, which upset me** no se lo creyó, lo cual *or* lo que me disgustó

whichever [wɪtʃˈɛvəʳ] *adj*: **take ~ book you prefer** coja el libro que prefiera; **~ book you take** cualquier libro que coja

while [waɪl] *n* rato, momento ▷ *conj* mientras; (*although*) aunque; **for a ~** durante algún tiempo

whilst [waɪlst] *conj* = **while**

whim [wɪm] *n* capricho

whine [waɪn] *n* (*of pain*) gemido; (*of engine*) zumbido ▷ *vi* gemir; zumbar; (*fig: complain*) gimotear

whip [wɪp] *n* látigo; (BRIT *Pol*) *diputado encargado de la disciplina del partido en el parlamento* ▷ *vt* azotar; (*Culin*) batir; **whipped cream** *n* nata montada

whirl [wəːl] *vt* hacer girar, dar vueltas a ▷ *vi* girar, dar vueltas; (*leaves, dust, water etc*) arremolinarse

whisk [wɪsk] *n* (BRIT *Culin*) batidor *m* ▷ *vt* (BRIT *Culin*) batir; **to ~ sb away** *or* **off** llevarse volando a algn

whiskers [wɪskəz] *npl* (*of animal*) bigotes *mpl*; (*of man*) patillas *fpl*

whisky, (US, IRELAND) **whiskey** [ˈwɪskɪ] *n* whisky *m*

whisper [ˈwɪspəʳ] *n* susurro ▷ *vi* susurrar ▷ *vt* susurrar

whistle [ˈwɪsl] *n* (*sound*) silbido; (*object*) silbato ▷ *vi* silbar

white [waɪt] *adj* blanco; (*pale*) pálido ▷ *n* blanco; (*of egg*) clara; **whiteboard** *n* pizarra blanca; **interactive whiteboard** pizarra interactiva; **White House** *n* (US) Casa Blanca; **whitewash** *n* (*paint*) cal *f*, jalbegue *m* ▷ *vt* blanquear

whiting [ˈwaɪtɪŋ] *n* (*pl inv: fish*) pescadilla

Whitsun [ˈwɪtsn] *n* (BRIT) Pentecostés *m*

whittle [ˈwɪtl] *vt*: **to ~ away, ~ down** ir reduciendo

whizz [wɪz] *vi*: **to ~ past** *or* **by** pasar a toda velocidad

KEYWORD

who [huː] *pron* **1** (*interrogative*) quién; **who is it?, who's there?** ¿quién es?; **who are you looking for?** ¿a quién buscas?; **I told her who I was** le dije quién era yo

2 (*relative*) que; **the man/woman who spoke to me** el hombre/la mujer que habló conmigo; **those who can swim** los que saben *or* sepan nadar

whoever [huːˈɛvəʳ] *pron*: **~ finds it** cualquiera *or* quienquiera que lo encuentre; **ask ~ you like** pregunta a quien quieras; **~ he marries** se case con quien se case

whole [həul] *adj* (*complete*) todo, entero; (*not broken*) intacto ▷ *n* (*total*) total *m*; (*sum*) conjunto; **the ~ of the town** toda la ciudad, la ciudad entera; **on the ~, as a ~** en general; **wholefood(s)** *n*(*pl*) alimento(s) *m*(*pl*) integral(es); **wholeheartedly** [həulˈhɑːtɪdlɪ] *adv* con entusiasmo; **wholemeal** *adj* (BRIT: *flour, bread*) integral; **wholesale** *n* venta al por mayor ▷ *adj* al por mayor; (*destruction*) sistemático; **wholewheat** *adj* = **wholemeal**; **wholly** *adv* totalmente, enteramente

KEYWORD

whom [huːm] *pron* **1** (*interrogative*): **whom did you see?** ¿a quién viste?; **to whom did you give it?** ¿a quién se lo diste?; **tell me from whom you received it** dígame de quién lo recibiste

2 (*relative*) que; **to whom** a quien(es);

of whom de quien(es), del/de la que; **the man whom I saw** el hombre que vi; **the lady about whom I was talking** la señora de (la) que hablaba; **the lady with whom I was talking** la señora con quien *or* (la) que hablaba

whore [hɔːʳ] *n* (*inf, pej*) puta

KEYWORD

whose [huːz] *adj* **1** (*possessive, interrogative*); **whose book is this?, whose is this book?** ¿de quién es este libro?; **whose pencil have you taken?** ¿de quién es el lápiz que has cogido?; **whose daughter are you?** ¿de quién eres hija?
2 (*possessive, relative*) cuyo/a, cuyos/as *m/f pl*; **the man whose son they rescued** el hombre cuyo hijo rescataron; **those whose passports I have** aquellas personas cuyos pasaportes tengo; **the woman whose car was stolen** la mujer a quien le robaron el coche
▶ *pron* de quién; **whose is this?** ¿de quién es esto?; **I know whose it is** sé de quién es

KEYWORD

why [waɪ] *adv* por qué; **why not?** ¿por qué no?; **why not do it now?** ¿por qué no lo haces *or* hacemos ahora?
▶ *conj*: **I wonder why he said that** me pregunto por qué dijo eso; **that's not why I'm here** no es por eso (por lo) que estoy aquí; **the reason why** la razón por la que
▶ *excl* (*expressing surprise, shock, annoyance*) ¡hombre!, ¡vaya!; (*explaining*): **why, it's you!** ¡hombre, eres tú!; **why, that's impossible** ¡pero si eso es imposible!

wicked ['wɪkɪd] *adj* malvado, cruel

wicket ['wɪkɪt] *n* (*Cricket*) palos *mpl*

wide [waɪd] *adj* ancho; (*area, knowledge*) vasto, grande; (*choice*) amplio ▷ *adv*: **to open ~** abrir de par en par; **to shoot ~** errar el tiro; **widely** *adv* (*differing*) muy; **it is widely believed that ...** existe la creencia generalizada de que ...; **widen** *vt* ensanchar; (*experience*) ampliar ▷ *vi* ensancharse; **wide open** *adj* abierto de par en par; **widespread** *adj* extendido, general

widow ['wɪdəu] *n* viuda; **widower** *n* viudo

width [wɪdθ] *n* anchura; (*of cloth*) ancho

wield [wiːld] *vt* (*sword*) blandir; (*power*) ejercer

wife (*pl* **wives**) [waɪf, waɪvz] *n* mujer *f*, esposa

Wi-Fi ['waɪfaɪ] *n abbr* (= *wireless fidelity*) wi-fi *m*

wig [wɪg] *n* peluca

wild [waɪld] *adj* (*animal*) salvaje; (*plant*) silvestre; (*idea*) descabellado; (*rough: sea*) bravo; (: *land*) agreste; (: *weather*) muy revuelto; (*inf: angry*) furioso; **wilderness** ['wɪldənɪs] *n* desierto; **wildlife** *n* fauna; **wildly** *adv* (*roughly*) violentamente; (*foolishly*) locamente; (*rashly*) descabelladamente; (*lash out*) a diestro y siniestro; (*guess*) a lo loco; (*happy*) a más no poder

KEYWORD

will [wɪl] *aux vb* **1** (*forming future tense*): **I will finish it tomorrow** lo terminaré *or* voy a terminar mañana; **I will have finished it by tomorrow** lo habré terminado para mañana; **will you do it? — yes I will/no I won't** ¿lo harás? — sí/no
2 (*in conjectures, predictions*): **he will** *or* **he'll be there by now** ya habrá llegado, ya debe (de) haber llegado; **that will be the postman** será el cartero, debe ser el cartero

3 (*in commands, requests, offers*): **will you be quiet!** ¿quieres callarte?; **will you help me?** ¿quieres ayudarme?; **will you have a cup of tea?** ¿te apetece un té?; **I won't put up with it!** ¡no lo soporto!
▶ *vt*: **to will sb to do sth** desear que algn haga algo; **he willed himself to go on** con gran fuerza de voluntad, continuó
▶ *n* **1** voluntad *f*
2 (*Law*) testamento

willing ['wɪlɪŋ] *adj* (*with goodwill*) de buena voluntad; (*enthusiastic*) entusiasta; **he's ~ to do it** está dispuesto a hacerlo; **willingly** *adv* con mucho gusto
willow ['wɪləu] *n* sauce *m*
willpower ['wɪlpauəʳ] *n* fuerza de voluntad
wilt [wɪlt] *vi* marchitarse
win [wɪn] (*pt, pp* **won**) *n* victoria, triunfo ▷ *vt* ganar; (*obtain*) conseguir, lograr ▷ *vi* ganar; **win over** *vt* convencer a
wince [wɪns] *vi* encogerse
wind¹ [wɪnd] *n* viento; (*Med*) gases *mpl* ▷ *vt* (*take breath away from*) dejar sin aliento a; **into** *or* **against the ~** contra el viento; **to get ~ of sth** enterarse de algo; **to break ~** ventosear
wind² [waɪnd] (*pt, pp* **wound**) *vt* enrollar; (*wrap*) envolver; (*clock, toy*) dar cuerda a ▷ *vi* (*road, river*) serpentear; **wind down** *vt* (*car window*) bajar; (*fig: production, business*) disminuir; **wind up** *vt* (*clock*) dar cuerda a; (*debate*) concluir, terminar
windfall ['wɪndfɔːl] *n* golpe *m* de suerte
wind farm *n* parque *m* eólico
winding ['waɪndɪŋ] *adj* (*road*) tortuoso
windmill ['wɪndmɪl] *n* molino de viento
window ['wɪndəu] *n* ventana; (*in car, train*) ventana; (*in shop etc*) escaparate *m*, vidriera (*LAm*); **window box** *n* jardinera (de ventana); **window cleaner** *n* (*person*) limpiacristales *m inv*; **window pane** *n* cristal *m*; **window seat** *n* asiento junto a la ventana; **windowsill** *n* alféizar *m*, repisa
wind: windscreen, (*US*) **windshield** *n* parabrisas *m inv*; **windscreen wiper,** (*US*) **windshield wiper** *n* limpiaparabrisas *m inv*; **windsurfing** *n* windsurf *m*; **wind turbine** *n m* aerogenerador *m*; **windy** *adj* de mucho viento; **it's windy** hace viento
wine [waɪn] *n* vino; **wine bar** *n bar especializado en vinos*; **wine glass** *n* copa (de *or* para vino); **wine list** *n* lista de vinos; **wine tasting** *n* degustación *f* de vinos
wing [wɪŋ] *n* ala; (*Aut*) aleta; **wing mirror** *n* (espejo) retrovisor *m*
wink [wɪŋk] *n* guiño; (*blink*) pestañeo ▷ *vi* guiñar; (*blink*) pestañear
winner ['wɪnəʳ] *n* ganador(a) *m/f*
winning ['wɪnɪŋ] *adj* (*team*) ganador(a); (*goal*) decisivo; (*charming*) encantador(a)
winter ['wɪntəʳ] *n* invierno ▷ *vi* invernar; **winter sports** *npl* deportes *mpl* de invierno; **wintertime** *n* invierno
wipe [waɪp] *n*: **to give sth a ~** pasar un trapo sobre algo ▷ *vt* limpiar; (*tape*) borrar; **wipe out** *vt* (*debt*) liquidar; (*memory*) borrar; (*destroy*) destruir; **wipe up** *vt* limpiar
wire ['waɪəʳ] *n* alambre *m*; (*Elec*) cable *m* (eléctrico); (*Tel*) telegrama *m* ▷ *vt* (*house*) poner la instalación eléctrica en; (*also*: **~ up**) conectar
wireless ['waɪəlɪs] *adj* inalámbrico; **wireless technology** *n* tecnología inalámbrica
wiring ['waɪərɪŋ] *n* instalación *f* eléctrica

wisdom ['wɪzdəm] *n* sabiduría, saber *m*; (*good sense*) cordura; **wisdom tooth** *n* muela del juicio
wise [waɪz] *adj* sabio; (*sensible*) juicioso
wish [wɪʃ] *n* deseo ▷ *vt* querer; **best ~es** (*on birthday etc*) felicidades *fpl*; **with best ~es** (*in letter*) saludos *mpl*, recuerdos *mpl*; **he ~ed me well** me deseó mucha suerte; **to ~ to do/sb to do sth** querer hacer/que algn haga algo; **to ~ for** desear
wistful ['wɪstful] *adj* pensativo
wit [wɪt] *n* ingenio, gracia; (*also*: **~s**) inteligencia; (*person*) chistoso/a
witch [wɪtʃ] *n* bruja

KEYWORD

with [wɪð, wɪθ] *prep* **1** (*accompanying, in the company of*) con (*con +mí, ti, sí = conmigo, contigo, consigo*); **I was with him** estaba con él; **we stayed with friends** nos quedamos en casa de unos amigos
2 (*descriptive, indicating manner etc*) con; de; **a room with a view** una habitación con vistas; **the man with the grey hat/blue eyes** el hombre del sombrero gris/de los ojos azules; **red with anger** rojo de ira; **to shake with fear** temblar de miedo; **to fill sth with water** llenar algo de agua
3: **I'm with you/I'm not with you** (*understand*) ya te entiendo/no te entiendo; **to be with it** (*inf*: *person*: *up-to-date*) estar al tanto; (*alert*) ser despabilado

withdraw [wɪθ'drɔː] *vt* (*irreg*: *like* **draw**) retirar ▷ *vi* retirarse; **to ~ money (from the bank)** retirar fondos (del banco); **withdrawal** *n* retirada; (*of money*) reintegro; **withdrawn** *adj* (*person*) reservado, introvertido ▷ *pp of* **withdraw**
withdrew [wɪθ'druː] *pt of* **withdraw**
wither ['wɪðəʳ] *vi* marchitarse
withhold [wɪθ'həuld] *vt* (*irreg*: *like* **hold**: *money*) retener; (*decision*) aplazar; (*permission*) negar; (*information*) ocultar
within [wɪð'ɪn] *prep* dentro de ▷ *adv* dentro; **~ reach** al alcance de la mano; **~ sight of** a la vista de; **~ the week** antes de que acabe la semana; **~ a mile (of)** a menos de una milla (de)
without [wɪð'aut] *prep* sin; **to go** *or* **do ~ sth** prescindir de algo
withstand [wɪθ'stænd] *vt* (*irreg*: *like* **stand**) resistir a
witness ['wɪtnɪs] *n* testigo *mf* ▷ *vt* (*event*) presenciar; (*document*) atestiguar la veracidad de; **to bear ~ to** (*fig*) ser testimonio de
witty ['wɪtɪ] *adj* ingenioso
wives [waɪvz] *npl of* **wife**
wizard ['wɪzəd] *n* hechicero
wk *abbr* = **week**
wobble ['wɔbl] *vi* tambalearse
woe [wəu] *n* desgracia
woke [wəuk] *pt of* **wake**
woken ['wəukn] *pp of* **wake**
wolf (*pl* **wolves**) [wulf, wulvz] *n* lobo
woman (*pl* **women**) ['wumən, 'wɪmɪn] *n* mujer *f*
womb [wuːm] *n* matriz *f*, útero
women ['wɪmɪn] *npl of* **woman**
won [wʌn] *pt, pp of* **win**
wonder ['wʌndəʳ] *n* maravilla, prodigio; (*feeling*) asombro ▷ *vi*: **to ~ whether** preguntarse si; **to ~ at** asombrarse de; **to ~ about** pensar sobre *or* en; **it's no ~ that** no es de extrañar que; **wonderful** *adj* maravilloso
won't [wəunt] = **will not**
wood [wud] *n* (*timber*) madera; (*forest*) bosque *m*; **wooden** *adj* de madera; (*fig*) inexpresivo; **woodwind** *n* (*Mus*) instrumentos *mpl* de viento de madera; **woodwork** *n* carpintería
wool [wul] *n* lana; **to pull the ~ over sb's eyes** (*fig*) dar a algn gato por liebre; **woollen,** (*US*) **woolen** *adj* de

lana; **woolly,** (*US*) **wooly** *adj* de lana; (*fig*: *ideas*) confuso

word [wə:d] *n* palabra; (*news*) noticia; (*promise*) palabra (de honor) ▷ *vt* redactar; **in other ~s** en otras palabras; **to break/keep one's ~** faltar a la palabra/cumplir la promesa; **to have ~s with sb** discutir *or* reñir con algn; **wording** *n* redacción *f*; **word processing** *n* procesamiento *or* tratamiento de textos; **word processor** [-ˈprəusɛsəʳ] *n* procesador *m* de textos

wore [wɔːʳ] *pt of* **wear**

work [wə:k] *n* trabajo; (*job*) empleo, trabajo; (*Art*, *Lit*) obra ▷ *vi* trabajar; (*mechanism*) funcionar, marchar; (*medicine*) ser eficaz, surtir efecto ▷ *vt* (*shape*) trabajar; (*stone etc*) tallar; (*mine etc*) explotar; (*machine*) manejar, hacer funcionar; **to be out of ~** estar parado, no tener trabajo; **to ~ loose** (*part*) desprenderse; (*knot*) aflojarse; *see also* **works**; **work out** *vi* (*plans etc*) salir bien, funcionar ▷ *vt* (*problem*) resolver; (*plan*) elaborar; **it ~s out at £100** asciende a 100 libras; **worker** *n* trabajador(a) *m/f*, obrero/a; **work experience** *n*: **I'm going to do my work experience in a factory** voy a hacer las prácticas en una fábrica; **work force** *n* mano *f* de obra; **working class** *n* clase *f* obrera ▷ *adj*: **working-class** obrero; **working week** *n* semana laboral; **workman** *n* obrero; **work of art** *n* obra de arte; **workout** *n* (*Sport*) sesión *f* de ejercicios; **work permit** *n* permiso de trabajo; **workplace** *n* lugar *m* de trabajo; **works** *nsg* (*BRIT*: *factory*) fábrica ▷ *npl* (*of clock, machine*) mecanismo; **worksheet** *n* hoja de ejercicios; **workshop** *n* taller *m*; **work station** *n* estación *f* de trabajo; **work surface** *n* encimera; **worktop** *n* encimera

world [wə:ld] *n* mundo ▷ *cpd* (*champion*) del mundo; (*power, war*) mundial; **to think the ~ of sb** (*fig*) tener un concepto muy alto de algn; **World Cup** *n* (*Football*): **the World Cup** el Mundial, los Mundiales; **world-wide** *adj* mundial, universal; **World-Wide Web** *n*: **the World-Wide Web** el World Wide Web

worm [wə:m] *n* (*earthworm*) lombriz *f*

worn [wɔːn] *pp of* **wear** ▷ *adj* usado; **worn-out** *adj* (*object*) gastado; (*person*) rendido, agotado

worried [ˈwʌrɪd] *adj* preocupado

worry [ˈwʌrɪ] *n* preocupación *f* ▷ *vt* preocupar, inquietar ▷ *vi* preocuparse; **to ~ about** *or* **over sth/sb** preocuparse por algo/algn; **worrying** *adj* inquietante

worse [wə:s] *adj*, *adv* peor ▷ *n* lo peor; **a change for the ~** un empeoramiento; **worsen** *vt*, *vi* empeorar; **worse off** *adj* (*financially*): **to be worse off** tener menos dinero; (*fig*): **you'll be worse off this way** de esta forma estarás peor que antes

worship [ˈwə:ʃɪp] *n* adoración *f* ▷ *vt* adorar; **Your W~** (*BRIT*: *to mayor*) su Ilustrísima; (: *to judge*) su señoría

worst [wə:st] *adj* (el/la) peor ▷ *adv* peor ▷ *n* lo peor; **at ~** en el peor de los casos

worth [wə:θ] *n* valor *m* ▷ *adj*: **to be ~** valer; **it's ~ it** vale *or* merece la pena; **to be ~ one's while (to do)** merecer la pena (hacer); **worthless** *adj* sin valor; (*useless*) inútil; **worthwhile** *adj* (*activity*) que merece la pena; (*cause*) loable

worthy *adj* (*person*) respetable; (*motive*) honesto; **~ of** digno de

KEYWORD

would [wud] *aux vb* **1** (*conditional tense*): **if you asked him he would do it** si se lo pidieras, lo haría; **if you had asked him he would have done it** si se lo hubieras pedido, lo habría *or* hubiera hecho

2 (*in offers, invitations, requests*): **would you like a biscuit?** ¿quieres una galleta?; (*formal*) ¿querría una galleta?; **would you ask him to come in?** ¿quiere hacerle pasar?; **would you open the window please?** ¿quiere *or* podría abrir la ventana, por favor?
3 (*in indirect speech*): **I said I would do it** dije que lo haría
4 (*emphatic*): **it WOULD have to snow today!** ¡tenía que nevar precisamente hoy!
5 (*insistence*): **she wouldn't behave** no quiso comportarse bien
6 (*conjecture*): **it would have been midnight** sería medianoche; **it would seem so** parece ser que sí
7 (*indicating habit*): **he would go there on Mondays** iba allí los lunes

wouldn't ['wudnt] = **would not**
wound¹ [wu:nd] *n* herida ▷ *vt* herir
wound² [waund] *pt, pp of* **wind²**
wove [wəuv] *pt of* **weave**
woven ['wəuvən] *pp of* **weave**
wrap [ræp] (*also*: **~ up**) *vt* envolver; (*gift*) envolver, abrigar ▷ *vi* (*dress warmly*) abrigarse; **wrapper** *n* (BRIT: *of book*) sobrecubierta; (*on chocolate etc*) envoltura; **wrapping paper** *n* papel *m* de envolver
wreath (*pl* **wreaths**) [ri:θ, ri:ðz] *n* (*also*: **funeral ~**) corona
wreck [rek] *n* (*ship: destruction*) naufragio; (: *remains*) restos *mpl* del barco; (*pej*: *person*) ruina ▷ *vt* destrozar; (*chances*) arruinar; **wreckage** *n* restos *mpl*; (*of building*) escombros *mpl*
wren [ren] *n* (*Zool*) reyezuelo
wrench [rentʃ] *n* (*Tech*) llave *f* inglesa; (*tug*) tirón *m* ▷ *vt* arrancar; **to ~ sth from sb** arrebatar algo violentamente a algn
wrestle ['resl] *vi*: **to ~ (with sb)** luchar (con *or* contra algn); **wrestler** ['reslə^r] *n* luchador(a) *m/f* (de lucha libre); **wrestling** *n* lucha libre
wretched ['retʃɪd] *adj* miserable
wriggle ['rɪgl] *vi* serpentear; (*also*: **~ about**) menearse, retorcerse
wring (*pt, pp* **wrung**) [rɪŋ, rʌŋ] *vt* torcer, retorcer; (*wet clothes*) escurrir; (*fig*): **to ~ sth out of sb** sacar algo por la fuerza a algn
wrinkle ['rɪŋkl] *n* arruga ▷ *vt* arrugar ▷ *vi* arrugarse
wrist [rɪst] *n* muñeca
writable ['raɪtəbl] *adj* (*CD, DVD*) escribible
write (*pt* **wrote**, *pp* **written**) [raɪt, rəut, 'rɪtn] *vt* escribir; (*cheque*) extender ▷ *vi* escribir; **write down** *vt* escribir; (*note*) apuntar; **write off** *vt* (*debt*) borrar (como incobrable); (*fig*) desechar por inútil; **write out** *vt* escribir; **write up** *vt* redactar; **write-off** *n* siniestro total; **writer** *n* escritor(a) *m/f*
writing ['raɪtɪŋ] *n* escritura; (*handwriting*) letra; (*of author*) obras *fpl*; **in ~** por escrito; **writing paper** *n* papel *m* de escribir
written ['rɪtn] *pp of* **write**
wrong [rɔŋ] *adj* (*wicked*) malo; (*unfair*) injusto; (*incorrect*) equivocado, incorrecto; (*not suitable*) inoportuno, inconveniente ▷ *adv* mal ▷ *n* injusticia ▷ *vt* ser injusto con; **you are ~ to do it** haces mal en hacerlo; **you are ~ about that, you've got it ~** en eso estás equivocado; **to be in the ~** no tener razón; tener la culpa; **what's ~?** ¿qué pasa?; **to go ~** (*person*) equivocarse; (*plan*) salir mal; (*machine*) estropearse; **wrongly** *adv* incorrectamente; **wrong number** *n* (*Tel*): **you've got the wrong number** se ha equivocado de número
wrote [rəut] *pt of* **write**
wrung [rʌŋ] *pt, pp of* **wring**
WWW *n abbr* (= *World Wide Web*) WWW *m or f*

X Y

XL *abbr* = **extra large**
Xmas ['ɛksməs] *n abbr* = **Christmas**
X-ray [ɛks'ɹeɪ] *n* radiografía ▷ *vt* radiografiar
xylophone ['zaɪləfəʊn] *n* xilófono

yacht [jɔt] *n* yate *m*; **yachting** *n* (*sport*) balandrismo
yakka ['jækə] *n* (*AUST, NZ: inf*) curro
yard [jɑːd] *n* patio; (*measure*) yarda; **yard sale** *n* (*US*) venta de objetos usados (*en el jardín de una casa particular*)
yarn [jɑːn] *n* hilo; (*tale*) cuento (chino), historia
yawn [jɔːn] *n* bostezo ▷ *vi* bostezar
yd. *abbr* (= *yard*) yda
yeah [jɛə] *adv* (*inf*) sí
year [jɪəʳ] *n* año; **to be eight ~s old** tener ocho años; **an eight-~-old child** un niño de ocho años (de edad); **yearly** *adj* anual ▷ *adv* anualmente, cada año
yearn [jəːn] *vi*: **to ~ for sth** añorar algo, suspirar por algo
yeast [jiːst] *n* levadura
yell [jɛl] *n* grito, alarido ▷ *vi* gritar
yellow ['jɛləʊ] *adj* amarillo; **Yellow Pages®** *npl* páginas *fpl* amarillas

yes [jɛs] *adv*, *n* sí *m*; **to say/answer ~** decir/contestar que sí

yesterday ['jɛstədɪ] *adv*, *n* ayer *m*; **~ morning/evening** ayer por la mañana/tarde; **all day ~** todo el día de ayer

yet [jɛt] *adv* todavía ▷ *conj* sin embargo, a pesar de todo; **it is not finished ~** todavía no está acabado; **the best ~** el/la mejor hasta ahora; **as ~** hasta ahora, todavía

yew [juː] *n* tejo

Yiddish ['jɪdɪʃ] *n* yiddish *m*

yield [jiːld] *n* (*Agr*) cosecha; (*Comm*) rendimiento ▷ *vt* producir, dar; (*profit*) rendir ▷ *vi* rendirse, ceder; (*US Aut*) ceder el paso

yob(bo) ['jɔb(bəu)] *n* (BRIT *inf*) gamberro

yoga ['jəugə] *n* yoga *m*

yog(h)urt ['jəugət] *n* yogur *m*

yolk [jəuk] *n* yema (de huevo)

KEYWORD

you [juː] *pron* **1** (*subject, familiar, singular*) tú; (: *plural*) vosotros/as (SP), ustedes (LAM); (: *polite*) usted, ustedes *pl*; **you are very kind** eres/es *etc* muy amable; **you French enjoy your food** a vosotros (*or* ustedes) los franceses os (*or* les) gusta la comida; **you and I will go** iremos tú y yo
2 (*object, direct, familiar, singular*) te; (: *plural*) os (SP), les (LAM); (: *polite, singular masc*) lo *or* le; (: *plural masc*) los *or* les; (: *singular fem*) la; (: *plural fem*) las; **I know you** te/le *etc* conozco
3 (*object, indirect, familiar, singular*) te; (: *plural*) os (SP), les (LAM); (: *polite*) le, les *pl*; **I gave the letter to you yesterday** te/os *etc* di la carta ayer
4 (*stressed*): **I told YOU to do it** te dije a ti que lo hicieras, es a ti a quien dije que lo hicieras; *see also* **you**
5 (*after prep, NB: con + ti = contigo, familiar, singular*) ti; (: *plural*) vosotros/as (SP), ustedes (LAM); (: *polite*) usted, ustedes *pl*; **it's for you** es para ti/vosotros *etc*
6 (*comparisons, familiar, singular*) tú; (: *plural*) vosotros/as (SP), ustedes (LAM); (: *polite*) usted, ustedes *pl*; **she's younger than you** es más joven que tú/vosotros *etc*
7 (*impersonal: one*): **fresh air does you good** el aire puro (te) hace bien; **you never know** nunca se sabe; **you can't do that!** ¡eso no se hace!

you'd [juːd] = **you had; you would**

you'll [juːl] = **you will; you shall**

young [jʌŋ] *adj* joven ▷ *npl* (*of animal*) cría; (*people*): **the ~** los jóvenes, la juventud; **youngster** *n* joven *mf*

your [jɔːʳ] *adj* tu, vuestro *pl*; (*formal*) su; *see also* **my**

you're [juəʳ] = **you are**

yours [jɔːz] *pron* tuyo, vuestro *pl*; (*formal*) suyo; *see also* **faithfully; mine; sincerely**

yourself [jɔː'sɛlf] *pron* tú mismo; (*complement*) te; (*after prep*) ti (mismo); (*formal*) usted mismo; (: *complement*) se; (: *after prep*) sí (mismo); **yourselves** *pron pl* vosotros mismos; (*after prep*) vosotros (mismos); (*formal*) ustedes (mismos); (: *complement*) se; (: *after prep*) sí mismos

youth [juːθ] *n* juventud *f*; (*young man*) joven *m*; **youth club** *n* club *m* juvenil; **youthful** *adj* juvenil; **youth hostel** *n* albergue *m* juvenil

you've [juːv] = **you have**

zoom [zu:m] *vi*: **to ~ past** pasar zumbando; **zoom lens** *n* zoom *m*
zucchini [zu:'ki:nɪ] *n(pl)* (*US*) calabacín(ines) *m(pl)*

Z

zeal [zi:l] *n* celo, entusiasmo
zebra ['zi:brə] *n* cebra; **zebra crossing** *n* (*BRIT*) paso de peatones
zero ['zɪərəu] *n* cero
zest [zɛst] *n* ánimo, vivacidad *f*; (*of orange*) piel *f*
zigzag ['zɪgzæg] *n* zigzag *m* ▷ *vi* zigzaguear
Zimbabwe [zɪm'bɑ:bwɪ] *n* Zimbabwe *m*
zinc [zɪŋk] *n* cinc *m*, zinc *m*
zip [zɪp] *n* (*also*: **~ fastener**, (*US*) **zipper**) cremallera, cierre *m* relámpago (*LAM*) ▷ *vt* (*Comput*) comprimir; (*also*: **~ up**) cerrar la cremallera de; **zip code** *n* (*US*) código postal; **zip file** *n* (*Comput*) archivo *m* comprimido; **zipper** *n* (*US*) cremallera
zit [zɪt] *n* grano
zodiac ['zəudɪæk] *n* zodíaco
zone [zəun] *n* zona
zoo [zu:] *n* zoo, (parque *m*) zoológico
zoology [zu:'ɔlədʒɪ] *n* zoología

VERB TABLES

Introduction

The **Verb Tables** in the following section contain 31 tables of the most common Spanish verbs (some regular, some irregular and some which change their stems) in alphabetical order. Each table shows you the following tenses and forms: **Present**, **Preterite**, **Future**, **Present Subjunctive**, **Imperfect**, **Conditional**, **Imperative**, **Past Participle** and **Gerund**.

In order to help you use the verbs shown in the Verb Tables correctly, there are also a number of example phrases at the bottom of each page to show the verb as it is used in context.

In Spanish there are **regular** verbs (their forms follow the normal rules); **irregular** verbs (their forms do not follow the normal rules); and verbs which change a vowel in their stem (the part that is left when you take off the ending) in fairly predictable ways. The regular verbs in these tables are:

hablar (regular -**ar** verb, Verb Table 12)
comer (regular -**er** verb, Verb Table 3)
vivir (regular -**ir** verb, Verb Table 31)
lavarse (regular -**ar** reflexive verb, Verb Table 15)

▶ coger (to take, to catch)

PRESENT

(yo)	cojo
(tú)	coges
(él/ella/usted)	coge
(nosotros/as)	cogemos
(vosotros/as)	cogéis
(ellos/ellas/ustedes)	cogen

PRESENT SUBJUNCTIVE

(yo)	coja
(tú)	cojas
(él/ella/usted)	coja
(nosotros/as)	cojamos
(vosotros/as)	cojáis
(ellos/ellas/ustedes)	cojan

PRETERITE

(yo)	cogí
(tú)	cogiste
(él/ella/usted)	cogió
(nosotros/as)	cogimos
(vosotros/as)	cogisteis
(ellos/ellas/ustedes)	cogieron

IMPERFECT

(yo)	cogía
(tú)	cogías
(él/ella/usted)	cogía
(nosotros/as)	cogíamos
(vosotros/as)	cogíais
(ellos/ellas/ustedes)	cogían

FUTURE

(yo)	cogeré
(tú)	cogerás
(él/ella/usted)	cogerá
(nosotros/as)	cogeremos
(vosotros/as)	cogeréis
(ellos/ellas/ustedes)	cogerán

CONDITIONAL

(yo)	cogería
(tú)	cogerías
(él/ella/usted)	cogería
(nosotros/as)	cogeríamos
(vosotros/as)	cogeríais
(ellos/ellas/ustedes)	cogerían

IMPERATIVE

coge / coged

PAST PARTICIPLE

cogido

GERUND

cogiendo

EXAMPLE PHRASES

*La **cogí** entre mis brazos.* I took her in my arms.
***Estuvimos cogiendo** setas.* We were picking mushrooms.
*¿Por qué no **coges** el tren de las seis?* Why don't you get the six o'clock train?

Remember that subject pronouns are not used very often in Spanish.

▶ comer (to eat)

PRESENT

(yo)	como
(tú)	comes
(él/ella/usted)	come
(nosotros/as)	comemos
(vosotros/as)	coméis
(ellos/ellas/ustedes)	comen

PRETERITE

(yo)	comí
(tú)	comiste
(él/ella/usted)	comió
(nosotros/as)	comimos
(vosotros/as)	comisteis
(ellos/ellas/ustedes)	comieron

FUTURE

(yo)	comeré
(tú)	comerás
(él/ella/usted)	comerá
(nosotros/as)	comeremos
(vosotros/as)	comeréis
(ellos/ellas/ustedes)	comerán

IMPERATIVE

come / comed

GERUND

comiendo

PRESENT SUBJUNCTIVE

(yo)	coma
(tú)	comas
(él/ella/usted)	coma
(nosotros/as)	comamos
(vosotros/as)	comáis
(ellos/ellas/ustedes)	coman

IMPERFECT

(yo)	comía
(tú)	comías
(él/ella/usted)	comía
(nosotros/as)	comíamos
(vosotros/as)	comíais
(ellos/ellas/ustedes)	comían

CONDITIONAL

(yo)	comería
(tú)	comerías
(él/ella/usted)	comería
(nosotros/as)	comeríamos
(vosotros/as)	comeríais
(ellos/ellas/ustedes)	comerían

PAST PARTICIPLE

comido

EXAMPLE PHRASES

*No **come** carne.* He doesn't eat meat.
*No **comas** tan deprisa.* Don't eat so fast.
***Se ha comido** todo.* He's eaten it all.

Remember that subject pronouns are not used very often in Spanish.

▶ dar (to give)

PRESENT

(yo)	doy
(tú)	das
(él/ella/usted)	da
(nosotros/as)	damos
(vosotros/as)	dais
(ellos/ellas/ustedes)	dan

PRETERITE

(yo)	di
(tú)	diste
(él/ella/usted)	dio
(nosotros/as)	dimos
(vosotros/as)	disteis
(ellos/ellas/ustedes)	dieron

FUTURE

(yo)	daré
(tú)	darás
(él/ella/usted)	dará
(nosotros/as)	daremos
(vosotros/as)	daréis
(ellos/ellas/ustedes)	darán

IMPERATIVE

da / dad

GERUND

dando

PRESENT SUBJUNCTIVE

(yo)	dé
(tú)	des
(él/ella/usted)	dé
(nosotros/as)	demos
(vosotros/as)	deis
(ellos/ellas/ustedes)	den

IMPERFECT

(yo)	daba
(tú)	dabas
(él/ella/usted)	daba
(nosotros/as)	dábamos
(vosotros/as)	dabais
(ellos/ellas/ustedes)	daban

CONDITIONAL

(yo)	daría
(tú)	darías
(él/ella/usted)	daría
(nosotros/as)	daríamos
(vosotros/as)	daríais
(ellos/ellas/ustedes)	darían

PAST PARTICIPLE

dado

EXAMPLE PHRASES

*Me **da** miedo la oscuridad.* I'm scared of the dark.
*Nos **dieron** un par de entradas gratis.* They gave us a couple of free tickets.
*Te **daré** el número de mi móvil.* I'll give you my mobile number.

Remember that subject pronouns are not used very often in Spanish.

▶ decir (to say, to tell)

PRESENT

(yo)	digo
(tú)	dices
(él/ella/usted)	dice
(nosotros/as)	decimos
(vosotros/as)	decís
(ellos/ellas/ustedes)	dicen

PRETERITE

(yo)	dije
(tú)	dijiste
(él/ella/usted)	dijo
(nosotros/as)	dijimos
(vosotros/as)	dijisteis
(ellos/ellas/ustedes)	dijeron

FUTURE

(yo)	diré
(tú)	dirás
(él/ella/usted)	dirá
(nosotros/as)	diremos
(vosotros/as)	diréis
(ellos/ellas/ustedes)	dirán

IMPERATIVE

di / decid

GERUND

diciendo

PRESENT SUBJUNCTIVE

(yo)	diga
(tú)	digas
(él/ella/usted)	diga
(nosotros/as)	digamos
(vosotros/as)	digáis
(ellos/ellas/ustedes)	digan

IMPERFECT

(yo)	decía
(tú)	decías
(él/ella/usted)	decía
(nosotros/as)	decíamos
(vosotros/as)	decíais
(ellos/ellas/ustedes)	decían

CONDITIONAL

(yo)	diría
(tú)	dirías
(él/ella/usted)	diría
(nosotros/as)	diríamos
(vosotros/as)	diríais
(ellos/ellas/ustedes)	dirían

PAST PARTICIPLE

dicho

EXAMPLE PHRASES

*¿Qué **dices**?* What are you saying?
*Me lo **dijo** ayer.* He told me yesterday.
*¿Te **ha dicho** lo de la boda?* Has he told you about the wedding?

Remember that subject pronouns are not used very often in Spanish.

▶ dormir (to sleep)

PRESENT

(yo)	duermo
(tú)	duermes
(él/ella/usted)	duerme
(nosotros/as)	dormimos
(vosotros/as)	dormís
(ellos/ellas/ustedes)	duermen

PRESENT SUBJUNCTIVE

(yo)	duerma
(tú)	duermas
(él/ella/usted)	duerma
(nosotros/as)	durmamos
(vosotros/as)	durmáis
(ellos/ellas/ustedes)	duerman

PRETERITE

(yo)	dormí
(tú)	dormiste
(él/ella/usted)	durmió
(nosotros/as)	dormimos
(vosotros/as)	dormisteis
(ellos/ellas/ustedes)	durmieron

IMPERFECT

(yo)	dormía
(tú)	dormías
(él/ella/usted)	dormía
(nosotros/as)	dormíamos
(vosotros/as)	dormíais
(ellos/ellas/ustedes)	dormían

FUTURE

(yo)	dormiré
(tú)	dormirás
(él/ella/usted)	dormirá
(nosotros/as)	dormiremos
(vosotros/as)	dormiréis
(ellos/ellas/ustedes)	dormirán

CONDITIONAL

(yo)	dormiría
(tú)	dormirías
(él/ella/usted)	dormiría
(nosotros/as)	dormiríamos
(vosotros/as)	dormiríais
(ellos/ellas/ustedes)	dormirían

IMPERATIVE

duerme / dormid

PAST PARTICIPLE

dormido

GERUND

durmiendo

EXAMPLE PHRASES

No ***duermo*** *muy bien.* I don't sleep very well.
Nos dormimos *en el cine.* We fell asleep at the cinema.
Durmió *durante doce horas.* He slept for twelve hours.

Remember that subject pronouns are not used very often in Spanish.

▶ empezar (to begin, to start)

PRESENT

(yo)	empiezo
(tú)	empiezas
(él/ella/usted)	empieza
(nosotros/as)	empezamos
(vosotros/as)	empezáis
(ellos/ellas/ustedes)	empiezan

PRESENT SUBJUNCTIVE

(yo)	empiece
(tú)	empieces
(él/ella/usted)	empiece
(nosotros/as)	empecemos
(vosotros/as)	empecéis
(ellos/ellas/ustedes)	empiecen

PRETERITE

(yo)	empecé
(tú)	empezaste
(él/ella/usted)	empezó
(nosotros/as)	empezamos
(vosotros/as)	empezasteis
(ellos/ellas/ustedes)	empezaron

IMPERFECT

(yo)	empezaba
(tú)	empezabas
(él/ella/usted)	empezaba
(nosotros/as)	empezábamos
(vosotros/as)	empezabais
(ellos/ellas/ustedes)	empezaban

FUTURE

(yo)	empezaré
(tú)	empezarás
(él/ella/usted)	empezará
(nosotros/as)	empezaremos
(vosotros/as)	empezaréis
(ellos/ellas/ustedes)	empezarán

CONDITIONAL

(yo)	empezaría
(tú)	empezarías
(él/ella/usted)	empezaría
(nosotros/as)	empezaríamos
(vosotros/as)	empezaríais
(ellos/ellas/ustedes)	empezarían

IMPERATIVE

empieza / empezad

PAST PARTICIPLE

empezado

GERUND

empezando

EXAMPLE PHRASES

Empieza *por aquí.* Start here.
¿Cuándo ***empiezas*** *a trabajar en el sitio nuevo?* When do you start work at the new place?
La semana que viene ***empezaremos*** *un curso nuevo.* We'll start a new course next week.

Remember that subject pronouns are not used very often in Spanish.

▶ entender (to understand)

PRESENT

(yo)	entiendo
(tú)	entiendes
(él/ella/usted)	entiende
(nosotros/as)	entendemos
(vosotros/as)	entendéis
(ellos/ellas/ustedes)	entienden

PRESENT SUBJUNCTIVE

(yo)	entienda
(tú)	entiendas
(él/ella/usted)	entienda
(nosotros/as)	entendamos
(vosotros/as)	entendáis
(ellos/ellas/ustedes)	entiendan

PRETERITE

(yo)	entendí
(tú)	entendiste
(él/ella/usted)	entendió
(nosotros/as)	entendimos
(vosotros/as)	entendisteis
(ellos/ellas/ustedes)	entendieron

IMPERFECT

(yo)	entendía
(tú)	entendías
(él/ella/usted)	entendía
(nosotros/as)	entendíamos
(vosotros/as)	entendíais
(ellos/ellas/ustedes)	entendían

FUTURE

(yo)	entenderé
(tú)	entenderás
(él/ella/usted)	entenderá
(nosotros/as)	entenderemos
(vosotros/as)	entenderéis
(ellos/ellas/ustedes)	entenderán

CONDITIONAL

(yo)	entendería
(tú)	entenderías
(él/ella/usted)	entendería
(nosotros/as)	entenderíamos
(vosotros/as)	entenderíais
(ellos/ellas/ustedes)	entenderían

IMPERATIVE

entiende / entended

PAST PARTICIPLE

entendido

GERUND

entendiendo

EXAMPLE PHRASES

*No lo **entiendo**.* I don't understand.
*¿**Entendiste** lo que dijo?* Did you understand what she said?
*Con el tiempo lo **entenderás**.* You'll understand one day.

Remember that subject pronouns are not used very often in Spanish.

▶ enviar (to send)

PRESENT

(yo)	envío
(tú)	envías
(él/ella/usted)	envía
(nosotros/as)	enviamos
(vosotros/as)	enviáis
(ellos/ellas/ustedes)	envían

PRETERITE

(yo)	envié
(tú)	enviaste
(él/ella/usted)	envió
(nosotros/as)	enviamos
(vosotros/as)	enviasteis
(ellos/ellas/ustedes)	enviaron

FUTURE

(yo)	enviaré
(tú)	enviarás
(él/ella/usted)	enviará
(nosotros/as)	enviaremos
(vosotros/as)	enviaréis
(ellos/ellas/ustedes)	enviarán

IMPERATIVE

envía / enviad

GERUND

enviando

PRESENT SUBJUNCTIVE

(yo)	envíe
(tú)	envíes
(él/ella/usted)	envíe
(nosotros/as)	enviemos
(vosotros/as)	enviéis
(ellos/ellas/ustedes)	envíen

IMPERFECT

(yo)	enviaba
(tú)	enviabas
(él/ella/usted)	enviaba
(nosotros/as)	enviábamos
(vosotros/as)	enviabais
(ellos/ellas/ustedes)	enviaban

CONDITIONAL

(yo)	enviaría
(tú)	enviarías
(él/ella/usted)	enviaría
(nosotros/as)	enviaríamos
(vosotros/as)	enviaríais
(ellos/ellas/ustedes)	enviarían

PAST PARTICIPLE

enviado

EXAMPLE PHRASES

***Envíe** todos sus datos personales.* Send all your personal details.
*La han **enviado** a Guatemala.* They've sent her to Guatemala.
*Nos **enviarán** más información.* They'll send us further information.

Remember that subject pronouns are not used very often in Spanish.

▶ estar (to be)

PRESENT

(yo)	estoy
(tú)	estás
(él/ella/usted)	está
(nosotros/as)	estamos
(vosotros/as)	estáis
(ellos/ellas/ustedes)	están

PRETERITE

(yo)	estuve
(tú)	estuviste
(él/ella/usted)	estuvo
(nosotros/as)	estuvimos
(vosotros/as)	estuvisteis
(ellos/ellas/ustedes)	estuvieron

FUTURE

(yo)	estaré
(tú)	estarás
(él/ella/usted)	estará
(nosotros/as)	estaremos
(vosotros/as)	estaréis
(ellos/ellas/ustedes)	estarán

IMPERATIVE

está / estad

GERUND

estando

PRESENT SUBJUNCTIVE

(yo)	esté
(tú)	estés
(él/ella/usted)	esté
(nosotros/as)	estemos
(vosotros/as)	estéis
(ellos/ellas/ustedes)	estén

IMPERFECT

(yo)	estaba
(tú)	estabas
(él/ella/usted)	estaba
(nosotros/as)	estábamos
(vosotros/as)	estabais
(ellos/ellas/ustedes)	estaban

CONDITIONAL

(yo)	estaría
(tú)	estarías
(él/ella/usted)	estaría
(nosotros/as)	estaríamos
(vosotros/as)	estaríais
(ellos/ellas/ustedes)	estarían

PAST PARTICIPLE

estado

EXAMPLE PHRASES

Estoy *cansado.* I'm tired.
Estuvimos *en casa de mis padres.* We were at my parents' place.
¿A qué hora ***estarás*** *en casa?* What time will you be home?

Remember that subject pronouns are not used very often in Spanish.

▶ haber (to have (auxiliary))

PRESENT

(yo)	he
(tú)	has
(él/ella/usted)	ha
(nosotros/as)	hemos
(vosotros/as)	habéis
(ellos/ellas/ustedes)	han

PRETERITE

(yo)	hube
(tú)	hubiste
(él/ella/usted)	hubo
(nosotros/as)	hubimos
(vosotros/as)	hubisteis
(ellos/ellas/ustedes)	hubieron

FUTURE

(yo)	habré
(tú)	habrás
(él/ella/usted)	habrá
(nosotros/as)	habremos
(vosotros/as)	habréis
(ellos/ellas/ustedes)	habrán

IMPERATIVE

not used

GERUND

habiendo

PRESENT SUBJUNCTIVE

(yo)	haya
(tú)	hayas
(él/ella/usted)	haya
(nosotros/as)	hayamos
(vosotros/as)	hayáis
(ellos/ellas/ustedes)	hayan

IMPERFECT

(yo)	había
(tú)	habías
(él/ella/usted)	había
(nosotros/as)	habíamos
(vosotros/as)	habíais
(ellos/ellas/ustedes)	habían

CONDITIONAL

(yo)	habría
(tú)	habrías
(él/ella/usted)	habría
(nosotros/as)	habríamos
(vosotros/as)	habríais
(ellos/ellas/ustedes)	habrían

PAST PARTICIPLE

habido

EXAMPLE PHRASES

*¿**Has visto** eso?* Did you see that?
*Ya **hemos ido** a ver esa película.* We've already been to see that film.
*Eso nunca **había pasado** antes.* That had never happened before.

Remember that subject pronouns are not used very often in Spanish.

▶ hablar (to speak, to talk)

PRESENT

(yo)	hablo
(tú)	hablas
(él/ella/usted)	habla
(nosotros/as)	hablamos
(vosotros/as)	habláis
(ellos/ellas/ustedes)	hablan

PRESENT SUBJUNCTIVE

(yo)	hable
(tú)	hables
(él/ella/usted)	hable
(nosotros/as)	hablemos
(vosotros/as)	habléis
(ellos/ellas/ustedes)	hablen

PRETERITE

(yo)	hablé
(tú)	hablaste
(él/ella/usted)	habló
(nosotros/as)	hablamos
(vosotros/as)	hablasteis
(ellos/ellas/ustedes)	hablaron

IMPERFECT

(yo)	hablaba
(tú)	hablabas
(él/ella/usted)	hablaba
(nosotros/as)	hablábamos
(vosotros/as)	hablabais
(ellos/ellas/ustedes)	hablaban

FUTURE

(yo)	hablaré
(tú)	hablarás
(él/ella/usted)	hablará
(nosotros/as)	hablaremos
(vosotros/as)	hablaréis
(ellos/ellas/ustedes)	hablarán

CONDITIONAL

(yo)	hablaría
(tú)	hablarías
(él/ella/usted)	hablaría
(nosotros/as)	hablaríamos
(vosotros/as)	hablaríais
(ellos/ellas/ustedes)	hablarían

IMPERATIVE

habla / hablad

PAST PARTICIPLE

hablado

GERUND

hablando

EXAMPLE PHRASES

Hoy ***he hablado*** *con mi hermana*. I've spoken to my sister today.
No ***hables*** *tan alto*. Don't talk so loud.
No ***se hablan***. They don't talk to each other.

Remember that subject pronouns are not used very often in Spanish.

▶ hacer (to do, to make)

PRESENT

(yo)	hago
(tú)	haces
(él/ella/usted)	hace
(nosotros/as)	hacemos
(vosotros/as)	hacéis
(ellos/ellas/ustedes)	hacen

PRETERITE

(yo)	hice
(tú)	hiciste
(él/ella/usted)	hizo
(nosotros/as)	hicimos
(vosotros/as)	hicisteis
(ellos/ellas/ustedes)	hicieron

FUTURE

(yo)	haré
(tú)	harás
(él/ella/usted)	hará
(nosotros/as)	haremos
(vosotros/as)	haréis
(ellos/ellas/ustedes)	harán

IMPERATIVE

haz / haced

GERUND

haciendo

PRESENT SUBJUNCTIVE

(yo)	haga
(tú)	hagas
(él/ella/usted)	haga
(nosotros/as)	hagamos
(vosotros/as)	hagáis
(ellos/ellas/ustedes)	hagan

IMPERFECT

(yo)	hacía
(tú)	hacías
(él/ella/usted)	hacía
(nosotros/as)	hacíamos
(vosotros/as)	hacíais
(ellos/ellas/ustedes)	hacían

CONDITIONAL

(yo)	haría
(tú)	harías
(él/ella/usted)	haría
(nosotros/as)	haríamos
(vosotros/as)	haríais
(ellos/ellas/ustedes)	harían

PAST PARTICIPLE

hecho

EXAMPLE PHRASES

*Lo **haré** yo mismo. I'll do it myself.*
*¿Quién **hizo** eso?* Who did that?
*¿Quieres que **haga** las camas?* Do you want me to make the beds?

Remember that subject pronouns are not used very often in Spanish.

▶ ir (to go)

PRESENT

(yo)	voy
(tú)	vas
(él/ella/usted)	va
(nosotros/as)	vamos
(vosotros/as)	vais
(ellos/ellas/ustedes)	van

PRETERITE

(yo)	fui
(tú)	fuiste
(él/ella/usted)	fue
(nosotros/as)	fuimos
(vosotros/as)	fuisteis
(ellos/ellas/ustedes)	fueron

FUTURE

(yo)	iré
(tú)	irás
(él/ella/usted)	irá
(nosotros/as)	iremos
(vosotros/as)	iréis
(ellos/ellas/ustedes)	irán

IMPERATIVE

ve / id

GERUND

yendo

PRESENT SUBJUNCTIVE

(yo)	vaya
(tú)	vayas
(él/ella/usted)	vaya
(nosotros/as)	vayamos
(vosotros/as)	vayáis
(ellos/ellas/ustedes)	vayan

IMPERFECT

(yo)	iba
(tú)	ibas
(él/ella/usted)	iba
(nosotros/as)	íbamos
(vosotros/as)	ibais
(ellos/ellas/ustedes)	iban

CONDITIONAL

(yo)	iría
(tú)	irías
(él/ella/usted)	iría
(nosotros/as)	iríamos
(vosotros/as)	iríais
(ellos/ellas/ustedes)	irían

PAST PARTICIPLE

ido

EXAMPLE PHRASES

*¿**Vamos** a comer al campo?* Shall we have a picnic in the country?
*El domingo **iré** a Edimburgo.* I'll go to Edinburgh on Sunday.
*Yo no **voy** con ellos.* I'm not going with them.

Remember that subject pronouns are not used very often in Spanish.

▶ lavarse (to wash oneself)

PRESENT

(yo)	me lavo
(tú)	te lavas
(él/ella/usted)	se lava
(nosotros/as)	nos lavamos
(vosotros/as)	os laváis
(ellos/ellas/ustedes)	se lavan

PRESENT SUBJUNCTIVE

(yo)	me lave
(tú)	te laves
(él/ella/usted)	se lave
(nosotros/as)	nos lavemos
(vosotros/as)	os lavéis
(ellos/ellas/ustedes)	se laven

PRETERITE

(yo)	me lavé
(tú)	te lavaste
(él/ella/usted)	se lavó
(nosotros/as)	nos lavamos
(vosotros/as)	os lavasteis
(ellos/ellas/ustedes)	se lavaron

IMPERFECT

(yo)	me lavaba
(tú)	te lavabas
(él/ella/usted)	se lavaba
(nosotros/as)	nos lavábamos
(vosotros/as)	os lavabais
(ellos/ellas/ustedes)	se lavaban

FUTURE

(yo)	me lavaré
(tú)	te lavarás
(él/ella/usted)	se lavará
(nosotros/as)	nos lavaremos
(vosotros/as)	os lavaréis
(ellos/ellas/ustedes)	se lavarán

CONDITIONAL

(yo)	me lavaría
(tú)	te lavarías
(él/ella/usted)	se lavaría
(nosotros/as)	nos lavaríamos
(vosotros/as)	os lavaríais
(ellos/ellas/ustedes)	se lavarían

IMPERATIVE

lávate / lavaos

PAST PARTICIPLE

lavado

GERUND

lavándose

EXAMPLE PHRASES

Se lava *todos los días.* He washes every day.
Ayer ***me lavé*** *el pelo.* I washed my hair yesterday.
Nos lavaremos *con agua fría.* We'll wash in cold water.

Remember that subject pronouns are not used very often in Spanish.

▶ leer (to read)

PRESENT

(yo)	leo
(tú)	lees
(él/ella/usted)	lee
(nosotros/as)	leemos
(vosotros/as)	leéis
(ellos/ellas/ustedes)	leen

PRETERITE

(yo)	leí
(tú)	leíste
(él/ella/usted)	leyó
(nosotros/as)	leímos
(vosotros/as)	leísteis
(ellos/ellas/ustedes)	leyeron

FUTURE

(yo)	leeré
(tú)	leerás
(él/ella/usted)	leerá
(nosotros/as)	leeremos
(vosotros/as)	leeréis
(ellos/ellas/ustedes)	leerán

IMPERATIVE

lee / leed

GERUND

leyendo

PRESENT SUBJUNCTIVE

(yo)	lea
(tú)	leas
(él/ella/usted)	lea
(nosotros/as)	leamos
(vosotros/as)	leáis
(ellos/ellas/ustedes)	lean

IMPERFECT

(yo)	leía
(tú)	leías
(él/ella/usted)	leía
(nosotros/as)	leíamos
(vosotros/as)	leíais
(ellos/ellas/ustedes)	leían

CONDITIONAL

(yo)	leería
(tú)	leerías
(él/ella/usted)	leería
(nosotros/as)	leeríamos
(vosotros/as)	leeríais
(ellos/ellas/ustedes)	leerían

PAST PARTICIPLE

leído

EXAMPLE PHRASES

Hace mucho tiempo que no ***leo***. I haven't read anything for ages.
*¿****Has leído*** *esta novela?* Have you read this novel?
Lo ***leí*** *hace tiempo.* I read it a while ago.

Remember that subject pronouns are not used very often in Spanish.

▶ oír (to hear)

PRESENT

(yo)	oigo
(tú)	oyes
(él/ella/usted)	oye
(nosotros/as)	oímos
(vosotros/as)	oís
(ellos/ellas/ustedes)	oyen

PRETERITE

(yo)	oí
(tú)	oíste
(él/ella/usted)	oyó
(nosotros/as)	oímos
(vosotros/as)	oísteis
(ellos/ellas/ustedes)	oyeron

FUTURE

(yo)	oiré
(tú)	oirás
(él/ella/usted)	oirá
(nosotros/as)	oiremos
(vosotros/as)	oiréis
(ellos/ellas/ustedes)	oirán

IMPERATIVE

oye / oíd

GERUND

oyendo

PRESENT SUBJUNCTIVE

(yo)	oiga
(tú)	oigas
(él/ella/usted)	oiga
(nosotros/as)	oigamos
(vosotros/as)	oigáis
(ellos/ellas/ustedes)	oigan

IMPERFECT

(yo)	oía
(tú)	oías
(él/ella/usted)	oía
(nosotros/as)	oíamos
(vosotros/as)	oíais
(ellos/ellas/ustedes)	oían

CONDITIONAL

(yo)	oiría
(tú)	oirías
(él/ella/usted)	oiría
(nosotros/as)	oiríamos
(vosotros/as)	oiríais
(ellos/ellas/ustedes)	oirían

PAST PARTICIPLE

oído

EXAMPLE PHRASES

*No **oigo** nada.* I can't hear anything.
*Si no **oyes** bien, ve al médico.* If you can't hear properly, go and see the doctor.
*¿**Has oído** eso?* Did you hear that?

Remember that subject pronouns are not used very often in Spanish.

▶ pedir (to ask for)

PRESENT

(yo)	pido
(tú)	pides
(él/ella/usted)	pide
(nosotros/as)	pedimos
(vosotros/as)	pedís
(ellos/ellas/ustedes)	piden

PRETERITE

(yo)	pedí
(tú)	pediste
(él/ella/usted)	pidió
(nosotros/as)	pedimos
(vosotros/as)	pedisteis
(ellos/ellas/ustedes)	pidieron

FUTURE

(yo)	pediré
(tú)	pedirás
(él/ella/usted)	pedirá
(nosotros/as)	pediremos
(vosotros/as)	pediréis
(ellos/ellas/ustedes)	pedirán

IMPERATIVE

pide / pedid

GERUND

pidiendo

PRESENT SUBJUNCTIVE

(yo)	pida
(tú)	pidas
(él/ella/usted)	pida
(nosotros/as)	pidamos
(vosotros/as)	pidáis
(ellos/ellas/ustedes)	pidan

IMPERFECT

(yo)	pedía
(tú)	pedías
(él/ella/usted)	pedía
(nosotros/as)	pedíamos
(vosotros/as)	pedíais
(ellos/ellas/ustedes)	pedían

CONDITIONAL

(yo)	pediría
(tú)	pedirías
(él/ella/usted)	pediría
(nosotros/as)	pediríamos
(vosotros/as)	pediríais
(ellos/ellas/ustedes)	pedirían

PAST PARTICIPLE

pedido

EXAMPLE PHRASES

No nos ***pidieron*** *el pasaporte.* They didn't ask us for our passports.
Hemos pedido *dos cervezas.* We've ordered two beers.
Pídele *el teléfono.* Ask her for her telephone number.

Remember that subject pronouns are not used very often in Spanish.

▶ pensar (to think)

PRESENT

(yo)	pienso
(tú)	piensas
(él/ella/usted)	piensa
(nosotros/as)	pensamos
(vosotros/as)	pensáis
(ellos/ellas/ustedes)	piensan

PRESENT SUBJUNCTIVE

(yo)	piense
(tú)	pienses
(él/ella/usted)	piense
(nosotros/as)	pensemos
(vosotros/as)	penséis
(ellos/ellas/ustedes)	piensen

PRETERITE

(yo)	pensé
(tú)	pensaste
(él/ella/usted)	pensó
(nosotros/as)	pensamos
(vosotros/as)	pensasteis
(ellos/ellas/ustedes)	pensaron

IMPERFECT

(yo)	pensaba
(tú)	pensabas
(él/ella/usted)	pensaba
(nosotros/as)	pensábamos
(vosotros/as)	pensabais
(ellos/ellas/ustedes)	pensaban

FUTURE

(yo)	pensaré
(tú)	pensarás
(él/ella/usted)	pensará
(nosotros/as)	pensaremos
(vosotros/as)	pensaréis
(ellos/ellas/ustedes)	pensarán

CONDITIONAL

(yo)	pensaría
(tú)	pensarías
(él/ella/usted)	pensaría
(nosotros/as)	pensaríamos
(vosotros/as)	pensaríais
(ellos/ellas/ustedes)	pensarían

IMPERATIVE

piensa / pensad

PAST PARTICIPLE

pensado

GERUND

pensando

EXAMPLE PHRASES

*No lo **pienses** más.* Don't think any more about it.
***Está pensando** en comprarse un piso.* He's thinking of buying a flat.
***Pensaba** que vendrías.* I thought you'd come.

Remember that subject pronouns are not used very often in Spanish.

▶ poder (to be able to)

PRESENT

(yo)	puedo
(tú)	puedes
(él/ella/usted)	puede
(nosotros/as)	podemos
(vosotros/as)	podéis
(ellos/ellas/ustedes)	pueden

PRESENT SUBJUNCTIVE

(yo)	pueda
(tú)	puedas
(él/ella/usted)	pueda
(nosotros/as)	podamos
(vosotros/as)	podáis
(ellos/ellas/ustedes)	puedan

PRETERITE

(yo)	pude
(tú)	pudiste
(él/ella/usted)	pudo
(nosotros/as)	pudimos
(vosotros/as)	pudisteis
(ellos/ellas/ustedes)	pudieron

IMPERFECT

(yo)	podía
(tú)	podías
(él/ella/usted)	podía
(nosotros/as)	podíamos
(vosotros/as)	podíais
(ellos/ellas/ustedes)	podían

FUTURE

(yo)	podré
(tú)	podrás
(él/ella/usted)	podrá
(nosotros/as)	podremos
(vosotros/as)	podréis
(ellos/ellas/ustedes)	podrán

CONDITIONAL

(yo)	podría
(tú)	podrías
(él/ella/usted)	podría
(nosotros/as)	podríamos
(vosotros/as)	podríais
(ellos/ellas/ustedes)	podrían

IMPERATIVE

puede / poded

PAST PARTICIPLE

podido

GERUND

pudiendo

EXAMPLE PHRASES

¿***Puedo*** *entrar?* Can I come in?
Puedes *venir cuando quieras.* You can come when you like.
¿***Podrías*** *ayudarme?* Could you help me?

Remember that subject pronouns are not used very often in Spanish.

▶ poner (to put)

PRESENT

(yo)	pongo
(tú)	pones
(él/ella/usted)	pone
(nosotros/as)	ponemos
(vosotros/as)	ponéis
(ellos/ellas/ustedes)	ponen

PRETERITE

(yo)	puse
(tú)	pusiste
(él/ella/usted)	puso
(nosotros/as)	pusimos
(vosotros/as)	pusisteis
(ellos/ellas/ustedes)	pusieron

FUTURE

(yo)	pondré
(tú)	pondrás
(él/ella/usted)	pondrá
(nosotros/as)	pondremos
(vosotros/as)	pondréis
(ellos/ellas/ustedes)	pondrán

IMPERATIVE

pon / poned

GERUND

poniendo

PRESENT SUBJUNCTIVE

(yo)	ponga
(tú)	pongas
(él/ella/usted)	ponga
(nosotros/as)	pongamos
(vosotros/as)	pongáis
(ellos/ellas/ustedes)	pongan

IMPERFECT

(yo)	ponía
(tú)	ponías
(él/ella/usted)	ponía
(nosotros/as)	poníamos
(vosotros/as)	poníais
(ellos/ellas/ustedes)	ponían

CONDITIONAL

(yo)	pondría
(tú)	pondrías
(él/ella/usted)	pondría
(nosotros/as)	pondríamos
(vosotros/as)	pondríais
(ellos/ellas/ustedes)	pondrían

PAST PARTICIPLE

puesto

EXAMPLE PHRASES

Ponlo *ahí encima*. Put it on there.
Lo ***pondré*** *aquí*. I'll put it here.
Todos ***nos pusimos*** *de acuerdo*. We all agreed.

Remember that subject pronouns are not used very often in Spanish.

▶ querer (to want, to love)

PRESENT

(yo)	quiero
(tú)	quieres
(él/ella/usted)	quiere
(nosotros/as)	queremos
(vosotros/as)	queréis
(ellos/ellas/ustedes)	quieren

PRETERITE

(yo)	quise
(tú)	quisiste
(él/ella/usted)	quiso
(nosotros/as)	quisimos
(vosotros/as)	quisisteis
(ellos/ellas/ustedes)	quisieron

FUTURE

(yo)	querré
(tú)	querrás
(él/ella/usted)	querrá
(nosotros/as)	querremos
(vosotros/as)	querréis
(ellos/ellas/ustedes)	querrán

IMPERATIVE

quiere / quered

GERUND

queriendo

PRESENT SUBJUNCTIVE

(yo)	quiera
(tú)	quieras
(él/ella/usted)	quiera
(nosotros/as)	queramos
(vosotros/as)	queráis
(ellos/ellas/ustedes)	quieran

IMPERFECT

(yo)	quería
(tú)	querías
(él/ella/usted)	quería
(nosotros/as)	queríamos
(vosotros/as)	queríais
(ellos/ellas/ustedes)	querían

CONDITIONAL

(yo)	querría
(tú)	querrías
(él/ella/usted)	querría
(nosotros/as)	querríamos
(vosotros/as)	querríais
(ellos/ellas/ustedes)	querrían

PAST PARTICIPLE

querido

EXAMPLE PHRASES

*Te **quiero**.* I love you.
***Quisiera** preguntar una cosa.* I'd like to ask something.
*No **quería** decírmelo.* She didn't want to tell me.

Remember that subject pronouns are not used very often in Spanish.

▶ saber (to know)

PRESENT

(yo)	sé
(tú)	sabes
(él/ella/usted)	sabe
(nosotros/as)	sabemos
(vosotros/as)	sabéis
(ellos/ellas/ustedes)	saben

PRETERITE

(yo)	supe
(tú)	supiste
(él/ella/usted)	supo
(nosotros/as)	supimos
(vosotros/as)	supisteis
(ellos/ellas/ustedes)	supieron

FUTURE

(yo)	sabré
(tú)	sabrás
(él/ella/usted)	sabrá
(nosotros/as)	sabremos
(vosotros/as)	sabréis
(ellos/ellas/ustedes)	sabrán

IMPERATIVE

sabe / sabed

GERUND

sabiendo

PRESENT SUBJUNCTIVE

(yo)	sepa
(tú)	sepas
(él/ella/usted)	sepa
(nosotros/as)	sepamos
(vosotros/as)	sepáis
(ellos/ellas/ustedes)	sepan

IMPERFECT

(yo)	sabía
(tú)	sabías
(él/ella/usted)	sabía
(nosotros/as)	sabíamos
(vosotros/as)	sabíais
(ellos/ellas/ustedes)	sabían

CONDITIONAL

(yo)	sabría
(tú)	sabrías
(él/ella/usted)	sabría
(nosotros/as)	sabríamos
(vosotros/as)	sabríais
(ellos/ellas/ustedes)	sabrían

PAST PARTICIPLE

sabido

EXAMPLE PHRASES

*No lo **sé**.* I don't know.
*¿**Sabes** una cosa?* Do you know what?
*Pensaba que lo **sabías**.* I thought you knew.

Remember that subject pronouns are not used very often in Spanish.

▶ seguir (to follow)

PRESENT

(yo)	sigo
(tú)	sigues
(él/ella/usted)	sigue
(nosotros/as)	seguimos
(vosotros/as)	seguís
(ellos/ellas/ustedes)	siguen

PRESENT SUBJUNCTIVE

(yo)	siga
(tú)	sigas
(él/ella/usted)	siga
(nosotros/as)	sigamos
(vosotros/as)	sigáis
(ellos/ellas/ustedes)	sigan

PRETERITE

(yo)	seguí
(tú)	seguiste
(él/ella/usted)	siguió
(nosotros/as)	seguimos
(vosotros/as)	seguisteis
(ellos/ellas/ustedes)	siguieron

IMPERFECT

(yo)	seguía
(tú)	seguías
(él/ella/usted)	seguía
(nosotros/as)	seguíamos
(vosotros/as)	seguíais
(ellos/ellas/ustedes)	seguían

FUTURE

(yo)	seguiré
(tú)	seguirás
(él/ella/usted)	seguirá
(nosotros/as)	seguiremos
(vosotros/as)	seguiréis
(ellos/ellas/ustedes)	seguirán

CONDITIONAL

(yo)	seguiría
(tú)	seguirías
(él/ella/usted)	seguiría
(nosotros/as)	seguiríamos
(vosotros/as)	seguiríais
(ellos/ellas/ustedes)	seguirían

IMPERATIVE

sigue / seguid

PAST PARTICIPLE

seguido

GERUND

siguiendo

EXAMPLE PHRASES

Siga *por esta calle hasta el final.* Go on till you get to the end of the street.
Nos seguiremos *viendo.* We will go on seeing each other.
Nos ***siguió*** *todo el camino.* He followed us all the way.

Remember that subject pronouns are not used very often in Spanish.

▶ sentir (to feel)

PRESENT

(yo)	siento
(tú)	sientes
(él/ella/usted)	siente
(nosotros/as)	sentimos
(vosotros/as)	sentís
(ellos/ellas/ustedes)	sienten

PRETERITE

(yo)	sentí
(tú)	sentiste
(él/ella/usted)	sintió
(nosotros/as)	sentimos
(vosotros/as)	sentisteis
(ellos/ellas/ustedes)	sintieron

FUTURE

(yo)	sentiré
(tú)	sentirás
(él/ella/usted)	sentirá
(nosotros/as)	sentiremos
(vosotros/as)	sentiréis
(ellos/ellas/ustedes)	sentirán

IMPERATIVE

siente / sentid

GERUND

sintiendo

PRESENT SUBJUNCTIVE

(yo)	sienta
(tú)	sientas
(él/ella/usted)	sienta
(nosotros/as)	sintamos
(vosotros/as)	sintáis
(ellos/ellas/ustedes)	sientan

IMPERFECT

(yo)	sentía
(tú)	sentías
(él/ella/usted)	sentía
(nosotros/as)	sentíamos
(vosotros/as)	sentíais
(ellos/ellas/ustedes)	sentían

CONDITIONAL

(yo)	sentiría
(tú)	sentirías
(él/ella/usted)	sentiría
(nosotros/as)	sentiríamos
(vosotros/as)	sentiríais
(ellos/ellas/ustedes)	sentirían

PAST PARTICIPLE

sentido

EXAMPLE PHRASES

Siento *mucho lo que pasó.* I'm really sorry about what happened.
Sentí *un pinchazo en la pierna.* I felt a sharp pain in my leg.
No creo que lo ***sienta****.* I don't think she's sorry.

Remember that subject pronouns are not used very often in Spanish.

▶ ser (to be)

PRESENT

(yo)	soy
(tú)	eres
(él/ella/usted)	es
(nosotros/as)	somos
(vosotros/as)	sois
(ellos/ellas/ustedes)	son

PRETERITE

(yo)	fui
(tú)	fuiste
(él/ella/usted)	fue
(nosotros/as)	fuimos
(vosotros/as)	fuisteis
(ellos/ellas/ustedes)	fueron

FUTURE

(yo)	seré
(tú)	serás
(él/ella/usted)	será
(nosotros/as)	seremos
(vosotros/as)	seréis
(ellos/ellas/ustedes)	serán

IMPERATIVE

sé / sed

GERUND

siendo

PRESENT SUBJUNCTIVE

(yo)	sea
(tú)	seas
(él/ella/usted)	sea
(nosotros/as)	seamos
(vosotros/as)	seáis
(ellos/ellas/ustedes)	sean

IMPERFECT

(yo)	era
(tú)	eras
(él/ella/usted)	era
(nosotros/as)	éramos
(vosotros/as)	erais
(ellos/ellas/ustedes)	eran

CONDITIONAL

(yo)	sería
(tú)	serías
(él/ella/usted)	sería
(nosotros/as)	seríamos
(vosotros/as)	seríais
(ellos/ellas/ustedes)	serían

PAST PARTICIPLE

sido

EXAMPLE PHRASES

***Soy** español.* I'm Spanish.
*¿**Fuiste** tú el que llamó?* Was it you who phoned?
***Era** de noche.* It was dark.

Remember that subject pronouns are not used very often in Spanish.

▶ tener (to have)

PRESENT

(yo)	tengo
(tú)	tienes
(él/ella/usted)	tiene
(nosotros/as)	tenemos
(vosotros/as)	tenéis
(ellos/ellas/ustedes)	tienen

PRESENT SUBJUNCTIVE

(yo)	tenga
(tú)	tengas
(él/ella/usted)	tenga
(nosotros/as)	tengamos
(vosotros/as)	tengáis
(ellos/ellas/ustedes)	tengan

PRETERITE

(yo)	tuve
(tú)	tuviste
(él/ella/usted)	tuvo
(nosotros/as)	tuvimos
(vosotros/as)	tuvisteis
(ellos/ellas/ustedes)	tuvieron

IMPERFECT

(yo)	tenía
(tú)	tenías
(él/ella/usted)	tenía
(nosotros/as)	teníamos
(vosotros/as)	teníais
(ellos/ellas/ustedes)	tenían

FUTURE

(yo)	tendré
(tú)	tendrás
(él/ella/usted)	tendrá
(nosotros/as)	tendremos
(vosotros/as)	tendréis
(ellos/ellas/ustedes)	tendrán

CONDITIONAL

(yo)	tendría
(tú)	tendrías
(él/ella/usted)	tendría
(nosotros/as)	tendríamos
(vosotros/as)	tendríais
(ellos/ellas/ustedes)	tendrían

IMPERATIVE

ten / tened

PAST PARTICIPLE

tenido

GERUND

teniendo

EXAMPLE PHRASES

***Tengo** sed.* I'm thirsty.
*No **tenía** suficiente dinero.* She didn't have enough money.
***Tuvimos** que irnos.* We had to leave.

Remember that subject pronouns are not used very often in Spanish.

▶ traer (to bring)

PRESENT

(yo)	traigo
(tú)	traes
(él/ella/usted)	trae
(nosotros/as)	traemos
(vosotros/as)	traéis
(ellos/ellas/ustedes)	traen

PRETERITE

(yo)	traje
(tú)	trajiste
(él/ella/usted)	trajo
(nosotros/as)	trajimos
(vosotros/as)	trajisteis
(ellos/ellas/ustedes)	trajeron

FUTURE

(yo)	traeré
(tú)	traerás
(él/ella/usted)	traerá
(nosotros/as)	traeremos
(vosotros/as)	traeréis
(ellos/ellas/ustedes)	traerán

IMPERATIVE

trae / traed

GERUND

trayendo

PRESENT SUBJUNCTIVE

(yo)	traiga
(tú)	traigas
(él/ella/usted)	traiga
(nosotros/as)	traigamos
(vosotros/as)	traigáis
(ellos/ellas/ustedes)	traigan

IMPERFECT

(yo)	traía
(tú)	traías
(él/ella/usted)	traía
(nosotros/as)	traíamos
(vosotros/as)	traíais
(ellos/ellas/ustedes)	traían

CONDITIONAL

(yo)	traería
(tú)	traerías
(él/ella/usted)	traería
(nosotros/as)	traeríamos
(vosotros/as)	traeríais
(ellos/ellas/ustedes)	traerían

PAST PARTICIPLE

traído

EXAMPLE PHRASES

*¿**Has traído** lo que te pedí?* Did you bring what I asked you to?
*No **trajo** el dinero.* He didn't bring the money.
***Trae** eso.* Give that here.

Remember that subject pronouns are not used very often in Spanish.

▶ venir (to come)

PRESENT

(yo)	vengo
(tú)	vienes
(él/ella/usted)	viene
(nosotros/as)	venimos
(vosotros/as)	venís
(ellos/ellas/ustedes)	vienen

PRETERITE

(yo)	vine
(tú)	viniste
(él/ella/usted)	vino
(nosotros/as)	vinimos
(vosotros/as)	vinisteis
(ellos/ellas/ustedes)	vinieron

FUTURE

(yo)	vendré
(tú)	vendrás
(él/ella/usted)	vendrá
(nosotros/as)	vendremos
(vosotros/as)	vendréis
(ellos/ellas/ustedes)	vendrán

IMPERATIVE

ven / venid

GERUND

viniendo

PRESENT SUBJUNCTIVE

(yo)	venga
(tú)	vengas
(él/ella/usted)	venga
(nosotros/as)	vengamos
(vosotros/as)	vengáis
(ellos/ellas/ustedes)	vengan

IMPERFECT

(yo)	venía
(tú)	venías
(él/ella/usted)	venía
(nosotros/as)	veníamos
(vosotros/as)	veníais
(ellos/ellas/ustedes)	venían

CONDITIONAL

(yo)	vendría
(tú)	vendrías
(él/ella/usted)	vendría
(nosotros/as)	vendríamos
(vosotros/as)	vendríais
(ellos/ellas/ustedes)	vendrían

PAST PARTICIPLE

venido

EXAMPLE PHRASES

Vengo *andando desde la playa*. I've walked all the way from the beach.
*¿**Vendrás** conmigo al cine?* Will you come to the cinema with me?
*Prefiero que no **venga***. I'd rather he didn't come.

Remember that subject pronouns are not used very often in Spanish.

▶ ver (to see)

PRESENT

(yo)	veo
(tú)	ves
(él/ella/usted)	ve
(nosotros/as)	vemos
(vosotros/as)	veis
(ellos/ellas/ustedes)	ven

PRETERITE

(yo)	vi
(tú)	viste
(él/ella/usted)	vio
(nosotros/as)	vimos
(vosotros/as)	visteis
(ellos/ellas/ustedes)	vieron

FUTURE

(yo)	veré
(tú)	verás
(él/ella/usted)	verá
(nosotros/as)	veremos
(vosotros/as)	veréis
(ellos/ellas/ustedes)	verán

IMPERATIVE

ve / ved

GERUND

viendo

PRESENT SUBJUNCTIVE

(yo)	vea
(tú)	veas
(él/ella/usted)	vea
(nosotros/as)	veamos
(vosotros/as)	veáis
(ellos/ellas/ustedes)	vean

IMPERFECT

(yo)	veía
(tú)	veías
(él/ella/usted)	veía
(nosotros/as)	veíamos
(vosotros/as)	veíais
(ellos/ellas/ustedes)	veían

CONDITIONAL

(yo)	vería
(tú)	verías
(él/ella/usted)	vería
(nosotros/as)	veríamos
(vosotros/as)	veríais
(ellos/ellas/ustedes)	verían

PAST PARTICIPLE

visto

EXAMPLE PHRASES

*No **veo** muy bien.* I can't see very well.
*Los **veía** a todos desde la ventana.* I could see them all from the window.
*¿**Viste** lo que pasó?* Did you see what happened?

Remember that subject pronouns are not used very often in Spanish.

▶ vivir (to live)

PRESENT

(yo)	vivo
(tú)	vives
(él/ella/usted)	vive
(nosotros/as)	vivimos
(vosotros/as)	vivís
(ellos/ellas/ustedes)	viven

PRETERITE

(yo)	viví
(tú)	viviste
(él/ella/usted)	vivió
(nosotros/as)	vivimos
(vosotros/as)	vivisteis
(ellos/ellas/ustedes)	vivieron

FUTURE

(yo)	viviré
(tú)	vivirás
(él/ella/usted)	vivirá
(nosotros/as)	viviremos
(vosotros/as)	viviréis
(ellos/ellas/ustedes)	vivirán

IMPERATIVE

vive / vivid

GERUND

viviendo

PRESENT SUBJUNCTIVE

(yo)	viva
(tú)	vivas
(él/ella/usted)	viva
(nosotros/as)	vivamos
(vosotros/as)	viváis
(ellos/ellas/ustedes)	vivan

IMPERFECT

(yo)	vivía
(tú)	vivías
(él/ella/usted)	vivía
(nosotros/as)	vivíamos
(vosotros/as)	vivíais
(ellos/ellas/ustedes)	vivían

CONDITIONAL

(yo)	viviría
(tú)	vivirías
(él/ella/usted)	viviría
(nosotros/as)	viviríamos
(vosotros/as)	viviríais
(ellos/ellas/ustedes)	vivirían

PAST PARTICIPLE

vivido

EXAMPLE PHRASES

***Vivo** en Valencia*. I live in Valencia.
***Vivieron** juntos dos años*. They lived together for two years.
***Hemos vivido** momentos difíciles*. We've had some difficult times.

Remember that subject pronouns are not used very often in Spanish.

▶ volver (to return)

PRESENT

(yo)	vuelvo
(tú)	vuelves
(él/ella/usted)	vuelve
(nosotros/as)	volvemos
(vosotros/as)	volvéis
(ellos/ellas/ustedes)	vuelven

PRETERITE

(yo)	volví
(tú)	volviste
(él/ella/usted)	volvió
(nosotros/as)	volvimos
(vosotros/as)	volvisteis
(ellos/ellas/ustedes)	volvieron

FUTURE

(yo)	volveré
(tú)	volverás
(él/ella/usted)	volverá
(nosotros/as)	volveremos
(vosotros/as)	volveréis
(ellos/ellas/ustedes)	volverán

IMPERATIVE

vuelve / volved

GERUND

volviendo

PRESENT SUBJUNCTIVE

(yo)	vuelva
(tú)	vuelvas
(él/ella/usted)	vuelva
(nosotros/as)	volvamos
(vosotros/as)	volváis
(ellos/ellas/ustedes)	vuelvan

IMPERFECT

(yo)	volvía
(tú)	volvías
(él/ella/usted)	volvía
(nosotros/as)	volvíamos
(vosotros/as)	volvíais
(ellos/ellas/ustedes)	volvían

CONDITIONAL

(yo)	volvería
(tú)	volverías
(él/ella/usted)	volvería
(nosotros/as)	volveríamos
(vosotros/as)	volveríais
(ellos/ellas/ustedes)	volverían

PAST PARTICIPLE

vuelto

EXAMPLE PHRASES

Mi padre ***vuelve*** *mañana*. My father's coming back tomorrow.
No ***vuelvas*** *por aquí*. Don't come back here.
Ha vuelto *a casa*. He's gone back home.

Remember that subject pronouns are not used very often in Spanish.

Collins

MORE THAN TWO MILLION EASY LEARNING BOOKS SOLD

BESTSELLING BILINGUAL DICTIONARIES

easy learning Spanish

Easy Learning Spanish Dictionary 978-0-00-753094-6	£9.99
Easy Learning Spanish Conversation 978-0-00-811197-7	£7.99
Easy Learning Spanish Grammar 978-0-00-814201-8	£7.99
Easy Learning Spanish Verbs 978-0-00-815843-9	£7.99
Easy Learning Spanish Vocabulary 978-0-00-748393-8	£9.99
Easy Learning Spanish Idioms 978-0-00-733736-1	£9.99
Easy Learning Complete Spanish Grammar, Verbs and Vocabulary *(3 books in 1)* 978-0-00-814173-8	£14.99
Easy Learning Spanish Grammar & Practice 978-0-00-814164-6	£9.99
Easy Learning Spanish Verbs & Practice 978-0-00-814209-4	£10.99

Available to buy from all good booksellers and online.
Many titles are also available as ebooks.
www.collins.co.uk/languagesupport

Collins

MORE THAN TWO MILLION EASY LEARNING BOOKS SOLD

BESTSELLING BILINGUAL DICTIONARIES

easy learning French

Easy Learning French Dictionary 978-0-00-753096-0	£9.99
Easy Learning French Conversation 978-0-00-811198-4	£7.99
Easy Learning French Grammar 978-0-00-814199-8	£7.99
Easy Learning French Verbs 978-0-00-815841-5	£7.99
Easy Learning French Vocabulary 978-0-00-748391-4	£9.99
Easy Learning French Idioms 978-0-00-733735-4	£6.99
Easy Learning Complete French Grammar, Verbs and Vocabulary *(3 books in 1)* 978-0-00-814172-1	£14.99
Easy Learning French Grammar & Practice 978-0-00-814163-9	£9.99
Easy Learning French Verbs & Practice 978-0-00-814208-7	£10.99

Available to buy from all good booksellers and online.
Many titles are also available as ebooks.
www.collins.co.uk/languagesupport

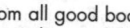
facebook.com/collinsdictionary

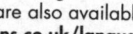
@collinsdict